JN296841

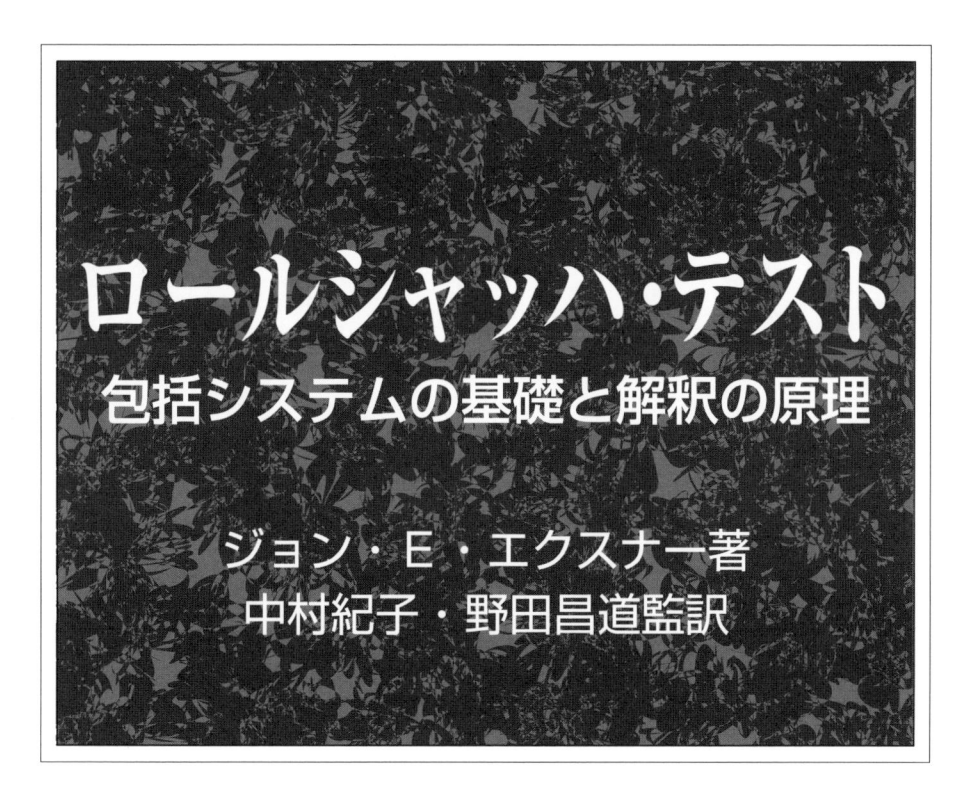

ロールシャッハ・テスト
包括システムの基礎と解釈の原理

ジョン・E・エクスナー著
中村紀子・野田昌道監訳

The Rorschach
A Comprehensive System
Volume 1
Basic Foundations and Principles of Interpretation
(4th Edition)

John E. Exner Jr.

Ψ
金剛出版

The Rorschach

A Comprehensive System Volume 1 Basic Foundations and Principles of Interpretation Fourth Edition

by

John E. Exner Jr., Ph.D.

Copyright © 2003 by Doris E. Exner
John Wiley & Sons, Inc.
Hoboken, New Jersey, United States of America.
Japanese translation rights with Doris E. Exner.
through **Exner Japan Associates**, Tokyo.
Printed in Japan

ドリスへ

若き頃，未知なる世界を前にして
私はあなたに愛を誓いました
その後ふたり同じ道を歩む中
深まりゆく愛を感じています
                                    JEE (1978)

紅葉は色づき始め
成熟の秋が今私たちに訪れようとしています
この秋の日にもう一度
あなたへの愛を誓いましょう
                                    JEE (1991)

あなたの手を取りながら
あなたに愛を誓ったのは，今は昔
時が流れて行く中で，変わらず心にあったのは
私たちの愛が最期まで続いていく，その未来
                                    JEE (2002)

序文
Preface

　包括システムに取り組みはじめた1970年に居合わせた誰かが，このプロジェクトは21世紀になっても続いているだろうと予測したとしても，誰も本気にしなかったと思う。当時は，座り方，教示，基本的なスコアリングなどについて比較的簡単に決定できていたし，これから取り組む課題もさほど難しいものではないように思えていた。つまり，私たちは皆，他のシステムの要素のうちで最も実証性のあるものを一つのフォーマットにまとめあげればいいと考えていたのである。しかし，このテストを理解し使用するために必要な要素がすでに出そろっていると考えるのは，いかにも単純すぎた。この先にリサーチの長い航海が待っていることなど誰も予想できなかった。本書初版の草稿が完成した1973年末でさえ，私たちはまだ呑気に構えていた。特殊スコアについてはまだ解決すべき問題が残っていたし，より大量のデータサンプルが必要とされてはいたものの，こうした課題のためのプロジェクトはすでに動き始めていた。だから，私たちのほとんどは，「最善の」ロールシャッハを提示するという目標の達成に必要な山ほどの研究をすでにやり終えたものだと信じていた。しかし，結局のところ，「最善の」ものにはまだ届いていなかった。

　新たな研究のプロジェクトが完了しても，そのデータから最終的な答えが得られるよりは，むしろ新たな問いがもたらされることのほうが多かった。そのため，想定していた以上の研究を計画する必要が生じた。1976年までに集められたデータは大規模で，数本程度の論文に簡単に分けて発表できるようなものではなかった。そこで，第2巻を刊行することになった。第2巻は基本的な研究をさらに広げ，明確にしていくための道筋を示すものとなったが，その中では児童・思春期に関してはほんのわずかしか取りあげられていなかった。したがって，自然な流れとして，それらをカバーする第3巻が出版されることになった。さらには，1978年から1985年までの間に包括システムの要素について実に多くの追加や変更がなされたことから，第1巻があまり役に立たなくなり，1986年に第1巻の第2版が出版された。しかし，リサーチやデータの分析によってなおも追加や変更がなされたため，第2版も情けないほどに古びてしまった。

　1991年には第2巻の第2版が，1993年には第1巻の第3版が，それぞれ刊行された。それらは包括システムのある種の到達点を示すものではあったが，その時点でも研究は続けられていた。というのも，ロールシャッハにはまだ未解決の問題がたくさんあったからである。包括システムの基本自体は何年もの間変わっておらず，それは研究のプロジェクトの主たる目的と一致していた。すなわち，教えるのが容易で，評定者間の信頼性が高く，解釈仮説が妥当性の要請に十分適している，そのようなロールシャッハの標準化された使用方法を提示することが目指されていた。そのため，

ロールシャッハの多くの要素について，研究は続けられた。その結果，包括システムのいくつかの特徴が修正されたり，除かれたりした。中には今でも研究が続けられているものもある。

そして，この10年の間の発展を踏まえ，包括システムの基礎についての改訂版を出す運びとなった。この版では，これまで2巻（第1巻と第2巻）に分けられていたものを一つにまとめ，解釈までを収めることにした。そして，次に出版する予定の第2巻では，広範囲に及ぶいくつかの問題ごとにケースを取りあげ，その解釈に焦点をあてる予定とした。

新たに改訂したこの本は大部なものになった。しかし，そもそもロールシャッハ自体が単純なテストではないので仕方がない。なお，「包括」という言葉は，今でもやはり適切なものだと思われる。なぜならば，包括システムには，このプロジェクトが開始される前からロールシャッハの研究を行い，発展させてきた人たちの叡智，そしてこの30年の間に多くの実務家と研究者によって解明されてきた新たな情報，この2つが反映されているからである。

このプロジェクトの初期の成功は，5人の体系家のうちの4人，Samuel Beck，Marguerite Hertz，Bruno Klopfer，Zygmunt Piotrowski の励ましによるところが大きかった。このプロジェクトを着想したきっかけは，1954年に David Rapaport がロールシャッハの体系すべてを知っておくようにと忠告してくれたことだった。しかし，実際にプロジェクトを開始したのは，Bruno Klopfer と Samuel Beck に背中を押されたためである。この2人はお互いに相手のことを低く見ていたものの，1967年，それぞれのアプローチ法を実証的に裏づけるためのリサーチを熱心に支持してくれた。そして1968年，一連の研究が開始された。1970年までの研究結果からは，Hertz，Piotrowski，Rapaport らのアプローチには利点はあるものの，その一方でそれぞれに何かしら重大な欠点もあることが明らかになっていた。そこで，私は Beck と Klopfer に，それぞれのアプローチを統合することがこの研究の論理的帰結になるのではないかと提案した。2人とも研究の結果にあまり満足しなかったし，私の提案にもいい顔をしなかった。しかし最終的には個人的なわだかまりを超え，用心しながらも2人ともこの申し出を認めてくれた。そのすぐ後に，Hertz と Piotrowski も支持を表明してくれた。振り返ってみると，4人ともこのプロジェクトに意義があるとは信じていなかったと思う。しかし，興味を持ってくれたのは間違いない。

プロジェクトが進むとともに，4人は山ほどの提案，コメント，批評を浴びせてよこした。しかし，それ以上に与えてくれたのは，サポートと激励だった。提案やコメントを通してサポートしてくれたし，親切で惜しみない励まし，そして何よりも暖かな友情によって激励してくれた。そのおかげで，プロジェクトを遂行していくための強いモチベーションを持ち続けることができた。実際のところ，彼らは包括システムの後見人（Godfather and Godmother）である。4人とも亡くなってしまったが，その衣鉢は継がれている。彼らの業績や多くの着想は，包括システムの中にしっかりと組み込まれている。

包括システムの後期の発展は，実践家からの提案や研究者グループの努力によるところが大きい。とりわけ研究者グループの功績が特筆される。彼らは長い間，ロールシャッハ研究財団（ロールシャッハ・ワークショップス）のスタッフとして，疲れを知らぬほどの情熱をもって研究の指揮を執り，補佐をしてくれた。彼らの努力は期待をはるかに超えるものだったし，そのおかげでテストの性質や解釈に関する情報に非常に多くの新しいデータを積みあげることができた。彼らは，550以上の研究に参加した合計800人以上の検査者の訓練とスーパーヴァイズにあたってくれた。以下に，

感謝してその名前を記したい。

Gerald Albrecht	Doris Alinski	Michael Allen	Franscesca Antogninni
William Baker	Miriam Ben Haim	Jeffrey Berman	Carol Bluth
Peter Brent	Evelyn Brister	Richard Bruckman	Edward Caraway
Eileen Carter	Andrew Chu	Michael Coleman	Susan Colligan
William Cooper	Terry Cross	Robert Cummins	Mark Edwards
Frederick Ehrlich	Gail Famino	John Farber	Ronda Fein
Gary Fireman	Roy Fishman	Jane Foreman	Benjamin Franklin
Dorothy Frankmann	Christy George	Katherine Gibbons	Nancy Goodman
Laura Gordon	Carolyn Hafez	Nancy Haller	Doris Havermann
Dorothy Helinski	Lisa Hillman	Milton Hussman	Geraldine Ingalls
Susan James	Marianne Johnston	Lester Jones	Katsushige Kazaoka
Mary Lou King	Richard Kloster	Beth Kuhn-Clark	Nancy Latimore
Carol Levantrosser	Arnold Lightner	Richard McCoy	Denise McDonnahue
Marianne McMannus	Louis Markowitz	Andrew Miller	Beatrice Mittman
Lynn Monahan	Ralph Nicholson	Michael O'Reilly	Carmen Penzulotta
George Pickering	Dorice Price	Beth Raines	Virginia Reynolds
Felix Salomon	Joseph Schumacher	Whitford Schuyler	Barbara Seruya
Jane Sherman	Sherill Sigalow	Kenneth Sloane	Frederick Stanley
Louise Stanton	Eva Stern	Sarah Sternklar	Robert Theall
Vicki Thompson	Peter Vagg	Alice Vieira	Donald Viglione
Edward Walker	Jane Wasley	Richard Weigel	Donna Wiener-Levy
Robert Wilke	Elizabeth Winter	Leslie Winter	Helen Yaul
Tracy Zalis	Nancy Zapolski	Mark Zimmerman	

　研究に協力してくれた検査者には多くの心理学者と心理学専攻の大学院生が含まれてはいたが，半数近くはもっといろいろな経歴を持つ人たちだった。その中には，プロの音楽家，退職した仕立屋，そして卓越した才能を見せてくれた高校3年生までもが混じっていた。その他にも，物理学者，歯科医，看護師，ソーシャルワーカー，主婦，秘書などがいた。かなり熟練した秘書にとっては，ロールシャッハを施行するのはタイプを打つのと同じくらい単調な作業の繰り返しだったようだ。専門家ではないのに，標準化された方法でロールシャッハを施行し，スコアしてくれたこうした人たちの力のおかげで，包括システムは活性化し続けた。

　このプロジェクトの関係者の中で，特に名前を挙げておきたい人が何人かいる。それは，中核的あるいは指導的な役割を担ってくれた人たちである。Joyce Wylie は，1969年から1978年までの間，プロジェクトのまとめ役をしてくれた。彼女の根気強さと組織力がなければ，私たちは道半ばで頓挫していたかもしれない。同じ時期，Elaine Bryant は実験研究の監督をしてくれた。彼女は新たな方法を考案し，実験計画をよりよいものにしてくれた。Antonnia Victoria Leura は10年間，研究

協力者の勧誘にあたってくれた。さまざまな研究のために彼女が集めてくれた協力者の数は8,000人を超している。彼女の才能には本当に驚かされた。Barbara Mason も10年以上，教育者，研究者，実務家としてプロジェクトに関わってくれた。目を見張るほどの多才ぶりだった。

George Armbruster と Eugene Thomas は，もっぱらリサーチの「専門家」の役割を10年以上務めてくれた。2人の貢献はとても言葉では語り尽くせない。彼らはまさに心理学の模範となる存在である。John Roger Kline は初代のコンピュータ技術顧問だった。彼はロールシャッハのことはほとんど知らなかったが，彼がデータの貯蔵，分析のプログラムを開発してくれたおかげではじめて，膨大な量のデータを驚くほど容易に検討することができるようになった。その跡を継いだ Joel Cohen は，洗練されたプログラムをいろいろ考案し，そのためデータの貯蔵や分析の幅がさらに広がった。コンピュータ解釈補助プログラムの開発にあたったのは，彼と Howard McGuire だった。

次の10人の功績も大きなものだった。彼らは，包括システムのフォーマットが変わる度に何千という記録をスコアし直すという，途方もない作業をやってのけた。10人の名前は次の通りである。Doris Alinski，Earl Bakeman，Eileen Carter，Ruth Cosgrove，Lisa Hillman，Nancy Latimore，Theresa Sabo，John Yalkey，Eugene Thomas，Edward Walker。彼らの勤勉さと忍耐力には頭が下がる。

世界に目を向けても，各国のロールシャッハ・コミュニティの中には，包括システムの検証，教育や普及，データベースの拡大などに多大な貢献をしてくれた人たちはたくさんいた。それは，Anne Andronikof（フランス），Bruno Zanchi（イタリア），Leo Cohen（オランダ），中村紀子，小川俊樹（日本），Vera Campo，Monserrat Ros Plana，Conception Sendin（スペイン）の諸氏である。彼らの貢献により，ロールシャッハは万国共通に使えるものだし，住む場所が違えども人は人だ，という事実を確認することができた。

Luis Murillo は，ロールシャッハ・ワークショップスに大変な力添えをしてくれた。1970年，彼は私たちがストーニーロッジ病院で研究するのを許可してくれた。そして，その後約15年間，同病院での研究をサポートしてくれた。彼は素晴らしい仲間であり，精神科医の模範たる人物である。Irving Weiner はこのプロジェクト開始当初から，信頼の置ける友人であると同時に，助言者，批評者でもあった。包括システムの中のいくつかの要素はまさに彼の功績によるものである。Weiner は私と一緒にたくさんのワークショップを担当してくれたが，そのおかげで負担は軽くなり，楽しんでワークショップを行うことができた。

1990年代には，ロールシャッハ研究評議会（Rorschach Research Council）が組織された。その主たる機能として期待されたのは，新しい研究結果を評価すること，信頼性と妥当性に関する新たな研究を計画し，実践すること，そして包括システムの改訂や修正に関する進言をすること，などである。これまでに評議会のメンバーとして貢献してくれた人，あるいは現在もメンバーとして活動してくれている人たちは次の通りである。Thomas Boll，Philip Erdberg，Roger Green，Mark Hilsenroth，Gregory Meyer，William Perry，Donald Viglione。彼らは，ロールシャッハに突きつけられた難問に，勤勉さと献身をもって取り組んでくれた。この10年の間の包括システムの改訂のほとんどは，彼らの努力の賜である。

私の娘 Andrea と経営管理アシスタントの Karen Rogers もすばらしい才能を発揮してくれた。彼女たちはロールシャッハについて十分な知識を持つようになり，ロールシャッハ・ワークショップスを見事に組織し，維持してくれた。私の妻 Doris にも大変な恩義を感じている。彼女にしてみれば，

インクブロットと結婚したと思うことが度々あっただろう。それでも，Doris はロールシャッハ・ワークショップスのほとんどすべての局面に関わり，私たちすべての者にサポートと励ましを与え続けてくれた。

　最後に，将来のロールシャッハ研究者のために一言添えておきたい。このすばらしい，しかし少々手のかかるテストに関する研究課題は尽きることはない。多くの謎は解けた。しかし，解けていない謎も多い。図版の刺激特性についてはまだ十分わかっていないし，データのクラスターとパーソナリティや行動との概念的な関連についてはもっと研究する必要がある。パーソナリティ・スタイルについては，ロールシャッハのみならずアセスメントツール全般において，これまであまりにも注意が向けられてこなかった。しかし，ロールシャッハやアセスメント全般を，人のことを理解し，苦しんでいる人の助けとなる水準にまで高めようとするのであれば，これは必ず検討しなければならない課題である。人について理解しようとすることは，いつでも困難なことがらである。しかし，そこから得られるものは，生涯にわたって枯れることなく実りをもたらすであろう。

2002 年 6 月
ノースカロライナ州アシュビルにて
J.E.E.

目次
Contents

序文　5

第Ⅰ部　ロールシャッハの歴史と展開

第1章　導入 …………………………………………………………………………… 17
基本的準備　17／ロールシャッハの有用性　18／テストの起源――Rorschach の研究　19

第2章　テストの発展：ロールシャッハの各システム ……………………………… 27
投映の概念と投映法　36／システム間の相違　37／包括システム　38

第3章　論争・批判・決定 …………………………………………………………… 46
中心的争点　46／ロールシャッハに対する初期の批判　48／新たな争点　51／ロールシャッハに対する現在の批判　53／概観　56／ロールシャッハを用いるかどうかの決定　56／ロールシャッハとテストバッテリー　57

第Ⅱ部　ロールシャッハの施行とスコアリング

第4章　ロールシャッハの施行：決定と方法 ………………………………………… 65
ロールシャッハとテストバッテリー　66／実施の手順　67／短い記録の問題　75／長い記録の問題　77／反応の記録　78／質問段階　81／領域図　89／限界吟味　90／要約　90

第5章　スコアリング：ロールシャッハ言語 ………………………………………… 93

第6章　反応領域と発達水準：コーディングとその基準 ………………………… 102
全体反応 W（Wholes）　102／部分反応 D（Common Details）　103／特殊部分反応 Dd（Unusual Details）　104／空白部分反応 S（White Space Details）　105／複数の D 領域を用いた場合の反応領域のコード　105／発達水準（Developmental Quality：DQ）　105／要約　110

第7章　決定因子：コーディングとその基準 ……………………………………… 111
形態決定因子（Form Determinant：F）　112／運動決定因子（Movement Determinants）　115／積極と消極の右肩文字（active-passive：a, p）　117／有彩色決定因子（Chromatic Color Determinants）　118／無彩色決定因子（Achromatic Color Determinants）　130／濃淡決定因子（Shading Determinants）　133／材質決定因子（Texture Determinant）　135／濃淡立体決定因子（Shading-Dimensionality Determinant：Vista）　138／濃淡拡散決定因子（Diffuse Shading Determinant）　140／形態立体反応（Form Dimension Response：FD）　143／ペアと反射反応（Pair and Reflection Responses）　144／ブレンド反応（Blend Response：(.)）　147／評定者間の一致率　149／要約　150

第 8 章　形態水準・反応内容・平凡反応・組織化活動 153

形態水準（Form Quality） 153 ／反応内容（Content） 159 ／平凡反応（Popular Responses : P） 162 ／組織化活動（Organizational Activity） 164

第 9 章　特殊スコア 168

特異な言語表現（Unusual Verbalizations） 168 ／レベル 1 とレベル 2 の区別 169 ／逸脱言語表現（Deviant Verbalizations : DV, DR） 170 ／不適切な結合（Inappropriate Combinations） 173 ／固執（Perseveration : PSV） 178 ／特殊な反応内容 179 ／人間表象反応（Human Representational Responses） 181 ／個人的な反応（Personalized Answer） 182 ／特殊な色彩現象（Special Color Phenomena） 183 ／複数の特殊スコア 184

第 10 章　構造一覧表 186

スコアの継列（Sequence of Scores） 186 ／構造一覧表――上の部分 189 ／構造一覧表――下の部分 190 ／思考に関する部分（Ideation） 193 ／感情に関する部分（Affect） 193 ／認知的媒介に関する部分（Mediation） 194 ／情報処理に関する部分（Processing） 195 ／対人知覚に関する部分（Interpersonal） 196 ／自己知覚に関する部分（Self Perception） 196 ／特殊指標（Special Indices） 197

第 III 部　テストの性質

第 11 章　反応の過程 203

Rorschach の考え 203 ／意思決定課題としてのロールシャッハ 204 ／決定の選択 205 ／潜在反応の範囲 206 ／反応の過程 209 ／入力過程 210 ／分類（同一視）過程 211 ／潜在反応の順位づけと放棄 216 ／反応選択における様式および特性 219 ／心理状態と反応選択 226 ／投映と反応過程 227 ／要約 229

第 12 章　基準データ 233

非患者成人のサンプル 233 ／非患者データ収集のために用いられたデザイン 234 ／非患者サンプルの性質 234 ／サンプルの適切さ 241 ／新しいサンプル収集のために用いられたデザイン 254

第 IV 部　解釈

第 13 章　解釈のためのガイドライン 263

基本的準備 263 ／解釈のためのガイドライン 264 ／偏差の原則 265 ／データが完全なものであるか確かめる 266 ／クラスター解釈 270 ／組織的に進める 271 ／基礎としての予備的仮説 271 ／クラスターで調べる順序 274 ／結果の統合 276

第 14 章　統制とストレス耐性 278

統制の概念 278 ／統制力に関するロールシャッハの仮説 279 ／ロールシャッハによる統制力の評価 281 ／検討事項の要点 281 ／解釈の手順 284 ／統制に関する所見の要約 292 ／統制に関する変数についての研究と仮説 293

第 15 章　状況関連ストレス 311

状況ストレスに関連するロールシャッハの変数 311 ／検討前のチェック 315 ／解釈の手順 315 ／状況ストレスに関する所見の要約 326 ／状況関連ストレスに関する研究と仮説 327

第 16 章　感情 333

感情に関連するロールシャッハの変数 333 ／解釈の手順 337 ／感情に関する所見の要約 366 ／感情の変

数に関する研究と概念　369／体験型（Erlebnistypus Styles : EB）　373／回避型（ハイラムダ）スタイル　377／感情の比率（Afr）　380／有彩色反応と WSumC　382／SumC' : WSumC　386／色彩投映（Color Projection : CP）　386／空白反応（S）　387／ブレンド反応（Blends）　388／濃淡ブレンド（Shading Blend）と色彩濃淡ブレンド（Color Shading Blend）　389

第 17 章　情報処理過程 ·· 396

情報処理過程に関連するロールシャッハの変数　397／解釈の手順　401／情報処理過程に関する所見の要約　418／情報処理の変数に関する研究と概念　419

第 18 章　認知的媒介 ·· 429

反応過程と認知的媒介　429／形態水準表　430／認知的媒介に関連するロールシャッハの変数　432／認知的媒介に関する所見の要約　454／媒介変数に関する研究と概念　455／Rorschach の F+%　455／平凡反応（Popular Responses）　463

第 19 章　思考 ·· 470

思考に関連するロールシャッハの変数　470／解釈の手順　472／認知操作に関する所見の要約　500／思考の変数に関する研究および概念　503

第 20 章　自己知覚 ·· 522

自己知覚に関連するロールシャッハの変数　523／解釈の手順　526／自己知覚に関する所見の要約　554／自己知覚の変数に関する研究および概念　555／反射反応（Fr+rF）　555／自己中心性指標（3r+(2)/R）　558／形態立体反応（FD）　561／解剖反応（An）とエックス線反応（Xy）　563／損傷内容反応（Morbid Content : MOR）　564／人間反応（Human Content Responses）　565／言語表現の分析　566

第 21 章　対人知覚と対人行動 ·· 572

対人知覚に関連するロールシャッハの変数　573／解釈の手順　574／所見の要約　591／対人知覚の変数に関する研究と概念　592／CDI　592／a : p の比率　593／食物反応と a : p の比　594／人間反応　595／GHR : PHR　596／攻撃的な運動（Aggressive Movement）　597／協力的な運動（Cooperative Movement）　599／個人的反応（Personal Responses）　602／孤立指標（Isolation Index）　603

第 22 章　最終所見 ·· 608

自殺の可能性（Suicide Constellation : S-CON）　609／知覚と思考の指標（Perceptual-Thinking Index : PTI）　610／最終所見の作成　612／まとめの記述と所見　625／ケース 14 の記述と所見　626／ケース 15 の記述と所見　641／ケース 16 の記述と所見　656／ケース 17 の記述と所見　671

附録● 形態水準表 ──── 674
　　　非患者児童および思春期非患者のデータ ──── 731

あとがき　心理アセスメントの未来へ　761
人名索引　765
事項索引　773

●●● 第Ⅰ部 ●●●

ロールシャッハの歴史と展開

History and Development of the Rorschach

第 1 章

導入
Introduction

　1921 年 9 月，Hermann Rorschach の著名なモノグラフ『精神診断学』（1941/1942）が刊行され，ロールシャッハテストの刺激として使われる 10 枚の図版が専門家にはじめて公表された。それ以来，このテストに興味を持つ者は多く，幅広く利用され，たくさんの研究がなされてきた。少なくとも 1940 年代と 1950 年代の約 20 年間は，ロールシャッハといえば，それは臨床心理学のことを指すも同然だった。その頃は，心理臨床家の主な役割はアセスメントや心理診断だった。1960 年代から 1970 年代にかけて，心理臨床家の役割は広がり，多様化した。しかし，ロールシャッハは依然として臨床現場でもっとも多く用いられるテストであり続けた。それは今日でも変わらない。その理由は，ロールシャッハを正しく施行し，スコアし，解釈したならば，ロールシャッハを受けた人の心理学的特徴について実に多くの情報を得ることができるからである。

　通常の理解力さえあれば，誰でもロールシャッハの施行法やスコア（コード）の仕方を身につけることができる。手続きは決して難しいものではない。一方，ロールシャッハの解釈は単純なものではないし，機械的にできるものでもない。それは複雑で骨の折れる作業である。複雑だというのは，意味ある結論を導き出すためには論理的な枠組みを持ち続けなければいけないからである。労を要するのは，解釈する際に，データが正しいものかどうかを何度も吟味しなければいけないためである。けれども，データを体系的に検討し，結果を概念的にまとめあげるという解釈の手順の学習は，次に述べる 3 つの基本をすでに身につけていさえすれば，決して困難なものではない。

基本的準備

　まず必要とされるのは，人について，そしてパーソナリティについての十分な理解である。これは，ロールシャッハのデータをある特定のパーソナリティ理論に直接あてはめて解釈するためではない。おそらくそうすることは正しくない。ロールシャッハに基づいた結論は，パーソナリティに関するどのような理論モデルにも翻訳可能である。しかしその前には，妥当性に基礎を置く所見と照らし合わせ，それと合致するようにデータを解釈しなければならない。

　解釈はつねに，その人をかけがえのない（unique）個人として理解する目的で進められる。別の言い方をすると，まったく同じ人は 2 人といないということがわかっていれば，解釈者は思考，感情，セルフイメージ，統制力などの所見を，その人の個性が際だつようにまとめあげることができる。

　ロールシャッハを解釈する上で必要な 2 つ目の基本は，精神病理や不適応についての実用的で役

に立つ知識である。これは，単に診断のための名前を知っていればよいという意味ではない。また，正常と異常という概念を身につけていれば強みと弱みを識別できるなどという単純な考え方のことを言っているのでもない。性格特徴がどのように弱点となり得るのか，そしてさまざまな弱点が組み合わさるといかに精神内界や社会内の不適応が生じるのか，といったことがわかっていなければ，精神病理や不適応についての役に立つ理解は得られない。

　3つ目に必要となる基本は，解釈をする者がロールシャッハテスト自体をよく知っているということである。このテストは10枚の図版から成り立っており，標準的な施行法に従えば，テストを受ける者は一連の意思決定を経ていくつかの反応を答えることになる。これらの反応をコード化あるいはスコアし，順にまとめ，さまざまな計算式に入れてやると，相互に関連する3つのデータが得られる。その3つとは，（1）反応するときや検査者の質問に答えるときの言葉づかい，（2）内容とコードやスコアの両方を考慮した反応の継列，（3）60以上の変数，比率，パーセント，指標の基となる，およそ100の変数の頻度を組織的に示したもの，である。

　これら3つのデータセットがテスト解釈のための実体となり，そこから，個人の心理について妥当性があって役に立つ描写をするための十分な情報が得られる。

ロールシャッハの有用性

　なぜわざわざロールシャッハを使うのだろう。個人について妥当性があって役立つ記述のできるアセスメントの方法は他にもたくさんある。それに，ロールシャッハを基にした記述はかなり包括的なものとはいえ，それは間接的な行動（図版に対する反応）という，あまり多くを語らぬサンプルから引き出されたものである。したがって，所見や結論はおおむね推論の域を出ない。それでは，このような推論に基づいたロールシャッハの記述は，よくできた面接後の記述，他の心理テストの結果，身近にいる親しい人による観察報告などと比べて，一体どこに価値があるのだろう。

　この問いに対する答えは，ロールシャッハ信奉者が期待するほどには簡単明瞭ではない。実際，場合によってはロールシャッハの結果がほとんど役に立たないこともある。たとえば，アセスメントする側や照会する側が，現在現れている症状とそれに対する最も適切な治療法との間には「一対一の直接的なつながりしかない」と固く思い込んでいる場合には，ロールシャッハの所見はほとんどあるいはまったく出番がない。また，アセスメントの目的が診断名をつけるためという場合も然りである。ロールシャッハの結果はこの判断の役に立ち得るのだが，ロールシャッハのような時間のかかるテストではなく他のアセスメント法を用いたほうが，効率よく「ラベル付け」の目的を達せられるだろう。

　ロールシャッハの解釈が最も役に立つのは，受検者を個人として理解することが治療の進め方や治療のターゲットを定める上で不可欠となる場合，あるいはそのような理解がその人に関して何らかの決定をする上で重要となる場合である。アセスメント法がいろいろある中で，正しく用いさえすれば，ロールシャッハほど個人のユニークさをとらえられるものはほとんどない。その理由は，ロールシャッハ反応がかなり広範囲の心理学的経験や心理学的働きから生じるという点にある。

　ロールシャッハ反応を生み出すのと同じ機能や経験が，他の行動も作り出す。その行動は友人や身内の者ならばよく目にするし，一定の面接を行った者にもすぐに気づかれるようなものである。

身近な人の観察や時間をかけた面接結果からなされた行動についての記述はそこそこ正しいものだとしても，大概そこには目に見える行動を作りあげている心理学的機能についての情報は含まれていない。一方，ロールシャッハの結果にはそのような情報が含まれている。

　ロールシャッハの課題は，図版を見るという普通とは違う条件下で，普段のような意思決定をするように促す性質を持っている。この意思決定の場面では多くの心理学的特徴が作用するが，そのため，反応にはその人の日常生活での意思決定のいつものやり方が反映される。これらの特徴は日常の行動を観察しただけではわかりにくい。なぜならば，観察するときに焦点をあてられる行動は，心理学的プロセスの結果として得られる産物だからである。一方，ロールシャッハの結果は，この行動を生み出す心理学的プロセスを反映したものである。

　ロールシャッハの解釈が人の心理学的仕組みや機能に焦点をあてているというのは，このような意味からである。ロールシャッハは，その人の行動よりも，パーソナリティや心理学的構造に重きを置く。得られる情報は，単に症状を特定する類のものではなく，同じ症状を示していても病因が異なる人たちを区別するのに役立つ。なぜわざわざ苦労してまでロールシャッハを使うのか。固有の心理学的存在としての個人の姿を描き出すことによって，治療選択やその他の重要な決定の援助ができ，その人の福利に貢献できるのだとしたら，ロールシャッハの施行，スコア，解釈にかけるわずか数時間は，骨を折るだけの価値があるというものである。

　先に述べたように，ロールシャッハを使うための技術を身につけたいと思うならば，このテストがどのような性質を持ち，どう役に立つのかを理解しておかなければいけない。その際，歴史から学べるところもある。すなわち，このテストがいかに生まれ，どう発展してきたのかという歴史である。

テストの起源——Rorschach の研究

　ロールシャッハは今や臨床の重要な道具となっているが，それまでの道のりは決して単調なものではなかった。ロールシャッハとは何か，あるいは何でないのか，どのような使われ方が最もよいのか。これらの問いに対する意見は時代によってずいぶん違っていたし，テスト発展の歴史は多くの議論に彩られている。研究者の目には，ロールシャッハテストがなかなかやっかいなものであることがわかってきた。特に，心理テストに心理測定の原理を厳密に適用しようとしてきた研究者は非常に苛立った。振り返ってみれば，ロールシャッハに直接取り組んだ研究者のほとんどはRorschach の考えや意図を必ずしもよくわかっていたわけではなかったし，Rorschach が行ったような実証的な枠組みを使って研究しようとしたわけではなかった。ロールシャッハが発展する途上で生じた問題の多くは，こうした点に起因していたと思われる。

　Rorschach は 37 歳で亡くなった。『精神診断学』が上梓されたのは，そのわずか 7 カ月前のことだった。このモノグラフには，183 ページ（英語版）にわたって，概念や研究結果，事例が豊富に盛り込まれている。しかし，Rorschach が書き記した事柄の多くは十分には説明し尽くされていなかったり，ごく手短な説明で終わっていたりした。重要な問題を未回答のままにしてある場合もあった。Rorschach 自身はテストを作り出す作業をしているつもりはなかったし，決して研究を終えたとは考えていなかったのだから，これは致し方ないことである。Rorschach は，このモノグラフ

を知覚に関する研究結果のレポートと見なしていた。彼が最初に選んだこの本のタイトルは，「知覚診断実験の方法と結果：不定形態の解釈」だった。1920 年 8 月上旬，活字組みの前のチェックの段階で，タイトルに対する注文がつけられた。このモノグラフ出版の編集顧問をしていたのは，Rorschach の親友かつ同僚でもある Walter Morgenthaler だった。彼は Rorschach に次のような手紙を送った。

> この際なので，あなたの本のタイトルについて一言申し上げたいと思います。というのは，そのタイトルではあまりにも控えめすぎると思うのです。あなたの研究は単なる知覚診断についての研究以上のものであり，「ただの実験」といった類のものではありません。ですから，メインのタイトルはたとえば「精神診断学（PSYCHODIAGNOSTIK）」などのようなものとし，……副題も「偶然にできた不定形態の解釈によって」とか，「偶発的にできた不定形態の解釈による実験的研究」とでもしたほうがよいと思います。（Morgenthaler, 1920/1999）

しかし，Rorschach はこの勧めを受け入れず，2 日後に次のような手紙を Morgenthaler に送った。

> タイトルの件ですが，別に控えめにしたわけではなく，タイトルに対する私の責任感の問題なのです。タイトルについては長いこと考えに考えました。……しかしながら最終的にしっくり来るものがこれ以上思いつかなかったのです。「精神診断学」や「病気とパーソナリティーの診断」，あるいはそれに似たような表現は，私には行きすぎの感がするのです。……今後もし統制された研究がなされてひとつの基準が得られることになれば，そうしたタイトルをつけることにやぶさかではありません。けれども，現時点ではやはりあまりに仰々しい感じがするのです。……ですからタイトルはこのままにしておいていただければと思います。（Rorschach, 1920/1999）

けれども，この返事によっても事態に終止符が打たれることはなかった。その後の数日間，Morgenthaler はもとのタイトルでは本が売れないだろうと強調し，タイトルの変更を強く迫り続けた。その月の終わりには，Rorschach は「あまり気が進みませんが，あなたの意見に押されてしまいました。お任せするしかありません」と，不本意ながら従うことにした。

Rorschach が性格特徴を調べる手段としてインクブロットを用いることにした理由は，十分にはわかっていない。こうした方法自体は独創的ではなかったが，そのアプローチ法は独特なものだった。Rorschach が研究を開始するずっと前にも，インクブロットをテストとして用いようとする試みがいくつかなされた。Binet & Henri（1895-1896）は，知能テスト考案のための初期の研究において，そのテストの中にインクブロットも組み入れようとした。この時代の多くの研究者たちがそうであったように，彼らはインクブロットが視覚的な想像力を研究するのに有用であると考えたのである。結局彼らは，インクブロットが集団施行に馴染まないという問題から，その使用をあきらめた。アメリカやヨーロッパでも，何人かの研究者が想像力や創造力の研究のためのインクブロット使用に関する論文を出した（Dearborn, 1897, 1898 ; Kirkpatrick, 1900 ; Parsons, 1917 ; Pyle, 1913, 1915 ; Rybakov, 1911 ; Whipple, 1914）。これらの研究が Rorschach の独創的な研究を促したとは考えにくいが，モノグラフを書き始める前から，Rorschach はこれらの研究について知っていたようである。

Rorschachの若かった頃，クレクソグラフィー（Klecksographie：インクのしみ）・ゲームは皆がよくやる遊びであり，Rorschachもよくこれで遊んでいたのは間違いない。実際，Kantonsschule（高校）を卒業する前の2年間，彼はクレックス（Klex：インクのしみ）と呼ばれていた。これは彼がいかほどこのゲームに熱中していたのかを物語っている。Ellenberger（1954）は，このニックネームはただ単にRorschachの父親が絵描きだったからつけられた可能性もあると述べている。しかし，Rorschach自身が若い頃に相当の芸術的技量を磨きあげていたことからすれば，この仮説は妥当とは思えない。青年期に達する前から，彼はよく小さなノートに鉛筆でスケッチをしていた。青年期には精密なインク画を何枚も製作し，青年期後期からその後亡くなるまでの間にたくさんの水彩画を描いた。スケッチや絵画の大半は比較的小さなもので，リアリズムに基づく実に精密なものだった。モノグラフと一緒に出版され，その後**ロールシャッハテスト**として知られることとなる10枚の図版の作成には，この腕の冴えが大きく影響したと思われる。

　患者にインクブロットを使ってみようというRorschachの探求をまず促す役割を果たしたのは，彼のKantonsschule時代からの友人であるKonrad Gehringだった。Rorschachがコンスタンス湖のほとりにあるミュンスターリンゲン精神病院で精神科の研修医となる1910年までの何十年かの間，クレクソグラフィー・ゲームはヨーロッパで大いに人気があった。このゲームは大人にも子どもにも好まれ，何通りかのバリエーションがあった。クレックスは店でも売られていたが，自分たちでクレックスを作ることもできたし，そうするほうが普通だった。ときには，インクのしみからの連想を基に詩のようなものを作って遊んだ（Kerner, 1857）。その他，謎かけ遊びの素材に使ったりもした。子どもたちが学校で遊ぶときには，まず生徒や教師がクレックスを作り，それが何なのかをどこまで細かく説明できるか競争をしていた。

　Konrad Gehringは，当時，ミュンスターリンゲン精神病院の近くの中等学校の教員をしており，患者たちの前で合唱するために，よく生徒たちを連れて病院を訪れていた。Gehringは，一定時間熱心に勉強したならクレクソグラフィーで遊んでもよいという決まりを作った。すると，生徒たちの勉強意欲が上がったばかりか，クラス運営上の問題も激減した。このような実践に影響を受けたRorschachは，Gehringのクラスの中の才能に恵まれた生徒は，そうでない生徒よりも，インクブロットに対してより想像力に満ちた反応をするのではないかと考えた。そこで，1911年に簡単な「実験」を行った。この実験はわずか2, 3週間しか続けられなかったが，そのときの方法と結果から，Rorschachはクレクソグラフィー・ゲームを管理業務に使えるのではないかと関心を持った。また，Gehringの男子生徒の反応と自分の病院の思春期患者の反応を比較してみたらどうだろうとの興味をかき立てられた。そして，思いつき程度の，組織的ではないやり方だったが，Gehringと短期間の共同研究をして，その際に何枚かのインクブロットを作成して実際に使ってみた。

　まさにこの年にある出来事が起きなければ，RorschachとGehringの「実験」からはほとんど何も生み出されなかったかもしれない。その出来事とは，早発性痴呆（Dementia Praecox）に関するEugen Bleulerの著作が出版されたことである。Bleulerはこの著作の中で，**統合失調症**（**Schizophrenia**）という言葉を初めて用いた。BleulerはRorschachが学んだ教授の中の一人で，幻覚を扱った彼の博士論文の指導教官だった。Bleulerの考えは精神医学界で大きな関心を呼んだ。しかし，それと同時に，統合失調症とその他の精神病，とりわけ器質性の痴呆とをいかに識別するかという，非常に重要な問題も提起された。ごく簡単にではあるが，Rorschachは，統合失調症と見なされた患者たち

はクレクソグラフィー・ゲームで他の障害の患者とかなり異なる反応をするようだと記した。彼はこれについて地域の精神科医の研究会で簡単な報告をした。しかしこの所見に関心を払う者はほとんどいなかった。そのため，その後数年間，Rorschach はこの追試を行わなかった。

　1910 年，Rorschach は，スイスで医学を学んでいたロシア出身の Olga Stempelin と結婚した。2 人はロシアで開業しようと話し合った。Rorschach は 1913 年に精神科の研修を終えると，当分居着くつもりでロシアに移住した。彼はクルコバ・サナトリウムに職を得て，そこで約 5 カ月働いた。しかし，その後スイスに戻り，ベルン近郊のバルダウ精神病院で精神科研修医の地位で仕事を始めた。そこでは 1 年 2 カ月働いた。Rorschach はバルダウで，先輩の精神科医 Walter Morgenthaler との親交を復活させた。Morgenthaler は，インクブロットの有用性を唱える Rorschach の考えに刺激を受け，その後，Rorschach のモノグラフ出版において重要な役割を果たすことになった。

　Rorschach は 1915 年にヘリザウのクロムバッハ精神病院で上級医の職に就き，その後は同病院で準指導医となった。1917 年の終わりか 1918 年の初め頃，Rorschach はここヘリザウにおいて，クレクソグラフィー・ゲームをより体系的なやり方で行おうと考えた。それは，チューリッヒの診療所で Bleuler の指導を受けて研究していたポーランド人医学生 Szymon Hens による「博士論文」の発表に刺激されたためだと思われる。Hens は自分で 8 枚の一連のインクブロットを作り，それらを 1,000 人の児童，100 人の非患者，そして 100 人の精神病患者に集団法で施行した。論文ではこれら 3 群間の反応内容の異同に焦点があてられ，Hens は反応内容の分類が診断の役に立つことを示唆した（Hens, 1917）。

　Rorschach が Hens の出した結論に疑問を抱いたのは間違いない。Hens が行った分類のためのアプローチ法は，Rorschach と Gehring が 1911 年に行った探求の際に思いついたものとはずいぶん違っていた。Hens が反応内容の分類に重きを置いたのとは異なり，Rorschach は反応内容以外の重要な特徴の分類に関心を持った。彼は知覚に関する多くの文献に親しんでおり，Ach, Mach, Loetze らの諸概念，とりわけ統覚の集合（apperceptive mass）という概念に関心を持ち，影響を受けていたと思われる。はっきりとは書かれていないものの，彼の論述の随所に，この概念が登場するのである。

　体系的な研究を始めた際に Rorschach が持っていた仮説は，一連のインクブロットを提示し，「これは何に見えますか？（What might this be ?）」と問えば，その質問に対する反応の特徴によっていくつかの群を識別できるのではないか，というものだった。クレクソグラフィーの変形であるこの手続きが結局は統合失調症を識別する方法として役に立つだろうと考えていたのは明らかである。

　Rorschach はこの実験の準備のためにたくさんのインクブロットを作成した。少なくとも 40 枚は作り，最初の頃は 15 枚から 20 枚のいろいろな組み合わせを試していた。しかしこの試行の後すぐに，彼は単純なインクブロットを使うことをやめた。その経緯について彼はあまり多くを書き残していない。そのため，モノグラフの中での「検査用具（Apparatus）」についての説明のされ方と相まって，多くの人は，テストに用いられていた図版はあいまいなインクブロットだったと考えてしまった。しかしこれは間違いである。

　テストに使われていたどの図版にも，多くの人に馴染みのある形になるようなはっきりした輪郭が含まれている。それにもかかわらず，テスト公表後何十年もの間，テストを使ったり研究したりする者のほとんどは，多くの人が容易に見ることのできる無理のない反応は潜在的にかなりの出現頻度があるということに気づいていなかった。これにはいくつかの理由があるが，まず指摘できる

のは，この実験についてのRorschachの報告の仕方である。モノグラフの中でRorschachは，「随意に形を作るのはとても簡単である。紙にインクを垂らして数個の大きなしみを作り，それを閉じる。そうするとインクは二つ折りにした紙の間に広がるのである」（p.15）と記している。この記載からはたしかに図版はあいまいなものだとの印象を受ける。しかし，Rorschachはここから先，インクのしみ（クレックス）という言葉を使うのをやめ，それらを絵（bilder），図版（tafeln）あるいは図（figurs）と呼んでいる。

　Rorschachはさらに，「そうやってできた図形がすべて使えるわけではない。というのは，それらはある条件を満たしていなければならないからで，……形は大体において単純なものであるべきだが，……それらはある構成上の必要条件を満たしている必要がある。さもなければ，多くの受検者が『ただのインクのしみ……』などといって反応を拒否する結果に終わるような，何も誘発しないものになってしまう」（p.15）と述べている。モノグラフを読んだ者の多くは，Rorschachは作成したたくさんのインクブロットの中からテスト用の図版を選んだのだと考えていた。しかし，おそらくこの仮説はまったくの誤りである。

　Rorschachはたいがいの場合，薄葉紙を使ってインクブロットを作った。その多くは，1998年から1999年の間に，息子のWadimと娘のElisabethからロールシャッハ・アーカイブス博物館に寄贈された。彼らは父親の論文やプロトコル，表，往復書簡，図版，絵画などを大事に取っておき，それらを保管，展示するための場が作られるのを待っていたのである。薄葉紙で作ったブロットのうちの15枚から20枚には，出版された図版といくつか似ている点がある。しかしこれらのどれにも，現在用いられている図版に見られるような細部にわたる精巧さはない。たしかに薄葉紙のブロットの中には，一見すると出版されたものと間違えてしまうようなものは7，8枚ある。しかし，ざっと見比べただけでも，出版されたもののほうがかなり細かな作りになっているのがわかる。

　Rorschachはインクブロット中により細かな部分を作るための方法をいくつか見つけただろうが，彼がその豊かな芸術的才能を発揮し，自ら筆を執って精密な部分を描き，装飾を加え，いくつかの色を添えたという可能性が最も高い。彼はそうやって基の図にさらに明確な輪郭や色合いを加えていった。個人の記憶痕跡にある対象に同定しやすくなるように，それぞれの図版の中にはっきりした特徴をたくさん含ませたのである。これは図版を作る上でとても重要なことだった。なぜならば，この実験の基になった彼の仮説は，随意に作った「形態」の知覚に関するものだったからである。

　Rorschachは，図版をどのようにして作ったのか詳しく記していない。しかし，彼が作った，あるいは作ろうとしていた「2つか3つくらいの平行シリーズ」の重要性について簡単に述べたくだりがある。Rorschachはそれぞれの平行図版を「反応の数が同じになり，I図版には基のI図版とだいたい同じ数のFおよびMが出されるように，そしてV図版では簡単に見やすい対象を提示できるように」（p.52）作ることを目論んでいた。▼注1

　数カ月かけて，Rorschachは彼の意に適う15，16枚の図版を作成した。彼は1918年から1919年初頭にかけては少なくとも15枚の図版を使っていたが，研究結果を検討した上で12枚に減らした。そして，ある事情によってそのうちの2枚を削ることになるまで，これら12枚で施行していた。

　1917年から1919年までの間，彼はMorgenthalerと頻回に連絡を取り，自分の研究についての3つの短い論文を専門家の集まりで発表した。MorgenthalerがRorschachに彼の実験について発表するように勧めたのは，ちょうどこの頃だった。1919年中頃には，Rorschachは自分の研究が十分発表

に耐え得るまでになったとの確信を持つに至った。彼が一番気にかけていたのは，自分が使っている図版が標準版として印刷され，研究に関心を持ってくれた多くの同僚がそれらを使えるようになることだった。

　1919 年中頃までに分析してきたデータから，Rorschach は自分が考案したこの方法は診断に有用で，特に統合失調症の識別に役立つと十分主張できると考えていた。また，研究の過程で，ある種類の反応，すなわち主に運動反応と色彩反応の頻度の高さが，特定の心理的特徴や行動的特徴と関連していることを見出していた。したがって，この方法は診断的可能性とともに，個人のある性質，すなわち現代心理学で言えば，パーソナリティ特性や行動傾向，スタイルに相当するものを調べることができるものと見なされていた。

　Morgenthaler の他にも，Bleuler を含む他の同僚たちが Rorschach の研究とその診断力に興味を抱いた。追試のために彼が使った図版を貸してほしいと頼む者が何人かいたし，皆がこの方法を学べるように研究結果を出版してしてはどうかと勧める同僚も多数いた。その結果，Rorschach も次第に出版への希望を強めていった。しかし，Rorschach が研究結果の出版の話をいくつかの出版社に持ち込んでみたところ，大きな障害にぶつかってしまった。複雑で費用がかさむとの理由で，どの出版社も一様にインクブロットの印刷に難色を示したのである。ある出版社は興味を示したものの，印刷する図版が 1 枚だけならという条件をつけてきた。別の出版社は原稿の出版には応じてくれたが，図版の枚数を 6 枚に減らすという条件がついていた。Rorschach はこれらの条件を断り，研究を継続し，サンプル数を増やしていった。

　事ここに及んで，Morgenthaler が Rorschach のために一肌脱いでくれた。Morgenthaler は，当時，医学書を専門に出版していた Ernst Bircher の会社の編集顧問だった。精神医学関連の双書をバーチャー社から出す準備を引き受け，ちょうどその頃，この双書に入れる 2 冊の本の編集が完成を迎えていた。そのうちのひとつは双書の第 1 巻になる予定のもので，Wolfli と名づけられた Morgenthaler 自身の患者について書かれた本だった。その中には正確な複製は難しいとされていた Wolfli の絵が何枚も載せられ，出版後は好評をもって迎えられた（Morgenthaler, 1921/1922）。Morgenthaler は Wolfli の絵の印刷をこなした Bircher の手並みを見て，彼なら Rorschach のインクブロットの印刷という難題を成し遂げてくれるだろうと確信した。そして，Bircher に Rorschach のモノグラフの出版を引き受けてくれないかと頼み込んだ。

　Bircher は多少躊躇した後，出版を引き受けた。しかしいくつかの譲歩が必要とされた。Bircher は，10 枚を超える図版は印刷できないし，Rorschach が使っていた図版は大きすぎると断じた。おそらく不満はあっただろうが，Rorschach はそれまでにまとめあげていたデータを 10 枚の図版に対応させて再計算し，表を書き改めることを承諾した。また，図版のサイズを 1/6 にすることに同意した。しかし，最終稿の提出期限である 1920 年に入ってもなお，Rorschach はもう 1 枚だけでも加えてもらえないかと申し入れをしていた。▼注2

　1920 年 7 月に最終稿を出版社に渡した後，経費の関係からページ数を 60 ページ以上削らなければならなくなった。しかし図版の試し刷りができあがったときには，もっと重大な問題が発生した。印刷してみたところ，何箇所かは基の色とかなり違ってしまっていた。図版 VIII と図版 IX では特にそうだった。また，無彩色図版には灰色と黒の濃淡がかなりはっきりとついてしまった。Rorschach の原版のうちの 3 枚（IV, V, VI）にはほとんど濃淡がなかったが，印刷の過程で色調の際

立ったコントラストができてしまった。Rorschach は最終的にはこれらの「技術上の問題」を新たな可能性をもたらしてくれるものとして受け入れた（Ellenberger, 1954）。もっとも，最初のうちはそう思っていたわけではなく，どの図版も 2 回以上の試し刷りがなされた。中には 4 回行われる図版もあった。Bircher は 1920 年 10 月に，Rorschach に宛てて次のように書いている。「この技術上の問題についてもうこれ以上変更を加えることはできません。印刷コストがあまりにもかかりすぎます」。

　1921 年 9 月，ついに原稿は出版されることになった。その大半は，405 人の受検者の実験結果に基づいて書かれたものだった。この 405 人のうちの 117 人の非患者群は「教育を受けた年数が長い者」と「教育を受けた年数が短い者」とに分けられている。また，Rorschach がもともとターゲットにしていた統合失調症患者 188 人も含まれている。彼が 1911 年にごく簡単な観察から考えたとおり，統合失調症群では図版に対して他の群とまったく異なる反応をした。Rorschach は反応内容については目もくれなかった。あるいは取りあげるにしても最小限にとどめた。むしろ彼が意図していたのは，反応をそれぞれの特徴によって分類していくためのフォーマットを作りあげることだった。Rorschach はゲシュタルト心理学者（主に Wertheimer）の研究を参考にして，反応特徴を区別するための一連のコードを作り出した。コードは後にスコアとも呼ばれるようになったが，そのコード群の 1 つは，ブロット全体は W，大きな部分領域は D などのように，反応の領域を示すために用いられた。第 2 のコード群は，形態は F，有彩色は C，人間の運動の感覚は M などのように，受検者が述べたイメージの主たる理由となった特徴に関するものだった。第 3 のコード群は，人間には H，動物には A，解剖には An などのように，反応内容を分類するために用いられた。

　Rorschach は，それらの所見はあくまでも予備的なものだと明言し，もっと多くの実験がなされる必要性を強調した。彼はこの方法に関するさらなる研究が進められることを期待していたし，自分でもその後数カ月の間，精力的に研究に取り組んでいた。しかし，そのとき悲劇が起こった。Rorschach はおよそ 1 週間の腹痛に苦しんだ末，1922 年 4 月 1 日にヘリザウの病院の救急治療室に運ばれた。そしてその翌朝，急性腹膜炎にて死亡した。彼が「インクブロット・ゲーム」の研究に専心できた期間は 4 年にも満たなかった。もしも Rorschach が生き長らえ，さらに研究を続けていたならば，このテストの性質やその発展の方向は今とはずいぶん異なったものになっていたかもしれない。

　『精神診断学』の出版後，彼の研究に対して周囲が無関心であることが見て取れたため，Rorschach はひどく落胆した。スイスのどの精神医学雑誌も書評を載せず，その他のヨーロッパの精神医学雑誌はわずかに研究の要約を掲載しただけだった。モノグラフの出版は，出版社にとっても経営上の大失敗となった。ロールシャッハが他界し，バーチャー社が倒産するまでに，モノグラフはほんの数冊しか売れなかった。しかし幸いなことに，バーチャー社の倒産後の競売で，モノグラフと 10 枚のカードは，ベルンのハンス・ヒューバー出版（Verlag Hans Huber）という名うての出版社の手に渡ることになった。出版物の質のよさによるヒューバー社の名声に加え，モノグラフへの好意的評価が少しとはいえ存在したことから，Rorschach の研究をさらに進めてみようという気運がわきあがった。しかし，Rorschach が死亡したことと，印刷された図版は Rorschach が実験で使ったものとはいくらか異なっていたという事実は，彼の研究を引き継いでいこうとした者たちに重大な問題を引き起こした。しかし，次章で述べるように，Rorschach の方法を発展させ，使用した

いと考える者にとって，これは実は問題の火種に過ぎなかった。

原注

▼注1……Rorschachはこのテストのために作った図版について十分に説明しなかった。そのため，図版はあいまいなものだという考え方が強まっていった。そして，20年後に投映心理学の運動がわき起こったとき，この仮説は重要な役割を果たすことになった。また，Rorschachは，自分の研究について，図版があいまいなものだという仮説を裏づけるかのような書き方をしていた。そのせいで，このテストを発展させていった者たちは，概して図版の刺激特性を考慮しないようになった。

▼注2……Rorschachは1919年まではたしかに12枚の図版を使っていた。しかし，それより前の時期から，最終的には10枚のセットにしようと考えていた可能性はかなり高い。長男Wadimと長女Elisabethにより，Rorschachが同僚に宛てた書簡が1999年にロールシャッハ・アーカイブス博物館に寄贈されたが，その束の中から10枚の図版について言及された手紙が見つかったのである。この手紙がMorgenthalerとの口頭でのやりとりの前に書かれたものかどうかははっきりしない。しかし，このことからは，Rorschachは図版が10枚しか印刷できなかったことに決して落胆はしなかっただろうと推測できる。また，12枚のシリーズの中から除かれた2枚の図版は，ベーン－ロールシャッハ（Behn-Rorschach）として知られるようになった平行シリーズの中に含められることになった可能性が高い。

文献

Binet, A., & Henri, V. (1895-1896). La psychologie individuelle. Année Psychologique, 2, 411-465.

Dearborn, G. (1897). Blots of ink in experimental psychology. Psychological Review, 4, 390-391.

Dearborn, G. (1898). A study of imaginations. American Journal Psychology, 9, 183-190.

Ellenberger, H. (1954). Hermann Rorschach, M.D. 1884-1922. Bulletin of the Menninger Clinic, 18, 171-222.

Hens, S. (1917). Phantasieprüng mit formlosen Klecksen bei Schulkidern, normalosen und Geisteskranken. Zurich: Speidel & Worzel.

Kerner, J. (1857). Klexographien: Part VI. In R. Pissen (Ed.), Kerners Werke. Berlin: Boag & Co

Kirkpatrick, E. A. (1900). Individual tests of school children. Psychological Review, 7, 274-280.

Morgenthaler, W. (1992). Madness and art. The life and works of Adolf Wölfli (Trans.). Lincoln: University of Nebraska Press. (Original work published 1921)

Morgenthaler, W. (1999). Correspondence to Rorschach dated August 9, 1920 (Trans.). In Lieber Herr Kollege! Bern, Switzerland: Rorschach Archives. (Original work published 1920)

Parsons, C. J. (1917). Children's interpretation of inkblots: A study on some characteristics of children's imagination. British Journal of Psychology, 9, 74-92.

Pyle, W. H. (1913). Examination of school children. New York: Macmillan.

Pyle, W. H. (1915). A psychological study of bright and dull children. Journal of Educational Psychology, 17, 151-156.

Rorschach, H. (1942). Psychodiagnostik (Hans Huber, Trans.). Bern, Switzerland: Verlag. (Original work published 1921)

Rorschach, H. (1999). Correspondence to Morgenthaler dated August 11, 1920 (Trans.). In Lieber Herr Kollege ! Bern, Switzerland: Rorschach Archives.

Rybakov, T. (191 1). Atlas for experimental research on personality. Moscow, Russia: University of Moscow.

Whipple, G. M. (1914). Manual of mental and physical tests (Vols. 1 & 2). Baltimore: Warwick & York.

第 2 章
テストの発展：ロールシャッハの各システム
Development of the Test : The Rorschach Systems

　Rorschach の死後も，彼の同僚たちは Formdeutversuch（形態解釈テスト）を使い続けた。しかし，Rorschach のように体系的にデータを集積しようとする者は誰もいなかった。むしろ，このテストを臨床場面や職業適性の判断に応用することに力を注いだ。Rorschach はこの方法の性質について理論化することを故意に避け，先述のように，自分が集めたデータには限界があり，より多くの研究が必要だと繰り返し警告していた。また，Rorschach は内容分析からは受検者についてあまり多くの情報を得られないと考えていたため，反応内容それ自体には重きを置かなかった。しかしそれでも，このテストの多くの使用者は，当時人気が高まりつつあったフロイト派の理論を直接あてはめようとし続けた。

　Rorschach の同僚のうち「形態解釈テスト」を最も強く支持したのは，Walter Morgenthaler, Emil Oberholzer, Hans Behn-Eschenberg の3人だった。Behn-Eschenberg はヘリザウで Rorschach と一緒に働いていた精神科の研修医だが，彼は Rorschach のスーパーバイズを受けながら，このテストを児童に初めて用いた（1921）。この研究では，Rorschach が平行シリーズ作成の過程で作った10枚の図版が使われた。この図版はベーン・ロールシャッハとして知られるようになり，後には平行シリーズの一つとして大々的に宣伝されることとなった（Zulliger, 1941）。

　Morgenthaler と Oberholzer は最初，この方法は統合失調症の鑑別に適しているという仮説に立ってこのテストを支持していた。しかし，精神科領域で働く多くの人たちと同じように，内容解釈が欠如していることを主たる理由に，Rorschach の研究は不完全なものだと考えるようになった。彼らは，反応をスコアリングする点においては Rorschach の方法に忠実だった。しかし，反応内容をもっと取り入れることによって Rorschach の研究を拡張させようとした。精神分析家で Rorschach の親しい友人だった Oberholzer は，インクブロットの研究に熱心に取り組んだ。Rorschach は亡くなる数週間前，スイスの精神分析協会に提出しようと準備していた論文について，Oberholzer に論評を求めていた。Rorschach は最終稿を仕上げることなく亡くなったが，Oberholzer はその論文を出版することにした。というのも，その論文にはいくつかの新しい概念と，明暗（濃淡）および一般的（平凡）反応という2つの新しいスコアリングカテゴリーが含まれていたからである（Rorschach & Oberholzer, 1923）。この論文は『精神診断学』の改訂版に付け加えられた。Oberholzer はまた，このテストがより発展し使われていく上で重要な役割を果たした。

　ヨーロッパでは最初の頃，Rorschach のテストを使う者のほとんどは反応内容に興味を持っていたが，誰一人としてむやみには内容解釈の方法を開発しようとしなかった。また，反応の知覚特性

に関するRorschachの仮説を誰も理解しておらず，それを拡張させようとする意欲も持っていなかったようである。1932年にHans Binderが無彩色反応と濃淡反応についての詳細な解説を発表するまで，新しいスコアやスコアリングカテゴリーが提唱されることはなかった。しかし，Rorschachとは異なり，Binderのフォーマットは実証的に作られたものではなく，論理的には直感的と言えるものであった。

　多くの人々や出来事がRorschachの方法の拡大と発展に影響を持つこととなった。先述したように，その中にはOberholzerも含まれる。彼は，アメリカでロールシャッハテストが発展，成長するための触媒となった者の一人である。彼はいろいろな面で優れた才能を持っていたが，1920年代の半ば頃には児童の専門家として広く尊敬される精神分析家となっていた。彼の評判を聞いたアメリカの精神科医David Levyは，スイスのOberholzerのもとで1年間研究したいと申請し，助成金の交付を受けた。その1年の間にLevyはRorschachの研究について学んだ。そしてアメリカに戻るに際し，児童に施行してみようと考えてインクブロットの写真（当時はまだつねに板紙に貼りつけられていたわけではなかった）を数組持ち帰った。Levyは他のことに興味を引かれ，自分ではテストを使ったり研究したりしなかった。しかし，1926年にこのテストに関するOberholzerの論文を翻訳して発表した。当時，Levyはニューヨーク市の児童相談施設の常勤精神科医だった。この施設は学際的な性質を持ち，ニューヨーク市の学校の生徒に必要な援助をする機関だった。主には学業成績が標準域に達しないニューヨーク市の生徒を援助の対象としていたが，しかしまたニューヨーク市周辺部の問題とされる生徒に対する精神医学的なコンサルテーションやサービスも提供していた。この施設は，精神医学や心理学専攻の学生のための格好のトレーニング施設となっていた。

　コロンビア大学の大学院生であったSamuel J. Beckは，1927年にこの施設の特別研究員となり，知能や適性，学力などのさまざまなテストの施行法と解釈を学びながら，毎週数時間勤務した。1929年までの間，Beckは学位論文として認められるような研究課題を積極的に探していたが，ある日の午後，Levyとのちょっとした会話の中で，LevyがスイスからRorschachの図版のコピーを持ち帰ったことを聞かされた。LevyはそれをBeckに見せ，Rorschachのモノグラフのコピーを貸した。Beckは興味をそそられ，Levyのスーパーバイズのもと，児童相談施設でそのテストを実際に使ってみた。その後Beckは，著名な実験心理学者であり，彼の論文指導担当者だったRobert S. Woodworthに，このテストの標準化研究をしたいと申し出た。WoodworthはRorschachの研究について知悉していなかったが，インクブロットを刺激野の一部として用いたゲシュタルト心理学者によるいくつかの実験には精通していた。WoodworthはBeckとともにそのテストを検討した結果，児童を対象にした標準化の研究が個人差に関する学問領域に貢献することになるであろうと認めた。かくして，Rorschachの死後約7年経って初めて，彼のテストに関して体系的な研究が始められることになった。そしてこの研究により，Beckはロールシャッハテストに関する真に偉大な人物としての生涯を歩み始めたのである。

　Beckはほぼ3年をかけて，研究のためのデータを集め，分析した。この中には，150人の児童のデータも含まれていた。研究の間，Beckは2人の親友と交友関係を持ち続けていた。この親友とは，Beckが10年前にクリーブランドで新聞記者として働いていた頃に知り合った，Ralph HertzとMarguerite Hertzである。Hertz夫妻は，Beckが研究を開始して間もない頃にニューヨークを訪れた。Marguerite Hertzも当時は心理学専攻の大学院生であり，クリーヴランドにあるウェスタン・リザー

ブ大学で研究をしていた。Hertzの訪問中，BeckはRorschachの研究に関する自分の考えを話し，テスト図版を見せた。彼女はその方法が持つ大きな可能性を直ちに理解した。そして，このテストを学位論文のテーマとして申請した。Hertzの研究はBeckのものとよく似たものだったが，標本はいくらか違えてあった。こうして，ロールシャッハテストに関する2番目の体系的な研究が始まった。2人とも1932年に学位論文を完成させた。大学院卒業後，Hertzはクリーブランドにあるブラッシュ財団に職を得て，児童に対する学際的研究などに携わった。Beckはボストン精神病院とハーバード医学校の職を兼任することになった。

　学位論文の中では，反応のコーディングやスコアリングに関して，BeckもHertzもRorschachが行った以外の新しい要素は何も付け加えなかった。彼らの研究結果が児童の反応についての新たな重要なデータとなったことは間違いない。しかし，おそらくより重要だったのは，2人が研究から幅広い経験を得たことだった。その経験のおかげで，Rorschachの概念的枠組みをよりよく理解することができたからである。2人ともさらなる研究の必要性に気づき，その旨を明記して論文を終えた。その頃にロールシャッハテストの将来について予測したとしたら，論争が起こるだろうと予想した者は誰もいなかったことだろう。BeckもHertzも，厳密な実証性重視のプログラムによるトレーニングを受けていた。2人の研究結果のほとんどは一致していたし，その所見もよく似たものとなっていた。しかし，世界的な重大事件の勃発により，調和的に見えたこの始まりは大きく変わっていってしまった。

　最も大きな事件は，ドイツにおけるAdolph Hitlerの台頭である。その結果もたらされた混乱は，3人の心理学者の生涯に影響を与えた。3人とも，ロールシャッハテストに深く関わるようになったのである。ドイツのナチス権力の影響をまず初めに受けたのは，Bruno Klopferだった。Klopferは1922年にミュンヘン大学で博士号を取得した。児童の専門家として学力の増進と不足に関連した情緒的問題を中心に研究していたが，その後，ベルリン児童相談情報センターの上級スタッフとなった。その施設は，Beckが初期の研究を行ったニューヨークの児童相談施設と目的や活動領域が似ていた。しかし，Beckが1932年までの間にこのテストに深く興味を持つようになったのとは違い，Klopferはロールシャッハテストにはまったく関心を示さなかった。Klopferの訓練の内容と指向性はきわめて現象学的なものであり，彼が引かれ続けていたのはフロイト派やユング派の精神分析理論であった。彼は精神分析家になるという目的を持って，1927年に教育分析を受け始め，1931年からは訓練分析を始めた。1933年までの間に，ユダヤ人への弾圧が強まるにつれて，アーリア系人種と非アーリア系人種の児童の研究やサービスに関して政府からベルリン児童相談情報センターに対して多くの命令が出された。そのため，Klopferはドイツを離れる決心をした。Klopferの訓練分析家のWerner Heilbrun[注1]は，Klopferがドイツ国外の多くの専門家と連絡を取って援助を受けられるよう，取りはからってくれた。これに対し，Carl Jungから好意的な回答が返ってきた。Jungがチューリッヒでの職を約束してくれたため，1933年にKlopferはチューリッヒへ向かった。

　JungがKlopferのために見つけたのは，チューリッヒ心理技法研究所での専門技師の仕事だった。その研究所には多くの業務があったが，さまざまな職業への就職希望者に対する心理検査もその一つだった。ロールシャッハテストは常時使われているテストだったので，Klopferはその施行法とスコアリングの方法を学ぶ必要があった。Klopferを指導したのは，Alice Garbaskyというもう一人の専門技師だった。この仕事に就いていた9カ月の間に，KlopferはRorschachが『精神診断学』の

中で述べた仮説に興味を持つようになった。しかし，このテストを教えたり使用したりすることに関してはさほど関心を持たなかった。Klopferが最も情熱を傾けていたのはやはり精神分析であり，チューリッヒに滞在したおかげでJungと個人的な交際を多く持つこととなった。ベルリンでは上級スタッフという高い名声が得られる地位に就いていたが，それに比べて，専門技師としての役割はとうてい満足できるものではなかった。そのため彼は，スイス国内外を問わず，他の職に変わることを強く希望した。最後にはコロンビア大学人類学部の研究員にならないかとの申し出があり，これを受けることにした。そして，1934年にアメリカへ移住した。これとほぼ同じ頃，BeckはOberholzerとの共同研究のために，ロックフェラー奨学金を得てスイスに渡った。Beckは，スイスでの研究によってRorschachの考えや仮説をよりよく理解できるだろうと期待していた。

1934年までにBeckは論文を9本発表し，ロールシャッハテストはパーソナリティの構造や個人差を研究する上で価値があると述べた。このうちの3本は博士論文を完成させる前に発表されたものだった。そのため，アメリカでは1934年にはロールシャッハテストについての関心がかなり高まり始めていた。▼注2それは精神医学と心理学のどちらの領域でも言えることだった。こうした関心の高まりは，Rorschachの死後10年間のヨーロッパで見られた状況とよく似ていた。しかし，ロールシャッハテストが徐々に広く使われるようになっていったヨーロッパ大陸の状況とは異なり，このテストを学ぼうとするアメリカの学生は2つの問題に直面することになった。1つ目の問題は，Rorschachのモノグラフが簡単には手に入らなかったことである。モノグラフの英訳が出たのが1942年なので，当時は，たとえ入手できたとしてもドイツ語に堪能でなければ読むことができなかった。2つ目の問題はもっと重大で，アメリカではヨーロッパと違ってロールシャッハテストは広く使われていなかったのである。そのため，実施法やスコアリングの方法，結果の解釈の理論を学ぶ機会はほとんど得られなかった。

Beckはハーバード医科大学とボストン精神病院で約2年間，この方法を教えていた。Hertzはブラッシュ財団の専門技師やウェスタン・リザーブ大学の学生に教え始めた。そして，David Levyは，1933年にニューヨークを離れてシカゴのマイケル・リース病院の新設児童病棟に赴任し，数人の専門技師に対してこのテストの実施法のトレーニングを行っていた。しかし，これら3ヵ所以外に，このテストを正式に教えているところはなかった。正規の訓練を受けるのが難しかったため，このテストに関心のある学生が欲求不満に陥ることはよくあった。このような事情はBruno Klopferのその後の経歴に大きな影響を与え，彼がロールシャッハテストの重要な研究者の一人となることを後押しした。

1934年の末，コロンビア大学の大学院生の何人かは，Klopferがチューリッヒでこのテストの経験を積んでいたことを知り，学部長のWoodworthに，人類学の研究員であるKlopferがテストのセミナーを開けるようにしてくれないかと要請した。Woodworthはよく知られていない研究者を自分の学部に兼務で任命することを嫌がり，Beckがスイスから帰国したらBeckに正式な訓練を行ってもらえるようにしようではないかと提案してきた。しかし学生たちはそれまで待つことができず，Klopferに，週に2晩，彼のアパートで私的なセミナーを開いてくれないかと頼んだ。Klopferは，少なくとも7名以上の学生が参加し，6週間のセミナーのために若干の授業料を支払うことを条件として，セミナーを開くことに同意した。

Klopferはセミナーで実施法とスコアリングの基礎を教えるつもりでいた。しかし，Rorschachの

研究が不十分だったため，その予定は狂ってしまった。参加者は，毎回，実習によって得てきたテストの反応について議論した。しかしほとんどいつも，ブロットの領域を明確に示す名前がないために，用いられた領域が**普通**（common）のものなのか**特殊**（unusual）なものなのかについて意見が一致しなかった。さらに問題だったのは，ブロットの濃淡を強調した反応を区別するコードやスコアがなかったことである。そのため，夜遅くまで議論が続けられることがしばしばだった。Klopfer は，このテストの将来はこれらの問題の解決に掛かっていると考えた。彼は優れた教師であり，まとめ役であった。Klopfer は学生たちの熱意によってロールシャッハテストへの関心を再び燃えあがらせ，このテストの不完全さに挑もうという意欲を高めた。

6週間のセミナーが終わらないうちから，学生たちは次の6週間のセミナーを続ける決心をしていたし，コロンビア大学とニューヨーク大学からの他の学生は，もう1つのグループを作ってほしいと Klopfer に頼んだ。2つ目のグループができると，その後さらに3つ目，4つ目のグループも作られていった。それぞれのグループでは，領域の呼称についての新しいスコアや，濃淡の特徴を含む反応についての議論が行われ，既存のスコアリングのフォーマットにそれらを追加することが決められた。1935年の終わり頃にはいくつかの新しいスコアが加えられ，その他のスコアについても検討がなされていた。Klopfer のグループは，Binder（1932）の提案を基にして濃淡反応に取り組み，定義を変更したり，新たなスコアを作ったりした。

1936年までの間，Klopfer は大半の時間をこのテストに注ぎ込んだ。Klopfer とその生徒たちがこのテストを発展させようと努めているとき，周囲には，彼らの直感的な改訂を後押ししてくれるような雰囲気はなかった。アメリカの心理学は「純粋科学」の伝統の流れの中で確立されてきたので，現象学には信を置いていなかった。決まり文句のように行動主義が唱えられ，実証主義の厳密さから離れようとしたり行動主義の堅固さを認めようとしない者は，ややもすると反感をもって迎えられた。これは Klopfer にとって重大な問題であったが，テストの発展にとってはなおさら大きな問題となった。

Klopfer は，それまでに各セミナーで新しいスコアを採用したり，新しい公式を考案してきたこともあって，ロールシャッハに関する知識を広める必要性をすぐに理解した。彼は1936年に，『ロールシャッハ研究交換（*Rorschach Research Exchange*）』と称する謄写版のニューズレターの発行を開始した。このニューズレターは後に『投映法研究（*Journal of Projective Techniques*）』となり，最後には『パーソナリティ・アセスメント研究（*Journal of Personality Assessment*）』となった。ニューズレターを発行したそもそもの目的は，私的に開いたセミナーやコロンビア大学で始めたスーパーバイズのセミナーでこのテストがどんどん発展していたので，その最新情報を伝えようというものであった。しかし，もう一つの目的もあった。彼は，『ロールシャッハ研究交換』がこのテストのデータ，考え方，経験を共有するための伝達手段となるだろうと考えていた。そのため，彼は Beck, Levy, Hertz, Oberholzer に寄稿を求めた。これら熟練者同士の対話によってテストの発展が早められることを期待したのである。しかし，そういうわけにはいかなかった。

『ロールシャッハ研究交換』の第1号が発刊される少し前に，他の研究誌に Beck（1936）の論文が掲載された。それは，スイスの精神科医の一部，特に Bleuler やその息子 Manfred に対してきわめて批判的な論調のものだった。Beck には，彼らのテストの用い方，特に反応のスコアリングの仕方が非常に主観的だと思えたのである。その論文の題名「ロールシャッハのスコアリングにおけ

る自閉性（Autism in Rorschach Scoring）」には，Rorschachが発展させてきたコード化やスコアリングの方法からの逸脱を非難しようとするBeckの気概が表れている。Beckはその論文で，施行法，スコアリング，解釈のための一定の基準を導き出すために入念な体系的調査研究が必要であることを指摘した。これは，それまでの論文でも繰り返し述べていたことだった。

　このような揺るぎない姿勢を見れば，スコアリングのフォーマットを拡大させようとするKlopferの動きに対して，Beckがきわめて冷ややかな反応をしたのは驚くにあたらない。『ロールシャッハ研究交換』の第1号に掲載された，Klopferのグループが発展させたスコアリングのフォーマット（Klopfer & Sender, 1936）は，たしかに十分練られ，よくまとめられたものだった。しかし研究のデータベースが欠けていたことに加え，このフォーマットはRorschachの概念化や定義を踏み越え，BeckとHertzの研究から言える以上のところまで，スコアリングを多様化させすぎていた。そのためこのテストは，実証的枠組みを大切にする人たちには受け入れがたいものになってしまった。

　1937年の初めには事態は破滅的なまでに悪化した。1936年に『ロールシャッハ研究交換』への執筆を依頼されたBeckは，約2年前から書き進めていた原稿をKlopferに送った。その原稿は，アメリカ矯正精神医学会の最初の研究書として，1937年に『ロールシャッハ法入門（Introduction to the Rorschach Method）』という名前で出版された。これはBeckの最初の著書であり，後には「Beckのマニュアル（Beck's Manual）」として知られるようになった。Klopferは『ロールシャッハ研究交換』の1937年号の大部分をBeckのマニュアルの批評にあてることにした（Klopfer, 1937a）。予想に難くないことだが，批評は肯定的というよりは否定的なもので，Beckが新しいスコアを加えるのに乗り気でないことや，反応形態の質の良否を定めるBeckの基準がやり玉に挙げられた。それはBeckの反論を引き起こし，Klopferは『ロールシャッハ研究交換』の第2号にそれを掲載した（Beck, 1937b）。「ロールシャッハのいくつかの問題（Some Rorschach Problems）」というその論文はKlopferのアプローチにきわめて批判的で，2人の方向性には決定的な違いがあることを明確に示すものとなった。『ロールシャッハ研究交換』の次号ではBeckの論文に対する多くの論評が載せられたが，そのほとんどはKlopferの信奉者か，彼の立場を支持する人たちによって書かれたものだった。その多くがBeckの論文を酷評していたが，中には敵意を露わにするものさえあった。結局のところ，それらの批判はBeckの決意をますます強くする役割しか果たさなかった。

　HertzもBeckとKlopferの論争に巻き込まれた。彼女はBeckと同じように，このテストをまだ発展させる必要があると考え，そのために終始変わることなく献身的な努力を続けた。それだけに，2人の論争にはひどく落胆した。彼女とKlopferは，最初は書簡を通じて，後には直接会って交流するようになった。そして，このテストの研究をまとめあげようとするKlopferの努力を肯定的に見るようになった。しかし，彼女自身はBeckと同じように，慎重な調査研究を続けていた。『ロールシャッハ研究交換』の中でBeckとKlopferの対立が明らかになったとき，Hertzは調停役を引き受けようとした。彼女はまず，1937年に『ロールシャッハ研究交換』に論文を発表した。この論文で彼女は，Beckが導き出した多くの結論の基になるデータの数が少ないことを指摘し，Klopferのグループに対しては「記号の迷路に入り込むほどスコアリングを細分化しすぎている」と批判した。この論文は両者のアプローチが抱え持つ欠点を指摘するもので，BeckとKlopferの和解にはつながらなかった。それでも彼女は足並みそろったアプローチができないものかと期待し，和解や歩

み寄りを訴える論文をたびたび執筆した（Hertz, 1939, 1941, 1952b）。

　Hertzやその他の何人かがBeckとKlopferとの間に何らかの折り合いをつけようと努力したが，2人の分裂はさらに大きくなり，1939年頃には和解することはもはや不可能と思えるほどの状態になった。以来，両者の間には，口頭でも書面でも一切の交流がなくなった。スイスからの帰国後，BeckはDavid Levyに誘われて，マイケル・リース病院とシカゴ大学の職を兼務することになった。1944年から1952年の間に，Beckはロールシャッハテストに関する3巻の書物を出版し，その中でこのテストの使い方についての自分のアプローチ法を示した（Beck, 1944, 1945, 1952）。一方，Klopferは第二次世界大戦が終了するまでニューヨークに残り，コロンビア大学とニューヨーク市立大学で働いていた。その後Klopferは，カリフォルニア大学ロサンジェルス校の教授となった。ロールシャッハテストに関する彼の最初の著書は，Douglas Kellyを共著者として，1942年に出版された。1954年から1970年の間，Klopferと彼の仲間も3巻の書物を出版し，このテストを用いるために彼がまとめあげた体系の全般を提示した（Klopfer, Ainsworth, Klopfer & Holt, 1954；Klopfer, Meyer, Brawer & Klopfer, 1970；Klopfer et al.,1956）。

　Hertzはウェスタン大学の教授としてクリーブランドにとどまっていた。彼女はこのテストに関する60本以上の論文を発表し，形態水準のスコアリングに用いるための詳細な頻度表を，数回にわたる改訂を加えながら公表した（Hertz, 1936, 1942, 1952a, 1961, 1970）▼注3。結局，Klopfer，Beck，Hertzはそれぞれ独自の道を歩み，各自の理論的あるいは実証的な立場でロールシャッハテストを発展させていった。このようにして，ロールシャッハテストは互いに全く異なる3つの別個の体系に分かれた。しかしその頃，さらなる分派も生まれようとしていた。

　Klopferの第1回目のセミナーの参加者に，ニューヨークの神経精神医学研究所の博士課程修了研究員であるZygmunt Piotrowskiがいた。Piotrowskiは実験心理学者としての訓練を受け，1927年にポーランドのポズナン大学から博士号を得た。彼はいろいろな大学で研究して学識を高めたいと考え，学位取得後，2年間，パリのソルボンヌ大学で過ごした。その後はコロンビア大学の医学部講師と博士研究員になった。その職に就いたのは，その当時Piotrowskiは記号理論学を発展させることに強い関心を持ち，神経学についてもっと学びたいと思っていたからである。彼は大学院在学中，ロールシャッハテストを学んでいた他の学生に協力して受検者になったことはあったが，このテストについての知識はほとんど持っていなかった。この経験があったので，ロールシャッハテストについて何となく知ってはいた。しかし関心はほとんど持っていなかった。

　彼はコロンビア大学で博士研究員をしているとき，多くの心理学専攻の大学院生と交流するようになったが，その中の一人に勧められて，Klopferの第1回目のセミナーに出席することにした。このようなふとした決断がきっかけとなって，その後彼はこのテストに大いに興味を持つようになった。しかし，Klopferがこのテストを発展させようとしていたのに対し，Piotrowskiの関心は創造性を識別するテストとしての可能性にあった。特に興味があったのは，神経学的に問題を持つ人がこのテスト場面でどのように機能するかということだった。Klopferがセミナーを開いていた初期の頃，彼はKlopferと親しく交際し，新しいスコアの考案に寄与した。そしてこれらのスコアは，その後Klopferの体系の中に定着していった。しかし，Klopferのアプローチに対するBeckの批判が激しさを増すにつれ，彼はKlopfer派から次第に遠ざかっていき，Kurt Goldsteinの指導のもとで多くの時間を神経学的障害に関する研究に費やすようになった。それに，Piotrowskiは1939年には祖

国に帰るつもりでいた。

　しかし1939年9月に始まったドイツのポーランド侵攻によって，Piotrowskiは進路を変え，フィラデルフィアのジェファーソン医科大学に就職することになった。Piotrowskiは同大で神経学的障害の研究を続けるとともに，ロールシャッハテストに関する彼自身の考えを検証することができた。10年後，彼はこのテストへの独自のアプローチをまとめた論文（1950）を発表し，その後，このテストの使い方について詳細に記した書，『知覚分析』（1957）を出版した。この書で彼は，知覚の解釈に関する彼自身の考えをロールシャッハテストの体系の中に組み込んだ。かくして，Beck, Klopfer, Hertzとはまた別の，ロールシャッハに対する4つ目のアプローチが誕生した。

　Piotrowskiがこのテストに関する研究を完成させるよりも前に，アメリカではもう一人別の人物がロールシャッハテストの発展と利用に大きな影響を与えようとしていた。その人物とはDavid Rapaportである。Rapaportは，当時の多くの人と同じように，1938年にヨーロッパに渡り，その後パズマニーのハンガリー王立ペルトス大学で博士号を取得した。彼には精神分析的志向が強く，トレーニングを受けているうちに，思考過程，その中でも特に病的思考に関心を持つようになった。Rapaportはロールシャッハテストを少しはかじっていたが，ロールシャッハにもその他の心理テストにも大して関心を持っていなかった。彼は理論に強く，専門家として目指していたのは，古典的精神分析モデルの自我機能に現代的な概念を補うことだった。Rapaportはアメリカに帰ると，ニューヨークのマウントサイナイ病院でしばらく働き，その後，カンザス州オズワトミーにある州立病院に就職した。カンザスの病院に就職したのは，一つには経済的理由からであった。しかし主たる理由は，精神分析の理論と実践のメッカであるメニンガー財団に近づきやすいからだった。オズワトミーで就いた仕事の関係で，Rapaportはメニンガー財団の研究者とたびたび接触することができた。1940年にメニンガー財団の専任職員の席が空くと，Rapaportはその職に採用され，2年後には心理学部門の部長になった。ロールシャッハテストやその他のテストを研究した結果，彼はこれらのテストを思考活動の調査に利用できるという確信を持った。また，投映の過程や，投映をパーソナリティの研究とからめて論じたHenry Murrayの著作（1938）に強い影響を受けた。

　Karl Menningerの指導のもと，Rapaportは人間の心理機能について幅広い描写をすることを目的に，数種の心理テストの有効性を研究する精巧なプロジェクトを立ちあげた。彼は，自分が受けてきたトレーニングは心理測定的な研究のためには十分でないとの自覚を持っており，財団の職員とカンザス大学の大学院生の中からメンバーを募り，優秀な研究チームを組織した。このチームの中には，財団の専任精神科医であるMerton Gillと，財団でインターンをしていたカンザス大学の大学院生Roy Schaferがいた。このプロジェクトは，ロールシャッハテストなどの8つの心理テストの臨床への適用について中心に書かれた，『心理診断検査法（*Diagnostic Psychological Testing*）』（1946）という2巻の大部な書物として結実した。この研究の基になった考えは，テストバッテリーによって，人間についての統合的で豊富な理解を可能にする情報が得られる，というものであった。

　RapaportはBeckとKlopferが論争していることを十分承知していたので，どちらか一方の側についてしまわないように努めた。彼が最終的に採用したロールシャッハテストへのアプローチは，ある種，Klopferのものに似ていた。しかし，かなり異なってもいて，Rapaportの精神分析寄りの考え方にかなり影響されていた。彼の2巻の書にはデータを盛り込んだ図表がたくさん載せられていた。しかし，データを無視したり，データから言える以上のことを言ってしまうなど，結論の多く

の部分は人間の心理についてのRapaportの理論をそのまま反映したものとなっていた。Rapaport派とKlopfer派が，ロールシャッハテストを発展させるために費やしたそれぞれの努力を一つにまとめあげようと協力していたならば，ずっとすばらしい結果が得られ，ロールシャッハテストに関して重要な影響を及ぼしたであろう。また，RapaportがRorschachの基本的な方法論から著しく逸脱してしまうこともなかっただろう。しかし，実際にはそうはならなかった。1946年までに，他の4つのアプローチのいずれとも異なる第5のアプローチの種が，しっかりと蒔かれることとなった。

2巻の書を出版した後，Rapaportは心理テストからは離れ，自我機能についてのより詳細なモデルを作りあげるという，もともとの興味関心に戻っていった。それにもかかわらず，彼がまとめあげた体系はロールシャッハテストを用いる多くの人たちに影響を与えた。1954年に出版されたRoy Schaferの名著『ロールシャッハテストの精神分析学的解釈（*Psychoanalytic Interpretation in Rorschach Testing*）』によって，その内容はさらに豊かなものになった。この書はRapaportが築いたモデルに多くのことを付け加えたばかりか，パーソナリティ力動を広く検討する内容分析のマイルストーンとなった。つまり，Rapaportが先鞭をつけ，Schaferが大成させたわけである。

このようにして，アメリカでは20年余りの間（1936-1957）に5つのロールシャッハテストのシステムが作りあげられた。それらは完全に別のものだったわけではなく，似た部分もいくつかあった。それら類似点のほとんどは，Rorschachの基の研究から取り入れられたものだった。しかし，そうした類似性よりも5つのシステム間の相違のほうがずいぶんと大きく，スコアリングの方法や解釈へのアプローチ法は比べるまでもないほど異なっていた（Exner, 1969）。

同じ頃，ヨーロッパでもロールシャッハテストに関する多数の文献が書かれた。しかし，そのほとんどは研究誌に投稿されたものだった。1957年にEwald Bohmの"*Lehrbuch der Rorschach Psychodiagnostik*"が出版されるまで，基礎となるテキストはRorschachのモノグラフしかなかった。Bohmはその著書の中で施行法やスコアリングの基本をまとめたが，それはRorschachの考えに非常に近く，テストの解釈について十分かつ洗練された説明がなされていた。彼はBeck，Klopfer，Hertz，Piotrowskiらの研究についてよく知っており，解釈法の中には彼らの考え方を多く取り入れ，統合した。結局のところ，Bohmは6つ目のシステムを作ることになり，それはヨーロッパで広く用いられるようになった。

こうしたアプローチの相違があったにもかかわらず，ロールシャッハという方法論（methodology）は心理診断の分野では主役の一つとして隆盛を誇った。実務家も研究者も，この方法に5つあるいは6つの著しく異なるアプローチの仕方があることをほとんど無視していた。彼らはそれぞれのシステムの間に存在する違いの大きさを十分に認識していなかった。あるいは，違いの大きさを非現実的なまでに過小評価していた。ほとんどの人は，ロールシャッハという単一のテストが存在し，論ずる者の観点の違いによって賞賛されたり批判されたりしているのだと考えていた。このような考え方が根強く残っていたのは，各システムに共通するもう一本の糸があり，それぞれの特徴となっているスタイルを変えれば，その糸によって各システムをつなげることができると考えられていたからであろう。その糸とは，投映の概念である。

投映の概念と投映法

　20世紀の最初の30年間，主に応用心理学の分野で，知能や，知能に関連した適性，学力水準，運動機能などの働きを研究する目的でテストが用いられてきた。パーソナリティの特徴を研究するための方法は考案されていたが，それらは内向性，支配性，可塑性など単一の特性だけを測定するように作られていた。パーソナリティの記述や診断が必要とされる場合は，十分な面接の結果と生活史から情報を得ていた（Louttit, 1936）。用いられるテストは得点を集団の平均値と比べて判断するという伝統的な心理測定の原理からできており，反応の内容はほとんどあるいはまったく考慮されなかった。

　BeckやHertzのような初期の研究者のほとんどは，これと同じ方式に則っていた。Jungの言語連想検査（1910, 1918）では，投映そのものよりも感情の喚起のほうに注意が向けられていた。投映の概念は，心理テストに適用されたとしても，この言語連想検査に示されたもの以上には公式化されていなかった。Rorschachの実験では，サイコグラムを作る目的から，もっぱらスコアの頻度に焦点があてられた。Rorschachは，反応内容から「たまに」パーソナリティについてわかることがあると気づいていたが，それがこの方法の主要な価値であるとは考えていなかった。彼は，この課題が求めているのは外的刺激への順応であって，連想の流れを引き出すことではないと強調した（pp.122-123）。しかしそれから約20年後，ロールシャッハテストに投映の概念が適用されるようになった。

　Klopferが最初のセミナーを開始したのとほぼ同時期に，Morgan & Murray（1935）は，主題統覚検査（TAT）を世に出した。TATは，あいまいな社会状況に直面したときにはパーソナリティの一部が現れ出る，という仮説に基づいて作られていた。3年後，Murray（1938）は，あいまいな刺激状況での投映の作用について的確な説明を行った。Murrayの着想は，ある程度，Freudの自我防衛の一形態である投映についての仮説（内的に体験された脅威を外的なものへと移し換える）から得られていた。Freudは，そうすることによって内的な脅威を扱いやすくなると述べ（Freud, 1894/1953a, 1896/1953b, 1911/1953c），後には，これは人が誰でも行う自然な対処法だと記した（Freud, 1913/1955）。Murrayは主にFreudの1913年の考え方に依拠して，投映は自然な対処法であり，そのとき防衛が関係しているときもあれば関係していないときもあると述べた。Murrayによる投映の概念は，刺激領域にあいまいさが含まれるとき，知覚入力を認知的に翻訳したり解釈するにあたっては，欲求や関心，心理学的構造全体から影響を受けることとして，単純に公式化された。この概念はFrank（1939）によってさらに具体的に整えられ，投映仮説という言葉が生み出された。Frankは，このような活動を引き出して臨床家の役に立つこととなる種々の技法に対し，「投映法」という名称をつけることを提唱した。ロールシャッハは，こうした力を持つ技法の一つの例として挙げられた。

　当時の心理学と精神医学の「時代精神」は，このような潮流にぴったり合致するものだった。ロールシャッハやTATのような方法の有用性が広まると，臨床家の指向は，法則定立的な比較に基づく研究から個性記述的な研究へと急速に変化していった。精神力動論が多くの人に受け入れられていくにつれ，個人に特有の欲求，関心，葛藤，スタイルを重視する方向への変化は，臨床家に専門家の中で新しい地位を与えることになった。1940年代の初期までに，投映法に関する事例研

究，研究論文，意見，議論が専門誌に矢継ぎ早に発表された。この10年，そして次の10年の間に，多くの新しい投映技法が作られた。Louttit & Browne（1947）は，臨床現場で最もよく使われるテストの上位20は，1935年から1946年までの間に，その60%が入れ替わっていたことを見出した。Sundberg（1961）は1959年までのデータを用いてLouttit & Browneと同じ調査研究をしてみた。すると，1936年から1959年までの間には，最もよく使われる上位20のテストは76%が入れ替わっていた。しかし，Louttit & Browneの調査では，ロールシャッハとTATは，よく使われるテストの4位と5位に位置していたし，Sundbergの調査では，それぞれ1位と4位だった。この調査から明らかになったのは，臨床でテストを使用する際に投映技法を重要視する傾向は1940年代と1950年代にかなり広まり，その趨勢は次の10年の間も続いたということである。Lubin, Wallis & Paine（1971）は1969年までのテスト使用に関するデータを集め，ロールシャッハが3位，TATが7位だったことを確認した。

この30年の間に，ロールシャッハに関する非常に多くの出版物が公表された。1957年までにロールシャッハの各システムは地歩を固め，システムを作った者は誰もシステムの統合や折衷には向かおうとしなかった。1950年から1970年までの間に発表された研究のうち，いくつかは依拠するシステムがはっきりしていたが，多くはそうでなかった。著者や読者，実務家は，文献の内容が肯定的なものであれ否定的なものであれ，それらの報告はロールシャッハという一つのテストに適用できるものと解釈していた。システムによる違いにはまったく注意が向けられていなかった。

システム間の相違

アメリカの5つのアプローチの比較分析は，『ロールシャッハテストの体系』（Exner, 1969）として出版された。この比較検討は，BeckとKlopferに促されて行われたものである。かつて彼らは，それぞれの見解について直接顔を合わせて討論してほしいと強く勧められた。2人ともその申し出を断ったが，そうは言いながら，自分たちのアプローチ法の違いについて入念に検討して研究誌の論文とするのは有意義だろうと提案した（Beck, 1961；Klopfer, 1961）。最初，このプロジェクトは単純なものと思われた。しかし，HertzやPiotrowski, Rapaport-Schaferのアプローチで訓練を受けたり，それらに肩入れしている主立った人たちからは，5つのシステムすべてを対象として広範な比較を行うべきだとの主張がなされた。そのため，一つの論文で終わるはずだったものが1冊の書物になった。また，各システムに関する文献は多数あり，しかも散在し，中にはひどく歪められたものもあったため，完成までに数年を要することになった。

比較の結果，アメリカの5つのシステムの間には著しい違いがあることが明らかになった。たとえば，5つのシステムのうち，座る位置が同じものは2つだけで，教示はどれも異なっていた。それどころか，あるシステムで使われている教示をその他のシステムのものと比べてみると，およそ似たところがなかった。各システムは異なる方法でデータを集めていたわけであり，それぞれの結果を比較することには問題があった。もしシステム間の相違が座る位置と教示だけだったならば，これらの違いがテスト結果に及ぼす影響を体系的に研究することで，何らかの解決が容易に得られただろう。しかし実際には相違は，研究が容易なこれら2つの変数だけではなく，はるかに多くの点に及んでいた。

各システムの創始者は反応をコード化したりスコアリングしたりするための独自のフォーマットを作ったが，それらは互いにまったく異なるものだった。どのシステムもRorschachが作ったスコアリングの記号の大部分を使用していたが，ほとんどがその適用基準の一部あるいは全部を変えていた。たとえば，反応に使われたブロットの領域を特定するために，5つのシステムには全部で15の異なるコードやスコアが作られることになった。これら15のコードのうち，その定義が各システムで共通のものは一つもなかった。たとえば，反応においてブロットの形態の特徴や輪郭が重要だったことを示すRorschachのスコアリング記号Fは，5つのシステムすべてに含まれていた。しかし，形態が正確に用いられたかどうかを判断するための基準は，各システムによって異なっていた。また，運動が述べられたときのスコアリングもシステムごとに異なり，運動の知覚があったかどうかの定義さえも違っていた。5つのシステムには，反応に色彩が用いられたことをコードするために合計16の記号が存在した。複数のシステムにいくつか同じ記号が用いられていたが，適用基準がそれぞれ異なっている場合もあった。スコアリングについてのシステム間の最大の相違は，濃淡と無彩色の使用に関してであった。各システムはこれらについて特有の記号と適用基準を有していた。これは，Rorschachのモノグラフの第2版が出版されるまではほとんどのブロットにあまり濃淡がなく，そのため濃淡の研究がなされていなかったことを思えば，驚くにはあたらない。▼注4

　スコアリングの相違は，解釈にも多くの違いをもたらした。各システムの間には，どのスコアを計算すべきか，スコア同士のどの関係が解釈に重要なのかという点で，明らかに違いがあった。また，変数の意味に関して，あるいは変数の布置の解釈上の重要性に関して，多くの相違が見られた。このような大きな違いがあるにもかかわらず，各システムのいくつかの解釈仮説は同じあるいは似ているように見えた。これらの仮説の大部分はRorschachの基の研究から引き出されたものであったが，このような共通点があるために，一見しただけでは各システムが実際以上に似ているような印象を持ってしまう。システム間に大きな相違が見られたのは，Rorschachが明確に定義していなかったり，方法や仮説を示さなかった問題に関してであった。

　各システムの比較分析からは，システム間の違いはあまりにも大きく，一つのロールシャッハテストがあるという考え方は神話に過ぎないという結論が得られた。つまり，**5つの異なるロールシャッハテストができあがっていた**のである。類似しているのは，スイスの刺激図版を用い，Rorschachの基のスコアと基本的な解釈仮説の大部分を含んでいるという点でしかなかった。しかも，それらのスコアや仮説さえ，各システムを築いた者によって，一部は独自に拡大されてしまっていた。

包括システム

　ロールシャッハテストの5つのアプローチの比較分析からはいくつか重要なことがわかったが，5つのシステムのうちで最も実証的な確からしさを有するものはどれか，最も臨床に役立つものはどれか，という2つの問いは，未解決のまま残されていた。これらの問題を検討するために，1968年にロールシャッハ研究財団が設立された。▼注5　財団では初期のプロジェクトの一環として，臨床家がロールシャッハテストをどのように使っているのか，ロールシャッハテストを用いて研究を行っている人たちは研究計画や分析においてどのような問題にぶつかっているのか，という点を調べるた

め，3つの調査を行った。

　これら3つの調査のうちの1つ（Exner & Exner, 1972）は，アメリカ心理学会の臨床心理部門とパーソナリティ・アセスメント学会の会員名簿から無作為に抽出した750人の臨床家に質問紙を送って行われた。質問項目は30あり，正式に訓練を受けたのは5つのシステムのうちのどれか，日常の実務で用いているのは5つのシステムのうちのどれか，などを問うていた。座り方，教示，スコアリング，解釈に関するものもいくつか含まれていた。全部で395通（53%）の有効回答が返ってきたが，その結果は驚くべきものだった。回答者の5人に約3人はKlopfer法によって正式な訓練を受け，2人に1人はBeckの方法で訓練を受けていた。Piotrowskiのシステムで正式な訓練を積んだ者は，だいたい5人に1人の割合だった。HertzかRapaportの方法で訓練を受けた者は全体の約10%だった。このような比率は必ずしも意外なものではなかった。しかし次の2つの結果は予想だにしないものだった。

　1つは，回答者の約22%がスコアリングを完全にやめてしまっていたことである。彼らはロールシャッハテストを用いて内容の主観的分析しかしていなかった。2つ目は，スコアリングをしている308人のうち232人は，あるシステムのスコアを別のシステムに統合したり，自分の経験から作り出した独自のスコアを付け加えたりして，スコアリングを自分に合わせて作り替えてしまっていたことである。また，圧倒的多数の回答者は，スコアリングする際に主に依拠するシステムがあっても，施行の際は必ずしもそのシステムに定められている方法には従っていない，と認めていた。解釈仮説の適用に関しても，実情は同様だった。これはたとえば，Rapaportの対面式の座り方（これは他のどのシステムにも採用されていない）でロールシャッハテストを施行し，KlopferとBeck，Piotrowskiの基準を用いて反応をスコアし，その結果得られたデータの解釈仮説をKlopfer，Beck，Piotrowskiあるいはそれ以上の複数のシステムから引き出す，というようなものである。ロールシャッハテストを用いる臨床家の多くは，いくつかのシステムや自分の経験から得られた種々のものをつなぎ合わせていた。この事実は，テストの使用者と同じ数だけテストも存在するというように，ロールシャッハテストに対する5つの主要なアプローチが桁違いな数に膨れあがっていたことを示していた。

　しかし，振り返ってみれば，こうした結果は非常に目を引きはするが，驚くべきことではなかった。Jackson & Wohl（1966）は，大学でロールシャッハテストを教えている講師を対象に調査を行い，その12%はスコアリングを教えておらず，施行，スコアリング，解釈の方法は実に多様なものだった。また，大学でロールシャッハテストを教えている者の約60%は，博士課程修了後にはこのテストについての訓練をほとんどあるいはまったく受けていなかった。46%の者はできれば別のことを教えたいと考えていた。Jackson & Wohlの調査結果からは，このテストの教育の標準化がなされていなかったことが浮き彫りにされた。また，当時ロールシャッハテストを教えていた者の多くは，決して教えるのに適任というわけではなかった。1960年代に臨床家になった者は，このテストが本来目指していたものからだいぶ外れた使用法を教えられていたことがわかった。

　ロールシャッハ研究財団が行った2つ目の調査では，90項目からなるもっと詳細な質問紙を，アメリカ心理学専門家協会から認定を受けた200人の専門家に郵送した。回答のうち，すべての質問に答えてあるものは131あった。しかし，そのうちの20人分は，ロールシャッハテストの年間使用回数が20回に達していなかったので除外した。残りの111の回答からは，少なくとも年間

20回以上ロールシャッハテストを用い，博士課程終了後平均12年の臨床経験を有する臨床家の実務や意見に関する情報が得られた。83人（75%）の回答者は，BeckかKlopferのどちらかに加えて，さらに別の1つか2つのシステムというように，2つ以上のシステムの正式な訓練を受けていた。自分が少なくとも3つのシステムに精通していると考えている者は95人（85%）いた。スコアリングをやめていた者は7人だけだったが，複数のシステムの施行法やスコアリングの方法を混ぜ合わせて使っていると回答した者は62人（56%），解釈仮説は複数のシステムから援用しているとした者はほぼ全員だった。

　要するに，ロールシャッハテストをかなりよく利用している高度の資格を持つ実務家の間でも，最初の調査結果と同様，アプローチの仕方が拡散，増加していたのである。これら2つの調査のデータを総合すると，1つのシステムに忠実に従っている者は，506人中わずか103人（20%）だけだった。Rorschachの方法論が5つの主要なアプローチに分かれ，これらがさらに枝分かれして増えてしまったことによって，ロールシャッハテストはテストとして理解されにくくなり，その発展が妨げられてしまった。

　3つ目の調査では，ロールシャッハテストの研究における計画と分析に関する55の設問からなる質問紙が使われた。この質問紙は，1961年から1969年の間にロールシャッハテストに関する研究論文を発表した100人の著者に郵送された。有効回答は71あった。回答者の約半数（34人）は，すでにロールシャッハテストの研究をやめ，他の問題に取り組んでいた。研究を継続している者は，一つ一つのスコアを個別に研究したり，不安，身体境界，認知の発達，自我防衛などの特定の問題についての新しいスコアの開発に力を注いでいた。複数のシステムによる訓練を受けていた者が大多数ではあったが，ほぼ全員がある一つのシステムに特有の研究計画に従っていた。こうした結果からは，ほとんどの研究者が苦慮している次の3つの問題点が浮き彫りにされた。

1. 研究協力者を集めるのが難しいし，実験者バイアスの影響を避けるためには複数の検査者が必要になり，大変である。
2. データの分析が複雑である。特に，一部の変数にはパラメトリックな統計を用いるのが適当でないことや，反応数を統制するのが困難であることが問題となる。
3. 適切な統制群や，全般的な比較に用いるための大規模な基準（ノーマティブ）データがないことについて，多くの研究者が不満を抱いている。

　回答者はおしなべて，ロールシャッハテストの複雑さは研究意欲を鼓舞するよりも，むしろ萎えさせる方向に作用するものだと認めていた。ほとんどの回答者はこのテストに関する重要な研究目的をはっきり挙げていたが，その多くはこれらの研究目的の達成を妨げる問題点についても詳しく記していた。

　これら3つの調査と同時に，ロールシャッハ研究財団は，これまでに発表されたすべてのロールシャッハテストの研究を体系的に展望するという，もう一つのプロジェクトを進めていた。これは1970年に完了した。このプロジェクトの目的は，5つのシステムのそれぞれで発展してきた施行法，スコアリング，解釈仮説の変数と関連するように研究を分類し，相互比較し，評価することだった。1970年の時点では，ロールシャッハテストの文献としては，Rorschach自身のモノグラフの他に，

4,000以上の論文および29の単行本があった。このような膨大な文献にもかかわらず，驚くほど多くの問題が体系的に研究されないまま残されていた。

たとえば，座り方はまったく実験的な操作の対象とされていなかった。異なる教示による比較研究は1つだけで，しかも2つのシステムについてしか調べられていなかった。研究の対象とされていなかったスコアリングの変数は16あり，ごくわずかの研究しかされていない変数もその他に6つあった。同様に，十分な検討がなされていない解釈仮説はたくさんあった。その他の多くの仮説も，研究デザインやデータ分析に問題があり，データからはっきりしたことが言えないものであった。実際のところ，ロールシャッハテストに関する研究の大半に，研究デザインやデータ分析に問題が見られた。

ロールシャッハテストについての4,000以上の論文のうち約半分は，リサーチとして発表されていた。しかし現在の基準に照らしてデザインやデータ分析の適切さを吟味すると，600以上の研究には結論の妥当性を失わせるほどの重大な欠陥があった。それ以外の800の研究にも，その価値を疑わせるような欠点が含まれていた。しかし，こうした評価から，ロールシャッハテストの研究の多くは見かけ倒しで役に立たず，非論理的なものだとの結論を出すのは適当でない。このプロジェクトで検討した研究の大多数は1938年から1958年の間に発表されたものだが，その時代には心理学すべてにおいて研究デザインやデータ分析の方法が絶えず改良されていて，ある時期の基準では適切と思われていた研究も，別の時期の方法論と比較するとあまり洗練されていないものになっていたのである。臨床的研究の多くはこのようなケースに該当した。たとえば1970年の段階では，ロールシャッハテストの解釈における「目隠し分析」の問題を取り扱った24の研究が発表されていた。どの研究も意図するところはよいのだが，この問題を検証するための研究デザインについて調べると，現在の基準に合致しているものは24のうち9つしかなかった。また，ブロットの刺激の性質に焦点をあてた研究は26あったが，現在の基準に照らして欠点がないと考えられるものは半数以下だった。

ロールシャッハテストの文献を評価するプロジェクトから，方法論的に正しく，データ分析も適切な約600の研究が抽出された。これらの研究は総じて，各システムの多くの要素について評価する際の基準となった。肯定的な結果が得られた研究が大半ではあったが，結果が否定的あるいは不明確だったものも少なくはなかった。また，研究デザインもデータ分析も適切な研究同士でありながら，それぞれの結果が一致していないものもあった。

その多くは標本数が少なく，論中で，もっと多くの研究協力者を得た上での追試が必要だと指摘していた。

ロールシャッハ研究財団が最初の2年間に計画したプロジェクトの中で最も重要なものは，5つのシステムを直接比較するためのデータを蓄積することだった。1970年初頭までに，835のロールシャッハテストの記録が蓄積された。これらのプロトコルは，アメリカ心理学会臨床心理学部門の会員と8つの大学のロールシャッハテストの講師たち合計600人のうち，郵送による依頼に応じた153人の心理学者から提供されたものだった。送ってこられた1,300以上のプロトコルの中から835が選ばれた。[注6]各プロトコルには，研究協力者の人口統計学的特徴とテストの目的，検査者の訓練やテストの方法に関する質問紙が添付された。これらのプロトコルの内訳は，非患者のものが204，入院および外来通院のさまざまな精神病患者によるものが631だった。

施行法をシステム別に分類したところ，Klopfer 法が 329，Beck 法が 310，Rapaport 法が 78，Piotrowski 法が 66，Hertz 法が 52 だった。各システムの記録についてさまざまな比較を行ったところ，あるシステムで採取されたプロトコルは多くの点で他のシステムによるプロトコルとかなり異なっているだろうという主たる操作仮説が裏づけられた。たとえば，それぞれのシステムによる平均反応数は有意に異なっていた。平均反応数は，Klopfer 法の教示（Rorschach による原法）による場合は 23.9 だったのに対し，Beck の教示では 31.2，Hertz の教示では 32.9，Piotrowski の教示では 33.8，Rapaport の教示では 36.4 だった。

　1971 年初めの段階では，ロールシャッハ研究財団に集められたデータから，大まかには次の 3 つの結論が支持された。1 つ目は，各システムの方法の違いによって 5 通りのかなり異なる記録が導き出されてしまうということ。2 つ目は，各システムには，実証的な裏づけがない，あるいはすでに否定的結果が示されているスコア，スコアリングの基準，解釈仮説が含まれているということ。そして 3 つ目は，各システムには，実証的に確かめられた要素も多く含まれているということだった。つまり，どのシステムであっても，施行，スコアリング，解釈が忠実になされていれば，結果はかなり肯定的なものになる。しかし，それらの結果は，その体系が抱えるスコアリングや解釈に関する欠点によって台無しになってしまいかねない，ということである。

　こうした結果と先のロールシャッハテストの使用に関する調査結果を踏まえ，ロールシャッハ研究財団の主要な目的は変更されることになった。つまり，各システムの長所を研究することから，すべてのシステムの特徴を，実証性に耐え得るデータとなるように統合することへと方針を変えた。その後の 3 年間で，プロトコルの数は約 1,200 にまで増え，統合したシステムの有効性を示すと考えられるさまざまなデータの組み合わせについて，150 以上の調査や分析がなされた。

　このプロジェクトの初期段階では，座り方，教示，記録，反応についての質問といった基本的な問題と，用いるコードやスコアの選択に焦点が当てられた。評定者間信頼性が問題とされ，対象としたスコアがかなりの頻度で出現する 10 ないし 20 のプロトコルで，10 人から 15 人の評定者によって最低 .85 水準の評定者間信頼性を容易に達成できなかったスコアは，「新しい」システムには採用されなかった。改正された適用基準に基づいてその後付け加えられた，一見有用に見える多くのスコアが，評定者間信頼性の基準によって初めて除かれることになった。

　多くの解釈仮説が一つ一つ吟味された。信頼できるデータによる裏づけのない手続きやスコアは，新しいシステムには加えられなかった。一方，反応のコーディングやスコアリングの新しいアプローチがいくつか考案され，解釈に有用なスコアの計算が発見された。コンピュータの技術はロールシャッハテストの研究に大いに役立った。データの蓄積が簡単にでき，ほんの 10 年前なら非常に多くの時間を要したきわめて複雑な分析も，短時間に行えるようになった。

　包括システムの基本となるものは，1974 年に Exner によって出版された。このシステムは，1921 年の Rorschach のモノグラフの時代から 1970 年代初めの最新の考え方や研究に至るまでの，ロールシャッハテストの発展を跡づける，多大な労力をかけて得られた実証的な知識を統合したものである。その意味で，包括システムという名前は適切なものと思われた。包括システムは，すべてのシステムの創始者の成果を組み合わせたものである。また，パーソナリティの構造や機能に関する情報を得るための複雑な手続きの研究に貢献した，多くの献身的な研究者の研究結果を示すものでもある。

包括システムは1974年の版でそこそこ完成したかに思えた。しかし，そうではなかった。その当時でさえ，包括システムに取り入れられた変数や決定事項のいくつかに関して新たなデータを集めるという次なるプロジェクトが，すでに進められていたのである。新しいデータによって，あるいは古いデータの再分析によって，その後約30年の間で，包括システムに多くの変更や追加がなされた。包括システムがついに整えられたと思えるときは，何度もあった。しかし，その度に新たな概念や結果が登場し，プロジェクトをさらに進めることとなった。そのようにして，ロールシャッハテストを用いるための，過去のものよりも洗練されたアプローチができあがった。これはテストを用いる際の標準化された方法である。教えるのは簡単で，かなり高い評定者間一致率を示し，かなり妥当性の高いデータに基づいた解釈の前提を持つものとなっている。

　テストとしては，ロールシャッハテストの手続きは複雑な心理学的特徴を活性化させる働きを持っている。反応のコーディングや，コーディングから導き出されたスコアによって，心理学的特徴についての間接的情報が得られる。そしてこの情報により，個人の心理についての記述が可能となるのである。

原注

- ▼注1……Klopferのドイツ出国を助けてから約4年後，Heilbrunはスペイン内戦における国際旅団（the International Brigade）の活動に加わるために，臨床業務から退いた。彼はErnest Hemingwayが描いた「医者」のモデルとなり，小説の中で永遠に生き続けることとなった。
- ▼注2……WoodworthはBeckの研究に大変興味を示し，研究を早く，そして何度も発表するようにと強く勧めた。Beckは，Woodworthが『アメリカ心理学研究（*American Journal of Psychology*）』の編集委員の一人だったために研究の発表が容易になったと認めている（私信，1963年6月）。
- ▼注3……1930年代中頃，Hertzはロールシャッハテストに対する彼女独自のアプローチを原稿にまとめ始めた。この原稿には，ブラッシュ財団にいるときに集めた膨大な量のデータが含まれていた。ところが，財団が閉められたとき，そのデータは不注意によって廃棄されてしまった。まったくの悲劇であり，Hertzは私信の中でこう記している（1968）。

　　ある日，もう必要でなくなったものや価値がないと思われた文書を棄てることになった。私は電話で，自分の資料があれば持って行ってもよいと告げられた。そこで，私はすぐに大学院生何人かとトラックで出かけた。しかし，着いたときには私の資料は手違いで燃やされてしまっていた。これには愕然とした。すべてのロールシャッハの記録，心理学的データ，企画書，原稿が煙と化してしまった。もちろん，燃えてしまったものはもう戻ってこない。

- ▼注4……出版社のバーチャー社によって作られた図版では濃淡の特徴がよりはっきりとしていた。Rorschachは濃淡の特徴に基づく反応をスコアする必要性を感じ，(C)というコードを使い始めた。これについては，彼の死後，1923年にEmil OberhlotzerがRorschachの代わりに発表した未完成論文の中に述べられている。この論文は，『精神診断学』の第2版以降に収められるようになった。
- ▼注5……法定の名称はロールシャッハ研究財団のままだが，実際にはこの財団はロールシャッハ・ワークショップスという名前で広く知られるようになっている。
- ▼注6……送付先として選ばれたのは，アメリカ心理学会会員名簿中，職場が病院もしくはクリニックと記載されていた専門家であった。全部で1,342のプロトコルが集まったが，そのうち507は，判読困難，データーシートの不備，質問がされていない，手続きが5つのシステムで推奨されている方法と著しく異なっている，などの理由で除外された。

文献

Beck, S. J. (1936). Autism in Rorschach scoring: A feeling comment. Character and Personality, 5, 83-85.

Beck, S. J. (1937a). Introduction to the Rorschach method: A manual of personality study. American Orthopsychiatric Association Monograph, 1.

Beck, S. J. (1937b). Some recent research problems. Rorschach Research Exchange, 2, 15-22.

Beck S. J. (1944). Rorschach's Test I: Basic processes. New York: Grune & Stratton.

Beck, S. J. (1945). Rorschach's Test II: A variety of personality pictures. New York: Grune & Stratton.

Beck, S. J. (1952). Rorschach's Test III: Advances in interpretation. New York: Grune & Stratton.

Beck, S. J. (1961). Personal conununication. Behn-Eschenberg, H. (1921). Psychische Schuleruntersuchengen mit dem Formdeutversuch. St. Gallen, Switzerland: Zolliker & Cie.

Binder, H. (1932). Die helldunkeldeutungen in psychodiagnostischen experiment von Rorschach. Schweiz Archives Neurologie und Psychiatrie, 30, 1-67.

Bohm, E. (1957). Lehrbuch der Rorschach Psychodiagnostik. Bern, Switzerland: Huber.

Exner, J. E. (1969). The Rorschach systems. New York: Grune & Stratton.

Exner, J. E. (1974). The Rorschach: A comprehensive system (Vol.1). New York: Wiley.

Exner, J. E., & Exner, D. E. (1972). How clinicians use the Rorschach. Journal of Personality Assessment, 36, 403-408.

Frank, L. K. (1939). Projective methods for the study of personality. Journal of Psychology, 8, 389-413.

Freud, S. (1953a). The anxiety neurosis. In Collected papers (Vol.1, pp.76-106). London: Hogarth Press. (Original work published 1894)

Freud, S. (1953b). Further remarks on the defense of neuropsychoses. In Collected papers (Vol.1, pp.155-182). London: Hogarth Press. (Original work published 1896)

Freud, S. (1953c). Psychoanalytic notes on an autobiographical account of a case of paranoia. In Collected papers (Vol.3, pp. 387-396). London: Hogarth Press. (Original work published 1911)

Freud, S. (1955). Totem and taboo. In Collected papers (Vol.3). London: Hogarth Press. (Original work published 1913)

Hertz, M. R. (1936). Frequency tables to be used in scoring the Rorschach Ink-Blot Test. Cleveland, OH: Western Reserve University, Brush Foundation.

Hertz, M. R. (1937). Discussion on "Some recent Rorschach problems". Rorschach Research Exchange, 2, 53-65.

Hertz, M. R. (1939). On the standardization of the Rorschach method. Rorschach Research Exchange, 3, 120-133.

Hertz, M. R. (1941). Rorschach: Twenty years after. Rorschach Research Exchange, 5, 90-129.

Hertz, M. R. (1942). Frequency tables for scoring Rorschach responses (2nd ed.). Cleveland, OH: Western Reserve University Press.

Hertz, M. R. (1952a). Frequency tables for scoring Rorschach responses (3rd ed.). Cleveland, OH: Western Reserve University Press.

Hertz, M. R. (1952b). The Rorschach: Thirty years after. In D. Brower & L. E. Abt (Eds.), Progress in clinical psychology. New York: Grune & Stratton.

Hertz, M. R. (1961). Frequency tables for scoring Rorschach responses (4th ed.). Cleveland, OH: Western Reserve University Press.

Hertz, M. R. (1970). Frequency tables for scoring Rorschach responses (5th ed.). Cleveland, OH: Western Reserve University Press.

Jackson, C. W., & Wohl, J. (1966). A survey of Rorschach teaching in the university. Journal of Projective Techniques and Personality Assessment, 30, 115-134.

Jung, C. G. (1910). The association method. American Journal of Psychology, 21, 219-269.

Jung, C. G. (1918). Studies in word association. London: Heineman.

Klopfer, B. (1937). The present status of the theoretical development of the Rorschach method. Rorschach Research Exchange, 1, 142-147.

Klopfer, B. (1961). Personal communication.

Klopfer, B., Ainsworth, M. D., Klopfer, W. G., & Holt, R. R. (1954). Developments in the Rorschach technique. I: Technique and theory. Yonkers-on-Hudson, NY: World Books.

Klopfer, B. and others. (1956). Developments in the Rorschach technique. II. Fields of application. Yonkers-on-Hudson, NY: World Books.

Klopfer, B., & Kelley, D. (1942). The Rorschach technique. Yonkers-on-Hudson, NY: World Books.

Klopfer, B., Meyer, M. M., Brawer, F. B., & Klopfer, W. G. (1970). Developments in the Rorschach technique. 111: Aspects of personality structure. New York: Harcourt Brace Jovanovich.

Klopfer, B., & Sender, S. (1936). A system of refined scoring symbols. Rorschach Research Exchange, 1, 19-22.

Louttit, C. M. (1936). Clinical psychology. New York: Harper & Row.

Louttit, C. M., & Browne, C. G. (1947). Psychometric instruments in psychological clinics. Journal of Consulting Psychology, 11, 49-54.

Lubin, B. Wallis, R. R., & Paine, C. (1971). Patterns of psychological test usage in the United States 1935-1969. Professional Psychology, 2, 70-74.

Morgan, C., & Murray, H. A. (1935). A method for investigating fantasies: The Thematic Apperception Test. Archives of Neurology and Psychiatry, 34, 289-306.

Murray, H. A. (1938). Explorations in personality. New York: Oxford University Press.

Piotrowski, Z. (1950). A Rorschach compendium: Revised and enlarged. In J. A. Brussel, K. S. Hitch, & Z. A. Piotrowski (Eds.), A Rorschach training manual. Utica, NY: State Hospitals Press.

Piotrowski, Z. (1957). Perceptanalysis. New York: Macmillan.

Rapaport, D., Gill, M., & Schafer, R. (1946). Diagnostic psychological testing (Vols. I & 2). Chicago: Yearbook Publishers.

Rorschach, H., & Oberholzer, E. (1923). The application of the form interpretation test to psychoanalysis. Zeitschrift für die Gesamte Neurologie und Psychiatrie, 82, 240-274.

Schafer, R. (1954). Psychoanalytic interpretation in Rorschach testing. New York: Grune & Stratton.

Sundberg, N. D. (1961). The practice of psychological testing in clinical services in the United States. American Psychologist, 16, 79-83.

Zulliger, H. (1941). Der Behn-Rorschach-Versuch (Be-Ro-Test). I. Band: Test, II. Band: Tafeln. Arbeiten z. angew. Psychiatrie Bd. 6. Bern, Switzerland: Verlag Hans Huber.

第3章

論争・批判・決定
Controversy, Criticism, and Decisions

　前章で述べたように，Lubin, Wallis & Paine（1971）は，1969年までの間のテストの使われ方に関するデータを集めて調査した。その結果，臨床業務でよく使われる30のテストの中で，ロールシャッハテストは3番目，TATは7番目に位置づけられた。Lubin, Larsen & Matarazzo（1984）が1982年にもう1回同じ調査を行ったところ，30のテストの中で，ロールシャッハテストは4番目，TATは5番目だった。Watkins, Campbell, Nieberding & Hallmarkは，1995年に似たような結果を報告した。これらの調査からは，ロールシャッハテストと投映法の人気の高さがわかる。しかし，投映法，特にロールシャッハの周囲で半世紀以上にわたって広範に繰り広げられてきた論争については，そこには何も示されていない。

中心的争点

　ロールシャッハテストは投映法として考案されたものではないし，最初の20年間は投映法という文脈の中で発展してきたわけでもなかった。にもかかわらず，1940年代に投映の概念が隆盛になるにつれ，ロールシャッハテストは重要なテストとして急速に受け入れられるようになった。テストの手続きや刺激の性質が幅広い反応を可能にするようにできていることからすれば，これは意外なことではない。反応を細かに仕立てあげているときは，それがまさに受検者自身のことを語っていて，テストの解釈に有用な場合もある。1940年代と1950年代には，テストについては構造化されたテスト（structured test）か構造化されていないテスト（unstructured test）かの区別をするのが一般的だった。後者の名称は，回答にほとんど制約のない課題に対して用いられた。構造化されていないテストでは，テストの手続きからは何を知ろうとしているのかわかりにくいと説明されることが多い。つまり，テストを受ける者には自分の反応がどのように解釈されるのかがほとんどわからないというのである（Anastasia, 1954）。このような区別の仕方は合理的なものだった。ところが1950年代には，心理テストをもっと単純に，（1）客観的か（2）投映的かという2つの分類枠によって分けることが一般的になった。

　客観−投映の二分法によって，測定や個人差，パーソナリティ・アセスメントに関心を持つ多くの心理学者の間に分裂が生じた。測定の基本的原理を旨とするものは，たいがい，測定の基準に則って作られた実証的基盤を持つテストのほうに肩入れした。個性を重視するアプローチに興味を持つものはどちらかと言えば投映法を好み，知能テスト以外には，実証的裏づけの少ない，あるいは

まったくない技法をよく用いた。

　客観−投映の区別は，ときに投映心理学の流れに与するものが積極的に後押ししたこともあり，次第に次のような2つの意味合いをもって論じられるようになった。1つは，客観テストは心理測定の基本的原理に則って作られている，すなわち，得点化でき，標準化されていて，確かな信頼性と妥当性が検証されている，という考え方だった。もう1つは，投映テストには測定の性質が不足しているかまったく欠けており，投映テストから得られたデータは主観的に解釈される，というものだった。そのようなとらえ方をすれば，当然，投映テストは客観テストに比べて科学的ではないという結論に行き着いてしまう。

　このような主張を支持する証拠はある。しかし，この二分法自体はあまりにも単純化しすぎたものである。実際には，数学の試験や，はい・いいえを問う質問紙などと違って，**ある特定の種類の回答を引き出すように構造化されていない刺激状況**は，いずれも投映を引き出す可能性を持っている。これは，テストを作る際に測定の基本原理が用いられたかどうか，あるいはテストの科学的価値に関するデータがあるかどうかには関係ない。たとえば，知能テストは測定の枠組みの中で構造化され，発展してきたので，客観テストと見なされている。しかし，いくつかの知能テストには，自由回答形式の質問項目や節が含まれている。

　多くの心理テストは，広範な反応が可能になるように意図して考案されてきた。TATはその中でもよく知られているものの一つである。TATはまさに投映が生じるように作られているので，投映テストと見なすのが適当である。いくつかの文章完成法など，投映を引き出すように作られているその他のテストには，客観テストとしての基準を満たすものもある。たとえば，Rotter & Rafferty (1950) が開発した文章完成法では得点化のためのフォーマットが作られており，大規模な基準データを集めて信頼性と妥当性の検証ができるよう，十分な研究がなされてきた。この文章完成法は投映法であるが，それと同時に客観テストでもあり，2つのカテゴリーのどちらか一方に無理に分類しようとすれば，大きな間違いが生じてしまう。

　客観テストか投映テストかという二分法は，個人差という，心理学ではより古くからある問題に目を向けさせることになった。心理学が学問として生まれた頃から，心理学者は個人差という事象に頭を悩ませてきた。19世紀にはすでに，知覚，記憶，学習といった分野において行動を説明するための科学的法則を確立させようとしてきた者にとって，個人差は困難な問題となっていた。その結果，Wilhelm Wundt (1893) は同僚の専門家に対して，有名な，しかし忘れられることの多い次の忠告を発した。「心理学の法則には必ず例外があり，しかも法則に一致するものよりも例外のほうがずっと多い」。そのとき以来，パーソナリティと個人差に関する心理学への関心の持たれ方はさまざまな形を取るようになった。

　一つの心理学的まとまりとしてのパーソナリティに関心が持たれるようになったのは，もっと最近になってからだった。1930年代よりも前には，パーソナリティという言葉は精神病理とほぼ同義に用いられることが多かった。1920年代にパーソナリティ心理学と呼ばれる運動が関心を持たれるようになって初めて，パーソナリティが一つのまとまりあるものとして概念化された。それと同時に，パーソナリティを評価する方法への関心は定着し，1930年代初頭までには理論心理学ならびに応用心理学における重要な分野となった。パーソナリティの理論家にとっても，行動の正確な説明が可能な法則の定立を目指す心理学者にとっても，相変わらず個人の独自性は障壁となって

いた。しかしそうであっても，パーソナリティの評価に関する分野は急速に発展した。続く15年から20年の間に次第に，臨床心理学者は，患者の診断と治療方針の策定に関する専門知識を有する者として認められるようになった。

　1940年代には心理診断と呼ばれるようになったパーソナリティの評価には，法則定立的データと個性記述的データの両方を収集し，統合するために考案された多数の方法によるアプローチが必要とされた。臨床心理学者が認められるようになったのには，このことが少なからず影響したのである。アプローチ法について注目すれば，当然，個としての人間について研究することになった。人はある点では他の多くの人と似ている。その他の点でも，少数とはいえ，他の人と似ている。しかし同時に，その人をただ一人の個人として特徴づけるような特別な点で，他の誰とも異なっている。このような前提のもとで，研究は行われた。また，研究の過程では，個人の長所，弱点，特性，葛藤などについての情報は，満足の得られる治療を行うためのある種重要な鍵を握ると考えられていた。

　1950年代には，心理診断の際に個人差について広い範囲にわたって焦点をあてることに対し，疑問の声が上がった。1954年，Meehlは『臨床的予測対統計的予測』という重要な研究を出版したが，それは当時生じつつあった法則定立と個性記述との分裂を明確にし，おそらく助長する役割を果たした。彼は20の研究を検討し，1つの研究を除いて，統計数理学の手法の方が臨床技法よりも優れているか同等であることを示した。臨床技法には，投映法も慣例的に使われていた。彼は，臨床家が心理療法などの重要な仕事に時間を割けるようにするために，アセスメントに臨床的アプローチを用いるのはやめ，MMPIのように統計数理学に基づく，あまり時間が掛からない技法を採用したほうがよいと主張した。

　その後，Gough（1963）とSawyer（1966）はMeehlの主張を支持するような予測研究の調査を発表した。ただしGoughは，臨床家の予測技能を調べるのに適当なテストはまだ実施されていないと述べた。Holt（1958, 1970）はMeehlに反論し，Meehlが引用した研究の多くにはきわめて不適切で，間違った基準すら用いられていると指摘した。Holtは1970年の論文の中で，その他の予測研究の調査（Korman, 1968）では臨床技法に対する肯定的所見が報告されていることに目を向けるよう主張した。Holtは落胆した調子で，SawyerとKormanの研究が発表された時期には2年の差しかないのに，それぞれが引用した文献はまったく重複していなかった，と記した。この所見からは，都合のよい文献だけを選択して用いれば，どのような主張であっても裏づけられてしまいかねないということがよくわかる。

ロールシャッハに対する初期の批判

　ロールシャッハテストが投映テストと呼ばれるようになったからといって，このテストの心理測定的な確実さを築き上げる努力が放棄されたわけではない。BeckとHertzは，この目標を達成しようとしている多くの研究者の中では中心的な存在であり続け，このテストの確かな実証的裏づけを得ようとする多くの人たちが彼らのもとに集まった。1950年代初期までに，このような研究の中からはいくつかの肯定的な結果が得られた。BeckとHertzは，有用な基準データを発表し反応の形態使用の適切さを判別するための，統計に基づいた表を公にした。それにもかかわらず，ロールシ

ャッハは客観-投映の二分法においては，はっきりと投映テストの中に分類された。そのため，投映テストに関して一般的に持たれていた意味合いが，ロールシャッハにも当然備わっているものと見なされてしまった。かくしてロールシャッハへの批判は大きくなった。しかし，その中にはたしかにもっともなものもあった。

1950年代までには，ロールシャッハの文献は2,000以上の書物や論文にまで急速にふくれあがった。その中には，スコアリング変数の妥当性に関する非常にしっかりとした調査研究もあった。しかし，そうした研究の数はごくわずかだった。文献の多くは，臨床研究か，否定的もしくは矛盾した結果を示した調査研究だった。ロールシャッハを批判する者は，厳密な科学的基準に照らせばロールシャッハはほとんど役に立たないという主張の根拠として，しばしば後者の研究を引き合いに出した。

ロールシャッハが広く使われるようになるにつれ，その適用や調査研究の方法に対する吟味もまた広く行われるようになった。初期の文献中のリサーチには，研究デザインやデータの分析法が明らかに不適切なものが多く含まれている。Cronbach（1949）は古典とされる優れた論文を著したが，その中で研究デザインについて論評し，ロールシャッハのデータを分析する際のガイドラインを示した。彼は，データ分析する際に平均値で比較をするのは不適切な変数が多くあると主張し，群間の真の差違を見つけるためには度数のデータを分析するよう提言した。さらには，いくつかの問題については頻度データで分類した上で検討することが重要だと強調した。Murstein（1965, p.355）はCronbachの論文について，「その発表により，いくつかの点で一時代を画することになった」と述べ，ロールシャッハの研究に大きな影響を与えるものだと指摘した。

Cronbachの論文が打ち込んだ楔の一つは，Rの違いおよびその違いがデータにもたらす問題に関するものだった。Cronbachは，36ページの論文中のわずか2ページしか，この問題に割いていない。しかしこの論文はRに関するもう一つの研究（Fiske & Baughman, 1953）とともに，ロールシャッハのデータは簡単には統計的分析の手法に乗りにくいとの主張の裏づけのために引用されることが多い（Holtzman, Thorpe, Swartz & Herron, 1961 ; Murstein, 1965）。その他の論者も，ロールシャッハのデータを分析する際には，少なくともスコアをRとの関連で正規化するか，Rの数によって区分することを分析手続きの中に組み込むべきだと主張した。このような提案はその後もずっと主張され続けている。この問題についてはKinder（1992）が優れた要約を書いている。

Cronbachが論評のために参照した289のプロトコルのサンプルには，Rの範囲が5～19のものが約25%，40～109のものが約30%あった。Fiske & Baughman（1953）が基にした790のプロトコルのサンプルは9つに分類できた。Rが0～9の群を皮切りに，10～14の群，15～19の群，そして50～175の群までがあった。つまり，これら2つのサンプルでは，標準化された手続きでテストを施行した場合には生じないほどの大きなRの差があったのである（Exner, 1992）。

異なる施行法が5つあったため，Rの差異はますます大きくなり，ひいてはそれぞれの施行法による反応数の平均にかなりの違いが生じてしまった。5つのシステムでは反応数の少ない記録や多い記録の問題について何も検討されていなかったので，問題はさらに複雑になった。ところが，Rのばらつきの問題は，1950年代と1960年代のロールシャッハに対する批判の根拠の一つに過ぎなかった。

ロールシャッハや投映法一般に向けられた多くの批判は，精神分析理論に対する批判でもあっ

た。そして，その多くはこれら2つを単純に結びつけた上での批判だった。Murray（1938）が明確化したように，投映の過程はフロイト派の概念の中で定義されているところの無意識の働きと直接関係していると考えられていた（Lindzey, 1961 ; Sargent, 1945 ; Symonds, 1946 ; Wiggins, Renner, Clore & Rose, 1971）。しかし，この前提は間違ったものだった。実際には，投映法と呼ばれるもののうち，そのような直接的な理論的つながりに基づいているものはごくわずかしかない。ロールシャッハは，そうした理論からは最もかけ離れた存在である。しかし，1940年代から1960年代の間に訓練を受けた多くの臨床家は精神力動的概念を教え込まれ，どのテストのデータを解釈する場合でも精神力動モデルを使うのが一般的だった。臨床現場でのそのような潮流によって，アセスメントに対して「グローバルなアプローチ」を取ろうとする者と統計数理学をベースにしたアプローチを支持する者との間の溝は広がった。Meehlの書（1954）はロールシャッハをやり玉に挙げたものではなかったが，間接的にはロールシャッハの不人気を助長した。Holt（1970）とWeiner（1972）は，Meehlが重点的に取り上げたのは予測の問題だが，診断を行う者が重視するのは記述と理解であると主張した。しかし，こうした反論によってもほとんど批判者の勢いを止めることはできなかった。そして，ロールシャッハは臨床家の普段のアセスメント業務の中で中心的役割を担っていたため，おのずとロールシャッハが批判の矢面に立たされることになった。

　1950年代にロールシャッハに対して多くの批判がなされたが，1970年代にはその矛先は主に妥当性の問題に向けられた。多くのロールシャッハ信奉者はこのテストの有用性を過大評価し，しばしば非現実的なまでにその有用性を主張していたことから，批判の声はさらに大きくなった。診断の正確さや信頼性，妥当性などの問題について矛盾した所見や否定的な所見を報告する論文の数は増していたにもかかわらず，信奉者の中にはロールシャッハテストを心のエックス線写真になぞらえる者さえいた。

　振り返ってみれば，批判のいくつかは正当なものだった。しかし中には，Rorschachが調査を進めたときに依拠した方法や原理について偏った理解をしていたり，無視したり，単に誤解したりしているがゆえの幼稚な批判もあった。このテスト（人によっては技法という呼称が好まれるが）には5つのまったく異なるアプローチ法があることを，擁護者と批判者，そして研究者も，多かれ少なかれ見過ごしていた。これが事態をより複雑にした。この方法に価値があるのかどうかという，より大きな問題には関係ないとの理由で，アプローチの違いは無視あるいは軽視されてしまうことのほうが一般的だった。

　批判はあったものの，ロールシャッハはシステムの違いを抱えたまま1960年代と1970年代にも広まり続けた。当時は臨床心理学の性質が大きく変わり始めていた。1950年代は，心理診断が臨床家の主要な役割だった。しかし1960年代になると，臨床家の専門家としての対象や役割が拡大し始めた。行動や介入に関する新しいモデルが一般的なものになり，ほとんどの臨床家が介入計画の作成や介入に多くの労力を割くようになった。1960年代末までには，いくつかの大学がテストをアセスメント（心理診断という言葉は次第にアセスメントという言葉に置き換えられていった）に使うためのトレーニングの量を減らしてしまった。しかし，ほとんどの臨床現場において，アセスメントは臨床家の業務の必須の部分であり続け，ロールシャッハは依然として標準的に使われる方法のひとつとされていた。それでも，ロールシャッハに対する批判はより広まり，多くの者はロールシャッハには価値がないと公然と非難し，臨床業務の中でロールシャッハをテストとして使う

のはやめるべきだと提言した（Jensen, 1958, 1965 ; Zubin, Eron & Schumer, 1965）。

新たな争点

　この20年から30年の間，心理学と精神医学の領域では，科学性を追求する結果，以前に比べると個人差の問題への関心が薄れていった。引き続き研究は行われ，新たな，よりよい方法論が確立されて，パーソナリティ・アセスメントはかなり高度なレベルへと成長，発展していった。しかし，それは必ずしも順調な成長というわけではなかった。心理学の領域では科学性を維持することが重視された結果，行動の一般法則を確立させようとする者と個性を説明するための方法を求める者との間で，お互いに相手を見下すような雰囲気が生まれた。パーソナリティの研究に取り組む者の間でさえ，パーソナリティを特性の組み合わせとして見る者と一つのまとまりとして扱うべきだと考える者とに意見が分かれた。

　時代の趨勢として，個性への関心は次第に薄れ，診断のための手順や治療計画の公式化とその実施がより注目されるようになった。かつては臨床心理学は一つの専門科学であったが，それが細分化されてきたという事情もあった。急進的な行動主義が臨床実践の中で台頭してくると，個人の特性を軽視する傾向は最も顕著になった。行動主義は，ブラックボックスという概念を持ち込んだ。そして，パーソナリティというようなものはないし，あったとしてもそれを心理テストで測定することはできない，と主張した。行動主義の台頭によって，心理学者の中には，パーソナリティ・アセスメントをしないばかりか，積極的に反対運動を行う新たな一派が誕生した。

　精神病理学においては生物学的な根拠が重視されるようになり，精神医学の分野でも治療計画を立てる際に個人差を無視しようとする動きはかなり強まっていった。伝統的な精神療法モデルよりも薬学的介入のほうが適切だと推奨されるようになった。薬物療法が補助的に用いられる場合であったとしても，それは，薬物療法は治療時間を大幅に減らし，改善を早めてくれるとの前提があってのことだった。精神科医のトレーニングプログラムでは個人療法の技術よりも薬物療法が主流となったが，それと連動して，心理学の分野においては以前にも増して精神療法のトレーニングに門戸が開かれるようになった。その結果，新しい臨床心理学では治療が重視されることになった。

　ちょうど同じ頃，より高度な統計手法が編み出された。その結果，研究者は，確率の原理や有意水準の危険性の設定などによって結論を引き出すのだから個人差の問題は軽視もしくは無視してもよい，と考えるようになった。理論家は一般化を目指して難解な理論に取り組み，個人差の問題は避けて通った。理論家と実証主義者は，好んで一般的な原理を見つけることに執心したわけである。ある集合で特定の性質や行動が他の集合よりも高い頻度で認められたときには，その集合に含まれる人に関する一般法則や原理が作られた。個人，特に困難に陥っている人たちを集合としてとらえた理論は，一人一人をその人たらしめる個別性というものを無視し，架空の人たちの集まりを作ることになった。

　科学性の追求は，さまざまな集合の特徴を記載したDSMの拡張，改訂につながった（1980, 1987, 1995, 2000）。DSMは，応用心理学と精神医学の分野の実務家に，神聖なガイドラインとして迎え入れられた。症状や行動のチェックリストは，苦しんでいる人たちを診断分類するのに使われた。DSMは本質的には簿記係のマニュアルのようなものであり，これを作った人たちは，診断カ

テゴリーと治療との間に直接の関連はないと念押ししている。ところが，この忠告にはあまり注意が払われず，多くの実務家は，症状の組み合わせやそこから正確に得られる診断的結論によって，適切な治療モデルが自動的に決まる，という公式に従って治療モデルの選択を行った。

　この公式はその後の20年の間にますます広く適用されるようになったが，それにはもう一つの要因があった。この要因も個人の特性を重視しないものであり，さらにはマネージドケアの領域で広く影響力を持つようになったものである。それは，障害とその治療に対する薬理学と精神療法の流行である。その結果，精神医学と心理学の実務家は，症状を重視し，症状と少しばかりの生活歴の情報を基に初歩的な治療計画を立てるだけとなった。このようにして作られる治療計画は，症状から患者の問題が何なのかがわかれば症状を治療する方法はすぐに用意できる，との仮説によって擁護された。その理論的帰結として，患者についてのより綿密なアセスメントは，時間が掛かり，コストに見合う効果はなく，すでにわかっている治療計画に付け加えるべき情報はほとんど得られない，との理由から，不必要だとされた。

　このような論理は，患者の個別性に目を向けず，パーソナリティ，精神病理，治療効果に関する研究結果を無視したものである。症状によって適切な治療法が決まるという前提があてはまるケースも，中にはある。しかし，個人差を軽視する上に，同じような症状であっても心理学的には根っこの部分がまったく異なっていることがあるという事実をないがしろにしてしまうので，このような考え方に従うと不適切な治療を選択してしまう危険性が非常に高い。また，この前提ではもっぱら即効性や症状コントロールに目を向け，長期的な治療効果が視野に入れられていない。たとえば，抑うつ症状に対して短期の認知行動療法的介入モデルを用いたところかなり短い期間で効果があったとする研究論文は，相当数ある。しかし，残念ながら，それらの研究のほとんどには追跡調査のデータが欠けている。抑うつに関する縦断的研究はごく少数だが発表されており，それらによればかなりの高い率で治療が失敗に終わるか，治療終結後12ないし24カ月の間に再発しているのだが，その研究結果は見落とされている（Evans et al., 1992 ; Gallagher-Thompson, Hanley-Peterson & Jacobson, 1998 ; Kovacs, Rush, Beck & Hollon, 1981）。

　同じような症状を持つ患者であれば，症状−治療決定モデルによる介入が功を奏する場合はたしかに多い。しかし，Wundtの1893年の警告から類推すれば，成功よりも失敗のほうが多い可能性がある。なぜならば，症状が似ているからといってパーソナリティや心理学的特徴も似ているわけではないからだ。すなわち，症状の原因に必ずしも同質性があるわけではないのである。これは，パーソナリティ・アセスメントが十分に行われた場合を見てみるとよくわかる。人を個として知ろうとするためにはいろいろなアセスメントの仕方があるが，治療計画を作成するにあたって，それらはコストに見合うだけの効果をもたらしてくれる。治療の長期的な効果を考えた場合は特にそうである。しかし残念ながら，1990年代にはマネージドケア・モデルが急速に広まり，精神保健領域のクライアントに対するサービスに著しい制限が加えられた。心理テストにも制約が科せられた（Backlar, 1996 ; Miller, 1996）。C. Piotrowski, Belter & Keller（1998）は，心理健康サービス提供者国立登録所（National Registry of Health Service Providers in Psychology）に登録されている心理学者を無作為に500人抽出して行った調査の結果を報告している。彼らによれば，回答者137人によって現在の業務において「最も重要な」テストとして挙げられた5つのテストと，「今では使っていない」テストとして上位5つに挙げられたテストは同じだった。ロールシャッハは，それらのテストのうち

の一つだった。

ロールシャッハに対する現在の批判

　1974年に包括システムが公表されたとき，臨床アセスメントに対してグローバルなアプローチを取る心理学者は，どんなに理解がある者であっても,警戒的な構えを崩さなかった。Stricker（1976）は，「もしもこの本がロールシャッハ絶頂の時代に書かれていたならば大きな影響を与えたことだろう。しかし残念ながら，ロールシャッハテストの新しいシステムがどんなに価値のあるものであっても，時代の潮流からすれば，将来の見通しは暗い」と評した。別のところでは，「著者は……システムの創始者エクスナーとして歴史の一部になろうと過去からの決別を図ったが，うまくいかなかった」との指摘を受けた。しかし同時に，「ロールシャッハ精神診断インクブロット・テストについての歴史に残る素晴らしい手引き」（Allen, 1976）だとも評された。包括システムは，しばらくの間は，テストや測定に直接携わる研究者による吟味を受けることがなかった。しかし，包括システムは「ロールシャッハを確たる心理測定の基盤の上に乗せようとする，野心的な努力」として認められ，同一のシステムが使われることによって「異なる研究者による研究結果が比較可能になる」（Anastasis, 1982）と評価された。

　包括システムが発展するにつれて，心理測定的な性質はかなりの程度強固になっていき，心理テストに求められるその他の基本的要素のほとんども備わっていった。包括システムはおおむね好意的に受け入れられ，ロールシャッハ・コミュニティの中でかなり広く行き渡っていった。包括システムが登場してから20年の間は，包括システムへの批判はロールシャッハ・コミュニティ内部から発せられた。たとえば，包括システムは量的特徴（スコア，比率，割合など）を過度に重視しているとの批判がなされた。投映運動が隆盛だった頃には，質的アプローチによってロールシャッハ反応を解釈するのが普通だった。しかし，包括システムではこの伝統的なアプローチがおろそかにされたり，場合によっては否定されてしまうといって，いくつか批判がなされた（Aronow, Reznikoff & Moreland, 1994）。また，包括システムが一定の状態にとどまっていなかったことも不興を買った。システムの発展に伴って多くの変更がなされた（Exner, 1978, 1986, 1991, 1993）。包括システムに馴染んできた頃に，計算式，基準，解釈の原理の追加や削除，修正がなされ，そのために挫折してしまう人も多かった。

　出版後20年の間，包括システムやロールシャッハそのものへの関心は，パーソナリティの評価，個人差の研究，診断の確定，治療計画の策定などを目的としたアセスメントへの関心と平行する形で，増減を繰り返した。ロールシャッハには実用的価値はほとんどないとするJensen（1965）の主張を代表としたロールシャッハに対する古くからの批判のいくつかは，その後も文献の中にときどき登場し続けていた（Dawes, 1994）。しかし1990年代になると，ロールシャッハと包括システムに対するより具体的な批判が多く見られるようになった。

　Nezworski & Wood（1995）は，反射反応と自己中心性指標の解釈仮説を導くために使われたデータの妥当性に疑問を投げかけた。続いて，Wood, Nezworski & Stejkal（1996）は，包括システムに対するより入念な批判を行った。彼らは評定者間の一致度に関するデータを疑問視し，包括システムのいくつかの変数や指標を裏づけるデータの妥当性に疑義を差し挟んだ。また，本書のこれまでの

版の中ではロールシャッハ研究財団による研究への言及がなされているが，これらは同じ分野の研究者による査読が必要な研究誌には公表されておらず，内容の確かさに問題があると指摘した。

　Wood, Nezworski & Stejkal らの批判は，ロールシャッハ，特に包括システムが有する利点や欠陥を巡っての問答にまで発展していった。その批判を受けて，Meyer（1999）はロールシャッハの臨床的有用性に関する一連の論文をまとめあげた。Stricker & Gold（1999）は，アセスメントの目的が何であるかによって，法則定立的なアプローチと個性記述的なアプローチの両方が重要になると強調した。彼らは，心理機能の無意識的，縦断的，構造的な側面を理解しようとするときには，ロールシャッハのような間接的測定法が最も有用であると述べた。Viglione（1999）は，最近 20 年間に発表されたロールシャッハの多くの変数と指標に関する 138 の研究論文をレビューし，ロールシャッハから得られるのは「個人の対処力や心理と実生活上のさまざまなことがらとがどのように作用し合っているのか」を示す情報だと結論づけた。その上で，ロールシャッハはケースの概念的理解や介入をその個人に合ったものにすることや，治療結果の予測や評価において特に有用だと述べた。

　一方，Hunsley & Bailey（1994）も多数のロールシャッハ文献をレビューし，ロールシャッハの臨床的有用性を裏づける科学的な証拠はほとんどないと結論づけた。そして，ロールシャッハからパーソナリティの構造について妥当性のある情報が得られるとしても，それが治療への貢献や治療結果の向上に結びつくことを示す証拠は追試による再現が得られていない，と述べた。Hiller, Rosenthal, Bornstein, Berry & Brunell-Neuleib（1999）はメタ分析によって，ロールシャッハと MMPI の妥当性の証拠に関連する基準を比較した。その結果では，重みづけをしない場合の平均の妥当性係数にはっきりした違いは認められなかった。基準変数として診断と自己報告式測定の結果を用いた場合は，MMPI のほうが妥当性係数が大きかった。一方，客観的な基準変数を用いると，ロールシャッハのほうが妥当性係数が大きくなった。Dawes（1999）は，いくつかの研究ではロールシャッハ変数の扱い方が不適切であると述べ，変数の増分妥当性を調べるための方法を 2 つ示した。

　Ganellen（1996）は，MMPI と，MCMI-II，ロールシャッハの診断能力を比較した。うつ病を検知する力にはほとんど違いはなかったが，MMPI と MCMI-II はロールシャッハよりも偽陽性の率が高かった。また，精神病的な障害の検知に関してはロールシャッハのほうが優れており，ロールシャッハは心理測定の指標となり得るものだと述べた。Wood, Nezworski, Stejkal, Garven & West（1999）は Ganellen のこの見解に異議を唱え，抑うつ指標（DEPI）の有効性を支持するだけの説得力ある実証的根拠は何もないと主張した。これに対して Ganellen（2001）は，Wood らがどういうものを DEPI の実証的証拠と考えているのか注意深く検討する必要があると論じ，Wood らのこの問題への取り組み方には中立性が欠けているのではないかと疑問を投げかけた。

　Wood, Nezworski, Garb & Lilienfeld（2001）は，Shaffer, Erdberg & Haroian（1999）が報告した非患者 123 人のテスト結果を引用して論じた。Shaffer らの結果を，公表されている包括システムの非患者データのサンプルと比べると，いくつかの変数において大きな差違が見られた。Wood らはサンプルサイズの異なる 32 の非患者サンプルのデータを集めて分析した。これらのサンプルの多くは，いろいろな研究の統制群として集められたものだった。Wood らは，集めたデータと公表されている非患者 600 人のサンプルとを比べると，14 の変数で統計的に有意な違いが見られたと報告した。その上で，公表されているサンプルはおそらく非患者を代表するものではなく，これを逸脱の識別

に用いれば精神病理の過剰診断の可能性が高くなると結論づけた。

　Shaffer et al.（1999）の非患者サンプルがきっかけとなり，新たに非患者のデータを集める取り組みが始まった（Exner, 2002）。最初の175人までの結果を見ると，公表されている600人の非患者サンプルのものとほぼ近似していた（第12章参照）。包括システムへの批判に対するもう一つの研究として，Meyer et al.（2002）は十分なサイズの8つのデータセットの評定者間信頼性を調べた。Wood et al.（1996）は，評定者間信頼性は低いと指摘し，本書のこれまでの版に示されていた評定者間の一致率のデータは粗雑で誤解を招くものだと主張した。Meyerらによれば，群内の相関係数は.82から.97の値であり，すべてのサンプルで信頼性係数はおおむね優良と言えた。しかし彼らは，包括システムの信頼性はひとえに使う者のコーディングの技術に掛かっているので，コードする者は過失や間違いがない適切なコーディングのために「用心深い構え」を持ち続けるようにとの警告も加えた。

　Weiner（2001）は，Viglione（1999），Hiller et al.（1999），Hunsley & Baley（1999），Dawes（1999）らの論文をレビューし，ロールシャッハは科学的テストの原理を体現したものだとの結論を出した。また，さらなる妥当性検証のデータやパーソナリティの発達や変化に関する長期的な研究が必要であるとも説いた。Hunsley & Baileyの主張に対しては，彼らはロールシャッハに無理な立証を求めていると批判した。一方，Garb, Wood, Nezworski, Grobe & Stejkal（2001）は，Hunsley & Bailey（1999）を支持し，Stricker & Gold（1999），Viglione（1999），Hiller et al.（1999）に対して激しい論争を挑んだ。Garbらは包括システムの変数の中には時間的一貫性を示すデータのないものがあると指摘し，ロールシャッハは臨床診断のための一意性の情報を提供するものではないと示唆した。ロールシャッハの増分妥当性についても異議を唱え，さらには，少数民族集団のための基準（ノルム）が作られていないので，マイノリティにロールシャッハを用いるのは適当でないと提言した。

　Garb et al.（2001）はHiller et al.（1999）によるロールシャッハとMMPIのメタ分析に批判を加えたが，Rosenthal, Hiller, Bornstein, Berry & Brunell-Neuleib（2001）はそれに対して，自分たちの主張を裏づける新たな2つのメタ分析の結果を提示した。Viglione & Hilsenroth（2001）は，Hunsley & Bailey（1999）とGarb et al.（2001）の主張と批判について検討した。その結果，ロールシャッハに対する最近の批判は偏見に基づいているか，価値がないと示唆した。そして，信頼性，増分妥当性，基準データ，多文化に対する適用，臨床判断などの領域での研究をレビューし，自分たちの見解の裏づけとした。Hunsley & Bailey（2001）はロールシャッハのスコアの多くは確たる理論的基盤を欠いていると主張するとともに，テストがどの程度標準的な方法で施行されているのか疑問であると述べ，自分たちの立場を擁護した。彼らは，ロールシャッハでもその他のテストでも，臨床家や患者がパーソナリティの理解を進めるのに役立つことがあるとしても，そのこと自体がテストの有用性を示すことにはならないと主張した。彼らは，テストの臨床的有用性は，テストが治療結果を明らかに向上させたり，患者が治療によって疲弊する率を低下させたりする程度によって測定されるべきだと考えていた。

　Meyer & Archer（2001）は，先行研究（Parler, Hanson, Hunsley, 1988）よりも精緻なメタ分析を行った。そして，ロールシャッハの妥当性係数はMMPIおよびIQの測定法と同程度であり，ロールシャッハからは妥当性のある所見が得られるとの結論を出した。Meyerらは，ロールシャッハには概念的にも経験的にもまだ不備があるとして，優先的に検討されるべきことがらについて論じた。それ

は，ロールシャッハの有効性の証明，基準(ノーマティブ)データの更新，テストの施行法の信頼性と適切さの検証，時間的安定性に関する研究，まだ十分検討されていない変数の研究，増分妥当性と臨床的有用性に関する研究の継続，などである。

概観

ロールシャッハや包括システムに対する現在の論評や批判は複雑で，特に初心者にとってはわかりにくいものがあるかもしれない。たとえば，Weiner（2001）と Meyer & Archer（2001）は，ロールシャッハにはまだ十分検討されていない多くの問題が残っていて，さらなる研究が必要とされていると述べ，批判のうちのいくつかについては正当なものだと認めている。その一方，Viglione & Archer（2001）は，批判の多くにはある種の単純さや偏見，ロールシャッハに対する理解不足が目立つと指摘している。彼らが述べるこれらのことがらは，すでに見た通り，1950年代と1960年代にロールシャッハに対してなされた批判の多くに含まれていたものである。

現在の批判は表向きにはロールシャッハに向けられているが，内実は，精神医学や心理学の領域に潜在しているパーソナリティ・アセスメント全般に対する嫌悪を反映していると考えられる。アセスメントは，臨床的アプローチではなくて，もっと時間が掛からない，統計的基盤を持った技術によって行ったほうがよいとする，1954年の Meehl の主張の再来という感がある。広い目で見れば，ロールシャッハに対する現在の批判のいくつかは，臨床アセスメントの中で心理テストを使用することへの批判，少なくとも間接的な批判だと考えられる。実際，Hunsley & Bailey（1999, 2001）は，臨床的有用性の判断は治療結果が明らかに改善されたかどうかによってなされるべきだと提言した。このような基準はたしかにすばらしいが，しかし，いかにも非現実的なものである。どのようなテスト，どのようなアセスメントであっても，この基準達成を示すのはきわめて難しいだろう。

ロールシャッハを用いるかどうかの決定

ロールシャッハはさまざまなアセスメントの中に組み込むことができるが，実際にそれを使うかどうかの決定は慎重に行うべきである。ロールシャッハの図版に手を伸ばす前に，アセスメントの責任者は，ロールシャッハから得られるであろう情報がアセスメントの目的に合致し，関連しているのかを判断しなければいけない。第1章で述べたように，個人について妥当性のある有用な記述ができるアセスメント法はたくさんある。したがって，ロールシャッハを用いるかどうかの決定は，ロールシャッハに基づいた記述の有用性をその他の情報源をもとにした場合に得られる記述と比較評価して行うのが最もよい。面接，観察，自己報告式テストなどから得られる情報は，多くの場合，症状や行動を中心にしたものになる。一方，ロールシャッハの結果からまとめあげた記述は，症状や行動の基になる心理過程に焦点を合わせたものになる。

ロールシャッハを用いる決定がなされるのは，たいがいは，クライアントを個人として見て心理学的な記述を行うことがアセスメントの目的に適い，クライアントの福利やクライアントにまつわる問題の解決に役立つだろうと考えた場合である。ロールシャッハの反応を産出する心理特徴とその他の行動を生み出す心理特徴には類似性があるので（第11章参照），ロールシャッハの結果から

は，強いところ，弱いところ，反応傾向などのその人特有の組み合わせを中心に描いた人物像が得られる。このような枠組みの中で記述された人物像は，病因学的な問題を検討する際の情報源になるし，援助目標の特定や介入方法の選択のための指針としても役に立つ。また，その人に関するその他の重要な決定をするときにも実際的な意味を持ってくることが多い。

　ロールシャッハからはすべての問いに答えられるようなデータが得られるわけではない。この点は特に強調しておきたい。アセスメント場面によっては，ロールシャッハ結果がほとんどあるいはまったく役に立たないこともある。たとえば，アセスメント課題が主として知的特徴や神経心理学的問題に関わるものである場合は，ロールシャッハは最適なテストとは言えない。ロールシャッハの変数の中にはたしかに知能と正の相関を持つものもある。しかし，知能テストの代用になるほどの信頼性と妥当性があるわけではない。また，神経心理学的な機能障害がある場合に出現率が高くなる変数もある。しかし，観察して容易にわかるほどの重篤な機能障害がある場合を除けば，診断的な識別力が立証されている変数は一つもない。したがって，アセスメントの第一の目的が知能や認知機能の正確な把握に関係している場合は，ロールシャッハはパーソナリティに関連する情報を提供するだけの補助的役割しか果たさない。

　第1章でも述べたように，照会してくる相手が，この症状にはこの治療法が最適なのだという「決まり切った」つながりを固守している場合もある。このようなときには，ロールシャッハの結果は，あるいはパーソナリティに関係するその他のどんな情報も，すでにできあがっている治療や援助についての決定に何か役に立つ一言を付け加えられることはできないだろう。また，アセスメント目的がもっぱら診断名をつけるための補助という場合もある。ロールシャッハの結果はたしかにその役に立ち得る。しかし，その実施にはそれなりの時間を要するので，コスト的にはその他のアセスメント法のほうがより効率的に「診断名をつける」目的を達成できるだろう。

　ロールシャッハを使うかどうかを決定するときに考慮しなければいけないもう一つの要素は時間の問題である。テストに必要な教示には普通10分も掛からないが，例外の事態も起こり得る。大部分の人は1時間以内にテストを終えるが，やはり例外はあり，中にはかなり長い時間を要する人もいる。所定のアセスメントの中にロールシャッハも含めることにするのなら，検査者がテストを適切な手段で行えるように，また時間を気にしなくてもいいように，十分な時間を確保することがきわめて大切である。

ロールシャッハとテストバッテリー

　ロールシャッハの情報だけでもアセスメント課題に十分答えられることもある。しかし，普通は査定する者は複数の方法を用いる。典型的には，面接とテストバッテリーが採用される。テストバッテリーは2つか3つのテストだけで組まれることもあるが，たいがいは4つ以上のテストが用いられる。複数のテストを用いることの理論的根拠についてはこれまで詳細に述べられてきた（Harrower, 1965；Z. Piotrowski, 1958；Rapaport, Gill & Schafer, 1946）。つまるところ，このようなアプローチは次のような2つの前提に基づいている。第1は，すべてのことを調べられるほど適用範囲の広いテストはないという前提である。いろいろなテストがいろいろな次元や異なる機能に焦点を合わせることになるので，テストバッテリーによってより広い範囲の情報が得られ，受検者を総

体的に評価することができる。第2は，さまざまなテスト同士にはある程度重なり合う部分があり，それゆえに1つのテストから得られた情報に関して交差妥当性の検証が可能になる，という前提である。多面的なアプローチは誤りを最少にし，正確さを最大にすると主張されてきた。テストバッテリーによるアプローチを支持する者は，テストバッテリーは行動についての多くのサンプルとして考えることができると述べる。一つの方法からのデータだけだと推測の部分が大きくなるが，複数の方法からのデータを組み合わせると結論の確実性が増すというのである。

ただ残念なことに，与えられた課題が何であれ，あるいはテストの過程でどのようなデータが入手できるのかに関係なく，いつも同じ組み合わせのテストばかり使い続ける臨床家が未だに多い。このようなアセスメントの行い方というのは，臨床家の主要な役割が心理診断で，決められたアセスメントの手順変更にあまり柔軟性がなかった1940年代や1950年代のものである。ほとんどのアセスメント課題にとって，大量のデータは必ずしも必要ではない。また，アセスメントに費やされる時間がその目的と不釣り合いなまでに多すぎてもいけない。

査定をする者が決めなければいけないもう一つの重要な問題は，それぞれのテストを査定の過程の中にどのように配するかという点である。Van de Castle（1964）は，テストの順番によってロールシャッハの人間反応の出現率が変化することを見いだした。Grisso & Meadow（1967）は，WAISをロールシャッハの前に行った場合と後で行った場合とでWAISの成績に差があったと報告した。Exner & Hark（1980）によれば，ロールシャッハを他のテストの3時間後に実施した場合と90分後に実施した場合とを比べると，前者の方が反応数が有意に少なかった。また，まだ証明されてはいないが，受検者にストレスを与えるようなアセスメントの過程では，どのような手順であってもロールシャッハの生産性に影響を及ぼすと考えられる。

たとえば，ある種の認知障害を持つ者にとっては，カテゴリーテストやハルステッド－レイタン式神経心理学総合テストの触覚作業テストは困難であり，これらのテストの成績がかなりよかった場合を除いては，直後にロールシャッハを実施するのは賢明でない。同様に，MMPIの直後にはロールシャッハを行わないほうがよい。MMPIは受検者について非常に大切な情報をもたらしてくれるが，同時に，ロールシャッハに影響を与えかねないほどの疲労効果も生じさせるからである。

テストバッテリーによるアプローチを行おうとする場合は，時間を計算に入れることがきわめて重要になる。神経心理学的な問題がなければ，通常はアセスメントの全過程は3時間の枠内で終えるのがよい。現代のアセスメントでは受検者についてほぼ完全な記述をすることが目指されるが，この場合は，（1）ウェクスラー式知能検査，（2）ロールシャッハ，（3）MMPIの3つのテストをアセスメントの軸として考えるのがよい。これらのいずれもが確かな実証的裏づけを持ち，多くの情報を提供してくれる。十分訓練された臨床家ならば，その情報から個人についての多くの重要で意味ある仮説を作り出すことができるだろう。

文献

Allen, R. M. (1976). Review of the Rorschach: Comprehensive system. Journal of Personality Assessment, 40, 103-104.
American Psychiatric Association. (1980). Diagnostic and statistical manual of mental disorders (3rd ed.). Washington, DC: Author.
American Psychiatric Association. (1987). Diagnostic and statistical manual of mental disorders (3rd ed., rev.). Washington, DC: Author.
American Psychiatric Association. (1994). Diagnostic and statistical manual of mental disorders (4th ed.). Washington, DC: Author.

American Psychiatric Association. (2000). Diagnostic and statistical manual of mental disorders (4th ed., text rev.). Washington, DC: Author.

Anastasia, A. (1954). Psychological testing. New York: Macmillan.

Anastasia, A. (1982). Psycholgical testing (5th ed.). New York: Macmillan.

Aronow, E., Reznikoff, M., & Moreland, K. (1994). The Rorschach technique. Boston: Allyn & Bacon.

Backlar, P. (1996). Managed health care: Conflict of interest in provider/client relationships. Community Mental Health Journal, 32, 101-1 10.

Cronbach, L. J. (1949). Statistical methods applied to Rorschach scores. A review. Psychological Bulletin, 46, 393-429.

Dawes, R. M. (1994). House of cards: Psychology and psychotherapy built on myth. New York: Free Press.

Dawes, R. M. (1999). Two methods for studying the incremental validity of a Rorschach variable. Psychological Assessment, 11, 297-302.

Evans, M. D., Hollon, S. D., DeRubeis, R. J., Piasecki, J., Grove, W. M., Garvey, M. J., et al. (1992). Differential relapse following cognitive therapy and pharmacotherapy for depression. Archives of General Psychiatry, 49, 802-808.

Exner, J. E. (1978). The Rorschach: A comprehensive system. Vol. 2: Current research and advanced interpretation. New York: Wiley.

Exner, J. E. (1986). The Rorschach: A comprehensive system. Vol. 1: Basic Foundations (2nd ed.). New York: Wiley.

Exner, J. E. (1991). The Rorschach: A comprehensive system. Vol. 2: Interpretation (2nd ed.). New York: Wiley.

Exner, J. E. (1992). R in Rorschach research: A ghost revisited. Journal of Personality Assessment, 58, 245-251.

Exner, J. E. (1993). The Rorschach: A comprehensive system. Vol. 1: Basic Foundations (3rd ed.). New York: Wiley.

Exner, J. E. (2002). A new nonpatient sample for the Rorschach comprehensive system: A progress report. Journal of Personality Assessment, 78, 391-404.

Exner, J. E., & Hark, L. I. (1980). Frequency of Rorschach responses after prolonged cognitive testing. Rorschach Workshops (Study No.271, unpublished).

Fiske, D. W., & Baughman, E. E. (1953). Relations between Rorschach scoring categories and the total number of responses. Journal of Abnormal and Social Psychology, 48, 25-32.

Gallagher-Thompson, D., Hanley-Peterson, P., & Thompson, L. (1990). Maintenance of gains versus relapse following brief psychotherapy. Journal of Consulting and Clinical Psychology, 58, 371-374.

Ganellen, R. J. (1996). Comparing the diagnostic efficiency of the MMPI, MCMI-II, and Rorschach: A review. Journal of Personality Assessment, 67, 219-243.

Ganellen, R. J. (2001). Weighing evidence for the Rorschach's validity: A response to Wood et al. (1999). Journal of Personality Assessment, 77. 1-15.

Garb, H. N., Wood, J. M., Nezworski, M. T., Grove, W. M., & Stejkal, W. J. (2001). Towards the resolution of the Rorschach controversy. Psychological Assessment, 13, 433-448.

Gortner, E. T., Gollan, J. K., Dobson, K. S., & Jacobson, N. S. (1998). Cognitive-behavioral treatment for depression: Relapse prevention. Journal of Consulting and Clinical Psychology, 66, 377-384.

Gough, H. G. (1963). Clinical versus statistical prediction in psychology. In L. Postman (Ed.), Psychology in the making. New York: Knopf.

Grisso, J. T., & Meadow, A. (1967). Test interference in a Rorschach-WAIS administration sequence. Journal of Consulting Psychology, 31, 382-386.

Harrower, M. (1965). Differential diagnosis. In B. Wolman (Ed.), Handbook of clinical psychology. New York: McGraw-Hill.

Hiller, J. B., Rosenthal, R., Bornstein, R. F., Berry, D. T. R., & Brunell-Neuleib, S. (1999). A comparative meta-analysis of Rorschach and MMPI validity. Psychological Assessment, 11, 278-296.

Holt, R. R. (1958). Clinical and statistical prediction: A reformulation and some new data. Journal of Abnormal and Social Psychology, 56, 1-12.

Holt, R. R. (1970). Yet another look at clinical and statistical prediction: Or, is clinical psychology worthwhile? American Psychologist, 25, 337-349.

Holtzman, W. H., Thorpe, J. S., Swartz, J. D., & Herron, E. W. (1961). Inkblot perception and personality. Austin: University of Texas Press.

Hunsley, J., & Bailey, J. M. (1999). The clinical utility of the Rorschach: Unfulfilled promises and an uncertain future. Psycholgical Assessment, 11, 266-277.

Hunsley, J., & Bailey, J. M. (2001). Whither the Rorschach? An analysis of the evidence. Psychological Assesssment, 13, 472-485.

Jensen, A. R. (1958). Personality. Annual Review of Psychology, 9, 395-422.

Jensen, A. R. (1965). Review of the Rorschach Inkblot Test. In O. K. Buros (Ed.), The sixth mental measurements yearbook. Highland Park, NJ: Gryphon Press.

Kinder, B. N. (1992). The problems of R in clinical settings and in research: Suggestions for the future. Journal of Personality Assessment, 58, 252-259.

Korman, A. K. (1968). The prediction of managerial performance. Personnel Psychology, 21, 295-322.

Kovacs, M., Rush, J., Beck, A. T., & Hollon, S. D. (1981). Depressed outpatients treated with cognitive therapy or pharmacotherapy. Archives of General Psychiatry, 38, 33-39.

Lindzey, G. (1961). Projective techniques and cross-cultural research. New York: Appleton-Century-Crofts.

Lubin, B., Larsen, R. M., & Matarazzo, J. D. (1984). Patterns of psychological test usage in the United States 1935-1982. American Psychologist, 39, 451-454.

Lubin, B., Wallis, R. R., & Paine, C. (1971). Patterns of psychological test usage in the United States: 1935-1969. Professional Psychology, 2, 70-74.

Meehl, P. E. (1954). Clinical versus statistical prediction. Minneapolis: University of Minnesota Press.

Meyer, G. J. (1999). Introduction to the special series on the utility of the Rorschach in clinical assessment. Psychological Assessment, 11, 235-239.

Meyer, G. J., & Archer, R. (2001). The hard science of Rorschach research: What do we know and where do we go? Psychological Assessment, 13, 486-502.

Meyer, G. J., Hilsenroth, M. J., Baxter, D., Exner, J. E., Fowler, J. C., Piers, C. C., et al. (2002). An examination of interrater reliability for scoring the Rorschach comprehensive system in eight data sets. Journal of Personality Assessment, 78, 219-274.

Miller, I. J. (1996). Managed care is harmful to outpatient mental health services: A call for accountability. Professional Psychology: Research and Practice, 27, 349-363.

Murray, H. A. (1938). Explorations in personality. New York: Oxford University Press.

Murstein, B. I. (1965). Handbook of projective techniques. New York: Basic Books.

Nezworski, M. T., & Wood, J. M. (1995). Narcissism in the comprehensive system for the Rorschach. Clinical Psychology: Science and Practice, 2, 179-199.

Parker, K. C. H., Hanson, R. K., & Hunsley, J. (1988). MMPI, Rorschach, and WAIS: A meta-analytic comparison of reliability, stability, and validity. Psychological Bulletin, 103, 367-373.

Piotrowski, C., Belter, R. W., & Keller, J. W. (1998). The impact of "managed care" on the practice of psychological testing: Preliminary findings. Journal of Personality Assessment, 70, 441-447.

Piotrowski, Z. A. (1958). The psychodiagnostic test battery: Clinical application. In D. Brower & L. E. Abt (Eds.), Progress in clinical psychology (Vol.3). New York: Grune & Stratton.

Rapaport, D., Gill, M., & Schafer, R. (1946). Diagnostic psychological testing (Vol.2). Chicago: Yearbook Publishers.

Rosenthal, R., Hiller, J. B., Bornstein, R. F., Berry, D. T. R., & Brunell-Neuleib, S. (2001). Meta-analytic methods, the Rorschach, and the MMPI. Psychological Assessment, 13, 449-451.

Rotter, J. B., & Rafferty, J. E. (1950). Manual: The Rotter Incomplete Sentences Blank. New York: Psychological Corporation.

Sargent, H. (1945). Projective methods: Their origins, theory, and application in personality research. Psychological Bulletin, 42, 257-293.

Sawyer, J. (1966). Measurement and prediction, clinical and statistical. Psychological Bulletin, 66, 178-200.

Shaffer, T. W., Erdberg, P., & Haroian, J. (1999). Current nonpatient data for the Rorschach, WAIS-R, and MMPI-2. Journal of Personality Assessment, 73, 305-316.

Stricker, G. (1976). The right book at the wrong time. Contemporary Psychology, 21, 24-25.

Stricker, G., & Gold, J. R. (1999). The Rorschach: Toward a nomothetically based, idiographically applicable configurational model. Psychological Assessment, 11, 240-250.

Symonds, P. M. (1946). The dynamics of human adjustment. New York: Appletone-Century-Crofts.

Van de Castle, R. L. (1964). Effect of test order on Rorschach human content. Journal of Consulting Psychology, 28, 286-288.

Viglione, D. J. (1999). A review of recent research addressing the utility of the Rorschach. Psychological Assessment, 11, 251-265.

Viglione, D. J., & Hilsenroth, M. J. (2001). The Rorschach: Facts, fictions, and future. Psychological Assessment, 13, 452-471.

Watkins, C. E., Jr., Campbell, V. L., Nieberding, R., & Hallmark, R. (1995). Contemporary practice of psychological assessment by clinical psychologists. Professional Psychology: Research and Practice, 26, 54-60.

Weiner, I. B. (1972). Does psychodiagnosis have a future? Journal of Personality Assessment, 36, 534-546.

Weiner, I. B. (2001). Advancing the science of psychological assessment: The Rorschach Inkblot Method as exemplar. Psychological Assessment, 13, 423-432.

Wiggins, J. S., Renner, K. E., Clore, J. L., & Rose, R. J. (1971). The psychology of personality. Reading, MA: Addison-Wesley.

Wood, J. M., Nezworski, M. T., Garb, H. N., & Lilienfeld, S. O. (2001). The misperception of psychopathology: Problems with the norms of the comprehensive system for the Rorschach. Clinical Psychology: Science and Practice, 8, 350-373.

Wood, J. M., Nezworski, M. T., & Stejkal, W. J. (1996). The comprehensive system for the Rorschach: A critical examination. Psychological Science, 7, 3-10.

Wood, J. M., Nezworski, M. T., Stejkal, W. J., Garven, S., & West, S. G. (1999). Methodological issues in evaluating Rorschach validity: A comment on Burns and Vigione (1996), Weiner (1996), and Ganellen (1996). Assessment, 6, 1 15-129.

Wundt, W. (1893). Logik. Zweiter Band. Vol. 2: Methodenlehre (2nd rev. ed.). Stuttgart, Germany: Verlag Enke.

Zubin, J., Eron, L. D., & Schumer, F. (1965). An experimental approach to projective techniques. New York: Wiley.

••• 第 II 部 •••

ロールシャッハの施行とスコアリング

Administration and Scoring the Rorschach

第 4 章
ロールシャッハの施行：決定と方法
Rorschach Administration : Decisions and Procedures

　テスト場面でロールシャッハの図版を用いる前に，アセスメントの責任を負う者は，当面の課題にとってロールシャッハが適切かどうかを判断しなければならない。ロールシャッハのデータから**すべての問いに対する答えが得られるわけではない**。ロールシャッハから明らかになるデータは，行動についての複雑な標本（10枚のインクブロットに対する反応）であり，それらはスコアされ，そこにはっきり現れている個性記述的特徴について検討された結果，個人に関するまとまった記述へと翻訳される。アセスメントを行う者が検討すべき問題は，この記述がクライアントやアセスメントの依頼者にとって役に立つものになるのかどうかという点である。

　ロールシャッハのデータから導き出された記述は，反応の傾向，感情特性，認知機能，動機づけ，とらわれ，自己知覚，対人知覚などの特徴に焦点をあてた，たいへん詳しいものになる。通常，顕在的行動と潜在的行動についても言及されるが，その質はプロトコルの豊かさに応じて変わってくる。かなりの確実性をもって記述されるが，推測に近い部分も含まれる。ほとんどは，テストを受けた人がこれまでどうだったのか，あるいはこれからどうなりそうなのかということよりも，現在どうなのかということについての記述である。原因に関する情報が含まれ，予後の見通しについても記述されることになるが，一般的にはこれらの情報がプロトコルのデータから直接得られることは少ない。むしろ，それらは，参照可能な他の記録のデータを帰納的論理と演繹的論理によって統合して得られることのほうが多い。したがって，それらの原因や予後についての情報はより推測に基づくものであり，解釈をする者が持つ，パーソナリティ，反応スタイル，精神病理，行動などに関する知識に大きく依存している。

　ロールシャッハの結果は，過去や将来についての推測に用いることもできる。さまざまな長所や短所に関するデータをつなぎ合わせて理解することで，介入目標や援助のための別の方法について，論理的に所見を導き出せる。また，はっきりした長所や，いくつかの反応傾向同士の関係を検討することで，それらの傾向の慢性度や起源についてさえも論理的に推測できる。

　よいアセスメントにおいては，回答が求められている課題に適した方法が用いられる。たとえば，親との関係，宗教の好み，趣味，スーパーバイザーあるいは教師の評定，同胞関係，性的嗜好，性交渉の頻度などに関する問題が取りあげられることがある。これらは重要な問題かもしれないが，ロールシャッハのデータとの関連はせいぜい間接的なものでしかない。こうした種類の情報を得るためには，ロールシャッハよりもずっとよい方法がいくつかある。そうした情報のほとんどは，よ

い面接や詳しい生活史から得られる。この種の課題の他にも，訓練での成功や失敗，結婚生活の成功，最終的な子どもの数，入院期間の長さ，保護観察遵守事項違反の可能性のような，予測に関する課題もロールシャッハには不適である。これらのほとんどは論理性を要する問題であり，有能なサイコロジストならば，適切な情報や基準尺度があれば，かなり確かな予測をすることができるだろう。しかし，**ロールシャッハだけから予測は行わないし，ロールシャッハを使わないこともあり得る**。

その他にも，照会される事項の中には，ロールシャッハに適しているように思われるが，必ずしもそうではないものがある。それは，知的機能の問題と神経学的な問題である。この両者については，ロールシャッハを用いた研究の結果，何らかの肯定的な関係が見出されてきた。ロールシャッハのいくつかの要素は，たしかに知能の指標と正の相関がある。しかし，信頼性と妥当性のある方法として知能テストの代わりに使用できるほどではない。同様に，神経学的な機能障害がある場合に高い確率で出現するロールシャッハの要素もいくつかある。しかし，診断的な識別力が証明されているのは，機能障害が重度で観察すれば容易にわかるような場合だけである。したがって，アセスメントの主たる目的が知能や認知機能に関するものならば，ロールシャッハは最適のテストとは言えない。ロールシャッハはアセスメント全体には役立つが，実際的な価値があるのは，心理構造に関係する情報を提供する補助的手段としてのみである。

ロールシャッハとテストバッテリー

ロールシャッハが用いられる場合，通常はマルチメソッド・アプローチの中に組み込まれる。もちろんロールシャッハの情報だけでもアセスメント課題に十分答えられることもある。しかし，普通はアセスメントする者は複数の方法を用いる。典型的には，面接とテストバッテリーが採用される。テストバッテリーは2つか3つのテストだけで組まれることもあるが，たいがいは4つ以上のテストが用いられる。複数のテストを用いることの理論的根拠についてはこれまで詳細に述べられてきた（Rapaport, Gill & Schafer, 1946 ; Z. Piotrowski, 1958 ; Harrower, 1965）。つまるところ，このようなアプローチは次のような2つの前提に基づいている。まず挙げられるのは，すべてのことを調べられるほど適用範囲の広いテストはないという前提である。いろいろなテストがいろいろな次元や異なる機能に焦点を合わせることになるので，マルチメソッド・アプローチによってより広い範囲の情報が得られ，個人を総体的に評価することができる。第2の前提は，さまざまなテスト同士にはある程度重なり合う部分があり，それゆえに1つのテストから得られた情報に関して交差妥当性の検証が可能になる，というものである。マルチメソッド・アプローチは誤りを最少にし，正確さを最大にすると主張されてきた。マルチメソッド・アプローチを支持する者は，この方法は行動についての多くのサンプルとして考えることができると述べている。1つの方法からのデータだけだと推測の部分が大きくなるが，複数の方法からのデータを組み合わせると結論の確実性が増す。そのため，ある種の記述的あるいは予測的な結論を引き出すためには不可欠なものとなる（Holt, 1958, 1970）。

マルチメソッド・アプローチを支持する立場に対しては，いくつかの研究によって批判的見解が主張されてきた（Starbin, 1943 ; Kelly & Fiske, 1950 ; Gage, 1953 ; Kostlan, 1954 ; Giedt, 1955 ; Garb, 1984）。いずれの研究でも，臨床家は入手したデータのすべてを用いてはいなかったり，データの

一部だけに過度の重みを与えたりしがちであることが示唆された。また、批判者は、予測の正確さは通常はすぐに最高限度に達してしまうので、データを追加することによって予測との相関が上昇するにしても、その程度はごくわずかでしかないと主張した。しかし、これらの批判に反論し、マルチメソッド・アプローチが臨床場面でよく機能していることを証明した研究もいくつかある（Vernon, 1950；Mackinnon, 1951；Stern, Stein & Bloom；1956；Luborsky & Holt, 1957）。これらの研究では、データが増えれば妥当性も高まっていた。

　アセスメントをする者が決めなければならないもう一つの重要な問題は、それぞれのテストを査定の過程の中にどのように配するかという点である。Van de Castle（1964）は、テストの順番によってロールシャッハの人間反応の出現率が変化することを見出した。Grisso & Meadow（1967）は、WAIS をロールシャッハの前に行った場合と後で行った場合とでは WAIS の成績に差があったと報告した。Exner & Hark（1979）は、WAIS をロールシャッハの前に行った 100 名とロールシャッハの後に行った 100 名の、合計 200 の WAIS の記録を調べた。その結果、WAIS のどの下位検査の得点にも、ロールシャッハのスコアの分布にも、有意差は見られなかった。とはいえ、アセスメントで用いるテストの配置順についてはよく考えて決める必要がある。

　Exner & Hark（1980）によれば、ロールシャッハを他のテストの 3 時間後に実施した場合と 90 分後に実施した場合とを比べると、前者のほうが反応数が有意に少なかった。また、まだ証明されてはいないが、テストを受ける人にストレスを与えるようなアセスメントの過程では、どのような手順であってもロールシャッハの生産性に影響を及ぼすと考えられる。たとえば、ある種の認知障害を持つ者にとっては、カテゴリーテストやハルステッド－レイタン式神経心理学総合テストの触覚作業テストは困難であり、これらのテストの成績がかなりよかった場合を除いては、直後にロールシャッハを実施するのは賢明でない。同様に、MMPI の直後にはロールシャッハを行わないほうがよい。MMPI は非常に大切な情報をもたらしてくれるが、同時に、テストを受けた者に、ロールシャッハに影響を与えかねないほどの疲労効果も生じさせるからである。

　マルチメソッド・アプローチを行う場合は、時間を計算に入れることがとても大切である。神経心理学的な問題がなければ、通常はアセスメントの全過程は 3 時間の枠内で終えるのがよい。現代のアセスメントでは個人についてほぼ完全な記述をすることを目指すが、この場合は、（1）ウェクスラー式知能検査、（2）ロールシャッハ、（3）MMPI の 3 つのテストをアセスメントの軸として考えるのがよい。これらのいずれもが確かな実証的裏づけを持ち、多くの情報を提供してくれる。十分訓練された臨床家ならば、その情報からクライアントについての多くの重要で意味ある仮説を作り出すことができるだろう。

実施の手順

　ロールシャッハを用いることになったならば、このテストを正しく行うことがきわめて重要である。テストの正しい施行の重要性についてはいくら強調してもしすぎることはない。ロールシャッハの実施はさほど難しくはないが、技術、感性、適切な判断力が必要とされる。準備が不足し、自信の乏しい検査者が行ったり、いい加減なやり方で取り組んだりすると、この手続きは難しいものになってしまう。座り方、教示、反応の記録、質問などの要素はすべて重要である。これらの要素

の標準的な手続きに忠実に従ってテストを行えば，解釈に関して信頼性と妥当性のあるプロトコルが得られる。しかし，標準的手続きを守らなければ，テストのいくつかの要素に影響を与えてしまう。特に影響を受けやすいのは，反応数，反応の性質についてのクライアントの説明である。施行法を変えると，クライアント理解が不明瞭になったり，場合によっては混乱したものになってしまう。

座り方

　座り方は非常に大切である。**決して対面では座らない**。ほとんどの検査者は，机を前にして，テストを受ける人の隣に座る。しかし中には，椅子を2つ並べ，クリップボードを使う者もいる。この場合，小さな机を検査者の横に，クライアントから離して並べ，その上に検査用具を置く。このようにするのは，テストを受ける人に影響を及ぼすような手掛かりを，検査者が意図せず不注意に与えてしまう機会を減らせるからであり，これが最も大切な理由である。2つ目の理由は，横並びに座ることで，クライアントが言及するブロットの特徴をよりよく観察できるというものである。

　Rorschach は，テストを受けている人が言及する特徴を記録しやすくするために図版をよく見えるようにしたいと思い，横並びの座り方をした。検査者の影響について，おそらく Rorschach はあまり気づいていなかったし，Rorschach の研究を発展させていった人たちもさほど関心を持たなかった。Klopfer と Hertz は横並びの座り方を体系の中に取り入れた。Bohm は，検査者がクライアントの右斜め横か横並びに座ることを勧めた。Piotrowski は横並びに座るのがよいと考えた。しかし，面接や直前のテストでの座り方を変えてまで横並びにすべきではないと主張した。Beck はクライアントの後ろに座るのを好んだ。Rapaport は，面接やテストには最も自然だとして，対面の座り方を勧めた。実際には，対面で座ることが絶対に必要な心理テストはない。知能テストの場合のように，テストを受ける人の前に検査用具を並べなければいけないときであっても，検査者がクライアントの横に座ることは可能である。

　検査者の影響，あるいは検査者が与える手掛かりは，どのテスト場面でも軽視できない。ロールシャッハを行う場合は特にそうである。検査者の影響について初めて指摘した研究者の一人が Coffin（1941）である。彼は，投映を引き起こす目的でテスト場面に構造化されていない要素が含められている場合には，テストを受ける側は影響や暗示を受けやすくなることを証明した。Schachtel（1945）は，この要素について最初の概念的枠組みを与えた者の一人である。Schachtel は，テスト場面は自由なように見えて実は統制もされていて，検査者とクライアントの関係によって複雑になるものだと主張した。そして，テスト場面に反応するクライアント側の問題を強調した。彼は，クライアントはテスト状況を「主観的に定義」してしまいやすいと指摘した。Schafer（1954）はこの見解をさらに広げ，クライアントとテスト状況の力動性の相互作用を強調した。彼は，求められるコミュニケーションの水準，プライバシーの侵害，場面の構造化があまりされていないこと，未成熟な自己認識の露呈のおそれなどが，クライアントの不安と防衛を引き起こし，それが検査者に対するクライアント固有の反応をもたらすと示唆した。Schachtel も Schafer も，検査者とクライアントとの関係がロールシャッハの結果を完全に変えてしまうとは考えなかったが，テストの変数の多くが影響を受ける可能性があると警告した。

　検査者の影響についての研究からはいくつかの重要な所見がもたらされた。Lord（1950）の研究では，カウンターバランスを取って，3人の検査者が36人の研究協力者にロールシャッハを行った。

それぞれの研究協力者は，3人の検査者によって1回ずつ，合計3回，テストを受けた。各検査者は，次の3つのモデルに従って検査者役割を変えた。第1のモデルでは，テストを受ける人が検査者に受容され，うまくできたと思わせた。第2のモデルでは，テストを受ける人が検査者に拒否され，失敗したと思わせた。第3のモデルは，検査者は感情的に中立な立場を維持するという，標準的な方法に近いものだった。再テストの実験計画が複雑なためにはっきりした結果は得られなかったが，異なるラポール・モデルの間では多くの有意差が生じていた。しかし，最も大きく，最も多い差は各検査者の間で生じており，どのラポール・モデルに従ったかには関係なかった。

　Baughman（1951）は，15人の検査者が663人の成人に行ったテストの記録を調べた。その結果，大部分の検査者の記録はかなり似通ったものになっていたが，一部の検査者が取った記録はどれも著しく逸脱していることがわかった。Baughmanは，施行方法の違いあるいは検査者とクライアントとの関係によってこの逸脱が生じたと考えた。Gibby, Miller & Walker（1953）も，反応数や，純粋形態，色彩，濃淡といったスコアにおいて，検査者によって大きな違いがあることを見出した。

　Masling（1965）は，検査者が異なると反応も異なることの背後にある主たる要因は，検査者の意図しない強化ではないかと考えた。彼はこの仮説を検証するために，非常に巧みな実験計画を立てた。ロールシャッハのことをよく知らず，ロールシャッハの短期間かつ効率的な特別訓練を自発的に受けた14人の大学院生が研究に参加した。大学院生は無作為に2つの群に分けられ，全員が同一の訓練を受けた。ただし一点だけ違いがあり，一つの群には経験豊かな検査者は動物反応よりも人間反応を多く引き出すものだという構えが与えられた。もう一方の群には，その反対の構えが与えられた。訓練のセッションをすべて終えた後，学生たちはそれぞれ2名ずつの研究協力者にテストを行った。学生の検査者は言語的に影響を与えるのではないかとの予測のもと，テストの様子はテープレコーダーに録音された。人間反応と動物反応の比率は，2群間に予想された方向で差が見られた。しかし，言語的に影響を与えている証拠は**まったく見出されなかった**。そこでMaslingは論理的に考え，検査者は姿勢，身振り，顔の表情などによってテスト受検者に影響を与えたのではないかと結論づけた。

　Exner, Leura & George（1976）は，Maslingの実験計画を修正し，テスト結果への座り方の影響について調べた。この研究では，24人のボランティアの学生にロールシャッハの訓練を行った上で，彼らを6人ずつの4群に無作為に分けた。2つの群には対面で座るように教え，残り2群には横並びの座り方を教えた。さらに，対面の群と横並びの群のうちのそれぞれ1つの群には，有能な検査者は動物反応よりも人間反応を多く得るという構えを与え，残りの2群には反対のことを信じ込ませた。訓練を終えた後，学生たちはそれぞれ3名ずつの研究協力者にテストを行い，その様子をビデオテープに録画した。対面の座り方をした2群の間では，人間反応と動物反応の比率はそれぞれ予想された方向を示し，違いが見られた。ビデオテープによる行動評定の結果，構えに合った反応が得られたときには，姿勢，身振り，顔の表情などの手掛かりがより多く生じるというMaslingの仮説が確認された。横並びに座った2群でも，姿勢，身振り，顔の動きの評定には同様の違いが見られた。**しかし，人間反応と動物反応の比率に差はなかった。**

　以上の結果を，ほとんどあるいはすべてのロールシャッハ変数は検査者やクライアントに与えられた些細な構えによって容易に変化してしまう，というふうに解釈すべきではない。Exner（1980）とHaller & Exner（1985）の研究では，最初のテストの数日後に再テストを行い，前とは違う反応

をするように教示しても，ほとんどのスコアの分布は変わらなかった。また，Fosberg（1938）は，再テストでは一番よいと思ったものと一番悪いと思ったものを挙げてもらったところ，最初のテストの結果との間に大きな差異は見られなかった。Carp & Shavzin（1950）はFosbergと同じ方法で実験し，似たような結果を得た。さらには，できるだけ速く答えるように求められる（Williams, 1954），想像力のテストだと教示される（Peterson, 1957），正しい答えと間違った答えがあると信じさせられる（Phares, Stewart & Foster, 1960）など，自我の変化をもたらす構えが作られた場合も，プロトコルの基本的な特徴は変化しなかった。

　望ましい反応についての構えが検査者に与えられたときに，たとえ対面の座り方をしても影響を受けない変数も中にはある。2つの研究（Strauss, 1968；Strauss & Marwit, 1970）では，検査者に対し，人間反応（M）や色彩反応（FC, CF, C）が多い記録になるような構えと，反応数が多い記録や短い記録になるような構えを，それぞれ与えた。その結果，どの構えにも有意な差は見られなかった。一方，Goodman（1979）によれば，経験豊かな検査者は一般的にクライアントとの相互作用がより暖かいと評定され，平均以上の反応数を得やすかった。

　横並びの座り方によって検査者の影響をすべてなくせると考えるのは間違っている。しかし，そのほうが検査者の非言語的行動が過度に影響を与える可能性を減らすことができる。おそらくこれは，どのテストにも言えることである。行動変容のテクニックについての知識は積み重ねられてきたので，論理的にはそれらの知識によってアセスメント手続きがよいものになると期待される。しかし，残念ながらそうなってはこなかった。検査者がテスト場面における自分の行動の影響を重要視していないと，アセスメントの遂行が難しくなるばかりか，クライアントに大きな害を与えてしまう。

テストへの導入

　アセスメント全体のプロセスについてクライアントが正しく理解していれば，ロールシャッハについて特に細かく説明する必要はない。ほとんどの場合は，短いやりとりをしてクライアントがアセスメントの目的を理解しているかどうかを確認し，その後にロールシャッハについての簡単な説明を行う。大部分の人はアセスメントの一般的な目的については知っている。しかし，残念ながら，その理解には否定的あるいは間違った部分が多く含まれていることがある。クライアントが自分からアセスメントを求めてきた場合は，アセスメントの目的を明確にする責任は検査者にある。クライアントが誰か他の人から紹介されてきたのならば，紹介の理由を説明するのは紹介者の責任である。しかし，その責任が全うされていないことが多い。紹介者から十分な説明を受けていないクライアントが多いので，検査者は少し時間を取り，クライアントがアセスメントについて否定的あるいは間違った考えを抱いていないかどうか確かめたほうがよい。そこで，クライアントがアセスメントの目的についてどのように考えているのかを探り，ロールシャッハなど，アセスメントで用いるテストのあらましを前もって説明しておくことが重要となる。

　アセスメントの手続きの概要についてあらかじめ説明するのは，テストを受ける者がテスト場面に対して抱くであろう不信感や不安を和らげるためである。しかしそれ以上に大事なのは，クライアントには，これから何が起こり，その結果がどう扱われるのか，結果はいつ出て，誰に知らされるのか，フィードバックではどのようなことが伝えられるのか，誰がフィードバックするのか，と

いったことがらを知る権利があるということである。つねに誠実でなければいけないが、手続きについていたずらに詳しく説明する必要はない。**どうやって解釈するのかを説明することではなく**、手続きについて説明することが目的なのである。たとえば、実施するテストの中にウェクスラー検査を含める予定であれば、検査者は次のように説明してもいいだろう。「これから行うテストの一つはいくつかのパートに分かれていて、たとえば数字を憶えてもらったり、積み木を使って模様を作ってもらったり、いろいろな言葉の意味を言ってもらったりします」。

概要を説明する中で、「それから、インクのしみのテストも行う予定です。ロールシャッハというのですが、これまでに聞いたり、受けたりしたことはありますか」などのように尋ねる。もしもクライアントがロールシャッハについて何か知っているようであれば、少し時間を取り、どんなことを知っていて、それについてどう思っているのかを確かめる。ロールシャッハの図版や、それを模写したものは、漫画、映画、テレビ番組など、さまざまなメディアの中に登場しているが、ロールシャッハに対する間違った構えを作ってしまうような図版の取りあげ方をしていることがかなり多い。クライアントが間違った印象を抱いていれば、それを訂正することが必要である。たいていの場合は、手短に、正直に説明すれば、容易に訂正はできる。たとえば、「その人の性格特徴についの情報が得られるテストです。そうした情報が得られると……」などのように説明する。この説明の中で、アセスメントの目的を述べればよい（よりよい治療計画が立てられます、問題になっていることについてもっとよく理解できると思います、治療の進め方について主治医に対して意見を伝えることができます、治療がどれぐらい進んでいるのか知ることができます、など）。クライアントがロールシャッハについてほとんど知らない場合は、「何枚かのインクのしみのカードなのですが、これをあなたにお見せして、それが何に見えるかをお尋ねします」というように、簡単に説明するのがよい。

このような手続きは、年少児童も含め、ほとんどすべての者に適用できる。しかし、中には多動であったり抵抗が強すぎたりする児童もいて、通常のアセスメント手続きを進めるのが難しい場合もある。そのような児童に対しては、ロールシャッハは適切な検査とは言えないかもしれない。しかし、ロールシャッハのデータが重要だと考えられることもある。その場合は、教示や座り方を変更する必要がある。児童の中には、立ったまま、あるいは床に座ったまま検査を受けたがる者もいる。また、児童は非常に短い時間しか集中できず、できるだけ早く課題を終わらせてしまおうとすることが多い。このような場合には、検査者は標準的な施行法を常識的な範囲で変更する。そして、変更した手続きが決して一般的なものではないことを十分自覚しておく。

ロールシャッハを行う際にはどのクライアントの場合であっても協力関係が不可欠となるが、児童と検査に取り組む場合は特にそうである。たとえよい関係ができあがっていたとしても、通常、年少児童は長時間の検査になかなか耐えられない。もしも複数の検査が予定されているのなら、現実的に無理のない検査時間の配慮が必要である。平均的な成人では、ロールシャッハを終えるのに40～60分かかる。児童の場合、所要時間はもっと短く、10歳未満の児童だと30～45分である。

座り方が適切で、クライアントにテストへの準備ができていれば、ロールシャッハの施行は比較的簡単である。まず、クライアントへの手短な導入の説明を行う（たとえば、「では、インクのしみのテストを始めましょう」）。アセスメント全体の手続きのあらましを説明した後に検査者がクライアントとどんなやりとりをしたのかによって、導入のときの具体的な説明の内容は変わってくる。

これはロールシャッハテストだと説明されることもあろうが，多くの場合，インクのしみという言葉のほうが望ましいし，当たり障りなく使える。児童が対象の場合など，どうやってインクのしみを作るのかを説明したほうがよいときもある。不安が特に強い人が正しい答えについて何か尋ねた場合，標準的な回答は「みんな，いろいろなものを見ます」である。しかし，この種の説明はできれば避けるべきである。特に，図版の回転や，正しい答え，間違った答えなどについて言及したり，反応数についての予断をもたらすような発言をしたりしてはいけない。ロールシャッハ施行前の段階が最終的にどのような性質のものになるのかは，検査者の判断に委ねられる。まったく同じクライアントはいないし，同一のテスト場面もない。しかし，テスト場面の現実的な制約は考慮しつつも，標準的なテスト前の手続きをできるだけ滞りなく行うことが大切である。

　通常，図版は，図版Ⅰを一番上にして正しい順番に重ね，テストを受ける人から見える場所に**裏返しにして**置かれる。図版は検査者の手がすぐ届くところに置くが，**クライアントの手には届かないようにする**。領域図は質問段階で使うが，この時点ではクライアントに見えないようにしておく。反応はすべて逐語で記録されるので，記録用紙は十分用意しておく。予備のボールペンや鉛筆を用意しておくことも大切である。

教示

検査を始めたら，まず，図版Ⅰをクライアントに手渡しながら，次のように言う。

　　　これは何に見えますか？（What might this be ?）

　これが基本の教示である。これにどんな言葉も付け加える必要はない。この教示によって，走査，符号化（エンコーディング），分類，比較，放棄，選択といった，一連の複雑な認知操作が引き起こされる。

　テスト前の手続きによってテストへの準備ができているのに，クライアントが「これはインクのしみです」と答える場合は，検査者は「そうです。その通りです。でも，これが何に見えるのかを言ってほしいのです。他には何に見えますか」というように，基本の教示をもう一度繰り返し，求めていることを再確認する。

反応段階

　図版を見て反応を答える過程のことをかつては自由連想と呼ぶことが多かったが（Exner, 1974, 1978 ; Exner & Weiner, 1982），実際には図版から何かを連想しているわけではないので，この呼び名はまぎらわしい。連想ではなく，ブロットを何かに特定し，答えとして述べる反応を選択しているのである。各図版に複数の潜在反応を見ることは，ほとんどの人にとってそれほど難しくない。これは，おそらく図版を見て2～4秒くらいという，非常に短い時間のうちに行われる。課題は潜在的な反応を見つけることではない。それら潜在的反応の中からどれを選び，どれを反応として答えるのかを決めることが課題なのである。反応段階では，ほとんどの時間がこの作業に費やされる。

　この段階での検査者の責任は，テスト前の準備段階よりもかなり複雑なものになる。検査者はすべての言語内容を**逐語で**，すばやく，効率的に記録する。ときどきは質問に対応し，場合によって

は非指示的な励ましを行う。励ましが必要な稀な場合を除き，検査者は自分の構え，偏見，方向づけをテスト場面に一切持ち込まないようにする。検査者にとっては沈黙が原則である。図版を交換するときや説明の必要なときにのみ口を開くが，その場合であっても言葉を慎重に選ばなければならない。すでに述べたように，不用意な発言はテスト場面に何らかの構えを作り出す可能性がある。「ふーん」というような単純な応答でさえ，検査者が気づかぬうちに重大な影響を与えることもある。

　図版はクライアントに持ってもらう。クライアントがあまり持ちたがっていないようであれば，「どうぞ持ってください」と促さなければならない。しかし，クライアントが図版を机の上に置くことを選ぶのなら，それを無理にやめさせるべきではない。ただし，最初はクライアントの手に図版を渡すようにする。

質問と励まし

　テストを受ける人がさまざまな質問をしてくるのは特段珍しいことではない。テストの最初のほうであれば特に質問は多くなる。検査者は非指示的に，人によっていろいろな反応がある，という一般的な見解が伝わるように答える。以下はよくある質問と，一般的に適切と思われる答えの例である。

　　S：回してもいいですか。
　　E：どうぞご自由に。
　　S：全体で見ないといけませんか。
　　E：好きなように見てかまいません。人によっていろいろなものを見ます。
　　S：見た場所を言うのですか。
　　E：そうしてくださってもかまいません。（この時点では質問段階への言及は避けたほうがよいだろう。）
　　S：想像力を働かせればいいのですか。
　　E：見たものを，何に見えるかを，教えてください。（この種の質問に対しては，連想よりも知覚を強調し，「連想する」という言葉ではなくて「見る」という言葉を使うほうが適切である。）
　　S：（反応の後に）こういう答えでいいのですか。
　　E：はい。見えるものでしたら何でもかまいません。
　　S：今のは正しい答えですか。
　　E：答えはいろいろです。
　　S：あなたにもそう見えますか。
　　E：ええ，いろいろなものに見えますから。
　　S：私が見たものから，どうして何かがわかるんですか。
　　E：終わるまで待ってください。その後でもう少し説明しますから。
　　S：こういうものは買うんですか。それとも作るんですか。
　　E：買います。
　　S：いつも同じものを使っているのですか。
　　E：はい，そうです。

S：何枚あるのですか。
E：10枚です。
S：時間はどれくらいかかりますか。
E：そう長くはかかりません。

　こうしたものとは違って，反応段階のどの時点でなされたのかによって答えが変わる質問がある。それは，反応数に関する質問である。図版Ⅰで反応を出す前，あるいは1つだけ反応を答えた後に，「いくつ見ないといけないのですか」と質問をする人は多い。これに対する標準的な答えは，「ゆっくりご覧になってください。いくつか見えると思います」である。図版Ⅰに2つ以上の反応をしてから，「いくつ見ればいいのですか」と質問する人もいる。この場合の標準的な答えは，「いくつでもご自由に」である。図版Ⅱ以降にこの質問が出されたときも，これと同じように答える。

促し

　検査者がもっと指示的に反応を出すように励ます必要のある場面もある。それは，クライアントが図版Ⅰに1つだけ反応を出し，そのまま図版を返そうとしてきた場合である。このようなときは，次のような標準的な促しを行う。

　　「ゆっくりご覧になってください。他にもいくつか見えると思います」

　この促しの目的は，有効な解釈を可能にするだけの十分な長さの記録になるよう，クライアントを「方向づける」ことである。クライアントが図版Ⅰで2つ目の反応を答えられなかったら，検査者はそれを受け入れなければならない。しかし，その場合でも，状況によっては2回目の促しを行うので，その心づもりをしておく。
　2回目の促しを行うかどうかの判断が必要となるのは，図版Ⅰで促しを行ったが，その後，図版Ⅱ，Ⅲ，Ⅳでそれぞれ1つずつしか反応せず，図版Ⅳを返そうとした場合である。このときは，検査者は図版を受け取らず，次のように言う。

　　「ちょっと待ってください。あわてなくていいですよ。急いでいませんから。ゆっくりやりましょう」

　この励ましは図版Ⅰで行ったものほど指示的ではない。単にクライアントにゆっくりやるように促しているだけである。この促しは，図版Ⅰで用いた促しとは違って，もっと多くの反応を出すよう求めてはいない。しかし，もっと多く答えるようにとのニュアンスは含まれている。
　2回目の促しは，最初の4枚の図版に5つしか反応を出さなかったからといって，必ずいつもこの通りに行うというものではない。最初の4枚の図版に5つしか答えなくても，全体では20以上の反応を出すことはよくある。この促しは，介入しなければ少ない反応数に終わってしまうと思える場合にのみ行う。

短い記録の問題

　ロールシャッハを行う者にとって，短いプロトコルは悪夢のような難題となる。実際のところ，反応数13以下の記録には，多くの場合，妥当性がなく，解釈的価値はごくわずかしかない。リサーチの結果によれば，反応数13以下の記録の大半では，有効な解釈の前提となる信頼性が十分なレベルに達していない (Exner, 1988)。反応数は少ないが妥当性のある記録と，反応数が少なくて妥当性に欠ける記録とを，明確に識別するための簡単な方法はない。反応数が14，15，16の記録であっても，通常はクライアントの心理学的全体像を理解しようとするには困難が伴う。そうした記録には，テスト場面に対する何らかの抵抗がはっきりと現れていることが多い。

　残念ながら，短い記録は予想以上に頻繁に生じる。短い記録になる理由はいくつか考えられる。知的に制約のある者にとってはロールシャッハの課題がかなりの重荷に感じられ，取り組むのが難しい場合が多い。実際には，知的能力が十分でない者にとって，おそらくロールシャッハは適切なテストではないだろう。神経学的な損傷を負ったばかりの者にとっても，ロールシャッハの課題は難しく，深入りするのを避けようとしがちである。場合によっては，教示を杓子定規にしか理解せず，I 図版での励ましを他の図版に応用させることができないがために，短い記録になってしまうこともある。このようなことが起きるのは，典型的には，テストを受ける者がアセスメントの手続きを理解していない場合である。

　短い記録となる原因のうち一番多いのは，テストを受ける側の性急さや抵抗であろう。これらは，多くの場合，検査前に検査者が十分な説明をしていなかったことに起因する。クライアントができるだけ早くテストを終わらせたいと思い，その結果反応数が少なくなることもある。これは，児童には特に多く見られる。ときとして，早く終わらせようとする構えは，検査者がクライアントとの間に協力的なよい作業関係を築けていない場合に生じる。また，検査場面の性質上，あるいは検査者の説明が不十分なために，クライアントにアセスメントを受ける準備ができていないときには，アセスメントへの抵抗が生じやすい。この種の抵抗は，ロールシャッハを受けるときには直接現れてきやすい。その結果として生ずる短い記録は，検査場面で求められる課題を回避しようとする試みを反映している。要するに，こうした行動はテストをさりげなく拒否していることを意味している。自分がロールシャッハを施行するとなぜか短い記録になることが多いという場合には，検査前の手続きの行い方について，できればコンサルテーションを受けながら，検査者自身が入念に振り返るほうがよい。

　反応数が13以下の記録は，信頼性がなく，解釈の妥当性に欠けると考えられるので，原則的にはデータとして採用しない。実際に，反応数が13以下の場合は質問段階には進まない。ただしこれには例外がある。それは，ロールシャッハの記録上にひどい混乱が見られ，疾患の重篤さを裏づけるデータが他に存在するような場合である。

　通常は，反応数が13以下だった場合に検査者が考えるべき選択肢は，2つある。1つは，そのテスト結果は採用せず，他に入手可能なデータを頼りにクライアントの評価を組み立てることである。アセスメントの課題に答えるにあたってロールシャッハのデータが重要とされる場合には，もう1つの選択肢が選ばれる。すなわち，反応段階が終わったらすぐに再テストを行う。検査者は，質問段階に進むという標準的な手続きを中断し，クライアントに次のような説明を行う。

「さて，やり方はおわかりいただけたと思います。でも，一つ問題があります。お答えが少なくて，結果から十分なことが言えないのです。もう一度最初からやっていきますので，今度はさっきよりも多く答えていただきたいのです。さっきと同じものを答えてくださってもかまいませんが，今度はさっきよりも多く答えてほしいのです」

このように場面が新しくなると，多くの人は指示を求めて「いくつ答えればいいのですか」と尋ねてくる。それに対する答えは，クライアントが協力しようとしているかどうかによって変わる。もしクライアントが協力的ならば，「そうですね，基本的には自由です。でも，先ほどは……個だけの答えでしたが，十分な情報を得るためにはもっと多く答えていただきたいのです」と答えるのが適切である。一方，クライアントがもっと抵抗的あるいは防衛的な場合に，いくつ答えが必要なのかと尋ねられたら，「そうですね，基本的には自由なのですが，さっきよりもいくつか多く答えてほしいのです」というように，もっと指示的に答える。

一般に，検査者はこの方法をあまり取りたがらない。しかし，アセスメント全体の中でロールシャッハのデータが重要となる場合は，その他に現実的な手段は見あたらない。French & Gaines（1997）は，反応数が14以下の場合に，1枚につきさらにもう一つ以上の反応を答えるよう求めるという方法を，児童に対して試してみた。質問段階では，出された反応のすべてを対象にして質問をした。しかし，この手続きはあまりにも構造化されすぎていて，データを歪めてしまう可能性がある。実際，French & Gaines の報告では，彼らの研究で得られた記録は，最初の反応の構造一覧表と比べると悪くなっていることが多かった。

拒否

稀にではあるが，非常に反抗的なクライアントの場合，図版を拒否しようとする。通常，このようなクライアントは，「何にも似ていません」「何も見えません」「インクのしみ，ただそれだけです」などと言う。もしもこのようなことが図版Ⅰで起きるか，図版Ⅰに1つしか反応がなかった後に図版Ⅱで起こった場合は，おそらくアセスメントの目的や概要を説明する際に検査者がクライアントと十分な関係を築けなかったことを意味している。したがって，このような場合はテストの施行を中止し，アセスメントの目的についてもう一度クライアントと検討し直すのがよい。中には，単にテストをされるのが嫌だという人もいる。残念ながら，こういう人と確実に協力関係を結べるようにする万能薬はない。そこで，このようなケースに該当することがわかったときは，それ以上ロールシャッハを行おうと頑張り続けないほうがよい。このようなことが起きるのは，クライアントがきわめて防衛的で敵意に満ちているときや，精神病の状態にあってひどく混乱していたりする場合であり，滅多にあることではない。非常に混乱した精神病の状態の人をそもそもアセスメントに照会してくることが間違いである。怒りを抱き，防衛的になっている人については，検査者の判断力と技術によって，どのように遇するのかを決めなければならない。

図版の拒否は，図版Ⅰや図版Ⅱではあまり起こらない。むしろテストの後半で起こりやすく，難しさのレベルが一番高い図版Ⅸで最も多く生じる。それ以前の図版には反応を出していたとしたら，このときの拒否は，課題の進行とともにクライアントが感じている不快さを示す指標と考えら

れる。しかしこれは，クライアントが反応を出せないことを意味しているのではない。そうではなく，反応プロセス中の放棄と選択の部分で困難に陥っていることを示している。そこで，「ゆっくりご覧ください。急いでいませんから」という励ましが役に立つ。クライアントが拒否し続けるのなら，検査者は断固とした態度で，「ゆっくりご覧になってください。皆さん，何かを見つけますから。必要なら1日かけられます」と述べる。この種の圧力を加えるのは，拒否を避けるための方法が他に何もないときだけである。その先の記録は，このような圧力をかけなかったときよりも短く，防衛的になるだろう。しかし残念ながら，そうしなければ，1枚かそれ以上の図版に反応がない，妥当性に欠けるプロトコルになってしまう。

長い記録の問題

　ロールシャッハを施行するときに最もよく出会うのは，非常に短い記録の問題である。しかし，クライアントがこのテストに夢中になり，放っておくと際限なく反応を出し続けることもある。ロールシャッハが作られた初期や，1960年代の発展期には，クライアントが各図版に非常に多くの反応をしようとした場合，検査者にはそれを止めるための指針が用意されていなかった。その頃の検査者は，反応数が75を超えるようなクライアントに少なくとも1回は出会っていただろうし，中には100を超える反応の記録に追われて苦労する者もいた。

　Rorschachが用い，包括システムでも採用されている教示では，反応数の平均は17〜27の間になる。包括システムにRorschachの教示を採用する際，Exner（1974）は，教示の方法によって反応数が増えると指摘した。たとえば，Beckが用いた方法（最初の5枚の図版で，2つ以上の反応を答えるよう励ます）を用いると，平均反応数が10近く多くなった。しかし，「促されて」増えた反応の大多数は，一般部分領域（D）が用いられ，形態のみ（F）に基づき，反応内容は動物（A）だった。つまり，教示によって反応数が増えても，解釈にはたいして有益とならないのである。逆に，包括システムの教示を用い，反応数が平均より3SD分多いプロトコル（反応数28〜42）は内容が豊かで，解釈の幅を広げてくれる要素を含んでいる。ただし，促すことなく平均よりもかなり多い反応数（43以上）となったプロトコルについての検討はなされていなかったため，そのための研究が必要とされた。

　本書の第2版（Exner, 1986）のために行われた研究では，反応数が45〜85までのプロトコルを，患者および非患者のさまざまな群のデータプールから抽出した。これら135の記録は，各図版とも最初の5つの反応だけを残してタイプし直された。基の記録と反応を減らした記録の両方を，6人の判定者のうちの少なくとも2人がそれぞれ個別に解釈した。また，コンピュータの解釈プログラムによる処理も行った。解釈の記述と結論を対にして（すなわち，基の記録から得られたものと短くした記録から得られたもの）にして調べたところ，解釈はかなり似通ったものだった。もとの長い記録のほうが結論がより堅固になっているものはあったが，結論自体に違いはなかった。その他に両群には一貫した違いはなかった。こうした結果から，場合によって反応数に制限を加えることは理に適っていると考えられた。

　クライアントが図版Ⅰに5つの反応を答え，なおも図版を持ち続けて次の反応を答えようとしていることが明らかなときは，検査者はクライアントから図版をもらい，「いいですよ。次に行きま

しょう」と言って介入する．その後，図版IIでも5つの反応を答えたならば，検査者はこれと同じ手続きを行う．この介入は，**クライアントが5つの反応を答えた後も図版を持ち続ける**という行動を繰り返す限り，その後の図版でも続ける．しかし，ある図版で4つ以下の反応しかせずに終わったならば，**その後はこの介入を行わない．たとえその後の図版に6つ以上の反応を出したとしても**，検査終了までどのような介入も行わない．

　5つ反応した後に介入するという方法をすべての図版で行ったとしたら，反応数は全部で50になる．一方，途中でこの介入をしなくなると，反応数はもっと多くなる可能性がある．たとえば，最初の3枚の図版で介入した後，図版IVでは3つしか反応がなかったため介入を中止したとする．この時点で，反応数は18である．しかしこの後，図版Vで3つ，図版VIで5つ，図版VIIで7つ，図版VIIIと図版IXでそれぞれ9つ，図版Xで14の反応を出したとすれば，総反応数は65になる．

　まれに，おそらく500回に1回以下だろうが，最初の数枚の図版で2つか3つしか答えない，あるいはどれか1枚を4つ以下の反応で終えた後，残りの図版で1枚に10以上の多くの反応をする人がいる．そうすると，70を超えるような非常に長い記録になる．これは検査者にとってはかなり苦痛なことである．このような事態への最もよい対処法として確実なものはなかなか見つからない．標準的な手続きに従えばすべての反応を最終的な記録に含めることになるが，極端に多い反応数の記録は，論理的，経験的には認めがたい．

　このような難しい状況では，検査者の適切な判断が求められる．たとえば，最初の3枚の図版では4つ以下の反応だったのに，図版IVで8から10の反応をしたとする．理論的には，この時点では介入しない．なぜならば，図版IVでの予想外の多くの反応は「一時的な出来事」かもしれないし，その中には解釈上とても重要な反応がいくつか含まれている可能性があるからである．しかし，V図版で6つ以上答えるようなら，6つめか7つめの反応の後に，「次に行きましょう」と言ってクライアントから図版を受け取り，その後の図版でも，5つ以下の反応にならない限りこの介入を続ける．

　このような介入が適用されるケースはさまざまであり，介入するかどうかは慎重かつ論理的に決めなければならない．もし介入しなければ，非常に長い反応数の記録になると判断した場合のみ，検査者はこの手続きを取る．しかし，反応数が多くなりすぎないようにするための介入はリスクを伴い，構造一覧表の中のいくつかの比率に影響を与えてしまう．これは，実施に要する時間が適切な範囲に収まるようにし，解釈にあたって処理しやすいプロトコルにするための代償である．

反応の記録

　すべての反応は**逐語的に記録**する．これはロールシャッハの初心者には難題のように思えるかもしれないが，実際にはそれほど難しいことではない．ロールシャッハを実践する者のほとんどは，反応の記録のためにだいたい同じような略語を用いている．これらは，音声表記を用いたもの，反応内容のコーディングに用いる略語，速記で使われるような論理的に得られた略語，などから成っている．表4.1に示したのは，よく使われる略語の例である．反応を逐語的に記録するのは次の2つの理由による．1つは，検査者が後でそれらを読んで反応のコーディング（スコアリング）を決定できるようにしなければならないからである．コードやスコアは特別な言葉やフレーズを基にし

表 4.1　反応を記録する際に一般的に使われる略語

音声表記に基づいた略語		論理的に得られた略語		スコアを用いた略語	
b	be	abt	about	H	human
c	see	arnd	around	A	animal
g	gee	at	anything	bl	blood
o	oh	bec	because	cg	clothing
r	are	bf	butterfly	cl	cloud
u	you	bk	back	ex	explosion
y	why	cb	could be	fd	food
		dk	don't know	fi	fire
		et	everything	ge	geography
		frt	front	ls	landscape
		j	just	na	nature
		ko	kind of	sc	science
		lik	like	xy	x-ray
		ll	looks like		
		mayb	maybe		
		rite	right		
		scfic	science fiction		
		ss	some sort		
		st	something		
		wm	woman		
		wng	wing		
		-g	-ing		

てつけられる。したがって，逐語的に記録されていない反応は正確にコードできないのである。2つ目は，逐語的に記録することによってプロトコルはいつまでも使えるものになり，他の人もそれを読めば，クライアントが言ったことを**正確**に知ることができるからである。これはコンサルテーションのためには大切なことである。また，所見の交差妥当性の検証や治療による変化の検討のために再テストを行う場合には，さらに重要となる。

　検査者にとって無理のないペースで検査を施行することが大切である。検査を施行するにあたっては，**時間に気を取られすぎてはいけない**。使えるデータを適切に集められるようなペースを保つことのほうがずっと大切である。中には，まるで検査者に挑むかのように早口でまくし立てる人もいる。話をさえぎるのは望ましくないが，それでもときには反応の一部を繰り返すよう頼んだり，もう少しゆっくり話すように頼むことも必要である。たとえば，「ちょっと待ってください。ついていくのが大変なので，もう少しゆっくり話してもらえませんか」などのように頼む。

　反応の一部を繰り返すよう頼むときには，たとえば「すみません，途中でわからなくなってしまったのですが，帽子をかぶった2人の人がいて……それで？」のように，記録できた最後の言葉を使って質問する。このようにすれば同じ反応が繰り返される可能性が高まるので，クライアントが言ったことを正確に繰り返すことが大切である。

記録のレイアウト

　テストを施行する上では，記録の仕方も大変重要な問題となる。反応は，利用しやすいように記録する。つまり，それぞれの反応は逐語で判読できるように記録するだけでなく，誰もが見直すこ

図版	反応とコード	質問
I	1. コウモリに見える。よくわからないけど，たぶんコウモリだと思う。鳥のようでもあるけれど，コウモリのほうが似ているから，コウモリ。 Wo FMa.FC'o A P 1.0	E：（反応を繰り返す） S：そうですね，羽と胴体があって，これが耳かな。コウモリに耳があるかどうかよくわからないけど，たぶんあるんじゃないかと思って。羽を広げて飛んでいるコウモリのように思います。 E：どこを見たらいいですか。 S：これ全体です。これが羽で（指し示す），飛んでるように羽を広げていて，真ん中が胴体。全体がコウモリみたいな色です。 E：コウモリみたいな色というのは？ S：ええ，こんなふうに黒い色だから。
	（Sが図版を戻そうとする） E：どうぞゆっくりご覧ください。他にも見えてくると思いますから。	
	2. 真ん中の部分は，女の人が両手を挙げて立っているみたいです。 D + 4Ma.FVo H,Cg 4.0 GHR （S：ひっくり返してもいいですか） E：ええ，どうぞご自由に。 ＜v＞	E：（反応を繰り返す） S：ええ，ここです（輪郭をたどる）。女の人の形に見えます。ドレスは透き通っている感じ。なんかそんなふうに見えます。 E：透き通っている感じ？ S：ええ，これが脚で，腰で，くびれているから女の人みたい。頭の部分はよくわからなくて，両手を挙げて，なんか手を振っているみたい。で，ドレスが透けて体が見えている。透けているか，後ろから光を当てているみたいに。
	3. うん，こっちのほうがいいなあ。ハロウィンのときの仮面みたい。 WSo Fo (Ad) 3.5	E：（反応を繰り返す） S：動物の仮面みたい。白いところが目と口。この出てるところは，くくりつけるための紐のよう。ネコの仮面みたいですね。 E：どこを見たらいいんですか。 S：これ全体で。

図4.1　ロールシャッハ反応の記録のためのフォーマット

とができるようにしておく。大事なのは，反応と，その反応に対する質問段階でのやりとりを並べて記録することである。たいていは，反応段階よりも質問段階のほうが話す内容が多い。したがって，後で質問段階の内容を記録できるように，1つの反応と次の反応の間に十分なスペースを空けておく。1ページに記録する反応は2つか3つにとどめる。また，図版ごとに新しいページに記録するのがよい。

　たいがいの人は記録用紙を縦ではなく横にして使っている。左側には，図版の番号と反応番号を記入するためのスペースを少し取っておく。その横に，用紙の半分を超えない程度のスペースを空け，反応を記録する欄にする。その隣が最も広さが必要な部分で，質問段階で使う。コードを記入するために右端に欄を取っておく人もいるが，それはあまりお勧めできない。というのは，コーディング結果に特殊スコアがいくつか含まれ，書き込むのにもっと広いスペースが必要になることもあるからである。そこで，大部分の人は，ページの右側の残りは全部質問段階の内容を書き込むために空けておき，スコアは左側の反応の下に書き入れている。図4.1に示したのは，反応の下にスコアを書き込んだレイアウトの例である。

図4.1のように，すべての反応に通し番号をつける。図版を正位置以外の方向で見た場合には，Loosli-Usteri（1929）が提唱したカラットマーク（v > <）も記入する。質問段階の間に，記録用紙の各ページとロケーションシートにクライアントの名前またはID番号を記入しておくとよい。

質問とコメントの記録

クライアントの質問と，それに対する検査者の答えは，すべて記録する。「これはへんな絵ですね」「わー，全部色がついている」などのようなコメントも記録する。ほとんどの場合，こうしたコメントは解釈的な意味合いを持たない。しかし，ときには解釈上有用な情報となることもある。

質問段階

質問段階はロールシャッハの施行法の中で最も誤解され，間違った実施をされてきた。質問段階が正しく行われれば，検査データは豊かなものになる。しかし間違ったやり方をすれば，プロトコルは台なしになり，得られるデータは臨床的には興味深くとも，本来のロールシャッハのデータとは違うものになってしまう。質問段階の目的は，コーディング（スコアリング）をできるだけ正確なものにすることである。コードは，反応したときに何を知覚したのかを表すものである。したがって，質問段階においてまず目指されるのは，クライアントが見たものを検査者が同じように見ることである。最低でも，クライアントが図版のどの部分に見たのか，図版のどのような特徴からそう見たのかを理解できるように，質問段階を実施する。

質問段階は，検査の中でクライアントと検査者が反応を分かち合う段階である。質問段階というのは新たなテストを行うことでもなければ，新しい情報を引き出すためのものでも**ない**。単に，すでに得られている情報を見直し，明確化するためのものである。テストの中でもとりわけ細心の注意が必要とされる段階であり，もしもクライアントが質問段階の意味を誤解したり，検査者が間違ったやり方で行えば，反応のコーディングや解釈に多くの問題が生じる。検査者が自分のペースでテストを行うことの大切さについては先に指摘したが，これは質問段階ではいっそう重要である。反応段階の平均的な所要時間が約20分以内であるのに対し，質問段階の平均所要時間は30分以内にはまず収まらない。

質問段階で実際にかかる時間は，クライアントがどれくらい協力的で，はっきりと説明するかによって変わってくる。クライアントが質問段階について理解し，準備ができているならば，質問段階は迅速かつ容易に進むであろう。反対に，クライアントがあまり理解できていなければ，検査者の質問や指示は容易にクライアントの不安や焦燥，防衛を引き出してしまう。

質問段階への導入

質問段階について正しく説明して導入することはきわめて大切である。肝心なのは，質問段階を**なぜ**行い，**何が**期待されているのかをクライアントに理解してもらうことである。質問段階の目的は，検査者が，クライアントが述べたものを，クライアントが見た通りに見えるようにすることである。クライアントが述べたものを検査者がきちんと見ることができれば，コーディングは正確かつ容易に行える。質問段階へ導入するための標準的な説明は，次の通りである。

「さて，もう一度最初からカードを見ていきます。そんなに時間はかかりません。答えてくださったものを私もちゃんと同じように見ているのか確かめたいのです。これから1つずつ読みあげますから，それがこの図版のどこに見えて，どこからそう見えたのかを教えてください。私もあなたと同じように見たいのです。よろしいですか？」

　この時点で，クライアントからいくつか質問が出されることもある。質問は，「どうしてそうしなければいけないのですか」（今答えていただいたものを私も同じように見たいからです），「何を言えばいいのですか」（私にも同じように見えるよう，それがどこに見えて，どこからそう見えたのかを教えてください），「また別のものを答えないといけないのですか」（いいえ，先ほど答えていただいたものについて教えてください）など，さまざまである。クライアントへの回答は，括弧内に示したように，端的かつ誠実で，質問段階の目的に焦点があたったものでなければならない。

　クライアントがすべきことを理解したようであれば，質問段階を始めることができる。しかし，**そうでないうちには始めてはいけない**。クライアントがよくわかっていないようだったり，抵抗を示したりしていれば，質問段階についてもう一度説明するか，補足説明を加える。たとえば次のように説明する。「よろしいですか。同じように私も見たいのです。図版のどこにそれが見えて，どこからそう見えたのかを知りたいのです」。

質問段階の手続き

　クライアントに質問段階に進む準備ができたと思えたならば，「では1枚目から始めましょう」と言いながら最初の図版を示す。検査者はクライアントに1枚ずつ図版を手渡しながら，「○○とおっしゃいましたが」，あるいは「次に○○とおっしゃいましたが」など，反応として述べられた言葉を一語一句そのまま繰り返す。クライアントが教示を十分理解していれば，反応の領域を明確に示し，反応として述べた対象の主な特徴について説明し始めるだろう。

　ときには，クライアントが課題を理解していたように見えながら，いざ始めてみると期待した答えが得られないということもある。たとえば，逐語で反応が読まれるのを聞いた後，クライアントが「ええ，その通りです」と言ったきり，何も説明しないことがある。このような場合は，「同じように見たいのでお願いするのですが，どこにそれが見えて，どこからそう見えたのかを教えてもらえますか」などのように，質問段階の目的と手続きについて再度説明する必要がある。年少の児童の場合は，どこに見たのかをさほど苦もなく指し示すのに，見たものの特徴を説明しようとするとうまくできなくなり，「わかんないけど，そう見える」などのように言うことがある。このようなときには，検査者は支持的に，しかしはっきりと「そう見えるんだね。でも私も同じように見たいから，どこから○○のように見えたのか教えてくれる？」と尋ねる。

　稀にではあるが，年少の児童に検査をする際，質問段階の前に多少の練習をしたほうがよいこともある。もしも事前の練習を行う場合には，わかりやすい対象（たとえば，おもちゃの消防車など）を選ぶことが肝要である。子どもの前に消防車のおもちゃを置いて，「これは何かな」と質問する。子どもが「消防車」と答えたら，検査者は「そうだね。どうして消防車だとわかったんだろうね」と言って，ハシゴ，車輪，車体の色などの特徴を挙げられるように子どもを促す。子どもがいくつかの特徴を挙げたならば，検査者は「うん，よくできたね」と支持し，「じゃあ，次はこっちをや

ろうか」と質問段階へ移る。

質問について

　質問段階では，最初にクライアントの答えを逐語的に読みあげる。そうすると，協力的なクライアントは何が課題なのかをすぐに理解し，コーディングのために必要な情報を提供してくれる。理想的な場合には，逐語的に読みあげる以外，検査者は何も質問せずに質問段階を終えることができる。しかし，そのようなことは普通にはあまりなく，ほとんどの場合は，どこに，なぜ，それが見えたのかを明確にするための質問が必要になる。

　検査者は，コーディングあるいはスコアリングについてよく知っていなければならない。コーディングやスコアリングについての知識が，質問するかしないかを決めるときの基になるからである。反応は基本的には次の3つのカテゴリーから成っている。すなわち，（1）領域（どこに見えるのか），（2）決定因子（どこからそう見えるのか），（3）反応内容（それは何か）という3つである。クライアントからこの3つに関する情報が得られれば，反応を正確にコードすることができる。

　3番目のカテゴリー（反応内容）は，反応そのものが何を見たのかの説明であることが普通なので，最もわかりやすい。1番目のカテゴリー（反応領域）についても，ほとんどの場合，クライアントは明確に説明をする。領域が特定できたならば，検査者はこれを領域図に書き留める。その際，図版全体が使われているならば，3=Wのように，反応番号と一緒に領域の記号を記す。図版の一部が使われている場合は，領域図にその部分を正確に囲み，その横に反応番号を書き入れる。経験豊かな検査者の場合は，逐語記録を取りながら，そこに（W），（D4），（Dd21）のように領域番号を括弧に入れて記入している。可能であれば，これはよい方法である。領域を記録するのは，誰でもプロトコルを検討でき，その反応に使われた領域がどこなのかを容易に確認できるようにするためである。

　プロトコルをスコアするには，反応がどこに見られたのかを正確に知る必要がある。領域がわからなければ形態水準を決められない。わかりにくい場所に反応が見られたり，珍しい特徴が含まれていれば，それらも領域図に記入する。

　クライアントが反応領域を特定しなかったり，領域が不明確だった場合には，質問をする。質問は，「どこに見えたのですか」というものから，「ちゃんと同じように見えているのかわからないので，見たものを指で囲ってもらえますか」といったものまである。まったく領域がわからない場合は，「どこなのかよくわからなかったので，○○（鼻，頭，羽，車輪など）を指さしてもらえますか」と聞く。このときには，領域図ではなく，図版の上で指さしてもらう。

　質問段階における問題のほとんどは，2番目のカテゴリー（決定因子）に関係している。たいがいは反応そのものが反応内容となるし，領域は特定しやすい。それに比べて，なぜそう見えるのかを説明するのは難しい。クライアントは形態，色彩，濃淡によって，あるいは動いているかのように見て，反応段階で述べたように対象を見ている。しかし，クライアントはそのことに自分では気づいていないし，検査者のほうからもこれらの可能性について提示してはいない。だからこそ，クライアントが述べた言葉は検査者による方向づけや検査者の構えに影響されておらず，コーディングやスコアリングを決定する基のデータとなる。

　しかし，話された言葉が漠然としていたり，手掛かりを示す特徴が反応の中に乏しい場合もある。このようなときに決定因子について直接尋ねることができれば，質問段階は容易になるよう

に思える。しかし，複数の研究が，直接尋ねる方法を用いると形態の特徴のみに基づく反応の数が減り，色彩，運動，濃淡を使用した反応の数が増えることを示している（Gibby & Stotsky, 1953 ; Klingensmith, 1956 ; Baughman, 1958, 1959 ; Zax & Stricker, 1960）。そのような結論にならなかった研究は一つしかない（Reisman, 1970）。Rapaport et al.（1946）の方法では，1 枚の図版が終わるごとに質問を行う。このような Rapaport の方法で得られた記録と，10 枚の図版をすべて見終わってから質問を行った記録とを比較したところ，前者では運動，色彩，濃淡を用いた反応の数が有意に多くなっていた（Exner, 1974）。

質問段階での基本的な質問

　クライアントに対する質問は，非指示的で，特定の構えを与えないものでなければならない。質問に対してクライアントができるだけ正確に，そして最初に見たものに何かを付け加えたりせずに答えられるようにすることが大切である。たいがいの場合に適用できる質問や促し方はある。しかし，多くの場合，検査者はクライアントが反応段階や質問段階の最初の部分で言った言葉から質問を作る。基本的な促し方は次のようなものである。

　　「あなたと同じように見えているのかわからないので，教えてもらえますか」

　こう言えば，クライアントは課題が何だったのかに気づく。しかし，何度もこの言葉を繰り返しているとうんざりされるし，いかにも芸がないので，「もう少し教えてください。まだよくわからないので」などのように，ときには言い方を変えるとよい。
　場合によっては，「どこからそう見えたのかわからなかったので，教えてもらえますか」のように，決定因子に焦点をあてた質問をしたほうがよいこともある。このような質問は直截に説明を求めているので，課題を思い出してもらうのには最も適している。クライアントがなかなかはっきり説明しない場合は，次のように，焦点を絞った質問を基本的な促し方に織り交ぜて聞くとよい。「そう見えるんですね。でも，私も同じように見たいのです。ですから，どこからそう見えるのか教えてもらえますか」。

キーワードに基づいた質問

　明確に述べられていない反応に対しては基本的な促し方や質問で十分である。一方，クライアントが協力的であっても質問が必要となる反応がある。それは，キーワードが反応段階，あるいは質問段階の初めに自発的に使われている反応である。キーワードは，まだはっきりしていない決定因子の存在を示唆する言葉である。キーワードには，きれいな，きめの細かい，でこぼこした，荒々しい，薄暗い，傷ついた，明るいなどの形容詞や，サーカス，パーティ，幸福，ピクニック，血，毛皮などのような名詞，および動詞がある。検査者は決定因子の含みが感じられる言葉に注意して，そのような言葉が見つかったときには適切な質問をする。次にその例を挙げる。

反応
　とてもきれいな花です。

質問段階
E：（反応を繰り返す）
S：ええ，これが茎で，ここが花びらです。

この時点で，領域が示され，決定因子として輪郭の形態が使われていることがわかる。しかし，反応段階で「きれいな」というキーワードが述べられている。このキーワードは色彩が使われている可能性を示唆しているので，これについて確かめなければならない。

E：きれいな，とおっしゃいましたが。

反応の中に「きれいな」という言葉が使われていなければ，**たとえその反応が図版の色彩領域で生じたものであっても**，質問をしない。質問段階での質問は，決定因子についてはっきり述べられてはいないが，決定因子が存在すると考えたほうが合理的な場合にのみ行う。もう一つの例を挙げる。

反応
2人の人が，夜に何かをしているみたいです。
質問段階
E：（反応を繰り返す）
S：はい，これが人です。ここが頭で，足で，腕です。

この答えには領域と形態の特徴は説明されているし，運動決定因子（何かをしている）についても述べられている。しかし，まだはっきりしていない点が2つある。積極的運動なのか消極的運動なのかがわからないし，「夜」という言葉には図版の無彩色の特徴が用いられた可能性が示されている。「夜に何かをしているとおっしゃいましたが」という1つの質問で，この2つの点を確かめることができる。その答えで「夜」という言葉について何も触れられなかった場合は，「夜に，ともおっしゃいましたね」と第2の質問をする。

キーワードが反応段階では現れず，質問段階で自発的に出てくる場合もある。キーワードに対して質問をするかどうかは，慎重に決める。一般的なガイドラインでは，質問段階で初めて現れたキーワードについては，それが**質問段階の最初から出てきた場合**と，**検査者の初めての質問に対する答えの中で自発的に生じた場合**には，さらに質問をして確認をする。このルールの適用には例外がある。キーワードについて質問を行うのは，その特徴が最初から反応に含まれていたと，検査者に確信が持てるときだけである。たとえば，有彩色（赤）を含む図版Ⅱでの次のような反応の場合を考えてみよう。

反応
2匹のクマのように見えます。
質問段階
E：（反応を繰り返す）

S：ええ，これとこれです。けんかしているみたいです。

「けんかしている」という言葉は積極的運動の決定因子の存在を示すと同時に，色彩が使われている可能性も提起している。この言葉は質問段階で自発的に述べられているので，「けんかしているみたいとおっしゃいましたが」と質問する。この問いに対して，クライアントが「ええ，この赤が血に見えて，怪我をしているみたいに」と答えれば，色彩を使っていたことが確認できる。一方，質問段階での答えが次のような展開になった場合はどうだろうか。

反応
2匹のクマのように見えます。
質問段階
E：（反応を繰り返す）
S：ええ，これとこれです。何かをしているみたいです。
E：何かをしている？
S：ええ，たぶん，けんかしているとか，何かそんな感じ。

この場合，積極的動物運動の決定因子があるのは確かである。しかし，どっちつかずの物言いをしているので，これ以上は追求しない。逆に「そうですね，怪我をしているように見えるので，たぶんけんかしているのでしょう」という答えであれば，「怪我をしている」という言葉について質問するのが適切である。

キーワードが質問段階で現れたときに質問をするかしないかを決めるガイドラインは，検査者がよく考えて適用する。反応段階で見たものの説明としてキーワードが出てきたと考えられる根拠があれば，質問をする。一方，質問段階を進めていくうちに検査者が多くの質問をし，その後でキーワードが出てきた場合，クライアントが検査者にわかるように説明しようとして最初の反応をもう一度よく見直しているに過ぎないと考えられれば，それ以上の質問はしない。こうした判断は決して容易にできるものではなく，つねに慎重さこそが指針となる。

不適切な質問

質問段階で決してしてはいけない質問がある。それらは直接的あるいは誘導的な質問や，コーディングと直接関係ない内容を引き出そうとする質問である。「色は関係ありますか」「その人たちは何かしていますか」といった直接的な質問は，コーディングを不確かなものにし，質問段階に対する望ましくない構えを作り出してしまう。また，「毛皮の裏ですか表ですか」「他に何か説明してもらえますか」といった誘導的な質問についても同じことが言え，テストを受ける人に望ましくない構えをもたらしてしまう。反応についてもっと詳しく知りたい誘惑に駆られ，「男性ですか女性ですか」「どうして悲しんでいるのだと思いますか」などのように質問したくなることもある。しかし，このような質問はコーディングにはまったく関係がない。得られる答えが臨床的に役立つように思えることもあるかもしれないが，こうした質問はテストを台なしにしてしまうだけである。

検査者と質問段階

　質問段階は間違いなく複雑な手続きであり，検査者には細心の注意が必要とされる。述べられる言葉は反応段階よりも長いのが普通だし，それらを逐語で記録しなければならない。検査者はクライアントの言葉を慎重に検討して，質問する必要があるのかどうか，あるいはどのような質問が適切なのかを判断する。また，領域図に注意深く領域を記入する。質問段階は，未熟な検査者や不用意な検査者が行うとテストを使えないものにしてしまうので，このテストのアキレス腱とも言える。絶対に正しい質問などはないし，すべての決定因子について逐一確かめようとは思わないことである。簡潔さが原則であり，質問は非指示的に行う。そして，Levin（1953）が2つ目のテストとたとえたように，質問段階ではクライアントは新しい指針のもとで作業をしているということを，検査者は意識しておかなければならない。

質問段階での抵抗

　質問段階では課題として何が求められているのかがはっきりしてくるので，クライアントの安心感が高まりやすい。すると，特に児童の場合に多いが，質問段階で新しい反応が出されることもまま見られる。これらの付加反応は質的に役立つこともあるので，正確に記録する。しかし，コード化したり，テストの基本的な解釈には直接用いない。他方，質問段階での新しい指針が，クライアントには自分の答えを正当化する必要に迫られているように感じられることもある。このような場合，クライアントは「そんなことは言いませんでした。書き間違えですよ」などと，検査者の記録の誤りを非難することがある。あるいは，「本当は違うものが見えたんです」「今はそう見えません」「今見るとわかりません」といって，反応を取り消そうとするかもしれない。質問段階でこのような抵抗に出会っても，検査者は機転を利かせ，断固とした態度で手続きを進めなければならない。クライアントが反応を否認する場合には，「お答えは間違いなくすべて書き取りました。どうぞ書いたものをご覧ください。きっと見つけられると思いますよ」などと言ってかわし，決して引き下がらない。今はそのように見えないとか，見つけられないなどと言えば，「もう一度見ると違って見えることはときどきありますよね。でも，さっき見たように見てみてください。ゆっくりご覧ください。あなたがおっしゃったことをもう1回繰り返しますよ」などと言い，再度励ます。以下に，質問段階での抵抗への対処の例を挙げる。

反応
たぶん，動物か何か。

質問段階
E：（反応を繰り返す）
S：わかりません。ここかなあ。（漠然と輪郭を描く）
E：よくわからなかったのですが。
S：ちょうどここです。
E：ちょっと待ってください。私にもそう見えるように教えてもらえますか。
S：ええ。頭で，これが足です。

(これで十分であり，これ以上の質問は必要ない。)

反応
顔。
質問段階
E：(反応を繰り返す)
S：今はそう見えません。
E：ゆっくりご覧ください。前に見えたのですから，きっとまた見えますよ。
S：いや，見つかりません。
E：急がずに，よくご覧になってください。
S：やっぱりわからないですね。
E：何の顔だったのでしょうか。
S：わからないけど，動物だったと思います。
E：もう少しご覧になっていてくださいね。

(もしもクライアントがこのまま反応を否認し続けるならば，反応に関する質問はやめ，Ddo F-Ad のように，マイナス形態水準をつける。)

反応
たぶん飛行機。
質問段階
E：(反応を繰り返す)
S：ええ，そうです。
E：どこを見たのか教えてください。
S：全体で。
E：どこから飛行機のように見えたのですか。
S：ただそう見えたのです。
E：そうなのですね。でも，私にも同じように見えるように説明してもらえますか。
S：ただそう見えたとしか言えませんけど。
E：部分でわかるところを教えてもらえますか。
S：飛行機みたいに翼があります。

(これで十分であり，これ以上の質問は必要ない。)

反応
パラシュート。
質問段階
E：(反応を繰り返す)

S：今はそう見えません。木に見えます。
E：そうですか。木についてはちょっと待っていただいて，まずはパラシュートを見てもらえますか。
S：でも，今はパラシュートのようには見えないのです。
E：ええ。でも，さっきはお答えいただいたので，先ほどのように見てみてください。
S：そうですね，この大きな上の部分を見てそう思いました。
E：指でなぞってもらえますか。
S：（指で輪郭を描く）

（コードするにはこれで十分であり，この時点で検査者は付加反応の木について記録し，質問をする。）

繰り返しになるが，クライアントに質問段階への準備ができていることが非常に大切である。これがうまくできていると，クライアントの強い抵抗を引き起こしかねない質問でもかなり自由に行うことが可能となる。

感想に対する質問

前述の通り，テストの間にクライアントが発した感想と質問はすべて記録する。そのほとんどは質問段階には関係がない。しかし，感想のように思えたものが実は反応だったということもある。たとえば，図版に有彩色がついていて，クライアントが「わっ，青とピンクだ」と言ったとしよう。それが反応であれば，色彩命名反応（Cn）とコードする。しかし，図版を見た感想であれば質問段階では追求しない。あるいはクライアントが「これは嫌な感じのやつですね」と言ったときには，これが図版についての感想なのか，嫌な感じの対象を見たのかがはっきりしない。このような場合，検査者は質問段階の適切な時点で，クライアントが言ったことを逐語的に読み，「これは答えとしておっしゃったのですか」と尋ねる。ほとんどのクライアントはすぐにどちらなのかをはっきり答えるので，その答えに応じて質問段階を進めていけばよい。

領域図

領域図の記録も質問段階での大事な課題の一つである。領域図は，1枚の中に10枚の図版が小さく印刷されたシートである。記録にあたっては，縮小版の各図版に，クライアントが示した領域の輪郭をボールペンやサインペンで描き，その輪郭の近くに反応番号を記す。ブロット全体が使われたときにはWの記号を，反応番号とともに領域図に記録する。

注意深く記録された領域図は非常に価値がある。きちんと記された領域図は，コーディングするときにいつでも使える記録となり，後に他の人がプロトコルを見直す際にも役に立つ。不慣れな者にもわかる程度に，十分時間を取って対象の特徴が明確になるように記録する。反応がよくあるものでないほど，これらの付加的な注記が，コーディングのときや後でプロトコルを見直すときに重要となる。

たとえば，人間や動物の反応であれば，鼻，足，腕などの領域を記しておくと役に立つ。また，「自転車に乗っている男の人の前を子どもが走っていて，ちょうど池のそばを通り過ぎているところ」

というように，いくつかの対象が含まれている反応の場合は，それぞれの対象（この例では，男の人，自転車，子ども，池）を領域図に記入する。

限界吟味

　中には，反応段階の後の質問の手続きについて検討したほうがよい場合もある。この手続きというのは，Klopfer & Kelly（1942）が提唱した限界吟味の方法である。限界吟味は，反応過程において反応（対象）が分類されはしたが，その後棄却されたのではないかと思われたとき，その仮説を検証するために考案された。この方法はかなり極端なものなので，解釈に役立てることは目的とされていない。しかし，平凡反応の数が非常に少ない場合，特に精神病患者の場合などには，それがよく見られる対象を分類できなかったためなのか，それとも単に述べなかっただけなのかという疑問が持ちあがることがある。この問いは，知覚の作用が損なわれている人と，わかりやすい反応よりもことさら特異な反応を選んだ人とを識別するときには特に重要となる。

　限界吟味では，最も平凡反応が出やすい（普通は図版 III，図版 V，図版 VIII）のに平凡反応が出なかった図版を選び，その対象が見えるかどうかを尋ねる。ただ，「人によっては○○を見るのですが，そのようなものが見えますか」と聞くだけである。限界吟味の結果は治療計画を策定する上で重要になることがある。

要約

　ロールシャッハの実施は単純ではないが，身につけるのは決して困難ではない。施行法の鍵はコーディングに習熟することにある。反応を容易に正確にコード化できなければ，ロールシャッハの実施の腕は上がらない。ロールシャッハのデータがアセスメント課題にとって重要だとの判断がなされれば，検査者はこの複雑な手続きに進むことになる。この手続きの成否を左右するのはコーディングの専門知識である。しかし，ロールシャッハを適切に実施するために必要なのはそのような技能だけではない。優れた検査者は，テストの実施過程で適切な判断ができるし，機転が利き，細かなところに注意を行き届かせて，誠実にクライアントに接するものである。

文献

Baughman, E. E. (1951). Rorschach scores as a function of examiner differences. Journal of Projective Techniques, 15, 243-249.

Baughman, E. E. (1958). A new method of Rorschach inquiry. Journal of Projective Techniques, 22, 381-389.

Baughman, E. E. (1959). An experimental analysis of the relationship between stimulus structure and behavior on the Rorschach. Journal of Projective Techniques, 23, 134-183.

Carp, A. L., & Shavzin, A. R. (1950). The susceptibility to falsification of the Rorschach diagnostic technique. Journal of Consulting Psychology, 3, 230-233.

Coffin, T. E. (1941). Some conditions of suggestion and suggestibility: A study of certain attitudinal and situational factors influencing the process of suggestion. Psychological Monographs, 53 (Whole No.241).

Cox, F. N., & Sarason, S. B. (1954). Test anxiety and Rorschach performance. Journal of Abnormal and Social Psychology, 49, 371-377.

Exner, J. E. (1974). The Rorschach: A Comprehensive System. Volume 1. New York: Wiley.

Exner, J. E. (1978). The Rorschach: A comprehensive system: Vol.2. Current research and advanced interpretation. New York: Wiley.

Exner, J. E. (1980). But it's only an inkblot. Journal of Personality Assessment, 44, 562-577.

Exner, J. E. (1986). The Rorschach: A Comprehensive System. Volume 1: Basic foundations. New York: Wiley.

Exner, J. E. (1988). Problems with brief Rorschach protocols. Journal of Personality Assessment, 52, 640-647.

Exner, J. E., & Hark, L. I. (1979). Order effects for WAIS and Rorschach scores. Rorschach Workshops (Study No.262, unpublished).

Exner, J. E., & Hark, L. I. (1980). Frequency of Rorschach responses after prolonged cognitive testing. Rorschach Workshops (Study No.271, unpublished).

Exner, J. E., Leura, A. V., & George, L. M. (1976). A replication of the Masling study using four groups of new examiners with two seating arrangements and video evaluation. Rorschach Workshops (Study No.256, unpublished).

Exner, J. E., & Weiner, I. B. (1982). The Rorschach: A comprehensive system: Vol.3. Assessment of children and adolescents. New York: Wiley.

Fosberg, I. A. (1938). Rorschach reactions under varied instructions. Rorschach Research Exchange, 3, 12-30.

French, A. P., & Gaines, R. N. (1997). Clinical experience with brief Rorschach protocols, II. American Journal of Forensic Psychology, 15, 65-68.

Gage, N. L. (1953). Explorations in the understanding of others. Educational and Psychological Measurement, 13, 14-26.

Garb, H. N. (1984). The incremental validity of information used in personality assessment. Clinical Psychology Review, 4, 641-655.

Gibby, R. G., Miller, D. R., & Walker, E. L. (1953). The examiner's influence on the Rorschach protocol. Journal of Consulting Psychology, 17, 425-428.

Gibby, R. G., & Stotsky, B. A. (1953). The relation of Rorschach free association to inquiry. Journal of Consulting Psychology, 17, 359-363.

Giedt, F. H. (1955). Comparison of visual, content, and auditory cues in interviewing. Journal of Consulting Psychology, 18, 407-416.

Goodman, N. L. (1979). Examiner influence on the Rorschach: The effect of sex, sex pairing and warmth on the testing atmosphere. Doctoral dissertation, Long Island University, NY.

Grisso, J. T., & Meadow, A. (1967). Test interference in a Rorschach-WAIS administration sequence. Journal of Consulting Psychology, 31, 382-386.

Haller, N., & Exner, J. E. (1985). The reliability of Rorschach variables for inpatients presenting symptoms of depression and/or helplessness. Journal of Personality Assessment, 49, 516-521.

Harrower, M. (1965). Differential diagnosis. In B. Wolman (Ed.), Handbook of clinical psychology. New York: McGraw-Hill.

Holt, R. R. (1958). Clinical and statistical prediction: A reformulation and some new data. Journal of Abnormal and Social Psychology, 56, 1-12.

Holt, R. R. (1970). Yet another look at clinical and statistical prediction: Or, is clinical psychology worthwhile? American Psychologist, 25, 337-349.

Kelly, E. L., & Fiske, D. W. (1950). The prediction of success in the V.A. training program in clinical psychology. American Psychologist, 4, 395-406.

Klingensmith, S. W. (1956). A study of the effects of different methods of structuring the Rorschach inquiry on determinant scores. Doctoral dissertation, University of Pittsburgh, PA.

Klopfer, B., & Kelley D. M. (1942). The Rorschach technique. Yonkers-on-Hudson, NY: World Books.

Kostlan, A. A. (1954). A method for the empirical study of psychodiagnosis. Journal of Consulting Psychology, 18, 83-88.

Levin, M. M. (1953). The two tests in the Rorschach. Journal of Projective Techniques, 17, 471-473.

Loosli-Usteri, M. (1929). Le test de Rorschach appliqué a différents groupes d'enfants de 10-13 ans. Archives de Psychologie, 21, 51-106.

Lord, E. (1950). Experimentally induced variations in Rorschach performance. Psychological Monographs, 60 (Whole No. 316).

Luborsky, L., & Holt, R. R. (1957). The selection of candidates for psychoanalytic training. Journal of Clinical and Experimental Psychopathology, 18, 166-176.

MacKinnon, D. W. (1951). The effects of increased observation upon the accuracy of prediction [Abstract]. American Psychologist,

6, 311.

Masling, J. (1965). Differential indoctrination of examiners and Rorschach responses. Journal of Consulting Psychology, 29, 198-201.

Peterson, L. C. (1957). The effects of instruction variation on Rorschach responses. Unpublished Master's thesis, Ohio State University, Columbus.

Phares, E. J., Stewart, L. M., & Foster, J. M. (1960). Instruction variation and Rorschach performance. Journal of Projective Techniques, 21, 28-31.

Piotrowski, Z. A. (1958). The psychodiagnostic test battery: Clinical application. In D. Brower, & L. E. Abt (Eds.), Progress in clinical psychology (Vol.3). New York: Grune & Stratton.

Rapaport, D., Gill, M., & Schafer, R. (1946). Diagnostic psychological testing (Vol 2). Chicago: Yearbook Publishers.

Reisman, J. M. (1970). The effect of a direct inquiry on Rorschach scores. Journal of Projective Techniques and Personality Assessment, 34, 388-390.

Sarbin, T. R. (1943). A contribution to the study of actuarial and individual methods of prediction. American Journal of Sociology, 48, 593-602.

Schachtel, E. G. (1945). Subjective definitions of the Rorschach test situation and their effect on test performance. Psychiatry, 8, 419-448.

Schafer, R. (1954). Psychoanalytic interpretation in Rorschach testing. New York: Grune & Stratton.

Stern, G. G., Stein, M. I., & Bloom, B. S. (1956). Methods in personality assessment. Glencoe, IL: Free Press.

Strauss, M. E. (1968). Examiner expectancy: Effects on Rorschach experience balance. Journal of Consulting Psychology, 32, 125-129.

Strauss, M. E., & Marwit, S. J. (1970). Expectancy effects in Rorschach testing. Journal of Consulting and Clinical Psychology, 34, 448.

Van de Castle, R. L. (1964). Effect of test order on Rorschach human content. Journal of Consulting Psychology, 28, 286-288.

Vernon, P. E. (1950). The validation of civil service selection board procedures. Occupational Psychology, 24, 75-95.

Williams, M. H. (1954). The influence of variations in instructions on Rorschach reaction time. Dissertation Abstracts, 14, 2131.

Zax, M., & Stricker, G. (1960). The effect of a structured inquiry on Rorschach scores. Journal of Consulting Psychology, 24, 328-332.

第5章

スコアリング：ロールシャッハ言語
Scoring : The Rorschach Language

　ロールシャッハ結果の各部分から理解できたことは，全体としてまとめられて初めて本当に価値あるものとなる。量的データであれ，質的データであれ，使えるロールシャッハデータを無視して使わないのは，誤ったテストの使い方でありクライエントのためにならないことである。この原則は，ロールシャッハの各体系家の誰もが強調していたことで，Beck（1945, 1967），Klopfer（1942, 1954），そして Rapaport-Schafer（1946, 1954）は，記録の**構成要素全体の布置**を解釈に用いることが重要であると強調していた。Hertz（1952, 1963）は，この原則を「相互作用のアプローチ」だと力説し，Piotrowski（1957）は「構成要素の相互依存の原則」として説明している。要するに，ロールシャッハの全体像という概念からすれば，たった一つのテスト変数が，内的あるいは外的な行動と一貫して高い相関を持つということはほとんどない。個人のどのような特徴であっても，それを他の特徴との関係の中で理解しなければ役に立たないのである。性格特徴がいかに複雑に関連し合っているのかを知ることによって，その人を適切に理解することができる。

　人の性格特徴とそれらの特徴の相互関係について，かなり豊富な情報をロールシャッハの構造一覧表から引き出すことができる。これらのデータが解釈の核となるものである。スコアリングの問題や，どの記号を用いるかについては，これまでも多く議論されてきた。実際，このスコアリングの問題はロールシャッハの体系家たちが物別れしていくことになる火種となった。そして，結局はこの問題が，ロールシャッハテストを発展させていく上で各体系家たちを完全に異なった方向へ導くこととなった（Exner, 1969）。また，1950年代から1960年代にかけて持ちあがったロールシャッハに対する主な批判も，この問題についてのものだった。この時期に出された研究のほとんどは，変数の布置や構成についてではなく，ある一つの変数に焦点をあてていた。その結果，テストに対して否定的なものや，あいまいな見解の文献がたくさん排出された。Zubin, Eron & Schumer（1965）は，このテストは「心理測定」の枠組で考えるべきではないとの主張さえした。

　Zubinらの批判はある意味では正しい。というのは，第3章で述べたように，心理テストに共通してあるはずの心理測定的な特徴が，ロールシャッハの「スコア」にはまったくないからである。たとえば，多くのスコアは正規分布しないので，パラメトリックな統計の適応が困難である。たとえ有効なスコアがあったとしても長期的には一貫していなかったり，一時的に一貫性があり信頼性のある変数があったとしても，分散の半分以下しか説明できていなかったりする。何より，すべての記録の長さは同じではない。ある2つの記録の総反応数が同じであったとしても，10枚の図版それぞれに対するコードやスコアの分布が同じになることは，ほとんどありえない。これが，この

テストの長所でもあり欠点でもある。基準データを比較に用いるのに制限が生じ，利用可能な基準データを確立することを困難にするからである（Cronbach1, 1949）。Holtzman は，「たった 10 枚の図版なので，『どんなに多く反応してもいいし，どんなに少ししか反応しなくてもかまわない』と指示すると，その特質上ひどく歪んだ分散を持つ，信頼性のないスコアの結果になる」と指摘している。▼注1

　反応数の分散に対する Cronbach-Holtzman の批判は否定することはできないが，しかしそれゆえにロールシャッハ・テストが心理測定のために使えないものであると考えるのは間違いである。測定上の問題がこのように複合しているということは，統計学者には難しい課題となり，精神測定について純粋主義の立場を取る人にとって悪夢となるのは，まぎれもない事実である。しかし，現在の統計的手法で解決できないものはなく，かなり膨大なデータのサンプルを使うことも可能になっている。

　第 3 章で述べたように，テストに対する批判のほとんどはテストの性質に対する理解の欠如によって助長されている。しかし，誤解の一部は**スコア**という専門用語を誤用したり，一般化しすぎたために生じているところもある。ロールシャッハの反応をロールシャッハの記号に翻訳する手続きを，これまでスコアリングと呼んできた。ところが残念なことに，心理学の分野では**スコア**という言葉そのものに何らかの測定の概念が含まれているため，それが必ずしもロールシャッハのスコアリングには適切ではなかったり，使えなかったりするのである。プロトコルが得られたならば，そのすべての反応は**コード**される。このコーディングがスコアリングと呼ばれているが，実際にはほとんどのコーディングには数字は含まれていない。それらは知能検査やアチーブメント試験で使われているような順序を示すスコアではない。要するに，コーディングの手続きとは，反応を論理的で組織的なフォーマット，すなわち特別なロールシャッハ言語に変換することなのである。それは，一つの反応の中にあるさまざまな構成要素を記録するために使われる略記法のようなものである。たった一つの反応のスコアやコードが解釈的に重要になることはごく稀である。たとえば，Do Fo A とスコアされた反応が示すのは，単にその人が，図版の一般的な部分領域に反応し，ブロットの輪郭を使って動物の形をたどり，よく見られる動物反応を出したということを示しているに過ぎない。

　解釈に決定的に重要になるロールシャッハのスコアは，各コードの出現頻度や，パーセンテージ，比率，そこから算出される計量的に使える数値などである。それらは，記録の構造一覧表にまとめられる。言葉を記号に翻訳するコーディング（スコアリング）の過程で，反応に含まれていた中身が部分的に失われたとしても，これらのコードから引き出されるデータは多くの心理学的特徴の評価を可能にする。これは他の方法ではなし得ないことである。一つ一つの反応をスコアリングしたり，あるいはコーディングする手続きがとりわけ重要なのは，それがプロトコルの構造一覧表に寄与するからである。

　包括システムで選ばれたコードは実証的に確かめることのできたものであり，他のシステムで使われてきたコードと，このシステムが大成するまでに作られてきた新しいコードとから成っている。Rorschach のオリジナルの記号は，そのほとんどが用いられている。Rorschach は反応をコーディングすることの重要性を理解し，5 つのカテゴリーから成るコーディングのフォーマットを考案した。すなわち，（1）領域（図版のどこに反応したのか），（2）決定因子（図版のどの特徴が反応形成

に寄与したのか），（3）形態質（述べられた対象が図版の輪郭と合致するか），（4）反応内容（その反応が属する内容の種類は何か），（5）平凡反応（一般の人々にも高い頻度で見られる反応か），である。どの体系家もこの基本的なフォーマットを踏襲し，その有用性は証明されてきた。

　Beck（1937）とHertz（1940）は，6番目のカテゴリーとして組織化活動を加えた。これは，図版の特徴に意味がある統合が含められた反応につけるものである。Rapaport et al.（1946）は，反応に見られる奇妙な言葉遣いや病的な特徴を記録するために考案した特殊スコアを加えた。Friedman（1952）の研究は，発達水準という反応領域の選択に関係する8番目のカテゴリーの作成につながっていった。それぞれのカテゴリーの中では，コードやスコアが研究の結果によって増えたり減ったりはしたものの，この8つのカテゴリーの有用性には変わりがなく，構造データから引き出される解釈を豊かなものにするのに役立っている。少なくともこれらのカテゴリーのうち5つはコードされるが，反応によっては6つ，7つ，あるいは8つすべてがコードされることもある。

　出現頻度の高い13種類の平凡反応に対しては，Pという1つの記号しかない。残りの7つのカテゴリーにはそれぞれ多数の記号がある。領域に対しては，W（全体領域），D（一般部分領域），Dd（特殊部分領域）の3つの記号があり，空白部分が含まれている場合にはこれらの3つにSの記号を加える。発達水準（DQ）の記号の4種類の中から1つを，領域のコーディングに加える。決定因子をコードするためにはより多くの選択がある。その記号には，形態，無彩色，有彩色，3種類の濃淡反応，3種類の運動反応がある。形態が適切に用いられているかどうかを決めるために，4つの記号から1つを選ぶ（FQ）。反応内容をコードする記号は，人間（human）のH，動物（animal）のA，植物（botany）のBtなどの略語を用いる。図版の領域を複雑に統合したり組織化している場合には，組織化活動の数値（Zスコア）をつける。2種類の特殊スコアがあるが，それらもまた略語である。1つめは，反応における認知的なずれの存在を示し，DV（deviant verbalization）のように略される。特殊スコアの2つ目の種類は，攻撃的な運動反応にコードするAG（aggressive）のように，反応のユニークな特徴を示すものである。

　ロールシャッハ言語が一定で安定しているからこそ，1人の記録の中や何人かの記録の間で同じ特徴を持つものを理解することができるのである。それぞれのコードの頻度を複合して基礎的なデータを作り，その頻度から数量的に割合やパーセンテージを引き出すと，性格特徴や精神病理に関する情報は幅広く手ごたえのあるものとなる。

　ロールシャッハの反応をコーディング（スコアリング）するにあたっての基本原則は，そのコード（スコア）はその反応をしたときの認知的操作を表していなければならないということである。これは達成するのがかなり難しい目標であり，このために質問段階は全体のプロセスを台無しにしてしまう可能性を持つ。最初に図版を見たときの反応に表されているプロセスだけをコーディングするという目標は，いくら強調しても強調しすぎることはないし，特にロールシャッハの初心者に対してはそうである。コーディングする者も，解釈をする者も，反応と質問段階で得られた情報は一続きのものだと考えたくなる誘惑に負けないようにしなければならない。なぜならば，そのように考えるのは非論理的だからである。反応と質問段階の間にはさまざまな出来事が起こり，前述したように，質問は反応のときとはまったく異なる構造のもとで行われる。

　コーディングにおける基本原則を理解するのは易しいが，実際に適用することは必ずしも容易ではない。コーディングに関する重要な2番目のルールは，**反応に出現するすべての要素がコーディ**

ングに含まれなければならない，というものである．Rorschach はこの原則を支持していたが，彼のコーディングに対する枠組みは，後継者らによって作られたものよりもずっと荒削りなものだった．▼注2

　Rorschach の死後にロールシャッハを発展させてきた体系家たちは，すべての要素がコードに含まれるようにしたが，Klopfer は後にこの原則から離れていった．▼注3

　8つのコーディングのカテゴリーをそれぞれ具体的に見る前に，コーディングのプロセスを例示する．以下の例には図版 III での，比較的よく見られる反応や，平凡反応が含まれている．

反応

III　これは人かな，男性のようですね．

質問段階

E：（反応を繰り返す）
S：ええ，ここです（D9 を指す）．
E：同じように見たいので，もう少し教えて下さい．
S：ここが頭，体，足です．

　これは単純な反応である．たいていの人はこのブロットに2人の人という反応をする．1人の人しか答えていないが，それでもやはり一般的によくある反応である．この反応に対するコーディングは次のようになる．

反応領域と DQ	決定因子と FQ	反応内容	平凡反応
Do	Fo	H	P

　Do Fo H というコードは，よく見られやすい部分領域を用い，それを単一のまとまりのある対象に同定したということを示している（Do）．決定因子の F は，ブロット領域の形態のみがその対象を説明する根拠として使われたことを示し，一般的な形態の用い方をしていることを示している（Fo）．反応内容は，それが人間であることを示し（H），さらにこれは出現頻度の高い反応であることを示している（P）．

　図版 III の2番目の反応は，反応の複雑さが増すといかにコーディングも複雑になるかを示す例である．

反応

III　2人の女の人が，壺に入っている何かをかき回しています．

質問段階

E：（反応を繰り返す）
S：そうです，これが（D9 を指す）両方に1人ずつで，胸で，ハイヒールを履いています．
E：壺を教えてくれますか？
S：これが壺で（D7 を指す），中に入っているものをかき回しているみたいです．何が入っているの

かはわからないですけど．

　この例では，クライアントは反応の段階でコーディングに必要な情報のほとんどを説明している．人間像は動きを伴って報告されている．最初に人間の領域がわかり，2つ目の反応内容（靴）も説明された．次に検査者は，適切な質問をして，壺の領域を確認している．これは，クライアントがそれまで説明しなかった他の特徴を自発的に加えるかもしれないと考えてのことである．自発的に他の特徴を加えたならば，さらに質問段階で確認することになる．この反応のコーディングは次のようになる．

反応領域とDQ	決定因子とFQ	ペア	反応内容	平凡反応	Zスコア
D+	Mao	(2)	H, Hh, Cg	P	3.0

　このコーディングは，よく見られやすい部分領域を用い（D），さらに何らかの統合活動が起こったことを示している（+）．つまり，反応領域を別々の対象（2人の人間と壺）に分けた上で，さらにそれらを意味あるやり方で統合している．決定因子（Ma）は，この反応が形態の特徴に基づき，かつ人間運動反応を含んでいることを示している．ペア（2）は，2つの同じ対象を報告する際に，そのように見える根拠として図版の対称性を用いたことを示す．反応内容としては，女の人に人間像（H），壺には家財道具（Hh），靴に衣類（Cg）をコードする．これは平凡反応である．また，いくつかの部分を組み合わせた反応なので，ブロットの近接した部分領域を組織化したときに与えられる組織化活動のZスコア3.0をコードする．反応によっては複数の決定因子をコードしたり，特殊スコアをいくつかつけることもある．次の反応はそのような例である．

反応
III　ガイコツが戦っている．すごく凶暴な感じ．

質問段階
E：（反応を繰り返す）
S：うわー，ここです（D1を指して）．頭，足，本物の人間というより，ガイコツに近いかな．
E：ガイコツに近いというのを教えてください．
S：細くて硬そう．頭はまん丸だし，全体に骨っぽくみ見える．両方ともそう見える．
E：戦っている，すごく凶暴な感じというのはどう見たらいいか教えてください．
S：ええ，お互いに戦っているみたい．後ろの壁は血だらけで，赤い点々が2人の後ろにある壁についた血みたいです．

　この反応は，質問段階で自発的に展開される情報がどのように反応のコーディングに役立つかを示すよい例である．検査者が説明（戦っている，すごく凶暴）を求めて初めて，基の反応では明らかでなかった色（赤い血）と形態立体（2人の後ろに）の2つの決定因子の存在が明らかになった．これは，誘発されたわけではなく自発的に説明されたものなので，この反応の決定因子に含められる．複数の決定因子が反応の中に含まれるときは，それぞれをドット（.）で区切り，ブレンド反

応であることを示す。この反応に対する最終的なコーディングは以下のようになる。

反応領域とDQ	決定因子とFQ	ペア	反応内容	平凡反応	Zスコア	特殊スコア
WS+	Ma.C.FDo	(2)	(H),Bl		5.5	FABCOM, AG

領域全体が用いられ（W），背景の空白も使われている（S）。対象を統合しているので，DQ+ を反応領域に加える。この反応には3つの決定因子があるが，それらは積極的な人間様運動反応（Ma）と，特定の形態を持たない色彩反応（C），そして形態立体応（FD）である。Ma.C.FD のブレンドとなる。反応は奇妙でも，形態の特徴の用い方は適切なので FQo をコードする。ブロットの対称性を用いて2つの同類の対象が報告されているので，ペア反応（2）をコードする。反応内容は，人間類似の反応内容（H）と血の Bl をコードする。組織化活動があるので，Zスコアの 5.5 をつける。最後に2つの特殊スコアがある。まず，ガイコツには有り得ない運動を関連づけたものである。ガイコツは戦わない。マンガの中では戦うかもしれないが，この反応がマンガであるという含みはない。また，ガイコツは血を流さない。とてもありそうもない関連づけが報告されたときは，「不適切な結合」として FABCOM をスコアする。2番目の特殊スコアは，運動の特徴をはっきりさせるためのもので，明らかな攻撃的運動反応に対するコード AG をつける。

ほとんどの場合，1個の反応のコーディングが解釈的に重要な意味をもたらすことはほとんどないか，あってもわずかである。これは，最初の例のように単純な反応であっても，あるいは最後の例のように複雑な反応であっても同じである。すでに述べたように，コードは頻度データに換算し，そこから数量的割合と比率を計算する。この頻度は，それぞれのコードやスコアを順番に並べて一覧表にした上で計上される。この一覧表をスコアの継列（Sequence of Scores）と呼ぶ。プロトコルのスコアリングの一覧表の例を表 5.1 に示した。領域コードの後に入れる数字は，その反応がブロットのどの領域を使用したかを特定するものである。

スコアの継列を見れば，構造一覧表の上部に書き込むそれぞれの変数の頻度を簡単に数えることができる。その頻度から解釈過程の基礎を形成する割合とパーセンテージを計算し，構造一覧表の下の部分に書き入れる。表 5.1 の継列から作成された構造一覧表を表 5.2 に示す。

構造一覧表が完成すると，心理学的特徴に関する豊富な情報が得られる。コーディングが正しいということが死活問題で，正しいコーディングは絶対に欠かすことができない。使用されるコードは，あいまいさを最小限にし，それぞれの変数に関する研究結果を最大限に活用するために選ばれ，定義づけられてきたものである。評定者間の一致率が最低でも 85% に達することを基準として，それぞれの変数に対する評定者間の十分な信頼性を確かめるための多くの研究が行われた。本書第 3 版を出版するにあたって，そうした研究が2つ行われた。1つの研究では 25 人の非患者の記録を 20 名が個別にコードし，もう1つの研究では 20 人の精神科患者の記録を 15 名が個別にコードした。この後の各章では，ロールシャッハ言語を構成しているコーディングについて8つの基本的なカテゴリーごとに詳しく説明するが，その中で評定者間の一致率に関するこれら2つの研究の結果についても触れることになる。

表5.1　スコアの継列の例

Card	No.	Loc.	No.	Determinant(s)	(2)	Content(s)	Pop	Z	Special Scores
I	1	WSo	1	FC'o		Art,(A)		3.5	AB
	2	W+	1	Fu	2	Art,(H)		4.0	GHR
II	3	W+	1	FMa.FC'.CFo	2	A,Bl		4.5	AG,MOR,PHR
	4	DS+	5	ma.VFu		Sc,Cl		4.5	
III	5	D+	1	Mao	2	H,Id	P	3.0	AG,GHR
	6	Do	3	Fu		Sc			
IV	7	W+	1	Ma.FD.TFo		H,Cg,Na	P	4.0	MOR,PHR
V	8	Wo	1	FMa.FC'u		A		1.0	AG,PHR
VI	9	Wo	1	FTo		Ad	P	2.5	MOR
	10	D+	4	mao		Sc,Na		2.5	
	11	Dv	1	C'		An			MOR
VII	12	W+	1	Mao	2	H,Ls	P	2.5	AG,GHR
VIII	13	Wo	1	FC.FC'o		Art		4.5	AB
	14	DSo	3	Fo		An		4.0	PER
IX	15	W+	1	FD.FC.FVu		Art		5.5	
X	16	Dv	1	CF.mpo		Na,Art			
	17	D+	10	FCo	2	A		4.0	FAB
	18	DSo	11	FC'-		Xy		6.0	
	19	D+	6	Mao	2	H,Cg		4.0	COP,GHR

原注

▼注1……実際，Holtzmanは45枚の図版から成るインクブロットを考案して，各図版に1個ずつ反応するようにテストを改定した。このようにして反応数をコントロールすることによって，統計上の操作はより簡単に行われるようになり，サイコグラムが適切に使えるようになった。Holtzmanインクブロット法によるたくさんの信頼性のある標準データが発表されたが，その妥当性に関するデータには限界があった。

▼注2……Rorschach自身が採用していたコーディングのフォーマットは，他の体系家のものよりもずっと簡易なものである。これは彼が早く亡くなったために，仕事の大部分が未完成なままにとどまってしまったことにもよる。しかし，おそらくより重要なのは，このテストが発展してくる中で，濃淡の使用を含む反応を記述するためにいくつかの新しいコードが必要になったことである。

▼注3……1940年代の初め，Klopferは，決定因子があまりにも自由にコードされすぎていると考え，解釈の際には一つの決定因子だけに最大の重みづけを与えるという見解を適用した。Rorschachが提案した，決定因子のブレンドという原則を用いる代わりに，主要（メイン）な決定因子としてただ一つだけをコードするという手段に移り，その他のものは付加的（アディショナル）決定因子と呼び，量的に半分の重みづけをして換算した。1965年カリフォルニアのアシモルで行われたインタビューの中で，Klopferはこのような方法を採用したのをいささか後悔していることと述べた。しかし，彼の作った「主要−付加」という二分法によって，本来の反応には含まれていなかったのに質問段階で質問されて引き出されたかもしれない決定因子を，解釈者が強調しすぎてしまうことを避けることができた。

表5.2 構造一覧表の例

Structural Summary

Location Features | Determinants | Contents | Approach

```
Location            Determinants                    Contents        Approach
Features       Blends          Single
                                       H    = 4      I    WS.W
Zf    = 16     FM.FC'.CF       M  = 3   (H)  = 1     II   W.DS
ZSum  = 60.0   m.VF            FM = 0   Hd   = 0     III  D.D
ZEst  = 52.5   M.FD.TF         m  = 1   (Hd) = 0     IV   W
               FM.FC'          FC = 1   Hx   = 0     V    W
W     = 9      FC.FC'          CF = 0   A    = 3     VI   W.D.D
D     = 10     FD.FC.FV        C  = 0   (A)  = 1     VII  W
W+D   = 19     CF.m            Cn = 0   Ad   = 1     VIII W.DS
Dd    = 0                      FC'= 2   (Ad) = 0     IX   W
S     = 4                      C'F= 0   An   = 2     X    D.D.DS.D
                               C' = 1   Art  = 5
                               FT = 1   Ay   = 0           Special Scores
   DQ                          TF = 0   Bl   = 1               Lv1    Lv2
+    = 10                      T  = 0   Bt   = 0     DV    =0x1    0x2
o    = 7                       FV = 0   Cg   = 2     INC   =0x2    0x4
v/+  = 0                       VF = 0   Cl   = 1     DR    =0x3    0x6
v    = 2                       V  = 0   Ex   = 0     FAB   =1x4    0x7
                               FY = 0   Fd   = 0     ALOG  =0x5
                               YF = 0   Fi   = 0     CON   =0x7
        Form Quality           Y  = 0   Ge   = 0     Raw Sum6  =1
                               Fr = 0   Hh   = 0     Wgtd Sum6 =4
      FQx   MQual    W+D       rF = 0   Ls   = 1
+   = 0    =0       = 0        FD = 0   Na   = 3     AB  =2      GHR = 4
o   =12    =4       =12        F  = 3   Sc   = 3     AG  =4      PHR = 3
u   = 5    =0       = 5                 Sx   = 0     COP =1      MOR = 4
-   = 1    =0       = 1                 Xy   = 1     CP  =0      PER = 1
none= 1    =0       = 1                 Id   = 1                 PSV = 0
                               (2)= 6
```

Ratios, Percentages, and Derivations

```
R  = 19       L      = 0.19              FC:CF+C     = 3:2      COP=1  AG=4
                                         Pure C      = 0        GHR:PHR  = 4:3
EB = 4:3.5    EA     = 7.5    EBPer=N/A  SumC':WSumC = 6:3.5    a:p      = 8:1
eb = 5:10     es     = 15     D    = -2  Afr         = 0.58     Food     = 0
              Adj es = 13     Adj D= -2  S           = 4        SumT     = 2
                                         Blends:R    = 7:19     Human Cont = 5
FM = 2        SumC'  = 6      SumT = 2   CP          = 0        Pure H   = 4
m  = 3        SumV   = 2      SumY = 0                          PER      = 1
                                                                Isol Indx = 0.47

a:p           = 8:1    Sum6  = 1    XA%   = 0.89   Zf     = 16      3r+(2)/R     = 0.32
Ma:Mp         = 4:0    Lv2   = 0    WDA%  = 0.89   W:D:Dd = 9:10:0  Fr+rF        = 0
2AB+Art+Ay    = 9      WSum6 = 4    X-%   = 0.05   W:M    = 9:4     SumV         = 2
Mor           = 4      M-    = 0    S-    = 1      Zd     = +7.5    FD           = 2
                       Mnone = 0    P     = 4      PSV    = 0       An+Xy        = 3
                                    X+%   = 0.63   DQ+    = 10      MOR          = 4
                                    Xu%   = 0.26   DQv    = 2       H:(H)+Hd+(Hd)= 4:1

PTI=0         DEPI=6*         CDI=2         S-CON=7        HVI=No       OBS=No
```

文献

Beck, S. J. (1937). Introduction to the Rorschach method: A manual of personality study. American Orthopsychiatric Association Monograph No.1.

Beck, S. J. (1937). Rorschach's test. II: A variety of personality pictures. New York: Grune & Stratton.

Beck, S. J., & Molish, H. B. (1937). Rorschach's test. II: A variety of personality pictures (2nd ed.). New York: Grune & Stratton.

Cronbach, L. J. (1949) Statistical methods applied to Rorschach scores: A review. Psychological Bulletin, 46, 393-429.

Exner, J. E. (1969) The Rorschach systems. New York: Grune & Stratton.

Friedman, H. (1952) Perceptual regression in schizophrenia: An hypothesis suggested by the use of the Rorschach test. Journal of Genetic Psychology, 81, 63-98.

Hertz, M. R. (1940). Percentage charts for use in computing Rorschach scores. Cleveland, OH: Western Reserve University, Brush Foundation and the Department of Psychology.

Hertz, M. R. (1952). The Rorschach: Thirty years after. In D. Brower & L. E. Abt (Eds.), Progress in clinical psychology. New York: Grune & Stratton.

Hertz, M. R. (1963). Objectifying the subjective. Rorschachiana, 8, 25-54.

Holtzman, W. H., Thorpe, J. S., Swarz, J. D., & Herron, E. W. (1961). Inkblot perception and personality. Austin: University of Texas Press.

Klopfer, B., Ainsworth, M. D., Klopfer, W. G., & Holt, R. R. (1954). Developments in the Rorschach technique. I: Technique and theory. Yonkers-on-Hudson, NY: World Books.

Klopfer, B., & Kelley, D. M. (1942). The Rorschach technique. Yonkers-on-Hudson, NY: World Books.

Piotrowski, Z. A. (1957). Perceptanalysis. New York: Macmillan.

Rapaport, D., Gill, M., & Schafer, R. (1946). Diagnostic psychological testing (Vol.2). Chicago: Yearbook Publishers.

Schafer, R. (1954). Psychoanalytic interpretation in Rorschach testing. New York: Grune & Stratton.

Zubin, J., Eron, L. D., & Schumer, F. (1965). An experimental approach to projective techniques. New York: Wiley.

第 6 章

反応領域と発達水準：コーディングとその基準
Location and Developmental Quality : Coding and Criteria

　最初に行うもので，そして最も複雑でないのは，反応の領域に関するコードの決定，すなわち，図版のどこに反応が生じたのかを決めるコーディングである。自由回答式なので，答えは次の2つのうちのどちらかになる。図版全体を使ったのか，あるいは図版のどこか一部分だけを用いたのか，である。図版全体を使った場合は全体反応で，whole を略して W の記号を用いる。全体反応以外は，すべて部分反応である。用いる記号は，その領域がよく選ばれる領域かどうかによって異なる。よく選ばれる領域であれば D と記号化し，もし選ばれた領域が頻繁に用いられるものでなければ Dd の記号をあてる。空白（地）を含めた場合は，反応領域のコードにはつねに S の記号を加える。

　包括システムで反応領域に使っている記号と基準は，基本的には，Rorschach の方法を継承した Beck の方法によっている。D と Dd の区別は実証的研究結果に基づいている。そのため，他の体系にありがちな，反応領域をコードする際の恣意的あるいはおおざっぱな区別の仕方は避けられている。反応領域のコードを決定するのに必要な情報は，反応の中では「全体が～のようで……」「上の部分だけを見ると～」などのように示される。このような場合には，質問段階では反応領域について少し確認するだけで足りる。しかし，図版のどの領域に反応したのかを特定しない人も多く，その場合は領域の確認が質問段階での重要な目的となる。たいていの場合，テストを受けた人が質問段階で何を答えればよいのか十分理解していれば，この問題はたやすく解決するものである。それでもなお反応領域があいまいでわかりにくいことがある。そのときには「見たところをゆっくり指で囲ってもらえますか」「私にもわかるように，図版のどこに見たのか指で指して教えてくれますか」などのように指示して確認を続ける。反応領域に使われる4つの記号と基準は表 6.1. に示してある。

全体反応 W（Wholes）

　全体反応をコードするための基準は，図版の全体を使ったのか，全体ではなかったのかという二者択一のものである。図版の全体を使っていたときにだけ W をコードする。反応に図版全体が使われたことを確かめることが重要である。一般的に図版全体が用いられることが多い反応でも，ときには，実際には図版全部は使われていなかったということがある。たとえば，「コウモリ」の反応は図版 I と図版 V では最も頻繁に見られる反応である。これらの図版でコウモリの反応をする 97% の人は図版全体を用いているが，自分の答えを正確にしようとして図版の一部分を削除する人も少数ながら存在する。このような反応は，たとえ削除された部分がどんなに些細であっても

第6章　反応領域と発達水準：コーディングとその基準 | 103

表 6.1　反応領域のコーディングに用いる記号

記号	定義	基準
W	全体反応	図版全体が反応に用いられている。図版のすべての部分が用いられているもの。
D	一般部分反応	多くの人がよく見る図版の領域。
Dd	特殊部分反応	あまりよく見られない図版の領域。
S	空白反応	図版の空白領域が反応に用いられている。（WS, DS, DdS のように必ず他の領域記号とともにコードする。）

W とはコードしない。▼注1

　普通に施行していれば，全体反応をつけ損なうことはほとんどない。評定者間の信頼性の 2 つの研究，つまり 20 人のスコアラーによる 25 の記録を用いた研究と，15 人のスコアラーによる 20 の記録を含む研究では，W のコードの一致度は両方とも 99% で，不一致が生じたのはスコアラーの過失のためだった。

部分反応 *D*（Common Details）

　部分反応をコードするための基準は，Rorschach の提唱に従ったものである。Rorschach は，部分反応とは図版に「よくある」部分のことだと述べている。Rorschach は，普通の部分とそうでない部分との違いは，その部分に対する反応の頻度によって決まる，と述べた。ロールシャッハの初期の発展期には，領域の同定を容易にするために，わかりやすい部分領域に番号をつけて分類しようとする試みがいくつかなされた。しかし，これらの試みは必ずしも同じ方法でなされていたわけではなかったし，Rorschach の意図に従うか否かでも意見が異なっていた。その結果，図版の部分を特定するための分類は複数存在することになった。1972 年に包括システムの基礎が作られたとき，部分反応のコーディングに関しては Beck の方法が採用された。このような結論に至ったのは次の 3 つの理由からである。まず，Herz（1970）は，部分反応を決めるための自分のフォーマットと，Beck, Piotrowski, Klopfer らが用いたフォーマットとを比較した。その結果，Herz が D とした 97 領域のうち 90 領域が Beck のコードと一致していた。次に，Beck の分類には Herz が考慮しなかった領域が他にも 25 含まれていた。そして最後に，2 つの調査（Exner, 1974 ; Exner & Exner, 1972）によると，多くの実務家がすでに Beck のフォーマットに慣れ親しんでいた。

　この巻の第 2 版を準備する中で，大きなデータ・プールの中から 1,500 の記録から成る 2 つのランダムサンプルを抽出し，Beck のフォーマットによって D とされた 103 の領域について頻度を確認した。1 つ目のサンプルは，それぞれ成人および児童の，非患者 750 人と統合失調症以外の外来患者 750 人から成っていた。2 つ目のサンプルは，150 名の統合失調症を含む 750 人の精神科入院患者と，750 人の非患者の成人および児童から成っていた。統合失調症を含む群の反応の分布と，もう一方の群の反応の分布に有意な差はなかった。この研究目的は，Beck のフォーマットによる普通（D）と普通ではない（Dd）部分領域の区別の交差妥当性を得ることだった。この研究によって 5% のカットオフ基準が決められ，少なくとも 5% の者が少なくとも 1 回は反応に用いた領域は D とすることになった。その結果，Beck が D としていた 103 領域のうち 26 領域はこの 5% の基準

を満たさないことがわかった。これは，それほど驚く結果ではなかった。というのは，Beckは比較的小さなサンプルでの出現頻度によってD領域を決めていたからである。Beckは，用いられる頻度が最も多かった領域にD1，次に多かった領域にD2というふうに番号をつけていった。BeckがDとした領域で基準に合わなかったのは，D7，D8などの大きな番号の領域だった。

　Dと分類されていた26領域がDdに分類し直されるだけでなく，Beckが番号を割りあてていなかった5つの領域，すなわちIV，VI，VII，VIII，IXの各図版に1つずつの領域で，5%を超える者が反応していることがわかった。そこで，これらもD領域のリストに加えられた。こうして現在の包括システムのフォーマットには82の領域がDとして挙げられることになった。ある領域は他よりもずっと頻繁に使われる。それは，その部分が刺激野の中でもよりはっきりと分離されていたり，よく知られた，あるいは思いつきやすい対象と似た輪郭や特徴があって，反応を見つけるのが容易だからである。たとえば，テストを受けた95%の人が，図版VIIIのD1領域を区切って，動物という反応を出す。これは，領域が分離していることと，輪郭が動物を同定しやすい形をしているという両方の理由のためである。どのカードにも，反応に用いられやすい領域がいくつかある。

　D領域は図版の中の大きな部分であることが多いが，必ずしもそうとは限らない。いくつかのD領域は，全体からするとほんの小さな一部でしかないこともある。D領域の番号は，附録の表Aの各カードの図中に示してある。

特殊部分反応 *Dd*（Unusual Details）

　WでもDでもなければ，その反応のコードはDdである。これは，図版の中でたまにしか見られない領域である。テストを受けた者の5%未満にしか見られなかった領域をDdとする。カットオフの5%は低すぎるのではないかとの議論があるかもしれない。しかし，たいていのD領域は，テストを受けた人の20%あまりが選択する領域であることを思い起こしておきたい。実際，いくつかのD領域は高い頻度で選択される（40%以上）。次に，それよりも多く，15%から20%の者に用いられるD領域がある。3番目のカテゴリーのD領域が使われる頻度はずっと少なく，5%から10%である。このような結果を基にすると，普通部分は2つか3つのタイプに分けられると思われた。Klopferはそのような分類を試みた。しかし，包括システムの発展初期に行った研究からは，そのように分類したところで解釈的な利用価値はないことが判明した。

　Ddとされた領域のうち，用いられる頻度が基準の5%に近似するものはなかった。3%の頻度の領域はいくつかあったが，たいていは1%か2%で，多くは1%未満の者にしか選択されなかった。これらの領域はテストを受けた人の注意をほとんど引かなかったし，たとえ引いたとしても，そこから生成された潜在的な反応は結局たいてい放棄されてしまったようである。Beck（1937, 1944）は，Dd領域に番号を振ることを思いついた。このDdのリストには，BeckがDとしたけれども使用頻度が5%の基準に達していなかった領域が入れられ，さらにはロールシャッハ研究財団の研究によって確認されたいくつかの領域が加えられた。

　たいていのDd領域は図版の小さな部分であることが多いが，大きさは必ずしも決定的な要因ではない。多くの場合，図版全体から意図して小さな部分や普通部分を削除し，より正確に見ようと努力した結果，Dd領域が生まれる。実際，ほとんどのDd領域には番号がない。なぜならば，そ

の出現頻度はひどく低いので，一つ一つに規則正しく番号を振ろうとすれば，手に負えないほどの膨大なリストになってしまうからである。

空白部分反応 S（White Space Details）

　図版の空白部分が反応に含まれている場合は，反応領域のコードにSの記号をつける。空白の用いられ方には二通りある。空白を図版の他の部分と一緒にまとめる場合と，空白部分だけを選んで反応とする場合である。どちらであっても，Sは反応領域に単独でコードせず，つねに3種類の領域の記号とともに，WS，DS，DdSのようにコードする。Sを単独でコードしないのは，3種類の反応領域のどこを用いたかの評価を一貫して行えるようにするためである。

複数の D 領域を用いた場合の反応領域のコード

　あるD領域は，他のD領域との組み合わせでできていることがある。たとえば，図版ⅢのD1は，2つのD9とD7とが組み合わされた領域である。また，図版ⅨのD1とD3が組み合わさるとD12の領域となる。これらDのリストに載せられている領域への反応には，当然Dをコードする。ところが，反応するときにいくつかのD領域が組み合わされる場合がある。これらの反応の中には，Dとコードするのが適切なものと，Ddとコードするほうが正しいものとがある。これは，領域を組み合わせて1つの対象と見たのか否かによって区別される。もし1つの対象を見たのであれば，Ddとコードする。もしも，それぞれのD領域が別々の対象として見られているのなら，たとえ2つ以上のD領域が含まれていたとしても，反応領域はDである。このような反応は統合された反応であり，これについては発達水準のコードのところで説明する。

　たとえば，図版Ⅲで，壺（D7）を作っている人（D9）という反応が出されたとしよう。この反応では，それぞれのD領域は人と壺という別々の対象として述べられている。つまり，一つ一つのD領域の形は変えられていない。一方，同じ領域を使って，グロテスクな手（D7）をした人（D9）という反応が出された場合は，領域のまとめ方はもっと独特になる。この反応では，2つのD領域が組み合わされて1つの対象（人）となっている。D9 + D7の領域はDではない。したがって，このコードはDdである。

　D領域について理解できると，D，Dd，Sについてコードを間違えることはほとんどない。もし間違いが起こるとすれば，それは評定者の不注意のためである。前述した評定者間の信頼性に関する2つの研究では，評定者間の一致度は，Dが99%，Ddが99%，Sが98%だった。それぞれの不一致は，評定者の過失によるものだった。

発達水準（Developmental Quality：DQ）

　反応を特徴づける明細化や統合の質を見極めるための2つ目のコードが加わったことにより，反応領域の選択についてのデータを解釈する価値は相当高くなった。W，D，Dd，Sのどの領域においても，すべての反応が同じように形成されているわけではない。Rorschachはこれらの違いに

気づいており，これについて「統覚 Apperceptive（Erfassungstypen）」アプローチとして論じていた。Rorschach によれば，「はっきりとしたイマジネーション」が起こって反応する人もいれば，もっと単純に，見たままと答える人もいる，と述べている。Rorschach が亡くなった後にこのテストを発展させていった人たちによって，これらの違いは未統合（unorganized），単純（simple），統合（organized），連合（combinatory），優秀（superior）というような用語によって区別された。

たとえば，未統合の反応とは，特定の形態を必要としないようにインクブロットを用いたものである。例としては，雲，血，絵の具，汚れ，島など，刺激野をただそのまま無頓着に使ったものが挙げられる。この場合，刺激の特徴を意味ある関連性をもってまとめあげる必要性は回避されている。雲や，島や皮膚などの輪郭はどのような形にもなり得るし，内部の特徴についても特定の形態は必要とされない。同じように経済的な反応でも，さらに上のレベルになると，コウモリ，人，木，ヒョウの毛皮，バルバドス島などのように，インクブロットは特定の形を持つ単一の対象と見なされる。このような反応をするためには，刺激特徴を意味あるようにまとめる必要がある。連合や優秀な反応にはより高度な認知活動が必要となる。例としては，「2人の人が大きな岩を持ちあげています」「丘の上で女の人が子どもを追いかけています」「潜水艦が水に潜っていて，月明かりでその影が映っています」などが挙げられる。反応領域のコードには，反応を形成するときに必要とされる組織化についての情報は含まれていない。そこで，このような特徴を表すための2番目のコードが必要となる。

Meili-Dworetzki（1939, 1956）は，心的な複雑さや柔軟性のレベルをロールシャッハで区別することができると考えた最初の研究者の一人だった。彼女はさまざまな年齢の子どもにおける反応領域の選択のレベルを，Rorschach（1921），Piaget（1924），Beck（1933）らの仮説に準拠して研究した。その結果，年齢が上がるにつれて，反応領域の選択と統合が全般的に「豊かになる」ことを見出し，さまざまな領域の反応を区別することによって認知の発達を研究できる可能性があると示唆した。Rapaport, Gill & Schafer（1946）も同様の可能性を見出し，W反応のタイプを区別するための実験的な研究の必要性を説いた。Friedman（1952, 1953）は，反応領域の特徴を区別する最も精密な方法を示した。彼の研究は，Werner（1948, 1957）の認知の発達理論にその基礎を置いていた。Friedman の方法は Rapaport のアプローチに類似していたが，より包括的で全体反応にも部分反応にも適用可能であった。Friedman のアプローチでは，反応領域の明細化について6つのカテゴリーが用いられ，そのうちの3つが「発達的に高度」と分類され，残り3つが「発達的に低度」なものを反映しているとコードされた。Friedman の方法論を研究したところ，この方法は認知機能の発達のレベルを研究するのに有効であることがわかった。▼注2

Friedman のアプローチをそのまま包括システムに DQ のコードとして取り入れようと試みたところ，3つの問題に直面することとなった。まず，6つのうちの2つのカテゴリーの基準に重複する部分があり，評定者間の一致度を保つことができなかった。また，その他の2つのカテゴリーは，刺激のまとまりという点で図版は5枚ずつのまったく異なるグループに分けられるという不確かな仮説に基づいていた。そして最も重大な問題は，「発達的に低度」と分類される1つのカテゴリーが，図版の輪郭の歪曲，すなわち反応の形態水準（FQ）と直接関連していることだった。DQ のコードは認知機能のレベルと関連しているのに対し，FQ は知覚の正確さに関するコードである。DQ と FQ には何らかの相関があるものの，Friedman が DQ のコーディングの基準に使ったような直接

表6.2 発達水準において使用される記号と判断基準

記号	定義	判断基準
+	結合反応	2つ以上の対象が独立しているが関係しているものとして説明される。関係している対象のうち少なくとも1つは特定の形態を要するものでなければならないか，もしくは特定の形態が必要となるような説明がなされなければならない。（たとえば，茂みの中を歩いているイヌ，変わった帽子を被っている人，雲を通り抜けている飛行機，髪にリボンをつけている少女の頭）
o	普通反応	ある領域に1つの，それにふさわしい特定の形態を持つ対象が見られる。または，その対象は特定の形態を要するという説明がなされる。（たとえば，もみの木，ネコ，トーテムポール，かえでの葉，コウモリ，旗，人間の頭）
v/+	準結合反応	2つ以上の対象が独立しているが関係しているものとして説明される。関係している対象のいずれにも特定の形態がない。またはいずれの対象にも特定の形態が必要となるような説明がない。（たとえば，雲がくっついている，岸辺に草木が生えている入り江，泥のついた岩）
v	漠然反応	特定の形態を持たない対象が述べられる。その対象に対して特定の形態が必要となる説明がない。（たとえば，雲，空，夕焼け，氷）

の関連までは認められていないのである。

　包括システムが最初に出版されたときには（Exner, 1974），まだDQとFQの重複問題については解決の見通しが立っていなかった。しかし，他の2つの問題は，カテゴリーの数を6から4に減らすことで解決できた。その4つのカテゴリーは，+（結合：synthesis），o（普通：ordinary），v（漠然：vague），-（恣意的：arbitrary）の記号で表わされた。恣意的コード（-）はFQと直接関係づけられていたが，その間違った関係から解釈上の問題が生じ，その解決のために，その後も数年間研究が続けられた。最終的には，一連の課題解決研究の結果によって分類された認知活動のレベルと，ホルステッド－ライタン神経心理学検査によって集められたデータを研究することによって，この問題を解決することができた。各データセットは4分位数で分けられた。そして，vか－とコードされ，なおかつ結合も含む反応に焦点をあてて，第1分位と第4分位を注意深く比較検討した。このようなタイプの反応には，試験的DQスコアであるv/+や-/+をつけた（Exner, 1983）。仮説通り，統合反応（+, v/+, -/+）の多かった人はほとんどが第1分位に属していて，ハルステッド－ライタン検査の課題解決，概念形成，概念テストでよい結果を出していた。逆に，結合反応が少なく，平均より-やv反応が多かった人は，それらの成績に関しては最も低い分位に属していた。

　次に，恣意的な反応のコード（-）によって第1分位と第4分位を識別することができるかどうかを調べた。結果は否定的なものだった。Friedmanの恣意的DQのコードは第4分位に分類された人たちに多かったものの，有意差はなかった。これらの結果から，恣意的DQコードを削除することとし，それまでvとコードされていた反応のうち結合が生じているものに対して新しいコードを加えることにした。それがv/+のコードである。このコードは，決まった形態や輪郭を必要としない対象の間で結合が起こった場合に用いられる。こうして，包括システムでは4つのDQコードが使われるようになった。それぞれの基準は表6.2に示した。前述の評定者間の信頼性の2つの研究における一致度は，+のコードでは95%，v/+では94%，oでは96%，vでは95%である。反応領域のコードと同様，評定者間の不一致は評定者の過失によるものだった。

結合反応

　2つの結合反応（+, v/+）の基準については，「……別々であって関連がある（separate but related）」と記述されている。2つ以上の対象が見られている必要があり，**かつ**それぞれの間に意味のある関係がなければならない。たとえば，「2羽の鳥が塀に止まっている」という反応は，3つの対象が述べられ，それらが相互関係を持っているので，+とコードされる。2羽の鳥が同じ塀に止まっているという関係である。「2羽の鳥です」という反応の場合は，図版の対称性が使われているが，2羽の間の意味ある関係は語られていないので，DQのコードはo（普通）となる。

　「2つの雲が近づいてくっついている」という反応には v/+ をコードする。それは，「近づいてくっついている」という言葉が関係を示しているが，どちらの対象（雲）にも特定の形態がないからである。一方，「2つの入道雲が高く積み重なり，裾が広がっていて，くっついている」という反応は+とコードされる。それは，「入道雲が高く積み重なり，裾が広がって」という言葉には形態の必要性が込められているからである。

　別個の対象が人物の衣類となっている場合，結合を示す+がコードされるには，その衣類が人物の**もとの輪郭を変える**ように具体的に述べられるか，それ自体が別の部分領域でなければならない。たとえば，図版Ⅲに1人または2人の人物像がよく見られるが，もしも，人物がタキシードを着ていると説明され，その理由は色が黒いからだという場合は，+ではなくoをコードする。なぜならば，人物像と衣類に同じ領域が使われていて，衣類がもとの人物像の輪郭を変えていないからである。もしも人物（D9）がジャケットを着ていて，その襟の折り返し（Dd27, D9の一部分）が出ているとか，人（D9）がミトン（Dd31）をはめているという場合は，+とコードするのが適切である。最初の例では，襟の折り返しによって人物像のもともとの輪郭の形が変えられている。2番目の例では，ミトンとして人物とは別の部分が使われている。同様に，人（D9）が靴（D9の一部分である Dd33）を履いているという場合も，+とコードするのが適切である。

形態を必要とするということ

　DQ を+やoとコードするための基準の中には，**特定の形態が必要とされる**ということが含まれている。これは，述べられている対象が一定の形態を持っているという意味である。つまり，その対象を特定した名詞が用いられた場合は，当然ある特定の形態を伴うということである。たとえば，人間や，鳥，チョウ，クモ，ライオン，椅子，船，家などの言葉によって，それぞれある特定の形態を持つ対象が同定される。その対象には，**いろいろな種類のものがあるとしても**，その対象の種には特定の形態が存在する。人間には背の高い人もいれば低い人もいるし，太っている人もいればやせている人もいる。同様に，椅子にはさまざまな形状のものがありうるが，それでも椅子に一般的に備わっている形や特徴がある。

　特定の形態を有している対象にはo（ordinary：普通）をコードし，それが別の対象と意味ある関係を持っているときには+（synthesis：結合）とする。+とコードするときは，**一方の対象に特定の形態があればもう一方に特定の形態がなくてもよい**。

　雲や湖，島，葉，ペンキ，抽象画などの言葉が示している対象は，さまざまな形状になり得る。それぞれの種の対象には特定の形態は必要とされない。特定の形態が必要とされない対象が述べられた場合には，DQ のコードは v（vague：漠然）となる。特定の形態を持たない対象同士に意味の

表 6.3 反応領域と発達水準のコーディングの例

図版	反応	反応領域と DQ コーディング
I	2人の魔女が女の人の周りで踊っている（W） サンゴ礁の一部（D1） 2人の幽霊（DdS30）が丘（Dd24）を登っている	W+ Dv DdS+
II	2匹のイヌが鼻をすり合わせている（D6） カラフルな何かの地図（W） つらら（Dd25）	D+ Wv Ddv
III	パズルのピース（W） 鏡に映った自分を見ている人（D1） ナマズ（D2）	Wv D+ Do
IV	木の切り株に座っている人（W） あらし雲が両方からわきあがって1つになっている（W） ブーツ，両側に一足ずつ（D6）	W+ Wv/+ Do
V	コウモリ（W） 内臓のレントゲン写真（W） アメリカ合衆国の地図（W）	Wo Wv Wo
VI	引き裂かれた毛皮の切れ端（D1） クマの毛皮の絨毯，これは足の部分です（D1） 丘の上にある灌木か何か（D3）	Dv Do Dv/+
VII	ネックレス（W） 海と，そこに浮かぶ島（WS） 巣（D6）に向かって鳥（Dd25）が飛んでいる	Wo WSv/+ Dd+
VIII	明るく輝いているシャンデリア（W） 解剖された動物の内臓（W） 引き裂かれた布が棒に吊るされている（D5）	Wo Wv Dv/+
IX	大爆発（W） 原子爆弾のキノコ雲（W） 乾いた血痕（Dd28）	Wv Wo Ddv
X	水中の生き物がこの岩の周りを泳いでいる，魚やウナギみたいな（W） 水中で見るいろいろな生き物，魚（D2）やカニ（D1）とかいろいろ（W） おへそ（D3）に宝石をつけたブッダ（DdS29）	W+ Wo DdS+

ある関連があれば，v/+（準結合）をコードする。しかし，ときには特定の形態を必要としない対象を述べながら，その対象について特定の形態が必要になるような説明を加える場合がある。たとえば，「雲」の反応は通常はvではあるが，「入道雲のようにもくもくとなっています」と説明することがある。この表現の中には特定の形態が込められているので，DQはvではなくoとなる。同様に，葉や茂み，血は通常はvとコードするが，いずれも何らかの形態が必要となるようにすることは可能である。たとえば，「3つのとがった部分のある葉っぱ」「葉っぱ。茎で，葉のとがった先端」という反応では，対象が特定の形態を持っているので，DQはoとなる。

例

反応領域の要素はつねに2つの記号から成っている。1つは使われた領域を示すもので，もう1つは発達水準である。いろいろなタイプのコーディングの例を表6.3に示す。

要約

　反応領域を正確にコードすることは大変重要である。コーディングの基準は比較的単純なのだが，一見するとその作業は実際よりも簡単なように思えてしまうので，つねに慎重さが必要となる。反応領域のコーディングがプロトコルの解釈全体に与える影響は非常に大きい。認知機能，知覚走査，達成動機，社会慣習に対する意識，エネルギーを最小にして経済的に済ます傾向などについてのいくつかの解釈仮説は，これらの反応領域のデータに基づいている。ここでのコードが正確であれば解釈も正確だが，もしも不正確であれば，そこから導かれる解釈はひどく歪められたものになってしまう。

原注

▼注1……KlopferとHertzは，W反応のもう一つのタイプを考案した。それがWカットで，Ｗのコードを用いた。Rorschachが図版Ⅲの外側の赤い領域を含まない反応にも時折Wをコードしていたことが，その理論的根拠とされている。後にKlopferはWカットを定義し，図版全体の2/3以上を使っている反応に適用した。しかし，このコードについての研究によれば，評定者間の一致度が低く，しかもDd反応と異なった解釈をしなければならない実証的な論拠は見つからなかった。そのため，このコードは包括システムの変数からは除外された。

▼注2……Friedmanの方法によって，歴年齢と精神年齢で区別された児童を識別することができた。しかし，おそらくもっと正確に言うと，Friedmanの方法は一般的な認知の操作と関連していると思われる。したがって，Friedmanの方法に子どもの心理学的研究で伝統的に使われてきた発達の概念は直接にはあてはまらない。

文献

Beck, S. J. (1933). Configurational tendencies in Rorschach responses. American Journal of Psychology, 45, 432-443.

Beck, S. J. (1937). Introduction to the Rorschach method: A manual of personality study. American Orthopsychiatric Association, Monograph No.1.

Beck, S. J. (1944). Rorschach's test. I: Basic processes. New York: Grune & Stratton.

Exner, J. E. (1974). The Rorschach: A Comprehensive System. Volume I. New York: Wiley.

Exner, J. E. (1983). 1983 Alumni newsletter. Bayville, NY: Rorschach Workshops.

Exner, J. E., & Exner, D. E. (1972). How clinicians use the Rorschach. Journal of Personality Assessment, 36, 403-408.

Friedman, H. (1952). Perceptual regression in schizophrenia: A hypothesis suggested by the use of the Rorschach test. Journal of Genetic Psychology, 81, 63-98.

Friedman, H. (1953). Perceptual regression in schizophrenia: An hypothesis suggested by the use of the Rorschach test. Journal of Projective Techniques, 17, 171-185.

Hertz, M. R. (1970). Frequency tables for scoring Rorschach responses (5th ed.) Cleveland, OH: Western Reserve University Press.

Meili-Dworetzki, G. (1939). Le test Rorschach et l'évolution de la perception. Archives de Psychologie, 27, 111-127.

Meili-Dworetzki, G. (1956). The development of perception in the Rorschach. In B. Klopfer et al. Developments in the Rorschach technique. II: Fields of application. Yonkers-on-Hudson, NY: World Books.

Piaget, J. (1924). Le Judgement et le Raisonnement chez l'Enfant. Neuchatel, Switzerland: Delachaux & Niestle.

Rapaport, D., Gill, M., & Schafer, R. (1946). Diagnostic psychological testing (Vol. 2). Chicago: Yearbook Publishers.

Rorschach, H. (1921). Psychodiagnostik. Bern: Bircher.

Werner, H. (1948). Comparative psychology of mental development (Rev. ed.). Chicago: Follett.

Werner, H. (1957). The concept of development from a comparative and organismic point of view. In D. B, Harris (Ed.), Concept of development. Minneapolis: University of Minnesota Press.

第7章

決定因子：コーディングとその基準
Determinants : Coding and Criteria

　コーディングにおいて最も重要で，最も複雑なのは，反応の決定因子に関するものである。決定因子とは，反応する際に使われた図版の特徴のことである。人が周囲のものを何かに同定するときには，形や色，濃淡，動きなどのさまざまな刺激要因に影響される。ロールシャッハの図形にもこうした知覚刺激が縮図のように含まれている。

　ロールシャッハの図形は偶然に基づいて作られた形，色，濃淡であるにもかかわらず，各図版には，ぴったり同じではないにしても，見たことのある何かに似ていると思える刺激特徴がたくさん含まれている。「何に見えますか？」と聞かれれば，この何かに似ているという特徴によってインクブロットの特徴を分類することができる。この分類の過程で，必要とされるよりも多くの潜在反応が生み出される。そして，そのうちのいくつかは放棄される。

　潜在反応をいくつか放棄しても，課題に答えるのに十分な反応は残っている。そこで，次の意思決定過程に進むことになる。つまり，残った潜在反応の中からどれを選び，いくつ答えるかを決めるのである。この最終選択には，その個人の習慣やパーソナリティの特徴，テストを受けたときの心理状態などが影響する。欲求，態度，構え，葛藤，反応様式などがすべて，この反応の最終選択に影響する可能性がある。

　残念なことに，図版を渡してから最初の反応が出るまでの数秒間に起こる，この複雑な精神内界の過程を正確に測ることはできない。しかしこの過程の産物である**反応そのもの**には，この過程で起こったいくつかの特徴を反映した要素が含まれている。そのような要素を正確にコードできたならば，コーディングの結果にはその個人の心理学的操作や特徴が表されていることになる。たった一つのコーディングが個人の特徴についての有益な情報をもたらすことはほとんどないが，コードの頻度データからは，その個人の心理状態に関して幅広い情報を引き出すことができる。このような情報を入手するには，決定因子のコーディングがとりわけ重要となる。

　もしもすべての反応がそれぞれ一つの刺激特徴だけから成り立っているのならば，決定因子のコーディングはずいぶん簡単な作業になるだろう。しかし，実際はそうではない。たとえば，「茎の長い，黄色いバラ（色と形）」や「暗闇の中の人物（形と濃淡）」などのように，反応にはたいていは一つだけではない複数のさまざまな刺激が含まれている。また，「お辞儀している人」や「飛んでいるコウモリ」のように，形態の特徴から運動の印象がもたらされている場合もある。ときには，図版の対称性が反射の印象を生じさせ，「女の人が鏡で自分を見ている」という反応になることもある。中には，「コウモリです。羽で胴体の形」などのように，単純に形態だけで見たものを同定する場

合もある。

　図版の刺激特徴を使って反応を生産する方法はたくさんあるので，系統だったコーディングを考案しようとするとつねに難問を引き起こしてきた。決定因子のコードは体系家ごとに相当異なっていて，それが長年にわたるロールシャッハの論争の焦点となってきた。Rorschach はもともと決定因子として5つのコードを提案していた。形態（F），人間運動反応（M），そして3種類の色彩反応（FC, CF, C）だった。色彩反応のうち2つは，反応の際に形態が比較的重要視されていたことを示すものだった（1921）。これはかなり単純なシステムで，動物の運動や無生物の運動，三次元知覚，反射，そして無彩色を色として用いた場合などを区別してコードすることの重要さについては考えが及んでいなかった。濃淡関連の反応についてのコードは含まれていなかったが，それは Rorschach が作った図版にはわずかしか濃淡が含まれていなかったためである。Rorschach は，図版が印刷されたときに濃淡の特徴が強調されたのを見て興味を抱き，死後に出版された最後の論文（1923）の中で，「明暗**キアロスクーロ**（chiarosucuro：訳者注：光の明暗の対比によって物体の立体感を出す技法）」反応に対する（C），を6つ目のスコアリング記号として導入した。

　Rorschach が提案した6つの基本的なコードを，後に続く者が研究し洗練させていった。しかし不幸なことに，ロールシャッハの各体系家は他の者とは異なるコードや基準を好んで用いた。Rorschach が提案したものとも違うコードや基準を採用することさえあった。その結果，驚くほどの不一致しか残らないこととなった。同じコードがいくつかの体系にあったとしても，そのコードについての基準は異なったものとなってしまっていた。実際，アメリカの5人の体系家すべてが一致するコードは一つもなく，2人の体系家の基準が一致する決定因子のコードもほんの少ししかなかった（Exner, 1969）。たとえば，色彩反応は12種類提案され，それを表すのに16の異なったコードが用いられた。濃淡反応に至ってはもっと多くのコードが提唱された。

　もしもこうした体系の中のどれかのコードと決定因子の基準が明らかに優れていたならば，包括システムのコードとその基準を選び出す作業は比較的簡単だったはずである。しかし，そうはならなかった。ある体系家のものは細かすぎ，実証的な基礎を持たない要素が含まれ，「副次的なスコア」が設定されたためにサマリー・データが不正確になってしまっていた。また，大事な要素を除外したり，コーディングの定義とは矛盾するような基準の変更をしたりしたものもあった。各体系家の決定因子のコーディングは，研究結果に照らし合わせて検討され，評価された。

　その結果，決定因子として24のコードが包括システムのために選ばれた。そのうちの5つはもともと Rorschach が提唱したコードである。残りのほとんどのコードとその基準はいろいろなシステムから選ばれたが，主となったのは Beck と Klopfer のものだった。1970年以降の研究結果から採用されたものもいくつかあった。まとめると，刺激野の使われ方によって，24個のコードは大まかに7つのカテゴリーに分けられる。それらは，(1) 形態，(2) 運動，(3) 色彩（有彩色），(4) 色彩（無彩色），(5) 濃淡，(6) 立体（形態による），(7) 対称性である。24のコーディングの記号とその基準を表7.1に示す。

形態決定因子（Form Determinant：*F*）

　Rorschach は，形態の特徴によって対象が同定された反応に対してFの記号を用いた。このコー

表 7.1　決定因子のコーディングの記号とその基準

種類	記号		判断基準
形態	F	形態反応	図版の形態の特徴のみに基づいた反応に対して用いられる。
運動	M	人間運動反応	人間の運動感覚的活動を含む反応，あるいは動物や架空のキャラクターの人間様の活動についての反応に対して用いられる。
	FM	動物運動反応	動物の運動感覚的活動を含む反応に対して用いる。知覚された運動はその種にふさわしいものでなければならない。その種に合わない運動が述べられた動物反応には M をコードする。
	m	無生物運動反応	無生物，無機物，あるいは生命のない対象の運動を含む反応に対して用いる。
有彩色	C	純粋色彩反応	図版の有彩色の特徴のみに基づいた反応に対して用いる。形態は含まない。
	CF	色彩形態反応	図版の有彩色の特徴を主とした反応に対して用いる。形態の特徴は使用されても，その重要性は二次的である。
	FC	形態色彩反応	主として形態の特徴による反応に対して用いる。有彩色は使用されるが，その重要性は二次的である。
	Cn	色彩命名反応	図版の色彩に対して，その色の名前で反応する場合に用いる。反応として答えようとして色の名前だけを挙げるもの。
無彩色	C'	純粋無彩色反応	反応が図版の灰色，黒，または白の特徴のみに基づいており，それらが明らかに無彩色の色として使用されている場合に用いる。形態は含まない。
	C'F	無彩色形態反応	黒，白，あるいは灰色の特徴を主とした反応に対して用いる。それらが明らかに無彩色の色として使用されていること。形態の特徴は使用されるが，その重要性は二次的である。
	FC'	形態無彩色反応	主として形態の特徴に基づいた反応に対して用いる。無彩色も色として使用されるが，その重要性は二次的である。
濃淡材質	T	純粋材質反応	図版の濃淡要素が触感を表すものとして説明された反応に用いる。形態は含まない。
	TF	材質形態反応	図版の濃淡の特徴が触感として説明された反応に用いる。形態は詳細化や明確化のために二次的に使用される。
	FT	形態材質反応	主として形態の特徴に基づいた反応に対して用いる。ブロットの濃淡の特徴は触感として説明されるが，その重要性は二次的である。
濃淡立体	V	純粋濃淡立体反応	濃淡の特徴が深さや立体感として説明される反応に対して用いる。形態は含まれない。
	VF	濃淡立体形態反応	濃淡の特徴が深さや立体感として説明される反応に対して用いる。形態の特徴を含むが，その重要性は二次的である。
	FV	形態濃淡立体反応	主として形態の特徴に基づいた反応に対して用いる。濃淡の特徴も深さや立体感の要素として説明されるが，反応形成における重要性は二次的である。
濃淡拡散	Y	純粋拡散反応	図版の明暗の特徴にのみ基づいた，完全に形態のない，材質感や立体感についての言及を含まない反応に対して用いる。
	YF	拡散形態反応	図版の明暗の特徴に基づいた，材質感や立体感を含まない反応に対して用いる。形態の特徴を含むが，その重要性は二次的である。
	FY	形態拡散反応	主として図版の形態の特徴に基づいた反応に対して用いる。図版の明暗の特徴は，材質感や立体感を説明するためには使用されない。形態は詳細化や明確化のために二次的に使用される。
形態立体	FD	形態立体反応	深さ，距離，あるいは立体感の印象が，大きさや形の要素によって作られる反応に用いる。濃淡は使われない。
ペアと反射	(2)	ペア反応	図版の対称性に基づいて，2つの同一の対象が述べられた反応に対して用いる。対象はすべての面で同じでなければならない。反射や鏡に写った像は含まれない。

表 7.1　つづき

種類	記号		判断基準
ペアと反射	rF	反射形態反応	図版の対称性に基づいて，反射または鏡に映る像として述べられる反応に対して用いる。述べられた対象や反応内容は，雲，風景，影などのように，特定の形態を持たない。
	Fr	形態反射反応	図版の対称性に基づいて，反射または鏡に映る像として述べられた反応に対して用いる。反応内容は形態の特徴に基づいている。述べられた対象は特定の形態を持つ。

ドは後にすべての体系で受け継がれ，本質的には同じ基準が用いられた。F は決定因子の特徴として形態を含む反応に用いられる。他に決定因子が何もないときには単独でコードする。

　反応に形態を使ったことを伝える表現にはいろいろある。おそらく最も使われることが少ないのが，形態（form）という言葉であろう。代わりに形（shape）という言葉を使ったり，もっと一般的には単に形態の特徴を説明するだけのことが多い。たとえば「羽があって，体で，尾です」「これが頭で，足で，ここは木の切り株です」などのように形態の特徴が明らかに述べられていれば，「形態」や「形」という言葉が使われていなくてもよい。

　F 以外の決定因子にも，形態の特徴が使われていれば F の記号を含める。しかし決定因子が人間運動反応（M）と無生物運動反応（m）だけである場合は，形態が使われていても F の記号を含めない。M と m のコードには形態がすでに組み込まれているからである。対象が特定の形態を必要としないということは，必ずしも形態がないということではない。たとえば，特定の形態が必要とされない雨雲の反応の場合，「ただ真っ黒で雨雲みたい」と述べられたならば，無彩色決定因子（C'）だけがコードされる。しかし，無彩色に触れずに，単に「決まった形をしていなくて，てっぺんがとがっていて雨雲みたい」と説明しただけならば，コードは F となる。

　F とコードするのはその反応に他の決定因子が何も含まれないときなので，わかりやすい。しかし，他の決定因子が含まれる場合に，その反応にとって形態が主要なものなのか副次的なものなのかを決めるのに迷うことがある。色彩反応の場合に最もこの迷いが生じやすい。たとえば，「きれいな花」という反応があって，質問段階で「赤くてバラみたいで，これが葉で，茎がここ」と説明されれば，この反応には色彩と形態が含まれていることはわかる。しかし，反応を作りあげるときに主に形態によったのか，形態は副次的だったのかの判断には迷いが残る。この場合，反応するときに使われた言葉の組み合わせと，質問段階の出だしの説明を基礎にして，CF とコードするか FC とコードするかを決める。

　このような問題については，次のような質問をして解決を試みるとよい。つまり，「同じように見たいので，説明してくれますか」と尋ねるのである。それに対して「バラに見えたんですよ，花びらで茎です」という答が返ってきたならば，この説明は形態に焦点が合っているのでコードは FC となるだろう。一方，「とてもきれいで，真っ赤なバラで，これがその花びらです」という説明ならば，コードは CF とするほうが適切である。なぜならば形態よりも色彩のほうが再び強調されたからである。残念なことに，質問段階で説明を求められても，「ええバラです。赤くて，花びらと茎です」のように，ただ単に前に言ったことをそのまま繰り返すだけの人もいる。このような場合，形態が主なのか副次的なのかの判断は検査者にゆだねられることになる。

形態の特徴だけによる反応は，単独の決定因子のカテゴリーとしては記録の中で最も多く見られるものであり，一般的に形態の特徴はすべての反応の95%以上に含まれている。

運動決定因子（Movement Determinants）

　ロールシャッハの反応には，（1）人間や人間様の行動を含む反応，（2）動物を含む反応，（3）植物や無生物または物理的な力などを含む反応，という3種類の運動反応がある。Rorschachはこのうちの1種類だけ，すなわち人間や人間様の動きを含むものに運動反応をスコアしていた。Rorschachは動物の運動が人間運動反応と同じ意味があるとは考えず，そのためスコアリングも用意しなかった。Beck（1937, 1944, 1961）はRorschachの立場を擁護し，動物運動反応や無生物運動反応のスコアリングを自分の体系には入れなかった。Klopfer（1936, 1942, 1954），Hertz（1942, 1951, 1970），Piotrowskiら（1937, 1947, 1957）は，動物運動反応や無生物運動反応は人間運動反応と何らかの同じ働きによって生じるものであると反論した。彼らは動物運動反応と無生物運動反応のスコアリングを含めることとし，3人とも同じコードを記号として使った。しかし，無生物運動反応にはそれぞれ異なった基準を設けた。

　どちらの立場も少なくとも部分的には正しい。3つのタイプの運動反応が同じ心理学的働きの異なるレベルを表していることを実証する証拠はほとんどない。しかし，研究の結果，3つのタイプの反応が比較的異なった精神活動を示していることがわかった。そこで，包括システムでは3種類の運動のコードを採り入れることにした。

人間運動（Human Movement : M）

　Mの記号とその基準は，Rorschachの研究から生まれた。Rorschach以後に発展した体系にも人間運動反応としてMの記号が含まれており，そのうちの3人（Beck, Klopfer, Hertz）はRorschachの基準を用いている。Piotrowski（1947, 1957）とRapaport-Schafer（1946）の体系では，Rorschachの基準に修正が加えられている。Piotrowskiは，いろいろなタイプの運動や姿勢が見られるような，あいまいさを十分含んだ領域に生じる反応のみをMとした。形態の説明をしようとして後から運動が述べられた反応に対し，間違ってMをスコアしないように配慮してのことだった。Rapaportは，Mとスコアするのを人間の全体像かほぼ全体の姿の場合のみとした。ただし，このような制限の基準に関するいずれの主張にも，実証的基礎や説得力のある論理が欠けていた。

　Mは人間の動きにコードされる。運動には走ったり，飛んだり，闘ったり，議論したりなどの活動的なものもあれば，寝ている，考えている，微笑んでいる，見ているなどの活動的でないものもあるが，どちらにもMをコードする。前述したように，MをコードするときにはFは用いない。Mのコードには形態が含まれているものと想定している。もっとも，M反応に形態が存在しない例もある。それは，「これは憂うつです」「幸福感です」「これは悪臭です」などのように，反応の内容が感覚的経験的なものの場合である。

　人間の姿が報告されただけではMをコードすることはできない。Mとコードするためには，運動そのものが反応にはっきり述べられていなければならない。たいていは反応段階で運動が報告されるが，質問段階で出てくることも多い。たとえば，図版IIIで「これは2人の人のようです」と

形だけを言っているように思える反応が出されたとしよう。質問段階ですぐに「ええ、この2人の人が何かしているように見えたのです」と説明がなされれば、反応段階でははっきり運動が述べられなかったものの、その段階からすでに運動が知覚されていたと考えるのは理にかなっている。自発的に述べられることが重要で、質問段階での検査者の介入によって運動が引き起こされたと思えるときにはMはコードしない。

たいていのM反応は人間や人間様の姿をしたものだが、反応内容が動物であってもMをコードする場合がある。それは、反応の中で語られる運動が人間の動きであり、動物には一般的でない場合である。たとえば、「2匹の虫が議論している」という反応にはMをコードする。「クマが2匹でトランプをしている」も同様にMとする。一方、「2匹の虫が何かを取り合っている」や「2匹のクマが遊んでいる」という反応の場合には、Mではなく、動物の運動反応（FM）をコードする。

動物運動（Animal Movement : FM）

このコードはもともとはKlopfer & Sender（1936）が提案したものである。KlopferがFMを用いる際の下敷きになったのは、Rorschach没後の1923年に出版された彼の論文だった。この論文の中で、Rorschachは形態が基礎にあって運動や色彩の傾向を持つ反応について特別に考察を加えている。Rorschachが示した例の中には動物が運動していたものもあったので、Klopferにしてみれば、このカテゴリーに動物の運動反応を含めることは自然なことだった。しかし、1942年に、Klopferは「運動の傾向がある（→）」ことを示すために別の記号を用いることとし、動物の運動に限ってFMのコードをあてた。包括システムではKlopferのFMのコードを採用している。

FMは、「イヌが吠えている」「コウモリが飛んでいる」「ヒョウが獲物に忍び寄っている」などのような、動物がその種にふさわしい動きをしている反応にコードする。たいていのFM反応には動物の全体が含まれているが、時には「茂みの向こうで2匹の動物が跳ねていて、足しか見えません」のように、部分しか含まれていないこともある。FMの反応内容がリュウやユニコーンなどのような空想や神話のものであることもある。この場合、空想科学的な生き物が動物の動きをしているように語られているのか、それとも人間のような動きをしていると語られているのか、注意深く区別する必要がある。後者であればMとコードする。珍しい例としては、「ヘビが飛んでいます」のように、動物がその種の動物にはふさわしくない動きをしていると述べられることもある。この場合は、この反応を仕立てあげるときに起こった人間の空想力を表すために、Mとコードする。

無生物運動（Inanimate Movement : m）

3番目の運動反応は、植物や無生物あるいは生命のない対象についてのものである。これらの反応を同定するためには、mのコードが用いられる。mはPiotrowski（1937）によって最初に提唱された。KlopferもHertzもそれぞれの体系でmを使ったが、Piotrowskiが考案したよりもずっと広い基準で用いており、陰茎の力、顔の表情、人間の抽象的な思考活動も含まれていた。包括システムではPiotrowskiの基準による無生物運動反応のコードを使っている。Piotrowskiの基準は明確で、MやFMのカテゴリーと重複しない。mは、対象が人間や動物でない場合のすべての動きにコードされる。

無生物運動反応がカバーする範囲は広く、花火や、爆発、血の滴り、水の流れ、木のたわみ、花

が咲く，雲が湧きあがる，旗がはためく，布が破れる，弾丸が何かを突き破る，炎が上がる，葉が浮かぶなど，さまざまな運動が含まれる。無生物運動反応が静的なものであることもある。たとえば，乾かすためにぴんと広げられている皮や，コート掛けに掛かっている外套には，どちらも不自然な緊張状態が含まれているので，m をコードする。同様に，絞首刑になってぶら下がっている人は m とコードするが，死んで地面に寝かされている人には m をコードしない。死んだ人が頭を上に持ちあげられた状態で地面に寝かされていれば，m をコードする。静的な対象に対して m をコードするときには，不自然な緊張状態の存在が明確であることが非常に重要である。時には，「木がワルツを踊っている」，「萎れていくのを悲しんでいる花」などのように，無生物の対象が人間様の動きや人間的な特徴を持つものとして報告されることがある。これらの反応には，m ではなく，M をコードする。

　評定者間の一致度に関する 2 つの研究を見ると（表 7.9），運動反応の 90% 以上は，3 種類の運動について正確に区別されている。M と FM のコードの不一致は，たいていは不注意によるものであるが，本質的な不一致は空想科学的な生き物の人間様の動きに対して M とコードするか FM とコードするかで生じている。m の不一致は，形態として報告されたものを間違って静的な動きを含んでいると見なした場合がほとんどである。床に敷かれたじゅうたんはその例で，ここには不自然な緊張感がないので m はコードしない。

積極と消極の右肩文字（active-passive：ᵃ,ᵖ）

　運動反応にはすべて，もう一つの重要なコードを加える。その運動が積極的なものか消極的なものかを表す右肩文字である。Rorschach は運動反応が「屈曲（図版の中心に向かう運動）」か「伸長（図版の中心から離れる運動）」かを評価することの重要性を述べていた。Beck et al.（1961）は，3 つ目の運動の種類として「静的」というものもあることを指摘した。Piotrowski（1957, 1960）はたくさんの種類の運動反応を研究して，積極−消極，協力−非協力，攻撃−友好の区別を示唆した。Piotrowski の仮説を検証するためにデザインされたいくつかの研究結果によると，積極−消極の特質が解釈にとって有効であることが示された。

　包括システムを作りあげていく中で最も苦労した問題の一つは，この右肩文字の a か p かを決めるための正確な基準を作ることだった。その目的は未だに達成できていないが，大部分の人の間では積極（a）と消極（p）の意味について共通の理解がなされている。訓練を積んだ評定者に多数の運動反応を積極か消極かに区別するように求めた信頼性の研究では，驚くほどのよい結果が得られた。10 人の博士課程修了研究者の間では，150 個の運動反応で 93% の一致率が示された。一方短期間訓練を受けただけの 10 人の高校生では，同じ 150 個についての一致率は 94% だった（Exner, 1978）。他の研究では，20 人の健常成人（心理学の訓練を受けていない）と，ロールシャッハ訓練を含むアセスメントの科目を修了した 20 人の大学院修士課程の 2 年生に対して，ほとんどが動詞ばかりの 300 個の単語に積極か消極のどちらかをコードするように求めた。専門家でないグループには，概念の枠組みを持ってもらうためにいくつかの例が示された。たとえば「跳ねる」「どなる」「飛行機が飛ぶ」などは積極的な運動であり，「滑空する」「考える」「萎れる」などは消極的な運動を示す，などと教示された。学生らはロールシャッハの訓練の一環として積極と消極をコードする

よう要請された。

　学生の群では，300語の動詞のうち213語（71%）で20人のコードが一致し，残りの87語のうち70語では少なくとも15人（75%）のコードが一致していた。学生グループの全体での一致度は95%だった。専門家でない群では，全員のコードが一致したのは300語のうち112語（37%）だけだったが，残りの188語のうち121語では少なくとも15人が一致していた。専門家でない群の全体の一致度は86%だった。これらのデータから，コーディングは**たとえ反応全体の脈絡がわからなくても**事前にロールシャッハの訓練を受けた人たちの間では高い一致度が示されるし，訓練を受けていなかった人たちの間であってもかなりの一致度があることがわかった。表7.2には，この研究で使われた300語を示してある。また，各グループの一致度の高かったほうのコードの人数を示してある。ここにこの一覧表を示すのは，積極−消極の区別について学ぶ者の参考のためだけであって，コードを決める際の基準として**使用してはならない**。

　積極か消極かのコードは，反応全体の文脈から決める。積極的運動と消極的運動の関連についての研究結果から，「話す」というのがつねに消極とコードされるべきであることがわかった。そこで，迷う場合に判定のための目安として，「話す」が採用されることになった。この基準に照らせば，「ささやく」「立っている」「見ている」などは消極であることが明白であり，一方「叫ぶ」「議論する」などは容易に積極と判断できる。

　つねに消極とコードされる運動反応もある。それは，静的な運動として語られる場合である。普通，反応に静的な特徴がもたらされるのは，動きが抽象画や漫画，写真の中のものとして述べられるときである。このような場合は，どのような運動であるかにかかわらず，すべてpとコードする。「7月4日の独立記念日に上がっている花火の抽象画」のように，無生物運動の静的な反応もある。「花火が上がる」というのは明らかに積極であるが，抽象画として語られるならばmpとコードする。同様に，「2人の人が何かを持ちあげようと苦労している絵」や「山を上っている2匹のライオンの絵画」は，どちらも「絵」や「絵画」として語られているので，積極的な運動であっても静的な性質となる。これらは，それぞれMp，FMpとコードされる。

　この場合，反応が確かに絵や絵画として仕立てられていたかどうかを確認することが重要である。たとえば，子どもは反応の中で「絵」や「絵みたい」という言葉をよく使うが，それは図版のことを指して言っているだけで，反応そのものが絵や絵画であるという意味ではないことがよくある。これらの区別をするのが難しい場合もある。図版のことを「絵」や「絵みたい」という場合は，その言葉がいくつかの反応で繰り返されることが多いが（これはコウモリの絵みたい），はっきりしない場合は質問段階で確認することが望ましい。

　3種類の運動反応と，積極−消極のコードの例を表7.3に示してある。ほとんどは反応だけを載せてあるが，いくつかは質問段階での重要な部分を括弧で加えてある。

有彩色決定因子（Chromatic Color Determinants）

　有彩色反応のコードに使う記号はRorschachが用いていたのと同じで，その基準もほとんど同様である。Rorschachは，色彩の特徴を含む5枚の図版で，人々は有彩色から受ける印象を反応に用いることが多いことに気づいた。そしてこれらの反応を，（1）色彩の特徴だけによる反応（C），（2）

表 7.2　2 群における 300 項目の積極的－消極的言語研究の結果
各群で各項目ごとに過半数の一致を示したものを提示　＊は群内の一致率が 75％未満であることを示す

項目	非専門家群 N=20 スコア	N	研究者 N=20 スコア	N	項目	非専門家群 N=20 スコア	N	研究者 N=20 スコア	N
愛し合う（2人の人）	a	18	a	20	演説する	a	16	a	14*
あえぐ（息を）	a	17	a	12	起こす（丸太）	a	20	a	20
あきらめる	p	19	p	18	怒った（表情）	a	20	a	20
悪意のある（表情）	a	13*	a	16	追い出す	a	16	a	18
開ける（ドア）	a	16	a	20	押す	a	20	a	20
憧れる（表情）	p	14*	p	18	穏やかな	p	19	p	20
あざける	a	20	a	20	穏やかな（表情）	p	20	p	20
足を引きずる	a	14*	a	13*	落ち着いた（表情）	p	16	p	18
遊ぶ	a	20	a	20	落ちる（葉）	p	20	p	20
悪化する	p	20	p	20	踊る	a	20	a	20
あふれる（ため池）	p	14*	p	19	驚く	a	18	a	20
怪しい（表情）	p	16	p	20	怯えた（表情）	p	18	p	20
謝る	p	16	p	14*	怯える（感情）	p	16	p	20
嵐の	a	13*	a	20	溺れる	a	13*	p	18
歩き回る	a	20	a	20	泳ぐ	a	20	a	20
歩く	a	20	a	20	回転する	a	17	a	20
生き生きした	a	15	a	18	輝く（太陽）	p	16	p	20
息を切らす（イヌ）	p	13*	a	16	かき乱された	a	18	a	19
意識を失った	p	20	p	20	書く	a	20	a	20
意志の堅い（表情）	a	13*	a	15	加速する	a	20	a	20
意地の悪い（表情）	a	16	p	15	傾ける	p	13*	p	20
いたずらな（表情）	a	11*	p	12*	型を作る（粘土）	a	11*	a	18
痛む（感覚）	p	14*	p	20	金切り声を出す	a	20	a	20
一撃する	a	11*	a	16	悲しい（表情）	p	18	p	20
イライラしている（表情）	a	14*	p	14*	悲しむ（感情）	p	20	p	20
祝う	a	20	a	20	噛む	a	18	a	20
浮かぶ	p	20	p	20	狩る	a	20	a	20
動く	a	20	a	20	軽くたたく	a	20	a	20
うずくまる（動物）	p	16	p	20	乾かす（髪）	p	18	p	20
歌う	a	20	a	20	観察する	p	16	p	20
疑い深い（表情）	p	12*	p	20	感じる（身体的）	a	16	a	14*
内気な（表情）	p	16	p	20	感じる（精神的）	p	18	p	16
打ちつける	a	20	a	20	乾杯する（人々）	a	17	a	20
うとうとする（眠るのに）	p	20	p	20	陥没する	p	16	p	20
うねる（水）	a	13*	a	18	傷ついた	p	20	p	20
奪う	a	20	a	20	傷つける	a	20	a	20
嬉しそうな（表情）	p	15	p	20	ギャンブルをする	a	16	a	20
うろつく	a	20	a	20	休息する	p	20	p	20
うんざりする（感情）	p	15	p	20	競争する	a	20	a	20

表 7.2 つづき

項目	非専門家群 N=20 スコア	N	研究者 N=20 スコア	N	項目	非専門家群 N=20 スコア	N	研究者 N=20 スコア	N
興味を持つ	a	13*	a	17	失敗した（表情）	p	19	p	20
ぐいと動かす	a	19	a	20	失望した（感情）	p	18	p	20
くすぶる（火）	p	17	p	20	死ぬ	p	20	p	20
砕く	a	17	a	19	しびれた（感覚）	p	18	p	20
屈する	p	18	p	20	至福の（表情）	p	17	p	20
くつろいだ（表情）	p	17	p	20	自慢する	a	20	a	20
配る（カード）	a	18	a	20	ジャンプする	a	20	a	20
首をかしげる	p	14*	p	20	主張する	a	20	a	20
ぐらつく	p	14*	p	20	出血する	p	20	p	20
苦しむ	a	13*	p	17	熟考する	p	12*	p	20
苦しんでいる（感情）	p	15	p	20	常軌を逸した（表情）	a	17	a	20
くんくん嗅ぐ	a	11*	p	19	衝動的な	a	18	a	20
警戒した（表情）	p	14*	p	13*	衝突する（2つの車）	a	20	a	20
決心する（感情）	a	19	a	20	ジョギングする	a	20	a	20
決然とした（表情）	a	17	a	19	ショックを受ける	p	13*	p	20
決定する	a	14*	a	17	神経過敏な（感覚）	a	13*	p	18
幻覚を起こす	a	13*	p	17	振動する	a	20	a	20
抗議する	a	20	a	20	すがりつく（頼りなく）	p	20	p	20
攻撃的な	a	20	a	20	すくい取る	a	17	a	14
行動する	a	17	a	18	スコール（雨）	a	14*	a	18
興奮した	a	20	a	20	滑る	p	15	p	20
漕ぐ	a	20	a	20	すりつぶす	a	20	a	20
固定した	p	20	p	20	性交する	a	20	a	20
こぼれる（水）	p	14*	p	20	成長する（植物）	a	15*	p	14*
困った（表情）	p	13*	p	20	生理で出血する	p	16	p	20
困っている（表情）	p	14	p	16	精力的な	a	20	a	20
孤立した（感覚）	p	18	p	20	説教する	a	20	a	20
転がる（ボール）	p	17	p	20	切望する	a	17	a	15
殺す	a	20	a	20	責める	a	20	a	20
壊す	a	18	a	16	旋回する	a	20	a	20
混乱した（表情）	p	17	p	20	戦闘する	a	20	a	20
叫ぶ	a	20	a	20	想像する	a	13*	p	18
刺す	a	20	a	20	ぞくぞくする	a	14*	a	13*
殺害する	a	20	a	20	闘う	a	20	a	20
さわやかな気分になる	p	13*	p	11*	たたく	a	19	a	20
視察する	a	16	p	14*	立ち上る（煙）	p	19	p	20
静かな	p	20	p	20	立つ	p	13*	p	20
しそうである（走る）	a	20	a	20	タバコを吸う（人）	a	18	a	20
したたる（水）	p	20	p	20	たわむ（風で）	p	19	p	20
しっかり握る	a	18	a	20	断念する	p	16	p	20

表7.2 つづき

項目	非専門家群 N=20 スコア	N	研究者 N=20 スコア	N
着席する	p	17	p	20
着陸する（飛行機）	a	18	a	16
注意する（誰かに）	a	17	p	20
忠告する	a	19	a	20
躊躇する	p	15	p	19
挑戦する	a	18	a	20
追跡する	a	20	a	20
つかまえる	a	20	a	20
疲れきった	p	20	p	20
疲れきった（表情）	p	14*	p	17
作る（ケーキ）	a	20	a	20
伝える	a	14*	p	18
強く殴る	a	20	a	20
吊るす（人）	p	18	p	20
敵意のある（表情）	a	20	a	17
手伝う	a	20	a	20
手を伸ばして取る	a	20	a	20
獰猛な	a	20	a	20
動揺した（うろたえる）	a	14*	p	13*
当惑した（表情）	p	18	p	20
当惑する	p	13*	p	17
通り過ぎる	a	20	a	20
跳び越える（動物）	a	18	a	20
飛ぶ	a	20	a	20
途方に暮れた（表情）	p	15	p	20
取りつける	a	20	a	20
取り乱す（感情）	p	13*	p	20
取る	a	18	a	20
貪欲な（表情）	a	15	a	20
流れる（川）	p	19	p	20
泣く	p	17	p	20
殴る	a	20	a	20
投げる	a	20	a	20
怠けた	p	19	p	20
涙ぐんだ	p	17	p	20
悩んでいる	p	16	p	19
鳴らす（鐘）	a	14*	a	18
匂いをかぐ	a	12*	p	17
逃げる	a	20	a	20
にじみ出る	p	20	p	20

項目	非専門家群 N=20 スコア	N	研究者 N=20 スコア	N
入浴する	a	14*	a	16
睨みつける（誰かを）	a	17	a	20
にらむ（オオカミ）	a	15	a	20
抜け目なく（見る）	p	14*	a	17
布を引き裂く	a	20	a	20
熱狂的な	a	16*	p	18
眠る	p	20	p	20
載せる（積荷）	a	20	a	20
登る	a	20	a	20
乗る（馬）	a	20	a	20
のんきな（表情）	a	12*	p	20
這う（動物）	a	18	a	20
爆発する	a	20	a	20
運ぶ	a	20	a	20
走る	a	20	a	20
はずむ（ボール）	a	20	a	17
はためく（風で）	p	20	p	20
働く	a	20	a	20
パットする（ゴルフ）	a	20	a	20
ハッピーな（表情）	a	17	a	19
話す	a	13*	p	18
跳ね返る（ボール）	p	14*	p	15
跳ねる	a	16	a	20
羽ばたく（鳥）	a	18	a	20
はまり込む（沼に）	p	20	p	20
腹を立てる	a	16	a	20
バランスを取る（コマ）	a	17	a	20
反対する	a	18	a	20
氾濫する（川）	a	20	a	20
控えめな（表情）	p	11*	p	17
引き締まった（筋肉）	a	15	a	18
引く	a	20	a	20
悲痛な（表情）	p	16	p	14*
びっくりした（表情）	p	14*	p	15
日向ぼっこ	p	19	p	20
非難する	a	20	a	19
拾いあげる	a	20	a	20
不安な（表情）	p	12*	p	20
不快な（表情）	p	13*	p	14*
深く後悔している	p	15	p	17

表7.2 つづき

項目	非専門家群 N=20 スコア	N	研究者 N=20 スコア	N	項目	非専門家群 N=20 スコア	N	研究者 N=20 スコア	N
不活発な	p	20	p	20	むきになった（表情）	p	15	p	19
ふくらんだ（風船）	p	14*	p	20	向きを変える（回って）	a	20	a	16
ふざけあう（2人の人）	a	20	a	19	結びつける（2人の人）	a	18	a	20
負傷する	p	17	p	20	むっとした(表情)	a	18	a	16
不満な（表情）	p	15	p	20	瞑想する	p	14*	p	20
ふりをする（眠る）	p	11*	p	16	燃えている（炎）	p	13*	p	17
振る	a	16	a	18	目的のない（感情）	p	20	p	20
震えている	a	13*	p	14*	もたれる（〜に）	p	17	p	20
触れる（2人の人）	a	14*	a	17	持ち上げる	a	20	a	20
憤慨した	a	20	a	20	持っている	a	17	a	20
奮闘する	a	20	a	20	モデルをする（立つ）	p	14*	p	20
暴力的な	a	20	a	20	物思いにふける(独りで)	p	15	p	20
吠える（ライオン）	a	20	a	20	焼く	p	18	p	16
帆走する（ボート）	p	14*	p	20	安らかな（表情）	p	20	p	20
勃起した（ペニス）	a	19	a	20	やる気のない	p	18	p	20
欲する	p	11*	p	16	愉快な（表情）	p	15	p	18
彫る	a	18	a	20	湯気が立つ	p	18	p	20
ぼんやりした	p	20	p	20	夢を見る	p	16	p	20
まごつく	p	16	p	17	ゆるく（つかむ）	p	11*	p	16
魔術的な	a	14*	p	13*	陽気な（表情）	a	17	a	18
貧しい（表情）	p	17	p	20	要求する	a	20	a	20
混ぜる	a	20	a	20	横たわる	p	20	p	20
待つ	p	16	p	20	横になる（下に）	p	20	p	20
満足した（表情）	a	14	a	15	よじのぼる	a	20	a	20
満足する（感情）	p	13*	p	19	寄り添う	p	18	p	20
みじめな（表情）	p	20	p	20	喜ぶ（感情）	p	13*	p	17
導く	p	17	p	20	落胆した	p	20	p	20
見つめる	p	18	p	20	落下する	p	20	p	20
見守る	a	13*	p	20	礼儀正しく立つ	a	14*	p	16
見る	p	15	p	20	論議する	a	17	a	20
向き合う	p	14*	p	20	笑う	a	15	a	13*

色彩の特徴に基づくが形態も含む反応（CF），（3）形態に基づく反応ではあるが色彩も含む場合（FC）という3種類に分類した。これとは別に，色彩の名前だけを挙げる反応があったプロトコルでは，（CC）というコードを用いてもいた。

　各体系家はRorschachの有彩色反応の分類カテゴリーをそれぞれの体系に採り入れたが，適用するにあたって基準を変える者もいた。Beckは最もRorschachに忠実だったが，KlopferとRapaportは最も基準から離れていった。Beck以外の2人は有彩色の分類を広げ，増やしていった。「色彩投映 color projections」「色彩拒否 color denial」「原色彩 crude color」「色彩叙述 color description」「色彩象

第 7 章　決定因子：コーディングとその基準 | 123

表 7.3　3 種類の運動反応の例

図版	領域	反応	コーディング
II	D4	女性が腕を挙げて立っている	Mp
II	W	2人の魔女が何かの像の周りで踊っている	Ma
II	W	チョウチョがスーッと風に乗っている	FMp
II	Dd24	教会の鐘が鳴っている（Dd31 が鳴子）	ma
II	W	落ち葉が粉々になっている（S：両脇の細かいのが粉々になって落ちています）	mp
II	W	2人のピエロがサーカスで踊っている	Ma
II	D3	月経中	Mp
II	D6	2匹のイヌが戦っている	FMa
II	D4	勃起しているペニス	Ma
II	DS5	回っているコマ	ma
III	D1	2人の人が何かにもたれかかっている	Mp
III	D1	2人の人が何かを持ちあげている	Ma
III	D3	チョウが2つの崖の間を飛んでいる	FMa
III	D2	コウモリが逆さにぶら下がって，眠っている	FMp
III	D2	血が壁を流れ落ちている	mp
IV	W	男の人が切り株に座っている	Mp
IV	W	気味悪く迫ってくる巨人	Ma
IV	D1	イモムシが這っている	FMa
V	W	チョウが風に乗っている	FMp
V	W	誰かがウサギに仮想してバレエを踊っている	Ma
V	W	2人の人が互いにもたれかかっている	Mp
VI	D3	勃起しているペニス	Ma
VI	<D4	船が夜間に静かに通りすぎている	mp
VI	Dd19	モーターボートが川をさかのぼっている	ma
VII	D2	少年が鏡を見ている	Mp
VII	W	2人の人が踊っている	Ma
VIII	>D1	（D1 を含むブロットの半分）動物が何かを登っている	FMa
VIII	D4	カエルが何かを飛び越えている	FMa
VIII	D5	2つの旗がよそ風になびいている	mp
IX	W	セックスしている（D9 が男，ブロットの残りが女）	Ma
IX	D1	女性が子どもの後を追いかけている	Ma
IX	W	原子爆弾が爆発している	ma
IX	DS8	滝が流れている	mp
X	D1	カニが何かをつかんでいる（D12）	FMa
X	D2	コリー犬が座っている	FMp
X	Dd	（D9 上部の両側）2人の男の子が互いに話し合っている	Mp
X	vD10	ブランコを漕いでいる人（D5 が人，D4 がブランコ）	Ma
X	vD6	2人の人が互いに手を差し出してつかまっている	Ma
X	W	花火が上がっている	ma
X	D7	シカがジャンプしている	FMa
X	D3	種が地面に落ちていっている	mp
X	W	たくさんの海藻が漂っている	mp
X	D11	2匹の動物が柱に登ろうとしている	FMa

徴 color symbolism」「恣意的色彩 arbitrary color」そして「強制色彩 forced color」などが，特別なコードとしてさまざまな体系の中で使われた。Beck 以外は色彩命名（color naming）というコードも含めたが，その基準は体系家によってさまざまだった。有彩色反応をコードするために拡大されたさまざまな分類の有用性を実証的に支持する結果はない。ただ，色彩命名と色彩投映はおそらく例外

である。色彩投映に関するデータによれば，これは決定因子としてではなく別個のコードとするのが好ましいことが支持された。そこで，包括システムでは有彩色を含む反応について4つの記号を使うことにした。それは，C（純粋色彩），CF（色彩形態），FC（形態色彩），Cn（色彩命名）である。

純粋色彩反応（Pure Color Response : *C*）

　Cのコードは，図版の有彩色の特徴だけを基にしてなされた反応に用いる。色彩反応の3つのタイプの中では最も出現頻度の低いもので，まったく形態を使わないのが特徴である。純粋Cは，色だけが述べられていたり，形態についてはまったく触れようとせずに反応がなされる場合にコードされる。純粋C反応の典型例は，血，ペンキ，水，アイスクリームなどである。これらが何らかの形態を含むやり方ではっきりと反応された場合，たとえば「血が流れている」「ひとすくいのアイスクリーム」などの場合は，CではなくCFとなる。

　ロールシャッハを学び始めた初学者にとっては，純粋C反応を同定するのは難しいかもしれないが，それはすべてのものには何らかの形があるという事実にとらわれているからである。たしかにその通りで，この事実に反証することはできないが，ここではそのことは問題ではない。反応を作りあげたり選んだりするときに形態を**反応に含めて処理し，はっきりと言語化した**かどうかが問題なのである。もしそうしていないとすれば，目の前にある刺激の特徴を処理して，意味づけをして，反応としてまとめなかったか，そうすることをしそびれたことを示している。たとえば，血の滴りには形があるが，その輪郭は無限の形を取り得る。もしもある人が血の滴りを見て，それ以上何も言わなかったならば，その人は認知操作において輪郭を用いることを無視したか放棄したことになる。逆に，「まん丸く滴っている血」や「血が滴って周りに飛び散っている」という反応だったならば，必ずしも決まった形としてではなくても，反応の中で輪郭を何らかの意味ある形として使っているので，この場合の適切なコードはCFとなる。場合によっては，質問段階になるまで形態の使用がはっきりしないこともある。次に，図版Xに対する反応の例を示す。

反応
　えーと，ペンキです。
質問段階
　E：（反応を繰り返す）
　S：そう，全部で。ペンキを撒き散らしたみたいです。
　E：ペンキをどう見たのか教えてもらえますか。
　S：全体の色です。それがペンキに見えました。

　この反応では，反応の段階で形態が使われていないことが予測できる。質問段階でそのことがすぐに確認でき，適切なコードはCとなる。次は，これとは似ているものの，少し違った反応の例である。

反応

わぁ，ペンキ。

質問段階

E：（反応を繰り返す）

S：ええ，全体が何かの抽象画のようです。

E：何かの抽象画というのはどう見たのか教えてください。

S：両側が同じで，まるで1つの色に複数の意味を持たせたようですし，これを描いた画家は自分が選んだデザインで何かを表したかったのかもしれませんね。それにしても，とてもきれいです。

この反応では形態の使用が質問段階の最初からはっきりしていて，検査者の質問によってそれがさらに明確になった。このタイプの反応では，たいてい反応段階で「これは抽象画です」などのように述べられ，形態の使用がほのめかされていることが多い。しかし，この例ではそのようには言われなかった。質問段階の検査者の介入によって形態を指向させるような構えが作られたわけでなければ，この反応のコードはCではなくCFとするのが適切である。

Cが唯一の決定因子である場合，DQのコードは，特定の形態が必要とされなかったことを示すvとなる。しかしCのコードは，反応に形態を持つ対象が含まれ，その対象には色彩が使われていない場合にも適用されることがある。たとえば，図版IIIで「2人の人（D1）が激しいけんかをしている。この赤いの（D2とD3）は血のようです」という反応が出された場合，決定因子のコードはMa（2人の人がけんかしている）とC（血）で，DQのコードは+となる。

色彩形態反応（Color-Form Response：*CF*）

CF反応は，色彩の特徴に基づくが形態も含まれる反応である。先に説明したように，特定の形態は含まれないが，反応する人が特定の形態が必要となるように述べた場合もCF反応である。たとえば，「2すくいのラズベリー・シャーベット」（図版VIII）や「山火事で，オレンジの炎が燃え上がっている」（図版IX）などの反応がそうである。しかし，たいていのCF反応には何らかの形態を要する対象が含まれている。

純粋CとCF反応を区別するのは比較的容易ではあるが，CFとFCのコードの区別をつけるときには迷わされることがある。なぜならば，簡単にこの区別をするための手っ取り早い**決定的なルールはない**からである。ほとんどのCF反応はわかりやすい。なぜならば，色彩の強調が明確ではっきりしているからである。しかし，この色彩の強調の仕方にはかなりの幅がある。色彩のコードに関連のある部分しか示していないが，以下の例を検討してみよう。

反応

きれいな花。

質問段階

S：きれいなオレンジで，緑の葉と，これが茎のところ。

反応

これは森です。

質問段階

S：違った色の草や木々です。

反応

エキゾチックなチョウ。

質問段階

S：とてもきれいな赤で，こういう色は珍しいです。ここが羽で。

反応

バターで焼いた卵。

質問段階

S：黄色で，バターで焼いたみたい。真ん中に黄身があります。

　これらはどれも CF とコードする。なぜならば，どの例でも色彩が強調されていて形態の使われ方は控えめだからである。しかし，どの例においても，色彩は質問段階において初めて言及された。実際，これらのどの反応も質問段階での説明如何ではすべて FC 反応になる可能性がある。場合によっては，Pure F 反応になることさえあるかもしれない。そのような可能性について，次の例を検討してみよう。

反応

きれいな花。

質問段階

S：ここが茎で，これが葉っぱで花，花瓶に生けてあります。
E：きれいな，と言いましたが，どう見たのか教えてください。
S：ええ，きれいなオレンジ色の花です。

反応

これは森です。

質問段階

S：木ややぶの形をしています。そしてこれは真ん中に通っている道かもしれません。

反応

エキゾチックなチョウ。

質問段階

S：珍しい羽と細い胴で，珍種のチョウはこんな風ではないかと思います。中にはこのように赤いのもいますよね。

反応
バターで焼いた卵。
質問段階
S：不規則な形をしていて，よく卵を割って焼くとこうなりますけれど，これが黄身です。
E：バターで焼いたというのを教えてください。
S：ええ，黄色なのでバターで焼いたのかと思いました。

　これらのうちの3つ（花，チョウ，卵）は，色彩が使われているが，主な強調点が形態にあるので，FCとコードする。4つ目の森の反応には形態しか使われておらず，検査者のさらなる質問を促すキーワードもないので，Fとコードする。
　CFとFC反応の区別をつけるための「簡単でわかりやすい」ルールを作ったり用いたりしないほうが賢明である。KlopferとHertzは，FCとCFを区別するのに，反応内容がどれほど形態を必要とするものかを手掛かりに使うことを勧めている。そうすると，花は比較的決まった形態を持っているのですべてFCとなり，湖はあいまいな形状しか持っていないのですべてCFとなる。しかし，このようなルールの目指すところは価値があるが，論理的に正しくないし，同じ反応内容であってもすべての人が同じように色彩刺激を取り入れるとは限らないという事実を無視している。したがって，結局のところ，**一つ一つの反応ごとに**，注意深くその人の言葉遣いを検討するということが，CFとFCを区別するための唯一のルールとなる。有彩色の領域に対する反応のコードは，反応した人がどう説明するのかによって，Pure C，CF，FC，Fのいずれでもありうる。
　図版Xの「花のようです」という反応について，質問段階で次のような4通りの説明がなされた場合，コーディングは次のようになる。

S1：いろいろ違った色がたくさんあります。ピンク，青，黄色，花ってこんな色をしていたと思います（Pure C）。
S2：いろいろ色があってとてもきれいです。庭に違った色の花を植えてあるようで，きちんと計画的にアレンジした印象を与えるようにレイアウトされています（CF）。
S3：花束のようです。長いピンクのグラジオラスと，小さなデイジーのような茎の短い黄色い花と，この青いのはポンポンのような形をしていて菊のよう。細長い葉がとなりにあって，茶色の葉がついた茎がここにあります。素敵な花束です（FC）。
S4：庭を見ると，違った形の葉と花がこんな風に見えます。花についてはよく知らないんです。（E：庭とおっしゃいましたが，それを教えてください）。S4：たぶんそうだと思います。このようにレイアウトされているのが他に思いつきません。（E：花に見えるのがわからなかったので，もう一度教えてください）S4：それぞれ違った形をしているので違った花だと思います（F）。

形態色彩反応（Form-Color Response：*FC*）
　FCは最も色彩を統制した反応である。CF反応のところで説明したように，反応の中では形態の特徴が最も重要であることが強調され，かつ色彩も説明や明確化のために使われているとき，FC

とコードする。たいていは，以下の3つの例のように形態の特徴の強調は明白でわかりやすい。

反応
チョウ。
質問段階
E：(反応を繰り返す)
S：ええ，赤いチョウです。羽があって小さな体です。

反応
解剖図。
質問段階
E：(反応を繰り返す)
S：両脇がピンク色の肺で，肋骨がこれで(指す)，この辺が下の臓器で，たぶん胃か腸です。
E：胃か腸というのを教えてください。
S：ただ丸い形で，この臓器はこんな風に丸い形をしています。

反応
黄色のラッパ水仙。
質問段階
E：(反応を繰り返す)
S：ラッパ水仙にはこんな花びらがあって，茎で(指す)，花の部分。たいていラッパ水仙って黄色かったと思うけど。

　これらの反応は，どれもCFとなってもおかしくないものである。特に解剖図とラッパ水仙はそうである。実際のところ，解剖図の反応では，検査者は色彩の使用についてもっとはっきりした説明がされるかもしれないと考えて，「胃か腸」について質問をしたと思われる。しかし，実際にはそのような説明はなされなかった。この例は，FCとCFの区別のためにはクライアントが使った言葉に注意することがいかに大切であるかをよく示している。
　たしかにFC反応のほとんどは特定の形態を有する対象に関するものである。しかし，そのことは反応をFCとコードするためのルールやガイドラインとはならない。述べられた対象に特定の形態がないという理由だけで，FCとコードされる可能性を断ち切ってしまうべきではない。内臓，葉，海の生き物，血球などのような，はっきりしない形態の反応内容であっても，色彩を述べながらも形態が強調される可能性はある。その場合は，FCとコードするのが適切である。

ステップダウンの原則
　FCとCF反応の区別はときに困難に思われることもあるが，CとCF反応の区別はたいていそれほど難しくない。「この赤は血です。赤は全部そう」「青は水です」「いろいろな色のペンキでただそれだけです」「青，氷はときにこんな風に青くなります」などのように，C反応はたいていはっ

きりしていてわかりやすい。これらの例は明らかなC反応ではあるが，場合によってはもともとC反応とコードされる対象が，形態を有する対象と**接触している**ためにCFとコードされることがある。

たとえば「赤は血です。けんかしている2匹のクマに血がついています」という反応の場合，赤い血は典型的にはCとコードされるものだが，形態のある対象と直接接触しているので，1段階ステップダウンし，CFとする。「2匹のクマがけんかしています。おそらく怪我をしたのでしょう。背景が赤で血のようです」という反応だったならば，コードはCのままである。なぜならば血はクマと関連させられてはいるが，クマに付着していないからである。

色彩使用を確認する

色彩が使われたのかどうか迷う2つの場合がある。「この赤いのがチョウみたい」「この青はクモです」などのように，対象の領域を示すときに色を述べる人は多い。これらの言葉だけでは色彩のコードはつけられない。単に領域を示しているに過ぎないからである。これらの反応には色彩が含まれている可能性はあるが，その場合には，決定因子として色彩を使ったということが他の言葉ではっきり述べられるだろう。

2つ目は，検査者にとってはさらに悩ましいものである。それは，図版の色のある領域に対象が述べられ，その反応形成に色彩が一役買ったであろうことはほぼ間違いないと思われるのに，色彩については直接的にも含みとしても語られない場合である。「これはとてもきれいな花です」という反応は，そのよい例である。質問段階で検査者がキーワードに基づいて「きれいなとおっしゃいましたが，それを説明してもらえますか？」と質問し，「ええ，とても細くてデリケートに見えます」という答えが返ってきたとしよう。この場合には，たとえ使われた領域全体が有彩色であったとしても，この反応には色彩はコードしない。コーディングは，クライアントの言葉を反映したものでなければならないからである。

直接的で明白な色彩使用

中には色彩をはっきり述べる人がいて，決定因子として色が使われたことが明白である場合もある。これらは色彩と反応内容が直接結びついているからである。例を挙げよう。

「赤は血のように見えます」
「このオレンジは森の火事のようです」
「青は水です」
「緑は葉です」

これらの反応では色彩使用が明白であり，色彩をコードする。しかし，色彩と反応内容が結びついているように見える反応であっても，色彩使用がそれほど明確でない場合も多くある。たとえば次のような反応である。

「その赤は血かもしれません」

「オレンジは火か何か」
「この青の部分は水かもしれません」
「緑のところがおそらく森でしょう」

　これらの反応ははっきりとは述べられていない。むしろあいまいな言い方がなされている（かもしれません，何か，おそらく）。そこで，「どこからそう見えたのか教えてください」「それはこの図版でどう見たらいいのか説明してくれますか」などのように質問し，色彩使用に関して確認する必要がある。

色彩命名（Color Naming Response：*Cn*）

　Rorschach は色彩命名についてほとんど注意を払っておらず，CC とスコアして，それが悪化したてんかん患者の記録に見られたと記しただけだった。Piotrowski（1936）は器質疾患の研究の中で，Cn の記号を色彩命名としてコードに採り入れた。彼はこれを純粋な色彩反応としては考えておらず，むしろ色彩の存在を承認した反応だと考えていた。色彩命名についての限られた数の研究からは，色彩命名は診断的な有用性があると考えられている。包括システムにおける Cn の基準は，Klopfer & Rapaport のものに従った。つまり，図版の中の有彩色の名前を挙げ（これは赤ですね。緑と黄色と青です），色彩名を反応としている場合である。

　有彩色図版を見せられたときに，人によっては自発的なコメントとして色彩名を言う場合があるが，検査者はそれと Cn を混同しないようにしなければならない。「何てきれいなんでしょう」とか「まあ，いろんな色ですね」というのは色彩命名ではない。解釈する上ではこれらは重要ではあるが，Cn の反応と同じ，あるいは似ているなどと考えるのは間違いである。ほとんどの Cn 反応は，機械的あるいは冷静な調子で述べられる。それは，複雑な刺激材料の統合ができなかったことをはっきりと示すものである。

　4種類の有彩色反応の例を表 7.4 にまとめてある。質問段階での情報はコードの判断に必要な場合に限って示してある。質問段階を削除し，質問段階の一部だけを掲載しているものもある。

無彩色決定因子（Achromatic Color Determinants）

　Rorschach は，無彩色を決定因子としてコードに用いなかった。最初に正式にこの反応をスコアリングとして考案したのは Klopfer & Miale（1938）で，C' の記号を用いた。Klopfer が無彩色反応に独立したスコアリングをすることにした理由の一つには，Rorschach がこの決定因子に関心を払っていなかったことが挙げられる。それに加え，「明暗（chiaroscuro）」反応の評定について精巧なシステムを提案した Binder（1932）の論文の影響もあった。Binder は，Rorschach と同様に無彩色反応のための独立したコードは示さなかった。しかし，無彩色反応が明暗の特徴を使った「濃淡」反応とは解釈的に異なったものであることを示唆した。Klopfer は C' 反応を，図版の黒，灰色，白の特徴を色彩として用いた場合と定義した。このコードと基準は Rapaport に引き継がれ，そのバリエーションが Piotrowski や Hertz の方法の中にも見られる。

　Campo & de de Santos（1971）は，図版の明‐暗の特徴に基づいた反応のコーディングについて文

表7.4　4種類の有彩色反応の例

図版	領域	反応	質問	コーディング
II	D3	この赤は血のようです。	S：全体が赤いからです。	C
II	D3	赤いチョウ		FC
II	D2	火，焚き火のような	S：炎が燃えあがっている焚き火みたいに赤いんです。	CF.ma
II	W	2人のピエロ，サーカスの	S：赤い帽子なのでサーカスと思いました。	FC
III	D2	腐った肉	S：この色が腐敗しているように見えたんです。	C
III	D2	血が壁か何かを流れ落ちている	S：赤くて，流れ落ちているように見える。	CF.mp
VIII	W	死んだ動物	S：これが内臓のように見えて，全部腐敗している。 E：腐敗している？ S：はい，全部色が違っているのが腐敗しているように見えて，骨も見えます。	CF
VIII	D5	青い旗が2本		FC
VIII	W	ピンクとオレンジと青		Cn
VIII	D2	アイスクリームサンデー	S：これがオレンジとラズベリーのアイスクリームのように見えて，2段の。	CF
IX	W	山火事	S：火はここ（D3）で，この木や何かに燃え広がっている。 E：木や何か？ S：緑のここが木に見えて，その他が灌木に見えた。	ma.CF
IX	D4	新生児	S：これが頭に見えて，それだけ。ピンクがかってるのがいかにも新生児のよう。	FC
IX	W	原子爆弾の爆発	S：この上の部分がきのこ雲で，下のここのオレンジが火炎で，この緑の部分が煙です。	ma.CF
X	D4	タツノオトシゴ	S：この形と緑なので。	FC
X	D9	サンゴ	S：サンゴみたいな色をしているから。	C
X	W	本当によくできた抽象画	S：両側を同じにしようとして，両方を同じ形にしています。そして異なる色で異なる自分の考えを表現したのです。	FC
X	W	何かの抽象画	S：抽象的な考えを表わしています。色もきれいです。	CF
X	D13	ポテトチップ	S：えーと，この形がポテトチップみたいで，色も同じ。	FC
X	D15	花	S：何の種類かはわからないけど，きれいな黄色い花で，茎はあまり見えないけれど，花の部分だけが見えて，花弁みたいなのとか。	FC
X	D12	葉っぱ	S：緑色で一枚の葉っぱ。	CF

献をレビューし，C'の反応は他の分類とは別個のものであると結論づけた。また，研究結果からは，C'反応は濃淡反応とは異なった働きを示し，このコーディングが解釈的に有用な情報をもたらすことがわかった。包括システムでは，こうした反応を同定するためのKlopferのコードと基準を採り入れている。そして有彩色の反応のときと同じく，どれほど形態が重要かによって無彩色反応を3通りに区別している。

　この基準では，図版の無彩色の特徴が色として**あいまいでなく明らかであることが必須**とされている。幸いにもたいていの無彩色反応では，「黒」「白」「灰色」という言葉が使われることが多く，この問題はすぐに決着がつく。たとえば，「コウモリのように黒い」「白くて雪」「これは影でしょう。

全体が灰色ですから」などの反応では，どれも無彩色の使用は明白である。

　無彩色が使われたことを伝えるキーワードとしてよく用いられるのが，「明るい」「暗い」という言葉である。どちらも色彩を意味する。しかし厄介なことに，濃淡を用いたことを意味する場合もある。たとえば，「全体が暗くて夜のようです」という反応では灰色－黒色の特徴が色として使われているが，「全体が暗くて，こちらにいくにつれて深くなっているようです」という反応では濃淡が深さの印象をかもし出しているので濃淡立体（vista）がコードされる。「上の部分が明るくなっていて雲のてっぺんのようです」という反応には，濃淡拡散が用いられている。X-ray 反応には無彩色か濃淡拡散の特徴が含まれていることが多いが，F だけがコードされる場合もある。「明るい」「暗い」という言葉や「この色の具合が」という言い回しが無彩色を意味しているのかはっきりしない場合には，濃淡拡散のコードをつける。黒，白，灰色の無彩色を伝える他のキーワードにも注意する。それは，「この白い部分は……」「この暗いところは……かもしれない」などのように，単に反応領域を示しているに過ぎない場合もあるからである。無彩色をコードするときのルールは，有彩色の反応の場合と同じく，無彩色の使用があいまいでなくはっきりしていることである。

純粋無彩色反応（Pure Achromatic Color Response：C'）

　C' 反応は，図版の無彩色の特徴だけによっている反応である。形態をまったく含まないのが特徴で，とても珍しい反応である。場合によっては，「白い雪」のように反応に直接色彩が使われることもあるが，形態のない反応内容が反応段階で語られ，質問段階で無彩色について述べられるという場合が多い。図版Ⅴに対する次の2つの反応がそのいい例である。

反応
泥のように見えます。
質問段階
　E：（反応を繰り返す）
　S：ええ，真っ黒でしょう。
　E：よくわからないので説明してもらえますか。
　S：全体です，真っ黒でただ泥に見えたんです。

反応
石炭です。
質問段階
　E：（反応を繰り返す）
　S：黒い色です。
　E：よくわからないので説明してくれますか。
　S：石炭に違いありません。黒くて石炭のようです。

　どちらの反応にも形態の特徴を取り入れようとする努力は見られず，どちらの反応にも無彩色が自発的に語られている。もしも2つ目の反応が「ひとかけらの石炭」で，「ぎざぎざした」のよう

に形態について何かしら述べられていれば，コードは C'F となる。

無彩色形態反応（Achromatic Color-Form Response：*C'F*）

　C'F 反応は，無彩色の特徴が基になっていて，説明の際に二次的に形態が用いられているものである。これらの反応は図版の無彩色の特徴なしには形成されなかったもので，形態は漠然としているか分化していない。

反応
黒い空と白い雲。
質問段階
E：（反応を繰り返す）
S：全部真っ黒で，ここにあるのが白い雲です。

反応
黒サンゴのかけら。
質問段階
E：（反応を繰り返す）
S：4つあります。黒くてサンゴのかけらみたい。黒サンゴ。これで装飾品を作りますよね。

　最初の例では，図版全体の黒さと空白の白が反応内容によって区別され，漠然とではあっても形態が使われているので，C' ではなく，C'F とコードする。2つ目の例では，インクブロットをいくつかの「かけら」として区別している点が，F が含まれるとする根拠となっている。無彩色のために「煙」が知覚されることがあるが，その場合は形態が用いられた程度によって，C'F もしくは C' となる。しかし，「煙」の反応は無彩色のためというよりも濃淡のためにそう見えることが多いので，コードの決定は慎重に行う必要がある。「色」という言葉を，無彩色の意味ではなく濃淡の特徴を示そうとして用いることもよくある。

形態無彩色反応（Form-Achromatic Color Response：*FC'*）

　FC' は，形態が基本的な決定因子であって無彩色が二次的に用いられるときにコードされる。FC' 反応は無彩色反応の中で最も頻繁に出現するもので，形態の特徴が強調されているのでわかりやすい。よくある FC' 反応は，図版 I や図版 V の「黒いコウモリ」や「黒い鳥」，図版 I の Dd26 領域の「ハロウィーンのときのお化けの格好をした人の姿」（質問段階：白いから），図版 III の「アフリカの女性」（質問段階：黒くてアフリカの人みたい），図版 IV の「木の黒いシルエット」，図版 X の D8 領域の「灰色のアリが 2 匹」，などである。

濃淡決定因子（Shading Determinants）

　図版の明暗の特徴を決定因子として使った反応のコードは，ロールシャッハの中でも最も議論を

呼んだものの一つである。徹底的に論じられてはきたが，決定因子のカテゴリーの中では最も研究の数が少ない。すでに述べたように，Rorschach は濃淡や「明暗（キアロスクーロ）」の特徴についてモノグラフではまったく触れなかった。それは，Rorschach の基礎的な実験で使われた図版にははっきりした色の濃淡がそれほど出ていなかったためである。この濃淡の特徴は図版が印刷されたときによりはっきりしたものになったが，Ellenberger（1954）によると，Rorschach はこの新しい視点から生み出される可能性について即座に理解したようである。濃淡のある図版を用いて研究したのは短い期間ではあったが，その間，Rorschach は濃淡についての言及にはすべて明暗（Hell-Dunkel）を意味する（C）をスコアした。

　Rorschach の推論に従って，濃淡の特徴について初めて系統だった大規模なスコアリングを発展させたのは，Binder（1932）だった。Binder のアプローチでは濃淡反応は4つの基本的なタイプに分けられたが，コードが考案されたのはこれらのうちの2種類だけだった。1つは明暗（Hell-Dunkel: Hd の記号が用いられた）で，「図版全体の明暗の色価によってもたらされた拡散した印象」に基づく反応に用いられた。もう1つの F（Fb）は，濃淡が図版の領域内ではっきり識別されている場合のコードである。Binder は，時折人々は濃淡によってできる輪郭を形態として用いることがあることや，明暗の特徴を無彩色として使うことがあると指摘した。これらは彼の Hd および F（Fb）の基準にはあてはまらないので，特にコーディングはしなかった。

　Binder の研究は各体系家の濃淡反応に対するアプローチに大きく影響を与えた。Piotrowski は無彩色のコードの他に，濃淡反応についても2つのカテゴリーを用いた。1つが c または Fc で，これは明るい灰色の色調に刺激されて濃淡や材質反応となった場合のカテゴリーである。2つ目は c' または Fc' で，図版の暗さのニュアンスが使われたり，不快感情が表明されたりしたときのものである。Rapaport も濃淡反応に2つのカテゴリーを用意した。1つは Ch，ChF，FCh で，次の2つ目の分類にあてはまらないすべての濃淡反応がここに含められた。2つめは（C）F と F（C）で，前者は濃淡の要素が重要な内部の特徴として細かに述べられている明暗反応に対して，後者は材質感が述べられている色彩形態反応に対してコードされた。

　Hertz は無彩色の他に3種類の濃淡反応のカテゴリーを考案した。c，cF，Fc のカテゴリーは，濃淡の特徴が材質感や表面効果，反射の性質を生み出す反応に対するものである。（C），（C）F，F（C）の記号は，濃淡が三次元効果をもたらす反応に用いた。その他のすべての濃淡反応は，Ch，ChF，FCh のカテゴリーに分類された。Beck も濃淡反応に3つのカテゴリーを用いた。T，TF，FT は濃淡の特徴が材質感の印象をもたらす反応のカテゴリーである。V，VF，FV は濃淡によって深さや立体感の印象がもたらされた反応に対するものである。Y，YF，FY はそれら以外の濃淡反応に用いられたが，これは無彩色が使われた反応にも適用された。

　Klopfer の濃淡への取り組みは最も複雑なものであった。Klopfer は，Binder の後に初めて，濃淡反応のコーディングと解釈のための複数のカテゴリーを作った。Klopfer は，無彩色反応とは別に，4種類の濃淡反応のカテゴリーを設けた。c，cF，Fc は，濃淡を材質感，表面効果，反射の特徴として意味づけた反応に用いられた。このカテゴリーは Hertz と同一のものであり，Beck による T のコードの基準ともほぼ同じである。次のカテゴリーは濃淡が拡散として知覚された場合のもので，K と KF の記号が用いられた。これは，Binder の Hd，Rapaport と Herzt の Ch，そして Beck の Y に類似したカテゴリーである。3つ目のカテゴリーは FK で，これは濃淡が展望や遠近法，反射，風

景として用いられた場合のものである。このカテゴリーの基準には，Herzt の（C）や Beck の V と近似した要素が含まれている。4つ目のカテゴリーである k，kF，Fk は，二次元の平面上に三次元的な広がりを見た場合と定義された。このカテゴリーに主に含まれるのは，レントゲン写真や地勢図反応である。Klopfer のアプローチには慣用的なルールによる特殊な反応がいくつか加わり，さらに複雑なものとなった。その結果，ついには濃淡反応のカテゴリー基準を満たしていなくても濃淡反応とコードする反応が生まれることになった。この慣用的なルールの大半は，FK に該当する反応に Fc を用いるというものである。たとえば，透き通って見える反応は，無彩色を明るい色として使ったと見なされ，すべて Fc とされた。また，丸みを強調する反応には FK ではなく Fc をコードし，対象の部分を指示するために細かな濃淡の違いを用いた反応も Fc とした。FK の慣用法の中には展望と反射反応も含められており，どちらも濃淡に言及していなくても FK とコードされた。

　包括システムのために濃淡反応の記号と基準を選択するにあたっては，熟慮が要された。Klopfer の方法が最も包括的ではあるが，慣用的なコーディングがあるために基準が台無しになってしまいやすいし，異なる種類の反応を同じものとして解釈してしまう可能性が含まれていた。濃淡反応に関しては，ある体系のコーディングで得られた結果を他のアプローチのコーディングに変換するのが困難なため，実証的なデータの検討は複雑である。とはいえ，反射反応と展望反応とは解釈的に異なったものであることは明らかであるし，丸みを強調する知覚と透き通りを知覚することが違うものであることも明白である。また，データからは，レントゲン写真反応と地勢図反応における濃淡はそれぞれ異なる種類のものであると示唆されている。前者は無彩色か濃淡拡散の反応であり，後者は濃淡が展望として使われた反応である。こうした点を検討した結果，基準が明確で，慣用的なスコアリングを避け，濃淡反応のさまざまな種類をきちんと区別したアプローチが好ましいことが明らかになった。そこで，包括システムには基本的には Beck（T，V，Y）のアプローチを採用することになった。しかし，3つのうち2つのカテゴリーに関しては，Beck が示唆したよりも基準を厳密にした。展望のカテゴリーは濃淡がある場合にのみコードし，濃淡拡散のカテゴリーには無彩色反応を含めないことにした。

　濃淡のコードを決定するのは，ロールシャッハを学び始めたばかりの者には実際よりも困難と思えるようである。それは，多くの人は「濃淡」という言葉を使わないからである。その代わりに，「この色の具合が」「違った色になっていて」などのように，たいていの人は色の差異の効果を伝えるときには「色」という言葉を使う。「線が入っている感じが」という言い回しは形態についての説明のようだが，場合によっては，実際は濃さの度合いの違いを述べていたということもある。ひとたび濃淡が使われていることが確認されたならば，どのタイプの濃淡なのかの区別は単に消去法のプロセスに基づいて行われる。

材質決定因子　（Texture Determinant）

　濃淡の特徴が触感を表す印象として説明された場合は，3種類の材質反応（FT，TF，T）のうちのどれかをコードする。これらの反応では対象の性質や材質感が詳しく述べられ，その説明の中に，柔らかい，固い，滑らかな，荒い，絹のような，ざらざらした，毛のような，冷たい，温かい，ねばねばした，べとべとした，などのような対象の材質感について，明確に，あるいは暗に示され

る。しかし，単にこのような言葉が使われたというだけで材質反応と**見なしてはならない**。これらは濃淡反応が含まれている可能性を示す正当な手掛かりではあるが，いつもそうであるとは限らない。そのため，質問段階での技術が重要になることが多い。たとえば，濃淡の特徴にはまったく関係なく，「毛がもじゃもじゃした」「毛羽だった」「ふさふさした」などの言葉を使って形態の説明をすることも稀ではない。また，ある色彩のために対象が温かいとか冷たいと知覚されることもある。反応に濃淡を使ったと述べてくれると最も理想的だが，そのようなことはむしろ少ないだろう。たいていの場合は，「毛深い」「ふわふわした」「温かい」という言葉のような，材質感を示す手掛かりが反応に含まれている。あるいは，毛皮の敷物，毛皮のコート，氷などのように，対象そのものの性質が本来材質決定因子を含む可能性を示している。質問段階での質問は，これらの手掛かりに基づいて行う。ときには，特に子どもの場合は，実際に図版をこすり，しかし言葉では濃淡について説明しないことがある。**これは触覚の印象を示す十分な証拠となり，材質反応をコードする**。FT，TF，T のどの材質反応をコードするかは，形態の関与の程度によって決められる。

純粋材質反応（Pure Texture Response：T）

T 反応は材質反応の中では最も珍しいものである。図版の濃淡の要素から材質感が表されているが，形態は含まれない反応である。T と TF 反応の区別の基準は本質的に C と CF 反応の区別と同じである。すなわち，反応する際に形態の特徴はまったく使われず，見ている対象に形態が必要となるように説明を加えることもなされない反応である。木材，肉，氷，羊毛，油脂，髪，絹などの反応は，これらの反応に濃淡が含まれ，それが触感として知覚されていて，**かつ**形態についての言及がない，という条件を満たしていれば，T とコードされる。もしも，形態が用いられていたり，形態が必要となるような説明が挟まれていれば，その形態性がいくらかあいまいなものであっても，コードは T ではなく TF となる。

材質形態反応（Texture-Form Response：TF）

TF 反応は，濃淡の特徴が材質感として説明され，そこに二次的に形態が用いられているものである。ほとんどの場合，氷の塊，油だらけのぼろ布，毛皮の切れ端，何かのすごく硬い金属などのように，対象には漠然とした形態が含まれている。珍しいことではあるが，特定の形態が含まれているのに TF をコードする場合がある。それは，「何か揚げたもの，何だろう，エビ，そうエビフライみたいな（図版Ⅶ）」という反応のように，濃淡の特徴によってその反応が促進されたことが明らかな場合である。特定の形態がある対象に TF をコードする場合には，濃淡が材質感として知覚され，反応の主な要因となっていて，形態も二次的に使われている，という条件を満たしていなければならない。以下，図版Ⅵ の 3 種類のよく似た反応を例に，形態と濃淡の重要性の違いについて説明する。

反応
うーん，これは変なの，皮かもしれない。まだらになっていて，動物の皮。

質問段階
E：（反応を繰り返す）

S：ええ，まあ何となくぼやけて毛羽立っていて，この辺が足かもしれません。

この例では，反応の中には形態が主要であることを示す説明はない。むしろ，反応段階ではあいまいな言い方がなされている。まず「皮」という言葉を使い，その後で動物の皮だと言った。ここまでには，決まった形態は語られていない。質問段階で語られた最初の要素は濃淡である（何となくぼやけて毛羽立って）。そして，その後に初めて形態についての言及がなされた。したがって，この反応はTFとコードする。次の反応はこれとよく似てはいるが，コードは異なる。

反応
これは動物の皮ですね。
質問段階
E：（反応を繰り返す）
S：えーと，濃淡があってすごく柔らかい毛のようで，周りは動物の皮のようにギザギザになっていて，足や背中の部分もはっきりしています。

質問段階の最初に濃淡が語られてはいるが，この反応に適切なコードはFTである。この反応にははっきりとした形態があり，形態が優位である。また，質問段階で自発的に語られた言葉の多くは，形態指向のものである。こうした点に基づくと，コードはTFではなくFTとなる。形態が優位だったのかどうかの判断が必要となる反応の例をもう一つ挙げよう。

反応
これは動物の皮かな。
質問段階
E：（反応を繰り返す）
S：はい，あまりできはよくなくて。というのは，皮を剥ぐ職人が頭の皮をちゃんと取れなかったのです。
E：同じように見たいので，もう少し説明してもらえますか。
S：全体なのですが，上の部分を除くとそのように見えるんです。これが後ろ足で，おそらくこれが前足です。

この反応には濃淡が知覚されていない。全体に強調されているのは形態の特徴なので，コードはFである。疑い深い人は，図版Ⅵの動物の皮の反応では多くの場合濃淡が材質感として使われていると主張するかもしれない。そして，濃淡が述べられていないにもかかわらず，FTとコードすることを正当化しようとするかもしれない。しかし実証的な研究の結果はこの考えを支持していない。Baughman（1959）によれば，ブロットの輪郭だけを残した図版や，濃淡の特徴を削除して黒く塗りつぶした形にした図版でも，毛皮の反応が得られた。また，図版Ⅳと図版Ⅵの灰色黒色の特徴を有彩色に変えても，毛皮反応の出現頻度は変わらなかった（Exner, 1961）。

形態材質反応（Form-Texture Response : *FT*）

　FTは，形態が主な決定因子であって，濃淡の特徴が材質感として言語化され二次的に用いられている場合にコードする。FTとコードする反応には特定の形態を必要とする対象が含まれていることが多い。たとえば，図版Ⅱと図版Ⅵによく見られる動物は，明暗の特徴から毛で覆われていると説明されることがある。また，図版Ⅳでよく見られる人間類似反応では，しばしば毛皮を着ていることにされる。ところが，FTとコードする反応には普通特定の形態を必要とする対象が含まれているというガイドラインには，一つ忘れてはいけない例外がある。それは，図版Ⅵの動物の毛皮の反応である。材質反応の中で最も出現頻度が高いものだが，この反応はFTとコードされることが多い。

　これについては，次のような比較研究によって説明ができる。ランダムに選んだ250名の非患者成人の記録と850名の成人の統合失調症以外の患者の記録を用い，FT，TF，Tが出現する割合を比較した。合計1,100のプロトコル中には22,311反応があり，そのうちの851個が濃淡反応だった。この851個の反応のうちの364個（43%）は図版Ⅵで出されたものだった。この中の337個は動物の毛皮の反応で，そのうちの318個がFTとコードされていた。濃淡反応が2番目に多く出されたのは図版Ⅳであり，202個（24%）の反応のうち161個がFTで，それらは動物の毛皮と人間または人間類似の姿で毛皮や毛皮のコートを着ているという反応のどちらかだった。図版Ⅰ，Ⅱ，Ⅲ，Ⅴに出された濃淡反応は112個（13%）だけだった。図版Ⅶ，Ⅷ，Ⅸ，Ⅹでは173個（20%）だった。851個の濃淡反応のうちの727個（85%）はFTとコードされていて，TFとコードされたものは107個（13%），Tとコードされたものはわずか15個（2%）だけだった。

濃淡立体決定因子（Shading-Dimensionality Determinant : Vista）

　図版の明暗の特徴を使った反応の中で最も出現頻度が低いのは，明暗を深さや立体感として見たものである。「底に向かって」「向こう側に」「端が丸まっていて」「だんだんと高くなっている」「折れ曲がって」「空の上から見た」などのように，図版の平面上の刺激を濃淡の特徴を使って変化させた反応である。

　深さや立体感ははっきりしていることが多いので，検査者にとっての課題は，それが濃淡に基づくものなのか，あるいは単に大きさや図版の形態の特徴によって生じたものなのかを確認することである。後者であれば，コードはFDであって濃淡立体ではない。濃淡を区別する作業の中では，濃淡立体（V）と材質感（T）の区別が最も困難なものである。たとえば，でこぼこの険しい山並み（vista）と目の粗い紙やすり（texture）の区別は比較的簡単でも，「でこぼこ」や「へこんでいる」「ぎざぎざの」などは濃淡立体とも材質とも取れる言葉である。たとえば，「脳のようです，線が入っていて色が違っているのが脳回（訳注：脳の表面にあるしわ）のようで，でこぼこに見えます」という反応があったとしよう。これが濃淡立体反応となるのは，濃淡が用いられ（線が入っていて色が違っている），触感にはまったく言及されていない（でこぼこに見える）からである。もしもこの反応が「触ったらでこぼこしているように感じる」というものであれば，濃淡立体ではなく材質をコードすることになる。

　時には，反応における立体感があいまいなために，検査者はその点に関して質問しなければなら

なくなる。たとえば図版 IV で，「怪物，足の間に頭がある」という反応があったとしよう。ここには，形態もしくは濃淡に基づいた立体感が含まれている可能性がある。どちらの場合であっても，検査者は「足の間に頭があるというのはどう見たらいいですか」と質問し，この点について確認しなければならない。濃淡立体反応には 3 種類のコードがある。

純粋濃淡立体反応（Pure Vista Response：V）

Pure V 反応はきわめて珍しい。Pure V をコードするのは，もっぱら図版の濃淡の特徴だけに基づいて深さや立体感を述べ，形態はまったく用いられていない場合である。このような反応は，刺激の形態性が無視されているのでいささかドラマチックなものとなる。たとえば，「これはただ深みに見えます。（質問）全部が暗くて底に向かっていて，何だかよくわかりません」という反応がそうである。似たような反応であっても，たとえば「真ん中が周りよりも深くなっている」というように，たいていは形態について何らかの言及がある。この場合は，V ではなく VF をコードする。

濃淡立体形態反応（Vista-Form Response：VF）

VF は，深さや立体感を表すものとして濃淡の特徴が何よりも強調されていて，形態の特徴についてはおざなり程度に述べられるか，まったく触れられない反応にコードする。ほとんどの VF 反応では，特定の形態を必要としない対象が反応内容となっている。例としては次のような反応が挙げられる。「高いところと低いところ，地図にあるような。（質問）地理の授業で見たけど，山は濃くて，平原は明るくなっている」「黒っぽい雨雲。（質問）この濃い方の雲は他の雲の奥にあって，こっちの薄いほうの雲が手前にある」「深い谷底に川が流れている。（質問）この線が川で，他の部分より色が濃くて底のほうにあるように見えて，残りは渓谷の両側」。形態の特徴がさらに特定されたり，強調されたりすれば，FV のコードが適当である。

形態濃淡立体反応（Form-Vista Response：FV）

FV のコードは濃淡立体反応の中では最もよく出現するものである。形態が反応の主な特徴で，深さや立体感を表すために濃淡が二次的に用いられている反応である。たいていの FV 反応には特定の形態を必要とする反応内容が含まれていることが多い。しかし，これは必ずしも FV と VF 反応を区別する決め手にはならない。たとえば，井戸や貯水槽などは比較的特定の形態を有しているが，実際には井戸や水槽の反応は VF とコードされる場合がほとんどである。それは，これらの反応では形態よりも濃淡の特徴が強調されることが多いからである。

FV 反応は，形態を強調したり詳しく説明したりする反応である。人間や動物などのよく見られるものから珍しいものに至るまで，どのような反応内容においても濃淡立体が知覚される可能性がある。橋やダムや水路などは FV 反応としてよく見られるものだが，それ以外のどのような形態優位の反応でも濃淡立体の要素は述べられることがある。たとえば，ときに，図版 I の真ん中の人間が「カーテンの向こうにいる」あるいは「透き通って見える服を着ている」などのように知覚される。注意深く質問段階を進めると，このような反応では，必ずと言っていいほど，立体感がもたらされた理由として濃淡の違いが述べられる。このような場合には，FV とコードするのが適切である。また，図版 IV の中央下部（D1）に「葉っぱの下からムシかイモムシが出てきている」という FV

反応が述べられることがあるが，この反応では，濃淡の効果ゆえに奥行きがあるように見えたと説明されることが多い。

材質反応と濃淡立体反応の例を表7.5に示した。質問段階の内容は，スコアの判断に直接関連がある場合のみ記載してある。したがって，中には質問段階を省いてあるものや，一部しか示していないものもある。

濃淡拡散決定因子（Diffuse Shading Determinant）

材質反応（T）でも濃淡立体反応（V）でもなければ，残りのすべての濃淡反応は濃淡拡散反応（Y）としてコードする。これは，濃淡立体反応や材質反応と違って，濃淡の特徴に特定の意味を持たせず，漠然とした使い方をした場合である。この濃淡拡散反応は，Rorschachが（C）というスコアを作ったときに考えていたものに該当する。拡散した濃淡が反応を形成する主たる要因となることもあれば，形態がはっきりしている反応をさらに細かく描写するのに使われていることもある。

濃淡拡散をコードするかしないかの判断は比較的簡単ではあるが，前述したように，「明るい」「暗い」「黒っぽい」などのようなはっきりしない言い方をするために，それが無彩色を意味するのか濃淡拡散について言及しているのかわからないことがある。そのような場合には，無彩色に関するルールによって解決する。つまり，明るい，暗いという特徴が「無彩色の色」として使われているのだと検査者が確信を持てない限りは，濃淡拡散をコードする。

ときには濃淡拡散を，色の対比として述べる人もいる。これには次のような例がある。「ピンク色の違いのせいで腐ったように見える」「中に違った灰色があって，嵐のときの雲みたい」「色が重なり合っていて乾いた血のような印象を受けました」「ここは色が混ざっていてフィンガーペイントのようです」。

純粋拡散反応（Pure Shading Response：*Y*）

Yのコードは，図版の明暗の特徴だけに基づいた反応に用いる。形態を知覚せず，反応内容は，霧，霞，暗闇，煙などのような形態性のないもであることが多い。Pure Yだけが決定因子となる反応はかなり珍しい。

拡散形態反応（Shading-Form Response：*YF*）

YF反応は，図版の明暗の特徴が反応の形成にとって主な要因となり，形態は二次的に使われているものである。YF反応となる反応内容は，特定の形態のない，あるいは漠然とした形態のものであることが多い。例としては，雲や影，特定の形態がないX線写真などが挙げられる。煙であれば，「この火から出てくる煙」のように何らかの形態のある対象と関連を有している場合である。たとえ漠然とした形態としてではあっても，反応に輪郭を用いようとしたかどうかが，YFとYを区別する手掛かりとなる。同様に，YF反応とFY反応の区別は，形態がどれほど限定され，強調されたかによる。特定の形態を有する反応内容がYFとコードされることは珍しい。濃淡の特徴がその反応にとってとりわけ重要であることが明らかな場合のみ，YFのコードとなる。

表7.5　いろいろな種類の材質及び濃淡立体反応の例

図版	領域	反応	質問	コーディング
I	W	干からびた葉っぱ	S：ところどころ欠けていて，落ちていて，カサカサしている。 E：カサカサしている？ S：表面がザラザラしているように見えて，ここの色合いの違いが。	FT
I	D4	女性がカーテンの後ろに隠れている	S：女性の全体は見えなくて，ちょうど下半身（D3）だけで，カーテン越しに透けて見えている。	FV
I	W	油のしみがついた古いはぎれ	S：全体が黒くてまだらでぬるぬるして見えた。	TF
II	D4	割礼されたペニス	S：ひだが折り重なってその周りに残っているのが見える。	FV
II	D1	テディベア	S：テディベアはこんな形してるし，全体が毛皮みたいにこんな風に（こする）	FT
II	DS5	何か深い，穴のような	S：ここに丸い縁が見えて，底のない穴のような。下に行くにつれて暗くなっていて，底が見えない。	VF
III	D1	ベルベットスーツを着た2人の紳士	E：ベルベットスーツと言いましたね。 S：はい。これがベルベットに見えたんです。濃くて光沢のあるベルベットに。	FT
III	D3	チョウネクタイ	S：この真ん中に結び目があって，ここが濃くなっていてふくらんでるみたいです。	FV
IV	W	柱にもたせかけるように置かれている猟師のブーツ	S：柱は向こうに見えるから，ブーツの後ろにあるのがわかります。 E：向こうに？ S：えーと，ブーツで一緒になっているところが色が違って，柱がさらに後ろにあるように見えます。	FV
IV	W	古いクマの毛皮	S：この毛皮はかなり使い古されているみたいで，すべすべしている（こする）	FT
IV	Dd30	焼けて熱くなった大釘	S：外側の色がより明るくて，触るととても熱い金属のようです。	FT
V	W	毛皮のケープをつけた人	S：ほとんど全体がケープに見えて，私には毛皮のようです（図版を指でこする）。	FT
V	W	触ったらベトベトするように見える	S：ほら，触るとベトベトした汚いもののように見える。	T
V	W	右半分が左半分よりも低い	S：真ん中に深い裂け目があって，濃くなっているのでしょう。右側がより低くなっているように見えた。	V
V	W	岩の後ろにウサギの頭が隠れている	S：ここ（D6），ほとんど見えなくて，濃いのは手前にある岩です。	FV
VI	D1	灌漑用水路	S：真ん中の濃いのが底になっていて，周りの地面の水が少ないところは色が薄くなっている。	FV
VI	D4	氷の大きな塊	S：これが冷たい氷みたいに見える。灰色が全部違っているのが。	TF
VI	W	毛皮のよう	S：全体に色むらがあってフワフワした毛皮のように見えて，まだここに頭の部分が残っているみたい（指す）。	TF
VII	W	岩	S：4つ岩が並んでいるように見えて，岩は丸くて，特に下の2つは，底がより濃くなっている。	VF
VI	Dd	深い渓谷	S：ここ（D12）が谷底で，側面から上に向けて薄くなっている。	VF
VII	D2	スコッチテリア	S：あごと前足は濃くなっていて，より毛深く見えます。	FT

表7.5 つづき

図版	領域	反応	質問	コーディング
VII	Dd25	ここの後ろはダムのように見える	S：えーと，ダムはここで，この明るい部分（Dd25／真ん中），この前の部分は滝か，川がこちらに流れてきているところみたいです。	FV
VIII	D5	空から見た森林の風景	S：そう，このより濃くなっているのが大きな木が突き出ているようです。	VF
VIII	D2	アイスクリームシャーベット	S：この模様の感じがザラザラしているシャーベットのように見える。	TF
IX	D6	綿あめ，全体がふんわりしている	S：巻いていて，ふんわりしてる。綿あめのようにふんわりしているみたいに。	VF
IX	DS8	グラスの中にある植物	S：茎だけが見えて(D5)，グラスやボウルの中にある植物を見ているみたいにかすんで見える。	FV
X	DS8	洞窟の中を覗いているようです	S：抜け穴のように見えて，奥に行くにつれて，より濃くなってて，洞窟の入り口みたいに見える。	VF
X	D9	このピンクの部分が山の峰が続いているように見える	S：学校か何かで使った地図みたいで，山の形態が示されていて，ある部分は他の部分よりも高くなっている，この濃い部分。	VF
X	D13	なめし皮の一部	S：これはザラザラしていて，まだなめされていないみたいに。 E：ザラザラしてる？ S：ここの色が違っていて，ザラザラしているように見えました。	TF
X	D3	カエデの種	S：さやがより濃い色で，厚みがあって丸くなっているように見える。	FV

形態拡散反応（Form-Shading Response：*FY*）

　FYのコードは，形態によって反応が形成された上で，濃淡が反応の説明に使われている場合に用いる。特定の反応内容に付随する影や，特定の形態のあるX線写真，「汚れた顔」のように特定の形態がある対象に説明が加えられた場合などが，よくあるFY反応の例である。YFやPure Y反応と違って，FY反応は形態だけで報告されてもその反応内容が成り立つ，という特徴がある。注目に値する例外は，主に形態に基づいている「雲」の反応である。濃淡がこの雲に伴っていれば，通常はYFのコードとなる。しかし，「雲が湧きあがり，頂点が平らになって，今にも雨を降らせそうな積乱雲のようです。全体が暗くなっています」という反応のように形態が強調される場合には，適切なコードはFYである。

　図版の濃淡が輪郭として使われる場合がある。たとえば，図版ⅠのD3領域を人の下半身と見て，「この濃い線が」と輪郭をたどる場合がある。また，濃くなっている点が目として区切られることもある。これらは，それ自体は**濃淡反応ではない**ので，形態反応としてコードする。図版内部の明暗の特徴によってできる輪郭を選んで反応したということは解釈上重要かもしれないが，それを濃淡反応と混同しないようにする必要がある。

　濃淡拡散反応の例を表7.6に示した。質問段階についてはコードに必要なものだけを載せてある。

第7章 決定因子：コーディングとその基準 | 143

表7.6　濃淡拡散反応の例

図版	領域	反応	質問	コーディング
I	W	骨盤のレントゲン写真	S：レントゲンみたいに濃くて，骨盤のように見える。	FY
I	W	インク	S：黒っぽいインクのように全体が濃い感じです。*	Y
II	D3	優美な色をしたチョウ	E：優美な，と言いましたね。 S：羽の色が違っていて，濃いところや薄いところがあります。	FY
II	D4	教会の尖塔	S：先端部分が輝いているみたい。太陽が照って明るくなっているようです。	FY
III	D7	何かのレントゲン写真	S：レントゲン写真みたいに色が違っている。	YF
IV	W	暗闇	S：ただ暗いということしかわかりません。なぜかはわかりません。	Y
IV	D3	いろいろな色の花	S：一つの花に違った色があって，花びらは真ん中の部分の色とは違った色をしています。	FY
V	W	腐った肉	S：部分的にはかなり腐ったところもある。 E：部分的にかなり腐ったところ？ S：ところどころ色が違っているから。	YF
VI	D2	ぴかぴかに磨きあげられたベッドの柱	S：ここが光って見える。	FY
VI	D4	帆船が夜に航海している	S：全体が薄暗いので，夜に違いない。	ma.FY
VII	W	雲だと思います	S：変わった形が雲のようで，暗い色や明るい色があって積乱雲のようです。	FY
VII	W	あらしの雲	S：あらし雲のように暗い。	YF
VII	D1	御影石でできた像	S：御影石でできているように明暗がある。	FY
VIII	D1	顔中が汚れている動物	S：この濃い部分が目の周りの汚れで，ここにももっとあって，もっと汚れている。	FY
X	D11	干からびた骨	S：干からびた骨のように見える，外側は明るくなっているからもっと干からびているのでしょう。	YF

＊受検者がインクのように黒いと言った場合はスコアリングはC'となる

形態立体反応（Form Dimension Response：*FD*）

　FDは，深さや奥行き，立体感などの印象が含まれ，それが**濃淡の特徴に基づいてはいない**反応にコードする。このカテゴリーは，包括システムを体系化するためのさまざまな研究の中から作り出されたものである。他のロールシャッハの体系にはこのコードに該当するものはない。ただし，BeckとKlopferはこのような反応の存在には気づいていた。Klopferは，反応に濃淡が使われていなくても，このような反応を慣用的にFKの中に分類した。Beckはこのような反応をFVとコードすることが多かった。ただし，それは言語化されないながらも濃淡が使われた可能性がかなり高い場合に限っていた。Beckは，特に，大きさの違いに基づいた遠近や立体感の反応にFVをコードしないようにしていた。

　一般的には，大きさの違いが，FDとコードするために必要とされる要素である。大きさの違いは，たとえば「足が頭よりもあまりにも大きいので，この人は横になって寝ているのでしょう」「とても小さいので，ずっと遠くにあるのでしょう」「この人を見上げているように，遠近法で見えます」などのように述べられる。時には，「足と腕の一部しか見えていません。ですからこの向こう側にいるのでしょう」のように，対象の一部分がないことをもって，奥行きや立体感が意味づけられることもある。このような反応もFDとコードする。

表 7.7　形態立体反応の例

図版	領域	反応	質問	コーディング
I	<D1	向こうの丘にある木	S：とても小さいので，ずっと遠くに見えます。	FD
II	D4+DS5	湖の端にある寺院	S：これ（DS5）が湖で，ここ（D4）が寺院，遠近法で見ました。	FD
III	V Dd99*	2本の木が向こうの丘にあって，そこに続く小道がある	S：これが（D4）木で，これ（D11）が小道。 E：向こうの丘にとおっしゃいましたが？ S：丘じゃなくてもいいんですけど木が小さく見えて，道がかなり広いので遠くなんだろうと思いました。	FD
IV	W	横たわる人	S：両足を前に出していて私のほうに向けていて，頭はずっと向こうにあって仰向けに寝ているようです。	Mp.FD
V	D4	やぶの向こうで動物が跳ねていて，その足しか見えない。	S：ここがやぶの端で，やぶの向こう側にいてこれが足です。	FMa.FD
VI	W	丘の頂上にある宗教的な像	S：これがとても小さいので遠く離れたところにあるんだろうと思って。想像力をたくましくすると，これは丘か何か。	FD
VII	Dd99*	遠く離れたところにある街	S：ここに建物が見える。 E：遠く離れたとおっしゃいましたが S：これが小さいので，はるか遠くにあるに違いありません	FD
VIII	D4	向こうの丘に立っている2人の人	S：ここ（Dd24）に人が見えて，これが丘。	Mp.FD
IX	<Dd26	遠く離れた岩棚に立っている人	S：ここが岩棚で（D3のほとんど），この人は遠く離れたところにいて，木か何かにもたれかかっていて，このかなり遠く離れたところです。 E：かなり遠く？ S：とても小さいので，彼を見つけるのも難しいくらいです。	Mp.FD
X	V D6	2人の男性が前に何かを押し出そうとしている	S：こちらに前屈みになって，腕を広げて前に何かを押し出そうとしています。	Ma.FD

＊訳者注：原文のD8は，このカードに該当する領域がないのでDd99とした。また質問段階でのD領域も該当する部分はないので，修正が必要と思われるが原文のまま訳した。

　FD反応があいまいにしか示されず，本当に立体反応としてコードするべきか否かを入念に検討しなければならないこともある。たとえば，「フードを被って立っている人」などがその例である。質問して確かめる必要があるのは，フードが顔や顔の一部などを覆っているように見ているのかどうかである。そして，もしそのように見ているのならば，何がそのような印象をもたらしたのかを確かめる。フードを二次元的に見ることもあるが，「顔は一部しか見えていません」というように説明される場合もある。この場合はFD反応である。FD反応の例を表7.7に示した。

ペアと反射反応（Pair and Reflection Responses）

　包括システムの残り2つのカテゴリーは，ペアと反射を含む反応に対するものである。これらのカテゴリーは他の体系にはない。ペアも反射反応も，図版の対称性を使って2つの同じ対象を述べ

るものである。これらのカテゴリーの重要性は，包括システムがまとめあげられる前に行われた研究（Exner, 1969a）によって確認された。ペア反応のために用いるコーディングの記号はアラビア数字の「2」である。ペア反応は頻繁に出現するので，決定因子の右側，すなわち形態水準の後に記入することにした。こうすれば決定因子のコードが乱雑になるのを避けられ，ペア反応の整理も容易になる。ペアのコードは（2）の1つだけで，反射反応にはFrとrFの2つのコードがある。

ペア反応（Pair Response : *(2)*）

　（2）の記号は，図版の対称性の特徴のために2つの対象が述べられた場合にいつもつける。ペアは，その反応に特定の形態があるかないかには関係がない。また，ペアのコードは，その対象が反射していると説明される場合には**つけない**。それは，反射のコードには2つの対象が見られたという意味がすでに含まれているからである。人によってさまざまな言い方でペアを表現する。よくあるのは「2つある」という言い方だが，「2つ」という言葉が含まれない場合も多い。代わりに，「クマたち」とか「両方のイヌ」「人々」などの複数形を使って表現したり，「2つ」と同義語である「一組の」という言葉を用いたりする。また，反応では「イヌのようです」と片方だけを指摘し，質問段階で「両側に1匹ずついます」と説明することもある。このような場合にはペアをコードする。

　稀にではあるが，「2人の人です」とペアを述べておきながら，反応の後半や質問段階になってから「片方が男でもう一方が女のようです」などのように，その2人を区別することがある。もしも2つの対象が**何らかの点で**（「こちらのほうが大きくて，こちらは小さい」「太っているのと痩せているの」「こっちは暗い」など）違うものとして区別されるならば，ペアはコードしない。

形態反射反応（Form-Reflection Response : *Fr*）

　反射反応をコードするためには，ペアをコードする場合と同じ条件が必要となる。つまり，対称性が使われ，同じ対象が見られなければならない。反射反応の場合はさらに，その対象が反射している，あるいは鏡に映っていると述べられる必要がある。**反射の決定因子をコードしたときには，ペアはコードしない。**

　Frは，図版の形態を使って特定の輪郭形態を有する反応内容を同定し，さらにそれが図版の対称性ゆえに反射したり鏡に映ったりしていると述べられた反応にコードする。多くの場合，「鏡を見ている人です」「動物が岩に足をかけていて，それが全部下に映っています」などのように，反射に運動も伴っている。

反射形態反応（Reflection-Form Response : *rF*）

　rFがコードされるのは，図版の対称性が反応の主な決定因であり，対象は不特定の，あるいはあいまいな形態を持ち，反射していると見なされた場合である。「これ全部が水に映っています。こっち側にもありますから」といった反応が，その例である。rF反応は珍しい反応で，いつも雲，岩，影，雨などのような形態が特定されない反応内容を含んでいる。場合によっては，特定の形態を持たない反応内容が述べられていても，その対象についての説明の中で，特定の形態が必要となるような描写がなされることもある。このような場合は，コードはrFではなくFrとする。このような例としてよくあるのは，湖や池に映る景色の反応である。ほとんどの場合は，こうした景色の特定

表7.8　反射およびペア反応の例

図版	領域	反応	質問	コーディング
I	<D2	2匹のロバが両側に1匹ずついる		F(2)
I	D1	2羽の小さなトリが巣から頭を出している		FMp(2)
II	<D6	ウサギが氷った池の上を滑っていて，その姿が氷に映っている	S：この白いところが氷で，そこに姿が映っている。	FMa.Fr
II	W	2匹のクマがサーカスの芸をしている	S：サーカスみたいに赤い帽子を被って，前足を合わせている。	FMa.FC(2)
III	D1	2人の人が何かを持ち上げている		Ma(2)
III	D1	鏡で自分をチェックしている	S：前屈みになって自分を見ています。	Mp.Fr
IV	<W	こうみると，何かが映っているよう，雲かもしれない	S：こっち側のこれ全部がこっちに映っていて，雲みたいだと思うんだけど。 E：どのように雲に見えたのかよくわからないのだけど。 S：全体が夜の雲みたいに暗い。ちゃんとした形がなくて。	YF.rF
IV	D6	両方にブーツ		F(2)
V	W	2人の人が背中合わせで横たわっている		Mp(2)
VI	>W	上も下も同じように見えます	S：何なのかよくわからないけど，たぶん岩か何かかな，両方同じで映っている。	rF
VI	<D1	潜水艦が夜，水に映っているように見える	S：全体が夜みたいに黒くて，司令塔と船体が見えて，ここに全部映っている。	FC'.Fr
VII	D2	少女が両側に1人ずつ		F(2)
VII	D2	少女が鏡を見ている		Mp.Fr
VIII	D5	2本の旗		F(2)
VIII	<W	動物が岩か何か小川みたいなのを渡っていて，それがここに映っていて，動物は映っている自分を見ている		FMa.Fr
IX	<DS	海から離れたところにいて，遠くに海岸線が見える	S：水に映っていて，ここに水面が見えて（真ん中の線を指し示す），全体がすごく小さいので遠く離れているに違いありません。細かいことはよくわかりませんが，たぶん木とか何かそんなようなのがあります。	FD.rF
IX	D3	2人のハロウィンの魔女	S：ハロウィンみたいに全体がオレンジがかった色をしていて，そっくり返って笑っています。	Ma.FC(2)
X	D1	2匹のカニ	S：両側に1匹ずついて，両方とも同じです。	F(2)
X	D7	シカがジャンプしている	S：こことここに1匹ずつ，両方同じでジャンプしているみたいに足を伸ばしている。	FMa(2)

の形態についての説明が加えられ，コードはFrとなる。

　ペア反応と反射反応の例を表7.8に挙げる。

ブレンド反応（Blend Response：(.)）

　ブレンドという用語は，反応を形成するために 2 つ以上の決定因子が使われたことを示している。このような場合には，各決定因子のコードをドットマークで分けて記す。たとえば，反応に人間運動反応と濃淡拡散形態の決定因子が含まれていれば，M.YF とする。記録によってブレンドの頻度はさまざまである。2,000 のプロトコルのサンプルでは，20% よりやや多い数の反応がブレンドだった。しかし分散はかなり大きく，ブレンドが 50% を超える記録もあれば，ブレンドがまったくない記録もあった。理論的にはどの決定因子の組み合わせも可能であり，そのすべての決定因子をスコアする。たいていのブレンドは 2 つの決定因子から成るが，たまには 3 つのブレンドや 4 つ，5 つの違った決定因子がブレンドになることもある。

　ロールシャッハの体系家の間では，ブレンド反応のコードの仕方や評価に関していくらかの不一致が見られる。しかし，ほとんどの体系家は Rorschach の手続きを踏襲していた。Rorschach は，複数の決定因子が見られたときに，それらを単に MC というように一緒にコードした（1921）。Rorschach の著書で取りあげられたプロトコルにはブレンド反応は比較的少なかったが，それは当時彼が使っていた図版には濃淡が少ししか含まれていなかったためである。複数の決定因子の反応に関して，Rorschach のアプローチから最も外れていたのは Klopfer（1942, 1954）である。Klopfer は，反応形成に主要な働きをする決定因子は 1 つだけだと考えた。そして，それを「メイン」あるいは主要決定因子と呼び，それ以外の決定因子を「付加（アディショナル）」コードと呼んで区別した。さらには，主要決定因子に重みづけをして，解釈のための重要性を付加決定因子とは区別した。このような方法は，Klopfer 法に重大な限界をもたらすものとなった。加えて，どの決定因子が重要なのかがはっきりしない反応の場合には，M 反応，有彩色反応，材質反応，無彩色反応の順で重要性があったことにするという，独断的と思える「階級的」スキーマを用いて，「メイン」と「付加」の決定因子を決めた。そのため，Klopfer の方法はますます複雑でわかりにくいものとなった。もともと，Klopfer も Rorschach の方法を踏襲して複数のコードを一緒にスコアしていた。しかし，彼の推奨する質問段階のやり方がどんどん念入りになっていき，また決定因子のカテゴリーが増加していくに従って，多すぎる複数の決定因子のスコアは解釈を複雑にするだけだということに気づいた。さらに，反応の一部にしか関係がない決定因子や，質問段階でしぶしぶ出されたような決定因子は，「基本的な」パーソナリティを理解する上では「主要な」決定因子ほど重要ではないと考えるようになった。そこで，1938 年に，Klopfer は「疑わしい」決定因子を付加決定因子とすることにし，すべてのスコアが等しい重みを持っていると考えるのは実際的ではないという結論に達した。Klopfer の最初の教科書が出版される頃（1942）には，主要な決定因子のスコアは 1 つだけという原則を打ちたてていた。▼注2

　他の体系家の間では，複数の決定因子の反応についての相違は少ししかなかった。Rorschach ともそれほど離れてはいなかった。Beck（1937）は，ドット（.）を用いるとブレンド反応を表記するのに便利であると提唱した。Klopfer 以外の各体系家は，解釈するにあたって，すべての決定因子に同じ重みづけをした。包括システムでは，3 つの研究結果から Beck のブレンドのコーディングの方法を採用することにした。最初の研究は，ブレンドと知能についての関係を調べるものだった。研究には，Otis 知能検査結果も入手可能な非患者 43 人のプロトコルが使われた。IQ の結果

は、範囲が84〜122で、中央値は103だった。プロトコルはIQの中央値によって分割し、中央値のプロトコルを除いて、21プロトコルずつの2群を作った。上位半分の群のIQの平均は113.4で、下位半分の群のIQの平均は93.7だった。各プロトコルのブレンド反応を合計し、そのデータについてカイ二乗検定を行った。上位半分の群では、少なくとも1つのブレンド反応があったプロトコルは17あった。それに対し、下位半分の群では、ブレンド反応が少なくとも1つあるプロトコルは8しかなかった。ブレンドの数とIQの値との相関は高くなかったが（r=.32）、ブレンド反応を産出するためにはどうやら少なくとも平均的な知的能力が必要とされるようだった。この研究結果がきっかけとなり、次に、28人の精神科外来患者のプロトコルをWAISのIQ結果とともに分析した。全IQの範囲は97〜132で、中央値は110だった。中央値によって分割し、上位半分の群と下位半分の群の各ブレンド反応の数を合計してカイ二乗検定を行ったが、有意差は得られなかった。複数のブレンド反応を含むプロトコルは、上位群では12あり、下位群では10あった。これらの研究からは、思いがけず、興味深い結果が得られた。つまり、1つのプロトコルでのブレンド反応の数は、精神科外来患者群の方が非患者群の上位半分の人よりも多かった（31%対19%）のである。この結果に刺激され、21人の外来患者群のプロトコルを用いた次の3つ目の研究が行われることになった。介入の始まりに最初のテストを施行し、9カ月ないし17カ月後の終結時に2度目のテストが行われた。この介入前後のプロトコルを比較すると、ブレンドの合計数に有意差は**なかった**。しかし、介入後のテストではブレンドの合計数には減少傾向が見られた。一方、ブレンド反応が含まれるプロトコルの数を介入の前後で比較したところ、有意差が得られた。治療前のプロトコルでは、21人中20人にブレンド反応があった。それに対して、治療後のプロトコルではブレンド反応があったのは21人中13人だった。より興味深いことに、介入前後のブレンド反応の種類は相当変化していた。介入前には濃淡ブレンドが多く、CFやTFなどのような形態が二次的である決定因子を含むブレンドが多かった。介入後は、濃淡反応のブレンドは少なくなり、FDを含むブレンドが増え、形態優位の決定因子が多くなっていた。これらのデータからは、ブレンドはいくらか知能とも関連し、心理学的プロセスの複雑さに関する情報を与えてくれるものであると考えられた。このような理解は、Beckのブレンドに関する仮説（1944, 1961）と一致しており、複数の決定因子すべてに同じ重みづけをするコーディング方法を支持するものである。

　ブレンドに使われるコーディングの記号は、単独で決定因子として使われるものと同じである。ただし、F（純粋形態）のコードがブレンドになることは**滅多にない**。15,000プロトコル中、Fのブレンドがあったのは26だけである。それらのプロトコルは、すべて、神経学的損傷や知的な限界のある人のものだった。Fのブレンドとなるのは、2つ以上の別々の反応内容が含まれ、少なくともその中の1つは形態だけの反応内容で、**しかもそれが他の反応内容とはまったく関連を持たないものとして述べられる**反応である。

　Fのブレンドが含まれる反応が最も出現しやすいのは図版Ⅲである。例としては、「2人の人がいます。そしてチョウです。2人は何か持ちあげています」のような反応が挙げられる。これは2つの反応のように聞こえる。つまり、2人の人が何かを持ちあげている反応と、チョウの反応である。もしも質問段階でこれらが2つの別々の反応だとの区別がなされなかったり、意味が通じるように全体がまとめられる（チョウが2人の間を飛んでいます）ことがなければ、検査者は「これらは一つの反応としてお答えいただいたのでしょうか？」と確認する必要がある。もしも「そう

第 7 章　決定因子：コーディングとその基準 | 149

です」という答えで，やはり対象をまとめることがなかったならば，他の決定因子と一緒に F もコードし，ブレンドとする。この例では，コーディングは Ma.F となる。F をブレンドにコードした場合は，必ず反応をもう一度注意深く見直し，本当に F のブレンドかどうかを確かめるほうがよい。それほどこのようなブレンドは極端に出現頻度が少ないからである。

　すべてとは言わないまでも，多くのブレンドには複数の対象が含まれていることが多い。たとえば，Mp.C'F とコードされる「女の人が立っています。周りに黒い煙があります」という反応には，2 つの対象が含まれている。場合によっては，質問段階が終わるまで反応の複雑さがわからないこともある。たとえば「2 人の執事がお辞儀をしています」という反応は，単純に Mp 反応かと思われる。しかし質問段階で，「頭で，足で，パーティーか何かで，この人たちは正装しています」という説明がなされれば，そこには 2 つのキーワード（パーティーと正装）が含まれており，確認の必要が出てくる。検査者が「パーティーを説明してくれますか」と質問し，「背景に赤いデコレーションのようなものがあって」との返答があれば，Pure C（赤いデコレーション）と奥行き（背景に）の可能性が出てくる。「背景に，というのはどう見たらいいですか？」と 2 つ目の質問をし，「この赤です。執事がこのデコレーションの手前にいて」との答えが得られれば，C と FD のコードが確定する。検査者が「この人たちは正装していますとおっしゃいましたが，それについて教えてください」と最後の質問をして，「ええ，黒くてタキシードを着ているようだと思ったんです」という答えが返ってくれば，4 つ目の無彩色決定因子が確定する。この場合は，この反応の最終コードは Mp.C.FD.FC' となる。

　1 つの反応に 2 つ以上の濃淡決定因子をブレンドとする場合には注意を要する。複数の濃淡決定因子を含む反応はあり得るが，とても珍しい。濃淡ブレンドとなる場合には，各決定因子を指し示す説明はそれぞれ別々の箇所でなされている。たとえば，「両脇の深い溝は泥だらけに見えます」という反応には，濃淡立体と濃淡拡散の 2 つの濃淡反応が含まれている可能性がある。質問段階で，「両側が全体的に暗くてぼやけていて泥だらけに見えたんです。そして真ん中はさらに濃くなっていて深い底がありそうで，溝か何かかと思ったんです」という説明があれば，暗くてぼやけている両側（YF）とさらに濃くなっている深い底（VF）があり，それぞれの説明は別々のものなので，コードとしては YF.VF のブレンドが正しい。濃淡ブレンドを決める鍵は，それぞれが違った言葉で説明されているという点である。たとえば「洋服の生地か何かでとても毛羽立っていて，一緒に束ねられています。ここにひだがあって，ここの線が折り目です」という反応について，質問段階で「色が違っていて毛羽立っているように見えて（TF），線が濃くなっていて中に織り込んであるようで，襞のよう（VF）に見える」という説明がなされたとすれば，2 つの濃淡が確認できたことになる。

評定者間の一致率

　2 つの信頼性の研究により，決定因子のコードについて評定者間の一致度が計られた。その結果をカテゴリーごとに表 7.9 に示した。予想どおり，不一致が最も大きかったのは運動反応の active と passive の方向性についてのコードであった。他の決定因子のコードでも似たような不一致が生じているが，これらについてはカテゴリー全体での一致度のレベルを見直すことが大切である。つまり，材質反応をコードしたか（FT，TF，T のどれかにかかわらず）あるいは有彩色決定因子を

表 7.9 2つの信頼性研究における評定者間の一致率

変数	20人の評定者 25個の記録一致率	15人の評定者 20個の記録一致率
M	96	96
FM	96	98
m	93	95
Movement coded	97	98
a	90	91
p	88	89
C or Cn	89	91
CF	90	92
C or CF	95	96
FC	97	96
Choromatic Color Coded	98	99
C'	98	97
$C'F$	91	90
FC'	94	96
Achoromatic Color Coded	96	95
T	99	99
TF	96	94
FT	94	91
Texture Coded	97	97
V	−	99
VF	98	96
FV	97	95
Vista Coded	99	98
Y	89	90
YF	87	89
FY	94	92
Diffuse Shading Coded	95	97
FD	97	95
rF	92	94
Fr	93	93
(2)	98	99
F	90	91

コードしたか（FC, CF, C のどれかにかかわらず）という問いの立て方をすれば，結果は悪くないものとなるのである。この結果からすれば，この研究に参加したような熟練した検査者であれば，同じ反応には同じ種類のコードをつけると言える。ロールシャッハの決定因子のコード自体が複雑な課題であり，ときには間違うこともあり，不一致も起こる。しかし，全体の一致度としては許容範囲内のものとなっている。

要約

ロールシャッハの構造データの核となる9つの決定因子のカテゴリーには，24のコードの記号がある。一つ一つのコードには行動やパーソナリティの特徴との正確な相関があるわけではないが，集合としてひとまとめにすると，反応様式やパーソナリティの特徴を描き出すことが可能となる。

構造データを豊かにする反応の特徴は他にもまだある。次の章でこれらの4つについて解説する。

原注

▼注1……Klopferは，1964年の私とのインタビューの中で，自分のシステムの濃淡反応のスコアリングには基準がいろいろあるが，それにはまだ満足していない，と述べていた。とりわけkのカテゴリーには不満足だったようである。しかしそう言ったすぐ後に，自分の体系は他の体系家のものよりも優れていると思っているとのコメントを加えた。また，そのときまでにすでに30年あまり自分のシステムを使ってきていたので，これを変える試みは現実的ではないとも述べていた。

▼注2……1965年にCaliforniaのAsilomarで個人的に会見した際，Klopferはこの決断については後悔していると語っていた。また，サイコグラムにあまりにも「頼りすぎる」と，場合によっては結果を誤って解釈してしまうことになりかねないと述べていた。しかし，主要決定因子と付加決定因子のスコアの二分法については自分の主張を固守した。そうすることで，質問段階で生まれてきた可能性のある決定因子のスコアを解釈の際に「強調しすぎる」のを防止することができる，と確信していたのである。

文献

Baughman, E. E. (1959). An experimental analysis of the relationship between stimulus structure and behavior on the Rorschach. Journal of Projective Techniques, 23, 134-183.

Beck, S. J. (1937). Introduction to the Rorschach method: A manual of personality study. American Orthopsychiatric Association Monograph, No.1.

Beck, S. J. (1944). Rorschach's test: Basic processes. New York: Grune & Stratton.

Beck, S. J., Beck, A. G., Levitt, E. E., & Molish, H. B. (1961). Rorschach's test. I: Basic processes (3rd ed.). New York: Grune & Stratton.

Binder, H. (1932). Die Helldunkeldeutungen im psychodiagnostischen experiment von Rorschach. Schweizer Archiv fur Neurologie und Psychiatrie, 30, 1-67, 232-286.

Campo, V., & de de Santos, D. R. (1971). A critical review of the shading responses in the Rorschach I: Scoring problems. Journal of Personality Assessment, 35, 3-21.

Ellenberger, H. (1954). The life and work of Hermann Rorschach. Bulletin of the Menninger Clinic, 18, 173-219.

Exner, J. E. (1961). Achromatic color in Cards IV and VI of the Rorschach. Journal of Projective Techniques, 25, 38-40.

Exner, J. E. (1969a). Rorschach responses as an index of narcissism. Journal of Projective Techniques and Personality Assessment, 33, 324-330.

Exner, J. E. (1969b). The Rorschach systems. New York: Grune & Stratton.

Exner, J. E. (1978). The Rorschach: A Comprehensive System. Volume 2: Current research and advanced interpretation. New York: Wiley.

Hertz, M. R. (1942). Frequency tables for scoring Rorschach responses. Cleveland, OH: Western Reserve University Press.

Hertz, M. R. (195 1). Frequency tables for scoring Rorschach responses (3rd ed.). Cleveland, OH: Western Reserve University Press.

Hertz, M. R. (1970). Frequency tables for scoring Rorschach responses (5th ed.). Cleveland, OH: Western Reserve University Press. Klopfer, B. (1937). The shading responses. Rorschach Research Exchange, 2, 76-79.

Klopfer, B., Ainsworth, M., Klopfer, W., & Holt, R. (1954). Developments in the Rorschach technique. I. Theory and technique. Yonkers-on-Hudson, NY: World Books.

Klopfer, B., & Kelley, D. (1942). The Rorschach technique. Yonkers-on-Hudson, NY: World Books.

Klopfer, B., & Miale, F. (1938). An illustration of the technique of the Rorschach: The case of Anne T. Rorschach Research Exchange, 2, 126-152.

Klopfer, B., & Sender, S. (1936). A system of refined scoring symbols. Rorschach Research Exchange, 1, 19-22.

Piotrowski, Z. (1936). On the Rorschach method and its application in organic disturbances of the central nervous system. Rorschach Research Exchange, 1, 148-157. Piotrowski, Z. (1947). A Rorschach compendium. Psychiatric Quarterly, 21,

79-101.

Piotrowski, Z. (1957). Perceptanalysis. New York: Macmillan.

Piotrowski, Z. (1960). The movement score. In M. Rickers-Ovsiankina (Ed.), Rorschach psychology. New York: Wiley.

Rapaport, D., Gill, M., & Schafer, R. (1946). Diagnostic psychological testing (Vol. 2). Chicago: Yearbook Publishers.

Rorschach, H. (1921). Psychodiagnostik. Bern, Switzerland: Bircher.

Rorschach, H., & Oberholzer, E. (1923). The application of the form interpretation test. Zeitschrift fur die Gesamte Neurologie und Psychiatrie, 82, 240-274.

第 8 章
形態水準・反応内容・平凡反応・組織化活動
Form Quality, Content, Populars and Organizational Activity

　領域，発達水準，決定因子のコードを終えたならば，検討すべきカテゴリーはあと4つある。まず，反応の形態水準を決める。形態水準は，ブロットの特徴と述べられた対象とが合致しているか，あるいは適合しているのかを見るものである。次に，反応の内容を表すコードを選択する。そして，かなり高い出現頻度を持つ平凡反応なのかどうかをチェックする。最後に，組織化活動をスコアするのが適切かどうかを判断する。組織化活動のスコアは，ブロットの特徴が統合されているときに付けられる。これらは，領域と発達水準を決めるときと同じように，所定の手順で進められる。ただし，形態水準のコーディングの決定には熟慮が必要となる。

形態水準（Form Quality）

　形態水準（FQ）の決定は，ロールシャッハ反応のコーディングのなかでもとりわけ重要な部分である。形態水準は，反応に形態が用いられている場合は必ずコードする。決定因子が1つだけで，それがC, C', T, V, Yなどのように形態が使用されていないものであれば，形態水準はコードしない。無形態M反応にも形態水準はコードしない。たとえば，「これは悲しみに見えます。悲しみのように真っ黒です」という反応のコードは，Mp.C'であり，形態水準は付けない。

　形態水準によって，反応の「適合性」を知ることができる。「適合性」とは，述べられた対象の形態と反応に用いられたブロット領域との合致の程度のことである。反応と用いられた領域との「適合」の問題は，ロールシャッハの発展に寄与した各体系家の間で議論の的となっていた。このテストの数量化できる要素のうち，形態水準は最も重要なものの一つだという点では，皆同意見だった。また，反応は，形態が適切に用いられているもの（良形態）とそうでないもの（不良形態）という2つの基本的カテゴリーに分けられるという点でも，おおむね意見の一致が見られた。これらはRorschachの考えに沿うものである。

　しかし，こうした基本的な点を除くと，反応で用いられた形態の適切さを最もよく評価するための方法について，さまざまな考え方がなされていた。Beck, Beck, Levitt & Molish（1961）とHertz（1970）は，Rorschachの考えに最も忠実に従った。彼らはRorschachと同じように，良形態の反応に＋の記号を，不良形態の反応に－の記号を用いた。どちらの記号を付けるのかは，基本的にはその反応が当該領域に出現する統計的頻度に基づいて決められた。[注1]

　BeckとHertzは，どの反応が＋でどの反応が－なのかを明確にするために，各図版の各領域ごと

の詳細な表を発表した。必ずしも同じ領域を用いていないという違いはあったものの，Hetrtz によれば，Hertz の表と Beck の表はおおむね一致していた。Piotrowski（1957）と Rapaport は，形態の適合度の評価のために統計的頻度を用いることについて賛成した。しかし，両者とも，用いる頻度の分布を明らかにしなかった。Klopfer も初期の研究では＋と－の記号を用いたが，統計的頻度を基準とすることには概して反対だった。彼はむしろ，検査者の主観的評価に頼るほうがよいと考えた。最終的には Klopfer は複雑な形態水準評定（Klopfer & Klopfer, 1944）を採用し，＋と－の記号は放棄した。

包括システムが発展するなかで，評定者間の信頼性を確保し，さまざまな妥当性の研究のために必要となる形態適応の評価の一貫性を保つためには，形態水準の決定は実証的アプローチに基づくべきだとの結論が出された。この目的のためには，Beck や Hertz が採用したような統計的頻度に基づく方法が最もよいものだと思われた。しかし，統計的頻度に基づく方法には，すべての＋反応が等質とは限らない，すべての－反応が同じ程度に形態適合が悪いというわけではない，という事実による限界があった。Rapaport（1946）は著書のなかでこのことに触れ，形態水準をもっと多くのカテゴリーに分類することを提案した。Rapaport はこのように形態水準を区別することによって，「現実検討」の働きについてもっとはっきり理解できるようになると主張した。

Mayman（1966, 1970）は，Rapaport の提案に従い，最高の良形態から最低の不良形態までの 6 つのカテゴリーから成る形態水準の評価法を考えだした。そのカテゴリーとそれぞれの基準は次の通りである。

F+（最高水準：highest level）：現実と合致し，そこに想像力もうまく組み合わされている反応。

Fo（普通水準：ordinary level）：創造的な努力をほとんど必要とせず，明白で，容易に気づくことのできる反応。よくある反応のほとんどすべてがこのカテゴリーに含まれる。

Fw（不十分な水準：weak level）：F+ あるいは Fo 反応が有する現実重視という特徴からは明らかに遠ざかってしまった反応。F+ のなかには適切な反応に近いものもあり，もしも全般的な輪郭が壊されていなければ，Fw+ とコードする。一方，より適切さに欠け，用いられたブロット領域の一部が形態と合致しない反応は，Fw- とコードする。

Fv（漠然とした水準：vague level）：特定の形態を必要としない反応内容の反応。

Fs（台なし水準：spoiled level）：基本的には適切な形態の使用がされているものの，見落としや歪曲によって台なしになっている反応。

F-（マイナス水準：minus level）：まったく恣意的な知覚内容で，用いられたブロット領域の構造的な特徴が本質的に無視されている反応。

Mayman は，形態水準を区別するこの方法のほうが，単純な＋と－の区別よりも診断に一層役立つ資料をもたらすことを立証した。彼は，6 つのカテゴリーによる区別と，健康，不安耐性，動機づけ，自我の強さ，対人関係の質の評定との間にはきわめて高い相関があったと報告している。一見すると，形態水準を評価するための Mayman の方法は包括システムに相応しいように思われたし，統計的頻度のリストと統合されればなおさらよいものになると思われた。

そこで，その有効性についての予備研究が行なわれた。まず，4 人の評定者に Mayman の方法

表8.1　形態水準をコードするための記号と基準

記号	定義	
+	普通-詳細 （Ordinary-elaborated）	普通（o）とスコアされる反応において，形態に関して普通以上に詳細な説明がなされている場合。形態の使用の適切さを損なうことなく，反応の質を高めるようなやり方でなされている。+反応は必ずしも独創的あるいは創造的である必要はなく，それよりもむしろ，形態の細部が使用され明細に述べられているという点で際立っている。
o	普通 （Ordinary）	対象を同定するために，一般的な形態の特徴が簡潔にはっきりと述べられたよくある反応。これらは見えやすい反応で，WとD領域の形態水準に関するデータのなかで少なくとも2%の人に，あるいはDd領域に反応した人々のなかで少なくとも50人によって報告されている。形態の特徴についての詳述による並外れた反応の豊かさはない。
u	稀少 （Unusual）	頻度の低い反応で，含まれている基本的な輪郭が反応に対して適切である場合。すぐに容易に見ることのできる珍しい反応である。
-	マイナス （Minus）	反応を作りだす際に，歪んだ，恣意的な，非現実的なやり方で形態を使用した場合。これは，使用した領域の輪郭を完全にあるいはほぼ完全に無視した，ブロットの構造を自分勝手に使った反応である。しばしば何も存在しないところに重要で恣意的な線や輪郭が作りだされる。

を学ばせた。そして，その4人に，20のプロトコルについて形態水準のみを個別にコードさせた。コーディングの指針として，Beckの良形態と不良形態の表も用いた。その結果は，4人の評定者の一致率は41%から83%という残念なものだった。不一致について分析すると，信頼性の問題に関していくつかのことがわかった。第1に，反応をF+とスコアするかFw-とスコアするかという点でかなりの不一致があった。第2に，Fvのカテゴリーの分類にかなりの不一致があった。それは，Maymanの方式でFvとスコアされる反応は，Beckの表では+となっているものもあれば-となっているものもあったし，表現のされ方も実にいろいろだったためである。第3に，FsとF-のスコアリングにかなりの不一致が見られた。

このような結果を踏まえ，Maymanの方法の修正のための研究が行なわれることになった。FvとFsは削除し，Fw+とFw-の区別はやめて，Fwの反応のスコアは一つにした。この修正フォーマットを用いて，先の研究と同じ4名の評定者が前とは別の20のプロトコルを個別にスコアしたところ，一致率は87%から95%というたいへん望みのある結果となった。

この結果，包括システムではMaymanの形態水準の評価法を修正したものを採用することになった。これはBeckとHertzが支持した頻度に基づく方法を用い，さらには，形態を細部にわたって用いた反応や，形態を適切に用いているが出現頻度の低い反応も区別してコードすることになった。これら4つのカテゴリーとそれぞれの基準を表8.1に示す。

形態水準の記号は，決定因子のコードの最後に記入する。たとえば，形態のみに基づいた反応は，F+，Fo，Fu，F-などのようにコードする。純粋形態以外の決定因子がある場合も，Mao，TFu，FC.FD-，FMp.FC'+のように，やはり決定因子の最後に形態水準のコードを記入する。

どの形態水準のコードを付けるのかを決めるには，まず附録の形態水準表を調べる。形態水準表は，各図版の各領域ごとの反応をリストにしたものである。形態水準表の改訂は数回行なわれた。最新版は，9,500のプロトコルの205,701の反応をもとに作成されている。これらのプロトコルは，非患者成人（反応数51,183），統合失調症以外の外来患者（反応数92,951），統合失調症以外の入院患者（反応数61,567）から得られたものである。形態水準表には，5,018項目が普通（o : ordinary），

稀少（u：unusual），マイナス（−：minus）の区別とともに掲載されている。

　形態水準表のなかのある項目が普通（o）に区分され，その領域がWかDの場合は，その対象が9,500の記録のなかで2%（190）以上出現し，かつ述べられた対象の輪郭と図版に実在する輪郭とが無理なく一致していることを示している。WかD領域で普通（o）とされている項目は全部で865ある。

　普通（o）とされている項目がDd領域のものである場合は，少なくとも50人がその領域を用い，そのうちの2/3以上がその対象を反応として述べ，しかも図版に実在する輪郭が使われていることを示している。形態水準表には，Dd領域で普通（o）とされている項目は146挙げられている。

普通（o）反応とプラス（＋：plus）の区別

　対象が表Aに普通（o）と記載されていれば，形態水準は必ずoか＋のいずれかになる。＋反応の頻度はどの群でもかなり低く，たいていの反応はoである。とはいえ，＋とコードできる反応はあるので，それらを見逃したり無視したりしないように留意しなければいけない。＋とコードされる反応は，通常は容易に識別できる。なぜならば，＋となる反応では，対象の形態について普通以上に細かく説明されているからである。＋反応は形態の特徴に注意が向けられているので，すぐわかる。

　たとえば，多くの人は人間反応を述べる場合，頭や体，足に注目するが，詳細な描写となると，顔の特徴や腕，腰のくびれ，足，靴を指摘するなど，他にも3つか4つの特徴について言及する。動物の場合でも，頭，体，脚にとどまらず，さらに2つか3つの特徴，たとえば鼻，耳，尾，足などが付け加えられる。

　＋とコードするのかoとコードするのかの決定にはいくらか主観的な判断が伴うものの，その判断の質は経験によって容易に高めることができる。教育年数の長い者のプロトコルには1つか2つの＋反応が含まれることが多い。しかし，教育年数の短い人の記録にも＋反応は生じるので，注意を要する。長い反応や創造的な反応と本来の＋反応とを混同しないようにしなければいけない。＋反応は，単に形態についての説明が普通よりも多くなされているというものである。長くて創造的という場合もあるかもしれないが，それは＋反応の本質的な特徴ではない。

稀少（u）反応のコーディング

　u反応における形態の使用に関する条件は，o反応の場合と同じである。すなわち，形態の使用が適切で，検査者にも容易に見ることができる反応でなければいけない。oとuの違いは，形態水準表のもとになった9,500の記録で2%以上見られた反応かどうかという点だけである。領域がWかDの場合は，形態水準がuになるのは，oの基準である2%には満たなかったが，すぐに容易に（quickly and easily）見ることができる反応，すなわち個別に評定した少なくとも3人の判定が一致した反応で，輪郭が適切に使われているものである。形態水準表にはこのような項目は1,611載っている。

　形態水準表中，Dd領域で形態水準がuとなっているのは，その対象を述べた者は50人未満しかいなかったが，個別に評定した少なくとも3人の判定が一致し，すぐに容易に（quickly and easily）見ることのできる反応で，輪郭が適切に使われているものである。形態水準表には，Dd領域でuとされている項目は565ある。

補外法による FQ のコーディング

　形態水準表には o や u の項目がたくさん挙げられているが，o や u となる反応のすべてが網羅されているわけではない。反応が形態水準表に見られないときには，u か−がコードされることが多いだろう。しかし検査者は形態水準を決定する前に，形態水準表の項目をもとに，補外法による推定を試みる必要がある。形態水準表に載っていない反応でも，補外法による推定で o とコードされることもあるからである。補外法では，述べられた反応にかなり近いものがあるかどうか，形態水準表を入念に検索することが必要となる。

　たとえば，図版 II の DS5 領域のリストのなかにジャイロスコープという反応はないが，よく調べると，コマが o として載っている。コマはジャイロスコープの形をしている。したがって，ジャイロスコープを o とコードするのが実際的である。また，図版 V の外側の D10 領域を除くと番号の付けられていない領域となるが，その領域にコウモリ，チョウ，鳥といった反応が出されることがある。このような場合，除かれた領域はそれほど重要ではないので，W 反応のリストをもとに推定して，o とコードしてよいだろう。

　補外法には，似通った形を探すことも必要とされる。もし反応の対象が，形態水準表のマイナス反応と同じような形のものであれば，当然−とコードする。同様に，反応の対象が形態水準表で u とされている反応と似た形のものであれば，u とコードする。補外法による推定は検査者個人による判定なので，過度に一般化して用いてはいけない。論理的な枠からはみださないよう，控えめに用いることが大切である。ときには，述べられた反応が形態水準表の項目とほんのわずかしか似ていないこともある。そのような場合は，補外法による推定ではなく，u か−かを決める形態水準のルール（すぐに容易に；quickly and easily）を適用するのが最善である。

マイナス反応のコーディング

　形態水準表には限られた数のマイナス反応しか載っていない。リストに載っているのは，9,500 の記録中に少なくとも 4 回は出現したものだけで，W と D 領域では 1,395 項目，Dd 領域では 436 項目である。形態水準表が無闇に大きくなって使いにくくならないよう，かなり多くのマイナス反応を載せずにおいたのである。前述したように，形態水準表に項目が載っていない場合には，個人で判定しなければならない。そのような反応は，たいがい，ブロットの輪郭が適切に用いられているか否かによって u か−にコードされる。補外法による推定がうまくいかなかった場合は，u と−を区別するための基準を慎重かつ正確に適用していく。つまり，反応がすぐに容易に（quickly and easily）見ることができ，輪郭が著しく歪められていなければ u とコードする。もしそうでなければ，−とコードする。

　マイナス反応には，部分的に，反応の対象と一致した輪郭が含まれていることが多い。しかし，全体としての対象との適合を見ると，輪郭がかなり歪められている。こうした反応は，すぐに容易に（quickly and easily）見ることができない。多くのマイナス反応では，図版にない輪郭が使われている。図版にない輪郭が対象にとって重要ならば，その反応はつねに−とコードされる。なお，経験的に言って，疑わしい反応は−とコードするのが最善である。検査者のなかには，マイナス反応が解釈に重大な意味を持つという誤った印象に影響されて，−をコードしたがらない者もいる。これは正しくない。どの群でも，大多数の者が 1 つ以上のマイナス反応を出すのである。

形態水準表で−とされている項目は，必ずしもすべての群で出現頻度が低いわけではない。たとえば，図版X全体の逆位置で「顔」という反応は，患者，非患者を問わず，思春期群では比較的よく見られる。これはまだよく理解されていない，興味深い現象なのだが，まとまりのない図を知覚的に閉合しようとして生じているものと思われる。この場合，ブロットにない輪郭を用いているので，−とコードするのが正しい。

複数の対象を含んだ反応

ときに，反応に複数の対象が含まれていて，それらの形態水準がすべて同じではないこともある。この場合には，反応全体の形態水準としては，最も低いものをコードする（uは+とoよりも，−はuよりも形態水準が低いと考える）。ただしこれは，形態水準の低い対象が反応全体にとって明らかに重要な場合に限る。最も形態水準の低い対象が反応全体にとってそれほど重要でない場合は，その低い形態水準ではなく，高いほうの形態水準をコードする。

この問題は，図版Xの次のような反応でよく生じる。すなわち，全体の反応のなかに何匹かの昆虫あるいは水のなかの生物が含まれ，そのほとんどの形態水準はoかuだが，1つだけ−のものが入っている，というような場合である。マイナス反応が反応全体にとって重要でなければ，適切なコードはoである。なぜならば，形態水準表では，特定の対象であればその輪郭に適切に合致していることという条件で，「動物，海のもの」も「昆虫」もoとされているからである。つまり，この反応では，反応中のほとんどの対象は形態が適切に使用されていると見なされる。しかし，昆虫や水のなかの生物のうちの1つが反応全体にとって重要なものである場合は，−をコードする。たとえば，「餌を食べようとしている虫です。（質問）これはアリで（D8），これはイモムシで（D4），これはクモのように見えます（D1）。この大きい虫が（D9）それらを押しのけています」という反応の場合，アリ，イモムシ，クモはみなoで，虫は−だが，全体のなかで虫が非常に重要な役割を担っているので，虫の−をコードする。

また，図版ⅢのD1領域には「2人の人が何かをしている」という反応がよく出される。形態水準表を見ると，D1領域の「人間（2人，D7を別のものとする）」という反応はoである。それは，D1領域に2人の人間を見る反応のほとんどでは，D7は何となく含まれているだけで，D1領域の形態特徴をひどく歪めるものとはなっていないからである。「何かをしている」というのは，たとえば，「太鼓の周りを踊っている」「テーブルの上にかがみこんでいる」「マッシュルームをつみとっている」などである。形態水準表では，太鼓，テーブル，マッシュルームはすべてuとなっているので，それらだけが単独の反応として述べられた場合は，uがコードされる。しかし，この反応では2人の人間が中心的な対象なので，適切なコードはoである。もしも「何かをしている」のが「かがみこんで，この下の肺（D7）を引っ張りあっている」というものならば，肺は2人の行為の中心となっているという意味で重要な対象と言える。したがって，この反応の場合は，肺の形態水準である−をコードする。

コードする際には，個々の対象について正確に判断しなければいけない。たとえば，図版Ⅱで「サーカスで芸をしている2匹のイヌ（D1）で，赤がサーカスの雰囲気を出している。鼻（D4）の上に何かを乗せてバランスを取っているように見える，たぶんボール」という反応では，D1のイヌはoだが，D4のボールは形態水準表にはないし，実際のところあまりボールには見えない。この反応はo，u，−のどれをコードしたらいいのだろうか。最終的な決定の助けとなるのは，反応が

どのような論理で導きだされたのかという点である。最も重要な要素は，イヌとサーカスの雰囲気である。ここまでであれば，コードはoである。それでは，ボールはどれほど重要なのだろうか。おそらくそれほど重要ではないだろう。なぜならば，「芸をしている……何かを乗せてバランスを取っている」と述べているからである。論理的には，この「何か」がボールと考えられる。だとすると，D4はボールには見えないとしても，論理は一貫しており，形態の歪みはそれほど深刻ではないので，uや−ではなく，oをコードするのが最も適切である。

評定者間の一致率

評定者間の信頼性に関する2つの研究では，形態水準表を形態水準のコーディングの指針として用いた場合，かなりの一致が生じることが示されている。25の記録を20名の評定者がコーディングした研究では，一致率は，+ = 93%，o = 97%，u = 94%，− = 94%だった。20の記録を15名の評定者がコーディングした研究では，一致率は，+ = 96%，o = 97%，u = 95%，− = 93%だった。

反応内容（Content）

すべての反応について，反応内容のコーディングを行なう。反応内容に対して用いられる記号は，反応として述べられた対象あるいはその種類を適切に表わすものでなければならない。Rorschach（1921）が反応内容のスコアリングのために用いた記号は6つだけだった。それらは，H（人間），Hd（人間の部分），A（動物），Ad（動物の部分），Ls（地景），Obj（生命のない物体）である。このテストの発展の初期に，これら6つのカテゴリーでは，反応としてよく答えられる対象の種類の多くを十分には区別できないことが明らかになった。そのため，ロールシャッハの体系を作った人々は，反応をよりよく区別できるように，Rorschachのもとのカテゴリーをかなり広げた。一般的によく出現する内容に関しては，各体系はほぼ一致している。しかし，すべての体系が完全に同じというわけではない。カテゴリーの数にはかなりの違いがある。Beckが用いたカテゴリーの数が最も多く（35の内容カテゴリー），Klopfer & Davidson（1962）が最も少ない（23の内容カテゴリー）。また，実際に使用される記号にもわずかに違いがある。

包括システムで用いられる反応内容の記号は，13,000以上の反応をもとに作られた。Beckのカテゴリー数が最も多かったので，これらの反応はまずBeckのカテゴリーによってコードされた。35種類の内容について，それぞれの頻度を求め，20に達しなかったカテゴリーは削除した。この方法により，35あったBeckの内容カテゴリーは19にまで減らされた。▼注2 このような手続きを行なった理論的根拠は，非常にまれにしか出現しない内容ならば，それが述べられた場合はおそらく非常に「個性記述的」なので，その内容をコードの一覧表にそのまま書き記したほうがよい，というものである。

次の手続きとして，残りの19の内容カテゴリーを見直し，種類はかなり異なるがよく出現する対象が，1つのカテゴリーのなかに複数含まれているかどうかを検討した。この結果，そのようなカテゴリーが2つ見つかった。解剖（An）のスコアリングには，179の解剖反応と97のエックス線写真反応が含まれていた。そこで，Beckはこのいずれもコードしていたが，エックス線写真のためには別の記号を用いることになった。また，Beckの火（Fi）は317の反応にコードされた

が，そのなかには少し違う2種類の反応が含まれていた。1つは爆発で，248の反応があった。しかし，火への言及があったものはその半分もなかった。一方，爆発をまったく含まない火の反応は19だった。この結果から，火とは別に爆発の反応のためのカテゴリーを設けることになった。さらに，人間反応の約25%と動物反応の10%以上は，魔女，巨人，怪物，一角獣，悪魔のような，架空あるいは想像上の人間や動物だった。そこで，論理的に，Klopfer, Piotrowski, Rapaportらのアプローチに従い，これらの種類の内容のために，(H)，(Hd)，(A)，(Ad)の4つのカテゴリーを加えることになった。最後に，新たなカテゴリーとして，人間の感情や感覚体験を含む反応のために，Hxが付け加えられた。

包括システムで用いられる反応内容のリストは26のカテゴリーから成っている。これらのカテゴリーとそれぞれの記号およびそれらの基準は表8.2の通りである。

複数の反応内容のコーディング

2つ以上の反応内容を含む反応は多い。原則的にはそのすべてをコーディングするが，例外が2つある。それは，自然（Na），植物（Bt），地景（Ls）に関してである。NaはつねにBtやLsよりも優先し，NaとBtあるいはLsを同時に含む反応の場合は，Naのみをスコアする。たとえば，「動物が水のなかの石を渡って，藪のほうへ行こうとしている」という反応の場合，そのなかには動物（A），石（Ls），水（Na），藪（Bt）という4つの反応内容が含まれているが，反応内容のコーディングとしてはA, Naとするのが正しい。反応のなかにNaがなく，BtとLsの両方がある場合は，2つのうちのどちらか一方だけをスコアする。Na, Bt, Lsに関してこのような規則があるのは，これら3つのすべてが孤立指標の計算式に含まれていることから，1つの反応内容が孤立指標の計算に過剰な重みを与えてしまわないようにするためである。

複数の反応内容がある場合，それらはカンマ（,）で区切られる。最初に記されたものが最も中心的な反応内容となる。通常は主たる反応内容は反応の最初に述べられる。しかし，つねにそうとは限らない。たとえば，「これは絵で，人が大きな帽子をかぶって，木の隣に立っているところ」という反応であれば，Art, H, Cg, Btとなる。「えーと，これは木だと思います。そして，そこに，木の隣に人が立っていて，大きな帽子をかぶっています」という反応では，木が最初に述べられている。しかし，中心的な要素は人である。したがって，コーディングはH, Bt, Cgとなる。

珍しい反応内容

標準的な反応内容のカテゴリーに簡単には当てはまらない内容を含んだ反応もある。その場合には，この独特の内容はそのまま書き記し，構造一覧表には個性記述的反応（Id : Idiographic）として記入する。個性記述的な反応として記入する前には，標準的な反応内容のカテゴリーに本当に当てはまらないかどうかを確認することが大切である。たとえば，試験管や回転木馬は珍しい反応なので，一見したところ，どちらも個性記述的な反応とするのが適切と思うかもしれない。しかし，試験管はScのカテゴリーにきれいに当てはまるので，Scとコードする。回転木馬はArtとコードするのがより適切である。

第 8 章 形態水準・反応内容・平凡反応・組織化活動 | 161

表 8.2 反応内容をコードするための記号と基準

分類	記号	基準
人間の全体 (Whole human)	H	人間の全身を含む反応。ナポレオン，ジャンヌダルクなど実在した歴史上の人物の場合，二次的コードとして Ay を加える。
架空，あるいは想像上の人間の全体 (Whole human, fictional, or mythological)	(H)	架空のあるいは想像上の人間の全身を含む反応。ピエロ，妖精，巨人，魔女，おとぎ話の登場人物，天使，小びと，悪魔，幽霊，人間に似た SF 上の創造物，人間に似た怪物，影ぼうし，胎児。
人間の部分 (Human detail)	Hd	全身像でない人間の反応。腕，頭，脚，指，足，人間の下半身，頭のない人。
架空，あるいは想像上の人間の部分 (Human detail, fictional, or mythological)	(Hd)	架空のあるいは想像上の全身像でない人間の反応。悪魔の頭，魔女の腕，天使の目，人間に似た SF 上の創造物の一部，ハロウィンのカボチャ，動物のお面以外のすべてのお面。
人間的体験 (Human experience)	Hx	人間の感情や感覚的経験が対象にはっきりと帰属している反応で二次的にコードする。互いに見つめあって愛しあっている 2 人，とても悲しんでいるネコ，腹を立てている 2 人，変な臭いで気持ち悪くなっている女性，とても幸せな人，とても興奮している人，悲痛に沈んでいる人など。感情や感覚的経験の帰属は明確に述べられていて曖昧であってはならない。たとえば，パーティーにいる人，怒ったような顔，意地の悪そうな人，疲れたように見える 2 人などの反応は，帰属が曖昧であるため，Hx とコードしない。感情や感覚的経験を含む無形態の M 反応に対しては，Hx を一次的反応内容としてコードする。たとえば，愛，憎しみ，抑うつ，幸福，音，臭い，恐怖など。これらの反応には特殊スコアとして AB をコードする。
動物の全体 (Whole animal)	A	動物の全身像の反応。
架空の，あるいは想像上の動物の全体 (Whole animal, fictional, or mythological)	(A)	架空あるいは想像上の動物の全体の姿を含む反応。ユニコーン，ドラゴン，魔法のカエル，メリーゴーランドのウマ，ブラックビューティーやカモメのジョナサンなどの小説の主人公。
動物の部分 (Animal detail)	Ad	全身像でない動物の反応。ウマのひづめ，ロブスターのはさみ，イヌの頭，動物の皮。
架空，あるいは想像上の動物の部分 (Animal detail, fictional, or mythological)	(Ad)	架空の，あるいは想像上の全身像でない動物の反応。ペガサスの翼，ピーターラビットの頭，クマのプーさんの足，動物のお面。
解剖 (Anatomy)	An	骨格，筋肉，内臓の反応で，骨の構造，頭蓋骨，肋骨，心臓，肺，胃，肝臓，筋繊維，脊椎，脳など。細胞組織スライドには，反応内容に Art を二次的コードとして加える。
芸術 (Art)	Art	抽象的あるいは具象的な絵画，デッサン，イラストや，彫刻，宝石，シャンデリア，燭台，紋章，記章，印章，装飾品などの芸術的作品。VII 図版でよく見られる羽が装飾品である場合は Art とコードする。Art とコードする反応の多くには，二次的反応内容もコードする。2 匹のイヌの絵は，Art, A であり，2 人の魔女の彫刻は，Art, (H) であり，2 人がお辞儀をしている戯画は，Art, H となる。
人類学 (Anthropology)	Ay	特定の文化的あるいは歴史的意味をもつ反応。トーテム像，古代ローマの鉄兜，マグナ・カルタ，サンタ・マリア号，ナポレオンの帽子，クレオパトラの王冠，矢じり，有史以前の斧，アメリカ先住民の戦闘用の羽飾り帽。
血液（Blood）	Bl	人間や動物の血液の反応。
植物（Botany）	Bt	あらゆる植物の反応。やぶ，花，海草，木。あるいは，植物の一部分，葉，花びら，木の幹，根，鳥の巣など。

表 8.2　つづき

分類	記号	基準
衣服（Clothing）	Cg	あらゆる衣料品の反応。帽子，ブーツ，ベルト，ドレス，ネクタイ，ジャケット，ズボン，スカーフなど。
雲（Clouds）	Cl	雲に限る。霧や霞は Na とコードする。
爆発（Explosion）	Ex	爆破や爆発の反応。花火も含む。
火（Fire）	Fi	火や煙の反応。
食物（Food）	Fd	人が食べるもの全般。フライドチキン，アイスクリーム，エビフライ，野菜，綿アメ，チューインガム，ステーキ，魚の切り身など。あるいは，動物が，その種にとって自然に食べている食物。たとえば，鳥が食べている毛虫や昆虫など。
地理（Geography）	Ge	特定あるいは不特定の地図の反応。
家財道具（Household）	Hh	家財道具の反応。ベッド，ナイフ，椅子，調理器具，カップ，庭用ホース，グラス，ランプ，リクライニングチェア，皿，敷物（動物の皮の敷物は Ad とコードし，Hh を二次的反応内容として加える），銀食器など。燭台やシャンデリア，飾り皿のような芸術的な調度品は Art もコードする。
地景（Landscape）	Ls	地景の反応。山，山脈，丘，島，洞窟，岩，砂漠，湿地など。あるいは，海景として珊瑚礁や水面下の風景。
自然（Nature）	Na	自然界の反応で Bt や Ls とコードされないもの。太陽，月，惑星，空，水，海洋，湖，川，氷，雪，雨，霧，霞，虹，嵐，竜巻，夜，雨だれなど。
科学（Science）	Sc	科学の産物や SF に，直接的あるいは間接的に関連のある反応。飛行機，ビルディング，橋，車，電球，顕微鏡，オートバイ，モーター，楽器，レーダー，道路，ロケット，船，宇宙船，電車，望遠鏡，テレビアンテナ，武器。
性（Sex）	Sx	性器や性的行為を含む反応。ペニス，膣，おしり，乳房（人間の性別を同定するために用いる場合を除く），睾丸，月経，妊娠中絶，性交など。Sx は通常二次的反応内容としてスコアする。一次的反応内容は主に，H，Hd，あるいは An である。
エックス線写真（X-ray）	Xy	エックス線写真の反応。骨格や臓器が含まれる場合もあるが，Xy をコードした場合は An を二次的にコードしない。

平凡反応（Popular Responses：*P*）

　どの群でも著しく高い頻度で出現する反応が 13 個ある。それらは平凡反応であり，3 つのプロトコルに 1 つ以上の頻度で出現する反応という基準によって定義されている。平凡反応は，P とコードする。平凡反応に該当する場合は，反応内容の次の欄に P と記入する。P とコードされる 13 の反応は表 8.3 に示す。非患者群と統合失調症以外の患者群の大きなサンプルでの各反応のパーセンテージも示してある。

　P をコードするかどうかの決定は，平凡反応かそうでないかの二者択一的なものである。非常に似てはいるが厳密には真の平凡反応とぴったり一致していない反応がある。反応内容が多少変更されていたり，反応領域が正確には合致していないといった場合である。そのようなときには P はコードしない。このような P に「近い」反応が最もよく見られるのは図版 V である。コウモリやチョウと答えながら，領域としては外側の D10 領域を除くことがある。このような反応は P とはコードしない。

　反応を P とコードするかどうかを決定するときには，図版の位置にも注意を要する。P とコード

表 8.3　包括システムで用いられる平凡反応および非患者群と患者群での出現率

図版	領域	基準	非患者群 (%)	患者群 (%)
I	W	コウモリ。正位置にしたときの上部が、コウモリの頭に見られること。必ず全体反応。	48	38
I	W	チョウ。正位置にしたときの上部が、チョウの頭に見られること。必ず全体反応。	40	36
II	D1	動物。特にクマ、イヌ、ゾウ、ヒツジと見られる。頭部か体の上部か、動物の全身像である。	34	35
III	D9	人間、または人形や漫画などで人間を表わすもの。D1 が 2 人の人間として見られた場合、P とするには D7 あるいは Dd31 が人間の一部であってはならない。	89	70
IV	W か D7	人間、もしくは人間類似のもの。たとえば、巨人、モンスター、SF 上の人物など。動物の姿は P とコードしない。	53	41
V	W	チョウチョ。正位置にしたときの上部が、チョウの頭に見られること。必ず全体反応。	46	43
V	W	コウモリ。正位置にしたときの上部が、コウモリの頭に見られること。必ず全体反応。	36	38
VI	W か D1	動物の毛皮、皮、動物の敷物。反応の多くは動物の全身である。たとえばネコやキツネなどがその動物の自然な姿や自然でない姿で見られる場合もあるが、P となるためには、ネコやキツネなどの毛皮や皮について、はっきり説明されていなければならない。	87	35
VII	D1 か D9	人間の頭か顔。女性、子ども、インディアン、性別が特定されない場合もある。この平凡反応は D1、D2、Dd22 などの、より広い領域の反応に含まれることが多い。D1 領域であれば、上部（D5）は通常、髪や羽根などに見られる。D2 や Dd22 領域であれば、D9 が頭や顔と見られたときのみ、P とコードする。	59	47
VIII	D1	動物の全身像。通常、イヌ科の動物、ネコ科の動物、げっ歯類。D4 に隣接した領域が動物の頭となる。	94	91
IX	D3	人間か人間類似のもの。たとえば、魔女、巨人、SF 上の人物、モンスターなど。	54	24
X	D1	クモ。すべての足は D1 領域にある。	42	34
X	D1	カニ。すべての足は D1 領域にある。他の種の多数の脚を持った動物は P ではない。	37	38

するときに必ず図版が正位置である必要はない。しかし、多くの平凡反応では、人間や動物の頭が、図版を正位置で見たときと同じ場所になければならない。このルールは、I，II，III，IV，V，VII，VIII，IX 図版の各平凡反応に適用される。

　Rorschach は，著書（1921）では平凡反応について触れていなかった。しかし彼の死後，1923 年に発表された論文では，彼は「通俗的（Vulgar）」反応としてこれらの反応に注目していた。Rorschach は通俗的反応を，3 人のうち少なくとも 1 人に生じる反応と定義した。ロールシャッハの各体系家はいずれも，平凡反応に対する P のコーディングを採用した。しかし，P とコードされる反応のリストは体系間でかなり異なっていた。こうした相違は，標本の違いのためもあったが，概して P の基準についての不一致に起因していた。各体系家のほとんどは，P のスコアリングは 3 人のうち少なくとも 1 人に生じる反応に限定するという Rorschach の基準を拡張して用いた。Rapaport et al.（1946）は，4 ないし 5 人のうち 1 人に生じる反応を P とスコアするのが適当だと考

えた。Beck et al.（1961）は，同じ領域で 2 番目に多く見られる反応の少なくとも 3 倍の出現頻度があり，成人標本の少なくとも 14％ に 1 回は生じた反応を平凡反応とした。Piotrowski（1957）は，4 人のうち少なくとも 1 人に生じる反応とした。Hertz（1970）は，6 人のうち少なくとも 1 人に生じる反応を平凡反応と定義し，平凡反応の最も多いリストを発表した。Klopfer & Davidson（1962）の平凡反応の数はかなり少ないが，これは 3 人のうち 1 人に生じる反応という Rorschach の指針をもとに，「臨床経験」から作りだされたものだった。

　表 A を作成する際に使われた記録の蓄積のなかから 7,000 以上のプロトコル（その 3 分の 1 は非患者のプロトコル）を抽出して反応頻度を調べた結果，包括システムでは，3 人のうち少なくとも 1 人という Rorschach の基準を採用することが決められた。表 8.3 に示した通り，13 の反応の出現頻度には大きな違いがある。図版 II の動物，図版 X のカニ，図版 IX の人間像の反応は，3 人に 1 人という基準にかろうじて達したものである。その他の P 反応は 2 人に 1 人の割合で出現するし，図版 III と図版 VIII の 2 つの反応に至っては 5 人に 4 人の割合で生じている。

評定者間の一致率

　評定者間の信頼性に関する 2 つの研究は，P のコーディングにおける両群の一致率が 99％ だったことを示している。P のコーディングには誤りの余地はない。

　また，反応内容については，主要な反応のコーディングでは両群に高い一致率が見られた。25 の記録をコーディングした 20 名の評定者間では，95％ の一致率だった。20 の記録をコーディングした 15 名の評定者間では，96％ の一致率が得られた。しかし，二次的内容のコーディングについては，両群の一致率はかなり低かった。25 の記録を用いた 20 名の評定者間の信頼性研究では 78％ で，20 の記録を用いた 15 名の評定者間の研究ではそれより少し高い程度の 82％ だった。各群の不一致は，実際に不一致だったものよりも，不注意によるもののほうがずっと多かった。芸術（Art），植物（Bt），衣類（Cg），火（Fi），自然（Na），地景（Ls）といった，構造変数の計算において重要な役割を担ういくつかの内容は，主要な反応としてよりも二次的内容として出現することのほうが多い。したがって，個々の反応を注意深く調べ，付加的内容があれば必ずコードするようにしなければいけない。

組織化活動（Organizational Activity）

　反応に生じる可能性のあるもう一つの特徴が組織化活動である。組織化の起きた反応には，Z スコアという数値を付ける。Z スコアそれだけでは解釈的な価値はないが，Z スコアの頻度（Zf）と Z スコアの合計（Zsum）からは，新しい刺激場面を組織化する傾向がどの程度あるか，その努力が効果的であるかについての重要な情報が得られる。

　組織化のスコア（Z スコア）を最初に導入したのは Beck（1933）である。Beck は，組織化された反応を，組織化の種類と含まれている刺激の複雑さに基づいて重みづけを行なった。包括システムではこの Beck の方法が採用されている。Hertz は，すべての組織化された反応を等しく重みづけする方法を用いた（g スコア，1940）。Klopfer（1944）の形態水準評定には組織化活動の評価もいくらか含まれている。しかし，このスコアには他の要素も含まれていて，組織化そのものを表わしては

いない。他の体系は正式には組織化活動のスコアリングを採用していない。Rorschach も組織化活動を取り入れなかったが，連想活動に関して論じたなかに，この過程についての記述が見られる。

　組織化活動が生じるのは，刺激野の要素に関連性を持たせたときである。ほとんどのロールシャッハ図版では，全体反応をするよりも，図版の普通部分領域に反応する方が容易である。というのは，ほとんどの普通部分領域には，容易に見られる対象が複数あるからである。全体反応をしようとする場合は，通常，刺激野全体を広範囲にわたって組織化する必要がある。経済的に済まそうとすれば，対象についてそれ一つだけを述べるか，図版の対称性を利用したペア反応として答えるだろう。このような反応では，対象の間の関係づけ，すなわちブロットの部分同士の関係づけは必要とされない。対象間の関係づけが生じるのは，刺激野の要素を，意味ある関係が生まれるように組織化したときだけである。図版 VIII の D1 領域の動物の反応は非常に高い頻度で出現する平凡反応であるが，D1 領域に 1 匹の動物を見るだけの人もいれば，図版の対称性に気づいてブロットの両側に動物を見る人もいる。いずれも単純な反応であり，Z スコアは付かない。一方，多くの人は，動物が木や山を登っていると答えたり，図版を横にして，動物が岩の上を歩いていると答えたりする。これらの反応は，刺激野をより洗練されたレベルで組織化する，比較的高度な認知活動を反映している。したがって，これらの反応には Z スコアを付ける。

　Z スコアは，**形態があり**，次の基準のうちの少なくとも 1 つを満たす，すべての反応に与えられる。

ZW：発達水準が +，o，v/+ の全体反応（発達水準が v の反応には決して Z スコアは付けない）。
ZA：図版の近接した（adjacent）部分領域（接触している領域）に 2 つ以上の別個の対象が見られ，それらの間に意味ある関係が述べられた反応。
ZD：図版の近接していない（離れた distant）部分領域（接触していない領域）に 2 つ以上の別個の対象が見られ，それらの間に意味ある関係が述べられた反応。
ZS：空白部分が他の領域に統合されている反応。空白部分のみを使用した反応には Z スコアは付かない。

　ZW と ZS の 2 つの基準は，図版がどのように用いられたかに関係している。Wv 以外の全体反応と，空白部分が反応の一部として用いられた場合（空白部分だけを用いた反応を除く）には，つねに Z スコアが付けられる。ZA の場合は近接した領域，ZD の場合は近接していない領域を用いて，別個の対象に意味のある関係が述べられていることが必要である。「2 人の人がお互いに見つめあっている」「動物が小川を渡っている」「ロケットから火が出ている」「怪物が切り株に座っている」などのように，どちらかの基準を満たしていれば，そこに生じている統合活動を示すために，DQ は + もしくは v/+ とコードする。

　Z スコアが付く反応には，常に形態が使用されていなければならない。したがって，「絵の具のしみ」のように決定因子が C とコードされる DQv 反応には，Z スコアは付かない。同様に，決定因子が C' となるような，「煙，全部が煙のように灰色」というような反応にも Z スコアは付かない。Wv 反応には特定の形態が必要とされないので，Z スコアは付かない。空白部分が用いられる反応に Z スコアが付くのは，図版の他の領域も使用されている場合である。たとえば，図版 I の空白部分は，「全体が何かの仮面に見えます。ハロウィンの仮面のような。これらが目です」などのように，

表 8.4　各図版の組織化活動（Z）値

図版	ZW W（DQ：+, v/+, o）	ZA　近接した部分 Adjacent detail	ZD　離れた部分 Distant detail	ZS　空白部分の統合 White Space Integration
I	1.0	4.0	6.0	3.5
II	4.5	3.0	5.5	4.5
III	5.5	3.0	4.0	4.5
IV	2.0	4.0	3.5	5.0
V	1.0	2.5	5.0	4.0
VI	2.5	2.5	6.0	6.5
VII	2.5	1.0	3.0	4.0
VIII	4.5	3.0	3.0	4.0
IX	5.5	2.5	4.5	5.0
X	5.5	4.0	4.5	6.0

（典拠）この表は，S.J. Beck, A. Beck, E. Levitt & H. Molish（Rorschach's Test, vol.1, New York : Grune & Stratton, 1961）をもとにしている。ベック法では近接部分の結合を含む W 反応に対して特別な Z 得点が定められ，Beck は III 図版，VI 図版，VII 図版にそのような Z 得点を適用していた。しかし，すべての図版に一貫した基準とするために，包括システムではそうした Z 得点は除いた。

しばしば目や口として見られる。図版 II の DS5 領域は，赤い D3 領域を噴射と見なして，宇宙船に見られることが多い。どちらの反応も Z スコアの基準を満たしている。DS5 領域だけをロケットと見て，他の領域が使われていない場合は，Z スコアの基準を満たさない。

　空白部分を他の領域と統合したかどうかの判断には注意を要する。反応の領域を示すとき，空白部分を含む領域を囲みながらも，反応に空白部分を用いたとは説明しないことがある。このようなときには ZS スコアは付けない。ZS スコアで最も間違いが生じやすいのは，ブロット領域にまとまりのない図版 III や図版 X である。ブロットの D や Dd 領域を目，鼻，口，耳，あごひげなどと見て，それらをひとつにまとめて顔と答えることがある。どこを見たかを指摘するときには，いろいろな部分や白地を含む領域を恣意的な線で囲むために，あたかも白い部分も統合されているかのように思えてしまう。しかし，そうではない。こうした反応は，たいてい単にゲシュタルトの閉合の原理に従って答えられたに過ぎず，白い地は使われていない。したがって，ZS はスコアしない。図版 III や図版 X には，空白部分が統合された顔反応もある。「ピエロの顔。これが目で，鼻で，顔を白く塗っている」という反応のように，白い領域が明確に使われている場合である。このようなときには ZS をスコアする。

　4 つの基準のうちのどれかが該当したならば，次のステップは適切な値を選ぶことである。Z の値は表 8.4 の通り，図版によっても，該当する基準によっても異なる。Z 値は，複雑さや組織化のために必要とされる労力の程度に応じて高くなっている。もしも Z の基準に 2 つ以上該当していれば，高いほうの Z 値を付ける。たとえば，図版 I 全体で，「真ん中に女の人がいて（D4），その周りを 2 人の人が踊っている（D2）」という反応では，ZW（全体反応）と ZA（近接した部分の関係）の 2 つの基準に当てはまるが，図版 I の ZW 値は 1.0 で，ZA 値は 4.0 なので，より高いほうの Z 値である 4.0 を付ける。

　Z 値は反応内容と平凡反応のコードの後に記入する。図版 VIII の全体反応を例に取ると，記入

の仕方は次のようになる。

W+ FMa.FCo(2) A, Ls P 4.5

原注

▼注1……Kinder, Brubaker, Ingram & Reading（1982）は，＋とするのか－とするのかのBeckの判断の発展をたどり，その多くは彼が著書に記したよりもかなり主観に基づいたものだったと指摘した。

▼注2……この手続きによって削除された16のBeckの内容カテゴリーは，Ab（Abstract：抽象），Al（Alphabet：アルファベット），Aq（Antiquity：古代），Ar（Architecture：建造物），As（Astronomy：天文），Dh（Death：死），Im（Implement：道具），Mn（Mineral：鉱物），Mu（Music：音楽），My（Mythology：神話），Pr（Personal：個人的），Rc（Recreation：レクリエーション），Rl（Religion：宗教），Ru（Rural：田舎），Tr（Travel：旅行），Vo（Vocational：職業）である。

文献

Beck, S. J. (1933). Configurational tendencies in Rorschach responses. American Journal of Psychology, 45, 433-443.

Beck, S. J., Beck, A., Levitt, E., & Molish, H. (1961). Rorschach's test. I: Basic processes (3rd ed.). New York: Grune & Stratton.

Hertz, M. R. (1940). Percentage charts for use in computing Rorschach scores. Cleveland, OH: Western Reserve University, Brush Foundation and Department of Psychology.

Kinder, B., Brubaker, R., Ingram, R., & Reading, E. (1982). Rorschach form quality: A comparison of the Exner and Beck systems. Journal of Personality Assessment, 46, 131-138.

Klopfer, B., & Davidson, H. (1944). Form level rating: A preliminary proposal for appraising mode and level of thinking as expressed in Rorschach records. Rorschach Research Exchange, 8, 164-177.

Klopfer, B., & Davidson, H. H. (1962). The Rorschach Technique: An introductory manual. New York: Harcourt, Brace & World.

Mayman, M. (1966). Measuring reality-adherence in the Rorschach test. American Psychological Association meetings, New York.

Mayman, M. (1970). Reality contact, defense effectiveness, and psychopathology in Rorschach form level scores. In B. Klopfer, M. Meyer, & F. Brawer (Eds.), Developments in the Rorschach technique. 111: Aspects of personality structure (pp.11-46). New York: Harcourt Brace Jovanovich.

Piotrowski, Z. (1957). Perceptanalysis. New York: Macmillan.

Rapaport, D., Gill, M., & Schafer, R. (1946). Diagnostic psychological testing (Vol. 2). Chicago: Yearbook Publisher.

Rorschach, H. (1921). Psychodiagnostik. Bern, Switzerland: Bircher.

第9章

特殊スコア
Special Scores

　ロールシャッハ反応をコーディングする際の最後の課題は，その反応に特殊スコアを付け加えるべき特徴があるかどうかの判定である。反応の特徴を特定するために用いられるその他のロールシャッハの用語同様，特殊スコアも，数値による得点ではなくて記号である。それは，反応中に特異な特徴があることを表わすために用いられる。現在，包括システムには15の特殊スコアがある。その内訳は，特異な言語表現の存在を示すためのものが6つ，固執に対して用いられるものが1つ，反応内容の特別な特徴に関するものが4つ，人間表象を含む反応の区別に用いられるものが2つ，個人的体験に引きつけた反応に用いられるものが1つ，色彩の特殊な現われに対して用いられるものが1つである。

　反応の特異な特徴を識別することの重要性に最初に気づいたのは，Rapaport, Gill & Schafer（1946）である。彼らはそのために25の特殊なカテゴリーを考案した。しかし，Rapaportが注記している通り，その多くは判定基準に重複が見られ，評定者間一致率は低かった。そのため，妥当性についての検討は困難を要した。包括システム（Exner, 1974）が初めて世に出たとき，そのなかに特殊スコアは含まれていなかった。それは，特殊スコアの判定基準，評定者間信頼性，妥当性についての説得力のあるデータなどが欠けていたからである。特異な言語表現に関する5つの特殊スコアが付加されたのは，その約2年後だった（Exner, Weiner, & Schuyler, 1976）。この5つは，Rapaport et al.（1946），Schafer（1954），Weiner（1966）の研究を基にしたリサーチから作られた。包括システムが発展していくのに従い，1978年から1982年の間にさらに3つの特殊スコアが加わり（Exner, 1978；Exner & Weiner, 1982），その後，ロールシャッハ研究財団でのリサーチにより残りの7つの特殊スコアが作りだされた（Exner, 1991, 2000, 2001）。

特異な言語表現（Unusual Verbalizations）

　特異な言語表現は，認知活動，特に認知機能の障害を調べるにあたっての重要な要素である。何らかの認知のずれ（slippage）が生じた場合は，それが一瞬のものであろうと，もっと長く続くものであろうと，たいがいは言葉のなかに表われてくる。認知のずれがあったことを示す証拠は，ほとんどの大人の言語表現のなかにときどき見られるし，子供の場合にはもっと多く見られさえする。自分のことをいつでも明確かつ正確に表現できる人などほとんどいない。また，大部分の人は，論理や判断が一時的におかしくなっていることに自分でも気づいている。このような認知活動におけ

るずれは、ロールシャッハの反応をしているときにもときどき生じる。これらを適切に識別することによって、思考を評価するための有益な情報が得られる。

こうした認知の失敗は、ロールシャッハ反応のなかでは次の3つ、すなわち（1）逸脱言語表現、（2）不適切な結合、（3）不適切な論理、のいずれかの形で示される。ロールシャッハ反応中にこれらの認知的混乱が見られる場合には、6つの特殊スコアが用いられる。すなわちそれは、逸脱言語表現に対するものが2つ（DV, DR）、不適切な結合に対するものが3つ（INCOM, FABCOM, CONTAM）、不適切な論理に対するものが1つ（ALOG）である。

これら6つの特殊スコアのうちの4つのスコアについては、さらに奇妙さ（bizarreness）の程度で区別をし、レベル1かレベル2のどちらかをコードする。この4つのスコアに該当するのは、逸脱言語表現に対して用いられる2つのスコア（DV, DR）と、不適切な結合を示すのに用いられる3つのスコアのうちの2つ（INCOM, FABCOM）である。これらのカテゴリーに当てはまる機能障害の範囲はかなり広いため、レベル1とレベル2の区別をしておくことが必要なのである。

レベル1とレベル2の区別

レベル1とレベル2の区別は、軽度もしくは中等度の認知的失敗を表わしているような反応と、より重大な認知的混乱を反映している反応とを見分けるためになされる。これらの区別にはいくらか主観が伴うが、不適切さが奇妙なレベルのものなのか、それとも単純なものなのかという基準で判断すれば、通常、かなり信頼できる程度の区別は可能である。

これらの弁別に当たっては、反応の際に現実がどの程度無視されているのかを評定する。すなわち、ここで問われるのは、反応に反映されている認知的混乱は思考におけるちょっとした不注意を示すものなのか、それとも、現実から著しくかけ離れた、不自然で、混乱した、不適切な思考の結果なのか、という区別である。

レベル1の反応

レベル1の評価は、筋が通っていない、流動的、風変わり、脱線している、といった思考活動が、反応中に比較的軽い程度認められるときに与えられる。レベル1の反応は、当該の特殊スコアの基準を満たしはするが、通常は、自分の表現方法や判断に細かく注意していないときに生じるような認知のずれと大差ないものである。

すなわち、レベル1のスコアは、不適当な言葉の使用、課題からの離脱、間違った判断などがあるものの、その質はそれほど奇妙ではない、ということを示している。それらはたいがい、不注意な言葉の選択、未熟さ、教育の不足、ただ単にあまりよく考えずにしてしまった判断などの産物のように聞こえるものである。

レベル2の反応

レベル2の評価は、ばらばらでまとまりがない、筋が通らない、流動的、脱線している、といった思考が、より重篤な程度認められるときに与えられる。レベル2の反応では、誤った思考、課題からの離脱、表現方法などの点に、著しい逸脱が認められる。

レベル2の反応は，その顕著な不適切さもしくは奇妙さゆえにひときわ目立っており，スコアする際に迷うことはまずない。ある反応についてレベル2の基準を満たすかどうか迷いが生じるようなときは，控えめな選択をして，レベル1のスコアを付ける。レベル1とレベル2の区別をする際には，年齢，教育レベル，文化的背景といったロールシャッハ以外の要因は**考慮しない**。これらの要素は特殊スコアを解釈するときに斟酌されるものであり，これらをコーディングの際の指針として勝手に用いない。

逸脱言語表現（Deviant Verbalizations：DV, DR）

逸脱言語表現に対する特殊スコアは1つある（DV, DR）。1つは認知的失敗によって不適切な言葉の選択がなされたことを示すときに用いられる。もう1つは，反応のなかにある変わった性質の部分を示すものである。両方に特徴的なのは，表現の仕方のせいで，相手にわかるようにはっきり伝えるための力がうまく機能していない，という点である。

逸脱言語表現（Deviant Verbalization：DV）

DVは不適切な言葉が使われている反応に付けられる。DVには造語と重複の2つがあるが，どちらも反応に奇妙な印象をもたらす。不適切な言葉は反応のなかではかなり目立つので，DV反応を見つけるのはたいがい容易である。

1. 造語（Neologism）：反応した者の言語能力に見あった正しい言葉の代わりに，不適当な言葉，すなわち造語を用いる場合が該当する。

次に，造語のDVの例をレベル1とレベル2に区別して示す。

反応	スコア
お互いにぐしゃっと押しつぶそうとしているレスラー（Wrestlers trying to **squish** each other）	DV1
＊訳者注：適当なのは squash（押しあう）	
岩か毛布の上で性合している人（People having sexual **recourse** on a rock or blanket）	DV2
＊訳者注：適当なのは intercourse（性交）	
望遠鏡で見たようなバクテリア（Some bacteria you might see under a **telescope**）	DV2
＊訳者注：適当なのは microscope（顕微鏡）	
公骨弓のエックス線写真（An x-ray of somebody's **public** arch）	DV2
＊訳者注：適当なのは pubic arch（恥骨弓）	
ぽちゃんしているハエ（A fly **plopping**）	DV1
＊訳者注：適当なのは dropping（落ちている）	
不適中な人，ロシアから来たような（A **misappropriated** person, like from Russia）	DV1
＊訳者注：misapproriated という言葉はない。inappropriate（不適切な）からの造語か。	
この花の真ん中は黄色的な色（These flowers have a **butterscotchy** center）	DV1

＊訳者注：butterscotchy という言葉はない。butterscotch（黄色がかった）からの造語か。
すっかり固まった血，凝集したような（This blood is all hard, like **congregated**）　　　　　　　DV2
　　＊訳者注：適当なのは coagulated（凝固した）
聖書に出てくる，イーブル（邪悪）の園から来たヘビ（These are snakes in the Bible, from the garden of **evil**）
　　＊訳者注：適当なのは Eden（エデンの園）　　　　　　　　　　　　　　　　　　　　　　DV2
これは氷の上をずるずる滑っているウサギ（This looks like a rabbit **slithering** on the ice）　　　DV1
　　＊訳者注：適当なのは sliding（滑っている）

　たとえばチョウを説明するときに触角（antennae）を触手（tentacles）と言うなど，対象物の部分を指し示すのにときとして間違った言葉が使われることがある。しかし，このような場合にはDVはコードしない。これらは INCOM である。

　2．**重複（Redundancy）**：反応として述べた対象について，その性質を重複して説明するような，おかしな言葉使いをする場合である。

重複の DV の例を，レベル 1 とレベル 2 に区別して示す。

反応　　　　　　　　　　　　　　　　　　　　　　　　　　　　　　　　　　　　　　　スコア
対の 2 つの陰唇（The two **twin** lips of a vagina）　　　　　　　　　　　　　　　　　　　　DV2
ちっちゃな小鳥（A tiny **little** bird）　　　　　　　　　　　　　　　　　　　　　　　　　DV1
　　＊訳者注：とても小さな（little tiny）鳥ならば DV ではない
死んでいる死体（The **dead corpse** of a person）　　　　　　　　　　　　　　　　　　　　DV1
3 人トリオ（A **trio of three** people）　　　　　　　　　　　　　　　　　　　　　　　　　DV2
つがいの 2 羽の鳥（A **pair of two** birds）　　　　　　　　　　　　　　　　　　　　　　　DV1
からっぽ，空洞の穴みたいに（It's empty, like a **hollow void**）　　　　　　　　　　　　　　DV1
質屋のサインのダブルの 2 つのボールみたい（Like the **double two** balls on a pawnbroker's sign）　DV2

逸脱反応（Deviant Response：DR）

　DR は，当面の課題から逸れていったり，課題を歪曲させたりしてしまうような表現が挿入されて，一風変わった独特な性質を帯びることになった反応に付けられる。DR は課題とは関係ないフレーズを差し挟んだときにコードされるときもあるし，不適切に取りとめもなく述べられた反応に付けられることもある。DR 反応は必ずしも奇妙なものとは限らない。しかしその余計な説明は，当面の課題にとっては明らかに不適切で関係のないものである。DR 反応は次の 2 つのどちらかの形を取る。

　1．**不適切な説明（Inappropriate Phrases）**：反応あるいは当面の課題にとって不適切，あるいはまったく関係ない説明の言葉を含む反応のことである。「これはすごくわかりにくいんですけど」「あれ，色付きになりましたね」「見ようと思えば，いろいろ見えると思いますが」というような挿入句は，

DRとはコードしない。不適切な説明に対するDRのコードは，反応それ自体に組みこまれ，反応に関係して出てきた説明にだけ付けられる。不適切な説明によって反応は独特なものになる。それらは，課題の本質とは関係ないにもかかわらず，何らかの理由で反応の説明中に挿入されるのである。

不適切な説明を含んだDRのほとんどは害のないものである。しかし，DR2とコードされるものは，思考の統制の維持に問題があることを示している。不適切な説明のDRの例を，レベル1とレベル2を区別して示す。

反応 スコア

反応	スコア
ロブスターみたい。今はシーズンではないけど。	DR1
イヌです。父はどうしてもイヌを飼わせてくれなかったんです。	DR1
ある種の植物。でも，これを見た人は未だかつて1人もいませんね。	DR2
クリントンの顔。あなたが民主党の党員だったらそう見えますよ。	DR2
鳥。でも，見たいと思っていたのはチョウなんです。	DR2
ヴァギナ。これを作った人はそればかり考えていたんですよ。	DR1

2．**状況流動反応（Circumstantial Responses）**：課題を無視して不適切に詳しい説明をした反応や，話が流れていったり，取りとめがなくなってしまった反応が，これに該当する。反応にほとんど関係のないことが非常に多く語られるので，状況流動的なDRを見つけるのは難しくない。DRは，課題から離れていってしまうような散漫な思考を表わしている。また，対象をはっきりさせたり反応をまとめあげることに著しい困難があることを示してもいる。

状況流動反応のDRは，必ずしも長い説明のことを言うわけではない。「木に竹を接いだようでぎこちなく，まだるっこいが」，まさに対象のことを説明している反応や，非常に細かいけれども課題の要請に合っている反応を状況流動的なDRと混同しないよう，注意が必要である。なかには自分の言いたいことを説明するのに苦労する人もいて，そういう人の言葉が冗長に聞こえることはよくある。たとえばこんなふうに言う人がいるかもしれない。「こっち，いや，ちょっと待って。うん，こっちだ。頭みたいだな，たぶん。そう，頭。何の頭かって言うと，ええと，イヌだと思う。いや，待って，イヌじゃない，キツネのほうがいい」。これはたどたどしい反応である。しかし，状況次第で変化しているわけではない。反応の対象のことを説明しようとしつづけているので，これはDRとはコードしない。

反応の際，あるいは反応について質問段階で説明するときに，かなり詳細に語る人もいる。説明があくまでも対象に向けられていて，反応がどうなっているのかをかなり細かく述べているだけならば，これらは適切な反応である。状況流動的なDRの場合は，説明するうちに対象から離れていってしまい，ときにはそのまま反応の対象に戻ってこないこともある。状況流動的なDRの例を，レベル1とレベル2の区別をして以下に示す。

反応	スコア

これは何なのかはっきりしないけど，動物の鼻みたい。たぶんウマ科の動物かウシの仲間のような。あの芝居に出てくる動物みたいだなあ。その芝居って，恋愛とか心理劇だとかが盛りだくさんなんです。私は2回も見たんですよ。うん，ウマの鼻ですね。　DR2

トリ肉みたい。ケンタッキーフライドチキンで買ってきたみたいな。うちの母はもっとうまく作るんですけど，私，お腹がすいてきてるんでしょうね。　DR1

アイルランドの地図みたい。いや，アイルランドじゃないかもしれない。たぶん他のどこか。でもアイルランドの地図かもしれない。私，アイルランドのことはあまりよく知らないんですよね。でも，メキシコのことなら知ってますよ。　DR2

たぶん2匹のヘビ。昔からヘビは嫌いで，兄にはそのことでよくからかわれたものです。　DR1

ずっと向こうの丘の上に木が何本かあるみたい。すごくのどかに見える。すべてをあなたも忘れて行ってみたくなる，そんな場所のようです。　DR1

水に浮いた油，それからゴミ。ただもうゴミだらけ。不道徳な人が投棄した，すごく汚らしいもので一杯。人間って本当に汚らわしいから，そういう人は殺しちゃうか，自分たちが捨てたゴミのなかに放りこんじゃうことにする法律を作るべきです。　DR2

あれ，似たようなのを雑誌で見たなあ。サモアとか，そんな感じのところの出身の人みたいです。私，本をたくさん読むんです。毎日何時間か雑誌や本を読むのに充てると，自分を磨くことができるし，世界についてもっとたくさん学ぶことができますからね。　DR2

　実際の反応とはほとんど関係のないことが非常に多く述べられるので，状況流動的なDRは容易に識別できる。状況流動的なDRは必ずしも奇妙というわけではないし，異なる場面設定で語られていれば適切なものもある。しかし，ロールシャッハの当面の課題にとっては関係のない説明である。DR反応のなかにDVが含まれていることもあるが，この場合はDRだけをコードする。

不適切な結合（Inappropriate Combinations）

　不適切な結合に関する特殊スコアは3つあり，それは次のようなものである。対象について非現実的な特徴が述べられている（INCOM），対象と対象との間にありそうもない関係性が述べられたり想定されている，あるいはありそうもない行動が複数の対象の間の属性として付与されている（FABCOM），いくつかの印象を現実性を損なうような形で1つの反応に圧縮させている（CONTAM）。これら3つの不適切な結合反応のうちの2つ（INCOM，FABCOM）は，やはりレベル1とレベル2の区別をする。

不調和な結合（Incongruous Combination：INCOM）

　INCOMは，1つの対象のなかに，とてもありそうもない，あるいはありえない特徴や行動が付与されている反応にコードされる。対象が漫画のなかのものであればINCOMは付けない。漫画の登場人物はどんな形にもなりうるし，現実にはありそうもない行動も取るからである。

　DVとDRの場合と同様，レベル1とレベル2は，反応の奇妙さをもとに分けられる。レベ

ル 1 の INCOM 反応は，不注意になされた，害のないものであることが多い。一方，レベル 2 の INCOM 反応というのは，風変わりで非現実的なものである。レベル 1 とレベル 2 に区分した例は次の通りである。

反応	スコア
睾丸が 4 つあるカエル。	INCOM2
コウモリ。ここに羽があって，体で，これとこれは手。	INCOM1
ニワトリの頭をした女性。	INCOM2
赤いクマ。	INCOM1
羽のある，すてきなペニス。	INCOM2
黄色い目の男。	INCOM1
イヌがいて，げらげら笑っている。	INCOM2
頭が 2 つある人。	INCOM2
角がいっぱいあるクモ。	INCOM1
ネコの顔。笑っている。	INCOM1

作話的結合（Fabulized Combination：FABCOM）

　FABCOM のコードは，2 つあるいはそれ以上の対象の間に，ありそうもない，あるいはありえない関係が想定されている反応に対して用いられる。見えるはずがないのに透き通って見えている反応にも FABCOM がスコアされる。透き通って見えるという反応以外，FABCOM 反応のなかには**必ず** 2 つ以上の対象が含まれている。FABCOM 反応は，奇妙さの程度を基準にして，レベル 1 とレベル 2 に区別する。レベル 1 の FABCOM のなかでよく見られるのは，もしも漫画であれば特殊スコアが付かないような反応である。レベル 2 の FABCOM のほうは，現実性を損なうという点でもっと目を引いたり，奇妙だったりする。非現実的に透き通って見えている反応の場合は，いつもレベル 2 とスコアする。レベル 1 とレベル 2 に区別した例を以下に挙げる。

反応	スコア
バスケットボールをしている 2 匹のイヌ。	FABCOM1
潜水艦に襲いかかっている 2 人の女性。	FABCOM2
2 匹のアリが踊っている。	FABCOM1
大きな男が座っていて，心臓が動いているのが見えます。	FABCOM2
メリーゴーランドに乗っているネズミ。	FABCOM1
ウサギの頭で，目から煙が出ています。	FABCOM2
ニワトリが 2 羽，ハイタッチをしている。	FABCOM1
虫がたくさんいて，パーティをしているみたいです。	FABCOM1
チョウがイヌを飲みこんでいるところ。	FABCOM2
クリスマスツリーに飾りつけをしている 2 匹のビーバー。	FABCOM1

混交反応（Contamination：CONTAM）

これは不適切な結合のなかで最も奇妙な反応である。CONTAMは，2つあるいはそれ以上の印象が，明らかに現実を無視して1つの反応に融合されていることを示している。それぞれの印象が別々の反応として述べられていればよいのに，融合が起こるために，いずれの適切さも損なわれてしまう。INCOM反応は異なるブロット領域に対する印象をありそうもない形で1つの対象に結合させてしまうものだったが，CONTAM反応の場合は使われる領域は1つだけである。つまり，COMTAMでは，写真の二重写しのように，ある反応が心理的に別の反応と重なっているのである。

混交反応には，対象を述べるにあたって造語やその他の風変わりな言語表現が用いられることが，いつもというわけではないが，しばしばある。CONTAMの造語の典型的な例は，虫の正面像とウシの正面像を「虫ウシ（a bug-ox）の顔」というふうに圧縮したものである。もう1つの例としては，III図版を正位置で見てから逆位置にし，中央の赤い領域を，「間違いない，チョウ花（a butterflower）です」と結論づけた反応があげられる。これは，明らかに花とチョウの印象を融合させたものである。その他「血のように見える，島のように見える。血の島に違いない」，あるいは「火のように見え，山のように見える。だから火山（a fire mountain）のようなものに違いない」といった反応は，CONTAMを特徴づける無理な論理がより直接的に示されている例である。

もとの反応ではCONTAMがあまりはっきりせず，質問段階で初めて明らかになる場合もある。その例としては，次のようなI図版でのW反応を挙げることができる。

反応
チョウです。

質問段階
E：（反応を繰り返す）
S：これが羽（D2）で，体（D4）です。ここに目（DdS30）があって，口（DdS29）があって，耳（Dd28）があります。

この反応では，**平凡反応**であるチョウと顔反応とが融合されている。チョウも顔も**形態水準は o** なので，この反応全体についてのコーディングは次のようになる。

WSo　Fo　A　P　3.5　CONTAM

ある反応がCONTAMとコードされた場合は，特殊言語表現に対するその他の特殊スコア（DV, DR, INCOM, FABCOM, ALOG）については，**たとえ反応中にそれらに当てはまる言語表現があったとしても**，スコアしない。

不適切な論理（Inapproriate Logic：ALOG）

自分の反応を正当化するために，**検査者に促されることなく**，無理な，普通でない理由づけをした場合は，ALOGが付けられる。ALOGは，誤った判断を導くような，厳密さを欠く単純化された

思考の様式を示すものである。ALOG は，無理な論理が自発的かつ検査者の促しなしに現われたときに**だけ**，コードされる。ALOG 反応は反応段階で明らかになることが多い。ALOG 反応では，自分の答えを正当化するために，非論理的な「だから」という理由づけがされることがある。このような場合には ALOG の識別は容易である。よくある正当化は，対象の大きさ，空間的要素，色合い，その他の諸特徴を強調する場合である。見たものをそのまま理由づけに使った ALOG の例を，以下にいくつか挙げる。

図版の一番上にあるから，これは北極に決まっています。
真っ黒だから，これは間違いなく炭坑夫です。
ウサギの隣にあるので，これはレタス以外にはありえません。
このカードのほとんどの部分を使って描かれているのだから，巨大な鳥に違いありません。

場合によっては，反応についての質問を始めるまで ALOG が明らかにならないこともある。あるいは，**もとの反応の中で述べられていたキーワード**について検査者が質問して初めて明らかになる場合もある。このような例を以下に挙げる。ALOG と認められる表現は太字で示す。

反応
巨人に違いありません。
質問段階
E：（反応を繰り返す）
S：これが頭で，腕です。**こんな大きな足だから，巨人以外にありえません。**

反応
これは悪人のように見えます。
質問段階
E：（反応を繰り返す）
S：これが頭で，帽子で，脚。
E：悪人とおっしゃいましたが。
S：**間違いありません。黒い帽子をかぶっていますから。**

反応
ネコみたいに見えます。
質問段階
E：（反応を繰り返す）
S：頭があって，足があります。**目がないから，死んでいるに決まっています。**

反応
悲しげな人の顔に見えます。

質問段階

E：（反応を繰り返す）

S：ここに目と鼻と口があって，口ひげをはやしています。

E：悲しげな人とおっしゃいましたが。

S：そうです。だって，口ひげが垂れ下がっているということはそういうことです。

反応

2匹のドラゴンが女の人を食べているところです。

質問段階

E：（反応を繰り返す）

S：真ん中が女の人で，ドラゴンがその両側にいます。

E：同じように見たいので教えてください。

S：ええと，女の人の頭はもうなくなっています。この部分はすごく大きいので絶対にドラゴンです。女の人を食べるのはドラゴンしかいません。

　上の例のうちの2つ（悪人，悲しげな人）では，反応段階で述べられたキーワードについて質問したり，一般的なやり方で明確化を求めたりしたところ，自発的にALOG反応が述べられた。どちらのALOGも検査者によって引き出されたものではない。質問段階で検査者がもとの反応のキーワードと**関係ない**質問をした結果，それに対する回答のなかに誤った論理が出現することもある。これは非常に重要なところで，このような場合は，たとえ誤った論理があったとしても，ALOGはスコアしない。なぜならば，それは検査者の質問によって引きだされたのかもしれないし，反応の説明をするという質問段階の課題の性質ゆえに出てきた可能性もあるからである。たとえば次の例を見てみよう。

反応

2人の人が何かしているように見えます。たぶん踊っているんだと思います。

質問段階

E：（反応を繰り返す）

S：ええ，2人いて，こっちとこっちに1人ずつ。頭で，脚で，踊っているみたいに前屈みになっている。たぶんアフリカの人だと思う。

E：アフリカの人？

S：ええ，黒っぽい色，黒で，他のところ（D7を指さす）は太鼓に違いない。だって，アフリカでは踊るときには太鼓の周りを回るから。アフリカではよくそうするんですよ。

　誤った論理（太鼓に違いない。だって，アフリカでは踊るときには太鼓の周りを回るから）があるのは明らかである。問題は，それが引きだされたものかどうかということである。検査者の質問（アフリカの人）が引きだしたのかもしれないし，そうでなかったのかもしれない。しかし，確かに言

えるのは，もしも検査者がこの質問をしなければ，この誤った論理は出現しなかっただろうということである。したがって，これは ALOG とはコードしない。

固執（Perseveration：PSV）

　PSV という特殊スコアは，次の3つの場合に用いられる。1つ目は，ほとんど同じ反応が同一図版内に2つ以上生じる場合。2つ目は，前に出された反応がその後の別の図版でも再び登場する場合。3つ目は，何枚かの図版で同じ反応が繰り返される場合である。これらの反応は，認知の柔軟性の欠如，認知機能の低下，著しい心理的とらわれ，などによってもたらされる固執を示している。

　固執には少なくとも3つのタイプがあるが，いずれにも同じ PSV という特殊スコアを用いる。理論的には，認知機能の低下と心理的とらわれとはまったく異なる性質のものである。しかし，それぞれのタイプの固執を区別すべきだという主張を立証する妥当性のあるデータはない。そのため，PSV という1つのコードしか用いない。

図版内の固執

　図版内の PSV 反応というのは，ある反応とその次の反応に連続して同じ領域，同じ DQ，同じ決定因子，同じ FQ，同じ反応内容，そしてもし含まれているのなら同じ Z スコアが示された反応のことを言う。反応内容は，細かい種別は異なってもカテゴリーとしては同一であることが条件となる。特殊スコアは同じでなくてもかまわない。

　図版内の PSV 反応の最も一般的な例は図版 V の次の反応である。最初に「コウモリ」と反応し（Wo Fo A P 1.0），次いで平凡反応以外は同一のコードとなる「鳥」という反応（Wo Fo A 1.0）を出した場合である。図版内の PSV をコードするとき，P のコーディングは繰り返されていなくてもよい。しかし，特殊スコア以外のその他すべてのコードは同じで，反応は続けて出されたものでなければならない。

反応内容の固執

　図版内の PSV は1つの図版内で続けて出された反応にだけコードされたが，反応内容の PSV の方は，普通，同じ図版内で生じることはない。これは，対象を前に見たのと**同じもの**だと特定したときの反応である。2番目の反応のコードは最初の反応のコードと同じである必要はなく，コーディングがまったく違うことはよくある。

　たとえば，ある図版で2人の人が喧嘩していると言い，その後別の図版で，「あれっ，**さっきの人たちがまたいる。でも今は喧嘩していない**」と述べたような場合である。反応内容の PSV のコーディングにとって決定的に重要なのは，新たに述べられた対象が前の反応で述べたのと同一のものだとはっきり特定されていることである。

機械的な固執

　3つ目の種類の固執は，知的障害や神経学的損傷を有する者に最も多く出現する。通常，この種の固執は短く単純な記録で生じ，同じ対象が何度も**機械的に繰り返し述べられる**。図版 I がコウモ

リ，図版Ⅱもコウモリ，図版Ⅲもまたコウモリ，といった具合である。機械的な固執が含まれる記録は，反応数13以下で妥当性に欠けることが多い。この場合，検査者は再検査を試みることにメリットがあるかどうか，慎重に検討しなければならない。

特殊な反応内容

その人特有の認知や自己の特徴に関する投映が含まれた反応を特定するために，4つの特殊スコアが考案された。これらの反応特徴は，決定因子や反応内容のコーディングだけではとらえきれないからである。これら4つの特殊スコアは，思考や自己イメージ，対人関係などに関連している。

抽象的内容（Abstract Content：AB）

特殊スコアABは，次の2種類の反応に用いられる。2つとも，明確かつ具体的な象徴表現が述べられたものである。1つは，反応内容のコードが，人間の情緒や感覚的体験を表すために用いられる人間的体験（Hx）のみ，という反応である。これらはMnoneを含むDQv反応であり，たとえば次のようなものである。「これは全体で抑うつを表わしています。真っ黒で，陰気な感じです」(Wv Mp. C' Hx AB)，「怒り一色です。強烈な色が一緒に混じりあっています」(Wv Ma. C. Y Hx AB)，「これは滅茶苦茶。もの凄く大きな音みたいです」(Wv Ma Hx AB)。

2つ目は，形態が用いられ，明確かつ具体的な象徴表現がはっきり述べられている反応である。たとえば，「この像は人生における愛を表わしています」(Do Fu Art AB)のように，象徴的な意味が1つの対象に直接的に付与されている場合である。あるいは，「恋に落ちている2人で，お互いを求めあっています。真ん中の赤い部分は2人の愛と希求を表わしています」(D+ Ma. Co 2 H, Hx P 4.0 AB)のように，形のある対象に込められた象徴が，その対象とは別個のブロットを用いて表現されることもある。抽象画は，はっきりとした表象が含まれていなければ，ABとはスコアしない。2つ目のAB反応の例を以下に示す。

共産主義の独裁を表わしている像。
森と河を象徴した州旗。
女性の美を表現したモダンダンス。
バレンタインデーのシンボルのハート。
血の付いた動物が2匹。ここの赤はこの動物の苦しみを表わしています。
悪を表わしている仮面。
人生の苦悩を描いた抽象画。
身の潔白を求める男のあがきを表わしたブレークの絵。
子供の純真さを表わした像。
手をつないでいる2人の人。青いのは安らかさを象徴しています。

攻撃的な運動（Aggressive Movement：AG）

AGのコードは，戦っている，壊している，言い争っている，ひどく怒った顔を向けている，な

どのように，その動きが明らかに攻撃的である運動反応（M, FM, m）に用いる。攻撃は現在行なわれているものでなければならない。「撃たれたクマ」とか「爆撃された船」などのような，過去に攻撃を受けた対象の反応にはAGをコードしない。これらはAG反応ではない。同様に，爆発それ自体はAG反応ではない。しかし，爆発によって何かが今まさに破壊されているのであれば，それはAG反応である。次に例を示す。

　男の人の顔。彼は何かにひどく怒っています。
　拳で壁をぶち破っているように見えます。
　誰かが布をびりびりと引き裂いているところです。
　何か言い争っている2人の人。
　昆虫が2匹一緒にこの柱を倒して壊そうとしています。
　男の人がまっすぐこちらを睨みつけているように見えます。

協力的な運動（Cooperative Movement : COP）

　COPというコードは，2つ以上の対象の相互関係が**明らかに**肯定的もしくは協力的である運動反応（M, FM, m）すべてに与えられる。相互関係についての肯定的あるいは協力的な特徴は，明白なものでなければいけない。したがって，2人の人が何かを見ている，2人の人が話をしているという反応にはCOPをスコア**しない**。踊っているという反応は，2つ以上の対象が含まれている場合には，COPとコードする。人間や動物が攻撃的な行動を協力して行なっていれば，AGとCOPの両方がコードされる。次に例を示す。

　男の人が2人で机を持ちあげています。
　昆虫が2匹一緒にこの柱を倒して壊そうとしています。
　2人の人が顔を寄せあって内緒話をしています。
　3人で一緒にダンスをしています。
　親鳥が雛に餌を与えているところです。
　子供が2人でシーソーに乗って遊んでいます。
　2匹のオオカミが一緒に他の動物を襲っているところです。

損傷内容（Morbid Content : MOR）

　MORというコードは，反応中の対象が次の2種類の特徴のいずれかに当てはまる場合に用いられる。

1. 対象を，死んだ，滅ぼされた，破滅した，だめになった，ダメージを受けた，傷ついた，壊れた，などと見なした場合。例としては次のようなものが挙げられる。割れた鏡，死んだ犬，ぼろぼろのブーツ，怪我をした熊，傷，破れたコート，腐った葉，実験用のスライドになったアメーバ，地面から引き抜かれた根っこ，血まみれの顔，倒壊した家屋，つぶれて変形したチョウ，など。
2. はっきりとした不快な感情や性質が対象に属性として付与されている場合。例としては，陰気な家，哀れを誘う寂しい木，不幸な人，泣いている人，抑うつ，などが挙げられる。

人間表象反応（Human Representational Responses）

ほとんどのプロトコルには，人間を表象した反応がいくつか含まれている。Perry & Viglione（1991）は，これらの反応は，他者をどう知覚し，他者とどう対人関係を持つかということと何らかの関係があると考えた。彼らは自我損傷指標（Ego Impairment Index, Perry & Viglione, 1991 ; Perry, Viglione & Braff, 1992 ; Perry, McDougal & Viglione, 1995）を考案した際，その一部として人間表象反応のコーディングのためのアルゴリズム（Human Experience Variable : HEV）を作った。Burns & Viglione（1996）は，HEV だけを取りあげて対人関係との関連を調べ，高い相関があることを報告した。その後，Perry と Viglione はロールシャッハ研究財団のロールシャッハ研究評議会と共同して，HEV のアルゴリズムの修正版を提示した。このアルゴリズムは，対人関係に関する情報がわかっているいくつかのデータサンプルを用いて検証がなされた。

分析の結果，大変肯定的な所見が得られた。そこで，人間表象反応の区別のための 2 つの特殊スコアが包括システムのなかに組みこまれることになった（Exner, 2000）。人間表象反応は，すでに付けられているコードをもとに，良質人間反応（Good Human Representation : GHR）もしくは貧質人間反応（Poor Human Representation : PHR）という 2 つの特殊スコアのどちらかに区別される。

多くの場合，人間表象反応には H，(H)，Hd，(Hd)，Hx という人間反応内容のコードが 1 つ以上含まれているので，見分けるのは容易である。しかし，なかには反応内容ではないところに人間様の特徴が表されている反応もある。たとえば，バレーを踊っているネズミという反応には人間様の運動が含まれているので，M がコードされる。また，犬が 2 匹で遊んでいるという反応には肯定的な相互関係が認められるので，特殊スコアとして COP が付けられる。

こうした点からすると，人間表象反応は次の 3 つの基準のいずれかを満たす反応と定義できる。

1. 人間反応内容のコード（H，(H)，Hd，(Hd)，Hx）のいずれかを含む反応
2. M 決定因子を含む反応
3. 特殊スコアとして COP もしくは AG を含む FM 反応

反応のコーディングを進めていく際には，まず，その反応が人間表象反応のコーディング基準のどれかに当てはまるのかどうかを検討する。基準に該当する場合は，2 つの特殊スコア，すなわち GHR と PHR のうちのどちらが適当なのかを，表 9.1 に示すステップに従って確定していく。

コーディングを確定できるまで，このステップを上から順番に検討していく。たとえば，ある反応が Do Fo H とコードされていたとしよう。これは，ステップ 1 に記載されている GHR の条件を満たしている。純粋人間反応であり，形態水準は o で，特殊スコアは何も付いていないからである。しかし，もしもコーディングが Do Fo Hd だったとしたら，反応内容が Pure H ではなくて Hd なので，ステップ 1 ではまだ確定できない。この反応は，反応内容が Hd のために，最終的にはステップ 6 で PHR に区分される。コーディング確定のためのステップの例を以下に示す。

表9.1 人間表象反応を良質（GHR）もしくは貧質（PHR）に分類するためのステップ

1. Pure H 反応で，かつ次の条件すべてを満たす反応は GHR とする。
   (a) 形態水準が FQ+，FQo，FQu のいずれかである
   (b) DV を除き，認知に関わる特殊スコアは付いていない
   (c) 特殊スコアの AG もしくは MOR が付いていない
2. 次のいずれかに該当する場合は PHR とする。
   (a) 形態水準が FQ- もしくは FQnone（無形態）の場合
   (b) 形態水準が FQ+，FQo，FQu でも，ALOG，CONTAM もしくは認知に関するレベル 2 の特殊スコアのいずれかが付く場合
3. 残りの人間表象反応のうち，COP が付き，AG が付いていないものは，GHR とする。
4. 残りの人間表象反応のうち，次のいずれかに該当するものは PHR とする。
   (a) 特殊スコアとして FABCOM もしくは MOR が付く場合
   (b) 反応内容に An が含まれる場合
5. 残りの人間表象反応のうち，III, IV, VII, IX の各図版で P（平凡反応）がコードされているものは GHR とする。
6. 残りの人間表象反応のうち，次のいずれかに該当する場合は PHR とする。
   (a) 特殊スコアとして AG，INCOM，DR のいずれかが付く場合
   (b) Hd ［(Hd) ではなく］がコードされている場合
7. 残りすべての人間表象反応は GHR とする。

図版	反応のコーディング	GHR もしくは PHR の確定
III	D+ Ma. FYo 2 H, Cg P 3.0 FABCOM	ステップ 4 により PHR とコード
IX	DSo FC'o (Hd)	ステップ 7 により GHR とコード
VIII	W+ FMa. FCo 2 A, Bt 4.5 COP, ALOG	ステップ 2 により PHR とコード
VII	D+ Ma. mpo 2 Hd, Art P 3.0 DV	ステップ 5 により GHR とコード

個人的な反応（Personalized Answer）

　私は，私に，私の，私たちは，というような，一人称の人称代名詞が含まれている反応は多い。そのほとんどは，たとえば「私にはコウモリに見えます」とか「私は，これは 2 人の人だと思います」などのように，反応を述べるなかで自然に用いられている。しかし，このような形の自己への言及が，反応の正当化の手段の一部として使われることもある。その場合は一種の防衛なので，出現した場合には特殊スコアを付ける。

個人的（Personal : PER）

　PER というコードは，反応を正当化したり明確化するための根拠の 1 つとして個人的な知識や体験を引きあいに出した反応に与えられる。通常，PER 反応には，私は，私に，私の，私たちは，といった，一人称の人称代名詞が入っている。しかし，一人称の人称代名詞を用いずに個人的な知識や経験が語られていることもある。この場合，個人的な知識や経験は単なるコメントとしてではなく，自分の反応を正当化する目的で述べられたものだ，と検査者が確信できる程度のものでなくてはいけない。たとえば，「昔はこういうのを使っていましたよね」「一度も見たことはありません

が，このようなものだと思います」「私はこれは好きではありません」といった説明は PER ではない。PER の例を次に示す。

　前にこれと同じのを持っていたんです。
　こういうのが庭にあって，いつも目にしているんです。
　私は，これと似たのをよく作っていました。
　陸軍にいたんですが，入るとこういうのを着させられるんですよ。
　父が前にこういうのをちょっと見せてくれたことがあるんです。
　生物学を取っていたからわかるんですが，こんなふうに見えるんです。
　娘にこういうのを買ってあげたんです。
　祖父がこんなのを集めてました。
　これと同じのを前にテレビで見ました。

特殊な色彩現象（Special Color Phenomena）

　たいがいの場合，赤は赤，緑は緑というように，有彩色の名前は正しく述べられる。しかし，稀に間違った色彩が特定されることがある。この場合，検査者は質問段階でこの点について慎重に確認し，それが言い間違いだったのかどうかを判断しなければいけない。もしも訂正がなされれば，この反応は言葉の間違いと見なされ，DV をコードする。しかし，何の訂正もなされないようなら，適切な色覚検査を実施すべきである。そして，色覚には異常がなさそうだとの結論が得られた場合は，この反応は DV ということになる。色彩が特殊な形で現される場合というのはもう1つあり，こちらには特殊スコアが付けられる。

色彩投映（Color Projection：CP）

　CP は，無彩色のブロットや領域に色の付いていると見なされた反応にコードする。CP は稀な反応であり，最もよく出現するのは図版IVか図版Vである。ほとんどの場合，もとの反応では，「まあ，なんてきれいなチョウでしょう」というように，色彩はほのめかされるだけで，はっきりとは述べられない。そこで質問段階で「きれい」というキーワードを確認すると，ブロットについて「感じのいい紫色」「ちょっとかわった黄色と青」などといった色彩が述べられることがある。こうした反応が色覚の欠損と関係があることを示すデータはないが，研究では解釈上特別な意味があることが示唆されている。

　CP は，無彩色のブロット領域に色彩があると見なしたときにだけコードする。CP 反応を出す者の多くは，ブロットの濃淡を用いて色彩の説明をする。この場合は拡散濃淡決定因子（FY, YF, Y）のコードが必要になる。なお，ブロットには色彩が存在していないので，CP 反応のスコアに色彩決定因子（FC, CF, C）はコードしない。

複数の特殊スコア

　1つの反応に2つ以上の特殊スコアが当てはまるのは珍しいことではない。この場合は，普通，該当するすべての特殊スコアをコードする。しかし，この原則には例外がある。15個の特殊スコアのうち9個（PSV, AB, AG, COP, MOR, GHR, PHR, PER, CP）はそれぞれ独立したものなので，出現すれば他のスコアには関係なく必ずコードする。しかし，6つの重要特殊スコアと呼ばれる残りの6個は，それぞれが相互に関係している可能性があるので，1つの反応にそれらを複数個付けることには注意が必要である。この留意点の一部についてはすでに述べた。

　もしもCONTAMがスコアされた場合，残り5個の重要な特殊スコア（DV, DR, INCOM, FABCOM, ALOG）はコードしない。CONTAMはかなり重大な認知的混乱を表わしているので，DVやDRを伴っていることは多いし，潜在的にであれ顕在的にであれ，必ずALOGの条件を満たしている。とはいえ，そうした重要特殊スコアをさらに付け加えると解釈が混乱してしまうので，コードはしない。

　その他の5つの重要特殊スコアについては，それらを1つの反応に2つ以上コードするかどうか判断するのはそれほど簡単ではない。判断の拠り所となるのは，特殊スコアが別々に生じているのかどうかという点である。もしも1つの重要スコアの基準に合う言語表現ともう1つの重要スコアの基準に合う言語表現が完全に別個のものであれば，両方ともスコアする。しかし，もしもそれらが重なっている場合は，重みづけられた値（WSum6）の高いほうだけを採用する。

　たとえば，「2匹のクマがパチンと手を打ちあわせている」という反応には，INCOM（手）とFABCOM（パチンと手を打ちあわせている）の両方が含まれている。しかし，INCOMの言語表現はFABCOMの言語表現のなかに組みこまれているので，この場合はFABCOMだけをコードする。同じ1つの表現や認知的混乱に対して2つ以上の重要特殊スコアをコードすることは決してない。すでに述べたように，DVはDRのなかに現われてくることがあるが，この場合にはDVはスコアしない。

　一方，反応中に複数の重要スコアの条件を満たす別個の言語表現が含まれ，それらが重なっていない場合には，両方の重要特殊スコアを付ける。たとえば，「ピンクのクマが2頭，アイスクリームサンデーを登っている」という反応には，INCOM1（ピンクのクマ）とFABCOM2（アイスクリームサンデーを登っている）の両方が含まれている。これらはそれぞれ異なることについて述べられたもので，言語表現に重なりはない。クマがピンクであることとアイスクリームサンデーを登っていることはまったく別の事柄である。したがって，反応には両方の特殊スコアを付ける。

評定者間の一致率

　15個の特殊スコアのうちの13個についての評定者間信頼性の研究によれば，評定者間一致率は表9.2の通りである。

　GHRとPHRだけを取りあげた評定者間一致率の研究も行なわれた。この研究では，表9.1のアルゴリズムに従って，29人の評定者に，74の人間表象反応を含む321の反応をコードしてもらった。その結果，GHRの一致率は96%，PHRの一致率は97%だった。

表9.2 2つの信頼性研究による，13の特殊スコアについての評定者間一致率

特殊スコア	記号	25の記録についての20人の評定者の一致率	20の記録についのの15人の評定者の一致率
逸脱言語表現	DV	96	97
逸脱反応	DR	94	95
不調和な結合	INCOM	97	97
作話的結合	FABCOM	98	97
不適切な論理	ALOG	93	95
混交反応	CONTAM	99	99
固執	PSV	出現なし	99
攻撃的運動	AG	97	96
協力的運動	COP	98	99
損傷内容	MOR	98	99
抽象的内容	AB	96	95
個人的反応	PER	96	97
色彩投映	CP	99	出現なし

文献

Burns, B., & Viglione, D. J. (1996). The Rorschach Human Experience Variable, interpersonal relatedness and object representation in nonpatients. Psychological Assessment, 21, 109-112.

Exner, J. E. (1974). The Rorschach: A Comprehensive System. Volume 1. New York: Wiley.

Exner, J. E. (1978). The Rorschach: A Comprehensive System. Volume 2. Current research and advanced interpretation. New York: Wiley.

Exner, J. E. (1991). The Rorschach: A Comprehensive System. Volume 2: Interpretation (2nd ed.). New York: Wiley.

Exner, J. E. (2000). A primer for Rorschach interpretation. Asheville, NC: Rorschach Workshops.

Exner, J. E. (2001). A Rorschach Workbook for the Comprehensive System (5th ed.). Asheville, NC: Rorschach Workshops.

Exner, J. E., & Weiner, I. B. (1982). The Rorschach. A Comprehensive System. Volume 3. Assessment of children and adolescents. New York: Wiley.

Exner, J. E., Weiner, I. B., & Schuyler, W. (1976). A Rorschach Workbook for the Comprehensive System. Bayville, NY: Rorschach Workshops.

Perry, W., McDougal, A., & Viglione, D. J. (1995). A five year follow up on the temporal stability of the Ego Impairment Index. Journal of Personality Assessment, 64, 112-118.

Perry, W., & Viglione, D. J. (1991). The Rorschach Ego Impairment Index as a predictor of outcome in melancholic depressed patients treated with tricyclic antidepressants. Journal of Personality Assessment, 56, 487-501.

Perry, W., Viglione, D. J., & Braff, D. (1992). The Ego Impairment Index and schizophrenia: A validation study. Journal of Personality Assessment, 59, 165-175.

Piotrowski, Z. (1957). Perceptanalysis. New York: Macmillan.

Rapaport, D., Gill, M., & Schafer, R. (1946). Diagnostic psychological testing (Vol. 2). Chicago: Yearbook Publishers.

Schafer, R. (1954). Psychoanalytic interpretation in Rorschach testing. New York: Grune & Stratton.

Weiner, I. B. (1966). Psychodiagnosis in schizophrenia. New York: Wiley.

第 10 章

構造一覧表
The Structural Summary

　反応を正確にコードする目的は，構造一覧表を完成させることにある。構造一覧表は，コードの頻度と，比率，パーセンテージ，計算値から成っている。これらのデータから，心理学的な特徴や機能に関する多くの解釈仮説が導き出される。

　構造一覧表記録用紙は，包括システムを用いる際にプロトコルの要約が容易になるよう考案された。最初のページは人口統計学的なデータの記録に用いる。2 ページ目のスコアの継列（Sequence of Scores）には，各反応のコードを記入する。3 ページ目が一番の中心となる構造一覧表である。4 ページ目は，6 つの特殊指標と布置のための計算表から成っている。5 ページ目には，Z スコアに関する表と，年齢による修正が必要な 3 変数に関する表がある。最後のページは領域図（Location Sheet）であり，反応に用いられた領域を記録するために用いる。

　構造一覧表は次の 3 つの手続きを踏んで作成する。（1）各反応のコードを記入し，スコアの継列を作る，（2）各変数の頻度を求める，（3）比率，パーセンテージ，スコアを計算する。これらの手続きについて理解しやすいように，以下，実際のプロトコルを用いて説明する。

スコアの継列（Sequence of Scores）

　各反応のコードは図版ごとに順番に記入する。反応には通し番号を付ける。テスト施行中に，反応を書き留めるのと同時に記入する場合もあるかもしれない。しかし，施行時は記録用紙に反応と一緒にコードを記入しておき，後でコーディング結果をスコアの継列の欄に書き写すほうが普通である。

　コードをスコアの継列にそってまとめておくと，頻度の計算が容易になる。また，継列それ自体が解釈にとって重要な資料になる。構造一覧表記録用紙のスコアの継列のページには，図版番号，反応番号，主要なカテゴリーを記入する欄がある。また，領域欄の次には，D3，DdS26 といった領域番号を記入する欄がある。表 A 中に示されていない，領域番号のない領域が使われている場合は，Dd99 と記入する。スコアの継列に領域番号を記入しておくと解釈に役立つのみならず，研究のためにも非常に有用となる。

　表 10.1 に，26 歳の女性のプロトコルのスコアリングを示す。このデータを用いて，表 10.3 の構造一覧表を作る手続きについて説明する。

表10.1　スコアの継列

Card	No.	Loc.	No.	Determinant(s)	(2)	Content(s)	Pop	Z	Special Scores
I	1	DSo	4	Fo		A		3.5	
	2	Wo	1	Fo		A		1.0	MOR,INC
	3	Wo	1	FMpo		A	P	1.0	
II	4	DSo	6	FC'o		Xy			
	5	Do	3	FC.FYo		A			
	6	D+	6	FCo		An,Bl		3.0	
III	7	Do	3	Fo		Cg			
	8	D+	1	Mpo	2	H,Hh	P	3.0	GHR
	9	D+	9	Ma.CF.mao	2	H,Cg,Art	P	4.0	COP,GHR
IV	10	W+	1	Mp.FV.FT+		(H),Bt	P	4.0	GHR
V	11	Wo	1	Fo		A	P	1.0	INC
	12	Wo	1	FYo		A,Sc		1.0	PER,MOR,DR
VI	13	W+	1	Fr.FV.FY+		Sc,Na		2.5	
VII	14	Dv	4	ma.YFo		Na			
	15	Dd+	99	Mp.FC'.YFu	2	H,Cl,Cg,Id		1.0	PER,GHR
	16	Do	3	Fo	2	Ad,Cl			INC
VIII	17	WS+	1	FMa.CFu	2	A,Ge	P	4.5	FAB,DV
IX	18	DdSo	99	FCu		Na			
	19	DdS+	99	mp.CFu		Hh,Na		4.5	
	20	Do	11	Fo		An			
X	21	Do	7	FC'o	2	Ad			MOR
	22	D+	1	FMp.FCo	2	A,Bt	P	4.0	FAB
	23	Do	4	CFo	2	A			PER,ALOG,DR
	24	Do	2	FMau	2	A			
	25	D+	8	Mau	2	(A)		4.0	AG,PHR

表10.2　Zfに対して期待される重みづけされたZSumの最適値(Zest)

Zf	Zest	Zf	Zest	Zf	Zest	Zf	Zest
1	—	14	45.5	27	91.5	39	134.0
2	2.5	15	49.0	28	95.0	40	137.5
3	6.0	16	52.5	29	98.5	41	141.0
4	10.0	17	56.0	30	102.5	42	144.5
5	13.5	18	59.5	31	105.5	43	148.0
6	17.0	19	63.0	32	109.5	44	152.0
7	20.5	20	66.5	33	112.5	45	155.5
8	24.0	21	70.0	34	116.5	46	159.0
9	27.5	22	73.5	35	120.0	47	162.5
10	31.0	23	77.0	36	123.5	48	166.0
11	34.5	24	81.0	37	127.0	49	169.5
12	38.0	25	84.5	38	130.5	50	173.0
13	41.5	26	88.0				

表10.3 構造一覧表

Location Features	Determinants Blends	Single	Contents	Approach	
			H = 3	I	DS.W.W
Zf = 15	FC.FY	M = 2	(H) = 1	II	DS.D.D
ZSum = 42.0	M.CF.m	FM = 2	Hd = 0	III	D.D.D
ZEst = 49.0	M.FV.FT	m = 0	(Hd) = 0	IV	W
	Fr.FV.FY	FC = 2	Hx = 0	V	W.W
W = 7	m.YF	CF = 1	A = 10	VI	W
D = 15	M.FC'.YF	C = 0	(A) = 1	VII	D.Dd.D
W+D = 22	FM.CF	Cn = 0	Ad = 2	VIII	WS
Dd = 3	m.CF	FC' = 2	(Ad) = 0	IX	DdS.DdS.D
S = 5	FM.FC	C'F = 0	An = 2	X	D.D.D.D.D
		C' = 0	Art = 1		
		FT = 0	Ay = 0	**Special Scores**	

DQ					Lv1	Lv2
+ = 10		TF = 0	Bl = 1			
o = 14		T = 0	Bt = 2	DV	= 1x1	0x2
v/+ = 0		FV = 0	Cg = 3	INC	= 3x2	0x4
v = 1		VF = 0	Cl = 2	DR	= 2x3	0x6
		V = 0	Ex = 0	FAB	= 2x4	0x7
		FY = 1	Fd = 0	ALOG	= 1x5	
		YF = 0	Fi = 0	CON	= 0x7	
Form Quality		Y = 0	Ge = 1	Raw Sum6 = 9	
		Fr = 0	Hh = 2	Wgtd Sum6 = 26	

	FQx	MQual	W+D						
				rF = 0	Ls = 0				
+	= 2	= 1	= 2	FD = 0	Na = 4	AB	= 0		GHR = 4
o	= 17	= 2	= 17	F = 6	Sc = 2	AG	= 1		PHR = 1
u	= 6	= 2	= 3		Sx = 0	COP	= 1		MOR = 3
−	= 0	= 0	= 0		Xy = 1	CP	= 0		PER = 3
none	= 0	= 0	= 0	(2) = 10	Id = 1				PSV = 0

Protocol 192   Ratios, Percentages, and Derivations

R = 25	L = 0.32		FC:CF+C = 4:4	COP = 1 AG = 1	
			Pure C = 0	GHR:PHR = 4:1	
EB = 5:6.0	EA = 11.0	EBPer = N/A	SumC':WSumC = 3:6.0	a:p = 6:6	
eb = 7:11	es = 18	D = −2	Afr = 0.56	Food = 0	
	Adj es = 12	Adj D = 0	S = 5	SumT = 1	
			Blends:R = 9:25	Human Cont = 4	
FM = 4	SumC' = 3	SumT = 1	CP = 0	Pure H = 3	
m = 3	SumV = 2	SumY = 5		PER = 3	
				Isol Indx = 0.60	

a:p = 6:6	Sum6 = 9	XA% = 1.00	Zf = 15	3r+(2)/R	= 0.52
Ma:Mp = 2:3	Lv2 = 0	WDA% = 1.00	W:D:Dd = 7:15:3	Fr+rF	= 1
2AB+Art+Ay = 1	WSum6 = 26	X−% = 0.00	W:M = 7:5	SumV	= 2
Mor = 3	M− = 0	S− = 0	Zd = −7.0	FD	= 0
	Mnone = 0	P = 7	PSV = 0	An+Xy	= 3
		X+% = 0.76	DQ+ = 10	MOR	= 3
		Xu% = 0.24	DQv = 1	H:(H)+Hd+(Hd) = 3:1	

| PTI = 1 | DEPI = 5* | CDI = 2 | S-CON = 5 | HVI = No | OBS = No |

構造一覧表——上の部分

　構造一覧表を作るには，まず表 10.3 に示した記録用紙の上の部分にある各コードの頻度を集計し，記入することから始める。

反応領域の特徴（Location Features）
　領域に関しては次の 3 つの要素を記入する。(1) 組織化活動，(2) 領域の分類，(3) 発達水準。

(1) 組織化活動（Organizational Activity）
　組織化活動については記録用紙の左上に 3 つの値を記入する。最初の Zf（Z の頻度）は組織化活動がなされた反応の個数である。次の ZSum は重みづけした Z スコアの実際の合計値である。3 つ目の Zest は表 10.2 に示されている ZSum の期待値である。Zest の値は Zf に対応して定められている。サンプルの記録では Zf は 15 なので，Zest は 49.0 となる。

(2) 領域の分類（Location Codes）
　3 つの基本的な領域（W, D, Dd）の数をそれぞれ集計する。その他にも 2 つの計算を行う。それは，W と D の合計値（W+D）と S 反応の頻度である。後者については，W, D, Dd のコードとは関係なく，S 反応の数だけを合計して求める。

(3) 発達水準（Developmental Quality）
　それぞれの発達水準のコードの頻度を集計する。領域別にはなっていないので，単純にそれぞれを合計する。

決定因子（Determinants）
　それぞれの決定因子の数を個別に集計する。ただし，ブレンドになっている決定因子はその計算から除く。ブレンド反応は，ブレンド（Blends）と表示された欄に決定因子をそのまま記入する。単独（Single）と表示された欄にはブレンド以外の単独の各決定因子の頻度を記入するが，このとき，ブレンドの欄に記入した決定因子は重ねて計上しない。

形態水準（Form Quality）
　形態水準については 3 つの部分に記入する。1 つ目は FQx（全体形態水準）と表示された部分である。ここには，すべての反応についての，4 種類の形態水準のそれぞれの度数を記入する。形態のない反応の度数も記入する。
　2 つ目は MQual（人間運動反応の形態水準）の欄である。この欄には，人間運動反応についての形態水準の度数を記入する。
　3 つ目は W+D（一般的な領域の形態水準）の欄で，ここには W と D 領域が用いられた反応についての形態水準の度数を記録する。

反応内容（Contents）

反応内容の欄には 27 種類の反応内容の分類が表示されている。反応にとって主要なものだったのか二次的なものだったのかには関係なく，それぞれの反応内容の出現回数をすべて合計して記録する。

アプローチ（Approach Summary）

構造一覧表の上の右側には，領域のアプローチ（location approach）を記入する欄がある。ここには，用いられた領域の順番を図版別に記入する。サンプルの事例では，図版Ｉで3つ反応している。最初は空白部分を含めた一般部分反応（DS）で，2番目は全体反応（W），3番目も全体反応（W）である。したがって，図版ＩについてはDS, W, Wと記入する。

特殊スコア

最後に，15 の特殊スコアを記入する。ここでは2つの計算が必要となる。1つは，6つの特殊スコアの数の合計である（Raw Sum6）。ここには，レベル1とレベル2の DV, INCOM, DR, FABCOM, ALOG, CONTAM の合計値を記入する。

2つ目は，これら6つの特殊スコアを重みづけした上での合計である（WSum6）。6つの特殊スコアの重みづけは次のように行う。

$$\text{WSum6} = (1) \times \text{DV} + (2) \times \text{DV2} + (2) \times \text{INCOM} + (4) \times \text{INCOM2} + (3) \times \text{DR} + (6) \times \text{DR2} + (4) \times \text{FABCOM} + (7) \times \text{FABCOM2} + (5) \times \text{ALOG} + (7) \times \text{CONTAM}$$

構造一覧表——下の部分

ここまで頻度のデータを整理すれば，次に下の部分でさまざまな計算を行って，構造一覧表を完成させることができる。下の部分では，7つのブロックにデータをまとめる。変数によっては複数のブロックにまたがって入っているものもあるが，これはその変数が複数の心理学的特徴と関わっているからである。構造一覧表の一番下には，PTI, DEPI, CDI, S-CON, HVI, OBS という6つの特殊指標を示す部分がある。これは，布置記録表（Constellations Worksheet）を用いて最後に記入する。本章の最後に表 10.5 としてサンプル事例の布置記録表を示してある。

核となる部分（Core Section）

核となる部分は，構造一覧表の下の部分の左上にある。ここには記入する箇所が 16 ある。そのうちの7つ，すなわち R（反応総数），FM, m, SumC', SumT, SumV, SumY は度数を記入する。SumC' 以下の4つについては，その決定因子を含むすべての反応の数を数える。たとえば，SumC' には FC', C'F, C' が含まれるし，SumT には FT, TF, T が含まれる。

その他の9つは，比率（ratio）や計算値（derivation）である。それらは次の通りである。

- **ラムダ（L：Lambda）**：ラムダ（L）は，純粋形態反応とそれ以外の反応との比率である。これは心理的な資質を経済的に使うことと関連している。

$$L = \frac{F（純粋形態反応の数）}{R\text{-}F（総反応数 - 純粋形態反応の数）}$$

サンプルの事例には 25 の反応があり，そのうち 6 つが純粋形態反応で，その他の決定因子の反応が 19 ある。したがって，L = (6/19) = 0.32 となる。

- **体験型（EB：Erlebnistypus）**：これは，人間運動反応（M）と重みづけした色彩反応の合計という 2 つの主要な変数の関係を示すものであり，SumM：WSumC として記入する。WSumC は，色彩反応のタイプごとに重みづけをした値を合計して算出する。色彩命名反応（Cn）は WSumC の計算には含めない。

WSumC = (0.5) × FC + (1.0) × CF + (1.5) × C

サンプルの記録には 5 つの M 反応，4 つの FC 反応，4 つの CF 反応があり，C 反応はない。したがって，WSumC = (0.5 × 4) + (1.0 × 4) + (1.5 × 0) = 6.0 で，EB は 5：6.0 となる。

- **現実体験（EA：Experience Actual）**：これは利用可能な心理的資質に関連する数値であり，EB の両辺の合計，SumM + WSumC によって得られる。サンプルのプロトコルでは，5 + 6.0 = 11.0 となる。

- **体験型の固定度（EBPer：EB Pervasive）**：これは意思決定において優位となる体験型に関する比率である。EBPer は，EB にはっきりしたスタイルが見られたときのみ計算する。計算するかどうかは次の 3 つの基準によって決められる。

（1）EA の値が 4.0 以上である。
（2）ラムダは 1.0 未満である。
（3）EA が 4.0 から 10.0 の場合には，EB の両辺の差は 2.0 以上でなければならない。EA が 10.5 以上の場合は，EB の両辺の差は 2.5 以上でなければならない。

これら 3 つの基準すべてを満たしているときには，EB の大きいほうの値を小さいほうの値で割って EBPer を算出する。サンプルのプロトコルでは，EA = 11.0，ラムダ = 0.32 であり，最初の 2 つの基準を満たしている。しかし，EB は 5：6 なので，EA が 10.5 以上の場合は EB の両辺の差は 2.5 以上でなければならない，という基準を満たさない。したがって，このプロトコルでは EBPer は適用外である（N/A：not applicable）。もしも EB が 4：7 ならば，両辺の差は 3.0 となり，EB の大きい方の値 7 を小さいほうの値 4 で割り，EBPer は 1.8 となる。

表10.4　EA-es から D スコアへの換算表

（EA-es）の値	D スコア
+13.0 〜 +15.0	+5
+10.5 〜 +12.5	+4
+8.0 〜 +10.0	+3
+5.5 〜 +7.5	+2
+3.0 〜 +5.0	+1
-2.5 〜 +2.5	0
-3.0 〜 -5.0	-1
-5.5 〜 -7.5	-2
-8.0 〜 -10.0	-3
-10.5 〜 -12.5	-4
-13.0 〜 -15.0	-5

- **基礎体験（eb：Experience Base）**：これは，人間以外の運動反応（FM, m）と，濃淡および無彩色反応を比較したものであり，要求刺激（stimulus demands）に関する情報を提供する。この値は，FM + m：SumC' + SumT + SumY + SumV で算出される。サンプルのプロトコルでは，FM が 4，m が 3，SumC' が 3，SumT が 1，SumV が 2，SumY が 5 である。したがって，eb は 7：11 となる。

- **刺激体験（es：Expeienced stimulation）**：これは eb に含まれた数値から得られるもので，現在の要求刺激に関係している。eb 両辺の和，すなわち FM + m + SumC' + SumT + SumY + SumV の式によって算出される。サンプルの記録では 7 + 11 で，es = 18 となる。

- **D スコア（D：Difference）**：D スコアは，EA と es の関係を示している。これは，ストレス耐性や統制力と関連がある。この値を求めるには，まず 2 つのスコアの差 EA-es を計算する。そして，この値を，標準偏差をもとに 2.5 ずつの SD で区分したを尺度を用い，別の値に換算する。
  EA-es が +2.5 から -2.5 の場合は 2 つの値に有意差はなく，D スコアは 0 となる。EA-es が +2.5 より大きい場合，D スコアは 2.5 増えるごとに +1 ずつ増加する。EA-es が -2.5 より小さい場合，D スコアは 2.5 減るごとに -1 ずつ減少する。表 10.4 は D スコアの換算表である。
  サンプルのプロトコルでは，EA-es は 11.0 - 18.0 = -7.0 で，D スコアは -2.0 となる。

- **修正 es（Adj es）**：D スコアはストレス耐性と利用可能な心理的資質についての情報を提供するものだったが，このスコアに状況的要素が影響していないかどうかを確認することは大切である。そのためには，es から状況に関連する要素を差し引く。その方法は簡単である。m と SumY をそれぞれ 1 つだけ残し，それ以外のすべての m と SumY を es から除くと Adj es が算出される。サンプルの記録には 3 つの m と 5 つの Y がある。したがって，18 の es から 2 つの m と 4 つの Y を引く。すると Adj es の値は 12 となる。Adj es は修正 D スコアの計算に用いる。

- **修正 D（Adj D）**：修正 D スコアは，EA-Adj es によって得られた結果を，D スコアへの換算表に照らして求める。サンプルの記録では，EA は 11.0, Adj es は 12, その差は -1 となり，Adj D スコアは 0 である。

思考に関する部分（Ideation）

この部分には記入する箇所が 9 つある。そのうちの 5 つ，すなわち MOR, Sum6, レベル 2 の特殊スコア，M-, 無形態の M 反応については，構造一覧表の上の部分にある度数のデータを書き写す。6 つ目のもの（WSum6）はすでに計算されているので，構造一覧表の上の部分から書き写す。残り 3 つのうちの 2 つは比率，もう 1 つは指標である。それらは次の通りである。

1. **積極的運動：消極的運動の比（a:p）**：これは，思考と態度の柔軟性に関係している。積極的運動反応の総数（Ma + FMa + ma）を左辺に，消極的運動反応の総数（Mp + FMp + mp）を右辺に記す。a-p は両辺に 1 ずつ計上する。サンプルの記録では，a:p は 6:6 である。
2. **人間運動反応における積極的運動：消極的運動の比（Ma：Mp）**：これは思考の特徴に関係する変数である。人間運動反応のみを対象とし，そのうちの積極的運動反応の総数を左辺に，消極的運動反応の総数を右辺に記す。Ma-p は両辺に 1 ずつ計上する。サンプルの記録では，Ma：Mp は 2:3 である。
3. **知性化指標（2AB+（Art + Ay）; Intellectualization Index）**：この指標は，特殊スコア AB（抽象的内容）と，反応内容の Art（芸術）と Ay（人類学）から成る。AB の数を 2 倍した上で，Art と Ay の数を足して算出する。サンプルの記録には AB と Ay はなく，Art が 1 つあるので，この指標の値は 1 となる。

感情に関する部分（Affect）

この部分には記入する箇所が 7 つある。そのうちの 3 つ（Pure C, S, CP）は度数で，構造一覧表の上の部分から書き写す。残りの 4 つは以下のような比率である。

1. **形態－色彩の比率（FC：CF + C）**：この比率は感情の調節と関連している。左辺に FC の総数を，右辺に CF + C + Cn の和を入れる。EB や EA の計算には Cn は含めず，重みづけした値（WSumC）を用いるが，ここでの比の計算には色彩反応の重みづけはしない。サンプルのプロトコルには FC が 4, CF が 4, C が 0 なので，この比率は 4:4 となる。
2. **感情の萎縮の比率（SumC'：WSumC ; Constriction Ratio）**：この比率は，感情を内にため込んでおくことに関係している。C' 反応の総数（WSumC'）を左辺に，重みづけした色彩反応の和（WSumC）を右辺に入れる。サンプルのプロトコルには C' 反応が 3 あり，WSumC は 6.0 なので，この比率は 3:6.0 となる。
3. **感情の比率（Afr：Affective Ratio）**：この比率は，最後の 3 枚の図版における反応数と，最初の 7 枚の図版における反応数を比べたものである。これは，感情刺激に対する関心と関係がある。

この比率は以下のように計算する。

$$\text{Afr} = \frac{\text{VIII} + \text{IX} + \text{X の反応数}}{\text{I} + \text{II} + \text{III} + \text{IV} + \text{V} + \text{VI} + \text{VII の反応数}}$$

サンプルの記録では，最後の3枚の図版での反応数が9で，最初の7枚での反応数が16なので，Afr = (9/16) = 0.56 となる。

4．複雑さの比率（Blends：R；Comlexity Ratio）：この比率は割り算をして数値を出すことはせず，ブレンド反応の総数を左辺に，反応総数を右辺にそのまま記入して，比とする。サンプルの記録には9つのブレンド反応があり，比は9:25となる。

認知的媒介に関する部分（Mediation）

この部分には記入する箇所が7つある。その中には，スコアの継列（Sequence of Scores）から直接頻度を計算して記入する箇所が2つある。1つは平凡反応（P）で，もう1つはS-反応である。残りの5つはパーセントで示される。

1．全体適切形態反応（XA%：Form Appropriate Extended）：この変数は，形態の特徴を適切に用いた反応の割合を示すものである。計算式は以下の通りである。

$$\text{XA\%} = \frac{\text{形態水準が +, o, u の反応の合計数}}{\text{反応総数（R）}}$$

サンプルの記録では，反応総数は25で，そのうち形態水準が+の反応の数は2，oの反応数が17，uの反応数が6である。計算式は25/25で，XA%は1.00となる。

2．一般的な領域における適切形態反応（WDA%：Form Appropriate - Common Areas）：この変数は，WとD領域の反応のうち，形態の特徴を適切に用いた反応の割合を示すものである。計算式は以下の通りである。

$$\text{WDA\%} = \frac{\text{形態水準が +, o, u である W と D 領域の反応の合計数}}{\text{W と D 領域の反応の合計数}}$$

サンプルの記録では，WとD領域の反応が22ある。これらの反応はすべて形態水準がoまたはuなので，22/22で，WDA%は1.00となる。

3．**歪んだ形態（X-%：Distorted Form）**：この変数は，形態の利用の仕方がブロットの特徴と合っていない反応の割合を示すものである。計算式は以下の通りである。

$$X\text{-}\% = \frac{FQx\text{-} の反応数}{反応総数（R）}$$

サンプルの記録では，25の反応中，マイナス反応は1つもない。したがって，X-%は0.00である。

4．**慣習的な形態の使用（X+%：Conventional Form Use）**：この変数は，形態の特徴の使用が適切かつよく見られる普通の反応がどれくらいあるのかを示す。計算式は以下の通りである。

$$X\text{+}\% = \frac{FQx\text{+} と FQxo の反応の合計数}{反応総数（R）}$$

サンプルの記録では，形態水準が+の反応の数は2，o（普通）の反応の数は17であり，X+%は0.76となる。

5．**稀少な形態の使用（Xu%：Unusual Form Use）**：この変数は，形態の特徴の使用が適切だが珍しい反応がどれくらいあるのかを示す。計算式は以下の通りである。

$$Xu\% = \frac{FQxu の反応数}{反応総数（R）}$$

サンプルの記録では，形態水準がu（稀少）の反応の数は6つであり，Xu%は0.24となる。

情報処理に関する部分（Processing）

この部分には，記入する箇所が7つある。そのうち4つ（Zf, PSV, DQ+, DQv）については，構造一覧表の上の部分から書き写す。残り3つのうち2つは比であり，もう1つは差に関するスコアである。

1．**経済性指標（W：D：Dd；Economy Index）**：ここには，W反応の総数を左に，D反応の総数を中央に，Dd反応の総数を右辺に記入する。
2．**意欲の比率（W：M；Aspirational Ration）**：この比率は割り算はせず，W反応の総数を左辺に，M反応の総数を右辺にそのまま記入する。

3. **情報処理の効率（Zd ; Processing Efficiency）**：Zd は ZSum - Zest によって算出される値であり，＋かーも付ける。サンプルのプロトコルでは，ZSum = 42.0 で，Zest = 49.0 なので，Zd のスコアは -7.0 となる。

対人知覚に関する部分（Interpersonal）

この部分には記入する箇所が 10 ある。そのうちの 5 つ（COP の合計，AG の合計，食物反応の合計，純粋人間反応の合計，特殊スコア PER の合計）については，構造一覧表の上の部分から直接書き写す。

6 つ目の GHR : PHR については，構造一覧表の上の部分の度数データを見て，GHR の合計値を左辺に，PHR の合計値を右辺にそれぞれ記す。7 つ目の SumT は，核となる部分から書き写す。8 つ目の a : p は，思考の部分から書き写す。残りの 2 つについては計算を要する。

1. **対人関係への関心（Human Cont）**：これは，人への関心についての情報を提供する。次のような計算をする。

   Human cont = H + (H) + Hd + (Hd) の合計（Hx は含めない）

   サンプルのプロトコルには，H が 3 つ，(H) が 1 つあり，Hd と (Hd) はない。したがって，Human Cont（人間反応）= 4 となる。

2. **孤立指標（Isolate/R : Isolation Index）**：この変数は社会的孤立に関係している。これには 5 種類の反応内容（Bt, Cl, Ge, Ls, Na）が含まれている。そのうち 2 つは 2 倍した上で，数を合計する。以下のように計算する。

$$孤立指標 = \frac{Bt + 2Cl + Ge + Ls + 2Na}{反応総数（R）}$$

   サンプルの記録には Bt が 2 つ，Cl が 2 つ，Ge が 1 つ，Ls が 0，Na が 4 つ含まれるので，重みづけした合計値は 2 + 4 + 1 + 8 = 15 である。15 を R で割った結果，この指標の値は 0.60 となる。

自己知覚に関する部分（Self Perception）

この部分には，記入する箇所が 7 つある。そのうち 4 つは構造一覧表の上の部分に示される度数，あるいは度数の合計である。それらは，Fr + rF の合計値，FD 反応の数，MOR の数，An + Xy の合計値である。5 つ目は SumV で，これは核となる部分から書き写す。

6 つ目は比率（H : (H) + Hd + (Hd)）であり，左辺に純粋人間反応の数を，右辺に (H) + Hd + (Hd) の合計を記入する。サンプルの記録では，Pure H 反応が 3 つ，(H) 反応が 1 つであり，比率は 3 : 1 である。

7つ目は計算を要する。

1. **自己中心性指標（3r + (2)/R : Egocentricity Index）**：この指標はセルフエスティームに関係するものであり，全反応中の反射反応とペア反応の割合で表す。反射反応はペア反応の3倍の重みづけをし，以下のように計算する。

$$3r+(2)/R = \frac{3 \times (Fr+rF) + ペア反応の合計}{反応総数（R）}$$

サンプルの記録には反射反応が1つとペア反応が10あり，自己中心性指標 = (3 × 1) + 10/25 = 0.52となる。

特殊指標（Special Indices）

構造一覧表の一番下の部分には，知覚と思考の指標（PTI），抑うつ指標（DEPI），対処力不全指標（CDI），自殺の可能性（S-CON），警戒心過剰指標（HVI），強迫的スタイル指標（OBS）という6つの特殊指標がある。

布置記録表（表10.5を参照）には各指標ごとに6つの囲みがあり，その中にチェックする変数が記載されている。各指標において該当した変数の数を，構造一覧表の一番下の部分にあるPTI，DEPI，CDI，S-CONの欄に記入する。HVIとOBSについては，YesかNoで示す。

子どものプロトコルの場合，布置記録表中の4つの変数については，年齢に応じた修正のためのカットオフ値があることに注意する。4つの変数とは，PTIに含まれるWSum6と，DEPIに含まれる3r+(2)/R，DEPIのAfrおよびCDIのAfrである。表10.5の布置記録表には，それぞれについて注記してある。アスタリスクマーク（＊）が付いている項目は，子どもの場合はカットオフ値が異なっているものである。各年齢群ごとのカットオフ値による修正は表10.6の通りである。

表 10.5　布置記録表（Constellations Worksheet）

S-Constellation（自殺の可能性）	PTI（知覚と思考の指標）
☐ 8項目以上該当する場合はチェックする 　注意：15歳以上の対象者にのみ適用する 　☐ FV+VF+V+FD>2 　☒ Color-shading Blends>0 　☒ 3r+(2)/R<.31 または >.44 　☐ MOR>3 　☒ Zd>+3.5 または Zd<-3.5 　☒ es>EA 　☐ CF+C>FC 　☐ X+%<.70 　☒ S>3 　☐ P<3 または P>8 　☐ Pure H<2 　☐ R<17	☐ XA%<.70 かつ WDA%<.75 　☐ X-%>.29 　☐ LVL2 かつ FAB2>0 ＊☒ R<17 で WSUM6>12 または 　　R>16 で WSUM6>17 　☐ M->1 または X-%>.40 　　__0__　Sum PTI

DEPI（抑うつ指標）	CDI（対処力不全指標）
☐ 5項目以上該当する場合はチェックする 　☒（FV+VF+V>0）または（FD>2） 　☒（Col-Shd Blends>0）または（S>0） ＊☐（3r+(2)/R>.44 かつ Fr+rF=0）または（3r+(2)/R<.33） ＊☐（Afr<.46）または（Blends<4） 　☒（Sum Shading>FM+m）または（SumC'>2） 　☒（MOR>2）または（2xAB+Art+Ay>3） 　☒（COP<2）または（［Bt+2xCl+Ge+Ls+2xNa］/R>.24）	☐ 4項目以上該当する場合はチェックする 　☒（EA<6）または（AdjD<0） 　☐（COP<2）かつ（AG<2） 　☐（Weighted Sum C<2.5）または＊（Afr<.46） 　☐（Passive>Active+1）または（Pure H<2） 　☒（Sum T>1）または（Isolate/R>.24）または（Food>0）

HVI（警戒心過剰指標）	OBS（強迫的スタイル指標）
☐ 1が該当し，かつ他の項目に4以上該当する場合はチェックする 　☐（1）FT+TF+T=0 　☒（2）Zf>12 　☐（3）Zd>+3.5 　☒（4）S>3 　☐（5）H+(H)+Hd+(Hd)>6 　☐（6）(H)+(A)+(Hd)+(Ad)>6 　☐（7）H+A : Hd+Ad<4 : 1 　☐（8）Cg>3	☐（1）Dd>3 　☒（2）Zf>12 　☐（3）Zd>+3.0 　☐（4）Populars>7 　☒（5）FQ+>1 ☐ 以下の項目が1つでも該当する場合はチェックする 　☐ 1から5の条件がすべて該当 　☐ 1から4が2つ以上該当しかつ FQ+>3 　☐ 1から5が3つ以上該当しかつ X+%>.89 　☐ FQ+>3 かつ X+%>.89

＊注：児童の場合は次のページの年齢による修正を行う。

表 10.6　3 つの変数の年齢による修正

年齢	年齢による自己中心性指標の修正	
	3r+(2)/R が下記より 小さい場合に重要	3r+(2)/R が下記より 大きい場合に重要
5	.55	.83
6	.52	.82
7	.52	.77
8	.48	.74
9	.45	.69
10	.45	.63
11	.45	.58
12	.38	.58
13	.38	.56
14	.37	.54
15	.33	.50
16	.33	.48

年齢による WSum6 の修正

R が 17 以上の場合
5 歳～ 7 歳	WSum6>20
8 歳～ 10 歳	WSum6>19
11 歳～ 13 歳	WSum6>18

R が 17 未満の場合
5 歳～ 7 歳	WSum6>16
8 歳～ 10 歳	WSum6>15
11 歳～ 13 歳	WSum6>14

年齢による Afr の修正
5 歳～ 6 歳	Afr<.57
7 歳～ 9 歳	Afr<.55
10 歳～ 13 歳	Afr<.53

第 III 部
テストの性質

The Nature of the Test

第 11 章
反応の過程
The Response Process

　ロールシャッハを用いる上では，どのように反応が作られ，述べられた反応を基にどのように受検者の心理に関する情報が集められるのかを理解しておくことは重要である。なぜならば，こうした知識が，解釈の原理や手続きを理解するときの枠組みとなるからである。この知識がなければ，10枚のインクブロットから個人についての多くの情報が得られるなどとは信じられないだろう。この点は，これまでに懐疑論者の格好の攻撃材料とされてきた。残念なことに，テストがどのような働きをするのかを説明しても，結局は懐疑を増やすだけにしかならないこともあった。

　テストへの懐疑が最も高まったのは，投映運動が全盛を極め，ロールシャッハが「投映法」の中心的存在と見なされた時代であろう。その頃最も強調されたのは内容分析であり，テストの性質は投映過程という観点から説明された。特定の種類の反応内容を直接象徴解釈しようとした者もいるし（Phillips & Smith, 1953），図版の刺激に普遍的な象徴的意味を見出そうとして，父親図版，母親図版，性図版，対人関係図版などの，今からすれば間違った考えを生み出した者もいた（Halpern, 1953；Meer & Singer, 1950；Pascal, Ruesch, Devine & Suttell, 1950）。投映の働きを強調したおかげで，ロールシャッハテストはより使われるようになった。しかし，一方では，このテストの性質をより深く理解したり，このテストに対するRorschachのもともとの考えについて研究するのを妨げてしまった。

Rorschach の考え

　Rorschachはこのテストのプロセスに興味を持ち，反応の生成に関していくつかの仮説を立てた。彼は，反応は図版の刺激からもたらされた視覚イメージと記憶痕跡との調整統合の結果作られると考えた。そして，刺激を記憶痕跡に合わせようとする努力は，テストを受けた者には**意識されている**と主張した。言い換えると，受検者はインクブロットが記憶の中にある対象と同一ではないことをわかっている，ということである。したがって，ブロットの全体や部分を，そのものではないが，何かしら似たところのあるものと同一と見なそうとする受検者の意思が必要となる。

　Rorschachはこれを連合活動と呼び，刺激知覚を記憶痕跡に同化させたり，調節して結びつけたりする能力には，人によって異なる「閾値」があると考えた。そして，閾値に違いがあるために，さまざまな反応が出されるのだと考えた。こうした仮説を持っていたため，Rorschachは無意識の要因が反応形成に大きな影響を及ぼすという考え方をしなかった。彼は，反応プロセスを知覚や統覚の一つとしてとらえていた。

Rorschach はまた，想像力はテストの基礎となるプロセスにはほとんど，あるいはまったく関係がなく，想像力が表現されるとしたら，それは反応を修飾するときであろうと，説得力のある主張をしている。もしも Rorschach が長生きして，Murray（1938）の投映の概念や Frank（1939）の投映に関する仮説について検討する機会を得ていたとすれば，彼はそれらの仮説を反応の決定に関係しているものとして認めたことだろう。しかしその一方で，投映を反応過程の主要な要素とする考え方には反対したであろう。

　テストや反応過程の性質についての研究は，Rorschach の死後数十年の間，誰にも手を付けられていなかった。おそらく，その根本的な原因は，テストを発展させようとする人たちの間で生じた非常に大きな見解の相違にあった。興味深いことに，研究結果が積み重ねられるに従い，反応過程に関する Rorschach の仮説のほとんどは裏づけられた。ただし，反応過程は Rorschach が考えていた以上にかなり複雑なものだということもわかった。つまり，反応が実際に述べられるまでには非常に多くの操作が，しかも短時間のうちになされるのである。テスト発展の初期の頃には，この時間の問題に気づいている者はほとんどいなかった。

意思決定課題としてのロールシャッハ

　Rorschach は，反応が形成されるときにはブロットが記憶痕跡と一致しないことをわかった上で反応が形成されると考えたが，これは正しかった。普通は，検査者の教示によって，受検者は最初の図版を提示される前からこのことを十分承知している。Cattel（1951）は投映が生じる状況を記述する中で，ロールシャッハを初めて受ける者が取り組む課題について実によく描き出している。テストを受ける者は，刺激を見て，実際にはその場にない何かと同じだと見なすように要求される。Cattel によれば，この課題は受検者に刺激を「誤って知覚する（misperceive）」ように求めるもので，この誤知覚によって受検者は反応の中に自分自身の何かを投映することになる。

　投映が生じる状況の記述は正しい。しかし，これをロールシャッハの検査状況に当てはめた場合，誤って知覚する（misperceive）という言葉の解釈の仕方いかんで，Cattel の記述は誤解を生む可能性がある。誤知覚を刺激がどのように翻訳（translate）されるのかという意味に解釈する場合と，刺激がどのようにして何かと同一視（identify）されるのかという意味に解釈する場合とでは，非常に重要な違いがある。前者の場合は刺激はインクのしみだという事実を受検者が無視していることを意味するが，後者の場合にはそのような意味合いはない。Rorschach は，同一視が反応の際の本質的な働きの一つだと考えていた。彼は図版を見てただそのままインクのしみだと答える者に何度か出会い，このような者は知的能力の不足，神経学的損傷，精神病などによってひどく機能が低下しているため，連合あるいは結合の操作ができなかったり，不十分になっているのだろうと結論づけた。ロールシャッハの経験を積んだ専門家ならば，障害が重いためにブロットを前にしても課題に答えられなかったり，現実から遊離して幻覚様の反応（たとえば「うわっ，怖い。こんなのあっちへやって」など）しか答えられない受検者に出会うことがあるだろう。しかしこういうケースは非常に珍しい。テストを受ける圧倒的多数の人は，自分たちが見ているものはインクのしみであることをよく承知しているのである。

　検査者は，成人の受検者の場合には「それではインクブロット・テストをやります」などと言っ

たり，子どもにテストをするときには「さあ，インクブロット・カードを何枚か見ましょうね」などと言って，注意を促す。しかし，仮に教示で**インクブロット**という言葉を使わなかったとしても，テストを受ける者がこの事実に気づいていないと考えるのはかなり無理がある。たとえば，5歳から7歳までの患者および非患者児童500人の記録を調べたところ，207人は，刺激がどういう性質のものなのかわかったということをほのめかすコメントや反応をまず最初にしていた（Exner, 1980）。それらは，「インクのしみだ」「インクがたくさん」というものから，「この作り方知ってるよ」「もっときれいなの作れるよ」などといったコメントまで，さまざまだった。実際，これら児童は唯一の正しい答えを述べている。この刺激はインクのしみに他ならないのだから！　しかし，もしもこのような正しい答えが最初の反応として出されたならば，この反応が受け入れられることはない。この場合，検査者は普通「その通り。これはインクのしみのテストですからね。それで，これは何に見えますか」と言って，何か他のものと同一視するように促す。

　要するに，テスト状況の性質により，受検者は図版を実際にはそうでない何かと同一だと見なさざるを得なくなるのである。このように個人としてのまとまりを保ちつつ現実を歪めることが求められるので，ある意味では，ロールシャッハは課題解決場面だと言える。刺激を**誤って同一視する**（*misidentify*）ように要求されるために複雑な心理操作が生じ，最終的には反応につながる意思決定がなされるのである。

決定の選択

　もしも**インクブロット**以外の答えが一つしかないのなら，刺激を誤って同一視することを求めるという課題は，ほとんどの人にはとても簡単なものになるだろう。しかし，実際にはそういうわけにはいかない。図版の全体もしくは部分に合致する多くの潜在反応がある。大部分の人は，図版を提示されるとすぐにこのことに気づく。したがって，受検者は検査中に，潜在反応のうちどれを言語化し，どれを捨て去るかを決めなければならない。

　ロールシャッハが公表されてから数十年の間，テストを使ったり研究したりしたほとんどの者は，多くの人はかなりの数の適切な潜在反応を見て，いつでもそれを口に出せる状態にあるということに気づかぬままだった。これにはいくつかの理由があろうが，まず考えられるのは，Rorschachは自分の行った実験についてかなり簡単にしか報告していなかったことである。特に，図版がどのように作られたものなのかの記載は不十分だった。テスト用に作られた図版について細かな点まで説明されていなかったため，図版のインクブロットは曖昧な形をしていて何にでも見えるという仮説が強調されてしまった。この仮説は今では間違っていることが証明されている（Exner, 1996）。しかし，Rorschachが自分の研究に関して述べている報告の中に，図版が曖昧なものであることを支持するように読める箇所もある。そのため，図版の刺激特性を無視する方向にテストを発展させることになってしまった。

　テストの発展に与った者の多くは，Rorschachの見解をもとに，反応数や反応時間に関する数多くの解釈仮説を作りあげた。[注1]特に，反応時間についての仮説はいくつかの体系に広まった。テストを体系化した者やその他の多くの研究者は，Rorschachの色彩ショックの考えをすぐに採用し，拡張させた。また，「灰色黒色ショック」の仮説を作った。いずれのショックも不安を示すもの

で，神経症的特徴を表していると考えられた（Beck, 1945 ; Klopfer & Kelly, 1942 ; Miale & Harrower-Erikson, 1940 ; Piotrowski, 1957）。つまり，受検者は図版の特徴に何らかのショックを受け，それゆえに反応をするのに苦労した，というのである。

　潜在反応に関してロールシャッハを用いる者の間に誤解をもたらしたもう1つの要因は，さまざまな基準(ノルム)が発表されたことである。依拠するシステムによって異なるが，一般的に成人の反応数の平均は22から32で，標準偏差は5〜6だった（Beck, Beck, Levitt & Molish, 1961 ; Exner, 1974, 1978）。児童のデータではRの平均値はもっと低かった（Ames, Learned, Metraux & Walker, 1952 ; Ames, Metraux & Walker, 1971 ; Beck et al., 1961 ; Exner, 1978 ; Exner & Weiner, 1982, 1995）。これらのデータが示しているのは，平均的な人は図版1枚あたりに2つか3つの対象を見つける（誤って同一視する）ということである。この結果を前にして，図版によっては2つ以上の反応を出すのが難しい人もいるなどと主張する者はほとんどいなかった。平均反応数がおおむね「正常」範囲内だった多くの研究から，さらにこの結果の裏づけが得られた。

　図版1枚あたりに出される反応の数はわずかであるという誤った考えをもたらしたもう1つの要因は，インクのしみ以外に何も見えないと答える者がまれに存在することである。Rorschachは，なかには「拒否」する者がいることを報告し，これはいかんともしがたい途絶（blocking）の結果だと述べた。Klopfer & Kelly（1942）はこの説に賛成したが，Beck（1945）は，図版がより難しいものになると知覚を組織化するプロセスに困難が生じるので，そのことも反応の拒否や拒否傾向の原因になると主張した。この問題が引き金になって，図版の難しさに関する研究がいくつかなされることになった。これらの研究においては，反応時間が刺激の難しさや複雑さの指標として用いられた（Dubrovner, VonLackum & Jost, 1950 ; Matarazzo & Mensh, 1952 ; Meer, 1955 ; Rabin & Sanderson, 1947）。Meerは，12の研究から得られた反応時間と形態認知の正確さの変換値を基に，図版の難しさの水準を識別した。ロールシャッハ研究財団に集められた頻度に関するデータからは，図版の難しさや複雑さの水準に関するMeerの結論はほぼ正しいとの裏づけが得られた（Exner, Martin, & Cohen, 1983）。しかし，Meerが報告した研究結果は，すべての図版で2つ以上の対象を見ようとするのは困難だという間違った考えを強める役にしか立たなかった。多くの人はすぐに，しかも比較的容易に潜在反応を作り上げる，という考えを受け入れる実務家や研究者はほとんどなかった。しかし，これが事実であることは，一連の研究によって裏づけられている。

潜在反応の範囲

　包括システムを発展させていく際に問題となったのは，検査者が受検者に与える影響である。標準的手続きを変えるとロールシャッハ反応のいくつかの特徴も変わってしまうことを示す，多くの論文が発表された。たとえば，もっとたくさん見てください，動いているものを見てください，もっと小さいものを見てくださいなど，教示をいろいろ変えてみると，その教示によって作られた構えに合った反応が多くなる（Coffin, 1941 ; Hutt, Gibby, Milton & Pottharst, 1950 ; Abramson, 1951 ; Gibby, 1951）。

　また，各体系ごとに使われている教示の違いによっても，反応数に大きな差が生じる（Klopfer=23.9 ; Beck=31.2 ; Hertz=32.9, Piotrowski=33.8 ; Rapaport=36.4）。Goetcheus（1967）は，16人の検査者に

BeckとKlopferの両方の教示を用いて，交差デザインによる実験を行った。検査者はそれぞれBeckの教示を用いた検査を8回，Klopferの教示を用いた検査を8回行った。Beckの教示には，「見えたものを全部言ってください」というフレーズが含まれ，5枚目の図版までは，それぞれの図版で反応が1つしかなければ2つ目の反応を促す。Goetcheusの実験の結果では，このBeckの方法だとKlopferの教示によって施行されたときと比べて平均して6個反応が多かった。

　言語的強化のみならず，非言語的強化もある種の反応の出現頻度を変えることを示す研究もいくつかあった（Wickes, 1956 ; Gross, 1959 ; Dinoff, 1960 ; Magnussen, 1960 ; Hersen & Greaves, 1971）。結局は，これらの研究の多くは，ほとんどの人は図版を目の前にしたときに多くの潜在反応を生み出す，という事実に近づくものだった。つまり反応過程に関する初期の研究からこの事実が読み取れたのだが，しかし，注目する者は誰もいなかった。この事実に目が向けられるようになったのは1970年代に入ってからだった。それは思わぬ偶然によるものだった。

　強化に関するパイロットスタディを行い，それぞれ10名から成る非患者群と外来患者群の2群の研究協力者に，図版1枚につき60秒以内にできるだけたくさん反応するように教示した（Exner & Armbruster, 1974）。研究参加者は1反応につき10セントの報酬によって強化された。報酬は，反応を答えると直ちに支払われた。非患者群では，10枚の図版に対する反応数の平均は104で，範囲は68から147だった。外来患者群では，平均は113で，範囲は71〜164だった。この数値が予想外に高かったことから，いくつかの問いが立てられた。1つは，10セントの強化はどの程度ロールシャッハテストの反応過程に影響を与えたのかという疑問。もう1つは，60秒の提示時間によって研究参加者がどの程度刺激野の再走査をし，標準的な施行法では述べなかったかもしれない反応を出すことになったのかという疑問。3つ目は，強化という条件によって形態の適切な使用がなされにくくなったかどうかという疑問。そして，最後の1つは，予備研究では検査者が1人だけだったが，検査者を複数にしても反応数は多くなるのかという疑問である。これらの問いをもとに，より洗練された研究が計画されることになった。

　Exner, Armbruster & Mittman（1978）は，12名の経験豊富な検査者を用い，それぞれ20名から成る5群の研究参加者にロールシャッハテストを実施した。1群と2群は，20歳から41歳までの非患者成人40名を，MMPIのK尺度の得点分布中央値で二分して作った。3群は11歳から13歳までの非患者児童20名，4群は29歳から51歳までのうつ病入院患者20名，5群は24歳から42歳までの統合失調症入院患者20名によって，それぞれ構成された。全員がこれまでにロールシャッハテストを受けたことはなかった。1人の検査者が1つの群ばかり4名以上，あるいは全部で10名以上の検査を行うことのないように配慮して，各検査者を無作為に割り振った。研究参加者は全員，ロールシャッハテストの標準化のための研究に自発的に参加した人たちだった。施行法は標準的なものを一部変え，テスト実施前に60秒間図版を見て，その間にできるだけ多くの反応を述べるようにと教示した。

　反応は録音され，テープには15秒ごとに無音信号を挿入した。10枚すべての図版の反応終了後，検査者はテープを巻き戻し，反応を1つずつ再生しながら反応領域についてのみ質問した。こうすることによって，形態を適切に用いているかどうか調べた。表11.1は，各群の反応数の平均を示したものである。最初の15秒，次の15秒，残りの30秒の間の各群の反応数の平均，X+%の平均，P反応の数の平均も示してある。

表 11.1　4 つの図版提示時間における 5 群の反応数，X+％，平凡反応の平均

	最初の 15 秒		次の 15 秒		次の 30 秒		全体の 60 秒	
	M	SD	M	SD	M	SD	M	SD
20 人の非患者　MMPI の K 尺度の上位半数								
R	30.4	4.1	31.2	5.8	21.7	4.1	83.3[a]	9.2
X+％	88.9	11.1	81.4	9.9	89.3	9.6	85.1	10.2
P	5.2	2.1	3.5	1.3	3.2	1.1	10.8	2.8
20 人の非患者　MMPI の K 尺度の下位半数								
R	38.1	6.8	32.2	6.1	30.4	7.8	100.6	10.4
X+％	83.2	9.7	79.6	7.6	78.1	8.7	79.9	9.8
P	5.0	1.9	2.4	1.1	1.9	0.9	9.3	3.1
20 人の非患者児童								
R	38.9	7.1	30.7	4.3	24.5	8.3	94.1	9.8
X+％	84.6	7.8	80.1	8.5	84.1	7.8	83.3	8.1
P	5.3	1.8	2.4	1.1	2.0	1.1	9.7	2.2
20 人の統合失調症入院患者								
R	22.7[b]	6.2	18.1[b]	5.1	22.4	6.7	63.2[b]	9.4
X+％	63.2[c]	10.8	54.6[c]	11.7	49.3[c]	11.4	53.6	12.7
P	2.4c	1.6	1.7	1.0	4.3[c]	1.7	8.4	3.8
20 人のうつ病入院患者								
R	14.8[b]	4.4	17.1[b]	5.7	19.3	7.8	51.2[b]	7.8
X+％	77.1	6.8	72.3	7.1	68.7	8.3	71.9	8.9
P	6.2	3.1	3.1	1.4	0.9	0.7	10.2	4.3

a　MMPI の K 尺度分布の下位半数の非患者群よりも有意に低い，p<.01
b　非患者群との間に有意差がある，p<.01
c　他のすべての群との間に有意差がある，p<.01

　標準的な手続きでテストを行った場合の反応数の平均は 22 だが，表 11.1 の数値からは，この実験条件ではその 2 倍から 4 倍の反応が出されたことがわかる。最初の 15 秒間に出された反応数の平均を見ると，さらに興味深いことがわかる。標準的な手続きでテストを行うと，図版を見る時間はほとんどの人が 30 秒から 50 秒になる。ところが，この実験の 3 つの非患者群では，最初の 15 秒間で，標準的な施行法で行った場合の 1.3 倍以上の反応がすでに出されている。うつ病群と統合失調症群では，最初の 15 秒間で，標準的な施行法で行った場合と同じくらいの反応が出されている。
　できるだけ多くの反応を出すようにとの教示があれば受検者はそうすることができるという事実に加え，このときの形態使用の適切さに関するデータも重要なものである。X+％ は一般的で慣習的な反応の割合を示す。P は最も一般的な反応である。▼注2 X+％ の平均を見ると，統合失調症群以外の 4 群では，60 秒の間ほぼ一貫して一般的な反応を出し続けていることがわかる。どの提示時間内においても，形態の正確さを著しく損ねてはいない。同様に，P 反応のデータも重要である。統合失調症以外の 4 群では最初の 30 秒間に約 8 個の P 反応があり，しかもその約 2/3 は最初の 15 秒間に出されている。つまり，これら 4 群の受検者は，標準的な施行法でなされた場合と同じかそれ以上の数の P 反応を，比較的短時間のうちに出しているのである。
　多くの人は，特に非患者の場合は，どの図版でも非常に早く最初の反応を出す。その時間は，普

通は2秒か3秒である。反応数の平均は，図版によってかなりのばらつきがある。まとまりのある図版，つまりIV，V，VI，IXの各図版の反応数の平均は低く，散らばっている図版，つまりIII，VIII，Xの各図版の反応数の平均は高かった。

この研究からは，受検者は図版を提示されてから比較的短時間のうちに，刺激の形態におおむね一致した多くの潜在反応を生み出す，ということがわかる。最も少ない反応数は，非患者群では56，患者群では34だった（これはうつ病患者群のものだった）。最初の30秒間の反応数だけを見ると，非患者群で最も少ないのは23，最も多いのは89だった。うつ病患者群の中には最初の30秒間に10の反応しか出さなかった者もいたが，患者群40人のうち32人はこの時間内に少なくとも16の反応を出した。

これらの結果は，それまでに公表されていた患者および非患者のデータとは著しく異なっている。たとえば，アメリカでは，非患者成人の反応数の平均は22.3で，多くは17～27の範囲内にある。他の国で集められた記録でも，反応数の平均は似た数値となる。いくつかの国の非患者のデータは第16回国際ロールシャッハ学会のシンポジウムで発表されたが（Erdberg & Shaffer, 1999），それらのサンプル数は72～520までの範囲で，反応数の平均は，ベルギーが22.7，フィンランドが22.1，デンマークが24.5，日本が26.3，ペルーが22.0，ポルトガルが22.1，スペインが24.8だった。

反応の過程

どの図版においても多くの潜在反応を作ることができるとすれば，ロールシャッハテストが標準的な方法で施行されたときに，それよりずっと少ない反応しか出さないのはどうしてだろうか。

Exner, Armbruster & Mittmanの研究から推測すると，ほとんどの人は潜在反応の25～35%しか答えないと考えるのが妥当である。このようなことが生じる理由を理解しようとする際には，反応を形成し，反応を述べるときの心理活動を踏まえておかなければならない。

反応が出されるまでのごく短時間のうちに，少なくとも6つの精神活動が生じている。これら一つ一つを完全に区別することはできないが，次のように反応過程の中の3つの異なる段階に分けて考えると理解しやすい。

第1段階
1. 刺激全体およびその部分の視覚的入力と記銘（encoding）
2. 刺激全体およびその部分の分類（同一視）と，作り出された潜在反応の順位づけ

第2段階
3. 順位づけの低い潜在反応の放棄
4. 検閲による他の潜在反応の放棄

第3段階
5. 特性あるいはスタイルによる，残りの反応の中からの選択
6. 状況の影響による，残りの反応の中からの選択

図版に対する最初の反応が出されるのは，これらの活動を経た後である。このプロセスは，「こ

れは何に見えますか」という検査者の質問によって動き始める。これは，椅子の写真を前に同じ質問をされたときに起こる過程といくらか類似している。教示は短いものの，その中には，この課題は刺激野の**部分特性**（*distal properties*）に合った反応を選択することであるという意味が含まれている。部分特性は，刺激野に確実に存在する要素である。たとえば，椅子には脚や座部，背もたれがある。その他にもいくつかの特徴があるだろうが，これらこそが，テーブルやスツールなどといった椅子と部分的に似た特徴を持つ他のものから，椅子を椅子として区別する要素である。この要素は，ときに**重要な部分刺激**（*critical distal bits* : Attneave, 1954）と呼ばれる。

　重要な部分刺激とは，刺激野の部分にある最も説得力のある特徴である。これらは，同一視することになる対象の範囲を狭める要因となるし，何かに同一視することを促す要素ともなる。たとえば，野球のボールとオレンジは両方とも丸く，同じくらいの大きさだが，大部分の人は両者を簡単に区別することができる。それは，両者がその対象に一貫してある重要な部分刺激を備えているからである。オレンジにはでこぼこした手触りがあるし，特有の色をしている。一方，野球のボールは白くて縫い目がある。

　ロールシャッハの図版の特徴と実在の対象とをすり合わせる作業は，これよりももっと複雑である。なぜならば，図版の部分特性は，オレンジや野球のボールほどには正確でもなければ顕著なものでもない。しかしすでに述べたように，Rorschach はテストの図版を作る際，テストを受ける人の記憶に貯蔵されている対象と簡単に同一視できるようなはっきりした特徴をその中に盛り込んだ。したがって，図版は決して不明瞭なものではない。どの図版にも重要な部分刺激があり，刺激野が持つ部分特性と合致するように翻訳しようとするとき，その選択幅が狭められる（Exner, 1996）。このようなはっきりした特徴のおかげで，潜在反応が比較的短時間のうちに形成されるのである。

入力過程

　人間の情報処理能力を正しく評価するのは難しい。ロールシャッハの図版は視覚刺激の一種であり，視覚情報の処理はきわめて迅速に行われる。視覚処理の理論にはまだ議論の余地があるとはいえ（Hochberg, 1981 ; Neisser, 1976 ; Pomerantz & Kubovy, 1981），図形や画像の読み取りはかなり素早く行われることは，多くの研究によって立証されてきた（Fisher, Monty & Senders, 1981）。この30年の間に視覚処理に関する研究の数はめざましい勢いで増加したが（おそらく科学技術がどんどん高度になった結果であろう），その方法がロールシャッハの研究に応用されるようになったのは，やっと最近になってのことである。Exner（1980, 1983）は，何枚かのロールシャッハ図版に対する非患者成人の視覚走査活動を調べた。図 11.1 は，19歳の女性が約 500 ミリ秒の間に図版 I を見たときの眼球の走査活動を大まかに模写したものである。▼注3

　矢印は，この女性の視野の凝視点を示している。周辺視野がどこまで及ぶのかははっきりとはわからないが，少なく見積もって中心の両側 1 インチの領野までだと想定すると，この女性は 1.5 秒間に図版のすべてを見ているようだし，なかには 2 回以上見た部分もある。大部分の人は，1 秒間あれば図版 I を完全に走査できると言えそうである。この結果が重要になるのは，非患者成人 125 名の図版 I の初発反応時間を音声タイマーで計ったところ，その平均は 5.79 秒（SD=2.38）だったからである。つまり，図版全体を走査し，記銘するのに 1 秒必要だったとしても，反応を出すまで

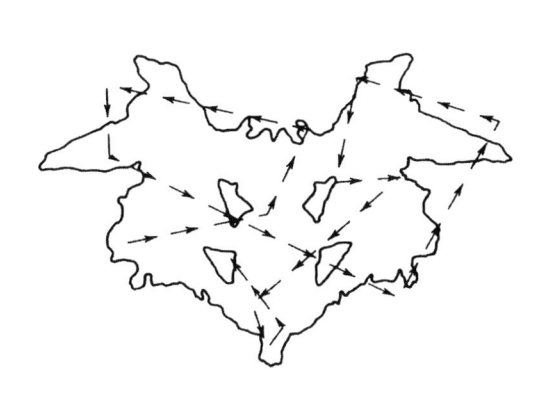

図 11.1　ある 19 歳の女性の図版提示後
500 ミリ秒間における視覚走査

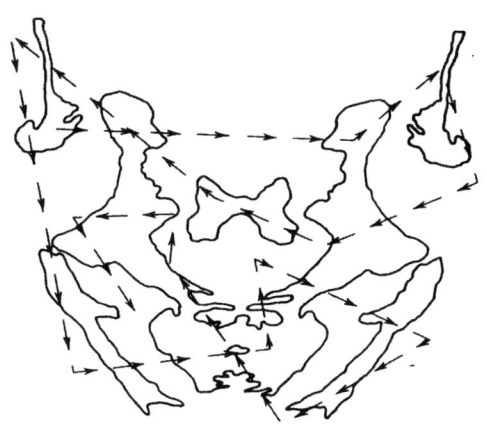

図 11.2　ある 23 歳の男性の図版提示後
1100 ミリ秒間における視覚走査

にはまだ 5 秒弱残っているということになる。

　図 11.2 は，23 歳の非患者男性が図版 III を見たときの走査活動を大まかに模写したものである。これは，図版を提示されてから 1.1 秒の間に行われた眼球運動を示している。この男性の走査の速度は，同じ実験に参加した他の人とほぼ同じだった。この眼球運動の結果を見ると，この時間内に，このばらつきのある図版の特徴のすべてを少なくとも 1 回は見ているし，箇所によっては 2 回以上見たことがわかる。図版 III の初発反応時間の平均は 7.74 秒（SD=3.1）なので，大部分の人はおよそ 4.5 秒から 11 秒のうちに最初の反応を出すと言える。つまり，情報入力をしてから最初の反応が出されるまでに，5 秒から 9 秒経過すると考えることができる。

　これらの結果で重要なのは，人は刺激を素早く入力できるという点ではない。そのようなことは，眼球活動に関する多くの研究を見れば予想できることである。重要なのは，入力と出力の間に遅延時間があることを確認できたことにある。刺激を提示された後に同一視して作った潜在反応をどう扱うのかを決める多くの重要な働きが，まさにこの数秒の時間内になされるのである。

分類（同一視）過程

　刺激野が走査されると，それは扱いやすい情報の形に変換されて記銘され，一種の短期記憶の貯蔵庫に保持される。そして，分類過程が始まる。長期記憶の貯蔵庫のデータは，刺激野の全体や部分を分類（同一視）する際に対照基準として使われる。重要なのは，イメージの記銘と貯蔵は短時間のうちに終了するわけではないという点である。受検者は，反応の間，図版を持ち続ける。そしてこの間，視覚走査は続けられ，記銘はより正確なものになる。

　分類作業が進んでからは，記銘された領野に存在する識別力のある重要な部分特徴が大きな意味を持つようになる。図版が曖昧に見えるために，刺激野を全体あるいは部分として分類するのが容易でないこともあるだろう。しかし，重度の知的障害者や神経学的障害のある人を除けば，ほとんどすべての人は，刺激野にある要素を，現実に知っている対象や想像上の対象によく似たものに容

易に同一視して，潜在反応を作り出す。これは，10 枚のどの図版にも，実在の対象や想像上の対象との類似性を持つ重要な部分特徴があるためである。その結果，順位づけと放棄の作業を経て述べられた反応には，全体でも部分でも，ある種の領域がかなりよく使われることになる。

　なぜこのような事態が生じるのかと言えば，それは，Rorschach がそれぞれの図版を手で描いたからである。紙にインクを垂らした後，対称図形ができあがるように，それを二つ折りにする。そうしてできあがった図柄をそのまま採用する。Rorschach が行ったのは，そのような単純なことではなかった。たしかに出発はそうだった。しかし，曖昧な図柄を作った後，Rorschach はブロットの細部に念入りに筆を入れた。彼が意図したのは，特定の種類の反応が出やすいように，各図版に識別性のあるはっきりした特徴を持たせることだった。平凡反応は，Rorschach の目論見を最もよく示す例である。

平凡反応

　平凡反応は，3 つのプロトコルのうち少なくとも 1 つのプロトコルで出される反応である。この基準は実際よりもかなり低い見積もりとなっている。実際のところ，多くの平凡反応はもっと頻繁に出現する。たとえば，90% 以上の者が図版 VIII の D1 領域を四足獣に同一視する。それは，この領域の輪郭が四足獣の脚，体，頭に合致し，位置的に他の部分から分離しているためである。この部分の色（ピンク）は四足獣にはふさわしくない。しかし，輪郭形態が明瞭で，領域が独立していること，何かに見えやすい部分が他にはないこと，などの理由で，動物の反応が高い頻度で出現する。

　同様に，約 85% が図版 I と図版 V にコウモリやチョウなどの羽のあるものを見る。また，80% を上回る者が図版 III の D9 領域を人間と見なす。事実，平凡反応の決定のために用いたデータ・セットの 7,500 のプロトコルにおいて，出現の割合が 50% を切ったのは，13 の平凡反応のうち 2 つだけだった。すなわち，図版 IX の D3 領域の人間もしくは人間類似反応は 39% のプロトコルにしか出現しなかった。また，図版 II の D1 領域の動物の頭部もしくは全体像が出現したプロトコルは 35% だけだった。

競合する重要な刺激

　10 枚の図版には平凡反応を引き出す主要な部分特徴があるが，その他にも，ある特定の対象や種類への分類を促すような，かなりの影響力を持つ部分特徴が存在する。重要な部分特徴が競合して存在するために，ときには 1 つの領域で複数の同一視の活動がなされることがある。図版 I と図版 V はそのよい例である。

　Exner（1959）は，図版 I の灰・黒色を水色や黄色，ピンク色に変え，それ以外の特徴には手を加えないでおいた。すると，普通なら 45% のプロトコルに出現する平凡反応のコウモリが，図版が水色と黄色のときにはほとんど出てこなかった。逆に，普通なら 40% の出現率である平凡反応のチョウが，色を付けた図版だと 80% より多い頻度で出現した。したがって，コウモリに同一視するには図版が無彩色であることがとても重要だと考えられる。また，図版 I から Dd34 の突起を取り除くと，コウモリの反応もチョウの反応も激減し，顔や仮面の反応が増加する。図版 V でも，部分特徴に変更を加えるとやはり反応数が操作されて変わる。

　約 85% の者が図版 V をコウモリかチョウと同一視する。それぞれの反応が出現する度合いはほ

ぼ一緒で，チョウと答える人は約44%，コウモリと答える人は約41%である。コウモリと見なす人もいれば，チョウを見る人もいる。それはなぜだろうか。この違いは，性別，年齢，病気の種類や重さ，基礎となる反応スタイルなどによっては説明が付けられなかった。むしろ，図版Vの刺激野にある重要な部分特徴のうちの1つだけを重視するのか，それとも3つ以上を考慮に入れるのか，その違いによって差が生じていた（Exner, 1996）。図版は灰・黒色で，チョウという反応には必ずしもぴったりしない。そこで図版をピンク色に変えてみたところ，反応頻度が変化した。しかし期待されたほどではなかった。受検者の約55%はチョウの反応を出したが，コウモリと答える者はまだ約30%もいたのである（Exner, 1959）。

　図版Vにあるその他の重要な特徴は，輪郭である。輪郭は，コウモリとチョウのどちらを選ぶか決める際に，色彩よりも強い影響力を持つことが多い。1つは，D10の突起である。これはコウモリの反応にもチョウの反応にもふさわしくないように見えるが，どうもそうではないらしい。図版からD10領域を取り除くと，チョウの反応は約70%になり，コウモリの反応は約15%だけになった。D10領域は，チョウの反応を出にくくするか，コウモリの反応を出しやすくするか，そのどちらかに重要な働きをしているのは明らかである。もう1つの重要な領域は，Dd34の突起である。Dd34をなくすと，約70%はこの修正図版をコウモリと見なし，チョウと答える者は15%以下となる。図版Vにチョウを見るためには，明らかにDd34領域が重要な部分特徴となっている（Exner, 1996）。

部分特徴の影響力

　図版を見る位置を変えると，部分特徴の影響力も変わる。たとえば，図版VIIを正位置で見ると，約65%の者はD2領域を人間像と同一視し，約25%は動物，たいていはウサギと同一視する。図版を横位置にすると，D2領域に人を同一視することは少なくなり，約50%の者がイヌを見る（Exner, 1996）。

　おそらくブロットの中で最も重要な部分特徴は輪郭である。しかし，色彩と濃淡も，反応を作りあげる際に大きな影響を与えることがある。たとえば，図版VIをブロット内部の濃淡がなくなるように均一の灰色に塗りあげると，平凡反応であるD1領域の動物の毛皮の反応は有意に減少する。しかし，濃淡を残したままだと，色を付けても（青や黄，ピンク），毛皮の平凡反応の頻度は低下しない（Exner, 1961）。

　ブロットの部分特徴が反応の中に触れられていなくても，実はそれらが反応形成に影響している場合もある。たとえば，図版IIのD1領域に平凡反応の動物が見られた場合，その約85%に運動決定因子（FM）が含まれている。これらの反応の約35%では，動物は遊んでいる（COP）と見なされ，約40%は，戦っている（AG）あるいは傷ついている（MOR）などの，攻撃的な活動に関連したものだった。COP反応の場合，ブロットの赤色領域（たいていはD3）に言及しているものは約40%だった。AG反応やMOR反応の場合は，赤色領域（D2もしくはD3）に言及しているものは約60%だった。

　D2領域とD3領域を図版から取り除いたり，それらの領域を灰・黒色に変えてしまうと，動物の運動反応の出現頻度は変わらないのに，AG反応とMOR反応の割合は5%未満に減少する。その一方，COP反応の割合は70%近くにまで増加する。図版IIのAG反応とMOR反応の約40%は

赤について言及されていないが，赤色領域の存在が反応形成に影響したのは間違いない。

　部分特徴によってある領域に注意が引きつけられやすくなり，そのためにその領域に対する反応数の割合が上がることもある。図版Xでは，青色領域のD1をクモもしくはカニとする反応が最も多い。Exner & Wylie（1976）は，青色が不協和効果をもたらすのではないかと考えた。そして，この仮説を検証するために，対染色技法によってD1の色を赤茶色に変え，非患者50人と入院患者50人の2群にロールシャッハを実施した。各群とも無作為に選んだ半数には標準的な図版を用い，残り半数には色を変えた図版を用いた。変更した図版Xを用いた群では，色が実際のクモやカニにより近くなっているにもかかわらず，クモとカニの反応は統制群と比べて有意に少なかった。

　当初は，この結果をどう理解していいのかわからなかった。しかし，実験群の研究参加者が図版の別の領域，すなわち青色のD6領域に統制群の2倍の数の反応を出したということに気づいてからは，理解が進んだ。取り急ぎ，30項目の質問紙が考案され，実験に参加した非患者50人に実施された。質問紙の中に盛り込まれた項目で重要だったのは，「あなたの好きな色は何色ですか」というものである。この問いには41名が「青色」と回答していた。ブロットの青色に引きつけられ，分類過程の間に，その領域へより注意が向けられたのだと考えられる。Exner & Wylie（1997）は，この仮説を検証するために，図版Xの完全な無彩色版を作成した。ボランティアの非患者の研究参加者30人にロールシャッハを実施したが，半数には標準の図版Xを用い，残り半数には無彩色にしたX図版を用いた。その結果，D1領域にクモかカニを答えたものは，統制群では15人中12人いたが，実験群では3人だけだった。Silva（2002）は有彩色図版と無彩色図版に対する反応を比較し，図版Xではこれと似たような結果が得られたと報告している。

時間要因と分類

　分類の過程における認知活動について，その他にも知っておくべきことはたくさんあるが，今のところ明らかになっているのは，図版が視野に入るやすぐにこの認知活動が行われるということである。この点は，ロールシャッハ・コミュニティではほとんど取り上げられてこなかった。最初に注意を向けたのは，Stein（1949）である。彼は瞬間露出器を使って，2つの群に4回ずつ各図版を提示した。「上昇群」では，図版の露出時間を，1回目は0.01秒間，2回目は0.1秒間，3回目は3秒間，4回目は無制限時間としてテストを実施した。「減少群（統制群）」では，露出時間を逆にして，すなわち提示時間を無制限から減少させていった。

　残念なことに，テスト間の時間間隔が非常に短く，再テストが早すぎたことが，実験結果に何らかの影響を与えてしまったと思われる。しかし，上昇群の結果からは，反応がすぐに作られるということに関して理解の手がかりが得られた。図版を0.01秒しか提示しなかった1回目の試行では，平均反応数は約10で，範囲は5〜14だった。図版を3秒間露出した，3回目の試行では，平均反応数は12に増加し，範囲は8〜17になった。しかしSteinが注目したのは，露出時間が十分に長くなれば，輪郭だけを使った反応や主に輪郭を頼りにした反応が顕著に増加するという点だった。3回目の試行時（露出時間3秒）は，それよりも短い露出時間の時よりも平凡反応が多かった。つまり，刺激領野を完全に走査するのに十分な時間だけ図版を露出すると，出てくる反応はかなり似たものになったのである。

　Horiuchi（1961）の関連研究では，瞬間露出器を使って，非患者群80名，神経症患者80名，統

合失調症患者 80 名の各群に，図版 III と図版 VI を，0.10 秒，0.30 秒，1.0 秒，無制限の各時間ずつ提示した。その結果，非患者 80 名のうち 60 名と，神経症患者と統合失調症患者のほぼ半数は，0.10 秒の間に 1 枚の図版に少なくとも 1 個の反応を出した。露出時間を 0.30 秒に増やすと，非患者全員が 1 枚の図版に 1 個以上の反応を出した。しかし，神経症患者群と統合失調症患者群の反応の数は増えなかった。また，神経症患者群と統合失調症患者群の中には，図版を 1 秒間提示してもはっきりした反応を形成できない者がいた。そこで Horiuchi は，反応形成に必要となる認知的媒介活動の一部は，精神病理によって阻害されると結論づけた。

Colligan & Exner（1985）は，それぞれ 36 名の研究参加者からなる 3 つの群，すなわち統合失調症様の症状を持つ入院患者群，整形外科の入院患者群，非患者群に，瞬間露出機を使って図版を提示した。各群を無作為に 12 名ずつの 3 つの下位群に分け，第 1 群には 0.2 秒間，第 2 群には 0.4 秒間，第 3 群には 0.6 秒間，図版を示した。研究参加者は全員，音が鳴った後に反応を答えるように教示された。この音は，像が薄れるのに十分な時間を取るために，図版の露出終了後 0.9 秒で鳴らされた。精神科にかかっていない研究参加者 72 名中 62 名は，各図版に 1 個以上の反応を出すことができた。反応を拒否した 10 名のうち 9 名は，露出時間が 0.2 秒もしくは 0.4 秒の群の者だった。精神科入院患者でない者の群の中には 12 個から 15 個の反応を出すものも何人かいたが，統合失調症様の症状を持つ入院患者群では，反応数が 10 未満のものが 36 名中 17 名いた。これら 17 名のうちの 8 名は，露出時間が 0.6 秒間の群の者だった。これらの結果は，認知媒介活動は精神病理によって損なわれるという Horiuchi の仮説を支持するものかもしれない。しかし，より正確には，統合失調症様の症状を持つ患者はそれ以外の者よりもテスト場面でかなり防衛的になっていたと考えたほうがよさそうである。

より重要なのは，この研究から得られたもう 1 つの所見である。それは，ブロットの輪郭の適切な使用に関するものである。精神科にかかっていない群の研究参加者が答えた全反応の約 70% では，輪郭が適切に用いられていた。ブロットの輪郭が歪められた反応は，主に，図版 II，図版 III，図版 VIII，図版 X などのまとまりのない図版で出されていた。そして，その多くは，ゲシュタルト閉合の原理を反映したものと思われた。たとえば図版 III を顔と答える反応のように，受検者はブロットの各部分を取り囲む想像上の線を引いていたのである。これは，まとまりのない図版を完全に走査するには露出時間が十分でなかったことを示している。

Colligan（1992）も同じデザインの研究を行い，30 人の非患者を無作為に 10 人ずつの群に分け，露出時間は群によって変えた。図版の露出時間は，第 1 群では 0.6 秒間，第 2 群では 0.8 秒間，第 3 群では 1 秒間とした。平均反応数は各群とも少なめで，それぞれ 11.2，10.9，12.7 だった。しかし，反応数の範囲は露出時間が多くなるにつれて広くなり，0.6 秒間の群では 8 から 14，0.8 秒間の群では 8 から 16，1 秒間の群では 8 から 19 だった。平凡反応の数も露出時間の増加とともに上昇し，それぞれ 2.6，3.2，4.7 だった。形態の適切な使用についても同様で，XA% は 0.6 秒間の群で 74%，0.8 秒間の群で 83%，1 秒間の群で 86% だった。逆に X-% は，0.6 秒間群で 26%，1 秒間群で 14% と低下した。どの群でも図版 V ではマイナス反応は出なかった。図版 V は最もまとまりがあり，素早く走査するのが容易である。興味深いことに，マイナス反応の約 50% は顔反応で，そのほとんどは図版 III，図版 VIII，図版 X で出された。これらのまとまりのない図版では，完全な走査のためには 1 秒あっても足りないと考えられる。

刺激領域にまとまりがなければないほど，記銘や分類の手続きに長い時間が必要とされる。しかし，眼球運動追跡によるデータや瞬間露出機を用いた研究から控えめに推測しても，刺激を扱いやすい形の情報に変換して記銘し，3個程度の潜在反応を分類するには，露出後2秒から3秒の時間があれば十分だと考えてよいだろう。ではどうしてほとんどの受検者は，最初の反応を口にするまでにその2倍，あるいはもっと多くの時間をかけるのだろうか。おそらく順位づけと放棄の手続きが，この遅延の主な原因であろう。

潜在反応の順位づけと放棄

受検者への教示は意図して短くされ，反応数はいくつ以上またはいくつまでといった示唆は込められていない。図版Ⅰに1つの反応しか出さなかった受検者にはもっと答えるように促し，反応が1個だけでは不十分だとほのめかす。図版Ⅰに2個以上の反応を出した場合は，検査者は受動的に受け止めるだけで，それでよいなどという承認を与えたりはしない。中には「これぐらいでいいですか」「いくつ答えればいいんですか」などと尋ねて，指示を求める者もいる。Ⅰ図版で励ましがなされなかったのなら，そのような質問には「ご自由にどうぞ」と返し，自由回答のままにする。このように答えることによって，形成された潜在反応のうちいくつ述べるのかの決定を受検者に委ねる。

このように突きつけられると，ほとんどの者は，反応数を決める上で経済性の原理の影響を受ける。どの図版にも際限なく反応しようとする強迫的な者もたしかにいて，この場合は標準的な手続きに則って反応数を制限することになる。しかしほとんどの受検者は控えめに反応し，おそらくこのためと思われるが，どのような群でも平均反応数は22程度に落ち着く。経済性への指向が単純に効率を求めてのことなのか，それとも防衛して反応を出さないようにするためなのかは明らかでない。おそらくこれら両方が関係しているのだろう。実際に，どんな受検者も，たとえ児童であっても，心理テストについて何らかの理解の仕方をしている。インクブロットのテストについても漠然とは知っているし，多くの場合，間違った認識をしている。人々はテストといえば，答えが正しいか間違っているか，得点が高いか低いか，合格か不合格かといった教育モデルの観点から考えてしまいやすい。検査者が手続きの説明やフィードバックに相当の時間をかけたとしても，ほとんどの者はテストに対して前から持っている構えやテスト状況についての理解の仕方から影響を受けてしまう。このような状況では，テストを早く，そしてうまくやり終えたいと思うのは自然だし，そのような思いが経済性への指向を生み出す一因になっているのだろう。

順位づけによる選択

経済性への指向に関係するもう1つの要因は，順位づけの働きである。すでに述べたように，図版のインクブロット全体あるいはその領域のいくつかは，比較的容易に分類できる。ある1つのブロットもしくはブロット領域に複数の対象が同一視されることはよくある。たとえば，図版Ⅰのブロット全体を見て，コウモリ，トリ，チョウに分類することがある。これらの潜在反応のうち2つを，あるいは3つ全部を反応として選ぶ者もいる。しかしほとんど場合，これらのうちの1つだけを答える。そうすることによって，残りの反応を放棄することになる。少なくとも部分的には，3つの

うちのどれを反応として選ぶのかは，ある種の順位づけに基づいて行われる。この順位づけは，たとえば，このブロットはトリやチョウよりもコウモリのほうが似ているなどと判断するようなものである。

複数の潜在反応が同じブロット領域から作られるのではなく，いくつかの別の領域から作られる場合でも，これと同じ働きが生じる。たとえば，受検者が図版Ⅰの全体をコウモリとチョウ，D4を女性，D2を動物，D7をトリ，DdS29を三角形と分類したとしても，これら6つの反応全部を答えることは少ない。反応として出すのはせいぜい2つか3つであろう。一対比較によって一番良さそうな反応を順位づけし，その結果に影響を受けて選択がなされるのである。Martin & Thomas（1982）の予備研究では，28人の高校生に，プロジェクターを使って図版を2回提示した。1回目の提示では各図版を1分間見せ，図版ごとに3つの反応を規定の用紙に記入するよう教示した。2回目の提示では，図版を15秒間ずつ見せた。生徒には，点数を付けるので，もう一度図版を見て，先に記入した3つの反応の中から1つを選ぶように教示した。また，その反応を選んだ理由も簡単に記させた。その結果，280の理由のうち159は，「一番似ている」という標題のもとに簡単に分類することができた。▼注4

既知の対象との類似性を基にしたある種の一対比較が行われているのは明らかだが，答える反応の選択にこの働きが主たる影響力を持つと考えるのは間違いであろう。潜在反応のうちのどれを答え，どれを放棄するのかを決める際に重要な役割を担う要素は，少なくとも他に3つ存在する。

検閲による放棄

先に述べたように，たいていは，何らかの先入観をもって心理テストに取りかかる。それら先入観の中には心理テスト全般に関するものもあるし，ロールシャッハに特有のものもあるだろう。概して，それらはテストに関する断片的な知識からもたらされる。しかし，テストに取り組む際の構えは，より広い受検者の価値観が基になっていることが多い。先入観の基が何であれ，それらが組み合わさって，放棄や選択に大きな影響を与えることになる。例を挙げてみよう。MMPIのK尺度は社会的に受け入れられる反応への指向性と関係していると言われているが（Dahlstrom, Welsh & Dahlstrom, 1972），先に引用したExner, Armbruster & Mittman（1978）の研究では，MMPIのK尺度得点の分布の上半分の20人は，下半分の20人よりも，平均反応数が17少なかった。受け入れられやすい反応をしようとする者は，そうでない者に比べ，反応を差し控えたり放棄したりしやすい，と考えられる。この研究結果が引き金となり，受検者が多少とも反応を差し控えたり放棄したりする状況についての研究が他にもいくつか行われた。

Exner, Armbruster & Mittman（1978）が報告した研究では，10人の治療者に，自分の患者の中からロールシャッハテストを受けたことのない者を2人集めるよう依頼した。これらの患者は無作為に分けられ，それぞれの治療者は自分の患者1名と，これまで接触したことのない，他の治療者の患者1名をテストした。その結果を見ると，自分の治療者にテストされた患者は，統制群よりも反応が平均10多く，性反応も有意に多かった（4.3対0.8）。Leura & Exner（1978）は，中学校教師10名にロールシャッハの施行法を教えた上で，同じデザインの研究を行った。各教師は，自分たちの中学1年のクラスから志願者2名を集めるよう頼まれた。クラス内で成績が非常によい者であることを，選択の基準とした。集められた生徒は無作為に分けられ，それぞれの教師は自分の生徒1名

と，これまで接触したことのない，他の学校の生徒1名をテストした。その結果，自分の教師にテストされた生徒は，反応数が統制群よりも約16多かった。

これらの研究結果からは，検査者に対して情緒的あるいは知的に親近感を抱いている受検者のほうがより多く答え，隠すところが少ない，と言える。しかしこれを，十分に訓練された検査者は反応数を左右する影響力を持つ，などと言い換えてはいけない。標準的な方法でテストが施行されたならば，反応数は正規分布に従うのである。Exner（1974）によれば，初心の検査者の場合，テストの施行手続きを習得できていなかったり，ちゃんとできているのか不安になってしまい，その影響で受検者の反応数が通常よりも少なくなった。

検査者の不安は受検者の不安を助長し，反応を抑制させてしまう。ただし，こうしたことはテスト実施のスーパーバイズを受けることにより，容易に修正される。

Goodman（1979）は，検査者の性差の影響について研究した。研究デザインは，男女10名ずつの検査者が，それぞれ男性2名，女性2名の研究参加者をテストするというものだった。彼女は，各検査者が研究参加者にTATを実施しているところを納めたビデオテープをもとに，尺度を使って検査者の対人的な「暖かさ」も評定した。その結果，検査者と受検者の組み合わせが同性の場合と異性の場合との間に有意差は見られなかった。しかし，相互交流において「より暖かみがある」と評定された経験豊かな検査者のときのほうが，経験の浅い検査者のときよりも人間反応の数が多かった。また，経験豊かな検査者のほうが，大学院で訓練中の検査者よりも，反応数が平均（17から26の反応）を上回る記録が多かった。検査者と受検者の間のラポールは，検閲による潜在反応の放棄に関係する要素のひとつである。しかし，テストに対する構えや反応の受け入れられやすさに対する価値判断によっても，多くの検閲活動が生じるようである。

Exner & Leura（1976）は，非患者の男女各30名を受検者にして，各図版でどの対象が見られやすいのかを調べる研究を行った。研究参加者の中には以前にテスト図版を見た者はいなかった。研究参加者は無作為に30名ずつの2群に分けられ，ホテルの大ホールの両端に置かれた机に1人ずつ座らされた。両群の間には厚手の仕切りが置かれた。研究参加者には1人ずつ，1枚の図版ごとに5つの反応をリストした一覧表と，それら合計50の反応の輪郭が描かれた領域図が配られた。5つの反応は無作為に並べられ，1つの反応が特定の順番に集中しないようにした。反応の順番が1つでも同じになってしまう人は，各群で7人以上にはならなかった。5つの反応の一覧表には，平凡反応が1つ，通常よく出る反応が2つ，あまり出ない反応が2つが載せられた。このうちの1つは性や損傷，暴力の含意があるもので，標的反応とされた。

たとえば図版Ⅰの表に載せられた5つの反応は，コウモリ，仮面，動物，ベル，そして標的反応の裸の女性である。どれもブロットの大きな部分やはっきりと分かれた部分に対する反応だった。図版は1枚ごとスクリーンに165秒間映されるので，研究参加者はそれをよく見て，領域図に描かれた輪郭と照らし合わせ，5つのうちどれが最も見えやすいかを決めるよう，指示された。最も見えやすいものは第1位で，次に見えやすいものは第2位，そして最も見えにくいものが第5位とされた。両群の間には1つだけ教示に違いがあった。一方の群には，これから順番を付けてもらう反応は正常な人が最もよく出すものだと告げた。もう一方の群には，これらの反応は重篤な精神病の患者が最もよく答えるものだと告げた。

両群の順位付けを比較すると，50の反応中22の反応で有意差が見られた。10個の標的反応のう

ち8個は，これら22の反応の中に含まれていた。表中の反応は精神病患者から得られたものだと告げられた群では，図版Iで標的反応（裸の女性）を1位か2位に挙げた者は30人中4人しかなかったのに対し，5位に挙げた者は15人だった。一方，表中の反応は正常者がよく見るものだと告げられた群では，標的反応を1位か2位に挙げた者は30人中19人いた。図版VIの反応一覧に載せられていたのは，動物の毛皮，トーテムポール，人間の横顔，イヌ，そして標的反応の男性性器だった。反応は精神病患者から得られたものだと告げられた群では，標的反応を2位とした者が1人，3位とした者が1人で，残りの28人は全員4位か5位に順位づけた。反応は正常者から得られたものだと信じ込まされた群では，19人が標的反応を1位に，4人が2位に順位づけした。4位か5位にした者は3人しかいなかった。

　Thomas, Exner & Leura（1977）は，別の非患者群60人に対して，デザインを修正して同じ実験を行った。60人はやはり30人ずつの2群に分けられ，厚手の壁で仕切られたホテルのボールルームの両端に座らされた。5つの反応が記載された一覧表と領域図が配られた。前者は前回の実験で使用したのと同じものだったが，後者には今回は反応の輪郭が描かれていなかった。一覧表の反応がどうやって得られたものかについては，前回よりも詳しい説明を与えた。1つの群には，これらの反応は大きな成功を収めたビジネスマンがよく出すものだと告げた。もう1つの群には，統合失調症の入院患者が最もよく出す反応だと告げた。図版をスクリーンに映す代わりに，各研究参加者にはロールシャッハの図版を1組ずつ与えた。研究参加者は，それぞれの図版を必要なだけ時間をかけて見て，一覧表中の反応をすべて見つけ出し，黒のマーカーでそれら反応の輪郭を領域図に描くようにと教示された。5つの反応すべてを捜し当て，その輪郭を描いた後は，前回の実験同様に1位から5位まで，最も見えやすい反応，その次に見えやすい反応という順番を付けさせた。この結果は，前回の実験結果に似たものとなった。

　50の反応中21の反応で，両群に有意差が見られた。この21の反応の中には，10個の標的反応の内の9個が含まれていた。表11.2に，10個の標的反応とそれぞれの順位づけの頻度を示す。1位と2位，4位と5位は，それぞれ見えやすい群と見えにくい群としてまとめて表示した。

　いずれの研究でも，一覧表中の反応の入手先についてどう思いこませたかによって，両群の順位づけに違いが生じた。否定的な構え（反応は精神病の受検者から得られたものである）があると，ある種の反応をより知覚しにくいものと順位づけようとするし，肯定的な構えがあれば，そうする必要をあまり感じなくなる。このような仮説を立てるのは理にかなっているだろう。この種の研究からは，反応を選択するときに行われる検閲の働きについて確証的なことは言えない。しかし，検閲の働きについていくつかの手がかりは得られる。受検者が対象との類似性という観点からある反応を高く順位づけたとしても，テスト状況に照らしてこの反応に否定的な価値判断をすると，検閲の働きによってこの反応が放棄されるのである。

反応選択における様式および特性

　順位づけと検閲の働きは反応過程の中の重要な要素と言えるが，これらの働き以上に影響力を持つ要素が他にもある。その中で最も影響力を持つのは，個人の基本的な心理的特徴である。どの潜在反応を述べるかを決める際に，それら特徴が主要な役割を果たしているのはほぼ間違いない。こ

表 11.2　2群に提示された 10 の標的反応の順位付けの頻度（1位と2位，4位と5位はそれぞれ一緒にしてある）

			順位					
			グループ1			グループ2		
			統合失調症者の反応という設定			ビジネスマンの反応という設定		
図版	領域	反応	1-2	3	4-5	1-2	3	4-5
I	D4	裸の女性	5	4	16*	18*	9	3
II	D2	血のしみ	1	10	19	14*	5	11
III	D2	流れ落ちる血	5	11	14	16*	6	8
IV	W	立ちはだかる怪物	21	6	3	20	9	1
V	W	戦っている雄羊	7	15	8	18*	10	2
VI	D2	ペニス	3	9	18*	21*	5	4
VII	D6	膣	0	7	23*	13*	9	9
VIII	W	解剖した胸の部分	4	7	19	14*	5	11
IX	D6	お尻	0	12	18*	11*	11	8
X	D9	血のしみ	5	13	11	15*	7	

* 他の順位よりも頻度が有意に高い

れらの特徴のために，人の心理的働きや表に現れる行動の多くがかなり一貫したものになる。過去，これらは，心理的習慣，特性，様式，傾向などと呼ばれてきた。どのような名前で呼ばれようとも，それはパーソナリティ構造の主要な要素が集まったものであり，行動の好みをもたらしたり，多くの対処反応の中から特定の反応を繰り返し選択しやすくさせている。

　ある人について，その人をよく知っている人が描写すると，その記述はこれらの特徴を反映したものになる。たとえば，物静か，控えめ，のびのびしている，感情的，押しが強い，受動的などと描写される。ストレスに強いと評される人もいるし，ストレス下ではすぐに混乱してしまうとみなされる人もいる。記述する人が，評される人とよく接触を持っているような場合は，その記述はかなり正確なものになるだろう。これらの心理的特徴は，対処や問題解決が必要とされたときに，その意志決定に特に影響を与える。ロールシャッハの課題はある種の意志決定を求めるものなので，受検者は当然，これらの特徴の影響を受ける。つまり，ある特定の行動を繰り返す傾向は，ロールシャッハの作業の中にはっきりと表われ，いくつかの選択肢がある中で，ある種の決まった反応を選択して述べる確率を高くするのである。

　このような繰り返しの傾向があるために，ロールシャッハには時間的一貫性がもたらされるのである。ロールシャッハに関する激しい論争の歴史の中，ロールシャッハの利用価値を否定した人々がよく問題にしたのは，信頼性の証拠が十分ではないという点である。残念ながら，信頼性の立証を試みる研究のほとんどは，折半法を用いて内的整合性があることを証明しようとした（Vernon, 1933；Hertz, 1934；Ford, 1946；Orange, 1953）。結果は統計的には有意だったが，真に内的整合性があると判断されるのに必要な .75 以上の相関が得られたものはほとんどなかった。信頼性に対して折半法を用いたアプローチをするときに必要とされるのは，刺激は等価で，どのような種類の反応も等しく生じさせるという前提である。しかし，ロールシャッハの 10 枚の図版は，刺激が等価ではない。各図版の複雑さの水準は異なっているし，引き出されやすい反応の種類も各図版で明らかに異なっている。

包括システムを作りあげる過程では，反応の時間的一貫性を調べることによって信頼性の問題についての検討がなされた。提起された操作的仮説は，人々は好みの反応様式を有しており，それは多くの反応の中に表れるし，その特徴はテストが繰り返されてもやはり一貫して表われる，というものだった。Holzberg（1960）は，テスト・再テストはロールシャッハには有効でないだろうと考えた。そして，パーソナリティ変数は時間的な一貫性がないし，1回目のテストでの記憶入力により，2回目のテストでは1回目とは異なる構えが作られてしまうと論じた。しかし，これらの主張はどちらも納得のいくものではない。いわゆるパーソナリティ特性の多くに時間的な一貫性があることを示すデータはたくさんある（London & Exner, 1978）。また，Exner, Armbruster & Mittman（1978）の研究結果は，記憶は重要な変数であったとしても，見たものの再生は前のテストにはあまり左右されず，報告したものの再生のほうがより影響を受けることを示している。

　成人や児童，患者と非患者などの多くの異なる群を用いて，時間的な一貫性に関する多くの研究が行われた。1回目と2回目のテストの間隔は，数日のものから数十ヵ月のものまでさまざまだった。反応様式あるいは反応傾向の一貫性に関して検討する場合は，長期の間隔を置いて行った2つの再テスト研究が非常に多くのデータを提供してくれる。第1の研究では，男性50人と女性50人からなる非患者成人100人に，36ヵ月から39ヵ月後に再テストを行った（Exner, Armbruster & Viglione, 1978）。第2の研究では，男性25人と女性25人から成る非患者成人50人に，12ヵ月から14ヵ月後に再テストを行った（Exner, Thomas & Cohen, 1983）。さらに，1983年の研究のデータは，新しい変数をスコアし直して再計算された（Exner, 1999）。これらの研究から得られた再テスト相関の値は表11.3に示してある。

　約1年後に再テストされた50人のデータを検討すると，相関が.90を上回る変数は4個で，.81から.89の間の変数は25個あった。.75を下回るものは10個あったが，これらの変数が関係する心理的特徴はすべて心理特性のみならず状態の特徴の影響も受けるものなので，意外な結果ではない。約3年後に行われた再テストのデータもこれにきわめて似たものである。.90台の相関を示したものが1個，.80から.87の間の相関を示したものは18個あった。.70を下回るものは6個あったが，それらはいずれも状態に関係ある変数だった。心理測定の純粋主義者であれば，その数値に基づいて，相関が.80未満の場合，あるいは.85に満たなくても，変数の安定性や一貫性を裏づけるには十分でないと主張するだろう。この主張と特に関係してくるのは，.70から.79の再テスト相関を示す変数である。1年後の再テストのデータにはこのような変数が7あり，3年後の再テストのデータには10ある。これらの変数に関係のある特徴や働きは，再テスト相関がもっと高い変数に関係のある特徴や働きほどには一貫性はない。その変数を一つ一つ見ていくと，少なくとも半数は相関が変動している。したがって，これらの変数はある程度の安定性を有する特徴と関係してはいるが，長い時間間隔などの他の条件の影響も受けやすいと考えられる。

　表11.3に挙げた26の変数はいずれも，それだけでは解釈に決定的な影響力を持たない。これも注意すべき重要な点である。表11.3の5つの比率と割合のほうが，解釈する上ではより重要な役割を担う。これらの多くは，再テスト相関が.80以上である。相関が.80よりも低い変数は，状態から受ける影響と関係しているものである。

　表11.3のデータは，非患者成人の場合は，ロールシャッハのスコアに示される特徴のほとんどが長期間非常に安定していることを示している。しかし，児童の場合は違う。Exner & Weiner（1982）

表 11.3　50 人の成人非患者群に対する 12 ～ 14 カ月後の再テストと 100 人の成人非患者群に対する 36 ～ 39 カ月後の再テストの相関係数

変数	説明	再テスト（1 年後）r	再テスト（3 年後）r
R	反応数	.86	.79
P	平凡反応	.83	.73
Zf	Z の頻度	.85	.83
F	純粋形態反応	.74	.70
M	人間運動反応	.84	.87
FM	動物運動反応	.77	.72
m	無生物運動反応	.26	.39
a	積極的運動	.83	.86
p	消極的運動	.72	.75
FC	形態色彩反応	.86	.86
CF	色彩形態反応	.58	.66
C	純粋色彩反応	.56	.51
CF+C	色彩優位の反応	.81	.79
SumC	重みづけした色彩反応の合計	.82	.86
SumT	材質反応の合計	.91	.87
SumC'	無彩色反応の合計	.73	.67
SumY	濃淡拡散反応の合計	.31	.23
SumV	濃淡立体反応の合計	.87	.81
FD	形態立体反応	.88	.83
Fr+rF	反射反応	.82	.78
(2)	ペア反応	.81	.83
DV+DR	逸脱反応	.72	.79**
INC+FAB	不適切な結合	.89	.82
COP	協力的な運動	.81	*
AG	攻撃的な運動	.82	*
MOR	損傷内容	.71	*
比率とパーセンテージ			
L	ラムダ	.78	.82
EA	現実体験	.83	.85
es	刺激体験	.64	.72
Adjes	修正 es	.82	*
D	ストレス耐性の指標	.91	.83
XA%	全体適切形態反応	.89	*
WDA%	W+D における適切形態反応	.92	*
X+%	良形態の使用	.86	.80
X-%	歪んだ形態の使用	.92	.86
Afr	感情の比率	.82	.90
3r+(2)/R	自己中心性指標	.89	.87
WSum6	重みづけした特殊スコアの合計	.86	*
Blends	複数の決定因子	.62	.67
Intell	知性化指標	.84	*
Isolate/R	孤立指標	.84	*

* ＝研究が行われた時点では包括システムにおいてコードや計算がなされていなかったもの
** ＝研究が行われた時点では包括システムに DR のコードがなかったため，DV のみが含まれている

は，6歳と8歳のときにテストをしたときの再テスト相関と，9歳と12歳のときにテストをしたときの再テスト相関は，いずれもかなり低いと報告した。その他の研究では，57人の患者でない児童に対して8歳で最初のテストを実施し，その後16歳になるまで2年おきに再テストを行った。8年にわたるこの縦断的研究の結果を見ると，14歳と16歳の間の相関以外，ほとんどの変数の再テスト相関は低かった（Exner, Thomas & Mason, 1985）。しかしこれを，児童の特性や様式は短期間でも安定性に欠けるとか，これらの特徴は反応の選択にあまり影響しない，などと解釈しないほうがよい。最初のテスト施行から1カ月以内に2回目のテストが行われた場合は，児童でも成人でも，ほとんどの変数の再テスト相関はかなり高い。表11.4に，このような3つの研究の結果を示す。1つは，7日後に再テストされた患者でない8歳児25人を対象にした研究である（Exner & Weiner, 1982）。その他の2つは，患者でない9歳児35人と非患者成人35人を対象にしたもので，いずれも再テストはほぼ3週間後に実施されている（Thomas, Alinsky & Exner, 1982）。

　7日後に再テストされた8歳児では，相関が.90以上の変数が9個，.80〜.89までの変数が13個ある。9歳児では，相関が.90以上の変数は8個あり，他の17の変数の相関は.80〜.89までの間にある。成人では，相関が.90以上の変数は6個，.81〜.89までの変数は25個ある。このような短い間隔での再テスト研究から得られた多くの高い相関は，答える反応を選択する上で，その人の様式や特徴は重要な役割を果たす，との仮説を支持するものである。Holzberg（1960）に従えば，短い間隔での再テストでは記憶の要因のほうがより重要な役割を果たし，そのために相関が見かけ上高くなるものが出てくる，との反論がなされるかもしれない。しかし，そうではないことを示す証拠がある。

　Exner（1980）は，訓練中の検査者の実習のために研究協力者が必要であるとの理由を付けて，4つの小学校から60人の患者でない8歳児を集めた。児童は全員両親の勧めで研究に参加し，正規の授業時間内に，5日から7日の間隔を空けて2回テストを受けた。テストの施行には，10名の経験豊かな検査者が充てられた。検査者はこの研究の性質について知らされてなく，いつもと同じように信頼性の調査研究のためにデータを集めているのだと思っていた。1回目のテスト施行時，プロジェクトの責任者は，教室から，学校が用意したテスト室まで児童と一緒に行き，検査者に引き合わせた。2回目のテストは，3日ないし4日後に実施された。60人の児童は，あらかじめ，30人ずつの2群に無作為に分けられた。統制群に対しては，2回目のテストも1回目と同じ方法で行った。実験群に対してはやり方が変えられ，プロジェクトの責任者は児童と一緒にテスト室に行く途中で立ち止まり，検査者の訓練に関する重要な問題の解決を手伝ってほしいと頼んだ。そして，その問題について手短に説明した。すなわち，訓練中の検査者は同じような答えを繰り返し聞かされているから，1回目のテストで述べた答えを頑張って思い出し，同じ答えを言わないようにしてくれると検査者にとってかなりいい訓練になる，と話した。プロジェクトの責任者は，報酬として50セント支払うとの申し出をし，実験群の児童は全員，前と違う答えをすると約束した。

　両群の再テスト相関は，2つの変数以外はほぼ同じだった。実験群の児童では，再テストのときは1回目のテストのときよりも純粋形態反応が有意に少なく，無彩色や濃淡を使った反応が有意に多かった。しかし，それ以外は両群間の各相関に本質的な差はなく，表11.3に示した，7日後に再テストされた8歳児の相関とかなりよく似ていた。この研究において決定的に重要となるのは，実験群の児童が本当に1回目と異なる反応をしたのかどうかという点である。この問題を確かめるた

表 11.4　25 人の 8 歳の非患者児童群に対する 7 日後の再テストの相関係数と 35 人の 9 歳の非患者児童群に対する約 3 週間後の再テストの相関係数

変数	説明	8 歳 再テスト（7 日後） r	9 歳 再テスト（3 週間後） r	成人 再テスト（3 週間後） r
R	反応数	.88	.87	.84
P	平凡反応	.86	.89	.81
Zf	Z の頻度	.91	.92	.89
F	純粋形態反応	.79	.80	.76
M	人間運動反応	.90	.87	.83
FM	動物運動反応	.75	.78	.72
m	無生物運動反応	.49	.20	.34
a	積極的運動	.91	.91	.87
p	消極的運動	.86	.88	.85
FC	形態色彩反応	.90	.84	.92
CF	色彩形態反応	.76	.74	.68
C	純粋色彩反応	.72	.64	.59
CF+C	色彩優位の反応	.89	.92	.83
SumC	重みづけした色彩反応の合計	.88	.87	.83
SumT	材質反応の合計	.86	.92	.96
SumC'	無彩色反応の合計	.77	.74	.67
SumY	濃淡拡散反応の合計	.42	.17	.41
SumV	濃淡立体反応の合計	.96	.93	.89
FD	形態立体反応	.74	.81	.90
Fr+rF	反射反応	.83	.80	.89
(2)	ペア反応	.74	.77	.83
DV+DR	逸脱反応	.71**	.76**	.74
INC+FAB	不適切な結合	.72	.81	.92
COP	協力的な運動	*	*	*
AG	攻撃的な運動	*	*	.81
MOR	損傷内容	*	*	.83
比率とパーセンテージ				
L	ラムダ	.82	.84	.76
EA	現実体験	.85	.87	.84
es	刺激体験	.74	.70	.59
Adjes	修正 es	*	*	.79
D	ストレス耐性の指標	.93	.91	.88
XA%	全体適切形態反応	*	*	*
WDA%	W+D における適切形態反応	*	*	*
X+%	良形態の使用	.95	.92	.87
X-%	歪んだ形態の使用	.83	.80	.88
Afr	感情の比率	.91	.91	.85
3r+(2)/R	自己中心性指標	.94	.86	.90
WSum6	重みづけした特殊スコアの合計	*	*	*
Blends	複数の決定因子	.57	.64	.71
Intell	知性化指標	*	*	*
Isolate/R	孤立指標	*	*	*

*　＝研究が行われた時点では包括システムにおいてコードや計算がなされていなかったもの
**　＝研究が行われた時点では包括システムに DR のコードがなかったため，DV のみが含まれている

め，60組の記録を各20組ずつの3群に無作為に分けた。3名の判定者には，記録は信頼性の研究のために集められたものだと告げ，1人に1群ずつを割り振った。判定者は，組になった記録をそれぞれ読んで，2回目のテストの反応が1回目のテストと同じ（あるいはほぼ同じ）ものをすべてチェックするように指示された。比較した結果，統制群では，2回目のテストの546反応中の481反応（86%）は，1回目のテストの反応の繰り返しかそれに近いものだった。一方，実験群では，2回目のテストの551反応のうち，1回目のテストの反応と同じかほぼ同じだったものは，77（14%）しかなかった。つまり，実験群の児童は，2回目のテストでは異なる反応を答えるという約束を，おおむね守っていた。それにもかかわらず，彼らが選択した反応のスコアの分布は，一人一人比べると，1回目のテストの分布と似たものになっていた。

　表11.3と表11.4には示されていないが，反応選択の一貫性に関する仮説にとって重要な構造的データが，他にもある。それは，次の3つの関係，すなわち比の方向である。それらは関係の中の方向性（比の左右どちらが大きいか）やその差の大きさを示すものであり，いずれも，テストを解釈する上で重要となる。1つ目は，MとWSumCの比を示す体験型（Erlebnistypus：EB）である。MとWSumCの関係を解釈するには，方向と大きさの両方が重要である。先に引用した，50人の非患者成人の1年後の再テストの研究では，1回目のテストでEBの比の一方の値が他方の値よりも2以上大きかった受検者は40人いた。このうちの39人は，再テストでもEBの両辺に2以上の開きがあった。また，比の方向性が変わった者は1人だけだった（Exner, 1999）。非患者成人100人を対象にした，3年の間隔を空けての再テスト研究では，1回目のテストでEBの両辺に2以上の差があった受検者は83人いた。このうち77人は，再テストでも2以上の差を示した。方向性が変わったのは2人だけだった。

　重要な比の2つ目は，FCとCF+Cの関係である。1年後の再テストの研究では，1回目のテストでFCの値がCF+Cの値と同じ，あるいはCF+Cの値より大きかった者は，50人中27人いた。このうちの26人は，再テストでもやはりFCの値のほうが大きかった（Exner, 1999）。3年後の再テストの研究では，1回目のテストで左右の値に2以上の開きがあった者は100人中57人いた。再テストでもやはり差が2以上あった者は57人中50人で，比の方向性が変わった者は1人もいなかった。

　3つ目は，積極的運動と消極的運動の比である。この関係においては，通常，積極的運動のほうが多いことが期待される。差の大きさも重要である。1年後の再テストの研究では，1回目のテストで積極的運動反応の数が消極的運動反応の数と同じ，あるいは多かった者は，50人中47人いた。このうち46人は，再テストでも積極的運動反応の数の方が消極的運動反応の数と同じ，あるいは多いままだった（Exner, 1999）。3年後の再テストの研究では，1回目のテストで左右の値に2以上の開きがあった者は76人で，このうち60人は積極的運動反応のほうが多かった。この60人中57人は，再テストでも積極的運動反応の数の方が2以上多かった。消極的運動反応のほうが多かった16人のうち11人は，再テストでも消極的運動反応の数のほうが2以上多かった。

　再テストまでの間隔が長くても短くても，あるいは前と違う反応をするように促されたときであっても，ロールシャッハのスコアと比率には一貫性が見られた。これら一連のデータは，潜在反応のうちのどれを答えるかの選択には受検者の特性や様式が大きく影響するという仮説を十分支持するものである。しかし，どの反応を答えるかの最終決定において重要な役割を果たす要素が，さらにもう1つある。

心理状態と反応選択

　多くのパーソナリティの特徴とその結果生じる行動の一貫性の有無は，行動を引き起こす刺激条件にある程度の一貫性があるかどうかに左右される。換言すれば，人の習慣，特性，反応様式は確率的なものである。ある種の行動はある種の刺激条件のもとでは起こる可能性が高くなる，ということである。刺激条件には内的要素と外的要素がある。野外活動が大好きな人でも，もしも外気温がカ氏 0 度（セ氏約マイナス 18 度）を下回ったり，カ氏 110 度（セ氏約 43 度）を超えれば，野外活動をする可能性はぐっと減るだろう。いつものように行動するのではなく，じっとしていることのほうが多くなるかもしれない。体温がカ氏 101 度（セ氏約 38 度）を超えたり，ちくちくとした腹痛が起こったときも，やはり屋外での運動はしなくなるだろう。人が変わったのではなく，外的条件や内的条件が変化して別の行動が起こりやすくなったのである。

　個人の心理状態の変化によっても，いつもとは違う行動をするようになる。心理的要求の増大や感情の変化，予期せぬストレス体験，さまざまな精神病理状態の始まりなどによって新たな行動が引き起こされ，新たな指向性が加わったり，変化することがある。ほとんどの場合，人の基本的な部分は変化しない。しかしそれでも，予想外の行動が生じうる。行動が少ししか変わらない場合もあれば，かなり思いがけない行動を取ってしまうような場合もあるだろう。これらは状態によって生じる現象であり，通常の心理機能に取って代わったり，いつもの心理的働きからは生じないような行動を起こさせる。

　先にも強調したように，ロールシャッハの反応は問題解決行動の標本と見ることができる。したがって，何らかの心理状態のために通常の問題解決の仕方が変わったり，新たな問題解決の仕方をするようになると，テストの際に答える反応の選択にも影響が及ぶだろう。たとえば，表 11.2 と表 11.3 に挙げた変数のうちの 2 つは，再テストまでの間隔が長くても短くても再テスト信頼性が低い。この変数は，m と SumY である。両者とも期待値は 1 であり，状況ストレスに関係している（Shalit, 1965；Armbruster, Miller & Exner, 1974；Exner, Armbruster, Walker & Cooper, 1975；Exner, 1978；Exner & Weiner, 1982）。したがって，m と Y の両方あるいはどちらか一方の頻度が上昇している場合は，統制力の低下，無力感，無能力感などが気になって精神的あるいは情緒的に刺激を受けるといったような，何らかの状況関連の事情が存在することを示している。

　ロールシャッハの反応選択が心理状態の条件からどのように影響を受けるのかは，材質反応からもうかがい知れる。非患者成人の約 70 〜 80% は，材質反応を 1 つ答える。そのため，再テスト信頼性はだいたい .80 〜 .90 の範囲になる。受検者が近時に重大な情緒的喪失体験をしている場合，材質反応の平均値は増加することが多い。Exner & Bryant（1974）は，親密な情緒的つながりを最近失った 30 人の非患者成人の記録には，材質反応が平均約 4 個あることを見出した。約 10 カ月後にこれらの者を再テストしたが，その時点では 30 人中 21 人は新たな情緒的関係を築きあげたり，壊れた関係を修復させていた。1 回目のテストに比べ，2 回目のテストでは材質反応はかなり少なかった。しかし，今でも喪失感が続いていると申告した 9 人は全員，2 回目のテストで材質反応を 3 個以上出した。

　心理状態の多くは一時的なものだが，中には本来のパーソナリティ構造をもっと長い時間覆ってしまうようなものもある。精神病理状態の多くはこのような性質を持ち，広範囲の行動に影響を及

ぼす。そのため，ロールシャッハの反応選択にも大きな影響を与える。1つの例としては，重症または慢性的なうつ病が挙げられる。抑うつ群には，濃淡立体反応と無彩色反応が他の群よりも有意に多い。MOR反応も多いし，自己中心性指標はたいがい低い。Haller & Exner（1985）は，児童を対象にしたExner（1980）と似たデザインで，抑うつや無力感のために入院した患者50人を対象にした研究を行った。1回目のテストの3日ないし4日後に再テストを行ったが，その際，無作為に選んだ半数の研究参加者には，1回目のテストと違う反応を答えるように教示した。統制群では2回目のテストの反応の約70%が1回目のテストと同じだったが，実験群では約33%しか同じ反応がなかった。つまり実験群では2回目のテストで68%以上の新しい反応が出された。しかし，両群とも，再テスト信頼性は児童を対象にしたExnerの研究で得られたものとほぼ同じ程度に高かった。また，抑うつに関係する変数にも有意差はなかった。

ある心理状態が長く続けば，その影響もまた長引く。状態が深刻なものであれば，意志決定への影響もより大きくなる。Exner et al.（1985）は，約1年の治療経過後も大うつ病と診断された青年期入院患者の場合，抑うつに関係する指標の再テスト信頼性が高いことを見出した。一方，ある心理状態がなくなると，ロールシャッハの反応選択への影響も消失する。Exner, Cohen & Hillman（1984）は，DSM-IIIの診断基準により大うつ病と診断された46人の患者を，治療終結時点で再テストした。患者は全員，最初は入院し，退院後は外来で治療を受けた。治療期間は平均約2年だった。抑うつに関係する変数の再テスト相関は非常に低く，一番低いもので濃淡立体反応の.19，一番高いものでMOR反応の.33だった。

要するに，ロールシャッハを受ける人の心理状態は，どの反応を答えるかの最終的選択に影響を与える。反応選択に対する心理状態の影響は，心理状態が受検者に与えている影響の大きさや時間に比例して増加する。心理状態が特性，様式，習慣などよりも影響力を持つとは限らない。しかし，そうなる場合もあるのである。

投映と反応過程

投映はすべての反応の選択や放棄に際して生じるのだろうか。投映の定義を拡大し，その中にあらゆる意思決定の働きを含めてしまえば，是と言える。しかしそれは単純で，あまりにも定義を広げすぎた上での見解である。反応の選択がもっぱら分類や順位づけの働きによってなされた場合，そこに投映が含まれているとはとても考えられない。コウモリ，2匹のイヌ，チョウ，木などのような，よく出される一般的な反応は，その最もよい例である。これらの反応は主にブロットの輪郭によって形成されており，投映が含まれているという証拠は見あたらない。順位づけと検閲によって潜在反応が放棄されているときにも，ほとんど，あるいはまったく投映過程の影響は受けていないだろう。このような放棄は，受検者の態度や価値観，テスト状況についての理解の仕方の影響を受けて行われている場合がほとんどである。

また，受検者の特性や様式に投映が大きな影響を与えているとは考えがたい。むしろ，特性や様式は永続的な特徴なので，投映が起こったときに，それを方向づける働きをする。同様のことは，心理状態の影響と投映との関係についても言える。ある心理状態が広範におよび，かつ強烈であると，非常に豊かな投映内容が容易にもたらされる。

投映はロールシャッハの中にも生じうるし，実際生じてもいる。投映が生じている場合は，テスト結果の解釈にかなりの内容を付け加えてくれる。しかし，まずは投映内容とそうでないものとを見分けることが大切である。Exner（1989）は，2種類の投映反応があることを示唆するデータを提示した。1つは反応過程の第1段階で形成され，2つ目は第2段階もしくは第3段階で形成される。

投映と第1段階

ロールシャッハ反応の中に生じる1種類目の投映は，入力と分類の過程で何らかの歪曲や誤った知覚を生じさせる。たとえば，ボールを見せられ，これは何かと問われれば，ほとんどの人はそれはボールだと答えるだろう。対象の部分的特徴により，その答の範囲はかなり狭められる。それは機能面から同定することもできるし（投げる物），もっと広いとらえ方も可能である（人が作った物）。しかし，適切な答えの範囲には限りがある。

知覚面に障害のない人がボールを飛行機や悪魔，腎臓などと誤って同定した場合，刺激野の部分的特徴のひどい歪められ方や見落としから考えて，そこには何らかの投映が生じたと考えるのが妥当である。図版の部分的要素のために，ある特定の反応やある特定の種類の反応が出やすくなっている。したがって第1段階の操作の中で投映が起こる可能性は低いが，それでもそれらの特徴を歪めたり無視したりする形でブロットやブロット領域の分類がなされることもある。技術的には，それらはマイナス反応となる。神経心理学的な知覚障害のためにマイナス反応が生じたのでないとすると，それは認知的媒介において，内的な心理学的構えや働きのほうが刺激野を現実指向的に翻訳しようとする営みを上回ってしまった結果だと考えられる。つまり，そこには投映が含まれていることになる。

投映と第2段階および第3段階

第1段階の分類で投映の働きが生じることはありうるが，第2段階と第3段階で投映が起こった場合のほうがその影響力はずっと大きい。この段階の操作の際に刺激野に過剰な仕立てあげをしたり，刺激野から離れてしまうと，想像的な投映がはっきりと表われる。たとえば，2×2はいくつかと尋ねられればほとんどの人は4と答える。しかし投映が起こっていると，「答えは4です。4というの私の好きな数字なんです。なぜかって言うと，4は四季を表わしていて，四季は生活のサイクルにとってすごく大切なものですから」などと答えるかもしれない。

このような仕立てあげには，解答した人の何かが反映されている。なぜならば，質問の中にはそのようなことを引き出すようなものは何もないからである。この例のような掛け算という課題の性質の場合は，投映が生じる可能性は少なくなる。投映が起きることはあるが，しかし，普通は生じない。ロールシャッハの場合は，課題にも刺激にも制約があまりない。刺激野や課題の曖昧さが少ないと投映は促進されないが，それでも何らかの投映的な要素を含んだ個性的な翻訳や修飾は生じうる。その結果，反応が作られるときに投映的な特徴が込められ，それは最終的に答えられる反応の中に表れることになる。

この種の投映を含む反応の大多数は，あまり解釈的な翻訳を必要としない。なぜならば，刺激野からの逸脱や過剰な仕立てあげのために，たいがい修飾は明らかになっているからである。こうした反応では，対象は独特のあるいは個性的な方法で描写される。そのような投映の多くは運動反応

の中で生じる。運動反応以外でも多くの投映が生じるが，その場合は対象にはかなりの修飾がなされる。こうした投映が生じる場合，このタイプの投映反応には感情や行動が直接表わされている。

　解釈する際に頭に入れておかなければいけないのは，必ずしもすべての反応，すべての言語表現に投映内容が表されているわけではないという点である。多くのプロトコルでは，投映を含む反応よりも投映が含まれていない反応のほうが多い。実際，投映内容が含まれていないようなプロトコルに出会うことは，稀ではあるが，決して少ないわけではない。普通，そうしたプロトコルはかなり防衛的なもので，比較的反応数が少なく，それぞれの反応中の言葉も少ない。こうした記録も，もっと修飾されたプロトコルと同様に妥当性はある。ただし，記述を肉づけしてくれるような，投映反応に表れる豊かで個性的な特徴には欠けている。

要約

　ロールシャッハ課題の性質は，情報入力，分類，概念化，意思決定などの複雑な作業を要求する。また，心理学的に投映が生じるのを可能にしている。このテストの標準的な施行法は比較的簡単なものだが，この手続きに忠実に従って施行すれば，テストの過程からは習慣，特性，様式，心理状態，そしてパーソナリティという言葉でくくることのできる多くの変数についての情報が得られる。テストの過程で起きることは複雑だが，このテスト自体は込み入った複雑なアセスメントツールではない。使う者がテストの性質とそれがどのような働きをするのかを理解していればなおさらである。ただし，テスト施行の手続きには細心の注意が要される。もしも故意に，あるいは未熟さゆえに間違った施行をすれば，テストの過程はまったく違ったものになるおそれがある。その場合，この方法はテストからただの言葉の寄せ集めに成り下がり，解釈の有用性は疑わしくなってしまう。

原注

▼注1……Rorschach は，ほとんどの人は 15 ないし 30 の反応をするが，「不機嫌だったり非協力的な」人の反応数はもっと少なくなる，と残念そうに記した。また，大部分の人は反応を出す前に時間を置くと述べ，非常に早く答える人は知覚や思考が「散らばってしまった」のだろうと考えた。Rorschach は初発反応の反応時間や図版ごとの総反応時間は計らなかった。しかし，「散らばってしまった」という考え方に加え，カラーショックに関する仮説が提唱されたことから，Rorschach の後継者たちはこれらの時間を正確に記録するようにと主張した。Rorschach は，受検者が VII 図版までは自然な早さで反応したのに，最初の全色彩図版である VIII 図版で反応形成に困難を来たしたと思われた場合に対して，カラーショックという言葉を用いた。Rorschach は，この困惑ぶりは感情の抑圧を示すものだと考えた。

▼注2……包括システムの平凡反応の数は，現在は 13 である。しかし，この研究が行われた時点では P とコードされる反応は 17 だった。

▼注3……走査活動の記録には，ガルフ・ウェスタン製 200 型眼球運動モニターを使用した。頭部の動きを最少にするために，研究参加者の頭部を保定装置に固定した。ブロットは，研究参加者の視野の中央に位置する小さなスクリーンに，瞬間露出器によって映し出された。眼球の動きは，めがねのフレームに取りつけられた赤外線センサーによって記録された。その情報は，コンピュータにはアナログ式に，変換器にはデジタル式に伝えられ，ビデオ装置で活動が再生された。

▼注4……群全体では，コメントは「わからない」というものから「これが好きだから」といったものまで，かなり多種多様だった。「一番似ている」という標題に分類されたコメントには，「ちょうど似たような羽や体

があるから」のように形態を具体的に述べたものから，ただ単に「他のものと比べると一番似ていたから」と答えるものまでがあった。

文献

Abramson, L. S. (1951). The influence of set for area on the Rorschach test results. Journal of Consulting Psychology, 15, 337-342.

Ames, L. B., Learned, J., Metraux, R. W., & Walker, R. N. (1952). Child Rorschach responses. New York: Hoeber-Harper.

Ames, L. B., Metraux, R. W., & Walker, R. N. (1971). Adolescent Rorschach responses. New York: Brunner/Mazel.

Armbruster, G. L., Miller, A. S., & Exner, J. E. (1974). Rorschach responses of parachute trainees at the beginning of training and prior to the first jump. Rorschach Workshops (Study No. 201, unpublished).

Attneave, F. (1954). Some information aspects of visual perception. Psychological Review, 61, 183-193.

Beck, S. J. (1945). Rorschach's test II: A variety of personality pictures. New York: Grune & Stratton.

Beck, S. J., Beck, A. G., Levitt, E. E., & Molish, H. B. (1961). Rorschach's test I: Basic processes (3rd ed.). New York: Grune & Stratton.

Cattell, R. B. (1951). Principles of design in "projective" or misperceptive tests of personality. In H. Anderson & G. Anderson (Eds.), Projective techniques. Englewood Cliffs, NJ: Prentice-Hall.

Coffin, T. E. (1941). Some conditions of suggestion and suggestibility: A study of certain attitudinal and situational factors in the process of suggestion. Psychological Monographs, 53(Whole No.241).

Colligan, S. C. (1992). Responses of nonpatients to a tachistoscopic presentation of the Rorschach. Washington, DC: Society for Personality Assessment.

Colligan, S. C., & Exner, J. E. (1985). Responses of schizophrenics and nonpatients to a tachistoscopic presentation of the Rorschach. Journal of Personality Assessment, 49, 129-136.

Dahlstrom, W. G., Welsh, G. S., & Dahlstrom, L. E. (1972). An MMPI handbook (Vol.1, rev.). Minneapolis: University of Minnesota Press.

Dinoff, M. (1960). Subject awareness of examiner influence in a testing situation. Journal of Consulting Psychology, 24, 465.

Dubrovner, R. J., VonLackum, W. J., & Jost, H. (1950). A study of the effect of color on productivity and reaction time in the Rorschach test. Journal of Clinical Psychology, 6, 33 1-336.

Erdberg, S. P., & Shaffer, T. W. (1999). International symposium on Rorschach nonpatient data: Findings from around the world. Amsterdam: XVI International Congress of Rorschach and Projective Methods.

Exner, J. E. (1959). The influence of chromatic and achromatic color in the Rorschach. Journal of Projective Techniques, 23, 418-425.

Exner, J. E. (1961). Achromatic color in Cards IV and VI of the Rorschach. Journal of Projective Techniques, 25, 38-40.

Exner, J. E. (1974). The Rorschach: A Comprehensive System. Volume I. New York: Wiley.

Exner, J. E. (1978). The Rorschach: A Comprehensive System. Volume 2. Recent research and advanced interpretation. New York: Wiley.

Exner, J. E. (1980). But it's only an inkblot. Journal of Personality Assessment, 44, 562-577.

Exner, J. E. (1983). Rorschach assessment. In I. B. Weiner (Ed.), Clinical methods in psychology. New York: Wiley.

Exner, J. E. (1989). Searching for projection in the Rorschach. Journal of Personality Assessment, 53, 520-536.

Exner, J. E. (1996). Critical bits and the Rorschach response process. Journal of Personality Assessment, 67, 464-477.

Exner, J. E. (1999). The Rorschach: Measurement concepts and issues of validity. In S. B. Embretson & S. L. Hershberger (Eds.), The new rules of measurement. Mahwah, NJ: Erlbaum.

Exner, J. E., & Armbruster, G. L. (1974). Increasing R by altering instructions and creating a time set. Rorschach Workshops (Study No.209, unpublished).

Exner, J. E., Armbruster, G. L., & Mittman, B. (1978). The Rorschach response process. Journal of Personality Assessment, 42, 27-38.

Exner, J. E., Armbruster, G. L., & Viglione, D. (1978). The temporal stability of some Rorschach features. Journal of Personality Assessment, 42, 474-482.

Exner, J. E., Armbruster, G. L., Walker, E. J., & Cooper, W. H. (1975). Anticipation of elective surgery as manifest in Rorschach records. Rorschach Workshops (Study No.213, unpublished).

Exner, J. E., & Bryant, E. L. (1974). Rorschach responses of subjects recently divorced or separated. Rorschach Workshops (Study No.206, unpublished).

Exner, J. E., Cohen, J. B., & Hillman, L. B. (1984). A retest of 46 major depressive disorder patients at the termination of treatment. Rorschach Workshops (Study No.275, unpublished).

Exner, J. E., & Leura, A. V. (1976). Variations in ranking Rorschach responses as a function of situational set. Rorschach Workshops (Study No.221, unpublished).

Exner, J. E., Martin, L. S., & Cohen, J. B. (1983). Card by card response frequencies for patient and nonpatient populations. Rorschach Workshops (Study No.276, unpublished).

Exner, J. E., Thomas, E. A., & Cohen, J. B. (1983). The temporal consistency of test variables for 50 nonpatient adults after 12 to 14 months. Rorschach Workshops (Study No.281, unpublished).

Exner, J. E., Thomas, E. A., & Mason, B. (1985). Children's Rorschachs: Description and prediction. Journal of Personality Assessment, 49, 13-20.

Exner, J. E., & Weiner, I. B. (1982). The Rorschach: A Comprehensive System. Volume 3: Assessment of children and adolescents. New York: Wiley.

Exner, J. E., & Weiner, I. B. (1995). The Rorschach: A Comprehensive System. Volume 3: Assessment of children and adolescents (2nd ed.). New York: Wiley.

Exner, J. E., & Wylie, J. R. (1976). Alterations in frequency of response and color articulation as related to alterations in the coloring of specific blot areas. Rorschach Workshops (Study No.219, unpublished).

Exner, J. E., & Wylie, J. R. (1977). Differences in the frequency of responses to the D1 area of Card X using an achromatic version. Rorschach Workshops (Study No. 237, unpublished).

Fisher, D. F., Monty, R. A., & Senders, J. W. (Eds.). (1981). Eye movements: Cognition and visual perception. Hillsdale, NJ: Erlbaum.

Ford, M. (1946). The Application of the Rorschach test to young children. Duluth: University of Minnesota, Institute of Child Welfare.

Frank, L. K. (1939). Projective methods for the study of personality. Journal of Psychology, 8, 389-413.

Gibby, R. G. (1951). The stability of certain Rorschach variables under conditions of experimentally induced sets: I. The intellectual variables. Journal of Projective Techniques, 15, 3-26.

Goetcheus, G. (1967). The effects of instructions and examiners on the Rorschach. Unpublished master's thesis, Bowling Green State University, Bowling Green, OH.

Goodman, N. L. (1979). Examiner influence on the Rorschach: The effect of sex, sex-pairing and warmth on the testing atmosphere. Doctoral dissertation, Long Island University, Brooklyn, NY.

Gross, L. (1959). Effects of verbal and nonverbal reinforcement on the Rorschach. Journal of Consulting Psychology, 23, 66-68.

Haller, N., & Exner, J. E. (1985). The reliability of Rorschach variables for inpatients presenting symptoms of depression and/or helplessness. Journal of Personality Assessment, 49, 516-521.

Halpern, F. (1953). A clinical approach to children's Rorschachs. New York: Grune & Stratton.

Hersen, M., & Greaves, S. T. (1971). Rorschach productivity as related to verbal reinforcement. Journal of Personality Assessment, 35, 436-441.

Hertz, M. R. (1934). The reliability of the Rorschach ink-blot test. Journal of Applied Psychology, 18, 461-477.

Hochberg, J. (1981). Levels of perceptual organization. In M. Kubovy & J. R. Pomerantz (Eds.), Perceptual organization. Hillsdale, NJ: Erlbaum.

Holzberg, J. D. (1960). Reliability re-examined. In M. Rickers-Ovsiankina (Ed.), Rorschach psychology. New York: Wiley.

Horiuchi, H. (1961). A study of perceptual process of Rorschach cards by tachistoscopic method on movement and shading responses. Journal of Projective Techniques, 25, 44-53.

Hutt, M., Gibby, R. G., Milton, E. O., & Pottharst, K. (1950). The effect of varied experimental "sets" upon Rorschach test performance. Journal of Projective Techniques, 14, 181-187.

Klopfer, B., & Kelley, D. M. (1942). The Rorschach technique. Yonkers-on-Hudson, NY: World Books.

Leura, A. V., & Exner, J. E. (1978). Structural differences in the records of adolescents as a function of being tested by one's own teacher. Rorschach Workshops (Study No.265, unpublished).

London, H., & Exner, J. E. (1978). Dimensions of personality. New York: Wiley.

Magnussen, M. G. (1960). Verbal and nonverbal reinforcers in the Rorschach situation. Journal of Clinical Psychology, 16, 167-169.

Martin, L. S., & Thomas, E. E. (1982). Selection of preferred responses by high school students. Rorschach Workshops (Study No.278, unpublished).

Matarazzo, J. D., & Mensh, I. N. (1952). Reaction time characteristics of the Rorschach test. Journal of Consulting Psychology, 16, 132-139.

Meer, B. (1955). The relative difficulty of the Rorschach cards. Journal of Projective Techniques, 19, 43-53.

Meer, B., & Singer, J. L. (1950). A note on the "father" and "mother" cards in the Rorschach inkblots. Journal of Consulting Psychology, 14, 482-484.

Miale, F. R., & Harrower-Erikson, M. R. (1940). Personality structure in the psychoneuroses. Rorschach Research Exchange, 4, 71-74.

Murray, H. A. (1938). Explorations in personality. New York: Oxford University Press.

Neisser, U. (1976). Cognition and reality. New York: Appleton-Century-Crofts.

Orange, A. (1953). Perceptual consistency as measured by the Rorschach. Journal of Projective Techniques, 17, 224-228.

Pascal, G., Ruesch, H., Devine, D., & Suttell, B. (1950). A study of genital symbols on the Rorschach test: Presentation of method and results. Journal of Abnormal and Social Psychology, 45, 285-289.

Phillips, L., & Smith, J. G. (1953). Rorschach interpretation: Advanced technique. New York: Grune & Stratton.

Piotrowski, Z. (1957). Perceptanalysis. New York: Macmillan.

Pomerantz, J. R., & Kubovy, M. (1981). Perceptual organization: An overview. In M. Kubovy & J. R. Pomerantz (Eds.), Perceptual organization. Hillsdale, NJ: Erlbaum.

Rabin, A. I., & Sanderson, M. H. (1947). An experimental inquiry into some Rorschach procedures. Journal of Clinical Psychology, 3, 216-225.

Shalit, B. (1965). Effects of environmental stimulation on the M, FM, and m responses in the Rorschach. Journal of Projective Techniques and Personality Assessment, 29, 228-231.

Silva, D. (2002). The effect of color on the productivity in Card X of the Rorschach. Rorschachiana, 25, 123-138.

Stein, M. I. (1949). Personality factors involved in the temporal development of Rorschach responses. Rorschach Research Exchange, 13, 355-414.

Thomas, E. A., Alinsky, D., & Exner, J. E. (1982). The stability of some Rorschach variables in 9-year-olds as compared with nonpatient adults. Rorschach Workshop (Study No.441, unpublished).

Thomas, E. A., Exner, J. E., & Leura, A. V. (1977). Drfferences in ranking responses by two groups of nonpatient adults as a function of set concerning the origins of the responses. Rorschach Workshop (Study No.251, unpublished).

Vernon, P. E. (1933). The Rorschach inkblot test. II. British Journal of Medical Psychology, 13, 179-205.

Wickes, T. A. (1956). Examiner influence in a testing situation. Journal of Consulting Psychology, 20, 23-26.

第 12 章
基準データ
Normative Data

　前章ではテストの性質に焦点を当て，反応形成や反応選択の際に必要とされる心理学的操作について述べた。それとは別に，テストを理解する上で役立つもう1つの視点がある。その視点とは，反応の特徴が出現する割合と，それらの割合とこのテストの多くの構造的特徴との関係に関するものである。反応には特定のコードが付けられ，それを基にこれらのデータが作られる。コードは，解釈との実証的つながりを持つ反応の特徴を同定するために付けられる。そして，コードされたさまざまな特徴の度数が基盤となって構造データが作りあげられ，この構造データがテスト解釈の中核となる。

　通常，こうした情報の源泉となるのは，このテストのために作りあげられた基 準 データ（ノーマティブ）（非患者のもの）である。基準データは，群についての記述的情報を得る上で有用であり，個人のスコアを比較するための準拠点を提供してくれる。中でも最も重要なのは，期待値と異なる結果に焦点を当てる偏差の原理を用いることによって，基準データは一般的な解釈仮説を作りあげる際の基礎となるという点である。

非患者成人のサンプル

　基準サンプルというものにはたいがいの場合，限界がある。包括システムで用いられる基準データの基になったサンプルも例外ではない。このサンプルのための非患者の記録は，10年以上かけて（1973年から1986年まで）集められた。採用できる記録の数が増えるにつれてサンプルの層化が試みられ，表は3回改訂された（Exner, 1978, 1986, 1990, 2001 ; Exner, Weiner & Schyler, 1976）。最も大きな改訂は1990年になされた。それは，反応数の少ない記録，つまり反応数が13以下の記録は妥当性に欠けることがわかったからである（Exner, 1988）。この研究結果によって，それまでに作りあげられたサンプルから，反応数が13以下の記録をすべて取り除かなければならなくなった。その時点で，非患者の記録は1,100以上集まっていた。改訂されたサンプルは，性別，地域，社会経済の階級などによる層化の基準によって選別され，700人の記録となった。

　しかし，層化の手続きによって700のサンプルが選ばれたとき，不注意によって重複する記録が200以上含まれてしまった。これは1999年に発見され，重複する記録はサンプルから除かれた。その代替として，主に，これまでに使われていなかった非患者の記録プールの中から，サンプルの人口動態的特徴を変えてしまわないプロトコルが選ばれた。その結果が，本書に収められている

サンプルである。このサンプルは，600の成人非患者（Exner, 2001）の記録から成っている。男性は300人，女性は300人であり，北東部，南部，中西部，南西部，西部の5つの地域からそれぞれ120人を選び，社会経済階級によって層化された。それぞれの地域での男性と女性の数が等しくなるように努めたが，必ずしもうまくはいかなかった。4つの地域では男女の数はほぼ同じになったが，南西部の群では女性72人，男性48人，中西部の群では男性74人，女性46人となった。

非患者データ収集のために用いられたデザイン

　研究協力者の募集の困難さ，サンプルサイズの問題といった制約の中，600のプロトコルは42人の検査者によって集められた。1人の検査者が集めるプロトコルの数は25を超えないようにした。研究協力者はすべてまったくのボランティアで，検査を受けなくてはならない特別な理由を持っている者は1人もいなかった。特段の精神科既往歴を持つ者もいなかった。協力者の17%（101人）は，過去に1回ないし8回（8回がサンプルとして採用する最大許容限度），サイコロジストや教育カウンセラーにかかった経験があった。学業もしくは職業カウンセリングを受けた者が69人，短期の夫婦カウンセリングを受けた者が19人，家族員や友人との死別の後の短期の支持的援助を受けた者が13人だった。

　研究協力者の募集は手紙によって行われた。手紙は職場や協力機関を通じて配布された。手紙には結果に関するフィードバックはしない旨が明記され，プロジェクトはテストの標準化のためのものだと説明された。このサンプルの中の600人の研究協力者のうち，409人は職場を通して志願してきた。その多くは上司や組合の指導者に促されてのものだった。たいがいはテストのために勤務時間を割いてもらえた。153人は，PTAやオーデュボン協会（自然環境保護団体），ボウリング連盟などのような，自分たちが所属している社会福祉団体や趣味の団体を通じてのボランティアだった。残り38人は社会事業団体の支援によって募集されたものだった。協力に対する金銭的支払いはなされず，代わりに感謝のためのグリーティングカードが渡された。

非患者サンプルの性質

　群の平均年齢は31.73歳（SD=10.69；中央値30；最頻値22）で，年齢のレンジは19歳から69歳だった。教育年数の平均は13.43年，レンジは8年から19年だった。人口動態変数の内訳は表12.1に示した。

　社会経済的階層に関するデータは表12.1にまとめてある。社会経済尺度（SES）の評点には，ホリングズヘッド・レドリック尺度の9点法を用いた。これは，上層，中層，下層のそれぞれにさらに3つの下位分類をしたものである。たとえば，SES2は上の中のクラス，SES5は中の中のクラスを示している。SES9に入るのは公的な保護を受けている者だけとした。サンプルにはSES1（上の上）の者は含まれていない。表12.1に「下」と示した群にはSES9の41人が含まれている。

　3つの大きな群の間や下位群の間に有意差があるかどうかを調べるために，多変量モデルが用いられた。有意差が認められたのは，SES9とそれ以外の群の間でだけだった。SES9群ではラムダの値の平均が有意に高く，EAとesの平均は有意に低かった。つまり，EAとesを構成する決定因子

表 12.1 600 名の成人非患者の人口統計学的変数

婚姻状況			年齢			人種		
独身	165	28%	18-25	195	33%	白人	493	82%
同棲あるいは同居中	49	8%	26-35	240	40%	黒人	60	10%
既婚	270	45%	36-45	102	17%	スペイン系	36	6%
別居中	32	5%	46-55	32	5%	アジア系	11	2%
離婚	72	12%	56-65	23	4%			
寡婦（夫）	12	2%	65以上	8	1%			

教育年限			居住地			社会経済水準		
12年未満	32	5%	都市	221	37%	上層	54	9%
12年	163	27%	郊外	256	43%	中層	372	62%
13-15年	318	53%	田舎	123	21%	下層	174	29%
16年以上	87	15%						

のほとんどの平均が低かったということである。しかし，600人全員のデータと，SES9を除いた559人の修正版サンプルとを比較した結果，SES9を含めたとしてもデータ全体を有意に変えはしないことがわかった。これは，SES9の群は全体のわずか7%を占めるに過ぎないからだと思われる。非患者成人113人のサンプルの変数の記述統計は表12.2に示してある。

　従来，たいていの基準は算術平均と標準偏差によって表わされることが多かった。表12.2にも，すべての変数に関してこの2つの数値を示してある。中心化傾向を測定する平均と標準偏差は，解釈が容易な有用な準拠点となる。スコアの分布がガウス曲線すなわち正規曲線に近い場合は特にそうである。したがって，これらは，ロールシャッハのいくつかの変数，つまりレンジが広く，スコアの分布が大きいパラメトリックな変数については有用である。しかし分布が正規なものでなくなるにつれ，平均と標準偏差，特に標準偏差は，反応出現率の真の分布を十分には表わしていない可能性が高まる。その場合，平均と標準偏差は偏差を識別するための資料源としては役に立たない。

　スコアがJ曲線を描くとき，つまりほとんどの値が曲線上の1つか2つ，あるいは3つのデータポイントに集まり，これらの点を外れるものが非常に少ないというときには，特にそうである。ときに，解釈する者や研究者は，全体の中での偏差を知ろうとして非患者のロールシャッハ・データをガイドラインとして用いるという誤りを犯してしまう。こういうことが生じるのは，いくつかの記号に関するスコアの分布について正しく理解していないからである。

　ロールシャッハの記号の中にはレンジが非常に狭く，データポイントが3つか4つしかないものもある。レンジが広い場合であっても，その変数の度数が0に近いデータポイントに集中していることがある。いくつかのロールシャッハ変数はそのような制約つきのレンジを持っており，その場合は分布を尺度化したり修正したりする試みは無駄に終わってしまう。こうしたJ曲線の変数の算術平均は通常は低い出現頻度の値を代表させてしまうが，標準偏差については，「平均」の範囲が実際よりも大きくなるという間違いがもたらされてしまいやすい。J曲線の分布に外れ値が含まれている場合は特にそうである。

　このため，表12.2およびこの章や附録に含まれているその他の表を見るとわかるように，いくつかの標準偏差は括弧に入れて示した。これは，その変数はパラメトリックなものではなく，変数

表12.2　成人非患者の記述統計（N=600）

変数	平均	標準偏差	最小値	最大値	頻度	中央値	最頻値	歪度	尖度
R	22.32	4.40	14.00	43.00	600	22.00	23.00	0.86	1.90
W	8.28	2.36	3.00	24.00	600	8.00	9.00	1.67	7.82
D	12.88	3.77	0.00	32.00	598	13.00	14.00	−0.14	1.72
Dd	1.16	[1.67]	0.00	15.00	370	1.00	0.00	4.00	24.01
S	1.57	[1.28]	0.00	10.00	514	1.00	1.00	1.99	7.61
DQ+	7.36	2.23	1.00	19.00	600	7.00	6.00	0.53	1.24
DQo	13.58	3.67	5.00	36.00	600	14.00	15.00	1.26	5.69
DQv	0.98	[1.26]	0.00	6.00	306	1.00	0.00	1.35	1.30
DQv/+	0.39	[0.61]	0.00	2.00	193	0.00	0.00	1.32	0.65
FQx+	0.71	[0.88]	0.00	5.00	290	0.00	0.00	1.33	2.19
FQxo	16.44	3.34	7.00	29.00	600	17.00	17.00	0.25	0.59
FQxu	3.49	2.03	0.00	16.00	580	3.00	3.00	1.50	5.33
FQx−	1.56	1.20	0.00	8.00	513	1.00	1.00	1.25	2.58
FQxNone	0.11	[0.37]	0.00	3.00	60	0.00	0.00	3.80	17.53
MQ+	0.44	[0.68]	0.00	3.00	210	0.00	0.00	1.52	1.98
MQo	3.57	1.84	0.00	8.00	595	3.00	3.00	0.42	−0.62
MQu	0.21	0.51	0.00	5.00	104	0.00	0.00	3.24	16.14
MQ−	0.07	[0.27]	0.00	2.00	35	0.00	0.00	4.48	21.40
MQNone	0.01	[0.08]	0.00	1.00	4	0.00	0.00	12.15	146.23
S−	0.25	[0.56]	0.00	3.00	117	0.00	0.00	2.71	8.25
M	4.30	1.95	1.00	10.00	600	4.00	3.00	0.48	−0.55
FM	3.74	1.31	0.00	9.00	598	4.00	4.00	0.15	0.58
m	1.28	0.99	0.00	6.00	458	1.00	1.00	0.62	0.61
FM+m	5.01	1.70	0.00	12.00	599	5.00	5.00	0.20	0.25
FC	3.56	1.88	0.00	9.00	580	3.00	3.00	0.38	−0.24
CF	2.41	1.31	0.00	7.00	564	2.00	3.00	0.29	−0.17
C	0.12	[0.37]	0.00	3.00	61	0.00	0.00	3.76	17.14
Cn	0.01	[0.08]	0.00	1.00	4	0.00	0.00	12.15	146.23
Sum Color	6.09	2.44	0.00	12.00	599	6.00	5.00	0.11	−0.66
WSumC	4.36	1.78	0.00	9.50	599	4.00	3.50	0.11	−0.54
Sum C′	1.49	[1.16]	0.00	10.00	490	1.00	1.00	1.41	5.96
Sum T	0.95	[0.61]	0.00	4.00	490	1.00	1.00	0.83	3.33
Sum V	0.28	[0.61]	0.00	5.00	124	0.00	0.00	2.71	9.58
Sum Y	0.61	[0.96]	0.00	10.00	262	0.00	0.00	3.53	23.46
Sum Shading	3.32	2.09	0.00	23.00	588	3.00	3.00	2.54	15.45
Fr+rF	0.11	[0.43]	0.00	4.00	48	0.00	0.00	4.98	30.45
FD	1.18	[0.94]	0.00	5.00	456	1.00	1.00	0.84	1.35
F	7.95	2.83	2.00	23.00	600	8.00	7.00	0.92	2.04
(2)	8.52	2.18	1.00	21.00	600	8.00	8.00	0.29	2.11
3r+(2)/R	0.40	0.09	0.03	0.87	600	0.39	0.33	0.47	3.86
Lambda	0.60	0.31	0.11	2.33	600	0.53	0.50	2.27	8.01
EA	8.66	2.38	2.00	18.00	600	9.00	9.50	−0.04	0.42
es	8.34	2.99	3.00	31.00	600	8.00	7.00	1.43	6.58
D Score	−0.03	0.97	−10.00	3.00	600	0.00	0.00	−3.06	24.34
AdjD	0.15	0.82	−5.00	3.00	600	0.00	0.00	−0.88	5.89
a (active)	6.44	2.23	0.00	14.00	599	6.00	6.00	0.32	0.01
p (passive)	2.90	1.64	0.00	9.00	572	3.00	2.00	0.57	0.03
Ma	2.90	1.57	0.00	8.00	583	3.00	2.00	0.52	−0.26
Mp	1.42	1.03	0.00	5.00	493	1.00	1.00	0.53	−0.13
Intellect	1.57	1.48	0.00	9.00	449	1.00	1.00	1.27	2.16
Zf	11.84	2.78	5.00	27.00	600	12.00	12.00	0.87	3.44
Zd	0.57	2.98	−11.50	9.50	560	0.50	−1.00	0.31	0.48
Blends	5.15	2.08	0.00	12.00	598	5.00	5.00	0.00	−0.26
Blends/R	0.24	0.10	0.00	0.67	598	0.24	0.26	0.35	0.65
Col-Shd Blends	0.45	[0.68]	0.00	5.00	215	0.00	0.00	1.70	4.12
Afr	0.67	0.16	0.23	1.29	600	0.67	0.67	0.35	0.65
Populars	6.58	1.39	3.00	10.00	600	6.00	6.00	−0.09	−0.47
XA%	0.92	0.06	0.57	1.00	600	0.94	0.96	−1.34	3.68

表12.2 つづき

変数	平均	標準偏差	最小値	最大値	頻度	中央値	最頻値	歪度	尖度
WDA%	0.94	0.06	0.54	1.00	600	0.95	1.00	−1.42	4.93
X+%	0.77	0.09	0.35	1.00	600	0.78	0.80	−0.86	2.33
X−%	0.07	0.05	0.00	0.43	513	0.05	0.04	1.41	4.56
Xu%	0.15	0.07	0.00	0.45	580	0.15	0.13	0.54	0.86
Isolate/R	0.19	0.09	0.00	0.60	588	0.18	0.16	0.51	0.41
H	3.21	1.71	0.00	9.00	595	3.00	2.00	0.97	0.84
(H)	1.22	1.02	0.00	6.00	432	1.00	1.00	0.65	0.48
Hd	0.84	[1.02]	0.00	7.00	336	1.00	0.00	1.98	6.60
(Hd)	0.21	[0.50]	0.00	4.00	109	0.00	0.00	2.90	11.25
Hx	0.03	[0.23]	0.00	4.00	14	0.00	0.00	11.29	164.54
All H Cont	5.49	1.75	1.00	15.00	600	5.00	5.00	0.59	1.24
A	7.96	2.25	3.00	25.00	600	8.00	7.00	1.06	5.03
(A)	0.27	[0.54]	0.00	3.00	137	0.00	0.00	2.31	6.38
Ad	2.30	[1.20]	0.00	9.00	571	2.00	2.00	0.79	2.85
(Ad)	0.10	[0.34]	0.00	2.00	53	0.00	0.00	3.57	13.07
An	0.54	[0.77]	0.00	4.00	243	0.00	0.00	1.59	2.81
Art	0.90	0.91	0.00	5.00	363	1.00	0.00	0.98	1.20
Ay	0.35	[0.52]	0.00	3.00	198	0.00	0.00	1.23	1.38
Bl	0.20	[0.46]	0.00	3.00	104	0.00	0.00	2.40	5.80
Bt	2.37	1.32	0.00	6.00	551	2.00	3.00	0.17	−0.29
Cg	1.41	1.09	0.00	5.00	482	1.00	1.00	0.73	0.29
Cl	0.14	[0.38]	0.00	2.00	78	0.00	0.00	2.67	6.76
Ex	0.20	[0.40]	0.00	2.00	119	0.00	0.00	1.57	0.74
Fi	0.56	[0.77]	0.00	4.00	240	0.00	0.00	1.09	0.22
Food	0.21	[0.47]	0.00	3.00	112	0.00	0.00	2.26	5.03
Ge	0.05	[0.24]	0.00	2.00	27	0.00	0.00	5.18	28.97
Hh	0.99	0.90	0.00	4.00	407	1.00	1.00	0.85	0.57
Ls	0.86	0.79	0.00	3.00	382	1.00	1.00	0.60	−0.23
Na	0.36	[0.63]	0.00	6.00	178	0.00	0.00	2.35	11.12
Sc	1.12	[1.15]	0.00	6.00	388	1.00	0.00	1.22	1.96
Sx	0.11	[0.47]	0.00	5.00	46	0.00	0.00	6.16	48.09
Xy	0.05	[0.24]	0.00	2.00	29	0.00	0.00	4.80	24.46
Idio	1.36	[1.32]	0.00	7.00	404	1.00	0.00	1.03	1.43
DV	0.59	[0.78]	0.00	4.00	266	0.00	0.00	1.36	1.77
INCOM	0.56	[0.78]	0.00	4.00	263	0.00	0.00	1.74	3.91
DR	0.39	[0.69]	0.00	4.00	175	0.00	0.00	1.97	4.15
FABCOM	0.27	[0.52]	0.00	3.00	141	0.00	0.00	1.85	3.02
DV2	0.00	[0.06]	0.00	1.00	2	0.00	0.00	17.27	297.49
INC2	0.02	[0.13]	0.00	1.00	10	0.00	0.00	7.57	55.49
DR2	0.01	[0.11]	0.00	1.00	8	0.00	0.00	8.50	70.61
FAB2	0.03	[0.16]	0.00	1.00	16	0.00	0.00	5.89	32.81
ALOG	0.04	[0.20]	0.00	2.00	21	0.00	0.00	5.58	33.07
CONTAM	0.00	[0.00]	0.00	0.00	0	0.00	0.00	—	—
Sum 6 Sp Sc	1.91	1.47	0.00	7.00	496	2.00	1.00	0.80	0.56
Lvl 2 Sp Sc	0.06	[0.25]	0.00	2.00	34	0.00	0.00	4.33	19.52
WSum6	4.48	4.08	0.00	28.00	496	4.00	0.00	1.42	3.25
AB	0.16	[0.43]	0.00	3.00	84	0.00	0.00	2.82	8.39
AG	1.11	1.15	0.00	5.00	380	1.00	1.00	1.02	0.60
COP	2.00	1.38	0.00	6.00	498	2.00	2.00	0.25	−0.63
CP	0.01	[0.09]	0.00	1.00	5	0.00	0.00	10.84	115.98
GOODHR	4.93	1.78	0.00	10.00	598	5.00	5.00	0.36	0.02
POORHR	1.53	1.46	0.00	8.00	431	1.00	1.00	1.25	2.30
MOR	0.79	[0.89]	0.00	4.00	321	1.00	0.00	1.01	0.60
PER	0.92	[0.91]	0.00	5.00	385	1.00	1.00	1.33	3.39
PSV	0.07	[0.25]	0.00	2.00	38	0.00	0.00	3.84	14.28

注：[ ]で示した標準偏差は，値が信頼できないので，期待域の推定を行ってはならない。これらの変数をパラメトリックな分析に含めてはならない。

の期待域あるいは平均域を見積もるのに標準偏差は使えないということを意味している。標準偏差を括弧に入れてある変数についてはパラメトリックな分析を行ってはいけない。

　頻度とスコアの分布を記述するのに他の測度を一緒に用いれば，パラメトリックな変数でもノンパラメトリックな変数でも，反応の出現率の理解はかなり高まる。他の測度としては，度数，レンジ，中央値，最頻値，歪度，尖度が挙げられる。度数は，それぞれの種類の反応をした人の数についての情報を与えてくれる。レンジは変数が取る値の幅を示し，中央値はその幅の真ん中を表す。最頻値は，分布の中でどの値が最も多く出現したのかを示す。歪度と尖度の値は曲線の実際の形に関係している。▼注1 これら8つの測度を合わせると，どれか1つを単独で用いたり，2つか3つを組み合わせた場合よりも，分布をよく描くことができる。

　表12.2では，ほぼ半分近くの変数の標準偏差が括弧に入れられている。これは，これらの変数はどれも頻度が正規分布していないことを示している。もしもこれらの変数のデータを全体の中での偏差を知るための情報源として使おうとするのなら，中央値，最頻値，頻度，レンジを最初に見るとよい。算術平均は何らかの情報を付け加えてくれることはある。しかし，一般的には，標準偏差を使うのであればかなり慎重に用いるべきである。

　たとえば，表12.2の中のデータを見ると，SumC' の平均は1.49で，括弧内の標準偏差は1.16である。もしもこれらの測度だけから単純に考えると，600人の2/3が.33ないし2.65のC' を出したことになる。「丸め処理」を行うと，SumC' の「平均域」は0〜3，もしくは1〜3と結論づけられる。しかし，これはその他のデータと整合しない。中央値は1であり，サンプルの半数以上はSumC' の値が0か1であることを示している。最頻値はやはり1だが，レンジは広く，0から10である。度数は490であり，これはサンプルの82%は少なくとも1つのC' 反応を出し，18%はC' 反応を出さなかったことを示す。歪度は+1.41で，得点の低いものが多いことを示唆している。尖度は+5.96で，1つか2つのデータポイントにスコアの大半が集中していることを示している。歪度と尖度をその他の測度と照らしてみると，J曲線が存在し，標準偏差はいくつかの外れ値によって高められていると考えてほぼ間違いないだろう。では，SumC' の平均域はどの程度と見るのが最も妥当だろうか。中央値と最頻値の両方が1で，算術平均は2を下回り，0であるのは18%しかないという結果をまとめると，0も2を超える値も「逸脱」と考えていいだろう。とすると，平均域は1〜2と考えるのが最も適当である。

　度数を見ると，期待される反応の出現率を特定する情報源として中央値と最頻値が最も適当なものかどうかがすぐわかる。DQv/+，MQ+，C，Fr+rF の各変数はそのよい例である。DQv/+ と MQ+ について見ると，これらが少なくとも1つ出現するのはそれぞれサンプルの1/3でしかない。それぞれの中央値と最頻値は0である。したがって，期待される反応の値は両方とも0である。C と Fr+rF の場合はもっとわかりやすい。度数のデータからは，1以上出しているのは両者とも非患者の10%以下でしかない。中央値と最頻値は0である。したがって，両者とも普通はプロトコルには表われないことが期待される，との結論が導かれる。

　表12.2のデータは反応の出現率について興味深い情報を与えてくれるが，それらが解釈仮説を引き出すための基礎的情報源というわけではない。表12.2のデータの中には，スコアの分布に関する他の情報を用いて整理しなければ間違った結論を導いてしまうものもある。EB（Erlebnistypus）の分布はこの代表的な例である。EB には，パラメトリックな変数である M と SumC の関係が示さ

れている。ロールシャッハについて生半可な知識を持つ人は，これらの変数の基準データから EB の「平均」を求めようとしてしまう。表 12.2 のデータを見ると，M の平均は 4.30（SD=1.95；中央値 = 4；最頻値 = 3）で，SumC の平均は 6.09（SD=2.44；中央値 = 6.0；最頻値 = 5.0）である。

　このデータからは 2 つの間違った結論が導かれかねない。1 つは，SumC の平均が M の平均を 2 ポイントほど上回っているから，サンプル中の研究協力者の大多数は外拡型である，というものである。もう 1 つは，2 つの変数の分散はかなり重なっているからほとんどの者が不定型である，というものである。これらの結論は 2 つとも間違っている。なぜならば，いくつかの重要な変数の分布が双峰型あるいは三峰型となるからである。このような普通にはあまりない分布が生ずるのは，EB（内向型，外拡型，不定形）やラムダ（回避型）に表わされる反応スタイルの違いのためである。

　定義からすれば，内向型の人は色彩反応よりも人間運動反応を多く出し，外拡型の人はその逆である。この両群の M と WSumC のデータを 1 つにまとめてしまうと，その結果出された記述統計は両変数ともに間違ったものになってしまう。その数値は内向型も外拡型も適切に表してはいない。もしも 2 つの変数だけ，あるいは 2 つの反応スタイルに関係してくるだけだというのであれば，この問題は重要ではないかもしれない。ところが，内向型と外拡型では，非常に多くの決定因子，反応内容，特殊スコアの度数がかなり異なっている。不定型のデータをマトリックスの中に入れると，この違いがさらにわかりにくくなってしまう。これにさらにラムダ変数が加わるため，問題はより複雑になる。

　ラムダが表わしているのは，プロトコル中の純粋形態反応の割合である。純粋形態反応は経済的な反応で，ほとんどの記録中にいくつか見られる。純粋形態反応の頻度がかなり高い場合，ラムダの値は 1.0 以上になり，その他の決定因子やいくつかの変数の出現頻度はたいがい低くなる。ハイラムダが単にテスト受検に対する防衛を示していることもあるが，多くの場合は反応スタイルを表している。この反応スタイルは，EB によって区別される内向型や外拡型と同じくらい，あるいはそれ以上に支配的な影響力を持っている。ハイラムダの記録のデータが内向型や不定型，外拡型のデータと混ざると，間違った記述統計がなされる危険性が高まる。つまり，データセットが示すのは群全体の結果であり，そこからは各群に共通する特徴についての手がかりしか得られない。表 12.3 には，非患者全体のサンプルのスコアの分布に関する重要な情報がいくつか含まれている。特にカットオフスコアは，比率と割合を解釈する際や，4 つの基本的反応スタイルの区別を明確にする上で，決定的に重要になる。

　表 12.3 のデータを見ると，サンプルの 33% が内向型，38% が外拡型，19% が不定型，10% がハイラムダ（回避スタイル）となっている。ハイラムダの者をサンプルから除き，3 つの EB の群について表 12.2 の変数を比較すると，いくつかの重要な所見が得られる。この比較は表 12.4 に示してある。表には 25 の変数が挙げられているが，この 3 つの下位群では，CP を除く 24 の変数においてかなりの違いが存在する。そのいくつかはかなり劇的なものである。たとえば，内向型の人の H 反応の数の平均は不定型と外拡型の人の平均の約 2 倍であり，GHR 反応の平均は 1/3 多い。外拡型では約 30% が血液反応を出すが，不定型では 15%，内向型では 5% 未満である。逆に，爆発反応を出す人は外拡型では 10% しかいないのに，不定型では 22%，内向型では 31% である。色彩濃淡ブレンド反応があるプロトコルは外拡型の半数に見られるが，不定型や内向型では 30% に満たない。

表12.3 成人非患者での36変数の頻度（N=600）

比率, パーセンテージ, 特殊指標

スタイル					形態水準		
内向型	199	33%			XA% > .89	443	74%
超内向型	52	9%			XA% < .70	2	0%
不定型	116	19%			WDA% < .85	29	5%
外拡型	227	38%			WDA% < .75	3	1%
超外拡型	59	10%			X+% < .55	9	2%
回避型	58	10%			Xu% > .20	129	22%
					X-% > .20	15	3%
Dスコア					X-% > .30	2	0%
Dスコア>0	100	17%					
Dスコア=0	420	70%			FC:CF+Cの比率		
Dスコア<0	80	13%			FC > (CF+C) + 2	151	25%
Dスコア<-1	29	5%			FC > (CF+C) + 1	245	41%
					(CF+C) > FC+1	70	12%
修正Dスコア>0	151	25%			(CF+C) > FC+2	24	4%
修正Dスコア=0	389	65%					
修正Dスコア<0	60	10%					
修正Dスコア<-1	21	4%			自殺の可能性陽性	0	0%
Zd > +3.0 (オーバーインコーポレート)	100	17%			HVI陽性	18	3%
Zd < −3.0 (アンダーインコーポレート)	39	7%			OBS陽性	8	1%
PTI = 5	0	0%	DEPI = 7	2　0%	CDI=5	2	0%
PTI = 4	0	0%	DEPI = 6	4　1%	CDI=4	21	4%
PTI = 3	1	0%	DEPI = 5	24　4%			

その他の変数

R < 17	58	10%			(2AB+Art+Ay) > 5	12	2%
R > 27	55	9%			Populars < 4	7	1%
DQv > 2	73	12%			Populars > 7	184	31%
S > 2	86	14%			COP = 0	102	17%
Sum T = 0	110	18%			COP > 2	213	36%
Sum T > 1	65	11%			AG = 0	220	37%
3r+(2)/R < .33	80	13%			AG > 2	74	12%
3r+(2)/R > .44	140	23%			MOR > 2	26	4%
Fr + rF > 0	48	8%			Level 2 Sp.Sc. > 0	34	6%
PureC > 0	61	10%			GHR > PHR	526	88%
PureC > 1	7	1%			Pure H < 2	71	12%
Afr < .40	18	3%			Pure H = 0	5	1%
Afr < .50	66	11%			p > a+1	11	2%
(FM+m) < Sum Shading	87	15%			Mp > Ma	82	14%

　表12.4に示した変数のほとんどが，解釈の中核をなす比率，割合，その他の指標の計算に直接関係するものである．したがって，これらの変数に関する解釈のルールは，4つの基本的反応スタイルを考慮して作られた．表12.2と表12.3に示した全体のデータセットは，研究目的によっては適切な基礎として役に立つこともあるだろう．しかし，一つの記録を**その反応スタイルに特有の**データと比べるほうがより実際的である．このようなわけで，非患者サンプルの記述統計は，内向型，外拡型，不定型，回避型の反応スタイルによって細分した上で，全体のサンプルと同じ形式で表12.5から表12.12に示した．さらには，人口動態に関する情報をそれぞれの表に加えた．

表12.4 外拡型（227人），内向型（119人），不定型（116人）の成人非患者間での，ラムダ1.0未満のプロトコルの25変数についての比較

	外拡型				内向型				不定型			
変数	平均値	標準偏差	頻度	最頻値	平均値	標準偏差	頻度	最頻値	平均値	標準偏差	頻度	最頻値
M	2.99	0.92	227	3.00	6.42[a]	1.26	199	7.00	3.95[b]	1.36	116	3.00
FC	4.65[a]	2.80	224	5.00	3.03	1.49	193	3.00	3.12	1.77	111	2.00
CF	3.45[a]	1.06	226	3.00	1.65	0.82	185	2.00	1.91	1.13	105	1.00
C	0.19	[0.47]	37[e]	0.00	0.02	[0.12]	3	0.00	0.15	[0.40]	15	0.00
WSumC	8.28[a]	1.65	227	8.00	4.70	1.65	198	5.00	5.20	2.02	116	4.00
FM+m	5.07	1.59	227	5.00	3.72	1.21	199	5.00	5.34[c]	1.69	116	5.00
EA	9.04	1.82	227	8.50	9.61[b]	2.17	199	9.50	7.64[a]	2.53	116	7.50
es	8.53	2.48	227	7.00	8.21	2.72	199	7.00	9.42[c]	3.65	116	9.00
SumY	0.71	[0.77]	124[e]	0.00	0.45	[0.83]	65	0.00	0.80	[1.42]	57	0.00
SumShad	3.46	1.61	225	3.00	3.01	1.88	194	3.00	4.09[c]	2.95	116	3.00
Blends	5.86	1.75	226	6.00	4.83[b]	2.11	198	5.00	5.34	2.01	116	5.00
Col-ShdBl	0.70	[0.83]	116[d]	0.00	0.29	[0.52]	52	0.00	0.33	[0.54]	34	0.00
Afr	0.71[a]	0.16	227	0.91	0.64	0.15	199	0.67	0.63	0.16	116	0.60
H	2.41	0.90	227	2.00	4.79[a]	1.71	199	5.00	2.55	1.23	113	3.00
AllHCont	4.76	1.43	227	5.00	6.69[a]	1.51	199	7.00	5.09	1.75	116	5.00
Bt	2.97[a]	1.30	220	6.00	2.03	1.25	177	5.00	1.94	1.14	100	4.00
Bl	0.35	[0.58]	68[d]	0.00	0.06	[0.27]	9	0.00	0.18	[0.43]	19	0.00
Ex	0.10	[0.30]	23	0.00	0.31	[0.46]	61[d]	0.00	0.23	[0.44]	26	0.00
Fi	0.75	[0.88]	110[d]	0.00	0.31	[0.41]	61	0.00	0.48	[0.70]	43	0.00
Food	0.36	[0.58]	71[d]	0.00	0.10	[0.30]	20	0.00	0.16	[0.44]	16	0.00
Ls	0.76	0.72	138	1.00	1.14	0.85	148[d]	1.00	0.72	0.79	65	1.00
AB	0.23	[0.47]	63[d]	0.00	0.12	[0.42]	17	0.00	0.10	[0.31]	12	0.00
COP	1.83	1.23	189	2.00	2.45[a]	1.54	170	2.00	1.82	1.25	94	2.00
CP	0.02	[0.15]	5	0.00	0.00	[0.00]	0	0.00	0.00	[0.00]	0	0.00
GHR	4.32	1.33	227	4.00	6.29[a]	1.69	199	6.00	4.37	1.65	115	4.00

a = F比において他の両群との間に有意差がある (p<.001)
b = Scheffe法において外拡型群との間に有意差がある (p<.001)
c = Scheffe法において内向型群との間に有意差がある (p<.001)
d = カイ二乗検定において他の両群との間に度数の出現率の差がある (p<.001)
e = カイ二乗検定において内向型群との間に度数の出現率の差がある (p<.001)

サンプルの適切さ

　基準データを解釈の指針として用いる場合，基準データがどれほど正しく非患者を代表しているのか，サンプルには交差妥当性があるのか，という問題に直面する。Shaffer, Erdberg & Haroian（1999）は，大学院生を検査者にして，123人の研究協力者にテストを行った。その結果の大部分は，表12.2と表12.3に示した600人の非患者のものとかなり似ている。しかし，Exner（2002）が指摘するように，いくつかの大きな違いも見られる。Rについて見ると，600人のサンプルでは平均は22.32，中央値は22，最頻値は23で，Shaffer et al.のサンプルでは平均は20.83，中央値は18，最

表12.5　内向型・成人非患者（N=199）

変数	平均	標準偏差	最小値	最大値	頻度	中央値	最頻値	歪度	尖度
年齢	33.23	11.39	19.00	69.00	199	31.00	26.00	1.26	1.30
教育年数	13.69	1.52	8.00	18.00	199	14.00	14.00	0.08	0.05
R	22.90	4.84	14.00	38.00	199	23.00	20.00	0.63	0.56
W	8.62	2.59	3.00	20.00	199	8.00	8.00	1.58	6.26
D	13.01	3.88	0.00	22.00	198	13.00	14.00	−0.06	0.96
Dd	1.27	[1.34]	0.00	9.00	137	1.00	1.00	1.97	7.36
S	1.51	[1.24]	0.00	7.00	165	1.00	1.00	1.35	2.48
DQ+	8.54	2.31	4.00	19.00	199	9.00	9.00	0.15	1.12
DQo	12.77	3.61	5.00	26.00	199	12.00	11.00	0.68	0.40
DQv	1.20	[1.41]	0.00	5.00	111	1.00	0.00	0.97	−0.27
DQv/+	0.39	[0.61]	0.00	2.00	65	0.00	0.00	1.30	0.63
FQx+	0.79	[0.99]	0.00	5.00	99	0.00	0.00	1.46	2.71
FQxo	17.00	3.68	8.00	27.00	199	17.00	18.00	0.36	0.52
FQxu	3.64	1.94	0.00	14.00	196	4.00	4.00	1.50	5.39
FQx−	1.45	1.17	0.00	6.00	163	1.00	1.00	0.98	0.85
FQxNone	0.02	[0.14]	0.00	1.00	4	0.00	0.00	6.89	45.95
MQ+	0.52	[0.76]	0.00	3.00	78	0.00	0.00	1.47	1.77
MQo	5.41	1.36	1.00	8.00	199	5.00	6.00	−0.33	0.12
MQu	0.39	0.69	0.00	5.00	62	0.00	0.00	2.52	10.38
MQ−	0.09	[0.35]	0.00	2.00	13	0.00	0.00	4.33	19.06
MQNone	0.01	[0.10]	0.00	1.00	2	0.00	0.00	9.89	96.96
S−	0.20	[0.48]	0.00	3.00	34	0.00	0.00	3.01	11.58
M	6.42	1.26	2.00	10.00	199	7.00	7.00	−0.02	0.27
FM	3.72	1.21	1.00	6.00	199	4.00	4.00	0.07	−0.31
m	1.47	0.94	0.00	4.00	164	2.00	2.00	0.06	−0.40
FM+m	5.20	1.49	1.00	9.00	199	5.00	5.00	0.17	−0.32
FC	3.03	1.49	0.00	7.00	193	3.00	3.00	0.31	−0.13
CF	1.65	0.82	0.00	5.00	185	2.00	2.00	0.17	0.66
C	0.02	[0.12]	0.00	1.00	3	0.00	0.00	8.02	62.95
Cn	0.00	[0.00]	0.00	0.00	0	0.00	0.00	—	—
Sum Color	4.70	1.65	0.00	9.00	198	5.00	5.00	0.08	0.39
WSumC	3.19	1.07	0.00	6.00	198	3.50	3.50	−0.18	0.36
Sum C′	1.33	[1.13]	0.00	8.00	146	1.00	2.00	1.21	4.89
Sum T	0.93	[0.54]	0.00	3.00	164	1.00	1.00	0.32	2.08
Sum V	0.31	[0.53]	0.00	2.00	54	0.00	0.00	1.53	1.44
Sum Y	0.45	[0.83]	0.00	6.00	65	0.00	0.00	3.06	13.94
Sum Shading	3.01	1.88	0.00	13.00	194	3.00	3.00	1.50	4.30
Fr+rF	0.11	[0.49]	0.00	4.00	14	0.00	0.00	5.97	41.10
FD	1.30	[0.95]	0.00	4.00	154	1.00	1.00	0.31	−0.31
F	7.46	2.56	2.00	15.00	199	7.00	7.00	0.48	−0.39
(2)	8.99	2.06	3.00	14.00	199	9.00	8.00	0.38	0.28
3r+(2)/R	0.41	0.09	0.25	0.87	199	0.40	0.38	1.81	6.56
Lambda	0.50	0.17	0.11	0.92	199	0.50	0.33	0.40	−0.17
EA	9.61	2.17	2.00	16.00	199	9.50	9.50	−0.05	0.47
es	8.21	2.72	3.00	21.00	199	8.00	7.00	0.96	2.39
D Score	0.17	0.74	−3.00	2.00	199	0.00	0.00	−0.57	4.25
AdjD	0.41	0.73	−3.00	2.00	199	0.00	0.00	−0.25	2.31
a (active)	7.84	2.09	2.00	14.00	199	8.00	6.00	0.29	−0.30
p (passive)	3.79	1.72	0.00	9.00	192	4.00	5.00	−0.08	−0.29
Ma	4.41	1.27	1.00	8.00	199	4.00	4.00	−0.13	0.08
Mp	2.03	1.12	0.00	5.00	181	2.00	3.00	−0.01	−0.50
Intellect	1.35	1.47	0.00	9.00	136	1.00	1.00	1.67	4.02
Zf	12.80	2.98	6.00	25.00	199	13.00	13.00	0.42	2.52
Zd	−0.12	3.08	−6.50	8.50	190	−0.50	−3.00	0.39	−0.28
Blends	4.83	2.11	0.00	11.00	198	5.00	5.00	0.24	−0.27
Blends/R	0.22	0.10	0.00	0.57	198	0.20	0.25	0.63	0.24
Col-Shd Blends	0.29	[0.52]	0.00	2.00	52	0.00	0.00	1.56	1.57
Afr	0.64	0.15	0.23	1.14	199	0.67	0.67	0.33	1.03
Populars	6.54	1.36	3.00	10.00	199	6.00	6.00	0.07	−0.11

表12.5 つづき

変数	平均	標準偏差	最小値	最大値	頻度	中央値	最頻値	歪度	尖度
XA%	0.94	0.05	0.69	1.00	199	0.95	0.95	−1.39	4.25
WDA%	0.95	0.05	0.69	1.00	199	0.96	1.00	−1.50	3.83
X+%	0.78	0.09	0.35	1.00	199	0.79	0.80	−1.36	4.66
X−%	0.06	0.05	0.00	0.31	163	0.05	0.05	1.43	4.47
Xu%	0.16	0.07	0.00	0.45	196	0.15	0.15	0.87	1.92
Isolate/R	0.19	0.10	0.00	0.60	193	0.17	0.13	0.69	1.00
H	4.79	1.71	1.00	9.00	199	5.00	5.00	0.30	−0.09
(H)	1.27	1.19	0.00	4.00	134	1.00	0.00	0.66	−0.46
Hd	0.48	[0.85]	0.00	5.00	65	0.00	0.00	2.25	5.99
(Hd)	0.15	[0.40]	0.00	2.00	27	0.00	0.00	2.66	6.77
Hx	0.03	[0.16]	0.00	1.00	5	0.00	0.00	6.11	35.75
All H Cont	6.69	1.51	2.00	15.00	199	7.00	7.00	0.72	4.14
A	7.91	2.07	3.00	14.00	199	8.00	8.00	0.22	0.07
(A)	0.29	[0.56]	0.00	3.00	48	0.00	0.00	2.19	5.43
Ad	2.34	[1.07]	0.00	5.00	189	2.00	2.00	−0.13	−0.17
(Ad)	0.08	[0.29]	0.00	2.00	15	0.00	0.00	3.71	14.19
An	0.59	[0.79]	0.00	4.00	86	0.00	0.00	1.31	1.60
Art	0.72	0.84	0.00	4.00	103	1.00	0.00	1.12	1.28
Ay	0.38	[0.53]	0.00	3.00	73	0.00	0.00	1.11	1.47
Bl	0.06	[0.27]	0.00	2.00	9	0.00	0.00	5.35	30.64
Bt	2.03	1.25	0.00	5.00	177	2.00	3.00	0.09	−0.73
Cg	1.73	1.27	0.00	5.00	163	1.00	1.00	0.32	−0.79
Cl	0.18	[0.45]	0.00	2.00	31	0.00	0.00	2.48	5.68
Ex	0.31	[0.46]	0.00	1.00	61	0.00	0.00	0.84	−1.30
Fi	0.46	[0.66]	0.00	2.00	72	0.00	0.00	1.15	0.10
Food	0.10	[0.30]	0.00	1.00	20	0.00	0.00	2.67	5.22
Ge	0.03	[0.16]	0.00	1.00	5	0.00	0.00	6.11	35.75
Hh	1.24	1.00	0.00	4.00	151	1.00	1.00	0.70	0.35
Ls	1.14	0.85	0.00	3.00	148	1.00	1.00	0.13	−0.86
Na	0.41	[0.75]	0.00	6.00	60	0.00	0.00	2.88	14.66
Sc	1.09	[1.09]	0.00	6.00	136	1.00	1.00	1.44	2.92
Sx	0.10	[0.49]	0.00	5.00	12	0.00	0.00	6.89	57.06
Xy	0.03	[0.16]	0.00	1.00	5	0.00	0.00	6.11	35.75
Idio	1.42	[1.22]	0.00	7.00	141	1.00	0.00	0.71	0.97
DV	0.70	[0.89]	0.00	4.00	94	0.00	0.00	1.18	0.78
INCOM	0.51	[0.77]	0.00	4.00	76	0.00	0.00	1.77	3.46
DR	0.30	[0.61]	0.00	3.00	45	0.00	0.00	2.17	4.52
FABCOM	0.27	[0.50]	0.00	3.00	49	0.00	0.00	1.92	4.47
DV2	0.01	[0.07]	0.00	1.00	1	0.00	0.00	14.10	199.00
INC2	0.01	[0.10]	0.00	1.00	2	0.00	0.00	9.89	96.96
DR2	0.03	[0.17]	0.00	1.00	6	0.00	0.00	5.53	28.95
FAB2	0.05	[0.21]	0.00	1.00	9	0.00	0.00	4.41	17.63
ALOG	0.02	[0.16]	0.00	2.00	2	0.00	0.00	11.30	133.83
CONTAM	0.00	[0.00]	0.00	0.00	0	0.00	0.00	—	—
Sum 6 Sp Sc	1.88	1.54	0.00	7.00	155	2.00	2.00	0.70	0.10
Lvl 2 Sp Sc	0.09	[0.32]	0.00	2.00	16	0.00	0.00	3.76	14.75
WSum6	4.30	4.09	0.00	28.00	155	4.00	0.00	1.56	4.97
AB	0.12	[0.42]	0.00	2.00	17	0.00	0.00	3.61	12.41
AG	1.16	1.17	0.00	5.00	132	1.00	1.00	1.09	0.81
COP	2.45	1.54	0.00	6.00	170	2.00	2.00	0.04	−0.76
CP	0.00	[0.00]	0.00	0.00	0	0.00	0.00	—	—
GOODHR	6.24	1.69	2.00	10.00	199	6.00	5.00	−0.04	−0.49
POORHR	1.35	1.45	0.00	7.00	126	1.00	0.00	1.15	1.12
MOR	0.93	[0.98]	0.00	4.00	114	1.00	0.00	0.75	−0.23
PER	0.98	[0.87]	0.00	5.00	133	1.00	1.00	0.80	1.51
PSV	0.04	[0.19]	0.00	1.00	7	0.00	0.00	5.08	24.10

注：[ ]で示した標準偏差は，値が信頼できないので，期待域の推定を行ってはならない。これらの変数をパラメトリックな分析に含めてはならない。

表12.6　内向型・成人での36変数の頻度（N=199）

人口統計学的変数

婚姻状態			年齢			人種		
独身	47	24%	18–25	56	28%	白人	172	86%
同棲あるいは同居中	13	7%	26–35	75	38%	黒人	16	8%
既婚	99	50%	36–45	43	22%	スペイン系	5	3%
別居中	14	7%	46–55	11	6%	アジア系	6	3%
離婚	21	11%	56–65	10	5%			
寡婦（夫）	5	3%	65以上	4	2%			

性別						教育年数		
						12年未満	4	2%
男	104	52%				12年	47	24%
女	95	48%				13-15年	112	56%
						16年以上	36	18%

比率，パーセンテージ，特殊指標

スタイル						形態水準		
内向型	199	100%				XA% > .89	167	84%
超内向型	52	26%				XA% < .70	1	1%
不定型	0	0%				WDA% < .85	6	3%
外拡型	0	0%				WDA% < .75	1	1%
超外拡型	0	0%				X+% < .55	3	2%
回避型	0	0%				Xu% > .20	40	20%
						X-% > .20	4	2%
Dスコア						X-% > .30	1	1%
Dスコア>0	47	24%				FC:CF+Cの比率		
Dスコア=0	138	69%						
Dスコア<0	14	7%				FC > (CF+C) + 2	53	27%
Dスコア<-1	6	3%				FC > (CF+C) + 1	89	45%
						(CF+C) > FC+1	9	5%
修正Dスコア>0	82	41%				(CF+C) > FC+2	4	2%
修正Dスコア=0	108	54%						
修正Dスコア<0	9	5%						
修正Dスコア<-1	2	1%				自殺の可能性陽性	0	0%
Zd > +3.0（オーバーインコーポレート）	33	17%				HVI陽性	6	3%
Zd < −3.0（アンダーインコーポレート）	22	11%				OBS陽性	5	3%
PTI = 5	0	0%	DEPI = 7	0	0%	CDI = 5	0	0%
PTI = 4	0	0%	DEPI = 6	1	1%	CDI = 4	1	1%
PTI = 3	1	1%	DEPI = 5	9	5%			

その他の変数

R < 17	18	9%				(2AB +Art + Ay) > 5	2	1%
R > 27	25	13%				Populars < 4	3	2%
DQv > 2	40	20%				Populars > 7	58	29%
S > 2	28	14%				COP = 0	29	15%
Sum T = 0	35	18%				COP > 2	97	49%
Sum T > 1	18	9%				AG = 0	67	34%
3r+(2)/R < .33	20	10%				AG > 2	25	13%
3r+(2)/R > .44	52	26%				MOR > 2	13	7%
Fr + rF > 0	14	7%				Level 2 Sp.Sc. > 0	16	8%
PureC > 0	3	2%				GHR > PHR	187	94%
PureC > 1	0	0%				Pure H < 2	3	2%
Afr < .40	9	5%				Pure H = 0	0	0%
Afr < .50	25	13%				p > a+1	3	2%
(FM+m) < Sum Shading	17	9%				Mp > Ma	16	8%

表12.7　外拡型・成人の記述統計（N=227）

変数	平均	標準偏差	最小値	最大値	頻度	中央値	最頻値	歪度	尖度
年齢	31.25	11.06	19.00	67.00	227	29.00	22.00	1.38	1.53
教育年数	13.41	1.61	9.00	19.00	227	13.00	12.00	0.40	0.22
R	22.43	3.09	15.00	32.00	227	22.00	21.00	0.06	0.61
W	8.68	2.11	5.00	24.00	227	9.00	9.00	2.80	15.52
D	12.92	3.26	1.00	23.00	227	13.00	13.00	−0.59	1.50
Dd	0.82	[0.84]	0.00	3.00	130	1.00	0.00	0.65	−0.50
S	1.45	[0.87]	0.00	4.00	205	1.00	1.00	0.62	0.45
DQ+	7.11	1.91	3.00	17.00	227	7.00	6.00	1.21	3.33
DQo	14.00	2.44	7.00	22.00	227	14.00	15.00	−0.19	0.87
DQv	0.87	[1.00]	0.00	5.00	123	1.00	0.00	1.17	1.36
DQv/+	0.44	[0.61]	0.00	2.00	86	0.00	0.00	1.05	0.09
FQx+	0.86	[0.83]	0.00	4.00	138	1.00	0.00	0.65	−0.04
FQxo	16.70	2.74	10.00	23.00	227	17.00	17.00	−0.08	−0.15
FQxu	3.22	1.73	0.00	9.00	216	3.00	3.00	0.48	0.25
FQx−	1.49	1.09	0.00	7.00	198	1.00	1.00	1.49	4.28
FQxNone	0.17	[0.42]	0.00	3.00	35	0.00	0.00	2.85	10.50
MQ+	0.57	[0.67]	0.00	3.00	107	0.00	0.00	0.85	−0.02
MQo	2.36	1.02	0.00	5.00	226	2.00	3.00	0.18	−0.69
MQu	0.04	0.21	0.00	1.00	10	0.00	0.00	4.47	18.17
MQ−	0.02	[0.13]	0.00	1.00	4	0.00	0.00	7.38	52.95
MQNone	0.00	[0.00]	0.00	0.00	0	0.00	0.00	—	—
S−	−0.19	[0.45]	0.00	3.00	40	0.00	0.00	2.56	8.09
M	2.99	0.92	1.00	6.00	227	3.00	3.00	0.12	0.52
FM	3.94	1.17	0.00	8.00	226	4.00	4.00	−0.08	0.52
m	1.13	0.96	0.00	6.00	172	1.00	1.00	1.27	3.31
FM+m	5.07	1.59	1.00	9.00	227	5.00	5.00	0.19	−0.15
FC	4.65	1.80	0.00	9.00	224	5.00	5.00	0.04	−0.11
CF	3.45	1.07	0.00	7.00	226	3.00	3.00	0.18	0.59
C	0.19	[0.47]	0.00	3.00	37	0.00	0.00	3.03	11.39
Cn	0.00	[0.00]	0.00	0.00	0	0.00	0.00	—	—
Sum Color	8.28	1.65	3.00	12.00	227	8.00	8.00	−0.14	0.03
WSumC	6.05	1.09	4.00	9.50	227	6.00	6.00	0.26	0.09
Sum C′	1.47	[1.04]	0.00	5.00	194	1.00	1.00	0.83	0.93
Sum T	1.04	[0.59]	0.00	4.00	201	1.00	1.00	1.27	4.75
Sum V	0.23	[0.61]	0.00	5.00	38	0.00	0.00	3.59	18.47
Sum Y	0.71	[0.77]	0.00	3.00	124	1.00	0.00	0.96	0.58
Sum Shading	3.46	1.61	0.00	10.00	225	3.00	3.00	1.03	1.56
Fr+rF	0.08	[0.37]	0.00	3.00	12	0.00	0.00	5.25	29.80
FD	1.18	[0.79]	0.00	5.00	191	1.00	1.00	0.92	2.44
F	7.66	1.87	3.00	12.00	227	8.00	8.00	−0.10	−0.35
(2)	8.46	1.67	5.00	12.00	227	8.00	8.00	0.20	−0.65
3r+(2)/R	0.39	0.07	0.27	0.61	227	0.38	0.33	0.90	0.55
Lambda	0.54	0.17	0.19	0.91	227	0.53	0.53	0.10	−0.51
EA	9.04	1.82	5.50	15.50	227	9.00	8.50	0.26	0.49
es	8.53	2.48	4.00	18.00	227	8.00	7.00	0.59	0.83
D Score	0.07	0.69	−3.00	2.00	227	0.00	0.00	−0.08	3.88
AdjD	0.15	0.68	−2.00	3.00	227	0.00	0.00	0.59	3.48
a (active)	5.73	1.81	0.00	11.00	226	6.00	5.00	0.21	−0.20
p (passive)	2.37	1.31	0.00	8.00	221	2.00	2.00	1.31	2.99
Ma	1.95	0.99	0.00	6.00	214	2.00	2.00	0.29	0.47
Mp	1.07	0.78	0.00	4.00	179	1.00	1.00	0.65	0.70
Intellect	1.96	1.44	0.00	7.00	201	2.00	1.00	1.12	1.42
Zf	11.83	2.31	8.00	27.00	227	11.00	11.00	1.92	9.10
Zd	1.57	2.74	−3.50	9.50	210	1.00	2.00	0.73	0.49
Blends	5.86	1.75	0.00	12.00	226	6.00	6.00	−0.02	0.87
Blends/R	0.26	0.08	0.00	0.57	226	0.26	0.26	0.01	2.22
Col-Shd Blends	0.70	[0.83]	0.00	5.00	116	1.00	0.00	1.33	2.75
Afr	0.71	0.16	0.27	1.09	227	0.71	0.91	0.18	−0.15
Populars	6.77	1.36	4.00	9.00	227	7.00	8.00	−0.36	−0.63

表12.7　つづき

変数	平均	標準偏差	最小値	最大値	頻度	中央値	最頻値	歪度	尖度
XA%	0.93	0.05	0.72	1.00	227	0.94	0.96	−1.01	1.99
WDA%	0.93	0.05	0.72	1.00	227	0.95	0.96	−1.00	2.12
X+%	0.78	0.09	0.38	1.00	227	0.79	0.86	−0.74	2.16
X−%	0.07	0.05	0.00	0.24	198	0.05	0.04	0.88	1.32
Xu%	0.14	0.07	0.00	0.35	216	0.14	0.14	0.22	0.18
Isolate/R	0.21	0.09	0.05	0.45	227	0.19	0.16	0.57	−0.37
H	2.41	0.90	1.00	6.00	227	2.00	2.00	0.47	0.75
(H)	1.18	0.90	0.00	6.00	170	1.00	1.00	0.69	2.50
Hd	0.93	[0.84]	0.00	4.00	153	1.00	1.00	0.81	0.78
(Hd)	0.24	[0.49]	0.00	3.00	49	0.00	0.00	2.42	7.80
Hx	0.01	[0.13]	0.00	2.00	1	0.00	0.00	15.06	227.00
All H Cont	4.76	1.43	2.00	12.00	227	5.00	4.00	0.95	2.79
A	8.14	2.08	4.00	14.00	227	8.00	7.00	0.75	−0.17
(A)	0.21	[0.49]	0.00	3.00	42	0.00	0.00	2.75	9.48
Ad	2.21	[0.98]	0.00	5.00	219	2.00	2.00	0.02	−0.19
(Ad)	0.12	[0.40]	0.00	2.00	21	0.00	0.00	3.53	12.22
An	0.44	[0.67]	0.00	4.00	82	0.00	0.00	1.96	5.93
Art	1.15	0.87	0.00	5.00	176	1.00	1.00	0.76	1.69
Ay	0.34	[0.51]	0.00	2.00	72	0.00	0.00	1.10	0.08
Bl	0.35	[0.58]	0.00	3.00	68	0.00	0.00	1.58	2.22
Bt	2.97	1.30	0.00	6.00	220	3.00	3.00	0.09	−0.15
Cg	1.17	0.86	0.00	5.00	181	1.00	1.00	0.86	1.87
Cl	0.11	[0.32]	0.00	2.00	23	0.00	0.00	2.97	8.33
Ex	0.10	[0.30]	0.00	1.00	23	0.00	0.00	2.66	5.12
Fi	0.75	[0.88]	0.00	4.00	110	0.00	0.00	0.74	−0.51
Food	0.36	[0.58]	0.00	3.00	71	0.00	0.00	1.51	1.98
Ge	0.08	[0.28]	0.00	2.00	16	0.00	0.00	3.84	15.22
Hh	0.88	0.75	0.00	3.00	157	1.00	1.00	0.76	0.70
Ls	0.76	0.72	0.00	3.00	138	1.00	1.00	0.68	0.19
Na	0.37	[0.56]	0.00	2.00	74	0.00	0.00	1.23	0.56
Sc	1.12	[1.07]	0.00	6.00	150	1.00	0.00	1.08	2.29
Sx	0.05	[0.24]	0.00	2.00	11	0.00	0.00	4.91	26.09
Xy	0.04	[0.21]	0.00	1.00	10	0.00	0.00	4.47	18.17
Idio	1.53	[1.28]	0.00	5.00	170	1.00	1.00	0.59	−0.30
DV	0.53	[0.65]	0.00	3.00	102	0.00	0.00	0.93	0.20
INCOM	0.61	[0.76]	0.00	4.00	112	0.00	0.00	1.58	3.63
DR	0.37	[0.73]	0.00	4.00	60	0.00	0.00	2.29	6.03
FABCOM	0.23	[0.47]	0.00	2.00	47	0.00	0.00	1.91	2.93
DV2	0.00	[0.00]	0.00	0.00	0	0.00	0.00	—	—
INC2	0.00	[0.07]	0.00	1.00	1	0.00	0.00	15.06	227.00
DR2	0.00	[0.00]	0.00	0.00	0	0.00	0.00	—	—
FAB2	0.02	[0.15]	0.00	1.00	5	0.00	0.00	6.55	41.35
ALOG	0.05	[0.22]	0.00	1.00	11	0.00	0.00	4.23	16.06
CONTAM	0.00	[0.00]	0.00	0.00	0	0.00	0.00	—	—
Sum 6 Sp Sc	1.82	1.46	0.00	7.00	190	2.00	1.00	1.09	1.34
Lvl 2 Sp Sc	0.03	[0.16]	0.00	1.00	6	0.00	0.00	5.94	33.62
WSum6	4.21	4.23	0.00	22.00	190	3.00	2.00	1.80	4.08
AB	0.23	[0.47]	0.00	2.00	48	0.00	0.00	1.88	2.76
AG	1.15	1.19	0.00	5.00	145	1.00	0.00	1.00	0.46
COP	1.83	1.23	0.00	4.00	189	2.00	2.00	0.14	−0.91
CP	0.02	[0.15]	0.00	1.00	5	0.00	0.00	6.55	41.35
GOODHR	4.32	1.33	1.00	8.00	227	4.00	4.00	0.27	0.50
POORHR	1.51	1.33	0.00	8.00	168	1.00	1.00	1.02	1.89
MOR	0.71	[0.78]	0.00	4.00	121	1.00	0.00	1.01	0.97
PER	0.99	[0.94]	0.00	5.00	158	1.00	1.00	1.57	4.24
PSV	0.07	[0.27]	0.00	2.00	15	0.00	0.00	4.01	16.78

注：[ ]で示した標準偏差は，値が信頼できないので，期待域の推定を行ってはならない．これらの変数をパラメトリックな分析に含めてはならない．

表12.8 外拡型・成人での36変数の頻度（N=227）

人口統計学的変数

婚姻状態			年齢			人種		
独身	73	32%	18–25	82	36%	白人	176	78%
同棲あるいは同居中	14	6%	26–35	90	40%	黒人	27	12%
既婚	99	44%	36–45	26	11%	スペイン系	19	8%
別居中	13	6%	46–55	18	8%	アジア系	5	2%
離婚	24	11%	56–65	7	3%			
寡婦(夫)	4	2%	65以上	4	2%			

性別				教育年数		
				12年未満	13	6%
男	118	52%		12年	65	29%
女	109	48%		13-15年	115	51%
				16年以上	34	15%

比率，パーセンテージ，特殊指標

スタイル			形態水準		
内向型	0	0%	XA% > .89	168	74%
超内向型	0	0%	XA% < .70	0	0%
不定型	0	0%	WDA% < .85	7	3%
外拡型	227	100%	WDA% < .75	1	0%
超外拡型	59	26%	X+% < .55	2	1%
回避型	0	0%	Xu% > .20	41	18%
			X–% > .20	3	1%
Dスコア			X–% > .30	0	0%
Dスコア>0	36	16%			
Dスコア=0	168	74%	FC:CF+Cの比率		
Dスコア<0	23	10%	FC > (CF+C) + 2	67	30%
Dスコア<-1	6	3%	FC > (CF+C) + 1	102	45%
			(CF+C) > FC+1	36	16%
修正Dスコア>0	44	19%	(CF+C) > FC+2	11	5%
修正Dスコア=0	166	73%			
修正Dスコア<0	17	7%			
修正Dスコア<-1	4	2%			
			自殺の可能性陽性	0	0%
Zd > +3.0 (オーバーインコーポレート)	45	20%	HVI陽性	3	1%
Zd < -3.0 (アンダーインコーポレート)	3	1%	OBS陽性	1	0%
PTI = 5	0	0%	DEPI = 7	1	0%	CDI=5	0	0%
PTI = 4	0	0%	DEPI = 6	0	0%	CDI=4	6	3%
PTI = 3	0	0%	DEPI = 5	7	3%			

その他の変数

R < 17	14	6%	(2AB +Art + Ay) > 5	8	4%
R > 27	17	7%	Populars < 4	0	0%
DQv > 2	13	6%	Populars > 7	81	36%
S > 2	25	11%	COP = 0	38	17%
Sum T = 0	26	11%	COP > 2	68	30%
Sum T > 1	28	12%	AG = 0	82	36%
3r+(2)/R < .33	36	16%	AG > 2	36	16%
3r+(2)/R > .44	39	17%	MOR > 2	5	2%
Fr + rF > 0	12	5%	Level 2 Sp.Sc. > 0	6	3%
PureC > 0	37	16%	GHR > PHR	195	86%
PureC > 1	4	2%	Pure H < 2	34	15%
Afr < .40	2	1%	Pure H = 0	0	0%
Afr < .50	14	6%	p > a+1	7	3%
(FM+m) < Sum Shading	30	13%	Mp > Ma	47	21%

表12.9　不定型・成人の記述統計（N=116）

変数	平均	標準偏差	最小値	最大値	頻度	中央値	最頻値	歪度	尖度
年齢	31.13	9.36	19.00	62.00	116	30.00	30.00	1.30	2.14
教育年数	13.09	1.54	9.00	18.00	116	13.00	12.00	0.33	0.76
R	20.84	4.99	14.00	38.00	116	20.00	20.00	1.21	1.96
W	7.86	2.17	3.00	18.00	116	8.00	7.00	0.95	3.74
D	11.53	3.82	0.00	20.00	115	12.00	14.00	−0.37	0.15
Dd	1.45	[2.49]	0.00	15.00	70	1.00	0.00	3.75	16.62
S	1.90	[1.65]	0.00	9.00	98	2.00	2.00	1.89	5.21
DQ+	6.73	1.87	2.00	13.00	116	7.00	8.00	−0.15	0.56
DQo	12.82	4.58	5.00	34.00	116	12.00	14.00	2.18	7.93
DQv	0.88	[1.25]	0.00	5.00	50	0.00	0.00	1.50	1.85
DQv/+	0.41	[0.70]	0.00	2.00	33	0.00	0.00	1.44	0.60
FQx+	0.57	[0.83]	0.00	4.00	47	0.00	0.00	1.70	3.61
FQxo	15.27	3.54	7.00	29.00	116	15.00	13.00	0.55	0.95
FQxu	3.16	2.10	0.00	13.00	110	3.00	2.00	1.93	6.78
FQx−	1.68	1.26	0.00	6.00	101	1.00	1.00	1.07	1.16
FQxNone	0.16	[0.47]	0.00	3.00	14	0.00	0.00	3.60	14.91
MQ+	0.26	[0.59]	0.00	3.00	23	0.00	0.00	2.68	7.87
MQo	3.28	1.44	0.00	8.00	114	3.00	3.00	0.54	0.86
MQu	0.25	0.51	0.00	2.00	25	0.00	0.00	1.94	3.01
MQ−	0.15	[0.36]	0.00	1.00	17	0.00	0.00	2.02	2.14
MQNone	0.01	[0.09]	0.00	1.00	1	0.00	0.00	10.77	116.00
S−	0.41	[0.82]	0.00	3.00	29	0.00	0.00	2.03	3.21
M	3.95	1.36	1.00	10.00	116	4.00	3.00	1.08	2.65
FM	3.85	1.33	1.00	9.00	116	4.00	4.00	0.43	1.22
m	1.48	1.08	0.00	4.00	90	2.00	2.00	0.31	−0.29
FM+m	5.34	1.69	2.00	10.00	116	5.00	5.00	0.19	0.18
FC	3.12	1.77	0.00	8.00	111	3.00	2.00	0.53	0.05
CF	1.91	1.13	0.00	5.00	105	2.00	1.00	0.20	−0.54
C	0.15	[0.40]	0.00	2.00	15	0.00	0.00	2.80	7.72
Cn	0.02	[0.13]	0.00	1.00	2	0.00	0.00	7.51	55.43
Sum Color	5.20	2.02	1.00	9.00	116	5.00	4.00	0.11	−0.59
WSumC	3.69	1.40	0.50	8.00	116	3.50	3.50	0.02	0.01
Sum C′	1.97	[1.38]	0.00	10.00	107	2.00	1.00	1.97	8.83
Sum T	0.94	[0.64]	0.00	4.00	92	1.00	1.00	0.87	3.85
Sum V	0.38	[0.77]	0.00	3.00	28	0.00	0.00	2.07	3.55
Sum Y	0.80	[1.42]	0.00	10.00	55	0.00	0.00	3.92	20.18
Sum Shading	4.09	2.95	1.00	23.00	116	3.00	3.00	3.16	15.33
Fr+rF	0.10	[0.35]	0.00	2.00	9	0.00	0.00	3.96	16.24
FD	1.29	[1.17]	0.00	5.00	84	1.00	1.00	1.08	1.39
F	6.96	2.56	2.00	17.00	116	7.00	7.00	0.91	2.36
(2)	7.89	2.76	1.00	13.00	116	8.00	7.00	−0.07	0.22
3r+(2)/R	0.40	0.11	0.03	0.63	116	0.40	0.50	−0.91	2.43
Lambda	0.52	0.19	0.13	0.92	116	0.50	0.50	0.11	−0.25
EA	7.64	2.53	2.00	18.00	116	7.50	7.50	0.51	1.52
es	9.42	3.65	4.00	31.00	116	9.00	9.00	2.60	11.17
D Score	−0.53	1.51	−10.00	2.00	116	0.00	0.00	−3.24	15.20
AdjD	−0.25	1.05	−5.00	2.00	116	0.00	0.00	−1.75	5.49
a (active)	6.37	1.87	2.00	12.00	116	6.00	6.00	0.55	0.58
p (passive)	2.93	1.48	0.00	6.00	109	3.00	2.00	0.28	−0.12
Ma	2.60	1.08	1.00	7.00	116	2.00	2.00	1.29	2.78
Mp	1.37	0.87	0.00	3.00	98	1.00	1.00	0.16	−0.61
Intellect	1.27	1.37	0.00	6.00	72	1.00	0.00	1.04	0.47
Zf	11.29	2.66	5.00	24.00	116	11.00	10.00	0.78	3.71
Zd	0.64	2.69	−6.50	8.00	108	0.50	1.00	0.38	0.16
Blends	5.34	2.01	1.00	10.00	116	5.00	5.00	−0.03	−0.55
Blends/R	0.26	0.11	0.05	0.67	116	0.26	0.26	0.69	1.14
Col-Shd Blends	0.33	[0.54]	0.00	2.00	34	0.00	0.00	1.40	1.05
Afr	0.63	0.16	0.27	1.29	116	0.60	0.60	0.54	1.83
Populars	6.43	1.53	3.00	10.00	116	6.00	8.00	−0.02	−0.37

表12.9 つづき

変数	平均	標準偏差	最小値	最大値	頻度	中央値	最頻値	歪度	尖度
XA%	0.91	0.07	0.57	1.00	116	0.93	0.95	−1.53	4.07
WDA%	0.92	0.07	0.54	1.00	116	0.94	1.00	−1.81	7.49
X+%	0.76	0.09	0.50	1.00	116	0.78	0.75	−0.46	1.02
X−%	0.08	0.07	0.00	0.43	101	0.06	0.04	1.76	5.67
Xu%	0.15	0.08	0.00	0.39	110	0.15	0.16	0.50	0.75
Isolate/R	0.18	0.09	0.00	0.47	111	0.17	0.13	0.25	0.07
H	2.55	1.23	0.00	7.00	113	3.00	3.00	0.85	2.25
(H)	1.32	0.99	0.00	4.00	87	1.00	2.00	0.29	−0.24
Hd	0.97	[1.19]	0.00	7.00	71	1.00	1.00	2.61	10.41
(Hd)	0.26	[0.63]	0.00	4.00	22	0.00	0.00	3.26	13.10
Hx	0.02	[0.13]	0.00	1.00	2	0.00	0.00	7.51	55.43
All H Cont	5.09	1.75	1.00	10.00	116	5.00	5.00	0.60	0.91
A	7.65	2.31	3.00	14.00	116	7.00	6.00	0.24	−0.51
(A)	0.27	[0.53]	0.00	3.00	27	0.00	0.00	2.24	6.11
Ad	2.10	[1.55]	0.00	9.00	107	2.00	2.00	1.83	5.45
(Ad)	0.11	[0.34]	0.00	2.00	12	0.00	0.00	3.12	9.84
An	0.57	[0.87]	0.00	4.00	45	0.00	0.00	1.69	2.68
Art	0.76	0.98	0.00	5.00	55	0.00	0.00	1.39	2.17
Ay	0.30	[0.48]	0.00	2.00	34	0.00	0.00	1.11	−0.16
Bl	0.18	[0.43]	0.00	2.00	19	0.00	0.00	2.32	4.91
Bt	1.94	1.14	0.00	4.00	100	2.00	2.00	−0.12	−0.72
Cg	1.43	0.93	0.00	4.00	98	1.00	1.00	0.33	−0.19
Cl	0.20	[0.42]	0.00	2.00	22	0.00	0.00	1.88	2.53
Ex	0.23	[0.44]	0.00	2.00	26	0.00	0.00	1.58	1.31
Fi	0.48	[0.70]	0.00	3.00	43	0.00	0.00	1.28	0.83
Food	0.16	[0.44]	0.00	2.00	16	0.00	0.00	2.74	7.17
Ge	0.03	[0.18]	0.00	1.00	4	0.00	0.00	5.17	25.16
Hh	0.76	0.87	0.00	3.00	61	1.00	0.00	0.97	0.19
Ls	0.72	0.79	0.00	3.00	65	1.00	0.00	1.07	1.04
Na	0.29	[0.56]	0.00	2.00	28	0.00	0.00	1.78	2.25
Sc	1.05	[1.28]	0.00	5.00	63	1.00	0.00	1.37	1.70
Sx	0.17	[0.58]	0.00	3.00	12	0.00	0.00	3.80	14.65
Xy	0.11	[0.37]	0.00	2.00	11	0.00	0.00	3.49	12.48
Idio	1.09	[1.19]	0.00	5.00	67	1.00	0.00	0.96	0.50
DV	0.61	[0.88]	0.00	4.00	49	0.00	0.00	1.62	2.41
INCOM	0.51	[0.75]	0.00	4.00	46	0.00	0.00	1.84	4.44
DR	0.46	[0.75]	0.00	3.00	39	0.00	0.00	1.78	2.90
FABCOM	0.37	[0.65]	0.00	2.00	32	0.00	0.00	1.54	1.07
DV2	0.01	[0.09]	0.00	1.00	1	0.00	0.00	10.77	116.00
INC2	0.03	[0.18]	0.00	1.00	4	0.00	0.00	5.17	25.16
DR2	0.02	[0.13]	0.00	1.00	2	0.00	0.00	7.51	55.43
FAB2	0.01	[0.09]	0.00	1.00	1	0.00	0.00	10.77	116.00
ALOG	0.03	[0.18]	0.00	1.00	4	0.00	0.00	5.17	25.16
CONTAM	0.00	[0.00]	0.00	0.00	0	0.00	0.00	—	—
Sum 6 Sp Sc	2.05	1.48	0.00	6.00	96	2.00	2.00	0.45	−0.31
Lvl 2 Sp Sc	0.07	[0.25]	0.00	1.00	8	0.00	0.00	3.44	10.05
WSum6	4.97	4.06	0.00	17.00	96	4.00	0.00	0.83	0.33
AB	0.10	[0.31]	0.00	1.00	12	0.00	0.00	2.63	5.05
AG	1.15	1.05	0.00	4.00	79	1.00	1.00	0.77	0.34
COP	1.82	1.25	0.00	4.00	94	2.00	2.00	0.08	−0.98
CP	0.00	[0.00]	0.00	0.00	0	0.00	0.00	—	—
GOODHR	4.37	1.65	0.00	10.00	115	4.00	4.00	0.32	0.92
POORHR	1.69	1.53	0.00	7.00	90	1.00	1.00	1.37	2.54
MOR	0.78	[0.99]	0.00	4.00	55	0.00	0.00	1.18	0.80
PER	0.94	[0.88]	0.00	5.00	77	1.00	1.00	1.14	2.85
PSV	0.04	[0.20]	0.00	1.00	5	0.00	0.00	4.55	19.11

注： [ ] で示した標準偏差は，値が信頼できないので，期待域の推定を行ってはならない。これらの変数をパラメトリックな分析に含めてはならない。

表12.10 不定型・成人での36変数の頻度(N=116)

人口統計学的変数

婚姻状態			年齢			人種		
独身	30	26%	18–25	35	30%	白人	98	84%
同棲あるいは同居中	12	10%	26–35	53	46%	黒人	7	6%
既婚	45	39%	36–45	21	18%	スペイン系	11	9%
別居中	4	3%	46–55	2	2%	アジア系	0	0%
離婚	22	19%	56–65	5	4%			
寡婦(夫)	3	3%	65以上	0	0%			

						教育年数		
性別						12年未満	10	9%
男	52	45%				12年	36	31%
女	64	55%				13-15年	61	53%
						16年以上	9	8%

比率, パーセンテージ, 特殊指標

スタイル						形態水準		
内向型	0	0%				XA% > .89	76	66%
超内向型	0	0%				XA% < .70	1	1%
不定型	116	100%				WDA% < .85	10	9%
外拡型	0	0%				WDA% < .75	1	1%
超外拡型	0	0%				X+% < .55	2	2%
回避型	0	0%				Xu% > .20	21	18%
						X−% > .20	8	7%
Dスコア						X−% > .30	1	1%
Dスコア>0	10	9%						
Dスコア=0	69	59%				FC:CF+Cの比率		
Dスコア<0	37	32%				FC > (CF+C) + 2	23	20%
Dスコア<−1	12	10%				FC > (CF+C) + 1	42	36%
						(CF+C) > FC+1	13	11%
修正Dスコア>0	16	14%				(CF+C) > FC+2	4	3%
修正Dスコア=0	72	62%						
修正Dスコア<0	28	24%						
修正Dスコア<−1	11	9%				自殺の可能性陽性	0	0%
Zd > +3.0(オーバーインコーポレート)	20	17%				HVI陽性	8	7%
Zd < −3.0(アンダーインコーポレート)	6	5%				OBS陽性	2	2%
PTI = 5	0	0%	DEPI = 7	1	1%	CDI=5	2	2%
PTI = 4	0	0%	DEPI = 6	2	2%	CDI=4	8	7%
PTI = 3	0	0%	DEPI = 5	6	5%			

その他の変数

R < 17	23	20%	(2AB +Art + Ay) > 5	1	1%
R > 27	8	7%	Populars < 4	4	3%
DQv > 2	11	9%	Populars > 7	35	30%
S > 2	24	21%	COP = 0	22	19%
Sum T = 0	24	21%	COP > 2	36	31%
Sum T > 1	15	13%	AG = 0	37	32%
3r+(2)/R < .33	17	15%	AG > 2	9	8%
3r+(2)/R > .44	35	30%	MOR > 2	7	6%
Fr + rF > 0	9	8%	Level 2 Sp.Sc. > 0	8	7%
PureC > 0	15	13%	GHR > PHR	95	82%
PureC > 1	2	2%	Pure H < 2	20	17%
Afr < .40	5	4%	Pure H = 0	3	3%
Afr < .50	18	16%	p > a+1	1	1%
(FM+m) < Sum Shading	24	21%	Mp > Ma	14	12%

表12.11　ハイラムダ・成人の記述統計（N=58）

変数	平均	標準偏差	最小値	最大値	頻度	中央値	最頻値	歪度	尖度
年齢	29.64	8.66	19.00	61.00	58	28.50	24.00	1.21	1.90
教育年数	13.28	1.66	10.00	18.00	58	13.00	13.00	0.91	0.94
R	22.83	5.34	14.00	43.00	58	21.50	23.00	1.68	3.83
W	6.36	1.72	4.00	12.00	58	6.00	5.00	0.85	0.61
D	14.91	4.19	2.00	32.00	58	15.00	16.00	0.47	5.28
Dd	1.55	[2.65]	0.00	11.00	33	1.00	0.00	2.54	6.11
S	1.65	[1.72]	0.00	10.00	46	1.00	1.00	2.45	8.98
DQ+	5.55	1.72	1.00	10.00	58	6.00	6.00	0.07	0.53
DQo	16.21	4.34	6.00	36.00	58	16.00	16.00	1.90	7.78
DQv	0.91	[1.57]	0.00	6.00	22	0.00	0.00	1.89	2.79
DQv/+	0.16	[0.37]	0.00	1.00	9	0.00	0.00	1.95	1.89
FQx+	0.12	[0.38]	0.00	2.00	6	0.00	0.00	3.33	11.57
FQxo	15.88	3.24	8.00	24.00	58	16.00	16.00	0.13	0.71
FQxu	4.72	2.67	1.00	16.00	58	4.00	3.00	1.78	4.95
FQx−	1.95	1.47	0.00	8.00	51	2.00	1.00	1.29	3.53
FQxNone	0.16	[0.45]	0.00	2.00	7	0.00	0.00	3.04	8.94
MQ+	0.05	[0.29]	0.00	2.00	2	0.00	0.00	6.04	37.89
MQo	2.59	1.44	0.00	7.00	56	2.00	2.00	0.80	0.74
MQu	0.16	0.45	0.00	2.00	7	0.00	0.00	3.04	8.94
MQ−	0.02	[0.13]	0.00	1.00	1	0.00	0.00	7.61	58.00
MQNone	0.02	[0.13]	0.00	1.00	1	0.00	0.00	7.61	58.00
S−	0.28	[0.52]	0.00	2.00	14	0.00	0.00	1.76	2.37
M	2.83	1.49	1.00	7.00	58	3.00	2.00	0.80	0.18
FM	2.78	1.64	0.00	9.00	57	3.00	3.00	1.37	3.22
m	0.76	0.82	0.00	3.00	32	1.00	0.00	0.87	0.15
FM+m	3.53	2.06	0.00	12.00	57	3.00	3.00	1.67	4.75
FC	1.95	1.22	0.00	5.00	52	2.00	2.00	0.70	0.87
CF	1.95	1.29	0.00	4.00	48	2.00	3.00	−0.05	−1.08
C	0.12	[0.38]	0.00	2.00	6	0.00	0.00	3.33	11.57
Cn	0.03	[0.18]	0.00	1.00	2	0.00	0.00	5.23	26.35
Sum Color	4.05	1.63	1.00	7.00	58	4.00	3.00	0.16	−0.64
WSumC	3.10	1.36	0.50	5.50	58	2.75	4.00	0.06	−0.94
Sum C′	1.12	[0.94]	0.00	3.00	43	1.00	1.00	0.67	−0.25
Sum T	0.67	[0.71]	0.00	3.00	33	1.00	1.00	1.18	2.22
Sum V	0.12	[0.50]	0.00	3.00	4	0.00	0.00	4.66	22.88
Sum Y	0.41	[0.73]	0.00	3.00	18	0.00	0.00	2.01	4.19
Sum Shading	2.33	1.78	0.00	9.00	53	2.00	2.00	1.43	2.70
Fr+rF	0.28	[0.56]	0.00	2.00	13	0.00	0.00	1.93	2.88
FD	0.57	[0.68]	0.00	2.00	27	0.00	0.00	0.78	−0.48
F	12.72	2.80	7.00	23.00	58	12.00	11.00	1.24	3.08
(2)	8.38	2.71	3.00	21.00	58	8.00	8.00	1.74	7.27
3r+(2)/R	0.40	0.08	0.21	0.61	58	0.40	0.35	0.27	0.16
Lambda	1.33	0.38	1.00	2.33	58	1.16	1.00	1.53	1.29
EA	5.93	1.92	2.00	11.00	58	6.00	6.00	0.12	0.11
es	5.86	2.87	3.00	14.00	58	5.00	3.00	1.40	1.62
D Score	−0.07	0.90	−3.00	3.00	58	0.00	0.00	−0.92	5.52
AdjD	0.02	0.78	−2.00	3.00	58	0.00	0.00	−0.03	4.86
a (active)	4.57	2.15	1.00	10.00	58	4.50	5.00	0.72	0.63
p (passive)	1.79	1.32	0.00	7.00	50	2.00	1.00	1.10	2.75
Ma	2.02	1.28	0.00	6.00	54	2.00	2.00	1.11	2.02
Mp	0.81	0.81	0.00	3.00	35	1.00	1.00	0.78	0.18
Intellect	1.45	1.53	0.00	8.00	40	1.00	1.00	1.66	4.53
Zf	9.62	2.42	5.00	19.00	58	9.00	9.00	1.14	2.75
Zd	−1.12	2.66	−11.50	4.50	52	−1.25	−3.00	−0.78	2.95
Blends	3.07	1.68	1.00	7.00	58	3.00	2.00	0.48	−0.66
Blends/R	0.14	0.07	0.04	0.36	58	0.13	0.05	0.74	0.26
Col-Shd Blends	0.24	[0.47]	0.00	2.00	13	0.00	0.00	1.75	2.28
Afr	0.56	0.18	0.27	1.26	58	0.54	0.67	0.80	1.61
Populars	6.31	1.22	4.00	9.00	58	6.00	5.00	0.27	−0.87

表12.11 つづき

変数	平均	標準偏差	最小値	最大値	頻度	中央値	最頻値	歪度	尖度
年齢	0.91	0.06	0.76	1.00	58	0.90	0.96	−0.39	−0.55
教育年数	0.92	0.06	0.78	1.00	58	0.94	0.96	−0.62	−0.36
X+%	0.71	0.09	0.40	0.85	58	0.71	0.65	−0.99	2.41
X−%	0.09	0.06	0.00	0.19	51	0.07	0.04	0.23	−1.03
Xu%	0.20	0.08	0.05	0.40	58	0.19	0.15	0.51	−0.17
Isolate/R	0.15	0.08	0.00	0.35	57	0.16	0.17	0.27	−0.30
H	2.29	1.18	0.00	5.00	56	2.00	2.00	0.58	0.21
(H)	0.98	0.83	0.00	3.00	41	1.00	1.00	0.61	0.01
Hd	1.47	[1.38]	0.00	6.00	47	1.00	1.00	1.59	2.68
(Hd)	0.22	[0.50]	0.00	2.00	11	0.00	0.00	2.20	4.26
Hx	0.16	[0.59]	0.00	4.00	6	0.00	0.00	5.37	33.27
All H Cont	4.97	1.52	2.00	9.00	58	5.00	4.00	0.89	0.94
A	8.07	3.14	3.00	25.00	58	8.00	6.00	2.90	14.31
(A)	0.40	[0.62]	0.00	3.00	20	0.00	0.00	1.78	4.23
Ad	2.95	[1.43]	0.00	7.00	56	3.00	3.00	0.24	0.41
(Ad)	0.09	[0.28]	0.00	1.00	5	0.00	0.00	3.02	7.42
An	0.72	[0.85]	0.00	3.00	30	1.00	0.00	1.09	0.65
Art	0.76	0.96	0.00	3.00	29	0.50	0.00	1.24	0.68
Ay	0.38	[0.62]	0.00	3.00	19	0.00	0.00	1.87	4.59
Bl	0.14	[0.35]	0.00	1.00	8	0.00	0.00	2.15	2.74
Bt	1.97	1.14	0.00	5.00	54	2.00	2.00	0.43	−0.17
Cg	1.24	1.26	0.00	5.00	40	1.00	1.00	1.26	1.46
Cl	0.03	[0.18]	0.00	1.00	2	0.00	0.00	5.23	26.35
Ex	0.16	[0.37]	0.00	1.00	9	0.00	0.00	1.95	1.89
Fi	0.31	[0.57]	0.00	2.00	15	0.00	0.00	1.69	1.98
Food	0.12	[0.42]	0.00	2.00	5	0.00	0.00	3.67	13.26
Ge	0.07	[0.37]	0.00	2.00	2	0.00	0.00	5.23	26.35
Hh	1.00	0.97	0.00	3.00	38	1.00	1.00	0.82	−0.17
Ls	0.57	0.57	0.00	2.00	31	1.00	1.00	0.32	−0.84
Na	0.29	[0.50]	0.00	2.00	16	0.00	0.00	1.37	0.88
Sc	1.38	[1.30]	0.00	5.00	39	1.00	0.00	0.75	0.18
Sx	0.26	[0.74]	0.00	5.00	11	0.00	0.00	4.94	30.09
Xy	0.05	[0.22]	0.00	1.00	3	0.00	0.00	4.15	15.82
Idio	1.05	[1.85]	0.00	7.00	26	0.00	0.00	2.26	4.49
DV	0.38	[0.52]	0.00	2.00	21	0.00	0.00	0.88	−0.42
INCOM	0.67	[0.91]	0.00	4.00	29	0.50	0.00	2.02	5.14
DR	0.64	[0.67]	0.00	2.00	31	1.00	0.00	0.57	−0.66
FABCOM	0.22	[0.42]	0.00	1.00	13	0.00	0.00	1.35	−0.16
DV2	0.00	[0.00]	0.00	0.00	0	0.00	0.00	—	—
INC2	0.05	[0.22]	0.00	1.00	3	0.00	0.00	4.15	15.82
DR2	0.00	[0.00]	0.00	0.00	0	0.00	0.00	—	—
FAB2	0.02	[0.13]	0.00	1.00	1	0.00	0.00	7.61	58.00
ALOG	0.07	[0.26]	0.00	1.00	4	0.00	0.00	3.49	10.57
CONTAM	0.00	[0.00]	0.00	0.00	0	0.00	0.00	—	—
Sum 6 Sp Sc	2.05	1.26	0.00	7.00	55	2.00	1.00	1.20	3.02
Lvl 2 Sp Sc	0.07	[0.26]	0.00	1.00	4	0.00	0.00	3.49	10.57
WSum6	5.21	3.30	0.00	15.00	55	4.50	2.00	0.45	−0.16
AB	0.16	[0.49]	0.00	3.00	7	0.00	0.00	4.12	20.31
AG	0.71	1.01	0.00	4.00	24	0.00	0.00	1.37	1.19
COP	1.47	1.13	0.00	4.00	45	1.00	1.00	0.35	−0.75
CP	0.00	[0.00]	0.00	0.00	0	0.00	0.00	—	—
GOODHR	4.00	1.34	0.00	7.00	57	4.00	3.00	−0.13	0.74
POORHR	1.85	1.72	0.00	8.00	47	1.00	1.00	1.67	3.98
MOR	0.62	[0.67]	0.00	3.00	31	1.00	0.00	0.98	1.40
PER	0.40	[0.82]	0.00	5.00	17	0.00	0.00	3.56	17.37
PSV	0.19	[0.40]	0.00	1.00	11	0.00	0.00	1.62	0.66

注:[ ]で示した標準偏差は,値が信頼できないので,期待域の推定を行ってはならない。これらの変数をパラメトリックな分析に含めてはならない。

表12.12　ハイラムダ・成人での36変数の頻度（N=58）

人口統計学的変数

婚姻状態			年齢			人種		
独身	15	26%	18–25	22	38%	白人	47	81%
同棲あるいは同居中	10	17%	26–35	22	38%	黒人	10	17%
既婚	27	47%	36–45	12	21%	スペイン系	1	2%
別居中	1	2%	46–55	1	2%	アジア系	0	0%
離婚	5	9%	56–65	1	2%			
寡婦（夫）	0	0%	65以上	0	0%			

						教育年数		
性別						12年未満	5	9%
男	26	45%				12年	15	26%
女	32	55%				13-15年	30	52%
						16年以上	8	14%

比率，パーセンテージ，特殊指標

スタイル						形態水準		
内向型	0	0%				XA% > .89	32	55%
超内向型	0	0%				XA% < .70	0	0%
不定型	0	0%				WDA% < .85	6	10%
外拡型	0	0%				WDA% < .75	0	0%
超外拡型	0	0%				X+% < .55	2	3%
回避型	58	100%				Xu% > .20	27	47%
						X-% > .20	0	0%
Dスコア						X-% > .30	0	0%
Dスコア>0	7	12%				FC:CF+Cの比率		
Dスコア=0	45	78%				FC > (CF+C) + 2	8	14%
Dスコア<0	6	10%				FC > (CF+C) + 1	12	21%
Dスコア<-1	5	9%				(CF+C) > FC+1	12	21%
						(CF+C) > FC+2	5	9%
修正Dスコア>0	9	16%						
修正Dスコア=0	43	74%						
修正Dスコア<0	6	10%						
修正Dスコア<-1	4	7%				自殺の可能性陽性	0	0%
Zd > +3.0 (オーバーインコーポレート)	2	3%				HVI陽性	1	2%
Zd < -3.0 (アンダーインコーポレート)	8	14%				OBS陽性	0	0%
PTI = 5	0	0%	DEPI = 7	0	0%	CDI=5	0	0%
PTI = 4	0	0%	DEPI = 6	1	2%	CDI=4	6	10%
PTI = 3	0	0%	DEPI = 5	2	3%			

その他の変数

R < 17	3	5%	(2AB +Art + Ay) > 5	1	2%
R > 27	5	9%	Populars < 4	0	0%
DQv > 2	9	16%	Populars > 7	10	17%
S > 2	9	16%	COP = 0	13	22%
Sum T = 0	25	43%	COP > 2	12	21%
Sum T > 1	4	7%	AG = 0	34	59%
3r+(2)/R < .33	7	12%	AG > 2	4	7%
3r+(2)/R > .44	14	24%	MOR > 2	1	2%
Fr + rF > 0	13	22%	Level 2 Sp.Sc. > 0	4	7%
PureC > 0	6	10%	GHR > PHR	49	84%
PureC > 1	1	2%	Pure H < 2	14	24%
Afr < .40	2	3%	Pure H = 0	2	3%
Afr < .50	9	16%	p > a+1	0	0%
(FM+m) < Sum Shading	16	28%	Mp > Ma	5	9%

頻値は 14 である。0.99 を超えるラムダの値となる記録は 600 人のサンプルでは 10% だけなのに，Shaffer et al. のサンプルでは 41% である。2 つのサンプルに見られるその他の大きな相違は，Afr. の平均が 600 人のサンプルの .67 に対して .48，XA% が 600 のサンプルの .92 に対して .78，WDA% が 600 人のサンプルの .94 に対して .82 となっている点である。こうした XA% と WDA% の違いには，形態使用に関係するその他の変数の違いが反映されている。つまり，X+% の平均は 600 人のサンプルの .77 に対して .51，Xu% の平均は 600 人のサンプルの .15 に対して .28，X-% の平均は 600 人のサンプルの .07 に対して .21 となっている。材質反応を出した者は，600 人のサンプルでは 490 人（82%）だが，Shaffer et. al のサンプルでは 44 人（36%）しかいない。1 個以上の反射反応を出した者は，600 人のサンプルでは 8% だけだが，Shaffer et al. のサンプルでは 30% である。さらには，WSumC, EA, es の平均は，Shaffer et al. のサンプルでは 600 人のサンプルのものよりもそれぞれ約 2 低い。興味深いことに，Shaffer et al. のサンプルを 283 人に増やしても（Shaffer & Erdberg, 2001），これら変数の値は少ししか変わらなかった。

　Shaffer et al. のデータと表 12.3 と表 12.2 のデータに違いがあったことや，600 人のデータの中には 20 年以上前のものも入っていたことから，ロールシャッハ研究財団（ロールシャッハ・ワークショップス）の研究評議会は，公表されていたサンプルの有用性を確かめるため，新たに非患者サンプルを集めることにした。

新しいサンプル収集のために用いられたデザイン

　このプロジェクト（Exner, 2002）は 1999 年の秋に開始された。収集のためのデザインは，1973 年から 1986 年の間に実施された最初のプロジェクトと本質的には同じだった。ただし，現在行われているデザインのモデルには，前と異なる点が 3 つある。1973 年から 1981 年にテストを受けた非患者の約 75% は，他のさまざまな研究の協力者を集めるために採用されていた勧誘者を通じて募集された。一方，現在行われているプロジェクトでは，検査者自身が，会社，団体を通じて募集をした。手続きは本質的には勧誘者を通じての場合と同じだったが，依頼文は若干修正した。もう 1 つの違いは，医者に処方されている薬や違法な薬物の使用に関するものである。1973 年から 1986 年にテストを受けた調査協力者はこれらについて質問されることはなかった。しかし，今回はこの質問は重要視された。テストは志願してくれた者全員に行った。しかし，長期間あるいはかなりの量の向精神薬を処方されていた経歴のある者，違法な薬物を常用していたと認めた者のプロトコルは，サンプルから除外した。3 つ目の違いは，金銭支払いの構造に関するものである。最初のプロジェクトの研究協力者には何も報酬が支払われなかった。現在行われているプロジェクトでもやはり報酬は支払われていない。しかし関心を持ってもらうために，協力者が選んだ団体に協力者名義で $25 の寄付金が支払われることになっている。慈善団体は，一般的に認められているものであればどこでもよいことにしてある。

　600 人の非患者の層化サンプルの基になった 1,100 の記録を集めるのには 10 年を超える歳月が必要とされた。現行のプロジェクトもほぼ同じペースで進行している。プロジェクト開始から最初の 2 年間で，経験豊富な 13 人の検査者によって，14 の州からの約 200 の研究協力者に対してテストが行われた。記録のコードは，その記録を集めてきた検査者が行い，コンピューターに入力する際

にロールシャッハ・ワークショップスの本部で間違いがないか見直しをした。さらに，スコアリングの正確さを検討するために，プロトコルは4つに1つの割合でコーディングの一致率が記録された。必要と思われる場合は検査者にその情報がフィードバックされた。このプロジェクトのサンプルに含められた175人のデータは表12.13と表12.14に示してある。

表12.15には，公表されている600人の非患者のサンプルおよび現行のプロジェクトで集められた175の記録における12の変数のデータを示してある。これらは，Shaffer et al. のサンプルと600人のサンプルとの間で大きな違いが見られた変数である。

これら2つのサンプルの12の変数は，すべてよく似ている。600人のサンプルに比べて新しいサンプルのX+%の平均は.09低く，Xu%の平均は.06高い。Afrの平均は新しいサンプルのほうが.06低い。しかし，これらの違いは些少なものであり，解釈の基本ルールを変える必要性を示唆するほどではない。実際，表12.3と表12.13のすべての変数のデータを調べると，2つのサンプルはかなり似ていることがわかる。

表12.3と表12.4の割合に関するデータの中には，いくつか注目すべき違いがある。表12.15を見てわかるように，600人のサンプルではラムダの値が1.0以上の者は58人（10%）しかなかったが，新しいサンプルではハイラムダとなる者は28人（16%）いた。また，600人のサンプルではPure C反応を出す者は10%だけだが，新しいサンプルでは19%だった。600人のサンプルではDEPIが陽性となる者は5%だけだが，新しいサンプルでは17%の者が該当した。CF+C反応よりもFC反応の方が少なくとも1多い者は600人のサンプルでは66%を占めたが，新しいサンプルでは37%しかいなかった。これらの違いは興味深いものだが，しかしどれも解釈の基本原則を揺るがすようなものではない。新しいサンプルには，600人のサンプルにあるような広い地理的分布は欠けている。しかし，2つの群が比較的似ていることからすれば，公表されている600人の非患者のサンプルは母集団を代表するものだとの見解は支持されてよいだろう。そうであれば，このサンプルを基に，コードされた反応の特徴の出現率について理解するのは妥当である。また，このサンプルからは，解釈の原理の基盤となる構造データの中核であるさまざまな比率や指標に関して，一定の範囲内に入る，あるいはそこからはみ出る非患者の割合を知ることができる。

原注

▼注1……完全な釣鐘型の正規分布の場合，歪度は.00となる。曲線が正の方向に偏っていれば，すなわち大半が低いスコアで，中心より左に集まっていれば，歪度は正の値となる。曲線が負の方向に偏っていれば，歪度はマイナスの値を取る。尖度は曲線の高さについて表している。完全な釣鐘型曲線の場合は，尖度は.00となる。曲線が尖った形の場合，すなわち狭い範囲にスコアが集中している場合は，尖度は正の値となる。一方，曲線が平たい形であれば，すなわちスコアが広く均等に散らばっていれば，尖度はマイナスの値となる。

▼注2……新しいサンプルに含まれている州は次の通りである。アラスカ，カリフォルニア，ジョージア，アイオワ，ケンタッキー，メリーランド，ニューハンプシャー，ニュージャージー，ノースカロライナ，テネシー，テキサス，バージニア，バーモント，ウェストバージニア。

表12.13 成人非患者の記述統計(N=175)

変数	平均	標準偏差	最小値	最大値	頻度	中央値	最頻値	歪度	尖度
年齢	35.53	13.23	19.00	86.00	175	32.00	24.00	1.26	1.70
教育年数	14.15	1.73	10.00	20.00	175	14.00	14.00	0.61	0.35
R	22.98	5.51	14.00	51.00	175	22.00	21.00	1.65	5.14
W	9.20	4.23	3.00	37.00	175	8.00	8.00	2.35	10.59
D	12.45	5.11	0.00	32.00	173	13.00	14.00	0.19	1.31
Dd	1.33	[1.47]	0.00	8.00	116	1.00	0.00	1.74	4.31
S	2.23	[1.96]	0.00	17.00	162	2.00	1.00	3.36	19.57
DQ+	8.33	3.13	1.00	21.00	175	8.00	9.00	0.73	2.05
DQo	13.93	4.59	4.00	36.00	175	14.00	14.00	1.02	3.57
DQv	0.41	[0.70]	0.00	3.00	52	0.00	0.00	1.74	2.47
DQv/+	0.32	[0.70]	0.00	6.00	44	0.00	0.00	4.04	26.03
FQx+	0.47	[0.87]	0.00	5.00	52	0.00	0.00	2.27	5.92
FQxo	14.95	3.39	8.00	29.00	175	15.00	16.00	0.33	1.25
FQxu	5.03	2.77	1.00	17.00	175	5.00	3.00	1.64	4.25
FQx−	2.33	1.73	0.00	12.00	163	2.00	2.00	2.09	7.51
FQxNone	0.20	[0.49]	0.00	3.00	29	0.00	0.00	2.76	8.54
MQ+	0.31	[0.62]	0.00	3.00	42	0.00	0.00	1.94	3.15
MQo	3.86	1.88	1.00	9.00	175	4.00	3.00	0.36	−0.60
MQu	0.41	0.77	0.00	5.00	49	0.00	0.00	2.46	8.00
MQ−	0.17	[0.44]	0.00	2.00	24	0.00	0.00	2.75	7.10
MQNone	0.00	[0.00]	0.00	0.00	0	0.00	0.00	—	—
SQual−	0.53	[0.82]	0.00	4.00	67	0.00	0.00	1.76	3.12
M	4.75	2.19	1.00	11.00	175	5.00	3.00	0.37	−0.11
FM	3.86	1.98	0.00	10.00	169	4.00	4.00	0.42	0.53
m	1.47	1.35	0.00	10.00	138	1.00	1.00	2.08	8.79
FC	2.81	1.79	0.00	8.00	161	2.00	2.00	0.60	0.11
CF	2.93	1.89	0.00	12.00	165	3.00	2.00	1.49	4.92
C	0.23	[0.54]	0.00	3.00	33	0.00	0.00	2.70	8.24
Cn	0.00	[0.00]	0.00	0.00	0	0.00	0.00	—	—
Sum Color	5.97	2.68	0.00	14.00	174	6.00	5.00	0.54	0.42
WSumC	4.69	2.27	0.00	15.00	174	4.50	4.00	1.09	2.87
Sum C'	1.64	[1.31]	0.00	8.00	146	1.00	1.00	1.26	2.90
Sum T	0.90	[0.64]	0.00	2.00	130	1.00	1.00	0.08	−0.52
Sum V	0.37	[0.82]	0.00	5.00	42	0.00	0.00	3.23	13.06
Sum Y	0.82	[1.06]	0.00	7.00	95	1.00	0.00	2.44	9.60
Sum Shading	3.72	2.27	0.00	14.00	173	3.00	3.00	1.67	4.21
Fr+rF	0.26	[0.81]	0.00	7.00	26	0.00	0.00	4.81	30.77
FD	1.42	[1.13]	0.00	5.00	136	1.00	1.00	0.67	0.12
F	7.97	3.51	1.00	23.00	175	7.00	7.00	0.96	2.28
(2)	8.51	2.69	2.00	21.00	175	8.00	9.00	0.66	2.50
3r+(2)/R	0.41	0.11	0.13	0.87	175	0.39	0.38	0.93	2.84
Lambda	0.61	0.38	0.06	2.33	175	0.50	0.50	1.43	2.65
FM+m	5.33	2.55	0.00	20.00	174	5.00	6.00	1.34	6.30
EA	9.43	3.39	2.00	24.00	175	9.50	8.00	0.82	2.08
es	9.05	3.99	2.00	34.00	175	9.00	8.00	1.98	9.16
D Score	0.03	0.90	−3.00	3.00	60	0.00	0.00	−0.45	3.83
AdjD	0.29	0.89	−3.00	3.00	73	0.00	0.00	−0.05	2.71
a (active)	6.54	2.84	0.00	18.00	174	6.00	6.00	0.44	1.07
p (passive)	3.57	2.09	0.00	13.00	169	3.00	3.00	0.98	2.23
Ma	2.86	1.66	0.00	8.00	164	3.00	3.00	0.50	0.32
Mp	1.90	1.33	0.00	7.00	154	2.00	2.00	0.99	1.84
Intellect	2.26	2.08	0.00	12.00	141	2.00	1.00	1.40	2.83
Zf	13.34	4.55	2.00	41.00	175	12.00	12.00	2.04	8.62
Zd	0.47	3.88	−13.50	12.00	164	0.50	−0.50	−0.16	1.30
Blends	5.55	2.72	0.00	18.00	172	5.00	4.00	0.54	1.58
Blends/R	0.24	0.11	0.00	0.53	172	0.24	0.24	0.00	−0.30
Col-Shd Blends	0.65	[0.91]	0.00	6.00	82	0.00	0.00	2.43	9.42

表12.13 つづき

変数	平均	標準偏差	最小値	最大値	頻度	中央値	最頻値	歪度	尖度
年齢	0.61	0.18	0.21	1.26	175	0.63	0.67	0.19	0.35
教育年数	6.30	1.58	1.00	11.00	175	6.00	7.00	−0.32	1.02
XA%	0.89	0.07	0.69	1.00	175	0.90	0.90	−0.75	0.49
WDA%	0.91	0.06	0.69	1.00	175	0.92	0.95	−0.98	1.29
X+%	0.68	0.11	0.35	0.95	175	0.69	0.67	−0.55	0.25
X−%	0.10	0.06	0.00	0.31	163	0.10	0.05	0.77	0.72
Xu%	0.21	0.09	0.05	0.49	175	0.21	0.16	0.50	−0.07
Isolate/R	0.21	0.10	0.00	0.60	171	0.20	0.16	0.56	1.11
H	3.12	1.71	0.00	10.00	172	3.00	3.00	0.82	1.00
(H)	1.39	1.09	0.00	6.00	137	1.00	1.00	0.86	1.33
HD	1.06	[1.03]	0.00	5.00	116	1.00	1.00	1.07	1.46
(Hd)	0.59	[0.87]	0.00	4.00	68	0.00	0.00	1.44	1.52
Hx	0.14	[0.50]	0.00	4.00	18	0.00	0.00	4.75	27.45
All H Cont	6.15	2.53	0.00	18.00	174	6.00	7.00	0.96	3.05
A	8.05	2.65	3.00	25.00	175	8.00	6.00	1.78	8.80
(A)	0.32	[0.58]	0.00	3.00	47	0.00	0.00	1.82	3.20
Ad	2.70	[1.57]	0.00	9.00	169	3.00	2.00	0.79	0.99
(Ad)	0.14	[0.40]	0.00	2.00	22	0.00	0.00	2.85	7.96
An	0.87	[1.12]	0.00	7.00	98	1.00	0.00	2.15	6.67
Art	1.27	1.31	0.00	6.00	112	1.00	0.00	1.09	1.13
Ay	0.59	[0.76]	0.00	4.00	82	0.00	0.00	1.47	2.78
Bl	0.27	[0.55]	0.00	3.00	39	0.00	0.00	2.16	4.79
Bt	2.25	1.54	0.00	6.00	150	2.00	2.00	0.36	−0.48
Cg	1.99	1.56	0.00	8.00	143	2.00	2.00	0.92	1.31
Cl	0.22	[0.49]	0.00	2.00	33	0.00	0.00	2.17	4.00
Ex	0.20	[0.51]	0.00	4.00	29	0.00	0.00	3.59	18.27
Fi	0.75	[0.87]	0.00	4.00	95	1.00	0.00	1.36	2.31
Food	0.30	[0.56]	0.00	3.00	45	0.00	0.00	1.90	3.67
Ge	0.09	[0.33]	0.00	2.00	14	0.00	0.00	3.80	15.15
Hh	1.11	0.97	0.00	5.00	123	1.00	1.00	0.72	0.45
Ls	1.04	1.16	0.00	9.00	112	1.00	1.00	2.51	12.88
Na	0.51	[0.89]	0.00	6.00	62	0.00	0.00	2.70	10.50
Sc	1.55	[1.23]	0.00	6.00	143	1.00	1.00	0.97	1.03
Sx	0.18	[0.49]	0.00	3.00	25	0.00	0.00	3.01	9.74
Xy	0.09	[0.29]	0.00	1.00	16	0.00	0.00	2.86	6.25
Idiographic	0.37	[0.61]	0.00	3.00	53	0.00	0.00	1.60	2.19
DV	0.42	[0.71]	0.00	5.00	58	0.00	0.00	2.43	9.62
INCOM	0.72	[0.90]	0.00	4.00	85	0.00	0.00	1.25	1.28
DR	0.82	[0.93]	0.00	7.00	101	1.00	0.00	2.11	10.20
FABCOM	0.43	[0.68]	0.00	3.00	61	0.00	0.00	1.72	3.11
DV2	0.00	[0.00]	0.00	0.00	0	0.00	0.00	—	—
INC2	0.03	[0.18]	0.00	1.00	6	0.00	0.00	5.16	24.94
DR2	0.03	[0.18]	0.00	1.00	6	0.00	0.00	5.16	24.94
FAB2	0.06	[0.23]	0.00	1.00	10	0.00	0.00	3.84	12.96
ALOG	0.06	[0.23]	0.00	1.00	10	0.00	0.00	3.84	12.96
CONTAM	0.00	[0.00]	0.00	0.00	0	0.00	0.00	—	—
Sum 6 Sp Sc	2.58	1.79	0.00	10.00	155	2.00	2.00	0.78	1.09
Lvl 2 Sp Sc	0.13	[0.37]	0.00	2.00	20	0.00	0.00	2.96	8.70
WSum6	7.08	5.35	0.00	28.00	155	6.00	0.00	1.03	1.66
AB	0.20	[0.51]	0.00	3.00	27	0.00	0.00	2.82	8.26
AG	0.94	1.08	0.00	7.00	103	1.00	0.00	1.73	5.45
COP	2.09	1.35	0.00	6.00	157	2.00	2.00	0.54	0.06
CP	0.00	[0.00]	0.00	0.00	0	0.00	0.00	—	—
GOODHR	5.13	2.15	0.00	13.00	173	5.00	4.00	0.42	0.68
POORHR	1.97	1.57	0.00	8.00	147	2.00	1.00	1.10	1.56
MOR	0.92	[0.96]	0.00	4.00	103	1.00	0.00	0.84	0.13
PER	0.87	[1.01]	0.00	7.00	101	1.00	0.00	1.95	7.37
PSV	0.10	[0.33]	0.00	2.00	15	0.00	0.00	3.63	13.73

表12.14　成人非患者での36変数の頻度(N=175)

人口統計学的変数

婚姻状態			年齢			人種		
独身	45	26%	18–25	44	25%	白人	150	86%
同棲あるいは同居中	6	3%	26–35	56	32%	黒人	14	8%
既婚	91	52%	36–45	44	25%	スペイン系	10	6%
別居中	6	3%	46–55	15	9%	アジア系	1	1%
離婚	23	13%	56–65	10	6%	その他	0	0%
寡婦(夫)	4	2%	65以上	6	3%	記載なし	0	0%
記載なし	0	0%						

教育年数		
12年未満	2	1%
12年	33	19%
13-15年	101	58%
16年以上	39	22%

性別		
男	85	49%
女	90	51%

比率，パーセンテージ，特殊指標

スタイル				形態水準		
内向型	59	34%		XA% > .89	93	53%
超内向型	8	5%		XA% < .70	1	1%
不定型	34	19%		WDA% < .85	20	11%
外拡型	54	31%		WDA% < .75	2	1%
超外拡型	7	4%		X+% < .55	19	11%
回避型	28	16%		Xu% > .20	88	50%
				X–% > .20	15	9%
Dスコア				X–% > .30	1	1%
Dスコア>0	34	19%				
Dスコア=0	115	66%		FC:CF+Cの比率		
Dスコア<0	26	15%		FC > (CF+C) + 2	25	14%
Dスコア<-1	7	4%		FC > (CF+C) + 1	40	23%
				(CF+C) > FC+1	53	30%
修正Dスコア>0	57	33%		(CF+C) > FC+2	29	17%
修正Dスコア=0	102	58%				
修正Dスコア<0	16	9%				
修正Dスコア<-1	5	3%		自殺の可能性陽性	0	0%
Zd > +3.0(オーバーインコーポレート)	39	22%		HVI陽性	10	6%
Zd < -3.0(アンダーインコーポレート)	24	14%		OBS陽性	2	1%
PTI = 5	0	0%	DEPI = 7　1　1%	CDI = 5	0	0%
PTI = 4	0	0%	DEPI = 6　5　3%	CDI = 4	11	6%
PTI = 3	1	1%	DEPI = 5　22　13%			

その他の変数

R < 17	12	7%		(2AB +Art + Ay) > 5	13	7%
R > 27	25	14%		Populars < 4	8	5%
DQv > 2	3	2%		Populars > 7	31	18%
S > 2	58	33%		COP = 0	18	10%
Sum T = 0	45	26%		COP > 2	61	35%
Sum T > 1	27	15%		AG = 0	72	41%
3r+(2)/R < .33	34	19%		AG > 2	12	7%
3r+(2)/R > .44	53	30%		MOR > 2	11	6%
Fr + rF > 0	26	15%		Level 2 Sp Sc > 0	20	11%
PureC > 0	33	19%		GHR > PHR	152	87%
PureC > 1	6	3%		Pure H < 2	29	17%
Afr < .40	19	11%		Pure H = 0	3	2%
Afr < .50	44	25%		p > a+1	12	7%
(FM+m) < Sum Shading	30	17%		Mp > Ma	41	23%

表 12.15　公表されている 600 名の非患者サンプルと
最新の研究で得られた 175 名の非患者サンプルとの 12 変数についての比較

変数	平均値	標準偏差	範囲	頻度	中央値	最頻値	歪度	尖度
R (600)	22.32	4.40	14-43	600	22	23	0.86	1.90
R (175)	22.98	5.51	14-51	200	22	21	1.65	5.14
ラムダ (600)	0.60	0.31	0.11-2.33	200	0.53	0.50	2.27	8.01
ラムダ (175)	0.61	0.38	0.06-2.33	200	0.50	0.50	1.43	2.65
Afr (600)	0.67	0.16	0.23-1.29	600	0.67	0.67	0.35	0.65
Afr (175)	0.61	0.18	.21-1.26	175	0.63	0.67	0.19	0.35
XA% (600)	0.92	0.06	0.57-1.00	600	0.94	0.96	-1.34	3.68
XA% (175)	0.89	0.07	0.69-1.00	175	0.90	0.90	-0.75	0.49
WDA% (600)	0.94	0.06	0.54-1.00	600	0.95	1.00	-1.42	4.93
WDA% (175)	0.91	0.06	0.69-1.00	175	0.92	0.95	-0.98	1.29
X+% (600)	0.77	0.09	0.35-1.00	600	0.78	0.80	-0.86	2.33
X+% (175)	0.68	0.11	0.35-0.95	175	0.69	0.67	-0.55	0.25
Xu% (600)	0.15	0.07	0.00-0.45	600	0.15	0.13	0.54	0.86
Xu% (175)	0.21	0.09	0.05-0.49	175	0.21	0.16	0.50	-0.07
X-% (600)	0.07	0.05	0.00-0.43	513	0.05	0.04	1.41	4.56
X-% (175)	0.10	0.06	0.00-0.31	163	0.10	0.05	0.77	0.72
SumT (600)	0.95	0.61	0-4	490	1.00	1.00	0.83	3.33
SumT (175)	0.90	0.64	0-2	130	1.00	1.00	0.08	-0.52
Fr+rF (600)	0.11	0.43	0-4	48	0.00	0.00	4.98	30.45
Fr+rF (175)	0.26	0.81	0-7	27	0.00	0.00	4.81	30.77
EA (600)	8.66	2.38	2-18	600	9.00	9.50	-0.04	0.42
EA (175)	9.43	3.39	2-24	175	9.50	8.00	0.82	2.08
es (600)	8.34	2.99	3-31	600	8.00	7.00	1.43	6.58
es (175)	9.05	3.99	2-34	175	9.00	8.00	1.98	9.16

文献

Exner, J. E. (1978). The Rorschach: A Comprehensive System. Volume 2: Current research and advanced interpretation. New York: Wiley.

Exner, J. E. (1986). A Rorschach Workbook for the Comprehensive System (2nd ed.). Bayville, NY: Rorschach Workshops.

Exner, J. E. (1988). Problems with brief Rorschach protocols. Journal of Personality Assessment, 52, 640-647.

Exner, J. E. (1990). A Rorschach Workbook for the Comprehensive System (3rd ed.). Asheville, NC: Rorschach Workshops.

Exner, J. E. (2001). A Rorschach Workbook for the Comprehensive System (5th ed.). Asheville, NC: Rorschach Workshops.

Exner, J. E. (2002). A new nonpatient sample for the Rorschach Comprehensive System: A progress report. Journal of Personality Assessment, 78, 391-404.

Exner, J. E., Weiner, I. B., & Schuyler, W. (1976). A Rorschach Workbookfor the Comprehensive System. Bayville, NY: Rorschach Workshops.

Shaffer, T. W., & Erdberg, P. (2001). An international symposium on Rorschach Nonpatient Data: Worldwide findings. Annual meeting, Society of Personality Assessment, Philadelphia.

Shaffer, T. W., Erdberg, P., & Haroian, J. (1999). Current nonpatient data for the Rorschach, WAIS-R, and MMPI-2. Journal of Personality Assessment, 73, 305-316.

••• 第 IV 部 •••
解釈
Interpretation

第 13 章
解釈のためのガイドライン
General Guidelines Regarding Interpretation

　ロールシャッハの解釈にはいくらか簡単にできる部分もあるとはいえ，全体の解釈過程はおよそ単純なものでも機械的なものでもない。逆に複雑で労力を要するものである。意味のある結論を導くためには，解釈する際に論理的な概念の枠組みを持ち続ける必要があり複雑となる。また，つねにデータが完全なものであるかを吟味する必要があるために，解釈は労の多いものとなる。その一方，以下の 3 つの基本を学んで準備ができていれば組織立ててデータを探求し，結果を概念的にまとめあげるという解釈の手順を学習することは決して難しくない。

基本的準備

　まず，解釈者がこのテストの性質や，反応の生成と選択という複雑な操作についてよくわかっていることが大事である。反応をコードし，スコアして，順に集め，さまざまな計算式に掛けると，相互に関係のある 3 つのデータが得られる。それらは，(1) 反応や検査者の質問への答えとして語られる言葉の記録，(2) 反応の内容をコーディングして継列にしたもの，(3) 変数，比率，パーセント，指標のデータの頻度を構造的に図示したもの，である。これら 3 つのデータ・セットがテスト解釈の実体となる。これらは個人の心理について妥当性があって役に立つ描写をするための十分な情報を提供してくれる。反応の生成と選択に影響した要素について理解ができたならば，個人についての描写はさらに精密なものとなる。

　よく練られた解釈とするためには，あと 2 つ重要なことがある。その 1 つは，解釈者が人について，そしてパーソナリティについて十分理解しているということである。これは，ロールシャッハのデータをある特定のパーソナリティ理論に直接当てはめて解釈するという意味ではない。おそらくそうすることは誤りである。ロールシャッハに基づいた結論は，パーソナリティについてのどのような理論に翻訳することも可能である。しかしそうする前にまず，妥当性に基づいた所見に一致するようにデータを解釈する必要がある。

　解釈は，つねにその人を**特有の**(*unique*) 個人として理解することを目指して進められる。まったく同じ人は 2 人といないからである。思考，感情，自己知覚，統制やほかの特徴を結果としてまとめる際には，このことをよく意識して，最大限その人の個性を強調するよう努力する必要がある。

　ロールシャッハ解釈に必要なもう 1 つの準備は，精神病理や不適応についての実用的で役に立つ知識を備えておくことである。これは決して単純に診断名を知っているか否かという意味ではない。

正常と異常というような概念によって明確な基準が作れるし，そうすれば長所と短所を識別することができる，などと考えるのは単純すぎる。むしろ，性格特徴がどのように弱点となり得るか，さまざまな弱点の組み合わせがいかに精神内界や外界の不適応を産むのかということ，これらを正しく認識することによって，精神病理や不適応についての役に立つ理解が引き出されるのである。

解釈のためのガイドライン

　解釈者が解釈の手続きと目的をしっかりと把握していれば，解釈のプロセスは比較的簡単である。この基本が理解されていると，間違った仮説や正しくない結論に導くような，いくつもの落とし穴をうまく避けることができる。いくつかの要因がここに含まれるが，それらは皆，何らかの意味で，情報をまとめるということにつながっている。それは，テスト状況の性質を理解しているということだけでなく，手続きに従って検討したデータを統合できる判断力，できあがった仮説からある原則を導き出す判断力も含んでいる。

受検者とテスト状況

　解釈者が，テストを受けることになったその人について，そしてテストを受けることになった経緯について情報をつかんでいると，解釈は容易になる。完全なブラインド・アナリシスは大学での学習教材としては興味深く，それなりに妥当な結果が得られるかもしれない。しかし実際のアセスメントでは，テストを受ける人についての年齢や性別，婚姻状況，教育歴，テスト状況に関する情報など，いくつかの基本的な情報が枠組みとしてあると，結果を意味あるようにまとめる作業がやりやすくなる。

　時には，テストが施行された状況によって特別な動機づけの構えが作られ，何を報告するかの反応選択に影響したり，反応の説明のやり方に影響したりするかもしれない。これは，動機づけや構えがテストデータを著しく変化させるという意味ではない。そのようなことはめったに起こらない。それでも，テストを受けたときに受検者が持つであろう構えについて解釈者が理解していることは，解釈結果をはっきりさせるためには重要である。

　実際には，ロールシャッハが施行されるときというのは，テストを受ける人が問題を解決できないために混乱していたり，不快を経験していることが多い。このような状況でロールシャッハを受けるほとんどの成人は「用心しながら心を開く」のがつねで，そのためにかえってテスト状況やテストそのものからあまり大きな影響を受けないかもしれない。テストがアセスメントの一環であると伝えられている場合は特にそうである。しかし，中にはテストやテスト状況に対する構えが，援助を求めてくる成人患者とは異なっている場合もある。

　たとえば，問題を抱えた子どもは，テスト状況に対する不信感や恐怖感のために，テストに対して防衛的であることが多い。この防衛的な態度は，テストデータにある特定の現象となって現われる。そうなると，解釈をするときに，この特徴が状況因によるものなのか，心理学的構造の核心的な要素なのかを判断するのは難しい。

　同様に，殺人で起訴されている人が，責任能力なしと宣告されるのを望んでテストを受けるときの構えは，職場での昇格のためにテストを受ける状況とはまったく異なったものとなるであろう。

前者は，過剰な説明をする反応になりがちで，時にはそれが行きすぎるとかなり奇妙になる。それに比べて，後者はずっと用心深く，月並であろうと努力する。また，心的外傷を受けたために法廷で争うことになった人がテストに対して持つ構えは，子どもの監護権を争う親が持つ構えとはまったく異なっている。

テストに対するこのように異なった構えが，データ全体を本質的に変えることはない。しかし，ロールシャッハ反応のすべてのデータが変化しないパーソナリティ特徴を表わしているわけではない。時に人は，ある状況下ではいつもとはまったく違った行動を取ることがある。まさに，解釈者はこのような違いを逃さずに見つけられなければならない。

これまでに積みあげてきた研究結果に基づけば，状況による一過性の特徴と，個人の心理の安定した慢性的な特徴とを区別して解釈することが可能である。しかし確信を持ってこの区別をすることができるのは，解釈者がテストに至るまでの事情や周囲の状況についてわかっているときに限られる。

偏差の原則

解釈の過程は分子のレベルを検討するような，細かな方法である。つまり，クラスター内の変数そのものを検討し，次に他のいくつかの変数との関連を見る。このような分子のレベルで検討するような方法だと，単純で数字そのものに語らせるような仮説に陥ってしまいかねない。この方法は**偏差の原則**から発展してきたものである。つまり，基準データから得られた期待値と比べると，もろもろのデータにはかなりの違いが見られるだろうという考え方である。

テストデータの解釈の仮説を立てるために偏差を用いるのは，基本的に科学的なアプローチである。特にロールシャッハの解釈のためにはたいへん価値がある。しかしこれはまた，過度に単純化し，間違った解釈結果を導きかねない手続きでもある。ある変数が偏っていることがわかると，時期尚早に結論を出したくなる誘惑にかられるのも確かである。たとえば成人のプロトコルに4個のCOP反応があったとする。非患者成人の中央値と最頻値と比べれば，これはかなり多いと考えられる。一般にCOP反応は好ましいものと考えられている。まして1つの記録に4個もあれば，どんな解釈者でも，その人は他者と関わることをポジティブに受け止めていて，容易に関わりが取れる人だという仮説を立てるだろう。その仮説は正しいかもしれないが，**正しくないかもしれない**ので，確かで動かぬ結論と考えないほうがよい。

解釈者がどのようなときに偏差過信に陥ってしまうのかはわかりやすい。一般によくあるのは，出版されている基準(ノーマティヴ)データを頼りにしすぎる場合である。テスト・データを利用し，理解するためにはこの基準データはもちろん重要である。賢く用いれば，解釈の助けになる。まさにこのデータに基づいて，個人に特有の特徴が浮き彫りになるからである。しかし，単純に，よく考えず，型通りに使うと，解釈の結論を間違った方向に導くことになる。

基準データの誤用や，偏差を狭く，型通りに使う傾向は，ロールシャッハの変数はそれぞれいくつかの特徴と関係しているとの前提で行われた多くの妥当性研究によって助長されている。このような研究からは，変数は1つの文脈で解釈できるものだとの考え方がもたらされてしまう。

こうした考えにはまって，心理学的な特徴と作用の間の相互関係を無視してしまう解釈者も残念

ながらいないわけではない。

　この相互関係を無視して，たった1つの変数から解釈仮説を立ててしまうと，必ず間違いが生じる。なぜならば，このような解釈戦略は，偏差にのっとった仮説がそのまま使えるのか，あるいは修正する必要があるのかを示唆する補足データを無視しているからである。つながりのない仮説は必然的につながりのない人物像を描くことになる。せいぜいよくても，人物の全体像をとらえ損ねることになりかねないし，悪くすると誤解をまねく，歪んだ結論をもたらすことになる。

　先に挙げた例のように，4個のCOP反応があれば，人々との関わりをたいへん肯定的にとらえ，人付き合いの上手い人物であると考えたくなるものである。このような仮説はCOP反応についての結果の一部には合致している。しかし，もし次のようであればどうだろう。（1）4個のCOP反応中3個は攻撃的反応（AG）の特殊スコアも付いている，（2）4個のCOP反応中2個がM-反応である，（3）すべての人間反応内容が（H）や（Hd）である。これらの追加データは，初期の仮説を否定するものである。4個のCOPがあること自体は重要であるが，この点について論理的な仮説を立てる前に，他のいくつかのデータを検討する必要がある。

　有能な解釈者は，偏差所見を賢く利用し，未熟な結論を引き出すことを避けようとするはずである。偏差に基づいた仮説は，このテストの他のデータから得られる仮説と同じように，積み上げられていくものである。データの全体像をまとめながら，所見を積み重ねていくと，解釈の初期段階で立てられた単純な仮説が少しずつ広がりを持って，よりはっきりしたものになり，最後にはテストを受けた個人についての個性（uniqueness）をつかむことになるのである。

データが完全なものであるか確かめる

　解釈者はつねにデータが完全なものであるかどうか関心を払う必要がある。解釈の過程では，はたしてプロトコルは正確に言葉通りに記録されているのか，反応のコードは正しいかといった疑問を持ち続けるべきである。このような関心は構造一覧表を検討する際にはとりわけ重要となる。構造一覧表のデータは，一つ一つの反応のコーディングから引き出されたものであるため，コーディングの正しさに依存しているのである。反応を正確にコーディングする，スコアの継列を正しく並べる，データの頻度を間違いなく記録する，そしてさまざまな指標，割合，変数を正しく計算する。こういったことの重要性はいくら強調してもしすぎることはない。つまり，慎重な懐疑的態度が，解釈のプロセスの大事な基礎となるのである。

　起こってはならない類のミスもある。検査者は必ず受検者の言語表現を逐語記録に残さなければならない。同様に，スコアを反応が起こった順に集めること，頻度を正確に記録し，さまざまな計算式を正確に完成しなければならない。これら以外のミスも望ましくはないが，起こってくる。それは，反応をコードしたりスコアするときの過ちである。この種の過ちは，どんなに用心深い検査者であっても時にはしてしまうかもしれない。

　コーディングやスコアリングの過ちは，付け落としか付け間違いのどちらかで起こる。経験豊かなスコアラーにありがちなのは不注意による付け落としである。たとえば，複雑なブレンド反応に決定因子を落とすとか，ペアを付け損ねたり，平凡反応を忘れたり，2つ目の反応内容のコードをしそびれるなどである。経験の浅いスコアラーも付け落としをするが，それよりも多いのは付け間

違いである。たとえば，ステップダウンの原則を無視してCFとすべきところをCとしたり，受検者の意図をはっきりつかめないためにYとすべきところをC'にしたり，間違ったZスコアを選ぶとか，返答は明らかにFDなのにVをコードしたり，おかしな論理や，変わった言葉を含む反応に間違ったスペシャルスコアを選ぶなどである。

　幸いにも，構造一覧表は豊富なデータから作られるので，スコアリングの間違いは望ましくないものの，1つや2つの間違いで構造データの解釈的な重要性が変わったりはしない。なぜならば，スコアリングの間違いが，頻度や，割合，指標などの評価を劇的に変えたり，関連する解釈仮説や，引き出される解釈仮説を変えたりはしないからである。しかし，たった1つの間違いが解釈の本質にインパクトを与える場合ももちろんある。たとえば，図版VIの平凡反応にあるはずのFTかTFをコードしそこなったとすると，構造データはT=0を示す。T=0は期待値でないため，対人関係のクラスターに重要な意味をもたらす。Tはまた，esやAdj esに関与する変数でもあり，さらにはDスコアとも関わる。つまり，たった1つの間違いが，解釈仮説を作る段になって，将棋倒しのように次々と誤りを導かないとも限らないのである。次の図版Iについての例を考えてみよう。

反応
はりつけの柱に縛りつけられた女の人のよう。周りは煙だらけ。

質問段階
E：（反応を繰り返す）
S：真ん中にいて，手を上に挙げています。ここが暗くて，まるで彼女の周りに煙が上がっているようです。
E：煙が上がっているというのを教えて。
S：上に向かって漂っている。煙は火から出ていて，女の人はここに立っていて，どうすることもできなくて，ジャンヌ・ダルクのように。火は見えていません。煙だけです。

この反応のほとんどのコーディングは単純明快である。しかし，意図がはっきりしない言い回しがあり，2つのうちどちらのスコアリングが適切なのかを決める作業が残されている。YFとC'Fのどちらが正しいのか迷わされるのは，「暗い」という言葉の使われ方のためである。正しいスコアリングは次のようになる。

W+ Mp.mp.YFu H, Fi, Ay 4.0 MOR

明るい暗いという言葉が用いられてたとき，その意図がはっきりしない場合は濃淡拡散反応をコードするのが適切である，というのがルールである。しかし，中にはこのルールを無視して，YFではなくてC'Fを選ぶ人がいるかもしれない。仮に，この反応が含まれる記録の正しい構造データがデータセット1のようだったとしよう。

　もしもYFではなくC'Fをコードすれば，いくつかの変数が変化する。変化した変数にはデータセット2の中に下線を引いて示す。

データ・セット1

EB =5:2.5	EA =7.5		FC:CF+C =3:1
eb =6:5	es =11	D =-1	SumC':WSumC=2:2:5
	Adjes=10	AdjD=0	
FM=5 C'=2	T =1		
m =1 V =0	Y =2		

データ・セット2

EB =5:2.5	EA =7.5		FC:CF+C =3:1
eb =6:5	es =11	D =-1	SumC':WSumC=<u>3</u>:2:5
	Adjes=<u>11</u>	AdjD=<u>-1</u>	
FM=5 C'=<u>3</u>	T =1		
m =1 V =0	Y =<u>1</u>		

　反応が**正しく**コードされたならば，データ・セットからは次のことが仮定できる。まず，Dスコアの-1とAdjDスコアの0は，EAから照らすと，状況ストレスがかかっていて，過負荷状態がもたらされていることを示している。次にDスコアはマイナスなので，この過負荷状態は衝動性の可能性をもたらすと言える。第3に，EB（5:2.5）は内向型なので，この衝動性は思考に影響すると考えられる。つまり，思考は明確さを欠き，断片的で，判断は配慮を欠いて性急になされる。これらの仮説は他の結果を見ながら慎重に評価する必要はあるが，おそらく状況ストレスについての介入を考える際にはその基礎となるだろう。

　正しくないデータ・セットから得られた解釈仮説はこれとは異なったものとなる。状況ストレスについて指摘すべきことはなくなる。代わりに，Dスコアが両方とも-1なので，過負荷状況は状況によるというよりは，慢性的な事態と仮定できる。ストレス耐性をなくしたり，複雑な状況や難しい状況で効果的に機能するのが難しくなり，思考や行動が衝動的になる可能性が高まる。期待値を超えてC'反応の数が増えていることとSumC':SumCの左辺が高くなっていることをEB（5:2.5）との関連で考えると，感情を表現することへの過度な用心深さや感情を内にこもらせてしまう傾向が，この過負荷状態の源になっているという仮説が立てられる。感情表現を避ける傾向や感情を腹にため込むことは相当な不快感となっており，緊張や不安，場合によっては抑うつがもたらされるかもしれない。

　また，論理的に考えるとこのような感情の萎縮や感情を内にこもらせる傾向は，特にストレス耐性の問題と考え合わせると，身体症状が発展する土台となる。間違った仮説を他のデータに照らして入念に評価したとすれば，最終所見としては，感情を扱うのに慢性的な困難があることに焦点を当てた介入を勧めることになってしまう。

かろうじて引き出された結果について

　たった1つのコーディングの間違いが，場合によっては，いかに間違った解釈仮説を導いてしまうかを例示した。この例には，解釈者が気をつけるべきもう1つの事柄が示されている。それは，

重要な結果がデータから**かろうじて**引き出されている場合である。たとえば，先の正しいデータ・セットの場合，2個あるY反応のうちどちらかが間違ってYとコードされていたとすれば，AdjDスコアはマイナスだったかもしれない。大切なのは，このことにすぐに気づくことである。つまり，この場合，AdjDは"かろうじて"0になっているということである。

　正しくないデータ・セットの場合なら，ぬかりない解釈者は，EAが1ポイント高いかAdjesが1ポイント低ければAdjDスコアが0であったことに注目するだろう。さらに，重要に見えるSumC'：SumCも，左辺が高いといってもわずか0.5ポイントの差でしかないことに注意するであろう。このようなわずかな差に気づいていればこそ，解釈者はこれらの変数を含む反応のコードを見直すことができるのである。

　正しくないデータ・セットの例を見直すとしたら，まずEAの値に焦点を当てる。特に4個の有彩色スコアのコードについて，はたして正しくコードされているかどうかを確認する。もしもFCの1つが本当はCFとコードされるものだったとしたら，SumC'：SumCの解釈が変わる。もしも2つのFCがCFとコードされるのであれば，2つのDスコアに変更が生じる。逆に，もしもCFとコードされた反応がFCだったとすれば，Dスコアの所見もSumC'：SumCから引き出される所見もより確かなものとなる。

　かろうじて引き出された結果について次に確かめるのは，灰・黒色と濃淡をコードした反応である。ここでは，材質反応を確かめて正しくTがコードされているか，Yになっていないかをチェックする。同様に3個のC'反応と，Y反応を調べて本当はC'反応ではなかったかを確認する。先の例のように，C'反応が間違ってコードされていたとすれば，ここでその間違いがチェックでき，それにしたがってデータを直して先に立てた仮説を変えることができる。

　プロトコルのいくつかの反応のコーディングを確かめる作業は，それほど時間を取るものではない。おそらく経験のある検査者であれば数分ですむであろうし，初学者が念入りに見てもさほど長くはかからないだろう。一番よいのは，解釈に進む前にすべての反応のコーディングを見直すことである。必ずしもすでにコードしてあるものを一々疑う必要はないが，付け落としや，付け間違いがないか確かめてみるのがよい。

　どんなにロールシャッハの経験を積んだ検査者であっても，自分のスコアリングに自信を持ちすぎるべきではない。テストを施行しスコアした人と解釈をする人が同じでない場合は，すべてのコーディングを見直すことはとりわけ重要である。このように注意深く見直しをすることによって，プロトコルが明確に記されているか，質問段階で余計な質問をしていないか，ロケーション・シートを役立てているか等の事柄を確認する機会を持つことができる。

　各反応が順番に反応の継列としてまとめられたか，各種の比率や，パーセントなどの必要な計算が正確かどうかの確認は，解釈過程でも行われる。解釈する際には，逐語記録と反応の継列や，構造一覧表の間を何度も行き来する。どこに平凡反応が出たのか，S反応はどこにあるのか，反射反応の反応内容は何なのか，スペシャル・スコアのDRはどのような性質のものかなどの疑問に答えるためには，このように異なる資料を見比べて検討することになる。これらの疑問は，解釈に磨きをかけるのに役立つばかりでなく，あまりにも狭く固い仮説になってしまうのを防いでくれるものである。

表 13.1　心理学的特徴に関連するクラスター

要素または機能	変数
感情の特徴	DEPI, CDI, EB*（外拡型），ラムダ，EBPer, eb（右辺の数値［SumC'+SumT+SumV+SumY］），SumC'：WSumC, Afr, 2AB+（Art+Ay）, CP, FC：CF+C, Pure C（頻度と質），S，ブレンド反応，色彩－濃淡ブレンド，濃淡ブレンド
統制力とストレス耐性	D スコア, AdjD スコア, CDI, EA (SumM, WSumC), EB, ラムダ, es と Adj es (FM, m, SumT, SumV, SumC', SumY)
認知的媒介	R, ラムダ, OBS, XA%, WDA%, X-%, FQ-, S-（マイナス反応の同質性と歪みの程度を検討する），P, FQ+, X+%, Xu%
思考	EB*（内向型），ラムダ，EBPer, a：p, HVI, OBS, MOR, eb（左辺の数値［FM+m］）, Ma：Mp, 2AB+（Art+Ay）, Sum6, WSum6, 6つの特殊スコアの質，MQ，M反応の質
情報処理過程	ラムダ，EB, OBS, HVI, Zf, W：D：Dd，反応領域の継列，W：M, Zd, PSV, DQ, DQ の継列
対人知覚	CDI, HVI, a：p, Fd, SumT，人間反応の総和，H, GHR, PHR, COP, AG, PER，孤立指標，ペアを伴う M と FM 反応の内容
自己知覚	OBS, HVI, Fr+rF, 3r+(2)/R, FD, SumV, An+Xy, MOR, Pure H：Pure H 以外，人間反応内容のコーディング，すべてのマイナス反応や MOR や人間反応や運動反応の内容
状況関連ストレス	D スコア, Adj D スコア, EA, EB(0の数値), m, SumY, SumT, SumV, ブレンド反応の複雑さ，色彩－濃淡ブレンドと濃淡ブレンド（m と Y），Pure C, M, M-, 形態質のない M

* 注……EB が対処様式として意味を持つのは EA が 3.5 を超える場合に限られる。また EA が 10 以下の場合は EB の両辺の差は 2 ポイント以上なければならないし，EA が 10 を超える場合は両辺の差は 2 ポイントを超えなければならない。

クラスター解釈

　ほとんどのテスト・データはクラスターとしてまとめられる。それを表 13.1 に示した。最初の 7 つのクラスターは人についての基本的な特徴と関連しているので，各データは解釈過程で必ず検討する。8 番目のクラスターのデータは状況関連のストレスで，テスト結果に状況関連ストレスが確認できた場合にのみに検討する。いくつかの変数は 2 つ以上のクラスターにわたって意味がある。それはこれらの変数がいくつかの心理学的な特徴や作用と関連しうるからである。

　たとえば，マイナス反応は認知的媒介と自己知覚の両方と関連がある。また，人間運動反応は自己知覚と対人知覚の両方に関わっている。高いラムダ値は，統制，感情，情報処理，認知的媒介，そして思考の各所見に関係があるし，警戒心過剰指標が該当する場合は，情報処理活動，思考，自己知覚，対人知覚が関係してくる。

　ある変数がいくつかのクラスターにまたがってあるからといって，それがどのクラスターにも重要な意味をもたらす情報であるとは限らない。たとえば，MOR の値が 0 か 1 の場合，自己知覚に関するデータを評価するときにはその結果は意味があり重要でも，思考について検討する際には何も意味はない。逆に MOR の値が 3 の場合には，解釈するときにこのデータを 2 回利用することになる。最初に自己イメージの否定的な特徴を調べ，次に思考活動を評価するときに再び検討する。それは，MOR の値が高い場合は，自己に対して否定的な態度を取る傾向があり，その結果生じた悲観的な構えが思考にも影響する可能性を示しているからである。

　このように，ある変数があるクラスターの結果に貢献するのは，その変数の値が逸脱した場合に限られるかもしれない。一方，他のクラスターでは，その同じ変数が，その値がいくつであるかに関わりなく，つねに重要な意味を持つ場合もある。

組織的に進める

　当然のことながら，解釈の際にはロールシャハ・プロトコルのテスト・データのすべてを考慮する。それらは**構造データ，スコアの継列，逐語記録**の3つのグループにまとめられる。精神測定の本質からすると，構造データがロールシャハの「確かなデータ」であり，基本的解釈仮説を立てるのに最も有用な情報を提供してくれるものと考えられる。しかしその仮説のあるものは，あまりにも一般的であったり，狭い見方であったり，誤解を導くものであったりするかもしれない。構造一覧表の変数を検討する際にはこの問題がよく持ちあがる。そのために，次の構造変数に進む前に，スコアの継列や逐語の記録に戻ってみることが必要となるのである。

　表13.2には，各クラスターのデータをどのような順番で検討するのかが示されている。

　表13.2に示されているように，組織的な解釈手順では，クラスター内の1つのデータ・グループから別のデータ・グループへ移る。しかし，解釈上何らかの不明瞭な結果に直面した場合には，1つのグループのデータから別のグループのデータに目を向けることになる。1つのデータ・グループから他へと柔軟に目を向けることは，テストから包括的で意味のある解釈を得るためには必須のことである。たとえば，継列の特徴は，構造データから展開してきた仮説を点検したり，明確化したり，膨らませたりするための情報を提供してくれる。時には，特異な継列を見つけて，新しい仮説が立てられることもあるかもしれない。同様に，逐語の記録は，仮説を明確化したり，新たな仮説を発展させたりするための豊かな情報源となる。

基礎としての予備的仮説

　解釈は分子構造を組み立てて全体像を作り出すようなものである。各クラスターのさまざまな構成要素を概観するといくつかの仮説が作り上げられる。たいてい最初はその仮説も単純で一般的なものであるが，解釈のステップが進むにつれて仮説が追加され，検討している特徴について少しずつより的確な表現が当てはめられるようになる。時には，解釈手順のあるステップから得られた仮説が，他で得られた仮説とは異なっているように見えることもある。しかし，他の仮説と合わないからというだけの理由で捨ててしまっていい仮説は1つもない。むしろ，このように一見違っていると思われる違いは，結果の要約の中でまとめられていくのである。

　それぞれのクラスターのデータから導き出される記述は，データの豊かさや解釈者の演繹スキルによって異なったものになる。あるケースではクラスターの所見から特徴についてつまらない仮説しか立てられないこともある。しかし，それもまた大事な所見である。なぜならば，それは所見の全体像の一部となり，時にはもっとユニークで劇的なデータから出てくる仮説を和らげる役割を取ることもあるからである。

　単一の仮説というのは疑わしく，信頼性に欠けるものである。十分な解釈は一連のつながりのある仮説の積み重ねと組織化によるところが大きく，そうすることによって，もしかすると見落としたり不適切な記述になりかねなかった問題を明確にすることができるのである。

　表13.2に挙げたすべてのステップは，予備の仮説を立てるための情報源である。特に重要なことは，結果が普通で何ら劇的なものではないからといって，適当に扱っていいものは1つもないと

表 13.2　クラスター内の変数を検討する順序

統制力とストレス耐性		情報処理過程	
		あらかじめ検討すべき項目（L, EB, OBS, HVI）	
ステップ 1	Adj D および CDI	ステップ 1	Zf
ステップ 2	EA	ステップ 2	W : D : Dd
ステップ 3	EB およびラムダ	ステップ 3	反応領域の継列
ステップ 4	es および Adj es	ステップ 4	W : M
ステップ 5	eb	ステップ 5	Zd
状況関連ストレス		ステップ 6	PSV
ステップ 1	D スコア(es および Adj es との関連で)	ステップ 7	DQ
ステップ 2	D スコアと Adj D の差	ステップ 8	DQ の継列
ステップ 3	m と Y	**媒介過程**	
ステップ 4	T, V, 3r+(2)/R（生活史との関連で）	あらかじめ検討すべき項目（R, OBS, L）	
ステップ 5	D スコア（Pure C, M-，形態質のない M に関して）	ステップ 1	XA% および WDA%
ステップ 6	ブレンド反応	ステップ 2	形態質のない反応
ステップ 7	色彩−濃淡ブレンドと濃淡ブレンド	ステップ 3	X-%，FQ- の頻度，S- の頻度
感情の特徴		ステップ 3a	マイナス反応の同質性
ステップ 1	DEPI および CDI	ステップ 3b	マイナス反応の歪みの程度
ステップ 2	EB およびラムダ	ステップ 4	平凡反応
ステップ 3	EBPer	ステップ 5	FQ+ の頻度
ステップ 4	eb の右辺およびそれに関連した変数	ステップ 6	X+% および Xu%
ステップ 5	SumC' : WSumC	**思考**	
ステップ 6	Afr	ステップ 1	EB およびラムダ
ステップ 7	知性化指標	ステップ 2	EBPer
ステップ 8	CP	ステップ 3	a : p
ステップ 9	FC : CF+C	ステップ 4	HVI, OBS, MOR
ステップ 10	Pure C	ステップ 5	eb の左辺
ステップ 11	S（空白反応）	ステップ 6	Ma : Mp
ステップ 12	ブレンド反応（ラムダおよび EB）	ステップ 7	知性化指標
ステップ 13	m と Y を含むブレンド反応	ステップ 8	Sum6 および WSum6
ステップ 14	ブレンド反応の複雑さ	ステップ 9	特殊スコア Sum6 の質
ステップ 15	色彩−濃淡ブレンド	ステップ 10	M の形態質
ステップ 16	濃淡ブレンド	ステップ 11	M 反応の質
自己知覚		**対人知覚**	
ステップ 1	OBS および HVI	ステップ 1	CDI
ステップ 2	反射反応	ステップ 2	HVI
ステップ 3	自己中心性指標	ステップ 3	a : p の比
ステップ 4	FD および V（生活史との関連で）	ステップ 4	食物反応
ステップ 5	An+Xy	ステップ 5	SumT
ステップ 6	Sum MOR	ステップ 6	人間反応の数および Pure H の数
ステップ 7	H :(H)+Hd+(Hd) および人間反応内容に関するコーディングの検討	ステップ 7	GHR : PHR
ステップ 8	以下に含まれる投映内容を読む	ステップ 8	COP および AG の頻度とコーディング
a	マイナス反応	ステップ 9	PER
b	MOR 反応	ステップ 10	孤立指標
c	M 反応および人間反応	ステップ 11	ペアを伴う M 反応および FM 反応の内容
d	FM 反応および m 反応		
e	言語修飾されたその他の反応		

表 13.3　26 歳男性　情報処理過程の変数

EB =5：2.5	Zf =12	Zd =+0.5	DQ+ =7
L =0.67	W：D：Dd=7：13：2	PSV=0	DQv/+=0
HVI=NO	W：M =7：5		DQv =0
OBS=NO			

Locations & DQ Sequencing

Ⅰ：Wo.Do.Ddo	Ⅵ：Do.D+
Ⅱ：D+.DSo	Ⅶ：D+.Wo
Ⅲ：D+.Ddo	Ⅷ：W+.Do
Ⅳ：Wo.Do.Do	Ⅸ：Wo.D+
Ⅴ：Wo	Ⅹ：W+.Do.Do

いうことである。逸脱した，劇的な結果には興味をそそられるし，それらは特有の情報を示すものなので，たいていは仮説を立てる際の根拠となることが多い。たとえば，反射反応の存在，複数の材質反応，「体の一部が腐敗している」という反応などはどれもが重要な情報を含んでいて，明らかに解釈者が何らかの仮説を立てることを支持するものである。しかしこれらの反応の所見が必ずしも短所を示すわけではない。これらが意味するところの全体像は，普通で一般的だった結果をも含む他のデータに照らして判断した結果得られるものである。逸脱していない結果は，逸脱した結果と同じかそれ以上に全体の人物像を説明するときには重要である。

　たとえば，情報処理についての次のデータ・セットを考えてみよう。これは反応数 22 の記録の抜粋である。このデータは，特に逸脱していないし，目を引く印象的なところもない。しかし，表 13.2 に示した手順に従ってこのデータを検討していくと，この人物についていくつか役に立つ仮説を立てることができる。

　情報処理のクラスターにはいくつかのあらかじめ検討すべき情報があり，対処スタイルや構えがあればそれに従って検討できるようになっている。そのために，ここにも EB，ラムダ，HVI，そして OBS の変数を示してある。それらによれば，この男性は思考型のスタイルで（EB），ラムダは 0.67 である。どちらも普通でない情報処理の特徴を示唆する根拠となるものではない。同様に，OBS も HVI も該当しないので，新しい情報を処理するときに完全主義であるとか，過度に用心深いと考える理由はない。

　Zf は期待値内にあり，大部分の人と同じ程度に入力情報をまとめようとしていると言える。W：D：Dd の比は 7：13：2 で，おそらく経済的に情報を処理する人である。しかし反応領域の継列を見る限り，情報処理にあたって経済的であることが重要な要因となっているとは思えない結果である。7 個の W 反応のうち 6 個は初発反応であり，4 個は W 反応をするのにかなりの努力が必要な図版（Ⅶ, Ⅷ, Ⅸ, Ⅹ）で出されている。W：M の比は 7：5 で内向型の期待値に合った情報処理の目標設定をしている。

　Zd スコアが +0.5 であることと PSV 反応がないことからは，おそらく効果的なスキャニングの仕方をしていると考えられる。DQ+ の値が 7 で，しかもこの 7 個の反応は 7 枚の違った図版にあることは，組織化活動は比較的複雑なもので，大部分の成人と似たものであることを示している。

　こうした結果がわかると，気楽に解釈をする人であれば，単純にこの人物の情報処理活動には何

も問題はないと結論づけて，レポートにもその旨記すかもしれない。そのような記述がたとえ正しかったとしても，不適切である。なぜならば，それはこの人物にあるであろう資質を無視しているからである。複雑さに過度に巻き込まれていないことと，複雑さを過度に回避していない事実は重要である。同様に，大部分の人と同じくらい情報をまとめようとしていて，それを比較的経済的に，かつ複雑な方法で行えているのは，重要な資質と見なされるべきだろう。

加えて，「何も問題はない」という記述は正しくない**可能性がある！** それにはいくつかの理由があり得るが，どれも認知活動に関連する他の2つのクラスター（認知的媒介と思考）を検討しなければ確かめられない。

たとえば，認知的媒介のデータに6個のマイナス反応があって，6個のうち5個が図版I，IV，VIII，IX，そしてXの最初の反応だったとする。すべての5個の反応はW反応である。このような結果はW：D：DdとW：Mのデータから得られた仮説を再評価して修正する必要があることを示すものである。あるいは，7個のDQ+のうち4個にFABCOMのスペシャル・スコアが付いていたとする。そうであれば，かなり複雑な方法でまとめるということができるという仮説は，変えるか，場合によっては削除することも必要である。

先の例で示したように，クラスターを検討して長所と短所の両方に重きを置いて仮説を作り，その仮説を要約してまとめることが大切である。要約は一時的なものと考えるのがよい。要約はそのクラスターのすべてのデータから得られた結果を反映したものだが，他のクラスターの結果によって修正が加えられるかもしれない。そのため，まだ仮のものとしておくことになる。

クラスターに従って作業するときに気をつけるべき点は，すべてのデータを規則正しく検討し，結果を単純化してしまいたくなる誘惑に負けないようにすることである。誰かにこんな特徴があった，あんな特徴があったということがわかるだけでは十分ではない。代わりに，クラスターで作業をするときの目標は，精神活動の特徴を概念化していくことである。別な言い方をすると，次のような質問をすることである。（1）この人の性質の特徴は何か。（2）この特徴はこの人の心理の中で他の特徴とどのように相互に関連しているのだろうか。

クラスターで調べる順序

解釈は，すべてのデータを見終えるまでクラスターからクラスターへと進める。しかし，検討するクラスターの順番はいつも同じというわけではない。12の鍵変数は，クラスターを影響力が大きくて重要な順に検討するための最もよい順番を決めることができる。

実際，鍵変数はその人の中心的な心理学的特徴について，クラスターのどの組み合わせが最も本質的な情報をもたらすデータの源になるかを予測する。概して，これらの特徴は，個人について記述をする際には，かなり重きを置かれる。パーソナリティの構造としてもこれらは中心的な要素で，心理学的仕組みにおいても主たる働きをする。他の特徴がどのように組織化されるのかにもかなり影響し，その人が心理学的に機能する方向性を決めるのに大きな力を及ぼす。つまり，データのどのクラスターから始めるのかを決めることは，最終的に仕上げられていく記述所見につながる中心課題を設定することになるので大変重要である。

12の鍵変数と解釈手順の戦略を表13.4に示した。優先順位の高い順に並べてある。最初に該当

表 13.4　鍵変数に基づく解釈の検索戦略

該当する変数	基準となるクラスター検索順序
PTI>3	情報処理過程＞媒介過程＞思考＞統制＞感情＞自己知覚＞対人知覚
DEPI>5 かつ CDI>3	対人知覚＞自己知覚＞統制＞感情＞情報処理過程＞媒介過程＞思考
DEPI>5	感情＞統制＞自己知覚＞対人知覚＞情報処理過程＞媒介過程＞思考
D<AdjD	統制＞状況ストレス＞（残りの検索順序は次に該当する鍵変数あるいは第3の変数リストによって特定する）
CDI>3	統制＞対人知覚＞自己知覚＞感情＞情報処理過程＞媒介過程＞思考
AdjD<0	統制＞（残りの検索順序は次に該当する鍵変数あるいは第3の変数リストによって特定する）
L>0.99	情報処理過程＞媒介過程＞思考＞統制＞感情＞自己知覚＞対人知覚
Fr+rF>0	自己知覚＞対人知覚＞統制（残りの検索順序は次に該当する鍵変数あるいは第3の変数リストによって特定されたものから選択する）
体験型内向型	思考＞情報処理過程＞媒介過程＞統制＞感情＞自己知覚＞対人知覚
体験型外拡型	感情＞自己知覚＞対人知覚＞統制＞情報処理過程＞媒介過程＞思考
p>a+1	思考＞情報処理過程＞媒介過程＞統制＞自己知覚＞対人知覚＞感情
HVI 陽性	思考＞情報処理過程＞媒介過程＞統制＞自己知覚＞対人知覚＞感情

した鍵変数によって，その記録の解釈手順が決定する。

　12の鍵変数には2種類の特徴がある。6つの変数（PTI>3, DEPI>5 かつ CDI>3, DEPI>5, D スコア<Adj D スコア，CDI>3, Adj D<0）はパーソナリティの構造に関するものだが，同時に精神病理の存在や混乱の可能性についても焦点を当てている。残りの6つの変数はより基本的なパーソナリティ・スタイルに関連していて，機能と働きについての基礎を提供するものである。

　ほとんどの場合，解釈の順番は簡単に決まる。しかし，中には最初の鍵変数だけでは全体の順番が簡単に決まらないこともある。そのときには，次に該当する鍵変数を用いたり，第3の変数を使って順番を決める。戦略は論理的な順番で並んでいて，新しい所見がすでに展開してきたものとうまくつながるようになっている。表13.4に示した順番は，実証的かつ論理的に発展してきたものである。最初に検討する2つか3つのクラスターは，その人の中核的な特徴について最も多くの情報をもたらしてくれる。これは実証的にわかってきたことである。新しい所見がそれまでにわかっていたものとつながる順番に並んでいるのは，論理的に考えられた結果である。

　この12の戦略はまったくばらばらなものではないことを記しておくことは大事であろう。情報処理，認知的媒介，思考という，認知活動に関する3つのクラスターは，必ずしもいつも同じ順番ではないにしても，つねに一緒のまとまりとして解釈する。なぜならば，これらは相互に関連しているからである。同様に，自己知覚と対人知覚は相互関係があるので，いつも一緒に解釈する。

第3の変数から始める

　場合によっては，鍵変数が見つからないことがある。そのときには，第3の変数の中の該当したものを見て，出発点のクラスターを選択することができる。第3の変数は表13.5に示す。第3の変数は，鍵変数が該当しなかった場合に解釈手順のパターンを決めるために使われる。

　鍵変数と違って，この第3の変数はそれほど予測力を持たない。その人にとってどのクラスターが最も重要な情報をもたらすかをはっきりさせることができても，その次にどのクラスターが最も

表 13.5　第 3 の変数に基づいた検索戦略

該当する変数	基準となるクラスター検索順序
OBS 陽性	情報処理過程＞媒介過程＞思考＞統制＞感情＞自己知覚＞対人知覚
DEPI=5	感情＞統制＞自己知覚＞対人知覚＞情報処理過程＞媒介過程＞思考
EA > 12	統制＞思考＞情報処理過程＞媒介過程＞感情＞自己知覚＞対人知覚
M-> 0 または Mp > Ma または Sum6 特殊スコア > 5	思考＞媒介過程＞情報処理過程＞統制＞感情＞自己知覚＞対人知覚
Sum Shed > FM+m または CF+C >FC+1 または Afr < 0.46	感情＞統制＞自己知覚＞対人知覚＞情報処理過程＞媒介過程＞思考
X-% > 20% または Zd > +3.0 または < -3.0	情報処理過程＞媒介過程＞思考＞統制＞感情＞自己知覚＞対人知覚
3r+(2)/R < .33	自己知覚＞対人知覚＞感情＞統制＞情報処理過程＞媒介過程＞思考
MOR > 2 または AG > 2	自己知覚＞対人知覚＞統制＞思考＞情報処理過程＞媒介過程＞感情
T = 0 または >1	自己知覚＞対人知覚＞感情＞統制＞情報処理過程＞媒介過程＞思考

関連のある情報となるのかを予測することはできない。したがって，表 13.5 の検索手順にある第 3 の変数は，解釈を始めるに当たっての一般的なガイドラインと考えるとよい。そこで示された順序は，解釈者が別な手順の方がいいと思えるような特別な状況があれば変更しても構わない。

結果の統合

　ある人物についての記述が，科学的法則に基づいた結果と個性記述的結果の両方から引き出されたものであるということが，ロールシャッハ独自の特徴である。だからこそ，ロールシャッハはその人の個性（uniqueness）をつかむことができる。「できる」という言葉をここで強調したのは，個人を個性記述的に解釈のまとめで強調しそこねている場合もあるからである。時にはデータが非常に貧弱であるために，このようなことが起こる。しかしたいていは，解釈者が結果をまとめそこねたためである。まとめる代わりに単にクラスターごとの結果の要約をつなげて文章にするからである。

　解釈者は結果を概念的に統合しようと努力する必要がある。それはクラスターごとの結果を他のクラスターの結果と統合することであり，そうすることによって仮説や結論が全体の情報に基づくものとなる。仮説と結論は，個人の心理学的特徴同士の関連に注意を払いながら論理的に統合していく。これはたやすい作業ではないが，そのためにこの章の初めに，あらかじめ必要な基本的準備として，人とパーソナリティについて理解しておくことが重要であると述べたのである。

　実際，概念的に統合していく作業は，解釈をしている間はずっと続いている。それはクラスターを検討しながら，それに関連するパーソナリティの特徴や，心理学的な作用を考察しているときにも起こっている。クラスターの中のデータあるいはクラスターごとのデータから結果が集まってくると，対処様式，統制，防衛戦略，認知的行動，自己知覚，そして対人的構えなどの広い枠組みの中で，だんだんとその人物を概念化することができるようになってくる。

　最終所見では，肯定的な所見と否定的な所見とをうまくまとめあげる。そうすることによって，ユニークな人物の全体像ができあがり，アセスメント事項について回答するための枠組みができあ

がる。解釈をするのは時間がかかるが，実際にかかる時間はスキルが上がれば短くなるものである。実際，だんだん熟練してくると，どのようなロールシャッハも90分以内に余すところなく正確に解釈できるようになる。

　次のいくつかの章ではクラスター内の解釈の方法を示している。変数にとりかかる順番や解釈のルールが細かく説明されている。最後の章では，さまざまなクラスターから展開された仮説や結論をどのようにまとめて，包括的な個人の記述にするのか，説明してある。

第 14 章

統制とストレス耐性
Controls and Stress Tolerance

　クラスターをどの順序で学んでいったとしても，各クラスターのデータを最大限に関連づけて解釈する方法を身に付けることはできるだろう。しかし，ここでは次の2つの理由から，統制のクラスターに関する説明から始めることにしたい。1つには，鍵変数に基づいて解釈戦略を決めたならば，ほとんどの場合，統制の問題を早い段階で扱うことになるという理由が挙げられる。2つ目は，統制と利用可能な資質の問題は他の心理特徴の検討に直接関連してくることが多いためという理由である。2番目の理由はより重要なものであり，感情および思考の機能を理解しようとする場合はまさにこれに当てはまる。

統制の概念

　統制という概念は，これまで心理学の分野で体系的なリサーチの対象にされることはなかった。わずかに実験的精神病理学の分野で，それに関するいくつかの研究がなされただけである。しかも，それらのほとんどは，古典的条件づけと道具的条件づけに焦点を当てたものだった。統制についての理論的概念は，自我機能や二次過程といった精神分析モデル，あるいは欲求を減らすことやホメオスタシスを重要と見なすような人格モデルの中で登場するのがほとんどで，これまでの研究結果との関連は間接的なものでしかなかった。
　一方，感情面での衝動性に関しては多くの研究がなされてきた。それらの研究では，衝動的な人には十分な統制力がないということが暗黙の前提となっていた。しかし，残念なことに，衝動性という言葉の適用には厳密さが欠けていた。また，衝動的行動を特定するためにこれまで用いられてきた基準では，衝動的に見えながら実は統制されている行動と，本当に統制されていない行動とをしっかり区別することができなかった。たとえば，若年児童の癇癪や，激情による犯罪は，衝動的行動の例としてよく挙げられることがある。たしかに激情による犯罪の中には，感情の変わりやすさが認められるケースは多いだろう。感情が圧倒的になり，行動を支配してしまう場合には感情が変わりやすくなっているものである。一方，癇癪を起こしたときの行動というのは，ほとんどの場合，感情の変わりやすさのために引き起こされたものではない。むしろ，そのほとんどは，子どもが親や仲間を動かすために身に付けた，統制された行動である。
　一般的には，統制の定義は，状況からの要請に対処するための行動を慎重に決定あるいは実行する能力，とするのが最もよさそうである。要するに，自分のまとまりと方向性を維持する力，とい

うことである。しかし，この定義は，能力があるかないかを二者択一的に問おうとするものではない。統制力はつねに一定なのではなく，状況如何で強まりもすれば弱まりもするのである。これについては，一般的な人の思考と感情について考えてみれば，よく理解できるだろう。

喜び，感激，恐怖，心配，不満，怒りなどの感情を，状況にふさわしくないほどに強く，あるいは激しく表わしてしまい，その結果決まりの悪い思いをしたという経験は，誰にでもある。典型的なのは，一瞬統制力を失い，ばかげた行動をしてしまった，というケースである。また，感情があまりにも高ぶり，その結果理性が圧倒され，あたかも統制が失われたかのような行動をしてしまったという経験も，ほとんどの人が思い起こすことができるだろう。

思考についても同様のことが言える。思考は，通常ならまとまりがあり，方向性を持っている。しかし，多くの人は，集中したり注意を維持するのが困難になる経験をしたことがあるだろうし，思考が焦点の定まらぬ，脈絡のないものになったこともあるだろう。このようなときには思考に対する統制力が弱まり，思考活動はあまり方向づけられたものではなくなる。実際のところ，自分の内界や外界からの刺激によって，思考が非合理的あるいは支離滅裂なものになることさえある。

統制の緩い，より強い感情表現をすると解放感や満足感が得られるが，統制力が失われるのは，ほとんどの場合，このようなホメオスタシスを求めてのことである。思考の集中が妨げられて，白昼夢のように考えが定まらないとき，あるいは支離滅裂な考え方をしてしまうときでさえ，同じことが言える。つまりそのような状態のときには，うれしいことに1つのことに正確に焦点を当てて考え続けるというストレスや労力から解放されるのである。

思考や感情の統制力が弱まった場合には，なぜそうなったのかを知ることが，その人の心理を理解するための鍵となる。中には，統制が悪くなることを心理的に自分で許してしまっている場合がある。つまり，その人には統制を失わないようにするだけの十分な力がありながら，何らかの理由でそうしていないのである。一方，統制する力が不十分で，一時的にあるいは慢性的に，心理的な余裕のない状態に陥っている人もいる。そういう人はよく思考や感情に対する統制力を失ってしまう。要するに，彼らは，自分の能力の乏しさの犠牲になってしまっているのである。

統制力に関するロールシャッハの仮説

すでに述べた通り，統制力は，状況からの要請に対処するための行動を準備したり遂行するにあたって自分の資質をどれだけ利用できるのかという，その能力に関係している。統制力を理解する上で直接関連のある重要な概念は3つある。それは，資質，刺激要求，ストレス耐性である。

資質

資質とは，これまでに培ってきた認知的能力の総体を指すものである。これには，感情の識別の仕方，用い方なども含まれる。資質が不足しているからといって，必ずしも適応の失敗や精神病理が引き起こされるわけではない。同様に，資質が十分あるからといって，必ずしも適応がいいとか，病理がないということにはならない。ひどい混乱に陥っている人が，実は利用できる資質をたくさん持っているということはよくあるし，資質が乏しくても，自分の住む世界にきわめてうまく適応できている人もたくさんいるのである。

資質とは，必ずしも閉じたエネルギー・システムを意味するものではない。自我の強さと何らかの関連はありうるが，同義の概念と考えることはできない。自我の強さは，行動の選択や方向づけをするために，個人の欲求や価値観を外的現実に合うように調整する，その精神活動（二次過程）の有効性，というふうに考えることができる。自我の強さが弱まったり制約を受けると，内界の葛藤をうまく処理できなくなったり，行動選択の際に外的現実を十分考慮することができなくなる。その結果，適応の失敗や病理につながることが予想される。このように，自我の強さと，病理の可能性との間には，直接的な関連がある。しかし，利用可能な資質の概念というのは，精神病理の可能性とは必ずしも関連があるわけではない。

知能と利用可能な資質との間にはいくらか関係がある。平均以上の知的能力を持つ人に比べると，知的に制約のある人には利用可能な資質が少ないことが多い。しかし，その逆はあまりないようである。平均的知能の持ち主の場合は，平均より高い知能の人と同じか，あるいはそれ以上の利用可能な資質を持っていることがよくある。

資質は自分の行動を統制する能力と直接関係している。利用可能な資質が多ければ多いほど，行動を決定したり方向づけたりする力を有している可能性は高くなる。ただし，その行動が生産的もしくは適応的なものであるかどうかは，別問題である。

刺激要求

統制力を理解するためには，刺激要求（何らかの精神活動をもたらすような外部，内部からの刺激，働きかけ）の概念も重要である。理屈から言えば，資質のレベルよりも刺激要求のレベルのほうが高くなると，何らかの心理的混乱が引き起こされる。その結果，統制力が弱まったり，失われたりするだろう。刺激要求がどこから生じてくるかと言えば，それは個人の内からであったり，外からであったりする。しかし，そのインパクトを受けるのは，もっぱら個人の内面の方である。そして，自分で意図したわけではない，また必ずしも統制されているわけでもないような精神活動が，思考面や感情面で生じてくるのである。

この種の精神活動には，普通，意識的な注意が及ばない。思考においても感情においても，注意力が及ぶ範囲の周辺部で生じる活動である。これらの精神活動は，行動を促す働きをすることが多い。いわば，行動を起こすように合図を送る，信号システムのようなものである。これは，必要となればすぐに行動に移せるようにしておいてくれるなど，たいがいは有益な働きをする。しかし，この活動が強まりすぎたり，非常に変わったものになってくると，混乱を引き起こしてしまう。たとえば，感情面での精神活動はさまざまな理由で引き起こされる。欲求によってもたらされるものもあるし，思いを自由にあるいは十分に表に出せず，押さえたり内に抱え込んだりするために引き起こされるものもある。また，自己イメージや自己評価について思いを巡らすあまりに生じるものもある。

ストレス耐性

統制力に直接関連のある3つ目の重要な概念は，ストレス耐性である。ストレス耐性は，統制力と直接的な関連がある。実際のところ，ストレス耐性は統制力の副産物である。つまり，統制力が高まれば，それにつれてストレス耐性も高まる。逆に，統制力が乏しければ，ストレス耐性も低く

なる。統制力やストレス耐性が十分あるからといって，それだけで適応がよいということにはならない。選択され，遂行された行動がつねに効果的，適応的というわけではないし，場合によっては論理的でないことさえある。それは単に，行動を生み出し，方向づけるだけの十分な資質があるということを意味しているに過ぎない。他方，統制力に制約があったり，不十分な場合は，ストレス耐性もまた低くなるので，不適応に陥る危険性が高くなる。

　ストレス耐性が低いあるいは不十分なときというのは，次のような2通りの可能性が考えられる。1つは，資質に制約がある場合である。資質が乏しければ，日常の生活の中で出会う複雑な刺激要求に押しつぶされてしまいやすい。その結果，刺激過負荷状態となって，刺激要求の生じる頻度やその強さが度を超したものとなり，効果的に行動を形成したり遂行できなくなったりしてしまう。2つ目は，普段はストレス耐性は十分にあるのだが，刺激要求が急激に増大した場合である。このときも過負荷状態が生み出され，効果的に行動を形成したり実行できなくなったりしてしまう。いずれの場合においても，過負荷状態によって，心理機能に何らかの混乱がもたらされる。中には，ほぼ慢性的に過負荷状態が続く者もいる。その場合は，容易には対処できないぐらいの刺激要求をいつも抱え込むことになり，その結果，行動は不十分あるいは不適切なものとなる。新たな要求が生じたときには，普段の生活は混乱し，場合によっては混沌としたものになることさえある。

ロールシャッハによる統制力の評価

　統制力を知ろうとしてロールシャッハを用いる場合，解釈者は十二分な検討を心がけ，たった一つのデータの特徴から仮説を作ったり結論を導いたりすることのないようにしなければいけない。このクラスターの主たる構成要素，D, Adj D, EA, es, Adj es, CDI は，それぞれが重要な情報を提供してくれる。しかし，これらのどのデータから引き出される解釈仮説も，残りのほとんど，あるいはすべてのデータの所見次第で変わってくる。

　たとえば Adj D スコアは，要求やストレスがある状況でどれだけ統制力を維持できるのかを最も直接的に示す指標であり，その数値は間違いなく重要なものである。しかし，それだけを単独で検討しても，統制力については比較的わずかなことしかわからないし，ストレス耐性に至っては間違った情報がもたらされることもある。

　実際には，EA, EB, Adj es の値の組み合わせこそが，統制とストレス耐性の特徴についてのより広い理解を可能にさせる，重要な鍵となる。また，これらの特徴についての仮説形成の際には，ラムダと CDI の所見が決定的に重要である。

検討事項の要点

　最初に該当する鍵変数が統制に関する問題の存在を示している場合は（CDI 陽性，D<Adj D, Adj D スコアがマイナスの値を示す），統制のクラスターの検討が解釈手順のスタートとなる。この場合，このクラスターで検討するのは次のような事項である。

（1）問題の根源および検討前に立てた仮説の妥当性

（2）問題の慢性度
（3）資質を用いるためのそれまでのパターンの崩れは，問題の発生にどの程度影響を与えているのか

　一番最初に検討するのが統制のクラスターでなければ，これらの問題が取り沙汰されることはないだろう。解釈手順の出発がこのクラスターでない場合は，統制に問題があるとの仮説は立てずに検討を開始するわけである。統制やストレス耐性に何か変わった特徴があるかどうか，その点を確かめることが，ここでの目的となる。

　このクラスター内の変数の値はすべて，平均域内に収まることが期待される。2つのDスコアの値は同じで，しかも，若年児童を除けば通常は0であることが期待される。さらに，EA，Adj es，esの値は平均域にあること，eb内の変数に変わったスコアがないこと，そしてCDIの値は3以下であることが期待される。

　もしも実際の数値と期待される数値が一致すれば，結論は至って単純なものとなる。つまり，被検者は大部分の人と同じ程度の統制力とストレス耐性を持っているし，利用できる資質の程度も大部分の人と同じようなものと考えられるのである。一方，数値にどれか一つでも変わったものがあれば，解釈の手続きはより複雑なものとなる。すなわち，意味ある結論を引き出すためには，いくつかの変数間の関係について，慎重に検討しなければならなくなる。なお，統制のクラスターを見るのが解釈手順の最初であろうともっと後であろうと，クラスター内の検討の手続き自体は一緒である。

　データを組織的に検討して解釈仮説を作り上げるには，帰納-演繹的論理が必要とされる。この論理を説明するために，ここでは，ケース1，ケース2という，2人の成人のプロトコルの統制クラスターの変数を用いる。それぞれのデータは，検討される事項との関係がある場合にのみ，各ステップの前に提示する。

ケース1

　30歳の男性。職務の関係で心理学的評価に回され，その一環としてテストを受けた。彼は巡査を7年間勤め，現在は刑事に昇進している。勇敢な行為などの公務での活躍により，これまでに3度の表彰を受けている。しかしその一方，職務の遂行上，気になる点がいくつか見られた。4年ほど前，逮捕時に不当な暴力を振るって容疑者に怪我を負わせたとの苦情が寄せられ，警察内で査問を受けた。このときは責任を問われなかった。しかしその後の4年のうちに，容疑者の追跡に使った公用車を5台，めちゃくちゃに壊してしまった。2カ月前にも1台駄目にしたばかりである。容疑者の車めがけて車ごと体当たりしたのだが，この件で再び逮捕時の実力行使が問題とされた。そして，心理学的評価の結果が出るまで給料の支払いを差し止められた。

　同胞4人の長子。父親は60歳で，大工をしている。母親は59歳，主婦である。27歳と25歳の妹は，それぞれ結婚している。22歳の弟はちょうど大学を卒業したところである。彼自身は18歳のときに高校を卒業し，刑事司法を専攻するつもりで短大に進学した。2年間の履修を終えた後は陸軍に入り，約3年間，憲兵隊として海外で勤務した。23歳のときに除隊して警察に入り，現在に至っている。

　24歳のとき，高校時代に知り合った2歳年下の女性と結婚した。しかし，結婚生活は1年半し

ケース1　30歳男性　統制力関連の変数

EB = 6 : 2.5	EA = 8.5		D = 0	CDI = 2
eb = 5 : 4	es = 9	Adj es=9	AdjD = 0	L = 0.47
FM = 5 m=0	SumC' = 1	SumT=1	SumV = 1	SumY = 1

ケース2　26歳女性　統制力関連の変数

EB = 0 : 6.0	EA = 6.0		D = -1	CDI = 3
eb = 6 : 4	es = 11	Adj es=9	AdjD = -1	L = 0.67
FM = 4 m=2	SumC' = 1	SumT=2	SumV = 0	SumY = 2

か続かなかった。最終的には妻からの申し立てを受け入れ，離婚することになった。結婚期間中は酒を飲み過ぎることが多く，飲酒の上での妻への暴力は少なくとも2回あったと認めている。離婚後は後悔し，ずっと「禁酒している」という。3年前から2歳年上の女性と付き合い始め，昨年からは同棲するようになった。まだはっきりとは言えないが結婚することもありうる，という。過度の実力行使だと訴えられている件については，「向こうの弁護士が何でもいいからこじつけようとしているだけだ」と言って取り合おうとしない。逮捕するときにリボルバーに手をかけることは何度もあるが，発砲したことは一度もないという。約2年前に潰瘍ができ，今でも薬を飲んでいる。また，交通事故で軽い脳震盪を起こし，4日間入院したことがある。その他にも事故にあったことがあるが，いずれの場合も怪我はなかった。

　一番の関心事となっているのは，統制力についてである。ある上司は，彼は「あぶないやつ」なのかどうかを問うている。彼をこれまでの任務に戻してもいいのか，それとも他の部署に配置換えした方がいいのか，という点についても回答を求めている。本人は配置換えにはまっこうから反対している。彼は，当局は政治的公正さばかり気にしているし，自分に対する上官の注意や拘束が多すぎる，と考えている。その他に，精神医学的問題の存在を示す証拠はあるか，もしあるとすれば最も効果のある治療法は何か，という問いも挙げられている。

ケース2

　26歳の女性。物質乱用者に対する30日間の入院治療プログラムに入る前に，心理学的評価の一環としてテストを受けた。彼女は小児病棟の看護師をしていたが，勤務中にコカインを使用したのが見つかり，停職させられた。その後，精神科医を紹介され，その医師の勧めでこの治療プログラムを受けることになった。評価と治療が終了するまでの間，雇用に関する最終決定は持ち越しとなっている。彼女は独身である。22歳のときに3年間の看護師養成プログラムを終えた。その後4年間現在の病院で働き，これまでは一貫してよい評価を得ていた。何年かにわたってときおり薬物を使用していたが，ここ数カ月はその回数がとみに多くなっていたという。4カ月前に婚約者との関係が破綻し，それからはときどき抑うつ状態に見舞われる。そのために使用回数が増えたのだという。

　第12章で述べたように，成人の基準データを見ると，内向型と外拡型とでは多くの変数において違いが見られる。非患者成人全体の平均値を評価基準としてしまうと，この違いがわからなくなってしまう。したがって，「平均」域との比較が必要とされる場合は，ケース1（EB=6 : 2.5）では

内向型の成人の基準データを用い，ケース2（EB=0 : 6.0）では外拡型の成人の基準データを用いる。

解釈の手順

　最初のステップでは，Adj D のスコアと CDI に焦点を合わせる。これはなぜかと言えば，すでに述べたように，Adj D は統制力に関して最も直接的な情報を与えてくれるからである。しかし，CDI が陽性であれば，たとえ Adj D が期待される範囲（0）かそれ以上であっても，Adj D の妥当性が疑われることになる。

ステップ1：Adj D と CDI

　Adj D と CDI を検討する目的は，統制とストレス耐性に関する予備的な情報を得ることにある。

可能な所見1：Adj D スコアが 0 で，CDI の値が 3 以下の場合は，統制力とストレス耐性は，通常，大部分の人と同じ程度と考えられる。ステップ2に進む。

ケース1所見該当

　　AdjD は 0 で，CDI の値は 2 である。したがって，ほとんどの成人と同じくらいの統制力を有していると考えられる。

可能な所見2：Adj D スコアが 0 で，CDI の値が 4 か 5 の場合は，人格構造が期待されるよりもいくらか未熟であることを示している。このため，日常生活で必要とされることへの対処も難しくなる場合がある。こうした問題はたいがい対人関係の面で現れてくるし，問題が生じた場合には，簡単に統制困難に陥ってしまうだろう。ステップ2に進む。

可能な所見3：Adj D スコアがプラスの場合，大部分の人よりも強固なストレス耐性が備わっていると言える。また，CDI の値がどうであれ，統制の問題が生じることはないと思われる。プラスの Adj D スコアは，より適応的であることを意味しているのではない。それは，ただ，行動を自分の意志で統制する力がより多く備わっていることを示しているに過ぎない。ステップ2に進む。

可能な所見4：Adj D の値が -1 の場合，慢性的に刺激過負荷状態にあると考えられる。その結果，統制力と，ストレスに効果的に対処する力は，一般に期待されるよりも弱くなっている。これは，CDI の値に関係なく言えることである。十分に考えられた意思決定や行動が取れなくなる。また，衝動的になる可能性も存在する。こういう人は統制が困難になりやすく，ストレスのもとでは心理機能に支障が生じることもある。しかし，構造化され，自分の立場などがはっきりしている状況では，このような事態に陥ることは少ないだろう。

　普通，このような人は，重大な心理的問題がなければ，よくわかっている環境や周囲からの期待が決まりきっていて予測可能な状況の中では，十分に機能できる。しかし，周囲からの要求や期待が慣れ親しんだものでなくなってきた場合は，統制を失う危険性はより高くなる。ステップ2に進む。

ケース2所見該当
　Adj D は -1 で，CDI の値は 3 である。したがって，いくぶん負担が重くなっており，統制力はやや低い。あまり構造化されていない場面では特に統制が利かなくなると考えられる。

可能な所見5：Adj D スコアが -2 以下の場合，統制力を失うことがかなり多く，ストレス下では心理機能に支障を来たしてしまうと考えられる。これは，CDI の値に関係なく言えることである。普通，Adj D スコアが -2 以下の人の生活歴には，判断の誤り，感情の混乱，効果的でない行動などによって特徴づけられる出来事が，数多く見られる。こうした人は，思考と感情もしくはそのいずれか一方に，慢性的な負荷がかかっている。そのため，しっかり構造化された，いつもと変わらない，自分である程度コントロールできるという感触が得られるような環境でしか，十分に機能した状態を長続きさせることができない。

注……生活歴を見ると，その人が，学業あるいは職業上の成功といったような，複雑な努力を要する課題を十分成し遂げていることがわかる場合もある。Adj D スコアがマイナス域にある者，特に -2 以下の者が高い水準の達成を遂げることは，きわめて稀である。したがって，生活歴中にかなりの業績が認められる人の記録にマイナスの Adj D スコアが生じている場合は，あくまでもこの Adj D スコアに妥当性があればの話だが，これは何らかの障害が進行中であることを示していると考えられる。ステップ2に進む。

ステップ2：EA

　Adj D スコアの信頼性を評価するために，EA の値を検討する。前述のように，EA は利用可能な資質をそのまま示す指標となるので，このクラスター中の最も重要な変数である。ただし，高いラムダ値，もしくは普通でない EB（これら2つについてはステップ3で検討する）があれば，EA は間違った評価を示していることがある。たとえば，Adj D スコアが0なら，EA は少なくとも平均域にあるのが普通であるし，Adj D スコアがプラス域にあるときは，EA は当然平均域より高いことが見込まれる。これらに該当する場合，それは，利用可能な資質がたくさんあることを示している。しかし，必ずしも，よりよく適応しているとか，より効果的な心理構造であることを意味しているわけではない。資質がどのように使われるかは，まったく別の問題である。

可能な所見1：EA の値の平均域は，成人と青年であれば7から11,10歳から12歳までの児童であれば6から10,10歳未満の児童であれば4から9である。EA の値がこれら平均域に入っているとき，Adj D スコアは0であることが期待される。もしも Adj D スコアが0であれば，その Adj D スコアは，統制力とストレス耐性について，信頼性と妥当性のある指標になっていると考えてよいだろう。ステップ3に進む。

ケース1所見該当
　EA は 8.5 で，成人の期待値の範囲内にある。ステップ1で得られた仮説の見直しや修正をする必要はなさそうである。

ケース1　30歳男性　統制力関連の変数

EB = 6:2.5	EA = 8.5		D = 0	CDI = 2
eb = 5:4	es = 9	Adj es=9	AdjD = 0	L = 0.47
FM = 5　m=0	SumC' = 1	SumT=1	SumV = 1	SumY = 1

可能な所見2：EA の値が平均域のときに Adj スコアがプラスになるというのは，普通あまりないことである。これは，Adj es が期待値よりも低くなっていることを示している。Adj es は内的な刺激要求についての情報をもたらしてくれるものであり，状況ストレス要因についての修正を行えば，普通は es よりも1ポイントほど低くなる。通常，Adj es は EA の値の±2.5 の範囲の値となる。したがって，EA が平均域の値でしかないのに Adj D スコアが期待値を上回る場合は，そのままでは誤った結論を導く可能性がある。そこで，ステップ4で es と Adj es に焦点を当て，さらに検討を加える。ステップ3に進む。

可能な所見3：EA の値が平均もしくはそれ以上のときに Adj D スコアがマイナスになるというのは，めったにないことである。これは，Adj es の値が期待されないぐらい高くなっていることを示している。ここで重要になるのは，Adj D スコアは状況要因についての修正を行った上で算出された数値だという点である。Adj es が予想以上に高くなっている理由についてはステップ4で検討されるので，Adj D の信頼性について結論を出すのは，ステップ4での評価を得るまで保留する。ステップ3に進む。

可能な所見4：EA の値が平均域を上回っている場合は，Adj D スコアはプラスであることが期待される。もしそうなっているなら，Adj D は，統制力およびストレス耐性についての，信頼性，妥当性のある指標になっていると考えられる。ステップ3に進む。

可能な所見5：EA の値が平均域を上回り，Adj D が0の場合は，予想以上に Adj es が高くなっていることになる。とすると，統制力は，以前は現在示されているものよりももっと高かったのかもしれない。この可能性については，ステップ4で綿密に検討する。ステップ3に進む。

可能な所見6：EA の値が平均よりもかなり低い場合は（成人では6.0以下），利用可能な資質が限られていることを意味する。Adj D スコアがマイナスになるのは珍しいことではない。もしも Adj D スコアが0以上であれば，その Adj D スコアはおそらく間違っているだろう。複雑な社会の中で生活していれば毎日多くのストレスが生じるのが自然であり，したがって EA の低い人は，若年児童を除き，これらストレスによって慢性的に心理機能に支障を来たしてしまいやすいはずである。こうした人は，十分に構造化され，曖昧さがほとんどないような環境においてはじめて，最も効果的に行動できる。ステップ3に進む。

ケース2所見該当

　　Adjes の値は9だが，EA の値は6である。これは成人として見込まれる値より低い。これは，ス

ケース2　26歳女性　統制力関連の変数

EB = 0 : 6.0	EA = 6.0		D = -1	CDI = 3
eb = 6 : 4	es = 11	Adj es=9	AdjD = -1	L = 0.67
FM = 4　m=2	SumC' = 1	SumT=2	SumV = 0	SumY = 2

テップ1で得られた，統制力が低いのではないかとの仮説を裏づけている。しかし，これまでに学業や仕事を順調にこなしてきたという事実は，この仮説とかみ合わない。残りのステップを検討し終えるまで，この仮説はあくまでも仮のものと考えておくのがよい。

ステップ3：EBとラムダ

　このステップでは，まずEBの両辺の値を検討する。両辺とも，0であることは期待されない。EBのどちらか一方の側の値が0で，もう片方の値がかなり大きい場合は，EAの信頼性に疑問が持たれる。このような所見は，感情面に大きな問題が存在することを示している場合が多い。この問題によって，心理機能が低下するほどのストレス状況が引き起こされるかもしれない。あるいは逆に，心理機能が低下したために感情面に問題が生じることもありうる。いずれにしても，こうした事態においては，Adj Dスコアの妥当性はかなり疑わしいものとなる。

　ステップ3では，ラムダについても検討する。ラムダというのは，記録中の純粋形態反応の割合のことである。純粋形態反応は，刺激を単純かつ経済的なレベルで扱おうとする，あまり洗練されていない処理方法と関係がある。すなわち，刺激野の複雑さや曖昧さを，情報としていったん取り込んでいたとしても，心理的には無視してしまう。そして，領域のより基本的な，あるいはより明白な特徴だけを扱おうとする。そのような処理方法のことである。こういう手段を用いるのは，成人よりも児童のほうが多い。

　年齢に関係なく，これは回避的な処理方法と言える。したがって，注目すべきなのは，この処理方法が用いられるかどうかということではなく，これがどれほどよく用いられるのか，という点である。通常，ラムダの値は1.0より低い。その値が1.0以上となる場合，ことに成人で1.2を越える場合や，8歳以上の児童で1.3を超える場合は，身に付いてしまった回避型（avoidant）反応スタイル，もしくはテストを受けるという状況によって生じた防衛的構え，のいずれかを意味している。

　状況関連のハイラムダと，回避型反応スタイルという特性を意味するハイラムダを区別する完璧なガイドラインはない。一般的には，ハイラムダがテストを受ける際の状況的な防衛を示すものである場合は，反応数（R）は16以下で，EAの値は3.5以下となっているだろう。また，EBのどちらか片方の値が0になることも珍しくない。一方，ハイラムダ（L>0.99）が回避型の対処スタイルを示している場合は，EAの値は少なくとも4.0以上あり，仮にEAが3.5以下だったとしても，反応数は17以上あるだろう。

　1.0以上のラムダと3.5以下のEAという組み合わせが反応数の少ない記録で生じているときには，解釈者は状況的な防衛の存在を念頭に置くとともに，このEAに信頼性や妥当性が欠けているおそれがあることを肝に銘じておく必要がある。さらに，この場合には，Adj Dスコアの妥当性にも疑いが持ちあがる。このようなデータの組み合わせのもとでは，統制力について正確な記述をしようとしても無駄になるだけかもしれない。

一方，1.0以上のラムダ値が回避型の対処スタイルを意味している場合には，複雑さを無視したり，複雑あるいは曖昧な要素を否認することによって，刺激野をできるだけ単純化させようとする傾向が著しく認められる，と言える。

この回避型の対処スタイルは，時に統制力と関連してくることがある。このスタイルが効果的に用いられているならば，複雑さや曖昧さを処理したり否認したりする処理方法というのは，そうした刺激に圧倒されてしまう危険性を低下させるという意味で，一種の間接的な形の統制となる。一方，状況がもともと複雑あるいは曖昧な性質を持っているために回避型の対処スタイルがうまく機能しない場合は，状況からの要求が統制力を上回ってしまう危険性がある。なぜならば，状況の複雑さや曖昧さを回避しようとする傾向がスタイルとして定まっていると，その分，状況からの要請に応えるために必要な資質が不足してしまうからである。

可能な所見1：EBの両辺がそれぞれ0より大きいという条件のもと，ラムダが1.0未満でEAの値が4.0以上，あるいはラムダが1.0以上でEAの値が6.5以上，となる場合は，EAの値には信頼性があり，Adj Dから引き出された統制力についての評価にも妥当性があるだろう。ステップ4に進む。

ケース1所見該当
　　EBは6：2.5で，ラムダの値は0.47である。ステップ1で立てられた仮説の見直しや修正は必要ないだろう。

可能な所見2：EBの両辺の値がそれぞれ0を超え，EAが3.5未満でラムダが1.0未満となる場合は，EAには信頼性があるだろう。しかし，Adj Dのほうは間違った評価を示しているかもしれない。これについては，ステップ4とステップ5で，esとAdj esのデータを踏まえながら慎重に評価する。ステップ4に進む。

可能な所見3：EBの両辺の値がそれぞれ0を超えるという条件のもと，ラムダが1.0以上で，成人ならEAの値が4.0以上6.0以下，若年者ならそれぞれの年齢グループの平均より低い場合，EAには信頼性があるだろう。ただし，Adj Dが示す評価は間違っている可能性がある。すなわち，Adj Dスコアが0より大きいとしても，その数値は妥当なものとは言えず，ただ単にAdj esが非常に低いことを示しているに過ぎない。Adj Dが0より大きい場合は，統制力に関する仮説について，ステップ5でesを入念に評価した上で修正する。

可能な所見4：EBの両辺の和，すなわちEAが3.5以下で，ラムダが1.0以上の場合，このEAは信頼性に欠ける。反応数が16以下の場合はなおさらである。この条件に当てはまるときは，Dスコア，Adj Dスコア，EAなどのデータから統制に関する仮説を立てることはできない。したがって，統制に関して正確な記述をしようとするのは諦め，次のクラスターへ進むべきである。

可能な所見5：Mの値が0で，WSumCの値が4.0以上の場合は，ラムダの値に関係なく，感情に圧倒されていたり，感情が溢れかえった状態にある，と言っていいだろう。感情が溢れかえる状態と

ケース1　30歳男性　統制力関連の変数

EB = 6 : 2.5	EA	= 8.5			D	= 0	CDI = 2
eb = 5 : 4	es	= 9	Adj es=9		AdjD = 0		L = 0.47
FM = 5　m=0	SumC'	= 1	SumT=1		SumV = 1		SumY = 1

ケース2　26歳女性　統制力関連の変数

EB = 0 : 6.0	EA	= 6.0			D	= -1	CDI = 3
eb = 6 : 4	es	= 11	Adj es=9		AdjD = -1		L = 0.67
FM = 4　m=2	SumC'	= 1	SumT=2		SumV = 0		SumY = 2

いうのは，普通は慢性的なものではないし，性格特性のようなものでもない。それは，普通ではないほどの強い感情に効果的に対処することができなくなったときに作られる，一時的な状態である。感情がこれほど強くなってくると，大きな混乱が引き起こされる。つまり，感情は変わりやすくなり，感情によって突き動かされたり，圧倒されてしまうような事態が生じるのである。その結果，普段では見られないような行動に及んでしまうことがあるが，こうした行動は一種の発散であり，その後に何らかの心理的再構築を伴うのが普通である。

　感情の氾濫は思考に大きなインパクトを与える。決定を出すまでに十分な注意と集中が必要な場合には思考活動を引き延ばすことができる能力，というものがあるが，感情の氾濫によって特に影響を受けるのが，この力である。したがって，このような場合には，衝動的な思考もしくは行動が非常に多くなる。この所見が当てはまるときには，Adj Dスコアは本来の統制力を正しく示してはいない。したがって，Adj DスコアやEAの値から導き出された仮説はいずれも放棄し，統制に関するデータの検討は打ち切ることにする。

　ここでの結論は，現在の統制力はどんなに高く見積もっても非常に弱いものとしか言えない，とするのが適当だろう。Dスコアが現在の統制力について，だいたいのところを示している場合もあるかもしれない。しかし，そこには間違いの可能性も含まれている。ラムダの値が1.0以上でEAの値が5.0以下の場合は，Dスコアには解釈的な価値がないと考えたほうがいいだろう。

　統制に関する記述の中では，感情の氾濫について必ずしも詳細に述べる必要はない。なぜならば，これについては，感情に関するクラスターを見る際により幅広く検討するからである。あるいは，もしもDスコアがAdj Dスコアより小さければ，この問題をもっと早い段階で取りあげることになる。

ケース2所見該当

　EBは0：6.0である。現在は感情に圧倒されているので，6.0というEAの値は普段のものより低いと考えたほうがよい。したがって，AdjDとEAをもとに本来の統制力について結論を出すことはできない。また，統制に関する変数の検討をこれ以上続けても意味がない。ここでの所見を要約するにあたっては，まず最初に次の点に触れておくのがよい。現在は強烈な感情体験をしているため，統制力に関する情報を与えてくれるはずのデータが明確さを欠くものになっている。そのため，普段の統制力については，はっきりしたことが何も言えない。現在の統制力に関しては，非常に脆くなっていることが指摘できる。事実，Dスコアが-1であることや，感情の溢れかえりを示す証拠があることなどを考えると，感情面にいくらか負担がかかりすぎていると言える。そして，そのた

めに統制力は非常に弱まり，衝動的になりやすくなっていると考えられる。

可能な所見6：WSumCの値が0で，Mの値が4以上の場合は，ラムダの値に関係なく，感情を丸ごと抑え込んだり閉め出したりすることに多大なエネルギーを投じている，と考えられる。普通，こうするためには，平均的な人が持っている以上の資質を動員しなくてはならない。その分，このような人は刺激が過負荷になるとすごく脆いし，その場合には心理機能が著しく低下してしまう。

　この所見が当てはまる場合，Adj Dスコアは本来の統制力を正しく示してはいない。したがって，Adj DスコアやEAの値から導き出された仮説はいずれも放棄し，その代わりに，現在の統制力は非常に弱くなっているとの仮説を立てるのが適当だろう。Dスコアが現在の統制力について大体のところを示している場合もあるかもしれない。しかし，そこには間違いの可能性も含まれている。ラムダが1.0以上でEAが4.5以下のときは，Dスコアには解釈的価値がないと考えたほうがいいだろう。統制関連のデータの検討は打ち切るべきである。感情の萎縮の問題については，感情のクラスターで検討することになる。もしもDスコアがAdj Dスコアよりも小さければ，この問題をもっと早い段階で取りあげることになる。

ステップ4：Adj es

すでに述べたように，Adj Dスコアが0以上になるのが平均以上のEAのためではなく，期待値より低いAdj esのため，という場合がある。また，刺激要求のうち持続的な性質を持つものが期待値以上に高まり，その結果Adj Dがマイナスになる場合もある。こうした事態は，その人が心理的により複雑であることを示している可能性もあるし，これまでとはまったく違った悪い状態にあることを示している場合すらある。

可能な所見1：Adj esの値が期待値の範囲内にあり（通常は5〜9。12歳未満の児童の場合はそれよりもやや低い），EAの信頼性を疑わせる所見が何もなければ，Adj Dスコアは信頼でき，おそらく統制力とストレス耐性を正しく示していると考えられる。ステップ5に進む。

ケース1所見該当

　Adj esの値が9というのは，成人の期待値の範囲内である。したがって，Adj Dスコアから導き出された，ほとんどの成人と同じ程度の統制力を持っているだろうとの仮説は，妥当なものと考えられる。

可能な所見2：Adj esの値が期待値よりも大きく，EAの信頼性を疑わせるような所見がない場合は，Adj Dスコアに表されている統制力とストレス耐性についての評価は，実際よりも低め，あるいは過小なものでさえあるかもしれない。高いAdj esは，普通でないくらい心理的に複雑である可能性を示唆している。この可能性については，ステップ5で慎重に検討すべきである。ステップ5に進む。

可能な所見3：Adj esが期待値よりも小さい場合，Adj Dスコアは，統制力とストレス耐性について過大評価しているかもしれない。Adj Dスコアが+1以上の場合は，特にこの可能性が高い。この点については，ステップ5で慎重に評価する。ステップ5に進む。

ステップ5：eb

このステップでは，eb の値と，Adj es を構成する変数のうち通常は状況ストレスと関係していないもの（FM, SumC', SumT, SumV）の値を検討する。ここでの目的は，刺激要求を高めているのはどのような心理活動なのかを査定することにある。これらのうちのどれかの変数が期待値を外れるほど高くなっているために Adj es が高くなり，その結果 Adj D スコアが間違ったものになっていないかどうかを検討する。

可能な所見1：eb の左辺の値は，右辺の値よりも大きいことが期待される。右辺のほうが大きく，es の値が4以上の場合は，心に何らかの苦痛を感じていると考えられる。このこと自体は Adj D スコアに何の影響も与えていないかもしれない。しかし，統制とストレス耐性についての結論をまとめあげる際には，この点に触れておくのが賢明である。

可能な所見2：FM が6以上の場合，普通の状態よりもまとまりの悪い，脈絡のない思考パターンに陥っている可能性がある。このような思考活動は，通常なら満たされていいはずの欲求が満たされていないときに生じるのが普通である。こうした欲求に関連した刺激要求は，じっくり考えようとすると思考の中に割り込んできて，注意や集中を妨げてしまうことが多い。

可能な所見3：FM の値が1以下の場合は，欲求を自分のものとして感じることができていないか，他の人に比べてすぐに欲求を行動に移してしまうことを意味している。

可能な所見4：SumC' の期待値は0か1である。SumC' の値が3以上の場合は，本当は外に出したい感情があるのに，それを内に抱え込みすぎていることを示している。このような心理的処理方法は，不安，悲哀，精神的緊張，心配などのような，その人にとってのさまざまな不快を生む可能性がある。また，身体化障害の原因になることもある。

可能な所見5：SumV の値が0より大きい場合，自己点検行動に力を注いでいるが，その際には，大部分の人がする以上に自己イメージのネガティブな特徴に目を向けている，と考えられる。この種の自己検閲が不快さや自己卑下をもたらすことは多いし，抑うつや自己破壊的な考え方を導くこともままある。ほとんどの場合，自分に対するこのような価値下げは，長い期間持続する性質のものである。しかし，濃淡立体反応（V）が罪悪感や恥の意識によって状況的に1つ以上生じる場合があることも，証明されている。そこで，プロトコル中にV反応が1つでも出現する場合は，最近の生活歴を丹念に見直し，それが状況的にもたらされたものなのかどうかを確定することが重要となる。そして，生活歴からその可能性が示唆されるときは，Vを0にすると Adj D スコアを変えてしまうほど Adj es が減ってしまうのかどうか，試算してみる必要がある。その結果 Adj D スコアが変わってしまうようならば，統制についての結論をまとめるに際しては，状況的影響を考慮した仮説も記載しておくようにすべきである。

	ケース1　30歳男性　統制力関連の変数			
EB = 6 : 2.5	EA = 8.5		D = 0	CDI = 2
eb = 5 : 4	es = 9	Adj es=9	AdjD = 0	L = 0.47
FM = 5 m=0	SumC' = 1	SumT=1	SumV = 1	SumY = 1

	ケース2　26歳女性　統制力関連の変数			
EB = 0 : 6.0	EA = 6.0		D = -1	CDI = 3
eb = 6 : 4	es = 11	Adj es=9	AdjD = -1	L = 0.67
FM = 4 m=2	SumC' = 1	SumT=2	SumV = 0	SumY = 2

ケース1所見該当

　記録中, V反応が1つある。これは彼が今の自分の状況にあれこれ思いを巡らせているためかもしれないが, この仮説の正否がいずれであれ, V反応を除いて Adjes を再計算してみても, Adj D スコアに変化はない。

可能な所見6：SumT の値が1よりも大きい場合は, 情緒面での喪失体験があることを示す。ほとんどの場合, これは状況関連のものであり, 最近の生活歴を仔細に見れば容易にそのことが確認できる。もしも生活歴からその裏づけが得られるようなら, Adj D スコアは間違っている可能性がある。つまり, Adj D スコアは, たとえば情緒的に重要な対象を失うといったような, 何らかの状況関連の問題を反映しているかもしれないのである。生活歴がこの見解を支持するものであれば, T を1にして試算をし, Adj D スコアに変化があるかどうかを確認する。もしも Adj D が変わってしまうようなら, 統制に関する結論をまとめる際には, もとの Adj D に基づく仮説と修正した Adj D スコアに基づく仮説の両方を記載しておく。

　生活歴から喪失体験の事実が見出されなければ, この喪失感（すなわち淋しさ）の源は長期にわたって存在していると予想される。もしかするとそれは, 通常の対人関係では得られないほどの, 親密さへの欲求なのかもしれない。この場合は, Adj es や Adj D を再計算してみる必要はない。

ケース2所見該当

　彼女の普段の統制力について知ろうとすることは, ステップ3で断念した。とはいえ, 記録中にT反応が2つあるのは見逃せない。SumT がやや高くなっているのは, 婚約破棄があったばかりであるという事実と辻褄が合う。EA に妥当性がないのは承知の上で, 試しに T の値から1を引いて Adj es を再修正してみると, その値は 8 となり, ひいては, Adj D は 0 になる。あくまでも推測に過ぎないが, 彼女の現在の統制力は, ここまでの検討で予想されたほどには脆弱でないのかもしれない。

統制に関する所見の要約

　ケースによっては, 統制に関する所見はパーソナリティ全体の記述には大きな影響を持たず, その要約は数行で足りてしまう場合もある。そうなるのは, Adj D スコアが 0 以上で D スコアとの差がない, CDI が陽性でない, Adj es を構成する変数に特別変わった値がない, といった条件が揃っ

た場合である。このようなときは，記述は短くすませるのがよい。たとえば次のような具合である。「統制やストレス耐性に関して明らかに問題となる点はない。利用可能な資質を大部分の成人と同じ程度持っているし（ステップ2），統制力についても同様である（ステップ1）。普段感じている刺激要求（stimulus demands）に格別変わった点はなく，統制力には取り立てて大きな影響を及ぼしていない（ステップ5）」。

　このように述べたからといって，全体の心理学的記述は必ずしも肯定的なものになるわけではない。ただ単に，統制に関しては明らかな問題がないと言っているに過ぎない。たとえばケース1を見てみよう。これは職務停止後に評価を受けることになった30歳の警察官のケースであり，統制に関する事項が問題になっていた。統制のクラスターを見ると，統制に明らかに問題となる点はなく，ストレスには大部分の成人と同じように対処できることがわかる。つまり，意思決定をし，それを実行するための資質を普段十分備えているわけで，衝動的になりやすいとは言い難い。意思決定や行動に与えるその他の特徴は，現実検討力，感情が意志決定に及ぼす影響，自分や他者に対する見方，などからわかる。しかし，これらの検討は統制の評価の際に行うものではない。

　他方，パーソナリティを記述したり，診断や処分，治療計画に対する質問に答えたりする上で，統制に関する所見がより重要性を帯びてくる場合もある。ケース2はその一例である。ケース2の26歳の女性は，小児科病棟で働いていたが停職処分となり，薬物乱用者に対する入院治療プログラムを受けるところだった。彼女は過負荷状態にあり，統制力とストレス耐性は，ないとは言わないまでも，大変心細いものになっている。不慣れな場面や複雑な状況では特にそうである（ステップ1）。通常の成人に見込まれる以上の刺激要求を身に受けていることもわかる（ステップ2）。しかし，もしかしたらこれらの所見は間違っているかもしれない。というのは，他のデータは，現在彼女が感情に飲み込まれていることを示しているからである（ステップ3）。感情の激しさがかなりの混乱をもたらし，さらには思考活動を邪魔し，衝動的な行動を起きやすくさせている。現在の統制力がかなり弱くなっているのは明らかだが，今ある感情の混乱を取り除いた，より普段に近いときの統制力がどれほどのものなのかは，推測することはできない。この点については，10日から14日くらい後に再テストすれば，はっきりしたことが言えるだろう。

統制に関する変数についての研究と仮説

現実体験（Experience Actual : EA）

　包括システムが形をなしていくにつれ，次第に，統制力やストレス耐性を示す変数が何かあるのではないかと考えられるようになった。初期の頃，すなわち包括システムの基本を成す要素が選び出され，分析されていた頃は，EAは容易には解釈しがたい変数と見なされ，あやうく廃棄されるところであった。しかし，すでにBeck（1960）がEAについて概念化していたことから，この変数についてより綿密に調べてみることになった。Beckの考えはRorschachの示唆から引き出されたところもあるが，その多くは心理療法を終えたクライアントのデータを検討して得られたものである。

　Beckによれば，治療がうまくいったクライアントに再テストをすると，多くの場合体験型（EB）は治療前と同じ方向性を示すが，EBの中の数値はかなり増えることが多かったという。治療後の記録が治療前のものに比べてさほど長くなっていなくても，そのような傾向が見られた。Beckは，

EBの両辺を合計すれば、資質をどれほど使いやすい形で準備できているかを示す指標になるだろうと考えた。そして、MとWSumCの増加は、精神生活や感情経験がより豊かになって利用可能な資質が増えることを示している、と主張した。Piotrowski & Schreiber (1952) は、13人の患者を対象に長期にわたる精神分析治療後の変化を調べたが、その結果はBeckのものと似ていた。また、治療の後では、EBの比率の方向はおおむね一定していたが、両辺の値はともに有意な増加を示したと報告している。

その他、EAと間接的な関連のある研究としては、Bash (1955) の報告が挙げられる。Bashは、28人の研究参加者に対して、図版IXを5秒見せ、15秒で反応させるという手続を200回続けて行った。その結果、28人中18人のM:SumCの比の両辺の値は、施行を重ねるにつれてほとんど等しくなっていった。最初に高かったほうの値は次第に減少し、もう一方の値は次第に増加したのである。実験的に作りあげたこのEBの左右の値は、28人中23人でほとんど等しくなった。しかし、EBの両辺の和（EA）は比較的一定のままであり、28人中22人では両辺の和の変動が±1.0の範囲にあった。

似たような研究としては、先行研究 (Kemalof, 1952) のデータを用いて行ったErginel (1972) のものがある。Kemalofはロールシャッハに似た6枚のインクブロットテストを12人の研究参加者に6日間連続で行ったが、Erginelによれば、EBは比較的一定の方向を示し続けるが、M+SumC（EA）は日によって若干の揺れ動きが見られた。Erginelは、これは気分変動 (mood shifts) によるものだと述べている。しかし興味深いことに、72回の施行中、EAの増減が±3.0の範囲に収まるものを数えると50回 (70%) にのぼった。

これらの研究結果と、利用可能な資質についてのBeckの考えに触発され、再テスト法を用いた3つの研究のデータについて再検討がなされた (Exner, 1974)。検討されたデータの1つは、1年半の間隔を置いて再テストを行った30人の患者および30人の非患者のプロトコルである。30人の非患者は全員男性で、高校を中途退学している。しかし、それぞれ何らかの職人仕事に就いて十分な働きをしていた。この群のEAの平均は、最初のテストで6.25、2回目で6.75だった。患者群の男性も学校を「ドロップアウトした」者たちだが、裁判所の命令で治療を受けているところだった。彼らは治療者の報告に基づいて「改善の見られた」群と「改善の見られない」群に分けられた。改善の見られない患者群のEAの平均は、治療前が3.65で、2回目のときが4.25だった。一方、改善が見られた患者群のEAの平均は、治療前が3.75で、2回目で7.25だった（p<.02）。

もう1つのデータ・セットは、治療前と治療の最後にテストをした、それぞれ12人の患者から成る2群のものである。1つの群の平均治療期間は20.2か月、平均セッション数は131で、長期治療の群と名づけられた。もう1つの群は支持−指示的治療群と名づけられたが、平均治療期間は10.3カ月、平均セッション数は47.4だった。両群とも、相当と思われる薬が処方されてはいたが、それは治療の中心ではなかった。治療開始前のEAの平均は両群で近似しており、長期治療群で4.51、支持−指示的治療群で4.76だった。治療終了後のEAの平均は異なり、支持−指示的治療群で5.51なのに対し、長期治療群では8.26だった（p<.01）。

治療前と治療開始後1年ないし5年の間に2回以上の再テストを行った患者を多く集めて標本とした研究でも、似たような結果が報告されている。Weiner & Exner (1991) は、88人の患者から成る2群を対象に研究を行った。1つは短期療法を受けた群で、平均セッション数は62.1で、全員が27カ月以内に治療を終えている。もう1つは力動的精神療法を受けた群で、30カ月経過時点での

平均セッション数は224だった。短期療法群では，21人が治療開始時点でEAが7.0未満で，そのうちの11人が，27カ月ないし30カ月後の再テストでも同様のままだった。力動的精神療法群では，88人中30人が治療開始時点でのEAが7.0未満だったが，27カ月ないし30カ月後の再テスト時もEAが低いままだったのは，そのうちの7人だけだった。

　Exner & Sanglade（1992）は，短期の治療を受けた35人とブリーフの治療を受けた35人の2群について調べた。短期治療群は，週に1回の割合で平均47回のセッションを受けた。一方，ブリーフ療法群の平均セッション数は14.2回だった。短期治療群35人中15人が，治療開始時点でのEAが7.0未満だった。そのうち，治療終結時にもEAが低いままだったのは8人だけだった。ブリーフ治療群では，治療開始時点でEAが7.0未満だった者は11人で，そのうち9人が，治療終結時にもEAが低いままだった。Abraham, Lepisto, Lewis, Schultz & Finkelberg（1994）は，外来治療では改善せずに入院治療に移行した50人の思春期患者のデータを検討した。ベースライン・テストでは，EAの値が7.0未満だった者が，50人中48人（96%）いた。EAの平均の値は3.19だった。2年後には，EAの値が7.0未満の者は38人（76%）に減った。しかも彼らのEAの平均値は上昇し，5.38になっていた。

　第12章で述べたように，非患者成人の場合，再テストまでの期間の長短にかかわらず，EAは時間的に非常に安定している。データを見ると，EAの再テスト相関は1年後で.83, 3年後で.85である。一方，短期集中的な精神療法を受けた患者30人の群では，再テスト相関は6カ月後で.70, 18か月後で.58である（Exner, 1978）。同様に，非患者児童でも，EAの再テスト相関はかなり低い。ごく短い間隔しか空けずに再テストした場合の相関は.80以上になるが，9カ月以上の期間をあけて再テストすると，相関は.19から.45と，有意でなくなることが多い（Exner & Weiner, 1982 : Exner, Thomas & Mason, 1985）。非患者児童のEAの平均は，5歳から13歳の間は年々増加する。ただし，1年で0.5を越えて増えることは滅多にない。こうしたデータからは，EAは発達の何らかの側面と関係しているのではないかと考えられる。

　Exner, Viglione & Gillespie（1984）は，EAとZfの間には安定した正の相関が見られると報告した。知能や達成欲求はZfとゆるやかな正の相関を持っているので，EAはそれらを構成要素として含んでいるかのように思える。しかし，IQが正規分布上の80から120の範囲にある場合，EAと知能との間に有意な相関は見られない（r=.12）。一方，IQの範囲を110から140までに限定してみると，相関は高まる（r=.38）。この結果を踏まえると，少なくとも次のように言うことができる。すなわち，知能の高い人のほうが自分の資質についてよくわかっていて，それらをより容易に利用できるように準備できている。

　EAについて，あるいはEAと2つのDスコアとの関係について理解するためには，おそらくMとWSumCという変数および計算値が最もよい手がかりとなる。両方とも資質を利用していることを表したものであり，自分で意図的に行う心理的な動きと関係している。こうした仮説を裏づけるデータは，たいがいが推論の域を出ないものである。しかしその数は十分にある。それらのデータの中にはM反応や有彩色反応に焦点を当てた研究が基になっているものもあるが，多くはEBに関する研究からもたらされたものである。これら3つの構造変数に関する研究については，後の章で取りあげる。

基礎体験（Experience Base：*eb*）と刺激体験（Experienced Stimulation：*es*, Adj *es*）

　EAに関する研究結果を見ると，EAは包括システムに取り入れるに値するだけの重要性がありそうだった。しかし，それでもまだ，利用できるかどうかはっきりしないところも残っていた。それは主として，基礎体験（eb）と刺激体験（es）という2つの変数について，誤った考え方がなされていたためである。この刺激体験（es）自体，当初は潜在的体験（Experience Potential：ep）という間違った呼称を与えられていた。ebはKlopferが用いた比率に由来する。Klopferは，この比率は，自分では十分認識できていない，あるいは実際にはあまり使いこなせていない反応の傾向を示すと考えていた（B. Klopfer, Ainsworth, Klopfer & Holt, 1954）。

　Klopferがこの比率についての考えをまとめるに当たって準拠した研究結果を基に，後に予後尺度（Prognostic Scale：B. Klopfer, Kirkner, Wisham & Baker, 1951）が開発された。予後尺度では，FM，m，ならびにいくつかの濃淡変数が，順調な治療の進展を予測するための指標の中に取り入れられている。Klopfer & Piotrowski（1957）は，FM反応とm反応は未発達あるいはあまり活用できていない類の思考形態といった潜在的な内向型傾向を示し，濃淡反応のほうは十分には確立されていない外拡型の傾向を意味すると，長い間主張してきた。

　ebの変数を「潜在的」構成要素とするKlopferとPiotrowskiの仮説からは，論理的に次のように推測された。ebの変数が未発達あるいは利用できていない潜在的反応傾向を示すとしたら，治療や発達によってEAが増加するに従い，その数は減っていくのではないか。しかし，これは誤っていた。ebに関するこの仮説は，その間違いを示す多くのデータが積み重ねられ，ようやく主張されなくなった。最初のきっかけになったのは，実験室での2つの簡単な研究だった（Exner & Bryant, 1975, 1976）。1つの研究では鏡映描写課題を遂行させ，もう1つの研究では回転羽根の追跡の成績を調べた。どちらの研究でも，epがEAより高い者のほうが，その逆の者よりも成績がかなり悪かった。

　こうした研究に刺激され，Wiener-Levy & Exner（1981）は，以前にロールシャッハを受けたことがある80人の非患者を対象に，より詳細な研究を行った。研究参加者は利き腕でないほうの手で回転羽根を追うように求められ，標的から外れた場合は音が鳴るような仕組みになっていた。半数の者は，右回りで毎分60回転する標的を追跡した。残り半分の者の課題も最初は一緒だった。しかし，2分ごとに回転羽根のスピードは毎分5回転ずつ上がり，回転方向は逆向きに変化した。研究参加者には70%の正確さを目標にさせた。しかし，これほど速い回転スピードでは現実的にはその目標達成は不可能なので，いつでも回転羽根の追跡をやめてもいいことになっていた。実験結果では，EAの値が比較的高い者は，目標70%の正確さにはるかに及ばない状態であっても，これ以上うまくできないとわかったらすぐに，3分か4分で追跡を打ち切った。epの値がEAの値より高い者では，成績がどんどん悪化しても，もっと長い時間，7分くらい，課題に取り組み続ける者が多かった。この結果からは，EA-epという変数は情報処理および媒介機能の効率，すなわち対処方法の幅の広さや柔軟性に関係しているのではないかと考えられた。

　このような結果が得られたことをきっかけに，潜在的という考え方について再検討したり，手元にあるデータをより綿密に見直すことになった。児童の基準データ（Exner & Weiner, 1982），非患者成人のデータのうち利用できるもの（Exner, 1986），児童に関する長期的研究の中で行われた3度目の再テストのデータ（Exner et al., 1985），などが検討の対象になったが，これらに加え，初診の外来患者と初回入院の患者のデータ，治療途中にフォローアップのためにテストを受けた患者

のデータなども大量に集められた。これらのデータを基に，相関関係を調べる研究がいくつか行われた。しかし，FM と m が内向型の傾向と関係しているという仮説や，無彩色反応と濃淡反応の和は外拡型の特徴と関係があるといった仮説は，まったく立証されなかった。実際の数値をあげると，M と FM の相関は .11 〜 .19 であり，M と FM+m の相関は .10 〜 .20 の間であった。無彩色および濃淡反応（SH）の合計と WSumC との相関は .22 〜 .24，SH と FC の相関は -.14 〜 -.19，SH と CF+C の相関は .23 〜 .37 であった（Exner, 1983 ; Exner, Viglione et al., 1984）。

　非患者児童のデータを調べてみると，発達期間中に EA は次第に増えていくが，FM，m，SH の値はわずかしか変わらないことがわかった。治療前と治療後の記録を比べてみると，症状が改善した患者では EA が増加し，ep はいくぶん減少していた。ep が下がったのは，たいがいの場合，m と SumY，そしてその他の濃淡変数のうち治療前に期待値以上に高かったものの値が下がったためである。これらのデータは，潜在的という言葉を用いるのは間違いであることを明らかにしてくれたし，ep は組織化や統制が及んでいない心理的活動を示す指標だという考え方を支持するものだった。その結果，刺激体験（Experienced Stimulation : es）という名前に変更され，eb の変数は何らかの心理的潜在力を示すとした Klopfer-Piotrowski の仮説は退けられることになった（Exner, 1986）。しかし，ep に関する考察の多く，たとえば ep は心理機能に割り込んできたり強く働きかけてくるものを示しているといった仮説などは，まさに正しいものだった。これは，eb を構成する変数についてのさまざまな研究によって裏づけられている。

動物運動反応（*FM*）

　FM と m は，欲求や要求によってもたらされながらも，自分では直接感知できていない精神活動の存在を示している。この精神活動は注意力が及ばぬ意識の周辺部で起こるもので，思考面での信号システムとして，注意を向ける先を変えるよう促す性質を持つ。したがって元来は信号として有用なものなのだが，これがあまりにも多様なものになったり強まりすぎると，混乱のもととなる。注意や集中が困難になり，筋道立てた思考ができなくなったり，考えが脇に逸れたりしてしまう。不眠症の人や，「考えが空回りする」「あまりにもたくさんのことが気に掛かってしまう」と訴える人には，おそらくこうしたことが生じている。このようなケースでは，注意の及ばぬところで生じる思考活動が集中を妨げ，特定の対象や思考の「つながり」への注意を保ち続けるのが困難になっているわけである。

　FM と m は同じ種類の精神過程と関係しているが，それぞれの精神活動の起源は大きく異なっている。m 変数は安定性がなく，状況ストレスに関係している。一方，FM 変数は時間的にかなり安定した性質を持つ。FM に関する再テストのデータで興味深いのは，再テストがかなり短い間隔で行われたものか，長い間隔を空けて取られたのかに関係なく，再テスト相関はいずれも .70 台となっている点である。長期の相関が .70 台となるロールシャッハ変数のほとんどは，短期の再テスト相関は .80 台，あるいは .90 台にさえなる。にもかかわらず FM の再テスト相関が短期でも .70 台にしかならないことから，FM が関係する精神過程には状況変数も多少は影響を与えている可能性が考えられる。

　FM は，その他の多くのロールシャッハ変数と比べると，あまり研究されてこなかった。それはおそらく，これまで体系化されたロールシャッハのシステムの中には FM のコードを含まないもの

もあったためと思われる。しかし，これまでに蓄積されたデータにはいくつかの一致した結果が認められるので，それらからは，FMがどういう精神過程と関係しているのかが，ある程度わかる。アルコール（Piotrowski & Abrahamsen, 1952）やアミタール（Warshaw, Leiser, Izner & Sterne, 1954）によってもたらされるような意識水準が低下した状態では，FMの増加が認められた。Exner, Zalis & Schumacher（1976）は，薬物治療プログラムの初日に15人のアンフェタミン頻回使用者から取ったテスト記録を調べた。すると，彼らのFMの数（平均= 6.94）は，同じプログラムに参加した15人のマリファナ常用者の群（平均= 4.11）に比べてかなり多かったという。また，アンフェタミン常用者は急性の統合失調症の特徴を多く示していたのに対し，マリファナ使用者はそうではなかった。Exner, Wylie, Leura & Parrill（1977）は，売春婦に関する大規模な研究の中からヘロインを常習している街娼婦10人の記録を選り分け，コントロール群として，年齢，婚姻の有無，知能，出生順位，教育水準が合致する，売春婦でない10人を選んだ。この2つの群の識別に役立つ特徴はいくつかあったが，FM反応もその1つだった。10人のヘロイン常習売春婦は，コントロール群のほぼ2倍のFM反応を示したのである。

　FMに関するデータの多くは，この変数に関係ある思考活動は欲求が満たされていない状態で生じることを示唆している。理論的には，こうした思考活動というのは特段の理由もなく生じるものと言える。そのときに取り組んでいる事柄にどうしても注意を向けていられないような場合には，最も多く見られる。Exner, Cooper & Walker（1975）は，医療管理のもとで10日間の食餌療法プログラムを受けた，極端な体重超過の男性9人のロールシャッハ結果の変化を調べた。患者は，プログラム開始時には少なくとも22kgは体重がオーバーしており，超過分の体重コントロールのためには，最初に12日間の入院が必要とされた。その間に許可されていたのは流動食のみだった。ロールシャッハは入院の前日と入院10日目に施行された。それまでの間に減った体重は平均約8.3kgであり，入院10日目には少なくとも心理的には9人全員が「非常に腹を空かした状態」になっていた。食餌療法に入る前のFM反応の数の平均は3.77（範囲は2〜6）で，これは期待値内の数値だった。2回目のテストでは，人により結果が大きく異なった。FM反応の数が少なくなった者は2人いた。1人は3〜0に，もう1人は4〜1に減った。その他，最初の記録中のFMが3個で，2回目に4個になった者が1人いた。残りの6人では，2回目のテストでFMの数が相当増えた。増加が最も少ない人では2個から4個，もっとも増えた人だと3個から8個に変化した。

　もう1つの研究（Exner, Bryant & Miller, 1975）は，犯罪を行った15人の少年に対し，少年収容施設（juvenile detention center）入所時と入所後60日目にテストしたものである。15人とも生育歴中に反社会的行動が認められ，自動車盗や暴行などにより「不定期間」の収容を言い渡されていた。入所後60日の間は，15人とも，いつ身柄を解放してもらえそうなのかわかっていなかった。最初のテストでのFM反応の平均は4.27（SD=1.3）だったが，2回目のテストでの平均は6.89（SD=1.9, t=4.68）に増加した（p<.02）。

　Ridgeway & Exner（1980）は，医科大学の1年生16人に，ロールシャッハとマクリーランド達成動機尺度（McClelland Need Achivement Scale）を2回実施した。ロールシャッハ変数と達成動機との順位相関を求めたところ，1回目のテストでは有意な相関を持つ変数は何もなかった。しかし2回目のテストではFMと達成動機との間にrho=.41の相関が見られた（p<.01）。2回目のテストは，入学後初めての大事な試験を解剖学で受けようとする2, 3日前，すなわち達成動機が高くなっていると考

えられる状況で行われたものだった。Exner（1979）は15人の男性志願者に報酬を与えて身体拘束の実験を行った。拘束実験に入る1週間前，ベースライン・データを得るために全員がテストを受けた。拘束実験に自分の意思でどれくらい長く残ったかを計り，その時間に応じて報酬が支払われた。研究参加者は大きな木製の椅子に32本の革紐で拘束された。革紐を全部締めると，せいぜい指先とつま先，目ぐらいしか動かせなくなる。椅子の肘掛けにはボタンが付いており，これを押してベルを鳴らせば拘束を解いてもらえる。しかし，拘束を解く前に，研究参加者には2回目のテストを受けてもらった。テストは検査者がカードを持ちながら行った。ベースライン・テストのRの平均は23.3，FMの平均は3.26（SD=1.64）だった。再テスト時のRの平均は18.6で，FMの平均は5.42（SD=2.02）となった（$p<.02$）。これらの研究結果からは，FMは，十分考えられておらず，あまりよくコントロールされてなく，方向性も定まっていない心理的働きと関係があると考えられる。

　Haan（1964）は，FMがMより多い場合には，知性化，合理化，退行，置き換えなどの防衛の手段と高い相関が見られると報告している。そして，FMが示しているのは，衝動を過度に表に出してしまうこと，あるいは衝動を抑えようとして行動を内面化させること，そのいずれかであろうと述べている。しかし，症状が再発したかどうかという物差しで計れば，この防衛はあまり効果的なものとは言えない。Exner, Murillo & Cannavo（1973）は，統合失調症を除く105人の患者について，退院後1年間，追跡調査した。24人が12カ月以内に再入院したが，このうちの17人は退院時にMよりFMのほうが多かった。一方，再入院しなかった81人では，MよりFMのほうが多かったのは9名だけだった。また，Exner（1978）は，引きこもりがちの子どもはFMよりMを多く出す傾向があると述べている。Ihanus, Keinonen & Vanhamaki（1992）の研究では，11歳から25歳までの身体的ハンディキャップを持つ者19人には，コントロール群に比べてかなり多くのFM反応が見られた。

　FMが高くなることと行動面での機能不全との間には関係があると示唆する研究もいくつかある。Piotrowski & Abrahamsen（1952）は，MよりFMが多い者は，アルコールや薬物の影響下にあるなどの意識水準が低下した状態では，かなり攻撃的になりやすいと報告している。Thompson（1948）は，FMとMMPIの無責任，攻撃性，注意散漫の尺度との間に有意な相関があることを見出した。Sommer & Sommer（1958）は，FMと攻撃的行動とに有意な相関があるとした。また，Altus（1958）は，MMPIの精神分裂病尺度が高得点となる学生は，低得点の学生よりも有意にFMが多いと報告している。Berryman（1961）は，FMは創作に関わる芸術家の生産性の高さと関係があると述べている。Piotrowski & Schreiber（1952）は，FMの質が治療中に変化し，たいがいは主張的になり，受動的なものではなくなるのに気づいた。Piotrowski & Screiberは，治療がうまくいった患者のふるまいには「活力やはつらつさ」が表われ，行動上の変化が見られるが，こうした変化とFMの質の変化は対応している，と述べている。Exner（1978）は，行為障害と分類された480人の青年のグループのFMの数（平均=6.02）は，非患者青年（平均=4.33）に比べてやや多いと記している。

　FMの平均は，非患者のデータでは，どの年齢でもさほど変わらない。16歳までは3.5から5.0の間で推移するし，成人600人のサンプルでは平均が3.74となっている。期待値は3から5の間である。ebのその他の変数は，すべて0か1が期待値である。したがって，統制に関するデータの解釈のステップ5にあるように，eb左辺の値はつねに右辺よりも高いことが期待される。非患者であれば，成人でも児童でも，85％以上の者はebの左辺の値のほうが高い。患者のグループでも，

その割合こそ減るものの，やはり eb 左辺の値のほうが高くなるのが普通である。eb 左辺の値のほうが高い者の割合は，性格障害のサンプルでは 60 ～ 70%，外来患者のサンプルでは 60 ～ 70%，統合失調症の患者のサンプルでは 50 ～ 60% となっている。重症のうつ病患者のサンプルでは，eb 左辺のほうが高い者は 30 ～ 40% の割合しかいない。しかし，eb 右辺の 4 変数がいずれも心に刺激を与える感情体験と関連していることを考えると，この結果は意外なものではない。

材質変数，濃淡立体変数，無彩色変数

SH という記号は，SumT，SumV，SumC'，SumY という 4 変数の合計値として用いられることが多かった。しかし，そうするとこれら 4 変数に多くの共通点があるかのように聞こえ，誤解を生じやすい。たしかに 4 変数とも，侵襲的で刺激を与えるような感情と関連している。しかし，そうした共通の部分以上に，それぞれの違いのほうがはるかに大きい。SumY は非常に不安定な変数で，状況的な体験と関連がある。そのため，Adj es を計算するときには必ず一部を除かなければいけない。SumT と SumV の有無にはかなり安定性があり，再テスト相関は .80 台半ば～ .90 台半ばの高さである。SumC' の再テスト相関は .60 台半ば～ .70 台半ばの数値となり，それ以上あるいはそれ以下になることは滅多にない。FM と同様，SumC' は性格特性としての安定性を持つが，なおかつ状況によっても影響を受ける。

これら 4 変数の合計値が eb の右辺となる。この値が 2 から 4 という期待値を大幅に上回ったり，eb の左辺より大きくなる場合，それは主観的に心に重みや痛みを感じていることを示す大まかな指標となる。

材質変数（*SumT*）

材質反応は非患者の記録中にはどの年齢層にも一貫して出現する。非患者サンプルの 75% から 80% で 1 個以上の材質反応が出され，しかもその数は 1 個だけであることがほとんどである。患者群では非患者群よりも材質反応は少ないが，T がない場合は，T が多い場合と同様に解釈上重要な意味を持つ。材質反応を別個にコーディングすることの重要性に最初に気づいたのは B. Klopfer (1938) である。その後，B. Klopfer et al. (1954) は，材質反応は愛情欲求や依存欲求に関係していると主張した。Mcfate & Orr (1949) は，TF 反応と Pure T 反応は，青年期後期の者や成人に比べて青年期前期の者により多く出現すると述べた。Kallstedt (1952) は，その理由について，青年期前期の者は社会的にも性的にも不安定なためであろうと考えた。Montalto (1952) によれば，規制の多い母親を持つ 6 歳および 7 歳の子どもは，母親にもっと自由に育てられた同年齢の子どもよりも有意に多くの材質反応を示したという。Breecher (1956) は，母親から拒絶された患者に比べ，母親から過保護に育てられた患者のほうが，より多くの材質反応を出すことを見出し，母親からの拒絶は「好かれたいという欲求」を減少させてしまうのではないかと考えた。

Hertz (1948) は，材質反応は慎重に外界を感知しようとする性質を示し，これは周囲に対してもっと心を開いていようとする思いと関係していると述べている。Brown et al. (1950) は，心身症の患者には，その他の主訴で治療を受けている患者よりも材質反応が有意に少ないことを見出した。Steiner (1947) は，仕事をうまくできていない者のほうが，うまくできている者よりも有意に多くの材質反応を出すと報告している。Allerhand (1954) は，材質反応と，実験的に作られた葛藤状態

での不安を示す指標との間には相関があると述べている。Waller（1960）は，材質反応とウェルシュやテイラーの不安尺度との間の関連を見出すことはできなかったものの，材質反応が「漠とした」全般的な不安感と関係していることを見出した。Potanin（1959）は，自分は独立心が強いと述べる人よりも，自分には依存的なところがあると「自認している」人の方が，いくつかの幾何学的デザインのうち細部に材質感をもたせたものを有意に多く好むと報告した。Coan（1956）は，ロールシャッハ変数を因子分析にかけ，Mと材質変数とのブレンドは内面への感受性や共感性と関連があるとの結論を出した。

　Exner（1978）は，患者が材質感を明瞭に述べるとなると，材質反応の数は非患者よりも多くなることを示した。情緒的剥奪が長く続いて苦しんでいたり，情緒的喪失を体験したばかりだと，材質反応の数が増える。患者になる人はこうした体験をしていることが多いため，材質反応が多くなったのだと考えられる。Exner & Bryant（1974）によれば，最近別居もしくは離婚をした30人の群では，材質反応の数は平均3.57（SD=1.21）で，材質反応が0の者はいなかった。これに対し，人口統計学的に対応させたコントロール群では，材質反応の数は平均1.31（SD=0.96）で，材質反応が0の者は30人中4人だった。別居や離婚を体験した30人の群の21人に6カ月後に再テストを行ったが，その時点では14人が別れた相手とよりを戻したり，別の相手と関係を持つようになっていた。この21人の材質反応の平均は1回目のテストでは3.49で，2回目のテストでは2.64だった。Exner & Leura（1975）も類似の結果を得ている。すなわち，片親もしくは両親がいなくなったために養護施設に入ることになった8歳から12歳の児童23人の群では，入所後2カ月以内の時点では平均2.87個（SD=1.12）の材質反応があったのである。

　Exner, Levantrosser & Mason（1980）によると，初回入院したうつ病患者で1個以上の材質反応があった50人中の36人は，幼い頃にテディベアやお気に入りの毛布といった移行対象を持っていた。一方，うつ病による初回入院患者で材質反応がなかった50人では，移行対象を持っていた者はわずか10人だった。非患者成人の移行対象に関する研究（Exner & Chu, 1981）でも，これと同様の結果が得られている。プロトコル中にTのない人は，T反応を出す人とはかなり異なる心理的特性を有している。このことを初めて指摘したのは，Leura & Exner（1976）だった。彼らは，一所で14カ月以上養育されたことのない7歳から11歳までの養護施設の児童32人にテストを施行した。コントロール群には，生後ずっと実父母に育てられてきた，同じ知能レベルの児童32人を選んだ。施設内児童群のSumTの平均は0.457（SD=0.26）で，32人中20人に材質反応がなかった。コントロール群のSumTの平均は1.47（SD=0.52）で，材質反応がなかったのは32人中3人だけだった。

　施設内児童でTがなかった20人のうちの16人に対して4カ月後に再テストを行ったところ，15人は依然として材質反応を出さなかった。単なる「表現力の不足」のせいでこのような顕著な違いが生じるとは言い難い。なぜならば，対象となった施設内児童16人は，最初のテストでは灰色-黒色反応もしくは濃淡反応を少なくとも1個（平均=1.4）は出しているからである。また，再テストでもTがなかった15人の児童は，再テスト時に，灰色-黒色反応もしくは濃淡反応を1人少なくとも1個，平均で1.9個出しているのである。情緒的な欲求や依存欲求といった感情体験を「中性化」してしまい，そのような対処の仕方を堅固な性格特性のようにしてしまう人もいると考えられているが，以上のようなデータは，こうした仮説を裏づけるものである。Pierce（1978）も似たような報告をしている。すなわち，7歳以前に片親を失った児童52人のプロトコルを調べたところ，

わずか 7 人にしか材質反応が見られなかったという。

　Exner（1978）は，150 人あまりの患者を対象に，6 回ないし 8 回のセッションの後で，彼らの性格特性について 33 人の治療者に評定してもらった。治療者にはロールシャッハの結果を知らせていなかった。その結果，治療前に材質反応がなかった患者群には，治療前に 1 個以上の材質反応を出した患者群に比べると，治療への動機づけが低いと評定された者の数が有意に多かった。Exner, Martin & Thomas（1983）は，入り口の対角線上の位置に実験助手を座らせ，研究参加者が待合室でどの椅子を選ぶか調べた。すると，T のない者は，T のある者に比べて，より実験助手から遠い椅子を選ぶ傾向のあることがわかった。材質反応が 2 個以上ある者は実験助手に近いところに座り，自分から話しかけることも多かった。一方，材質反応のない者は 10 分の待ち時間中，話をすることはほとんどなかった。

　Marsh & Viglione（1992）は，81 人の成人女性にロールシャッハ図版を 6 枚だけ提示し，1 枚の図版あたり 2 個の反応をしてもらうよう求めた。そしてその後，研究参加者は全員，54 個のブロックから 10 個を選ぶ課題に取り組んだ。ブロックには 2 通りの大きさ（大きい，小さい）があり，色，形，材質感（ざらざら，すべすべ，ふわふわ）も 3 種類ずつあった。ブロックを選ぶ様子をビデオテープに録画し，ブロックを触る様子について評定したところ，亜流ロールシャッハ法で材質反応を出した者は，そうでなかった者に比べると，ブロックを選ぶ際に触感を手がかりにすることが有意に多かった。Casella（1999）は，79 人の成人を，愛着の持ち方が安定している，愛着を求めてばかりいる，愛着を求めていない，という 3 通りのスタイルで分類した。安定しているとされた者の材質反応はたいがい 1 個で，求めてばかりいるとされた者では 2 個以上になることが多かった。愛着を求めていないとされた者のプロトコルには，材質反応がないことが多かった。

　Gacono & Meloy（1991）は，反社会性人格障害の基準を満たす 42 人の男性加害者を，中等度の精神病質か重度の精神病質かという 2 つのカテゴリーに分類した。中等度のカテゴリーに分けられた者には，重度のカテゴリーの者よりも有意に多い材質反応が見られた。Weber, Meloy & Gacono（1992）は，行為障害によって入院している青年には，気分変調によって入院している青年に比べて材質反応の数が有意に少ないと報告している。Loving & Russell（2000）は，66 人の加害男子少年を，精神病質の程度で，重度，中等度，軽度の 3 群に分けた。すると，中等度および軽度に分類された者の 75% には 1 個以上の材質反応があったのに，重度とされた者では，材質反応を出した者は 20% にも満たなかった。Blias, Hilsenroth & Fowler（1996）は，材質反応と DSM-IV の演技性人格障害の診断との間には有意な相関があることを見出した。

　SumT に関する以上のような研究結果からは，かなりはっきりしたことが言えそうである。2 個以上の材質反応を出す者は，親密さへの強い欲求を持っている場合が多い。そういう人はさびしさや孤独感を抱いていたり，他者と情緒的に親密な関係を持ちたいとの思いを著しく強めているだろう。一方，材質反応がまったくない者は，より警戒的で，人と距離を取って，親しく交わらない。また，自分の空間を守ろうとする意識が他の人より強いようである。興味深いことに，治療前に材質反応がなかった者でも，治療開始後 9 カ月から 15 カ月もすると，普通 1 個以上の材質反応を出すようになる。これはどのような介入方法でも言えることである（Exner, 1978；Weiner & Exner, 1991；Exner & Sanglade, 1992）。

濃淡立体変数（*SumV*）

　濃淡立体反応についての初めての記述は，Rorschachが立体感を伴う反応に言及した際の文章の中に見られる（Rorschach & Oberholzer, 1923）。B. Klopfer & Kelley（1942）およびBeck（1944）はそれぞれ，図版の濃淡に基づいた立体反応を表す記号を別個に作った。両者とも，この反応は内省の一形態に関係していると考えていた。Klopferの仮説は，こうした反応は，不安が生じてもそれに直接まみえることなく，距離を取って対処しようとしていることを示す，というものだった。かたやBeckは，この反応は抑うつや劣等感から生じる陰うつな感情に関連していると考えていた。濃淡立体反応は濃淡反応の中では最も出現率が低く，非患者成人のサンプルでは21%しか見られない（平均＝0.28）。年少の非患者児童ではさらに出現は稀になり，5歳から11歳までの非患者児童の905の記録のうち，濃淡立体反応があるのはわずか2つに過ぎない。非患者青年では，SumVの出現度は高くなる。濃淡立体反応は12歳で有意に多く出されるようになり，12歳から16歳では非患者成人とほぼ同じくらいの割合で出現する。重度のうつ病患者の記録には，濃淡立体反応がより多く見られる。うつ病入院患者279人の記録を見ると，1個以上の濃淡立体反応がある者は約55%にのぼる。

　W. Klopfer（1946）およびLight & Amick（1956）によると，濃淡立体反応の数は高齢者では非常に少なくなる。Meltzer（1944）は，吃音者には，そうでない者に比べて有意に多くの濃淡立体反応が見られることを明らかにした。Bradway, Lion & Corrigan（1946）は非行少女について研究し，濃淡立体反応は「矯正可能性」と関係があると報告した。Buhler & LeFever（1947）は，アルコール依存者は精神病質者よりも有意に多くの濃淡立体反応を出すとの結果を踏まえ，アルコール依存者には自己批判的な傾向が認められるとの仮説を提示した。Rabinovitch（1954）は，濃淡立体反応がGSR（皮膚電気反応）の振幅の増加や知覚閾の広さと有意な正の相関を持つことを見出し，濃淡立体反応は不快な刺激を避けようとする傾向を示すのではないかと考えた。Fiske & Baughman（1953）は，外来患者の場合，反応数が多くなればなるほど，濃淡立体反応の出現率は高くなると述べている。

　Exner（1974）は，テスト施行後60日以内に自殺の企図があった者にはより多くの濃淡立体反応があることを見出した。Exner & Wylie（1977）はテスト施行後60日以内の自殺既遂と濃淡立体反応との間に有意な相関があることを認め，濃淡立体反応を自殺布置（Suicidal Constellation）の1変数に加えた。Exner, Martin & Mason（1984）は，テスト施行後60日以内に自殺既遂した101人のサンプルを基に，自殺布置の交差妥当性を調べた。その結果，濃淡立体反応の存在は，自殺布置の中では非常に重要な変数であることが確認された。Exner（1978, 1991）は，覆いを取るタイプ（アンカヴァリング）の精神療法を6カ月以上受けている患者には治療前より濃淡立体反応が増加すると報告した。また，Exner（1974）は，グループ精神療法を受けている患者のうち治療前に濃淡立体反応があった者には，グループセッションの中で自分に焦点を当てた発言が多く見られたと述べている。Epstein（1998）は，外傷性脳損傷患者には非患者よりも多くの濃淡立体反応が出やすいことを見出した。

　SumVの再テスト相関はかなり高く，長期では.80台前半から半ば，短期では.80台後半から.90台前半である。この数値の高さからは，濃淡立体反応を出さない人はその後もほとんど出さないことがわかる。だとすると，濃淡立体反応はより永続的な性格特性のようなものを示していると考えられる。しかし，Exner（1993）が報告した2つの回顧的（レトロスペクティブ）な研究は，濃淡立体反応の中には状況関連のものもあることを示唆している。1つ目の研究は，34のプロトコルを2組用意し，それらを比較検討したものである。「ターゲット」とされたのは，親しい友人や親族に身体的暴力を振るって

逮捕された者，あるいは交通事故を起こして親しい友人や親族を死亡させてしまい，故殺もしくは過失致死罪で起訴された者のプロトコルである。コントロール群のプロトコルは，見ず知らずの相手に対して怪我を負わせ，暴行，殺人未遂，故殺などの罪で起訴された者から集められた。ターゲット群では，半分強（18）の記録に1個以上の濃淡立体反応があった。それに対してコントロール群では，1個以上の濃淡立体反応があったのは，34の記録中2つだけだった。

もう1つの研究は，妊娠4カ月ないし6カ月での流産を最近体験した女性18人のプロトコルを検討したものである。比較の対象になったのは，精神面での苦痛を訴え，評価もしくは治療のために短期入院をした女性18人のプロトコルである。濃淡立体反応が1個以上あった記録の数は，流産した女性の群では8だったのに対し，比較群では1だけだった。興味深いことに，これら2つの研究とも，「ターゲット」群中の濃淡立体反応がある記録の自己中心性指標を見ると，その値は期待域に入っている。自分の価値を常に低く考えてしまいがちな人ならば，普通，自己中心性指標の値が期待域に入ることはない。したがって，この場合に濃淡立体反応が示している罪悪感や後悔の念というのは，最近起こった出来事や自分の行動に対してのもので，より状況的な色彩が濃いと考えられる。

以上のようなデータの多くは，濃淡立体反応は内省の働きを示しているとするKlopferやBeckの見解を裏づけているようである。しかし，内省と濃淡立体反応の関連が直接的なものかどうかは疑わしい。むしろ濃淡立体反応は，ことさら自分に目を向けたり，自分についてよく考えた結果生じた，ネガティブな感情体験に関係していると思われる。濃淡立体反応が出されることは滅多にないので，濃淡立体反応があれば，それはつねに解釈上重要になる。一般的には，濃淡立体反応がないほうが好ましいサインと言える。濃淡立体反応がある場合は，**自分でよくないと思っている**ネガティブな特徴を何度も省み，その結果不快感や苦痛が生じていることを示している。

濃淡立体反応が1個以上あるのは，治療への動機づけが初期段階から見込めるという意味では，肯定的にとらえることができる。しかし，自分自身をよくないものと見なすことでネガティブな感情がもたらされ，それが大きな障害となって，早い段階での治療効果を得られにくくしてしまう。濃淡立体反応の存在を肯定的に考えることができるのは，おそらく受検者が覆いを取る（アンカヴァリング）タイプの介入もしくは発達促進的な介入を数カ月受けている場合だけだろう。というのは，そのような介入では内省が進むよう目論まれているので，自分の否定的な特徴に目が向き，心理的な苦痛や苛つきがもたらされる可能性があるからである。逆に，治療の終結が近い患者に濃淡立体反応があることは滅多にない。治療終結後も内省活動が続くのは間違いないが，そうは言ってもいつでも心理的苦痛や苛つきがもたらされるわけではない。この場合の内省活動は，ロールシャッハではFDという別の変数によって表わされる。FDは，苦痛を伴う感情体験を引き起こすことなく，距離を置いて自分を見つめることと関係している。

無彩色変数（*SumC'*）

ブロット中の白，灰，黒を色彩として用いた反応に特定のコードを当てたのは，B. Klopfer（1938）が最初だった。B. Klopferは，これらの反応は感情を抑える傾向と関係があると考えたが，それが具体的にどういう形で表われるのかは，その他の特徴の有無によって決まってくる，と一言加えている。たとえば，記録中に有彩色反応もかなりの数が見られる場合は，空白部を白色として用いた無彩色反応は多幸感と関係していると考えた。また，後には，灰色や黒色を含む無彩色反応は抑う

つ感と関連があるとの仮説を提示した(B. Klopfer & Spiegelman, 1956)。Rapaport, Gill & schafer (1946)は，無彩色反応は，感情を直接表出するのを避けようとする意識的な防衛と関係があると考えた。Piotrowski (1957) も，無彩色反応は抑うつ感と関係しているとの仮説を支持した。しかし同時に，アルコール依存者にはブロットの白色領域および明るい灰色の領域を用いた反応が有意に多く見られるという Weber (1937) の研究結果を引いて，反応に白色領域と明るい灰色の領域が含まれていれば，多幸感を抱いている可能性が高いと強調した。

Exner (1974) は，無彩色反応が，心身症，強迫神経症，統合失調症の患者には非患者の約2倍，受動攻撃あるいは精神病質と診断された患者には約3倍の頻度で出現することを見出した。また，感情障害により初めて入院し，入院中は「自殺防止の監視」を受けていた患者64人の治療前の記録を調べたところ，入院後55日以内に自殺の気配を示した16人のうち C' 反応があったのはわずか5人 (31%) に過ぎなかったのに，自殺の気配がなかった残り48人の中では34人 (71%) の記録に C' 反応が認められた。こうした結果からは，感情の抑制と SumC' との間には関連があるとの仮説が裏づけられる。

Exner & Leura (1977) は，「行動化」して犯罪におよび，処分を決めるための評価を受けた青年20人の記録を調べた。すると，彼らには，コントロール群の非患者青年20人（平均 = 1.12, SD=0.79）と比べて有意に多い（平均 = 2.77, SD=1.03）C' 反応が見られた（p<.01）。両群とも8週間後に再テストを受けた。その時点では，処分はすでに決まり，執行されていた。コントロール群では，再テスト時にも1回目のテストと同じくらいの数の無彩色反応がみられた（平均 = 1.07, SD=0.87）が，行動化した群では，C' 反応の数は1回目よりも有意に少なくなった（平均 = 1.11, SD=0.94）。これらのデータは，SumC' は腹の内をさらけ出すまいとする構えと関係があるのではないかとする Rapaport の仮説を裏づけている。また，先述の再テスト相関のデータとも符合する。すなわち，SumC' には比較的安定性があるとはいえ，状況的な影響を受けて変動しやすい，という仮説を補強している。

抑うつ感の強い人に3個以上の無彩色反応が見られるのは，珍しいことではない。Exner (1978) は，うつ病で入院していた患者に対し，症状が軽くなって退院するときに再テストした。すると，再テスト時の記録の方が有意に反応数が多くなっているのにもかかわらず，SumC' の値は治療前の半分以下になっていた。SumC' の値が高い場合，それは重篤な感情障害を識別するための有効な手がかりになるとされている (Exner, 1983, 1991)。

無彩色反応が感情の抑制に関係しているとすれば，解釈する上では，それらの反応における形態の使用がどのようなものかを評価することが重要になる。FC' 反応のように形態優位であれば，その逆の場合と比べると，より認知的なコントロールを受けて感情の抑制がなされていると考えられる。感情が抑制されるときには不安を感じていることが間々ある。しかし，感情抑制と不安とを混同してはいけない。感情抑制というのは，心理的に「言いたいことをぐっとこらえてしまう」ことであり，そのために感情が内在化され，多少の苛々感が生じる。この苛つきこそが C' 変数によって表わされるものであり，それは漠とした不安や不快感からもっとはっきりした緊張まで，さまざまな形で体験されることになる。

D スコア（D, Adj D）

　EA と es の関係を示す数式からは，統制力とストレス耐性についての情報が得られる。これは，EA および es を構成する変数についての多くのデータから立証されている。EA と es のスコアの差は，刺激要求（stimulus demands）と刺激過負荷状態という概念の枠組みに基づいて算出される，論理的なものである。この2つの概念は，フラストレーション，ストレス，ストレス耐性，感情等に関する数多くの研究から生まれたもので，普通は実験病理学の中で用いられてきた。これらの概念についてのもっとも直截な説明は，French（1947），Gantt（1947），Liddell（1944），Mair（1949），Maslow（1947），Miller（1944），Selye（1956）などの，古い，しかし今なお価値のある文献に求めることができる。これらは，ストレスや感情に関する最近の文献（Seligman, Abramson, Semmel & von Baeyer, 1979 ; Lazarus & Folkman, 1984 ; Lazarus, 1991）でも下敷きとして用いられている。

　単純に EA-es というスコアの差だけを見ていては，この数値に関連する2つの要因ゆえに，妥当性が担保されない。2つの要因とは，1つは，スコアの差をそのまま用いるのは心理測定としては十分ではないという点，もう1つは，eb の変数の中には安定性に欠けるものが存在するという点である。そのため，標準偏差を用いてDスコアの範囲を定めることにした。EA の値と es の値の差は，非患者成人600人の65%は2.5点以内に収まっている。そこで，EA-es の値が±2.5の範囲に入る場合はDスコアを0とし，±2.5の間隔ごとにDスコアの値を増加もしくは減少させることにした。しかし，EA-es の算定式の中には，状況ストレスに関係した，不安定な変数（m, SumY）が含まれている。そのため，これらの変数に修正を加え（Adj es），もう1つ別のスコア（AdjD）を作ることにした。実際のところ，m と SumY に手を加えて es を修正すると，600の非患者成人のサンプルのうち87%は，Adj D スコアが0かそれより大きい値となる。

　D と Adj D では，後者のほうがある意味では重要である。というのは，Adj D は統制に関するその人本来の特徴と関連しているからである。マイナスの Adj D スコアは望ましくないとはいえ，それがいつも適応上の問題を示しているわけではない。非患者成人のサンプルのうち約5%は，AdjD の値がマイナスとなっている。一方，患者群では Adj D の値がマイナスになることはよくある。EA が期待値よりも低いためにそうなっている場合もあるが，Adj es が EA よりもずっと高いためであることも多い。Weiner & Exner（1991）の報告では，長期の治療でも短期の治療でも，治療が進むに連れて Adj es の値は減っていった。同様に，Exner & Sanglade（1992）によれば，ブリーフの治療でも短期の治療でも，患者は全員，es と Adj es の値が低下し，その結果 D スコアと Adj D スコアが上昇した。

　Adj D の値が0より大きければ，それは肯定的に見なされることが多い。しかし，統制力やストレス耐性が期待される以上に強固であることは，治療場面では妨げになることもある。たとえば，Beck（1960）は，症状が顕在化している統合失調症患者の EA はかなり高いことが多いが，その治療となると，たいがいは非常に難しいと述べている。このような患者のほとんどは，妄想型の特徴を示す。Beck は次のように記している。「症状による解決に頼るようなパーソナリティであれば，なおさらそうである。内的なエネルギーの備給が多ければ多いほど，それらは病理的症状として使われてしまう」（p.20）。外来患者のデータにも，時々こうした仮説に合致するものが見られる。治療の効果が最も早く表れるのは，たいがいの場合，苦しみを感じている患者である。Dスコアが0より大きい患者は，ストレスがあっても難なく対処してしまうし，治療の進展に不可欠な患者－治療者同盟を築くのにも時間がかかってしまう。こうした点からも，D スコアはストレス耐性と関係

があるという仮説が導かれることになった。

文献

Abraham, P. P., Lepisto, B. L., Lewis, M. G., Schultz, L., & Finkelberg, S. (1994). An outcome study: Changes in Rorschach variables of adolescents in residential treatment. Journal of Personality Assessment, 62, 505-514.

Allerhand, M. E. (1954). Chiaroscuro determinants of the Rorschach test as an indicator of manifest anxiety. Journal of Projective Techniques, 18, 407-413.

Altus, W. D. (1958). Group Rorschach and Q-L discrepancies on the ACE. Psychological Reports, 4, 469.

Bash, K. W. (1955). Einstellungstypus and Erlebnistypus, C. G. Jung and Herman Rorschach. Journal of Projective Techniques, 19, 236-242.

Beck, S . J. (1944). Rorschach's test. I: Basic processes. New York: Grune & Stratton.

Beck, S. J. (1960). The Rorschach experiment: Ventures in blind diagnosis. New York: Grune & Stratton.

Berryman, E. (1961). Poet's responses to the Rorschach. Journal of General Psychology, 64, 349-358.

Blias, M. A., Hilsenroth, M. J., & Fowler, J. C. (1998). Rorschach correlates of the DSM-IV histrionic personality disorder. Journal of Personality Assessment, 70, 355-364.

Bradway, K., Lion, E., & Corrigan, H. (1946). The use of the Rorschach in a psychiatric study of promiscuous girls. Rorschach Research Exchange, 9, 105-110.

Breecher, S. (1956). The Rorschach reaction patterns of maternally overprotected and rejected schizophrenics. Journal of Nervous and Mental Disorders, 123, 41-52.

Brown, M., Bresnoban, T. J., Chakie, F. R., Peters, B., Poser, E. G., & Tougas, R. V. (1950). Personality factors in duodenal ulcer: A Rorschach study. Psychosomatic Medicine, 12, 1-5.

Buhler, C., & LeFever, D. (1947). A Rorschach study on the psychological characteristics of alcoholics. Quarterly Journal of Studies on Alcoholism, 8, 197-260

Casella, M. J. (1999). The Rorschach texture response: A conceptual validation study. Dissertation Abstracts International, 60, 2405.

Coan, R. (1956). A factor analysis of Rorschach determinants. Journal of Projective Techniques, 20, 280-287.

Epstein, M. (1998). Traumatic brain injury and self perception as measured by the Rorschach using Exner's comprehensive system. Dissertation Abstracts International, 59, 0870.

Erginel, A. (1972). On the test-retest reliability of the Rorschach. Journal of Personality Assessment, 36, 203-212.

Exner, J. E. (1974). The Rorschach: A Comprehensive System. Volume 1. New York: Wiley.

Exner, J. E. (1978). The Rorschach: A Comprehensive System. Volume 2. Current research and advanced interpretation. New York: Wiley.

Exner, J. E. (1979). The effects of voluntary restraint on Rorschach retests. Rorschach Workshops (Study No.258, unpublished).

Exner, J. E. (1983). Rorschach assessment. In I. B. Weiner (Ed.), Clinical methods in psychology (2nd ed.). New York: Wiley.

Exner, J. E. (1986). The Rorschach: A Comprehensive System. Volume 1: Basicfoundations (2nd ed.). New York: Wiley.

Exner, J. E. (1991). The Rorschach: A Comprehensive System. Volume 2: Interpretation (2nd ed.). New York: Wiley.

Exner, J. E. (1993). Vista and guilt or remorse. Alumni Newsletter (pp. 3-7). Asheville, NC: Rorschach Workshops.

Exner, J. E., & Bryant, E. L. (1974). Rorschach responses of subjects recently divorced or separated. Rorschach Workshops (Study No.206, unpublished).

Exner, J. E., & Bryant, E. L. (1975). The EA and ep variables as related to performance on a mirror tracing task. Rorschach Workshops (Study No.209, unpublished).

Exner, J. E., & Bryant, E. L. (1976). The EA and ep variables as related to performance on an accelerated pursuit rotor task. Rorschach Workshops (Study 219, unpublished).

Exner, J. E., Bryant, E. L., & Miller, A. S. (1975). Rorschach responses of some juvenile offenders. Rorschach Workshops (Study No.214, unpublished).

Exner, J. E., & Chu, A. Y. (1981). Reports of transitional objects among nonpatient adults as related to the presence or absence of T in the Rorschach. Rorschach Workshops (Study No.277, unpublished).

Exner, J. E., Cooper, W. H., & Walker, E. J. (1975). Retest of overweight males on a strict dietary regimen. Rorschach Workshops (Study No. 210, unpublished).

Exner, J. E., & Leura, A. V. (1975). Rorschach responses of recently foster placed children. Rorschach Workshops (Study No. 196, unpublished).

Exner, J. E., & Leura, A. V. (1977). Rorschach performances of volunteer and nonvolunteer adolescents. Rorschach Workshops (Study No.238, unpublished).

Exner, J. E., Levantrosser, C., & Mason, B. (1980). Reports of transitional objects among first admission depressives as related to the presence or absence of T in the Rorschach. Rorschach Workshops (Study No.266, unpublished).

Exner, J. E., Martin, L. S., & Mason, B. (1984). A review of the Suicide Constellation. 11th International Rorschach Congress, Barcelona, Spain.

Exner, J. E., Martin, L. S., & Thomas, E. A. (1983). Preference for waiting room seating among subjects with elevations or absence of T in the Rorschach. Rorschach Workshops (Study No. 282, unpublished).

Exner, J. E., Murillo, L. G., & Cannavo, F. (1973). Disagreement between ex-patient and relative behavioral reports as related to relapse in non-schizophrenic patients. Eastern Psychological Association, Washington, DC.

Exner, J. E., & Sanglade, A. A. (1992). Rorschach changes following brief and short term therapy. Journal of Personality Assessment, 59, 59-71.

Exner, J. E., Thomas, E. A., & Mason, B. (1985). Children's Rorschachs: Description and prediction. Journal of Personality Assessment, 49, 13-20.

Exner, J. E., Viglione, D. J., & Gillespie, R. (1984). Relationships between Rorschach variables as relevant to the interpretation of structural data. Journal of Personality Assessment, 48, 65-70.

Exner, J. E., & Weiner, I. B. (1982). The Rorschach: A Comprehensive System. Volume 3. Assessment of children and adolescents. New York: Wiley.

Exner, J. E., & Wylie, J. R. (1977). Some Rorschach data concerning suicide. Journal of Personality Assessment, 41, 339-348.

Exner, J. E., Wylie, J. R., Leura, A. V., & Parrill, T. (1977). Some psychological characteristics of prostitutes. Journal of Personality Assessment, 41, 474-485.Exner, J. E., Zalis, T., & Schumacher, J. (1976). Rorschach protocols of chronic amphetamine users. Rorschach Workshops (Study No.233, unpublished).

Fiske, D. W., & Baughman, E. E. (1953). The relationship between Rorschach scoring categories and the total number of responses. Journal of Abnormal and Social Psychology, 48, 25-30.

French, T. M. (1947). Some psychoanalytic applications of the psychological field concept. In S. S. Tomkins (Ed.), Contemporary psychopathology (pp.223-234). Cambridge, MA: Harvard University Press.

Gacono, C. B., & Meloy, J. R. (1991). A Rorschach investigation of attachment and anxiety in antisocial personality disorder. Journal of Nervous and Mental Diseases, 179, 546-552.

Gantt, W. H. (1947). The origin and development of nervous disturbances experimentally produced. In S. S. Tomkins (Ed.), Contemporary psychopathology (pp.414-424). Cambridge, MA: Harvard University Press.

Haan, N. (1964). An investigation of the relationships of Rorschach scores, patterns and behaviors to coping and defense mechanisms. Journal of Projective Techniques and Personality Assessment, 28, 429-441.

Hertz, M. R. (1948). Suicidal configurations in Rorschach records. Rorschach Research Exchange, 12, 3-58.

lhanus, J., Keinonen, M., & Vanhamaki, S. (1992). Rorschach movement responses and the TAT Transendence Index in physically handicapped children. Perceptual and Motor Skills, 74, 1115-1119.

Kallstedt, F. E. (1952). A Rorschach study of 66 adolescents. Journal of Clinical Psychology, 8, 129-132.

Kemalof, S. (1952). The effect of practice in the Rorschach test. In W. Peters (Ed.), Studies in Psychology and Pedagogy. Instanbul: University of Istanbul Press.

Klopfer, B. (1938). The shading responses. Rorschach Research Exchange, 2, 76-79.

Klopfer, B., Ainsworth, M., Klopfer, W., & Holt, R. (1954). Developments in the Rorschach technique. Vol I. Yonkers-on-Hudson, NY: World Books.

Klopfer, B., & Kelley, D. (1942). The Rorschach technique. Yonkers-on-Hudson, NY: World Books.

Klopfer, B., Kirkner, F., Wisham, W., & Baker, G. (1951). Rorschach prognostic rating scale. Journal of Projective Techniques, 15,

425-428.

Klopfer, B., & Spiegelman, M. (1956). Differential diagnosis. In B. Klopfer and others, Developments in the Rorschach technique. II: Fields of application. Yonkers-on-Hudson, NY: World Books.

Klopfer, W. (1946). Rorschach patterns of old age. Rorschach Research Exchange, 10, 145-166.

Lazarus, R. S. (1983). The costs and benefits of denial. In S. Breznitz (Ed.), The denial of stress (pp.1-30). New York: International Universities Press. Lazarus, R. S. (1991). Emotion and adaptation. New York: Oxford University Press.

Lazarus, R. S., & Folkman, S. (1984). Stress, appraisal and coping. New York: Springer.

Leura, A. V., & Exner, J. E. (1976). Rorschach performances of children with a multiple foster home history. Rorschach Workshops (Study No.220, unpublished).

Liddell, H. S. (1944). Conditioned reflex method and experimental neurosis. In J McV. Hunt (Ed.), Personality and the behavior disorders (Vol.1, pp.389-412). New York: Ronald Press.

Light, B. H., & Amick, J. (1956). Rorschach responses of normal aged. Journal of Projective Techniques, 20, 185-195.

Loving, J. L., & Russell, W. F. (2000). Selected Rorschach variables of psychopathic juvenile offenders. Journal of Personality Assessment, 75, 126-142.

Mair, N. R. F. (1949). Frustration. New York: McGraw-Hill.

Marsh, A., & Viglione, D. J. (1992). A conceptual validation study of the texture response on the Rorschach. Journal of Personality Assessment, 58, 571-579.

Maslow, A. H. (1947). Conflict, frustration and the theory of threat. In S. S. Tomkins (Ed.), Contemporary psychopathology (pp.588-594). Cambridge, MA: Harvard University Press.

McClelland, D. C., Atkinson, J. W., Clark, R. W., & Lowell, E. L. (1953). The achievement motive. New York: Appleton-Century-Crofts.

McFate, M. Q., & Orr, F. G. (1949). Through adolescence with the Rorschach. Rorschach Research Exchange, 13, 302-319.

Meltzer, H. (1944). Personality differences between stuttering and nonstuttering children as indicated by the Rorschach test. Journal of Psychology, 17, 39-59.

Miller, N. E. (1944). Experimental studies of conflict. In J. McV. Hunt (Ed.), Personality and the behavior disorders (Vol.1, pp.431-465). New York: Ronald Press.

Montalto, F. D. (1952). Maternal behavior and child personality: A Rorschach study. Journal of Projective Techniques, 16, 151-178.

Pierce, G. E. (1978). The absent parent and the Rorschach "T" response. In E. I. Hunter & D. S. Nice (Eds.), Children of military families. Washington, DC: U.S. Government Printing Office.

Piotrowski, Z. (1957). Perceptanalysis. New York: Macmillan. Piotrowski, Z., & Abrahamsen, D. (1952). Sexual crime, alcohol, and the Rorschach test. Psychiatric Quarterly Supplement, 26, 248-260.

Piotrowski, Z., & Schreiber, M. (1952). Rorschach perceptanalytic measurement of personality changes during and after intensive psychoanalytically oriented psychotherapy. In G. Bychowski & J. L. Despert (Eds.), Specialized techniques in psychotherapy. New York: Basic Books.

Potanin, N. (1959). Perceptual preferences as a function of personality variables under normal and stressful conditions. Journal of Abnormal and Social Psychology, 55, 108-113.

Rabinovitch, S. (1954). Physiological response, perceptual threshold, and Rorschach test anxiety indices.

Journal ofProjective Techniques, 18, 379-386. Rapaport, D., Gill, M., & Schafer, R. (1946). Psychological diagnostic testing (Vol. 2). Chicago: Yearbook Publishers.

Ridgeway, E. M., & Exner, J. E. (1980). Rorschach correlates of achievement needs in medical students under an arousal state. Rorschach Workshops (Study No.274, unpublished).

Rorschach, H., & Oberholzer, E. (1923). The application of the interpretation of form to psychoanalysis. In Zeitschnft fur die Gesamte Neurologie und Psvchiatrie, 82, 240-274.

Seligman, M. E. P., Abramson, L. Y., Semmel, A., & von Baeyer, C. (1979). Depressive attributional style. Journal of Abnormal Psychology, 88, 242-247.

Selye, H. (1956). The stress of life. New York: McGraw-Hill.

Sommer, R., & Sommer, D. T. (1958). Assaultiveness and two types of Rorschach color responses. Journal of Consulting Psychology, 22, 57-62.

Steiner, M. E. (1947). The use of the Rorschach method in industry. Rorschach Research Exchange, 11, 46-52.

Thompson, G. M. (1948). MMPI correlates of movement responses on the Rorschach. American Psychologist, 3, 348-349.

Waller, P. F. (1960). The relationship between the Rorschach shading response and other indices of anxiety. Journal of Projective Techniques, 24, 211-216.

Warshaw, L., Leiser, R., Izner, S. M., & Sterne, S. B. (1954). The clinical significance and theory of sodium amytal Rorschach testing. Journal of Projective Techniques, 18, 248-251.

Weber, A. (1937). Delirium tremens und alkoholhalluzinose in Rorschachschen Formdeutversuch. Zeitschriftfur die Gesamte Neurologie und Psychiatrie, 159.

Weber, C. A., Meloy, J. R., & Gacono, C. B. (1992). A Rorschach study of attachment and anxiety in inpatient conduct disordered and dysthymic adolescents. Journal of Personality Assessment, 58, 16-26.

Weiner, I. B., & Exner, J. E. (1991). Rorschach changes in long-term and short-term psychotherapy. Journal of Personality Assessment, 56, 453-465.

Wiener-Levy, D., & Exner, J. E. (1981). The Rorschach EA-ep variable as related to persistence in a task frustration situation under feedback conditions. Journal of Personality Assessment, 45, 118-124.

第 15 章
状況関連ストレス
Situationally Related Stress

　ロールシャッハを受ける人，特にメンタルヘルスの場面でテストを受ける人たちの大半は，おそらく何らかのストレス体験の最中にいることだろう。最もよく見られるのは，ストレスが長い期間続いていて，データの各クラスターを検討すればこのストレスがもたらした影響が明らかになる，というケースである。しかし，中には，より最近のある特定の出来事によってストレスが生じていると思われるケースもある。これが状況的なストレスである。状況ストレスは，人それぞれの心的外傷，たとえば失敗，失望，喪失感，決断の際の葛藤などによって生じる。普通，どんなによく適応している人でも，これらによってかなりの心理的苦痛がもたらされる。状況ストレスを慢性的に受けるようになってくると，新たなストレス体験によって，すでに存在していた苦痛が大きくなったり，心理的に大きな混乱が引き起こされることもある。それまでどのような状態だったかにかかわりなく，状況ストレスの体験はほぼ確実に心理機能のどこかに打撃を与えるものである。

　ほとんどの場合，生活歴を十分聞き取ることによって状況ストレスの存在が判明してくるし，そこから得られた情報を基にすればロールシャッハ結果を適切な観点から検討するのが容易になるだろう。生活歴が曖昧だったり，不十分だったり，あるいはまったく得られず，そのために解釈者の仕事がより困難になるときもある。しかし，いずれにしろ，ロールシャッハデータに状況要因のためと言える結果が含まれているかどうかは，解釈者が自分の責任で判断することになる。もしもそのような結果が存在するのなら，各クラスターのデータからまとめあげられた結論には大きな影響が及ぼされている可能性がある。実際のところ，状況ストレスの影響に関する情報を無視すれば，諸結果を状況ストレスからの打撃を考慮に入れて検討することができなくなり，ひいては，各クラスターの解釈を進めていくうちに，紛らわしいあるいは間違った結論を作りあげてしまう危険が生じてくる。

状況ストレスに関連するロールシャッハの変数

　通常，状況関連ストレスの存在が明らかになるのは，ロールシャッハ上，2つのDスコアの値に差があるとき，すなわちDスコアの値がAdj Dスコアの値よりも小さくなるときである。2つのDスコアの値に差がある場合には，状況ストレスに関係ある，もしくは関係している可能性のある一連の変数を組織的に検討することになる。すでに述べた通り，Adj Dスコアはその人らしい本来の統制能力を示している。一方Dスコアは現在の統制力やストレス耐性を表わすものである。し

がって，これら2つのスコアの値に差がある場合は，論理的には，その人の統制力を下げ，ストレス耐性を通常よりも低くさせている何らかの事情が存在すると考えられる。

ここで取り上げる一連の変数（D，Adj D，m，SumY，ブレンドの複雑さ，色彩濃淡ブレンド，SumT，SumV，Pure C，M-，Mnone）はすべて状況ストレスと関係していることもある。これらの変数はその他の心理的特徴にも関連しており，解釈手順にのっとって，その他のいくつかのクラスターでも検討される。しかし，そうした手順の中では，これら全部をまとめて評価するということはない。

たとえば，一連の変数のうちのいくつかは統制に関するクラスターの中から引いてきたものであり，ここで取りあげる前にすでに一度は検討されている。その他の変数は，感情，思考，自己知覚，対人知覚の各クラスターに登場する。しかし，これらがまとめて検討されるのは，3番目の鍵変数（D<Adj D）に該当したときのみである。なぜなら，この鍵変数は状況関連ストレスが存在することを意味しており，その場合には，ここで取りあげる一連の変数が状況ストレスからの打撃について重要な情報を提供してくれるからである。

検討事項の要点

解釈の主たる目的は，次の通り3つある。

（1）2つのDスコアの差は状況ストレスによってもたらされたもので，単に見かけ上のものではないことを確認する。
（2）ストレス体験の大きさを査定し，それをできるだけありのままの形で描き出す。
（3）状況がもたらす影響について理解しておき，各クラスターで心理的特徴を検討しようとする際に，それぞれの所見の意味が一層明確になるようにする。

3人の成人のプロトコル，ケース3，4，5の状況ストレスに関する一連の変数のデータを用いて，解釈吟味の各ステップについて説明する。それぞれのデータは，検討される事項との関係がある場合にのみ，各ステップの前に提示する。

ケース3

36歳の男性。現在，妻からの申し立てによる離婚訴訟の只中にいる。訴訟では，6歳と9歳の娘の監護権についても争われている。結婚生活は10年続いていた。彼は3人兄妹の長男で，33歳と30歳の妹がいる。両親は健在。父親は62歳で，ラジオ放送局で働いている。母親は60歳で，専業主婦である。家族はとても仲がいいとのことである。彼は18歳のときに高校を卒業し，コミュニケーション学を専攻するつもりで大学に入学した。しかし，2年後には学業から離れ，保険会社の広報部で働くようになった。現在はその会社で中間管理職のポストに就いている。

妻も36歳である。彼女は大卒で，高校で生物の教師をしている。結婚後2年間のフルタイム勤務以後はずっと代用教員としてパートタイムで働いていたが，2年前から再びフルタイムで教壇に立っている。長女は小学4年生で，二女は小学1年生である。2人とも学校の成績は申し分ないと言われている。約8カ月前，彼女は夫が職場の女性と関係を持っていたことを知り，彼に家から出

ケース3　36歳男性　状況ストレスのデータ

EB = 3 : 7.0	EA=10.0	D = -1	**Blends**	
eb = 6 : 7	es=13　Adj es=10	AdjD =0	M.FD.FY	=1
			M.CF	=1
FM = 4　m=1	C'=1　T=2　V=1　Y=4		FM.CF	=1
	(3r+(2)/R)=.43		FM.FT	=1
			m.CF	=1
Pure C = 1　M-=0	MQnone=0	Blends =7	CF.YF	=1
			FC.FC'	=1

ていくよう求めた。別居後，彼はアパート住まいとなっている。

　別居時の取り決めにより，2人の娘は妻が監護している。彼のほうは，週末に1日，子どもたちを連れて外出できることになっている。子どもたちと接触できる時間を増やしてほしいと要求したが，妻に拒否された。妻は，自分1人で子どもたちを育てたいと望んでいる。彼女は離婚訴訟の中で，住むところが2カ所になるのは子どもにとって好ましくない，と主張している。彼のほうは検査前の面接で，妻が監護の取り決めについて妥協しようとしないのが腹立たしいが，それ以外に普段の生活で感情的になることはない，と述べている。また，自分はよい父親だし，子どものことにもっと積極的に関わりたい，と主張する。離婚が決まれば再婚するかもしれないとは言うが，具体的なことを尋ねると答えはあやふやになる。それぞれにロールシャッハ等による心理査定を行うことについては，双方の弁護士間で合意ができている。

ケース4

　23歳の女性。フライト・アテンダントして2年間働いている。大学を卒業し，21歳のときに現職に就いた。「面白そうだったし，旅行が好きだったから」だという。約1カ月前の定期査察の際，旅行鞄から約85gのコカインが見つかり，停職処分を受けた。最初のうちは友達に渡すつもりで持っていたと弁解していたが，後に「何回か」自分でコカインを使用したと認めた。しかし，「使うのは仕事が休みのときだけ」とも言う。処分結果が出てからは，狼狽し，落ち込んでいたが，現在は復職の申し立てをしている。この心理学的評価の手続きは組合が手配したものである。組合としては，彼女にとって都合のよい結果が出て復職請求に有利に働くことを期待している。

　彼女は3人姉妹の真ん中で，姉は26歳，妹は17歳である。父親は51歳で，大学教授。母親は52歳で，就労経験はない。彼女自身は交友関係の幅は広く，「特に決まった人」とではないが，デートもかかさずしている。大学時代から時々薬物を使用していたと素直に認めている。フライト・アテンダントの仕事を一生続けるかどうかはわからないが，少なくとも5年間は頑張りたいという。「20代後半には」結婚したいが，「でも仕事も続けていたい」と望んでいる。「仕事はちゃんとやっていた」と主張し，「他にも薬にはまってる人がいるのに，そういう人は見つからないのよね」と，不公平感を露わにする。もしも解雇されたら他に仕事を見つけるのが容易でないことは承知している。

ケース4　23歳女性　状況ストレスのデータ

EB =5:6.0	EA=11.0	D =-2	**Blends**	
eb =8:8	es=16 Adj es=13	AdjD =0	M.CF.FC'	=1
			M.FD	=1
FM =5 m=2	C'=3 T=1 V=1 Y=4		FM.CF.Fr	=1
	(3r+(2)/R)=.48		FM.FC'	=1
			m.CF	=2
Pure C =0 M-=1	MQnone=0	Blends =8	FC.FY	=2

ケース5　57歳男性　状況ストレスのデータ

EB =8:5.0	EA=13.0	D =0	**Blends**	
eb =7:8	es=15 Adj es=10	AdjD =+1	M.FC.FY	=1
			M.CF	=2
FM =4 m=3	C'=2 T=2 V=0 Y=4		FM.FT.FY	=1
	(3r+(2)/R)=.38		FM.FC'	=1
			m.CF	=1
Pure C =0 M-=0	MQnone=0	Blends =7	m.YF	=1

ケース5

　57歳の男性。かかりつけの医師の紹介により心理学的評価を受けることになった。よくめまいがするとの訴えがあったため，神経心理学的な面も評価の対象になっている。集中困難も訴えている。夜中によく目が覚め，そのまま眠れなくなってしまう。そのため，翌日にひどく疲れが残るという。こうした症状が現れるまでは，健康面に問題はなかった。紹介されてくる前に心臓血管や神経系等の身体面の検査を受けたが，異常は認められなかった。

　彼は州立大学で工学士の学位を取得し，22歳のときに結婚した。相手の女性はやはり当時22歳で，大学では美術を専攻し，彼と同じ年に大学を卒業した。結婚後しばらくしてから徴兵され，陸軍で3年間兵役を務めた。そのうちの1年4カ月はベトナムで過ごした。徴兵されている間，妻は中学で美術を教えていた。除隊後は機械製作の会社に就職し，そこで7年間働いた。その間，子どもを2人もうけた。長男は現在29歳，長女は27歳になる。2人ともすでに結婚し，遠方で生活している。32歳のとき，同僚と一緒に会社を設立した。橋梁建設の際の型枠作りを専門とする会社だった。仕事はたいへんうまくいき，現在は34人の従業員を抱えるまでになっている。

　2年ほど前，妻は子宮癌の診断を受けた。そして，今から8カ月前に死亡した。妻の死後はつらい日々を過ごしたが，だんだんと耐えられるようになってきたという。この2，3カ月の間は仕事の量をいつもより減らし，空いた時間に子どもたちを訪ねに行ったり，友達2人で釣りに明け暮れたりした。妻が病に伏せっている間はひどく「腹が立ち，落ち込み」，妻を失ってからは無力感を抱いた。しかし，この2，3カ月の悲しみと抑うつはそれ以上のものだったという。「友人たちは離婚歴のある女性と一緒にさせようと骨を折ってくれたが，女性の方が私のことを気に入ってくれなかったようだ」と話す。最近は，「長いことあたためてきた」新しい建設計画に多くの時間を割いている。計画はだいぶ進んでいるという。めまいがあったり集中できないことの理由については，よくわからないという。しかし，「腫瘍でもできているのかもしれない」とも述べている。

2つのDスコアに差がある場合の基本的仮説

先に述べたように，Dの値がAdj Dより低い場合，次の基本仮説がこれらの変数を解釈していくための枠組みとなる。**受検者は何らかの状況ストレスによって刺激要求の高まりを体験している。その結果，意志決定と行動，あるいはそのどちらか一方がいつもより組織だったものではなくなっている。**

もしもDスコアがマイナス域にあれば，次のような2つ目の仮説が立てられる。**受検者は現在のところ過負荷状態にあり，その結果普段には見られないような何らかの衝動性を示しやすくなっているかもしれない。**

検討前のチェック

第13章で強調したように，スコアの結果を疑ってみることはいつの場合も大切である。これは，Dスコアを検討する際には特に重要になってくる。よくあるのは，EA-esの計算上の1ポイントの違いによってDスコアが低い域に入ってしまう場合である。たとえば，EAが9でesが12の場合，その差は3で，Dスコアは-1となる。ところが，その差が2だけだと，Dスコアは0となってしまう。同様に，EAが10.5でesが15の場合はDスコアが-1なのに，もしもesが16だとDスコアは-2になる。賢明な解釈者はつねにこうした1ポイントの違いに注意を払っている。また，esとAdj esの値が正しく入力されているかどうかを確かめるために，m, Y, C'を含む反応のコーディングをいつでも見直せるようにしている。

Dスコアに関するデータは特に疑ってみる必要があるので，微妙なケースでは，状況ストレスに関する一連の変数の検討に際してデータの見直しが組織的に行えるようになっていたほうがいい。そのため，データの再吟味は解釈手順の最初のステップに正式に組み込まれている。そして，2つのDスコアの差が1ポイントのとき，果たしてそれが状況ストレスを妥当に示す指標になっているかどうか，重点的に調べることになる。ただし，得られる答えは必ずしも単純なものではない。

解釈の手順

ステップ1：D, EA, *es*, Adj *es*, 生活歴（該当する場合）

偽陽性の可能性を探るため，EA-esとEA-Adj esの差を見ながらDスコアを再検討する。ここで調べるのは，たった1つの反応のスコアリングのために2つのDスコアに差が生じているのかどうか，という点である。

可能な所見1：DスコアがAdj Dより小さく，esとAdj esの差が2以上の場合，この差が偽陽性である可能性はほとんどない。ステップ2に進む。

ケース3, 4, 5所見該当

これらのケースのesとAdj esの差は，2ないし5である。

可能な所見 2：D スコアが Adj D スコアより小さく，es が Adj es よりわずかに 1 だけ大きい場合，すなわち，m または SumY の値から 1 引くだけで es の修正がなされる場合である。2 つの D スコアに違いが生じているのは es と Adj es のわずかな差のためなので，2 つの D スコアの差に関する基本仮説を丸ごと当てはめることには疑問が持たれ，次の点について検討が必要になる。検討すべき点は，場合によっては 2 つになる。

まず，es と Adj es の差をもたらした反応，すなわち m と Y を含んだ反応のコーディングが問題になる。もしもどれかが間違ってスコアされていれば，本当は es と Adj es との間に差はないことになる。そうすれば当然 2 つの D スコアにも差はなくなる。もしもこの点が確認されたならば，状況ストレスに関する仮説が当てはまらないのは明らかであり，一連の変数の吟味はここで打ち切ることにする。

可能な所見 2a：もしも m と Y のスコアリングが間違っていなければ，基本仮説についてさらなる点検を行う。すなわち，最近の生活歴に焦点を当て，状況ストレスを生じさせる可能性がある事情について幅広く情報を検索する。生活歴を見直すと，たいがいは次の 3 つのうちのどれかに該当するだろう。

（1）生活歴が詳細にわかり，最近の状況が受検者にとってストレスフルな経験になると思われる場合は，基本仮説は強く支持されることになる。これで D スコアがマイナスになるようなら，衝動性の可能性ありという 2 つ目の仮説も生きてくる。一連の変数の吟味を続けるべきである。ステップ 2 に進む。

（2）生活歴が少ししかわからなかったり不正確である場合は，最近のストレス体験に関する有益な情報はまったく得られない。このような場合，慎重を期して，基本仮説も 2 つ目の仮説もあくまでも推論として残しておいた上で，変数の吟味を続けるべきである。時には，他の変数によって状況ストレスの存在が裏づけられることもある。特に，SumT や SumV が期待値以上に増加しているような場合（SumT の場合は 2 以上，SumV の場合は 1 以上）がそうである。もしも一連の変数からそのような情報が見つからなければ，基本仮説を最終的な結論に入れるかどうかは，解釈者が判断しなければならない。多くの場合は，基本仮説を採用しないことになると思われる。もし採用するとしても，「状況ストレスを経験しているかもしれない」というような憶測的な言い回しを重ねることとし，衝動性に関する事柄にまでは言及しないほうがよい。ステップ 2 に進む。

（3）生活歴が詳細にわかり，その中に状況ストレスについての情報がなければ，基本仮説の適用を控えたほうがよい。2 つ目の衝動性に関する仮説についてはなおさらである。他のデータをざっと見て期待値を外れるような SumT や SumV がなければ，この判定の正しさが裏づけられる。なかには，仮説は両方とも放棄し，ここでの変数の吟味を打ち切って次のクラスターへ進むのが一番だ，と考える解釈者もいるかもしれない。あるいは，あくまでもデータのほうを尊重し，所見として採用する者もいるかもしれない。もしも後者を選択した場合には，所見はきわめて控えめな表現で書くべきである。

ステップ 2：Adj D-D

まずストレスの大きさを評価するために，D と Adj D の差を検討する。

可能な所見1：通常，その差は1である。この結果は，状況ストレスの影響は軽度から中程度であることを意味している。2つのDスコアの差が1であることは，いくらか心理的な混乱があることを示している。しかし，必ずしも心理機能に支障をきたしているわけではない。この点については，ステップ3から7までのデータを吟味し，さらに検討を加える。ステップ3へ進む。

ケース3，5所見該当

どちらのケースも，AdjDスコアの方がDスコアより1大きい。いくらか混乱した状態にあると考えられる。

可能な所見2：もしもDスコアがAdj Dより小さく，その差が2以上であれば，普通それはストレス体験が相当深刻なものであることを示す。ストレスの影響で，思考と行動もしくはそのどちらか一方のいつものパターンのどこかに，かなりの支障がもたらされていることが多い。この点については，ステップ3から6までのデータを吟味し，さらに検討を加える。ステップ3へ進む。

ケース4所見該当

Adj Dスコアは0で，Dスコアは-2である。かなり混乱しており，心理機能のどこかに支障を来たしていると思われる。

ステップ3：*m*と*SumY*

状況ストレスは思考と感情，もしくはその一方に広い範囲で影響を及ぼす可能性があるが，時として，どちらか一方への影響のほうがより強くなることもある。*m*とSumY，あるいはそのどちらか一方が高くなると，DスコアがAdj Dスコアより小さくなる。そのため，*m*やSumYの値の大きさから，思考もしくは感情へのストレスの影響の強さについて，おおよそのところがわかる。このステップの目的は，これら変数から受検者の現在の心理状態を理解するのに役立つ情報が得られるかどうかを判断することにある。

*m*は，注意が行き届かないところから，割り込んでくる思考と関係している。このような思考が増加すると注意や集中力が干渉を受けたり，判断が曇らされたりしやすい。SumYは，無力感や対処不能の感覚と関連している。こうした感情が強まると，心配，不安，悲哀などが表れたり，ひどい混乱が引き起こされたりすることが多い。

状況ストレスが感情よりも思考のほうに強い影響を及ぼしている場合，あるいはその逆の場合も，ここでの所見はストレスがもたらした結果について理解しようとするときだけではなく，それに対処するための介入計画を立案する上でも非常に重要となる。

可能な所見1：*m*もしくはSumYの値がどちらか片方の値の3倍を越えなければ，ストレスが及ぼした心理的影響は拡散している場合が多い。すなわち思考と感情の両方に影響を与えていると思われる。もしもどちらかの値が顕著に高くなっていれば（3以上），たとえもう一方の値の3倍を越えていなくとも，それはストレスの影響を知る手がかりとなる。したがって，パーソナリティの記述の際にその点に触れておくだけの価値はあるだろう。ステップ4へ進む。

ケース4, 5所見該当

どちらのケースも，m と SumY の値はそれぞれもう片方の値の3倍以内に収まっている。したがって，一般的には，状況ストレスの影響は思考と感情の両方向に拡散していると言える。しかし，その値がかなり高くなっている点には注意が必要である。

ケース4では，ストレスの影響は思考と感情の両方向に拡散しているとはいえ，4というYの値からは，現在の状態に無力感を抱き，そのためにかなりの心理的苦痛を感じていることがうかがえる。この点を押さえておくことは大切である。ケース5の場合は両方の値が高くなっているので，ストレスに対する反応として注意や集中がひどく損なわれることもあるし，無力感によってかなりの心理的苦痛を感じることもあると考えられる。

可能な所見2：m の値が SumY の値の3倍を越える場合，ストレスは思考のほうにより強い影響を及ぼしているだろう。その結果，注意や集中力が損なわれている可能性がある。ステップ4に進む。

可能な所見3

SumY の値が m の値の3倍を越える場合，ストレスは感情の方により強い影響を及ぼしているだろう。その結果，本人にほとんど，あるいはまったく説明できないような不安，緊張，不快感などが生じている可能性はかなり高い。ステップ4に進む。

ケース3所見該当

SumY の値は m の値の4倍である。ということは，ストレスは主に感情面に強い影響を及ぼし，かなりの緊張や不安を生み出していると考えられる。

ステップ4：Adj D, D, *SumT*, *SumV*

SumT と SumV の値を見て，Adj D スコアと D スコアの差を再検討する。2つの D スコアは，標準偏差から換算した標準得点である。したがって，その差からは，状況ストレスが与える影響について大まかな評価しかできない。そこで，SumT と SumV のデータが重要な補助的情報源となる。この情報によって，2つの D スコアの差から導き出された仮説が補強されたり修正されることになる。

材質反応（T）と濃淡立体反応（V）の変数は時間的に安定していて，普通，性格特性のようなものと考えられている。そのため，これらは，es を修正する際の所定の手順には組み込まれていない。しかし，ときには，SumT と SumV の値が状況的もしくは一時的な状態を反映している場合もある。したがって，SumT と SumV を見て，どちらかが期待値を超えていないかどうか確かめる必要がある。そして，もし超えていれば生活歴を検討し，高くなっているスコアが状況的な事情に関連しているのかどうかを確認しなければいけない。

可能な所見1：SumT の値が1を越えず，かつ SumV の値が0を越えていない場合，あるいは，V の値が0を越えていても自己中心性指標（3r+(2)/R）が0.32を越えていない場合には，2つの D スコアの差を再検討する必要はない。ステップ5に進む。

第15章 状況関連ストレス | 319

注……自己中心性指標のカットオフ値0.33は，15歳以上の場合にのみ適用できる。15歳未満の場合には，次のカットオフ値を用いる。14歳では0.37，12歳から13歳では0.38，9歳から11歳では0.45，8歳では0.48，5歳から8歳では0.52。

可能な所見2：SumTの値が1を超えているか，SumVの値が0を超えて自己中心性指標（3r+(2)/R）が0.33以上（年少者の場合は，年齢に応じて修正した値以上）であれば，Dスコアの値は本当は違ったものである可能性がある。どちらの場合も，Dスコアを再検討するのが適切かもしれない。その適否は受検者の生活歴から判断する。

　たとえば，SumTの値が2以上の場合，現在体験されている状況ストレスの一部は最近の情緒的喪失に関係している可能性が非常に高い。このことは最近の生活歴を見れば容易に確認できる。もしも生活歴に最近の情緒的喪失がはっきり示されていなければ，2つのDスコアの差をSumTの値に基づいて再検討するには及ばない。

　同様に，自己中心性指標が0.33以上の記録でSumVの値が1以上になるとき，状況ストレスの一部は最近体験した罪悪感や後悔の念に関係しているかもしれない。これについては最近の生活歴を見て確かめなければいけない。もしも生活歴中に罪悪感や後悔の念を裏づけるはっきりした証拠がなければ，2つのDスコアの差をSumVの値に基づいて再検討する必要はない。

　SumTについては最近の情緒的喪失を裏づける出来事が生活歴中に認められる場合，SumVについては罪悪感や後悔の念の基になるような最近の出来事が生活歴中にある場合，2つのDスコアの差を再検討する必要がある。そこで，EA-Adj esをもう一度調べ直す。つまり，SumTとSumVの値のうち期待値を超えた分だけAdj esの値から引き，そうするとAdj Dが上がるかどうかを見るのである。なお，先に述べたように，SumTの期待値は1，SumVの期待値は0である。たとえば，2つのDスコアの差について再検討することになったプロトコル中，材質反応が2で濃淡立体反応が0の場合は，Adj esからさらに1ポイント引いた上でAdj Dを再計算する。材質反応が3で濃淡立体反応が2のプロトコルを再検討する場合は，同じようにして，Adj esから4を引く。

　ほとんどの場合，Adj esから1か2引いたぐらいではAdj Dは変わらない。しかし，なかには，2つのDスコアの差が大きくなるケースもある。この場合は，ステップ2で立てた仮説を変更すべきである。SumTに関係している場合は，最近の情緒的喪失が生活歴からどの程度認められるのか，SumVが問題になる場合なら，罪悪感や後悔の念の存在がどれほど見込めるのか，もっぱらそれらの確からしさの程度によって，どのように仮説を変更するかが変わってくる。もしも生活歴を見てそれらがほぼ間違いないものと確認されれば，2つのDスコアの差の増加を十分に踏まえた上で仮説を修正する。一方，生活歴からは決定的なことが言えない場合は，ステップ2で立てた仮説に補足するとしても，それはより推測的な記述だけにしておく。

ケース3所見該当

　記録中，SumTが2，自己中心性指標が.43，SumVが1である。生活歴からは，どちらの値も期待値を超えているのは状況要因のためと考えられる。情緒的な喪失感は，結婚が失敗に終わったことや，子どもたちとの接触が制限されていること，あるいは別の女性との関係もどうなるかわからない状態にあるといったことと関係あるだろう。自分の浮気のせいで結婚生活が破綻したり，監護

ケース3　36歳男性　状況ストレスのデータ

EB = 3 : 7.0	EA=10.0	D = -1	**Blends**
eb = 6 : 7	es=13　Adj es=10	AdjD =0	M.FD.FY =1
			M.CF =1
FM = 4　m=1	C'=1　T=2　V=1　Y=4		FM.CF =1
	(3r+(2)/R)=.43		FM.FT =1
			m.CF =1
Pure C = 1　M-=0	MQnone=0	Blends =7	CF.YF =1
			FC.FC' =1

ケース4　23歳女性　状況ストレスのデータ

EB =5 : 6.0	EA=11.0	D = -2	**Blends**
eb =8 : 8	es=16　Adj es=13	AdjD =0	M.CF.FC'=1
			M.FD =1
FM =5　m=2	C'=3　T=1　V=1　Y=4		FM.CF.Fr=1
	(3r+(2)/R)=.48		FM.FC' =1
			m.CF =2
Pure C =0　M-=1	MQnone=0	Blends =8	FC.FY =2

ケース5　57歳男性　状況ストレスのデータ

EB =8 : 5.0	EA=13.0	D =0	**Blends**
eb =7 : 8	es=15　Adj es=10	AdjD =+1	M.FC.FY =1
			M.CF =2
FM =4　m=3	C'=2　T=2　V=0　Y=4		FM.FT.FY=1
	(3r+(2)/R)=.38		FM.FC' =1
			m.CF =1
Pure C =0　M-=0	MQnone=0	Blends =7	m.YF =1

権を失いかねなくなっているので，罪悪感や後悔の念が生じていてもおかしくない。2つのDスコアの差は1だが，Adj esから2を引いて計算し直してみると（10-2=8），Adj Dスコアは0のままだが，EAはAdj esの値より大きくなる。

　したがって，普段の統制力やストレス耐性に関するステップ2で立てた仮説はそのまま残すとしても，補足説明を加える必要がある。次のような説明が適当だろう。「状況関連のストレスにより心理的混乱がもたらされ，それは主として感情面に影響を与えていると思われる（ステップ2の所見）。こうした混乱は，子どもを手放してしまった喪失感や，自分の行いのせいで結婚生活を破綻に導いてしまったことに対する後悔の念などと関係しているだろう。現時点での混乱の程度はかなり大きく，心理機能に何らかの不具合をもたらすほどである。この点は，複雑で不慣れな場面では特に懸念される（ステップ4での補足）」。

ケース4所見該当

　記録中にV反応が1あり，自己中心性指標は.48である。今の状態に対する罪悪感や後悔の念と関係してV反応が出現している可能性はある。とはいえ，Adj esからこのVの値1を引いたところで，Adj Dスコアに変化はない。

ケース5　57歳男性　状況ストレスのデータ

EB =8:5.0	EA=13.0	D =0	**Blends**	
eb =7:8	es=15　Adj es=10	AdjD =+1	M.FC.FY	=1
			M.CF	=2
FM =4　m=3	C'=2　T=2　V=0　Y=4		FM.FT.FY	=1
	(3r+(2)/R)=.38		FM.FC'	=1
			m.CF	=1
Pure C =0　M-=0	MQnone=0	Blends =7	m.YF	=1

ケース5所見該当

　　記録中にはT反応が2ある。これは妻を失ったことと関係あるだろう。しかし，Adj es から1を引いてもAdjDの値は+1のまま変わりはない。

ステップ5：Dスコア

　刺激の過負荷の状態と衝動的になる可能性について検討するために，Dの値を見る。そして，もしも適当と認められるならば，補助的に，Pure C, M-, Mnone のデータを見る。

　可能な所見1：もしDスコアが0以上なら，状況ストレスの影響はさほど大きなものではない。しかし，もしDがAdj Dより小さくなっている場合，次のような基本仮説が考えられる。（1）何らかの状況ストレスが存在する。（2）ストレス耐性は普段に比べて低くなっていて，通常なら発揮されるはずの統制力も弱まっている。しかし，Dが0以上である限り，衝動性をもたらすような統制力の喪失がありそうだとする2つ目の仮説を支持する根拠はないことになる。

　　Pure C 反応があっても，Dスコアが0以上の場合は衝動性を示唆するものではない。むしろ，利用可能な資質が感情表現の調節のために用いられないことがある，ということを意味している。この点については感情のクラスターで検討する。同様に，Dスコアが0以上の場合は，たとえM-やMnone の反応があっても，状況的な理由で思考の統制力が失われていることを意味しているわけではない。むしろこれは，思考面にはもっと長く続いている問題があるのではないか，との疑問を投げかけるものである。この点については思考のクラスターで検討することになる。ステップ6に進む。

ケース5所見該当

　Dスコアは0である。かなりの状況関連ストレスを身に受けているようだが，心理機能全般への影響はそれほど大きくない。それは主としてもともとの統制力がしっかりしていたことによるのだろう。Pure C, M-, 無形態M反応はない。したがって，心理機能に支障を来したり衝動的になる心配はないだろう。

　可能な所見2：もしもDスコアがマイナスなら，過負荷状態になっており，容易に，あるいは効果的に対処できないぐらいの内的要求に直面していることになる。その結果，統制力は減じ，意思決定や行動は十分考えられたものでなくなったり，頓挫してしまいやすくなっている。また，衝動的になる可能性もある。

ケース3　36歳男性　状況ストレスのデータ

EB = 3 : 7.0	EA=10.0	D =-1	**Blends**	
eb = 6 : 7	es=13 Adj es=10	AdjD =0	M.FD.FY	=1
			M.CF	=1
FM = 4 m=1	C'=1 T=2 V=1 Y=4		FM.CF	=1
	(3r+(2)/R)=.43		FM.FT	=1
			m.CF	=1
Pure C = 1 M-=0	MQnone=0	Blends =7	CF.YF	=1
			FC.FC'	=1

　もしもこの結果が該当するのなら，Pure C反応，M-反応，Mnone反応の存在も重要な意味を持ってくる。Dスコアが-1のときに1個以上のPure C反応がある場合は，何らかの衝動的な感情表現がなされやすいことを示している。同様に，Dスコアがマイナスのときに M-やMnone反応がある場合は，過負荷状態によって思考の統制力が損なわれている可能性を示している。

可能な所見2a：Dスコアの値が-1の場合，受検者は，慣れ親しんだ環境，特に構造化された，わかりやすい状況の中であれば，十分に機能できると予想される。しかし，事態がより複雑で曖昧になると，心理機能に支障が生じたり，衝動的な思考や行動に及ぶ可能性が大きくなる。EAが期待値を割り込むと，こうした脆さはとみに大きくなる。

　Dスコアが-1のプロトコルにPure C反応がある場合は，感情面で衝動的になりやすく，それが普通は統制不十分な行動として表れてくることを示している。Dスコアが-1でM-やMnone反応がある場合，状況ストレスが判断を曇らせたり，思考におかしさを引き起こしているのではないかという仮説が立てられる。この仮説については，思考のクラスターを見るときに慎重に検討されなければならない。ステップ6に進む。

ケース3所見該当

　Dスコアは-1で，記録中にはPure C反応がある。これは彼が現在過負荷状態にあり，十分考えないまま意思決定をしたり行動に移してしまうおそれがあることを示している。構造化されていなかったり不慣れな場面では，特にそのようなことが起きやすい。また，時々感情のコントロールがきかなくなったり，普段以上に衝動的な行動が生じる可能性もある。

可能な所見2b：もしDスコアが-1より小さければ，非常に統制力を失いやすいと考えられる。EAの値がどうであれ，心理機能に支障を来たすおそれは大きい。このような人は，思考と行動もしくはそのいずれか一方が衝動的になる可能性が高い。かなり構造化された，決まりきった状況以外では，適切に，あるいは効果的に機能する状態が続くことはまずない。Dスコアが-3や-4といった具合に小さくなるにつれて，こうした困難さはほぼ等比的に大きくなっていく。ステップ5に進む。

ケース4所見該当

　Dスコアは-2であり，かなりの過負荷状態にあることや，相当に統制が困難な状態にあること

ケース4　23歳女性　状況ストレスのデータ

EB =5:6.0	EA=11.0	D =-2		**Blends**
eb =8:8	es=16 Adj es=13	AdjD =0		M.CF.FC'=1
				M.FD =1
FM =5 m=2	C'=3 T=1 V=1 Y=4			FM.CF.Fr=1
	(3r+(2)/R)=.48			FM.FC' =1
				m.CF =2
Pure C =0 M-=1	MQnone=0	Blends =8		FC.FY =2

が示唆されている。心理機能は，全般的に，以前に比べて一貫性を欠いたものになっているだろう。また，衝動性が高まっているため，十分考えないまま意思決定してしまったり，決めたことを効果的にやり遂げられないといったこともあるかもしれない。Pure C 反応や無形態 M 反応はないが，M- 反応が1個ある。ということは，衝動的になった場合にはきちんと考えることができなくなり，誤った判断や意思決定をしてしまう可能性がある。この点については，思考に関するデータを見る際にさらによく検討する。

ステップ6：m または Y によって生じているブレンド

ブレンド反応は心理的複雑さのおおよそのところを示す指標である。このステップで確認しようとするのは，状況ストレスによる刺激要求の増大が心理的な複雑さを高めているかどうか，という点である。これには，簡単な計算を含む2つの手続きが必要となる。

まず最初に，m や Y だけのために生じているブレンドの数を数える。通常，これらは，M.FY, m.CF, CF.YF のように2つの変数からできている。しかし，時には，M.m.YF, m.CF.YF のように m と Y の両方を含む3つの変数でできていることもある。次の段階では，m や Y だけのために生じているブレンドの数が記録中の全ブレンド数の何 % に当たるかを算定する。

可能な所見1：もしも m や Y だけのために生じているブレンドの数が1以上あっても，それが全ブレンド数の20% に満たない場合は，ストレス状態によって増えている心理的複雑さはわずかだと考えられる。ステップ7に進む。

可能な所見2：もしも m や Y だけのために生じているブレンドの数の割合が全ブレンド数の20〜30% であれば，状況ストレスによって増えている心理的複雑さは中程度と考えられる。

過負荷状態において複雑さが増すと衝動的行動の可能性も高まるだけに，D スコアがマイナスの場合は，この所見が特に重要になる。ステップ7に進む。

ケース3, 5所見該当

いずれも記録中にブレンドが7個あるが，そのうち2個は m または Y によって生じたものである（ケース3では m.CF と CF.YF，ケース5では m.CF と m.YF）。この数は全ブレンド数の約29% にあたる。したがって，2人とも状況ストレスのために心理的複雑さがやや増していると考えられる。ケース3の場合は，そのために衝動性も高まっている。

可能な所見3：もしも m や Y だけのために生じているブレンドの数が全ブレンド数の 30% を超えるようなら，状況ストレスによって心理的複雑さが相当増大していると考えられる。複雑さがかなり増えてくれば，それだけ心理機能に支障を来たしやすくなる。したがって，これは非常に重要な点である。衝動的行動の可能性が高くなるにつれて心理機能も低下するので，この脆さは，D スコアがマイナス域にある被検者には特に害となる。ステップ 7 に進む。

ケース4所見該当

記録中にブレンドは 8 個あるが，そのうち 4 個が状況関連のものである（m.CF が 2 個，FC.FY が 2 個）。これらは全ブレンド数の 50% を占めているので，心理的複雑さは通常よりもかなり増していると考えられる。複雑さが増した分，心理機能に支障が生じたり，衝動的になる可能性が高まっている。

ステップ7：色彩濃淡ブレンド（Color-Shading Blends：Col-Shad Bl）

ときどき感情が混乱してしまうということがわかれば，それはその人の心理を理解する上でとても重要な情報となる。色彩濃淡ブレンド，すなわち FC.FY，CF.FC'，M.a.FC.FV などの有彩色決定因子と無彩色か濃淡決定因子の両方を含むブレンドが，感情の混乱や両価性についての情報源である。

感情の混乱はほとんどの人に時々は見られるものなので，プロトコル中に色彩濃淡ブレンドが 1 個あるのは珍しいことではない。しかし色彩濃淡ブレンドが 2 個以上というのは滅多にない。状況ストレスが存在する場合は，ストレス体験が感情の混乱を生じさせたり増加させたりしているのかどうかを確かめることが重要である。そのためには 2 段階の手続きが必要になる。

まず最初に，ブレンドのリストを見て，CF.C'F，FMa.FC.FT，FC.FV などのような，もっぱら有彩色決定因子と材質，濃淡立体，無彩色の各決定因子との組み合わせがあるために生じている色彩濃淡ブレンドの有無を調べる。このタイプの色彩濃淡ブレンドは，感情の混乱や両価性が以前から存在している可能性を示している。

次の段階では，ブレンドのリストをもう一度見て，Mp.FC.FY，ma.CF.YF，FC.YF などのような，もっぱら有彩色決定因子と Y の組み合わせがあるために生じている色彩濃淡ブレンドの有無を確認しなければいけない。このタイプの色彩濃淡ブレンドは，感情の混乱が状況的なものである可能性を示している。

可能な所見1：ブレンドのリストに有彩色決定因子と T，V もしくは C' との組み合わせの色彩濃淡ブレンドが含まれておらず，有彩色決定因子と Y の組み合わせの色彩濃淡ブレンドが 1 個ある場合は，ストレス状態が感情の混乱をもたらしていると考えられる。解釈手順の次のクラスターへ進む。

ケース5所見該当

記録中，色彩濃淡ブレンドが 1 個だけあり，その中には Y が含まれている（M.FC.FY）。これは，彼が現在の状況からストレスを受け，そのために感情がいくらか混乱していることを示している。

可能な所見2：ブレンドのリストに有彩色決定因子と T，V もしくは C' との組み合わせの色彩濃淡ブレンドが少なくとも 1 個あり，有彩色決定因子と Y の組み合わせの色彩濃淡ブレンドも 1 個ある

\multicolumn{5}{c}{ケース5　57歳男性　状況ストレスのデータ}	
EB =8 : 5.0	EA=13.0	D =0	**Blends**	
eb =7 : 8	es=15　Adj es=10	AdjD =+1	M.FC.FY	=1
			M.CF	=2
FM =4　m=3	C'=2　T=2　V=0　Y=4		FM.FT.FY	=1
	(3r+(2)/R)=.38		FM.FC'	=1
			m.CF	=1
Pure C =0　M-=0	MQnone=0	Blends =7	m.YF	=1

\multicolumn{5}{c}{ケース3　36歳男性　状況ストレスのデータ}	
EB = 3 : 7.0	EA=10.0	D =-1	**Blends**	
eb = 6 : 7	es=13　Adj es=10	AdjD =0	M.FD.FY	=1
			M.CF	=1
FM = 4　m=1	C'=1　T=2　V=1　Y=4		FM.CF	=1
	(3r+(2)/R)=.43		FM.FT	=1
			m.CF	=1
Pure C = 1　M-=0	MQnone=0	Blends =7	CF.YF	=1
			FC.FC'	=1

場合は，感情の混乱は以前から存在し，それが状況ストレスによって増幅されていると考えられる。解釈手順の次のクラスターへ進む。

ケース3所見該当

　ケース3には2個の色彩濃淡ブレンドがあり（CF.YF, FC.FC'）、このうち前者は状況関連のものである。以前から自分の感情に関して混乱を感じていたところ，ストレスによりその度合いが強まっていると考えられる。

可能な所見3：ブレンドのリストに有彩色決定因子とT，VもしくはC'との組み合わせの色彩濃淡ブレンドがなく，有彩色決定因子とYの組み合わせの色彩濃淡ブレンドが2個以上ある場合は，ストレス状態がかなりの感情的混乱をもたらしていると考えられる。Dスコアがマイナス域にある場合は，感情の混乱がさらに増したことにより，心理機能に支障が生じたり衝動的になる可能性が非常に高くなっているだろう。

可能な所見4：ブレンドのリストに有彩色決定因子とT，VもしくはC'との組み合わせの色彩濃淡ブレンドが少なくとも1個あり，有彩色決定因子とYの組み合わせの色彩濃淡ブレンドも2個以上ある場合は，以前からあった感情の混乱が状況的なストレスによって著しく増大していると考えられる。Dスコアの値がいくつであっても，感情の混乱がさらに増したことにより，心理機能の低下を示すようなエピソードが多く見られやすくなる。Dがマイナス域にあるようだと，この感情の混乱の大きさのために，衝動的になる可能性は極めて高くなる。

ケース4　23歳女性　状況ストレスのデータ

EB =5:6.0	EA=11.0	D =-2	**Blends**
eb =8:8	es=16　Adj es=13	AdjD =0	M.CF.FC'=1
			M.FD =1
FM =5　m=2	C'=3　T=1　V=1　Y=4		FM.CF.Fr=1
	(3r+(2)/R)=.48		FM.FC' =1
			m.CF =2
Pure C =0　M-=1	MQnone=0	Blends =8	FC.FY =2

ケース4所見該当

　　ケース4には3個の色彩濃淡ブレンドがある（M.CF.FC'，FC.FYが2個）。このうち後者は状況関連のものであり，状況的なストレスによって感情がかなり両価的あるいは多義的なものになっていることを示している。Dスコアは-2なので，この所見は非常に重要な意味を持ってくる。すなわち，こうした感情の混乱によって，心理機能に支障が生じたり衝動的になる可能性が相当高まっていると考えられる。

状況ストレスに関する所見の要約

　通常，状況ストレスに関する所見は，統制力およびストレス耐性と一緒に検討される。しかし，時にはその所見が確定的ではなく，クライアントを描いていく際にこれをどういう形で取りあげたらいいのか，解釈者の判断が求められる場合もある。たとえば，Adj Dスコアが0，Dスコアが-1で，生活歴からは状況的なストレスを受けているとは思えず，2つのDスコアに差が生じているのはesとAdj esの1ポイントの違いのため，といった場合，状況関連のストレスに関しては次のように相当慎重な記述をすることになる。普段は，統制力やストレス耐性はほとんどの成人と同じくらいある。しかし現在はいくらか状況的なストレスを受けており，それらの力はやや弱くなっている**かもしれない**。

　ほとんどの場合，データはもっとはっきりしており，クライアントについてより確実に記述することができる。そのよい例はケース3の36歳の男性である。彼は離婚と子の監護を巡る争いの渦中にあった。所見は次のように要約できる。「普段の統制力やストレス耐性はほとんどの成人と同じ程度である。しかし現在は状況的なストレスのために，その力は低下している（ステップ2）。その結果，何らかの心理的混乱が生じたり衝動的になる可能性が，かなり高まっている（ステップ2，4）。自分では今の状態に対して何もできないと感じているようである（ステップ3）。さびしさも感じており，結婚生活が破綻したことについて罪悪感や後悔の念を抱いている可能性もある（ステップ4）。きちんとした枠組みがあったり，よくわかっている状況では，十分な動きが取れるだろう。しかし，複雑あるいは曖昧な状況では，効果的な対処ができなくなってしまう。感情に押しつぶされてしまいやすく，もしそうなれば，感情に突き動かされ，効果的かどうかを省みぬまま行動してしまうだろう（ステップ5）。その他，心理的な複雑さがいく分増し，自分の感情に戸惑ってしまいやすくなっているが，これも状況ストレスの副産物である（ステップ6，7）」

　ケース4の23歳のフライト・アテンダントについては次のようにまとめられよう。「普段なら，

ほとんどの成人と同じくらいの統制力とストレス耐性を持っている。しかし，現在それらは状況関連のストレスによってだいぶ低下している。そのために心理機能がかなり混乱したり，衝動的になるおそれが生じている（ステップ2）。心理機能の混乱は感情と思考の両面に拡散する形で生じるだろう。しかし，ストレスが感情の方に相当強い影響を与えていることを示す所見もある（ステップ5）。ストレスフルな状況により，いつもより心理的に複雑になっている（ステップ6）。普段から感情を混乱させやすいが，現在は心理的な複雑さが増している分，この傾向が強まっている。そのため，心理機能に支障をきたしたり衝動的になる可能性が高まっている（ステップ7）」

ケース5の所見の要約は，これまでのものとは趣きを異にする。「いつもはしっかりした統制力やストレス耐性を持っている。しかしそうした特徴は，状況的な要因によっていく分損なわれている（ステップ2）。現在は，かなり強いストレスを感じているようである。心理機能に支障をもたらしてはいないものの（ステップ5），思考と感情の両方に大きな影響を及ぼしている（ステップ3，4）。おそらく普段と比べて心が乱れた状態にあるだろう。また，さびしさや無力感を抱き，それが辛さにつながっている（ステップ3，4）。時々感情が混乱し，それを容易に収めることができなくなってしまう。その結果，意思決定や行動は普段ほど組織立ったものではなくなっているだろう」

ケース5の残りのデータは未検討の段階でも，状況ストレスの所見を見るだけで，治療に関してどのような意見を述べたらよいか，示唆が得られる。35年間連れ添った妻は，8カ月前に他界した。ふつうなら，これぐらい時間が経過する間に喪失を受け入れ，かなりの程度立ち直ることができる。しかしこのケースでは，今もなお悲痛な思いを鎮めることができていない。彼が今しがみついている生活の仕方をこのまま続けても，喪失感がこれまで以上に高まるだけで，何の解決にもつながらないと思われる。

状況関連ストレスに関する研究と仮説

m と *Y* についての研究と仮説

mに関する研究は1970年代に入るまではほとんどなされていなかった。mは，Klopfer, Hertz, Piotrowskiの各システムで変数として用いられ，おしなべて，認知的枠組みの中にうまく統合できない思考や欲求（drive）を示すと考えられていた。Klopfer, Ainsworth, Klopfer & Holt（1954），Hertz（1948），Piotrowski（1957）らは，mはフラストレーション，特に対人関係におけるフラストレーションと関連しているのではないかと述べていた。

Yに関する1970年以前の研究は，mに関するものよりは多かった。しかし，それは議論含みのものでもあった。それは，1つには，濃淡拡散をコードするのに各システムがそれぞれ異なる基準や記号を用いたためである。無彩色反応と濃淡反応のコーディングについて詳細な説明をしたのは，Binder（1932）が初めてである。それに引き続いて，各システムの提唱者はいろいろなタイプの無彩色反応や濃淡反応を記号化しようとして，さまざまなスコアを工夫した。しかし，全員が濃淡拡散反応の重要さを認めながら，スコアのための基準についてはほとんど意見の一致が見られなかった。システム提唱者のほとんどが，濃淡拡散反応は不安と何らかの関係があると考えていたが，不安の形態や強さについては意見を異にしていた。

Beck（1945）は，濃淡拡散反応は「行動にできない」ような心理的苦痛を示していると述べた。

その後，Beck & Molish（1961）はこの説をさらに押し広げ，濃淡拡散反応は心理的な麻痺を示すとの仮説を提示した。彼らは，YF 反応や Pure Y 反応は無力さを示すと考えた。しかし，形態優位の反応（FY）の場合は，そのときの体験は行動を促す刺激の役を果たすことになるので，より好ましいものだと述べた。Rapaport, Gill & Schafer（1946）は，濃淡拡散反応が表わしているのは，他の欲求に取って代わって行動に駆り立てたり行動を方向づけるほどの，強い不安感だと考えた。Klopfer（1954）らの仮説では，濃淡拡散反応は漠とした不安（浮遊性不安：free-floating anxiety）を表わしているとされた。これら 2 つの仮説，すなわち Beck の濃淡拡散－不活発仮説と Rapaport の濃淡拡散－不安仮説についてはこれまでに多くの研究がなされ，両説ともいくつかの裏づけを得ている。

1970 年代以前には，無生物運動反応と濃淡拡散反応についての研究が多くなされた。しかし，それらはもっぱらどちらかの変数にのみ注目したものだった。McArthur & King（1954）は，m と多数の色彩反応という組み合わせによって成績不良の大学生を識別することができたとしている。また，Majumber & Roy（1962）は，非行少年の群には有意に多くの m が見られたと報告している。Neel（1960）の研究では，運動や思考を制止させると，どちらの場合もコントロール群より m が多くなった。彼女は，この結果について，欲求を行動に結びつけられないために生じた緊張や葛藤を示すものだと考えた。Piotrowski & Schreiber（1952）によれば，治療の効果があったとされた患者では，治療後に m 反応がなくなっていることが多かった。

Shalit（1965）の報告は，m と状況ストレスとの関係について明確に示した最初のものだった。Shalit は，ひどい嵐の中を小型船に乗って過ごさなければいけないという，自然に生じたストレス状況において，イスラエルの水兵 20 人に対してロールシャッハの再テストを行った。水兵たちは全員，約 1 年前の海軍入隊の際にロールシャッハテストを受けていた。再テスト結果を見ると，M と FM の頻度は本質的には変化しないが，m の頻度は有意に増加していた。Shalit は，これは嵐によってもたらされたストレスフルな状況と関係があると考え，m が増加するのは混乱したり統制力を失うことへのおそれを示している，との仮説を立てた。Shalit のこの見解は，m に関する研究に一石を投じるものとなった。すなわち，m とストレス下における統制力の混乱との間に相関があるのなら，Shalit の仮説の妥当性検証のための研究をする場合には，無力感や統制力の不足といった事項はつねに重要な独立変数とされることになったのである。

Exner & Walker（1973）の研究では，うつ病の入院患者 20 人を対象に，4 人の検査者が再テストを行った。入院 5 日目から 7 日目の間に行ったベースラインのテストでは，20 人中 14 人に 1 個以上の m があり（平均＝ 1.26，SD=0.83），20 人中 17 人に 1 個以上の濃淡拡散反応が見られた（平均＝ 1.73，SD=1.46）。電気痙攣療法（ECT）を初めて受ける日の前日，すなわち入院 12 日目から 15 日目の間に，最初と異なる検査者によって第 1 回目の再テストを行った。すると，1 個以上の m があったのは 16 人で，群の平均は有意に増加した（平均＝ 2.57，SD=1.09，p<.05）。濃淡拡散反応は 20 人中 18 人に出現したが，群の平均値には有意な増加は見られなかった（平均＝ 1.94，SD=1.72）。退院時，すなわち入院してから 27 日ないし 140 日経過した時点で，以前とは別の検査者が 2 回目の再テストを行った。反応数はそれまでの 2 回のテストのときよりも多くなっていたが，m 反応を出したのは 20 人中わずか 6 人で（平均＝ 0.39，SD=0.38），濃淡拡散反応を出したのは 20 人中 11 人だけだった（平均＝ 0.91，SD=1.01）。

Armbruster, Miller & Exner（1974）の研究では，陸軍のパラシュート訓練生を対象として，訓練開

始後3日以内に，2人の検査者がテストを行った。再テストは，初めてパラシュート降下を行う日の前日の日中もしくは夜に，前回とは別の検査者が施行した。最初のテストでm反応を出したのは20人中3人だったが（平均=0.16, SD=0.48），再テストでは12人がm反応を1個以上出した（平均=1.68, SD=0.73, p<.01）。濃淡拡散反応を出した者はベースラインのテストでは9人だったが（平均=0.72, SD=0.84），再テストでは14人になった（平均=1.22, SD=0.93）。

　自然発生的なストレス状況で行った研究はもう1つある。この研究では，外科の患者を随意に25人選び出し，外科手術の25日から63日前にテストを施行した。そして，手術の前日か当日の朝に再テストを行った。検査者は4人おり，再テストは1回目とは別の者が施行した（Exner, Armbruster, Walker & Cooper, 1975）。ベースラインの記録では25人のうち10人にm反応があり，mの数の合計は16だった。再テストでは19人の記録にm反応があり，その合計は41となった（p<.02）。濃淡拡散反応の方は，ベースラインでは13人の記録中に合計21個あり（平均=1.0, SD=.74），再テストでは21人の記録中に合計56個見られた（平均=2.5, SD=.96, p<.01）。退院後60日から70日の間に2回目の再テストを施行したところ，m反応は25人中8人の記録に合計14，Y反応は10人の記録に合計16しか出現しなかった。

　Exner（1978）は，長期の力動的精神療法をこれから受けようとしている56人の患者の記録を検討した。m反応の平均は2，濃淡拡散反応の平均は1で，この数値は非患者の場合とさほど変わらなかった。しかし，治療開始後約9カ月から12カ月の時点で別の検査者が再テストしたところ，mの平均は1.74から2.93に，SumYの平均は1.08から2.37に，それぞれ上昇していた。mとSumYの増加が見られたのは主として，治療者から，大変なところにさしかかっているとか，相当な辛さを感じつつあると判定された患者の記録においてであった。Campo（1977）は記録中に3個以上のm反応があった72人の患者を調べ，mの増加は障害（disturbance）の深刻さとは関係しておらず，むしろひどい苦痛体験をしている人によく見られる，との結論を得た。

　Beckの濃淡−不活発仮説の検証を行った初期の研究としては，Buhler & LeFever（1947）のものがある。彼らはアルコール依存症者の研究を行い，アルコール依存症者には有意に多くの濃淡拡散反応が見られると報告した。Eichler（1951）およびCox & Sarason（1954）は，実験的に引き起こされたストレス状況の下では濃淡拡散反応が有意に増加したと述べている。さらに，Levitt & Grosz（1960）によれば，催眠で不安を引き出された後，有意に多くの濃淡拡散反応が見られた。Lebo, Toal & Brick（1960）が不安の高い患者24人のうち12人にCO_2の治療を行ったところ，その治療を行わなかった群に比べて濃淡拡散反応が有意に減少した。これらの研究は濃淡−不安仮説を支持するものである。しかし，この仮説を否定する研究も数多くある。

　顕在性不安尺度と濃淡拡散反応との間の関連が見出せなかった研究はいくつかある（Goodstein, 1954；Holtzman, Iscoe & Calvin, 1954；Goodstein & Goldberger, 1955；Levitt, 1957；Waller, 1960）。Merolle（1999）の研究では，状態−特性不安尺度とm，Y，Tの各変数との間に関連は見られなかった。Schwarts & Kates（1957）によれば，実験的にストレスを作り出して調べたところ，ストレスを受けた者では濃淡拡散反応の数がコントロール群よりも有意に少なかった。Berger（1953），Fisher（1958），Schon & Bard（1958）の各研究では「現実生活」のストレス下でロールシャッハが施行されたが，濃淡拡散反応がストレスフルな状況と関係があるとの証拠は得られなかった。Neuringer（1965）は，不安が顕在化されているかどうかは，たとえばY反応のような単一の変数

だけではなく，複数の変数の布置を見て判断したほうがいいと述べている。Goldfried, Stricker & Weiner（1971）は，テスト中の言語表現に焦点を当てた Elizur の不安スコアを検討した上で，同様の見解を示した。

　濃淡－不安仮説に比べると，濃淡－不活発仮説に関する研究の数は少ない。しかし，研究結果には明らかな一貫性が見られる。Klebanoff（1946）は，「戦闘疲労」を呈する航空兵には有意に多くの濃淡拡散反応が出現するのを見出した。また，これらの者の多くに引きこもりと活動性の低下が見られたという。Elstein（1965）は，濃淡拡散は環境に対する働きかけの少なさ（passivity）と有意な関連があることを見出した。そして，Y の多い者は自己規制が強くて現況に甘んじており，自分を世界から閉ざそうとすることが多いのではないかと論じた。Salmon, Arnold & Collyer（1972）は決定因子の研究のために因子分析モデルを使用した。彼らは灰色－黒色に対する反応も「濃淡」の中に引っくるめてしまったものの，この「濃淡」は引きこもりにつながり得る感情および知的な抑制とはっきりした相関があった。

　残念ながら，実験的研究の多くは，不安の種類やストレス耐性のレベル，無力感や不活発さの程度をはっきり区別できていなかった。言い換えると，統制の問題，つまり統制力が失われるかどうかといった問題が，結果に交絡（confound）していた可能性がある。たとえば，Viglione & Exner（1983）は，有志で実験に参加した学生のうち半数をランダムに選び，解決不可能なアナグラムの課題を与えてフラストレーションを起こさせた。その結果，実験群の学生の状況不安が有意に高くなっていることは示せたものの，ロールシャッハ上では，ストレスを高めていないコントロール群の学生との間に有意差を認めることができなかった。また，両群とも，m の値，SumY の値，無彩色および濃淡変数の合計値はいずれも増加しなかった。一方，McCowen, Fink, Galina & Johnson（1992）が Viglione & Exner の用いたデザインを変えて研究したところ，ストレス下では，m は，そのストレスを自分でコントロールできると思えているかどうかに関係なく増加し，SumY は，そのストレスを自分ではコントロールできないと思っている場合に増加した。

　このように，実験的研究では，独立変数をうまくデザインしてある場合でも，研究参加者は実験中に何らかのフラストレーションを感じてもおおむね統制力を保てていることが多い。一方，自然発生的なストレスのもとではそれはない。たとえば，前章で述べた Ridgeway & Exner（1980）の研究では，医学校の 1 年生 16 人に，訓練過程に入った直後と解剖学の最初の大事な試験を受ける直前にロールシャッハとマクリーランド達成欲求尺度を施行し，16 人中 9 人で，m と SumY の両方ともにかなりの増加が見られた。

　その他，Exner, Thomas, Cohen, Ridgeway & Cooper（1981）の再テスト研究では，翌日あるいは翌々日に退院する予定の 54 人の患者に対し，5 人の検査者がテストを施行した。対象となった群は，心筋梗塞で 13 日ないし 17 日間入院していた 27 人の男性患者である。彼らは，症状はなくなったものの，退院後少なくとも 90 日間はまだ再発の危険ありとされていた。コントロール群には，整形外科手術を受けて回復途上にある 27 人の男性患者を選んだ。コントロール群の患者の平均入院期間は 15 日だった。ほとんどの者がまだギブスをはめていたが，回復や将来の健康に関する危険因子は何もなかった。

　ベースラインのテストでは，心筋梗塞患者 27 人のうち 24 人に，合計 58 個の m 反応が見られた（平均 = 2.15, SD=1.01）。濃淡拡散反応は 25 人に見られ，その合計は 69 個だった（平均 =

2.56, SD=0.84)。整形外科の患者では，m 反応は 27 人中 20 人に出現し，その合計は 26 個（平均 = 1.31, SD=0.67, p<.01)，濃淡拡散反応は 27 人中 19 人に出現し，合計は 29 個だった（平均 = 0.70, SD=0.54, p<.01)。両群とも退院後 93 日から 118 日の間に再テストを受けたが，その時点では心筋梗塞患者の再発危険性はかなり減少していた。再テストでは，m 反応は，心筋梗塞患者の群で合計 22 個（プロトコル数は 19)，整形外科患者の群で合計 21 個（プロトコル数は 17) だった。濃淡拡散反応は，心筋梗塞患者の群で 25 個（プロトコル数は 20)，整形外科患者の群で 21 個（プロトコル数は 18) だった。再テスト時の両群のデータは非常に似ているし，m と SumY の頻度は非患者群のものとほぼ同じであった。

m や SumY は状況によるストレスの影響を表しているが，その他の心理的特徴によっても変化する。たとえば，Gacono & Meloy（1991）は反社会性人格障害の犯罪者を重度の精神病質と中等度の精神病質とに区分して調べ，濃淡拡散反応は後者のほうに有意に多いことを見出した。また，Weber, Meloy & Gacono（1992）によれば，気分変調症（dysthymic）で入院している青年には，行為障害で入院している青年よりも有意に多くの濃淡拡散反応が見られた。

文献

Armbruster, G. L., Miller, A. S., & Exner, J. E. (1974). Rorschach responses of parachute trainees at the beginning of training and shortly before their first jump. Rorschach Workshops (Study No. 201, unpublished).

Beck, S. J. (1945). Rorschach's test II: A variety of personality pictures. New York: Grune & Stratton.

Beck, S. J., & Molish, H. B. (1967). Rorschach's test II: A variety of personality pictures (2nd ed.). New York: Grune & Stratton.

Berger, D. (1953). The Rorschach as a measure of real life stress. Journal of Consulting Psychology, 17, 355-358.

Binder, H. (1932). Die Helldunkeldeutungen im psychodiagnostischem experiment von Rorschach. Zurich, Switzerland: Urell Fussli.

Buhler, C., & LeFever, D. (1947). A Rorschach study on the psychological characteristics of alcoholics. Quarterly Journal of Studies on Alcoholism, 8, 197-260.

Campo, V. (1977). On the meaning of the inanimate movement response. Ninth International Rorschach Congress, Fribourg, Switzerland. Cox, F. N., & Sarason, S. B. (1954). Test anxiety and Rorschach performance. Journal of Abnormal and Social Psychology, 49, 37 1-377.

Eichler, R. M. (1951). Experimental stress and alleged Rorschach indices of anxiety. Journal of Abnormal and Social Psychology, 46, 344-356.

Elstein, A. S. (1965). Behavioral correlates of the Rorschach shading determinant. Journal of Consulting Psychology, 29, 231-236.

Exner, J. E. (1978). The Rorschach: Comprehensive System. Volume 2: Recent developments and advanced interpretation. New York: Wiley.

Exner, J. E., Armbruster, G. L., Walker, E. J., & Cooper, W. H. (1975). Anticipation of elective surgery as manlfest in Rorschach records. Rorschach Workshops (Study No.213, unpublished).

Exner, J. E., Thomas, E. A., Cohen, J. B., Ridgeway, E. M., & Cooper, W. H. (1981). Stress indices in the Rorschachs of patients recovering from myocardial infarctions. Rorschach Workshops (Study No.286, unpublished).

Exner, J. E., & Walker, E. J. (1973). Rol'schach responses of depressed patients prior to ECT. Rorschach Workshops (Study No.197, unpublished).

Fisher, R. L. (1958). The effects of a disturbing situation upon the stability of various projective tests. Psychological Monographs, 72, 1-23.

Gacono, C. B., & Meloy, J. R. (1991). A Rorschach investigation of attachment and anxiety in antisocial personality disorder. Journal of Nervous and Mental Diseases, 179, 546-552.

Goldfried, M. R., Stricker, G., & Weiner, I. B. (1971). Rorschach handbook of clinical and research applications. Englewood Cliffs, NJ: Prentice-Hall.

Goodstein, L. D. (1954). Interrelationships among several measures of anxiety and hostility. Journal of Consulting Psychology, 18, 35-39.

Goodstein, L. D., & Goldberger, L. (1955). Manifest anxiety and Rorschach performance in a chronic patient population. Journal of Consulting Psychology, 19, 339-344.

Hertz, M. R. (1948). Suicidal configurations in Rorschach records. Rorschach Research Exchange and Journal of Projective Techniques, 12, 3-58.

Holtzman, W. H., Iscoe, I., & Calvin, A. D. (1954). Rorschach color responses and manifest anxiety in college women. Journal of Consulting Psychology, 18, 317-324.

Klebanoff, S. A. (1946). Rorschach study of operational fatigue in Army Air Force combat personnel. Rorschach Research Exchange, 9, 115-120.

Klopfer, B., Ainsworth, M., Klopfer, W., & Holt, R. (1954). Developments in the Rorschach technique. Vol.1. Yonkers-on-Hudson, NY: World Books.

Lebo, D., Toal, R., & Brick, H. (1960). Rorschach performances in the amelioration and continuation of observable anxiety. Journal of General Psychology, 63, 75-80.

Levitt, E. E. (1957). Alleged Rorschach anxiety indices in children. Journal of Projective Techniques, 21, 261-264.

Levitt, E. E., & Grosz, H. L. (1960). A comparison of quantifiable Rorschach anxiety indicators in hypnotically induced anxiety and normal states. Journal of Consulting Psychology, 24, 31-34.

Majumber, A. K., & Roy, A. B. (1962). Latent personality content of juvenile delinquents. Journal of Psychological Research, 1, 4-8.

McArthur, C. C., & King, S. (1954). Rorschach configurations associated with college achievement. Journal of Educational Psychology, 45, 492-498.

McCowan, W., Fink, A. D., Galina, H., & Johnson, J. (1992). Effects of laboratory-induced controllable and uncontrollable stress on Rorchach variables m and Y. Journal of Personality Assessment, 59, 564-573.

Merolle, P. (1999). The validity of anxiety-related variables in Exner's Comprehensive System. Dissertation Abstracts International, 60, 3010.

Neel, F. A. (1960). Inhibition and perception of movement on the Rorschach. Journal of Consulting Psychology, 24, 224-229.

Neuringer, C. (1965). The Rorschach test as a research device for the identification, prediction and understanding of suicidal ideation and behavior. Journal of Projective Techniques and Personality Assessment, 29, 71-82.

Piotrowski, Z. (1957). Perceptanalysis. New York: Macmillan. Piotrowski, Z., & Schreiber, M. (1952). Rorschach perceptanalytic measures of personality changes during and after intense psychoanalytically oriented psychotherapy. In G. Bychowski & J. L. Despert (Eds.), Specialized techniques in psychotherapy. New York: Basic Books.

Rapaport, D., Gill, M., & Schafer, R. (1946). Psychological diagnostic testing (Vol.2). Chicago: Yearbook Publishers.

Ridgeway, E. M., & Exner, J. E. (1980). Rorschach correlates of achievement needs in medical students under an arousal condition. Rorschach Workshops (Study No.274, unpublished).

Salmon, P., Arnold, J. M., & Collyer, Y. M. (1972). What do the determinants determine: The internal validity of the Rorschach. Journal of Personality Assessment, 36, 33-38.

Schon, M., & Bard, M. (1958). The effects of hypophysectomy on personality in women with metastatic breast cancer as revealed by the Rorschach Test. Journal of Projective Techniques, 22, 440-445.

Schwartz, F., & Kates, S. L. (1957). Rorschach performance, anxiety level and stress. Journal of Projective Techniques, 21, 154-160.

Shalit, B. (1965). Effects of environmental stimulation on the M, FM, and m responses in the Rorschach. Journal of Projective Techniques and Personality Assessment, 29, 228-231.

Viglione, D. J., & Exner, J. E. (1983). The effects of state anxiety and limited social-evaluative stress on the Rorschach. Journal of Personality Assessment, 47, 150-154.

Waller, P. F. (1960). The relationship between the Rorschach shading response and other indices of anxiety. Journal of Projective Techniques, 24, 211-216.

Weber, C. A., Meloy, J. R., & Gacono, C. B. (1992). A Rorschach study of attachment and anxiety in inpatient conduct disordered and dysthymic adolescents. Journal of Personality Assessment, 58, 16-26.

第 16 章

感情
Affect

　人の感情というのは複雑で，理解しにくいものである。心理活動のほとんどに，感情が関わってくる。感情は思考と絡まり合い，判断，意志決定，そしてほとんどの行動様式に影響を与える。また，構えや態度を作りあげるのに大きく寄与し，反応スタイルの形成にあたって大きな役割を果たしている。感情は有益な長所として役立つこともあるが，大きな短所ともなりうる。非常に微妙なものもあれば，非常に激しいものもある。感情が直接的で扱いやすい場合もある一方，行動の決定や遂行に影響が及び，それをコントロールするのが難しくなることもある。

　感情に関連したロールシャッハ変数は多数ある。しかし，それら変数がどれほど直接感情を反映しているかと言えば，人の心理を調べる目的のテストにしては決して十分なものではない。したがって，データから推測されるそれぞれの仮説を注意深く統合することが大切となる。ここでの解釈の目的は，心の仕組みや働きにおける感情の役割について，できるだけ知ろうとすることにある。感情の役割は人によってかなり異なっており，この非常に複雑な心理的特徴について有意義な記述を作りあげようとするならば，実に多くの事柄を検討しなければならない。

感情に関連するロールシャッハの変数

　有彩色，無彩色，濃淡の各決定因子を伴う変数はすべて，感情に関連したクラスターの中に入れられる。空白反応（S）の頻度，色彩投映（CP），ブレンドもまた，ここでのデータを構成する要素である。その他のクラスターと同様，ほとんどの解釈仮説はそれぞれの変数の値を基に作られるが，これら変数の値は，それだけを単独で検討しても役に立たない場合がある。たとえば感情の比率（Afr）を単独に検討しても，そこから引き出されるのは基本的な仮説に過ぎないが，クラスター内の他の所見と合わせて検討すると，その仮説がふくらんだり，明確になる。

　中には，他の変数と直接関連させて検討しなければ意味のない変数もある。このような変数は，普通比率の形にして評価する。たとえば，WSumCはそれ単独で検討しても解釈に役立てられないが，EBやSumC' : WSumCのような比率にすると，きわめて重要なものになる。その他，S，CP，Pure Cなどのように，出現頻度自体が解釈仮説の重要な礎石となる変数もある。感情関連の変数の中のいくつかはその他のクラスターにも入っているが，ここではそれらについて少し違った角度から検討する。たとえば，第15章で説明したように，T，Pure C，ブレンドの数やタイプに関するデータは，状況ストレス関連の変数を評価するときに関係し，ストレスの影響を明確にするために用

いられた。しかし，感情を検討する際には，この同じデータを，感情の働きについてより広い理解をするという異なる目的で用いる。

検討事項の要点

解釈の際に検討すべき主要な問題はいくつかあり，それは次の通りである。

（1）感情は，意志決定とその遂行における中核的要素であるか。あるいは，物事への対処や意志決定の際にはより周辺的な存在となるのか。
（2）ネガティブな感情が頻繁に生じることを示す証拠はあるか。
（3）どの程度感情刺激を自発的に取り入れるのか。あるいは，感情に対して防衛的になっていることを示す証拠はあるか。
（4）感情のコントロールを，容易に，効果的に行えるか。
（5）感情によって周囲に対する特別な構えが作られているか。
（6）感情によって混乱することがよくあるか。

解釈手順のステップを説明するために，3つのプロトコル，ケース6，7，8の感情に関連する変数のデータを用いる。

ケース6

30歳の独身女性。外来治療を担当する心理士から，評価のために回されてきた。魅力的な人で，テスト前の面接では気さくに話し，愛想がよかったと報告されている。この1年ほど「元気が出ず」，特にここ半年から8カ月は「何の理由もないのに」緊張感や不安感が強くて，仕事にも支障を来しているという。悲しいとか落ち込んでいるのではなく，「何か別の感じ」と説明する。体の調子は悪くなく，毎日エクササイズをしていて，食欲にも睡眠にも問題はない。彼女は3人兄弟の末っ子である（兄41歳，姉33歳）。父親は68歳で事業に成功した人で，最近心臓を悪くして退職した。母親は64歳で主婦。両親，兄弟みな大学卒業である。

大学を卒業してロースクールに入学し，法学博士の学位を25歳で取った。州の司法試験に合格した後は，著作権と特許権専門の部署について現在の法律事務所で働いている。仕事は楽しく打ち込めている。彼女の仕事ぶりはよく評価されていて，他の事務所からの誘いも2度ほどあったようである。

人との付き合いはいろいろで，大学1年のときに初めての性体験をし，2，3年のときには同級生とかなり親しくなったが，彼女がロースクールに進みたいという意思が強かったために，2人の関係は大学卒業後は疎遠になっていった。ロースクール時代，そして卒業後の2年間は，さまざまな性体験を含む積極的な付き合いが多くあったが，それにも次第に飽きていった。3年前に，既婚の同僚と付き合ったが，それは相手が転勤して離れるまで1年ほど続いた。「奥さんと別れてくれるかもしれないと勝手に私が期待していたの。そんなことがあるわけないのはわかっていたのに」と言う。その後2年ほどは，かなりいろいろな付き合いがあったが，ほとんどの男性との付き合いは表面的なものであったという。将来を考えると，仕事には没頭できるのに，人付き合いが長続き

ケース6　30歳女性　感情に関するデータ

				EBPer	=2.7	**Blends**	
EB	=8:3.0			FC:CF+C	=4:1	M.CF.C'F	=1
eb	=3:6	L	=0.31	Pure C	=0	M.FC.FD	=1
DEPI	=5	CDI	=1			M.m	=1
C'=4	T=1			SumC':SumC	=4:3.5	FD.FC'	=1
V=0	Y=1			Afr	=0.50	FM.FD	=1
						FM.Fr	=1
Intellect	=6	CP	=0	S=2 (S to I, II, III=1)			
Blends:R=6:21				Col-Shad Bl	=1		
m+y Bl	=1			Shading Bl	=0		

しない自分はおかしいのではないかと感じている。結婚はしたいと思っているし，できれば子どももほしいと考えている。現在の症状のために，仕事に支障が出る可能性があることを心配している。そうならないために，心理療法を受けたほうがいいのではないかと考えている。紹介してきた心理士は，彼女のパーソナリティについて，緊張感や不安感の根源について，そして抑うつの特徴がないのかを問うている。

ケース7

28歳の男性。兄とガールフレンドから治療を受けるように言われて，しぶしぶやってきた。この数年，時折落ち込むことがあり，そのために仕事に問題が生じ，飲酒量が多くなったという。この抑うつ感に対抗するために，社交的な場面に出かけるように心がけていたが，そのためにかえって余計に落ち込みを経験した。3人兄弟の2番目で，兄は33歳，妹は24歳である。60歳の父親は大規模な繊維製造会社の重役で，58歳の母親は主婦。彼の話では，父親は彼が自分の力を十分出し切れていないことを不満に思っている。母親には猫かわいがりされ，嫌な思いをしてきたという。兄とは親しいが，妹とはあまり親しくない。兄も妹も結婚している。

大学を3年終えたところで，友人が経営するレストランのアシスタント・マネージャの職に就いた。しかし3年経つと，接客するのが嫌になり「もう飽き飽きした」ので，その仕事をやめた。現在は造園の仕事をしているが，それは「将来のない」仕事だと認識している。両親はもう一度大学に戻るように勧めるが，そうすることには葛藤を感じている。

この2年間，27歳の女性と一緒に暮らしていた。かなり高収入を得る仕事をしている人だった。本人は，彼女を「ベストフレンド」であると言うが，彼があまり野心を持たないので彼女は不満を持っていたようである。週末に深酒をして，彼女に言葉の暴力を振るったこともある。酒を飲むと癇癪を起こしやすい。大学時代にはさまざまな薬物を試したが，ここ4〜5年はまったくやっていない。本人は，「薬物は問題ではなくて，抑うつが問題なんです」と言う。自分に治療が必要なのは飲酒のせいであり，「自分の人生をまじめに考えて何かをしなければならない」と思うという。紹介してきた治療者からは，なぜ癇癪を起こしやすいのか，抑うつを示す所見があるか，何を治療目標にしたらよいか，どのような治療が最も効果的か，といった質問が挙げられている。

ケース7　28歳男性　感情に関するデータ

EB	=4 : 5.0			EBPer	=NA	**Blends**	
eb	=5 : 4	L	=1.30	FC : CF+C	=1 : 4	M.CF.FC'	=1
DEPI	=5	CDI	=5	Pure C	=1	M.FC	=1
						m.CF	=1
C'=1　T=2				SumC' : SumC	=1 : 5.0	FM.FC	=1
V=0　Y=1				Afr	=0.67	FM.FT	=1
Intellect	=2	CP	=0	S=4 (S to I, II, III=2)			
Blends : R=5 : 24				Col-Shad Bl	=1		
m+y Bl	=1			Shading Bl	=0		

ケース8

　33歳の既婚女性。2カ月間通っていた精神科医から評価のために紹介されてきた。週に1回ほどの抑うつの発作に見舞われるようになったことから，ここ6カ月あまり，抗うつ剤を処方されていた。しかし，あまり効果がなかった。抑うつのエピソードは2～3日持続する。「もともと私は気が変わりやすくて，不安になりやすい。でもこんな風に落ち込むことはなかった」と話す。抑うつになると，無気力になって，何にも興味関心が持てなくなり，睡眠に障害が出てくる。彼女は評価に回されたことを気にしていて，「まるで病人になってしまったみたい」に思ったという。

　魅力的な人であるが，どこか洗練された感じがなく，整っていない印象を与える。3人兄弟の2番目。父親は60歳で高校教師をしている。母親は60歳で主婦。34歳の兄はすでに結婚しており，石油会社に勤務している。26歳の妹も既婚で，子どもが2人いる。本人の生育発達に特に変わったことはなかったという。彼女は18歳で大学に進み，教育学を専攻した。しかし2年のときに写真に興味を持つようになり，3年の途中で大学をやめて週刊誌の写真家の仕事に就いた。

　高校時代はよくデートをして，17歳で初めての性体験をした。大学でも何人かの人と付き合ったが，誰とも「深い付き合い」には至らなかったという。雑誌の仕事をしているときに今の夫に出会った。当時，夫は営業職に就いていた。22歳で結婚するまで，1年間ほど付き合った。2人には共通した興味があり，一緒に楽しめることが多くあるという。結婚して6カ月経って妊娠したが，妊娠4カ月のときに流産した。再び妊娠する可能性はほとんどないことを医師から告げられたため，夫と養子をもらうことにしたが，具体的には何も決めていない。このことは，自分の抑うつと関係ないという。

　抑うつのエピソードが仕事に影響してきて，最近一時的ではあるが半日勤務に回された。35歳の夫は，テレビのネットワークの営業職に就いている。その仕事の関係で，週に1日か2日は家を空けることが多く，時にはそれよりも長く留守にすることも多い。本人は自分の問題は，夫が家にいないことが多いためだと思っている。紹介してきた精神科医は，彼女の抑うつがどういう性質のものなのをはっきりさせることを求めている。

ケース8　33歳女性　感情に関するデータ

EB	=3:7.0			EBPer	=2.3	**Blends**
eb	=7:10	L	=0.18	FC:CF+C	=3:4	C.C'.m =1
DEPI	=6	CDI	=1	Pure C	=3	CF.m =1
						M.FY =1
C'=1	T=4			SumC':SumC	=1:7.0	FM.FT.FY=1
V=1	Y=4			Afr	=0.37	FM.FV =1
						FM.FY =1
Intellect	=10	CP	=0	S=4 (S to I, II, III=4)		m.FC =1
Blends:R=7:26				Col-Shad Bl	=1	
m+y Bl	=4			Shading Bl	=1	

解釈の手順

　解釈は，抑うつ指標（DEPI）と対処力不全指標（CDI）の検討から始められる。DEPIとCDIについては，感情との直接的な関連は立証されていない。この2つの指標を感情のクラスターの中に入れることができなかったのは，両者とも，感情，認知，自己知覚，対人関係という異質な変数の組み合わせでできているからである。

　DEPIには14の変数が含まれており，それらをそれぞれ基準に照らし合わせて調べた上で，最終的に0から7のDEPIスコアが付けられる。これら14の変数のうち5変数は感情と直接関係しており（SumV>0，色彩濃淡ブレンド>0，S>2，Sum Shad>FM+m，SumC'>2），6変数は認知の特徴と関係している（FD>2，自己中心性指標>0.44［数値は年齢により調整する］かつFr+rF=0，自己中心性指標<0.33［数値は年齢により調整する］，Afr<0.46［年齢によって調整する］，MOR>2，知性化指標（2AB+Art+Ay）>4）。残り3変数のうち2変数は対人関係と関連があり（COP<2，孤立指標>0.24），1変数は心理的な複雑さと関係している（ブレンド<4）。

　CDIは11の変数から成っており，これらには10の評価基準が用意されている。評価する11項目中の6項目には，主に対人知覚もしくは対人行動に関係した変数が含まれている（COP<2，AG<2，p>a+1，Pure H<2，孤立化指標>0.24，Fd>0）。残りの5変数のうち3変数は感情に関係があり（WSumC<2.5，Afr<0.46，SumT>1），2変数は資質とコントロールに関係している（EA<6.0，Adj D<0）。

　このように，これら2つの指標は異質な変数が混ざってできあがっている。とはいえ，感情が当面の問題となるときや感情クラスターの変数を検討する前には，これらの指標を必ず吟味しなければならない。なぜならば，DEPIが陽性のとき，あるいはDEPIとCDIがともに陽性のときは，その所見こそが感情クラスターのデータを評価するための大前提となるからである。

ステップ1：DEPIとCDI

　DEPIの値が陽性，すなわち5か6か7で，CDIが陽性でない（値が3以下）場合は，2つの仮説のうちの一方だけが，感情関連の所見を検討するための土台となる。それに対して，DEPIの値が5か6か7で，CDIが陽性（値が4か5）の場合は，仮説の両方ともが，感情関連の所見を検討するための土台となる。

ケース8　33歳女性　感情に関するデータ

EB	=3:7.0			EBPer	=2.3	**Blends**
eb	=7:10	L	=0.18	FC:CF+C	=3:4	C.C'.m =1
DEPI	=6	CDI	=1	Pure C	=3	CF.m =1
						M.FY =1
C'=1	T=4			SumC':SumC	=1:7.0	FM.FT.FY=1
V=1	Y=4			Afr	=0.37	FM.FV =1
						FM.FY =1
Intellect	=10	CP	=0	S=4 (S to I, II, III=4)		m.FC =1
Blends:R=7:26				Col-Shad Bl	=1	
m+y Bl	=4			Shading Bl	=1	

可能な所見1：DEPIの値が6か7で，CDIの値が3以下の場合，社会的不適応を生じさせかねないほどの重大な感情の問題が存在すると予想される。DEPIの値が6か7の人であれば，典型的には，心理的苦痛や抑うつの訴えがある。また，行動上の機能不全が訴えられることもよくあるだろう。診断や治療が問題にされるときには，この所見についての慎重な判断が必要となる。

ケース8所見該当
　　DEPIの値が6あるが，抑うつの発作や，無気力感と睡眠障害などの症状とが存在することからすれば不思議ではない。つまりこの所見は，重大な感情の問題があることを示している。

可能な所見2：DEPIの値が5で，CDIの値が3以下の場合，人格構造には感情の大きな混乱を頻繁に生じさせかねないような性質があると考えられる。DEPIの値が5の人は，抑うつ，気分変動，緊張感，不安などの一時的な訴えを何度も繰り返しやすい。しかし，彼らの多くは，ネガティブな感情体験を伴う周期的なエピソードまでは訴えない。ネガティブな感情体験の訴えがない場合でも，DEPIが陽性になっているという所見は，重要でないものとして不用意に捨て去るべきではない。陽性のDEPIは，感情の大きな混乱が存在する可能性を示しているからである。これについては，感情のクラスターを見ていく中で念入りに検討すべきである。

ケース6所見該当
　　DEPIの値は5で，感情の混乱がある可能性を示している。これは本人の説明する緊張感や不安感とも一致する。潜在的な抑うつを示しているとの解釈をすぐに導き出すことはできないが，その可能性は否定せずに残しておいたほうがいい。

可能な所見3：DEPIの値が6もしくは7で，かつCDIの値が4もしくは5の場合は，感情が混乱した状態にあると考えられる。しかし，効果的で実りある対人関係を結んだり維持したりすることがなかなかできず，そうした問題が固定化してしまっていることのほうが，感情の問題よりも重大である。DEPIの値は感情の問題を実際よりも強調しすぎているのかもしれない。というのは，対人行動に関連する2つの変数（COP<2，孤立指標> 0.24）はDEPIとCDIの両方に含まれているが，

ケース6　30歳女性　感情に関するデータ

EB	=8:3.0			EBPer	=2.7	**Blends**
eb	=3:6	L	=0.31	FC:CF+C	=4:1	M.CF.C'F=1
DEPI	=5	CDI=1		Pure C	=0	M.FC.FD=1
						M.m　=1
C'=4	T=1			SumC':SumC	=4:3.5	FD.FC'=1
V=0	Y=1			Afr	=0.50	FM.FD　=1
						FM.Fr　=1
Intellect	=6	CP	=0	S=2 (S to I, II, III=1)		
Blends:R=6:21				Col-Shad Bl	=1	
m+y Bl	=1			Shading Bl	=0	

CDIが陽性になる場合はたいがいこの変数が該当し，その結果，DEPIスコアも1ポイント高くなるからである。DEPIの値を疎かにしてはいけないが，必ずしも慢性的な感情の問題を示すものと解釈すべきではない。

　これら両方の指標が陽性になる人というのは，他者との関係が表面的であったり，希薄で実りのないものであるために，社会環境の中では非常にもたついてしまうことが多い。そして，失望や苦悩，あるいは絶望のエピソードさえ体験することがよくある。これらのエピソード中に生じる感情の混乱は，慢性的なうつのケースで見られるものと非常によく似ている。しかし，心理学的には，こうした人々は古典的な感情障害のケースとは異なっている。なぜならば，彼らの感情は，彼らをサポートする体制が強まったり弱まったりするのに応じて変わってくるからである。したがって，彼らに対する治療計画の策定や治療目標の設定は，当然，大感情障害の場合とは違ってくる。社会適応を最優先の処遇目標とすべきであり，抗うつ剤の使用は慎重になされなければならない。

可能な所見4：DEPIの値が5で，かつCDIの値が4もしくは5の場合，DEPIの値の解釈は慎重に行わなくてはいけない。なぜならば，DEPIとCDIの両方が陽性のときは，両者の間に関連が認められるからである。人格構造に感情の大きな混乱を生じさせかねない性質があると考えるよりは，社会適応上の困難のために感情の問題が生じる可能性があると考えるほうが，よほど実際的である。

ケース7所見該当

　DEPIの値が5で，かつCDIの値も5なので，社会適応が難しいために感情に問題が起こってくることが示されている。抑うつを経験しているという本人の訴えの通り，落ち込むことがしばしばあるだろう。社会で自分の能力を発揮することができなくて，社会に居場所がないと感じる人が，それによって引き起こされる感情を抑うつと受け止めるものである。しかし，たいていこれは，気分変調症や大感情障害の人々が経験するものとはまったく異なったものであることが多い。

ステップ2：EBとラムダ

　EBからは，受検者の心理機能における感情の働きについて，情報が得られる。EBのデータにその人特有の対処スタイルの存在が示されている場合は，特に重要となる。対処スタイルを特定で

ケース7　28歳男性　感情に関するデータ

EB	=4 : 5.0			EBPer	=NA	**Blends**	
eb	=5 : 4	L	=1.30	FC : CF+C	=1 : 4	M.CF.FC'	=1
DEPI	=5	CDI	=5	Pure C	=1	M.FC	=1
						m.CF	=1
C'=1	T =2			SumC' : SumC	=1 : 5.0	FM.FC	=1
V =0	Y =1			Afr	=0.67	FM.FT	=1
Intellect	=2	CP	=0	S=4 (S to I, II, III=2)			
Blends : R=5 : 24				Col-Shad Bl	=1		
m+y Bl	=1			Shading Bl	=0		

きるのは，EA が 10 以下であれば，EB の片方の値がもう一方の値よりも 2 以上大きい場合，EA が 10 より大きければ，EB の片方の値がもう一方の値よりも 2.5 以上大きい場合である。

　EB の左辺の値が大きい場合は内向型を示しているし，右辺の値が大きければ外拡型ということになる。2 つの値にはっきりした差がない場合は特定のスタイルが示されていないので，不定型と呼ばれる。

　内向型の人は，意思決定に至るまでに物事を十分考え抜くのを好む。その間，感情をわきに置き，さまざまな選択肢を時間を掛けて検討し終わるまでは行動を開始しないでおこうとする。外拡型の人はもっと直観的である。彼らは思考に感情を混ぜ合わせることによって，感情を直接意志決定に用いようとしがちである。また，意思決定や問題解決の際には，実際にさまざまなアプローチを試してみたほうがしっくりくる。これらの 2 つのスタイルは成人や思春期後期の者にはよく見られる。どちらかのスタイルのほうがより好ましいというわけではない。日常生活で出会う諸要求に対処するときの心理的アプローチとして，お互いが非常に異なる性質を持っているというだけのことである。どちらのアプローチでも有効性に変わりはない。

　それに対して不定型では，意思決定や問題解決の際，内向型か外拡型かというような一貫性が見られない。むしろまったくばらばらであり，そのときに感情が果たす役割もいろいろ変わってくる。内向型や外拡型に比べると，不定型のほうが効率が悪くなりがちである。しかし，必ずしも不適応に陥りやすいことを示しているわけではない。

　EB の解釈は簡単そうに見えるかもしれないが，解釈者が頭に入れておくべき非常に重要な留意点が 2 つある。1 つは，ハイラムダの回避型が存在すると，EB のデータの解釈はいくらか複雑になってくるという点である。内向型や外拡型のスタイルの特徴は，一部，回避型に取って代わられてしまいやすい。これは，回避型には，刺激となる出来事のある側面を無視あるいは拒否することによって複雑さや曖昧さを単純化してしまうという特徴があるためである。刺激となる出来事には，自他両方の感情体験も含まれうる。したがって，特有の対処スタイルの方向が示されているかどうか，あるいは固定化した回避型のために対処スタイルが変化させられているのかどうかということを知るために EB を見るときには，必ずラムダの値も考慮に入れなければならない。

　2 つ目に注意すべきなのは，EB のデータを見ても必ずしも特有の対処スタイルの存否がわかるわけではない，という点である。先に進むためには，まず，一般的ルールに 2 つの重要な例外があ

ることに留意しておきたい。例外というのは2つとも，EBのどちらか片方の値が0の記録で，データの解釈的妥当性に影響を与えるものである。

例外1：1つ目の例外は，EAが3.5以下のプロトコルに関するものである。このような記録では，0 : 2.0，0 : 3.5，2 : 0，3 : 0のように，EBの左右どちらかの値が0になっていることが多い。しかし，中には2 : 1，1 : 2.5などのように，両辺とも0より大きい値になることもある。

可能な所見1：例外1の基準に当てはまる場合は，EBのデータが貧弱すぎ，対処スタイルの識別が確実なものかどうかの保証が得られない。したがってこの場合は，感情の特徴を検討するにあたって，EBのデータが内向型，不定型，外拡型の区別を示しているとは考えない。こうした記録ではラムダの値が1.0以上の回避型になっていることが多い。この点については，この章でもより広い視点から論じることになる。ステップ4に進む。

例外2：2つ目の例外は，0 : 4.0，0 : 6.5などのように，EBの左辺が0で，右辺の値が4.0以上となっている記録，および，3 : 0，5 : 0などのように，EBの右辺が0で，左辺の値が3以上となっている記録のいずれかに関わっている。これらの値を見ると，内向型あるいは外拡型であるかのように思えてしまう。しかし，被検者が普通でない感情状態にあることも示されているので，この推測は正しくないかもしれない。ここで示されている対処スタイルが永続的なものだというふうに簡単に考えてはいけない。

可能な所見2：例外2の基準に当てはまり，EBの左辺の値が0の場合は，感情に圧倒されているか，感情が溢れかえっていると考えられる。このような状態にあることがわかったならば，その人特有の対処スタイルについて推測するのはやめ，EBのデータをもっぱら現在の感情状態を説明するために用いるのがよいだろう。ここで示されているのは，非常に強い感情によって思考がひどく干渉を受け，意思決定するための注意力や集中力が損なわれている状態である。こうした感情の激烈さは大きな混乱を生み，思考や行動を衝動的なものにしてしまうことが多い。

　感情が溢れかえった状態というのは一過性のものであり，通常，並はずれて強い感情にうまく対処できなくなったときに生じ，その間だけ持続する。感情が氾濫してしまっているときには，感情に関連するデータの検討は，すべてについて，慎重にかつ状況を踏まえながら行わなくてはいけない。感情関連の変数は，被検者の現在の感情状態を知る上で有益な情報源となりうる。しかし，一時的な性質と特性のようになっている特徴とを見分けるのは，多くの場合困難である。ステップ4に進む。

可能な所見3：例外2の基準に当てはまり，EBの右辺の値が0の場合は，感情を丸ごと内に抱えてしまっているか，抑え込んでいると考えられる。このような状態にあることがわかったならば，その人特有の対処スタイルについて推測するのをやめ，EBのデータはもっぱら現在の感情状態を説明するものとして用いる。これは，感情を厳重にコントロールすることに多大なエネルギーを費やしているという，普通でない状態である。このような極度の萎縮は人間にとって自然な状態ではな

ケース8　33歳女性　感情に関するデータ

EB	=3:7.0			EBPer	=2.3	**Blends**	
eb	=7:10	L	=0.18	FC:CF+C	=3:4	C.C'.m	=1
DEPI	=6	CDI=1		Pure C	=3	CF.m	=1
						M.FY	=1
C'=1	T=4			SumC':SumC	=1:7.0	FM.FT.FY	=1
V=1	Y=4			Afr	=0.37	FM.FV	=1
						FM.FY	=1
Intellect	=10	CP	=0	S=4 (S to I, II, III=4)		m.FC	=1
Blends:R=7:26				Col-Shad Bl	=1		
m+y Bl	=4			Shading Bl	=1		

いし，長期間続くことはまずありえない。たとえて言うならば，感情という呼吸を止めた状態である。人間がすべての感情表現を抑え込んだり押し殺したりできるのは短い間だけであり，それ以上となると容易なことではない。短い間だけであっても，感情を丸ごと抑え込めば誰でも非常に不快になりやすいものである。

　萎縮が長期にわたって続けば，感情を発散したり吐き出すことが起こって当然である。もしも自分で意図して発散したり吐き出したりしなければ，強まる一方の感情に圧倒されたり，感情が変わりやすい不安定な状態に陥ってしまいやすい。感情が変わりやすく不安定だと，感情がほとんどすべての心理特徴を左右するようになる。感情が決断を無理強いしたり，行動に駆り立てることになる。状況からして現実的かどうかに関わりなく，ただ不快さを軽減しようとしてそうなるのである。多くの感情を抑え込んでいることがわかったならば，感情に関するデータの検討は，すべて，慎重にかつ状況を考慮に入れて行う。先に述べたように，感情に関連した変数からは現在の感情状態についての情報が得られるものの，一時的な性質と性格特性のようになっている特徴とを区別するのは難しい。ステップ4に進む。

　例外1と例外2の基準にあてはまらなければ，EBとラムダのデータからは何らかの解釈仮説を引き出すことができるだろう。これらについて，可能な所見4以下，1つずつ説明していく。

可能な所見4：EBが外拡型の対処スタイルの存在を示し，ラムダの値が1.0より低いときは，通常，問題解決や意思決定の際，思考に感情を混じらせる傾向があると考えられる。このような人は感情を用いることが多く，感情に影響されやすくもある。そして，試行錯誤的に，仮説や推論を実際に試してみるのを好む。外拡型の人にとって試行錯誤的に行動するのはいつものことなので，問題解決時の失敗には寛容で，あまり関心を払わない傾向がある。一方，失敗が慢性的になった場合に感情に加わるインパクトは，外拡型でない人に比べて大きなものになりやすい。また，外拡型の人は感情表現が率直で，それらの調節やコントロールにはあまり注意を払わないだろう。ステップ3に進む。

ケース8所見該当

　EBは3:7.0で，ラムダの値は0.18である。これは，外拡型の対処スタイルを示している。すなわち，

考えるという作業をするときにも感情が重要な役割を果たしていて，彼女は試行錯誤しながら意思決定をする。感情を開放的に表現し，その感情表出を厳密にコントロールすることにはあまり関心がない。

可能な所見5：EBが外拡型の対処スタイルの存在を示し，ラムダの値が1.0以上のときは，回避－外拡型となる。感情を用いることが多く，感情に影響されやすいと考えられる。また，一般的には試行錯誤的に仮説や推論を試してみることを好むとも考えられる。しかし，回避型でもあるため，複雑な感情体験の一つ一つの違いをしっかり区別できなくなるおそれがある。そうすると，思考に感情を混じらせて意思決定した場合，感情の影響が不適切なほどに大きすぎるか小さすぎるかのどちらかになってしまう。どちらの場合でも，意思決定後の行動は，状況に照らしてあまり効果的なものとは言えなくなってしまうだろう。

　たとえば，先に，外拡型の人は当たり前のように試行錯誤的に行動し，問題解決時の失敗には寛容で，あまり関心を払わないと述べた。しかし，回避型の対処スタイルも同時に存在すると，この寛容さや関心の乏しさは過度なものになってしまう。そして，意思決定のためのアプローチはいい加減なものとなり，行動は効果的でなくなる。また，外拡型の人は感情を率直に表すし，その調節やコントロールにはあまり関心を払わないとも述べたが，回避型でもある場合は，複雑さを無視し，物事を単純なままにしておこうとしがちなため，この傾向がさらに強まってしまう。つまり，回避－外拡型の人はしばしば感情表現のコントロールを怠ってしまうし，時にはあまりふさわしくない場面でも衝動的になってしまいかねない。ステップ3に進む。

可能な所見6：EBが内向型の対処スタイルを示し，ラムダの値が1.0より低い場合は，問題解決や意思決定の際には感情をなるべくわきへ追いやっておくのを好むと考えられる。こうした人は，判断形成にあたってはできるだけ試行錯誤的な行動を避け，外からのフィードバックよりも自分の内面での価値判断に頼ろうとする。また，問題解決時の失敗に対して外拡型の人よりも寛容ではいられない。そのため，意思決定の際には他の人より慎重になることが多い。感情を表わすのをいとわないものの，感情表現の調節やコントロールにはより気をつかう傾向がある。ステップ3に進む。

ケース6所見該当

　EBは8：3.0で，ラムダは0.31である。これは内向型のスタイルを表わしている。意思決定する際には，感情を考慮に入れないで思考に重きを置く人である。試行錯誤的なやり方はほとんどしない。感情を表現するときにも，感情を適切にコントロールしているかどうかを考慮するだろう。

可能な所見7：EBが内向型を示し，ラムダの値が1.0以上の場合は，回避－内向型となる。問題解決や意思決定の際に感情をわきに置いておこうとするが，回避型でもあるため，時にこの思考重視の効果は全体としては低下してしまう。たとえば，内向型の人は，普通，意思決定の際には試行錯誤的に行動するのを避け，外からのフィードバックよりも自分の内面での価値判断のほうをあてにする。物事を考え抜くには，忍耐と推理が必要とされる。しかし，こういう思考重視の対処法は，物事を単純でややこしくない状態にとどめておこうとする指向とかちあってしまう。

ケース6　30歳女性　感情に関するデータ

EB	=8:3.0			EBPer	=2.7	**Blends**
eb	=3:6	L	=0.31	FC:CF+C	=4:1	M.CF.C'F=1
DEPI	=5	CDI	=1	Pure C	=0	M.FC.FD=1
						M.m =1
C'=4	T=1			SumC':SumC	=4:3.5	FD.FC' =1
V=0	Y=1			Afr	=0.50	FM.FD =1
						FM.Fr =1
Intellect	=6	CP	=0	S=2 (S to I, II, III=1)		
Blends:R=6:21				Col-Shad Bl	=1	
m+y Bl	=1			Shading Bl	=0	

　こうした齟齬が生じたときには，回避型が内向型より優勢になり，より単純でそれほど綿密でない思考活動をするようになってしまう。その結果，誤った判断をする可能性が高くなる。また，内向型の人は他の人よりも意思決定の際には慎重になるものだが，回避－内向型の人はより単純な解決法を採用しようとし，慎重さを犠牲にしてしまう。同様のことは感情に関しても言える。たとえば，内向型の人は感情表現の調節に気をつかうし，感情の表し方を慎重に選ぶものだが，回避－内向型の人には時にそのような努力が非常に込み入ったものに感じられ，感情の表出を過度にコントロールしてしまうか，まったく表出しないようにしてしまいやすい。

可能な所見8：EBが，内向型，外拡型のいずれの対処スタイルも示さず，ラムダの値が1.0より低い場合には，不定型となる。不定型の人は，問題解決や意思決定に対する一貫したアプローチを作りあげていない。その結果，不定型の人の感情が思考活動，問題解決，意思決定などに与える影響力も一貫したものではなくなっている。たとえば，ある場合には外拡型のように感情が思考に強い影響を及ぼすのに，次の機会には，それが最初と同じような状況であっても，今度は内向型のように感情はわきに押しやられ，周辺的な役割しか果たさないかもしれないのである。
　よくないことに，感情の扱いに一貫性が欠けるために，不定型の人は感情によって混乱しやすい。その結果，感情が思考に強すぎる影響を及ぼすこともあるし，逆に，意思決定の際に十分考慮されないということもありうる。こうした一貫性のなさは，感情表出の形も不規則なものにしてしまう。あるときには感情表出はしっかり調節されていたかと思うと，その次には，それが前と似たような状況であっても，今度はあまりよく調節されず，より激しいものになってしまうかもしれない。ステップ4に進む。

可能な所見9：EBが，内向型，外拡型のいずれの対処スタイルも示さず，ラムダの値が1.0以上の場合，回避－不定型となる。単純化という回避型の指向が優勢となるが，その次に来るべき内向型あるいは外拡型といったスタイルがないので，回避－外拡型や回避－内向型のようなある程度一貫した方向というものは，必ずしも現われてこない。むしろ，回避型の指向がより固定的になっており，その人が状況をどの程度複雑あるいは曖昧なものとして受け止めるかに応じて，このスタイルが発動される。したがって，感情があまり調節されなかったり，過度に抑制されてしまうといった

事態，あるいは思考があまり洗練されたものでなくなるといった事態，こうしたことが生じる回数は，回避型を併せ持っていない不定型の人よりもずっと多くなるだろう。

　当然予想されるように，これは若年児童にはよく見られる特徴である。彼らには一貫性がないし，複雑なことや曖昧なことをうまく扱えない。しかし幸いなことに，感情面および思考面でまごつきを見せたとしても，周囲の環境はかなり寛容で大目にも見てくれる。ただし，年長になるにつれ，周囲のこのような寛大さはなくなってくる。それに，複雑さを避ける傾向，感情を扱う際の一貫性のなさなどが加わると，複雑な環境の中で適応的かつ効果的な行動を長い間続けることが難しくなる。そのため，青年や成人で回避－不定型のスタイルを持つ者は，より適応上の問題を抱えやすい。ステップ4に進む。

ケース7所見該当

　EBは4:5.0，ラムダが1.30であり，回避不定型を示している。刺激野を無視したり，否認したりして，複雑さや曖昧さを単純化する傾向がある。問題解決や意思決定の方法は一貫していない。このような一貫性のなさは感情の扱い方にも影響し，時には感情をコントロールしすぎるときもあれば，同じような場面でも今度はコントロールが効かなくなったりする。

ステップ3：EBPer（EB Pervasive：体験型の固定度）

　EBが内向型か外拡型のいずれかを示している場合は（ケース11，ケース12），問題解決や意思決定の際のスタイルが固定していないかどうかを判断するためにEBPerを検討する。ラムダが1.0.以上のケース（回避－内向型と回避－外拡型）にはこの検討は適用しない。検討結果からは，対処活動のスタイルがどれほど支配的な影響力を持っているかについて，大まかな評価が得られる。この結果に基づいてスタイルの固定度が連続線上に位置づけられるわけではないが，固定しているか否かの分類予測は可能となる。スタイルが固定していること自体は必ずしも短所となるわけではないが，対処と意思決定をする際の柔軟性に欠けていることを示している。

可能な所見1：外拡型で，EBPerの値が2.5未満なら，対処するときに感情に思考を混じらせることが多いと考えられる。しかし，外拡型の対処スタイルには柔軟性があって，よく考える必要があるときには，感情をわきに置いておくこともできる。ステップ4に進む。

ケース8所見該当

　外拡型でEBPerが2.3なので，柔軟性があり，時にはいつもの直感的なやり方をわきに置いて，少し考えることによってよりよい意思決定をしようと試みる人である。

可能な所見2：外拡型で，EBPerの値が2.5以上なら，意思決定の大半が感情の強い影響を受けていると考えられる。外拡型の対処スタイルには柔軟性が乏しい。これは，直感的な試行錯誤的アプローチよりも決定を出すのを引き延ばして熟考するアプローチのほうが効果的と思えるような状況においては，短所となりうる。固定した外拡型が存在する場合は，普通，感情表出の調節にはあまり気をつかわない。ステップ4に進む。

ケース8　33歳女性　感情に関するデータ

EB	=3 : 7.0			EBPer	=2.3	**Blends**	
eb	=7 : 10	L	=0.18	FC : CF+C	=3 : 4	C.C'.m	=1
DEPI	=6	CDI	=1	Pure C	=3	CF.m	=1
						M.FY	=1
C'=1	T =4			SumC' : SumC	=1 : 7.0	FM.FT.FY	=1
V=1	Y =4			Afr	=0.37	FM.FV	=1
						FM.FY	=1
Intellect	=10	CP	=0	S=4 (S to I, II, III=4)		m.FC	=1
Blends : R=7 : 26				Col-Shad Bl	=1		
m+y Bl	=4			Shading Bl	=1		

ケース6　30歳女性　感情に関するデータ

EB	=8 : 3.0			EBPer	=2.7	**Blends**	
eb	=3 : 6	L	=0.31	FC : CF+C	=4 : 1	M.CF.C'F	=1
DEPI	=5	CDI	=1	Pure C	=0	M.FC.FD	=1
						M.m	=1
C'=4	T =1			SumC' : SumC	=4 : 3.5	FD.FC'	=1
V=0	Y =1			Afr	=0.50	FM.FD	=1
						FM.Fr	=1
Intellect	=6	CP	=0	S=2 (S to I, II, III=1)			
Blends : R=6 : 21				Col-Shad Bl	=1		
m+y Bl	=1			Shading Bl	=0		

可能な所見3： 内向型でEBPerの値が2.5未満なら，決定に至るまでは感情の活動を停止させ，行動するのを控えておくという，思考型のスタイルをよく使うと考えられる。しかし，感情がより直接的に思考に溶け込み，決定に大きな影響を及ぼすこともままあるだろう。ステップ4に進む。

可能な所見4： 内向型でEBPerの値が2.5以上なら，ほとんどの場合，意思決定の際には感情は非常に限られた役割しか果たさないと考えられる。また，感情の表出はしっかりと調節されている。問題解決や意思決定に際しては，直感的，試行錯誤的なアプローチ法は，たとえそうしたアプローチのほうが効果的と思える場合であっても，極力避けられてしまうだろう。ステップ4に進む。

ケース6所見該当

　　EBが8：3.0で，EBPerが2.7である。これは，内向型が固定していることを示している。意思決定の仕方に柔軟性がないので，いつもすべてのありうる可能性にあたり終えるまで時間をかけて，決断を引き伸ばす。そのような作業をする際には，自分の感情をできるだけ思考から切り離しておく。時には問題解決にあたって多少試行錯誤をしたほうがいい場合にも，そうしないようにしている。いつも，自分の感情表出を相当コントロールしている。

ステップ4：eb右辺の値

　　このステップでは，普通とは言えない精神的苦痛が生じていないか確認するために，ebの右辺

の値および右辺の各変数について検討する。eb 右辺の値は，2 〜 5 の範囲で，左辺より小さいのが普通である。

eb 右辺の値のほうが大きい場合は，精神的苦痛やその他何らかの不快感が存在すると考えられる。左辺の値が 1 以下のケースでは，この解釈があてはまらないこともある。そのような場合には，普通でないレベルの不快さがあるかどうか判断するために，eb 右辺の変数の値を念入りに検討する。これらの変数は，そのすべて，あるいはいずれかが，期待されないネガティブな感情体験の存在を示す可能性があるので，たとえ eb 左辺の値のほうが大きい場合であっても重要である。

可能な所見 1：eb 左辺の値が右辺より大きく，SumT が 1 を超えない，SumC' が 2 を超えない，SumV が 0 を超えない，SumY が 2 を超えない，などの条件を満たす場合は，特定の仮説を立てなくてよい。ステップ 5 に進む。

可能な所見 2：eb 左辺の値が右辺より大きく，SumT の値が 2 以上，SumC' の値が 3 以上，SumV の値が 1 以上，SumY の値が 3 以上のいずれかの条件に当てはまる場合は，精神的に不快な体験をしているとの仮説を立て，不快さの種類に関連した変数に焦点をあてるべきである。Y は状況ストレスに関連しており，ストレス状況を解決できないためにもたらされた無力感と関係がある。同時に T と V も状況ストレスに関連している可能性がある。しかし，それらは，より持続的なネガティブな感情体験と関係していることもある。

SumT の値が上昇していて（2 以上），最近の生活歴から喪失感をもたらす出来事が見つからない場合には，おそらく寂しさや情緒的な飢餓感が慢性的に続いていると考えられる。SumV の値が上昇していて（1 以上），それが罪悪感や後悔の念からもたらされていると考えられる。理由が見あたらない場合には，自分自身を責めたり，低く見る傾向がずっと続いていて，そのために心をかき乱すネガティブな感情が生じている。

SumC' の値が上昇している場合は（3 以上），感情の発散を抑制し，感情からの衝撃を抑え込む傾向があまりにも強いために，苛々させるようなネガティブな感情が生じていると考えられる。要するに，C' は感情面で「思ったことを言わないようにする」状態や，発散させたい感情を内にとどめることと関係しているのである。ステップ 5 に進む。

ケース 7 所見該当

eb は 5：4 で，そこには 2 個の T 反応が含まれている。来歴には，最近の対象喪失についての記述はなかった。ということは，この人は人一倍孤独や寂しさを経験していると考えられる。このような感情経験は，不快や苦痛の一因となってしまいやすい。

可能な所見 3：eb 右辺の値が左辺の値よりも大きければ，左辺の値が 3 以上の場合，左辺の値が 3 未満なら右辺の値が 4 以上となる場合は，精神的な苦痛のただなかにあると考えられる。精神的苦痛はいろいろな形で表われうる。抑うつや不安などのように直接的な形を取ることもあるし，普通でないほどの緊張，心配，あるいは，不眠やだるさといったさまざまな身体的不調などのように，間接的な形を取ることもある。精神的苦痛の原因を見極め，それについての

ケース7　28歳男性　感情に関するデータ

EB	=4:5.0			EBPer	=NA	**Blends**	
eb	=5:4	L	=1.30	FC:CF+C	=1:4	M.CF.FC'	=1
DEPI	=5	CDI	=5	Pure C	=1	M.FC	=1
						m.CF	=1
C'=1	T =2			SumC':SumC	=1:5.0	FM.FC	=1
V =0	Y =1			Afr	=0.67	FM.FT	=1
Intellect	=2	CP	=0	S=4 (S to I, II, III=2)			
Blends:R=5:24				Col-Shad Bl	=1		
m+y Bl	=1			Shading Bl	=0		

ケース6　30歳女性　感情に関するデータ

EB	=8:3.0			EBPer	=2.7	**Blends**	
eb	=3:6	L	=0.31	FC:CF+C	=4:1	M.CF.C'F	=1
DEPI	=5	CDI	=1	Pure C	=0	M.FC.FD	=1
						M.m	=1
C'=4	T =1			SumC':SumC	=4:3.5	FD.FC'	=1
V =0	Y =1			Afr	=0.50	FM.FD	=1
						FM.Fr	=1
Intellect	=6	CP	=0	S=2 (S to I, II, III=1)			
Blends:R=6:21				Col-Shad Bl	=1		
m+y Bl	=1			Shading Bl	=0		

ケース8　33歳女性　感情に関するデータ

EB	=3:7.0			EBPer	=2.3	**Blends**	
eb	=7:10	L	=0.18	FC:CF+C	=3:4	C.C'.m	=1
DEPI	=6	CDI	=1	Pure C	=3	CF.m	=1
						M.FY	=1
C'=1	T =4			SumC':SumC	=1:7.0	FM.FT.FY	=1
V =1	Y =4			Afr	=0.37	FM.FV	=1
						FM.FY	=1
Intellect	=10	CP	=0	S=4 (S to I, II, III=4)		m.FC	=1
Blends:R=7:26				Col-Shad Bl	=1		
m+y Bl	=4			Shading Bl	=1		

　適切な仮説を立てるためには，右辺に含まれる各変数を，可能な所見2に記した対応関係に従いながら検討すべきである。ステップ5に進む。

ケース6と8所見該当

　どちらのケースもebの右辺の値は高くなっている。ケース6は3:6，ケース8は7:10で，どちらのケースもかなりの苦痛を経験していると考えられる。現在の状態や，先に確認したDEPIの値を考慮するならばありうることである。ケース6は緊張感や不安感を訴えており，DEPIの値が5だった。ケース8は，発作的に抑うつを経験していて，DEPIの値は6だった。問題は，感情の

要因の何がこのような状況に影響しているかである。

ケース6では，SumC'(4)が増加していて，外に解放してしまいたい感情を出さずに抑え込む傾向が示されている。これは内向型が固定している人には必ずしも珍しいことではない。しかし，それは行き過ぎたものとなっており，自分の感情を心地よく思えなくなっているし，感情に恐れを抱いている可能性さえある。ケース8はこれとはかなり異なったものである。SumY(4)とSumT(4)が高い。拡散した濃淡反応は，彼女が抑うつの発作を抑えられないことと関連しているだろう。彼女は，YとTのそれぞれ異なった根源からくる無力感を経験している。T反応は特に重要である。来歴の中には対象喪失の証拠がなかった。ということは，孤独感や情緒的な人恋しさが慢性的にあると仮定することができる。結婚生活は問題ないように述べられているが，確認する価値はあるだろう。特に養子を取ることについて夫婦で静観していることや，夫が仕事のために不在のことが多いという事実は，口に出して説明できている以上に本人には苦痛になっているかもしれない。

ステップ5：SumC'：WSumC

この比率は感情を抑制したり閉じ込めたりすることに関係している。有彩色反応（FC, CF, C）は，感情を発散させたり吐き出すことや，それらがどの程度コントロールされ調節されるのかということと，何らかの関係がある。すでに述べたように，3通りの無彩色反応（FC', C'F, C'）は，感情を抑制したり内にとどめたりすることで生じる苛立たしい感情に関係している。誰もが，さまざまな場面に応じて，ときに感情を抑制する。しかし，中にはこれを頻繁に，あるいは過度に行ってしまう者もいる。なぜ強すぎる抑制をしてしまうのか，その理由はいろいろである。

ある者は，感情のコントロールに自信を持てないために感情を抑制しようとする。またある者は，感情によって混乱してしまうことをおそれ，感情を直接扱うのを避けようとして抑制する。ときには，自分の感情を厄介に思ったり，やましささえ感じ，そのために感情を他者と分かち合ったり自由に表わすことに不安を覚える者もいる。

このように原因はいろいろだが，感情の表出が過度に抑えられると，それは心に苦痛を与えたり，ときには心の働きを悪くするほどの重荷となる。この特徴が性格特性のようになってくると，感情を内にとどめておくことによって，緊張，不安，抑うつなどの感情の混乱はもちろんのこと，頭痛，胃や腸の疾病，血圧の変動などのさまざまな身体化症状が起こりやすくなる。

可能な所見： 内向型，外拡型，不定型のいずれの場合も，さらには回避型であるなしにかかわらず，WSumCはつねにSumC'の値よりも大きいか，少なくとも等しいことが期待される。この条件に当てはまるときは，何も解釈仮説を立てない。ケース7，ケース8はこれに該当する。一方，SumC'の値がWSumCの値よりも大きい場合は，感情の表出を頻繁に抑え込み，その結果，通常では感じられないようなかなりの苛立ちを経験していると考えられる。

ケース6所見該当

SumC'：SumCの割合は4：3.5で，感情表現をしないように抑制することを示している。このことはすでにステップ4でわかっていたことではあるが，そのために相当苛々する感情に苦しんでいることが強調される。このような結果は，DEPIが該当しているのに抑うつと直接関連する訴えを

表 16.1　7 グループごとの Afr の平均域

グループ	平均域
外拡型の成人および 14 歳以上の青年	0.60 〜 0.89
内向型の成人および 14 歳以上の青年	0.53 〜 0.78
不定型の成人および 14 歳以上の青年	0.53 〜 0.83
回避型の成人および 14 歳以上の青年	0.45 〜 0.65
5 歳から 6 歳までの児童	0.57 〜 1.05
7 歳から 9 歳までの児童	0.55 〜 0.92
10 歳から 13 歳までの児童	0.53 〜 0.83

しない人にはよくあるものである。

ステップ 6：Afr（Affective Ratio：感情の比率）

　この変数は，感情的な刺激に近づいたり体験したりすることへの関心と関係がある。予想される通り，内向型，外拡型，不定型，ハイラムダの回避型のそれぞれで，Afr の平均域は異なっている。解釈に役立つよう，表 16.1 に 7 グループそれぞれの「平均」と考えられる値の範囲を示す。

　外拡型の人では Afr の値が 0.70 より大きくなることが多いし，一方，内向型の人では 0.65 より低くなることが多い。ただし，体験型ごとの Afr の数値の分布は，かなりの部分，重なってもいる。14 歳未満の児童の場合は，Afr の平均域にかなりの違いが見られる。

　一般的に，回避型の対処スタイルを持っている人の Afr の値は，それぞれの体験型のグループの平均値よりも低めとなる。これは必ずしも彼らが感情刺激を避けようとしていることを意味するわけではない。感情の抑制や重大な感情の問題を示す証拠がないのであれば，回避型の人が見せる低い Afr 値は単に複雑さを回避する傾向を示すものと解釈したほうが，より無難であろう。

可能な所見 1：Afr が平均域にある場合，解釈は比較的簡単である。すなわち，同じ対処スタイルを持つ人（児童の場合は同じ年齢の人）と同じ程度に，感情的な刺激を自分から取り入れ，関わっていくと言える。一般的には，これはさほど意味のある所見ではない。しかし，感情の調節やコントロールの困難さをずっと抱えている人の場合だと，これは，自分ではそうした問題にまるで気づいていないことを示しているのかもしれない。普通，感情刺激を取り入れたときには，それに対する反応や交流が必要になる。したがって，感情のコントロールに問題を抱えている人の場合，たいがいは感情的な刺激を避け，自分に降りかかってくる要求を減らしたほうが得だとわかっているものなのである（ステップ 9 とステップ 10 を参照）。ステップ 7 に進む。

可能な所見 2：Afr の値が平均域を上回る場合は，感情刺激に非常に引きつけられていて，感情の交流にかなり関心を持っていると考えられる。これは外拡型の人にはよく見られる所見である。しかし，外拡型の人に限られるわけではない。これは，単に感情に対する関心が他の人よりも強いことを示しているに過ぎず，短所と考えるべきではない。このような人は感情刺激に興味をそそられ，感情刺激があると元気づくだろう。感情刺激を求めようとすれば，当然感情のやりとりが期待されたり要求される機会が増える。したがって，感情のコントロールや調節に問題を抱えている人の場合は，この特徴は短所となる可能性がある（ステップ 9 とステップ 10 を参照）。ステップ 7 に進む。

ケース7　28歳男性　感情に関するデータ

EB	=4:5.0			EBPer	=NA	**Blends**
eb	=5:4	L	=1.30	FC:CF+C	=1:4	M.CF.FC'=1
DEPI	=5	CDI=5		Pure C	=1	M.FC =1
						m.CF =1
C'=1	T =2			SumC':SumC	=1:5.0	FM.FC =1
V =0	Y =1			Afr	=0.67	FM.FT =1
Intellect =2		CP =0		S=4 (S to I, II, III=2)		
Blends:R=5:24				Col-Shad Bl	=1	
m+y Bl =1				Shading Bl	=0	

ケース6　30歳女性　感情に関するデータ

EB	=8:3.0			EBPer	=2.7	**Blends**
eb	=3:6	L	=0.31	FC:CF+C	=4:1	M.CF.C'F=1
DEPI	=5	CDI=1		Pure C	=0	M.FC.FD=1
						M.m =1
C'=4	T =1			SumC':SumC	=4:3.5	FD.FC' =1
V =0	Y =1			Afr	=0.50	FM.FD =1
						FM.Fr =1
Intellect =6		CP =0		S=2 (S to I, II, III=1)		
Blends:R=6:21				Col-Shad Bl	=1	
m+y Bl =1				Shading Bl	=0	

ケース7所見該当

　Afr は 0.67 で，回避型の人にしてはいくらか高い。これは偽の所見なのかもしれないが，刺激野を単純化して複雑さを回避しようとする人にしては情緒的な刺激に強い関心があることを示している。しかし感情のコントロールに問題があるために，このように感情に対して開放的であることは問題をさらに悪化させてしまいかねない。

可能な所見3：Afr の値が平均より低くても，0.44 以上の場合，感情刺激に対する関心が比較的少ないか，感情刺激をあまり積極的に取り入れようとしないと考えられる。この所見は不定型の人に最もよく見られるもので，複雑になるのを防ごうとする彼らの傾向がよく表れている。次いで，内向型の人にもよく見られる。しかし，この所見が該当するのは不定型と内向型だけではない。これはただ感情刺激にあまり関わろうとしないことを示しているだけであり，必ずしも短所とは考えられない。他のデータから感情の調節やコントロールの難しさがうかがえる場合は，そうした問題を自覚していて，問題を悪化させかねない状況を避けようとしていることを示しているだろう（ステップ9とステップ10を参照）。ステップ7に進む。

ケース6所見該当

　Afr は 0.50 で，内向型に期待されるよりもいくらか低い。これは，感情の含みのある刺激に興味関心がないか，扱わないことを示す。ステップ4や5で検討したように，情緒表現を抑制する傾向

ケース8　33歳女性　感情に関するデータ

EB	=3 : 7.0			EBPer	=2.3	**Blends**	
eb	=7 : 10	L	=0.18	FC : CF+C	=3 : 4	C.C'.m	=1
DEPI	=6	CDI	=1	Pure C	=3	CF.m	=1
						M.FY	=1
C'=1	T =4			SumC' : SumC	=1 : 7.0	FM.FT.FY	=1
V =1	Y =4			Afr	=0.37	FM.FV	=1
						FM.FY	=1
Intellect	=10	CP	=0	S=4 (S to I, II, III=4)		m.FC	=1
Blends : R=7 : 26				Col-Shad Bl	=1		
m+y Bl	=4			Shading Bl	=1		

があったことを考えると，これは意外な所見ではない。

可能な所見4： Afr の値が 0.44 未満のときは，感情刺激を避ける傾向が非常に強いと考えられる。このような人は，普通，感情を処理する際に相当心地悪さを感じるものである。その結果，社会の中でより一層窮屈な思いをするようになったり，ひどいときには孤立してしまうことも多い。この所見が該当する場合は，感情の抑制（ステップ5を参照）や感情面での著しい防衛を示す証拠（ステップ7，ステップ8を参照）が他にあるのが普通である。この所見が児童や青年のプロトコル中に見られる場合は，とりわけ重大である。なぜなら，日常的な感情のやりとりは発達に役立つものなのに，その多くが避けられ，あるいは過度に警戒されてしまうからである。

ケース8所見該当

　Afr 値は 0.37 でかなり低いが，特に外拡型の人にとっては低い。これは，彼女が何としても情緒的な刺激を避けようとしていることを示している。このような状態は，抑うつ指標 DEPI (6) が該当していたことや，ステップ4でも相当の無力感などの心理的苦痛の存在が示されていたことを考えると，必ずしも不自然ではない。しかし，この人が外拡型で情緒経験をよりどころにして決断するスタイルを持っていたことからすると，自分の対処様式そのものをおそれて，信頼しないことを示す。この所見は，きわめて重要である。

ステップ7：知性化指標（Intellectualization Index : Intellect）

　この指標（2AB+Art+Ay）からは，知性化の使用に関する情報が得られる。知性化とは，感情を思考のレベルで処理することによって，感情を刺激するような状況あるいは感情体験によってもたらされるインパクトを軽減，中和させようとする作用のことである。要するに，これは，感情の存在を包み隠したり否認したりして，感情を直接あるいは現実的に扱う可能性を少なくする，偽の知的過程である。

　知性化はよくある防衛の手段である。感情を刺激するような状況に直面したものの直接それには関わりたくないというとき，ほとんどの人がこの手段を用いる。したがって，問題とすべきなのは，知性化するかどうかということではなく，この防衛の手段が過度に使われていないかどうかという

ケース6　30歳女性　感情に関するデータ

EB	=8:3.0			EBPer	=2.7	**Blends**
eb	=3:6	L	=0.31	FC:CF+C	=4:1	M.CF.C'F=1
DEPI	=5	CDI	=1	Pure C	=0	M.FC.FD=1
						M.m =1
C'=4	T=1			SumC':SumC	=4:3.5	FD.FC' =1
V=0	Y=1			Afr	=0.50	FM.FD =1
						FM.Fr =1
Intellect	=6	CP	=0	S=2 (S to I, II, III=1)		
Blends:R=6:21				Col-Shad Bl	=1	
m+y Bl	=1			Shading Bl	=0	

ことである。知性化指標の値が3以下であれば，解釈的意味はない。ケース7はこれに該当する。

可能な所見1：値が4～6までの場合は，普通の人よりも頻繁に感情を知性的に扱おうとする。この方法によって感情からのインパクトは軽くなったり中和されたりするが，それだけではなく，一種の否認として作用し，その感情が本来持っている意味を歪めてしまう。ステップ8に進む。

ケース6所見該当

この指標が6ということは，感情を知性化して扱う傾向を示している。すでにステップ4，5，6で検討したように，この人は感情を直接扱うことを避ける人である。そのような人が，感情を中和する手段に頼るのは珍しいことではない。

可能な所見2：値が7以上となる場合，感情面でのストレスが大きいと感じられる状況では，主たる防衛の手段として知性化を用いると考えられる。このような人は，強烈な感情体験をしているときには心の働きが悪くなってしまいやすい。なぜならば，この手段は感情刺激が強まるにつれて効果的ではなくなってくるからである。ステップ8に進む。

ケース8所見該当

知性化の指標の値が10ということは，情緒的な経験から受けるインパクトを避けるために，知性化を主な防衛としていつも使っていることを示している。Afrが大変低かったという所見と合わせて考えると，この人は長いこと自分自身の感情や，周りから働きかけられる感情経験を扱うことを回避して，そのインパクトを否認してきたと言える。このような対処の仕方は，誰にとっても感情の混乱をもたらすものだが，外拡型の人であればなおさらである。

ステップ8：CP（Color Projection：色彩投映）

色彩投映（CP）は稀な反応であり，ケース6，7，8のように，CPの値はつねに0であることが期待される。CPが1つだけであっても，解釈上は非常に重要である。これは，不快な感情体験に対処するために，普通でない形の否認を用いることを示している。

ケース8　33歳女性　感情に関するデータ

EB	=3 : 7.0			EBPer	=2.3	**Blends**	
eb	=7 : 10	L	=0.18	FC : CF+C	=3 : 4	C.C'.m	=1
DEPI	=6	CDI=1		Pure C	=3	CF.m	=1
						M.FY	=1
C'=1	T =4			SumC' : SumC	=1 : 7.0	FM.FT.FY	=1
V=1	Y =4			Afr	=0.37	FM.FV	=1
						FM.FY	=1
Intellect	=10	CP	=0	S=4 (S to I, II, III=4)		m.FC	=1
Blends : R=7 : 26				Col-Shad Bl	=1		
m+y Bl	=4			Shading Bl	=1		

可能な所見：CPの値が1以上の場合，実情にふさわしくないようなポジティブな感情に当てはめたり情緒的な意味づけをすることによって，心の苦痛や不快感もしくは感情刺激の存在を否認する，ということを意味している。これは，現実を無視したり歪めてしまう，ヒステリー様の方法である。

　この種の防衛を用いる人は，たいがいネガティブな感情を適切に処理する自信がなく，感情の調節に問題を抱えている。そのため，情勢が厳しいものと思われたり，厳しくなると見越される場合は，その厳しさを避けるように現実を曲げてしまいやすい。

　この種の防衛は一時的なものであるのが普通である。これを頻繁に用いていると，他者からは感情が表面的な人と見られるようになるだろう。ステップ9に進む。

ステップ9：*FC : CF+C*

　FC：CF+Cの比率とPure Cの値からは，感情の発散や感情表現の調節に関する情報が得られる。FC反応は，よりよくコントロールされた，あるいはよりよく調節された感情体験に関係し，一方CF反応は，抑制のゆるい感情の発散と関係している。Pure C反応はさらに抑制を働かせずに吐き出す感情と関係している。重要なのは，CFとCの値を別々に検討するよりも，CF+Cとしてまとめて検討したほうがずっと信頼性が高くなる，という点である。ほとんどの非患者成人は，CF+Cより多くの，あるいは少なくとも同数のFC反応を示す。一方，若年者は，FC反応より多くのCF+Cを出す。

可能な所見1：FCの値がCF+Cの値より少なくとも1大きく，2倍までの数で，かつPure Cの値が0ならば，たいていの成人と同じ程度に感情の発散のコントロールあるいは調節をすると考えられる。これは，15歳未満の児童の記録には期待されない結果である。もしこれが該当するようであれば，感情表現に際して同年代の児童よりも厳重にコントロールしようと努めていることを示す。ステップ11に進む。

可能な所見2：FCの値がCF+Cの値の2倍より大きいが3倍よりは小さく，かつPure Cの値が0ならば，たいていの人よりも感情の発散を厳重にコントロールしようとすると考えられる。このような結果が15歳未満の児童の記録に現われることは，普通ありえない。ステップ11に進む。

第 16 章 感情 | 355

ケース 6　30 歳女性　感情に関するデータ

EB	=8:3.0			EBPer	=2.7	**Blends**
eb	=3:6	L	=0.31	FC:CF+C	=4:1	M.CF.C'F=1
DEPI	=5	CDI	=1	Pure C	=0	M.FC.FD=1
						M.m =1
C'=4	T=1			SumC':SumC	=4:3.5	FD.FC' =1
V=0	Y=1			Afr	=0.50	FM.FD =1
						FM.Fr =1
Intellect	=6	CP	=0	S=2 (S to I, II, III=1)		
Blends:R=6:21				Col-Shad Bl	=1	
m+y Bl	=1			Shading Bl	=0	

可能な所見 3：FC の値が CF+C の値の 3 倍以上で，かつ Pure C の値が 0 ならば，たいていの人がする以上に感情表現をコントロールしすぎていると考えられる。この結果は，より強い感情表現に関わるのをおそれたり，関わるだけの自信がないことを意味し，感情の萎縮の可能性を示唆している。ステップ 11 に進む。

ケース 6 所見該当

　FC:CF+C の割合は 4:1 で Pure C 反応はない。すでに確認したように，彼女は固定した内向型の人で，知性化の防衛を使い，感情を出さないように抑え込む傾向があった。こうした所見を踏まえると，色彩反応が形態優位なのは当然だろう。彼女は感情に心地悪さを感じており，感情が強くなりすぎることをおそれ，感情表出しっかり調節しようと努めている。ここでの所見は，これまでに立てられたこの仮説を裏づけている。

可能な所見 4：FC の値が CF+C の値よりも少なくとも 1 大きく，しかし 2 倍までの数で，かつ Pure C の値が 1 ならば，被検者は他の成人と同じ程度に感情の発散を調節するだろうと考えられる。しかし，どうかすると調節に失敗してしまい，そのときには他の成人がそうなった場合と比べても感情の発散はひどく抑制が効かないものとなる。このような結果が 14 歳未満の児童の記録には普通は見られない。ステップ 10 に進む。

可能な所見 5：FC の値が CF+C の値の 2 倍より大きく，かつ Pure C の値が 1 以上ならば，感情表現はほとんどの場合しっかり調節されているが，この厳重なコントロールは失われやすいと考えられる。このような人には，たいがい感情に関する葛藤がある。そのため，いつもは感情をしっかり調節しようと努めているのに，時として葛藤によってこの努力が突然途切れてしまうことがある。ステップ 10 に進む。

可能な所見 6：成人の記録において，FC の値が CF+C の値より少なくとも 1 大きく，しかし 2 倍までの数で，かつ Pure C の値が 2 以上ならば，感情の発散をうまく調節しようと頑張ってはいるものの，重大な調節の失敗がしばしば起こりうることを示している。これは成人のプロトコルでは非

ケース8　33歳女性　感情に関するデータ

EB	=3 : 7.0			EBPer	=2.3	**Blends**	
eb	=7 : 10	L	=0.18	FC : CF+C	=3 : 4	C.C'.m	=1
DEPI	=6	CDI=1		Pure C	=3	CF.m	=1
						M.FY	=1
C'=1　T =4				SumC' : SumC	=1 : 7.0	FM.FT.FY	=1
V =1　Y =4				Afr	=0.37	FM.FV	=1
						FM.FY	=1
Intellect =10		CP =0		S=4 (S to I, II, III=4)		m.FC	=1
Blends : R=7 : 26				Col-Shad Bl	=1		
m+y Bl =4				Shading Bl	=1		

常に稀な所見であり，もしも該当するようならば，統制力の問題と絡めて検討すべきである。感情表現の適切な調節を学びつつある児童や思春期前期の青年の記録でこの所見が見られるのは，珍しいことではない。ステップ10に進む。

可能な所見7：CF+Cの値がFCの値と同じか，FCの値より大きくてもその差が2までで，かつPure Cの値が0か1ならば，感情発散の調節はほとんどの成人がするほどには厳重でないことを示している。このような人は，平均的な人よりも感情をはっきり，あるいは強く表わしがちである。これは，成人にとって必ずしも悪い所見というわけではない。統制力に何の問題もなければなおさらである。しかし，対人関係や現実検討力に問題があったり，感情の混乱を体験しているような人にとっては，重大な欠点となる可能性がある。これらの条件のどれかにあてはまると，感情の表出がその状況にふさわしくないほど強くなるという事態が生じかねない。これは，ほとんどの児童および思春期前期の青年によく見られる所見である。ただし，内向型の場合は，年齢に関係なく，この所見が見られることは少ない。Pure C反応があればステップ10に進み，Pure C反応がなければステップ11に進む。

可能な所見8：成人の記録で，CF+Cの値がFCの値と同じか，FCの値より大きくてもその差が2までで，かつPure Cの値が2以上となる場合は，感情の調節に重大な問題がある可能性を示している。このような人は感情表現がしばしば強すぎて，衝動的な人という印象を与えることが多い。これは統制の問題のために生じていることもありうるが，心理構造が未成熟で，感情の調節の大切さをあまり理解していないことを示している可能性もある。この所見は児童では非常によく見られる。また，溢れるほどの感情とその調節不足を示しているが，これらは若者の行動には散見されるものである。ただし，内向型の場合は，年齢に関係なく，このような所見はきわめて稀である。内向型の人がこの所見に該当したならば，思考型のスタイルの効率や整合性が損なわれていて，他の心理活動によって思考回路が「ショート」してしまうことが多いと推測される。ステップ10に進む。

ケース8所見該当

　　FC : CF+Cの割合が3：4を示すのは珍しくはないが，3個のPure C反応があることは感情調節に

ケース7　28歳男性　感情に関するデータ

EB	=4:5.0			EBPer	=NA	**Blends**
eb	=5:4	L	=1.30	FC:CF+C	=1:4	M.CF.FC'=1
DEPI	=5	CDI=5		Pure C	=1	M.FC =1
						m.CF =1
C'=1	T=2			SumC':SumC	=1:5.0	FM.FC =1
V=0	Y=1			Afr	=0.67	FM.FT =1
Intellect	=2	CP	=0	S=4 (S to I, II, III=2)		
Blends:R=5:24				Col-Shad Bl	=1	
m+y Bl	=1			Shading Bl	=0	

何らかの問題があることを警告している。時には感情表現が不適切に強烈で，おそらく衝動的な印象を与えるものとなるだろう。来歴には未熟さを疑わせるものがなかったので，感情調節の問題である可能性が強まる。感情調節に問題があるならば，Afrの低さや，知性化の防衛を使うことの十分な説明にもなる。どちらも，強い感情を溜め込まないようにする方法であり，自分ではコントロールすることが難しいとしたら，このような方法を頼るのは理に適っている。

可能な所見9：CF+Cの値がFCの値より3以上大きく，かつPure Cの値が0ならば，他の人よりも感情の発散を調節することがずっと少ないと考えられる。このような成人は，感情表現の激しさゆえに目を引くことが多い。しかし，これが必ずしも短所となるわけではない。というのは，抑制のゆるい感情表現を多くすることが効果的かそうでないかは，そうした感情表現を社会環境がどれだけ受け入れてくれるかによって変わってくるからである。もっとも，現実検討力に問題があったり，感情の混乱が存在する場合は，状況にまったくふさわしくないぐらい抑制の乏しい感情表出が多くなされやすい。これは，児童のほとんどや思春期前期の青年には非常によく見られる所見である。ステップ11に進む。

可能な所見10：CF+Cの値がFCの値より3以上大きく，かつPure Cの値が1以上ならば，それは感情の調節が非常にゆるいことを示している。年少児童の場合には，これが最もよく見られる所見である。成人で該当する人はあまりいない。そのような人は周囲から衝動的な人だと見なされるし，どんなによくても，感情的すぎるとか，未熟だというふうに見られやすい。

　現実検討力に問題のある人や感情的な混乱を抱えている人がこの所見に該当する場合は，感情の調節の失敗が社会適応上の非常に大きな妨げになってしまうことが多い。この所見が内向型の人にあてはまる場合は，思考型のスタイルの機能や効果に重大な問題があることを示している。ステップ10に進む。

ケース7所見該当

　FC：CF+Cの割合は1：4で，Pure C反応も1個あり，強い感情表出をすることを示している。CDIで回避型のスタイルだったことを考えあわせると，あまり成熟した人ではなく，不注意で，自

分の感情を調節することに関心がないことが示唆される。ときには不適切に強すぎる感情表出をするとか，爆発的になることもあるかもしれない。この仮説は，飲酒して言葉の暴力を振るうことがあるという来歴中の記述と一致する。介入に際して最も重要になるのが感情の調節であろう。

ステップ10：Pure C（純粋色彩反応）

　記録中の純粋色彩反応（Pure C）を読み，抑制の効いた色彩反応と比べるとそれらがどの程度未熟あるいは原始的な反応であるのかを，内容面から評価する。Pure C反応がどの程度洗練されたものであるのかは，それぞれの反応によってかなりの違いが見られる。なかには，より知的な性質を備え，コーディングから予想される以上によくコントロールされているものもある。抽象芸術や装飾品を含んだ反応は，だいたいこのカテゴリーに入る。

　飛び散った血，火，筋肉，臓器などのように，より原始的な性質ゆえに目を引く反応もある。Pure C反応が知的なものであるほど，感情のコントロールの失敗は小さく，一過性のものと考えられる。Pure C反応がより原始的なものであれば，それは感情のコントロールに対する無頓着さを示す。このような反応は，感情調節が不十分で，不適応行動に至ってしまうことが多い人によく見られる。

　可能な所見：Pure C反応がすべて防衛的あるいは偽の知性化の性質を持つものである場合は，これらの反応をCF反応と同様なものと見なした上で，重大な感情調節の問題の有無を評価する。逆に，Pure C反応のいずれもがより原始的な性質を持っているときは，年少児童の場合を除き，重大な短所になると考えられる。このような反応からは，感情の調節に失敗したときには，不適切で不適応に至りかねない行動をしてしまうことが予想される。ステップ11に進む。

ケース7の反応

　X.（W）「誰かが何かに絵の具か何かを塗ったみたい。子どもが絵の具を付けたみたい。子どもは時々するでしょう。（質問）ただ，いろいろな絵の具が付いているように見えただけ。本当は何か意味があるのかもしれないけれど，わからない。誰かがいろいろな色を塗りつけただけ，ピンクと黄色，青とかね」

　色彩が適当でいい加減なやり方で使われている。これはいかにも回避型の未熟な反応である。色彩の特徴をもう少し効果的に調整てまとめることはできたにもかかわらず，そうしなかった。結局，洗練されない反応となり，ステップ9で強調したように，ほとんど感情を調節することはできなかった。

ケース8の反応

　II.（W）「嵐の後の太陽。（質問）この赤い部分が雨風の後の暑い日で，そこに日が出てきたんです。（どう見たらいいか教えてください）この黒いところが雲で，上と下の赤いのが太陽が出てきたところ。黒い雲がちぎれて太陽が垣間見えている。もしこの白い部分が他の色だったら，青だったら青空みたい」

　VIII.（W）「きれい，この色好きです。イースターに着る服みたい。（質問）柔らかそうに見えて，

イースターに着る服みたい。ピンクとピーチ色でとてもきれいです。（柔らかそうというのはどう見たらいいですか）色が柔らかで，パステルカラーがきつくなくて，かわいらしい女性用の服に似合いそうに見えたのです」

IX.（W）「教会のステンドグラス。（質問）色が，教会のステンドグラスのように見えました。窓が見えているわけではなくて色だけです。オレンジとピンクと青で教会の窓に使われそうな色です」

　どの反応も爆発的であるとか，原始的なものではない。むしろこの人がどのように知性化をするのか，そのプロセスをよく説明している。もともとは感じていたかもしれない強い感情の調子は静められている。しかし，この3個の反応にもう少しはっきりした形態を含めることはできたものと思われる。

ステップ11：S（Space Responses：空白反応）

　ほとんどの人が，少なくとも1個のS反応を出す。それは普通，図版Iか図版IIで出される。S反応が2個あるのも珍しいことではない。一般的には，図と地を逆転させたり，図と地を結合することは，その人に独自性があることを示していると考えられる。しかし，S反応の数が多すぎる場合は，反抗癖や対抗的傾向，あるいは怒りの可能性さえも考慮に入れなければならない。S反応が3個以上あるときには，S反応の継起が重要となる。というのは，なかには非常に反抗的な構えでテストを受け始める者もいるからである。そこで，ここでの所見が該当した場合は，それが状況を反映しているものなのか，それとも特性を示しているものなのかを区別することが肝要となる。

可能な所見1：Sの値が0から2までの数なら，特別な意味はない。ケース6（S=2）はこれに該当する。ステップ12に進む。

可能な所見2：Sの値が3で，すべてのS反応が最初の2枚の図版で出現しているのなら，おそらくテストを受ける用意が十分できておらず，状況からの要求に反抗的に反応したのだと思われる。これは，あまり普通とは言えない対抗的傾向を示しているのかもしれないが，反抗的構えは状況に関連したものと考えるほうがより無難である。ステップ12に進む。

可能な所見3：Sの値が4か5で，すべてのS反応が最初の3枚の図版で出現している場合は，テスト状況にかなり苛立っていることを示している。おそらく，望まぬ課題に直面させられたときには必要以上に対抗的になってしまいやすい，ということを示していると思われる。しかし，権威に対する否定的な構えを長く持ち続けていることを表している可能性も考えられる。ステップ12に進む。

ケース8所見該当

　4個の空白反応があり，すべてが最初の3枚の図版に示された。おそらくアセスメントの状況に脅威を感じて，課題に慣れるまでいくらか拒否的に反応したものと思われる。

ケース8　33歳女性　感情に関するデータ

EB	=3 : 7.0			EBPer	=2.3	**Blends**
eb	=7 : 10	L	=0.18	FC : CF+C	=3 : 4	C.C'.m =1
DEPI	=6	CDI	=1	Pure C	=3	CF.m =1
						M.FY =1
C'=1	T =4			SumC' : SumC	=1 : 7.0	FM.FT.FY=1
V =1	Y =4			Afr	=0.37	FM.FV =1
						FM.FY =1
Intellect	=10	CP	=0	S=4 (S to I, II, III=4)		m.FC =1
Blends : R=7 : 26				Col-Shad Bl	=1	
m+y Bl	=4			Shading Bl	=1	

可能な所見4：Sの値が3で，そのうち図版III以降に生じているものが少なくとも1ある場合は，周囲の状況に対して他の人よりも反抗的あるいは対抗的になりやすいと考えられる。これは必ずしも短所というわけではないが，円満な社会的関係を築くのには妨げとなりうる。ステップ12に進む。

可能な所見5：Sの値が4以上で，そのうち図版IV以降に生じているものが少なくとも1ある場合は，相当な怒りの感情があることを示している。この怒りは広く一般化され，周囲の環境にどういう姿勢を取るかを決定づけている。これは，その人の性格特性のようになった特徴で，心理機能にまで作用を及ぼすものである。この怒りは，必ずや意思決定と対処行動に何らかの影響をもたらす。この特性を持つ人の中には，決まって怒りを直接行動に表わす者もいる。あるいは，感情の抑制が心理構造の重要な特徴になっている人ならば，怒りはわずかに，しかも間接的にしか表に出ず，ただ内に「くすぶらす」だけかもしれない。怒りがどのように処理されていようが，こうした人は，他者との間で深い意味のある関係を維持するのが難しい。なぜならば，社会的な交流の中では歩み寄りというものが必要になるのに，彼らはそれに耐えられないことが多いからである。感情の抑制や調節に問題があるときは，この反抗的な構えが激しい感情表現の中に現われ出ることになろう。ステップ12に進む。

ケース7所見該当

4個の空白反応があり，半分は図版III以降に出ている。彼は怒っている人である。これまで検討してきた彼の未熟さや，社会的不適応や就職の失敗などから察すると，それも納得がいくものである。おそらくこれは，彼が飲酒したときの暴力的な行為と直接関連があると思われる。この所見は治療計画を考案するときには重要である。

ステップ12：ブレンド，EB，ラムダ

記録中のブレンドの数や割合からは，現在の心理的複雑さを大ざっぱに評価することができる。受検者の心理，特に感情面の特徴について理解しようとする場合には，心の複雑さに関する情報がとても大切になる。誰もがある程度の複雑さを有しているし，なかには他の人より複雑な人もいる。しかし，どの人も複雑さの程度がつねに一定というわけではない。むしろ，複雑さは，その人固有

ケース7　28歳男性　感情に関するデータ

EB	=4 : 5.0			EBPer	=NA	**Blends**
eb	=5 : 4	L	=1.30	FC : CF+C	=1 : 4	M.CF.FC'=1
DEPI	=5	CDI=5		Pure C	=1	M.FC =1
						m.CF =1
C'=1	T =2			SumC' : SumC	=1 : 5.0	FM.FC =1
V =0	Y =1			Afr	=0.67	FM.FT =1
Intellect =2		CP =0		S=4 (S to I, II, III=2)		
Blends : R=5 : 24				Col-Shad Bl	=1	
m+y Bl =1				Shading Bl	=0	

のある特定のレベルを境に，増したり減ったりするものである。

　たとえば，普通は，知的に高い人のほうが平均以下の人よりも心理的に複雑である。しかし，ストレス，満たされない欲求，未解決の葛藤などの存在いかんで，これはいつでも逆になりうる。ストレス，欲求，葛藤が中程度もしくは最小限になるにつれ，複雑さもある程度減じる。そして，ストレス，欲求，葛藤などが増加すれば，それにつれて複雑さの程度も増してくるのである。

　プロトコル中のブレンドの数や割合の解釈をするとき，まず最初に検討するのは，それらがその人に期待される値と一致しているかどうかという点である。次いで，この結果をその人の現在の状況に照らして検討することになる。

　ブレンドの大半が，感情関連の決定因子（有彩色，無彩色，濃淡）を1つ含んでいる。したがって，ほとんどのブレンドは感情の検討に直接関係してくる。ブレンドに感情関連の決定因子が含まれていない場合であっても，複雑さによって感情の体験のされ方や現われ方が変わってくることが多いので，ブレンドがあれば，それは感情の検討にとってはやはり重要なものとなる。

　ブレンドの期待値は，体験型（EB）とラムダの値によって異なる。ラムダの値が1.0未満ならば，たいがいの場合，内向型の人が出すブレンドの数は，外拡型や不定型の人よりも少ない。全反応数の20％がブレンドというのが典型的なものであり，ブレンドの割合が25％を超えるのはあまり普通のことではない（平均域は13～26％）。外拡型の人には全反応数の25％がブレンドという記録はよく見られるし，ブレンドの割合が33％となるのも珍しいことではない（平均域は19～33％）。不定型の人も平均では全体の25％のブレンドを出す。しかし，不定型の人の場合は35％を超えることもままある（平均域は16～36％）。

　ラムダの値が1.0以上の場合，一般的にはブレンドの割合は当然低くなることが期待される。回避型の人の記録では，普通，ブレンドの割合は15％より低くなるし，10％を切ることも珍しくない（平均域は8～14％）。これは，回避型の人の，複雑さを最小にしようとする方向性と一致する。

可能な所見1：ブレンドの割合が，その人のEBやラムダが示す対処スタイルの平均域に収まっている場合は，心理的複雑さの程度は，同じような対処スタイルの方向性を持っている人とそう変わるものではないと考えられる。ステップ13に進む。

ケース8　33歳女性　感情に関するデータ

EB	=3 : 7.0			EBPer	=2.3	**Blends**
eb	=7 : 10	L	=0.18	FC : CF+C	=3 : 4	C.C'.m =1
DEPI	=6	CDI	=1	Pure C	=3	CF.m =1
						M.FY =1
C'=1	T =4			SumC' : SumC	=1 : 7.0	FM.FT.FY=1
V =1	Y =4			Afr	=0.37	FM.FV =1
						FM.FY =1
Intellect	=10	CP	=0	S=4 (S to I, II, III=4)		m.FC =1
Blends : R=7 : 26				Col-Shad Bl	=1	
m+y Bl	=4			Shading Bl	=1	

ケース8所見該当

　26反応の中に7個（27%）のブレンド反応があるが，外拡型にはありうる範囲の複雑さである。しかし，現在まさに心理的苦痛を経験していることからすれば，これは期待されない値である。苦悩を経験している場合は，ブレンドの割合はこれよりもいくらか低くなることが期待される。

可能な所見2：ブレンドの割合が，その人のEBが示す対処スタイルの平均域を下回る場合は，心理機能は期待されるよりも複雑さに欠けると推測される。この所見は，人格構造に未熟さや貧弱さがはっきりうかがえるような人に最もよく見られる。こういう人は，感情を刺激するような複雑な状況に直面したとき，行動上に問題を表すことが多い。ステップ13に進む。

可能な所見3：ブレンドの割合が，その人のEBやラムダが示す対処スタイルの平均域を上回る場合は，心理構造は期待されるよりも複雑であると考えられる。ほとんどのブレンドには感情関連の変数が1つ以上含まれるので，期待される以上の複雑さというのは，感情が基になって生じていることが多い。さまざまな感情体験に対応できるだけの利用可能な資質を十分持っていれば，こうした複雑さは必ずしも短所にはならない。しかし，利用可能な資質が限られたものであったり，感情のコントロールや調節に問題がある場合は，心理的複雑さが高まると感情が行動の整合性や安定性に致命的な影響を及ぼす可能性も高くなる。ステップ13に進む。

ケース6と7所見該当

　ケース6は内向型で21個の反応中に6個（29%）のブレンド反応があるが，これは期待よりも多い。おそらくこの人が経験している苦痛と関連しているだろう。ケース7には，21個の反応中に5個のブレンド反応がある。反応全体の21%にあたり，回避型のスタイルの人には珍しく高い。しかし2人とも知的に優れていることや，先々治療が必要になる人であることを考慮するならば，どちらの所見も驚くほどでも期待されるほどでもない。むしろ，心理的複雑さで高まっていることが，2人にとって重大な不都合をもたらしていないかどうかを検討することが重要である。

ケース6　30歳女性　感情に関するデータ

EB	=8:3.0			EBPer	=2.7	**Blends**
eb	=3:6	L	=0.31	FC:CF+C	=4:1	M.CF.C'F=1
DEPI	=5	CDI	=1	Pure C	=0	M.FC.FD=1
						M.m =1
C'=4	T=1			SumC':SumC	=4:3.5	FD.FC' =1
V=0	Y=1			Afr	=0.50	FM.FD =1
						FM.Fr =1
Intellect	=6	CP	=0	S=2 (S to I, II, III=1)		
Blends:R=6:21				Col-Shad Bl	=1	
m+y Bl	=1			Shading Bl	=0	

ケース7　28歳男性　感情に関するデータ

EB	=4:5.0			EBPer	=NA	**Blends**
eb	=5:4	L	=1.30	FC:CF+C	=1:4	M.CF.FC'=1
DEPI	=5	CDI	=5	Pure C	=1	M.FC =1
						m.CF =1
C'=1	T=2			SumC':SumC	=1:5.0	FM.FC =1
V=0	Y=1			Afr	=0.67	FM.FT =1
Intellect	=2	CP	=0	S=4 (S to I, II, III=2)		
Blends:R=5:24				Col-Shad Bl	=1	
m+y Bl	=1			Shading Bl	=0	

ステップ13：状況ストレスに関連したブレンド

　ステップ12の所見からは現在の複雑さについての情報が得られる。だが，現在示されている複雑さの程度はその人本来のものなのか，それとも状況要因によって著しく高められた結果なのか，その点をはっきりさせることがさらに必要となる。このためには，第15章で説明したように，FC.FY, m.CFなどの，mやYのためだけで生じているブレンドの数を検討する。ケース6と，ケース7がそうであるように，この種のブレンドはほとんどの記録中に1個はある。この場合，ステップ12の所見を検討し直す必要はない。一方，この種のブレンドが2個以上であれば，ここでの所見は重要になる。

可能な所見：mやYのためだけで生じているブレンドの数が2以上の場合は，この種のブレンドの数を1にした上で，全反応数（R）中のブレンドの割合を再計算してみる。その結果，ブレンドの割合がステップ12で見たのとは異なる期待値（スタイルごとの期待値）の範囲に入るようなら，複雑さに関するステップ12での結論は修正したほうがよい。修正結果は次のようなものになるだろう。状況関連ストレスにより心理機能は普段に比べて複雑なものになっており，これら状況関連の要因がなければ，複雑さは低減される。ステップ14に進む。

ケース8所見該当

ステップ12で確認したように，26反応に7個（27%）のブレンドがあり，外拡型にしては一般的な複雑さのレベルである。しかし，7個のうち4個はmやYのためにブレンドになっている（CF.m，M.FY，FM.FY，m.FC）。全体からこの4個を除いて再算出した結果（3/26）は12%となり，外拡型にしては相当低い割合となる。明らかに，この人は普通の状況ではあまり複雑な人ではない。この人について記述する際には，状況によっていつになく複雑になっていることを伝える必要がある。興味深いことにこの人は，自分の感情を扱うのを避けたり否認したりすることに努力している人であった。複雑さが加わることで情緒的な苦痛が増し，扱いたくない感情を処理する負荷が大きくなっている。

ステップ14：普通でない複雑さ

普通でないほどの複雑さがあっても，それがつねにステップ12とステップ13の所見に十分反映されているとは限らない。期待されるよりも複雑な人が示すブレンドの割合が，平均域，あるいは平均域より低くなる場合もなかにはある。また，ブレンドの割合が期待値より高くなっていても，それでもまだ実際の複雑さの程度をとらえ切れていない場合もある。こうしたケースには，たいがい，複雑すぎるブレンドが含まれている。

ブレンドのおよそ3/4は2つの決定因子だけで構成されている。そして，約1/4が3つの決定因子から成り立っている。4つ以上の決定因子でできているブレンドというのはきわめて稀である。したがって，3つの決定因子を含むブレンドの数が全ブレンド数の1/4に満たない場合，あるいは，4つ以上の決定因子を含むブレンドがまったくない場合は，このステップの所見は意味あるものではない。ケース7がそうである。ケース7は5個のブレンドのうちの1個だけが3つの決定因子でできている。

> **可能な所見**：3つの決定因子を含むブレンドの数が全ブレンド数の1/4以上になるとき，あるいは4つ以上の決定因子を含むブレンドが1個以上あるときは，ステップ12の結論を修正すべきである。修正にあたっては，ときに心理特性が複雑すぎてしまうという点について特筆しておくのがよい。ほとんどの場合，複雑さが増しているのは感情体験のためである。これは必ずしも短所になるわけではないが，心の働きに不具合をもたらすおそれは大きい。資質が限られたものであったり，感情のコントロールや調節に問題がある場合は，特にこの可能性が高まる。ステップ15に進む。

ケース6とケース8所見該当

ケース6の6個のブレンドのうち2個は3つの決定因子を含むものである。同様にケース8は，7個のブレンドのうち2個が3つの決定因子を含む。ケース6については，ステップ12の所見からは，複雑さの程度は標準よりもいくらか高いことがわかった。それは，今まさに苦しみの中にいることを考えれば，不思議のないことではない。ここでの所見は，彼女の心理機能は，ときにはこれまでわかっていた異常に複雑になることを示している。

ケース8の所見はより重要である。ステップ12では期待を超える複雑さを示す人ではないという所見が得られた。ステップ13では修正が加えられ，通常はそれほど複雑な人ではないのに，状

況に関連する要因によってより複雑になっていることが理解された。ここでの結果はステップ13の結果を強調することとなる。なぜならば，3つの変数によって構成される2個のブレンドは，mやYの決定因子が含まれているからである。このことはステップ13では考慮されなかった。明らかに何らかの状況関連の要因が過剰な複雑さをもたらし，その結果，簡単で効果的な対処ができなくなっている。2カ月に及ぶ前の治療がうまくいかなかったということ以外，来歴には状況ストレスについての情報は何もなかった。おそらく何らかの重大な情報がまだ知らされていないだろうし，場合によっては現在の抑うつは自己報告されている以上に重症なものである可能性が高い。

ステップ15：色彩濃淡ブレンド（Color Shading Blends：Col-Shad Bl）

色彩濃淡ブレンドは，コーディングに有彩色決定因子（FC, CF, C）と，無彩色決定因子（FC', C'F, C'）もしくは濃淡決定因子（Y, T, V）の両方を含むすべての反応，と定義される。これらは，普通，感情が不安定で混乱したものであること，あるいは両価的であることを示している。

色彩濃淡ブレンドは，内向型あるいは回避型の人のプロトコルよりも，外拡型と不定型の人のプロトコルに見られることが多い。これは，対処スタイルによって解釈がだいぶ変わってくることを意味しているわけではない。この所見に関する仮説を立てるには，対処スタイルと色彩濃淡ブレンドの頻度の両方が重要になることを示しているのである。

可能な所見1：外拡型もしくは不定型の人の記録に，C', T, Vなどによる色彩濃淡ブレンドが1個ある場合，ときに感情の状態が不安定になったり，混乱したりすると考えられる。これは必ずしも否定的な所見とは言えない。特に外拡型の人の場合は他の対処スタイルの人よりも感情に関わる機会が多いので，否定的にとらえる必要はない。外拡型の人には，感情が一時的に不安定になるというエピソードは日常的に生じやすい。しかし，外拡型の人は他のスタイルの人に比べて感情を扱うことに心地よさを感じているのが普通なので，そのようなエピソードがあったとしても狼狽してしまうことはあまりないだろう。

ケース8所見該当

色彩濃淡ブレンドが1個（C.C'.m）あり，自分の感情についてときに不確実になることを示している。通常であれば，外拡型の人にとってはこの所見はそれほど重要ではない。しかし，この人の感情に関する数々の困難を思い起こすと，最終所見としてまとめるときには考慮すべき重要な所見である。

可能な所見2：内向型もしくは回避型の人の記録中に，C', T, Vによる色彩濃淡ブレンドが1個ある場合，あるいは，外拡型もしくは不定型の人のプロトコル中に2個以上ある場合は，しばしば感情や感情を刺激する状況によって混乱してしまうと考えられる。このような人は，普通，他の人に比べて感情をより強烈に体験し，ときには感情を刺激する状況から抜け出すのが困難となる。内向型や回避型の人がこの所見に該当する場合は，これらの特徴はより重大な影響を及ぼす。なぜならば，内向型や回避型の人はこのような体験に不慣れで，事態をどう収拾していいのかわからなくなりがちだからである。

ケース6とケース7所見該当

どちらのケースにも1個の色彩濃淡ブレンドがある。ケース6は，M.CF.C'Fで，ケース7はM.CF.FC'である。どちらのケースも，一般よりも感情に葛藤や混乱を経験している。これらの経験はおそらくいくらか破壊的なニュアンスを含むもので，彼らの苦痛を増すものとなっているだろう。

可能な所見3：どのスタイルかに関係なく，記録中にYによる色彩濃淡ブレンドが1個以上ある場合は，状況に関連した出来事のために感情が不安定になったり，混乱したりしていると考えられる。この種の混乱は，外拡型や不定型の人によりも，内向型と回避型の人に，ひときわ重大な影響を及ぼしやすい。所見1もしくは所見2のいずれかに該当している場合は，そこで得られた仮説にこの所見を補足しておくべきである。ステップ16に進む。

ステップ16：濃淡ブレンド（Shading Blends）

FT.FC'，FV.FYのような濃淡ブレンドというのはきわめて稀で，決して望ましいものではない。これらは，非常につらい感情体験をしていることを示している。

可能な所見：濃淡ブレンドが1個以上ある場合，それは苦痛に満ちた感情が存在することを示している。濃淡ブレンドからネガティブな感情がもたらされた原因を推測することはできない。しかし，ときにはコーディングを見ることによって，その特徴について手がかりが得られる。いずれにしても，この種の非常に大きな苦痛は，ほとんどすべての心理機能にとって強烈な打撃となる。苦痛は感情の中で支配的な位置を占めるようになるばかりでなく，思考にも広く影響を及ぼす。現在体験している苦しみによって注意と集中が妨げられることはよくあり，判断が大きく左右されてしまうこともある。

ケース8所見該当

1個の濃淡ブレンドがある（FM.FT.FY）。これは基本的には状況に関連したものであるが（FY），そこに長期にわたる孤独感や人恋しさがつのって，苛立ちとなったものである。このブレンドは，この人の"4個も"あるT反応のうちの1つであることを強調する必要があるだろう。孤独感や人恋しさに対するとらわれは，相当強いものと思われる。来歴には孤独感についての情報は少ないが，報告されているように，夫の不在がこの問題とおそらく関連しているだろう。

感情に関する所見の要約

ケース6

30歳のこの女性は，緊張感と不安感のために仕事の効率が悪くなってきたのを苦にして治療者を尋ねてきた。悲しみや抑うつ感はないとのことだった。紹介元は，この原因は何なのか，そして何らかの抑うつの証拠があるのかを尋ねている。この最初の質問に関しては，ここのクラスターか

ら答えられることがかなりある。2番目の質問に対する答えは予測の域を出ないので，プロトコル全体を検討し終えるまで完全にまとめあげることはできない。

　まず，この人は思考を頼りにする人である（ステップ2）。しかし現在苦悩を経験している（ステップ4）。感情の混乱を経験する人に特徴的な，緊張や不安，むら気や抑うつ感がこの人にもある。意思決定の方法はかなり一貫していて，時には一貫しすぎてさえいるように見える。いつもありうるすべての可能性にあたって考えてからでなければ，どのような行動も取らないし，行動を取るときにも自分の感情をきっちりとコントロールして，できるだけ思考に影響を与えないようにしようとする。直感的な決断を嫌い，問題解決にあたって試行錯誤するのを避けようとする。時にはそのような対処法を取ったほうが明らかにいい場合でも，思考に頼ったアプローチをする（ステップ2と3）。

　この人は感情を抑制し，内に秘める人である。これは思考を頼りにする人には珍しいことではないものの，そうしすぎるために，不快感が蓄積し，苛立ちが相当強まっている。このような方法を取りすぎる人は，感情に心地の悪さや，恐怖心さえ持っている場合がある（ステップ4と5）。感情の含みのある状況を避ける傾向があり（ステップ6），感情を扱うときには，多くの人よりも知性化したレベルで扱う。これは否認の一種で，そうすることで感情から受けるインパクトを直接扱わなくてもすむようにしている（ステップ7）。

　自分の感情が外に表出してしまわないように，相当努力してコントロールしようとしているが，おそらくしすぎである（ステップ9）。しかし，これは感情に心地のよさを感じない人や，恐怖心を抱いている人にはよくあることで，ひどく緊張感が高まっている。心理学的には複雑な人であり（ステップ12），知的に優秀な人には珍しくはないものの，複雑さは期待されるよりも込み入ったものとなっている（ステップ14）。いくつかの，込み入った複雑さが示すのは，感情に対する葛藤や混乱を経験しているという事実である。この混乱は時には破壊的な威力も持つために，すでに経験されている苦悩に拍車をかけることとなっている（ステップ15）。

　主訴の緊張感や不安感は，この人が長期間にわたって自分の感情経験を回避し，コントロールしすぎたために起こるものである。このようなコントロール過剰は，自分の望んでいる状態とは逆の結果を招くことにしかならず，他者と意味のある関わりを持つのを困難にしてしまう。

ケース7

　28歳のこの男性は，慢性的な抑うつ感を抱いている。アルコールを飲みすぎる傾向があって，飲むとかんしゃくを起こしやすくなり，言葉の暴力も振るうということで専門家を訪れた。紹介元は，抑うつを確認し，治療選択についてアドバイスを得ることを望んでいる。

　この人は，社会適応が難しいために，情緒的に混乱する可能性をはらんでいる。社会的活動で失敗したときに経験する苦痛を彼の言葉にして表すと，おそらく抑うつ感ということになるのだろう。しかし，このような苦痛は気分変調症や大感情障害の人が経験するものとは違っている（ステップ1）。この人には，複雑さや曖昧さを無視するとか否認して避けようとする目立った特徴がある。問題解決や意思決定場面で一貫した態度を取るよりも，物事を単純化して扱うことを優先する。それが感情経験の扱い方にも影響して，自分の感情経験の表現は不適切にコントロールのゆるいものとなっている（ステップ2と9）。

この人は多くの人よりも孤独感や高まる欲求を経験していて，それが不快感になっている（ステップ4）。複雑さや曖昧さを回避しようとする人には珍しいことだが，感情経験に対して開放的である（ステップ6）。しかし，この人は自分の感情をコントロールしないので，感情経験を開放的に扱うことは欠点になるだろう。感情経験はいつも，成人に期待されるよりも強烈なものとなる（ステップ9）。社会的に練れていないという特徴を考えると，おそらく未熟さが残り，不注意で，自分の感情経験をコントロールすることをあまり意識しない傾向があるのだろう。結果として，時には不適切に激しく，あるいは爆発的にさえなるような感情表出がなされることになる（ステップ1，9，10）。

この人が強い怒りを経験していることが，事態をさらに複雑にしている。しかし，この人の未熟さや社会的なナイーブさ，職業上の失敗などと照らし合わせると不思議なことでもない。怒りを感じていることが，飲酒時に起こる攻撃的な爆発と直接関連しているだろう（ステップ11）。おそらく，回避することを好む多くの人に期待されるよりも，この人は複雑な人である（ステップ12）。ここでの複雑さは，時々感情に対して葛藤的になったり，混乱したりするために生じている。このような経験が，この人の経験している苦痛を増している（ステップ15）。感情のコントロールと怒りの問題が，この人の治療計画を立てるときにはかなり重要である。

ケース8

33歳のこの女性は，最近6ヵ月あまり間歇的な抑うつを経験していて，抗うつ剤による薬物療法を受けていたが効果がないため紹介されてきた。

この人は，かなり深刻な感情の問題を持っている（ステップ1）。思考するときにも感情が重要な役割を果たすタイプの人で，意思決定にあたっては試行錯誤のアプローチを取る傾向が強い（ステップ2）。しかし，時にはこの対処法を変えたほうがいいと思われるときには，いつもの直感的なアプローチを控えて，思考によるアプローチを取れるだけの柔軟性がある（ステップ3）。もともと自分の感情を率直に表現する人で，感情表現を厳密に調整することに気をつかわないところがある（ステップ2）が，現在はそうでもないようである。

現在は相当な苦悩を経験しているために（ステップ4），何としても情緒的に巻き込まれないように感情経験を避けているようである（ステップ6）。孤独感にさいなまれ，かなり無力感に圧倒されている（ステップ4）。感情を扱わないようにしているが，それは彼女が自分の感情や，意思決定の際の指針として感情を頼りにしてきた自分のスタイルに不安を抱き，信頼できなくなっていることを示している（ステップ6）。実際，情緒的な経験のインパクトを回避するため，あるいは少なくとも中和するために，知性化をたびたび行っている。しかし，この手段に訴えることはあまりにも多い。それは，おそらくこの人が自分の感情からも，状況がこの人に要請する感情からも逃げていることを示している。このような心理学的な防衛に頼りすぎると，誰でも感情的に混乱しやすくなってしまう（ステップ7）。

現時点では，自分の感情をコントロールすることが難しく，時には感情表出は不適切に強烈で，そのように表出された感情は未熟さや衝動性を印象づけるものとなっている（ステップ9）。明らかに自分でもこのことに気づいていて，自分の感情を直接扱うのではなく，よく考えてから対処するように心がけている。そのため，いつもはそれほど複雑な人ではないのに（ステップ12と13），

状況因子によって複雑になっている。このような付加された複雑さがこの人の感情的な苦痛を深め，自分では扱いたくない感情を扱わざるをえないという負荷が生じている（ステップ13と14）。この人は自分の感情が不確かになっていて，自分の感情に混乱しており（ステップ15），時には長期にわたる孤独感や欲求不満のためにかなりの苦痛を経験している（ステップ16）。

　ここまでの所見を裏づけるような最近の対象喪失の経験やトラウマ経験は，来歴の中には示されていなかった。ということは，全体像を肉づけしていく上で，この人の記録の残りの所見が重要になる。しかしここまでの所見からでも，この人の結婚生活についての詳細な情報が必要であると詩的することができる。

感情の変数に関する研究と概念

DEPI（抑うつ指標）とCDI（対処力不全指標）

　抑うつこそが主たる問題となるケースを正確に識別するためには，どの変数が有効なのか。この変数の特定が難しかったのには2つの理由がある。まず1つ目に挙げられるのは，精神科の患者では抑うつが訴えられたり，症状として現れることが非常によくあるということである。抑うつは，奇妙な思考，希薄な現実感覚，性的機能不全などよりも社会的に受け入れられやすい。それゆえ，患者も抑うつ状態にあることは簡単に認める。その結果，大勢の患者がうつ病という診断名で入院したり，外来に通うことになるし，最初は抑うつに治療の焦点があてられることになる。2つ目の問題は，抑うつは統合失調症の特徴のようにはっきりしたものではなく，反応性の苦痛から統合失調感情障害に至るまで，幅広い症候群の中心的要素となりうるという点である。このため，単に不満や不幸，苦痛を感じているだけの人と顕著に抑うつ状態にある人を識別する変数のクラスターを求めるには，さまざまな群をふるいにかける必要があった。対象となったのは，気分変調症（神経症性うつ病），単極性うつ病，双極性感情障害，統合失調感情障害，自分の置かれた環境の複雑さに対処することに無力感を感じている相当数の人々などの群である。

　もとのDEPIは5つの変数から成り，抑うつ群と3つのコントロール群とをかなりよく識別した（Exner, 1986）。しかし，その成果は十分に満足いくものとは言えなかった。気分変調症と双極性感情障害群では抑うつ状態を示す人の70%を正確に識別できたが，コントロール群では偽陽性の率が高く，うつ病ではない入院患者群で30%，非患者群で約10%が偽陽性だった。加えて，偽陰性の率も容認できないほど高く，抑うつ状態にあるのが明らかな成人患者群では60%を超えることが多く，抑うつ状態の児童群ではさらに高くなった（Lipovsky, Finch & Belter, 1989）。

　1978年から1990年の間にうつ病と感情障害の定義が変更されたため，問題はさらに大きくなった。その間に出された感情障害に関する文献には矛盾する見解が多く見られたし，ロールシャッハに基づかない多くの研究結果は両義的なものだった。抑うつは訴えとしては最もよくある症状であり続けている。しかし，どんなに熱心なDSMの擁護者であっても，抑うつを訴える患者に共通の性質はほとんどないと認めざるをえないだろう。

　Wiener（1989）は，抑うつという言葉が用いられるときの曖昧さや矛盾，過度の一般化について，優れたレビューを行っている。Wienerはうつ病の特徴を定義しようとするDSMのアプローチを厳しく批判し，次のように述べている。「抑うつという言葉は，状態，特性，兆候，症候群，疾病の

呼び名として，あるいは分類名や説明概念として，きちんとした区別もされずに使用されている」。多くの研究者は抑うつには心理学的あるいは生物学的に同一の素因があると考え，この仮説に基いて多様な概念を提示した（A. Beck, 1967 ; Blatt, Quinlan, Chevron, McDonald & Zuroff, 1982 ; Brown & Harris, 1978 ; Chadoff, 1974 ; Kendell, 1976 ; Millon & Kotik, 1985 ; Seligman, 1975 ; Abramson, Metalsky & Alloy, 1989）。しかし，そのために多くの問題が生じてきた。もともとあった抑うつの素因が発達の過程で育っていくと考える者もいれば，誤った原因帰属，否定的な自己概念，社会的な関係からの引きこもり，あるいは精神生物学的脆弱さなどに注目する者もいる。原因をどのようなものと考えるにしても，素因には同質性があるに違いないという立場は一貫して取り続けられている。それにもかかわらず，DSM の診断分類基準は同質性という考え方からはほど遠いものである。むしろそれは徴候と症状を組み合わせた基準であり，そのため，最終的に同じ診断名となる組み合わせは非常に多くなってしまう。Wiener（1989）は DSM-III R を叩き台にして，不快気分がある場合には，気分変調性障害という診断名に行き着く徴候と症状の組み合わせは 286 になる，と指摘した。

　抑うつに関する見解や研究成果をふり返ると，抑うつあるいは感情障害と診断される人は少なくとも次の3つに分類できることがわかる。（1）情緒的に混乱している人，（2）悲観的な認知をしたり，無気力であったり，自滅的な行動を取る人，（3）複雑な社会に対処する上で無力な人。これらははっきり区別されるものではなく，重複はかなりある。しかし，これらが心理構造の最も重要な特徴であることは，これまでのいくつかの見解や研究成果から裏づけられている。

　1986年には，この仮説に基づき，それまでの指標に代わる3つの DEPI を作る研究がなされた。まず最初に，感情障害と診断された患者 1,400 人のプロトコルを3つの群に下位分類した。分類にはテスト以外のデータを用いた。それらのグループは，（1）情緒面での抑うつ，（2）認知面での抑うつ，（3）無力感，ととりあえず定義された。十分なデータが得られなかったため分類できなかったプロトコルは 650 あった。最終的には，それぞれ 200 人以上のサンプルから成る3つの群が作られた。因子分析の結果は，興味深くはあるが，はっきりしたものではなかった。5因子の内訳は，3群に共通する因子が2つ，2群には共通するがもう1群には当てはまらない因子が2つ，まったく意味を持たない因子が1つだった。この結果からは，これらの群には何らかの違いがありそうだということぐらいしかわからなかった。そこで次に，多変量分散分析，相関分析，判別関数分析などを行った。

　最初の2群（情緒面および認知面）のデータにはかなりの重なりが見られたが，3つ目の群のデータにはより明確な差異があった。最初の2群はどのような分析方法を使っても分けることができなかったので，これらは1つの群（N=471）にまとめられた。この群は，判別分析と分割表を用いて改訂 DEPI を作るためのサンプルとされた。3つ目の無力感の群（N=213）は，改訂 DEPI を検証するためのサンプルとして残された。分析の結果，抑うつや感情障害の有無を識別するには，少なくとも15の変数を考慮しなければいけないことがわかった。この15変数を基に，改訂 DEPI の7つの評価項目が作られた。

　改訂 DEPI の検証は，まず，無力感と分類された群のサンプルを用いて行われた。DEPI が陽性になる者は少なく，該当項目数が 5, 6, 7 だったのは 213 人のうち 36 人（17%）だけだった。これは注目すべき結果だった。なぜならば，DEPI の指標作成に用いられた標的サンプルでは，最終的な DEPI の分割表を用いると 471 人中 402 人（85%）は該当項目数 5, 6, 7 となり，正確に識別

できたからである。結局，無力感の群から CDI が作られることになった。CDI は，抑うつの問題を検討するにあたっては，単独で用いても，補助的データとして用いても，非常に有用な指標であることがわかった。続いて，データ不足のために予備的下位分類（情緒面，認知面，無力感）に入れられなかった 663 ケースを使用して，改訂 DEPI の第 2 の検証が行われた。その結果, 約 81%（539 ケース）は該当項目数が 5，6，7 で，そのうちの 469 ケース（71%）は該当項目数が 6 か 7 だった。

　改訂 DEPI を他の群に適用して調べたところ，結果はさまざまだった。たとえば，「偽陽性」（5 つ以上の項目に該当）となる率は，非患者成人のサンプルでは 5 ～ 17%，非患者児童のサンプルでは 2 ～ 5% だった。DSM-III R の診断基準によって大うつ病と診断され，ラムダの値が 1.0 未満だった 193 人の患者群では，73% が DEPI 陽性となり，その半数強は該当項目数が 6 か 7 だった（Exner, 2001）。DSM-III R の診断基準によって大うつ病と診断され，ラムダの値が 1.0 以上だったサンプル（N=86）では，63% が DEPI 陽性となったが，そのほとんどは該当項目数が 5 だった（Exner, 2001）。ラムダの値が 1.0 未満の統合失調症入院患者では 30%，ラムダが 1.0 以上の統合失調症入院患者では 22% が，DEPI 陽性だった（Exner, 2001）。これらの結果を踏まえると，DEPI が陽性である場合は感情面に問題があることを示しているのであって，特定の診断カテゴリーと結びつくものではないことがわかる。

　そのような提言をした最初の研究の 1 つが，Ball, Archer, Gordon & French（1991）である。彼らが抑うつ症状のある 166 人の児童および青年に，もとの DEPI と改訂 DEPI を用いたところ，改訂 DEPI では 35% 程度しか有効に予測できなかった。そのため彼らは，DEPI を児童および青年のうつ病の診断には使用しないよう強く勧告した。同様に，Carlson, Kula & St-Laurent（1997）は，大うつ病と診断された 40 人の入院患者を DEPI で識別することはできなかったと報告している。Jansak（1997）は，60 人のうつ病成人の群と 30 人のうつ病ではないコントロール群とを比較し，外拡型の人は不定型や内向型の人よりも DEPI の数値が高くなると報告した。その研究では，DEPI と CDI を組み合わせると，うつ病患者の 72% を正確に識別できた。

　CDI は，DEPI の改訂のために行われた研究の直接の副産物である。前述のように，「無力感」と分類された抑うつ感情障害群の患者は，改訂 DEPI ではあまりよく識別できなかった。そこで，DEPI の値が 5 未満の無力感群（N=177）と，DEPI 作成のために使われたサンプルの中で DEPI が陰性だった 69 人とを合わせ，新しいサンプルを作った（N=246）。そして，相関分析と判別関数分析を行った。

　この群では，11 個の変数の集まりにかなりの同質性があることが判明した。その 11 変数からいくつかの組み合わせを作って検証し，最終的に最も有効な 5 つの評価項目が作られた。それぞれの項目は，該当するごとに 1 点が割り当てられることになった。臨界値を 4 と 5 にすると，新しく作った標的サンプルでは 246 人中 194 人（79%）を正確に識別できた。無力感の群では，177 人中 143 人（81%）を識別できた。改訂 DEPI の研究では下位分類できなかった抑うつ感情障害群 663 人にこの新しい指標を適用してみたところ，219 人（33%）が陽性だった。この中には，DEPI 指標が陰性だった 124 人のうちの 93 人が含まれていた。

　感情障害の診断を受けながらも DEPI は陽性にならなかった患者の 79% は，CDI の値が 4 か 5 だった。これは注目に値すべき結果である。この新しい指標の変数の組み合わせがどういう意味を持つのか，最初はよくわからなかった。しかし，より細かく研究していくと，変数のほとんどは社

表 16.2 「対人関係の困難」を基に分けられた外来患者の2群におけるCDI値4もしくは5の患者の頻度

| | 対人関係の困難あり | | 対人関係の困難なし | |
| | N=204 | | N=236 | |
	N	%	N	%
CDI=4	36	18	18	8
CDI=5	61	30*	10	4
CDI陽性の合計	97	48*	28	12

＊＝他の群との有意差あり（p<.001）

会的活動あるいは対人関係活動と関係していることがわかってきた。

　CDIの有効性を評定するための次のステップとして，いくつかの群のCDIの値が調べられた。非患者成人のサンプルでは，CDIの値が4あるいは5のものは4%だった。非患者児童ではその割合がもっと高く，6～24%だった。統合失調症群では20～25%，犯罪歴のない人格障害者では約50%だった。CDI陽性の割合が最も高いのは，不適切な人格（88%），アルコールと物質の濫用（74%），犯罪歴のある人格障害（69%）の3群だった。これらの結果から，この指標を最も適切に表わす名称として「対処力不全（Coping Deficit）」が選ばれることになった。

　さまざまな精神病患者群でCDI陽性がかなりのパーセンテージを占めたことにより，CDIは抑うつの補助的な指標でないことが明らかとなった。概念的には，CDIは対処能力に制約があったり不足している人を識別する基準と言える。この仮説は，初めて治療を受けることになった外来患者440人のデータによっても裏づけられた。それらの患者の初回面接では，「患者の訴え」を含むさまざまな変数がコーディングされた。主訴としては次の6つがコードされた。（1）抑うつ，（2）不安，（3）思考のコントロール，（4）感情のコントロール，（5）身体化症状，（6）対人関係の困難。主訴は，1人について3つまでコードされた。ソーティング・プログラムを使って2つの群を作った。標的群には主訴として第6番目の「対人関係の困難」がコードされた者を分類し，第6番目の主訴がコードされなかった者はコントロール群に入れられた。440の記録のCDIを算出したところ，CDIの値が4あるいは5だったものは125あった。CDI陽性の125の記録の分布は，表16.2の通りである。

　このデータが意味するのは，対照群より標的群のほうが実際に対人関係上の問題が多かったということではない。現実的にはそのようなことはほぼありえない。しかし，対人関係の困難を訴える人たちが対人関係上の問題をより敏感に意識していたことがうかがい知れる。

　CDIは抑うつ指標ではないものの，抑うつ状態にあると診断された人たちの中にCDI陽性が見られるということは，治療計画を考える上で重要になる。たとえば，うつ病による初回入院患者315人（約半数が私立精神病院の患者で，約半数が公立病院の患者）のうち237人（75%）はDEPIの値が5以上で，そのうちの80人（34%）はCDIの値も4か5だった。サンプル全体では，315人のうち138人（44%）はCDIの値が4以上だった。つまり，DEPIの値が5未満だった（偽陰性）78人の中には，CDIの値が4以上だった者が58人（74%）いるということである。まとめると，DEPIとCDIの両方が陽性となるのが全体の25%，DEPIが陽性でCDIは陰性となるのが50%，CDIが陽性でDEPIは陰性となるのが18%である。合わせると，DEPIとCDIのどちらかの指標に該当するのは群全体の93%強となる。

315人の患者のうち，入院期間が42日以上になる者はいなかった。315人中271人からは，退院6カ月後の追跡調査のデータが得られた。その結果，271人のうち72人はその間に再入院していたことがわかった。その72人のベースラインの記録を見ると，33人はDEPIとCDIの両方が陽性で，24人はCDIのみ陽性，13人はDEPIのみ陽性だった。CDIもDEPIも陰性だったのは2人だけだった。つまり，再入院患者の79%は，初回入院時にCDIが陽性だったことになる。もともとのサンプルでのCDI陽性の割合44%と比べると，この値は有意に高い。再入院には内的および外的な多くの変数が関係しているので，CDIを構成する11個の変数が「最も予測力の高い」因子だと考えるのは誤りであろう。しかし，再入院患者にはCDI陽性の人が多いことからは，入院期間中あるいは退院後の外来治療の間に対人関係のスキルや適応の問題が十分扱われてこなかったのではないかと考えられる。

興味深いことに，CDI陽性に反映される社会的な対処力不全は，よく練られた治療によって比較的容易に改善されるようである。治療効果に関する2つの研究（Weiner & Exner, 1991；Exner & Sanglade, 1992）によると，治療開始時にCDIの値が4か5だった患者70人のうち46人（66%）が，治療開始から8カ月ないし14カ月後の2度目のテストではCDI陽性ではなくなった。一方，非常に短い期間での治療，たとえば2～3か月の治療では，対処力不全にはほとんど効果がなかった（Exner & Sanglade, 1992）。つまり，CDI陽性はごく短期間のうちに変化するものではないが，適切な治療方針と治療の機会が得られれば，ほとんどの場合，予後の変化は好ましいと期待できる。

体験型（Erlebnistypus Styles：*EB*）

Rorschach（1921）は，体験型（EB）を最も重要な研究結果の1つと考えた。Rorschachによれば，体験型は優先的に選ばれる反応スタイルで，その人の土台をなすものである。Rorschachが有彩色反応に重みづけをした（FCに0.5，CFに1.0，Pure Cに1.5）理由のすべてはわかっていない。しかし，有彩色反応はM反応よりも出現頻度が高いと述べており，重みづけによってそれら頻度を均等化することができ，同時に色彩反応にどのように形態が用いられているのかを示すことができると考えていたのは明らかである。

Rorschachは，EBの比率がはっきりとMの方向に傾いている場合は，基本的な欲求充足のためには内的世界（inner life）を頼みにする傾向があると考えた。このときRorschachは内向という言葉を用いたが，誤解のないように，これはユング派の内向という概念とは異なるものだと断りを入れている。ユング派で言う内向型というのは，一般的には他者と距離を取る人と考えられており，周りからは孤立的で自分の殻に閉じ込もっていると見られやすい。一方，Rorschachによる内向型という概念は，その人の資質の活用の仕方に焦点を当てるものであり，外に現われた行動とは必ずしも直接的な関連を持たない。内向型の人が社交的に見えることもあるかもしれない。しかしそういう人でも，本質的には，重要な欲求を満たすためには自分の内的世界に頼ることが多いのである。その対極にあるのが外拡型である。外拡型の人は周囲との相互作用によって基本的欲求の充足を図ろうとする。外拡型の人は内向型の人よりも自分の感情を表現し，外界との感情的交流を当たり前のこととして行う。Rorschachは，欲求充足のためにいかに柔軟に自分の資質を利用できるのかという点では，3つの体験型の中では両向型（ambient）が最も有利だろうと考えた（現在では，こ

れは誤りであることがわかっている）。

　Rorschach は，EB は生得的な素因に基づく反応傾向だと見なし，内向型と外拡型は相容れないものではなく，どちらを優先するのかという心理学的な好みに過ぎないと強調した。体験型は比較的変わることの少ない心理学的特徴だと考えていたが，しかし同時に，ストレス等のさまざまな状況によって反応様式の優先性が一時的に変化することがあるし，治療効果としてかなり永続的な変化がもたらされることもあると述べた。また，EB が 0：1 や 1：0 のように非常に低い値を示す場合は，体験型の発達が妨げられていたり，十分に機能しなくなっているか，精神病理学的な問題があって，感情をほとんど麻痺させてしまうような硬直した防衛的な努力をしていると考えた。

　研究が積み重ねられたが，それらの多くは内向型と外拡型に関する Rorschach の基本的な仮説を支持するものだった。体験型が欲求充足の仕方を直接示していると考えたのは行きすぎだったと思われる。しかし，体験型に含まれる心理学的な戦略は，欲求軽減あるいは充足のために最もよく用いられる，その個人にとって慣れ親しんだ，安心できるものである。したがって，そうした戦略を一貫して用いることが二次的な満足感をもたらすと考えることはできる。

　EB に関する文献には種々さまざまなものがある。内向型や外拡型というのはユング派の内向や外向のモデルが示唆するような行動傾向とは別のものだと Rorschach 自身が指摘しているにもかかわらず，なかにはこれらを混同して用いている文献も見られる（Bash, 1955；Klopfer, Ainsworth, Klopfer & Holt, 1954；Mindness, 1955）。ほとんどの研究で内向型と外拡型という 2 つの基本的な体験型に焦点があてられ，これらの間にいくつかの明確な差違があることが確認された。Goldfarb（1945, 1949）は，施設で幼少期を過ごし，集団の中で育てられた子どもは，はっきりと外拡型の特徴を示すことを発見した。Rabinovitch, Kennard & Fister（1955）は，内向型と外拡型の人の間には，脳波図に顕著な違いが見られ，内向型には「大脳皮質の調和（cortical harmony）」がより多く示されていると報告した。Singer & Spohn（1954）と Singer & Herman（1954）は，研究参加者を待機させてその間の運動の回数を計り，その数とそれぞれの体験型ととの間に相関があることを示した。Singer（1960）と Singer & Brown（1977）は体験型に関する文献をレビューし，体験型の比率は内的体験の許容力と反射運動あるいは自動運動性という生得的な気質の 2 つの側面を表わしているとする仮説は，明らかに裏づけが得られている，と述べた。Molish（1967）は文献レビューの中で，それぞれの体験型の諸要素はパーソナリティの細かな特徴のほとんどすべてに直接的な影響を与え，ひいてはそれに対応した行動を決定づけてしまうと指摘した。Singer と Molish が引用したいくつかの研究結果には，問題解決，ストレスへの対処，周囲への応答など，さまざまな状況下で何らかの行動を求められた場合，内向型と外拡型では反応が異なっていることが示されている。

　体験型の方向は成人ではかなり安定している。Exner, Armbruster & Viglione（1978）は，非患者成人 100 人に 3 年の間隔を空けて再テストを行い，1 回目のテストのときも再テストのときも体験型が内向型もしくは外拡型だった 77 人を選び出した。体験型は，M と WSumC に 2 点以上の開きがあることを基準にして弁別した。この 77 人のうち，再テストで EB の方向が変わっていたのは 2 人だけだった。非患者成人 50 人に 1 年後に再テストを行ったところ，最初のテストで EB の両辺の差が 2 以上あった者は 39 人いた。39 人のうち 38 人は 1 年後にも EB の両辺に 2 以上の差が認められ，EB の方向も変化していなかった。

　児童の場合，長い間隔を空けると EB の方向が変わっていることが多い。5〜7 歳までの児童の

大半は外拡型を呈し，内向型になった者は 10% 以下である。また，14 歳までの児童では，不定型の割合が非患者成人よりも有意に高い。Exner & Weiner（1982）によれば，8 歳のときに外拡型だった児童 26 人のうち，14 歳になったときにも外拡型だったのは 12 人しかいなかった。一方，8 歳のときに内向型だった児童 9 人のうち，14 歳のときにも内向型だったのは 7 人だった。Exner, Thomas & Mason（1985）は，8 歳のときから 2 年ごとに合計 5 回の再テストを受けた 57 人の記録を検討し，全員の体験型が相当変化していることを見出した。以上のような基準データ，再テストのデータ，縦断的研究のデータを合わせると，内向型もしくは外拡型のどちらが優先されるのかはパーソナリティの変わりにくい特性であり，おそらく成人期に入る前，多くの場合は思春期半ば頃までには定まってくると考えられる。

　非患者群のデータ（第 12 章を参照）によれば，成人の 70% 強は内向型あるいは外拡型で，それぞれの割合はほぼ同じである。不定型は 19% で，残りの約 10% が回避型である。この分布は患者群のものとはかなり異なる。たとえば，ラムダが 1.0 未満の統合失調症入院患者 200 人の群では，内向型が 71%，外拡型が 10%，不定型が 19% である（Exner, 2001）。ラムダが 1.0 未満のうつ病入院患者 193 人の群では，内向型が 27%，外拡型が 19%，不定型が 54% である（Exner, 2001）。外来患者 535 人の群では，内向型が 28%，外拡型が 14%，不定型が 21%，回避型が 38% である（Exner, 2001）。治療者から「顕著な」ヒステリー様の特徴があると評定された外来患者で，ラムダが 1.0 未満の 100 人のプロトコルを調べたところ，54 人が外拡型，11 人が内向型，35 人が不定型だった（Exner, 1993）。この結果は以前に報告された非患者群および精神科患者群のデータ（Exner, 1978, 1990）とも一致しており，Rorschach の仮説とは裏腹に，不定型は他の体験型よりも柔軟で適応的というわけではないことが裏づけられた。むしろ不定型は，個人内の問題や対人関係上の問題を生じさせやすい。他にもこの見解を支持する研究結果がいくつかある。たとえば，非患者 100 人の 3 年後の再テストのデータ（Exner et al., 1978）をもとに信頼性を EB ごとに検討すると，不定型ではほとんどの変数の再テスト相関が他の体験型の場合より低かった（Exner, 1978）。これは，不定型の場合は対処行動に一貫性が欠けていることを示している。

　内向型 15 人，外拡型 15 人，不定型 15 人を対象に問題解決を求める研究を行った（Exner, 1978）。内向型は，問題解決に要した操作数が最も少なかった。外拡型はより多くの操作を行ったが，問題解決に至るまでの時間は内向型とほぼ同じだった。不定型の操作数は外拡型より多く，問題解決に要した時間は外拡型と内向型のいずれよりも有意に多かった。同じ操作の繰り返しや失敗の数も有意に多かった。これらのデータからは，内向型と外拡型を望ましさや効率という点で比べても甲乙付けがたいが，不定型は行動パターンに一貫性がなく，最も非効率的であることがわかる。こうした結果は Rosenthal（1954）の報告と一致している。Rosenthal も，内向型と外拡型では問題解決のスタイルが明らかに異なっているが，いかにうまく問題を解決するかという観点で比べれば両者とも同じ程度である，との結論を出した。

　Exner & Murillo（1975）は，148 人の入院患者について，退院後 1 年の追跡調査をした。退院時にロールシャッハが施行され，患者は EB および EA と es の差によって細分された。12 カ月以内に再入院した者は 41 人いた。この 41 人の退院時のテスト結果を見ると，49% が不定型で，約 70% は es が EA よりも大きかった。Exner（1978）は，279 人の外来患者を治療開始から 28 カ月間追跡調査し，さまざまな介入方法によってもたらされた変化の評価を行った。用いられた介入方法は，

力動的心理療法やバイオフィードバックなどの7種類だった。患者，治療者，身近な親族には，90日ごとに治療の進展についての評価をしてもらった。また，治療が終結したかどうかに関係なく，全員の患者が，9カ月ないし12カ月ごとに再テストを受けた。治療開始から12カ月の間に行われた90日ごとの評定の平均値を見ると，どの治療方法においても不定型の患者が最も低かった。

Weiner & Exner (1991) の研究では，力動モデルなどの長期間の治療を受けた患者88人のうち，治療開始時に不定型だったのは32人だった。治療開始後27カ月ないし31カ月の時点で再テストが行われたが，このときにも不定型だったのは9人だけだった。一方，18カ月以内のさまざまな短期の治療を受けていた88人の患者のうち，治療開始時に不定型だったのは38人だった。治療開始後27カ月ないし31カ月の時点で再テストを行ったときにはすでに全員が治療を終結していたが，不定型のままだったのは28人だった。35人ずつの患者から成る2群を対象に行われたブリーフおよび短期の治療に関する研究 (Exner & Sanglade, 1992) でも，似たような結果が得られた。ブリーフの治療を受けたグループでは，35人中18人が治療開始時に不定型だった。治療開始から8カ月ないし12カ月後の再テストでは，18人中17人は不定型のままだった。一方，短期の治療を受けた群では，35人中19人が治療前の記録では不定型だった。8カ月ないし12カ月後の再テストでも不定型だったのは8人しかいなかった。これらの結果は，適切な発達的枠組みが与えられれば不定型は内向型あるいは外拡型に変化する，という仮説を支持するものである。

患者群と非患者群のロールシャッハの変数を体験型ごとに検討すると，人間運動反応と有彩色反応だけではなく，その他に少なくとも17の解釈上重要な変数についてかなりの違いが見られる。それらの変数は，EA, Adj es, 動物運動反応，無生物運動反応，ブレンド反応の割合，拡散濃淡反応，色彩濃淡ブレンド反応，Afr, AB, COP, CP, 人間反応の数，Bl, Ex, Fi, Fd などである。したがって，解釈のための期待値は，基準データを体験型とラムダの値によって分けた上で求めなければいけない。各群内のデータは，全体の布置がかなり似通ったものとなる。内向型の患者と内向型の非患者のデータには類似点が多いが，外拡型の患者および外拡型の非患者のものとはかなり異なっている。内向型も外拡型も，不定型とは相当違う。

内向型の人が感情を嫌ったり，避けたりするという証拠はない。しかし，思考を働かせている間，内向型が感情をよりしっかり統制しようとすることを示すデータはある。Blatt & Feirstein (1977) は，内向型の者は問題解決の最中に心拍数が大きく変動することを見出した。Exner, Thomas & Martin (1980) は，6チャンネルの生理反応記録器具を用いて，論理分析装置 (Langmuir, 1958) の課題に取り組んでいる間の心拍数，呼吸数，頭皮の皮膚電気反応 (GSR) を記録した。研究参加者は非患者成人30人であり，そのうち15人は明らかな内向型で（M > WSumC で，両辺の差が4以上）で，15人は明らかな外拡型（WSumC > M で，両辺の差が4以上）だった。Dスコアは全員が0あるいは +1 だった。電極を装着した直後の5分間の休憩時間にベースラインの記録が測定された。研究参加者は課題について説明を受け，慣れるために最大10分間は練習問題に取り組んでもよいとされた。研究参加者はその後の30分間に課題2問を与えられ，その間に記録が取られた。2問目の課題は1問目よりもかなり難易度が高かった。

心拍数については Blatt & Feirstein のものと似通った結果が出た。内向型の人は心拍数の変動が激しく，全般的には数値は減少傾向にあった。1問目と2問目の間の3分間の休憩中は心拍数の変動が有意に少なくなり，数値の上昇が見られた。呼吸数も，問題解決場面では減少し，3分間の休憩

中には回復した。GSRの値も30分のセッション中には低くなった。外拡型の群では，課題に取り組んでいる間の心拍数と呼吸数の変動は有意に少なかった。心拍数，呼吸数ともに，課題に取りかかった直後に値が増加し，ベースラインの値よりも有意に高い値のまま維持された。3分間の休憩中の心拍数の変動は内向型よりも大きく，数値はおおむね低くなった。呼吸数についても同様の結果が得られた。GSRは課題に取り組み始めてから最初の10分間に漸増し，30分の間，ベースラインの値よりも有意に高い値が維持された。

　外拡型のほうが内向型よりも気が散りやすいことを示すデータがいくつかある。Chu & Exner（1981）は，Dスコアが0である内向型20人と外拡型20人を選び，異なる2つの条件下で4桁の数字の列を加算してもらい，その速度と正確さを調べた。研究参加者は経営学を専攻する大学3年生か4年生で，それぞれの群の学業成績の平均はほとんど同じだった。1つの条件は静かな部屋で課題に取り組むことであり，もう1つの条件はランダムに発せられる音や光の邪魔を受けながら課題に取り組むというものだった。落ち着いた環境のもとでは，計算し終えた列の数や計算間違いの数は両群で差はなかった。しかし，干渉を受ける条件下では，内向型の方が外拡型よりも有意に多くの計算を終え，計算ミスも少なかった。

　問題解決の際，外拡型の人は内向型の人よりも多くの操作を行う。しかし，判断や解決に要する時間は内向型の人との間に有意な差はない。外拡型の人は試行錯誤を好み，情報を得るためには，いくつもの可能性を試してみたり，間違いを起こす危険を冒すことをいとわない。論理的には，外拡型の人は内向型の人よりも外からのフィードバックを頼りに判断する傾向が強いと考えられる。しかし，この仮説を裏づけるデータは少ないし，あったとしても間接的なものである。なかには，この仮説が不十分だとか，過度に単純化している，間違ったものであると示唆するものもある。たとえば，外拡型の人が問題解決の際により多くの操作を行うとしても，多くの研究結果では，体験型と場依存性および場独立性の測定基準との間に相関を見出すことができなかった。また，自己効力感の由来を外に求めるか内に求めるかという点において，非患者では内向型と外拡型の間に差はなかった。外拡型の人は外からの刺激をより利用するという仮説（この仮説を支持するデータはある）を拡げると，外拡型は判断の過程に感情を持ち込みやすく，そのため外界との相互作用によって情報を得たり欲求を満たすことが多くなると考えられる。換言すると，外拡型は対処の際には外的刺激を求めたり外的刺激に反応する傾向があるということである。

　Exner & Thomas（1982）は，他の研究に自発的に参加した大学生に対する7分間の構造化面接の場面をビデオに記録した。大学生は非患者で，15人が外拡型で，15人が内向型だった。面接はすべて同じ検査者によって行われ，面接後には学業に対する態度を問う質問紙に回答してもらった。ビデオテープは音を消して再生され，身を乗り出す，椅子を回転させる，腕を動かす，手を動かすといった，姿勢や身振りの頻度について評定された。評定は，どのような研究なのかを知らされていない3人によって行われた。この評定の外拡型の平均値は15.64（SD=4.61）で，内向型の平均値は8.22（SD=4.07）だった（$p<0.2$）。

回避型（ハイラムダ）スタイル

　ラムダのデータからは，ラムダが刺激野に対する心理的な注意，関心の向け方と関係しているこ

とがわかる（Exner, 1978, 1993）。ラムダが低い場合は，期待される以上に刺激野に関心を注いでいることを示す。このような状態は，さまざまな内的要因あるいは外的要因によってもたらされる。反対に，ラムダが平均よりかなり高い場合，つまりラムダが0.99を上回る場合は，最も扱いやすいレベルまで内外の刺激を減じる傾向があることを示している。その場合，普通は刺激野を狭めたり，単純化しようとする。その結果，刺激野に含まれる重要性を軽んじたり，刺激野のいくつかの要素を無視することになりやすい。このような回避的な方法が一過性のものであることもあれば，新しい状況への対処の際にいつも決まって取られる方法である場合もある。いずれの場合も，そのときの行動は状況から必要とされることに応えていなかったり，ときには社会的な期待に反するものになることさえある。

　回避型の人では，情報の入力の段階で単純化が行われるようである。つまり，ある種の心理学的なトンネル視（ビジョン）を働かせ，刺激野の重要な要素の全部は拾わないようにしていると考えられる。しかし，ラムダの高い群に他の群より有意に多い情報処理の問題があるわけではないし，見落としが頻繁に起こるわけでもない。そうすると，この説明は適切とは言えない。より理屈に適った説明は，単純化は防衛の働きをするというものである。自分のニーズや状況からの要請を満たすのに不都合だと思われるとき，単純化によって，刺激野の重要な要素をさほど大切でないものと見なすのである。その結果，反応を形成する際に，それらの要素へは，ほとんどあるいはまったく注意が向けられなくなる。

　残念ながら，反応数が少なくラムダが高い記録を，テスト状況に対する防衛的な抵抗を示しているものと，回避型の対処スタイルを反映しているものとに簡単に識別する方法はない。反応数が多くなれば，ラムダが0.99を超えるという基準は回避型を識別するカットオフ値としてより確かなものになる。しかし，反応数が14，15，16などのように許容範囲内ながらも少ない場合は，カットオフ値を引きあげていいのかどうかの検討が必要になる。引きあげる上限は，成人なら1.1，児童ならば1.2である。これは「必ず守るべき」ルールではない。最終的には，Pure F反応以外の残りの反応に十分な豊かさや複雑さが備わっているのかどうかを見た上で判断する。もしも豊かで複雑なものであれば，ラムダのカットオフ値を引きあげることが可能だろう。しかしそうでなければ，対処スタイルをはっきりさせるにはカットオフ値を0.99のままにしておくのが最もよい。

　回避型になる前の状態はさまざまである。ただ単に，児童期の未成熟さと社会的不器用さが成人期に持ち越されるといった発達の遅れが，結果として回避型を生んでいる場合もある。非患者児童では回避型の傾向があるのは珍しいことではない。5〜12歳の非患者児童では約11%から17%が回避型だが，12歳を超えるとその割合は減少する。13〜16歳の非患者では9%から12%となり，非患者成人では約10%となる。

　年少児童にとって，回避や単純化などの方策はときには大事な意味を持つ。なぜなら，そうすることによって，より扱いやすい世界を相手にすることが可能になるからである。しかし，概念化の力が増し，複雑さに動じることが少なくなるに連れ，この方策は以前ほど意味を持たなくなる。社会的な剥奪感を持っていたり，欲求を充足させることへの過度のとらわれがある場合は，思春期や成人期にも引き続き回避型のスタイルが残ることがある。また，周囲に対する否定的構えの結果，回避型のスタイルができあがることもある。この場合，回避型のスタイルは否定的態度を表わすための手段となる。

回避型スタイルがどういう理由でできあがったかにかかわらず，その存在は慢性的にリスクファクターとなる。回避傾向があると，行動は状況からの要請に応えられないものになりかねない。また，どんなによく社会に適応しようと考えても，行動がついていかない。一方，回避型は防衛ではあっても適応に資することもある。たとえば，知的に制約のある者，柔軟性に欠ける者，ストレス耐性が低い者にとっては，日常生活で生じる山ほどの複雑さを回避することは重要である。より対処しやすいように刺激野を狭めることによって社会のルールや期待に背かずにすみ，外界との衝突を避けられるのだとしたら，そのような方法は有益である。Exner, Boll, Colligan, Stischer & Hillman（1996）は，軽度あるいは中程度の閉鎖性頭部外傷の診断で入院した成人患者60人に対して，入院してから3週間ないし5週間後にロールシャッハを実施した。その結果，60人のうち44人（73%）が回避型を呈した。Exnerらが出した結論は，期待値を上回るPure F反応の割合の高さは経済的な営みを表しており，おそらくそれは以前の機能水準を回復しようと懸命になっている患者には役に立ったのではないか，というものである。

　Pure F反応がある種の心理的な経済化に関係していることはほぼ間違いない。このことを最初に指摘したのはRorschach（1921）で，Pure F反応は思考における注意や集中と関連していると述べた。S. Beck（1945）とKlopfer et al.（1954）はPure F反応は「感情を遅延させること」に関係していると述べ，Pure F反応には形式的推理力が必要とされるというRapaport, Gill & Schafer（1946）の考えに，一部賛同した。これら三者に共通している考えは，Pure F反応は，図版の刺激特徴によって引き起こされる何らかの感情や葛藤に対処するための一つの解決策だ，というものである。Rapaportは，Pure F反応を選択することは自我の葛藤外領域の機能に対応するので，ある種の防衛を示すと述べた。しかしBeckとKlopferはこの見解を受け入れず，判断の過程で感情が湧きあがったり葛藤が生じることがあるかもしれないが，それは意図的かつ意識的な操作によってコントロールされているものだと主張した。

　Ames, Learned, Metraux & Walker（1952）およびAmes, Metraux & Walker（1971）の発達研究，Exner & Weiner（1982）の基準データ，Exner, Thomas & Mason（1985）の縦断的研究によれば，Pure F反応の割合は児童と青年の記録では比較的高く，年齢が上がるにつれて減少する。Klopferはこれについて，感情や葛藤を表わすときには，おそれを感じたりしっぺ返しを受けることへの不安を抱いてしまうという，児童特有の固さを反映している，と解釈した。S. Beck（1944），Paulsen（1941），Swift（1945）は，Pure F反応の割合は知能と有意な相関があり，知的障害を持つ児童ではPure F反応の頻度が有意に低いと述べた。てんかん患者でもPure F反応の割合が有意に低いと報告されている（Arluck, 1940）。Rabin, Papania & McMichael（1954）は，酩酊状態ではPure F反応の割合が高くなるが，反応の質が落ちると報告した。Buhler & LeFever（1947）は，アルコール依存症者は「精神病質者」に比べてPure F反応の割合が高いと述べている。Henry & Rotter（1956）は，テストの目的を知っている者にはPure F反応が多く出現することを見出した。Hafner（1958）は，できるだけ早く反応するような教示を与えるとPure F反応の割合が有意に低くなると報告した。これらのデータを総合すると，防衛的な姿勢がある場合にはPure F反応が増えやすいと考えられる。また，Pure F反応を形成するのに必要な遅延を図ることができなければ（衝動性を表してしまいやすい反応スタイルを器質的あるいは性格的に有している場合などのように），Pure F反応の割合は低くなることがわかる。Pure F反応には経済性の要素が含まれているという見解は，より重篤な精神病理に

関する研究によっても間接的に支持されている。Sherman（1955）は，急性の統合失調症患者ではPure F反応の出現率が比較的低くなることを報告し，これは患者が多くのストレスを体験すると同時に，危機的状況において何らかの解決を求めて奮闘していることを示していると解釈した。Kelly, Margulies & Barrera（1941）は，電気痙攣療法（ECT）の後にはPure F反応の頻度が有意に増加したと報告している。Rapaport et al.（1946）は，統合失調症患者の中では妄想型の者が最もPure F反応の割合が高いと述べている。Goldman（1960）は，寛解期にある統合失調症患者のPure F反応の割合が回復途中のときよりも有意に高くなっていることを見出した。Exner & Murillo（1973）は統合失調症患者53人のローシャッハ結果を検討し，入院時よりも退院時の方がラムダの値が有意に高くなっていたと報告した。Exner（1986）は，統合失調症と診断された者を約半数含む合計109人の患者について，入院時と退院から8週間ないし10週間後に評価を行った。その結果，退院後にはPure F反応の割合が有意に増加していることが認められた。Exner & Murillo（1977）によれば，退院後1～3年の期間再入院しなかった統合失調症患者は，1年以内に再入院した患者と比べ，退院時にラムダの値が有意に高かった。

　非患者成人ではほとんどの場合，記録中に25%から40%のPure F反応が見られる。しかし，非社会的あるいは反社会的な行動歴を持つ者では，Pure F反応の割合はより高くなる。Exner（1990）によると，性格上の問題を有する成人180人のサンプルでは，ラムダの平均は2.12（SD=2.39）である。そのうち68%の者はラムダの値が0.99を超えており，過半数の者はこれまでに最低1回は法に触れる行為を起こしていた。Gacono, Meloy & Bridges（2000）は，小児性愛者の群では51%，精神病質者の群では38%の者が回避型だったと記している。Bannatyne, Gacono & Greene（1999）は，司法関係の患者180人のロールシャッハとMMPI-2の記録を集め，検討した。これらの記録を妄想型統合失調症，特定不能の統合失調症，統合失調感情障害の3つの群に分類した。全サンプルのラムダの平均は1.4だった。ラムダの分布に関してよく指摘される歪度と尖度の問題を避けるために，ラムダの代わりにF%を用いたところ，MMPI-2のL尺度とF%の間に有意な相関が認められた。この結果については，MMPI-2のL尺度が高く，F%も高い者は，課題に身を入れるのを避け，単純に問題解決を図ろうとする傾向があることを示すと解釈された。

感情の比率（*Afr*）

　Klopfer & Kelley（1942）とS. Beck, A. Beck, Levitt & Molish（1961）は，最後の3枚の図版の反応数をその他の図版での反応数と比較すると，どれだけ「感情に影響されて」反応しやすいのかを見る指標の一つになると考えた。この割合の計算方法に関しては見解が異なっていたものの（Klopferは8-9-10%を用い，BeckはAffective Ratioを考案した），基本的な仮説は同じであり，双方とも，図版VIII, IX, Xに対する反応数の割合が多い場合は感情的なものに反応しやすく，割合が少ない場合は感情的なものに警戒的であったり感情刺激から引きこもっている，と考えていた。

　初期のいくつかの研究によってこの仮説についての検討がなされた。しかし，たいがいの研究からは仮説を支持する結果が得られなかった（Sapenfield & Buker, 1949；Dubrovner, VonLackum & Jost, 1950；Allen, Manne & Stiff, 1951；Perlman, 1951；Meyer, 1951）。残念なことに，これらのほとんどは，集団でテストを施行していたり，再テスト法を用いるなど，研究デザインに欠陥があった。

Baughman（1959）は，さまざまなバリエーションの図版を作って，図版の刺激特徴について調べた。その結果，標準的なロールシャッハ図版でテストを受けた者の群では，全部無彩色にした図版でテストを受けた者の群に比べて，反応数が200個近く多かった。この数の違いの大半は，有彩色の5枚の図版で生じていた。Exner（1962）は，研究協力者をマッチングさせたデザインでリサーチを行った。1つの群には標準のロールシャッハ図版を用い，もう1つの群には無彩色バージョンを用いた。その結果，標準の図版のうちの有彩色のものでは，最後の3枚の図版それぞれで反応数が多くなっていた。Silva（2001）も同様の結果を報告している。これらの結果は色彩−感情仮説を直接裏づけるものではない。しかし，色彩が刺激として反応形成に大きな影響を与えることを示している。

　Afrは好奇心をかき立てられる悩ましい変数の一つである。それは，Afrのデータがどうしてそのようなものになるのかを明瞭に説明してくれる妥当な概念がなかなか見つからないからである。Afrの再テスト相関はかなり高い。第11章で述べたように（表11.3および表11.4），短期間で再テストした場合の相関は，非患者児童でも非患者成人でも.80台半ば〜.90台前半の間に入る。成人では，長い期間を空けた後の再テストでも相関は同様の範囲のものとなる。これらの結果を踏まえると，Afrが何らかのスタイルと関係しているという考えを捨て去ることはできない。概念的には，一連の図版の中で図版VIII，IX，Xだけが全色彩であるという事実が，Afrに関する興味を生じさせる。

　Exner（1978）は，3年後に再テストを受けた非患者成人100人の記録（Exner, Armbruster & Vigliore, 1977）をEBごとに分け，Afrの長期の信頼性の高さがどのスタイルでも一貫して見られるのかどうかを調べた。100人の記録は内向型37，外拡型43，不定型20に分けられたが，どの群でも再テスト相関は一貫して高かった。しかし，各群のAfrの平均はかなり違っており，不定型群の平均は内向型群と外拡型群の間に入る（内向型＝.62, SD=.13；不定型＝.67, SD=.11；外拡型＝.79, SD=.14）。つまり，各群とも群内では相関に一貫性があるが，最後の3枚の図版に対する反応数の割合の平均は内向型と外拡型ではかなり違っている。これは成人の外来患者の場合でも実質的にはほとんど同じである。こうした結果から，EBごとのAfrの平均や期待域を求めることになった（表16.1）。

　Afrはどうやらスタイルとしての性質を持つ変数のようだが，その割りにはAfrと行動との関係を調べた研究は少ないし，あったとしてもそれは回顧的(レトロスペクティブ)なものである。次の研究もそのようなものの一つである。非患者のAfrに関する研究結果がきっかけとなり，長期治療の効果研究に参加した者の記録を検討することになった。ラムダの値が1.0未満の外来患者279人の治療前のプロトコルでは，Afrの平均は不定型（51人）で.73，外拡型（99人）で.69，内向型（128人）で.67だった。しかし内向型と外拡型の分布はほぼ双峰型だった。すなわち，内向型の標本にはAfrが.40未満のものが36，.80を超えるものが31あった。外拡型の群ではAfrが.50を下回るものは27，.90を上回るものが33であった。患者群全体として見れば，Afrの平均は非患者群のものとさほど大きな違いはない。しかし分布を見るとずいぶん異なり，患者群ではほとんどの者が両端の域に入る。

　これらの患者は，治療が終結したか継続中かに関係なく，9カ月ないし12カ月後にもう一度テストを受けた。ベースラインの記録を得た時点から数えると27カ月ないし34カ月後になり，279人のうち199人は身近な親族等からかなり改善したとの評価を受けていた。改善があったと評定された者の3回目のロールシャッハ結果を見ると，172人はベースライン時と同じ体験型で，不定型

が 10 人，内向型が 92 人，外拡型が 69 人だった。内向型群と外拡型群の Afr の値を比べると，平均はそれぞれ .63 と .71 だった。しかしもっと重要なのは，両群とも正規分布になったことである。1 回目のテストで見られた双峰分布は，3 回目のテスト時にはなくなっていた。一方，改善されたとの評定を得られなかった 80 人では，Afr の値が .50 を下回る者が 27 人，.80 を上回る者が 24 人という双峰分布のままだった。値が高い者と低い者は，内向型にも外拡型にもほぼ同数存在した。面白いことに，Afr が低い 27 人のうち 19 人は Adj D の値が 0 かプラス域で，Afr が高い 21 人のうち 17 人は Adj D の値がマイナス域だった。

　Afr は情緒的な色彩を帯びた刺激を感受する力と関係があるとする考えは，年齢別のデータによっても裏付けられる。5～8 歳の児童の Afr の平均は .88 から .69 の値である。9～16 歳の間は，その値は .70 台後半から .60 台半ばを推移する。各年齢群の標準偏差はたいてい .10 未満で，分布に関するその他の記述統計を見ると，ほとんどの群が正規分布にかなり近いものとなっている。こうしたデータは，若年児童の興奮しやすさや，そのような特徴が加齢に連れて次第に抑制され，調節されるようになることをよく説明している。Elisens（1998）は，学童期の児童のうちネグレクトされたり抑うつ状態にある者は，非患者児童に比べて Afr がかなり低いことを見出した。成人の大うつ病患者の場合も同様で，Afr は .40～.49 の間になることが多い。この数値は非患者成人に比べるとかなり低い。De Ruiter と Cohen（1992）は，広場恐怖を伴うパニック障害と診断された患者の Afr が非常に低いことを見出した。回避型の者は，ラムダの値が 1.0 未満の群よりも Afr が低い（表 16.1 参照）。

　Afr は感情的な刺激に対する興味や感受力と関係があるとの考えを裏づける実験的研究が 2 つある。1 つ目の研究（Exner & Thomas, 1984）は，20 人の非患者成人を対象にしたものである。そのうち 10 人は Afr が .80 を超え，残りの 10 人は Afr が .50 を下回る。この 20 人に，12 枚のスケッチに対する好みを 1～12 までの尺度で評定してもらった。「一番好き」なのを 12，「最も好きではない」ものを 1 とした。12 枚のスケッチのうち半分は墨（無彩色の濃淡）でさまざまな場面の人の姿を描いたもので，残りの半分はそれらの有彩色の複製画だった。Afr が低い 10 人のうち 9 人は，同じ絵であれば色の付いたものよりも無彩色のもののほうをすべて高く順位づけた。一方，Afr が高い 10 人のうち 7 人は，決まって無彩色のものより有彩色のものを高く順位づけた。2 つ目の研究では，広告用の漫画を 6 枚用意した。無彩色のものを 3 枚，それらと同じ絵柄の有彩色のものを 3 枚という構成だった（Exner, Thomas & Chu, 1985）。対象者は大うつ病と診断された 10 人の入院患者で，そのうち 5 人は Afr が .50 未満で，残り 5 人は Afr が .70 を超えていた。Afr が低い 5 人は，3 枚の同じ絵のうち少なくとも 2 枚は無彩色のほうをより好ましいとした。一方，Afr が高い 5 人は，いずれも有彩色の絵のほうを高く評価した。

有彩色反応と *WSumC*

　Rorschach（1921）は，有彩色を含む反応は感情と関係があると考えた。そして，有彩色反応は感情的な被刺激性の指標であり，色彩が形態にどの程度組み入れられているのかを見ることによって，感情的な衝動を「どれぐらい安定させるか」がわかる，と述べた。FC 反応は感情表出の調節やコントロールを示し，CF 反応と C 反応は強くはっきりとした感情表出と関係しているとされた。

Rorschach の考えでは，CF 反応は，行動を組み立てたり方向づけるとき，苛立ち，劣情，思いやり，共感といった感情が支配的になり，知的な調節があまり加えられなくなることと関連がある。一方，Pure C 反応は，ほとんどあるいはまったく調節されない衝動性や不安定さと関係しており，FC と CF+C の比は感情のコントロールの程度を示す指標と考えられた。

　Rorschach によるこの基本的な仮説は，データによって裏づけられている。しかし，3 つの変数を細かに区別すること，特に CF と C に違いをもうけることは，過度の単純化だったと考えられる。なぜかと言うと，C と CF を個々に取りあげると，この 2 つを組み合わせたときよりも時間的安定性に欠けるからである。たとえば，長期の間隔を空けたときの CF+C の再テスト相関はおよそ .80 だが，一つ一つで見ると .51 〜 .66 になってしまう。短期の再テスト相関は，CF+C の組み合わせでは .83 〜 .92，別々にすると .59 〜 .76 になる。だからといって C 反応が CF 反応と等価のものだというわけではなく，C 反応は，より強い，コントロールのきかない感情表出と関係している。

　Exner（1993）は，Pure C 反応は，感情経験が強烈すぎて認知的に抑えを効かせられない不安定さを示しているのではないか，と述べた。しかし同時に，それは感情を抑えるための必要な努力をせず，衝動にまかせて意思決定をしてしまうことを示している場合もある，と述べている。どちらであっても，Pure C 反応はコントロールがまったく効かない感情的な行動を示している。成人の患者および非患者 300 人の再テスト結果を見ると，最初のテストで Pure C 反応が 1 個だけだった場合は，2 回目にも Pure C 反応が出される確率は .65 程度である。しかし，最初のテストで 2 個以上の Pure C 反応があれば，2 回目に 1 個以上の Pure C 反応が出される確率は .90 を超える。したがって，Pure C 反応が複数ある場合，その人には非常に激しい感情を伴った行動が生じる可能性が高いと言える。しかし，Pure C 反応に表わされるようなコントロールの不十分さが，衝動性などと同じように特性としての性質を持つと考えるのは間違いである。コントロールや衝動性の問題は，D スコアや D スコアに関連する変数によって示される。有彩色反応はただ感情表出の調節の問題を反映しているに過ぎない。それがコントロールと関係していることもあるが，関係していないときもある。これと同じことは FC:CF+C と WSumC にも言える。これらが提供してくれるのは，感情面の調整力についての情報である。

　一口に有彩色反応と言っても，どれぐらい認知的な努力がなされているのか，認知的な複雑さを伴っているのかという点から見ると，反応によってかなり違いがある。最初にこうした指摘をした者の一人が Schachtel（1943）である。彼は，色彩の知覚には能動的活動はごくわずかしか伴われておらず，色彩反応は受動的な処理を示すものだと述べた。Rickers-Ovsiankina（1943）は知覚に関する多くの研究論文をレビューし，色彩知覚は形態知覚よりも即座になされる処理であり，入力刺激の翻訳の際に必要な認知活動は少ない，と結論づけた。Rapaport et al.（1946）は，CF 反応および C 反応は，感情を遅延して長く保ち続ける働きを妨げるものだと述べた。Shapiro（1956, 1960）は，色彩に対する「知覚の様式」について述べた臨床論文および実験論文を広くレビューし，色彩反応の中には知覚における受動性の影響を受けているものがあるとの結論を出した。そして，知覚の受動性があると感情を遅延させるのに必要な認知機能が弱くなり，その弱まりの程度に比例して，感情の排出が行動面に与える影響は大きくなると述べた。Piotrowski（1957）は，輪郭形態と色彩をきちんと組み合わせるためには遅延が必要とされるので，FC 反応にはより複雑な認知が伴われるとの仮説を提示した。また，CF 反応と C 反応は，認知的な要素がかなり減退した状態か感

情に圧倒された状態を反映するものだと主張した。

　有彩色反応と感情面の活動とを関連づけた理論は，これまで何度も議論の的となった。しかし残念なことに，意見を戦わせたのは色彩反応そのものに関してではなく，主として「色彩ショック」の概念に関してであった。色彩ショックの概念を最初に採用したのは Rorschach である。Rorschach は色彩ショックについて，彩色された対象に対する驚愕反応だと定義した。色彩ショックの指標の構成要素は 1932 年から 1950 年の間に広げられ，反応時間が長くなる，継列が乱れる，平凡反応を出せない，反応数が減るなども色彩ショックのサインだとされるようになった。1940 年代および 1950 年代には，これらの妥当性を検証しようとする研究が多くなされた。しかし，現在の基準からすれば，妥当性を証明できた研究は一つもない。Keehn（1954）はこれらの文献をレビューし，色彩ショックのサインの中でブロットの色彩によって引き起こされたと言えるものはほとんどないし，あったとしてもごくわずかだと述べた。Crumpton（1956）は，色彩ショックのサインは有彩色ブロットを無彩色に変えた版でもかなり頻繁に生じると述べた。

　惜しいことに，色彩ショックの研究にあまりにも多くの労力が費やされてしまった。そして，それらの研究から得られた結果は実りのないものであったのに，色彩－感情理論に直接適用できるように読み替えられてしまった。色彩ショックに正面から取り組んだ研究は，おおむね色彩－感情理論を支持した。Klatskin（1952）は，色彩と材質感の両方を含んだ反応を出す者はストレスに弱いことを見つけた。Wallen（1948）は，色彩が有する感情的性質には反応産出を促す効果があることを見出した。Grayson（1956）は，色彩と形態が組み合わさるほうが，色彩単独の場合よりも反応の生産性を高めると報告した。Crumpton（1956）は，色彩図版は無彩色図版よりも，望ましくない感情や攻撃的，受動的な反応内容を引き出しやすいことを見出した。Forsyth（1959）は，色彩図版は不安得点を高める働きをすると述べた。Exner（1959）は，I 図版を有彩色にして提示すると，灰色がかった黒色という標準的な図版のときよりも反応数 R と反応内容スコアが有意に変化することを見出した。

　発達に関連したロールシャッハの文献の中にも，色彩－感情仮説を支持するものがいくつか見られる。多くの研究者が，年少児童には C 反応がかなり多いと報告している（Halpern, 1940；Klopfer & Margulies, 1941；Ford, 1946；Rabin & Beck, 1950；Ames et al., 1952）。Ames は，2 歳を過ぎて 16 歳になるまでは CF 反応が優勢だが，その後は 1 年ごとに次第に FC 反応が増えることを見出した。この結果は，非患者児童のデータとおおむね一致している（Exner & Weiner, 1995）。

　成人では，FC：CF+C の比の方向はかなり安定している。Exner et al.（1978）は非患者成人 100 人の 3 年後の再テストデータを検討し，初回のテストで両辺の差が 2 以上あれば，再テスト時にも比は同じ方向を示すことを見出した。非患者成人と非患者児童に短期間で再テストした場合も，同様に，比の方向に安定性が見られた（Exner, 1986）。統合失調症およびうつ病による入院患者にテストを施行し，約 1 年後に再テストした。全員が入念に準備された治療プログラムを受け，約 1 年後にはそのほとんどが退院していた。しかし，FC：CF+C 比の方向はほとんど変わっていなかった（Exner, 1983）。最低 1 年の治療を受けた外来患者でも，同じ結果が得られた（Weiner & Exner, 1991；Exner & Sanglade, 1992）。

　非患者成人の場合，たいがいは FC のほうが CF より多いか，少なくとも同じ数になる。たとえば，基準データの非患者成人 600 人のうち 396 人（66％）は，CF+C よりも FC のほうが少なくとも 1

多い。児童の場合は逆で，12歳まではCF+CのほうがFCよりもかなり多いし，思春期半ばまではFCの値はCF+Cの値をさほど大きく上回らない。患者群では，FC:CF+Cの比は右辺のほうがずっと大きい。おそらくこれは，患者の多くが感情統制の問題を抱えているためである。しかし重要な例外もある。たとえば，心身症の治療に通う48人の外来患者のプロトコルを見ると，27人はFC：CF+Cの比の両辺の差が4：1以上に開くほどFCのほうが多い。また，FCの値がCF+Cの値の1.5倍より少ない者は，わずか4人しかいなかった。

　右辺の値のほうが大きくなるのは，感情表出が激しいものであること，場合によっては衝動的ですらあることを示唆する。たとえば，Gill（1966）は，問題解決場面ですぐに反応せずに解答を遅延させる者にはCF+CよりFCのほうが有意に多く，遅延させずにすぐに反応する者にはCF+Cの方が有意に多いことを見出した。その他，CF+C反応の多さと衝動的行動や攻撃的行動との間に相関があることを示した研究がいくつかある（Gardner, 1951；Storment & Finney, 1953；Finney, 1955；Sommer & Sommer, 1958；Townsend, 1967）。Miller（1999）は，配偶者間暴力のある夫婦のプロトコルには，子どもの監護権を巡って争ってはいるが配偶者間暴力のない夫婦のプロトコルよりもPure C反応が有意に多く，FC反応が有意に少ないことを見出した。Pantle, Ebner, Hynan（1994）は，FCがCF+Cよりも多い記録と，反応のための戦略を立てる能力とフィードバックを利用する能力を測るゴードン診断システムの遅延課題との間に相関があることを見出した。

　Stotsky（1952）は，統合失調症患者のうち治療前にCF+CよりFCが多かった者のほうが，そうでない者よりも治療をうまく進めることができたと報告した。Exner, Murillo & Cannavo（1973）は，統合失調症ではない入院患者105人の治療前と治療後のプロトコルを比較したところ，CF+CからFCへの有意な変動が認められたと報告した。Exner & Murillo（1975）は退院時のロールシャッハを検討し，退院後12カ月以内に再入院した患者群では，再入院しなかった患者群と比べるとFCよりCF+Cのほうが多い者の割合が有意に高かったと報告した。Exner（1978）は，外来患者199人のうち，身近の親族等から改善していると評定された116人のプロトコルを検討した。治療前のプロトコルではFCよりもCF+Cのほうが多かったが，治療開始後28カ月の時点での再テストのプロトコルを見ると，CF+Cのほうが多いままなのは61人になっていた。

　Brennen & Richard（1943）は，WSumCの値が高い者は低い者に比べて催眠にかかりやすいと報告した。Steisel（1952）とLinton（1954）は，検査者以外の共同研究者が示唆を与える場面を設定し，WSumCの値が高い者はその示唆に従って自分の判断を変えてしまいやすいことを確認した。Mann（1956）によれば，面接中の言葉の数には環境およびWSumCと有意な相関があった。Exner & Armbruster（1979）は部品組み立て工場の工具30人を対象にした研究を行い，Zuckerman（1971）の興奮探求尺度（Sensation Seeking Scale）の全得点とWSumCの間に有意な相関（rho.=.48）があることを見出した。Weigel & Exner（1981）は，54人の事務作業員を対象に，60枚のスライドに対する好みの評定をしてもらった。評定には5点尺度を用い，最も好きなものに高い得点を与えるようにした。研究参加者は，外拡型が21人，不定型が14人，内向型が19人という構成だった。スライドの半分は自然の情景か建物の写真で，残り半分は人同士の交流，あるいは男の子が犬と遊んでいる場面など，人と動物の交流が描かれたものだった。研究参加者をWSumCの中央値によって二分した場合は，それぞれの群の評定に差は見られなかった。しかし，不定型の14人をサンプルから除いた上でWSumCの中央値によって二分すると，WSumCの値が低い群よりも高い群のほう

が，2種類のスライドのいずれにも有意に高い評定をしていることがわかった。予想されたことだが，WSumCの値が高い20人のうち14人は外拡型だった。De Ruiter & Cohen（1992）は，パニック障害と広場恐怖の患者はWSumCの値が非常に低いと報告した。

SumC' : WSumC

　この比率は，心身症患者300人の記録を検討した結果作られた（Exner, 1994）。300のプロトコルのうち219（73%）で，SumC' の値がWSumCの値を上回っていた。このデータは，心身症患者は多くの感情を内面に抱え込んでしまい，その取り入れの働きが身体症状の一因になるとする仮説に合致する。心身症患者群に続いて，大うつ病と診断された315人の入院患者のプロトコルを検討したところ，SumC' の値がWSumCの値を上回る者が198人（63%）いた。その他の研究では，成人の外来患者425人に対する治療者による評価を，全部で6セッションある治療が半分まで進んだ段階で行ってもらった。何らかの感情の萎縮が見られると評定された158人を選び出し，治療前のプロトコルを調べたところ，121人（77%）はSumC' の値がWSumCの値を上回っており，その80%は不定型もしくは外拡型だった。それとは対照的に，残りの267人のうちSumC' の値がWSumCの値を上回っていた者は19人（7%）しかいなかった。

色彩投映（Color Projection : *CP*）

　特殊スコアCPからも，感情体験にどう対処するのかを知るためのデータが得られる。CPは，無彩色のブロット領域に色がついていると見なした場合に対する説明として，Piotrowski（1957）が発案したものである。Piotrowskiは，CPは偽りの感情を示しているとの仮説を立てた。つまり，不快感や無力感が生じたときに，それらを見え透いた非現実的で肯定的な色彩を帯びた感情と置き換えることによって対処しようとする試みを示す，と考えたのである。どの群でもCPが生じる頻度は低いため，この仮説を検証するのは難しい。たとえば，非患者成人600人のサンプルでは，CPは外拡型の5人の記録にしか出現しない。非患者児童1,390人のサンプルでは，7人にしか現われない（Exner, 2001）。

　長期治療の効果研究に自発的に参加し，治療前あるいは治療開始後2週間以内に検査を受けた430人の患者の記録を検討したところ，44人のプロトコルには少なくとも1個のCP反応があった。4回目もしくは8回目のセッション後になされた治療者による評価では，CPがあったこれらの患者の主たる症状は，心身症（N=14），感情の処理におけるヒステリー的な問題（N=20），抑うつ（N=7），強迫的な特徴（N=3）であった。治療者に求めた評価には防衛戦術に関する項目もあり，はっきりした防衛があれば3つ挙げてもらった。その結果を見ると，44人中42人（95%）は防衛戦術として否認を用いる傾向が顕著であった。CPのなかった残り385人では，防衛戦術として頻繁に否認を用いるとされた者は32%しかいなかった。この研究では1つの基準変数（否認）しか取りあげられていない。しかし，CPは望ましくない感情を扱う際にむやみに否認の戦術を用いることと関係しているというPiotrowskiの仮説の裏づけにはなる。

空白反応（S）

　Rorschachは，反応に空白を用いるには図と地の反転が必要となるので，それは反抗性や否定主義の表れだと考えた。S. Beck（1945）とRapaport et al.（1946）はこの仮説を支持した。しかし同時に，それはただ単に自分の独自性を強調せんがための天の邪鬼さを示しているだけかもしれないと，注意を促してもいる。Klopfer et al.（1954）は，建設的な自己主張とも解釈できると唱えた。一方，Piotrowski（1957）は，独立しようと躍起になっていることの反映だと主張した。これら全員が強調しているのは，空白反応がかなりの頻度で見られる場合は現実と衝突しやすいという点である。

　Sに関する文献はあまり多くないが，いずれもこれらさまざまな主張を部分的には裏づけている。Counts & Mensh（1950）は再テストモデルによる研究を行い，催眠で葛藤を引き起こされた後に有意にSが増加することを見出した。Fonda（1951）とBandura（1954）はともに，Sと反抗傾向との間に有意な正の相関があることを見出した。Rosen（1952）は，Sの頻度とMMPIのPd尺度の高さには有意な相関があったが，Sと精神病の診断との間には相関はなかったと報告した。Rapaport et al.（1946）は，妄想型統合失調症患者にはSが多く出されると述べた。Molish（1955）は，統合失調症患者の記録にSがある場合，環境に対する受動的な抵抗を持ち続けていることを示していると指摘した。Fonda（1960）はSに関する文献をレビューし，記録中のSの割合は自律性を守るために費やされている労力の一端を示すと述べた。

　非患者成人と非患者児童のプロトコルから得られたデータを検討すると，Sが2個までは期待域の範囲であることがわかる。しかし，Sの値が3以上の場合は重要であり，それが特性としての敵意を示しているのか，状況によって生じている否定主義なのかを区別するための検討が必要となる。最も多くS反応が出現するのは図版I（顔のバリエーション）と図版II（ロケット）で，もっとも少ないのは図版IV, V, VI, VIIIである。すべてのS反応には図と地の反転が伴うとしたRorschachの仮説は，おそらく部分的にしか正しくない。図版Iでは，非患者成人の約20%と非患者児童の約30%が，ネコの顔，仮面，ハロウィンのカボチャなどの何らかの顔反応を出す。輪郭線を生むようなコントラストを保ったままで空白領域の色を薄い灰色や濃い灰色にしても，こうした反応は同じ頻度で生じる。しかし空白領域をその周囲と同じになるように黒っぽい灰色で塗りつぶし，空白のためにできていた輪郭をなくしてしまうと，顔反応の出現頻度はゼロになる。その他にも，地としてよりも図の一部として知覚されやすい内部の空白領域はある。図版VIIIのDS3領域や図版IXのすべての空白領域はその例である。

　信頼性に関するデータからは，空白反応にはいろいろなものがあり，すべての空白反応が同じ心理的働きと相関を持つのではないことがわかる。短期間での再テスト相関は.59〜.73, 長期間での再テスト相関は.72〜.79の範囲である。短期間での再テスト相関が低かったことを受け，成人と児童それぞれの患者群と非患者群の中から初回のテストでSが1個以上あった者165人を選び，短期間で行った再テストのプロトコルを次の3群に分けた。（1）WS反応とDS反応だけの群，（2）DdS反応だけの群，（3）WS反応とDS反応に加えDdS反応もある群。

　その後，初回のテストで図版I, II, IIIにしかS反応が出されなかったプロトコルを4番目の群として付け加えた。WS反応とDS反応だけの群（N=38）の再テスト相関は.63で，DdS反応だけの群（N=33）の再テスト相関は.71だった。ところが，WSおよびDS反応とDdS反応が混ざった

群（N=94）では，再テスト相関が.81だった。この群のSの平均は3.97（SD=1.1）で，他の2群の平均（1.23と1.41）よりも有意に高かった。つまり，Sの値が期待域を越える場合，それは変わりにくい特性を示していると言える。S反応が図版Ⅰ，Ⅱ，Ⅲだけにしかなかった群（N=28）の再テスト相関は.32にしかならない。したがって，この場合のS反応は状況に関連したもので，おそらくテストを受けることへの抵抗によって生じたものと考えられる。

ブレンド反応（Blends）

1つの反応に2つ以上の決定因子が見られる場合は，反応を作り出したり伝えるときの働きが，期待される以上に，あるいは必要以上に複雑になっていたことを示す。こうした複雑な反応のほとんどに，感情経験に関連する変数が含まれている。ブレンド反応の約70%に1つ以上の運動決定因子が含まれている。しかし，M.FM，M.m，FM.mなどのような運動決定因子だけから成るブレンド反応は，全体の2%にも満たない。また，運動決定因子のいずれかとFDだけから成るブレンド反応は約7%である。したがって90%以上のブレンド反応は，有彩色決定因子，無彩色決定因子，濃淡決定因子など，感情経験に直接関係のある決定因子を少なくとも1つは含んでいることになる。

　ある意味で，ブレンド反応を生む営みは，Pure F反応に反映されるような経済的な営みとは対極にある。予想に違わず，ラムダとブレンド反応の頻度の相関は，非患者群では-.43，外来患者群では-.49である。言い換えるならば，F反応は単純，簡単に分類したものであり，ブレンド反応は刺激をかなりの程度分析し統合した上での産物である。

　ブレンド反応はほとんどのプロトコルに見られる。数字を挙げると，非患者成人600人のサンプル中598人に少なくとも1つのブレンド反応がある。ラムダの値が1.0以上だった58人も，この598人の中に含まれている。非患者児童1,390人中1,373人のプロトコルにも，少なくとも1つのブレンド反応がある。しかし，ブレンド反応の割合の期待値は体験型によって異なる。内向型ではブレンド反応の割合は約20%，外拡型では約25%，そして不定型では25%より若干高い。先にも少し触れたが，ブレンド反応の割合はどの体験型でもラムダの値によって変わってくる。たとえば，ラムダの値が.50〜.99の外来患者272人の群を見ると，ブレンド反応の割合が32%を上回る者は約8%しかいない。一方，ラムダの値が.50に達しない外来患者143人の群では，ブレンド反応の割合が32%を上回る者は約34%になる。

　ブレンド反応を生む複雑な働きのもとになる要因は数多くある。第15章で述べたように，状況関連のストレスによりブレンド反応の数が増加することはあるものの，ほとんどのブレンド反応は状況的要因とは関係ない。非患者群では，ブレンド反応の90%以上はmもYも含んでいない。Exner（1974）は，IQが90を切る群にはブレンド反応がない者が比較的多く見られると報告した。しかし，Mason & Exner（1984）によれば，言語性IQも動作性IQも，ブレンド反応の頻度との間には，非常に低い，有意でない相関しか見出せなかった（言語性IQとの相関=.02，動作性IQとの相関=-.03）。

　ブレンド反応の解釈は，数と内容の両面に基づいて行う。思春期や成人で記録中にブレンド反応が一つもないのはネガティブなサインである。心理的狭窄や萎縮を意味し，おそらくは自分や環境に対する感受性の乏しさを示してもいる。記録中のブレンド反応の割合が期待域を下回る場合は，複雑な感情刺激を扱うのが困難になる程の心理的な貧困さを示している可能性がある。この困難さ

は，多くの場合，感情表出の調節の面で顕在化することになる。逆に，ブレンド反応の割合がかなり高い場合は，心理的に複雑であることを示している。複雑だということは刺激への感受性が高いということなので，十分な資質があれば，この複雑さはうまく機能するのに役立つ長所となる。しかし資質が限られている場合，あるいは統制力や調節力に問題を抱えている場合は，感情の影響で行動の一貫性や安定性が損なわれてしまう可能性が高まる。

　ブレンド反応の割合が高いときには，3つの可能性が考えられる。1つは，解決を迫られた課題に対してなかなか経済的な方法を見つけることができないという可能性である。こうした場合は，たいがい，満たされない欲求や葛藤，感情などの犠牲になってしまう。その結果，自分の資質を必ずしも効果的に使うことができなくなる。とらわれや不安によって集中力や論理的な判断力が阻害され，簡単なあるいは経済的な解決法が目に入らなくなったり，刺激に過剰に巻き込まれることになる。慎重さが失われ，身を引くという判断ができない。このような可能性に該当するときは，プロトコル中，混乱状態にあることを示す特徴が他にもたくさん見られるだろう。

　ブレンド反応の割合を高めるその他の2つの条件は，もっと肯定的なものと見なすことができる。達成志向の強い人は，状況に柔軟に対処できるし，容易に適応することができる。このような人がテストを自分の対処力を問うものだととらえた場合は，達成感を得るために経済性を犠牲にする。単純な反応は退け，刺激の複雑さをうまく取り入れようと頑張ってしまう。この可能性に該当する場合，記録中には，統制力，柔軟性，適応性，心理的頑健さを示す特徴が他にも多く見られるだろう。ブレンド反応の割合を増やす3つ目の条件はやはり達成志向に関係あるが，挑戦心からというよりも，失敗や間違いを避けようとする欲求から生まれたものである。この可能性は，高いZd得点によって見分けることができる。ブレンド反応の割合とZd得点との間には有意な正の相関がある（非患者群で.46，外来患者群で.42）。Zd得点が+3.0を上回るときは，刺激野をまとめあげようとして普通以上あるいは必要以上の労力を費やしていることを示す。これは認知的には非能率的なことであり，状況如何で長所にも短所にもなりうる。これについては次章で詳しく論じるが，ブレンド反応を検討する上では次の点を指摘しておきたい。すなわち，ブレンド反応の割合とZd得点の両方が高くなっているときは，安定性，現実検討力，思考の明晰さ，ストレス耐性，統制力に関するデータを見て，ブレンド反応の割合が期待値よりも高くなっているのが不安や杞憂のゆえか，それともただ頑固に固まった認知スタイルのゆえなのかを判断することになる。

　ブレンドの内容を見ると，被検者の心理操作において感情的要素がどのような働きをしているのかを知る手がかりが得られる。たとえば，Ma.FCというブレンドは，一般的にはCF.FMpというブレンドよりも肯定的なものと見なされる。前者では遅延に関連する要素が優勢で，感情はよく調節されている。後者ではあまりよく調節されていない感情の方が主で，受動的な性質を持った欲求関連の要素と組み合わさっている。また，Mp.FC'のブレンドは，感情を受動的に押し込めているもので，あまり好ましくはみなされない。しかし，無力感や無能感を帯びたmp.YFのようなブレンドよりは肯定的なものである。

濃淡ブレンド（Shading Blend）と色彩濃淡ブレンド（Color Shading Blend）

　感情の特徴を検討する上では，濃淡ブレンドと色彩濃淡ブレンドは特に重要である。濃淡ブレン

ドには少なくとも2つの無彩色決定因子もしくは濃淡決定因子が含まれる（FT.FY，FV.FC'，C'F.YFなど）。このようなブレンドは稀なもので，決して期待されない。濃淡ブレンドがあるのは，非患者成人600人の群では2人，統合失調症患者328人の群では7人だけである。うつ病入院患者279人の群では29人，抑うつを主訴とする外来患者216人の群では21人に見られた。無彩色と濃淡の4つの変数はすべて，かき立てられるような感情や痛みを伴う感情体験と関係がある。したがって，1つの反応にこれら変数が2つ以上あるときは，感情の諸機能に非常に破壊的な影響を与え，それが思考にまで波及する可能性があることを示す。濃淡ブレンドの内容も重要である。2つの変数だけのブレンドで，そのうちの1変数がYであれば，そのとき感じている苦痛は状況的なものである可能性が高い。一方，Yが含まれていなければ，強い苦痛感は慢性的なものと考えられる。

　色彩濃淡ブレンドは濃淡ブレンドよりも出現しやすい。非患者成人600人のうち215人（36%）のプロトコルに，少なくとも1つの色彩濃淡ブレンドが見られる。この約2/3は外拡型か不定型である。非患者児童や非患者青年のプロトコルでは出現率はもっと低くなる。ノーマティブサンプルでは，ほとんどの年齢群で出現率が20%を下回っている。色彩濃淡ブレンドが最も多く見られるのは，うつ病患者のプロトコルである。うつ病入院患者の65%以上に色彩濃淡ブレンドが少なくとも1つ見られる。長期治療の効果研究の対象になった抑うつ状態にある外来患者のプロトコル（Weiner & Exner, 1991）では，ほぼ70%に少なくとも1つの色彩濃淡ブレンドがある。さらに，これら両群の記録の約25%は3つ以上の色彩濃淡ブレンドを含んでいる。これとは対照的に，少なくとも1つの色彩濃淡ブレンドがあるのは，統合失調症患者では約35%，抑うつを伴わない外来患者では40%強だった。

　色彩濃淡ブレンドについて最初に詳細に論じたのはS. Beck（1949）である。彼は，色彩濃淡ブレンドは喜びと苦痛が同時に存在している状態を表わしていると述べた。Applebaum & Holzman（1962）は，自殺傾向のある者の記録に色彩濃淡ブレンドが頻繁に出現することを見出した。Exner & Wylie（1978）は，色彩濃淡ブレンドと自殺既遂との間には有意な相関（r=.34）があることを認めた。色彩濃淡ブレンドはその他の群でも高頻度で出現するので，色彩濃淡ブレンドだけを取りあげても有効な識別の指標とはならない。しかし，S-CONの中に組み入れることにより効果を挙げている。Silberg & Armstrong（1992）は，色彩濃淡ブレンドが，重度の抑うつ状態にあって自殺傾向のある青年を識別するための一助になることを見出した。Applebaum & Colson（1968）は，色彩濃淡ブレンドは自分の感情がよくわからなくなった状態を示すと述べた。Exner（1978）は，色彩濃淡ブレンドは複雑で混乱した感情体験の現われであり，時として両価的感情を示唆すると考えた。

　すべての色彩濃淡反応の再テスト信頼性は中程度で，再テストまでの間隔が長い場合は.48から.57，30日以下の場合は.55から.67の範囲にある。しかし，Castlesが言うように（J. Castles，私信，1984），Y変数に注意しないと，これらの相関から間違った結論を引き出してしまうこともある。非患者成人の色彩濃淡ブレンドの約60%，非患者児童の色彩濃淡ブレンドの約70%，患者の色彩濃淡ブレンドの約40%は，それぞれYを含んでいる。これは，状況要因がブレンド反応の形成に一役買っていることを示している。非患者成人150人を長期の間隔を空けて再テストし，色彩濃淡ブレンドにYが含まれているかいないかによって2群に分けた。このときの再テスト信頼性は，Castlesの仮説を確かに裏づけるものだった。すなわち，Yを含む群の相関は.28～.41の範囲となり，Yを含まない群の相関は.68～.79の範囲となったのである。

30日以内に再テストを受けた130人の非患者成人および非患者児童の記録についても，同じように2群に分けた。すると，色彩濃淡ブレンドにYを含む群の再テスト相関は.16～.34の範囲で，Yを含まない群の再テスト相関は.73～.82の範囲だった。これらの結果からすると，濃淡ブレンドの場合と同様に，色彩濃淡ブレンドが示している性質が状況関連のものなのか，それとも慢性的なものなのかを区別することが大切だと言える。慢性的なものである場合は，両価性という要素が特性として存在すると考えられる。あるひとつの状況に対してポジティブな感情とネガティブな感情を同時に抱き，感情によって混乱してしまいやすい。このような人にとっては感情体験は強烈なものなので，時には感情を刺激される状況に近づけなくなることもある。

　色彩濃淡ブレンドがある場合は，それが状況的なものであれ慢性的なものであれ，感情を扱うのが困難になっていることを意味する。ある具体的な状況に関係して感情が混乱することもある。このような感情の混乱は，必ずしも情緒的適応の困難や失敗に結びつくものではない。しかし，両価性が特性のようなものとして存在する場合には，さまざまな感情的刺激に対して一貫した情緒的反応ができなくなる可能性が高い。情緒的反応に一貫性が欠けると，自分を取り巻くさまざまな対人関係等に多大な悪影響がもたらされかねない。

文献

Abramson, L. Y., Metalsky, G. L., & Alloy, L. B. (1989). Hopelessness depression: A theory based sub-type of depression. Psychological Review, 96, 358-372.

Allen, R. M., Manne, S. H., & Stiff, M. (1951). The role of color in Rorschach's test: A preliminary normative report on a college student population. Journal of Projective Techniques, 15, 235-242.

Ames, L. B., Learned, J., Metraux, R. W., & Walker, R. N. (1952). Child Rorschach responses. New York: Harper & Row.

Ames, L. B., Metraux, R. W., & Walker, R. N. (1971). Adolescent Rorschach responses. New York: Brunner/Mazel.

Applebaum, S. A., & Colson, D. B. (1968). A reexamination of the color-shading Rorschach Test response. Journal of Projective Techniques and Personality Assessment, 32, 160-164.

Applebaum, S. A., & Holzman, P. S. (1962), The colorshading response and suicide. Journal of Projective Techniques, 26, 155-161.

Arluck, E. W. (1940). A study of some personality differences between epileptics and normals. Rorschach Research Exchange, 4, 154-156.

Ball, J. D., Archer, R. P., Gordon, R. A., & French, J. (1991). Rorschach depression indices with children and adolescents: Concurrent validity findings. Journal of Personality Assessment, 57, 465-476.

Bandura, A. (1954). The Rorschach white space response and oppositional behavior. Journal of Consulting Psychology: 18, 17-21.

Bannatyne, L. A., Gacono, C. B., & Greene, R. L. (1999). Differential patterns of responding among three groups of chronic, psychotic, forensic patients. Journal of Clinical Psychology, 55, 1553-1565, Bash, K. W. (1955). Einstellungstypus and Erlebnistypus: C. G. Jung and Herman Rorschach. Journal of Projective Techniques, 19, 236-242.

Baughman, E. E. (1959). An experimental analysis of the relationship between stimulus structure and behavior in the Rorschach. Journal of Projective Techniques, 23, 134-183.

Beck, A. T. (1967). Depression: Clinical, experimental and theoretical aspects. New York: Harper & Row.

Beck, S. J. (1944). Rorschach's test. I: Basic processes. New York: Grune & Stratton.

Beck, S. J. (1945). Rorschach's test. II: A variety of personality pictures. New York: Grune & Stratton.

Beck, S. J. (1949). Rorschach's test. I: Basic processes (2nd ed.). New York: Grune & Stratton.

Beck, S. J., Beck, A., Levitt, E. E., & Molish, H. B. (1961). Rorschach's test. I: Basic processes (3rd ed.). New York: Grune & Stratton.

Blatt, S. J., & Feirstein, A. (1977). Cardiac response and personality organization. Journal of Consulting and Clinical Psychology, 45, 111-123. Blatt, S. J., Quinlan, D. M., Chevron, E. S., McDonald, C., & Zuroff, D. (1982). Dependency and self criticism: Psychological dimensions of depression. Journal of Consulting and Clinical Psychology, 50, 113-124.

Brennen, M., & Richard, S. (1943). Use of the Rorschach test in predicting hypnotizability, Bulletin ofthe Menninger Clinic, 7, 183-187.

Brown, G. W., & Harris, T. (1978). Social origins of depression. New York: Free Press.

Buhler, C., & LeFever, D. (1947). A Rorschach study on the psychological characteristics of alcoholics. Quarterly Journal of Studies on Alcoholism, 8, 197-260.

Carlson, C. F., Kula, M. L., & St-Laurent, C. M., (1997). Rorschach revised DEPI and CDI with inpatient major depressives and borderline personality disorder with major depression. Journal of Clinical Psychology: 53, 5 1-58.

Chadoff, P. (1974). The depressive personality: A critical review. In R. J. Friedman & M. M. Katz (Eds.), The psychology of depression. Washington, DC: Winston.

Chu, A. Y., & Exner, J. E. (1981). EB style as related to distractibility in a calculation task. Rorschach Workshops (Study No. 280, unpublished). Counts, R. M., & Mensh, I. N. (1950). Personality characteristics in hypnotically induced hostility. Journal of Clinical Psycholog): 6, 325-330.

Crumpton, E. (1956). The influence of color on the Rorschach test. Journal of Projective Techniques, 20, 150-158.

de Ruiter, C., & Cohen, L. (1992). Personality in panic disorder with agoraphobia: Rorschach study. Journal of Personality Assessment, 59, 304-3 16.

Dubrovner, R. J., VonLackum, W. J., & Jost, H. A. (1950). A study of the effect of color on productivity and reaction time in the Rorschach test. Journal of Clinical Psychology, 6, 331-336.

Elisens, M. M. (1998). The cognitive and emotional correlates of neglect in school age children. Dissertation Abstracts International, 58, 3920.

Exner, J. E. (1959). The influence of chromatic and achromatic color in the Rorschach. Journal of Projective Techniques, 23, 418-425.

Exner, J. E. (1962). The effect of color on productivity in Cards VIII, IX, X of the Rorschach. Journal of Projective Techniques, 26, 30-33.

Exner, J. E. (1974). The Rorschach: A Comprehensive System. Volume 1. New York: Wiley.

Exner, J. E. (1978). The Rorschach: A Comprehensive System. Volume 2. Current research and advanced interpretation. New York: Wiley.

Exner, J. E. (1983). Rorschach assessment. In I. B. Weiner (Ed.), Clinical Methods in Psychology (2nd ed.). New York: Wiley.

Exner, J. E. (1986). The Rorschach: A Comprehensive System. Volume 1: Basicfoundations (2nd ed.). New York: Wiley.

Exner, J. E. (1990). A Rorschach Workbook for the Comprehensive System (3rd ed.). Asheville, NC: Rorschach Workshops.

Exner, J. E. (1993). The Rorschach: A Comprehensive System. Volume 1: Basic Foundations (3rd ed.). New York: Wiley.

Exner, J. E. (1994). Recent research. Alumni Newsletter. Asheville, NC: Rorschach Workshops.

Exner, J. E. (2001). A Rorschach Workbook for the Comprehensive System (5th ed.). Asheville, NC: Rorschach Workshops.

Exner, J. E., & Armbruster, G. L. (1979). Correlations between some Rorschach variables and Zuckerman sensation seeking scores. Rorschach Workshops (Study No. 252, unpublished).

Exner, J. E., Armbruster, G. L., & Viglione, D. (1978). The temporal stability of some Rorschach features. Journal of Personality Assessment, 42, 474-482.

Exner, J. E., Boll, T. J., Colligan, S. C., Stischer, B., & Hillman, L. (1996). Rorschach findings concerning closed head injury patients. Assessment, 3, 317-326.

Exner, J. E., & Murillo, L. G. (1973). Effectiveness of regressive ECT with process schizophrenia. Diseases of the Nervous System, 34, 44-48.

Exner, J. E., & Murillo, L. G. (1975). Early prediction of posthospitalization relapse. Journal of Psychiatric Research, 12, 231-237.

Exner, J. E., & Murillo, L. G. (1977). A long-term follow up of schizophrenics treated with regressive ECT. Diseases of the

Nervous System, 38, 162-168.

Exner, J. E., Murillo, L. G., & Cannavo, F. (1973). Disagreement between patient and relative behavioral reports as related to relapse in nonschizophrenic pa tients. Eastern Psychological Association, Washington, DC.

Exner, J. E., & Sanglade, A. A. (1992). Rorschach changes following brief and short-term therapy. Journal of Personality Assessment, 59, 59-71.

Exner, J. E., & Thomas, E. A. (1982). Postural-gestural behaviors among introversives and extratensives during a structured interview. Rorschach Workshops (Study No. 292, unpublished).

Exner, J. E., & Thomas, E. A. (1984). The relation of Afr and preference for artist sketches. Rorschach Workshops (Study No. 294, unpublished).

Exner, J. E., Thomas, E. A., & Chu, Y. A. (1985). Afr and cartoon ratings. Rorschach Workshops (Study No. 302, unpublished).

Exner, J. E., Thomas, E. A., & Martin, L. S. (1980). Alterations in GSR and cardiac and respiratory rates in introversives and extratensives during problem solving. Rorschach Workshops (Study No. 272, unpublished).

Exner, J. E., Thomas, E. A., & Mason, B. (1985). Children's Rorschach's: Description and prediction. Journal of Personality Assessment, 49, 13-20.

Exner, J. E., & Weiner, I. B. (1982). The Rorschach: A comprehensive system. Vol. 3. Assessment of children and adolescents. New York: Wiley.

Exner, J. E., & Weiner, I. B. (1995). The Rorschach: A comprehensive system: Vol. 3. Assessment of children and adolescents (2nd ed.). New York: Wiley.

Exner, J. E., & Wylie, J. (1977). Some Rorschach data concerning suicide. Journal of Personalit), Assessment, 41, 339-348.

Finney, B. C. (1955). Rorschach test correlates of assaultive behavior. Journal of Projective Techniques, 19, 6-16.

Fonda, C. P. (1951). The nature and meaning of the Rorschach white space response. Journal of Abnormal and Social Psychology, 46, 367-377.

Fonda, C. P. (1960). The white space response. In M. Rickers-Ovsiankina (Ed.), Rorschach psychology. New York: Wiley.

Ford, M. (1946). The application of the Rorschach test to young children. University of Minnesota Child Welfare Monographs. No. 23.

Forsyth, R. P, (1959). The influence of color, shading and Welsh anxiety level on Elizur Rorschach content analysis of anxiety and hostility. Journal of Projective Techniques, 23, 207-213.

Gacono, C. B., Meloy, J. R., & Bridges, M. R. (2000). A Rorschach comparison of psychopaths, sexual homicide perpetrators, and nonviolent pedophiles: Where angels fear to tread. Journal of Clinical Psychology, 56, 757-777.

Gardner, R. W. (1951). Impulsivity as indicated by Rorschach test factors. Journal of Consl4lting Psychology, 15, 464-468.

Gill, H. S. (1966). Delay of response and reaction to color on the Rorschach. Journal of Projective Techniques and Personality Assessment, 30, 545-552.

Goldfarb, W. (1945). Psychological privation in infancy and subsequent adjustment. Arnerican Journal of Orthopsychiatry, 15, 249-254.

Goldfarb, W. (1949). Rorschach test differences between family reared, institution reared, and schizophrenic children. American Journal of Orthopsychiatry, 19, 624-633.

Goldman, R. (1960). Changes in Rorschach performance and clinical improvement in schizophrenia. Journal of Consulting Psychology, 24, 403-407.

Grayson, H. M. (1956). Rorschach productivity and card preferences as influenced by experimental variation of color and shading. Journal of Projective Techniques, 20, 288-296.

Hafner, A. I. (1958). Response time and Rorschach behavior. Journal of Clinical Psychology, 14, 154-155.

Halpern, F. (1940). Rorschach interpretation of the personality structure of schizophrenics who benefit from insulin therapy. Psychiatric Quarterly, 14, 826-833.

Henry, E. M., & Rotter, J. B. (1956). Situational influences on Rorschach responses. Journal of Consulting Psychology, 20, 457-462.

Jansak, D. M. (1997). The Rorschach Comprehensive System Depression Index, depression heterogeneity, and the role of self-schema. Dissertation Abstracts International, 57, 6576.

Keehn, J. D. (1954). The response to color and ego functions: A critique in light of recent experimental evidence. Psychological Bulletin, 51, 65-67.

Kelley, D., Margulies, H., & Barrera, S. (1941). The stability of the Rorschach method as demonstrated in electric convulsive therapy cases. Rorschach Research Exchange, 5, 44-48.

Kendell, R. E. (1976). The classification of depression: A review of contemporary confusion. British Journal of Psychiatry, 129, 15-28.

Klatskin, E. H. (1952). An analysis of the effect of the test situation upon the Rorschach record: Formal scoring characteristics. Journal of Projective Techniques, 16, 193-199.

Klopfer, B., Ainsworth, M., Klopfer, W., & Holt, R. (1954). Developments in the Rorschach technique (Vol.1). Yonkers-on-Hudson, NY: World Books.

Klopfer, B., & Kelley, D. (1942). The Rorschach technique. Yonkers-on-Hudson, NY: World Books.

Klopfer, B., & Margulies, H. (1941). Rorschach reaction in early childhood. Rorschach Research Exchange, 5, 1-23.

Langmuir, C. R. (1958). Varieties of decision making behavior: A report of experiences with the Logical Analysis Device. Washington, DC: American Psychological Association.

Linton, H. B. (1954). Rorschach correlates of response to suggestion. Journal of Abnormal and Social Psychology, 49, 75-83.

Lipovsky, J. A., Finch, A. J., & Belter, R. W. (1989). Assessment of depression in adolescents: Objective and projective measures. Journal of Personality Assessment, 53, 449-458.

Mann, L. (1956). The relation of Rorschach indices of extratension and introversion to a measure of responsiveness to the immediate environment. Journal of Consulting Psychology, 20, 114-118.

Mason, B., & Exner, J. E. (1984). Correlations between WAIS subtests and nonpatient adult Rorschach data. Rorschach Workshops (Study No. 289, unpublished).

Meyer, B. T. (1951). An investigation of color shock in the Rorschach test. Journal of Clinical Psychology, 7, 367-370.

Miller, T. A. (1999). Rorschach assessment of object relations and affect control in domestic violent and non-violent couples. Dissertation Abstracts International, 59, 4069.

Millon, T., & Kotik, D. (1985). The relationship of depression to disorders of personality. In E. E, Beckham & W. R. Leber (Eds.), Handbook of depression: Treatment, assessment, and research. Homewood, IL: Dorsey Press.

Mindness, H. (1955). Analytic psychology and the Rorschach test. Journal of Projective Techniques, 19, 243-252.

Molish, H. B. (1955). Schizophrenic reaction types in a Naval Hospital population as evaluated by the Rorschach test. Washington, DC: Bureau of Medicine and Surgery, Navy Department.

Molish, H. B. (1967). Critique and problems of the Rorschach. A survey. In S. J. Beck & H. B. Molish, Rorschach's test. II: A variety of personality pictures (2nd ed.). New York: Grune & Stratton.

Pantle, M. L., Ebner, D. L., & Hynan, L. S. (1994). The Rorschach and the assessment of impulsivity. Journal of Clinical Psychology, 50, 633-638.

Paulsen, A. (1941). Rorschachs of school beginners. Rorschach Research Exchange, 5, 24-29.

Perlman, J. A. (1951). Color and the validity of the Rorschach 8-9-10 percent. Journal of Consulting Psycholog): 15, 122-126.

Piotrowski, Z. (1957). Perceptanalysis, New York: Macmillan.

Rabin, A. I., & Beck, S. I. (1950). Genetic aspects of some Rorschach factors. American Journal of Orthopsychiatry, 20, 595-599.

Rabin, A. I., Papania, N., & McMichael, A. (1954). Some effects of alcohol on Rorschach performance. Journal of Clinical Psychology, 10, 252-255.

Rabinovitch, M. S., Kennard, M. A., & Fister, W. P. (1955). Personality correlates of electroencephalographic findings. Canadian Journal of Psychology, 9, 29-41.

Rapaport, D., Gill, M., & Schafer, R. (1946). Psychological diagnostic testing (Vol.2). Chicago: Yearbook Publishers.

Rickers-Ovsiankina, M. (1943). Some theoretical considerations regarding the Rorschach method. Rorschach Research Exchange,

7, 14-53.

Rorschach, H. (1921). Psychod iagnostik. Bern, Switzerland: Bircher.

Rosen, E. (1952). MMPI and Rorschach correlates of the Rorschach white space response. Journal of Clinical Psychology, 8, 238-288.

Rosenthal, M. (1954). Some behavioral correlates of the Rorschach experience balance. Unpublished doctoral dissertation, Boston University.

Sapenfield, B., & Buker, S. L. (1949). Validity of the Rorschach 8-9-10 percent as an indicator of responsiveness to color. Journal of Consulting Psychology, J3, 268-271.

Schachtel, E. G. (1943). On color and affect. Psychiatry, 6, 393-409.

Seligman, M. E. P. (1975). Helplessness: On depression, development and death. San Francisco: Freeman.

Shapiro, D. (1956). Color-response and perceptual passivity. Journal of Projective Techniques, 20, 52-69.

Shapiro, D. (1960). A perceptual understanding of color response. In M. Rickers-Ovsiankina (Ed.), Rorschach psychology. New York: Wiley.

Sherman, M. H. (1955). A psychoanalytic definition of Rorschach determinants. Psychoanalysis, 3, 68-76.

Silberg, J. L., & Armstrong, J. G. (1992). The Rorschach test for predicting suicide among depressed adolescent inpatients. Journal of Personality Assessment, 59, 290-303.

Silva, D. (2001). The effect of color on the productivity in Card X of the Rorschach. Rorschachiana, 25.

Singer, J. L. (1960). The experience type: Some behavioral correlates and theoretical implications. In M. Rickers-Ovsiankina (Ed.), Rorschach psychology. New York: Wiley.

Singer, J. L., & Brown, S. L. (1977). The experience type: Some behavioral correlates and theoretical implications. In M. A. Rickers-Ovsiankina (Ed.), Rorschach psychology (2nd ed.). Huntington, NY: Robert E. Krieger.

Singer, J. L., & Herman, J. (1954). Motor and fantasy correlates of Rorschach human movement responses. Journal of Consulting Psychology, 18, 325-331.

Singer, J. L., & Spohn, H. (1954). Some behavioral correlates of Rorschach's experience-type. Journal of Consulting Psychology: 18, 1-9.

Sommer, R., & Sommer, D. T. (1958). Assaultiveness and two types of Rorschach color responses. Journal of Consulting Psychology, 22, 57-62.

Steisel, I. M. (1952). The Rorschach test and suggestibility. Journal of Abnormal and Social Psychology, 47, 607-614.

Storment, C. T., & Finney, B. C. (1953). Projection and behavior: A Rorschach study of assaultive mental hospital patients. Journal of Projective Techniques, 17, 349-360.

Stotsky, B. A. (1952). A comparison of remitting and nonremitting schizophrenics on psychological tests. Journal of Ahnormal and Social Psychology, 47, 489-496.

Swift, J. W. (1945). Rorschach responses of eighty-two pre-school children. Rorschach Research Exchange, 7, 74-84.

Townsend, J. K. (1967). The relation between Rorschach signs of aggression and behavioral aggression in emotionally disturbed boys. Journal of Projective Techniques and Personality Assessment, 31, 13-21.

Wallen, R. (1948). The nature of color shock. Journal of Abnormal and Social Psychology, 43, 346-356.

Weigel, R. B., & Exner, J. E. (1981). EB style and preference for interpersonal and impersonal slides among nonpatient adults. Rorschach Workshop (Study No. 291, unpublished).

Weiner, I. B., & Exner, J. E. (1991). Rorschach changes in long-term and short-term psychotherapy. Journal of Personality Assessment, 56, 453-465.

Wiener, M. (1989). Psychopathology reconsidered: Depressions interpreted as psychosocial transactions. Clinical Psychology Review, 9, 295-321.

Zuckerman, M. (1971). Dimensions of sensation seeking. Journal of Consulting Psychology, 36, 45-52.

第 17 章
情報処理過程
Information Processing

　情報処理過程の変数は，認知活動に関する3つのクラスターの1つを構成している。3つのクラスターはひとまとめにして，認知の三側面として知られている。それらは次の3つから成っている。(1)情報処理過程(information processing)，情報を入力する際の手続き，(2)認知的媒介過程(cognitive mediation)，入力された情報を翻訳する働き，(3) 思考 (ideation)，入力された情報が翻訳された後に起こる思考過程（thinking process）で，翻訳された情報を概念形成する手続きである。

　リサーチの結果によれば，この3つのクラスターのデータは相互に独立している。また，実験心理学の研究結果によれば，これら3つの作用は，それぞれ知覚－認知過程の別個の要因と関連していることがわかっている。しかし，このうちのある1つのクラスターの結果が，残りの2つに直接的な影響を及ぼすことも明らかになっている。したがって，認知の三側面は総体として，意図的で意味あるすべての行動の基盤を形成する連続的過程を表している，と仮定することができる。この過程を簡単に図示すれば以下のようになる。

入力	⋯⋯⋯⋯⋯▶	翻訳	⋯⋯⋯⋯⋯▶	概念化
（情報処理）		（認知的媒介）		（思考）

　実際には，これを円で示したほうがより適切かもしれない。それは，多くの場合すでにできあがっている概念的構えが入力の仕方に影響を与えるからである。同様に，入力されたものを翻訳する仕方 は概念化に影響を与える。このように3つの機能は相互に関連しているので，それらのクラスターを一緒に検討することが必要である。ロールシャッハを解釈するときにはそれぞれを別々に検討した上で，3つのクラスターを注意深く読んで，それまでに出された仮説を統合していくのが一番いいようである。

　思考に関する情報を得ることが解釈にとって最も重要となる場合は別として，たいていは認知の三側面の検討は，情報処理過程に関するデータから始め，続いて媒介，そして最後に思考に関するデータを見る。このように情報入力する方法とその作用から始めるのが最も適切である。

　情報処理過程は，刺激野をスキャニングしてその刺激野全体やその一部分の表象（アイコン）を短期記憶の中に作り出すことと関連している。動機づけ，認知的な経済性の問題，達成要求，防衛，あらかじめ作られていた構えや先入観を持った態度など，多くの要因が情報処理の方法に影響を与

える。しかし，たいていの人は，その人なりの情報処理の習慣を身につけているものである。そこで，多くの曖昧な特徴を持つ10枚の図版を見せられたときに示したその人の反応を集計すると，そこからその人の動機づけや，特性，その人らしい情報処理に対するいつもの取り組み方などの情報が得られるのである。

　たとえば，W反応を出すのに必要な情報処理の努力は図版によって相当異なるにもかかわらず，すべての図版にW反応を出す人がいる。図版 I, IV, Vなどのように，刺激野が一つの固まりになっているものでは，D反応を出すよりもW反応を出すほうがより少ないスキャニングですむが，図版 III, IX, Xのように刺激野が分かれているものではW反応を出すのにより多くのスキャニングが必要となる。したがって，情報処理を手堅くこなす人や，意欲の低い人は，たいていひと固まりになったブロットに対してのみW反応を出し，分割された刺激野を持つ図版に対しては，より容易な部分反応を出すものである。

　また，ブロットを分割した上でさらにそれらの部分を統合して複雑な反応（DQ+）にする人もいれば，より単純な反応の仕方で1つの対象を答える人もいる（DQo）。なかには，刺激野の形態の特徴を無視した反応（DQv）をする人もいる。DQ+の反応は刺激野を注意深くスキャニングすることとさらにそれを繰り返すこととが必要であるが，DQvの反応は思いつきと，簡単な情報処理の努力ですませられるものである。

　どのようなアプローチが使われるにしても，それは，認知的媒介や思考活動に影響を与える。このため，認知の三側面すべてのクラスターが解釈された後に，それぞれ3つのクラスターのデータから得られた仮説を再度見直す必要がある。これは，3つのクラスターを検討する順番に関わりなくそうである。なぜならば，各クラスターから得られた所見は，他の2つのクラスターから引き出される所見に重要な示唆を与えることが多いからである。

情報処理過程に関連するロールシャッハの変数

　情報処理のクラスターの全変数は相互に関連しているが，これらは2つの下位クラスターにまとまるようである。第1の下位クラスターは，情報処理に対する努力や動機づけに関するものであり（Zf, W：D：Dd, W：M, 反応領域の継列），第2の下位クラスターは，情報処理の質と効率に関するものである（DQ, Zd, PSV, DQの継列）。

検討事項の要点

　この2つの下位クラスターに関するデータは，次の3つの問題に焦点をあてて解釈する。

（1）問題解決や意思決定に関わる情報を処理する際にそれに費やす努力はどのようなものか。
（2）情報処理の質，効率，一貫性は期待値内におさまるか。
（3）情報処理に何か重要な問題があるか，もしあれば，その人の機能全体にどれほど影響を与えているか。

　これらは，よく出される質問ではあるが，簡単に答えられるとは限らない。なぜならば，ロール

シャッハのデータから情報処理活動について答えるために使える情報の範囲が限られているからである。これは，テストの性質にもよるが，このテーマが興味を引かないために研究されてこなかったからである。しかし，その限られた数の研究所見はたいへん重要なものである。

情報処理のクラスターの所見を解釈する際のガイドラインの説明としてケース9, 10, 11を呈示する。

ケース9

内科医から紹介されてきた29歳の女性。彼女は，16カ月前に多発性硬化症（MS）と診断され，内科に外来通院をしていた。これまでの10カ月ほどは特に目立った身体症状はなかったが，気分の浮き沈みがあった。大変落ち込んでいるように見えたかと思うと，時には妙に高揚していることもあった。担当の内科医は，これらのエピソードは病に対する反応であって，何とか自分なりに調整しようと試みているためなのだろうと考えていた。ところが，最近の5, 6カ月はひどく性欲が高まり，週代わりで相手を替えているということがわかった。相手は，たいていバーやナイトクラブで出会った男性だった。担当医は，このような行動は健康状態を損なう可能性があり，病気に対処するための試みにしては病理を含む可能性があると考えた。

彼女は2人兄妹の妹である。34歳の兄は既婚で，子どもが3人いる。63歳の父親は鉄道技師で，61歳の母親は主婦である。本人は州立大学で図書館学を専攻し，22歳で卒業した後，まもなくしてクラスメートと結婚した。相手は貿易関係の職に就き，彼女は短期大学での司書の仕事を得て，今もその仕事を続けている。しかし結婚生活は10カ月しか続かなかった。「2人はほとんどのことに気が合わなくて，彼は大酒飲み。きっと誰か別に好きな女の人がいたのだと思います」と言う。24歳の彼女の誕生日には離婚が決まっていた。仕事は楽しく，人と会うのは好きだという。離婚してから，時々デートはしていたが，1年前頃から2人の友人と週に4, 5回「独り者」が集まる場所に出かけるようになった。彼女は，担当医が自分の行動を大げさに扱っていると思っており，「先生の考えが古いんです。注意しなければいけないことはわかっています。何も，私は誰とでもいきなり寝ているわけではありません」と弁明している。

MSと診断されてからは毎週心理療法を受けていた。「8カ月間やって，物事を理解するのに役に立ちました」「でも，今はそういうことは必要ありません」という。もし出会いがあったら結婚するつもりはあるという。担当医は，心理療法を再開するのがいいのかどうかを問うてアセスメントを依頼してきた。また，彼女の現実検討力や気分の浮き沈みについても説明を求めている。その上で，性的な行動が病気に対するある種の防衛なのかどうかについての見解を求めている。

ケース10

20歳の男性。教養大学の教授が照会してきた学生である。この大学では，たいていの学生は一般的なカリキュラムを履修するが，一部の者は聖職者になることを目指して哲学や宗教学を専攻する。この若者は後者で，最近2年次を終えたばかりである。紹介状によれば，いつも平均以上の成績を取っているが，仲間に対して見下した振る舞いをすることでよく知られている。最近，相手を見下すような行動を取ったり，攻撃的な言葉をかけられないようにと注意を受けたが，彼の行動は一向に変わらなかった。それどころか，自分には神の御言葉を説教するための「特別」な才能があ

ケース9　29歳女性　情報処理過程の変数

EB =4:4.5	Zf =9	Zd =-3.5	DQ+ =6
L =0.21	W:D:Dd=4:10:3	PSV=1	DQv/+=0
HVI=NO	W:M =4:4		DQv =1
OBS=NO			

Location & DQ Sequencing

Ⅰ:Do.DdSo	Ⅵ:Do
Ⅱ:W+.DS+	Ⅶ:D+
Ⅲ:D+	Ⅷ:Do.Dv
Ⅳ:Wo	Ⅸ:Do.Dd+
Ⅴ:Wo.Wo	Ⅹ:Do.D+.Ddo

ケース10　20歳男性　情報処理過程の変数

EB =7:6.0	Zf =14	Zd =+4.0	DQ+ =12
L =0.61	W:D:Dd=4:18:7	PSV=0	DQv/+=0
HVI=YES	W:M =4:7		DQv =1
OBS=NO			

Location & DQ Sequencing

Ⅰ:WSo.DS+	Ⅵ:D+.D+
Ⅱ:D+.Do.D+.Ddo	Ⅶ:D+.Do.DSo
Ⅲ:D+.Dd+.Do	Ⅷ:W+.Dd+.Dv.Ddo
Ⅳ:W+.Ddo	Ⅸ:DdS+.Ddo.Do
Ⅴ:Wo.Do	Ⅹ:Do.Do.Do.Do

って，仲間の「怠惰」を無視することは偽善であると弁解していた。特別な才能について説明を求められると，チャペルにいたときに「啓示」を受けたことや，いくつかの「神の訪れ」の夢を見たことなどについて話した。

　本人は同胞3人の末子で，25歳の兄は電気技師，23歳の姉はコンピューターのプログラマーである。53歳の父親は製造会社の販売マネージャをしている。48歳の母親は主婦で，仕事に就いたことはない。彼は高校を優秀な成績で卒業した。職歴はない。彼は今回の評価に対して苛立ちを隠せず，おそらく熱心な彼の取り組みを他の人たちがやっかんでいるのだろうと考えている。自分には特別な力はないが，宗教的な体験により他の人に献身する力が強められたのだと力説する。恵まれない人々のために働くことを望んでいて，牧師になろうと考えているという。照会されたのは，重大な精神病的障害がないかという点である。また，彼の対人関係の問題にどう対処するといいのか，アドバイスを求めている。

ケース11

　41歳の女性。彼女は，精神病院に収容されてから10日目に心理学的評価を受けることになった。3日間家出をして酒浸りになり，モーテルの部屋で寝ているところを見つけられた。目覚めたときには失見当の状態だった。このようなことは前にも1回あった。前回は4年前のことで，8日間居所不明となり，意識不明の状態でホテルで見つかった。彼女は薬物離脱プログラムに入り，12日

ケース11　41歳女性　情報処理過程の変数

EB =4：6.0	Zf =15	Zd =-2.0	DQ+ =9
L =0.20	W：D：Dd=15：2：1	PSV=0	DQv/+=1
HVI=NO	W：M =15：4		DQv =1
OBS=NO			

Location & DQ Sequencing

I：Wo.Wo.W+.W+　　　　　　　　　VI：W+.D+
II：W+　　　　　　　　　　　　　　VII：W+
III：W+　　　　　　　　　　　　　 VIII：W+.Do
IV：Wo　　　　　　　　　　　　　　IX：Wv/+.Ddo
V：Wo.Wo　　　　　　　　　　　　 X：W+.Wv

後に退院した。夫の強い勧めで心理療法も始めたが，7回目のセッション後にやめてしまった。彼女の説明によれば，これまで2年間AAミーティングに出ていて，最近夫と言い争いを起こすまでは改善が見られていたという。

　20歳のときから酒を飲み始め，同時に薬物も始めた（マリファナ，LSD，コカイン）。しかし，どの薬物からも飲酒にまさる安楽は得られなかったという。第二子で，家族の中では女の子は1人だけだったので，いつも「居場所のなさ」を感じていたという。父親は10年前に亡くなった。68歳の母親は彼女の弟と住んでいて，初期のアルツハイマーを患っている。彼女は21歳で大学をやめ，デパートの洋服売り場で働き始めた。その後まもなくして，夫となる人と付き合い始めた。彼はその年に大学を卒業し，繊維関係の仕事に就いていた。2人は，彼女が23歳のときに結婚した。「結婚しようと言われたとき，これで家から出られる，これで仕事をやめられると思って，彼の申し出に飛びついたんです」と語る。現在夫は管理職で，国外出張が多い。出張が多くなり始めた12年ほど前の頃には，夫について外国に行ったことが2，3回あった。しかし，夫は終日忙しくしているし，言葉も通じない知らない街にいても退屈するばかりだった。ちょうどその頃，彼女は妊娠した。子どもが生まれて「母親業に没入し」，5年間はほとんど酒を飲まなかったという。息子は現在10歳になる。息子が学校に入学してから彼女は苛々し，落ち込み始めた。そのために深酒するようになり，息子が2年生に上がる頃には，後に繰り返すことになるブラックアウトを経験し始めていた。

　深酒するようになった頃は家で飲んでいた。しかし，いろいろなバーで飲み仲間ができると，家族にとってはとんでもないこととは知りながらも，自分の人生が充実してくる感じがした。普段からベビーシッターを雇っていたが，時には泊まりで来てもらい，夫が不在のときには「外に飲みに」出かけていた。おそらく多くの性的関係を持っただろうが，ほとんど思い出せないという。彼女はセックスにあまり興味がなく，「ただそうなっちゃうだけだ」と言う。夫から酒をやめるように強制されたときには怒りを感じ，離婚を考えた。しかし，息子の監護権を取れないのではないかと不安になり，思いとどまった。息子が母親に失望していることはわかっていて，息子に対して安定したよい関わりを持ってあげられなかったことを悔いている。「時々ただ逃げ出したくなります」と言い，この1年間は自殺することも考えたという。もう一度心理療法を始めたいとは思っているが，結婚生活については自信がなく，悲観的にとらえている。息子との関係を気にしており，現在は息子とは表面的で脆い関係しか持てていないと認めている。しかし，もし禁酒ができれば息子と

も親密な関係を再構築できると思っている。神経心理学的評価によれば，中程度の障害が見られる。WAIS-R の結果は，言語性 IQ が 112 で，動作性 IQ が 119 である。下位検査間のばらつきは大きい（9-13 言語性，7-16 動作性）。

アセスメントの課題は以下の通りである。

（1）長期の入院治療は外来治療と比べてどの程度好ましいのか。
（2）治療につなげられるパーソナリティの主な長所と短所は何か。
（3）自傷行為の危険性を示す所見はあるか。
（4）この時点で，彼女はどの程度夫婦療法（マリタルセラピー）に乗ってくると思われるか。

解釈の手順

前もって検討すべき項目（*EB*，ラムダ，OBS，HVI）

　情報処理データは，反応スタイルや構えに照らして系統立てて解釈していく。EB やラムダの値，OBS や HVI が陽性かどうかということは，正しい筋道で解釈を進めるために前もって検討しておく必要がある。内向型か，外拡型か，回避型か，強迫的スタイルあるいは警戒心過剰のスタイルがあるか，ということがこれに関連している。変数の意味は変わらないが，1 つかそれ以上のスタイルが組み合わさると，解釈仮説や結論がより精密なものとなる。

　たとえば，W：M の割合は動機づけに関係しているが，EB の所見なしには正しく解釈することはできない。W 反応の数は内向型と外拡型でほぼ同じだが，M 反応は内向型のほうが外拡型より多い。同様に，回避型の対処スタイル（ラムダ＞0.99）がある場合，経済的で単純化しようとするこのスタイルの傾向が，情報処理の努力にも反映されていないか確かめる必要があるだろう。回避型の対処スタイルの人は，新しい情報を処理するのは控えめで，他の人たちに比べて徹底しないことが多い。このことは，必ずしも好ましくないというわけではないが，その回避型の対処スタイルが過度であると情報処理機能の質と効率によくない影響を与えることがある。

　同様に，OBS か HVI が陽性である場合，情報処理に対する努力と情報入力の質に関して確実に予測できることがある。OBS が陽性であれば，それは，完全主義や，細部にとらわれがちな傾向のサインとなる。このような人々は正確でありたいという欲求に影響されているので，たいてい情報処理行動において非常に注意深い。この特徴が過度であると逆効果となり，情報処理過程の問題を生じ，それはさらに認知的媒介や思考に影響を及ぼす。

　HVI が陽性であれば，それは警戒心過剰の状態を示している。このような人は，用心深く，外界を信用しない。たいてい，情報処理に非常に関心を持ち，刺激野のすべての特徴を注意深く調べたという保証が得られるまで，過剰にエネルギーを費やす。多くの場合この傾向は優れた情報処理努力を生み出すが，病理を併せ持っていると，過剰警戒（hyperalertness）のために細部に対する並はずれた関心が助長され，結果として刺激野全体に関心が行きわたらなくなる。このような状態が生じると，情報処理活動は混沌として能率の上がらないものになることが多く，誤った認知的媒介活動が助長されやすい。

　前もって検討すべき項目を吟味し終えたら，解釈手順としては次に，情報処理に対する努力の問

題を取りあげる。2つのデータ、ZfとW：D：Ddが、この問題についての基本的な情報を提供する。しかし、ここで引き出される仮説はあくまでも仮のもので、ステップ3で領域継列を調べて、それらの所見を統合して初めて意味あるものとなる。その後、W：Mの割合、Zdスコア、固執反応、そして発達水準のスコアの順に検討していくのにつれ、解釈の焦点は、動機づけから、効率、質へと移っていく。

ステップ1：*Zf*

Zスコアが与えられた反応の数からは、情報処理努力についての大まかな評価が得られる。大まかな評価しか得られない理由は、Zスコアが以下の3種類のどのタイプの反応にも与えられるからである。その3つのタイプとは、(1) 形態を特定するか、輪郭を持つW反応、(2) ブロットの部分を別個の対象に分け、それを意味ある反応に統合したもの、(3) 空白領域が反応に統合されたもの、である。

前述したように、いくつかのW反応はD反応よりも簡単に出すことができる。そのため、どの記録にも単純なW反応から生じる4つか5つのZスコアがある。ブロットを別々の対象に分け、それらを意味があるように再統合するためには、より多くのスキャニングと、短期記憶に正確な表象を作り出すことが必要である。同様に、空白を統合した反応は、単純なW反応を出すよりも複雑な情報処理努力を必要とする。このように期待値内の平均的なZfを達成するのはそれほど難しいことではないものの、他の情報処理の変数に関連させて検討すれば、このデータは情報処理努力についてよりはっきりしたことを示してくれる。

可能な所見1： ラムダの値が1.0より低い場合、不定型、内向型、外拡型のいずれであっても、Zfの期待値は9～13である。この期待値は成人と同様児童にも適用される。もしこの期待値の範囲にあれば、情報処理に対する努力はたいていの人と同様である。期待値より高ければ、刺激野を処理するのに多くの努力をしていることを示している。期待値より低ければ、より手堅く意欲的でない情報処理のアプローチをしていることを示している。ステップ2へ進む。

ケース9、10、11所見

どのケースもラムダの値が1.0未満である。ケース9は不定型であり、Zfが9というのは期待値の下限である。ケース10も不定型ではあるが、Zfは14でかなり高くなっている。それは、彼が警戒心過剰のスタイルを持つことを考えれば納得のいくことである。警戒心過剰の人は用心深く、何も見落としがないように一生懸命努力する傾向がある。ケース11の結果は、神経心理学的検査の結果に中程度の障害があったことと照らし合わせると意外なものである。神経心理学的障害のある人の情報処理努力は限られたものになることが多いにもかかわらず、Zfは15で、新しい刺激野をまとめようと努力していることが明白である。はたしてこの努力が彼女のためになっているのかを見極めることが重要である。

可能な所見2： ラムダの値が1.0よりも高い場合、それは回避型の対処スタイルを示しており、Zfの期待値は6～10の間である。回避型の対処スタイルを持つ人たちは複雑さを避け、認知的に経

済的であろうとする傾向があるために，期待値の範囲は低いところにおさまる。このことは，その情報処理に対する努力が不適切であるということを意味しているのではない。それは単に，回避型と一致する，手堅く用心深い方向性を反映しているのである。もし Zf の値が期待値よりも高ければ，それは期待されるよりも努力していることを示すが，なぜそうなっているのかその理由が問題となる。Zf 値が期待値より低ければ，回避型の対処スタイルの影響が非常に大きく，情報処理努力の不足ゆえに適応に問題を引き起こす可能性もある。ステップ 2 へ進む。

ステップ 2：*W:D:Dd*

W：D：Dd の割合は，情報処理努力の仕方と経済性（economy）についての理解をもたらしてくれる。より多くの努力を払うことが必ずしもよりよい情報処理過程であるとは限らないことを強調しておきたい。このことは単に，目下の課題に最もふさわしいと思える情報処理の仕方で，その人が一生懸命努力したことを示しているに過ぎない。たしかに何枚かの図版（I，IV，V）では W 反応を容易に出せる。しかし他の図版（II，VI，VII，VIII）で W 反応を出すにはより多くのスキャニングと努力が必要となり，かなりの努力を要する図版というのは少なくとも 3 枚ある（III，IX，X）。すべての図版で W 反応を出すことはかなりの努力を表わしているかもしれないが，あまり効率がいいとは言えないし，反応がよりよいものになるとは限らない。

逆のことが D 反応についても言える。図版 V 以外はすべて D 領域に分けやすい。つまり，D 反応を出すのは認知的に経済的なことである。テストを受けている人が，たくさん反応しなければいけないと感じると，経済的な情報処理が自然に起こる。反応領域の配分は，成人と 10 歳以上の児童の場合，ほとんどのグループで W 反応よりも D 反応のほうが多い。その理由の 1 つは，D 反応は W 反応に比べて情報処理努力が少なくて済むからである。もう 1 つは，どの図版でも刺激野の形態の特徴と一致する可能性のある D 反応の数は，W 反応の数より多いからである。

Dd 反応は，かなりスキャニングをした後にのみ出される。たいてい，Dd 反応はより多くの情報処理努力が必要である。これに対する唯一の例外は，図と地が逆転した，空白部分だけを使った Dd 反応である。したがって，W：D：Dd を検討するとき，D の数は W の 1.3 〜 1.6 倍の間で，Dd は 3 を越えないことが期待される。この期待値は EB のスタイルやラムダの値に関係なく適用される。ただし，10 歳未満の児童だけは例外である。彼らは少なくとも D と同じ数の W 反応を出し，時には D よりも多くの W 反応を出す。児童は課題に対して気ままに取り組み，その刺激野の複雑さにあまり頓着しないため，しばしば，これらは Wv 反応となる。テストに対してどうしていいかわからなかったり，脅えたりしている幼い子どもには，Dd 反応が多くなる傾向がある。

可能な所見 1：W：D：Dd の 3 つすべての変数が期待値の範囲内にある場合（1：1.3 〜 1.6：Dd<4），情報処理に対する努力とその方法は一般的と言える。しかし，この仮説はステップ 3 で領域継列を検討するまでは一時的なものとしておくことが重要である。領域継列を検討すると，ステップ 1 と 2 で得られた情報処理努力と動機づけに関する所見がよりはっきりしたものとなる。ステップ 3 に進む。

可能な所見 2：W：D：Dd の 3 つのうち，どれかの変数が期待値の範囲に入らない場合，情報処理に対する努力やその方法に問題があることを意味している。いくつかの可能性があるが，

ケース11　41歳女性　情報処理過程の変数

EB =4:6.0	Zf =15	Zd =-2.0	DQ+ =9
L =0.20	W:D:Dd=15:2:1	PSV=0	DQv/+=1
HVI=NO	W:M =15:4		DQv =1
OBS=NO			

Location & DQ Sequencing

　　　　　Ⅰ：Wo.Wo.W+.W+　　　　　　　Ⅵ：W+.D+
　　　　　Ⅱ：W+　　　　　　　　　　　　Ⅶ：W+
　　　　　Ⅲ：W+　　　　　　　　　　　　Ⅷ：W+.Do
　　　　　Ⅳ：Wo　　　　　　　　　　　　Ⅸ：Wv/+.Ddo
　　　　　Ⅴ：Wo.Wo　　　　　　　　　　Ⅹ：W+.Wv

次の仮説のどれが該当するか，データを注意深く検討する。すべてを検討したらステップ3へ進む。

2a：W：D：Ddで W 反応の割合が期待値より大きく，かつ Dd が 3 を超えない場合は，情報処理により多くの努力を費やしていることを示している。この仮説は，W 反応が 8 より大きいとき，かなり強まる。もし，W 反応の割合が期待値より大きく，Dd が 3 を超えるならば，この所見を 2c で述べられる可能性に照らして再検討する。

ケース 11 所見該当

　　15：2：1 という W：D：Dd は，情報処理過程に多くの努力が払われていることを示している。これは Zf の結果とも一致するが，認知的媒介と思考のクラスターを検討すると，これらの努力の質がどのようなものか理解できるはずである。

2b：W：D：Dd で D 反応の割合が期待値より大きい場合は，非常に効率よく情報処理の努力をすることを示している。D 反応の割合が W 反応の 2 倍以上で，Dd の数が 3 以下のときは特にそうである。もし Dd 反応が 4 以上であれば，D 反応の多さによって示される効率のよさは実質的にはそれほどのものではない。この所見は 2c で再検討する。

ケース 9 所見該当

　　4：10：3 という W：D：Dd は，控えめで，経済的な情報処理を示している。ときにはこのようなアプローチは自信のなさを表す場合もあるが，新しい場面への関わりをどことなく拒否していることの反映という場合もある。

2c：前述したように，Dd 反応は効率のよい情報処理を反映しているわけではない。なぜなら，相当スキャニングをした後にようやく出される反応であり，短期記憶の中にいったん取り入れた表象を再び反応に取りあげたものだからである。Dd 反応の数が 4 以上の場合，普通よりもスキャニングが移ろいやすく，図版の小さなところや普通でない特徴に焦点づけをするような，ある種非定型的な情報処理があると言える。W：D：Dd の割合は Dd 反応の数が期待値より

ケース9　29歳女性　情報処理過程の変数

EB =4:4.5	Zf =9	Zd =-3.5	DQ+ =6
L =0.21	W:D:Dd=4:10:3	PSV=1	DQv/+=0
HVI=NO	W:M =4:4		DQv =1
OBS=NO			

Location & DQ Sequencing

I : Do.DdSo	VI : Do
II : W+.DS+	VII : D+
III : D+	VIII : Do.Dv
IV : Wo	IX : Do.Dd+
V : Wo.Wo	X : Do.D+.Ddo

大きければ，それを前提として解釈する必要がある。2a と 2b で特定された W:D についての一般的な原則は有効ではあるが，Dd の所見に合わせた修正が必要である。

たとえば，W が D よりも大きいとき，より多くの情報処理の努力がなされているという仮説は，Dd 反応の頻度が高いとより確かなものとなる。その場合，なぜそうなっているのかの理由も重要である。同様に，D 反応の割合が大きいとき，普通よりも経済的に情報処理をするという仮説は，Dd 反応の性質がわかれば確かなものとなる。次の3つの可能性がある。

（1）刺激野の細かいところに不必要にとらわれる，完全主義的で強迫的な傾向があるかもしれない。特に OBS が陽性の場合，たいてい D 反応が W 反応より多くなる。なぜならば，このような人は，決断することを避けようとし，複雑さが少なく，単純な刺激野を扱うほうを好むからである。
（2）警戒的で，疑い深く，曖昧さに巻き込まれるのを最小限にしようとしているかもしれない。そのために，はっきりした輪郭を持つ Dd 領域を作ったり，選んだりする。このアプローチは回避型の対処スタイルや HVI が陽性の人では珍しくない。
（3）空白を過度に使う，否定的で反抗的な構えがあるのかもしれない。空白を伴ういくつかの反応は WS か DS 反応とコードされるが，空白反応が多すぎると，たいてい DdS 領域を含むことになるので，Dd の頻度が上がる。この種の情報処理のやり方はあまり見られないが，情緒的にひどく混乱している人たちにはよく見られるものである。

ケース10所見該当

4:18:7 という W:D:Dd は珍しい結果だが，警戒心過剰なスタイルを持っているこの人の場合には矛盾しない。しかし，D と Dd 反応がこれほど多いと，状況を全体として捉えそこねるために不適切になりかねないことを示している。そうだとすると，思考と現実検討力に大きな影響を与えるはずである。

ステップ3：領域の継列（Location Sequence）

領域継列では以下の2点を見ていく。1つは，どの図版に W 反応が出ているかである。これは，ステップ1と2で得られた仮説を評価する重要な情報源となる。次に，情報処理に対する努力とそ

ケース10　20歳男性　情報処理過程の変数

EB =7:6.0	Zf =14	Zd =+4.0	DQ+ =12
L =0.61	W:D:Dd=4:18:7	PSV=0	DQv/+=0
HVI=YES	W:M =4:7		DQv =1
OBS=NO			

Location & DQ Sequencing

　　　　Ⅰ：WSo.DS+　　　　　　　　　　Ⅵ：D+.D+
　　　　Ⅱ：D+.Do.D+.Ddo　　　　　　　Ⅶ：D+.Do.DSo
　　　　Ⅲ：D+.Dd+.Do　　　　　　　　Ⅷ：W+.Dd+.Dv.Ddo
　　　　Ⅳ：W+.Ddo　　　　　　　　　　Ⅸ：DdS+.Ddo.Do
　　　　Ⅴ：Wo.Do　　　　　　　　　　Ⅹ：Do.Do.Do.Do

　の方法がテストを通してほどよく一貫しているかを見る。これはその人の情報処理の習慣に関する新たな見通しを与える。W反応の継列はたいていステップ1と2の仮説を支持する結果になるが，時には，その仮説のうちのどちらかあるいは両方を修正したり取り下げたりすることになる。特に，ステップ1と2の仮説が一致しないときはそうである。

　たとえば，構造一覧表でZfが10，W：D：Ddが9：11：1であったとする。Zf値は平均的で一般的な情報処理努力を示しているのに，W：D：Ddを見ると，W反応の割合が高い。これは，期待されるよりも念入りに情報処理の努力をしている可能性を示している。しかし，W反応の継列が図版Ⅰ，Ⅳ，Ⅴ，Ⅶで2つずつ，Ⅵで1つとすると，慣れた解釈者であればW：Dの9：11は間違った印象を与えるものだとわかるはずである。なぜならば，9個のW反応のうち6個はW反応を出しやすい図版（Ⅰ，Ⅳ，Ⅴ）に，残りの3個はW反応をするのがそれほど難しくない図版にあるからである。結局ここでは，Zf値から引き出された仮説のほうがより適切となる。反対に，たとえばZf値が10，W：D：Ddの値が9：11：1という先と同じ結果であっても，W反応が図版Ⅰ，Ⅱ，Ⅳ，Ⅴ，Ⅶ，Ⅷ，Ⅹに1つずつ，Ⅸに2つある場合はどうだろう。この継列は，かなり情報処理の努力がなされていることを示す。この場合，Zf値が誤った印象を与えるのであり，W：D：Ddから引き出される仮説のほうが正しい。

　ある場合にはZfとW：D：Ddの両方のデータが非常に誤解を招くもので，領域継列を検討して初めてその意味が明らかになる。これは，テストを受ける人が，おそらくよく準備ができていないために状況に対して用心深くなるような場合である。このようなときには，非常に単純なD反応やDd反応を最初の4，5枚の図版に見ることが多い。このうちいくつかが空白反応を伴っていることも珍しくない。状況に慣れて気楽になるにしたがって，後半の5枚の図版にW反応を4〜5個出す。最終的に得られたデータでは，Zfが6か7と低い値で，W：D：Ddも5：10：3であるかもしれない。これは，かなり経済的で楽な情報処理で済ませていることを示す。しかしこのような場合でも，実際は課題に慣れた後ではかなりの情報処理の努力がなされているのである。

　領域継列を見る2番目の目的は情報処理に対するアプローチが一貫しているかどうかを検討することである。W反応の位置が特に重要である。一貫している場合は，W反応のほとんどが最初か最後にある。一貫していない場合は，W反応がいろいろな位置に表れる。Dd反応が期待値よりも多いときには，Ddについても同じように一貫したパターンがあることが見込まれる。ただし，ほ

ケース 11　41 歳女性　情報処理過程の変数

EB =4:6.0	Zf =15	Zd =-2.0	DQ+ =9
L =0.20	W:D:Dd=15:2:1	PSV=0	DQv/+=1
HVI=NO	W:M =15:4		DQv =1
OBS=NO			

Location & DQ Sequencing

I : Wo.Wo.W+.W+	VI : W+.D+
II : W+	VII : W+
III : W+	VIII : W+.Do
IV : Wo	IX : Wv/+.Ddo
V : Wo.Wo	X : W+.Wv

とんどの場合 Dd は最初の反応としては期待されない。実際，ほとんどの Dd 反応は各図版の反応継列の最後に出てくる。

　図版を通じて継列のパターン，特に W 反応と Dd 反応の表われ方に脈絡がない場合は，問題解決や意思決定の際の情報処理努力やその方法が不規則になっていることを示している。これは児童には珍しいことではないが，成人や青年にこの一貫しないパターンが見られるならば，情報処理の習慣が効果的でないことを示している。これは大きな短所とは言えないまでも，情報処理の習慣に一貫性がなければ，誤った情報入力が増え，いくら努力しても情報処理活動の質は低くなってしまうであろう。

　可能な所見 1： ステップ 1 と 2 から引き出された情報処理努力に関する仮説が一致しているならば，W 反応の継列もその仮説を支持する結果になるはずである。ステップ 1 と 2 が一致しているにもかかわらず，継列がその仮説を支持しない場合は，仮説を修正する必要がある。W と Dd 反応をはじめとする領域選択の継列が記録の中で一貫していれば，情報処理の努力と習慣は規則的で予測可能であると仮定できる。領域選択の継列に一貫性がまったくない場合は，情報処理に対する努力とその方法についての仮説は，その一方か両方が不規則であると修正する。

ケース 11 所見該当

　Zf も W:D:Dd のデータも，新しい情報を処理するのに多くの努力を払っていることを示している。領域継列はそれを裏づけるばかりでなく，情報処理のアプローチがかなり一貫したものであることを示している。各図版に必ず全体反応があり，図版 I，V，X には複数の全体反応がある。2 個の D 反応と 1 個の Dd 反応はすべて 2 つ目の反応として出現している。

　可能な所見 2： ステップ 1 と 2 から得られた仮説が一致しない場合，W 反応の継列を検討すると，どちらが正しいかがわかる。所見 1 で見たように，領域選択の継列は記録を通じてほどよく一貫していることが期待されるが，特に W 反応と Dd 反応はそうである。領域選択の継列が一貫していれば，情報処理の習慣は規則正しく予測可能なものであると仮定できる。しかし，領

ケース9　29歳女性　情報処理過程の変数

EB =4 : 4.5	Zf =9	Zd =-3.5	DQ+ =6
L =0.21	W : D : Dd=4 : 10 : 3	PSV=1	DQv/+=0
HVI=NO	W : M =4 : 4		DQv =1
OBS=NO			

Location & DQ Sequencing

Ⅰ : Do.DdSo	Ⅵ : Do
Ⅱ : W+.DS+	Ⅶ : D+
Ⅲ : D+	Ⅷ : Do.Dv
Ⅳ : Wo	Ⅸ : Do.Dd+
Ⅴ : Wo.Wo	Ⅹ : Do.D+.Ddo

ケース10　20歳男性　情報処理過程の変数

EB =7 : 6.0	Zf =14	Zd =+4.0	DQ+ =12
L =0.61	W : D : Dd=4 : 18 : 7	PSV=0	DQv/+=0
HVI=YES	W : M =4 : 7		DQv =1
OBS=NO			

Location & DQ Sequencing

Ⅰ : WSo.DS+	Ⅵ : D+.D+
Ⅱ : D+.Do.D+.Ddo	Ⅶ : D+.Do.DSo
Ⅲ : D+.Dd+.Do	Ⅷ : W+.Dd+.Dv.Ddo
Ⅳ : W+.Ddo	Ⅸ : DdS+.Ddo.Do
Ⅴ : Wo.Do	Ⅹ : Do.Do.Do.Do

域選択の継列に一貫性がまったくない場合は，情報処理に対する努力とその方法に関する仮説は両方，あるいはどちらかが不規則であると修正する。

ケース9所見該当

　　Zfはたいていの人と同じくらいに新しい情報を処理していることを示し，W : D : Ddの割合は他の人よりも控えめで経済的であることを示していた。領域継列は後者を支持している。4個のW反応のうち3個が図版ⅠとⅤにあり，残りの1つは図版Ⅱにある。すべてのDd反応はいつも最後に出ている。これは非常に効率のよい経済的なアプローチである。概して，新しい情報の処理にはあまり努力をせず，経済的であることがかなり身に付いているようである。

ケース10所見該当

　　Zfのデータからは情報処理にかなりの努力をしていることがわかり，W : D : Ddには全体に目が行かなくなるほど過度に部分にとらわれてしまうことが示されていた。領域継列はこの両方を支持している。どの図版にも複数の反応を出しているが，これには相当な努力が必要とされる。しかし，7個のDd反応があちこちに出現するのは，細部に対する過度のとらわれがある証拠であろう。7個のDd反応のうち1つ（図版Ⅸ）は最初の反応で，4つ（図版Ⅲ，Ⅳ，Ⅷ，Ⅸ）は2つ目の反応で，2つ（図版Ⅱ，Ⅷ）は最後の反応で出されている。これはかなり不規則的なアプローチであり，情報処理の効果と効率が障害されていると考えられる。おそらくこれはこの人の，警戒心過

剰なスタイルの結果であろう。

ステップ4：W:M

　W：Mはときに，達成要求の度合いを表わす比率と言われる。なぜならば，ほとんどのW反応はその課題に対して必要以上に努力するサインであり，M反応は推理や質の高い概念化，そして観念化へ焦点を向けるよう方向づける作用と関連しているからである。このように，M反応の数は課題達成のために利用可能な資質についてのおおまかな指標となる。

　ZfやW：D：Ddの比が広い意味で達成動機に関連しているのに比べると，W：Mの割合には情報処理の努力に直接結びつく情報は少ない。しかし，もし論理的に用いるならば，情報処理努力が相当努力を伴っているものか慎重で控えめなものなのかがわかり，情報処理努力を評価するのに役に立つ。これは，情報処理努力はその人が使える自分の資質に見合っていなければならないという仮説を踏まえての解釈である。

　WとMの割合は，それが不釣合いであるときに解釈的に意味を持ってくる。不釣合いとは，M反応に対して多すぎるか少なすぎるW反応があることをいう。W：Mが不釣合いであるかどうかは，EBとの関連で判断する。内向型の人はたいてい外拡型の人よりも明らかに多くのM反応を出す。不定型の人は外拡型の人よりも多くのM反応を出しやすいが，内向型の人よりはM反応は有意に少ない。ところがW反応の数は，どの体験型でもほぼ同じである。

可能な所見1：EBスタイルに照らして，W反応の割合がM反応よりも多いと言える場合。これは，その割合が（約分したとき）内向型で1.5：1，不定型で2：1，外拡型で3：1を超える場合である。
　　この所見が該当するとき，その人は現在の自分の能力を超えた，より多くのことを達成しようと努力していることを示している。この傾向が日々の行動の中で見られると，目標を達成できない可能性が増し，失敗が増える。その結果，欲求不満を経験することも多い。DQ+の頻度が低ければこの仮説はより強まる。これは成人や青年期後期の人にとっては重要だが，児童や思春期後期にはよく見られることである。5歳，6歳の子どもはW：Mの割合が5：1から8：1の間であり，さらに大きな差があっても珍しくはない。同じように，9歳，10歳，11歳の児童もW：Mが4：1かそれより大きく，12歳，13歳，14歳くらいになると3：1の比になる。若年者が自分の能力を過大評価し，非常に高い目標をかかげるということは周知の事実である。幸いなことに彼らはまた，それらの目標にそれほど価値を置かないため，たいてい失敗したとしてもその結果を気楽に受け止めることができる。したがって，欲求不満はあっても長くは続かないだろう。ステップ5へ進む。

ケース11 所見該当

　ケース11のW：Mの割合は逸脱している。外拡型の人で，W：Dが15：4というのは約分するとほぼ4：1になり，機能できる能力以上のことをやりとげようと望んでいると言える。達成欲求が高いのは褒められるべきことかもしれない。しかし，この人の来歴や，神経心理学的所見として中程度の障害があったことを考慮するならば，頑張れば頑張るほど失敗の危険性を高めてしまいかねないので，むしろこれは弱点として働くと考えたほうがよいだろう。

可能な所見 2：EB スタイルに照らして，W 反応の割合が M 反応と比べて不釣合いに低い場合。すなわち，外拡型と不定型で 1.2：1 かそれよりも低いとき，内向型で 0.75：1 かそれよりも低くなるときである。

この所見が該当するとき，その人は非常に用心深く過度に手堅いか，達成目標を決める際に意欲が足りないことを示している。「用心深く手堅い」と，「意欲が足りない」とを区別するには Zf を見る。もし，Zf が平均値あるいは，平均以上であればその人は達成目標を決めることに関して用心深く手堅いと言えるだろう。もし Zf が平均より低ければ，おそらく達成目標を立てるための意欲が足りないと言えるだろう。回避型の対処スタイルを持つ人たちにはしばしばこのパターンが見られる。ステップ 5 へ進む。

ケース 9 と 10 所見該当

ケース 9 の W：M は 4：4 で，約分すると 1：1 になる。これは不定型には珍しい結果である。Zf は平均域にある。W：M の割合からは，この人は用心深く，達成目標を設定するにあたってはいくらか控えめであることが示唆される。この所見は，情報処理の努力に関するその他の結果とも一致する。

ケース 10 の W：M は 4：7 で，約分すると 0.57：1 になる。これは不定型にはそぐわない結果である。Zf は 14 あるが，警戒心過剰なスタイルを持つ人であった。W：M は，W：D：Dd の結果と同様，とても用心深くて控えめなアプローチを示していると考えられる。

ステップ 5：Zd

Zd は，Z スコアの合計（Zsum）と，統合された反応の頻度（Zf）に基づく推定値（Zest）との差を示す値である。Zd スコアからは情報処理する際のスキャニングの効率を判断することができる。情報処理を効果的にしようとする高い動機づけを持った人を見分けることができる。Zd の値は +3.0 から -3.0 であることが期待される。

可能な所見 1：もし Zd の値が平均域内（±3.0）であるなら，スキャニングの効率は他の人たちと同じであると仮定できる。ステップ 6 へ進む。

可能な所見 2：Zd の値が -3.0 よりも低いとき，それはスキャニング活動がアンダーインコーポレイティブ（underincorporative：情報の取り込み不足）であることを意味している。急いで，場当たり的にスキャニングするために，その刺激野にある重大な部分や手がかりを見逃すことが多くなる。これは 10 歳未満の子どもにはよくあることで，子どもが重大な困難を抱えていない限りたいていは問題ではない。しかし，情報の取り込み不足は認知的媒介で誤りが生じる可能性を生み，効果的でない行動パターンを導くので，年長児童や成人の場合には重大な短所になりうる。時間をかけて注意深くスキャニングをするように促して，認知的な取り組み方を再学習させることによって，情報の取り込み不足は比較的容易に修正することができる。ステップ 6 へ進む。

ケース9　29歳女性　情報処理過程の変数

EB =4:4.5	Zf =9	Zd =-3.5	DQ+ =6
L =0.21	W:D:Dd=4:10:3	PSV=1	DQv/+=0
HVI=NO	W:M =4:4		DQv =1
OBS=NO			

Location & DQ Sequencing

I : Do.DdSo	VI : Do
II : W+.DS+	VII : D+
III : D+	VIII : Do.Dv
IV : Wo	IX : Do.Dd+
V : Wo.Wo	X : Do.D+.Ddo

ケース9所見該当

　Zd値は-3.5で，期待値を下回っている。情報取り込み不足の人である。あわててスキャニングするために，見落としが起こる可能性が高い。これは，行動や判断にとって重要な手がかりを無視することになるために，大きな欠点となるであろう。情報処理のアプローチは用心深く，手堅いものであったことを考えると，この所見は不思議である。これは不注意さを示しているのかもしれないが，回避型の人ではないのに複雑さを回避する傾向がある，ということを示しているとも考えられる。

可能な所見3：Zdの値が+3.0よりも大きいとき，オーバーインコーポレイティブ（overincorporative：情報の取り込み過剰）のスタイルを意味する。情報の取り込み過剰は，スキャニングに多くの努力とエネルギーを費やす，性格傾向に組み込まれた変わりにくい特徴となる。情報の取り込み過剰の人は，不注意であることを避けようとし，そのために状況の特徴のスキャニングに必要以上の努力をする。余分な努力が加わるのでいくらか非効率的ではあるが，情報の取り込み過剰は長所であることが多い。周到なアプローチをすることで，すべての手がかりを見落とさずにすむからである。しかし，心理学的な問題がある場合には，情報の取り込み過剰のスタイルが強まるため，意思決定において不必要な迷いを生じ，短所となる。ステップ6へ進む。

ケース10所見該当

　Zd値は+4.0で，綿密にスキャニングをする人と言える。これは，警戒心過剰なスタイルであることを考えれば予測できることである。他の所見からも，情報処理のアプローチは用心深く，控えめであることはわかっていた。しかし，この人の情報処理のアプローチは不規則で，いくらか混乱したものでもある。つまり，情報の取り込み過剰のスタイルは，資質というよりは欠点となり，混乱を引き起こすような情報処理の無理な努力を助長しているだろう。

ステップ6：固執反応（Perseverations：PSV）

　Zdの値にかかわらず，PSV反応がある場合は，情報処理の効率にいくらか問題があることが示唆される。3種類の反応がPSVとコードされる（カード内の固執，内容の固執，機械的な固執）。

ケース10　20歳男性　情報処理過程の変数

EB =7:6.0	Zf =14	Zd =+4.0	DQ+ =12
L =0.61	W:D:Dd=4:18:7	PSV=0	DQv/+=0
HVI=YES	W:M =4:7		DQv =1
OBS=NO			

Location & DQ Sequencing

I : WSo.DS+	VI : D+.D+
II : D+.Do.D+.Ddo	VII : D+.Do.DSo
III : D+.Dd+.Do	VIII : W+.Dd+.Dv.Ddo
IV : W+.Ddo	IX : DdS+.Ddo.Do
V : Wo.Do	X : Do.Do.Do.Do

一番よく見られるのはカード内の固執反応である。これは，あるカードで1つ前の反応とほとんど同じ反応が次に出た場合にコードする。つまり反応領域，DQ，決定因子，形態質，反応内容が同じで，Zスコアがあればそれも同じである［訳注：運動反応のaとpも同じであること，ただし平凡反応とスペシャルスコアは同じでなくてもよい］。

内容の固執反応（PSV）は，前に見たのと同じ**その対象**が再び反応に登場する場合にコードされる。内容のPSVは情報処理過程とは関係ないが，その人が何にこだわっているのかがわかる。機械的なPSVは，同じ反応内容を何度も繰り返し言う場合にコードする。固執反応の中で最も珍しく，深刻な認知的・神経心理学的な問題があるために，おそらくロールシャッハ・テストをするのが適当でない人が示す，短くて単純で妥当性の少ないプロトコルによく見られる。

可能な所見1：PSVが1個で，それがカード内PSVならば，時に注意の転換が難しく，情報処理活動の効率が下がっていることを示す。ステップ7へ進む。

ケース9所見該当

　　固執反応が1個あるが，それは図版内のPSVで，図版Vの2つ目の反応にコードされたものである（Wo FC'.FMao A P 1.0 とコードされるチョウの反応に続いて，Wo FMa.FC'o A 1.0 とコードされるコウモリの反応が出されている）。これは，時には注意の方向を変えることが難しく，情報処理の効果が十分でなくなることを示すものである。これはZdスコアから言えることと一致する。

可能な所見2：カード内PSVが1より大きい場合，注意を転換することが非常に難しいことを意味している。この所見はたいてい，幼い子どもたちや深刻な心理的混乱を抱えている人，あるいは神経心理学的な問題を抱えている人たちに見られる。この所見が該当する場合，認知機能についてロールシャッハのデータからわかる以上に詳しく理解するために，より詳細な評価を行う必要がある。ステップ7へ進む。

ステップ7：発達水準（DQ）の分布

　　DQの分布は情報処理活動の質だけでなく，認知的媒介と概念化にも関係している。情報処理の

問題について考える場合，DQスコアの解釈は注意深く論理的になされなければならない。なぜならば，情報処理は入力の作用（スキャニングや表象を作ること）にのみ焦点をあてているのに対して，DQスコアは，一連の認知活動を通して最終的に作りあげた反応に付けるコードだからである。

情報処理活動が十分な質を伴わなければ，「形のはっきりした」反応は生成されない。情報処理を評価するときにDQスコアを解釈として含めるのはそのためである。形態のはっきりした反応とは，適度に正確なもので，輪郭があるか特定の輪郭を持つ反応で，場合によっては刺激野が統合されている反応である。DQ+とDQoは形態がはっきりしているが，DQvとDQv/+の反応は形態がはっきりしているとは言えない。DQv/+反応は，たとえ統合を含んでいるとしても，形態ははっきりしていない。

下の図のように，4つのDQスコアは，認知活動の最も洗練されたものから最も洗練されないものまでを示す，一本の連続線上にあると考えることができる。

DQ+	DQo	DQv/+	DQv

この連続線では，左端のDQ+が最も質の高い分割と統合を表している。ほとんどの人が皆この反応をいくつか出すが，十分な教育を受けた人や，心理的に複雑な人にはより頻繁に見られる。連続線の右端はDQv反応である。分割はされていないし，統合はまったくなされていない。見えた通りのものにこだわったり漠然とした印象に基づくといった未熟な認知活動を反映している。おそらく情報処理過程が散漫で，不適当であることを表しているだろう。この反応は児童や知的に制限のある人たちや神経心理学的な障害を持った人たちの間で最もよく見られる。

DQoは連続線の中央よりわずかに左側にある。これは最もよくある反応で，経済性を優先した認知でありながらもその質を損ねないものである。形態を用いた手堅い認知機能の表れで，刺激野全体や一部を単純でわかりやすく意味づけしたものである。

DQv/+は連続線の中央と右端の間くらいに位置している。これは4つのDQの中でも出現頻度は最も少ない。若年児童の記録では，これはむしろよいサインで，認知活動がより高いレベルへ向かっていることを示している。しかし，DQv/+反応は，成人や青年の記録では期待されない。なぜならばDQv/+反応は，情報処理の失敗によって統合しようとする試みが損なわれ，障害されたことを示すからである。

形態のはっきりとした反応（DQ+とDQo）が効果的で効率のよい適応と同義ではない，ということを理解しておくことは重要である。情報処理活動を含む認知作用は非常に複雑で洗練されているかもしれないが，最終的に作りあげられたもの（反応や行動）は，現実に基づいてないかもしれないし，適応的でないかもしれない。実際，深刻な症状や不適切な行動の多くは非常に念入りな認知作用なくして発展しないものである。

期待される範囲と値

DQスコアのうちDQ+とDQvの期待値は，成人と青年の場合はEBスタイルによって変わってくる。内向型は，不定型と外拡型よりも多くのDQ+を出す傾向がある。それは，内向型がより多

くの人間運動反応を出し，M は他の反応よりも統合を伴う傾向があるからである。外拡型は，内向型や不定型より DQv が多くなる傾向がある。このような差は，外拡型の人が色彩の特徴により多く反応し，血や火，葉っぱ，絵の具などの形態を必要としない色彩を伴ったまとまりのない反応を多く出す傾向があるためである。

　興味深いことに，回避型の対処スタイルのあるなしは，この期待値に影響しない。回避型の対処スタイルがあっても DQ+ と DQv の数は他の人とほとんど同じである。回避型の対処スタイルは，情報処理に対する努力に影響しても，その質には影響しないからである。

　一方，Zd に示される情報処理の効率は，DQv と DQv/+ 反応に関連している。このタイプの反応は，情報の取り込み不足の人には情報の取り込み過剰の人に比べて約 2 倍多い。ただし，いつもそうとは限らない。混乱している情報の取り込み過剰の人に，期待に反して高い頻度の DQv と DQv/+ が見られることがある。この場合，情報処理の質が混乱の影響を受けていることを示している。

　成人や青年の場合，DQ+ の値は，不定型と外拡型では 5 〜 8 の間，内向型は 7 〜 10 の間にあることが期待される。12 歳未満の児童にはこのような EB による違いはなく，5 〜 8 が期待値である。内向型と不定型の成人や青年は，DQv は 0 か 1，外拡型では 1 か 2 が期待される。児童の場合は DQv が多くてもおかしくはない。10 歳未満の子どもでは 4 個くらいは珍しくない。DQv/+ 反応は成人と児童ともにあまり見られない反応である。10 歳未満の子どもでは 1 個あるのは珍しくないが，成人や年長児童の期待値は 0 である。

可能な所見 1：DQ+ の値が期待値内にあり，DQv と DQv/+ を足した値が内向型か不定型では 1 以下，外拡型で 2 以下の場合，情報処理の質はたいへんよい。ステップ 8 へ進む。

ケース 9 と 11 所見該当

　DQ+ の数は，ケース 9 は 6，ケース 11 は 9 で，それぞれ期待値の範囲内にある。不定型のケース 9 には 1 個の DQv が，外拡型のケース 11 には 1 個の DQv と 1 個の DQv/+ がある。これらの結果からは，どちらのケースでも情報処理の質はたいてい適切であると言える。

可能な所見 2：DQ+ の値が期待値内にあり，DQv と DQv/+ を足した値が内向型や不定型で 1 より大きい場合，あるいは外拡型で 2 より大きい場合は，情報処理の質はよいが，ときに情報処理活動が洗練されない，未熟なレベルに落ちる。これは児童にはよくあるが，成人や青年でははるかに少ない。洗練されない情報処理は，効果的でない翻訳や，効果的でない適応パターンを導く。ステップ 8 へ進む。

可能な所見 3：DQ+ が期待値を超えていて，DQv と DQv/+ を足したものが内向型か不定型で 1 以下の場合，あるいは外拡型で 2 以下の場合は，情報処理の質は極めてよく，複雑であると言える。この所見は十分教育を受けた人にはよくあるが，必ずしも効率のよい認知とか，効果的な適応パターンであることと同義ではない。単に，情報入力の質が高いことを示しているだけである。ステップ 8 へ進む。

第 17 章　情報処理過程 | 415

ケース 9　29 歳女性　情報処理過程の変数

EB =4：4.5	Zf =9	Zd =-3.5	DQ+ =6
L =0.21	W：D：Dd=4：10：3	PSV=1	DQv/+=0
HVI=NO	W：M =4：4		DQv =1
OBS=NO			

Location & DQ Sequencing

Ⅰ：Do.DdSo　　　　　　　　　　　Ⅵ：Do
Ⅱ：W+.DS+　　　　　　　　　　　Ⅶ：D+
Ⅲ：D+　　　　　　　　　　　　　Ⅷ：Do.Dv
Ⅳ：Wo　　　　　　　　　　　　　Ⅸ：Do.Dd+
Ⅴ：Wo.Wo　　　　　　　　　　　 Ⅹ：Do.D+.Ddo

ケース 11　41 歳女性　情報処理過程の変数

EB =4：6.0	Zf =15	Zd =-2.0	DQ+ =9
L =0.20	W：D：Dd=15：2：1	PSV=0	DQv/+=1
HVI=NO	W：M =15：4		DQv =1
OBS=NO			

Location & DQ Sequencing

Ⅰ：Wo.Wo.W+.W+　　　　　　　　Ⅵ：W+.D+
Ⅱ：W+　　　　　　　　　　　　　Ⅶ：W+
Ⅲ：W+　　　　　　　　　　　　　Ⅷ：W+.Do
Ⅳ：Wo　　　　　　　　　　　　　Ⅸ：Wv/+.Ddo
Ⅴ：Wo.Wo　　　　　　　　　　　 Ⅹ：W+.Wv

ケース 10 所見該当

　　DQ+ 反応が 12 個もあるというのは，不定型の人には期待値以上の数である。DQv は 1 個ある。たいていの情報処理は大変質が良く，おそらく複雑なものであろう。警戒心過剰なスタイルと照らし合わせると納得がいくし，この人が相当聡明であることも事実である。また，これは，期待値を上回る Zf や情報の取り込み過剰のスタイルとも一致する。

可能な所見 4：DQ+ が期待値を超えていて，DQv と DQv/+ を足した値が内向型や不定型で 1 より大きく，外拡型で 2 より大きい場合，情報処理の質はたいていよく，複雑であると言える。しかしときに，情報処理活動の質が損なわれ，処理結果が未熟になることも示している。これは何らかの心理学的な混乱を抱えている人たちを除いては，どのグループにもあまりないことである。このような情報処理の問題は，認知的媒介や概念化に問題を起こす可能性を生むことになりかねない。ステップ 8 へ進む。

可能な所見 5：DQ+ が期待値より低く，DQv と DQv/+ を足した値が内向型や不定型で 1 以下，外拡型で 2 以下の場合，情報処理の質はよいが，一般よりも手堅くて経済的すぎる情報処理であることを示している。この所見は回避型の対処スタイルが存在する場合には珍しくない。それほど回避型の対処スタイルは優位にあって，個人の心理的活動を方向づけるのである。ステップ 8 へ進む。

ケース10　20歳男性　情報処理過程の変数

EB =7:6.0	Zf =14	Zd =+4.0	DQ+ =12
L =0.61	W:D:Dd=4:18:7	PSV=0	DQv/+=0
HVI=YES	W:M =4:7		DQv =1
OBS=NO			

Location & DQ Sequencing

I : WSo.DS+	VI : D+.D+
II : D+.Do.D+.Ddo	VII : D+.Do.DSo
III : D+.Dd+.Do	VIII : W+.Dd+.Dv.Ddo
IV : W+.Ddo	IX : DdS+.Ddo.Do
V : Wo.Do	X : Do.Do.Do.Do

可能な所見6：DQ+ が期待値より低く，DQv と DQv/+ を足した値が内向型や不定型で1より大きく，外拡型で2より大きい場合，情報処理の質が適切なレベルより低く，複雑な状況ではより悪くなる。ステップ8へ進む。

ステップ8：発達水準（DQ）の継列

　領域継列とともに，DQ 継列もまた情報処理努力の質を理解するのに役立つ情報を提供する。たとえば，W 反応はいくつかの図版に出しやすく，他の図版ではより難しいということを述べてきたが，同じような違いが DQ+ 反応にもあり，それは W 反応で示されたものとはほとんど逆である。

　一般的には，ブロットが分かれている刺激野ほど DQ+ を出しやすい。したがって，DQ+ 反応は図版 II，III，VII，VIII，X で多く出される傾向があり，図版 I，IV，V，VI，IX では少ない傾向にある。その中で DQ+ の頻度が最も高いのは図版 III で，少ないのは図版 V である。DQv 反応についてのデータはそれほどはっきりしていないが，色彩の特徴を含む図版 III，VIII，X には，他の図版に比べるとかなり多く出される。

　どの図版で DQ+ や DQv が出たかを見れば，情報処理の質に関する仮説がより明確になる。また，図版内の DQ+ や DQv の継列をみるのも重要である。たとえば，情報処理の質がつねに非常によい人たちは DQ+ 反応を初発反応として出す傾向がある。このことは情報処理が必ずしもより効率的であることを意味するのではなく，質の高いレベルで情報処理をすることに慣れているということを意味している。

　一方，DQ+ 反応が図版の継列で主に最後の反応として出る場合，刺激がかなり周到にスキャニングされるか組織化されるまで情報処理作業を辛抱強く続けていることを示す。これは肯定的な特徴ではあるが，新しい情報を処理する際に，その人が高い質で行うことに慣れていないことも示している。ときには，DQ+ 反応のほとんどが空白を統合していることがある。これは情報処理の質がよいことを反映しているだけでなく，環境に対する何らかの否定的で敵意を持った見方も示している。

　10歳未満の児童を除いて，初発反応として DQv が出てくることはまずない。DQv が初発反応として出る場合，そして特にそれが1個以上ある場合には2つの説明が考えられる。1つはある種の認知的な衝動性があるために，はっきりした表象を作ったり見直したりする前に反応が決められる

ためである。もう1つは，短期記憶に問題があって，短期記憶に表象を作り出したり，作り出した表象を保持することが難しい場合である。この場合，注意の焦点を保つことに問題があることが多い。

多くの場合，DQ継列を見ると，DQv反応は図版の真ん中か最後の反応にある。このようなDQ継列が起こるのは，頭の中に浮かんだ表象や課題に混乱したり，不満を持ったり，苛立ったり，怖さを感じたときである。このようなときは，混乱や，不満，苛立ち，恐怖感をもたらす表象を変えようと試みる。そのために図版をひっくり返して，別の新しい表象を見つけようとすることもある。図版をひっくり返すほうが，DQv反応を出してしまうよりも状況を取り扱う方法としては洗練されていると言える。しかしそうした後でも，結局DQv反応を出してしまうかもしれない。そうするとせっかく試みた情報処理の努力を損なうことになる。最初に頭に浮かんだ表象が，曖昧なまま輪郭を持たないものとしてどうしても反応となるからである。

図版の真ん中や最後に出るDQv反応について他に考えられる説明は，短期記憶にある表象を維持することが難しい場合があるということである。一般的には，顕著な認知的あるいは神経学的な欠陥を持っていない限りあまり起こらない。そのような欠陥がもしあれば，DQv反応はかなり多く，記録全体が混乱したものとなっているはずである。

可能な所見：DQ継列の所見は，情報処理に対する努力や効率，質に関する他の所見と丁寧に統合されることによって，先に得られた結果を補足し明確にする。DQ継列の情報が他の所見と合わない場合は，前に立てた仮説を適宜修正する。

ケース9

6個のDQ+反応はすべて比較的ばらばらな図版（II, III, VII, IX, X）に生じている。図版の最初に出現したDQ+反応は3個だけである。1個のDQvは図版VIIIでの2つ目の反応である。この図版でのDQv反応はいくらか珍しい。しかし，領域の継列に変わった特徴はない。経済的だと言える。情報処理の質は通常はとても適切で，しかし控えめで用心深いものであるという，これまで見てきた所見の通りである。

ケース10

12個のDQ+反応は8枚の図版で生じている。7個は図版の最初の反応として，4個は2つ目の反応として出現している。この継列は大変質の高いものである。しかし，Dd領域に生じたDQ+反応が3個ある。また，DQ+反応がある8枚の図版のうち6枚では，洗練された反応の直後に1つもしくは2つのあまり洗練されない反応が出されている。情報処理の努力は良質なものだが，何らかのとらわれ，おそらくはこの人の警戒心過剰な傾向が，彼の情報処理の方法に決定的な影響を与えていると思われる。

ケース11

9個のDQ+反応のうち6個が図版の最初の反応として出現しており，非常に質が高い。ところが，最後の2枚の図版ではうまくできていない。図版IXの最初の反応はDQv/+で，その後にDdo反応が出されている。図版Xの最初の反応はW+なのに，最後の反応がWvとなる。最後になって質が

悪くなっているようであり，はたして長い時間にわたって情報処理の質を保つことができるのかどうかが疑問になってくる。この疑問については，認知的媒介や思考のデータを見なければ答えを出せない。

情報処理過程に関する所見の要約

情報処理過程の所見は，解釈の手順を一通り終えた後，要約し，情報として取っておく。ここでは認知－知覚活動の入力の側面しか扱っていないので，通常，所見のまとめは短いものになる。この要約を認知の三側面の残りの2つから引き出される結論と合わせてまとめると，より重要な意味を帯びてくる。ここで用いられた3つのケースについてのまとめは次のようになる。

ケース9（29歳女性　多発性硬化症の患者）

彼女は用心深い人のようで，新しい情報を処理する際には控えめであろうとする（ステップ1と2）。これは自信のなさの結果か，あるいは新しい経験に関わることに対するやんわりとした拒否を表わしているのかもしれない。どちらにしても，情報処理に一生懸命努力する人ではない（ステップ3と4）。実際，情報処理の仕方は性急で，効率が悪い（ステップ5）。ときには注意の方向を適切に転換するのが難しくなる（ステップ6）。これらの特徴は，彼女にかなり不利に働いている。その中でも性急さは大きな欠点となり，判断や行動のための重要な手がかりが目に入りにくくなっている。しかし，こうした否定的な特徴はあるものの，情報処理努力の質が不十分とまでは言えない（ステップ7と8）。

ケース10（20歳男性　神学生）

大変用心深い人で，人を信用しないところがあり，それが新しい情報を処理する際に影響を与える（前もって検討すべき項目）。情報を一生懸命まとめる人ではあるが（ステップ1），その際には細かな部分にどんどん巻き込まれてしまう（ステップ2と3）。その結果，新しい情報に直面するとひどく慎重になり，情報処理のアプローチは過度に用心深いものとなる（ステップ3と4）。新しい場面では徹底的にスキャニングをし，相当のエネルギーをかける。このようなアプローチは長所ともなりうるが，この人の場合は過剰に細部に焦点づけして状況の全体像を無視してしまうために，首尾一貫しない，時にはばらばらな情報処理となっている（ステップ5と3）。実際のところ，彼の情報処理の質はかなりよいように思える。しかし，この所見については媒介や思考の検討を終えてから見直す必要があるだろう（ステップ7と8）。

ケース11（41歳女性　アルコール中毒症）

たいていの人よりも新しい情報をまとめようとしている人である（ステップ1）。首尾一貫した情報処理の努力をする（ステップ2と3）が，過剰な達成要求があり，自分がやりきれる以上のことをしようとするかもしれない（ステップ4）。これほどの努力をする理由ははっきりとはわからないが，少なくとも失敗を避けようとしているということは言ってもよさそうである。実際に情報処理の努力の質はたいへんよい（ステップ7）。しかし，いくつかの他のデータによれば，その機

能のレベルを長い時間にわたって保つことは難しいと言える（ステップ 8）。

情報処理の変数に関する研究と概念

　先に述べたように，情報処理に関連するロールシャッハ変数についての研究は多くない。研究するには困難なトピックで，大変面倒な方法論の問題を含んでいる。それでも，これまで蓄積されてきた研究結果からは，解釈の原則が引き出されるような基本的な枠組みがもたらされている。

強迫的スタイルの指標（Obsessive Style Index : OBS）

　OBS は，統合失調症指標（Schizophrenia Index）の改訂版と抑うつ指標（Depression Index）の交差妥当性研究を行う中で，1990 年に作られたものである。この 2 つの指標の偽陽性の割合を，統合失調症でも重度のうつ病でもない精神科患者群で検証することが重要だった。そこで，強迫性人格障害と診断された 32 人の外来患者の群と，強迫行為が顕在化している 114 人の外来患者の群が選ばれた。後者の群の主な症状は不安であり，そのうちの 33 人にはかなりの恐怖症の特徴も見られた。

　この 146 人の判別関数分析の結果，6 個の変数から成る 7 つの条件に関してかなりの均質性が示された。これらの条件をさまざまな組み合わせで適用してみたところ，146 人中 101 人（69％）を正確に識別できた。7 つのうちの 2 つの条件（FQ+ と X+%>.89）は，残りの 5 つの条件よりも重みがあった。そこで，4 通りの変数の組み合わせが考案され，それらが該当する場合を OBS 陽性とした（Exner, 1990）。

　非患者のサンプルでは，OBS 陽性となったのは，1,390 人の児童と青年のプロトコルでは 2 人，600 人の成人のプロトコルでは 8 人（1％）だった。非患者成人の 8 人のうち 5 人が内向型，1 人が外拡型，2 人が不定型だった。535 人の外来患者のプロトコルでは，44 人（8％）が OBS 陽性だった。この 44 人中，内向型は 35 人，不定型は 6 人，外拡型は 2 人，回避型は 1 人だった。統合失調症や入院中のうつ病の患者群で OBS が陽性になる者はいなかった。

警戒心過剰指標（Hypervigilance Index : HVI）

　HVI は，一見すると妄想の特徴と関連しているように思われた 5 つの変数のクラスターを検証する中で生まれた（Exner, 1986）。そのクラスターを詳細に調べてみると，妄想（paranoid）という用語が適切ではないことがわかった。このクラスターは，最初は 150 人の妄想型統合失調症の研究の過程で見つけられた。そのサンプルでは，70％以上が 5 つの変数すべてに該当し，4 つの変数に該当したのは 85％ だった。一方，妄想的な特徴を示さない統合失調症の比較群 150 人の中では，5 つの変数すべてに該当したのは 13％ だけで，4 つの変数に該当したのも 17％ だけだった。この 5 つの各変数に関する研究結果を考慮に入れると，この結果は概念的には理屈が通っている。T がないということは他者と距離をもって身構える傾向を示している。Hd と Ad 反応が増えるのは頭部や横顔といった反応のためであり，S が多いのは拒絶や怒りと関係がある。また，Zf と Zd の多さは徹底的で慎重な情報処理を示す。

　妄想型人格障害と診断された外来患者 20 人の調査では，5 つすべての変数に該当したのは 12 人で，少なくとも 4 つの変数に該当したのは 16 人だった。この結果からは，このクラスターは妄想

的な特徴と関連しているのではないかという初期仮説が裏づけられたように思えた。しかし，偽陽性のケースについての結果が追加されると，このクラスターの概念モデルの再考に迫られた。明らかな妄想的特徴を顕在化していない外来患者にも5つの変数すべてが該当することがあったし，非患者群を含むいくつかのグループで相当の割合の人が5つの変数のうちの4つに該当したのである。

　偽陽性についての研究結果がきっかけとなって，前出の150人の妄想型統合失調症群，20人の妄想型人格障害群，そして無作為抽出した200人の非患者成人群に対する一連の判別関数分析が行われた。また，行動，対人関係，治療経過について，（1）患者本人，（2）治療者，（3）近親者からかなりの情報が得られている200人の外来患者の群も新たに加え，分析を行った。この最後の群のデータは，交差妥当性を確かめるために用いられた。

　判別関数分析の結果，クラスターには7つの変数が含まれることになった。そして，その中の1つの変数，すなわちT=0が分散のほぼ半数を占めていた。そのため，Tが出現しないということをあらかじめ必要な条件とし（Exner, 1989），もしもTが記録の中にある場合は指標全体は陰性となることにした。最終的には8つ目の変数が加えられ（Exner, 1993），さまざまな研究と照合した結果，これは警戒心過剰の状態を感知するのに役立つ指標であるとされた。このHVIにより，妄想型統合失調症群の150人のうち132人（88%）が，妄想型人格障害群の20人中18人が，それぞれ識別された。その他の群では陽性となる割合は低く，初回入院のうつ病患者群（N=179）では約10%，外来患者群（N=535）では8%，非患者成人群（N=600）では1%だった。

　この指標を開発するために用いられた200人の外来患者群のデータのうち，ロールシャッハ以外のものを検討すると，HVIについてもっとよく理解できるだろう。HVIに該当したのは200人中23人だけだが，この23人はかなりはっきりと識別できるグループであった。興味深いことに，妄想様の特徴があると治療者に評価され，近親者から不合理に疑い深いと評価されていたのは，23人中3人だけだった。しかしこの23人は，治療者から，たいへん用心深く，油断なく敏感で，時には周りに対して不適切なくらい悲観的である，と評価されていた。自分のクライアントについて，他人を容易に信用しないと評定した治療者は20人で，他者と親密な関係を作ることを避けていると評した治療者は23人全員だった。

　こうした評定をまとめると，心理的な警戒態勢に入らなければならない理由や手がかりは周囲にはまったくないにもかかわらず，一般的とは言えない不安や懸念を持ち，心理的に身構えている状態が示されている。グループとして見ると，この人たちは治療に対する反応が大変遅く，23人中8人は時期尚早に治療を中断してしまっている。HVIに該当する人たちの一般的な特徴は少ない数の患者のサンプルから抽出したものに過ぎないが，治療者と近親者の報告は見事に一致しており，妥当なものだと考えられる。明らかに，彼らは自分たちが周囲から被害を受けるのではないかと思っており，そのような被害に遭わないように注意を怠ってはいけないと信じているのである。もしもこの構えやスタイルが病理の結果拡大したり，強まったりしたならば，妄想型統合失調症や妄想型人格障害と診断される一群に見られるような，より明らかな妄想様の特徴が顕在化するだろう。

組織化活動（Organizational Activity：*Zf, Zd*）

　Rorschachは組織化活動についての正式なコードを作らなかったが，**連想活動**（*Assoziationbetrieb*）について検討する中でこのプロセスについて触れている。Beck（1933）はこの概念を発展させ，図

版の刺激のまとまりや複雑さを基に重みづけしたスキーマを使ったZスコアを提唱した。Hertz（1940）はgという別の変数を使ったが，統合された反応はすべて等しい重みづけをした。組織化活動の概念や研究のほとんどは，BeckのZスコアに関するものだった。

このテストが発展する途上で，組織化活動のスコアはIQの予測と関連していて臨床的に使えるのではないかという間違った見解が次第に広まっていった。残念なことに，Beck自ら「この総和（ZSum）は，知能に直接影響される」（1945）と言っている。また，組織化活動のスコアについての部分的な研究の多くが知能検査結果との関連について調べたものだったために，この誤った考えが助長された。組織化活動のスコアは，重みづけられたBeckのZスコアを用いても，重みづけしないHertzのgスコアを用いても，知能検査のいくつかの要因と正の相関がある。Zスコアとgスコアに関するさまざまな正の相関が報告されている。

Wishner（1948）は，ウェクスラー・ベルビューIQと重みづけしたZスコアには.536の相関があったと報告している。Sisson & Taulbee（1955）によれば，ウェクスラーIQは重みづけしたZSumとは.43，重みづけしないZSumとは.52の相関があった。Blatt（1953）は，重みづけしたZSumと一次的精神活動テストの単語と推理の間に.49と.46の相関を見出した。Wishnerの研究は，組織化活動と知能の間にあると思われる関係について理解する上で，とりわけ重要である。Wishnerは，図版Ⅰや図版Ⅴのコウモリの反応などのような組織化されていない全体反応のZスコアを除いて，修正ZSumを計算した。そして，ウェクスラー・ベルビューの各下位検査と，通常のZSumおよび修正ZSumとの相関を報告した。Beckの標準のZSumは2つの言語性下位検査，2つの動作性下位検査と相関があった（単語.605，知識.365，絵画完成.346，符号.308）。他の下位検査との相関は，積み木の.102のように低いものだった。

Wishnerの修正ZSumとの相関は，類似の.306から組み合わせの-.059までの範囲にあり，まったく様相を異にしていた。Wishnerのデータからは，重みづけしたZスコアは知的操作の種類によって相関があるものとそうでないものがあることが示された。Hertz（1960）によれば，BeckのZSumとOtis IQ（.174）およびスタンフォード・ビネーの12歳の精神年齢（M. A.）との相関は相当低かった（Ots IQ：.174，スタンフォードビネー：.113）。gスコアとOtis IQおよびM. Aとの相関も低かった（Ots IQ：.256，スタンフォードビネー：.249）。知的能力のスペクトラムの低いほうでは，Jolles（1947）が「精神発達遅滞」の人のデータを用いて分析し，重みづけしたZSumはビネーIQとの間の相関は.08，ウェクスラーIQとの間の相関は.15だったと報告している。Kropp（1955）はZスコアの研究をレビューした結果，WとMには高い相関関係があるが，知能検査から操作的に明らかになるような知能とは関連していないと結論づけた。

明らかに，知能が組織化活動と何らかの関連があるようだが，反応様式や，場合によっては精神病理によって，その関係は変わってくる。Schmidt & Fonda（1953）は，統合失調症患者よりも躁病患者の方がZスコアは有意に高いことを見出した。Varvel（1941）とHertz（1948）はともに，抑うつ患者の組織化活動は活動性のレベルが低いと報告している。一方Beck（1952）とMolish（1955）は，組織化活動の活動性が高い患者は妄想体系の中に葛藤を投映しやすいことを発見した。もちろん知能は組織化活動にとって欠くことのできないものではあるが，この活動の頻度や特徴に影響を与える要因は他にもある。

成人であれ子どもであれ，あるいは患者であれ非患者であれ，ほとんどの人は反応の40～50％

に何らかの組織化活動を行う。回避型の人は，反応の大半がF反応になるため，Zfは少なくなりやすい。Zfが低いということは知的な能力に限界があることを示している場合もあるが，むしろ刺激野の複雑さに取り組むのを控えたい気持ちがあることを示していることのほうが多いだろう。高いZfは，知的な努力のたまものであろうし，刺激野を注意深く，細かく見ていこうとする欲求の現れである。Zfの信頼性に関するデータは，短期間の再テストの場合でも，長期間の再テストの場合でも，十分なものだった。Zfの短期の相関は.81～.85の範囲にあり，長期間でも.83～.89である。Zfは，その人がどれほど率先して課題に取り組もうとしたかについての情報をもたらすが，この値だけから結論を導き出すと誤解が生じる。なぜならば，組織化された反応の質は，月並みの努力によるものから大変洗練された努力を必要とするものまで，異なるレベルのものがあるからである。

たとえば，児童は成人と同じくらいのZの割合を示す。同時に，児童は普通成人より少ないDQ+を示す。児童の場合，近接領域や離れた領域を組織化した反応は少なく，むしろWo反応やSを統合した反応であることが多い。これは，子どもが課題に取り組む時にありがちな無頓着なアプローチの反映である。あるいは，子どもに一般的に見られる単純なレベルの認知を表している。

包括システム以前のZについての所見を考え合わせると，Zをこの体系に含めるのは妥当と思われた。しかし，Beckのように異なる組織化活動に重みづけを変えたほうがいいのか，それともHertzが主張するようにすべての組織化活動を等しく扱ったほうがいいのか，疑問は残されていた。Wilson & Blake（1950）の研究結果は，この問題の解決の糸口を示してくれた。彼らは，104の記録のZスコアの頻度（Zf）と重みづけしたZSumの間には.989の相関関係があったと報告した。そして，この2つの変数を対応させ，ZSumの期待値（Zest）を求めて表にした。このサンプルは，81人の「健常」群と，精神病の8人を含む23人の精神科患者群から成っていた。このサンプルの性質からすると，精神科の群を増やして研究し，結果が同じになるかどうかを検討する価値があった。

そこで，60ずつのプロトコルから成る2群が研究の対象にされた。1つは非患者群で，もう1つは統合失調症患者26人と統合失調症以外の外来患者34人で構成された群だった。非患者群のZfとZSumの相関関係は.984で，Wilson-Blakeの結果と同じだった。しかし，患者群のZfとZSumの相関関係は悲患者群に比べれば低く，.708であった。患者群のデータを詳細に検討したところ，およそ25%のケースで，ZSumがWilson-Blakeの表の期待値（Zest）と4ポイント以上違っていた。そこで，ZSumとZestとの不一致を反映するように，Zdのスコアが考案された。そのカットオフ値は，標準偏差に基づいて+3.0と-3.0とした。この期待値を超えたのは，非患者群60人では2人だけだった。一方，60人の患者群のプロトコルでは，19人のZdスコアが+3.0から-3.0の範囲内におさまらなかった（Exner, 1974）。

Zdスコアが情報処理の活動について有益な情報を提供することがわかってから，この問題についていくつかの研究がなされた。Exner & Leura（1974）は，47人の小学校2年生と3年生に協力してもらい，エラーの発生する割合を研究した。「サイモンが言う」（"Simon Says"：リーダーがいろいろな命令を出し，皆が言われた通りの動作をするジェスチャーゲーム）のゲームで，Zdが-3.0を下回る12人の生徒は，Zdが+3.0から-3.0の範囲におさまる29人の生徒に比べて多くのエラーをした。また，Zdが+3.0以上の6人の生徒は，Zdスコアが期待値内に入る生徒よりも有意に少ないエラーしかしなかった。Exner & Caraway（1974）は，Zdスコアが期待値内におさまらなかっ

た32人の大学1年生を抽出した。これらの学生は，大学院生がロールシャッハを学ぶための練習としてロールシャッハを受けていた。映画や本のタイトルをあてる課題や，言葉の一部からことわざをあてるゲームの課題をやらせると，Zdが+3.0を上回る学生は，Zdが-3.0を下回る学生に比べてずっと乗りが悪かった。

　Bryant & Exner（1974）は，Zdスコアに基づいて36人の大学4年生を2つの群に分け，ミネソタ形態板紙（Minnesota Paper Form Board）のテストを行った。Zdスコアが+3.0を超える者（情報の取り込み過剰：overincorporator）が18人，Zdスコアが-3.0を下回る者（情報の取り込み不足：underincorporator）が18人だった。それぞれの群で，9人は10分の時間制限でテストを受け，残りの9人は時間制限なしでテストを受けた。時間制限下では，情報の取り込み不足群は情報の取り込み過剰群よりもおよそ2倍の量の問題を完了させたが，同時におよそ2倍のエラーもあった。結局，正解の数には両群に有意な差はなかった。しかし，時間制限なしの条件下では，情報の取り込み過剰群のほうが有意に多くの問題に取り組み，正解を出した。Exner & Bryant（1975）は，大学2年生80人に協力してもらい，実験心理学の必修科目である学習課題の成績を調べた。10回の練習の後では，Zdスコアが-3.0を下回る10人の学生のほうが，Zdスコアが+3.0を上回る学生よりもよい記憶再生スコアを出した。しかし，練習回数を2倍にすると，12人の情報の取り込み過剰の学生のほうが情報取り込み不足の学生よりも有意に高い記憶再生スコアを出した。

　Leura & Exner（1977）によれば，「多動」と診断され，EEGに異常所見のあった児童15人中14人のプロトコルで，Zdが-3.0以下だった。Exner（1978）は，+3.0を超えるZdは強迫的であったり完全主義的なパーソナリティの人のプロトコルに多く見られ，-3.0を下回るZdは問題解決場面で衝動的な判断操作をする人の記録に出やすいと報告している。Bryant, Kline & Exner（1978）によれば，Zdが+3.0を超える13人の非患者成人群では，Zdが平均範囲におさまる13人のコントロール群と比べ，ハルステッド–レイタン神経心理学検査のトライアルBテストを完了するのに有意に長い時間が必要とされた。

　Exner, Bryant & Armbuster（1979）は，図形合わせ課題を用いて，14～16歳の12人の視覚走査パターンを調べた。12人のうち4人は情報の取り込み過剰，4人は情報の取り込み不足だった。残りの4人のZdスコアは平均範囲にあった。この課題では，ターゲットとなる6つの顔がそれぞれ750ミリ秒間提示され，続いて750ミリ秒間隔で9つの顔の映像画面が提示された。研究参加者は，どの画面にターゲットの6つの顔があるかを，光ポインターを使って示すように教示された。750ミリ秒間隔で問題の顔が提示されているときの眼球運動を記録したところ，情報取り込み過剰の群の視覚走査路は情報取り込み不足群の平均の2倍以上で（すでに見たところに再度目線を向けた），Zdスコアが平均域にある群と比べても有意に多かった。情報取り込み過剰群とZdスコアが平均域の群は，情報の取り込み不足群に比べて，ターゲットに対して水平方向に視線を動かすことが多かった。また，情報取り込み過剰群は，他の2群よりも垂直方向に視線を動かす傾向があることが示された。Zdスコアが平均域の群の正解の平均は4.9で，他の2群の正解の平均は4.3だった。

　Exner（1978）の報告によれば，279人の外来患者のうち63人（23%）が治療の初期にはZdが-3.5を下回っていた。彼らは9～12カ月の間隔で再テストを受けたが，このときにZdスコアが情報取り込み不足の範囲のままだったのは，63人中17人だけだった。また，最初のテストでZdスコアが0～-3.0だった者のうち4人は，最初の再テストでZdスコアが-3.5以下だった。2度目の

再テストでは，Zdスコアが-3.5以下だったは279人中26人だった。その中の20人は，ベースラインの結果からすでにZdが-3.0を下回っていた者だった。これらの結果からは，情報の取り込み不足は，どのような介入によっても比較的容易に修正できるということが示唆される。思春期から成人の記録に情報取り込み不足の特徴が見つかった場合は，これが変化の目標として最優先に挙げられる。なぜならば，情報取り込み不足があると，認知の一連の手続き上，特に複雑な判断を必要とする場面で他の認知の操作に問題を起こしかねないからである。おそらく情報の取り込み不足は，Meichenbaum（1974）が述べたような，ゆっくりやらせる（時間をかけさせる）手続きを踏むことによって改善することができる。

情報の取り込み過剰についてのデータはこれと異なっている。279人の患者の内47人（17%）は治療開始前のテストでZdスコアが+3.5以上だった。最初の再テストでは，もともとZdが高かった47人のうちの42人を含む71人の患者が情報の取り込み過剰の範囲のスコアとなった。2度目の再テスト結果ではその頻度が上がり，279人中89人（32%）となった。このうちの69人は1回目の再テストでも情報取り込み過剰だった者である。また，ベースラインで情報取り込み過剰の範囲にあった47人のうちの44人が，この89人の中に含まれていた。情報取り込み不足の傾向が変わりやすいのに比べると，情報取り込み過剰の傾向は介入によって変化するとは言えないようである。これは，介入のプロセスの中では，多大な注意の集中や，それまで気づかなかった新しい情報を見つける努力が促進されるからだと思われる。明らかに，情報取り込み過剰はさまざまな状況において優位に作用する。注意深い情報の処理が重要な場合は特にそうである。しかし，情報取り込み過剰の特徴は，情報処理に必要な時間が十分ではない場合には弱点となることもある。

Exner & Stanley（1979）は，非患者データ収集プロジェクトに参加してロールシャッハを受けた12人の成人に，時間推定に関するパイロットスタディに有料で協力してもらった。全員が単科大学で3ないし4学期を終了し，聖職者として職を得ていた。Zdスコアが+3.5以上の者が4人，−3.5以下の者が4人，+2.0と-2.0の間の者が4人だった。彼らは，1人ずつ完全に真っ暗で音声が遮断された部屋に座らされ，椅子のアームに取り付けてある記録ボタンを使って2分，6分，15分が経過するのを推定するよう要請された。情報取り込み過剰の4人は，2分経過するのを1分54秒～2分19秒の範囲でほぼ正確に推測した。他の8人は，2分間を1分38秒～2分10秒までの範囲で推測した。6分の課題では，情報取り込み過剰の者の推測時間はより長めになり，6分18秒～7分21秒の範囲となった。情報取り込み過剰以外の群の8人の推測時間は，6分を5分1秒～6分18秒の間だった。グループの差が最も著しかったのは，15分の経過を推測する課題だった。情報取り込み過剰の群の推測時間は16分56秒～20分13秒までの範囲に及んだ。情報取り込み不足の4人のうち2人は，12分14秒～13分2秒を15分と推測した。残りの2人とZdが期待値に入る4人は，13分52秒～15分29秒を15分と推測した。

情報取り込み過剰は強迫的で完全主義の者に多く見られるが，この特徴を診断の指標と考えたり，一般的に病理と関連しているなどと考えたりしてはいけない。Zdスコアが+3.0より大きくなる者は，非患者成人群では17%，10歳から16歳の非患者児童群でも約25%いる。情報の取り込み不足は，若年児童にはよくあることである。Zdスコアが-3.0を下回るのは非患者成人ではわずか7%であるのに対し，5歳から9歳までの非患者児童の場合は30%近くとなる。

W 反応

　Rorschach（1921）は，W は知的な操作と関連していると考え，周囲のいろいろな要素をまとめて意味のある概念に仕立てあげる能力を示すものだと考えた。実際，Beck（1932）は，W と知的な操作との間に正の相関を見出した。しかし，これについての調査研究からは否定的な結果が多く報告されてきた。Abrams（1955）は，W と IQ の間にほぼ .40 の相関を確認したが，Armitage, Greenberg, Pearl, Berger & Daston（1955）はずっと低い相関を報告した。それ以前にも，MaCandless（1949）は W 反応と学業に関連はなかったと述べ，Wittenborn（1950）は W といくつかの知的な能力測定とには関連がないことを見出した。Lotsoff（1953）は，W は言語能力の流暢さと関連するものの，必ずしも知能そのものとは関係しないと報告した。Holzberg & Belmont（1952）と Wishner（1948）によれば，WAIS の類似検査と W との間に有意な相関を見出すことはできなかった。Mason & Exner（1984）は，171 人の非患者成人のサンプルを用いて分析し，W と WAIS の理解（.20），類似（.24），符号（.20），組み合せ（.19）の各下位検査との間に低いが有意な相関を見つけた。しかし，VIQ，PIQ，FIQ との間には .10 以下の相関しかなかった。Ames, Metraux & Walker（1971）によれば，W 反応の割合は 3 歳と 4 歳の児童のプロトコルで最も高く，思春期にかけて徐々に低くなっていき，成人でほぼ全反応の 30 ～ 40% に落ち着くとした。

　W 反応の頻度を DQ と絡めて研究すると結果はよりはっきりしたものとなり，さまざまな知的な操作との明確な関連が見出された。Friedman（1952）は，非患者成人は統合失調症患者や児童よりも有意に多くの W+ を示すことを見出した。Frank（1952）は，非患者成人と神経症患者を比較して同様の結果を得た。Blatt & Allison（1963）は，DQ の高い W と問題解決能力との間に有意な正の関係を見出した。Ames et al.（1971）は，W 反応の質は思春期の間に変化することを見出した。同様の結果は Exner & Weiner（1982）によっても報告されている。総じて，次のように言える。W は刺激野全体を扱おうとする動機づけの指標と考えられる。しかし，より洗練された，複雑な認知的操作との関連については，W 反応に含まれている DQ コードを基に検討しなければならない。

Dd 反応

　Dd 反応の出現頻度の期待値は 0 ～ 2 個である。出現頻度が高い場合は，完全主義の表れか，いつもの決まったやり方を避けようとする傾向を示している。空白反応が非常に多くなると Dd の頻度が増えることがある。これは児童や思春期の若年者には珍しいことではない。Dd はまた，視野を狭めて周囲のことがらを扱いやすくしようと試みる回避のために多くなることもある。Klebanoff（1949）は，男性の麻痺患者は非患者と比べて有意に多くの Dd 反応を示すことを見出した。Schachter & Cotte（1948）は，逮捕されて間もない頃に取られた売春婦のプロトコルでは，かなりの Dd の増加があったと報告した。Kadinsky（1952）は，Dd と外界の適応とは関係ないが，Dd と内的世界の適応とは関連すると述べた。Rabin, Papania & McMichael（1954）は再テスト法を用いて研究し，相当なアルコール摂取後にはかなり Dd が増えることを見出した。

DQ コード

　反応領域のコードを解釈するとき，その質を考慮に入れると解釈の価値が増す。すべての W や D, Dd 反応が同じ方法で選択されたり，組織化されているわけではない。Rorschach（1921）はこの違

いについて統覚（Erfassungstypen）アプローチとして論じた。Rorschachは，「鋭い想像力」をもって反応を仕立て上げる者もあれば，図版を見たまま単純に使って反応にする者もいると指摘した。このテストの発展に関わってきた者たちは，この違いについて，不統合（unorganized），単純（simple），統合（organized），結合（combinatory），優秀（superior）などの用語を用いて論じてきた。

Meili-Dworetzki（1939, 1956）は，領域選択に示される心的複雑さや柔軟さのレベルを区別することは有用だと考え，その方法を考案した。彼女は，Rorschach（1921），Piaget（1924），Beck（1933）らによる仮説に基づいて調査研究を計画し，さまざまな年齢の児童の反応領域選択の「レベル」を調べた。その結果，反応領域の選択と統合は年齢が上がるにしたがって豊かになることを発見し，反応に使われた領域の種類の違いによって認知の発達を調べることができると示唆した。Rapaport, Gill & Schafer（1946）は同様の可能性を認め，W反応の種類を区別するための実験的なアプローチについて述べた。

Friedman（1952, 1953）は，反応領域の明細化のレベルを区別するための最も精巧な方法を考案した。彼の研究の基になったのは，Werner（1948, 1957）の認知発達理論だった。Friedmanのアプローチでは，反応領域の明細化について6つのカテゴリーに分けて評価する。そのうち3つは「発達的に高度」なものであり，残り3つが「発達的に低度」と見なされる。このFriedmanのアプローチを包括システムに組み込もうと試みたところ，3つの問題に直面した。まず，6つのうちの2つのカテゴリーは重複するものだった。次に，残り4つのうちの2つのカテゴリーは，刺激のまとまりという点で図版は明らかに5枚ずつ2つに分けられる，という疑わしい仮説を基に作られていた。最後が最も重要な問題だが，1つのカテゴリーは不正確な形態の使用と直接関連するものだった。これらの問題については，一連の課題解決研究によって分類された認知活動のレベルと，ハルステッド—レイタン神経心理学検査によって集められたデータを基に検討された。その結果，現在包括システムで採用している4つのDQのカテゴリーが選択されることになった（Exner, 1983）。

文献

Abrams, E. W. (1955). Predictions of intelligence from certain Rorschach factors. Journal of Clinical Psychology, 11, 81-84.

Ames, L. B., Metraux, R. W., & Walker, R. N. (1971) Adolescent Rorschach responses. New York : Brunner/Mazel.

Armitage, S. G., Greenberg, T. D., Pearl, D., Berger, D. G., & Daston, P. G. (1955). Predicting intelligence from the Rorschach. Journal of Consulting Psychology, 19, 321-329.

Beck, S. J. (1932). The Rorschach test as applied to a feeble-minded group, Archives of Psychology, 84, 136.

Beck, S. J. (1933). Configurational tendencies in Rorschach responses. American Journal of Psychology 45, 433-443.

Beck, S. J. (1945). Rorschach's Test. II: A Variety of Personality Pictures. New York: Grune & Stratton.

Beck, S. J. (1952). Rorschach's Test. III: Advances in Interpretation. New York: Grune & Stratton.

Blatt, S. J. (1953). An investigation of the significance of the Rorschach z score. Unpublished doctoral dissertation, University of Nebraska, Lincoln.

Blatt, S. J., & Allison, J. (1963). Methodological considerations in Rorschach research: The W response as an expression of abstractive and integrated strivings. Journal of Projective Techniques, 27, 269-278.

Bryant, E. L., & Exner, J. E. (1974). Performance on the Rivised Minnesota Paper Form Board Test by under and overincorporators under timed and non-timed conditions. Rorschach Workshops (Study No.188, unpublished)

Bryant, E. L., Kline, J. R., & Exner, J. E. (1978) Trials A and B Performance as related to the Zd score. Rorschach Workshops (Study No.259, unpublished)

Exner, J. E.(1974). The Rorschach: a Comprehensive System. Volume 1. New York: Wiley.

Exner, J. E. (1978). The Rorschach: a Comprehensive System. Volume 2. Current research and advanced interpretation. New York: Wiley.

Exner, J. E. (1983). Developmental quality scoring. Alumni newsletter. Bayville, NY: Rorscbach Workshops.

Exner, J. E. (1986). The Rorschach: a Comprehensive System. Volume 1. Basic foundations (2nd ed.). New York: Wiley.

Exner, J. E. (1989). The hypervigilance index. Alumni newsletter. Asheville, NC: Rorschach Workshops.

Exner, J. E. (1990). The Obsessive Style Index. Alumni newsletter. Asheville, NC: Rorschach Workshops.

Exner, J. E. (1993). The Rorschach: a Comprehensive System. Volume 1. Basic foundations (3rd ed.). New York: Wiley.

Exner, J. E., & Bryant, E. L. (1975). Serial learning by over and under incorporators with limited and unlimited numbers of training trials. Rorschach Workshops (Study No.194, unpublished).

Exner, J. E., Bryant, E. L., & Armbruster, G. L. (1979). Eye activity in a matching familiar figures task of 12 adolescents selected on the basis of Zd scores. Rorschach Workshops (Study No.263, unpublisbed).

Exner, J. E., & Caraway, E. W. (1974). Identification of incomplete stimuli by high positive Zd and high negative Zd subjects. Rorschach Workshops (Study No.186, unpublished).

Exner, J. E., & Leura, A. V. (1974). "Simon says" errors and the Zd score in young children. Rorschach Workshops (Study No.204, unpublished).

Exner, J. E., & Stanley, F. B. (1979). Time estimates for three intervals by 12 subjects selected on the basis of Zd scores. Rorschach Workshops (Study No.268, unpublisbed).

Exner, J. E., & Weiner, I. B. (1982). The Rorschach: a Comprehensive System. Volume 3. Assessement of children and adolescents. New York: Wiley.

Frank, I. H. (1952). A genetic evaluation of perceptual structuralization in certain psychoneurotic disorders by means of the Rorschach Technique. Unpublished doctoral dissertation, Boston Universlty.

Friedman, H. (1952). Perceptual regression in schizophrenia: A hypothesis suggested by use of the Rorschach test. Journal of Genetic Psychology, 81, 63-98.

Friedman, H. (1953). Perceptual regression in schizophrenia: An hypothesis suggested by the use of the Rorschach test. Journal of Projective Techniques, 17, 171-185.

Hertz, M. R. (1940). Percentage charts for use in computing Rorschach scores. Cleveland, OH: Western Reserve University, Bruch Foundation and Department of Psychology.

Hertz, M. R. (1948). Suicidal configurations in Rorschach records. Rorschach Research Exchange, 12, 3-58.

Hertz, M. R. (1960). Organization activity. In M. Rickers-Ovsiankina (Ed.), Rorschach psychology (pp.25-57). New York: Wiley.

Holzberg, J. D., & Belmont, L. (1952). The relationship between factors on the Wechsler Bellevue and Rorschach having common psychological rationale. Journal of Consulting Psychology, 16, 23-30.

Jolles, I. (1947). The diagnostic implications of Rorschach's Test in case studies of mental defectives. Genetic Psychology Monographs, 36, 89-198.

Kadinsky, D. (1952). Significance of depth psychology of apperceptive tendencies in the Rorschach test. Rorschachiana, 4, 36-37.

Klebanoff, S. G. (1949). The Rorschach test in an analysis of personality in general paresis. Journal of Personality, 17, 261-272.

Kropp, R. (1955). The Rorschach "Z" score. Journal of Projective Techniques, 19, 443-452. Leura, A. V., & Exner, J. E. (1977). Some Rorschach characteristics of a group of hyperactive children with abnormal EEG's. Rorschach Workshops (Study No.239, unpublished).

Lotsoff, E. (1953). Intelligence, verbal fluency and the Rorschach test. Journal of Consulting Psychology, 17, 21-24.

Mason, B., & Exner, J. E. (1984). Correlations between WAIS subtests and nonpatient adult Rorschach data. Rorschach Workshops (Study No.289, unpublished).

McCandless, B. B. (1949). The Rorschach as a predictor of academic success. Journal of Applied Psychology, 33, 43-50.

Meichenbaum, D. H. (1974). Cognitive behavior modification. Morristown, NJ: General Learning Press.

Meili-Dworetzki, G. (1939). Le test Rorschach et l'évolution de la perception. Archives de Psychologie, 27, 111-127.

Meili-Dworetzki, G. (1956). The development of perception in the Rorschach. In B. Klopfer et al. Developments in the Rorschach Technique. II: Fields of application. Yonkers-on-Hudson, NY: World Books.

Molish, H. B. (1955). Schizophrenic reaction types in a Naval Hospital population as evaluated by the Rorschach test. Washington, DC: Bureau of Medicine and Surgery, Navy Department.

Piaget, J. (1924). Le Judgement et le Raisonnement chez l'Enfant. Neuchatel, Switzerland: Delachaux & Niestle.

Rabin, A., Papania, N., & McMichael, A. (1954). Some effects of alcohol on Rorschach performance. Journal of Clinical Psychology, 10, 252-255.

Rapaport, D., Gill, M., & Schafer, R. (1946). Psychological diagnostic testing (Vol. 2). Chicago: Yearbook Publishers.

Rorschach, H. (1921). Psychodiagnostik. Bern, Switzerland: Bircher.

Schachter, W., & Cotte, S. (1948). Prostitution and the Rorschach test. Archives of Neurology, 67, 123-138.

Schmidt, H., & Fonda, C. (1953). Rorschach scores in the manic states. Journal of Projective Techniques, 17, 151-161.

Sisson, B., & Taulbee, E. (1955). Organizational activity of the Rorschach test. Journal of Consulting Psychology, 19, 29-31.

Varvel, W. (1941). The Rorschach Test in psychotic and neurotic depressions. Bulletin of the Meninger Clinic, 5, 5-12.

Werner, H. (1948). Comparative psychology of mental development (Rev. ed.) Chicago: Follett.

Werner, H. (1957). The concept of development from a comparative and organismic point of view. In D. B. Harris (Ed.), The concept of development. Minneapolis: University of Minnesota Press.

Wilson, G., & Blake, R. (1950). A methodological problem in Beck's organizational concept. Journal of Consulting Psychology, 14, 20-24.

Wishner, J. (1948). Rorschach intellectual indicators in neurotics. American Journal of Orthopsychiatry, 18, 265-279.

Wittenborn, J. R. (1950). Statistical tests of certain Rorschach assumptions. Journal of Consulting Psychology, 14, 1-19.

第 18 章
認知的媒介
Cognitive Mediation

　認知的媒介は認知の三側面の第 2 番目のクラスターである。情報処理過程のデータは心的表象やアイコン（icon）を作りあげるときの情報入力活動に焦点をあててきたが，この認知的媒介のクラスターのデータは，表象がどのように同定され，翻訳されるのかということに関連している。テストの課題の「これは何に見えますか」という質問に答えるためには，それまでに蓄積してきた表象と記憶から引き出される事柄とを擦り合わせて一致するものを選び出す（認知的媒介）作業が必要である。

　このクラスターの変数に関連のある課題は幅の広いものである。それは，どの程度ブロットの刺激特徴と一致した同定（反応）をしているか，という現実検討に関連した問題である。しかし，解釈は，単に反応に使用された領域に反応がぴったりするか否かに焦点をあててなされるのではない。それどころか，翻訳の特徴が一般的なものか否か，あるいは正確さの程度はどうかといった，認知的媒介活動についての詳しい情報を把握し，解釈を肉づけしようともする。また，不正確な翻訳が生じた状況にも焦点をあてる。

　解釈の的確さは，どれほど解釈者が反応過程について理解しているのか，その理解の程度によってかなり変わってくる。特に反応過程と形態質の関連を理解することは，形態質とクラスターの他の変数との関連を理解することと同様に重要である。

反応過程と認知的媒介

　教示は手短ではあるが，そこには，反応とその反応に用いられた領域にある部分特性（distal property）とを擦り合わせて折り合いを付けること（reconcile）がこの課題である，との含みがある。インクブロットの特徴は，普段の生活の中で見慣れている対象の部分特性と正確に同じではない。そのため，折り合いを付けるという課題は，時に難しいものとなる。インクブロットの図の部分やその領域の多くは，身の回りにある対象と似た特徴を持っている。しかし，瓜二つというわけではない。したがって，反応を形成する際には，現実の方を少しばかり曲げなければならない。しかし大きく歪める必要はない。

　というのは，それぞれの図にはたくさんの部分的特徴（distal features）があり，それらが基になって，図の部分や領域が自分が知っている何か「のように見える」からである。第 11 章で述べたように，部分的特徴の中には，影響力が特に強く，特定の対象に見えやすくするようなものもある。これに

ついては，形態水準表を見るとよく理解できるだろう。

形態水準表

　形態水準表は適正な形態質（FQ）のコードを決定する基準として使用されるが，この表もまた反応形成に及ぼすブロットの部分特性の相対的な影響力を説明してくれる。形態水準表の1993年改訂版では，209,480個の反応を含む9,500プロトコルが使用された。9,500のプロトコルは，非患者成人3,200プロトコル（96,769反応），統合失調症以外の外来患者3,500プロトコル（81,107反応），統合失調症以外の入院患者2,800プロトコル（58,604反応）から成っている。この表には，5,018項目が，それぞれ，普通反応（o），稀少反応（u），マイナス反応（-）に分類されている。そして，W反応が1,051項目，D領域の反応が2,820項目，Dd領域の反応が1,147項目ある。

　WやD反応を普通反応（o）と評定するための基準は，9,500プロトコルで少なくとも2%（190）の頻度で報告された項目であることと，実在する輪郭を含み，述べられたものの形態がその輪郭と無理なく一致していることである。Dd反応が普通反応（o）となるためには，その領域が少なくとも50のプロトコルで使われていることと，その領域の反応の2/3以上の頻度で出現する項目であることが条件となる。形態水準表の5,018項目中，oと評定されたのは1,011項目（21%）で，そのうち865項目がW反応もしくはD反応であった。

　稀少反応（u）と評定する基準は，9,500プロトコル中2%未満でしか出現しないが，別個に評定した3名の判定が一致し，すぐに容易に（quickly and easily）見ることができること，そして輪郭が適切に使われていることである。形態水準表には，uと評定された項目が2,176項目（43%）あり，このうちWとD反応は1,611項目であった。また，1,831項目（36%）がマイナス反応として挙げられているが，これは9,500プロトコル中少なくとも4回出現したものに限定している。このうちWおよびD領域の反応は1,395項目である。

　o反応の評定基準を2%とするのは，ずいぶん寛容であると思われるかもしれない。しかし，実際にはoと評定されたWとDの項目中，9,500プロトコルで2%しか出現しなかったものはほとんどなかった。すでに述べたように，平凡反応の多くは，プロトコルの1/3以上で生じている。9,500プロトコル中16～25%の出現率であったものは33項目，11～15%の出現率であったものはざっと157項目だった。oと評定された大半の項目（603項目）の出現率は6～10%で，2～5%の出現率だったのはわずか59項目だけである。

　u項目も，o項目の場合と同様，輪郭が適切に使用されていることが分類の条件となる。それに，経験のある検査者であればわかると思うが，u項目のリストには反応として出される可能性のあるものすべてを載せているわけではない。そういった制約があるにもかかわらず，u項目はo項目の2倍以上の数になっている。しかしそれでも，9,500のプロトコルに基づくと，o反応の割合を示すX+%は平均で0.64（非患者0.74，外来患者0.64，入院患者0.52）である。つまり，サンプルの中にある209,480反応のうち134,067反応に，形態水準表でoとなる1,011項目が含まれているわけである。一方，Xu%の平均値は，わずか0.17（非患者0.15，外来患者0.17，入院患者0.20）なので，ブロットの輪郭に適合しながらも形態水準をoとするほどの出現頻度がなかった反応（u反応）は35,616しかなかったことになる。

表18.1 図版および領域ごとのWとDの普通（o）項目

カード	W	D1	D2	D3	D4	D5	D6	D7	D8	D9	D10	D11	D12	D13	D14	D15	合計
I	44	11	14	7	12	−	−	8	−	−	−	−	−	−	−	−	96
II	11	10	12	12	10	16	4	−	−	−	−	−	−	−	−	−	75
III	3	11	21	9	−	5	−	10	3	10	−	−	−	−	−	−	72
IV	30	12	8	4	11	10	5	10	−	−	−	−	−	−	−	−	90
V	17	4	−	−	6	−	4	5	−	8	2	−	−	−	−	−	46
VI	18	13	15	18	17	12	6	−	11	−	−	−	7	−	−	−	117
VII	18	8	14	3	8	2	9	6	3	4	5	−	−	−	−	−	80
VIII	20	1*	4	6	5	8	6	5	8	3	2	−	−	−	−	−	57
IX	24	10	16	22	5	8	10	−	10	5	−	3	3	−	−	−	116
X	13	6	5	8	4	4	7	9	10	11	8	9	8	2	8	4	116

＊＝この項目には12種類以上の動物が含まれている。

この数値は，しかし，これだけでは誤解を招きやすい。というのは，209,480反応の約85%（178,582反応）が，WまたはD領域で生じた反応だからである。上述のように，形態水準表に載っているWまたはD領域のo反応の項目は865しかない。9,500のプロトコルについてWとD領域だけのX+%を算出すると0.66になるので，WとD領域に対する178,582反応の約2/3に，これら865項目が含まれることになるのである。

表18.1には，10枚の図版中の10個のW領域と82個のD領域にどれだけの数のo反応があるかを示している。この表からわかるように，WまたはD領域にある865項目は10枚の図版に均等に散らばっているわけではない。図版Vでは最も少なく，最も多いのは図版VI，図版IXである。

ある領域にどれだけo項目の数があるかを見ると，部分特性の影響力がとてもよくわかる。たとえば，D領域の半数以上（82領域のうち48領域）でo項目が8個以下，1/3（82領域のうち28領域）で5個以下となっているが，o項目の数が少なければ，それだけその刺激野の性質はかなりはっきりしていて，部分特性と一致するような翻訳の数を限定していると言えるのである。

意志決定としての反応

たいてい，ブロットとその領域をスキャンすると，人はいくつかの可能な反応を思いつくものである。これは，重要な刺激（critical bits）を含む部分特徴が，複数の翻訳を容易にし，促進するためである。たとえば，多くの人が図版Iを一目見て，コウモリかトリかチョウに見えるとすぐに気づくが，それらすべてを反応する人は少ない。この3個の反応のうち2つを言う人も多くない。実際，仮面や女性など他の反応を選んで，この3つすべてを避ける人もいる。これは，ある可能な反応と他の可能な反応とを一対比較する認知的媒介で起こるプロセスである。多くの潜在反応は，この一対比較の手続きによって放棄され，他のものは検閲によって放棄される。

このような意志決定のプロセスの産物として反応が生み出される。多くの要因が人の意志決定に影響を与えうる。思考の構え，反応スタイル，欲求，肯定的感情や否定的感情，社会から求められるものすべてが意思決定に一役買っている。認知的媒介のデータを解釈する際には，なぜその反応（意思決定）が生じたのかその原因に焦点をあてるのではなく，むしろ，意思決定する時に，個人の心理的側面に影響されないでどれほど外的現実（ブロットのより明確な部分特性）を認めるこ

とができるのか，その程度に焦点をあてる。この問題に取り組むために，反応を平凡反応，o反応，u反応，マイナス反応など一連のカテゴリーに区別する。

認知的媒介に関連するロールシャッハの変数

認知的媒介のクラスターには6個の変数［XA%, WDA%, X-%, P, X+%, Xu%］と，空白領域Sを含むマイナス反応の頻度，すべての反応の形態質およびWとD反応だけの形態質の分布［+, o, u, none］，そしてマイナス反応の継列と特徴のデータが含まれている。マイナス反応がある場合は，その同質性や歪みの程度も検討する。

検討事項の要点
認知的媒介のデータを解釈する際の問題点は以下のようなものである。

（1）認知的媒介活動が，どの程度状況にふさわしい（現実的な）行動（反応）をもたらしているか。
（2）認知的媒介活動が，どの程度状況にふさわしくない（非現実的な）行動（反応）をもたらしているのか。
（3）認知的媒介に機能低下が起こる場合には何か決まったパターンがあるか。
（4）認知的媒介がひどく損なわれているという証拠があるか。
（5）期待される行動や受け入れられる行動が何であるのか容易にわかるような状況で，慣習的な行動（反応）をどれほど取れるか。
（6）入力情報を慣習的に翻訳することについて，全般的にはどのような傾向が見られるか。
（7）入力情報の翻訳は，どの程度個性的で非慣習的なものか。

情報処理の解釈で使ったケース9，10，11のデータを用いて，認知的媒介の検討の手続きを説明する。

ケース9
29歳の司書で，多発性硬化症と診断されている。担当の内科医は，彼女の気分の著しい変化，性的活動が活発になっていること，そして現実検討力についてどのように理解したらよいのか，見解を求めている。

ケース10
20歳の神学生。大学の指導教授からは，彼の精神医学的障害と対人関係の問題について質問が出されている。

ケース11
41歳のアルコール依存患者。担当医からは，彼女の資質と弱点についての情報を求められている。また，入院を継続するほうがよいのかどうか，自殺の危険性はあるのか，と問われている。

ケース9　29歳女性　媒介の変数

R=17	L=0.21	OBS=No	Minus & NoForm Features
FQx+ = 0	XA% = .76		VI 9. Do3 Mp- Art,Hd,Sx PHR
FQxo = 12	WDA%= .79		VIII 12. Dv2 CF.YF- An
FQxu = 1	X-% = .24		IX 13. Do3 FC- 2 A
FQx- = 4	S- = 0		X 17. Ddo99 FC- An
FQxnone = 0			
(W+D = 14)	P = 5		
WD+ = 0	X+% = .71		
WDo = 11	Xu% = .06		
WDu = 0			
WD- = 3			
WDnone = 0			

ケース10　20歳男性　媒介の変数

R=29	L=0.61	OBS=No	Minus & NoForm Features
FQx+ = 0	XA% = .90		VI 11. Ddo99 F- An
FQxo = 14	WDA%= .95		VIII 20. Dd+99 Mp.FD.FC- H,Cg 3.0 PHR
FQxu = 12	X-% = .10		X 29. Do11 F- A INC2
FQx- = 3	S- = 0		
FQxnone= 0			
(W+D = 22)	P = 4		
WD+ = 0	X+% = .48		
WDo = 13	Xu% = .41		
WDu = 8			
WD- = 1			
WDnone= 0			

ケース11　41歳女性　媒介の変数

R=18	L=0.20	OBS=No	Minus & NoForm Features
FQx+ = 2	XA% = .78		VIII 13. W+FC- An,Sx 4.5 PER,INC2,MOR
FQxo = 11	WDA%= .82		IX 16. Ddo99 FT.FC.FY- An MOR
FQxu = 1	X-% = .17		X 17. W+ F- An,Sx 5.5
FQx- = 3	S- = 0		
FQxnone= 1			
(W+D = 17)	P = 9		
WD+ = 2	X+% = .72		
WDo = 11	Xu% = .06		
WDu = 1			
WD- = 2			
WDnone= 1			

解釈の手順

　認知的媒介に関連するデータの解釈は難しくはないが，無造作に型通りの解釈をするのはよくない。残念なことに，平凡反応の数と，構造一覧表のデータのパーセントをざっと見るだけで解釈仮説を作る人がいる。それでも何らかの妥当な仮説が得られることはあるので，そのような方略を取ってみたくなるかもしれない。しかし，そこでデータの検討が終わってしまうと，認知的媒介に関連する価値ある情報は無視され，仮説にその人の個別の特性を盛り込めなくなってしまう。現実検討の問題に関連している頻度データ，スコア継列の情報，不適切な反応を検討することは，個人の認知的媒介活動を理解する上でかなり重要である。

　解釈手順には6つの基本的なステップがあるが，もし記録中にマイナス反応があれば8つになる。最初の3つのステップでは，反応が適切なものか否かに焦点をあて，もしそこに認知的媒介の機能の低下が認められた場合にはそれがどの程度のもので，現実検討にどれほど影響しているかを見る。後半の3つのステップでは，どれほど認知的媒介活動が適切な翻訳（反応）を作り出しているのか，それは一般的で慣習的なものなのか，あるいは一般的でなくて個性的なものなのかに焦点をあてる。

前もって検討すべき項目（R, OBS, ラムダ）

　解釈にあたっては，つねにRを念頭に入れておく必要がある。このことは認知的媒介についてのデータを検討するときには，特に重要である。認知的媒介のデータのいくつかはRとの比率で示されているので，長いプロトコルよりも短いプロトコルのほうがパーセンテージに対する1個の反応の影響が大きいからである。たとえば，反応が24個あるプロトコルで3個のマイナス反応があるとX-%は0.13となるが，反応数が15個の記録で3個のマイナス反応があればX-%は0.20となる。表面的に見ると，X-%が0.13よりも，0.20のほうがより否定的な解釈仮説を導くことになるが，このように扱うのは不当なことであり，誤った結論をもたらしかねない。データが比率でない場合でも，Rはときに解釈仮説の基準を変えることがある。たとえば，反応が15個の記録中の7個の平凡反応は期待値を超えるが，反応数24のプロトコル中の同数の平凡反応は期待値の範囲内のものである。

　2番目はOBSである。OBS陽性は，完全主義の傾向が著しいものであると，物事の細部に対して普通以上に関心があることを示している。このような人たちは，正確であることや慣習的であることへの欲求に強く影響されているので，刺激を翻訳する際にも非常に慎重である。このスタイルの人たちの認知的媒介は用心深く精密であることが多く，たいていXA%，WDA%，X+%は平均値より高くなる。もしそうならないとすれば，強迫的な特徴が逆効果になって認知的媒介の何らかの妨げとなっていることを示す。

　3番目のラムダは，マイナス反応の同質性を検討するときのガイドラインとなる。また，認知的媒介がどれほど慣習的なのか検討する際には，X+%とXu%のデータの解釈の助けになる。

ステップ1：XA%およびWDA%

　形態がどれほど適切に用いられているかを知っておくことは，認知的媒介のデータを解釈する際の基礎の一つである。2つの変数，XA%とWDA%は，この問題について直接的な情報を提供する。これらの変数は，認知的媒介活動から生じた行動（反応）が，どの程度状況に合致しているかを

扱っている。変数が2つある理由は，一方だけでは形態の適切な使用について十分な全体像が得られないのに，2つを組にして検討するとそれが可能になるからである。最初のXA%は記録中の「形態によく合った」反応のすべての比率である（FQ+，FQo，FQuの合計／R）。2番目のWDA%は，それらの反応をWとD領域の反応に限って計算したものである（WとD領域のFQ+，FQo，FQuの合計／W+D）。

　XA%とWDA%の両方の値はある程度高く，その値が近似していることが期待されるが，普通はWDA%のほうが高くなる。なぜならば，WDA%は明確なブロット領域の反応を表わしていて，そこには最も目立った部分的特徴が含まれているからである。したがって，大部分のケースではXA%はWDA%よりも低くなる。しかし，それが逆になっているケースもある。この2つの変数に関する解釈仮説は，変数そのものの値と，この2つの変数の差の大きさから導き出される。

可能な所見1：XA%が0.78〜0.90で，WDA%の値がXA%の値と同じかそれ以上であれば，認知的媒介はつねに状況に対して適切であることを示している。別な言い方をすると，慣習的な現実検討をするのに必要な基本的な要素はまったく損なわれていないことを示している。ステップ2へ進む。

ケース10と11 所見該当

　それぞれ，XA%は期待域の範囲におさまっている。しかし，ケース10のXA%は期待域の上限で(.90)，ケース11は下限に近い(.78)。解釈する際には，両ケースともFQが正しくコードされているか確認する必要がある。仮にコーディングが正しかったとすると，認知的媒介は状況に適したものだろうとの初期仮説を立てることができる。

可能な所見2：XA%が0.90より大きく，WDA%がXA%の値と同じかそれ以上の場合，その人は認知的媒介が状況に即したものとなるように特別に努力していることを示している。これは，強迫スタイルの人に一般的な所見であるが，機械的に強迫性と同一のものと見なすべきではない。これは単に，その人の認知的媒介活動が，状況を正確に翻訳しようとする強い志向性に影響されていることを意味しているに過ぎない。ステップ2へ進む。

可能な所見3：XA%が0.78以上で，WDA%が0.75未満になるのはごく稀な所見で，おそらく計算違いかもしれない。計算違いでないとすると，それは短い記録中に（反応数16以下）Dd反応がかなりあって，そのたいていがFQoかFQuで，WとD領域の反応の多くがマイナスか，無形態となるような奇妙な組み合わせの場合である。このようなプロトコルは情報処理が問題であることを示している場合もあるが，受検者がひどく混乱しているふりをしようとしたときにも起こりうる。ステップ2へ進む。

可能な所見4：XA%が0.70〜0.77で，WDA%が0.80以上の場合，明白な状況では認知的媒介の翻訳はおおむね適切でも，そうでない状況ではやや不適切になる傾向を示している。認知的媒介の効果（あるいは現実検討）が損なわれる理由は多くある。たいていは，感情や思考が邪魔するために

ケース10　20歳男性　媒介の変数

R=29	L=0.61	OBS=No	Minus & NoForm Features
FQx+ = 0	XA% = .90		VI 11. Ddo99 F- An
FQxo = 14	WDA%= .95		VIII 20. Dd+99 Mp.FD.FC- H,Cg 3.0 PHR
FQxu = 12	X-% = .10		X 29. Do11 F- A INC2
FQx- = 3	S- = 0		
FQxnone= 0			
(W+D = 22)	P = 4		
WD+ = 0	X+% = .48		
WDo = 13	Xu% = .41		
WDu = 8			
WD- = 1			
WDnone= 0			

ケース11　41歳女性　媒介の変数

R=18	L=0.20	OBS=No	Minus & NoForm Features
FQx+ = 2	XA% = .78		VIII 13. W+FC- An,Sx 4.5 PER,INC2,MOR
FQxo = 11	WDA%= .82		IX 16. Ddo99 FT.FC.FY- An MOR
FQxu = 1	X-% = .17		X 17. W+ F- An,Sx 5.5
FQx- = 3	S- = 0		
FQxnone= 1			
(W+D = 17)	P = 9		
WD+ = 2	X+% = .72		
WDo = 11	Xu% = .06		
WDu = 1			
WD- = 2			
WDnone= 1			

起こるが，時には情報処理の問題によって生じることもある。無形態やマイナス反応の特徴を検討すると，たいていこの要因についての情報を得ることができる。ステップ2へ進む。

可能な所見5：XA%が0.70未満で，WDA%が0.80以上の場合，翻訳を適切にするための手がかりが明らかでない状況では，認知的媒介（現実検討）がかなり悪くなることを示している。2つの数値の差は，誤った見方を含む多数のDd反応によるものであろう。前章で指摘したように，Dd反応は，経済的な情報処理を反映しているわけではない。むしろ，Dd反応は防衛や，細部に対する普通でないとらわれや，あるいは否定的な構えによって，いったん取り入れた表象が再び反応に仕立てあげられたものである。マイナスと無形態の反応を検討すると，効果的な認知的媒介が阻まれる原因について何らかの情報が得られるはずである。ステップ2へ進む。

可能な所見6：XA%が0.70〜0.77で，WDA%が0.75〜0.79の場合，認知的媒介の機能はいくらか低下していることを示している。XA%が0.70を下回り，WDA%が0.75〜0.79の場合はより機能が低下していることを示す。この場合はWDA%および，WDA%が期待を下回る理由のほう

ケース9　29歳女性　媒介の変数

R=17	L=0.21	OBS=No	Minus & NoForm Features
FQx+ = 0	XA% = .76		VI 9. Do3 Mp- Art,Hd,Sx PHR
FQxo = 12	WDA%= .79		VIII 12. Dv2 CF.YF- An
FQxu = 1	X-% = .24		IX 13. Do3 FC- 2 A
FQx- = 4	S- = 0		X 17. Ddo99 FC- An
FQxnone = 0			
(W+D = 14)	P = 5		
WD+ = 0	X+% = .71		
WDo = 11	Xu% = .06		
WDu = 0			
WD- = 3			
WDnone = 0			

におもに焦点をあてる。マイナスのDdや無形態反応がかなり多いとXA%は期待値を下回るが，WDA%はそれほど影響を受けない。それは，WとD領域には最も明白な部分特性があり，それに基づいた翻訳は歪曲されにくいためである。

したがって，WDA%が0.80を下回る場合は，WとD領域の反応の少なくとも5個に1個で，明白な特徴が歪曲されたり無視されていることになる。これは，現実検討に問題があることを意味している。こうした事態は感情や思考が関与したために引き起こされることが多く，WとD領域のマイナスと無形態の反応を検討すると，認知的媒介が損なわれる理由について納得が得られるはずである。ステップ2へ進む。

ケース9所見該当

XA%=.76とWDA%=.79は，軽度のレベルの認知的媒介の機能障害を示唆する。このうちWDA%のほうは，彼女が明白な特徴を無視したり歪めた翻訳をしていたことを示しているので，より重要な所見と言える。これは何らかの現実検討能力の問題を表している。この点についてはマイナス反応を検討すると，よりはっきりしたことがわかるだろう。

可能な所見7：XA%が0.70より低く，またWDA%が0.75より低い場合は，認知的媒介の機能がひどく損なわれていることを示している。どこまで広範囲に障害がいきわたっているかを理解するには，2つの要素が重要である。まずWDA%で，これが0.65〜0.74の場合，機能はひどく低下していて，現実検討はかなりその影響を受けることになるだろう。WDA%が0.65を下回る場合，機能の低下はより深刻で，現実検討は著しく損なわれる。精神病様の状態にある場合はこれらの所見は一般的であるが，認知的媒介に関する残りのデータをすべて検討する前にその結論に達するのは時期尚早である。

この問題に関連のある2番目の要素は，XA%とWDA%の差である。これは，現実検討の悪さが，日常的な機能にどれほどインパクトを与えるかについて情報もたらすことが多い。2つの数値の差が0.10以上であれば，認知的媒介の手がかりがはっきりしない状況では機能の低下がより一層深

刻なものとなることを示している。2つの数値の差が 0.10 より小さい場合，機能の低下は全体に及んでいて，手がかりがどれほど明確か否かに関係なく機能の低下は起こると考えられる。ステップ2へ進む。

ステップ2：無形態反応（FQxnone）

　無形態反応（FQxnone）については，感情や思考のクラスターでそれぞれ詳細な解釈仮説をもうけて考察するが，無形態反応があった場合は，ステップ1の仮説，特に，所見 4，5，6，7 で得られた仮説に何らかの修正が必要となる。無形態反応は，認知的媒介過程の最中に起こってくる内的刺激に影響されて，輪郭を無視した反応をしてしまう例である。一般的には，輪郭はブロットの中でも最も確かな部分的特徴なので，刺激野の翻訳を形成するときに輪郭を無視することは稀であり，もしそういうことがあれば，それは認知的媒介過程に欠陥があることを示す。たいていの無形態反応は，有彩色（Pure C）を伴うが，いくつかの反応では無彩色や濃淡の特徴（C'，T または Y）を伴っている。どちらのタイプの無形態反応も，強い感情と関連している。人間運動反応を含む無形態反応（Mnone）が生じるのは，特に珍しい。これはよく統制されていない思考活動を表している。

　無形態反応の頻度は，たいていの記録では 0 か 1 で，この範囲であれば，認知的媒介における種々の比率の計算に対する影響は少ない。しかし，無形態反応が多くなると，たいていの無形態反応は W や D 領域に生じるので，WDA% や XA% などの認知的媒介のデータの解釈に関わってくる。たとえば，反応数 18 のプロトコルに 14 個の W と D 反応があって，そのうち 4 個が無形態反応だとすると，残り 10 個の W と D 反応の形態質が + や o であったとしても，WDA% は 0.79 より高くはならないことになる。

　可能な所見：無形態反応が 2 個以上ある場合は，ステップ1で得られた解釈仮説を次のように修正する必要がある。ときに，思考の構え（無形態運動反応の場合）や強い感情（他のタイプの無形態反応の場合）に妨害されて，認知的媒介活動の効果は損なわれることがあることを示す。マイナス反応がある場合はステップ3へ，マイナス反応がなければステップ4へ進む。

ステップ3：X-%，FQx-，FQxS-，Dd 領域の FQ-

　XA% と WDA% では適切な反応はどの程度あるかを見てきたが，このステップと 2 つの下位セクション（3a と 3b）では，不適切な反応，すなわちマイナス反応に焦点をあてて検討する。マイナス反応とは，部分特性に一致しない方法でブロットの特徴を翻訳する場合である。マイナス反応はほとんどすべての記録に生じる。多くのマイナス反応は Dd 領域や S 領域で生じるが，それらは W や D 領域で生じるマイナス反応と比べたら，悪いといってもまだいいほうである。

　マイナス反応はさまざまな理由で生じる。情報処理に原因がある場合もあるが，たいていは情報処理は適切で，むしろ感情の要因，思考の構えやとらわれのせいで刺激野の特徴を誤って同定してしまうことのほうが多い。原因が何であれ，マイナス反応はその人のある一面を反映している。まさにその一面のために刺激野は無視され，代わりにその人の内面世界が反応に投映されることになる。マイナス反応は，現実を無視したり，現実を歪曲したものである。多くの場合，マイナス反応には領域，決定因子，あるいは反応内容に同質性があるので，そこから認知的媒介の機能低下の由

ケース10　20歳男性　媒介の変数

R=29	L=0.61	OBS=No	Minus & NoForm Features
FQx+ = 0	XA% = .90		VI 11. Ddo99 F- An
FQxo = 14	WDA%= .95		VIII 20. Dd+99 Mp.FD.FC- H,Cg 3.0 PHR
FQxu = 12	X-% = .10		X 29. Do11 F- A INC2
FQx- = 3	S- = 0		
FQxnone= 0			
(W+D = 22)	P = 4		
WD+ = 0	X+% = .48		
WDo = 13	Xu% = .41		
WDu = 8			
WD- = 1			
WDnone= 0			

来をつかむことができるであろう。

　マイナス反応がたくさんあれば，たいていそれはさまざまな種類の深刻な心理的あるいは神経学的問題と関連する，著しい認知の機能の低下を示している。このステップでは，記録中のマイナス反応の比率（X-%）の検討から始まって，マイナス反応の頻度（FQx-），S-反応の頻度，マイナス反応の領域の分布を見ていく。このステップの最初の下位セクション（3a）は，マイナス反応の継列，決定因子，反応内容に同質な特徴があるか探索し，次の下位セクション（3b）では，マイナス反応に反映されている機能低下の大きさを評価する。

　　可能な所見1：X-%は0.15未満が期待値で，マイナス反応の数は1～3個以内であることが期待される。この条件に合う場合は，認知的媒介の機能の低下はたいていの人よりも起こりにくいだろう。S-反応の頻度を見て，時々起こるこの事態に拒絶や怒りが関与していないか明らかにする必要がある。ステップ3aに進む。

　ケース10所見該当
　　29個の記録の中にマイナス反応は3個しかなく，1つがD反応のもので，残り2つがDd領域のものであった。どの反応にも空白は含まれていない。X-%は.10であり，彼の認知的媒介には問題はない。ステップ3aと3bではこの3つのマイナス反応を調べ，マイナス反応となった要因と歪みの程度を検討する。

　　可能な所見2：X-%が0.15～0.20の場合は，時折認知的媒介の機能低下が起こる可能性を示す。Rとマイナス反応の頻度が，この問題を理解する上で重要である。平均的な長さの記録に3～4個のマイナス反応があればX-%は0.15～0.20の範囲になり，マイナス反応の同質性を検討すると，機能低下の原因が明らかになることが多い。一方，短い記録の3個のマイナス反応は，多くの反応をしないように手堅い態度でテストに臨んでいるにもかかわらず起きている機能低下なので，より重大な問題である。たいてい短いプロトコルには，DdやS反応は見られない。したがって，マイナ

ケース 11　41 歳女性　媒介の変数

R=18	L=0.20	OBS=No	Minus & NoForm Features
FQx+ = 2	XA% = .78		VIII 13. W+FC- An,Sx 4.5 PER,INC2,MOR
FQxo = 11	WDA%= .82		IX 16. Ddo99 FT.FC.FY- An MOR
FQxu = 1	X-% = .17		X 17. W+ F- An,Sx 5.5
FQx- = 3	S- = 0		
FQxnone= 1			
(W+D = 17)	P = 9		
WD+ = 2	X+% = .72		
WDo = 11	Xu% = .06		
WDu = 1			
WD- = 2			
WDnone= 1			

ス反応は W か D 領域で起こることになる。反応数が 14 〜 16 個の記録で 3 個のマイナス反応が出され，X-% が 0.15 〜 0.20 の範囲になる場合は，機能低下を軽く見積もらないように注意しなければならない。実際には X-% に示されるよりも機能低下は広範囲にわたるものかもしれない。逆に，S- の頻度が FQx- と等しいかそれに近い値である場合は，機能低下はむしろ感情の特徴と直接関連している。ステップ 3a へ進む。

ケース 11 所見該当

　　18 反応の記録には 3 個のマイナス反応があり，X-% は .17 である。これは時々認知的媒介がうまくいかなくなることを示している。3 つのマイナス反応のうち 2 つは W 反応で生じている。これは，認知の媒介が無頓着になされ，慎重さに欠けていることを示しているのかもしれない。あるいは，何らかのとらわれによって認知的媒介活動の機能が抑えつけられていたり，方向づけられてしまっていることを意味しているのかもしれない。いずれなのかを理解するためには，3a と 3b の所見が重要になる。

可能な所見 3：X-% が 0.21 〜 0.25 の場合，認知的媒介の機能低下は広範囲にわたっている可能性がある。この所見を理解するためには，R の値，マイナス反応の頻度，S マイナスの頻度が重要である。たとえば，反応数が 14 から 16 の記録で，3，4 個のマイナス反応が W または D 領域にあるとすれば，機能低下は広範囲にわたっておりおそらく深刻なものである。

　　一方，平均的な長さの記録で，少なくともマイナス反応の半分が Dd 領域であったり，S を含んでいる場合がある。そのようなケースでは，認知的媒介の機能の低下はむしろ情報処理や感情などの特定の問題と関連していると考えられる。実際，S マイナス反応がマイナス反応の半分以上を占める場合は，否定的な感情がその問題の要因となっているので，感情に関連したデータを検討すると理解が深まるはずである。機能低下が広範囲にわたっているか否かにかかわらず，この結果は重要なので，認知的媒介に問題があることを十分強調しておく。

ケース9　29歳女性　媒介の変数

R=17	L=0.21	OBS=No	Minus & NoForm Features
FQx+ = 0	XA% = .76		VI 9. Do3 Mp- Art,Hd,Sx PHR
FQxo = 12	WDA%= .79		VIII 12. Dv2 CF.YF- An
FQxu = 1	X-% = .24		IX 13. Do3 FC- 2 A
FQx- = 4	S- = 0		X 17. Ddo99 FC- An
FQxnone = 0			
(W+D = 14)	P = 5		
WD+ = 0	X+% = .71		
WDo = 11	Xu% = .06		
WDu = 0			
WD- = 3			
WDnone = 0			

ケース9所見該当

　17の反応の記録に4個のマイナス反応がありX-%は.24である。マイナス反応のうち3個はD領域のもので、いずれにもS反応は含まれていない。これは、広く現実を歪める傾向があることを示すものである。

可能な所見4：X-%が0.25より大きく、特に0.30以上の場合は、認知的媒介がひどく損なわれている可能性があることを示している。これは少なくとも4回に1回はマイナス反応が発生していることになる。マイナス反応には何らかの同質性が見つかることもあるだろう。しかし、この機能低下は、同質性だけを理由にすることはできないほど、きわめて広範囲にわたるものとなりがちである。この所見に該当する個人は、適切な現実検討に必要な基礎を欠いているために、何らかの不適応の問題を抱えていることだろう。

可能な所見5：X-%が0.70を超える場合は、SマイナスやDdの頻度に関係なく、受検者はおそらく事態を誇張しているかあるいは病気を装っている。もし、X-%が本当に0.70を超えているとすれば、テストを受けるのが非常に困難だっただろう。このように重度の障害のある人がテストを受けることは普通は不可能である。このような場合、一般的には、最近の生活歴を見ると受検者が精神病様の状態にあることが確認できる。もし、生活歴から精神病様の状態が確認できなければ、病気を装っている可能性がかなり高くなる。ステップ3aへ進む。

ステップ3a：同質性の問題

　多くの場合、認知的媒介の機能低下をもたらす事由はかなりはっきりしていてわかりやすい。ステップ3の最初に検討する。S反応、Dd反応の頻度はそうした事由の一種である。しかし、マイナス反応は、思考の構え、とらわれ、感情的要素などいろいろな理由で起こるので、このステップ3の後半部分では、機能低下と関係する共通の要素を探求する。ステップ3aで示される仮説は相互に排他的ではないので、プロトコルの解釈にあたっては、どの可能性もすべてあたってみる価値

がある。

可能な所見1：すべてのマイナス反応が，最初の2～3枚の図版に起こることがある。このような場合，機能の低下はテスト状況に対する反応である。つまり，課題について理解していないために不安が生じたか，否定的な態度でテストに取り組んだかである。もし後者であれば，マイナス反応はたいていS領域を含んでいる。どちらの場合も機能の低下は一過性のものである。

X-%はたしかにテスト結果を代表するものである。しかし，これは慣れ親しんだ状況での認知的媒介の機能についてはより悪く評価してしまっているかもしれない。テスト状況の性質や，テストを受ける準備，テスト理由に関する情報があると，この一過性の機能の低下について説明することができる。さらに，生活歴を見ることによって，なじみのない状況や，まったく望んでいないことを要求される状況で，似通った機能低下が習慣的に起こるのかどうかを知ることができる。

可能な所見2：すでに述べたように，マイナス反応の大半にSが含まれている場合は，おそらく機能の低下の一部は拒絶や怒りに関係した感情の問題によって生じている。その他の感情も認知的媒介に影響する。大部分のマイナス反応が，あるいはすべてのマイナス反応が有彩色の図版にある場合は，感情によって認知的媒介に混乱が起こっていることはたしかである。同様に，怒りや拒絶以外の感情による妨害が先駆けとなって認知的媒介の機能を低下させている場合は，マイナス反応の決定因子に何らかの同質性があり，たいていは，有彩色決定因子か，無彩色あるいは濃淡決定因子が含まれている。

ケース10所見

マイナス反応に明確な同質性はない。

ケース9所見

マイナス反応にいくぶん同質性がうかがえる。4個のうち3個は有彩色図版（VIII, IX, X）で生じており，その3個すべてに有彩色決定因子が含まれている。これは，情緒的な問題が認知の媒介を歪めていることを示している。

ケース11所見

全てのマイナス反応はすべて有彩色図版（VIII, IX, X）に生じている。3つのうち2つには有彩色決定因子が含まれている。また，3つのうちの1つは，濃淡ブレンドと色彩濃淡ブレンドの両方を備える非常に珍しい反応である（FT.FC.FY）。認知の媒介機能はひどく悪いわけではない。しかし，感情もしくは感情に関連するとらわれによって新しい情報の翻訳が著しく妨げられる可能性があり，懸念される。

可能な所見3：マイナス反応が運動決定因子（M, FM, m）に集中することがある。運動決定因子はすべて思考活動と関連している。かなりのマイナス反応が運動決定因子を含む場合，何らかの奇妙な思考活動が現実を歪めていることを示している。思考活動の特徴については，認知の三側面の第

ケース10　20歳男性　媒介の変数

R=29	L=0.61	OBS=No	Minus & NoForm Features
FQx+ = 0	XA% = .90		VI 11. Ddo99 F- An
FQxo = 14	WDA%= .95		VIII 20. Dd+99 Mp.FD.FC- H,Cg 3.0 PHR
FQxu = 12	X-% = .10		X 29. Do11 F- A INC2
FQx- = 3	S- = 0		
FQxnone= 0			
(W+D = 22)	P = 4		
WD+ = 0	X+% = .48		
WDo = 13	Xu% = .41		
WDu = 8			
WD- = 1			
WDnone= 0			

ケース9　29歳女性　媒介の変数

R=17	L=0.21	OBS=No	Minus & NoForm Features
FQx+ = 0	XA% = .76		VI 9. Do3 Mp- Art,Hd,Sx PHR
FQxo = 12	WDA%= .79		VIII 12. Dv2 CF.YF- An
FQxu = 1	X-% = .24		IX 13. Do3 FC- 2 A
FQx- = 4	S- = 0		X 17. Ddo99 FC- An
FQxnone= 0			
(W+D = 14)	P = 5		
WD+ = 0	X+% = .71		
WDo = 11	Xu% = .06		
WDu = 0			
WD- = 3			
WDnone= 0			

ケース11　41歳女性　媒介の変数

R=18	L=0.20	OBS=No	Minus & NoForm Features
FQx+ = 2	XA% = .78		VIII 13. W+FC- An,Sx 4.5 PER,INC2,MOR
FQxo = 11	WDA%= .82		IX 16. Ddo99 FT.FC.FY- An MOR
FQxu = 1	X-% = .17		X 17. W+ F- An,Sx 5.5
FQx- = 3	S- = 0		
FQxnone= 1			
(W+D = 17)	P = 9		
WD+ = 2	X+% = .72		
WDo = 11	Xu% = .06		
WDu = 1			
WD- = 2			
WDnone= 1			

3番目のクラスター（思考）で詳細に検討するが，このクラスターでは，FMとmのマイナスと対照させてM-の頻度を検討することが重要である。なぜならば，M-反応は意図的に方向づけられた，統制された思考活動の様式を反映しているからである。

ときには，一時的に筋の通らない論理を展開してしまって，1個のM-反応を出すこともある。しかし，1つのプロトコルに2個以上M-反応があって，特にそれが全体のマイナス反応の大部分を占めている場合は，歪曲した思考が認知的媒介に衝撃を与えていることを示す。それに比べると，FM-反応とm-反応は，周辺的で，あまり意図的でない思考活動を表している。大部分のマイナス反応がFMもしくはmであれば，欲求やストレス体験によって起こる周辺的な心理活動のために，注意や集中が困難になって，筋道を立てて考えることができにくくなり，効果的な認知的媒介が妨害されることを示している。

可能な所見4：ほとんどすべてのマイナス反応に反射反応または形態立体反応が含まれている場合がある。これは，認知的媒介が自己イメージの問題に影響を受けていることを示している。

可能な所見5：マイナス反応の頻度（FQ-）が4以上で，ほとんどのマイナス反応がPure Fの場合は，ラムダの値が重要である。ラムダが0.99より大きく，回避型の対処スタイルで，ほとんどのマイナス反応がPure Fの場合，そのスタイルが効果的でなくなり，現実の方を歪曲することでそのスタイルを維持しようとしていることを示している。一方，ラムダの値が1.0未満でほとんどのマイナスがPure Fであれば，より意図的に防衛として現実を歪曲していることを示している。たいていのマイナス反応はDd領域に生じるが，WやD領域にあったとしても，それは状況の明白な現実を無理やり歪め，対処するのを回避しようとしていることの反映と言える。

可能な所見6：マイナス反応が同質の反応内容にまとまっている場合，何らかのとらわれが，認知的媒介の機能を低下させていることを示している。そのとらわれの性質は反応内容の分類を見ればわかることが多いが，ケースによっては，自己知覚に関するデータを検討する際に反応自体を読んで初めて明らかになる場合もある。

ケース9所見該当

すでに見たように，4つのマイナス反応のうち3つが有彩色決定因子を含んでいる。そのうち2つの反応内容は解剖反応（An）である。身体に問題を抱えた人が解剖反応をするのは珍しいことではない。このケースでは，身体的健康に関する気がかりが感情を刺激し，それが認知的媒介を歪めたと考えられる。

ケース11所見該当

先に，このケースの3つのマイナス反応は感情と関係しているのではないかとの仮説を立てた。この3つには解剖反応（An）が含まれている。また，3つのうちの2つの反応内容はSxである。性的なとらわれが認知的媒介に影響し，X-%=.17という数値以上にひどい歪みがもたらされている可能性がある。

第 18 章　認知的媒介 ｜ 445

可能な所見 7： マイナス反応の頻度（FQx-）が 4 以上で，それらがいつも各図版の最初の反応として出現する場合は，意欲がないか，性急な認知的媒介のアプローチを表している。これは，情報処理過程の問題でもあるが，認知的媒介が衝動的になる傾向も示している。もし，最初のマイナス反応の後に続く反応が適切なものである場合は，特にこのことが言える。逆に，マイナス反応が各図版の最後に現れる場合には，2 つの可能性を考慮しなければならない。まず，より一般的なのは，それらのマイナス反応がその人にとって特別に意味がある場合で，マイナス反応の特徴や内容を検討するとよりその意味が明らかになるはずである。2 つ目の可能性は，何らかの理由で，被検者は自分のまずさを誇張しようとしているということである。特にすべてのマイナス反応が図版の最後にあればそうである。ステップ 3b へ進む。

ステップ 3b：マイナス反応の歪曲レベル

　すべてのマイナス反応が，同じ程度で現実を無視しているわけではない。大部分のマイナス反応は刺激野の要素と一致する特徴を含んでいる。たとえマイナス反応とコードされていても，領域は適度に正確であり，反応の構成要素のいくつかは容易に識別できる。図版 II，図版 III および図版 X の顔反応，図版 II，図版 III および図版 VIII の解剖反応，図版 IV もしくは図版 V のカニの反応，図版 VII の割れたクッキーあるいはクラッカーなどはその例である。これらは中程度の歪曲のレベルを反映している。より深刻なマイナス反応は，大部分の形態は適切であるにもかかわらず，明らかに不適切なものを反応の重要な要素として付け加えてしまうために反応が台なしになり，マイナスとコードされる場合である。たとえば，図版 III の「2 人の男（D9 領域）が，女性の頭（D7 領域）を叩いている」という反応である。D9 領域に人の姿を見るのは適切なもので，平凡反応でさえあるが，D7 領域の人の頭は明らかなマイナスである。

　最も悪いマイナス反応は，刺激野をほぼ完全に無視したものである。どこを見たのか，その領域を確認するのは難しく，どんなに共感的な解釈者でも，反応の一部分でも追認知するのが困難で，場合によっては不可能なものである。たとえば，図版 I 全体の「炭坑夫の集団が地球の中心に向かって深く掘り進んでいる」という反応とか，図版 IV の中央部分の「グレムリンの顔」，図版 X 全体の「フラミンゴの群が頭上を飛んでいる」などの反応である。このようなマイナス反応は，認知的媒介の機能低下がかなり深刻であることを表している。これらは，ひどく現実から遊離していて，ある種の精神病様の活動がなければ起こらない反応である。このように各マイナス反応を検討して，反応が刺激野の特性をどの程度侵害しているかを理解することが重要である。

　ここでの反応の検討は，反応に投映された内容を調べるために行うのではない。また，機能低下の程度を判断するにあたっては，反応のコードに含まれる特殊スコアに左右されないように注意する。むしろ問題の焦点は，現実からどれほどかけ離れたものかということにある。

可能な所見： ひどく歪曲しているマイナス反応がある場合には，ステップ 3 と 3a から得られた所見は次のように修正する必要がある。つまり，ときには認知的媒介に関連する認知操作は精神病様の状態にある人に見られるのと同様の深刻な破綻を来たす，ということである。1 個のマイナス反応でも，歪曲の度合いがひどければ，状況に合わない，期待はずれで不適切な行動を取る可能性を示

唆する。ひどく歪曲したマイナス反応が複数ある場合は，認知的媒介活動は大混乱状態で，効果的でない不適切な行動が生み出されるのは必至であると結論することができるだろう。ステップ4へ進む。

ケース9所見該当

4個のマイナス反応がある。

図版Ⅵ（D3）「男性性器，ペニスを描いたように見えます。（質問）ちょうどそんな形をしていて，硬くなって，勃起してる。でも本物には似てないから，スケッチした感じ」

図版Ⅷ（D2）「この下の部分は，内臓みたい。よくわからないけど。（質問）とてもカラフルです。どこの臓器かはわかりませんが，色からすると下腹部の臓器だと思います。触ると固くなくて，ゴムのような感じに見えます。（そのように見えたのを教えてください）色の濃淡の感じがそのように思わせます。たぶん，膜。ピンクとオレンジの2色ですし」

図版Ⅸ（D3）「上の2つはオレンジ色の虫。（質問）とがった頭で，触覚。何の虫かわからないけれど，オレンジ色の虫です」

図版Ⅹ（D9の上半分+D6）「下あご，でも歯はありません。（質問）そんな形をしていて，ピンクがあごの上の部分で，青いところには歯があるはずで，これは歯肉でしょう。ここだけでなく，全部がピンク色だったらもっと本物っぽいんですけど」

最初と3つ目のマイナス反応は，ひどい歪みを含むものではない。2つ目のマイナス反応はあまり形態が必要とされないものなので，重大な歪みがあったとも言えない。

しかし，最後のマイナスは少し極端で歪みが大きい。身体の状態についてのこだわりが，ときには顕著に現実を歪めることを示すものである。

ケース10所見該当

3つのマイナス反応がある。

図版Ⅳ（D1の上部中央）「真ん中に，小さな心臓みたいなのがあります。（質問）この薄くなっている部分（指差す），心臓みたいな形」

図版Ⅷ（D4-Dd22）「カーテンの向こうに誰かが立っているようです。（質問）ここがブーツか昔風の靴で，誰かが灰色がかった緑色のカーテンの後ろに居るみたい。足しか見えませんが。カーテンはこれです（輪郭を示す）」

図版Ⅹ（Do11）「この灰色のところは，頭が2つある変わった虫。（質問）これです。ブラジルの未開の地や南米のどこかにはこんな奇妙なのがいるでしょう。両側に頭があって，長い体。こんなのは今までに見たことがありません」

3つのどのマイナスにも，図版に存在する形態が使用されている。あまり適切な形態の使用とは言えないが，どれも重大な歪みは示していない。

ケース11 所見該当
3つのマイナス反応がある。

- 図版 VIII（W）「骨盤，そしてここは膣みたい。肋骨で，骨盤と肺。（質問）肩のところで（D4），そこの骨を何というのか私は知らないんですけど。これが肺で（D5），両方の肺に煙が詰まって青くなってて，私タバコを吸うので知っているんです。肋骨（D3），骨盤で，膣が下に。（膣がよくわからないのですが）よく医学書なんかに膣が描いてありますよね，ここです。（肺に煙が詰まってというのを教えてください）ええ，青くなってますでしょ，煙でそうなったんです」
- 図版 IX（D1+D6）「肺，感染しています。（質問）肺で，これは脊髄かもしれません。スポンジ状になっています。ピンクっぽい色なので感染しているように見えます。（スポンジ状？）ええ，柔らかい（手で図版を押す）。柔らかさを感じます，スポンジみたいに。硬くはないです。（ピンクっぽい色なので感染しているようだというのを教えてください）血の色が少しずつ違っているみたいで，感染しているようです」
- 図版 X（W）「ああ，これね，これも内臓みたいで，ここは首の骨（D11）が下に向かってて，臓器，肺とか他のものもあって，骨盤や骨格。（質問）首で，脊椎がここまであって，骨盤と膣（D10）。よくお医者さんの壁にこういうのが掛けてありますよね。これは，拡大した卵巣（D9）。骨盤みたいに見えません？」

どの反応にも，図版にある形態が使われているが，どの反応でもとりとめなく話をし過ぎ，歪みが余計に大きくなっている。図版Xの反応は特にそうである。どの反応もひどく歪められたものではないが，いずれにも不適切な行動をもたらしかねない認知的媒介の問題が示されている。

ステップ4：平凡反応（P）
平凡反応は，ブロットの最も明確な部分特性を使用することを必要とする。平凡反応の頻度からわかることは，どのような行動が期待され，受け入れられるのかについての手がかりが容易に見つけられるような場面で，明らかに慣習的でありきたりの反応をするかどうかについてである。理論的には，テストを受ける人は皆こういう楽なやり方をするだろうと考えられるが，たいていそうならないのは，重要な部分特性がどれほどはっきりしているかが図版ごとに異なるためであろう。大部分の人は，6～8個の平凡反応を答える。9個の平凡反応を見る人はごくわずかで，長いプロトコルであっても10個以上平凡反応を出す人はほとんどいない。

可能な所見1：反応数（R）が17～28の場合，平凡反応（P）の期待値は，成人と青年では5～7で，12歳未満の児童では4～7である。Rが16以下の場合は，Pの期待値は年齢に関係なく4～6である。Rが29以上の場合は，Pの期待値は年齢に関係なく6～9である。Pが期待値内であれば，期待され受け入れられる反応の手がかりが明白なときには，そうした反応が起こりうることを意味している。単純で明確に定義された場面では，たとえ情報処理に何らかの問題が指摘されていたとしても，

非慣習的な反応が生じる可能性はほとんどない。ステップ5へ進む。

ケース9 所見該当

17反応の記録に5つの平凡反応がある。手がかりが明白であれば，期待される反応や受け入れられる反応をすることができる人である。この所見はステップ3の結果に照らし合わせると特に重要なものであり，治療計画にかなり直接的な関連を持ってくる。

可能な所見2：平凡反応の数が期待値より大きい場合，慣習や正確であることについて一般的でないほどの関心を示している。このような人は，社会的に期待され受け入れられる行動に関連する手がかりを発見することに執着しすぎているのかもしれない。これは強迫スタイルの人には珍しくないが，たとえ強迫スタイルでなくても，かなり顕著な完全主義の傾向があることを示している。これは短所と見なされるべきではないが，その人が社会に容認されることに過剰な関心を抱いているのではないかという疑問が生じてくる。この所見は，先に進んでステップ6のXA%とX+%との関連でさらに評価される。ステップ5へ進む。

ケース11 所見該当

18反応に9個の平凡反応がある。明白な手がかりを探して，適切な行動をしようと努める人である。明らかに彼女は「正しいこと」をしたい人である。ステップ3bで検討した彼女のマイナス反応や，とめどなく話す特徴を思い起こすと，この結果は非常に興味深い。受け入れられる行動のための手がかりがすぐに明白にならないと，彼女の個人的な関心による間違った解釈が先に立ち，状況にふさわしくない，不適切な行動をしてしまうのだと思われる。

可能な所見3：平凡反応が平均値を下回る場合，単純で明確に定義された状況でさえも，非慣習的でより個性的な反応が生じるであろう。これは必ずしも短所ではないが，社会的慣習を無視する根強い傾向があるのではないかといった疑問が生じてくる。この問題についてはステップ6でさらに検討する。ステップ5へ進む。

ケース10 所見該当

29個の反応中，平凡反応は4つしかない。ステップ1で見たXA%やWDA%の高さからすると，この結果は興味深い。適切な反応をする人であるが，何らかの理由で，最も明白な反応は避けている。それは，自分の個性を強調しているのかもしれないし，このデータからはまだ理解できていない他の特徴のためなのかもしれない。ステップ6の所見がこの問題に新たな光をあててくれるかもしれない。

ステップ5：*FQ+*

成人や年長の青年のプロトコルで，かなり知的に優れているか，十分な教育を受けた人の場合には，若干の（1～3個）FQ+反応が含まれていることが多い。このコーディングは，普通よくある反応（o）に限られ，知覚された対象を描写する際に普通以上に，あるいは必要以上にその形態の

ケース9　29歳女性　媒介の変数

R=17	L=0.21	OBS=No	Minus & NoForm Features
FQx+ = 0	XA% = .76		VI 9. Do3 Mp- Art,Hd,Sx PHR
FQxo = 12	WDA%= .79		VIII 12. Dv2 CF.YF- An
FQxu = 1	X-% = .24		IX 13. Do3 FC- 2 A
FQx- = 4	S- = 0		X 17. Ddo99 FC- An
FQxnone = 0			
(W+D = 14)	P = 5		
WD+ = 0	X+% = .71		
WDo = 11	Xu% = .06		
WDu = 0			
WD- = 3			
WDnone = 0			

ケース11　41歳女性　媒介の変数

R=18	L=0.20	OBS=No	Minus & NoForm Features
FQx+ = 2	XA% = .78		VIII 13. W+FC- An,Sx 4.5 PER,INC2,MOR
FQxo = 11	WDA%= .82		IX 16. Ddo99 FT.FC.FY- An MOR
FQxu = 1	X-% = .17		X 17. W+ F- An,Sx 5.5
FQx- = 3	S- = 0		
FQxnone= 1			
(W+D = 17)	P = 9		
WD+ = 2	X+% = .72		
WDo = 11	Xu% = .06		
WDu = 1			
WD- = 2			
WDnone= 1			

ケース10　20歳男性　媒介の変数

R=29	L=0.61	OBS=No	Minus & NoForm Features
FQx+ = 0	XA% = .90		VI 11. Ddo99 F- An
FQxo = 14	WDA%= .95		VIII 20. Dd+99 Mp.FD.FC- H,Cg 3.0 PHR
FQxu = 12	X-% = .10		X 29. Do11 F- A INC2
FQx- = 3	S- = 0		
FQxnone= 0			
(W+D = 22)	P = 4		
WD+ = 0	X+% = .48		
WDo = 13	Xu% = .41		
WDu = 8			
WD- = 1			
WDnone= 0			

特徴をはっきりさせるので，「過剰な明細化」の反応と言われる。これは，正確であろうとする志向性と，その数が若干である限りは，テストを受けている人がその課題を熱心にやっていることを示している。想像がつくように，回避型の対処スタイルの人の記録中にFQ+反応があることは，かなり稀である。

可能な所見1：FQ+ の値が0のときには，確実な結論は引き出せない。しかし，受検者が十分な教育を受けているとか，知能が平均より高いと確信できる理由があるのに，FQ+ 反応がない場合は，意欲の低さや防衛的構え，さらには認知的媒介のアプローチが損なわれていることを示している可能性があるので，形態質が正しくコーディングされているか見直すとよい。

ケース9と10所見該当

両ケースとも，FQ+ は0である。大学卒業の経歴のあるケース9の女性にFQ+ が1個もないのは少し意外である。記録中にFQ+ がなかったということは，このテストに対する用心深さや防衛的な構えがあったことを示しているのかもしれない。ケース10の記録にFQ+ がないのはさらに不思議である。というのは，ケース10は反応数が平均よりも多く，適切な反応もかなりたくさん出されている上に，彼自身がかなり聡明な人物だとされているからである。彼が警戒心過剰指標に該当していたことからすると，彼は自分の反応を細かく説明するのを避けようとしていた可能性が考えられる。

可能な所見2：FQ+ の値が1〜3であれば，刺激入力を媒介する際にはより正確であろうとする方向づけを持っている。おそらくテストを受けることに対して十分な動機を持っていたことを示している。

ケース11所見該当

2個のFQ+ 反応がある。これは，彼女が正確であろうと努める人で，テストにきちんと取り組もうとの動機づけがあったことを示している。

可能な所見3：FQ+ の値が4以上であれば，詳細で，正確であろうとする顕著な方向づけを示している。このことは短所と見なされるべきではないが，このような人は意思決定において過度に用心深いことを示す。強迫スタイルの人がこの所見に該当する場合は，認知的媒介におけるより完全主義的な方向づけを反映している。

ステップ6：*X+%*と*Xu%*

このステップでは，プロトコル中の適切な反応が慣習的なものか，あるいはより個性的な認知的媒介によるものなのかを検討する。X+% はプロトコル中の普通反応（o）の割合を表わしている。これらは，形態水準表を作成する際に用いたプロトコルに最も頻繁に出現した反応である。これらの反応には必ずその刺激野の中でも強い影響力のある部分特性が使われている。強い影響力のある部分特性は，単に注意を引きつけるだけではなく，その領域に一致する翻訳の範囲を限定する。そ

第18章　認知的媒介 | 451

の刺激野で出されうる反応の中からo反応が選択されている場合は，認知的媒介の決定には一般的で慣習的な傾向がある。

Xu%はプロトコル中の稀少反応（u）の割合を表している。これらはブロットの特性に一致した反応でありながら，それほど高い頻度で見られない反応であるという点が特に重要である。ほとんどすべてのプロトコルにはこのu反応があるだけに，その解釈は骨が折れるものである。明らかにそれほど慣習的な反応ではなく，むしろ個人的な反応である。多くの反応がおそらく何らかの投映的要素を含んでいるが，それは認知的媒介を検討するここでの問題ではない。ここで問題とするのは，記録中に出現したこれらの反応の割合が慣習を無視する傾向を表わしているのかどうかである。

いくつかのu反応は，一般的でない言語表現がなされたo反応の変形である。単により慎重で防衛的な場合もある。たとえば，図版IIのD3領域を「チョウ」と見るとそれはoとコードするが，同じ領域を「羽がある昆虫」と言うと，その反応はuとコードされる。チョウは羽のある昆虫なので，補外法に則って両方ともoとコードすべきだという議論が起こるかもしれない。しかしそうすると，「昆虫」と見た認知的媒介の翻訳の特殊性を無視することになる。矛盾したことを述べているように思えるかもしれないが，そうではない。表の作成に使用された9,500の記録中少なくとも190で生じたものというo反応の定義を思い出してほしい。実際，「チョウ」の反応は963のプロトコルに出現しているのに，「羽がある昆虫」の反応は37の記録にしかなかった。これは不適切な反応というわけではない。単に部分特性をより一般化して慎重で防衛的な方法で翻訳したのである。

大部分のu反応は，単にo反応を慎重に，あるいは防衛的に変化させて一般化したものではない。むしろ，多くのu反応はより独創的で創造的なものである。たとえば，図版IV全体（D1を棒として）の「かかし」のu反応は，平凡反応の人間や人間類似の反応と同じくらい容易に見ることができるし，W領域の他のo反応「棒にかかったブーツ」や，「紋章」や「地勢図」よりも簡単に見えるが，9,500のプロトコルでの出現頻度は43しかない。明らかに，この反応は独創的なものである。おそらく自己知覚の脈絡では特別な意味があるが，それはこの章での関心事ではない。重要なことは，表象は適切に，しかし特殊な流儀で翻訳されたということである。

記録の半分を超える，時には3/4より多くの反応がoとコードされるが，それと同時にいくつかのu反応もあることが期待される。特にRが18以上の場合はそうである。u反応の割合はさまざまであるが，常にマイナス反応の割合よりも多いことが期待される。Xu%が0.15〜0.25の範囲内になるのは珍しいことではないが，それが0.25を超える場合には，個性的であろうとする傾向が強すぎるか，慣習的で社会的に期待される行動を故意に無視しようとする方向づけがないかどうかについて確かめる必要がある。

可能な所見1：X+%が0.70〜0.85の間で，Xu%が0.10から0.20の場合，社会的要求や期待に一致した行動を取る傾向がかなりあることを示している。Xu%が0.10より少ない場合，時に何らかの認知的媒介の機能低下によってその志向性が妨げられることを示している。

ケース9と11 所見該当

ケース9ではX+%は.71，Xu%は.06で，ケース11ではX+%は.72，Xu%は.06である。両ケースのX+%の数値は，2人が社会の要求や期待に合った行動を取る人であることを示している。

ケース9　29歳女性　媒介の変数

R=17	L=0.21	OBS=No	Minus & NoForm Features
FQx+ = 0	XA% = .76		VI 9. Do3 Mp- Art,Hd,Sx PHR
FQxo = 12	WDA%= .79		VIII 12. Dv2 CF.YF- An
FQxu = 1	X-% = .24		IX 13. Do3 FC- 2 A
FQx- = 4	S- = 0		X 17. Ddo99 FC- An
FQxnone = 0			
(W+D = 14)	P = 5		
WD+ = 0	X+% = .71		
WDo = 11	Xu% = .06		
WDu = 0			
WD- = 3			
WDnone = 0			

ケース11　41歳女性　媒介の変数

R=18	L=0.20	OBS=No	Minus & NoForm Features
FQx+ = 2	XA% = .78		VIII 13. W+FC- An,Sx 4.5 PER,INC2,MOR
FQxo = 11	WDA%= .82		IX 16. Ddo99 FT.FC.FY- An MOR
FQxu = 1	X-% = .17		X 17. W+ F- An,Sx 5.5
FQx- = 3	S- = 0		
FQxnone= 1			
(W+D = 17)	P = 9		
WD+ = 2	X+% = .72		
WDo = 11	Xu% = .06		
WDu = 1			
WD- = 2			
WDnone= 1			

しかし，Xu%の値がかなり低いので，何らかの認知的媒介の機能不全によって，時にそうしたよい適応が妨げられることがあるかもしれない。こうした可能性は，ケース9では4個のマイナス反応とX-%の高さに表われている。ケース11では，3個のマイナス反応と1個の形態を含まない反応に反映されている。どちらのケースにおいても，X+%の高さは治療に使える資質として考えることができる。

可能な所見2：X+%が0.85より大きい場合，Xu%にかかわらず，慣習的であることに傾倒しすぎていることを示している。これは必ずしも短所ではないが，社会に許容されることに過剰にとらわれて，時に個性を犠牲にしてしまうこともある。高いX+%は，強迫性や完全主義への重要な傾向があり，それが重大な影響力を持っていることを示す。

可能な所見3：X+%が0.55〜0.69の間で，Xu%が0.20以上の場合，大部分の人よりも社会的要求や期待を無視した認知的媒介の決定をする傾向があると言える。それらは，環境が容認するものとはかけ離れたものであるために，環境や価値体系との間に齟齬を生じる。

ケース 10 　20 歳男性　 媒介の変数

R=29	L=0.61	OBS=No	Minus & NoForm Features
FQx+ = 0	XA% = .90		VI 11. Ddo99 F- An
FQxo = 14	WDA%= .95		VIII 20. Dd+99 Mp.FD.FC- H,Cg 3.0 PHR
FQxu = 12	X-% = .10		X 29. Do11 F- A INC2
FQx- = 3	S- = 0		
FQxnone= 0			
(W+D = 22)	P = 4		
WD+ = 0	X+% = .48		
WDo = 13	Xu% = .41		
WDu = 8			
WD- = 1			
WDnone= 0			

　原因が何であれ，この所見はあまり慣習的でない行動のパターンが頻繁に生じる可能性を示している。しかし，その行動が社会に受け入れられないものであるとか，反社会的であるということを必ずしも意味してはいない。単に，多くの人々よりも強く個性を強調しているということを示しているにすぎない。回避型の対処スタイル（L>0.99）の人にこの所見が該当するときは，社会から疎遠になっていたり，社会に対して防衛的になっていることを表わしているかもしれない。つまり，このような人々にとって環境は脅威であり，要求がましく，つまらないものだから，慣習を避けることによって，そうした環境から距離を取ろうとするのである。

可能な所見 4：X+% が 0.55 より低い場合，X-% が解釈にとって重要な基準となる。X-% が 0.20 を上回る場合，期待されないような非定型的で不適切な行動が生じる可能性が高くなる。非慣習的な行動が起こりやすいのは，認知的媒介の機能低下と現実検討の問題による。解釈においてはこの点を強調すべきである。個性的であろうとする顕著な傾向があるとはしないほうがよい。

　逆に，X-% が 0.20 以下であれば，おそらく Xu% は少なくとも 0.25 で，時には 0.30 を超えるかもしれない。X-% が 0.15 であれば，Xu% は 0.30 以上になるだろう。どちらにしても，認知的媒介による決定が非慣習的になることは必至である。これは現実検討の問題を示しているわけではない。なぜならば状況に対し独特ではあっても適切であることには違いがないからである。ただし，このような人は社会からの要求や期待にあまり影響されないことを示している。このことは必ずしも短所ではないが，多くの行動が社会慣習を無視したり避けたりしたものとなるであろう。これらの非慣習的な行動のパターンがどれほど効果的なものであるのかは，それがどれほど創造的なものなのかとか，個性の問題として周りの環境がどれほど柔軟にそれを受け入れるのかにかかっている。

ケース 10 所見該当

　X+%=.48 と Xu%=.41 という結果はまったく期待されないものである。これらの値はそれぞれ，社会からの要求や期待を無視する著しい傾向を示している。この所見は，平凡反応の数が期待値を下回っていたというステップ 4 の結果とも符合する。これは，必ずしも彼の行動が非社会的ある

いは受け入れられにくいものであることを意味しているのではない。しかし，彼の行動があまり慣習的でないことを示してはいる。このことは，彼が人に対して冷淡であり，人をさげすむ傾向があることと辻褄が合う。また，周囲の価値基準とは異なった主張をする傾向があることとも合致する。この結果が病理を含む問題なのか否かを検討する上では，思考のクラスターの所見は非常に重要なものとなる。

認知的媒介に関する所見の要約

　認知的媒介に関する所見は，認知の三側面の残り2つのクラスターから得られる所見と統合しやすくするために，要約しておく。この章で取りあげた3ケースの要約は次のようになる。

ケース9（29歳女性　多発性硬化症の患者）
　この女性の認知的媒介の働きは時々悪くなるが，その悪化の程度は軽度である（ステップ1）。かなり頻繁に現実を歪めていることを示す証拠もある（ステップ3）。身体的健康に関する気がかりによって感情が刺激されると，認知的媒介が悪くなりやすい（ステップ3a）。時には，ひどく現実が歪められることもある（ステップ3b）。慣習的であろうとし，受け入れられる反応や行動をしようとする傾向が認められる（ステップ5，ステップ6）。しかし，健康や身体的なとらわれによってこうした傾向が歪められ，個人的であまり現実的ではない心理学的色眼鏡を通して世界を見てしまいがちとなっている。

ケース10（20歳男性　神学生）
　たいがいの場面では，彼の認知的媒介はかなり適切なものである（ステップ1）。入力した情報を歪めてしまいやすいことを示す証拠はない（ステップ3）。しかし，明白な手がかりを多くの人と同じようには解釈しない（ステップ4）。むしろ，社会からの要求や期待を軽視する傾向が見られる（ステップ6）。これは，彼の行動が必ずしも非社会的あるいは受け入れがたいものであることを意味するわけではない。しかし，あまり慣習的でないことを示してはいる。このことは，彼の生活歴の中に見られる，対人関係における冷淡さや人をさげすむ傾向と符合する。また，価値基準は周囲に受け入れてもらえるようなものではなく，かなり変わっていることが示されている。この結果が病理を含む問題なのか否かを検討する上では，思考のクラスターの所見がたいへん重要になる。

ケース11（41歳女性　アルコール中毒症）
　この女性は，ほとんどの場合，現実を適切に翻訳している（ステップ1）。反応（行動）が社会的な要求や期待に沿ったものになるよう，明確な手がかりを見落とすまいとしている（ステップ4）。しかし，感情にかき立てられると（ステップ3a），ときに認知的媒介が悪くなる（ステップ3）。感情の混乱は，身体に対する気がかりと関係がある。また，ある種の性的とらわれとも関係している（ステップ3b）。これは，長期間のアルコール濫用歴を持つ者にとっては決して珍しいことではない。神経心理学的問題がある場合には特にそうである。しかし，こうしたとらわれによって，時に注意

の焦点づけができなくなったり，ひどく現実からかけ離れてしまうこともある。

媒介変数に関する研究と概念

形態質

　Rorschach（1921）は，反応の中で最も高い割合を占めるのは純粋形態反応（Pure F）であり，その他の反応にもたいてい形態が含まれると述べている。形態使用についてのRorschachの考えは，彼の研究の基礎になった仮説の一つである。彼は，反応に形態を適用するときの方法と質には物事を慣習や現実に即して知覚する能力が表されていると考えた。そして，この仮説に基づき，形態の質を「はっきりと見ることができる」レベルの＋（good）と，そうではないレベルの－（poor）とに分けた。

　ほとんどすべてのロールシャッハ反応において形態が基礎的構成要素となっていることは間違いない。Baughman（1959）は，ブロットの刺激特性についての古典的研究で，形態はほとんどの反応の形成において支配的な役割をすることを明らかにした。彼の研究とExner（1959）の研究は，この決定因子の役割の重要性を示す証拠となった。どちらの研究でも図版の色彩や濃淡の特性は変えられ，そのために決定因子や反応内容の出現頻度もさまざまなものに変わった。しかし，形態を含む反応の割合は，いずれの研究でも比較的安定していた。Mason, Cohen & Exner（1985）は，非患者，統合失調症患者，うつ病患者のロールシャッハ・データに対する一連の因子分析の結果を報告した。全体的な因子の構造は各群で異なっているにもかかわらず，どの群でもつねに形態が主要な因子となっていた。

　一般的には，反応における形態使用は「自我」の働きとして考えられてきた。Rapaport et al.（1946）は自我心理学の概念を引用して，形態の使用は，刺激野の翻訳のために輪郭形態に注意を集中させるという形式的推論過程を示している，と述べた。このような操作には，注意の方向づけ，コントロールの維持，周囲の基準に従った弁別判断などが必要とされる。Korchin（1960）は，この過程を知覚の組織化活動という概念的枠組を用いて論じた。

RorschachのF+%

　Rorschachは，はっきりと見えやすい良形態の純粋形態反応（Pure F）の割合を示すものとしてF+%を作った。Rorschachが提示したデータでは，より重篤な疾患（統合失調症，躁うつ病，器質疾患など）の患者群は，非患者群より低い範囲のF+%になる傾向が示されていた。彼は，F+%が低い場合には知覚の正確さが十分でないことを意味し，現実検討力は低いだろうと考えた。Rorschachの死後50年の間に発表された形態質に関する多くの研究のほとんどはF+%を扱ったものであり，それらの結果はRorschachの理論を支持していた。

　しかしRorschachの早世により，良い反応と悪い反応の定義に関しては未解決のまま持ち越され，その後，このテストの発展に関わった人たちの間で論争の的となった。どの体系家も，形態質はこのテストの最も重要な要素の一つであることは認めていた。また，形態質を良い・悪いの2つのカテゴリーに分けることについてもRorschachの考えと一緒だった。しかし，「形態の使用が適切であ

る」という評価をするための方法については意見が分かれていた。Beck と Hertz は Rorschach の示唆に最も忠実に従い，良い・悪いの区別のために + と - の記号を用い，その決定は頻度に基づいて行った。形態反応の良い・悪いを示す詳細な表を作成し（Hertz, 1936, 1942, 1952, 1961, 1970 ; Beck, 1937, 1944 ; Beck et al., 1961），データを増やしながら改定していった。▼注1

　Piotrowski（1957）と Rapaport et al.（1946）は，形態と一致していて適切かどうかを決めるために頻度のデータを用いるという考え方には賛成したが，そのために使える頻度表の作成には及ばなかった。Klopfer も初期には + と - の記号を使っていたが，基準として頻度を用いることには段々と異を唱えるようになっていった。そして，形態の適合度のよさの判断は検査者の主観的評価に委ねるほうがよいと論じた（Klopfer, 1937）。最終的には形態水準評定（Form Level Rating, Klopfer & Davidson, 1944）を採用し，+ と - の記号は使わないことにした。しかし，多くの臨床家は形態の適合度を決定するときに Beck や Hert の形態水準表を使用していたし，Klopfer 法を支持していた臨床家でさえもがそうであった（Exner & Exner, 1972）。このように比較的同じようなアプローチが取られていたことから，F+% については多くの研究がなされることになった。

　F+% に関する初期のロールシャッハの研究には，知能との関連について研究されたものが多かった。Beck（1930, 1932）は，低い F+% と限られた知的能力の間にはかなり高い相関があると報告した。Klopfer & Kelley（1942）と Sloan（1947）も同様の結果を報告している。しかし，F+% と精神発達遅滞ではない者の関連を調べた研究では，結果は一定していなかった。いくつかの研究（Paulsen, 1941 ; Holzberg & Belmont, 1952 ; Abrams, 1955 ; Armitage et al., 1955）では，F+% と IQ や M.A. との間には有意な相関があるという結果が得られた。一方，その他の研究（Wishner, 1948 ; Gibby, 1951 ; Taulbee, 1955）では，変数単独でも，変数の組み合わせでも，知能との相関は得られなかった。Mason & Exner（1984）の結果も同様のものだった。Ames et al.（1971）は，F+% は若年児童では低いが，6 歳になるとたいていは .80 を超えることを見出した。

　Molish（1959）は脳に障害を受けた人についての研究をレビューし，形態質が人によってかなり違っていることを見出した。そして，これは受けた損傷のタイプの違いと，その結果としての適応機能の障害を反映していると考えた。老人の F+% に関するデータにもばらつきが見られた。Klopfer（1946），Davidson & Kruglov（1952），Ames et al.（1954），Caldwell（1954）は，高齢者の F+% の平均値は減少していくと報告しているが，Prados & Fried（1943）と Chesrow et al.（1949）は，高齢者は比較的高い F+% を保つと報告した。

　Molish（1967）は F+% に関する膨大な文献をレビューし，F+% は知能と感情の状態によって変化する傾向があると指摘した。Leavitt & Garron（1982）は，2 つの腰痛患者群を研究した。1 つは器質的な疾患が明らかな群で，もう 1 つは同様の症状を示すものの明らかな器質疾病の証拠はない群であった。ロールシャッハの結果を見ると，後者の群の F+% は優位に低かった。

　F+% に関する最も目を引くデータは，重症の精神病，特に統合失調症の患者から得られたものである。Weiner（1966）は，「すべての統合失調症と統制群に関する F+% の研究は，実質的には，歴史的に重要な 1938 年の Beck と Rickers-Ovsiankina の研究を反復したものである」と指摘している。これらの研究では，統合失調症の患者群の F+% は .60 台だった。しかし，統制群では明らかにそれよりも高く，Rickers のグループでは平均 87.3，Beck のグループでは 83.9 だった。Beck（1945）は，形態使用の質が良い場合は現実が重視されていることを表わし，質の悪い形態使用が頻回見

られる場合は現実を無視していることを示していると考えた。Friedman（1952），Berkowitz & Levine（1953），Knopf（1956），Molish & Beck（1958）は，BeckやRickers-Ovsiankinaと同様の結果を報告した。Sherman（1952）は，71人の非患者と66人の統合失調症患者の群を反応数の多い群と少ない群に分けて調べた。その結果，反応数には関係なく，F+%によって非患者群と統合失調症患者群とを弁別することができた。Beckはこれらの所見の蓄積に基づき，F+%が.60以下の場合は重症の精神病理や知的能力の限界，脳の機能不全を示すと述べた。

Goldberger（1961）は隔離の研究を行い，F+%が高い者は「感覚遮断下における一次過程の侵入」によりよく対処できることを見出した。Baker & Harris（1949）はストレス下における「スピードの質」の研究により同様の結果を得た。複数の研究者が，治療による変化の結果，F+%が有意に上昇したと報告した（Piotrowski, 1939 ; Kisker, 1942 ; Beck, 1948）。一方，Zamansky & Goldman（1960）はよく練られた計画に基づいて，入院患者96人の治療前後の記録を分析した。すると，全体的には明らかな違いが見られたものの，F+%だけ取りあげると，治療による優位な上昇は見られなかった。Exner & Murillo（1973）は，53人の統合失調症の患者のF+%は，入院時の記録と比べると退院時にはおよそ0.1ポイント上昇していると報告した。

拡大形態質（Extended Form Quality : $F+\%$）

Rapaport et al.（1946）は，+反応の質はすべて同じというわけではないし，形態と合致しない反応の質もすべてが同じように悪いわけではないので，頻度に基づいてプラス反応とマイナス反応を区別すること方法には限界があると述べた。Rapaportは形態質を6つのカテゴリー（プラス，普通，曖昧，マイナス，特別なプラス，特別なマイナス）に分けることを示唆した。Rapaportは，このように区別することによって，その個人の現実検討力についてよりはっきりと理解することができると考えていた。Rapaport et al.は，F，FC，FYなどのような形態が一次的な反応すべてを含めて計算する拡大F+%を提示した。この方法については，後にSchafer（1954）が詳しく解説した。Cass & McReynolds（1951）は非患者成人群では一般的に拡大F+%のほうがF+%より高いと報告したが，Feldman et al.（1954）によれば，F+%と拡大F+%の相関は約.80だった。Weiner（1966）は，F+%にはごく一部の反応しか反映されないので，形態がどのように適切に使われているかについてわかることは少ないと指摘した。そして，拡大F+%ならばほとんどのプロトコルにおいてより多くの反応が反映されることになるので，知覚の正確さを測定するには適していると示唆した。

Exner（1974）は，F+%と拡大F+%との相関は非患者群では.78，統合失調症群では.73，統合失調症ではない入院患者群では.62だったと報告した。また，マイナスのコーディングのほぼ35%は，CFやYFなどの形態が優位でない反応に生じていると指摘した。

形態質の評価のための複数の変数によるアプローチ

F+%と拡大F+%に関するExner（1974）の研究結果から，包括システムのために，記録中の全反応の形態質に焦点をあてた変数を考案することになった。そのような変数を作成するに際しては，Rapaport et al.（1946）の流れを汲むMayman（1966, 1970）の変数がモデルになった。Maymanのアプローチには反応の形態質のコーディングのための6つのカテゴリーがあった。

F+：想像と現実の組み合わせがうまく調和したもの
Fo：明確でわかりやすく，識別するのに想像力を働かせる必要がほとんどないもの
Fw：現実からかけ離れた反応。もしも全般的な輪郭が壊されていなければFw+で，用いられたブロット領域の一部が輪郭形態と合致しない場合はFw-
Fv：反応内容が特定の形態を必要としないもの
Fs：基本的には適切な形態の使用がされているのに，見落としや歪曲によって台なしにされているもの
F-：恣意的な知覚で，用いられた領域の構造的な特性を本質的に無視しているもの

Mayman は，単純にプラスとマイナスの区別をするよりも，このアプローチのほうが診断にはずっと役に立つことを示した。しかし残念なことに，評定者間一致率に問題があった。Fw+ か Fw- なのか，Fs か F- なのかといった不一致がたびたび起こった。また，形態水準表では，Fv に該当するものの一部がプラスにリストされていたり，マイナスにリストされたりしていた。そのため，Fv のコーディングでも不一致が見られた。しかしそれでも，形態質の評価のために複数の変数を用いた Mayman のアプローチは，明らかに優れたものであった。

包括システムの基本的な構成要素を最初に選び出したときには，Mayman のスキーマを修正したものを採用した。すなわち，Fw-，Fs，F- をマイナスという一つのカテゴリーにまとめ，Fv を削除するという修正を加えた上で，4つの変数（+：plus, o：ordinary, w：weak, -：minus）とした（Exner, 1974）。続く研究において，形態の使用が適切だが出現頻度の低い反応のカテゴリーを示すものとして，「不十分（weak）」という言葉は紛らわしいことが明らかになった。そこで，この言葉に代え，「稀少（unusual）」という言葉を用いることにした。

形態質の割合

それぞれのカテゴリーの反応の出現割合を示すために，3つの変数（X+%, Xu%, X-%）が作られた。X+% と X-% の研究によれば，この2つの変数によって非患者と重症の精神病群をはっきり区別できた（Exner, 1974, 1978, 1986a, 1993）。また，統合失調症と統合失調症型人格障害および境界性人格障害とを区別することができた（Exner, 1986b）。X+% の平均は，非患者の児童も成人も.70〜.80までの間にあり，標準偏差は.10である。患者群では標準偏差が大きくなるが，それはスコアの分散が大きいことを示している。患者群の X+% の平均は非患者群に比べると低く，535人のさまざまな疾患の外来患者群では.64（Sd=.14），279人の重症の感情障害の入院患者群では.53(Sd=.12)，200人の統合失調症の入院患者群では.40（Sd=.15）だった（Exner, 2001）。

X+% の再テスト信頼性は，再テストの間隔が短くても長くても一貫して高く，ほとんどの場合は.80台〜.90台の範囲にある。55人の非患者児童に対する8歳から16歳までの縦断的研究において，一貫して高い再テスト信頼性を示した変数は X+% だけだった（Exner, Thomas & Mason, 1985）。また，自殺の可能性を示す布置においても重要な変数であることが証明され（Exner & Wylie, 1977；Exner, Martin & Mason, 1984），さらには統合失調症を判別するのに大変有益な変数であることがわかった（Exner, 1978, 1983, 1986b, 1991；Exner & Weiner, 1982, 1995）。解釈的には，X+% は図版の形態の特性を慣習的で現実に即したやり方で用いるかどうかについての情報を提供する。X+% が期待値よりも低い場合，その人は刺激野について多くの人とは異なった翻訳をする傾向が

あることを示す。

　他方，認知的媒介の歪みは X-% に反映される。X-% は，ブロットの輪郭の適切な使用を無視した，普通でない反応の割合を示す。述べられた対象を同じように見るのは難しく，見たものを見つけること自体が不可能であることも多い。つまり，このような見方は現実を歪めているのである。X-% もまた，長期でも短期でも再テスト信頼性が高く，相関係数は .80 〜 .90 である。マイナスの反応があるのは珍しいことではないが，出現頻度は高くない。たとえば，600 人の非患者の 86% は少なくとも 1 つのマイナス反応を出すが，X-% の平均は .07（Sd=.05）である。外来患者群の X-% の平均は .16（Sd=.10）で，感情障害の入院患者群では .19（Sd=.10），統合失調症の入院患者群では .36（Sd=.13）である。

　マイナス反応のいくつかは認知的媒介の際に起こる不注意によるが，たいていはこだわりやとらわれ，感情による干渉，あるいはもっと広い認知的な障害に起因すると思われる。Exner（1989）は，身体に重度の障害を持つ男性 68 人のマイナス反応の 35% が解剖反応か X 線反応で，妄想型統合失調症患者のマイナス反応の 1/3 が Hd，Ad，（H），（A）であることを発見した。感情の問題を抱えた人では，有彩色，無彩色および濃淡の決定因子を含むマイナス反応の割合がかなり高かった（Exner, 1993）。この種の例としては他に，Bouvier（1995）がヘロイン依存の患者は有彩色の図版よりも無彩色の図版で形態質の悪い反応をしやすいと述べている。

　一方，もっと広い認知的な障害のある人は同質性のないマイナス反応を多く出しやすい。たとえば Epstein（1998）は，軽度もしくは重度に至らない中等度の外傷性脳損傷の人には，低い X+% と高い X-% が特徴的に見られたと報告した。Pinto（1999）によれば，問題行動の多かった思春期青年 50 人のロールシャッハにはマイナス反応や稀少反応の頻度が高かった。Bartell & Solanto（1995）は，ADHD と診断された児童には高い X-% が示されたと報告している。Lipgar & Waehler（1991）は，行動に問題のある児童の母親には非患者と比べて適切な形態を使用した反応が少なかったと報告した。Bannatyne, Gacono & Greene（1999）は，慢性精神病の犯罪者の 3 つの群（分類不能な統合失調症，失調感情障害，妄想型統合失調症）について，ロールシャッハと MMPI-2 の反応パターンを研究した。各群とも，X+% が .50 以下となるプロトコルは半数以上あり，X-% が .20 を上回るプロトコルは 2/3 以上あった。

　X+% と X-% の間には，一見してわかるような直接的な関係はない。多くの場合，低い X+% は高い Xu% のために生じている。そうだとすると，X+% が低いからといってブロット輪郭の使用が適切でないということにはならない。それは単に，多少一般的でない方法で刺激野を翻訳していることを示しているに過ぎない。よくあるのは，テストを受けた人が個性的な特徴をできるだけ示そうとしている場合である。どの記録にも，稀少反応はいくつかある。Xu% の平均は，非患者群では .15（Sd=.07）だった。一方，さまざまな疾患の外来患者群では .18（Sd=.09），感情障害の入院患者では .19（Sd=.10），統合失調症の入院患者では .21（Sd=.10）であった（Exner, 2001）。

　稀少反応の頻度が少ないのはおそらく健康的なサインである。マイナス反応のために X+% が低くなっている場合は，X+% の違いが進行しつつある統合失調症と反応性の統合失調症状態（Zukowsky, 1961），統合失調症の予後の良否（Saretsky, 1963），心神喪失状態の殺人犯と責任能力のある殺人犯（Kahn, 1967）などを識別できることが示されてきた。しかし，稀少反応が多いために X+% が低くなっている場合は，そうではなかった。

典型的には，稀少反応が多いのは慣習をあまり取り入れていないことを示す。このような人は自分自身へのこだわりが強すぎて，模範に合わせるとか因習に沿うことを嫌がるものである。このようなタイプの人が，周囲と調和した行動を取るようにあまり要求されない環境にあるならば，低いX+%の結果は無視してよいかもしれない。しかし，個人を取り巻く環境が非慣習的な指向性を受け入れにくい場合は，困難に直面し，適応が難しくなる可能性は高くなる。Holaday et al.（1992）は，外傷体験のある63人の児童および青年のロールシャッハを研究した。その結果では，X+%は期待値より相当低かったが，X-%が高くなっていなかった。社会的規律や規範を無視する人の記録では，X+%が低く，Xu%が高くなっていることが多い。Gacono, Meloy & Bridges（2000）は，サイコパス，小児性愛，性的殺人を犯した人たちのロールシャッハ結果を報告した。その報告によれば，Xu%の平均は.23～.27で，X-%の平均は.22～.26だった。X-%が高い場合，特に.30以上の場合は，不適切な行動の可能性が増加する。期待値を上回るX-%が高いXu%と組み合わさった場合は，適応上の困難や問題の可能性がさらに増す。

XA%, WDA%, PTI

低いX+%と高いX-%の組み合わせは重症の障害を持つ者のプロトコルに特徴的に見られるという発見により，1970年代半ばから一連の判別関数分析が押し進められた。この分析の目的は，X+%とX-%に他の変数を組み合わせることによって，統合失調症を初めとする精神病的な状態を識別する指標を作ることができるかどうかを調べることだった。[注2] その結果，X+%とX-%のカットオフ値を含む5つの評価基準から成る実験的指標が作り出された（Exner, 1978）。この実験的指標は，Spitzer, Endicott & Robins（1977, 1978）らが作成しつつあった研究診断基準RDC（Research Diagnostic Criteria）によって統合失調症と同定された患者のプロトコルを基に，何回か改訂された。最終的には，認知的媒介と思考に関係する8つの変数を含む5つの項目から成る指標となり，1984年に統合失調症指標SCZI（Schizophrenia Index）と名づけられた。そして，4もしくは5がその「臨界（critical）」値とされた（Exner, 1984, 1986a）。

SCZIが有用であることは証明されたが，感情障害や人格障害の診断基準が改訂されると（DSM-III, 1980），それらの群ではこの指標の偽陽性率が高まってしまった。また，薬物乱用の経歴があったり行動化をする思春期の若者の群でも偽陽性が多かった。その結果SCZIは，次のような12の変数を含む6つの評価基準から成る指標へと改訂された（Exner, 1991）。

改訂統合失調症指標（Revised Schizophrenia Index――1991）

SCZI1=*X*+% < .61 かつ *S*-% < .41 または *X*+% < .50

SCZI2=*X*-% > .29

SCZI3=*FQ*- > =*FQu* または *FQ*- > *FQo*+*FQ*+

SCZI4=Sum Level 2 Special Scores > 1 または FAB2>0

SCZI5=Sum6 > 6 または WSum6 > 17

SCZI6=*M*- > 1 または *X*-% > .40

改訂されたSCZIにより，統合失調症と診断された65～80%の人を識別することができた。し

かし，この指標は時として間違った使われ方や間違った理解のされ方をした。統合失調症以外の比較的深刻な問題を抱える者の 10 〜 25% で SCZI の値が 4 以上になったことが，その一因だった。最も多いのは大感情障害の場合だが，精神病様の状態を伴えば，その他のさまざまな場合に SCZI の値が高くなる。統合失調症でない人の陽性の SCZI は，この指標の変数を見てみれば必ずしも「偽陽性」とは言えないことがある。この指標は認知的媒介や思考の問題に焦点をあてているが，かなり混乱した状態にいる人たちはこれらの機能に障害が起こることが多いからである。このような場合，「統合失調症指標」という名前のために，解釈者は統合失調症であるという見解を否定するに際して，SCZI 陽性という結果をどう説明したらいいのか悩まされた。また，統合失調症の診断のために使われていた DSM の臨床および行動による基準が少しずつ変わっていったことから，SCZI の適用がより複雑になっていった。

　さらに重要な問題は，「真の偽陽性」の割合であった。これは若年者層においては特に大きな問題だった。明らかに統合失調症ではなく，精神病様の証拠もない人たちのプロトコルでなぜ偽陽性が生じるのか。この問題の解明は，困難だが必要なことだった。そこで，150 人の真の偽陽性（SCZI スコアが 4 以上）のケースが集められた。このサンプルは，11 〜 15 歳の 70 人の思春期青年と 80 人の成人外来患者から構成されていた。比較群として，DSM-III もしくは DSM-IV の診断結果を基に，真の陽性群が作られた。こちらのサンプルは，統合失調症と診断された 100 人の患者のプロトコルと，統合失調症以外の精神病の障害を示す 50 人の患者のプロトコルで構成されていた。この 2 群について，SCZI に含まれる各変数ごとに該当した頻度を検討した。

　その結果，両群で該当した頻度がかなり高かった変数が 3 つ浮かびあがった。SCZI1（X+%<.61 かつ S-%<.41，または X+%<.50）に該当したのは，真の陽性群では 150 人中 122 人（81%），偽陽性群では 150 人中 96 人（64%）だった。SCZI3（FQ->=FQu または FQ->FQo+FQ+）は，真の陽性群では 116 人（77%），偽陽性群では 87 人（58%）が該当した。3 番目に両群で該当頻度が高かったのは SCZI5 だった。各変数のそれぞれの基準を点検したところ，いくつかの変更を変えることによってこの指標が改良できることが明らかとなった。しかし，X+% と FQ- を含む 2 つの変数については，基準の操作がうまくいかなかった。そのため，これらの変数は指標から除外することにした。これがきっかけとなって，認知的媒介の障害を同定するために用いられていた他のアプローチの見直しもなされた。この検討作業の中で，Rorschach の F+% が再度取りあげられ，修正が加えられた。復活したこの変数は XA%（Extended Form Appropriate）として再定義され，+, o, u 反応の合計を反応数 R で割るという計算式が決められた。

　XA% は，同定された対象がブロット領域やブロットの輪郭におおむね合致しているすべての反応の割合を示している。先の真の陽性群や偽陽性群も含むさまざまな群における XA% の分布を検討した結果，XA% を包括システムに取り入れることになった。SCZI の中の形態質に基づく 2 つの変数（SCZI1 と SCZI3）に替えて，XA%<.70 のカットオフ値を用いたところ，真の陽性群と偽陽性群をはっきりと区別することができた。XA%<.70 は 150 人の真の陽性群の 119 人（79%）に該当するが，偽陽性群では 29 人（17%）にしか該当しなかった。

　XA% に関するデータからは，W 反応と D 反応における形態の適切な使用にのみ焦点をあてた変数があれば有用かもしれないという問題意識が生まれた。こうして，新たな変数として WDA% が作られた。WDA% は XA% と似ているが，W と D 領域に与えられた反応のみを対象としている点

が違っている。理屈からすれば，ロールシャッハ図版の中で最も目立つ刺激特徴を使った反応には，その領域にある刺激特性と合致した形態が用いられているのが普通である。言い換えると，目立った刺激特徴のある領域では部分的特徴がはっきりしているので，そのような領域でのマイナス反応はその他の領域でのマイナス反応よりもずっと少ないはずである。WDA%についてのさまざまな分析の結果，これはかなり頑健な変数で，知覚や認知的媒介の問題を見極めるのに役に立つことがわかった。WDA%<.75となったのは，150人の真の陽性群では136人（91%）だったが，偽陽性群では34人（23%）だけだった。WDA%の有用性は，XA%の計算の中からDd反応を除くことにより，XA%に含まれていた「ノイズ」を排除した点にある。

　WDA%の研究結果からは，SCZIを改訂するにあたってXA%よりもWDA%のほうがより有効なのか，あるいはこれを独立した基準変数として用いたほうがいいのかという疑問が立ちあがった。さらなる分析を加えた結果，これらの変数を組み合わせて一つの評価基準として使うと最もよく機能することが判明した。真の陽性群のうち129人（86%）は，XA%が.70を下回り，かつWDA%が.75を下回った。一方，偽陽性群では，この両方の基準に該当したのは15人（10%）だけだった。この研究結果から，SCZIは9変数に基づく5つの評価基準から成る指標に改訂された。

　同時に，この指標の名称についても再考された。Hilsenroth, Fowler & Padawar（1998）はSCZIを研究し，精神病患者をDSMの第2軸の障害の患者および非患者群と区別するのに有効だったと報告した。しかし彼らはこの指標が字義通りに使われるのは危険であると注意を促し，むしろ「精神病指標」としたほうが適切であると示唆した。この指摘は理に適ったものだったが，もう少し実用性を考慮して，知覚と思考の指標（Perceptual-Thinking Index : PTI）とした。この名称は，この指標が焦点をあてているものを正確に表し，長年にわたって負わされてきた診断的な含みを除くために選ばれた（Exner, 2000）。PTIを構成する項目と基準は次の通りである。

知覚と思考の指標（Perceptual-Thinking Index）

1. $XA\% < .70$ かつ $WDA\% < .75$
2. $X\text{-}\% > .29$
3. $LV2 > 2$ かつ $FAB2 > 0$
4. $R < 17$ かつ $WSUM6 > 12$ または $R > 16$ かつ $WSUM6 > 17$*
5. $M\text{-} > 1$ または $X\text{-}\% > .40$

*13歳以下の場合は修正する

　　$R > 16$：5歳から7歳 = 20；8歳から10歳 = 19；11歳から13歳 = 18

　　$R < 17$：5歳から7歳 = 16；8歳から10歳 = 15；11歳から13歳 = 14

　PTIは特定の診断を決定するための主要な情報源としては用いない。SCZIと違って，基準となるカットオフ値もない。むしろこれは，値が高いほうがよくないことを示す連続尺度である。この指標の目的は，認知的媒介や思考の問題がありそうだと注意を促すことにある。その意味で，データのクラスターを検討していく順序を決める鍵変数のリストの中では，SCZIに替えてPTIを最初に配置した。PTIを1番目の鍵変数（PTI>3）のままにしたのは，PTIの値が高くなる場合はこのテストの他のデータに先立って認知の三側面を検討することの重要性を示しているためである。

　PTIの値が4や5になる場合，この値が0や1，2のときよりも認知的媒介や思考の問題がある

表18.2　4群におけるPTIスコア

PTIスコア	統合失調症 N=170	感情障害 N=170	人格障害 N=155	非患者 N=115
0	3	43	76	82
1	14	44	46	22
2	21	51	30	9
3	37	29	3	2
4	48	3	0	0
5	47	0	0	0

ことは明らかである。しかし，これはあまりにも単純な区別の仕方である。認知的媒介や思考の問題が本当の意味ではっきりわかってくるのは，これらの特徴と関係するクラスターのデータを徹底的に検討した後のことである。表18.2には，統合失調症，初回入院の大感情障害，人格障害，非患者の4群におけるPTIの出現頻度が示されている。先に述べたように，PTIの値が3以上になることが最も多いのは，認知の機能にかなりの問題を経験している統合失調症と大感情障害の2群である。

　Smith, Baity, Knnowles & Hilsenroth（2002）は，42人の児童思春期の入院患者の思考障害の評価にPTIが有効かどうかを調べた。その結果，PTIによって，他の検査で思考障害のスコアが高かった患者と高くなかった患者を識別することができた。

平凡反応（Popular Responses）

　Rorschachは平凡反応（vulgar）について，モノグラフの中では何も触れなかった。しかし，Rorschach没後の1923年に公表された論文（Rorschach & Oberholzer, 1923）では，平凡反応について説明が加えられていた。彼は平凡反応を3回に1回の記録に出現するものと定義し，よく見られる特徴を知覚し反応することのできる能力を表わしていると述べた。Baughman（1954）はP反応はこのテストの中で最も安定していて，検査者によって作り出される不適切な構えから最も影響を受けにくいものであることを見出した。この所見は，再テストを用いたさまざまな研究によって支持されている（Exner, 1978, 1983；Exner, Armbruster & Viglione, 1978；Exner & Weiner, 1982）。短期の再テスト信頼性は.84〜.88で，長期の信頼性は.79〜.86である。

　Bourguinon & Nett（1955）とHallowell（1956）は，平凡反応は異文化間においてもおおむね共通していると主張したが，一方でLeighton & Kluckhohn（1947），Honigmann（1949），Joseph & Murray（1951），Fried（1977）らは，それぞれの文化にはその文化特有の平凡反応があることを示した。包括システムには13の平凡反応があるが，これらは北アメリカの英語圏のサンプルから得られたものである。Sendin（1981）は294人のスペインの成人患者と非患者のサンプルでは，これら13の反応のうち12が平凡反応に該当することを見出した。図版IXの反応は基準に達していなかった。津川ら（1999）は，450人の日本人成人サンプルでは13のうち平凡反応の基準を満たすものは9個しかないことを見出した。基準に満たなかったのは，図版Iのチョウ，図版IXの人間像，図版Xのクモとカニだった。興味深いことに，日本人のサンプルの中には，3回に1回という平凡反応

の基準を満たす反応が他に2つあった。それは，図版IIの人間像と図版VIの楽器である。

　Beck（1932），Kerr（1934），Hertz（1940）は，精神発達遅滞の者にはP反応の出現率が低いと報告した。Ames et al.（1971）は，子どもは成長するにつれてP反応を次第に多く見るようになると報告した。Exner（1990）とExner & Weiner（1995）による児童思春期の非患者サンプルでも同じような結果が報告されている。

　理論的には包括システムではP反応の値の上限は13だが，稀に同じP反応が複数回答えられることがある。たとえば図版IIIのD1領域に2人の男性を見た後に，2つ目の反応として同じ領域に2人の女性を答えるような場合である。そのようなことがあるとはいえ，他の変数と比べると，P反応の逸脱した頻度を見つけるのは比較的容易である。非患者成人と外来患者のP反応の平均は7で，中央値は6である。最頻値は，非患者成人では6，外来患者では4である。統合失調症群の平均はほぼ5で，最頻値は6，中央値は5である。うつ病群では平均は5よりやや高めで，中央値は5，最頻値は8である。各群の曲線の尖度と歪度は，これらの分布が比較的正規曲線を描くことを示している。したがって，ほとんどの成人は平凡反応を5〜8個出すと期待される。この期待値から外れている場合，そのデータは解釈的に重要なものとなる。

　成人の記録でP反応が4以下の場合は，最も明白で可能性のある反応を見つけられないか，自発的に答える気がないかのどちらかである。必ずしも現実検討力が悪いことを意味するわけではない。多くの人に簡単に答えられる反応を，何らかの理由で期待値よりも少ししか答えていないことを示しているに過ぎない。興味深いことに，P反応の頻度とX+%の相関はごくわずかで，100人の成人の非患者では-.02だった（Exner, Viglione & Gillespie, 1984）。つまり，よく見られやすい反応を出す傾向のある人が必ずしもより多くの平凡反応を出すとは限らないということである。低いPの値は重大な認知の問題のサインかもしれない。または，現実を歪めないものの，一般的なものの見方よりも慣習をあまり取り入れない見方をする個性的な人物を示しているのかもしれない。どちらなのかを調べる鍵は，XA%，WDA%，X+%のデータにある。

　P反応が少なかった場合は，スコアの継列を見て，どのカードに平凡反応がないかを検討すると役に立つ。表8.3（第8章）には，それぞれの図版における平凡反応の出現割合が示されている。その範囲はかなり広い。図版VIIIには90%以上の人がP反応を出したが，図版IIではP反応を出した人は35%だけである。もしもP反応が少なかった場合，その少ないP反応が出現頻度の高い図版VIII，V，I，IIIで出されたものであることが期待される。もしP反応がこれらのカードに一貫してなかった場合は，精神病理の存在や一般社会の規範に同調しない方法を示す他の証拠が他に見つかることが多い。

　反対に，平凡反応を過剰に出す人もいる。ラムダが1.0を超える場合，それは単に経済的で簡単に済まそうとする努力を反映しているのだろう。もしラムダが高くないとすると，P反応の数が増えるのはより単純で正確にやろうとする指向性を表していて，期待以上に慣習的であろうとする構えがあることを示唆している。

原注

▼注1……Kinder, Brubaker, Ingram & Reading（1982）は，+とするのか-とするのかのBeckの判断の発展をたどり，その多くは彼が著書に記したよりもかなり主観に基づいたものだったと指摘した。BeckとHertzの表では，

用いている領域番号が必ずしも同じではなかった。しかし Hertz（1970）は，自分の表と Beck の表の形態水準には比較的高い一致が見られたと報告している。
▼注2……この調査の時代には，精神病様の状態は統合失調症の4つのカテゴリーのうちのどれか1つとして診断されることが多かった。躁鬱病，ヒステリー精神病などのその他の精神病様の状態も知られてはいたが，Spitzer, Endicott & Robins（1977）による研究診断基準（RDC）が作られる前には取りあげられることは非常に少なかった。RDC は 1980 年には DSM-III へと発展し，統合失調症の定義は次第に狭められていった。

文献

Abrams, E. W. (1955). Predictions of intelligence from certain Rorschach factors. Journal of Clinical Psychology, 11, 81-84.

Ames, L. B., Learned, I., Metraux, R. W., & Walker, R. N. (1954). Rorschach responses in old age. New York: Harper & Row.

Ames, L. B., Metraux, R. W., & Walker, R. N. (1971). Adolescent Rorschach responses. New York: Brunner/Mazel.

Armitage, S. G., Greenberg, T. D., Pearl, D., Berger, D. G., & Daston, P. G. (1955). Predicting intelligence from the Rorschach. Journal of Consulting Psychology, 19, 321-329.

Baker, L. M., & Harris, J. G. (1949). The validation of Rorschach test result against laboratory behavior. Journal of Clinical Psychology, 5, 161-164.

Bannatyne, L. A., Gacono, C. B., & Greene, R. L. (1999). Differential patterns of responding among three groups of chronic, psychotic, forensic outpatients. Journal of Clinical Psychology, 55, 1553-1565.

Bartell, S. S., & Solanto, M. V. (1995). Usefulness of the Rorschach inkblot test in assessment of attention deficit hyperactivity disorder. Perceptual and Motor Skills, 80, 531-541.

Baughman, E. E. (1954). A comparative analysis of Rorschach forms with altered stimulus characteristics. Journal of Projective Techniques, 18, 15 1-164.

Baughman, E. E. (1959). An experimental analysis of the relationship between stimulus structure and behavior in the Rorschach. Journal of Projective Techniques, 23, 134-183.

Beck, S. J. (1930). The Rorschach test and personality diagnosis: The feeble minded. American Journal of Psychiatry, 10, 19-52.

Beck, S. J. (1932). The Rorschach test as applied to a feeble-minded group. Archives of Psychology, 84, 136.

Beck, S. J. (1937). Introduction to the Rorschach method: A manual of personality study. American Orthopsychiatric Association, Monograph No.1.

Beck, S. J. (1944). Rorschach's test. I: Basic processes. New York: Grune & Stratton.

Beck, S. J. (1945). Rorschach's test. II: A variety of personality pictures. New York: Grune & Stratton.

Beck, S. J. (1948). Rorschach F plus and the ego in treatment. American Journal of Orthopsychiatry, 18, 395-401.

Beck, S. J., Beck, A. T., Levitt, E. E., & Molish, H. B. (1961). Rorschach's test. I: Basic processes (3rd ed.). New York: Grune & Stratton.

Berkowitz, M., & Levine, J. (1953). Rorschach scoring categories as diagnostic "signs". Journal of Consulting Psychology, 17, 110-112.

Bourguinon, E. E., & Nett, E. W. (1955). Rorschach populars in a sample of Haitian protocols. Journal of Projective Techniques, 19, 117-124.

Bouvier, C. R. (1995). Establishing normative data on the Rorschach for heroin versus cocaine abusers. Dissertation Abstracts International, 55, 2995.

Caldwell, B. M. (1954). The use of the Rorschach in personality research with the aged. Journal of Gerontology, 9, 316-323.

Cass, W. A., & McReynolds, P. A. (1951). A contribution to Rorschach norms. Journal of Consulting Psychology, 15, 178-183.

Chesrow, E. J., Woiska, P. H., & Reinitz, A. H. (1949). A psychometric evaluation of aged white males. Geriatrics, 4, 169-177.

Davidson, H. H., & Kruglov, L. (1952). Personality characteristics of the institutionalized aged. Journal of Consulting Psychology, 16, 5-12.

Epstein, M. (1998). Traumatic brain injury and self perception as measured by the Rorschach using Exner's comprehensive system.

Dissertation Abstracts International, 59, 870.

Exner, J. E. (1959). The influence of chromatic and achromatic color in the Rorschach. Journal of Projective Techniques, 23, 418-425.

Exner, J. E. (1974). The Rorschach: A Comprehensive System. Volume 1. New York: Wiley.

Exner, J. E. (1978). The Rorschach: A Comprehensive System. Volume 2, Current research and advanced interpretation. New York: Wiley.

Exner, J. E. (1983). Rorschach assessment. In I. B. Weiner (Ed.), Clinical methods in psychology (2nd ed.). New York: Wiley.

Exner, J. E. (1984). More on the schizophrenia index. Alumni newsletter. Bayville, NY: Rorschach Workshops.

Exner, J. E. (1986a). The Rorschach: A Comprehensive System. Volume 1: Basicfoundations (2nd ed.). New York: Wiley.

Exner, J. E. (1986b). Some Rorschach data comparing schizophrenics with borderline and schizotypal personality disorders. Journal of Personality Assessment, 50, 455-471.

Exner, J. E. (1989). Searching for projection in the Rorschach. Journal of Personality Assessment, 53, 520-536.

Exner, J. E. (1990). A Rorschach workbook for the Comprehensive System (4th ed.). Asheville, NC: Rorschach Workshops.

Exner, J. E. (1991). The Rorschach: A Comprehensive System. Volume 2, Interpretation (2nd ed.). New York: Wiley.

Exner, J. E. (1993). The Rorschach: A Comprehensive System. Volume 1, Basicfoundations (3rd ed.). New York: Wiley.

Exner, J. E. (2000). A Primerfor Rorschach interpretation. Asheville, NC: Rorschach Workshops.

Exner, J. E. (2001). A Rorschach workbook for the Comprehensive System (5th ed.). Asheville, NC: Rorschach Workshops.

Exner, J. E., Armbruster, G. L., & Viglione, D. (1978). The temporal stability of some Rorschach features. Journal of Personality Assessment, 42, 474-482.

Exner, J. E., & Exner, D. E. (1972). How clinicians use the Rorschach. Journal of Personality Assessment, 36, 403-408.

Exner, J. E., Martin, L. S., & Mason, B. (1984). A review of the Rorschach suicide constellation. 11th International Congress of Rorschach and Projective Techniques, Barcelona, Spain.

Exner, J. E., & Murillo, L. G. (1973). Effectiveness of regressive ECT with process schizophrenia. Diseases of the Nervous System, 34, 44-48.

Exner, J. E., Thomas, E. A., & Mason, B. (1985). Children's Rorschach's: description and prediction. Journal of Personality Assessment, 49, 13-20.

Exner, J. E., Viglione, D. I., & Gillespie, R. (1984). Relationships between Rorschach variables as relevant to the interpretation of structural data. Journal of Personality Assessment, 48, 65-70.

Exner, J. E., & Weiner, I. B. (1982). The Rorschach: A Comprehensive System. Volume 3. Assessment of children and adolescents. New York: Wiley.

Exner, J. E., & Weiner, I. B. (1995). The Rorschach: A Comprehensive System. Volume 3. Assessment of children and adolescents (2nd ed.). New York: Wiley.

Exner, J. E., & Wylie, J. (1977). Some Rorschach data concerning suicide. Journal of Personality Assessment, 41, 339-348.

Feldman, M. J., Gurrslin, C., Kaplan, M. L., & Sharlock, N. (1954). A preliminary study to develop a more discriminating F+ ratio. Journal of Clinical Psychology, 10, 47-51.

Fried, R. (1977). Christmas elves on the Rorschach: A popular Finnish response and its cultural significance, IXth International Congress of Rorschach and other projective techniques, Fribourg, Switzerland.

Friedman, H. (1952). Perceptual regression in schizophrenia: A hypothesis suggested by use of the Rorschach test. Journal of Genetic Psychology, 81, 63-98.

Gacono, C. B., Meloy, J. R., & Bridges, M. R. (2000). Rorschach comparison of psychopaths, sexual homicide perpetrators, and nonviolent pedophiles: Where angels fear to tread. Journal of Clinical Psychology, 56, 757-777.

Gibby, R. G. (1951). The stability of certain Rorschach variables under conditions of experimentally induced sets: The intellectual variables. Journal of Projective Techniques, 3, 3-25.

Goldberger, L. (1961). Reactions to perceptual isolation and Rorschach manifestations of the primary process. Journal of Projective Techniques, 25, 287-302.

Hallowell, A. I. (1956). The Rorschach technique in personality and culture studies. In B. Klopfer et al. (Eds.), Developments in the Rorshach technique (Vol.2). Yonkers-on-Hudson, NY: World Books.

Hertz, M. R. (1936). Frequency tables to be used in scoring the Rorschach inkblot test. Cleveland, OH: Western Reserve University, Brush Foundation.

Hertz, M. R. (1940). Percentage chartsfor use in computing Rorschach scores. Cleveland, OH: Western Reserve University, Brush Foundation.

Hertz, M. R. (1942). Frequency tahles for scoring Rorschach responses (2nd ed.). Cleveland, OH: Western Reserve University Press, Brush Foundation.

Hertz, M. R. (1952). Frequency tables .for scoring Rorschach responses (3rd ed.). Cleveland, OH: Western Reserve University Press, Brush Foundation.

Hertz, M. R. (1961). Frequency tables for scoring Rorschach responses (4th ed.). Cleveland, OH: Western Reserve University Press, Brush Foundation.

Hertz, M. R. (1970). Frequency tables for scoring Rorschach responses (5th ed.). Cleveland, OH: Western Reserve University Press, Brush Foundation.

Hilsenroth, M. J., Fowler, J. C., & Padawar, J. R. (1998). The Rorschach Schizophrenia Index (SCZI): An examination of reliability, validity, and diagnostic efficacy. Journal of Personality, Assessment, 70, 514-534.

Holaday, M., Arnsworth, M. W., Swank, P. R., & Vincent, K. R. (1992). Rorschach responding in traumatized children and adolescents. Journal of Traumatic Stress, 5, 119-129.

Holzberg, J. D., & Belmont, L. (1952). The relationship between factors on the Wechsler Bellevue and Rorschach having common psychological rationale. Journal of Consulting Psychology, 16, 23-30.

Honigmann, J. J. (1949). Culture and ethos of Kaska Society. Yale University Publications in Anthropology, No. 40.

Joseph, A., & Murray, V. F. (1951). Chamorros and Carolinians of Saipan: Personality studies. Washington, DC: Howard University Press.

Kahn, M. W. (1967). Correlates of Rorschach reality adherence in the assessment of murderers who plead insanity. Journal of Projective Techniques, 31, 44-47.

Kerr, M. (1934). The Rorschach test applied to children. British Journal of Psychology, 25, 170-185.

Kinder, B., Brubaker, R., Ingram, R., & Reading, E. (1982). Rorschach form quality: A comparison of the Exner and Beck systems. Journal of Personalit), Assessment, 46, 131-138.

Kisker, G. W. (1942). A projective approach to personality patterns during insulin shock and metrazol convulsive therapy. Journal ofAbnormal and Social Psycholog): 37, 120-124.

Klopfer, B. (1937). The present status of the theoretical development of the Rorschach method. Rorschach Research Exchange, 1, 142-147.

Klopfer, B., & Davidson, H. (1944). Form level rating: A preliminary proposal for appraising mode and level of thinking as expressed in Rorschach records. Rorschach Research Exchange, 8, 164-177.

Klopfer, B., & Kelley, D. (1942). The Rorschach technique. Yonkers-on-Hudson, NY: World Books.

Klopfer, W. (1946). Rorschach patterns of old age. Rorschach Research Exchange, 10, 145-166.

Knopf, I. J. (1956). Rorschach summary scores and differential diagnosis. Journal of Consulting Psychologv, 20, 99-104.

Korchin, S. J. (1960). Form perception and ego functioning. In M. Rickers-Ovsiankina (Ed.), Rorschach psychology. New York: Wiley.

Leavitt, F., & Garron, D. C. (1982). Rorschach and pain characteristics of patients with low back pain and "conversion V" MMPI profiles. Journal of Pesonality Assessment, 46, 18-25.

Leighton, D., & Kluckhohn, C. (1947). Children ofthe people: The Navaho individual and his development. Cambridge, MA: Harvard University Press.

Lipgar, R. M., & Waehler, C. A. (1991). A Rorschach investigation of mothers of behaviorally disturbed infants. Journal of Personality Assessment, 56, 106-117.

Loftus, R. H. (1997). A comparison of delinquents and nondelinquents on Rorschach measures of object relationships and attachment: Implications for conduct disorder, antisocial personality disorder, and psychopathy. Dissertation Abstracts International, 58, 2720.

Mason, B. J., Cohen, J. B., & Exner, J. E. (1985). Schizophrenic, depressive, and nonpatient personality organizations described by Rorschach factor structures. Journal of Personality Assessment, 49, 295-305.

Mason, B., & Exner, J. E. (1984). Correlations between WAIS subtests and nonpatient adult Rorschach data. Rorschach Workshops (Study No.289, unpublished).

Mayman, M. (1966). Measuring reality-adherence in the Rorschach test. American Psychological Association meetings, New York.

Mayman, M. (1970). Reality contact, defense effectiveness, and psychopathology in Rorschach form level scores. In B. Klopfer, M. Meyer, & F. Brawer (Eds.), Developments in the Rorschach technique. III: Aspects of personality structure (pp.11-46). New York: Harcourt Brace Jovanovich.

Molish, H. B. (1959). Contributions of projective tests to psychological diagnosis in organic brain damage. In S. J. Beck & H. B. Molish (Eds.), Reflexes to intelligence. Glencoe, IL: Free Press.

Molish, H. B. (1967). Critique and problems of the Rorschach: A survey. In S. J. Beck & H. B. Molish, Rorschach's test. II: A variety of personality pictures (2nd ed.). New York: Grune & Stratton.

Molish, H. B., & Beck, S. J. (1958). Further exploration of the six schizophrenias: Type S-3. American Journal of Orthopsychiatry, 28, 483-505, 807-827.

Paulsen, A. (1941). Rorschachs of school beginners. Rorschach Research Exchange, 5, 24-29.

Pinto, A. F. (1999). A Rorschach study of object representations and attachment in male adolescents with disruptive behaviors. Dissertation Abstracts International, 59, 5105.

Piotrowski, Z. (1939). Rorschach manifestations of improvement in insulin treated schizophrenics. Psychosomatic Medicine, 1, 508-526.

Piotrowski, Z. (1957). Perceptanalysis. New York: Macmillan.

Prados, M., & Fried, E. (1943). Personality structure of the older aged groups, Journal of Clinical Psychology, 3, 113-120.

Rapaport, D., Gill, M., & Schafer, R. (1946). Psychological diagnostic testing (Vol. 2). Chicago: Yearbook Publishers.

Rorschach, H. (1921). Psychodiagnostik. Bern, Switzerland: Bircher. Rorschach, H., & Oberholzer, E. (1923). The application of the interpretation of form to psychoanalysis. Zeitschriftur die Gesamte Neurologie und Psychiatrie, 82, 240-274.

Saretsky, T. (1963). The effect of chlorpromazine on primary process thought manlfestations. Unpublished doctoral dissertation, New York University.

Schafer, R. (1954). Psychoanalytic interpretation in Rorschach testing. New York: Grune & Stratton.

Sendin, C. (1981). Identification ofpopular responses among Spanish adults. X International Congress of Rorschach and Projective Techniques, Washington, DC.

Sherman, M. H. (1952). A comparison of formal and content factors in the diagnostic testing of schizophrenia. Genetic Psychology Monographs, 46, 183-234.

Sloan, W. (1947). Mental deficiency as a symptom of personality disturbance. American Journal of Mental Deficiency, 52, 31-36.

Smith, S. R., Baity, M. R., Knowles, E. S., & Hilsenroth, M. J. (2002). Assessment of disordered thinking in children and adolescents: The Rorschach Perceptual Thinking Index. Journal of Personality Assessment, 77, 447-463.

Spitzer, R. L., Endicott, J., & Robins, E. (1977). Research diagnostic criteria (RDC) for a selected group offunctional disorders. New York: State Psychiatric Institute.

Spitzer, R. L., Endicott, J., & Robins, E. (1978). Research diagnostic criteria for a selected group of functional disorders (3rd ed.). New York: State Psychiatric Institute.

Taulbee, E. S. (1955). The use of the Rorschach test in evaluating the intellectual levels of functioning in schizophrenia. Journal of Projective Techniques, 19, 163-169.

Tsugawa, R., Takahashi, M., Takahashi, Y., Nishio, H.. Nakamura, N., & Fuchigami, Y. (1999). Popular responses among Japanese using the Comprehensive System. XVI International Congress of Rorschach and Projective Methods, Amsterdam.

Weiner, I. B. (1966). Psychodiagnosis in schizophrenia. New York: Wiley.

Wishner, J. (1948). Rorschach intellectual indicators in neurotics. American Journal of Orthopsychiatry, 18, 265-279.

Zamansky, H. J., & Goldman, A. E. (1960). A comparison of two methods of analyzing Rorschach data in assessing therapeutic change. Journal of Projective Techniques, 24, 75-82.

Zukowsky, E. (1961). Measuring primary and secondary process thinking in schizophrenics and normals by means of the Rorschach. Unpublished doctoral dissertation, Michigan State University, Ann Arbor.

第 19 章
思考
Ideation

　思考は認知の三側面では3番目のクラスターとなる。これら3つのクラスターはどれも精神活動に関連しているが、おそらく思考はその中でも最も複雑なものである。情報処理は表象を作り出す活動に関わり、認知的媒介はその表象をどのように翻訳するのかに関連するが、思考は入力された情報の翻訳がどのように概念化され、行使されるのかに関係している。思考とは、シンボルや概念を個人にとって意味あるものにまとめあげる働きをいう。概念的思考は、現実検討にとって基本的に重要な要素である。思考は心理活動の核となるもので、あらゆる決断や意図的な行動はここから導き出される。

　すべてのロールシャッハ反応は、必ず何らかの概念化を伴っているが、特に反応段階では必ずしもそれが明白でないこともある。たとえば、ある人がもし図版Iを見て「コウモリ」と言ったとしても、それは単に表象を翻訳して言葉にして表したというだけのことである。たとえ質問段階で、検査者がそれはどこに見えて、どういうところからそう見えるのかを尋ねたとしても、必ずしも概念化の材料となった要素を引き出せるとは限らない。「これが羽で、これが体です」と言う場合も、これは単に翻訳を述べたものである。この反応が作りあげられるまでには、何らかの思考（概念化）活動が起こっていたことはほぼ間違いないが、その活動を示すものはこの言葉の中には見つからない。

　幸いにも、多くのロールシャッハ反応には、単に翻訳を説明する以上の表現が含まれることもある。反応段階や質問段階で、コウモリは飛んでいるとか、急降下している、寝ている、ぶら下がっているなどと描写されるかもしれない。これらはどれも概念化である。怒っている、傷ついている、死んでいると描写される場合も同じである。どれも思考活動の産物である。場合によっては概念化がもっとはっきりしていることもある。図版IIIで「2人の人が鍋で何か料理をしている」とか、図版Vに「2人の人が背中合わせに座っていて、お互いに寄りかかっている」という反応を出すためには、相当の思考活動や概念化が必要である。

思考に関連するロールシャッハの変数

　このクラスターには14の変数（EB、ラムダ、EBPer、eb、a：p、HVI、OBS、Ma：Mp、知性化指標、MOR、Sum6、WSum6、M-、Mnone）があり、それにM反応の質と6つの重要特殊スコアの質を検討することが加わる。概念活動の特徴を明らかにするいくつかの反応を見ただけでは思考の微妙

なニュアンスを読み取れないことが多いが，これらの反応から引き出されるデータを組み合わせると，たいていの場合その個人の思考（概念化）活動について有益な描写を得ることが可能になる。

実際のところ，思考の表われ方にはいく通りかある。対象に動きを見るときには概念化が起こるので，すべての運動反応（M, FM, m）は思考の特徴を反映している。運動反応に含まれる思考の特徴が決定因子にだけ表われる場合もあるし，概念化活動がよりはっきりとその言語表現の中に示されることもある。

たとえば，「人が切り株に座っている」という反応と「長い道を旅してきた男が，疲れてこの切り株にぐったりと足を突き出して座っている」という反応を比べてみよう。両方とも Mp 反応ではあるが，前者は表象をどのように翻訳したのかについての情報があるだけである。それに比べると，後者の反応には，概念化を仕立てあげていくときに使われた素材が豊富に含まれている。ここで概念化と投映を混同しないように区別することは大事である。投映は概念化された素材の中に展開されるものである。したがって，投映については自己知覚や対人知覚のクラスターで検討する。思考のデータとして解釈するときには，考え方の特徴，思考の質と明瞭さの特徴，頻度に示される特徴や思考の用い方に焦点をあてていく。

たとえば，上の2つの例ではどちらにも概念化が含まれている（人が切り株に座っている）が，後者の方が念入りに概念化されている（「長い道を旅してきた……，疲れて……ぐったりと」）。明らかに，概念化された内容が詳しく述べられていて，より多くの投映された素材が含まれている。しかし，思考に関して言うならば，概念化の質が重要である。

この情報を得るための主な情報源は運動反応だが，その他の反応の特徴や内容からもその人の思考活動の大事な点について細かに知ることができる。6つの重要特殊スコア（DV, DR, INCOM, FABCOM, ALOG, CONTAM）は，認知的操作の誤り，思考のずれや間違った判断について価値あるデータを提供してくれる。他の特殊スコア，たとえば MOR は思考の構えを明らかにするし，データを一まとめにすることによって（AB, Art, Ay），概念活動が防衛として用いられていることを示すものもある。

検討事項の要点
　思考に関して以下の基本的な事項について考える。

（1）日常の対処や意思決定において，意図的で方向づけられた思考の用い方に特定の型にはまった特徴があるか。
（2）一般的な水準とは異なる辺縁思考活動があるか。
（3）柔軟性のない思考になってしまうような普通でない構えがあるか。あるいはそれが概念化や意思決定に強い影響を及ぼしているか。
（4）思考はたいてい明確で，現実検討に悪い影響を与えるような奇妙で間違った判断をほとんどしないと言えるか。

情報処理過程と認知的媒介の解釈で使ったケース9，10，11の思考のデータを，思考についての所見のガイドラインを説明するために用いる。この章の終わりには，認知の三側面すべてのクラス

ターから出された結論をまとめて要約する。

ケース9

29歳の司書で、多発性硬化症と診断されている。担当の内科医は、彼女の気分の著しい変化、性的活動が活発になっていること、そして現実検討力についてどのように理解したらよいのか、見解を求めている。

ケース10

20歳の神学生。大学の指導教授からは、彼の精神医学的障害と対人関係の問題について質問が出されている。

ケース11

41歳のアルコール依存患者。担当医からは、彼女の資質と弱点についての情報を求められている。また、入院を継続するほうがよいのかどうか、自殺の危険性はあるのか、と問われている。

解釈の手順

解釈の戦略には11のステップがある。この中ではM反応の質を検討するし、6つの重要特殊スコアのいずれかが該当した場合にはその反応の質も検討する。M反応によって概念化の質について理解できる。重要特殊スコアそのものを検討することと、Rを念頭に入れて重みづけした重要特殊スコアを検討することによって、思考のずれや間違った判断についてより明確な説明を得ることができる。

最初の7つのステップでは、意図的で方向づけられた思考が、日常生活でどのように用いられるのかという大きな問題を扱う。さらに、もし、普通でない特徴や構えがあった場合、それがどれほど日常生活における思考活動を効果的でないものにしているのか検討する。残りのステップでは、思考の明確さに焦点をあてて評価していく。

ステップ1：EBとラムダ

EBとラムダについてはすでに第16章の感情のクラスターで検討してきた。そこでの議論は思考に関してもあてはまるものであるが、それらをもう少し思考の枠組みに置き換えて整理し直す必要がある。第16章で述べたように、EAが10以下であればEBの両辺の差が2以上のとき、またはEAが10を超える場合は両辺の差が2.5以上あると、EBは内向型か外拡型のスタイルを示す。比率の左辺の値が高い場合を内向型、右辺の値が高い場合を外拡型と考える。どちらのスタイルなのかを決める基準を満たさない場合は不定型とする。また、第16章で述べた例外について思い起こすことも重要である。それらは、特に思考を検討する際には意味がある。

最初の例外は、EAが4.0より低いプロトコルについてである。このような記録には、EBの左辺か右辺に0があって、たとえば0：2.0、0：3.5、2：0、3：0のようになっていることがある。時には、2：1、1：2.5、3：0.5のようにEBの両辺ともに低い数値であることもある。どちらの例においても、

ケース9　29歳女性　思考の変数

L	=0.21	OBS	=No	HVI	=No	Critical Special Scores (R=17)		
						DV =0	DV2 =0	
EB	=4 : 4.5	EBPer	=NA	a : p	=5 : 6	INC =1	INC2 =0	
				Ma : Mp	=1 : 3	DR =1	DR2 =0	
eb	=7 : 6	[FM=6	m=1]			FAB =0	FAB2 =0	
				M-	=1	ALOG=1	CON =0	
Intell Indx=1		MOR	=1	Mnone	=0	Sum6 =3	WSum6=10	

M Response Features
IV　6. Wo Mp.FDo H P 2.0 PER,GHR
VI　9. Do Mp- Art,Hd,Sx PHR
VII 10. D+ Mp.Fr.FYo H 3.5 GHR
X 24. D+ Mao 2 A 4.0 INC,COP,GHR

ケース10　20歳男性　思考の変数

L	=0.61	OBS	=No	HVI	=Yes	Critical Special Scores (R=29)		
						DV =1	DV2 =0	
EB	=7 : 6.0	EBPer	=NA	a : p	=8 : 8	INC =0	INC2 =2	
				Ma : Mp	=3 : 4	DR =2	DR2 =1	
eb	=9 : 6	[FM=5	m=4]			FAB =1	FAB2 =0	
				M-	=1	ALOG=0	CON =0	
Intell Indx=3		MOR	=2	Mnone	=0	Sum6 =7	WSum6=25	

M Response Features
II　5. D+ Ma.FCu 2 Ad 5.5 AG,FAB,PHR
III　7. D+ Mpu 2 (H),Id,Cg 3.0 DR,GHR
IV 10. W+ FD.Ma.FC'o (H),Bt,Cg P 4.0 AG,GHR
VI 15. D+ Mp.mau H,Hx,Ls,Ay 2.5 MOR,AB,PHR
VII 16. D+ Mao 2 Hd P 3.0 AG,GHR
VIII 20. Dd+ Mp.FD.FC- Hd,Cg,Hh 3.0 PHR
IX 23. DdS+ FC'.FC.Mp.FDo (Hd),Bt 5.0 DR2,PHR

ケース11　41歳女性　思考の変数

L	=0.20	OBS	=No	HVI	=No	Critical Special Scores (R=18)		
						DV =0	DV2 =0	
EB	=4 : 6.0	EBPer	=1.5	a : p	=7 : 5	INC =0	INC2 =4	
				Ma : Mp	=2 : 2	DR =2	DR2 =0	
eb	=8 : 8	[FM=3	m=5]			FAB =0	FAB2 =0	
				M-	=0	ALOG=0	CON =0	
Intell Indx=3		MOR	=7	Mnone	=0	Sum6 =6	WSum6=22	

M Response Features
I　4. W+ Mp.ma.FY+ Hd,Cg 4.0 MOR,INC2,PHR
III　7. W+ Ma.C.FDo 2 H,Cg,Hh,Art P 5.5 COP,GHR
VI 11. D+ Mpu 2 H 2.5 MOR,PHR
VII 12. W+ Ma+ 2 H,Cg P 2.5 COP,GHR

EBのデータの数値は少なすぎて，優位な対処スタイルを区別するための妥当性はないので，内向型，不定型，あるいは外拡型のどのEBも持たないものと考えなければならない。典型的には，このようなプロトコルは回避型の対処スタイルを持つものと考えられる。

　第2の例外は，より直接に思考と関係する。それは，EBの左辺が0で，右辺の値が4.0以上の場合で，たとえば0：4.0，0：6.5などである。このような値は外拡型を示しているように見えるものの，おそらくそれは間違いである。なぜならば，この値は普通でない感情状態にあることを示しているからである。このような場合，その人は感情に圧倒されているか，感情が溢れてどうしようもなくなっている。このような状態のときには，特定の対処スタイルを考慮することは避けなければならない。代わりに，非常に強い感情によって思考が妨げられ，注意と集中に必要な能力が損なわれていると結論するための根拠として，このEBの所見を用いることができる。このような感情の強さは非常に破壊的で，たいてい思考と行動のどちらか一方，あるいは両方ともが衝動的なものとなる。普通はこのように思考に感情が侵入したとしても一時的である。このような状態になり，それが持続している間，その個人はこの強い感情に効果的に取り組むことは難しい。

　どちらの例外にもあてはまらない場合，EBとラムダからいくつかの解釈を引き出すことができる。第16章で述べたように，この2つの変数の組み合わせから6つの対処スタイルあるいは意思決定の傾向が同定できる。それは，（1）内向型，（2）外拡型，（3）不定型，（4）回避－内向型，（5）回避－外拡型，（6）回避－不定型である。それぞれの心理活動の中で，思考はたえず重要な役割を果たしているが，心理活動に与える思考の一般的な影響力や優位性は，この6つの傾向では異なっていて，場合によっては相当違ったものとなる。このような傾向やスタイルにおける思考の影響は，固定していたり変化しないものとは考えないほうがいいが，少なくとも6つのうち4つでは，思考に重きを置いたり，特別な方法で思考を用いる傾向がある。

可能な所見1：EBが内向型で，ラムダが1.0より少なければ，その人は「思考型」の人である。このような人は，概念的思考を非常に頼りにする。よくよく考えて，さまざまな選択肢を考慮し終えるまで行動を遅らせる傾向がある。自分の内的見立てを頼りにし，外界からのフィードバックを当てにしないだけでなく，感情にも影響されすぎないようにする。意思決定をするにあたっては，慎重で的確な理屈を必要とし，なるべく試行錯誤的な行動を取らないようにする人である。この基本的な対処スタイルは，日常生活の必要な要求に応えるのにとても有効である。ただし，そのためには思考が論理的で，明確で，一貫していることが必要となる。さらには，直観に頼るとか試行錯誤をしたほうがよいのが明らかな場面では，そうした対処法を柔軟に取れることも必要である。ステップ2に進む。

可能な所見2：EBが内向型の対処スタイルで，ラムダが0.99より大きい場合は，回避－内向型である。回避－内向型の人は思考優位ではあっても，「純粋な」内向型とは本質的に異なっている。多様な選択肢を熟考している間，決定を延期する傾向はあるが，回避的な対処スタイルが優位なために，そのプロセスは十分なものとならず，概念化活動はかなり単純さが目立ったものとなりがちである。問題解決や意思決定に際しては，感情をわきにおいて置くことを好むが，複雑で曖昧な場面に直面すると，思考に感情が侵入してしまいやすい弱みがある。彼らは一般に単純な理屈を好み，たいて

ケース 11 41歳女性 思考の変数

L	=0.20	OBS	=No	HVI	=No	Critical Special Scores (R=18)	
						DV =0	DV2 =0
EB	=4 : 6.0	EBPer	=1.5	a:p	=7 : 5	INC =0	INC2=4
				Ma : Mp=2 : 2		DR =2	DR2 =0
eb	=8 : 8	[FM=3	m=5]			FAB =0	FAB2=0
				M-	=0	ALOG=0	CON =0
Intell Indx=3		MOR	=7	Mnone	=0	Sum6 =6	WSum6=22

M Response Features

I 4. W+ Mp.ma.FY+ Hd,Cg 4.0 MOR,INC2,PHR
III 7. W+ Ma.C.FDo 2 H,Cg,Hh,Art P 5.5 COP,GHR
VI 11. D+ Mpu 2 H 2.5 MOR,PHR
VII 12. W+ Ma+ 2 H,Cg P 2.5 COP,GHR

いは可能な限り試行錯誤の探査を避けようとする。概念的思考がかなり明確で一貫していれば，この対処方法は，決まりきった，曖昧さの少ない状況のもとでは，効果的である。ステップ2に進む。

可能な所見3：EBが外拡型の対処スタイルで，ラムダが1.0より小さい場合は，問題解決や意思決定をする際に，思考に感情を混ぜ合わせる傾向があると言える。内向型の人はたいてい「考え深い」やり方に相当頼って判断を下したり，計画を練ったりするのに対して，外拡型の人は感情を頼りにする。だからといって，外拡型の人の思考は一貫性がないとか，論理的でないということではない。ただ，思考に与える感情のインパクトのためにより複雑な思考パターンが生じることはある。外拡型の人は，正確でない曖昧な論理体系を受け入れやすい傾向がある。外部からのフィードバックを頼りにするし，試行錯誤の結果に基づいて判断することが多い。このような直観的なスタイルが日常生活で効果的であるためには，思考がおおむね明確で一貫性があって，感情によって混乱しておらず，激しい感情の支配下にないことが必要である。ステップ2に進む。

ケース11所見該当

　　外拡型の人で，思考に感情を混じらせる傾向がある。感情は，判断する際には重要な役割を果たしている。試行錯誤的な方法で自分の考えを試す人で，外からのフィードバックを頼りに決断する。

可能な所見4：EBが外拡型の対処スタイルで，ラムダが0.99より大きい場合は，回避－外拡型である。「純粋な」外拡型と同じように，回避－外拡型の人は，感情を使い感情に影響される傾向が強い。意思決定の必要に迫られると，外部のフィードバックを頼りにして，試行錯誤の行動を取ることが多い。しかし，回避的な対処スタイルが支配的であるために感情体験を十分に区別できない傾向があって，そのために感情が思考に影響を与えすぎてしまうことになりかねない。感情の調節がうまくいかなくなったときには，衝動的に見える思考が生じやすい。このような思考は，欠陥のある，あまりにも単純な論理に終わり，状況に対して効果的でない不適切な決定や行動を容易にもたらすことになる。回避－外拡型の対処スタイルの人は，予測可能で複雑さが少ないだけでなく，自由な感情表現が容易に受け入れられ，むしろ重んじられるような状況で，概して最もうまく機能

する。ステップ2に進む。

可能な所見5：EBが内向型の対処スタイルでも外拡型の対処スタイルでもなく，ラムダが1.0より小さいときは不定型である。不定型の人の思考活動にはあまり一貫性がない。ときには，その思考パターンは内向型に似通っていて，感情の影響をあまり受けずに時間をかけて問題を考える傾向がある。またあるときには，思考はより直観的で感情に影響されるので，ほとんど外拡型のようである。このように概念的思考が形成され使用される方法に一貫性がないために，効果は減じられる。

不定型の人は，間違った判断をしやすく，また前にした判断をひるがえしやすい。他の人よりも問題解決の失敗から学ぶことが少なく，その結果望ましい効果的な解決に至るまでに手間取ることが多い。不定型であることが必ずしも適応の問題につながるわけではない。しかし，一貫性のない思考は心理学的に効果的でなく，日常生活に必要な対処をするためにより多くの時間と努力を要するので弱点となりやすい。ステップ3に進む。

ケース9と10所見該当

両者は不定型なので，判断や問題解決の方法は場当たり的で変わりやすい。時にはよく考えられた，観念的なアプローチによって決断することもあれば，時には強い感情に影響された直感を頼りにして，外からのフィードバックの占める割合の大きい試行錯誤的行動が目立ったりする。

可能な所見6：EBが不定型でラムダが0.99より大きい場合は，回避－不定型である。EBとラムダを検討するにあたって6つの可能な所見があるが，これはその中で最も望ましくないものである。ただでさえ非効率的な不定型が，さらに回避的なスタイルに支配されるというのは，望ましくない心理的組み合せである。複雑さを避けるという志向性が一貫性のない概念的思考を上塗りするために，その結果は相当効果のないものとなる。なぜならば，いろいろな概念形成が可能であってもそれがなかなかできなくなってしまうからである。回避－不定型は洗練されない思考に陥りやすいが，感情の調節がうまくいかないことがさらに多いだろう。このような特徴は幼い子どもにおいてはごくあたりまえのことで，周りも大目に見るが，年齢が上がるに従ってあまり容認されなくなる。回避－不定型のスタイルでは複雑な環境に適応するのは困難であることが多い。

ステップ2：*EBPer*

内向型か外拡型（回避－内向型と回避－外拡型を除く）の場合，意思決定場面でそのスタイルが示す方向性がはっきりと固定したものであるか否かを見るために，EBPerの値を検討する。すでに述べたように，内向型あるいは外拡型のどちらも，日常生活に必要な対処のためには効果的で能率的である。しかし，時には逆の取り組み方が有効となる場合もある。内向型の人が，試行錯誤をしたほうがより効果的な解決を得られると気づく状況もあるだろうし，外拡型の人が，時間をかけて選択肢を吟味するためによく考えるほうが現実的な状況に置かれることもあるだろう。EBPerのデータは，内向型や外拡型のスタイルが，この種の柔軟性を制限するほど固定しているかどうかについての問題を示している。EBPerは，体験型の固定度を連続線上の数値として評価するものではなく，固定しているか，固定していないかの分類モデルとして用いられる。体験型が固定してい

ケース9　29歳女性　思考の変数

L	=0.21	OBS	=No	HVI	=No	Critical Special Scores (R=17)		
						DV =0	DV2 =0	
EB	=4:4.5	EBPer	=NA	a:p	=5:6	INC =1	INC2 =0	
				Ma:Mp	=1:3	DR =1	DR2 =0	
eb	=7:6	[FM=6	m=1]			FAB =0	FAB2 =0	
				M-	=1	ALOG=1	CON =0	
Intell Indx=1		MOR	=1	Mnone	=0	Sum6 =3	WSum6=10	

M Response Features
IV　6. Wo Mp.FDo H P 2.0 PER,GHR
VI　9. Do Mp- Art,Hd,Sx PHR
VII 10. D+ Mp.Fr.FYo H 3.5 GHR
X 24. D+ Mao 2 A 4.0 INC,COP,GHR

ケース10　20歳男性　思考の変数

L	=0.61	OBS	=No	HVI	=Yes	Critical Special Scores (R=29)		
						DV =1	DV2 =0	
EB	=7:6.0	EBPer	=NA	a:p	=8:8	INC =0	INC2 =2	
				Ma:Mp	=3:4	DR =2	DR2 =1	
eb	=9:6	[FM=5	m=4]			FAB =1	FAB2 =0	
				M-	=1	ALOG=0	CON =0	
Intell Indx=3		MOR	=2	Mnone	=0	Sum6 =7	WSum6=25	

M Response Features
II　5. D+ Ma.FCu 2 Ad 5.5 AG,FAB,PHR
III　7. D+ Mpu 2 (H),Id,Cg 3.0 DR,GHR
IV 10. W+ FD.Ma.FC'o (H),Bt,Cg P 4.0 AG,GHR
VI 15. D+ Mp.mau H,Hx,Ls,Ay 2.5 MOR,AB,PHR
VII 16. D+ Mao 2 Hd P 3.0 AG,GHR
VIII 20. Dd+ Mp.FD.FC- Hd,Cg,Hh 3.0 PHR
IX 23. DdS+ FC'.FC.Mp.FDo (Hd),Bt 5.0 DR2,PHR

とが必ずしも不利とは言えないが，意思決定や対処行動において柔軟性がない可能性を示している。

可能な所見1：内向型でEBPerが2.5未満の場合，その人は判断に時間をかける思考型のスタイルを取ることが予想されるが，ときには感情が意思決定にかなり影響する場合もある。一方，EBPerが2.5以上になると，直観的で試行錯誤的な取り組みのほうがむしろ望ましい場面でも，その人は意思決定行動に感情をほとんど含めないことを示す。ステップ3に進む。

可能な所見2：外拡型でEBPerが2.5未満の場合，たいてい思考に感情を混じらせる傾向があることを示す。感情をわきに置き，さまざまな選択肢をよく考えるために思考型のアプローチを取ることもある。反対に，もしEBPerが2.5以上であれば，外拡型のスタイルはかなり固定している。感情はほとんどいつも思考パターンに大きな影響を与えるが，それはそのような直観的なアプローチがあまり効果的ではない状況においてでさえそうである。ステップ3に進む。

ケース 11　41 歳女性　思考の変数

L	=0.20	OBS	=No	HVI	=No	Critical Special Scores (R=18)			
						DV	=0	DV2	=0
EB	=4:6.0	EBPer	=1.5	a:p	=7:5	INC	=0	INC2	=4
				Ma:Mp	=2:2	DR	=2	DR2	=0
eb	=8:8	[FM=3	m=5]			FAB	=0	FAB2	=0
				M-	=0	ALOG	=0	CON	=0
Intell Indx=3		MOR	=7	Mnone	=0	Sum6	=6	WSum6	=22

M Response Features
　Ⅰ　4. W+ Mp.ma.FY+ Hd,Cg 4.0 MOR,INC2,PHR
　Ⅲ　7. W+ Ma.C.FDo 2 H,Cg,Hh,Art P 5.5 COP,GHR
　Ⅵ　11. D+ Mpu 2 H 2.5 MOR,PHR
　Ⅶ　12. W+ Ma+ 2 H,Cg P 2.5 COP,GHR

ケース 11 の所見

　EBPer=1.5 で，体験型は固定していない。判断する際には，外拡型のスタイルが特徴となるアプローチをとるが，対処様式に柔軟性があるので，必要な時には問題に対処する際に観念的な方法を採用することもある。

ステップ 3：*a：p*

　柔軟性の乏しさについて扱うもう 1 つのデータは a：p の比である。EBPer は，対処する際にアプローチをどれほど切り替えられるのかに関連していたが，この a：p の比は，態度や価値観がどれほど変わりにくいかを扱い，それが概念化の過程にどれほど影響するのかを見るものである。したがって a：p の比はすべての対処様式に適用できる。態度や価値観が非常に変わりにくいと，他の人であれば十分考慮に入れるかもしれない概念化の範囲を自ずと狭めてしまうことになる。態度や価値観が変わりにくければ変わりにくいほど，その態度や問題に関連する事柄を扱うときのその人の思考は柔軟性のないものとなる。思考に柔軟性がないと，与えられた問題についていろいろな概念的な選択肢を考えるのが，心理的におっくうになったり，あるいはできなくなったりする。そして，比較的狭い，凝り固まった概念の枠組みの中でしか考えようとしなくなる。

　柔軟性のない思考の例としては，先入観や偏見が挙げられることがある。しかし，a：p の所見に反映される思考の柔軟性のなさというのは個人の価値観にとどまらないことを強調しておく必要がある。それらは，広い範囲の心理的場面や行動場面に顕在化するものである。たとえば次のような場合である。監護権をめぐって争っている親は，まさか自分の子どもが相手の方を好ましいと思っているとは「信じられない」だろう。また，ある課題に対する取り組み方は自分のやり方以外にあるはずがないと思っている指導者もいる。このように柔軟性がない特徴を持つ患者を相手にすると，問題や状況の原因について別の見方を提案してみてもなかなか受け入れてもらえなくて，おそらく治療者は挫折感を抱くことになるだろう。

　通常 a：p の比は，一方の値はもう片方の 2 倍を超えることはない。両辺の差が大きくなればなるほど，思考の構えや価値観はいっそう凝り固まっていて，変えるのが難しいことを示している。このデータの割合が解釈上意味を持つのは，（a+p）の値が 4 以上のときに限られる。

可能な所見1

両辺の合計値が4で，一方の値が0のとき，その人の思考や価値観はたいていの人より柔軟性がなく，変わりにくいという仮説が立てられる。ステップ4に進む。

可能な所見2：両辺の合計値が5以上で，一方の値が他方の2倍より大きく3倍までのとき，その人の思考の構えや価値観はかなり凝り固まっていて，変わりにくいと推定できる。ステップ4に進む。

可能な所見3：両辺の合計値が5以上で，一方の値がもう一方の3倍より大きいとき，その人の思考の構えや価値観は変わりにくく，柔軟性がないと結論する。このような人は，態度や意見を変えたり，自分の見方と異なる見方をすることが非常に困難である。ステップ4に進む。

ケース9，10，11所見

これらのケースにはa：pの仮説が適用できない。それぞれ5：6と8：8と7：5である。

ステップ4：HVI, OBS, MOR

この3つの変数は，概念の作りあげ方や使い方に影響する可能性のある，心理的な構えや態度と関連している。HVIとOBSはそれぞれが構えとなるので，情報処理と認知的媒介過程を検討する際にもあらかじめ見ておくべき情報として論じてきた。そのような構えは，思考の検討にも大いに関連がある。また，MOR反応の頻度が通常の値を超える場合も，概念思考に強い影響を与える心理的構えがあることを示す。このような変数によって表される特徴は共存しうるので，3つの可能な所見はすべてステップ5に進む前に検討する。

可能な所見1：OBS陽性は，正確さや完全主義についての心理的な構えを示す。強迫的スタイルのある人は，概念を形成したり，それを用いたりするのに細心の注意を払う。自己表現をする際に，人よりも「言葉が多く」なりやすいのは，正確であろうと骨を折るために彼らの概念思考が複雑なものになるからである。強迫的スタイルの人は，必要以上に思考の努力や活動をしようとする。その意味でこのスタイルはいくらか効率的ではないと考えられる。しかし，思考に一貫性のなさやまとまりのない堂々めぐりを示す証拠がなければ，あるいは思考に関して，不適切な言葉の使用，奇妙な表現，話を終えられないなどの目立ったエピソードが見られなければ，このスタイルは短所と考えなくてよい。

可能な所見2：HVI陽性は，個人の心理にとって重要な役割を果たすような，性格に組み込まれた特徴があることを意味する。それは概念的思考にも重要な影響をもたらすものである。警戒心過剰の人は，即応態勢を維持しておくために相当のエネルギーを使う。あらかじめ予期し，警戒を怠らない状態というのは，発達過程で形成された，環境に対する否定的で信頼感のない態度と関連している。これは，子どもが親や養育者の行動，特に感情的な行動をきちんと予測するのが不可能と思える事態が積み重ねてできあがったものである。このために安全でないという感覚や傷つきやす

ケース 10　20 歳男性　思考の変数

							Critical Special Scores (R=29)	
L	=0.61	OBS	=No	HVI	=Yes		DV =1	DV2 =0
EB	=7 : 6.0	EBPer	=NA	a : p	=8 : 8		INC =0	INC2 =2
				Ma : Mp	=3 : 4		DR =2	DR2 =1
eb	=9 : 6	[FM=5	m=4]	M-	=1		FAB =1	FAB2 =0
							ALOG=0	CON =0
Intell Indx=3		MOR	=2	Mnone	=0		Sum6 =7	WSum6=25

M Response Features
II 5. D+ Ma.FCu 2 Ad 5.5 AG,FAB,PHR
III 7. D+ Mpu 2 (H),Id,Cg 3.0 DR,GHR
IV 10. W+ FD.Ma.FC'o (H),Bt,Cg P 4.0 AG,GHR
VI 15. D+ Mp.mau H,Hx,Ls,Ay 2.5 MOR,AB,PHR
VII 16. D+ Mao 2 Hd P 3.0 AG,GHR
VIII 20. Dd+ Mp.FD.FC- Hd,Cg,Hh 3.0 PHR
IX 23. DdS+ FC'.FC.Mp.FDo (Hd),Bt 5.0 DR2,PHR

さがもたらされ，行動しようと考えたり，実際に行動に移す段には，ますます用心深くなってしまう。また，次第に自分だけの空間に没頭するようになり，対人関係が発生することに対してひどく身構えるようになる。

　警戒心過剰の人は，親密さを期待せず，他者が親密さを示す振る舞いをすると混乱したり，疑い深くなったりする。警戒心過剰な構えがあると，概念的思考の明確さが減じ，望ましい柔軟性を欠いてしまい，論理的でない思考パターンが起こる。これは精神病の状態ではないが，悪くするとたいてい思考は明らかなパラノイド様の特徴を持つものとなる。

ケース10所見該当

　彼が警戒心過剰のスタイルを持つことについては，すでに情報処理で検討した。必ずしもこれは病的なサインとは言えないが，彼の思考がいくらか柔軟性を欠いたものになるのは否めない。また，ときには彼の概念化はあまり論理的でなくなる傾向がある。

　可能な所見3：MOR反応は自己イメージの問題と最も関連が深いので，その問題を扱うクラスターで丁寧に検討する。しかし，この反応が3以上であれば，概念思考は悲観的な構えが目立ったものとなる。この反応の基準値は3であり，値が3であれば，極端ではないが重大な意味を持つ悲観的構えがあると解釈するのが最もよい。値が4以上となれば，ほぼ等比級数的に意味が強まる。4以上の値は，思考に非常に強い影響をもたらす悲観的構えがよりはっきりしていることを示す。

　深刻さの度合いにかかわらず，悲観的構えのある人は世の中と自分の関係を疑いと落胆の思いを抱きながら概念化する。この構えのある人は，どんな努力をしたのかに関係なく，自分の努力に対する結果は悲観的なものであると予測してしまう。悲観主義は，選択肢の狭い決まりきった方法で問題を簡単に始末してしまう思考パターンを導く。たとえ論理に欠点があり，判断が間違っていることに本人が気づいていても，それは無視される。結局のところ，悲観的構えは概念的思考の質を低下させることになり，時には非常に混乱した思考を持った人のように見えさせる。ステップ5に進む。

ケース11　41歳女性　思考の変数

L	=0.20	OBS	=No	HVI	=No	Critical Special Scores (R=18)		
						DV =0	DV2	=0
EB	=4:6.0	EBPer	=1.5	a:p	=7:5	INC =0	INC2	=4
				Ma:Mp	=2:2	DR =2	DR2	=0
eb	=8:8	[FM=3	m=5]			FAB =0	FAB2	=0
				M-	=0	ALOG=0	CON	=0
Intell Indx=3		MOR	=7	Mnone	=0	Sum6 =6	WSum6	=22

M Response Features
 I 4. W+ Mp.ma.FY+ Hd,Cg 4.0 MOR,INC2,PHR
 III 7. W+ Ma.C.FDo 2 H,Cg,Hh,Art P 5.5 COP,GHR
 VI 11. D+ Mpu 2 H 2.5 MOR,PHR
 VII 12. W+ Ma+ 2 H,Cg P 2.5 COP,GHR

ケース11 所見該当

　18反応の記録に7個のMOR反応がある。MORの頻度だけを見ても意味はあるが，反応数との割合にして考えるとその影響力の大きさが強調される。これは，悲観的な構えがかなり行きわたっていることを示すものである。この悲観的な構えが彼女の認知活動に入り込んで，疑い深くなるとか，失敗する前から失敗をどうしても予測してしまうなど，彼女の思考に大きな影響を与えるものとなる。

ステップ5：ebの左辺（FM, m）

　eb左辺の値は，FMとmの合計から得られる。前の章で述べたように，これらの変数は，意識的な注意の中心からそれた精神活動に関連している。この精神活動は，欲求体験（FM）や，外界からの要請を敏感に感知すること（m）によって日常的に発生する。この辺縁の思考形式は，誰にでもあるあたりまえのもので，警戒刺激として価値があり，注意をそらしたり注意の向きを変えたりする働きをする。しかし，この辺縁の思考が頻繁にまた強烈に注意の中心に割り込んでくると，意図的で概念的な思考が混乱することになる。そうなると，本来警戒機能として役立つはずの，誰にでもあるあたりまえの心理活動が，注意散漫を引き起こすものになってしまう。

　たいていの人が折々このような経験をするはずである。そうすると，注意集中するのが難しかったり，まとまった考えを維持するのが困難になったりする。たいてい，このような事態は一時的なものであるが，辺縁の精神活動を高めている欲求や要請が満たされないままだと，慢性的に思考は過負荷状態になるために，概念思考はいっそう断片的で一貫性のないものとなる。

　eb左辺の値は，辺縁思考を検討するための大雑把な基準として役に立つだけである。それは，平均範囲内（成人も児童も3〜6）におさまるか，それを上回るか，下回るかのどれかである。これによってわかるのは辺縁の精神活動がどれくらいかということである。FMとmの値は，辺縁の精神活動の根源は何であるのかを特定するための情報をもたらしてくれる。FMのほうがより安定した変数で，欲求状態によって引き起こされる精神活動に関連していると思われる。

　一般的に，FMの値は成人も児童も3〜5で，たいていはFM+mの合計との差は1以内であることが期待されている。なぜならば，mの変数は大変不安定で，状況ストレスによって起こる辺縁の

精神活動と関連するからである。mの値は0～2であり，なおかついつもFMの値よりも少ないことが期待されている。

可能な所見1：ebの左辺の値が平均値の範囲内（3～6）の場合は，FMの値のほうがmの値より大きいことが期待される。もしmの値がFMの値より大きければ，辺縁思考のいつものレベルが状況関連のストレスによって高くなっていることを示している。欲求はいろいろな形で精神活動に割り込んでくるが，もしFMの値が1以下であれば，それらを最小限に抑えたり，避けたりしていることを示している。たいてい回避型の対処スタイルの人であることが多いが，中には欲求が起こってくると，その欲求を軽減するために即座に行動に移す人もいる。また，概念化して対処しようとする人もいる。それはより統制され，方向づけられた思考の中に辺縁思考を防衛的に組み込むやり方である。そうしても欲求はなくなるわけではなくて，かえって持続して強まるかもしれないが，それでも欲求の影響力を一時的に減じることはできる。たとえばとても空腹な人は，食べ物の品目を思い浮かべたり，料理のレシピのことばかり考えようとするかもしれない。そうしたところで空腹感は減らないが，空腹感によって高められた辺縁の精神活動を緩和するのには役立つのである。ステップ6に進む。

可能な所見2：ebの左辺の値が2以下というのは普通ではない。これは回避型の対処スタイルを持つ人のプロトコルに最もよく見られる。回避型の対処スタイルがない場合は，方向づけられた概念の枠組みの中に辺縁思考を防衛的に組み込んでいる可能性がある。（「可能な所見1」参照）。回避型の対処スタイルがある場合は，辺縁思考が割り込んでくることによって起こる苛立ちを減ずるために，即座に行動に移す傾向があるだろう。これは，FMが0か1の場合に最もよくあてはまる。この対処法はホメオスタシスの観点からはポジティブなものであっても，急いで行動に移された反応はえてしてよく考え抜かれたものではないし，長期的な効果は期待できないので，たいていはネガティブなものと見なされるべきである。ステップ6に進む。

可能な所見3：ebの左辺の値が7で，すべてFM反応であるとか，m反応があっても1個だけの場合，あるいは，ebの左辺の値が8以上で，FM反応が6個以上ある場合は，内的欲求状態によって辺縁の精神活動はかなり高まっていると推測できる。通常，このような状況は一時的というよりは慢性的で，頻繁に注意集中が妨げられることになるだろう。もしmが3以上であれば，状況ストレスによっても辺縁の精神活動が高まっていることを示している。ステップ6に進む。

ケース9所見該当

　　ebの左辺は7で，その内容はFM=6とm=1である。おそらく慢性的に辺縁思考活動の高まりを経験していて，彼女の注意力や集中力に問題を生じることになるだろう。しかし，彼女が身体的な問題を抱えていることを思い起こすと，我慢することも多く，あれこれ要求が高まっていると考えられるのでそれほど驚く結果でもない。

ケース9　29歳女性　思考の変数

L	=0.21	OBS	=No	HVI	=No	Critical Special Scores (R=17)		
						DV =0	DV2 =0	
EB	=4 : 4.5	EBPer	=NA	a:p	=5 : 6	INC =1	INC2 =0	
				Ma : Mp	=1 : 3	DR =1	DR2 =0	
eb	=7 : 6	[FM=6	m=1]			FAB =0	FAB2 =0	
				M-	=1	ALOG=1	CON =0	
Intell Indx=1		MOR	=1	Mnone	=0	Sum6 =3	WSum6=10	

M Response Features
IV　6. Wo Mp.FDo H P 2.0 PER,GHR
VI　9. Do Mp- Art,Hd,Sx PHR
VII 10. D+ Mp.Fr.FYo H 3.5 GHR
X 24. D+ Mao 2 A 4.0 INC,COP,GHR

可能な所見4：eb の左辺の値が7で，FM が4以下の場合，または eb の左辺の値が8以上で FM が5以下の場合，eb の左辺の値が高いのは，期待以上に多い m のためであることは明らかである。この所見は，状況に関連するストレスのために，辺縁の精神活動が著しく高進していることを示している。通常これは一時的なものではあるが，この状態が持続する間，注意集中活動が著しく低下することに留意しておくことは大事である。ステップ6に進む。

ケース10 所見該当

　　eb の左辺は9で，それは FM=5 と m=4 から成っている。辺縁思考活動が相当高まっているが，これは彼の態度や社会的行動が問題として取りあげられていることがこの結果に影響しているだろう。明らかに，これは彼の注意や集中力に影響し，ひいては彼の思考パターンを混乱させるだろう。

ケース11 所見該当

　　eb の左辺は8で，FM=3 と m=5 による。彼女は相当な状況ストレス下にあると言える。入院を継続する必要があるのかが疑問として挙げられていたし，自殺の危険性についても問われていた。どうにもならないといった感覚が彼女には行きわたっていて，まとまりのある思考活動を保つことが難しくなっている。

ステップ6：*Ma:Mp*

　誰でも空想することはあるだろう。これは，概念的思考を用いて，つらい現実のもろもろの要請を一時的に回避するには便利な方法である。事実，現代には，本やテレビ，ラジオ，映画などの空想が広がるのを手助けする情報源は多い。それぞれがそれぞれのやり方で簡単に現実離れできるような手軽な刺激を与えてくれる。しかし，空想を引き起こすためにはどの手段も本当には必要ではない。そのような手段がなくても誰でも「白日夢」にふけることができるのである。白日夢というのは，概念的思考が現実以外のものに焦点をあてるようになる空想過程である。

　記憶，予想，欲求，願望などいろいろなものが人を白日夢に駆り立てる。基が何であれ，白日夢は日常生活によくあることで，その中では，意図的に思考を使い，現実世界の退屈さや過酷さを否

ケース 10　20 歳男性　思考の変数

L	=0.61	OBS	=No	HVI	=Yes	Critical Special Scores (R=29)		
						DV =1	DV2 =0	
EB	=7:6.0	EBPer	=NA	a:p	=8:8	INC =0	INC2 =2	
				Ma:Mp	=3:4	DR =2	DR2 =1	
eb	=9:6	[FM=5	m=4]			FAB =1	FAB2 =0	
				M-	=1	ALOG=0	CON =0	
Intell Indx=3		MOR	=2	Mnone	=0	Sum6 =7	WSum6=25	

M Response Features
II 5. D+ Ma.FCu 2 Ad 5.5 AG,FAB,PHR
III 7. D+ Mpu 2 (H),Id,Cg 3.0 DR,GHR
IV 10. W+ FD.Ma.FC'o (H),Bt,Cg P 4.0 AG,GHR
VI 15. D+ Mp.mau H,Hx,Ls,Ay 2.5 MOR,AB,PHR
VII 16. D+ Mao 2 Hd P 3.0 AG,GHR
VIII 20. Dd+ Mp.FD.FC- Hd,Cg,Hh 3.0 PHR
IX 23. DdS+ FC'.FC.Mp.FDo (Hd),Bt 5.0 DR2,PHR

ケース 11　41 歳女性　思考の変数

L	=0.20	OBS	=No	HVI	=No	Critical Special Scores (R=18)		
						DV =0	DV2 =0	
EB	=4:6.0	EBPer	=1.5	a:p	=7:5	INC =0	INC2 =4	
				Ma:Mp	=2:2	DR =2	DR2 =0	
eb	=8:8	[FM=3	m=5]			FAB =0	FAB2 =0	
				M-	=0	ALOG=0	CON =0	
Intell Indx=3		MOR	=7	Mnone	=0	Sum6 =6	WSum6=22	

M Response Features
I 4. W+ Mp.ma.FY+ Hd,Cg 4.0 MOR,INC2,PHR
III 7. W+ Ma.C.FDo 2 H,Cg,Hh,Art P 5.5 COP,GHR
VI 11. D+ Mpu 2 H 2.5 MOR,PHR
VII 12. W+ Ma+ 2 H,Cg P 2.5 COP,GHR

認したり，それらの代わりにもっと簡単に何とかなる状況を創りだしたりする。空想は，現実から目をそむけてつかの間の安堵をもたらす以上のものである。それは喜びの基（たとえ非現実的なものであったとしても）になり，しかも絶対的な統制力を持つ感覚をもたらすものとなりうる。人によっては後者が最も重要になる。

　空想がもたらす心理的安堵感はたとえ一時的なものであったとしても，それをなくてはならない防衛手段の一つとして使う人もいる。このような人は，一般の人より空想にふけることがはるかに多い。こうなると空想の濫用であって，一時的な補強手段であったはずのものが，あまりにも頻繁に現実から引き離す働きをするようになるため，重大な欠陥になってしまう。思考による現実否認があまりにも頻繁に起こると，人は，不快な状況は放っておけば誰かが解決してくれるだろうという暗黙の仮説を抱くようになるために，他人に依存するようになる。空想の濫用は誰にとっても危険ではあるが，おそらく内向型の人の場合にはその基本的な対処スタイルが長期にわたって効果的でないものになる可能性が高いので，最も危険性は高いだろう。

　Ma:Mp の比からその人の空想生活の内実が直接わかるわけではない。しかし，Ma の値はいつ

も Mp の値より大きいことが期待できるという事実は役に立つ。これがあてはまる場合は両辺の差の大きさには解釈的な意味はない。しかし，Mp の値が Ma の値より大きい場合，その人は普通よりも日常的に空想を使う人であると言える。この仮説が使えるのは，M の値が 2 以上ある場合に限られる。

可能な所見 1：Mp の値が Ma より 1 個多いとき，その人はストレスのある状況では，防衛的に空想を使い，それを現実と置き換える傾向があると言える。これは，大変効果的な防衛手段でもありうるので，その人が他者に依存しすぎることを示す他の証拠が得られない限り，これを欠点と考えないほうがよい。しかし，他者に普通以上に依存的になる傾向がある場合は，空想を濫用する傾向はその依存傾向を助長する。ステップ 7 に進む。

ケース 10 所見該当

Mp が Ma よりも 1 個多いのは，たいていの人よりも彼が空想にふけりやすいことを示している。この傾向が彼の現在の状況とどのように関連しているのか，そしてこのことが彼の欠点と考えられるのかどうかについては，思考や自己知覚，対人知覚についての情報を入手し終えるまで保留しておくこととする。

可能な所見 2：Mp の値が Ma の値より 2 以上大きいとき，不快な状況に対処するときには決まって，空想への逃避という手段を用いる傾向があることを示している。このような傾向がある場合，白雪姫シンドロームというが，その主たる特徴は責任や意思決定を回避することである。このような人は，現実を否認するために空想を濫用しすぎるので，それによってもたらされる結果はたいてい本人の本来望むところとは逆のものになることが多い。

この対処法を取ると，他者に依存することになるので，自らを無力にすることにもなる。不幸なことに，このような特徴を持つ人は他者から操作されやすい。この防衛的な対処スタイルが広範囲にわたると，特に内向型の被検者には不利である。なぜならば，複雑すぎる状況や，ストレス含みの状況では，基本にある思考を使う傾向が依存の傾向に取って代わられてしまうからである。ステップ 7 に進む。

ケース 9 所見該当

Ma：Mp=1：3 が示すように，彼女は空想に逃げ込むことによって，直面したくない現実に対処したり，否認する手段としている。このことはまた，心細い自分を強化してくれて，不快な場面に解決をもたらしてくれる他者に，過剰に依存的になることを示している。たった一つのここのデータだけから所見を引き出すと，憶測含みになってしまうが，彼女の過剰な性行動はここで述べた依存と関連があるのかもしれない。

ステップ 7：知性化指標

概念的思考が防衛として使われるもう 1 つの例が知性化である。感情の強さを緩和し，中和するために思考を使うプロセスについては，すでに第 16 章で説明した。知性化とは否認の一種であり，

ケース10　20歳男性　思考の変数

L	=0.61	OBS	=No	HVI	=Yes	Critical Special Scores (R=29)			
								DV =1	DV2 =0
EB	=7:6.0	EBPer	=NA	a:p	=8:8			INC =0	INC2 =2
				Ma:Mp=3:4				DR =2	DR2 =1
eb	=9:6	[FM=5	m=4]					FAB =1	FAB2 =0
				M-	=1			ALOG=0	CON =0
Intell Indx=3		MOR	=2	Mnone	=0			Sum6 =7	WSum6=25

M Response Features
II 5. D+ Ma.FCu 2 Ad 5.5 AG,FAB,PHR
III 7. D+ Mpu 2 (H),Id,Cg 3.0 DR,GHR
IV 10. W+ FD.Ma.FC'o (H),Bt,Cg P 4.0 AG,GHR
VI 15. D+ Mp.mau H,Hx,Ls,Ay 2.5 MOR,AB,PHR
VII 16. D+ Mao 2 Hd P 3.0 AG,GHR
VIII 20. Dd+ Mp.FD.FC- Hd,Cg,Hh 3.0 PHR
IX 23. DdS+ FC'.FC.Mp.FDo (Hd),Bt 5.0 DR2,PHR

ケース9　29歳女性　思考の変数

L	=0.21	OBS	=No	HVI	=No	Critical Special Scores (R=17)			
								DV =0	DV2 =0
EB	=4:4.5	EBPer	=NA	a:p	=5:6			INC =1	INC2 =0
				Ma:Mp=1:3				DR =1	DR2 =0
eb	=7:6	[FM=6	m=1]					FAB =0	FAB2 =0
				M-	=1			ALOG=1	CON =0
Intell Indx=1		MOR	=1	Mnone	=0			Sum6 =3	WSum6=10

M Response Features
IV 6. Wo Mp.FDo H P 2.0 PER,GHR
VI 9. Do Mp- Art,Hd,Sx PHR
VII 10. D+ Mp.Fr.FYo H 3.5 GHR
X 24. D+ Mao 2 A 4.0 INC,COP,GHR

現実を曲げるためにある種の普通でない思考を必要とするものである．たとえば，明らかに悲しんでいる人が「いい気分だ」と頑固に言い張っているとすれば，自分の言っている言葉が正しいと信じるために，自分の内面にある手がかりの概念を歪めているはずである．

　ほとんどの人が時折知性化をするが，防衛として習慣的に過剰に知性化を用いていると，思考は論理的でなくなり，内面の手がかりを歪曲することになりかねない．すぐにこれが思考の問題につながるわけではないが，誤った概念を作りあげたり，受け入れたりする可能性を高めることになるだろう．極端な場合，知性化は，妄想に似た非常に誤った解釈に基づく概念を形成し維持する要因になることもある．

可能な所見1：知性化指標が4〜6の場合，たいていの人よりも感情を知性化する傾向があると言える．このことは，状況から本来受けるはずのインパクトを否認するために，歪んだ概念形成をしたり，受け入れたりすることを示している．ステップ8に進む．

可能な所見2：知性化指標の値が6を超える場合，ストレスを感じる状況では，知性化を主な防衛手段として使うことを示している。これは偽りの知的プロセスで，自分でわかって否認を用いているかどうかは別として，結果的に感情は直接的，現実的には扱われなくなる。このような人は歪曲した概念を容易に受け入れやすく，強い感情経験にさらされると思考はまとまりのないものになる。なぜならば，知性化の方便は大きなストレスを含む刺激を前にすると効果的ではなくなるからである。ステップ8に進む。

ステップ8：*Sum6*と*Wsum6*

これは思考が明確であるか特異なものであるかの問題に焦点をあてる，4つのステップの中で最初のものとなる。6つの重要特殊スコアは，概念思考にある問題を見つけるためのもので，思考の明確さについても間接的に示す。それぞれが何らかの認知的誤りや思考のずれが起こっていることを知らせるが，それぞれが表す困難さの程度はかなり異なっている。それゆえにこれらを重みづけしてある。認知の機能低下については，DV1からCONTAMまでを3つに分けて，1つの連続体として考えるのが最もよいだろう。

DV1 INC1 DR1	DV2 FAB1 INC2 ALOG	DR2 FAB2 CONTAM
軽度	中程度	重度

このように考えると，概念や思考の問題を最も端的に表わすのが第2・第3の区分に入る特殊スコアということになる。最初の区分にある3つのスコア（DV1, INC1, DR1）は，認知の不注意を反映することが多い。だからといって思考を検討する際にこれらは重要でないというわけではない。そのような考え方は正しくない。最初の3つのスコアは思考に明確さが欠けていることを意味するし，概念的思考に困難がある場合には目立って増加することが多い。

DV1の反応はちょっとした認知的誤りに関係している。間違った言葉遣い，特異な表現の仕方のために，明確なコミュニケーションの能力が妨げられる。児童の記録にはよくあるが，彼らは簡単で明確に言いたいことを言うのに苦労することが多い。DV1の反応が2個，あるいは3個あってもたいして重要ではないが，もし成人の記録にこれよりも多く起こった場合は何らかの認知的問題があるかもしれないので，言語能力についてもっとよく検討しておく必要がある。DV2の反応は，ずっと深刻な認知的誤りである。これは，概念化の操作に割り込んでくる何らかのとらわれがあることを示していることが多い。

INCOM1は6つの重要特殊スコアの中で最も出現頻度が高く，非患者成人の記録や子どもの記録の中に頻繁に現われる。これは，ブロットの部分を普通ではない方法で組み合わせて，単一の対象を作りあげるものである。これは奇妙な思考でないとしても，概念的に異なるものを識別できないとか，ブロットの具象性にとらわれた固い理由づけをしていることを表わしている。DV1と同様，1個か2個のINCOM1の反応があっても特別なことではない。逆に，INCOM2の反応は単純な識別の失敗をはるかに超えている。それらはたいてい奇妙で，こじつけの論理を反映している。これは，何かにひどくとらわれているとか，現実をかなり無視する人の思考に最も多く現われる。

DR1の反応は，優柔不断であることや，目の前の課題から離れるための防衛的な試みを表わし

ている。その意味では，これは単に貧弱な判断力を反映しているに過ぎない。しかし，もしこれが頻繁に出現し，まとまりのなさが長引く場合は，思考の衝動をうまく統制できないことを示している。DR2 の反応は，思考の衝動を統制できないことに関するいっそう深刻な問題を反映している。これは「狙いを定めておく」ことができない何らかの欠陥を意味する。1 個でも DR2 の反応があれば，それは概念的思考が衝動的で取りとめがないものであることを示している。

FABCOM1 の反応は思考の未熟さを表している。これは，思考が明確でないときに起こる非常に正確さを欠いた概念のつながりであり，不合理な統合である。年少児童にはよくあるが，青年期や成人では頻度は低くなる。13 歳以上の者の記録に 2 個以上の FABCOM1 の反応があるのはネガティブなサインである。少なくともそれは思考の不正確さや未熟さを表わしている。FABCOM2 の反応は相当奇妙で，概念化の重大な欠陥を示すものである。これは，極端に現実を無視していることを表し，思考が十分に統制されていないために誤った判断をしてしまうか，まともな判断ができなくなることを示している。FABCOM2 はたとえ 1 つだけであっても，深刻なほどに概念活動に歪曲があり，現実検討力が危うくなっていることを意味する。

ALOG 反応はこじつけの論理の表われで，誤った因果関係を単純化して作りあげた主張である。たいていは奇妙というよりはブロットの具体的な特徴にしばられたもので，判断力の乏しさが概念化に影響を与えていることを示している。児童の記録には珍しくないが，青年や成人の記録に現れたときには，予想外に判断力の乏しい未熟な思考を示すものと考える必要がある。CONTAM の反応は極めて稀で，最も深刻な思考の解体を反映している。COMTAM は，流動的に移り変わる概念化の活動がこじつけの理屈で融合したものである。最終的にはひどく現実から逸脱した思考形態となる。

ほとんどのプロトコルには特殊スコアがいくつかあるが，児童のプロトコルのほうがその頻度は高い。DR2，FAB2，CONTAM がなくて，それ以外の特殊スコアも多くない限り，必ずしも心配する必要はない。合計（Sum6）は，思考の誤りやずれがどれほど頻繁に起こっているかを表わすので，ある程度解釈に関係してくる。しかし，普通は重みづけをした合計値（WSum6）を R との関連で考察し，6 つの重要特殊スコアの頻度データをそれぞれ検討して，思考の明確さと，思考に問題があるかどうかについてより詳細な情報を得る。

Sum6，Wsum6，そして重要特殊スコアの頻度から得られる思考の明確さについての情報は間接的なものである。はっきりした否定的な特徴がないということは，認知的な誤りや思考のずれが想定されるよりも少ないということを示しているだけである。これは，「知らせがないのはよい知らせ」ということで，概念的思考の明確さを疑う理由がないことを意味する。しかしだからといって，必ずしも思考が適切で，効果的であるということを意味するわけではない。思考の明確さの問題については解釈手順の残りのステップで再び取りあげる。その際にここで得られた明確さについての仮説は変更されることもある。

可能な所見 1：R に関係なく成人と 14 歳以上の青年で，WSum6 が 6 以下で，レベル 1 の DV，INCOM，DR 反応だけしかない場合，これは取りたてて何も言うことのない所見である。概念的思考の明確さを疑う理由はない。

可能な所見1a（若年者の場合）：若年者の概念的思考は，青年や成人ほど明確で洗練されていることが期待されていない。彼らは認知的誤りや思考のずれを表わしやすい傾向がある。こうしたことから，思考の明確さは当該年齢の大多数の人と同じであると結論するためのガイドラインは以下の通りとなる。ただし，この場合，CONTAMの反応がないことが前提となる。

　　11〜13歳　WSum6は8以下
　　8〜10歳　WSum6は10以下
　　5〜7歳　WSum6は12以下

ステップ9に進む。

可能な所見2：Rに関係なく，WSum6が6以下の成人と14歳以上の青年で，FABCOMまたはALOG反応が1個あるが，CONTAMまたはレベル2の反応はない場合，思考には普通よりも誤った判断やずれが多く見られやすい。これは必ずしも思考に問題があることを示すわけではないが，期待されるよりも思考が明確でないとか，概念化が場合によって未熟で，洗練されないものであることを示している。ステップ9に進む。

可能な所見3：Rが17以上で，WSum6が7〜10の範囲の成人と14歳以上の青年で，CONTAMまたはレベル2反応がない場合，思考活動には，普通より多くの思考のずれや誤った判断が見られやすい。これは必ずしも思考に問題があることを示しているわけではないが，思考が明確でなく，大多数の人に比べてかなり洗練されていないことを示している。同様のことは，成人と年長の青年の記録において，Rが16以下で，WSum6が7〜9の間にあって，レベル2またはCONTAMの反応がない場合にも適用できる。

可能な所見3a（若年者の場合）：CONTAM反応がない場合，以下のような年齢を基準にしたガイドラインに当てはめて若年者にも同様の結論を適用する。

　　11〜13歳　WSum6は9〜12
　　8〜10歳　WSum6は11〜14
　　5〜7歳　WSum6は13〜15

ステップ9に進む。

ケース9所見該当

　　WSum6=1で，INCとDR，それにALOGが1個ずつある。INCは見た通りの具体的すぎる理由づけをしたもので，DRは目の前の課題からはずれたためコードされた。3つの中ではALOGが最も重大なもので，おそらく判断のまずさを表わすものである。これらは言い間違いや間違った判断を示す程度のものなので，彼女の思考が聡明な成人に比べるといくらか明確さを欠いた，洗練され

ケース9　29歳女性　思考の変数

						Critical Special Scores (R=17)	
L	=0.21	OBS	=No	HVI	=No	DV =0	DV2 =0
EB	=4:4.5	EBPer	=NA	a:p	=5:6	INC =1	INC2 =0
				Ma:Mp	=1:3	DR =1	DR2 =0
eb	=7:6	[FM=6	m=1]			FAB =0	FAB2 =0
				M-	=1	ALOG=1	CON =0
Intell Indx=1		MOR	=1	Mnone	=0	Sum6 =3	WSum6=10

M Response Features
IV 6. Wo Mp.FDo H P 2.0 PER,GHR
VI 9. Do Mp- Art,Hd,Sx PHR
VII 10. D+ Mp.Fr.FYo H 3.5 GHR
X 24. D+ Mao 2 A 4.0 INC,COP,GHR

ないものになる場合があることを示しているに過ぎない。

可能な所見4：Rが17以上で，WSum6が11〜17の成人および14歳以上の青年の場合，思考に深刻な問題があることを示している。途絶や誤った概念化のために思考が鈍くなり，間違った判断が起こるというエピソードが，許容しかねるほど出現する。その結果，誤った意思決定をすることが多くなると思われる。この仮説は，Rが16以下でWSum6が10〜12の，成人と年長の青年の記録にも当てはまる。

可能な所見4a（若年者の場合）：同様の結論を若年者の場合にも，以下の年齢を基にしたガイドラインに従って適用する。

　　　11〜13歳　WSum6は13〜17
　　　8〜10歳　WSum6は15〜19
　　　5〜7歳　WSum6は16〜20

ステップ9に進む。

可能な所見5：Rが17以上で，WSum6が19以上の成人と年長の青年の場合，思考に深刻な障害があると考えられる。概念化がこの程度まで損なわれていると，よくてもその個人の現実検討は限界ぎりぎりのものである。思考は混乱していて一貫せず，非常に誤った判断が頻繁に起こってくる。奇妙な概念化も珍しくなく，このような人はたいてい，日々の生活で必要とされることに取り組むのに効果が持続する方法を取ることができない。この仮説は，成人と年長の青年の記録でRが16以下でWSum6が13以上の場合にも当てはまる。

可能な所見5a（若年者の場合）
　同様の結論を若年者にも，以下の年齢を基にしたガイドラインに従って適用する。

第19章 思考 | 491

ケース10　20歳男性　思考の変数

L	=0.61	OBS	=No	HVI	=Yes	Critical Special Scores (R=29)
						DV　=1　　DV2　=0
EB	=7:6.0	EBPer	=NA	a:p	=8:8	INC =0　　INC2 =2
				Ma:Mp	=3:4	DR　=2　　DR2　=1
eb	=9:6	[FM=5	m=4]			FAB =1　　FAB2 =0
				M−	=1	ALOG=0　　CON　=0
Intell Indx=3		MOR	=2	Mnone	=0	Sum6 =7　　WSum6=25

M Response Features
II　 5. D+ Ma.FCu 2 Ad 5.5 AG,FAB,PHR
III　 7. D+ Mpu 2 (H),Id,Cg 3.0 DR,GHR
IV　10. W+ FD.Ma.FC'o (H),Bt,Cg P 4.0 AG,GHR
VI　15. D+ Mp.mau H,Hx,Ls,Ay 2.5 MOR,AB,PHR
VII　16. D+ Mao 2 Hd P 3.0 AG,GHR
VIII　20. Dd+ Mp.FD.FC− Hd,Cg,Hh 3.0 PHR
IX　23. DdS+ FC'.FC.Mp.FDo (Hd),Bt 5.0 DR2,PHR

11〜13歳　WSum6は19以上

8〜10歳　WSum6は20以上

5〜7歳　WSum6は21以上

ステップ9に進む。

ケース10所見該当

　WSum6=25を構成しているスペシャルスコアにはいくつかのカテゴリーがある。これらはDV=1, INC2=2, DR=2, DR2=1, FAB=1である。重要な6つのスペシャルスコアがいろいろなカテゴリーに広くばらついて該当する場合は，WSum6が思考の問題を誇張していると考えるのは現実的ではない。彼の思考はかなり歪んでいて，おそらく現実検討力は相当障害されているものと思われる。

ケース11所見該当

　WSum6=22は，DRとINC2の2つのスペシャルスコア・カテゴリーに該当している。WSum6の高さは，彼女の思考が混乱していて，つじつまの合わないものになりやすいことを示しているが，思考障害があるか否かについての議論は，スペシャルスコアに含まれる反応を十分に評価し終えるまでとりあえず保留する。その理由は，たいてい思考障害はいくつかの異なる方向で顕著になるもので，1つや2つのスペシャルスコアのカテゴリーにだけ現われたりしないものだからである。

ステップ9：重要特殊スコアの評価

　WSum6は時折，ネガティブな思考の特徴を過大評価したり，過小評価してしまうことがある。重要特殊スコアを含む反応内容を検討する必要があるのは，このためである。たとえば，動物について説明するときに前足や足のことを「手」という習慣があり，ただそれだけの理由でWSum6がかなり大きくなることがある。これが4, 5回起こると，WSum6の値はネガティブな仮説を示す範

ケース11　41歳女性　思考の変数

L	=0.20	OBS	=No	HVI	=No	Critical Special Scores (R=18)	
						DV =0	DV2 =0
EB	=4 : 6.0	EBPer	=1.5	a : p	=7 : 5	INC =0	INC2 =4
				Ma : Mp	=2 : 2	DR =2	DR2 =0
eb	=8 : 8	[FM=3	m=5]			FAB =0	FAB2 =0
				M-	=0	ALOG=0	CON =0
Intell Indx=3		MOR	=7	Mnone	=0	Sum6 =6	WSum6=22

M Response Features
Ⅰ　4. W+ Mp.ma.FY+ Hd,Cg 4.0 MOR,INC2,PHR
Ⅲ　7. W+ Ma.C.FDo 2 H,Cg,Hh,Art P 5.5 COP,GHR
Ⅵ 11. D+ Mpu 2 H 2.5 MOR,PHR
Ⅶ 12. W+ Ma+ 2 H,Cg P 2.5 COP,GHR

囲に入ってしまう。INCOM をコードするのは正しいが，その結果得られた WSum6 の値は誤解を招くものであるため，ステップ 8 で導き出された仮説は緩和される必要がある。逆に，プロトコルには重要特殊スコアが 2 個か 3 個しかないものの，スコアラーがそれらに含まれている奇妙さをレベル 2 の基準に見合うものであると判断しかねる場合もある。このような場合，WSum6 は，現にある思考のずれの程度を容易に過小評価してしまうことになる。

　このステップでは，より個人的な評価をするために次の 3 点に焦点をあてる。

（1）重要特殊スコアがどれほど，下位文化，教育不足，あるいは言語選択の誤りを繰り返す傾向を反映しているのか。
（2）明確でない思考や誤った判断が反応内容の中にどの程度現われているか。
（3）CONTAM，レベル 2，ALOG 反応の奇妙さが，どれほどはっきりと病的な思考のサインを示しているか。

可能な所見 1：重要特殊スコアを含む大多数が，受検者の下位文化では普通に見られる言い回し，あるいは受検者と同程度の教育水準の者がよくする言い回しを反映したものである場合，思考のずれがあるという仮説は排除する必要はないまでも，緩和したほうがよい。同様に，特殊スコアのたいていが，言葉の選択の誤りが持続したためにもたらされたのであれば，ステップ 8 で立てた仮説は適切に修正する必要がある。ステップ 8 の仮説を修正した場合は必ずステップ 10 で再評価する。

可能な所見 2：重要特殊スコアを含む反応に奇妙なものがないにもかかわらず，該当する年齢には期待されないような未熟で誤った論理が反映されていることもある。この場合，ステップ 8 で立てた仮説を拡大して，その個人は社会生活に対する力不足があり，思考を適切に制御したり方向づけたりできない可能性がある，と注釈する必要がある。時には統制に関するデータがこの所見に役立つ情報をもたらす場合があるが，統制の所見に関わりなく，概念化は誤った論理や間違った判断に非常に影響を受けやすいと結論するのが理にかなっている。

可能な所見3：ALOG，CONTAM，レベル2の反応の奇妙さが明らかに混乱した思考の証拠となるとき，その人の最近の行動を見ると，これを裏づける情報が入手できると思われる。もしも裏づける行動がない場合は，症状の誇張や病気を装っている可能性を疑う必要がある。ステップ10に進む。

ケース9所見

記録には3つの重要な特殊スコアがある。

図版Ⅵ（D3）「よくわからないけれど，上の部分は男性の性器みたい。ペニスでしょう。（質問）本物ではなくて，芸術家が描いたみたい。勃起したペニスみたいな形で，多分こんなふう。でもこんなふうに描くなんて，その芸術家は何考えていたのかしらね」[DR]

図版Ⅹ（D4）「タツノオトシゴ，それっぽく曲がっているでしょう。でも硬く見えるから死んでいるのね。（質問）形からそう見えた，緑色だったと思うし。でも，硬く見えるの。（硬く見えるというのを教えてください）わからないけれどそう見えて，だから死んでいるに違いありません」[ALOG]

図版Ⅹ（D11）「2匹の虫が何かを持ちあげています，この間にあるものを。（質問）触角があって，後ろ足で立っているみたい。カブトムシが後ろ足で立っていて，何だかわからないけど，これをつかんでいます」[INC]

ステップ8で立てた仮説通り，彼女の思考は明確さを欠いた，つじつまの合わないものになりがちで，言い間違いや間違った判断が目立っている。しかし特殊スコアの付くどの反応も奇妙なものとはいえず，単に子供っぽく，見たとおりの具体的過ぎる反応になっているだけである。反応しながら余計なことを付け加えるために特殊スコアがついたものばかりである。たとえば「……芸術家は何を考えていたのかしらね」「……だから死んでいるに違いありません」「……カブトムシが」（わざわざカブトムシと言って後ろ足では立たない虫にした）など。結局，ステップ8で立てた仮説と一致する結果となっている。

ケース10所見

特殊スコアの付いた反応は7つある。

図版Ⅰ（W）「何かの虫みたい。真ん中に目があって，周りが羽で。（質問）目はこの真ん中で，目が羽の一部になっていて，変な羽。（変な羽？）羽に目が付いてて，羽が上に向いてて目の後ろに付いてて，触角で。誰もまだ見たことのない虫です。私も今まで一度も見たことがありません」[INC2, DR]

図版Ⅱ（D2）「上は顔みたいです。目があります。鳥ですね。（質問）目がこれで，眉毛で，お互いに舌を出してけんかしています。どうしてそうしているのかわかりませんが，鳥です。鳥の顔をしています。赤い鳥，どんな種類かはわかりません」[FAB]

図版Ⅲ（D1）「奇妙な2人が顔を合わせている。ブタの顔みたい。手にはかぎ爪がある。（質問）

これが手で（指差す），角張っていて，ここが体。ひざは何か変なものが突き出ていて，ブーツをはいています。足や腕は普通で，人間っぽいけれど，かぎ爪のある手でこの丸いものを持っているみたい，大きなボールみたいなものを。別な世界から来た生き物なのかもしれない。（ひざは何か変なものが突き出ていて，というのを教えてください）ただ変なものに見えただけです」[DR]

図版 IX（D11+Dds22）「白と緑の目をした変な生き物。長い鼻があって，藪の向こうからのぞいています。（質問）これが目で，一部が白くて，一部分緑色で，藪に隠れている。これが藪で（D11）。まったく人間っぽくなくて，他の世界から来た，まだ誰も一度も見たことのない生き物だね」[DR2]

図版 X（D9）「赤い部分は腸です。（質問）両方の赤い部分がそう見えます。この赤い部分です。そう見えます。長くてゲロッとして［訳者注：原語 gloppy で DV］，違った赤い色をしています。（違った赤い色というのはどう見たらいいですか？）明るい赤と暗い赤で，少し青味がかった部分もあって，腸ってそう見えますよね。生物で勉強して以来こういうのは見たことがないのですが，こんなんだと思いました」[DV]

図版 X（D11）「この灰色のところは，頭が2つある変わった虫。（質問）ブラジルの自然の中や南アメリカにはこんな奇妙な虫がいるでしょう。両側に頭があって，長い体。こんなのは今までに見たことがありません」[INC2]

ステップ8では，彼の思考は歪んでいて，現実検討力はおそらく障害されているだろうとの仮説を立てた。実際ここで検討した6つに含まれていた概念化（図版 X の最初の反応は除外する）は，変わっていて，奇妙な反応に限りなく近い。しかし，彼は自分でそのことに気づいているようで，反応を修正しようとしている。「……こんなのは今までに見たことがありません……誰も見たことがないでしょう……他の世界から来た生き物です」など。恐らく図版 III の反応が最も奇妙かもしれないが，検査者が「変なもの」について確認すると，彼は引いてしまい，それ以上説明しようとはしなかった。これもそうした修正の一種である。まるで彼は自分の反応のおかしさを知っていて，それ以上ひどく現実とのつながりを失ってしまわないように，懸命に自己防衛しているかのようである。

ケース11 所見

重要な特殊スコアが6つある。

図版 I（W）「これはチョウみたいだけど，カエルの足が付いているわね。足の先という意味だけど。よくわからないわ，チョウにロブスターの爪が付いているのかしら。（質問）これがロブスターの爪で（D1），チョウ。広がっていて，羽で，触角で，飛んでいるみたい。（チョウに見えたのを説明してくれますか）たぶん……ええと……羽があったからかしら」[INC2]

図版 I（W）「コウモリのようにも見えますね，目の見えないコウモリ。（質問）羽があるだけで，目の見えないコウモリのようです。羽で，頭がないので，目がなくて飛んでいるようです。だから目が見えないって言ったんです。ね，ここ（上を指す）頭がないでしょう」[INC2]

図版 I (W)「ケープにも見えますね。太った女の人が手を挙げて風に吹かれて立っています。手を上に挙げていて，頭がありません。首を切られているんです。（質問）体で，太っているというよりはがっしりした体格で，細いウエストで大きな胸。ベルトがあって，脚で，襟があって，でも頭がなくて。これ（D2）が全部ケープで，風に舞ってる。これが手（D1）。ケープは周りが破れていて，引き裂かれているみたいです。（ベルトはどう見たらいいですか？）バックルが薄い色をしているんです，真ん中です。薄くなったり濃くなったりしてるでしょう」[INC2]

図版 II (W)「これは2頭のヒツジが鼻を合わせているところ。でもこのヒツジは殺されちゃってます。これは気持ちが悪いわ。どうして人は動物を殺すことができるのかしらね。だからヒツジは全体ではなくて頭と肩のところだけです。これは，見ててぞっとします。（質問）耳で，頭の先，鼻をくっつけて，こうやって横たわらされて，切り落とされて，切り刻まれて。赤やピンクやオレンジは，すごい量の血が流れているようです。本当に切り刻まれたみたいに首のところがぎざぎざになっていて，きれいにやれなかったのね」[DR]

図版 VI (W)「敷きものになった動物，皮をはがれて毛皮にされて広げられているところ。皮を棒や板に広げるでしょう，地方の出身の人ならどうやるのかわかるでしょうけど，胸が悪くなるわね。（質問）アライグマのような毛羽立った動物。広げてあって。半分に切ってあって，脚で，前足と後ろ足。これが棒。（毛羽立ったというのはどう見たらいいですか？）毛の長い動物で，インクの模様に材質感があって，それが毛のように見えたのね」[DR]

図版 VIII (W)「骨盤です，これが膣で，肋骨。骨盤と肺も。（質問）これが肩のところ（D4），これが肺で（D5），煙が詰まっていて，青くて，肋骨で，骨盤と膣，こう下に向かってね，医学書にあるのみたい。（肺が青くてと言いましたか？）ええ，肺が青くてタバコを吸うとこうなるんです」[INC2]

ステップ8で，彼女の思考は混乱していて，つじつまの合わないものになりやすいかもしれないとの仮説を立てた。明らかに，思考はばらばらで非論理的になることが時折あるし，見た通りの具体的な思考に比較的簡単に陥ってしまいやすい。しかし，これらは妄想的な思考とは言えない。興味深いことに，6つのうち5つにMORの特殊スコアが付いている。思考に問題はあるが，その問題は拡散しているというよりは特定できるもので，何らかの身体的なとらわれや関心と関連している。このことについては認知的媒介で検討した通りである。また，ステップ4で検討したように，かなりの悲観的な思考の構えもある。

ステップ10：Mの形態質

人間運動反応にはたいてい最もはっきりした概念思考が表現されているが，これらの反応の形態質からは思考の明確さを評価することができる。

すべてのM反応の形態質は+，o，uのどれかであることが最も望まれるが，そうでない場合は，期待されるよりも思考は鈍く，場合によっては風変わりで混乱したものであることを示している。そのような場合には，たいていステップ8と9の所見と一致するはずである。前の所見で思考の問題の微妙な点までは見抜けなかったとしても，Mの形態質を検討することによってそれが明らか

になることもある。

可能な所見1：M反応のすべてが+，o，uの形態質である場合，そのデータは解釈には使わない。ステップ11に進む。

可能な所見2：M-がプロトコルに1個の場合。もし記録に形態質のないM反応がなければ，認知的媒介や思考の明確さを妨げるような何らかのとらわれによって風変わりな思考ができあがり，1個のM-になったと考えられる。場合によっては1個のM-は思考の混乱の一部だけを垣間見せているのかもしれないが，もしそうであれば前の重要特殊スコアについての所見に意味あることが述べられているだろう。

ケース9と10所見該当

それぞれ1個のM-反応がある。どちらもステップ8とステップ9の所見に照らし合わせて予想外の結果ではない。

可能な所見3：M-反応がなくて，形態質のないMがある場合がある。形態質のないMは，明確な思考を妨げるような思考の統制の問題と関連している。たいていの形態質のないM反応は，悲嘆，怒り，痛み，恍惚感，愛などの感情的要素を含んでいる。しかし，場合によっては平和，創造，知性などというようなもっと難解な性質のものもある。

前者は，思考が感情に圧倒されて現実からかけ離れてしまうという不安定さを露呈した例である。後者は，思考が流動的になって内面のとらわれが現実に二重写しになるか，それが現実に置き換わった場合である。どちらの例も思考を統制する能力が損なわれていることを示している。しかし，より難解な形態質のないM反応の方には，幻覚体験が起こるのに似た過程が含まれていると思われる。

可能な所見4：M-と形態質のないMの合計が2以上のとき，思考は奇妙で混乱していることは間違いない。これは，半ば現実から遊離したとらわれによって作り出されたものではあるが，より広い範囲の思考の混乱を表わすだろう。その場合はWSum6がかなり高くなっていることから確認できる。

ステップ11：*M*反応の質と所見の要約

先にも述べたように，プロトコルの多くの反応は，単にインクブロットをどう翻訳したかを述べたという域を超えた，概念思考のさまざまな側面を含んだものである。しかし，多くの場合，反応の言葉そのものは概念化についてヒントを残すだけのものである。人間運動反応にはこの概念化が最も直接に一貫して表われる。そのため，人間運動反応は，思考の質と明確さを個別に評価するには最も優れた資料となる。

たしかに，記録中のM反応の出現頻度によっては，この判断のよりどころの範囲は限られたものになる。特に回避型または外拡型の記録の多くでは，M反応が1個または2個しかないことがあり，内向型の記録でも4，5，6個のM反応しか含まれていないこともある。しかし，たとえサ

ンプルの数が少なくても，M反応は必ず読み直す。読み直すことによって，思考についてこれまでわかってきた所見が明確になり，理解の枠が広がるからである。

　大部分のM反応は，インクブロットの領域に合っていて，説明はほどよく簡潔で，「狙いから外れていない」。M反応を説明するときの言葉づかいは，だらだらしていなくて，ためらいがなく，不確かな論理がない。これが一般的なM反応で，通常は明確な思考を反映している。一般的なM反応からは，それがどのように作られ，説明されたのかを見ることによって，思考の質についての情報が得られる。多くのM反応には，一般的なMであれ，変わったMであれ，そこには思考の質についての豊富な情報が含まれている。非常に洗練された概念化を示すものもあれば，子どもっぽい概念化や，原始的な概念化を示すものもある。

　可能な所見：成人の記録では，運動反応に含まれる概念化の質は普通程度もしくは洗練されたものであることが期待される。そうであれば，これはポジティブな所見となり，このことを思考についてのまとめに含めるべきである。成人や年長の青年の記録に1個以上の子どもっぽい概念化を含むM反応があれば，その人の思考の質はあまり成熟していないと仮定できる。これは，児童や若年青年が示す人間運動反応にはよくある特徴である。しかし，若年者の反応にこのような特徴がまったくない場合は，同年代よりも成熟した考え方を持っていると仮定できる。

　幼稚で原始的な概念化を特徴とするM反応は，8歳以下の子ども以外には期待されない。原始的な特徴を持つMは何らかの形で目立つもので，反応の言葉遣いの中に1つ2つの特殊スコアがある。原始的な特徴を持つM反応の思考の質は，目前の事物の具体的な特徴にしばられた，未成熟なものである。成人や年長の青年の場合は，非常に強いとらわれがあって，思考の機能が損なわれていることを示している。

ケース9：M反応

IV（W）「何も見えません……ええ，これがブーツで全体が地面に寝ている姿。遠近法で，これが額です。（質問）人間です，大きな足でたぶん男です。最初にブーツが目に入って，ブーツの形，足があって。遠近法というか，足のほうから見てて，横になっているので，ここがおでこです。ニューヨークで見た男のようです。地面に寝てて，死んでいきました」

VI（D3）「よくわからないけれど，たぶん上の部分は男性の性器，ペニスでしょう。（質問）本物ではなくて芸術家が描いたみたい。勃起したペニスみたいな形で，たぶんこんなふう。でもこんなふうに描くなんてその芸術家は何を考えていたのかしらね」

VII（W）「まあ，何てことかしら，誰かが鏡を見て自分を映しているところ。（質問）両方ともほとんど同じで，片方が少しぼやけています，端の辺りが暗くなっていて，こちらの端のほうがはっきりしています，こちらが実像で，こっち（左）が虚像です」

X（D11）「2匹の虫が何かを持ちあげています，この間にあるものを。（質問）触角があって，後ろ足で立っているみたい，カブトムシが後ろ足で立ってて何だかわからないけど，これをつかんでいます」

ケース9要約

ほとんどのM反応はわかりやすいもので，詳しく説明されている。しかしいずれのM反応にも防衛的な含みがあって，反応に必要のない細かな説明を差しはさんだりしている。おそらくそれは，彼女が複雑な場面では自分を頼りにできなくなるためである。それにもかかわらず，どのM反応にも重大な欠陥は反映されていないので，思考に重大な問題はないと言えよう。しかし，彼女の判断のアプローチには一貫性がなく（ステップ1），思考活動には意図しない観念作用が侵入してくる。これが，注意や集中力の欠如の問題をもたらしている可能性がある（ステップ5）。

より重要な問題は，過酷な現実から逃れる術として，空想にあまりにも頼りすぎることである。そうするうちに，心細い自分を強化してくれて，不快な場面に解決をもたらしてくれる他者に，過剰に依存的になる（ステップ6）。彼女の思考はときにあまり明確ではなく，一貫しないものになり，判断は著しく悪いものとなる（ステップ8と9）。

ケース10：M反応

II（D2）「上は顔みたいです。目があります，鳥ですね。（質問）目がこれで，眉毛で，お互いに舌を出してけんかしています，どうしてそうしているのかわかりませんが。鳥です，鳥の顔をしています。赤い鳥，どんな種類かはわかりません」

III（D1）「奇妙な2人が顔を合わせている。ブタの顔みたい，手にはかぎ爪がある。（質問）これが手で（指差す），角張っていて，ここが体，ひざは何か変なものが出ている，ブーツをはいています。足や腕は普通で，人間っぽいけれど，かぎ爪のある手でこの丸いものを持っているみたい，大きなボールみたいなものを。別な世界から来た知らない生き物なのかもしれない。（ひざは何か変なものが出ていてというのを教えてください）ただ変なものに見えただけです」

IV（W）「まず，何か大きな生き物を下から眺めたところで，足は今にも何かを踏み潰しそうです。（質問）これが足で，大きな足で，遠近法で見ていて，下から眺めていて，何かを踏みつけようとしています。頭がはっきり見えていて，木が後ろにあるのでしょう。これが木の幹ですが残りは見えません。ここに出ているのは黒いケープから出ているひもで，彼は黒いケープか何かを着ています」

VI（D8）「こうすると，十字架に見える。（質問）キリストが十字架にはりつけになっていて，キリストが苦しんでいてその苦しみが皆に見えるように広がっている」〈よくわからないので教えてください〉「この下までです（D8全体），丘になっていて，身体で（D6），腕をひろげています（Dd22の上）。そして残りの部分（Dd22の下）は，苦しみを放っているのです」

VII（D1）「髪に羽を付けた女の子が2人でにらみ合っている。（質問）これが羽で，前髪が切りそろえてあって，鼻で，口で，あごを突き出して意地悪な顔をしている。頭だけです。他はわかりません」

VIII（Dd99）「カーテンの向こうに誰かが立っているようです。（質問）ここがブーツかオールドファッションの靴で，誰かが灰色がかった緑色のカーテンの後ろにいるみたい。足しか見えませんが，カーテンはこれです（輪郭を示す）」

IX（D11+Dds22）「白と緑の目をした変な生き物，長い鼻があって，藪の向こうからのぞいています。（質問）これが目で，一部が白くて一部分緑色で，藪に隠れていて，これが藪で（D11），まったく人間っぽくなくて他の世界から来た，まだ誰も一度も見たことのない生き物だね」

ケース 10 要約

　ここに示された 7 つの M 反応はどれも凝ったものである。幼稚であるとか抽象化せずに見たままを答えているわけでもない。しかし，ここに示された概念化は，どんなによいものでも普通とは言えないし，その多くのものはかなり奇妙なものである。全体に彼の思考はあまり明確ではなく（ステップ 8，9，11），意思決定のアプローチはあまり一貫していない（ステップ 1）。彼の思考の大部分は警戒心過剰のスタイルの影響を顕著に受けていて（ステップ 4），時にはそれが現実検討力に重大なインパクトを与えている（ステップ 8，9，10）。

　現在彼の思考は，状況関連のストレスによって高まった辺縁の精神活動によって混乱している（ステップ 5）。しかし，このことが彼の思考が全体的に奇妙なものになっていることの原因とは言えない。その奇妙さは慢性的な問題で，少なくとも重大な病理に近い状態を示している。彼がこのことに気づいている可能性は高く，これ以上現実から遊離しないように相当の努力をしているものと考えられる。

ケース 11：M 反応

I（W）「ケープにも見えますね，太った女の人が手を挙げて風に吹かれて立っています。手を上に挙げていて，頭がありません。首を切られているんです。（質問）体で，太っているというよりはがっしりした体格で，細いウエストで大きな胸，ベルトがあって脚，襟があって，でも頭がなくて。これ（D2）が全部ケープで風に舞ってて，これが手（D1），ケープは周りが破れていて，引き裂かれているみたいです。（ベルトはどう見たらいいですか？）バックルが薄い色をしているんです，真ん中です。薄くなったり濃くなったりしてますでしょう」

III（W）「2 人の女性が家具を動かしています。双子のよう。それだけです。（質問）これが女性で，ハイヒールで，双子で同じ服装をして，腰掛みたいな家具を動かしていて，この色が全部，赤いのが，部屋の飾りが 2 人の後ろの壁にあります。（2 人の後ろにというのを教えてください）2 人の向こう側にあります」

VI（D1）「シャム双生児みたい，頭がこれで。（質問）口を開けていて，頭に髪の毛がちょっとあって，両方同じでこの 1 つの背骨でくっついています（真ん中を指す）」

VII（W）「わかりません。2 人のインディアンが何かしています，ダンスのようです。（質問）羽で，頭で，鼻，口と手を外に出して。下が体で，足はどこにあるのかわかりませんが，インディアンやハワイアンのダンサーが手をこうして出して踊るのに似ています（ジェスチャー）」

ケース 11 要約

　4 つの M 反応は適度に複雑で，概念化するときには図版の刺激野の現実と適合するように一生懸命取り組んだようである。彼女は自分の感情を思考に混じらせるタイプの人で，感情が判断にかなり影響を与える。自分の考えを試してみることを好む人で，外からのフィードバックを頼りにする（ステップ 1）。しかし柔軟性もあるので，時にはまったく異なる方法で意思決定がなされることもある（ステップ 2）。残念なことに，大変悲観的な思考の構えがあるために，自分を疑い，失敗を予期してしまう。それが認知活動に入り込み，思考に重大な影響を与えることとなる（ステップ 4）。

　彼女は，顕著な状況関連ストレス下にあって，それに対して無力感を感じていることは明らかで

ある。この無力感が思考に影響して，一貫性のなさを引き起こしてしまう（ステップ5）。現時点では，思考は混乱し，一貫性がなくなり，支離滅裂にさえなっている（ステップ8）。この事態は，目下のストレスによって悪化しているのかもしれないが，体に関心が行きすぎていて，自分についても周りの世界についても悲観的にしかとらえられなくなっていることが，事態を悪くする最も根本的な原因となっているのだろう。特定できる原因が何であれ，彼女の思考はあまり明確ではなく（ステップ9），そのために判断は結局損なわれてしまう。

認知操作に関する所見の要約

　これまで認知の三側面のクラスターのデータを別々に検討してきたが，それらの所見をまとめると，さらに意味のある所見とすることができる。あるクラスターでわかったことが，他のクラスターでわかっていたことを明確にしたり，説明を加えることになったりするので大変重要である。たとえば，障害された思考は効果的でない情報処理をもたらすが，同様に粗雑な情報処理は間違った認知的媒介を導き，その認知的媒介の問題は当然奇妙な概念化をもたらすことになる。これら3つの認知操作の間には，つねに当てはまる一対一の明白な関連があるわけではない。したがって，解釈する際には時間を取ってこれらの3つのクラスターから得られた所見をレビューし，評価の対象となっている人物や検討事項に挙げられている問題が了解可能になるように，組織的にまとめられる必要がある。

　多くの場合，この3つの認知活動の間の因果関係は理解しやすい。ある認知操作の長所や短所が，別の認知操作に影響を与えているのが明らかな場合，その情報が解釈を手助けし，個人をわかりやすく描写する手がかりを与えることになり，アセスメントで問われている問題を肉付けするのに役に立つ。しかしケースによっては，解釈者は「ニワトリが先か卵が先か」のジレンマに直面することになる。それぞれの認知操作の長所と短所は明確になっても，その因果関係ははっきりしないことがある。とりわけ短所の因果関係はわかりにくい。しかしたとえ因果関係がはっきりしなくても，所見をまとめることは，認知機能の強みと弱みや，それが全体の機能にどのように影響するのかについて包括的に理解することを可能にする。

　これまで認知の三側面のクラスターを学ぶために3つのケースを使った。それぞれ3つのクラスターの要約をまとめ，所見を絡み合わせることによっていかに個人の理解が深まり，時には大変重要な問題にスポットライトをあてることになるのかを説明する。

ケース9

　概して彼女の情報処理の努力は適切であるが，新しい情報の扱い方に不足がないわけではない。というのは，新しい情報を扱う際はかなり慎重で，経済的にすませようとしすぎるからである。これは自信のなさを表すものかもしれないし，新しい経験に巻き込まれることに対する控えめな抵抗を表しているのかもしれない。理由はともかく，彼女は新しい情報を処理するのにあまり熱心ではない。さらに重要なことに，彼女は情報を処理する際に慌ててしまい，不注意になりやすい。判断や行動の際に重要な手がかりを無視してしまうことになりかねないので，これらは彼女の重大な欠点となってしまう。

　情報処理には慎重であまり熱心ではないことと，ある特定の場面で現実を歪めてしまいやすいこ

ととは関連がありそうである。感情の影響があると現実を歪めることが多くなるが、それは彼女が身体のコンディションに関心を持っていることと直接関連がある。このようなとらわれやそのために生じる感情経験が、明らかな現実の歪曲をもたらしている。彼女の障害は重篤なものではない。むしろ、彼女は慣習的であろうとし、受け入れられる反応や行動を取ろうとしているように見える。しかし、自分の健康や体のコンディションにとらわれているために、そのような指向性が発揮されずに、より個人的であまり現実的ではない心理的な構えのレンズを通して世界を見ることになってしまっている。

たいてい彼女の思考は明晰であるにもかかわらず、自分の思考に確信がなく、より防衛的になってしまうようである。その結果、思考活動は時々曖昧なものになってしまう。それは、おそらく複雑な状況では自分のことを信用できないためである。思考を組み立てたり、応用する方法には一貫性がない。ときには感情をわきに置いて問題に徹底的に取り組み、ときには自分の感情によって判断したり決断する。似通った状況であっても、どちらかのアプローチが一貫して用いられるわけではない。一貫性を欠いているということは効果的ではないということであり、日常生活に必要なことを処理するのにも余計な努力を払わなければならなくなる。このことは必ずしも欠点ではない。しかし、彼女の人生にはさまざまなことがあって状況は複雑になっているし、もろもろの欲求や関心のために注意の焦点をしっかり保つことが難しくなっている。彼女はこのプレッシャーを感じると、現実のつらさから逃れるために空想に浸ってしまいやすい。その結果、問題の解決のために他者を頼ることになる。現実を曲げたり無視したりする傾向は、時に思考を曇らせ、一貫性のないものにしてしまい、欠陥のある判断をもたらすことになる。

ケース10

この男性は、世の中は基本的に恐ろしいところであるという確信を持っていて、何があっても大丈夫なように準備しておくことが重要だと信じている人である。その結果、大変用心深く、他人を信用しない傾向がある。このことはすべての認知操作に影響を与えている。新しい情報の処理や翻訳、概念化の仕方にも影響している。

新しい情報に直面したときには、かなり保守的で、情報処理のアプローチは必要以上に慎重なものとなる。情報をまとめようと一生懸命になるが、細部に没頭しすぎてしまう。新しい刺激野を走査するときには徹底的にやり、課題に相当の努力をこめて打ち込む。そのようなアプローチは長所ともなりうるが、ここでは並外れた注意を細部に払うために、状況の全体像を無視することになったり、一貫性に欠けたばらばらな処理の仕方をすることになってしまう。実のところ、情報処理の質はかなり洗練されているにもかかわらず、他の要因、主に概念化のためにせっかくの努力が余り効果的なものとはならなくなっている。

新しい情報を適切に翻訳しているが、あまり慣習的な翻訳ではない。情報を読み違えたり歪曲したりはしないが、明白な手がかりがあってもごく普通の仕方では翻訳しない。そのために彼には社会の要請や期待を無視する傾向があるように見えてしまう。このような人の行動が必ずしも非社会的であるとか受け入れられないものであるというわけではないが、あまり慣習的ではないことはたしかである。このことは、彼の来歴中にあった対人関係の希薄さや他人をあからさまにさげすむ態度と一致し、彼の価値観は周りが一般に認めるところとはかなり異なっていることを示唆する。

意思決定の仕方はあまり一貫していない。時には感情をわきに置いておき，問題に徹底的に取り組むが，似通った状況であっても，感情を思考に混ぜ，新しい概念を形成したり判断を下すときに大きな影響力を持つこともある。このようなやり方はあまり効果的な方法ではないため，たいていの人は，新しい問題解決に至るまでに必要以上の努力を要する。現在彼は状況関連のストレスをかなり経験しているので，さらに効果的でなくなっているだろう。しかし，もし現在のようなストレスがなかったとしても，もっと本質的な欠点があるために全般的な効果が損なわれている。というのは，新しい情報を概念化する方法が問題だからである。彼の思考はあまり明晰でなく，人は信用できないし用心しなければいけないという世界観の影響を色濃く受けている。これが現実検討力に大きな影響を与えるために，現実感覚をいつ失ってもおかしくない状態にある。もともと彼の思考は複雑で洗練されているが，あまり普通ではない。相当独特になって妄想様の特徴を持つかもしれない。自分でこのことに気がついて，これ以上現実からかけ離れてしまわないようにこの特徴を隠そうとしたり，正当化しようと努めている。全体の認知の特徴は慢性的な問題を反映していて，少なくとも重症の病理と近似するものである。

ケース11

この女性は，人一倍努力して新しい情報を完全にまとめようとする人である。一貫してこのような努力をする人ではあるが，時に能力以上の目標を達成しようとすることがある。なぜこれほど頑張ろうとするのかはわからないが，間違えをしないように努めているようである。実際，情報処理の努力の質はかなりよい。しかし，この質の高さを長い時間保ちつづけるのが難しいことを示す証拠もいくつかある。

彼女は新しい情報を適切に翻訳している。明白な手がかりによく注意を払い，自分の概念化が現実と一致するかどうか確認しながら作業していて，彼女の行動は社会の要請や期待に沿ったものとなっている。しかし，時々感情経験が現実検討力の邪魔をするために，焦点を失って現実から明らかに離れてしまうことがある。このようなことは目立つほど起こるわけではないが，重要な欠点となるだろう。なぜならば，いつも自分の感情を頼みにして意思決定をする人だからである。自分の考えを直感的に試してみて，外からのフィードバックを重要な手がかりとして自分の考えに組み込む人である。これは融通のきかないアプローチではなく，時には違う方法で意思決定をすることもある。しかし，感情のために現実を無視したり歪めたりする可能性があることは明らかである。このことが最もはっきり表れるのは，感情経験が身体的な関心と関連する場合や，性的な関心を含む場合である。これは，長期にわたるアルコール依存の経歴のある人には珍しいことではないし，何らかの神経学的障害がある場合は特にそうである。

彼女のほとんどの認知活動を邪魔し，特に思考活動に重大な影響を与えている。それは，自己不信や失敗の予期をもたらす，相当な悲観的思考の構えである。これは慢性的で行きわたった特徴となっている。現時点では，状況関連ストレスのために相当無力感を感じているので，さらに悪い事態をまねくと思われる。この無力感が思考に干渉し，まとまりのなさを生み出している。現在，思考は支離滅裂で，一貫しない，ばらばらなものになりやすくなっている。目下のストレスがこの事態を助長していると思われるが，身体についての並外れた関心と，自分自身や世界を相当悲観的に見る思考の構えがおそらく主な原因だろう。その結果，思考は明確さを欠き判断は悪いものとなっている。

思考の変数に関する研究および概念

　思考とは，象徴（symbols）や概念を意味ある形でまとめあげる活動である。思考は心理活動の中核となり，意思決定や意図的行動を導き出す。ほとんどの反応には，その人の思考が何かしら表れている（Rorschach, 1921）。Rorschach は，テストの課題自体が概念化を要する性質を持っていると理解していた。しかし同時に，思考の表れ方は反応によってかなり違っているだろうし，特にMと有彩色反応はそれぞれ異なる心理活動を表わしているはずだと考えていた。

　Rorschach は，405 のプロトコル（その約 2/3 は入院患者のもの）から得られたデータに基づいて自分の仮説を作りあげた。彼は小論の中でMと有彩色反応について詳細な検討を加え，それぞれは決して正反対の性質のものではなく，両者の関係こそが重要なのだと強調している。Rorschach は，M反応が表わしているのは，知能の構成要素のうち，「内面での創造」つまり「内面生活」の豊かさと関係するものであり，有彩色反応が表わしているのは，「情動の反応」すなわち外界との相互関係だと考えていた。彼の仮説では，内向と外拡は程度としてとらえられるもので，その人が本来有している「骨格となる基本的な性質」だとされた。また，内向の傾向が強い人はさほど感情的に反応せず安定しているが，現実への順応もあまりよくないと考えられていた。一方，外拡型の人は外界との関わりを持ちやすく，そのため現実への順応もよいことが多いとされた。Rorschach はこうした仮説をさらに押し進め，個人の中には内向と外拡という両方の特徴がさまざまな度合いで併存していると考えた。

M 反応

　Mと有彩色反応に関するこうした一連の仮説を基に，Rorschach は体験型（Erlebnistypus）の概念を作りあげた。彼は，思考（内面生活）を最も直接的に表しているのは M 反応だと述べた。動きのないインクブロットに運動を概念づけるには創造的な努力が必要だと考え，このような結論を導いたのである。Rorschach が知能と思考に関連づけて M の重要さを強調したため，このテストが発展していく過程で，M に関して実に多くの研究がなされた。実際のところ，おそらくこれまで最も多く研究の対象とされてきたのは M である。M と知的操作の間に正の相関があるとした研究はいくつかある。それらのほとんどは，IQ あるいはその他の知能に関する測定値を用い，M 反応の頻度や質について調べたものである（Paulsen, 1941；Abrams, 1955；Altus, 1958；Sommer & Sommer, 1958；Tanaka, 1958；Ogdon & Allee, 1959）。Schulman（1953）はMと抽象的思考には正の相関があると報告した。そして，抽象的思考活動をするには，時間をかける，保持して先延ばしにするといった遅延の操作が必要になると主張した。Levin, Glass & Meltzoff（1957）も，M 反応や高次の知的操作には遅延が不可欠だと述べている。Mason & Exner（1984）によれば，179 人の非患者成人の群では，M と WAIS の下位検査結果との間に有意な相関は見られなかった。しかし，Exner, Viglione & Gillespie（1984）の研究では，M と Zf の間には正の相関が見られた。

　Kallstedt（1952）は，思春期青年は成人に比べて M が有意に少ないと述べている。Ames, Metraux & Walker（1971）および Exner & Weiner（1982）の研究では，年少児童の M の平均は年長児童や成人に比べて有意に低かった。M の平均は，5〜13 歳までの間，毎年増加していくのである。Ames（1960）は，高齢になると M 反応の頻度が減少すると報告した。ただし，そう結論づけてしまうと

過度の一般化になる。ロールシャッハ研究財団（Rorschach Research Foundation）が高齢者から集めたデータを見ると，それらを単一の群として扱うのではなく，社会経済的地位や健康状態によって細分したほうがよいことがわかる。たとえば，66歳以上で，さしたる健康上の問題はなく，単身で生活できている者のプロトコルは，彼らより若い非患者のそれとよく似ている。一方，健康面でのケアを必要として施設に入所している66歳以上の者のプロトコルは，若い非患者のものより貧困で，EAの平均は非患者のサンプルよりも低い。

　これまでMは創造性の指標とされることが多かったが，これに関する実証的研究の結果ははっきりしたものではない。創造性というものをどう評価するのか，その基準がまちまちだったために問題の所在がぼやけてしまったのだと思われる（Dana, 1968）。Hersh（1962）は，Mと芸術的才能との間に有意な相関があることを見出した。Richter & Winter（1966）は，「直感および直覚力」のスコアとMに正の相関があったと報告した。Dudek（1968）は，Mの数が多い人ほど，TATやローウェンフィールド・モザイク・デザインで難なく「創造的な」表現ができたと述べている。しかし，創造性の基準をそれ以外のものにすると，Mと創造性にはほとんど相関が見られなくなる。

　Mと空想に関する研究では，よりはっきりした結果が出ている。Page（1957）はMと夢想には直接的な関連があると報告している。Loveland & Singer（1959），Palmer（1963），Lerner（1966）の研究では，睡眠を奪ったり夢を見させなくするとMが増えた。Orlinski（1966）は，Mと夢の想起や夢を見る時間との間に有意な相関があることを示した。Dana（1968）もまた，Mと空想との間に有意な相関があると主張した。Danaは，M反応は，空想，時間感覚，知能，創造性，遅延，対人関係のある側面といった6つの異なる心理活動のどれか，あるいはすべてを表わしていると示唆した。Cocking, Dana & Dana（1969）は，Mと空想，時間判断，知能との間の相関を裏づける研究結果を報告している。

　多くの研究が，Mと運動抑止との関係をテーマとしてきた。これは主として，M反応が作られるときには運動感覚が生じる，という仮説をRorschachが立てていたためである。Singer, Meltzoff & Goldman（1952）は，窮屈な体勢で「じっとしている」ように指示された後ではMが増えることを見出した。Singer & Herman（1954），Singer & Spohn（1954）も，強制的に行動開始を引き延ばすとMが増加すると述べている。Bendick & Klopfer（1964）は，運動を抑止するとM反応とFM反応が有意に増加し，感覚を遮断する実験をするとM, FM, mが有意に増加すると報告した。それより前にも，Klein & Schlesinger（1951）により，運動反応などのいろいろなロールシャッハ反応と運動抑止との関連を示すデータが提示されている。

　Steele & Kahn（1969）の研究では，運動反応に伴って筋電位が有意に上昇することはなかった。しかし，M反応を多く出す人は筋電位が上昇しやすいと述べている。さらに興味深いことに，反応に動きが含まれているかどうかに関係なく，反応内容が攻撃的なものだと，ほとんどの場合，筋電位の上昇が見られたという。Cooper & Caston（1970）によれば，実際に運動させても運動反応の数は一気に増加する。これは，5分間の身体運動の前後に2枚のホルツマン・インクブロットを用いた検査をして得られた結果である。一般的に言って，運動反応が形成される際の心理活動を調べるには，反応中の筋肉運動というのはせいぜい間接的な手がかりにしかならない。以上の研究結果がM反応の解釈にどれだけ役立つのかは，まだ議論の余地が残っている。運動反応の解釈と比較的はっきした関連を持つ研究結果は，Mと行動の遅延との関係についてのものだろう。

Frankle（1953）と Mirin（1955）は，M の数が多い人は社会適応のためには行動するまでにより長い時間をかける傾向があると述べた。Beri & Blacker（1956）は，ブロットへの平均反応時間は内向型の方が有意に長いとの結果を示した。Levine & Spivack（1962）は，M の生産性と抑圧を示す独立指標との間には有意な相関があると報告した。それより以前にも，Hertzman, Orlanski & Seitz（1944）は，高所（5,550m）での状態を仮想体験させてみたところ，M を多く出す者は M が少ない者よりも酸素欠乏に対する耐性が高かったと記している。

　これまで挙げてきた M に関する研究は，M 反応が作られるときに必ず関係してくる心理学的要因があるのではないかとの仮説を，おおむね裏づけている。M 反応を形成するときには，テストを受けた人が心的に作りあげたものや刺激野に備わっている特徴が必ず使われる。この点ははっきりしている。しかし，M 反応の心理学的意味のすべてを要約しようとしても，M 反応と関係するきわめて複雑な心理活動を描き切ることは難しい。論理性，創造性，高次の概念化の力などは明らかにそうした活動の一部である。また，刺激野の翻訳にどれくらい時間をかけるのかにも関係してくる。反応を出すまでの間には積極的かつ慎重な思考活動が営まれるが，このように内面生活に目を向けることで心象や空想が生まれ，さらにそれらが基になって，刺激野の中の部分的特徴にどのような反応をするかの意思決定がなされるのである。

　1 つの変数だけを研究しようとする場合には必ず交絡する（confounding）事柄が出てくるものだが，残念ながら M についての研究の多くは，そうした問題を一部あるいはすべて見落としてしまっている。たとえば，M 反応の形成にどのような要素が影響するのかは，明らかに人によって異なる。Rorschach は体験型について述べる中で，この点を強調している。すべての M を 1 つのカテゴリーに入れてしまっているような研究の中には，誤った結論を導き出していたり，過度に一般化してしまっているものも見受けられる。こういったことがよく生じるのは，研究者が M にばかり焦点をあて，体験型の問題を見過ごしてしまう場合，あるいは，研究参加者を体験型によって区分すると群全体での結果と一致しないかもしれないのに，その検討を怠ってしまう場合，などである。

　M の研究に関係してくる要素は体験型ばかりではない。M の中に含まれているのが現実の人間像である場合もあれば，架空の人間像であることもある。また，人間像が単数のときと複数のときがあるし，M をその性質によって，攻撃的，協調的，積極的，消極的などに区分できる場合もある。さらには，W や D の領域ではなく，小さな Dd 領域で出されたのかどうかといったことも関係してくる。たとえば，Piotrowski（1957）と Exner（1974）は，M の特徴の違いは行動や対人関係の持ち方の有効性と関係があると主張した。一般に，協調的な M を多く出す者ほど，より社会的に有効な行動を取ろうとする。消極的 M を有意に多く出す者は，決定することの責任を避けようとしがちで，他者が方向を決めてくれるのを好む。Exner（1983）によれば，攻撃的 M 反応の多い者は言語的にも非言語的にも主張的かつ攻撃的ふるまいを多く示し，対人関係を攻撃的，主張的な性質を持つものと見なす傾向がある。Witkin, Dyk, Faterson, Goodenough & Karp（1962）は，主張的 M と「場独立性」に高い正の相関を見出した。Wagner & Hoover（1971，1972）は，演劇学校生，バトンガール，チアリーダーはより多くの「自己宣伝的な（exhibitionistic）」M 反応を出す傾向があると報告している。Young & Wagner（1993）によれば，ストリッパーは積極的な自己宣伝的運動反応を有意に多く出し，モデルの女性は消極的な自己宣伝的運動反応を有意に多く示した。これらの研究結果を踏まえて強調しておくべき点は，M 反応をすべて同じものとして扱った上で導き出された

結論は，不用意に一般化してはいけないということである。

　Mの解釈に関するデータのいくつかは，さまざまな精神病群の研究から得られた。Guirdham（1936）はうつ病患者にはMが少ないと記し，Schmidt & Fonda（1954）は躁病患者にはMが多く出ると報告している。また，脳損傷患者にはMが少なかった（Piotrowski, 1937, 1940；Evans & Mormorston, 1964）。Gibby, Stotsky, Harrington & Thomas（1955），H. Thomas（1955）によれば，幻覚のある患者には，幻覚のない妄想型の患者よりも有意に多くのMが出現した。King（1960）は，妄想型の統合失調症患者のうち対人関係上の妄想を持つ者は，自分の身体についての妄想を持つ者よりも有意にMが多いと報告している。

　Rorschach（1921）は，Mの形態質が悪い場合は精神病理の可能性が高いと述べているが，この仮説を支持する研究結果は多い（Beck, 1945, 1965；Rapaport, Gill & Schafer, 1946；Phillips & Smith, 1953；Molish, 1955；Weiner, 1966；Exner, 1974, 1978, 1993）。Weinerは，Mマイナス反応はソーシャルスキルの不足や対人関係の乏しさと関係しているとの見解を示した。Exner（1978, 1991）は，改訂前の統合失調症指標（Schizophrenia Indicies）にも，改訂後の統合失調症指標にも，Mマイナス反応を重要な基準の一つに取り入れた。Silberg & Armstrong（1992）は，思春期青年の自殺の危険性を見きわめる目的で試験的に作った指標の中に，2個以上のMマイナス反応という条件を組み込んだ。

　良質のMは予後の良さを示す指標と見なされてきた。症状の重い患者の場合には特にそのように考えられてきた。ロールシャッハ予後評定尺度（Klopfer, Kirkner, Wisham & Baker, 1951）とピオトロフスキー予後指標（Piotrowski & Bricklin, 1958）では，良質のMという因子に高い重みづけをしている。Ress & Jones（1951），Lipton, Tamarin & Latesta（1951）は，統合失調症患者のうち良質のMがある者では，そうでない者に比べると有意に多く身体的治療の効果が見られたと報告している。Piotrowski（1934），Halpen（1940），Stotsky（1952）は，症状の改善があった患者には，そうでない者に比べてMの数の有意な増加が見られたと述べている。Exner（1974）は，症状の再発に関する研究の中で，71人の統合失調症患者の入院時と退院時の記録を比較検討した。その結果，退院時の記録に有意なMの増加は見られなかったものの，退院後1年以内に再入院した19人には，再入院しなかった残り52人に比べると入院時にも退院時にもMが有意に少ないことがわかった。

体験型と思考

　ロールシャッハの中で思考について最も直接的に示しているのはMだが，その有無や頻度は，体験型を初めとするその他の変数の枠組みの中で検討して初めて正しく解釈できる。ほとんどすべての人がM反応をいくつか出す。それは児童であっても同じである。しかし，Mの数それ自体は，適切な枠組みの中に入れてやらなければほとんど解釈的意味を持たない。たとえば，M反応の値が同じ5であっても，外拡型よりも内向型のほうが意思決定の際に遅延という手段を多く用いやすいのである。体験型は，M反応と思考の特徴との関係を理解するための礎石となる。もしも体験型が内向型であれば，その人は思いつく方法をすべて検討し終えるまで結論を引き延ばそうとするし，正確かつすっきりした論理体系を好むだろう。体験型が外拡型なら，その人は思考するときに感情を混じらせることが多く，複数の可能性を並列させた思考パターンを取るために，行動は試行錯誤的なものになりやすいだろう。体験型のスタイルが定まっていない場合は（不定型），意思決

定に一貫性がなく，誤った判断をしやすいと言える。

　思考に関する解釈は，体験型のスタイルを考慮してなされる。これはきわめて重要な点である。第16章でも述べたように，内向型と外拡型では問題解決のアプローチ法はかなり異なる。意思決定や問題解決にかける時間は外拡型と内向型とで有意な差はないのに，作業の回数は外拡型のほうがずっと多い。外拡型は試行錯誤的アプローチを好み，情報を得るためには多少の失敗を重ねることも厭わない。理論上，外拡型は外界との感情的な交流を大事にし，そうしたやりとりをすることで情報を入手したり充足感を得たりする。

　この仮説の検証のために，Exner & Thomas（1982）は，他の研究にボランティアで参加していた非患者の外拡型の学生15人，内向型の学生15人に対して7分間の構造化面接を行い，その様子をビデオにおさめた。面接はすべて1人の検査者が行い，面接の後，学業上の資格に対する意見を尋ねる質問紙に回答してもらった。テープは消音して再生し，これがどういう研究か知らされていない3人の評定者が，身を乗り出した，椅子を回転させた，腕を動かした，手振りを交えたなどといった，学生の姿勢や，身振りの多寡について評定を行った。その結果，外拡型の被検者に対する評点は平均で16.54（SD=4.61），内向型に対する評点は平均8.22（SD=4.07）だった。

体験型の固定度（$EBPer$）

　EBPerが作られたのは，意思決定や対処行動において内向型もしくは外拡型のどちらかがかなり優勢となる場合に，それを明示する目的からであった。EBPerに数値が示されるときは，ある特定のスタイルが，どのような問題解決行動や対処行動においても表に出てくる。そのスタイルによるアプローチがあまり効果的でなかったり，あるいは状況的に見て不適切と思えるときでさえ，それは変えられることがない。スタイルが固定してしまうと，柔軟性が欠け，新たな要請には容易に応じられなくなる。こういったことは，すでにRorschach（1921）が述べていた。しかし，異なるスタイルの同居，またはあるスタイルの固定化といった問題は，これまであまり詳しく調べられてこなかった。その結果，体験型についての解釈は，同じ体験型のスタイルであれば問題解決のためのアプローチ法は似ているか，一致している，といったものであり続けた。また，同じスタイルでも違いが生じるのは，他の心理特徴のためだと考えられてきた。

　たとえば，持続力を要する課題へのアプローチ法は同じスタイルの者同士でもかなり異なることが示されてきたが（Piotrowski, 1957 ; Exner, 1974 ; Wiener-Levy & Exner, 1981），概してこれはDスコアやEAの違いのために生じたものと考えられていた。M反応や有彩色反応の種類や質も，スタイルの効果の程度や性質と相関があるとされていた。また，「協調的な（cooperative）M」の数が平均を上回る者は，社会的に効果的な行動を取ろうとしやすく（Piotrowski, 1957 ; Exner, 1988），主張的な（assertive）Mと場独立性との間には正の相関が見られた（Witkin et al., 1962）。内向型は，対処行動の際は思考に頼りやすい。しかし，同じ内向型でも，esが高く攻撃的な（aggressive）Mが多い者と，EAが高く協調的なMが多い者とでは，スタイルの表われ方には明らかな違いが見られる（Exner, 1993）。外拡型同士の行動上の違いのほうが，内向型の場合よりも大きい。CF反応とC反応が多数を占める外拡型と，FC反応のほうが優勢な外拡型とでは，対処行動には大きな違いがある。高いEAや高いesも，他の多くの性格特徴と同様，対処行動の表われ方に影響する。

　スタイル内での違いに関するこれらの研究結果は，Singer & Brown（1977）の体験型についての

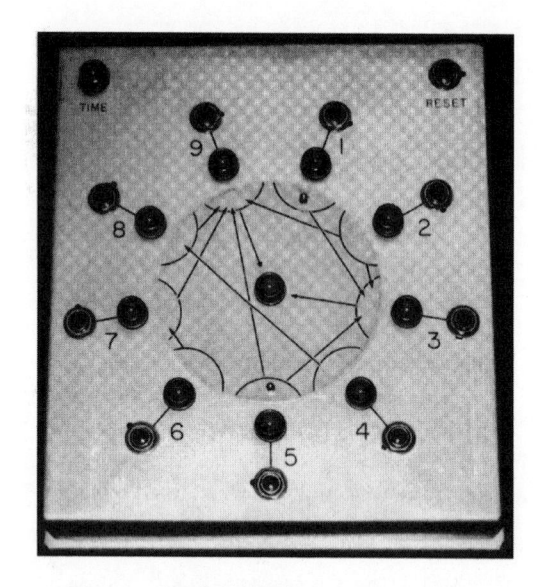

図 19.1　論理分析装置のディスプレイパネル

理論を裏づけている。彼らは，体験型の2つの基本的な性質である内向型と外拡型は，体質によってあらかじめ決まっているのではないかと考えた。また，これらのスタイルが「通常の」発達の中でどのように強化されたり抑制されるのかを説明するために，発達心理学から多くの知見を借りて提示した。彼らは，Rorschachが考案したときは大ざっぱで単純な比率だった体験型を，細かな定義づけをして改訂した。そして，この改訂後の体験型によって，空想と情緒と運動のパターン，そして思考と感情の本来的なパターンについて，多くのことがわかると述べた。第16章でも簡単に紹介した論理分析装置（Logical Analysis Device）を用いた問題解決の研究（Exner, 1978）のデータは，一部，この見解を裏づけている。

基礎的な研究は，大学生15人ずつの3つのグループを対象としたものだった。研究参加者となる大学生は，体験型の違いや，AdjDが0もしくは+1，SAT言語スコアが575から600までという条件をもとに選ばれた。WSumCがMより3.0以上多い群を外拡型群，MがWSumCより3.0以上多い群を内向型群と定義した。また，WSumCとMの差が0.5以内の群を不定型群とした。論理分析装置（LAD）は，9個の表示灯が表示パネル上に直径約16.5cmの円を作るように配列されている器具である。9個のライトは，それぞれの隣にあるボタンを押して操作する。円の中心には10個目のライトがあり，これがターゲットとなる。ターゲットライトにはスイッチのボタンはない。ライト同士の関係は，9個のライトが作る円の内側にある図示盤に矢印で示される（図19.1）。円上に並ぶライト同士，あるいは円上のライトとターゲットライトとを結ぶ矢印がある場合は，それらの間に関係があることを示している。ただし，どういう関係なのかは，学生には伏せられていた。

ライト間の関係は次の3つのうちのいずれかである。(1) 有効にする関係（一方のライトが点灯すると，もう一方のライトも点灯する），(2) 無効にする関係（一方のライトが点灯すると，もう一方のライトは点灯しなくなる），(3) 組み合わさって機能する関係（2つのライトを同時に点灯させると，3つ目のライトは，点灯するか，点灯しなくなる）。課題は，周辺のライトのスイッ

チを3個だけ操作して中央のライトを点灯させることである。最初の課題に入る前に、学生は実演や説明、練習によって、課題解決の際のルールを学ぶ。学生は質問をしてもいいし、ノートを取ったり、繰り返し操作の練習をすることも許されている。3個のボタンを押すだけで正しい操作の組み合わせを見つけるという課題は、まさに一種の論理分析である。課題の解決は試行錯誤によってなされる。一回一回の試行は、いろいろな関係を知ろうとする探索的な問い立てである。学生は、最終的にはターゲットライトを点灯できるように、こうした探索的操作から得られた情報を統合しなければならない。

問題の複雑さの程度はさまざまである。情報をもたらす操作の数が15～20ぐらいしかないものもあれば、50もの操作が情報を持つものもある。不必要な操作は論理的演繹によってふるいにかけられていくことになる。こうした手続きは検査前の教示で実演、説明されるが、解決に至るまでに、探索のための操作を何回、どの順番で行うかは、最終的に各研究参加者自分で決めなければいけない。各操作は電気的に記録され、（1）解決のために行われた操作の数、（2）無関係あるいは見当違いの操作の数、（3）繰り返し行われた操作の数、各データが得られた。（3）に関しては、解決に関係あるものとそうでないものとに細分された。操作と操作の間にかかった時間と解決に要した時間も記録された。

LADの課題にどうアプローチするかは、人によってかなり異なる。課題とは明らかに関係ないと思われるライトがあっても、とにかく9個のライト全部の働きを調べるといった、過度に組織立ったやり方をする者もいる。また、同じ操作を何度も繰り返す、すなわち情報を何度も「確認する」者もいる。さらには、課題解決の最終段階ではないのに、いきなり3つのライトのスイッチに手を伸ばす者もいる。Langmuirは、この一番最後のグループを「手回しオルガン弾き（organ grinders）」と呼んだ。彼らは試行錯誤の結果についてあまりよく考えようとしないし、最初に教示された最も初歩的な分析の仕方を好み、その仕方をまず変えることがない。そのため、課題解決に最も苦労する。十分な人数のデータを集めると、課題解決のためのアプローチは、効率という観点からは、場当たり的かつ粗雑で繰り返しの多いものから、慎重で組織立てられ、柔軟かつ洗練されたものまで、連続線上に並べることができる。

第16章でも簡単に紹介した研究だが、45人の研究参加者に対して、難易度の異なる4つの課題を解くよう求めたものがある。問題解決のための制限時間は、難易度によって、10分、15分、20分、30分と決められていた。検査者は2人で、各研究参加者に無作為に割りあてられた。2人とも、どういう基準で研究参加者が選ばれたのかは知らされていなかった。研究参加者には制限時間のことを教えず、好きなだけ課題を続けてもよいと伝えた。ただし、分析の対象は、制限時間内に行われた操作に関するデータのみとされた。課題1と課題2は、45人全員が制限時間内にやり終えた。課題3を制限時間内に解いたのは、外拡型が13人、内向型が12人、不定型が12人だった。課題4では、制限時間内に解いたのは外拡型が12人、内向型が12人、不定型が11人だった。最初は、各課題ごとに、操作の数、失敗の回数、操作と操作の間にかかった時間の平均の3つを独立変数として、3×3の分散分析を行った。それとは別に、制限時間内にやり終えた者を対象に、繰り返し行われた操作の数、同じ失敗が繰り返された回数、遂行時間の平均についても分析してみた。その結果を見ると、内向型は目標達成までの操作の数がかなり少なかった。一方、外拡型は、目標達成にかかる時間は他の体験型よりやや短いにもかかわらず、試行の回数はずっと多かった。しか

し，不必要な試行，同じ操作の繰り返し，同じ失敗も非常に多く見られた。内向型は，時間がかかるけれども，より組織だったやり方で意思決定をする。操作の遅さは意思決定の正確さによって補われている。外拡型は問題解決においては「やってみる人（doer）」であるのを好む。失敗をいとわず，失敗から学んでいくので，熟考する内向型よりもやや短い程度の時間で解決に至る。不定型は，その他の体験型に比べると明らかに効率が悪い。解決するのに時間がかかるし，同じ操作の繰り返しや同じ失敗が多い。課題3と課題4では，不定型は外拡型の約2倍の失敗を繰り返し，内向型の約3倍の時間を要した。

　これらの結果を再検討したところ（Exner, 1990, 1991），内向型と外拡型では最初の印象以上に大きな違いがあることがわかった。上述のように，たしかに解決に要した時間を基準とした場合，効率という点では内向型と外拡型を識別するのは難しい。しかし，課題3と課題4の結果を別々に分析してみると違いがはっきりしてくる。最初の分析は，20分あるいは30分という制限時間内に課題をやり終えた者だけを対象にして，解決に要した時間を計算したものだった。

　制限時間内に終了できたかどうかを基準にして内向型と外拡型をさらに細分すると，かなりはっきりしたことがわかる。制限時間内終了者は，課題3では，内向型で12人，外拡型で13人，課題4では，内向型，外拡型ともに12人だった。課題3を制限時間内に終えられなかった5人は，課題4でもやはり制限時間内での遂行ができなかった。しかし，5人とも正解に到達するまでそれぞれの課題に取り組み続けた。サンプルが小さすぎて統計的比較はできないが，どの群でも制限時間内の終了者と非終了者のデータはかなり異なっているので，スタイルが固定している者とそうでない者とを分ける特徴がいくつか浮き彫りになってくる。

　たとえば，内向型では，時間内に終えられなかった者は時間内に終えられた者に比べて操作の数はかなり少なく，操作と操作の間にかける時間が非常に長かった。外拡型では，時間内に終えられなかった者は操作の数はだいぶ多く，操作と操作の間にかける時間はずっと短かった。つまり，時間内に終えられなかった者はどちらの群でも外れ値と言える。課題3と課題4で得られたこの外れ値のために，内向型と外拡型に顕著な違いがあるように見えてしまうのである。時間内に終えられた者の群だけを見れば，内向型と外拡型の間にはたしかに明らかな違いが存在するが，それはさほど極端な違いではないし，操作間の時間や繰り返し操作の数などのように，有意差が見られないものもある。

　こうした結果が引き金となり，課題4で時間内に終えられなかった者6人のその他の特徴について検討することになった。6人とも，SAT言語スコアは15点以内，DスコアとAdjDスコアは0，X+%は72%から86%の範囲内だった。FC:CF+Cの比率ではFCが優位で，PureC反応はなかった。Zdが0以下の者はいなかった。その他に共通して見られるロールシャッハ上の特徴としては，EBの高いほうの数値が低いほうの数値の3倍以上というものがあった。4倍以上となるのは3例あった。逆に，課題4を制限時間内に終了した24人のEBを見ると，EBの高いほうの数値が低いほうの数値の3倍以上となっているのはわずか2人だけだった。

　時間内に終えられなかった者のMとSumCの値に著しい開きがあることからは，EBの両辺の値の差が大きくなればなるほど，スタイルの基本的な特徴がつねに表われたり優勢になるなどして，スタイルを柔軟に切り替えるのが困難になる，との仮説が導き出された。この仮説は1921年当時のRorschachの考えと一致する。その後，LADの同じ4つの課題，あるいは難易度や制限時間，情

報をもたらす操作の数を同じにした平行シリーズのいずれかを終えた325人余りの者のプロトコルを基に，この仮説の検証が進められた。これらの研究参加者は，1974年から1982年までの間に行われたロールシャッハ研究財団の各種研究に参加し，その際にLADの課題にも取り組んでいた人たちである。まず最初に，EBを基にプロトコルを2つの内向型と2つの外拡型に分け，人口統計学上の違いや他の主要なロールシャッハ変数の差が最小限になるような4つの群を作った。

　分類していくと，それぞれ13人から成る4つの群ができた。ターゲット群（固定した内向型もしくは固定した外拡型）にはEBの高いほうの値が低い方の値の2.5倍以上であるものを選び，コントロール群にはEBの高いほうの値が低いほうの値の2.5倍未満のものを集めた。研究参加者の年齢は19〜34歳までで，各群とも平均年齢は22〜24歳の間にあった。テスト時に外来患者だった者は，各群とも4人ずつ含まれている。残りの36人は非患者であり，標準化のためのサンプル，あるいは精神病研究のためのコントロール群として集められた人たちである。全員が少なくとも13年の教育歴を持ち，各群の平均は13.6〜14.7年の間にあった。ロールシャッハ上では，全員とも，DスコアとAdjDスコアは0か+1だった。X+%は73〜86%で，P反応は最低でも6個，FC:CF+Cの比率は両辺が同じかFC優位で，PureCはなかった。Zfは少なくとも10あり，Zdが-1.5以下の者はいなかった。表19.1は，4つの課題に対する各群の成績を示している。

　この結果は，EBの高いほうの値が低いほうの値の2.5倍以上になる場合は，内向型あるいは外拡型のどちらかの対処スタイルの特徴が優勢で柔軟性が乏しい，との仮説を裏づけている。課題1と2は比較的やさしい問題で，ほとんどの者は制限時間内にやり終えた。この場合，内向型の両群のデータは非常によく似ている。外拡型の両群でも同様である。また，予想通り，外拡型の両群は内向型の両群に比べ，操作の数や失敗の数，繰り返しの操作の数は有意に多く，操作と操作の間にかける時間は有意に短かった。残り2つの課題では，その違いはさらに大きくなっている。

　課題3にはより複雑な連合関係が含まれ，難易度が上がっている。課題3では，外拡型の両群の操作の数は固定した内向型の群よりも有意に多かった。しかし，内向型のコントロール群との間には有意差は見られなかった。内向型のコントロール群と外拡型の両群との間には有意差のある変数はなかった。逆に，固定した外拡型の群では，6変数いずれにおいても，固定した内向型の群との間に有意差が見られた。また，外拡型のコントロール群に比べても失敗の数は多く，操作と操作の間の時間が短かった。固定した内向型の群は，課題解決に要した時間がその他の3群よりも有意に長かった。課題4は課題3よりもさらに複雑になっている。課題3の場合と同様，内向型のコントロール群と外拡型のコントロール群との間には有意差はなかった。しかし，両者とも，それぞれの固定した群との間に有意な差が見られた。成績を比べると，外拡型のコントロール群により近いのは，固定した外拡型の群ではなくて内向型のコントロール群だった。

　各群ごとに4つの課題を縦断的に検討してみると，コントロール群では課題解決の経験が次に生かされていることが多いし，少なくとも課題解決のアプローチは柔軟に修正されていることがわかる。内向型のコントロール群はより多くの操作をするようになり，失敗の数が増え，操作間の時間が短くなった。そして，解決に到達する時間は外拡型のコントロール群とほぼ同じになった。一方，外拡型のコントロール群では操作の数が減り，失敗の数が少なくなり，操作間の時間が長くなった。そして，課題3と4では他の群よりも解決に到達する時間が早くなった。つまり，コントロール群の者はもう一方のスタイルに特徴的な対処法も柔軟に取り入れ，そうすることで成績も向上してい

表 19.1 M:WSumC の差をもとに細分した内向型と外拡型各群の論理分析装置の 4 つの課題に対する 6 変数の平均

	内向型		外拡型	
	固定	統制	固定	統制
	N=13	N=13	N=13	N=13
	M	M	M	M
課題 1 (10")				
操作	10.1	11.3	17.7[b]	16.8[b]
失敗	2.8	3.6	6.4[b]	5.6[a]
操作間の時間	20.9	20.2	13.2[b]	13.3[b]
繰り返し操作数	2.6	2.8	5.7[b]	5.4[a]
繰り返し失敗数	1.5	1.9	2.1	3.0
解決にかかった時間	231.6	222.4	213.9	217.5
課題 2 (15")				
操作	19.4	20.7	31.8[b]	29.9[b]
失敗	4.6	5.4	12.7[b]	12.2[b]
操作間の時間	23.3	21.7	12.2[b]	14.1[b]
繰り返し操作数	3.9	4.4	9.1[b]	7.0
繰り返し失敗数	1.9	1.8	5.8[b]	4.1
解決にかかった時間	441.6	419.9	414.5	421.2
課題 3 (20")				
操作	36.8	45.1	64.6[a]	55.9[a]
失敗	10.3	13.8	27.9[b]	19.7[c]
操作間の時間	29.7	23.6	12.3[b]	18.4[c]
繰り返し操作数	5.8	7.1	11.4[a]	7.7
繰り返し失敗数	3.6	4.7	8.1[a]	6.1
解決にかかった時間	1126.6	1001.9[a]	981.2[a]	963.3[a]
課題 4 (30")				
操作	42.1	54.3[a]	77.7[b]	61.0[c]
失敗	9.3	16.2[a]	31.2[b]	21.1[c]
操作間の時間	24.8	17.6	12.3[a]	15.6
繰り返し操作数	10.8	14.3	19.5[a]	15.1
繰り返し失敗数	4.6	4.3	7.1	5.4
解決にかかった時間	1254.6	952.7[c]	1049.8[a]	927.4[c]

a = 固定化した内向型の群との有意差あり，p<.01
b = 内向型の両群との有意差あり，p<.02
c = 固定化した両群との有意差あり，p<.02

った。スタイルが固定した群の者にはこうした柔軟性はなく，どの課題でもつねに従来通りのアプローチ法を取り続けた。こちらの群は，柔軟性の乏しさゆえに効率が低下することになった。

　こうした結果が得られたことから固定したスタイルに対する問題意識が高まり，さまざまな群のデータの見直しが進められた。EBPer のカットオフ値を 2.5 にした場合，内向型と外拡型の非患者成人 426 人中 111 人（26%）が固定したスタイルに該当する。精神病者の群では，その割合はかなり高くなる。535 人の外来患者のうち，内向型か外拡型のスタイルを持つ者は 224 人で，そのうちの 158 人（71%）はスタイルが固定していた。感情障害による初回入院患者 193 人のうち内向型か

外拡型のスタイルを持つ者は 89 人で，そのうち 56 人（63%）はスタイルが固定していた。統合失調症による初回入院患者 200 人のうち，内向型か外拡型のスタイルを持つ者は 162 人で（うち 142 人が内向型）で，そのうち 106 人（65%）はスタイルが固定していた。

　固定したスタイルが有意に適応上の問題に結びつくとまでは言い切れないが，否定することもできない。Exner（1993）はこの問題と間接的に関連した 2 つの研究を報告している。1 つは，初回入院患者 261 人の追跡調査のデータである。彼らのほとんどは感情に関する問題によって入院したもので，統合失調症ではなかった。スタイルが固定した者は入院期間がやや長かった。しかし，外来ケアへの参加率や再発率に関してはコントロール群との違いはなかった。2 つ目の研究では，239 人の外来患者に対する治療者の評価がなされた。外来患者の主訴や問題はさまざまで，治療を受けるのは皆初めてだった。治療者による評定は治療開始後 1 ～ 2 カ月の間に行われたが，スタイルが固定した者に対する評定のほうがより否定的だった。また，治療がうまくいって 1 年以内に終結した患者の数は，スタイルが固定していない内向型や外拡型のほうが，スタイルが固定した内向型や外拡型よりも約 2 倍多かった。

a : p の比率

　a : p の比率から，思考活動について有益な情報が得られることがある。Rorschach（1921）は，運動反応のタイプの違いによってパーソナリティの特徴も区別できると考えた。Rorschach は運動反応のタイプを屈曲か伸長という特徴によって説明し，前者を動きがブロットの中心方向に向かっている場合，後者を動きがブロットの中心軸から外へ向かっている場合と定義した。そして，伸長運動反応は主張性を示し，屈曲運動反応は要求，命令等への従順さを表していると述べた。Hammer & Jacks（1955）は，攻撃的な性犯罪者には有意に多く伸長的 M が出現し，露出症などの非攻撃的（passive）性犯罪者にはより多くの屈曲 M が見られることを見出した。Mirin（1955）の研究では，統合失調症患者のうち伸長 M が多い者は自分の記憶と矛盾することにぶつかると抵抗を示し，屈曲 M が多い者は矛盾があってもそれを受け入れようとした。Wetherhorn（1956）はより多くの運動反応が出るように工夫したブロットを使って研究したが，伸長 M と優越－服従あるいは男性性－女性性の各尺度との間に相関は見出せなかった。

　Beck, Beck, Levitt & Molish（1961）と Piotrowski（1960）は，Rorschach の唱えた屈曲－伸長の概念で運動反応を理解しようとするのには限界があると警鐘を鳴らした。Beck は，運動反応の多くは，人が立っている，寝ている，見ているといったような「静止状態」のものであり，屈曲－伸長の規準にあてはまらない，と指摘した。Piotrowski は，M 反応を，協調性，抑制の欠如，自信に満ちた姿勢等の特徴によって好ましいものと好ましくないものとに分けたところ，軍の刑務所からの仮釈放者のうち，保護観察の指導の効果があった者となかった者を識別できたとしている。さらには，企業の管理職のうち，成功している者とそうでない者とを検査し，成功者の群には自己主張的かつ自信に満ちた M 反応が多く見られることを見出した。Exner（1974）によれば，急性の統合失調症により初回入院した患者と司法関連で検査を受けた者は，他の精神病群もしくは非患者群よりも，敵意を含む M 反応や FM 反応を多く出した。また，Piotrowski にならってすべての運動反応を積極的か消極的かにコードすると，積極的運動反応は急性の統合失調症患者，暴力行為の履歴がある者（診断名は問わない），性格障害群（character disorders）の記録中に有意に多く見られ，消極的運動

反応は長期入院中の統合失調症患者とうつ病患者により多く出現していることがわかった。積極的運動反応と消極的運動反応の信頼性の相関は，短期でも長期でもかなり高く，積極的運動反応の場合は .80 台半ば〜 .90 台前半，消極的運動反応の場合は .70 台後半〜 .80 台半ばの数値となる。運動反応に関する Piotrowski の研究（1957, 1960）では，適応に困難を感じている者には，思考，内的体験における固さ（柔軟性の欠如）が共通に見られた。Piotrowski は，運動反応を積極と消極に分け，どちらか一方がひどく優勢な場合は，その人が作りあげた思考の構えはなかなか介入を受けつけず，変化しにくいと示唆した。次の4つの研究は，この仮説を間接的にではあるが，裏づけている。Exner（1974）は，病気や症状の改善が見られた患者に比べ，改善の見られなかった患者では a : p の両辺の差が有意に大きかったと記している。Exner & Wylie（1974）では，力動指向の治療者 15 人に，治療開始から8回目までの治療セッションのうちの2回について，患者が治療にどう反応しているかを評定してもらった。その結果，治療前の a : p の比率の差が（右辺と左辺のどちらが大きいかに関係なく）3 : 1 より小さい者のほうが，3 : 1 以上の開きのある者に比べて，治療者の評定が高かった。

　Exner & Bryant（1974）は，高校2年生と3年生，合わせて 30 人の学生を 15 人ずつの2群に分けて研究した。1つは a : p の比率の片方の値が5以上でもう一方の値が0の群，もう1つは片方の値がもう一方の値の2倍以内におさまっている群だった。30 人の学生は全員一つの教室に集められ，8種の品が描かれたスライドを見せられた。8種の品とは，鍵，つまようじ，ゴルフのティー，ペーパークリップ，鉛筆，小さなコルク栓，1本の糸，3 × 1 インチの木片である。研究に参加した学生には，これら8種の品を単独であるいは組み合わせた場合にどんな使い方ができるか，思いつくものをできるだけたくさん書き出すよう求めた。単独での用途の数に関しては，両群で差はなかった。しかし，組み合わせての使い道の数は，a : p の両辺の差が小さい群のほうがもう一方の群より2倍多かった。

　Exner（1974）は，34 人の女性に報酬を支払い，1日 10 分間白昼夢にふけり，その内容を 25 日間毎日日記につづるよう求めた。そして，白昼夢に出てくる中心人物の行動が積極的か消極的か，それらの交替が途中で生じるかどうかをスコアし，研究開始前に取ったロールシャッハの a : p の比率と比較検討した。ロールシャッハでは，a : p の比の片方の値がもう一方の値の3倍を上回ったのが 34 人中 20 人で，差が2倍以内におさまったのが 14 人だった。

　運動反応が a か p のどちらか一方に大きく偏っていた者は，白昼夢でも同じ側への偏りが見られた。また，中心人物の行動は a から p，あるいはその逆へと変化することはなかった。たとえば，ロールシャッハで積極的運動反応がかなり多かった者では白昼夢の中心人物も積極的に動き，たいがいの場合中心人物の行動によって結末が導かれていた。逆に，消極的運動反応がかなり多かった者では白昼夢の中心人物は受け身の立場でいることが多く，白昼夢の結末はその他の登場人物によってもたらされていた。積極的運動反応と消極的運動反応の数の差が比較的少ない者の白昼夢では，中心人物に積極的特性と消極的特性の両方がほぼ同じ程度に与えられていたし，一方の特性から他方の特性へと変化することは有意に多く生じていた。

$M^a : M^p$ の比

　a : p の比の研究結果を見ると，Ma : Mp の比もさらに細かに検討すれば思考の特徴に関して有益

なデータが得られるだろうと期待できた。そこで，上述の研究で集められた34人の女性の白昼夢を再検討した。27人については，25日間に得られた全白昼夢のうち3ないし9が消極的と評定された。残りの7人には，消極的白昼夢の数がそれぞれ15以上（15〜19）あった。この7人の白昼夢の合計数は123になるが，このうち，消極から積極あるいはその逆といったような中心人物の役割変化があったのはわずか11だった。この7人のa:pの比を見ると，pがaを上回っている者は4人いた。しかしMa:Mpの比では，7人ともMpのほうがMaの値より大きかった。それ以外の27人を見ると，MpのほうがMaより多いのはわずか1人だけだった。

　Exner, Armbruster & Wylie（1976）は，非患者研究の一環でかつてロールシャッハを受けたことがある成人24人を選び，研究した。24人ともM反応が6個以上あり，そのうち12人はMpよりもMaの方が多く，残り12人はMaよりMpのほうが多かった。この24人に6つのTATの物語を提示し，それぞれの結末を書くよう求めた。各物語は葛藤状況をもたらすように作られている。たとえば，3BM図版の人物は職を失ったものとして語られ，13B図版の少年はピクニックの途中で迷子になってしまったことにされていた。各人が作った物語の結末は次のような観点からスコアされた。それは，（1）肯定的な結末か否定的な結末か，（2）物語の最後に新たな登場人物が出てくるかどうか，（3）物語の中心人物によって導かれた結末か，その他の人物の行動によって偶然もたらされた結末か，というものである。圧倒的多数（88%）の結末が肯定的なものであり，この点では2群に差はなかった。それぞれの群の12人が作った合計72の結末のうち最後に新しい登場人物が出現するものの数は，Mpが多い群では38（53%）なのに対し，Maが多い群では17（24%）しかなかった。最も顕著な違いは，結末のもたらされ方に表われた。Mpの多い群では，72の結末のうちの49（68%）が，物語の中心人物以外の者によって導かれたものだった。それに対し，Maの多い群ではその数はわずか21（29%）だった。

　治療者による評定から得られたデータの中にも，Ma:Mpの比について理解する上で役に立つものがある。力動的精神療法指向の治療者14人に，56人の担当患者について，3，6，9回目の各治療セッションの後で評定をしてもらった（Exner, 1978）。評定は，改善の早さ，治療に対する動機づけの高さ，自分の不安や心配を楽に話せているか等，治療効果や観察された事項に対してなされた。評定項目の中には，指示を求める傾向，セッション中の沈黙の長さ，漠とした無力感を持っているかどうかといった事柄も含まれていた。治療前のロールシャッハでMpがMaより多かった者は，56人中15人いた。この群に対する治療者の評定を見ると，指示を求める傾向と漠とした無力感の項目では，残り41人の患者よりも得点が高くなっていた。

　Exner（1978）は，MpがMaより多い場合は，思考，特に空想に，普通よりもかなり顕著な「白雪姫（Snow White）」的な特徴があるだろうと述べている。白雪姫的というのは，防衛の手段として空想という消極的方法を用い，そこへ逃避しやすいことをいう。また，他の人が代替してくれそうな場合にはあまり自分で意思決定したり行動したりしない。60人の非患者成人の約14%にこの特徴が見られる。それに対して，535人の外来患者では32%，279人のうつ病入院患者では32%，328人の統合失調症入院患者では35%という数字になる。白雪姫の特徴は，おそらく外拡型より内向型の場合のほうが大きな弱点となるだろう。というのは，内向型のほうが自分の内面活動に頼っているところが大きいからである。思考障害と空想の濫用があれば適切な意思決定はほとんど期待できないので，思考が混乱し，不安定になっている患者にとっては，白雪姫の特徴はなおのこと

弱みとなる。

損傷内容（Morbid Content）

　損傷内容反応と思考との関係について示すデータのほとんどは，抑うつの研究や，うつ病患者の治療にあたっていた治療者の報告から得られたものである。特殊スコアMORは，児童の抑うつについて研究する中で発展した。その前にも損傷内容を自殺の指標として用いようとした研究がいくつかなされ，まずまずの結果が得られている（White & Screiber, 1952；Sakheim, 1955；Fleischer, 1957；C.Thomas, Ross, Brown & Duszynski, 1973）。これらの研究やFischer & Cleveland（1958）の浸透スコア（Penetration Score）の該当基準をもとに，MORとコードするための基準を推定してリストにし，それを5人の判定者に渡してそれぞれの判断を求めた。その上で，5人全員が何らかの損傷を示すものとして選んだ定義をまとめあげた。そうしてできた基準について評定者間信頼性を求めた。合計57のMOR反応を含む15のプロトコルを10人のスコアラーに見てもらったところ，一致率は95%だった（Exner & McCoy, 1981）。

　非患者成人におけるMORの再テスト信頼性は，最低では長期での.71，最高では3週間以内に再テストした場合の.83だった。一方，非患者児童における短期間でのMORの信頼性は成人よりも若干高く，.84～.90の範囲となった。おそらくこれは，MORが1個ある記録は児童のほうにより多く見られるためである。非患者成人600人の記録の約53%に，少なくとも1個のMOR反応が出現する。しかし，MOR反応が3個以上ある記録は全体の4%だけである。若年の非患者の場合は年齢による違いがあり，59%の記録に少なくとも1個のMOR反応が出現する群から100%の記録に出現する群までいろいろある。しかしMORが3個以上の記録となると，13歳120人の群での11%を除くと，すべての群で3～8%しかなかった。若年の患者にMOR反応がやや多くみられるのは，図版Ⅵで「ぺちゃんこになった」動物の反応をより多く出すためである。

　外来患者では1個以上のMOR反応を出す者の数は非患者よりも若干高く（59%），2個以上出す者の割合は13%になる。統合失調症患者で回避型のスタイルを持たない者200人の中では，MORが1以上ある者は64%，3以上となる者は30%である。初回入院のうつ病患者193人の群では，MORが1以上のプロトコルは70%で，3以上となるのは27%だった。Exner & Weiner（1982）の研究では，入院中の児童のうち抑うつを主症状とする者のMOR反応の数は約3で，その他の症状の者では1だった。また，抑うつ症状で入院していた児童のうち約8カ月の治療で改善が見られた22人に再テストしたところ，最初のテスト時に2.94だったMORの平均は，2回目のテストでは1.01に減っていた。

　Exner, Martin & Mason（1984）は，ロールシャッハ施行後60日以内に自殺既遂した者101名のうち72名（71%）のプロトコルで，MORが4以上というかなり高い数値を示しているのに気づいた。そこで，この群のプロトコルを用いて，Exner & Wylie（1977）作成の自殺布置との交差妥当性を検証した。判別関数分析を行ったところ，MOR>3が自殺群とその他のコントロール群とを識別する要素の一つであることがわかったので，これを自殺布置の改訂版に12番目の変数として加えた。MORをコードする基準が決められた後，治療効果の研究（Exner, 1978）に自発的に参加した430人の外来患者の治療前のプロトコルにMORをコードしていき，現在の症状に関係なく，MOR反応が3個以上あるものを選んで一つの群（N=76）とした。

これらの患者に対する評定を治療の初期段階に治療者に行ってもらい，その結果を，研究に参加した残り354人の患者からランダムに抽出した76人の患者群のものと比較した。一つ一つの項目を見ただけでは両群に差はないが，自分に対する構え，現在の問題，将来に対する見込みなどに関する9項目を組み合わせてみると，MORの多い群の評定のほうが有意にネガティブなものだった。3個以上のMOR反応がある患者は，治療がうまくいくかどうかということも含め，自分の将来に対して明らかに悲観的な構えを持っていると評定されていた。

知性化指標（The Intellectualization Index）

最初の知性化指標はAb+Artで計算されていた（Exner, 1987）。しかしその後，当時抽象的反応につけていた反応内容スコア（Ab）について研究した結果，抽象概念を説明するには特殊スコア（AB）を用いたほうがより適切だろうとの示唆が得られた。また，そのほうが知性化という防衛プロセスのバリエーションをより多く拾えることや，人類学の反応内容も有意味であることがわかった。このようにして，特殊スコアABに2倍の重みづけしたものなど，上記の3変数すべてが含まれるように指標は作り直された（Exner, 1990）。

最初の知性化指標を作る際には，治療開始後10週以内に治療者から受け取った報告を主たる妥当性基準としていた。この基準を再検討したところ，指標の値が4か5の場合は解釈的意義はやや少ないことがわかった。値が4か5の場合は多くの人よりも知性化しやすいのはたしかだが，こうした防衛手段がその人の心理機能の主要な特徴として頻繁に用いられていると考えるのは誤りである。一方，値が6以上の場合は，多くの治療者がそろって，感情への衝撃を中和する手段として主に知性化を用いるという評定をしていた。

知性化によって感情への衝撃は減じたり中和される。しかし知性化は，状況から実際に受けた衝撃を歪め，わからなくしてしまう稚拙な否認の一形態でもある。すなわち，偽りの知的処理である。感情が動かされているのにそれを隠したり否認し，その結果，感情を直接あるいは現実的に扱うのを困難にしてしまう。

*Sum6*と*WSum6*

DV, INCOM, DR, FABCOMの各レベル1とレベル2，ALOGおよびCONTAMといった重要特殊スコアが付けられている場合は，思考を作りあげたり表わしたりする際に何らかの問題があることを示す。これらが少ししか出現していなければ，さほど懸念する必要はない。ただし，DR2とFABCOM2，CONTAMについては必ずしもそうとは言えない。600人の非患者成人の約83%が重要特殊スコアの付く反応を1個以上出し，その群での中央値は2である。非患者のWSum6の平均は4.48である。非患者児童は特殊スコアが付く反応を比較的多く出す。たとえば，7歳の児童の平均は約6で，10歳の児童の平均は5を若干上回る。WSum6の平均は発達に従って次第に減少する。5歳の群で11.08という最も高い値だったのが，12歳で6.86，16歳で4.57と減っていく。

一方，初回入院の統合失調症患者で回避型のスタイルを持たない者200人の群では，重要特殊スコアの平均は約12である。レベル2の反応を1個以上出した者は184人（92%）おり，WSum6の平均は52.31，中央値は35.0，最頻値は23.0である。外来患者535人の群では，重要特殊スコアの出現頻度は非患者とほとんど変わらない。ただし，WSum6の平均は9.36と，いくぶん高くなっている。

WSum6が期待値を上回ることは，いろいろな患者群でまま見られることである。たとえば，Exner（1986）によれば，統合失調症型障害との診断を受けた患者は境界型障害と診断された患者よりも重要特殊スコアの出現頻度はかなり大きく，WSum6の平均も高い。Silberg & Armstrong（1992）は，青年期の入院患者で自殺の危険性がある者はWSum6が高いことを見出した。Goldstein（1998）の研究でも，青年期の入院患者では自殺の危険とともにWSum6が上昇していた。Malone（1996）によれば，治療中の成人女性で子ども時代に近親姦の被害を受けた者は，WSum6の値がかなり高かった。また，Van-Patten（1977）は，非行少年は非患者青年に比べてWSum6が高いと報告している。

文献

Abrams, E. W. (1955). Predictions of intelligence from certain Rorschach factors. Journal of Clinical Psychology, 11, 81-84.

Altus, W. D. (1958). Group Rorschach and Q-L discrepancies on the ACE. Psychological Reports, 4, 469.

Ames, L. B. (1960). Constancy of content in Rorschach responses. Journal of Genetic Psychology, 96, 145-164.

Ames, L. B., Metraux, R. W., & Walker, R. N. (1971). Adolescent Rorschach responses. New York: Brunner/Mazel.

Beck, S. J. (1945). Rorschach's test. II: A variety of personality pictures. New York: Grune & Stratton.

Beck, S. J. (1965). Psychological process in the schizophrenic adaptation. New York: Grune & Stratton.

Beck, S. J., Beck, A., Levitt, E. E., & Molish, H. B. (1961). Rorschach's test. I: Basic processes (3rd ed.). New York: Grune & Stratton.

Bendick, M. R., & Klopfer, W. G. (1964). The effects of sensory deprivation and motor inhibition on Rorschach movement responses. Journal of Projective Techniques, 28, 261-264.

Beri, J., & Blacker, E. (1956). External and internal stimulus factors in Rorschach performance. Journal of Consulting Psychology, 20, 1-7.

Cocking, R. R., Dana, J. M., & Dana, R. H. (1969). Six constructs to define Rorschach M: A response. Journal of Projective Techniques and Personality Assessment, 33, 322-323.

Cooper, L., & Caston, J. (1970). Physical activity and increases in M response. Journal of Projective Techniques and Personality Assessment, 34, 295-301.

Dana, R. H. (1968). Six constructs to define Rorschach M. Journal of Projective Techniques and Personality Assessment, 32, 138-145.

Dudek, S. Z. (1968). M an active energy system correlating Rorschach M with ease of creative expression. Journal of Projective Techniques and Personality Assessment, 32, 453-461.

Evans, R. B., & Mormorston, J. (1964). Rorschach signs of brain damage in cerebral thrombosis. Perceptual Motor Skills, 18, 977-988.

Exner, J. E. (1974). The Rorschach: A Comprehensive System. Volume 1. New York: Wiley.

Exner, J. E. (1978). The Rorschach: A Comprehensive System. Volume 2. Current research and advanced interpretation. New York: Wiley.

Exner, J. E. (1983). 1983 Alumni newsletter. Bayville, NY: Rorschach Workshops.

Exner, J. E. (1986). Some Rorschach data comparison schizophrenics with borderline and schizotypal personality disorders. Journal of Personality Assessment, 50, 455-471.

Exner, J. E. (1987). An intellectualization index. Alumni newsletter. Asheville, NC: Rorschach Workshops.

Exner, J. E. (1988). COP. Alumni newsletter. Asheville, NC: Rorschach Workshops.

Exner, J. E. (1990a). EB Pervasive (EBPer) Alumni newsletter. Asheville, NC: Rorschach Workshops.

Exner, J. E. (1990b). The intellectualization index [2AB+(Art+Ay)]. Alumni newsletter. Asheville, NC: Rorschach Workshops.

Exner, J. E. (1991). The Rorschach: A Comprehensive System. Volume 2: Interpretation (2nd ed.). New York: Wiley.

Exner, J. E. (1993). The Rorschach: A Comprehensive System. Volume 1: Basicfoundations (3rd ed.). New York: Wiley.

Exner, J. E., Armbruster, G. L., & Wylie, J. R. (1976). TAT stories and the Ma:Mp ratio. Rorschach Workshops (Study No. 225, unpublished).

Exner, J. E., & Bryant, E. L. (1974). Flexibility in creative efforts as related to three Rorschach variables. Rorschach Workshops (Study No. 187, unpublished).

Exner, J. E., Martin, L. S., & Mason, B. (1984). A review of the Rorschach Suicide Constellation. 11th International Congress of Rorschach and Projective Techniques, Barcelona, Spain.

Exner, J. E., & McCoy, R. (1981). An experimental score for morbid content (MOR). Rorschach Workshops (Study No. 260, unpublished).

Exner, J. E., & Thomas, E. A. (1982). Postural-gestural behaviors among introversives and extratensives during a structured interview. Rorschach Workshops (Study No. 292, unpublished).

Exner, J. E., Viglione, D. I., & Gillespie, R. (1984). Relationships between Rorschach variables as relevant to the interpretation of structural data. Journal of Personality Assessment, 48, 65-70.

Exner, J. E., & Weiner, I. B. (1982). The Rorschach: A Comprehensive System. Volume 3. Assessment of children and adolescents. New York: Wiley.

Exner, J. E., & Wylie, J. R. (1974). Therapist ratings of patient "insight" in an uncovering form of psychotherapy. Rorschach Workshops (Study No. 192, unpublished).

Exner, J. E., & Wylie, J. R. (1977). Some Rorschach data concerning suicide. Journal of Personality Assessment, 41, 339-348.

Fisher, S., & Cleveland, S. E. (1958). Body image and personality. New York: Van Nostrand Reinhold. Fleischer, M. S. (1957). Differential Rorschach configurations of suicidal patients: A psychological stud), of threatened, attempted, and successful suicides. Unpublished doctoral dissertation, Yeshiva University.

Frankle, A. H. (1953). Rorschach human movement and human content responses as indices of the adequacy of interpersonal relationships of social vvork students. Unpublished doctoral dissertation, University of Chicago.

Gibby, R. G., Stotsky, B. A., Harrington, R. L., & Thomas, R. W. (1955). Rorschach determinant shift among hallucinatory and delusional patients. Journal of Consulting Psychology, 19, 44-46.

Goldstein, D. B. (1998). Rorschach correlates of aggression in an adolescent inpatient sample. Dissertation Abstracts, 58, 5118.

Guirdham, A. (1936). The diagnosis of depression by the Rorschach Test. British Journal ofMedical Psychology, 16, 130-145.

Halpern, F. (1940). Rorschach interpretation of the personality structure of schizophrenics who benefit from insulin therapy. Psychiatric Quarterly, 14, 826-833.

Hammer, E. F., & Jacks, I. (1955). A study of Rorschach flexor and extensor human movement responses. Journal of Clinical Psychology, 11, 63-67.

Hersh, C. (1962). The cognitive functioning of the creative person: A developmental analysis. Journal of Projective Techniques, 26, 193-200.

Hertzman, M., Orlansky, D., & Seitz, C. P. (1944). Personality organization and anoxia tolerance. Psychosomatic Medicine, 6, 317-331.

Kallstedt, F. E. (1952). A Rorschach study of 66 adolescents. Journal of Clinical Psychology: 8, 129-132.

King, G. F. (1960). Rorschach human movement and delusional content. Journal of Projective Techniques, 24, 161-163.

Klein, G. S., & Schlesinger, H. G. (1951). Perceptual attitudes toward instability: Prediction of apparent movement experiences from Rorschach responses. Journal ofPersonality, 19, 289-302.

Klopfer, B., Kirkner, F., Wisham, W., & Baker, G. (1951). Rorschach prognostic rating scale. Journal of Projective Techniques, 15, 425-428.

Langmuir, C. R. (1958). Varieties ofdecision making behavior: A report of experiences with the Logical Analysis Device. Washington, DC: American Psychological Association.

Lerner, B. (1966). Rorschach movement and dreams: A validation study using drug-induced deprivation. Journal of Abnormal Psychology, 71, 75-87.

Levine, M., Glass, H., & Meltzoff, J. (1957). The inhibition process. Rorschach human movement response and intelligence.

Journal of Consulting Psychology, 21, 45-49.

Levine, M., & Spivack, G. (1962). Human movement responses and verbal expression in the Rorschach Test. Journal of Projective Techniques, 26, 299-304.

Lipton, M. B., Tamarin, S., & Latesta, P. (1951). Test evidence of personality change and prognosis by means of the Rorschach and Wechsler-Bellevue tests on 17 insulin treated paranoid schizophrenics. Psychiatric Quarterly, 25, 434-444.

Loveland, N. T., & Singer, M. T. (1959). Projective test assessment of the effects of sleep deprivation. Journal of Projective Techniques, 23, 323-334.

Malone, J. A. (1996). Rorschach correlates of childhood incest history in adult women in psychotherapy. Dissertation Abstracts, 56, 5176.

Mason, B., & Exner, J. E. (1984). Correlations between WAIS subtests and nonpatient adult Rorschach data. Rorschach Workshops (Study No. 289, unpublished).

Mirin, B. (1955). The Rorschach human movement response and role taking behavior. Journal of Nervous and Mental Disorders, 122, 270-275.

Molish, H. B. (1955). Schizophrenic reaction types in a Naval Hospital population as evaluated by the Rorschach Test. Washington, DC: Bureau of Medicine and Surgery, Navy Department.

Ogdon, D. P., & Allee, R. (1959). Rorschach relationships with intelligence among familial mental defectives. American Journal of Mental Deficiency, 63, 889-896.

Orlinski, D. E. (1966). Rorschach test correlates of dreaming and dream recall. Journal of Projective Techniques and Personality Assessment, 30, 250-253.

Page, H. A. (1957). Studies in fantasy-daydreaming frequency and Rorschach scoring categories. Journal of Consulting Psychology, 21, I11-114.

Palmer, J. O. (1963). Alterations in Rorschach's experience balance under conditions of food and sleep deprivation: A construct validation study. Journal of Projective Techniques, 27, 208-213.

Paulsen, A. (1941). Rorschachs of school beginners. Rorschach Research Exchange, 5, 24-29.

Phillips, L., & Smith, J. G. (1953). Rorschach interpretation: Advanced technique. New York: Grune & Stratton.

Piotrowski, Z. (1937). The Rorschach ink-blot method in organic disturbances of the central nervous system. Journal of Nervous and Mental Disorders, 86, 525-537.

Piotrowski, Z. (1939). Rorschach manifestations of improvement in insulin treated schizophrenics. Psychosomatic Medicine, 1, 508-526.

Piotrowski, Z. (1940). Positive and negative Rorschach organic reactions. Rorschach Research Exchange, 4, 147-151.

Piotrowski, Z. (1957). Perceptanalysis. New York: Macmillan.

Piotrowski, Z. (1960). The movement score. In M. Rickers-Ovsiankina (Ed.), Rorschach psychology. New York: Wiley.

Piotrowski, Z., & Bricklin, B. (1958). A long-term prognostic criterion for schizophrenics based on Rorschach data. Psychiatric Quarterly Supplement, 32, 315-329.

Piotrowski, Z., & Bricklin, B. (1961). A second validation of a long-term Rorschach prognostic index for schizophrenic patients. Journal of Consulting Psychology, 25, 123-128.

Rapaport, D., Gill, M., & Schafer, R. (1946). Psychological diagnostic testing (Vol. 2). Chicago: Yearbook Publishers.

Rees, W. L., & Jones, A. M. (1951). An evaluation of the Rorschach test as a prognostic aid in the treatment of schizophrenics by insulin coma therapy, electronarcosis, electroconvulsive therapy, and leucotomy. Journal of Mental Science, 97, 681-689.

Richter, R. H., & Winter, W. D. (1966). Holtzman ink-blot correlates of creative potential. Journal of Projective Techniques and Personality Assessment, 30, 62-67.

Rorschach, H. (192 1). Psychodiagnostik. Bern, Switzerland: Bircher.

Sakheim, G. A. (1955). Suicidal responses on the Rorschach test: A validation study. Journal of Nervous and Mental Diseases, 122, 332-344.

Schmidt, H., & Fonda, C. (1954). Rorschach scores in the manic states. Journal of Psychology, 38, 427-437.

Schulman, I. (1953). The relation between perception of movement on the Rorschach test and levels of conceptualization. Unpublished doctoral dissertation, New York University.

Silberg, J. L., & Armstrong, J. G. (1992). The Rorschach test for predicting suicide among depressed adolescent inpatients. Journal of Personality Assessment, 59, 290-303.

Singer, J. L., & Brown, S. L. (1977). The experience type: Some behavioral correlates and theoretical implications. In M. A. Rickers-Ovsiankina (Ed.), Rorschach psychology (2nd ed.). Huntington, NY: Robert E. Krieger.

Singer, J. L., & Herman, J. (1954). Motor and fantasy correlates of Rorschach human movement responses. Journal of Consulting Psychology, 18, 325-331.

Singer, J. L., Meltzoff, J., & Goldman, G. D. (1952). Rorschach movement responses following motor inhibition and hyperactivity. Journal of Consulting Psychology, 16, 359-364.

Singer, J. L., & Spohn, H. (1954). Some behavioral correlates of Rorschach's experience-type. Journal of Consulting Psychology, 18, 1-9.

Sonuner, R., & Sommer, D. T. (1958). Assaultiveness and two types of Rorschach color responses. Journal of Consulting Psychology, 22, 57-62.

Steele, N. M., & Kahn, M. W. (1969). Kinesthesis and the Rorschach M response. Journal of Projective Techniques and Personality Assessment, 33, 5-10.

Stotsky, B. A, (1952). A comparison of remitting and nonremitting schizophrenics on psychological tests. Journal of Abnormal and Social Psychology, 47, 489-496.

Tanaka, F. (1958). Rorschach movement responses in relation to intelligence. Japanese Journal of Educational Psychology, 6, 85-91.

Thomas, C. B., Ross, D. C., Brown, B. S., & Duszynski, K. R. (1973). A prospective study of the Rorschachs of suicides: The predictive potential of pathological content. Johns Hopkins Medical Journal, 132, 334-360.

Thomas, H. F. (1955). The relationship of movement responses on the Rorschach test to the defense mechanism of projection. Journal of Abnormal and Social Psychology, 50, 41-44.

Van-Patten, K. (1997). The quality of human responses on the Rorschach: A comparison of juvenile delinquents and a normal sample of adolescents. Dissertation Abstracts, 57, 7217.

Wagner, E. E., & Hoover, T. O. (1971). Exhibitionistic M in drum majors: A validation. Perceptual Motor Skills, 32, 125-126.

Wagner, E. E., & Hoover, T. O. (1972). Behavioral implications of Rorschach's human movement response. Further validation based on exhibitionistic M's. Perceptual Motor Skills, 35, 27-30.

Weiner, I. B. (1966). Psychodiagnosis in schizophrenia. New York: Wiley.

Wetherhorn, M. (1 956). Flexor-extensor movement on the Rorschach. Journal of Consulting Psychology, 20, 204.

White, M. A., & Schreiber, H. (1952). Diagnosing "suicidal risks" on the Rorschach. Psychiatric Quarterly Supplement, 26, 161-189.

Wiener-Levy, D., & Exner, J. E. (1981). The Rorschach EA-ep variable as related to persistence in a task frustration situation under feedback conditions Journal of Personality Assessment, 45, 118-124.

Witkin, H. A., Dyk, R. B., Faterson, H. F., Goodenough, D. R., & Karp, S. A. (1962). Psychological differentiation: Studies of development. New York: Wiley.

Young, G. R., & Wagner, E. E. (1993). Behavioral specificity in the Rorschach human movement response: A comparison of strippers and models. Journal of Clinical Psychology, 49, 407-412.

第 20 章

自己知覚
Self-Perception

　心理学においては，自己についてさまざまな考え方がなされている。それゆえ，このクラスターで自己という言葉を用いるにあたっては，まずその使い方を明確にしておくことが大切となる。自己知覚は，自己イメージと自己への没頭（self-involvement）という2つの特徴に関係している。自己イメージは，個人が自分の特性について抱く印象から成り立っている。自分自身の特性についての，心の中に持っている語彙集のようなものである。こうした印象の多くは意識に上りやすいものである。しかし，なかには部分的にしか気づけなかったり，まったく意識できないようなものもある。なぜならば，これらは本人が望んでいなかったり葛藤をもたらすものであるため，意識的に抑え込まれたり，時には抑圧されることさえあるからである。

　時に人は，自分の印象について，心の中で大まかな言葉を使ってまとめあげる（私は平凡な人間だ，私は善人である，など）。しかし，印象についての語彙集の中には，元気がいい－元気がない，魅力的－醜い，社交的－内気，などのような連続線上のどこかに，具体的に位置づけられる特徴もかなりある。それでも，そのようなものさし上に位置づけられることなく，ただ単に，創造的，脆い，親切，好意的，繊細，誠実，人を疑わない，といった印象としてまとめられることも多い。

　この語彙集は経験を積むことで厚みを増していく。また，自分にあると思っている特性の多くは，現実の経験に基づくものである。しかし，語彙集の中には，経験を間違って解釈してできあがった特徴や，まったくの想像でしかない特徴も含まれているかもしれない。このように何に基づいているかはいろいろであるが，自分で気づいている特性の語彙集というのは，それがそのまま，心の中に抱く自己概念となる。そして，こうした自己イメージと現実とがどの程度一致しているのか，あるいは一致していないのかによって，適応の善し悪しもだいぶ変わってくる。

　自己への没頭は自己イメージから派生するもので，外界へ向ける関心と比べた場合の自分自身へ向ける関心の程度と関係している。要するに，自己への没頭は自己中心性と同義である。しかし，だからといって，自分にたくさん関心を向ける人や非常に自己中心的な人が必ずしも高い自尊心を持っているとは限らない。たしかに，自分により多くの関心を向ける人ほど高い自尊心を持っていることは多い。そういう人たちは，外部からの情報に抗ってでも，自己イメージや，自己イメージを構成する諸々の特性に高い価値を置く。問題を抱えている人も自分に多くの関心を向けることがしばしばあるが，外界へ向ける関心のほうは必要以下になりがちである。その代わり，こういう人たちは，他者，特に現実もしくは想像上の重要な他者と比べて自分の価値が不足しているということのほうに，意識を集中させてしまいやすい。

このように，自己への没頭は，ポジティブとネガティブ両方の枠組みの中で考えることができるし，個別具体的な言葉でも（「私は彼女と同じくらいに社交的だ」），一般的な言葉でも（「私は大部分の人よりも創造的なほうだ」），言い表わすことができる。自己への没頭は，達成目標を設定する際には重要な役割を担う。すでに述べたように，自己イメージと自己への没頭は相互に関連している。ただし，思ったほど直接的な関係ではないこともある。たとえば，自分では自分の特徴についてたいしたことがないとか平均以下だと考えている人が，実は高い自尊心を持っていることもある（「私はたいして才能はないけれど，すごく善良な人間だ」）。

自分についての特徴が主に想像や現実の歪曲に基づいて知覚されている場合は，自分の価値についての誤った感覚が生まれてしまう。たとえば，もしも自己イメージを構成する特徴の多くがネガティブなものとして知覚されていれば，自己イメージが現実に基づいているかどうかに関わりなく，ほぼ間違いなくセルフエスティームは低くなる。同様に，知覚された自己イメージの諸特徴が過大評価されていれば，自己への没頭は過剰なものになり，自己価値感は誇大的になる。このような知覚をしている人は，業績や対人関係を通して誇大な自己イメージの裏づけを得られなければ，普通，肥大した自己価値感を維持しようとして防衛の手段を使いすぎるようになる。こうした事態は，自分の内面と外界もしくはそのどちらか一方に問題を引き起こしやすい。

自己知覚に関連するロールシャッハの変数

自己知覚に関連したロールシャッハデータはいろいろだが，それらを解釈する際には，投映された内容を見つけたり利用したりする技術が重要になる。このクラスターに含まれているのは，9の構造変数（OBS, HVI, 反射反応，自己中心性指標，FD, SumV, H：(H)+Hd+(Hd), An+Xy, MOR），すべての人間反応のコーディング，プロトコル中のいくつかの反応に投映された自己表象の吟味，などである。また，反応数（R）と体験型（EB）は，人間反応を検討する際にあらかじめ必要な情報となる。

自己イメージを特徴づける性質について，ネガティブなもののみならずポジティブなものも探し出すことが，解釈者にとっては非常に大切なことである。普通，ネガティブな特徴は簡単に見つけられる。しかし，ポジティブな所見は見落とされてしまうことが多い。ポジティブな特徴は見極めるのが少々難しく，そのためにこのような見落としが生じる場合もあるかもしれない。しかし，もっと多いのは，求められている査定課題を見て解釈者が持つ構えのために見落としが生じる，という場合である。査定課題は，たいてい，ネガティブな特徴や問題に関連している。そのため，それらについて検討しようとすれば，解釈者はポジティブな要素を見逃したり，軽視してしまいやすくなるのだろう。

検討事項の要点

自己知覚に関する資料を解釈する際の基本的検討事項は，次の通りである。

（1）特別な自己イメージがあることを示すパーソナリティの特徴的スタイルはあるか。
（2）自己評価や自己への関心の程度は，被検者の年齢相応のものか否か。

（3）ある特定の自己イメージの特徴へのとらわれはあるか。
（4）自己イメージの特徴のうち，明らかにネガティブなものは何か。
（5）自己イメージの特徴のうち，明らかにポジティブなものは何か。
（6）ポジティブもしくはネガティブな自己イメージの特徴に関し，重大な歪曲が存在する証拠はあるか。

　次に2つのケースを用い，自己知覚の検討の手続を説明する。この手続では，まず構造変数に焦点をあて，次いで反応内容の検討へと移る。

ケース12

　47歳の男性。外来で5週間治療を受けてきたが，担当の精神科医の助言により，6日前から民間の精神医療機関に入院している。治療を受けることにしたのは，同僚の勧めと妻の提案があったからである。同僚は彼について，仕事中にわけがわからなくなっていることがよくあると述べ，妻は「彼は（この数カ月の間）ずっとどうかしている」と主張していた。外来治療の間は抗うつ剤を服用していたが，入院後はやめている。これまでに精神科にかかったことは一度ある。ヴェトナム戦争のとき，陸軍を除隊した直後に復員軍人庁の診療所でカウンセリングを受けたことがあるという。このときは，退役後の教育や就労をどうするのかといったことがらを中心に，数回のカウンセリングのセッションが行われた。また，海外派兵中の前妻の不貞についても取りあげられた。

　同胞は2人おり，彼は長子である。父親は69歳。農業を営んでいたが，今は現役を退いている。母親は3年前，癌のために死亡した。享年63歳だった。姉は45歳で，専業主婦をしている。姉には子どもが2人いる。弟は41歳で，現在は自分の農園を所有している。この男性は，22歳のときに経営学の学士を取得した。大学を卒業した3日後に結婚したが，その直後に軍隊に招集された。結婚後6カ月の間は夫婦そろって陸軍駐屯地で生活していたが，その後彼は歩兵小隊のリーダーとしてヴェトナムに派遣された。しかし，ヴェトナムでの兵役が14カ月を迎えたとき，負傷してアメリカ本国の病院に送還された。本国への帰還途中，妻が「誰とでも寝ている」ことを知った。妻は彼にはもう関心がないと言い，彼が離婚の訴えを提起したところすんなりと同意した。

　除隊後，彼はある小さな製造会社の事務所管理者として働いた。9年後，この会社を共同経営しないかと持ちかけられたが，同時に話のあった大きな製造会社での工業製品販売代理人の仕事のほうを選んだ。そして現在に至るまで，その会社で14年間働いている。すでに何度か昇進を繰り返し，当然次期は営業部長になると思われていた。27歳の時，同じ職場で秘書をしていた女性と再婚した。結婚して20年になるが，2人ともこれまでの間は幸せだったと述べる。子どもは3人いる（18歳で大学1年生の長男，16歳で高校2年生の長女，12歳で小学校6年生の二女）。妻によれば，彼は入院の2年くらい前から攻撃的になり，以前は好きだったゴルフにも興味を失い，職場での出世争いの不公平さをよく口にするようになった。また，これまでしたこともないような性行為を求めるようになり，しかもそうすれば夫婦関係がよくなると思っているかのようだったという。

　この点については彼も認めているが，妻がほのめかすようなおかしなことはしていないと主張する。また，会社の同僚の中には彼の仕事を狙っている者もいて，彼に対する上司の評価を貶めるように画策しているのだと述べる。仕事中に自分のことをあれこれ噂されているのが聞こえたという

ケース 12　47 歳男性　自己知覚に関するデータ

R =21	OBS =No	HVI=No　Human Content, An & Xy Responses
Fr+rF =0	3r+(2)/R=0.19	I　1. WSo FC'o (Hd),Ay 3.5 GHR
		III　6. D+ Ma.mp.FC'.FD.CFo 2 H,Fd,Cg P 3.0 COP,MOR,GHR
FD =3	SumV =1	V　12. D+Ma.FC'- H,Hh,Sx 2.5 COP,PHR
		VII　14. W+ Mpo 2 Hd P 3.0 GHR
An + Xy=1	MOR =6	VIII　16. W+ FMa. CFo 2 A,An,Fd P 4.5 AG,MOR,PHR
		IX　19. DSo FC'o (H) 5.0 GHR
H : (H) + Hd + (Hd) =3 : 3		X　20. DS+ Ma. YF.CF.mpo H,Fi,Sc 6.0 GHR
[EB=4 : 6.0]		

が，それが「思いすごし」である可能性も否定はしない。約 3 カ月前から，よく眠れなくなったり，仕事の約束を何度も忘れるようになった。あるときには，出勤するつもりで車に乗ったところレストランに行ってしまったという。妻によれば，最近は酔っぱらって彼女の浮気（彼女はそのような事実はないと否定している）を非難することが何度かあったし，同僚に喧嘩を吹っかけることもあったという。彼は，いかにも体裁が悪いからといって，治療を受けることには消極的である。しかし，身体面，神経面，心理面の各評価が終わるまで短期間入院することには同意した。担当の治療者は，抑うつ，双極性障害，統合失調感情障害などを疑っている。

ケース 13

29 歳の女性。彼女はホームドクターの紹介で精神科にかかり，そこの医師から心理学的評価に回されてきた。2 カ月あまりの間に精神科に 7 回通い，そのたびに，神経が過敏になって時々集中力が欠けてしまう，と繰り返し訴えた。抗不安薬を処方されていたが，薬は役に立たなかったと彼女は言う。精神科医は，薬の増量や治療法の再検討のために，より詳細なアセスメントが必要だと考えている。評価の手続きの最中，彼女はとても協力的で，自分に関心を持ってくれたことにいたく感謝していた。

彼女は，3 人姉妹の末の妹である。父親は 55 歳で，大工をしている。母親は 53 歳で，無職である。34 歳の長姉は既婚で，夫は消防士。子どもは 3 人いる。次姉は 31 歳で，保険販売員の夫との間に 2 人の子どもがいる。近親には精神医学上の病歴を持つ者はいない。彼女は 18 歳のとき，「平均ぐらいの成績で」高校を卒業し，2 年間の秘書養成プログラムを受講するために技能学校（technical college）に進んだ。しかし 1 年後，「学校は興味の持てるものを全然提供してくれず，正直言ってあまり面白くなかった」として，中退を決意した。その後は 4 年間，自動車部品販売店のレジ係として働いた。「いろんな人と出会えるから，その仕事は好きでした」と言う。

24 歳のときに結婚したが，4 年後には離婚した。相手の男性は自動車修理店の共同経営者の一人で，レースのシーズンにはレーシングチームのピット作業員としても働いていた。彼も現在 29 歳である。彼女は 2 人の関係について次のように述べる。「最初は刺激的でした。レースのたびにいろんなところに出かけて，いろんな人に出会えて。結婚してよかったって思いました。でも，実際は出だしからひどかったんです。彼はすごく支配的で，私は何一つ決めさせてもらえなかった。私らしさってものを全然認めてくれなかったんです」。1 年ほどすると，彼に付いてレースに行くの

ケース 13　29 歳女性　自己知覚に関するデータ
R　　　=25　　　　　　OBS　　=No　　　　　HVI=No　　Human Content, An & Xy Responses
Fr+rF　=2　　　　　　3r+(2)/R=0.64　　　III　6. D+ Mp.Fro H,Cg P 3.0 GHR
III　7. Do FC.Mpo 2 (H) GHR
FD　　=1　　　　　　SumV　=0　　　　　VI 13. Dd+ Fu (H),Cg 2.5 PER,PHR
VII 14. D+ Mpo 2 Hd P 3.0 GHR
An + Xy=0　　　　　MOR　=1
H : (H) + Hd + (Hd) =1 : 3
[EB=3 : 8.0]

をやめてしまった。そして，週末に夫がいない間，「他の男と会う」ようになった。結婚後 3 年で別居し，その 11 カ月後には離婚した。

　彼女は言う。「本当に大間違いでした。あの人に支配されていて，いつも打ちひしがれた感じだったんです。結婚はしたいです。でも，ああいう人は嫌」。離婚後，何人かの男性と交際した。しかし，「結局はみんな同じようなもので，全員だめだった」。今は交際相手をもっとよく選ぶようにしていて，「いつかきっといい人とめぐり会える」と信じているという。この 1 年半の間は歯科医の受付で働いている。「いい仕事」だと言いつつ，本当は別のことをしたいのだと明かす。学校に入り直すことも考えているが，何を勉強したらいいのかわからないという。「神経過敏はよくなったり悪くなったりしている」と話す。症状が出ない日があったかと思うと，「ちょっとしたことでも椅子から飛びあがりそうになるくらいびくびくして，ちゃんと考えることもできない」状態になるときもある。

　照会してきた精神科医は，症状の原因について尋ねている。また，パニック障害の診断が適当ではないかと考え，最も効果的と思われる治療法について意見を求めている。

解釈の手順

　ここでの解釈手順は 8 のステップから成り立っている。7 番目までは，構造データおよび人間内容を含む反応のコーディングに焦点をあてる。最後の 1 つのステップでは，プロトコル中の言葉づかいや反応内容中の投映内容を吟味する。

ステップ 1：*OBS*，*HVI*

　OBS と HVI についてはすでに認知機能との関連で検討してきた。しかし，これらを自己知覚との関連で再検討してみることは重要である。

　OBS についての可能な所見：すでに述べたように，OBS 陽性は完全主義へのとらわれを意味する。このスタイルは必ずしも欠点というわけではない。しかし，その程度が極端だったり，当人が重大な失敗を体験したりした場合には，欠点にもなりうる。強迫的な人は正確さや厳密さにたいへん価値を置く。そして，こうした価値観を共有しない者を軽蔑しがちである。強迫の原因については諸説あるが，いずれの説にも共通するのは次の点である。すなわち，強迫的な人は自分の能力に疑問

を感じ，心中に不確実感を潜ませている，というものである。一生懸命に完璧さを追求することは，不確実感に思い悩む気持ちを鎮める手段になっている。さらには，自分の不全感を裏づけてしまうひどい失敗をしでかさないようにするための手段ともなっている。通常，強迫的な人の自己イメージにはあまり誇大的な特徴は見られない。むしろ，自分を必要以上に控えめに，ときには否定的に見る傾向がある。強迫的な人の自己イメージに非現実的な誇張が含まれているような場合は，失敗があったときに心理的な問題が生じる危険はかなり大きい。なぜならば，強迫的な人は失敗の重みや結果を大げさに受け取め，すぐに自分に価値がないと思い込みやすいからである。

HVIについての可能な所見： HVI陽性は，傷つきやすさへのとらわれがあることを示している。そのとらわれは全般的なものであって，ある特定の傷つきやすさについてのものではない。前章で述べたように，このとらわれは外界に対する不信感に端を発している。警戒心過剰な人は自分を無傷で完全なまま保つことに大きな関心を寄せている。そして，状況からしていかに非現実的であろうと，困難や失敗の原因は外部にあると考えてしまいやすい。自分の行動や他者からの反応に安心感を持てないため，自分の行動が適切であるという確証や自分の評価が下がったり操作されたりすることがないという確証を得たい，と強く願っている。警戒心過剰な人はこうした警戒的な姿勢をあまり柔軟に変えることはないし，この姿勢を維持するためにかなりのエネルギーを使う。過剰な警戒心をさらに強めるような境遇にある場合，その人の思考にはパラノイア様の特徴がかなり見られるようになる。ステップ2に進む。

ステップ2：反射反応

反射反応は自己愛的な人格特徴に関係がある。この特徴は自己の中核的要素となるが，これには自分を非常に高く価値づける傾向がかなり含まれている。年少児童の場合は，この特性があるのは自然なことである。しかし，形式的認知操作が広く及ぶようになり，社会的な交流が新たな重要性を帯びてくる思春期には，普通，この特性は消失したり，適度なものになってくる。誇大な自己価値感があっても，それが自動的に何らかの病理をもたらすわけではない。自尊心の高い人の多くは，かなり成功した人生を送っているものである。しかし，無傷のまま完全であろうとする配慮を自分に対しても他者に対しても健康な程度に払うのが成熟したバランスというものだが，自己中心性はそうしたバランスの発達を妨げる危険性をつねに有している。

肥大した自己価値感が適応上の問題につながる可能性は，その人が自己価値の保証をどれだけ得られるかによって変わってくる。自分を高く価値づける傾向は，地位を求める動機づけを高めることが多い。もしも周囲からの承認が得られれば，病理や不適応が生じる可能性は低くなる。しかし，高い自己価値を再確認することができないと，普通は欲求不満や否定主義が引き起こされる。その結果，自分についての法外な評価をそのまま信じていられるようにするために，精巧な防衛のシステムを作りあげてしまう。このことにより，病理や不適応に陥りやすくなる。典型的な例では，合理化，外在化，否認などが防衛の中核となる。

可能な所見： Fr+rFの値が0より大きい場合は，自己への没頭が過剰な上，肥大した自己価値感によって世の中に対する見方が決定づけられていることを示す。この特性は自分の高いプライドが何度

ケース13　29歳女性　自己知覚に関するデータ			
R =25	OBS =No	HVI=No　Human Content, An & Xy Responses	
Fr+rF =2	3r+(2)/R=0.64	III　6. D+ Mp.Fr.o H,Cg P 3.0 GHR	
		III　7. Do FC.Mp.o 2 (H) GHR	
FD =1	SumV =0	VI 13. Dd+Fu (H),Cg 2.5 PER,PHR	
		VII 14. D+ Mp.o 2 Hd P 3.0 GHR	
An + Xy=0	MOR =1		
H : (H) + Hd + (Hd) =1 : 3			
[EB=3 : 8.0]			

も確認されたり補強されることを求めるものなので，意思決定と行動に大きな影響を与える基本的な人格特徴となる。このような特徴を持つ青年および成人は，意味ある対人関係を築いたり維持することに困難を感ずることが多い。時には，そのために自己点検が促されることもある。その場合には，自分を高く価値づけることと，それは正しくないかもしれないという気づきの間で，内的な葛藤が生じる可能性がある。特に自分の価値を再確認できないような情況が続くときには，非社会的あるいは反社会的な構えが容易に作り出されてしまうおそれがある。ステップ3に進む。

ケース13所見該当

記録中に反射反応が2個あることからは，かなり自己中心的で，自分を相当高く価値づけていると言える。このような特徴は意思決定や行動に大きな影響を及ぼすし，成熟した対人関係を築いたり維持する上で何らかの妨げになる可能性がある。また，他罰的になったり，自分で引き受けたくないストレスを否認してしまいやすい。夫に支配されていたという彼女の訴えは，このような合理化の一種かもしれない。また，仕事に満足できていないという点からは，自分に対する肥大した思いと現実の状況との間にずれを感じ，葛藤状態に陥っていることが考えられる。

ステップ3：自己中心性指標

自己中心性指標は，自己への没頭とセルフエスティームがどの程度なのかを示している。また，自分にどれだけ注意を向けるのかを示すものさしと言える。この値が平均域を超える場合は，自己への過剰な没頭があることを示す。しかし，反射反応がなければ，それは必ずしもポジティブなセルフエスティームを示すわけではない。一方，値が平均域を下回るときは，セルフエスティームが必要以上に低いことを示す。すなわち，自己を他者と比較検討した場合には否定的な結論を出しやすい，ということである。

成人の場合，この指標の期待値の範囲もしくは平均域は0.33～0.45の間である。しかし若年者の場合，平均域の上限と下限がそれぞれ広がる。その値は表20.1に示すように年齢によって異なっている。

若年者の期待値が高いことには納得がいく。グループとして考えた場合，特に前思春期の者たちには，成人よりもかなり自己に関心を注ぐ傾向があるからである。しかしこのような自己中心性は，児童がより現実を知るようになったり，他者の重要性や対人関係の価値を認識するようになるにつれ，次第に減少していく。

表 20.1　若年層の自己中心性指標の平均

5 歳	0.55 〜 0.83	11 歳	0.46 〜 0.58
6 歳	0.52 〜 0.82	12 歳	0.46 〜 0.58
7 歳	0.52 〜 0.72	13 歳	0.41 〜 0.55
8 歳	0.48 〜 0.74	14 歳	0.37 〜 0.54
9 歳	0.47 〜 0.69	15 歳	0.33 〜 0.50
10 歳	0.47 〜 0.61	16 歳	0.33 〜 0.48

可能な所見 1：自己中心性指標の値が平均を超える場合，受検者はたいていの人よりも自分に関心を向けやすいということがわかる。そして，この記録に 1 個以上の反射反応があるときは，受検者の心理には自己愛的な特徴がしっかりと組み込まれていて，他者よりも自分のほうをより好ましい存在と見ていることが予想される。反射反応がない場合は，外界を無視してしまいやすいぐらい，自分に対して著しく強い関心を持っていることを示す。平均を超える自己中心性指標は，高い自尊心や自己評価を意味していることが多い。しかし，自分への強い関心は自分についての不満足感を示している場合もある。後者が当てはまる場合，プロトコルには自分に対する価値下げや社会適応上の問題を示す証拠が含まれていることが多い。ステップ 4 に進む。

ケース 13 所見該当

　自己中心性指標の値は .64 で，成人の平均域の上限を優に超えている。2 個の反射反応はこの指標の上昇に拠っている。また，彼女は自分に相当労力を費やし，自分をかなり高く価値づけたがる人だということを裏づけてもいる。

可能な所見 2：成人で，自己中心性指標の値が 0.33 〜 0.45 という平均域にある場合は（若年者ならば，それぞれの平均域内にある場合は），大部分の人と同じ程度，自分へ関心を向けていることを示している。

可能な所見 2a：自己中心性指標が平均域で，かつ反射反応が 1 個以上あるというのは珍しいことである。なぜならば，自己愛的特徴があると自己への強いとらわれが生じるはずだからである。反射反応がありながら自己中心性指標が平均域という場合は，自分を高く評価するのは間違っているかもしれないとの気づきがいくらかあるだろうし，自分に対して懐疑的になることも珍しくはない。

　こうした結果が思春期の青年に見られる場合，おそらくそれは社会的な成熟が進みつつあることを示しているので，好ましいことと言えそうである。しかし，成人の場合はそれほど肯定的なものとは言えない。なぜならば，誇大な自己価値感に疑いを向けられると，これまで用いてきた防衛をますます使うようになってしまうからである。そうなると心理機能は秩序を失って効果的ではない状態に陥りかねない。気分の変動が生じることも珍しくない。ステップ 4 へ進む。

ケース13　29歳女性　自己知覚に関するデータ

R =25		OBS =No	HVI=No　Human Content, An & Xy Responses
Fr+rF =2		3r+(2)/R=0.64	III　6. D+ Mp.Fro H,Cg P 3.0 GHR
			III　7. Do FC.Mpo 2 (H) GHR
FD =1		SumV =0	VI 13. Dd+Fu (H),Cg 2.5 PER,PHR
			VII 14. D+ Mpo 2 Hd P 3.0 GHR
An + Xy=0		MOR =1	
H : (H) + Hd + (Hd) =1 : 3			
[EB=3 : 8.0]			

ケース12　47歳男性　自己知覚に関するデータ

R =21		OBS =No	HVI=No　Human Content, An & Xy Responses
Fr+rF =0		3r+(2)/R=0.19	I　1. WSo FC'o (Hd),Ay 3.5 GHR
			III　6. D+ Ma.mp.FC'.FD.CFo 2 H,Fd,Cg P 3.0 COP,MOR,GHR
FD =3		SumV =1	V 12. D+Ma.FC'- H,Hh,Sx 2.5 COP,PHR
			VII 14. W+ Mpo 2 Hd P 3.0 GHR
An + Xy=1		MOR =6	VIII 16. W+ FMa. CFo 2 A,An,Fd P 4.5 AG,MOR,PHR
			IX 19. DSo FC'o (H) 5.0 GHR
H : (H) + Hd + (Hd) =3 : 3			X 20. DS+ Ma. YF.CF.mpo H,Fi,Sc 6.0 GHR
[EB=4 : 6.0]			

可能な所見3： 自己中心性指標が平均を下回る場合，自己評価はネガティブなものになりやすいと考えられる。このような人は，他者と比べて自分はうまくいっていないと考えやすい。この特性は，抑うつ状態をもたらす前駆となることが多い。反射反応を含む記録でこの所見が該当することは稀である。反射反応を含むプロトコルで自己中心性指標が平均を下回る場合は，自己イメージや自己評価にまつわる深刻な葛藤を経験していることを示している。気分の変動が生じる可能性は大きく，行動面にもその影響が表われることが多いだろう。ステップ4へ進む。

ケース12所見該当

　　自己中心性指標は.19で，平均をかなり下回っている。反射反応もない。自分を他者と引き比べた場合，自分ではよくないと思っている特徴に目が向いてしまいやすい。その結果，セルフエスティーム，すなわち自分に対する評価は，多くの成人よりもだいぶ低くなっている。

ステップ4：*FD* と *SumV*

　形態立体反応（FD）と濃淡立体反応（V）は内省活動と関係している。自己点検することで自分自身についてより多く知ることができるので，それは普通ポジティブな特徴と考えられる。最も望ましい内省は，自分をできるだけ客観的に見ること，偏見，構え，感情をわきに置くこと，自分の特性を現実的視点から検討すること，などを伴うものである。自己検閲は，たいてい，より高いレベルの自覚を促す。多くの人は，自分の長所と短所をよりよく知ろうとして，何らかの形で自己点検をする。内省は時として自分の完全さについて再考を迫るので，何らかのリスクを伴うものでもある。内省が度を超せば，考えが堂々めぐりしたり，非常に不快な感情が生じることがある。

FD反応は内省の傾向があることと関係している。一般的には，FD反応がプロトコル中に見られるのは，その数が多すぎなければ，肯定的なサインである。V反応の場合は，肯定的な意味合いは薄くなる。V反応は自己検閲の傾向があることを示しているが，こちらの自己検閲は，その過程で非常にネガティブな感情を引き起こす類のものである。第15章および第16章で述べたように，V反応は状況関連の罪悪感や後悔の念と関係していることがある。しかし，どちらかと言うと，自分のネガティブな特徴への慢性的なとらわれと関係していることのほうが多い。どちらの場合でも，V反応は，被検者がそれらの特徴に何度も思いをめぐらし，とらわれていることを示している。その副産物として，苛立ちや，多くの場合は苦痛がもたらされる。

可能な所見1：反応数が少なくとも17あり，記録中にFDもV反応もない場合は，普通よりも内省が少ないと考えられる。このような人は，期待されるほどは自分についてわかっていないことが多い。こうした結果は児童や思春期前期の青年では一般的に見られる。反応数が16以下の場合はこの仮説はかなり不確かになるので，所見の要約に入れるのは避けておいたほうがいいだろう。ステップ5に進む。

可能な所見2：SumVが0で，FDが1か2の場合，日常的に自己検閲をしていると考えられる。普通，自己検閲の過程では自己イメージの再検討が促されるので，この結果は肯定的なものである。ステップ5に進む。

ケース13所見該当

記録中，FD反応が1個ある。これは一般的にも肯定的なサインと言えるが，自分を必要以上に高く価値づけている人にとっては特にそうである。何らかの自己点検に取り組んでいると考えられ，それは自分をより現実的に見つめることにつながるだろう。一方，自分の価値をかなり高く置いている人なので，自己点検がおざなりになされると，よくない事態の原因を外に求めることになったり，ただ単に非現実的な自己感覚を強化することにしかならない。

可能な所見3：FDの数が3以上，もしくはVの数が1以上の場合は，普通でない自己検閲行動が起きていることを示している。FD反応が3個以上で，V反応がなければ，自己イメージに著しい関心を向けていることが示唆される。こうした関心が自分をよりよいものにしようとする努力と関係しているのなら，それは肯定的なものと言えるかもしれない。最もその可能性が高いのは，自己中心性指標の値が平均域に入っている場合である。一方，もしも自分への関心が，ただ単に自分について思いをめぐらせているだけというものであれば，自己検閲行動は逆効果になることがある。自己中心性指標が平均を下回る場合にはその可能性が高い。FDの数がいくつであっても，V反応が1個以上あれば，ネガティブな特徴へのとらわれがあり，そのことが苦痛をもたらしていると考えられる。

思春期や老齢期といったライフサイクル上のいくつかの段階や，情緒的な喪失，失敗，身体的もしくは心理的な窮状といった危機的な事態においては，このような結果が生じるのは決して珍しいことではない。また，覆いを取る（アンカヴァリング）心理療法の初期段階にある人の記録でもよく見られる。原因は何

				ケース13　29歳女性　自己知覚に関するデータ
R	=25	OBS	=No	HVI=No　Human Content, An & Xy Responses
Fr+rF	=2	3r+(2)/R=0.64		III　6. D+ Mp.Fro H,Cg P 3.0 GHR
				III　7. Do FC.Mpo 2 (H) GHR
FD	=1	SumV	=0	VI 13. Dd+Fu (H),Cg 2.5 PER,PHR
				VII 14. D+ Mpo 2 Hd P 3.0 GHR
An + Xy=0		MOR	=1	
H : (H) + Hd + (Hd) =1 : 3				
[EB=3 : 8.0]				

				ケース12　47歳男性　自己知覚に関するデータ
R	=21	OBS	=No	HVI=No　Human Content, An & Xy Responses
Fr+rF	=0	3r+(2)/R=0.19		I　1. WSo FC'o (Hd),Ay 3.5 GHR
				III　6. D+ Ma.mp.FC'.FD.CFo 2 H,Fd,Cg P 3.0 COP,MOR,GHR
FD	=3	SumV	=1	V 12. D+Ma.FC'- H,Hh,Sx 2.5 COP,PHR
				VII 14. W+ Mpo 2 Hd P 3.0 GHR
An + Xy=1		MOR	=6	VIII 16. W+ FMa. CFo 2 A,An,Fd P 4.5 AG,MOR,PHR
				IX 19. DSo FC'o (H) 5.0 GHR
H : (H) + Hd + (Hd) =3 : 3				X 20. DS+ Ma. YF.CF.mpo H,Fi,Sc 6.0 GHR
[EB=4 : 6.0]				

であるにせよ，ともかくもこの結果は自己への多大な焦点づけが生じていることを示すものである。反射反応を含む記録でこうした結果が生じるのは非常に稀なことであり，これはおそらく自己イメージに関する深刻な葛藤があることを示していると思われる。反射反応があるプロトコル中に1個以上のV反応がある場合は，高い自己評価を持ちながらも自分のネガティブな特徴にも気づいていて，その対立を克服しようとしていると見て間違いない。ステップ5に進む。

ケース12所見該当

　　FD反応が3，V反応が1ある。これは，彼が普通以上に自分を見つめ，自己イメージや自分の価値についてかなり気にしていることを示している。V反応の存在は，自分でよくないと思っている特徴について繰り返し考えていることを示しており，特に重要な意味を持つ。そのように反芻していれば，普通は内的な苦痛が生じるものである。これは，自己中心性指標が平均域をだいぶ下回っているという結果と整合している。こうした組み合わせからは，彼が自分のことをたえず否定的に考えていることがうかがえる。

ステップ5：*An+Xy*

　どのプロトコルでも，An反応はあまり一般的なものではない。Xy反応となると出現頻度はさらに低くなる。普通An+Xyの値は0か，あってもせいぜい1であることが期待される。この値が1を超える場合は，普通ではない身体的関心があることを示す。値が増すにしたがい，身体へのとらわれがある可能性も高くなる。

可能な所見1：An+Xy の値が2の場合，何らかの身体的関心があると考えられる。それらの反応の形態水準がマイナスでなく，特殊スコア MOR も付いていなければ，この結果を心の働きに関する重大な問題として考える必要は必ずしもない。形態水準がマイナスで特殊スコア MOR が付く場合，あるいはどちらか一方が該当する場合は，これらの反応が重大な身体的関心を反映している可能性が高くなる。この点については，ステップ8で反応内容を吟味する際にもう一度検討する。ステップ6に進む。

可能な所見2：An+Xy の値が3以上のときは，普通以上の身体的関心かとらわれがあると見てほぼ間違いない。この場合は，これらの反応の形態水準がどうであるかとか，特殊スコア MOR を伴っているかどうかということは関係ない。この所見は，身体的問題を抱えている人では珍しいことではない。しかし，身体的な問題がないのであれば，それは自分の身体や自己イメージについて思いをめぐらせすぎていることを示している。また，当惑するほどの傷つきやすさを感じている可能性も考えられる。ステップ6に進む。

ステップ6：*Sum MOR*

1つの記録中に MOR 反応が1個あるのは珍しいことではない。MOR 反応は，図版VIの動物の毛皮という平凡反応で出現することが最も多い。MOR 反応の数が1を超える場合は，ネガティブな特徴あるいは損傷感を伴う自己イメージを持っていることが多い。自分についてのネガティブな印象を作りあげる要因にはさまざまなものがある。不遇や挫折が積み重なった結果という場合もあるし，最近起こったであろう，学業面，職業面，感情面あるいは社会経験上のある特定の失敗や失望体験に端を発している場合もある。したがって，ネガティブな特性の由来を知る上で，受検者の生活歴は重要な情報源となることが多い。そもそもの原因が何であれ，こうした特性がもたらす影響は長く続きやすい。そして，その影響力が大きければ大きいほど，自分に対する悲観的な見方も強まる。すべての MOR 反応は，その中に投映された内容について，ステップ8で検討される。しかしその数だけ見ても，自己イメージの中に，自分の望まないあるいはダメージを受けた特性といった印象が含まれているかどうかを知ることができる。

可能な所見1：MOR の数が2の場合は，自己概念の中に何らかのネガティブな特徴が含まれていて，それが自分に対する悲観的な見方を助長していると考えられる。これは反射反応のある記録では滅多にないことだが，もし該当するとしたら，それは自己評価についての葛藤があることを示す。あるいは，高く価値づけられた自己イメージを下げるような出来事が最近起こった可能性も考えられる。ステップ7に進む。

可能な所見2：MOR の値が3以上の場合，自己イメージにはネガティブな特徴が色濃く反映されている。また，一般的に，自分をかなり悲観的にとらえる見方をする。このような結果は反射反応が1個以上ある記録ではまず見られないものだが，もしも該当する場合には，次のような2つの可能性が考えられる。すなわち，自己イメージと自己評価との間に著しい葛藤が存在するのかもしれないし，場合によっては，自分の苦悩や無力感を大げさに言い立てようとしているとも考えられる。

ケース12　47歳男性　自己知覚に関するデータ

R =21	OBS =No	HVI=No　Human Content, An & Xy Responses
Fr+rF =0	3r+(2)/R=0.19	I 1. WSo FC'o (Hd),Ay 3.5 GHR
		III 6. D+ Ma.mp.FC'.FD.CFo 2 H,Fd,Cg P 3.0 COP,MOR,GHR
FD =3	SumV =1	V 12. D+Ma.FC'- H,Hh,Sx 2.5 COP,PHR
		VII 14. W+ Mpo 2 Hd P 3.0 GHR
An + Xy=1	MOR =6	VIII 16. W+ FMa. CFo 2 A,An,Fd P 4.5 AG,MOR,PHR
		IX 19. DSo FC'o (H) 5.0 GHR
H : (H) + Hd + (Hd) =3 : 3		X 20. DS+ Ma. YF.CF.mpo H,Fi,Sc 6.0 GHR
[EB=4 : 6.0]		

ステップ7に進む。

ケース12所見該当

　21の反応中，MOR反応は6個ある。これは，自己イメージはネガティブな特徴で色づけられ，自分についてかなり悲観的に考える傾向があることを示している。この所見は，先に見た自己中心性指標やFD反応，V反応の各所見と整合している。また，自分を気にかけすぎて余裕がなく，自分には他者から好まれず，歓迎もされないような特性があると見なしている，との仮説の確かな裏づけとなっている。

ステップ7：人間反応のコーディング

　このステップは2つのパートに分かれており，それぞれ異なった，しかし関連を持った視点から，人間反応を検討することになる。それぞれのパートで，自己イメージと自己評価およびそのどちらか一方についての大まかな手がかりが得られる。そして，それらを合わせることによって，多くの場合，非常に有益な情報が導き出される。このステップにおける解釈は，同一性理論と，反応過程およびブロットの部分特性に関する知見の両方と関係してくる。

　反応過程およびブロットの部分的特徴からすれば，受検者がときに人間反応を出すことは十分ありうる。そして，同一視の理論によれば，受検者は，自分に最も合った反応を選択し，自分に対する印象と合致しないものは捨て去るだろうと考えられる。

　このステップの最初のパートでは，Pure H反応の数を検討する。次のパートでは，人間反応のコーディングの特徴を検討する。これは，反応中のコード化の対象になった特徴を見れば，その人が自分自身に対してどういう印象を抱いているのかわかることもある，との推論に基づいている。これら2つのパートから導き出された仮説は，これまでに作られてきた仮説を支持するものであることが多い。しかし，なかには先の仮説と矛盾する場合もある。いずれにしても，このステップの仮説は，投映内容から引き出されるステップ8での所見と統合されるまでは，文字通り仮のものと考えておかなければいけない。

ステップ7a：*H：(H) +Hd+ (Hd)*

　H：(H) +Hd+ (Hd)の比率は，人間反応の数が3以上の場合のみ有効である。非患者および治療が

表20.2 反応数と反応スタイルにより区分した500人の非患者群における，人間反応の分類ごとの平均値および頻度

		R=14〜16 反応スタイル				R=17〜27 反応スタイル				R=28〜55 反応スタイル			
		I	A	E	L	I	A	E	L	I	A	E	L
分類	N=	18	22	17	16	116	54	129	38	33	16	24	17
H		3.8	1.8	1.6	1.7	4.8	2.5	2.5	1.8	7.1	3.7	2.1	2.9
(H)		1.0	1.2	1.3	0.7	1.2	1.7	1.1	1.0	1.2	0.9	2.0	1.4
Hd		0.4	0.5	0.6	1.0	0.9	0.9	0.8	1.6	1.7	2.7	1.4	2.6
(Hd)		0.1	0.2	0.1	0.6	0.1	0.2	0.3	0.5	0.4	0.4	0.1	1.3
全人間反応		5.3	3.6	3.6	4.0	7.0	5.3	4.7	4.9	10.4	7.7	5.6	8.2

I＝内向型（Introversive），A＝不定型（Ambient），E＝外拡型（Extratensive），L＝回避型（Avoidant）

順調に進んでいる外来患者の場合は，たいがい，Pure H 反応のほうがそれ以外の人間反応の数の和よりも多い。反対に，適応上の深刻な問題を抱えている人の場合は，普通，Pure H 反応の数がそれ以外の人間反応の数の和よりも少ない。

　H のコードは，現実の人間の全身を含む反応に対する唯一の反応内容コードである。Hd 反応も現実の人間を表しているが，これに該当するのは人間のさまざまな部位である。その大半は顔や頭部で，その中のいくつかは一般的によく見られる反応である。しかし，Hd 反応が，脚，手，目，性器など，他のさまざまな身体の部分に対応することも珍しくない。そして当然のことながら，括弧付きの人間反応（(H) と (Hd)）は現実の人間には当てはまらない。したがって，自己イメージが，現実の人間との同一視ではなく，現実から離れた想像や内的表象に基づいているような人ほど，Pure H 反応以外の人間反応をより多く選び出しやすい，ということになる。

　この比率に関するデータには慎重に取り組む必要があるということは，特に強調しておきたい。慎重を要するのには2つの理由がある。まず一番大事な理由は，人間反応の総数は体験型により異なるからというものである。表20.2に示すのは，500人の非患者を反応のスタイルと3通りの反応数で細分し，それぞれについて4種類の人間反応の平均値を求めた結果である。

　表20.2に示したように，1つの記録あたりの平均値で比べると，内向型の人間反応の数は，不定型または外拡型の2〜3倍である。そして，そのほとんどが Pure H 反応である。さらに興味深いことに，回避型（ハイラムダ）の人には不定型の人よりもやや多めの人間反応を出す傾向が見られる。

　H：(H) +Hd+ (Hd) の比率を検討する際に慎重でなければいけない2つ目の理由は，反応数の問題，特に反応数の少ない記録と多い記録の問題と関係している。ブロットにははっきりした手がかり特徴があり，そのうちのあるものは，H，Hd または括弧付きの人間反応を生じさせやすい。反応数の少ない記録の場合は，このことが特に重要な意味を持ってくる。反応数が17より少ない人というのは，典型的には，防衛的な構えでテストに取り組んでいることが多い。たいがい彼らはテストへの動機づけが十分でなく，テストを自分に脅威を与えかねないものとしてとらえている。

　防衛的になっている人が，ブロットのはっきりした部分的特徴にだけ反応しようとすれば，図版 I（D4）と図版 III（D9）もしくはそのいずれか一方に Pure H 反応が生じやすい。また，図版 IV（W または D7）と図版 IX（D3）に（H）反応が生じたり，図版 VII（D9）に Hd 反応が生じる可能性が高くなる。出現する人間反応がこれらだけだと仮定した場合，もしも図版 I の Pure H 以外のすべ

ての反応が出されれば，H：(H) +Hd+ (Hd) の比率は1：3となる。同様に，もしも図版IX以外のすべての反応が出されれば，比率は2：2となる。これらすべての反応が出そろえば，比率は2：3になる。

　自己イメージが主として現実の人間あるいは現実の人間との経験に基づいたものであれば，より多くのPure H反応が出現する，との仮説がある。しかし，この仮説を基に検討しようとしても，上述のどの場合でも，人間反応の比率はあまり当てにすることはできない。

　表20.2を見ると，反応数が16以下の場合，Pure H反応の数がその他の人間反応の数の和をかなり上回るのは内向型の群だけである。また，反応数が28以上の場合はすべての群で人間反応が多くなるが，どの群でもその増加の相当部分をHd反応が占める。したがって，反応数が少ない場合と多い場合，内向型の群以外ではPure H反応の数がその他の人間反応の数の和を超えることは期待されない。

可能な所見1：人間反応の和が3以上で以下の条件に当てはまる場合，自己イメージは想像よりも経験に基づいていると考えられる。

1a. 内向型で，Pure H反応の数がその他の人間反応の数の和より少なくとも2以上大きい。
1b. 内向型でなく，反応数が17以上27以下で，Pure H反応の数がその他の人間反応の和と同じかそれ以上。
1c. 内向型でなく，反応数が16以下または28以上で，Pure H反応の数がその他の人間反応の和より1少ないだけか，同じか，それ以上。

　これらのどれかに当てはまる場合，それは，自己形成の際に社会的交流が大いに役立ったであろうことを示しているだけである。自己イメージや自己評価が正確なもの，あるいは現実的なものであるといった意味には，必ずしも解釈すべきでない。ステップ7bへ進む。

可能な所見2：人間反応が3以上で以下の条件に当てはまる場合，自己イメージや自己評価が，主として想像や現実体験の歪曲に基づいてできあがっていると考えられる。

2a. 内向型で，Pure H反応の数がその他の人間反応の数の和より少ないか，同数，あるいは大きいとしてもせいぜい1上回るだけである。
2b. 内向型でなく，反応数が17以上27以下で，Pure H反応の数よりその他の人間反応の数の和のほうが大きい。
2c. 内向型でなく，反応数が16以下または28以上で，Pure H反応の数よりその他の人間反応の数の和のほうが2以上大きい。

　これらのうちのどれかの条件に該当する場合は，あまり成熟しておらず，自分自身についてかなり歪んだ見解を持っていることが多い。このように自分についての理解が未熟だと，意思決定と問題解決行動に悪い影響が及んだり，他者との関係で障害が生じることがある。ステップ8に進む。

ステップ7b:人間反応のコーディング

　人間反応のコーディングを見ることによって,ステップ7aの所見がはっきりしてくることが多い。たとえば,記録中の人間反応の全部がPure H反応であれば,ステップ7aでは,自分自身についての印象は社会的交流に基づいていると,暫定的に結論を出す。しかし,それらPure H反応の形態水準がすべてマイナスだったり,すべてに特殊スコアが含まれているとしたら,おそらく7aでの仮説は間違っていることになる。そこで,コーディングを再検討し,ポジティブおよびネガティブな同質の特性がないか調べることが必要になる。

　どの反応のコーディングであっても,1つのものだけに解釈上の特別な重みを置くことはできない。ただし,コーディングの特徴がとりわけ印象的なものである場合は例外である。通常は,ポジティブな特徴とネガティブな特徴の両方を評価し,7aと7bの所見をまとめながら解釈を展開していく。

　コーディングを解釈するための,確実な,決まったルールというものはない。しかし,経験を積んだ解釈者であれば,ポジティブな特徴を持った反応とネガティブな特徴を持った反応とを容易に区別することができるだろう。たとえば次のようなコーディングを考えてみよう。

D+Ma.FCo 2 H, Cg 4.0 COP

Do Mpo Hd MOR

DdSo FC'u (Hd)

D+Ma. FV- H, Cg 4.0 DR

　この中では,明らかに,一番最初の反応が最もポジティブなものである。形態質が普通(o)のPure H反応で,有彩色を調節して用い,特殊スコアにCOPが付いている。これらはすべて,ポジティブな特徴である。1つの反応のコーディングだけで解釈してはならないが,これらは,自己イメージがかなりしっかりした人に期待できそうな類の特徴である。

　2番目の反応もFQoだが,反応内容はHdであり,さらに重要なことには特殊スコアとしてMORを含んでいる。これは,自己イメージに損傷感や不全感が伴っていることを示している。

　3番目の反応には,より好ましくない4つの特徴がある。それは,Dd領域であること,しかもSが含まれていること,無彩色決定因子を含んでいること,反応内容が(Hd)であること,などである。明暗(chiaroscuro)反応,特に濃淡立体反応,拡散反応あるいは無彩色反応などは,自己イメージがしっくりしていない人により多く出現するものである。

　4番目の反応のコーディングが,おそらく最も好ましくない。Pure H反応を含んではいるが,同時に濃淡立体決定因子があり,形態質はマイナスで,特殊スコアとしてDRが付いている。

　FQ-の人間反応は,自己イメージに混乱があるか,歪んだ見解を持っている人に,比較的よく見られる。人間反応のコーディングに,認知のずれや機能障害と関連のある6つの特殊スコアのいずれかが含まれている場合は,自己についての思考に歪みがあることを示している。すでに述べたように,特殊スコアMORを含む人間反応は損傷感を示している。

　Hxの存在は,現実を無視しかねないような過度の知性化によって自己イメージや自己評価にまつわる問題に対処しようとしていることを意味する。特殊スコアABを含む反応にHxが現われる場合,

一般的にはポジティブ	一般的にはネガティブ
Sを含まないWもしくはD領域	Dd領域またはSを含むWもしくはD反応
+もしくはoの形態質	マイナスの形態質
PureH反応におけるM	(Hd)反応におけるM
有彩色が用いられた場合のFC	有彩色が用いられた場合のPureC
明暗の特徴を含まない	明暗の特徴を含む。特に濃淡立体や無彩色の場合
色彩濃淡ブレンドもしくは濃淡ブレンドがない	色彩濃淡ブレンドもしくは濃淡ブレンドがある
An,Bl,Ex,Hxがない	An,Bl,Ex,Hxがある
COP以外の特殊スコアがない	COP以外の特殊スコア。特にMOR,AB,INCOM,FABCOM,ALOG,CONTAMがある

その可能性はさらに高くなる。HxとABの両方を含む反応を出す人の場合は，思考における衝動性の統制に問題を抱え，その結果自己イメージに含まれる特徴の多くはひどく歪められていることが多い。

　大事なことなので繰り返し強調しておくが，解釈をまとめあげる際，1つの反応のコーディングだけを不当に重視してはいけない。ここでの目的は，すべての人間反応のコーディングを検討すること，そしてもしも可能なら，自己イメージや自己評価についての総括的な記述を展開させることである。次に，ポジティブな特徴とネガティブな特徴を区別するためのごく一般的ガイドラインを，いくつか示しておく。これはすべてを網羅したものではないし，厳密に適用されるべきものでもない。ポジティブもしくはネガティブと思われる特徴への注意を喚起する程度のものである。しかし，ポジティブなものとして挙げられている特徴がネガティブな特徴を含む反応の中に現れることもあるし，その逆もあるので，その点には注意を促しておきたい。

ケース12 所見該当

　　外拡型で，記録中に人間反応が6個あり，H:(H)+Hd+(Hd)の比率は3:3である。人間反応の領域はすべてWかDで，Sを含むものは3個ある。FQは5個がoで，1個が-である。Pure Hは3個ある。6個の人間反応中3個はブレンド反応である（CFを伴うものが2個。mpを伴うものが2個。色彩濃淡ブレンドが2個で，そのうち1個はFC'とのブレンドで，もう1個がYFとのブレンド。FDを伴うものが1個）。残り3個のうち2個はブレンド反応ではないものの，決定因はFC'である。FC'を含む4個の反応とmを含む2個の反応は，とりあえずネガティブな特徴を持つものと考えられる。興味深いことに，6個の人間反応のうち，明らかにネガティブと言える特殊スコアMORを伴うものは1個しかないが，特殊スコアCOPを伴うものは2個ある。ただし，COP反応のうちの1個はFQがマイナスで，決定因にFC'を含んでいる。これらを総じて見ると，自己イメージはかなり脆弱になり，混乱を来たしていると考えられる。自分のあり方に確信が持てていないし，アイデンティティも揺らいでいる。また，自分を否定的にとらえているが，そのために湧き起こるネガティブな感情は内にとどめてしまおうとする。しかしこの所見は，職業面でも家庭面でも長い期間うまくやれていたという生活歴からわかる事実と矛盾する。とすると，心理的な機能の低下や変調は最近になって生じたものと考えられる。

ケース 12　47歳男性　自己知覚に関するデータ

R =21	OBS =No	HVI=No　Human Content, An & Xy Responses	
Fr+rF =0	3r+(2)/R=0.19	I　1. WSo FC'o (Hd),Ay 3.5 GHR	
		III　6. D+ Ma.mp.FC'.FD.CFo 2 H,Fd,Cg P 3.0 COP,MOR,GHR	
FD =3	SumV =1	V 12. D+Ma.FC'- H,Hh,Sx 2.5 COP,PHR	
		VII 14. W+ Mpo 2 Hd P 3.0 GHR	
An + Xy=1	MOR =6	VIII 16. W+ FMa. CFo 2 A,An,Fd P 4.5 AG,MOR,PHR	
		IX 19. DSo FC'o (H) 5.0 GHR	
H : (H) + Hd + (Hd) =3 : 3		X 20. DS+ Ma. YF.CF.mpo H,Fi,Sc 6.0 GHR	
[EB=4 : 6.0]			

ケース 13　29歳女性　自己知覚に関するデータ

R =25	OBS =No	HVI=No　Human Content, An & Xy Responses	
Fr+rF =2	3r+(2)/R=0.64	III　6. D+ Mp.Fro H,Cg P 3.0 GHR	
		III　7. Do FC.Mpo 2 (H) GHR	
FD =1	SumV =0	VI 13. Dd+Fu (H),Cg 2.5 PER,PHR	
		VII 14. D+ Mpo 2 Hd P 3.0 GHR	
An + Xy=0	MOR =1		
H : (H) + Hd + (Hd) =1 : 3			
[EB=3 : 8.0]			

ケース 13 所見該当

　　外拡型で，記録中には 4 個の人間反応がある。H：(H) +Hd+ (Hd) の比率は 1：3 であり，自己イメージは現実に基づいたものというよりも，むしろ想像や現実体験の歪曲の上に作りあげられている。4 個中 3 個は D 領域の反応で，FQ はいずれも悪くない。ブレンド反応は 2 個で，そのうちの 1 つは反射反応である。4 個の人間反応のコーディングを見ても，Pure H が 1 個しかないということ以外，有益なあるいは特筆すべき新しい情報はない。

ステップ 8：投映された内容の吟味

　　ロールシャッハの反応の過程では，投映が必要となったり強制されることはない。しかし，半ば曖昧性を持ったブロットについての課題遂行を求められるがために，刺激野を自分なりに翻訳した反応や，領域の特徴を超えるほど対象に修飾を加えた反応が出される余地は残されている。たいてい，こうした反応の中には投映内容が含まれている。これらはほとんどすべての記録で見られるが，その出現頻度はさまざまであるし，全部の反応がこれに該当することは滅多にない。実際のところ，反応に投映内容をまったく盛り込まなくても，信頼性，妥当性のあるプロトコルに仕立てあげることはできるのである。

　　ロールシャッハ反応に現れる投映には 2 つのタイプがある。1 つは，何らかの間違った知覚を伴うものである。第 11 章で述べたように，ブロットには明らかで決定的な部分特徴があるので，そうした特徴に合う反応は限られてくる。どのブロットも何かには特定できる。しかし，何にでも同定できるわけではない。

　　ブロットに対して，それらの特徴に合わないような意味づけをしたとすれば，それはマイナス反

応である。こうしたマイナス反応が神経心理学に関連した障害によって生じているのでないとすれば，それは現実指向的な領域の翻訳が内的な心理的構えや働きに凌駕されてしまっているような精神活動を投映していると考えられる。したがって，投映された内容の吟味にあたっては，すべてのマイナス反応を注意深く検討することになる。

　2つ目の投映のほうは，解釈が容易であることが多い。この種の投映はマイナス反応で生じることもあるが，刺激領域を歪曲していない反応にもよく現われる。それは，領域を単純に翻訳する以上のことをしているか，領域から離れていってしまうような場合である。こうした類の修飾はどの反応にも生じる可能性がある。また，領域または課題の中にそのような修飾を引き起こす刺激はないのだから，そこには反応を出した人の何かが反映されている場合が多い。この種の投映を含む反応のほとんどは，解釈のための翻訳をさほど必要としない。なぜなら，領域からの離脱や領域に対する多くの説明のために，修飾はわかりやすくなっていることが多いからである。通常，このような投映内容は，人間反応，運動反応，MOR，AG，COPなどの特殊スコアを含む反応に見出せる。しかし上述のように，どの反応も修飾がなされる可能性を持っている。

　1つの反応から得られた投映内容だけでは，解釈上豊かな情報が得られることは滅多にない。むしろ，投映された内容の同種の集まりこそが，最も信頼性のある解釈結果をもたらしてくれる。1つの記録中に修飾や主題が繰り返し出てくれば，そこに表わされている受検者の特徴について，解釈者はより大きな確信を得ることができる。たとえば，「陽気な」という言葉が入った運動反応が積み重なったり，「醜い」あるいは「傷ついている」と説明される対象を含む反応がかなりの数あると，自己イメージやセルフエスティームについての豊かな情報が得られる。しかし，ときには主題が簡単に見つからないこともある。「美しい」「魅力的な」「人を引きつける」などの言葉がプロトコルの中に散らばって出てくるかもしれない。あるいは，「顔ははっきりしません」「顔を背けているようです」「後ろ姿です」といったコメントが，それぞれかなり離れた位置にある反応同士で出てくるかもしれない。

　投映された内容を吟味する際，解釈者が取るアプローチ法には2通りある。1つは，すべての記録を最初から最後まで単純に読んでいく方法である。この方法に対しては賛否両論がある。図版から図版に移る際に生じる流れを見ることができるのは，利点である。短所は，すべての反応を解釈しようとして注意を払い続けなければならないという点である。通常，投映された内容が含まれていない反応は多いのだし，仮にそうでないとしても，解釈プロセスのどこに焦点をあてたらいいのかわかりにくくなってしまうだけだからである。

　2つ目のアプローチはより組織的なものである。こちらの方法では，反応を同種の集まりあるいは分類ごとに検討する。すなわち，意味ある解釈が可能な投映内容を最も多く含んでいそうな反応を選び出し，それらを同質の反応のまとまりごとに検討するのである。すべての反応の集合の検討が終わったら，最後に，どの分類からも漏れた修飾を探すために記録全体を走査する。

　このアプローチ法の説明について，ここではまず4つの集合（マイナスの形態質，MOR，人間運動反応と人間反応，その他の運動反応）を取りあげて説明する。次いで，プロトコル全体の走査を行う。最初の2つの集合，マイナス反応とMOR反応は，普通，自己のネガティブな特徴についての情報をもたらしてくれる。一方，その次の2つの分類（人間運動反応と人間反応，その他の運動反応）からは，ポジティブなものとネガティブなもの両方を含んだより広い所見が得られる。反

応の中には2つ以上の分類に当てはまるものもある。そうした重複があれば，その反応の十分な検討や適切な観点からの解釈が確実なものになる。しかし，重複にはそれ以上の意味はない。

ステップ8a：マイナス反応

このグループを最初に取りあげるのは，これらには翻訳活動に影響を与えたかもしれない心理的構えが反映されていることが多いからである。ただし，特に強調しておきたいのは，マイナス反応の中には投映の産物でないものもあるかもしれない，という点である。マイナス反応は誤った情報処理か翻訳の結果かもしれないのである。したがって，マイナス反応の内容の解釈は控えめに行うほうがよい。

マイナス反応中に投映されている内容は，反応内容の同質性もしくは共通に見られる言葉づかいのために，かなりわかりやすい。もしもマイナス反応中の投映内容がはっきりしたものでなければ，それらを解釈しようとすべきではない。なぜなら，明らかでない反応内容から意味を拾い集めようとする試みは，解釈プロセスからすれば非生産的なことだからである。

ステップ8b：*MOR*反応

MORとコードされた反応には，たいてい，その人が心中に抱く自分についてのネガティブな印象の一側面が漏れ出ているものである。とはいえ，MOR反応の中には見られやすいものもある。図版IIの戦って傷ついている動物，図版VIの車に轢かれた動物，などがそうである。これらを意味がないものとしてないがしろにすべきではない。しかし，これらの反応から引き出される仮説は，どれもあくまでも仮のものと考え，もしも他のデータとの交差妥当性が得られなければ，最終的な要約の中に盛り込むべきではない。

傷ついた，壊れた，殴られた，荒れ果てた，などの同意語が複数のMOR反応にわたって用いられている場合は，それらから自己概念についての信頼性のある情報が得られることが多い。1つか2つのMOR反応であっても，それが独特あるいは劇的なものであれば，時に自己イメージを理解する上での豊かな情報を提供してくれることがある。MOR反応がマイナスの形態質を持つときは，その反応には自己が直接投映されている可能性は高くなる。

ステップ8c：人間運動反応と人間反応

このグループの反応には，ほぼ間違いなく，その人が同一視していたり，とらわれていたりする特性のいくつかが表われているだろう。この反応からは，自己イメージもしくはセルフエスティームについての仮説を形成する上での有益情報が得られる。人間運動反応には領域の部分特徴を越えた修飾が含まれているし，もしも反応に人間の活動が付与されていれば，自己の直接的な表象がよりわかりやすくなる。それゆえに，人間運動反応は格別重要なものである。

運動の特徴に注目することは，多くの場合，有益である。ただし，M決定因子を誘発しやすい刺激特徴を持った図版が3枚あるので，注意が必要である（図版III，D1，持ちあげている，あるいは引っ張っている人／図版VII，D1/D9，見つめている，あるいは遊んでいる子ども／図版IX，D3，寄り掛かっている，あるいは戦っている道化師もしくは怪物）。これら出現頻度の高い反応のどれかから仮説を立てることは，もしもその仮説が他の反応からも支持されていなければ，控えめ

であるほうがよい。

ステップ 8d：動物運動反応と無生物運動反応

検討すべき最後のグループは，FM反応とm反応によって構成されている。動物運動反応から解釈仮説を作ろうとするときには，解釈しすぎないことが肝要である。M反応の場合と同様，FMの類型を誘発しやすい刺激特徴を持った図版が3枚ある。図版Ⅰと図版Ⅴ（W，翼のある飛んでいる動物）および図版Ⅷ（D1，よじ登っている動物）がそうである。これら領域のFM反応から仮説を立てようとする場合は，主として反応中の変わった特徴を基にするべきである。

FM反応とm反応中で最も意味ある投映内容というのは，特徴に同質性があったり，たとえば，まるで活気がない，攻撃的な，ひどく興奮した，などの表現がいくつもの反応にまたがって見られるので，すぐにわかる。他のグループでもそうだったが，主題や特徴は出現頻度が多ければ多いほど，自己イメージあるいはセルフエスティームのある一面を示している可能性が高くなる。したがって，仮説を形成する場合には，反復されているものが重要になる。

ステップ 8e：その他の修飾の吟味

投映内容吟味の最終段階では，まだ見ていないすべての反応を検討し，直接投映された自己表象を示す修飾を含んでいるかどうかを判断する。まだ読んでいない反応の中には，劇的あるいは変わった言い回し，入念な仕立てあげなどが見られるかもしれない。

これらの反応から引き出された所見は慎重に扱われるべきだが，普通，これまでに展開してきた仮説と組み合わせるのは簡単である。いくつかの記録，特に運動反応や特殊スコアが少ない記録では，これらの反応の投映内容がかなり重要になる。というのは，修飾や変わった言い回しが積み重なれば，他からは得られないような自己イメージに関する仮説が導き出せるからである。

このように反応を走査することで，解釈者は，反応を最初から最後まで読み通したり，図版から図版へ移るときの認知活動や投映活動の流れについて幅広く情報を集めることができる。たとえば，中には，最初の何枚かの図版への反応の際には防衛的になりやすくても，その後課題に馴染んでくるにしたがって，より開放的になってくる人がいる。その逆に，最初の2枚か3枚の図版では非常に念入りな反応を出しながら，その後はもっと無難にすませようとしたり，はっきりしない反応を出すようになる人もいる。投映関連の素材からこうした受検態度の変化について手がかりが得られる場合もある。

ステップ8：ケース12の検討

8a

マイナス反応は2個ある。興味深いことに，2個とも図版Ⅴで生じている。図版Ⅴは，10枚の図版のうち最もマイナス反応が出にくいカードである。最初のマイナス反応（反応11）は「これも動物が切り開かれたやつみたいで，今度のはウサギか何かみたいですね」というものであり，損なわれたり失われたりすることへの強いとらわれがうかがえる。「前みたいに湿った感じではないですね……干からびて濃い色になってます」。この反応には，ひどい傷つき感や，自分には価値がないといった思いがよく投映されている。無力感と現状に対する悲観的態度が示されている。

ケース12　47歳・男性

カード	反応	質問
I	1. うわっ，これは変だなあ。昔のアフリカの部族の仮面みたいです。 E：ゆっくりご覧になってください。他にも何か見えると思いますから。 S：そうですね，じゃあもう少し時間をください。	E：（反応を繰り返す） S：そうですね，ここに大きな耳があって，白いところが目と口で，呪術師がいつも使ってるようなやつ。こんなふうな黒いのを使うんですよね，呪術とかするとき。
	2. うーん，難しいなあ。コウモリが飛んでいるようにも見えるけど，ちょっとわかりにくいですね。	E：（反応を繰り返す） S：これを羽にして，真ん中が体。上から見て，体より羽が前に出ていて，羽を広げて飛んでるみたいでしょ。
	3. それから，ここが鐘に見えますね。 S：いくつ言ったらいいんですか。 E：ご自由にどうぞ。 S：じゃあ，おしまいです。	E：（反応を繰り返す） S：うん，この形ですね。これは鐘の真ん中にある鳴らすやつ（輪郭）。
II	4. これは何かが殺されているのか，血まみれになっているのか，とにかくめちゃくちゃですね。ど真ん中に穴が空いてますし。	E：（反応を繰り返す） S：何の動物かわかりませんが，血がたくさんで，皮だけ残ってる感じです。 E：どこをどう見たらいいのか教えてもらえますか。 S：赤が血で，残りが毛皮です。こう濃くなっている感じが湿った生皮のようで，赤いのは血です。ここと（指さす），下と，皮に付いているのと。こういうふうに描いてあると湿った感じに見えるんですよね。
	v5. 逆さにすると，白いのは氷のように見えます。	E：（反応を繰り返す） S：こういうふうに見ると，よくわからないけど，ただ氷みたいに白くて。こうしなければただの穴にしか見えませんが。
III	6. アフリカの話になっちゃいますけど，食人種か何かが2人，何かを料理する準備をしながら大釜の周りを踊っているところ。真ん中のはよくわかりませんが。	E：（反応を繰り返す） S：この吊してある肉を料理しようとしているところです。皮をはがして吊してある動物みたいな，何かそんな肉です。 E：どこを見たらいいんですか。 S：これが食人種。人を食べるやつじゃあなくて，原住民みたいな。黒くて，痩せてて，脚で，頭で，股袋（codpiece）があって。その向こう側に肉が吊り下がってます。皮を剝いだ肉です。 E：皮を剝いだ肉？ S：赤くて調理用の肉みたいです。
	v7. 逆さにすると，真ん中のは投石機に見えます。ずっと昔，僕もこういうのを持ってたんです。	E：（反応を繰り返す） S：今見るとあんまり似てないなあ。 E：さっきはどう見たんですか。 S：真ん中がゴムの部分で，両側が石を飛ばすところ。でも，持つところがないですね。さっきはうっかりしてたけど，持つところがないです。
	8. この下のところは飛行機みたいで，こっちとこっちが黒々とした雲で，その間を飛んでます。	E：（反応を繰り返す） S：この小さい白いところが飛行機に見えて，こっちの大きいのが黒々とした雲みたいです。嵐のときの曇ってこんなふうに黒くって。飛行機はこの雲の向こうから出てくる感じです。雲はすごく大きいのに飛行機はすごく小さいからです。

ケース 12　つづき

IV	9. うーん，そうだなあ，これも死んだ動物。乾かすために切り開かれて，ぴんと広げられてるみたいな。	E：(反応を繰り返す) S：動物なんですが，殺してからこんなふうに切り開いた感じ。これが足で，この上の，頭があったところは毛が湿っているみたいです。動物の皮を剥いだときって，毛が湿ってますよね。そんなふうな色合いだし，こういうムラがある感じから湿ったように見えます。
	10. うん，これは釘，じゃない，ゴルフのティー。	E：(反応を繰り返す) S：そう(笑)，僕はゴルフ大好きだったんです。この真ん中のところ，形が似てます。
V	11. これも動物が切り開かれたやつみたいで，こんどはウサギか何かみたいですね。	E：(反応を繰り返す) S：広げて伸ばされてるようだけど，前のみたいに湿った感じではないですね。ぴんと広げられていて，ここが足で，頭のあったところは，乾いたときのように濃くなってますね。
	12. 変なんだけど，毛布が敷いてあって，女の人の上に男が乗っかってるようですね，ここ。全体が黒いから夜で。暗くてあんまりはっきりわからないんですけど。	E：(反応を繰り返す) S：わかりにくいんですが，これが男の頭で，お尻がこの上のほう。女ははっきりしないんだけど，これが脚です。男は交わりを持とうとしてるんですね。 E：どう見たらいいのかもう少し教えてもらえますか。 S：毛布の上か，毛布にくるまっているかですね。このでこぼこした形が毛布の端っこ。ここは男の頭で，これはお尻じゃなくて，女の腕かな，男の体にからみついてて。これは2人の脚です。
VI	13. これも，死んで切り開かれた動物です。これは濃淡とか縞の感じが本当に毛皮っぽくて，ぴったりです。	E：(反応を繰り返す) S：開いただけで，前のみたいにぴんと広げられてはいないです。模様からするとスカンクか何かのよう。真ん中は濃くなってて，そこに背骨があったんだけど，敷物にするために取っちゃったんですね。
VII	14. 子どもが2人，見つめ合ってるところです。穏やかな感じですね。	E：(反応を繰り返す) S：小さい女の子が2人。ここに1人，こっちに1人。上半身だけ。ポニーテールにした髪をアップにしている。何かしてるわけじゃなくて，ただ見てるだけです。
	15. グランドキャニオンのような。	E：(反応を繰り返す) S：ここが(指さす)すごく深く見えますね，ずっと下に続いていそうで。 E：深く見えるというのは，どう見たらいいんですか。 S：黒い色が特に濃くなっているのが，すごく深くなってるみたいな感じですね。
VIII	16. 腹を空かしたネズミが動物の死骸を食べてるところですかね。	E：(反応を繰り返す) S：動物は，真ん中(指さす)の骨とこっちの肉ぐらいしか残ってないですね。で，これがネズミです。 E：肉というのを教えてください。 S：皮とか外側の肉のことじゃあなくて，ピンクとオレンジだから皮の内側の肉です。青いのはよくわからないけど，皮かな。残りは骨で，こいつらが食らいついて，むさぼり食ってるんです。
	17. 青いのは，やっぱり氷みたいです。でも，本物の氷じゃなくて，プラスチック製のアイスバケットに入ったやつです。フリーザーに入れて凍らせて，アイスバケットのちょうどてっぺんまでできあがってます。	E：(反応を繰り返す) S：凍らせた代物ですね。本物の氷がなくても，これを収納箱に入れておけばばっちり保冷してくれるんですよ。それはこんなふうに青色をしてたと思います。

ケース12　つづき

IX	18. そうですね，強いて言えば，噴火か何かですか。何でも上のほうに噴きあげていて。	E：（反応を繰り返す） S：とにかくすごいですよね。あちこちに飛んでる感じ。噴火みたいに吹き飛ばされてて（手で外に広がっていく仕草）。 E：どういうところからそう見えたんですか。 S：この形ですね，破裂したような。
	v19. 真ん中は幽霊みたいです。	E：（反応を繰り返す） S：頭が大きくて，白い隙間が目。体は，死体を包む布みたいな白い色。真ん中のところだけで，あとは違います。
X	v20. こうするとスカイダイバーが降下してるとこみたいです。煙を出しながらやるやつ。	E：（反応を繰り返す） S：この小さいところ（D5）が人で，緑の色が混ざった感じが，色つきの煙。イベント何かでやるみたいに，発煙させてますね。白いところはパラシュートで，この人は腕を上げてラインを指示していて，煙はパラシュートの周りをたなびいています。
	21. 全体で，顕微鏡で見た微生物。いろんな色や形で。	E：（反応を繰り返す） S：こんな気持ち悪いのは普通は見えませんね。アメーバや病原菌みたいなのが顕微鏡の下で動き回っているんですよね。変わったテストですね，まったく。

ケース12　スコアの継列

Card	No.	Loc.	No.	Determinant(s)	(2)	Contents(s)	Pop	Z	Special Scores
I	1	WSo	1	FC'o		(Hd),Ay		3.5	GHR
	2	Wo	1	FMa.FDo		A	P	1.0	
	3	Ddo	24	Fo		Sc			
II	4	WS/	1	CF.TFu		Ad,Bl		4.5	MOR
	5	DSv	5	C'		Na			
III	6	D+	1	Ma.mp.FC'.FD.CFo	2	H,Ad,Fd,Cg	P	4.0	COP,MOR,GHR
	7	Do	3	Fu		Id			PER
	8	DS+	7	ma.FD.C'Fu	2	Sc,Cl		4.5	
IV	9	Wo	1	mp.TFo		Ad		2.0	MOR
	10	Ddo	30	Fo		Sc			
V	11	Wo	1	mp.FY-		Ad		1.0	MOR
	12	D+	4	Ma.FC'-		H,Hh,Sx		2.5	COP,PHR
VI	13	Wo	1	TF.YFo		Ad	P	2.5	MOR
VII	14	D+	2	Mpo	2	Hd	P	3.0	GHR
	15	Do	6	VFo		Ls			
VIII	16	W+	1	FMa.CFo	2	A,An,Fd	P	4.5	AG,MOR,PHR
	17	Dv	5	CFo		Sc			
IX	18	Wv	1	mao		Ex			
	19	DSo	8	FC'o		(H)		5.0	GHR
X	20	DS+	10	Ma.YF.CF.mpo		H,Fi,Sc		6.0	GHR
	21	W/	1	FMa.CFu		A		5.5	DR

2つ目のマイナス反応（反応12）は興味深い。それは見た対象を「変な」ものにしているからでもあるが，第一には，「女の人の上に男が乗っかって……夜で……暗くてあんまりはっきりわからないんですけど」というように性的内容を述べているためである。質問段階では細かな描写を避けようとしているし，「交わりを持とうとしているんですね」などと，変わったコメントまで差し挟んでいる。これは図版の部分刺激をかなり歪めた反応である。性的なものへのとらわれが前面に出てはいるが，性的不能感（干からびていて）または対人関係上の重大な喪失感を抱いている可能性がうかがえる。これら2つのマイナス反応からは，彼は自分に十分な能力があると思えなくなっているのではないかという疑問が持ちあがる。

8b

6個のMOR反応のうちの1個はすでに検討した。残り5個にはすべて死んだ動物が登場する。「何かが殺されて，真ん中に穴が空いていて，血で，残りが毛皮です……湿った毛皮のよう」（図版Ⅱ，反応2）。「食人種……この肉を料理しようとしているところ……皮を剥がした動物みたいな」（図版Ⅲ，反応6）。「これも死んだ動物……切り開かれて，乾かすためにぴんと広げられてる……湿っているみたい」（図版Ⅳ，反応9）。「これも死んだ動物，背骨があったんですけど……取っちゃった」（図版Ⅵ，反応13）。「腹を空かしたネズミが動物の死骸を食べているところ……こいつらがそれをむさぼり食っている」（図版Ⅷ，反応16）。

これらのMOR反応を見れば，自分のことを犠牲者だと見なし，ひどい傷つき感を抱いているのは明らかである。MOR反応のうちの2つは，「湿っている」ことをことさら強調したT反応である。この点からは，結婚生活あるいはその他の人間関係がうまくいっていないのではないかとの懸念が持ちあがる。

8c

人間反応は6個あり，そのうち4個はMを伴っている。最初の人間反応の決定因はFC'であり，Mは付いていない。しかしかなり多くの修飾表現がなされている。「うわっ，これは変だなあ……昔のアフリカの仮面みたい」。これが自己を表わしているとしたら，自己イメージはあまり好ましいものではない。2つ目のMとFC'が付く反応はすでに検討した（図版Ⅲ，反応6）。この反応にもネガティブな含みがある。「食人種か何かが2人，何かを料理する準備をしながら大釜の周りを踊ってる……」。質問段階では「土人みたいな……」と食人種であることを否定し，さらには「股袋（codpiece）があって……」と付け加えている。股袋というのは，15～16世紀に男性がズボンの前に付けた保護用の当てものである。これには3つ目の人間反応（図版Ⅴ，反応12）と通じるものがある。3つ目の人間反応はMとFC'を伴う性反応であり，すでに8aで検討した。

4つ目の人間反応はMを含み，おそらくこれまでの反応の中では最もポジティブなものである。「子どもが2人，見つめ合っているところです。穏やかな感じですね」。質問段階では「何かしているわけじゃなくて，ただ見てるだけです」と述べている。複雑で込み入ったことのなかった時代を懐かしむ気持ちがうかがえる，消極的な反応である。5つ目の人間反応「幽霊」（図版Ⅸ，反応19）にもFC'が付いている。人間反応のうちFC'が含まれるものは，これで4個になる。質問段階で，死体を包む白い布について言及している。MORはコードしないものの，損傷感を漂わせた反応で

ある。最後の人間反応(図版 X, 反応 20)は 4 個目の M 反応で,創造的かつ個性的なものである。「スカイダイバーが降下してる……煙を出しながら……煙はたなびいています」。「イベントでやるみたいな」とポジティブな色合いが加わり,「腕を挙げてラインを指示して」とコントロールできている様が述べられている。しかし,この反応は彼の無力感を伝えるものと見るほうが適切である。反応には S 領域が使われ,決定因は YF と m である。さらには,パラシュートの周りをたなびいている煙に必要以上に注目しているからである。

これら 6 個の反応に対する評価は,自己イメージに関して先に立てた仮説を裏づけるものである。彼の自己イメージはポジティブというよりはネガティブなもので,自分でも好ましく思えない特徴がたくさん含まれている。その 1 つは性的なものへの並はずれたとらわれである。その他の好ましくない特徴に対するのと同様に,彼はこのとらわれも一生懸命隠そうとしている。一方,アイデンティティが揺らぎ,自分のことを頼りなく感じている。彼に必要なのは,感情あるいは対人関係面でのサポートである。しかし,彼自身は今それらを得られていない。

8d

FM 反応は 3 個,m 反応は 6 個ある。最初の FM 反応は「コウモリが飛んでいる」(図版 I, 反応 2)で,無難なものである。残り 2 つにはもっと多くの投映が含まれている。そのうちの 1 つは「腹を空かしたネズミが動物の死骸を食べているところ」(図版 VIII, 反応 16)というもので,すでに検討した。死骸である点と「ほとんど残っていない」という点が強調されている。3 つ目の FM は最後の反応で出ている。「顕微鏡で見た微生物……普通は見えませんね……何にでもうじゃうじゃくっついている」(図版 X, 反応 21)。自分ではほとんど察知できぬ何ものかに攻撃され,うち負かされているといった感じが伝わってくる。

m 反応には特異な繰り返しが見られ,投映がよりはっきりわかる。最初の反応(図版 III, 反応 6)はすでに見た。食人種の後ろに吊され,これから調理されようとしている肉の反応である。2 つ目の m 反応(図版 III, 反応 8)からは,現在の状況を自分でどう思っているのかがうかがい知れる。「飛行機……黒々とした雲で,その間を飛んでいます……雲はすごく大きいのに飛行機はすごく小さい」。3 つ目の反応「死んだ動物……切り開かれて,乾かすためにぴんと広げられている」(図版 IV, 反応 9)と,4 つ目の反応「動物が切り開かれたやつ……ウサギか何かみたい」(図版 V, 反応 11)は,すでに検討した。5 つめの反応(図版 IX, 反応 18)は「噴火か何か……何でも上のほうに噴きあげていて……とにかくすごいですよね,あちこちに飛んでる感じ。噴火みたい」というもので,強い情動が伝わってくる。最後の m 反応(図版 X, 反応 20)はスカイダイバーが出す煙で,すでに検討してある。

すべての FM 反応と m 反応を読んで得られる自己イメージは,すっかりだめになった自分といったもので,強い無力感や虚無感に覆われている。

8e

21 個の反応中,まだ見ていない反応は 6 個ある。1 つ目(図版 I, 反応 3)は鐘である。これにははっきりした自己イメージは表されていない。2 つ目の反応(図版 II, 反応 5)と 6 つ目の反応(図版 VIII, 反応 17)は何かしら似ており,重要である。図版 II の反応は氷であり,図版 VIII の反応は「本

物の氷じゃない」が「密閉容器に入れておけばばっちり保冷してくれる」ものである。憶測に過ぎないが，これらの反応は，自分の感情を隠し，実際よりもしっかりしているかのように体裁を取り繕う傾向と関係あるのかもしれない。3つ目の反応（図版III，反応7）には興味深い修飾が加えられている。最初は投石機だと答える。しかし質問段階ではその答を引っ込めてしまい，質問されると「持つところがありませんね。さっきはうっかりしていたけど，持つところがないです」と述べる。4つ目の反応（図版IV，反応10）はゴルフのティーで，どのような意味が含まれているのかははっきりしない。5つ目の反応（図版VII，反応15）はV反応である。グランドキャニオンで，「黒い色が特に濃くなっているのが，すごく深い感じ」だと述べられている。

ステップ8：ケース12の要約

　反応に投映された内容には共通するテーマが見られる。それが，脅威にさらされ，被害を受け，傷ついた自分，というものである。自分を無力だと感じている。しかし，自分の不十分さに対する懸念はひた隠しにしている。虚しさを抱きつつも，潜在的には激情を秘めている。感情面でのサポートがまるで得られないかのように感じているが，そうだとすると，結婚生活にどこか綻びが生じているのではないか，対人関係は上辺だけのものではないかといった疑問が持ちあがる。

　ここにまとめたデータは主に自己知覚に焦点をあてたものである。しかし，感情に著しい混乱があることや，今の状況を自分ではどうすることもできないと感じ，打ちひしがれていることなどにも目を向ける必要がある。

ケース13　29歳女性

カード	反応	質問
I	1. わっ，きたない。コウモリみたいに見えるけど。 E：他にもあればおっしゃってください。 S：あら，じゃあもう少し見るわね。	E：(反応を繰り返す) S：これは真っ黒なんですけど，最初に見たときはきたないとしか思えなかったわ。 E：あなたと同じように見えているかわからないのですが。 S：えーと，これが羽で，ここが体で，コウモリだと思う。
	v2. こうひっくり返すと，変なお化けの家。風に吹かれているみたいな。	E：(反応を繰り返す) S：漫画にあるお化けの出そうな家。風が吹いているみたいに動いている。窓が四角じゃなくて変な形してるんで，そんな気がする。これは煙突。
II	3. わあ，2匹のクマがペンキか何かのバケツに足を突っ込んでる。黒いクマで，大変なことになっちゃってるみたいな。	E：(反応を繰り返す) S：この部分がクマ。ちょっとかがんで，足はこの下の赤いバケツの中で，体中ペンキだらけになってる。この上のほうは前足を合わせてるところ。ヨセミテ公園で遊んでいるみたい。テレビで見たことあるんです。
	<4. こういうふうに見ると，赤い部分は小さい赤い鳥。ハミングバードみたい。ハミングバードって赤かったと思うけど。	E：(反応を繰り返す) S：ぱっと見て，赤いハミングバードに見える。頭はここ(指さす)。羽が後ろに向いていて，下のここが小さい足。
	5. ここだけ残してあとを隠しちゃうと，遠くの山の頂上の火事のよう。	E：(反応を繰り返す) S：遠く離れているんだけど，赤が火で，黒い部分が山で，山の側面と頂上あたりが燃えている。
III	6. あら変なの。女の人が鏡の中の自分を見てるわ(笑)。	E：(反応を繰り返す) S：自分をもっとよく見ようとしてのぞき込んでる。大きな手提げを持って，髪は後ろにきつく結んでいて，ハイヒールで，首には宝石か何かを付けている。
	7. この2つは赤い悪魔で，落っこちていくところ。真ん中のは何だかわからないわね。	E：(反応を繰り返す) S：えーと，漫画で時々小さい赤い悪魔が出てくるけど，それに似ていて。これは落ちていくみたい。逆さになってるし，長い尻尾が，こうお尻のほうにあって。
IV	8. うん，横のが両方，ヘビみたい。	E：(反応を繰り返す) S：ここ(指さす)，とぐろを巻いていて，頭で，見回している。ヘビは大嫌い。ここが頭で，こっちが尻尾。
	v9. これは，ライオン。両側に1頭ずつ。	E：(反応を繰り返す) S：ここに立っている。両側に1頭ずつ，長い尻尾をぴんとさせて。これが頭で，これが体(指さす)。ライオンが2頭。
V	10. 真ん中にウサギ。	E：(反応を繰り返す) S：大きな耳と，小さな足。これはもうウサギの顔。だからウサギしかないわね。
	11. 小鳥も2羽いる。どっちもあまり好きじゃないけど。	E：(反応を繰り返す) S：これはすごくわかりにくいんだけど，ここ(指さす)，両側に1羽ずつ。本当にちっちゃな小鳥。輪郭だけ。
VI	12. 上の部分は何だかわからないけど，多分下はクマの皮。でも，上はぴったりしないのよね。	E：(反応を繰り返す) S：本当にそれっぽい。足があって，平らで。真ん中のこの辺なんかも(指でこする)，毛皮みたい。

ケース 13 つづき

VI	13. ここには人形が2つ。	E：（反応を繰り返す） S：えーと，この部分だけ（指さす）。足まで届くガウンを着てるみたい。こういうの持っていたし，姪にも買ってあげたのよね。長いスカートと頭と上半身。両方に1つずつ。
VII	14. 子ども。子どもが2人。お互いに見てるところ。かわいいわ。これは好き。	E：（反応を繰り返す） S：上半身だけ。胸で，頭。双子みたい。女の子で，髪を可愛らしくアップにしてる。櫛で留めたような感じで。
	v15. こうするとカーネルサンダースのチキン。	E：（反応を繰り返す） S：足が4本と胸肉。ころもを付けて揚げてある。あのプラスチックの容器に入ってくるやつ。 E：ころもを付けて揚げてあるっていうのはどう見たらいいんですか。 S：えーと，こういうふうに部分的に暗くなったり明るくなったりしているから，ころもを付けて揚げたみたい。
	>16. こうするとおもちゃのイヌみたい。色がぼやけていて，けば立ってるみたい。	E：（反応を繰り返す） S：小さな足と，耳，尻尾が出ている。人工の毛皮で，前にあったクマの毛皮みたいに本物っぽくはないわね。これは人工的で，もっとけば立っていて，たぶんもっと柔らかい。
VIII	17. まあ，いろんな色。クリスマスツリーみたい。まさにツリーの飾りって感じ。	E：（反応を繰り返す） S：とってもカラフル。ずっと黒いのが続いた後だから，結構ハリッとするわね。両側に2つデザインがあって，真ん中のもすごくかわいいデザインで，先が飾りみたいにとがってる。
	<18. ああ，こうして見ると，横のデザインは動物に見えて，何かの上をゆっくり歩いている。ここは水で，そこに自分の姿が見えていて。	E：（反応を繰り返す） S：えーと，ここに小さな動物。頭で，体で，小さな足で，この上を慎重に歩いている。何の上かはわからないけど，これは水で，自分の姿を見ることができる，ここに映っていて。
	v19. こう見ると，この部分はかわいらしいベッドジャケットのよう。こういうの持ってたわ。	E：（反応を繰り返す） S：ベッドジャケットのような袖と身ごろ。色の具合で薄い布のように見える。 E：薄い布のようにというのはどう見たのですか。 S：えーと，きれいで，つまりオレンジとピンクが。でも作られたときに色が混ざっちゃって，何て言うのかわからないけど，かすんだような色で，その色の混ぜ具合が薄い布のように。
IX	20. わあ，鍋が噴きこぼれてるみたい。	E：（反応を繰り返す） S：えーと，もし鍋をレンジの上に長く置きすぎると，キャベツ料理のときかな，一度やったことあるんだけど，こうなるの，めちゃくちゃに。火で，キャベツがそこら中にこぼれて。オレンジが火で，緑がキャベツで，ピンクがバーナーのよう。
	<21. こうすると，この中にワニの頭が見える。	E：（反応を繰り返す） S：この中。長い鼻と目。本当にそう見える。ワニは嫌いなんだけど。
X	22. あらまあ，何だかたくさんあるわね。何かの絵みたい。不思議の国のアリスみたい。	E：（反応を繰り返す） S：ただたくさんあって，とてもきれい。はっきりしたものじゃなくて，不思議の国のアリスのちゅ，ちゅ，抽象画。アリスはいないけど。 E：あなたと同じように見えているのか心許ないのですが。 S：不思議の国のアリスの抽象画はこんなふうだろうなって感じで，ただたくさんの色があるだけです。

ケース13　つづき

X	23. この2つはカニ。	E：（反応を繰り返す） S：あー、こことここのたくさんの足（指さす）。カニかクモのよう。嫌ね。
	24. ここにウサギの頭もある。小さな白い鼻が見える。かわいいわ。	E：（反応を繰り返す） S：真ん中のここ。長い耳で、顔だけ。それと白い鼻。
	25. このピンクは気持ち悪いわね。血かと思ったけど、お祭りで買うような綿飴かな。	E：（反応を繰り返す） S：ただ綿飴みたいにピンク色でふわふわしている。 E：ふわふわというのはどう見たらいいんですか。 S：色合いが違うから綿飴のようにふわふわしている感じに見える。指に付いたらべたべたするわね。

ケース13　スコアの継列

Card	No.	Loc.	No.	Determinant(s)	(2)	Contents(s)	Pop	Z	Special Scores
I	1	Wo	1	FC'o		A	P	1.0	
	2	WSo	1	mpu		Art,Id		3.5	
II	3	D+	1	FMa.FC.FC'o	2	A,Id,Hh	P	3.0	PER,COP
	4	Do	2	FCu		A			
	5	Dd/	99	ma.CF.FDo		Fi,Ls		3.0	
III	6	D+	1	Mp.Fro		H,Cg	P	3.0	GHR
	7	Do	2	FC.Mpo	2	(H)			GHR
IV	8	Do	4	FMpo	2	A			
	9	Ddo	99	FMp-	2	A			
V	10	Do	7	Fo		A			
	11	Ddo	24	Fu	2	A			DV
VI	12	Do	1	FTo		Ad	P		
	13	Dd+	99	Fu	2	(H),Cg		2.5	PER,GHR
VII	14	D+	2	Mpo	2	Hd	P	3.0	GHR
	15	Wo	1	FYo	2	Fd		2.5	
	16	Do	2	FTo		(A)			
VIII	17	Wv	1	CFo	2	Art			
	18	W+	1	FMa.Fro		A,Na	P	4.5	
	19	Do	2	FC.FYu		Cg			PER
IX	20	W/	1	ma.CF-		Hh,Fi,Fd		5.5	PER,MOR
	21	Ddo	99	Fo		Ad			
X	22	Wv	1	C		Art			AB
	23	Do	1	Fo	2	A	P		
	24	DSo	5	FC'o		Ad		6.0	
	25	Dv	9	C.T		Fd			

ステップ8：ケース13の検討

8a

マイナス反応は2個ある。1つ目（図版IV, 反応9）は，D6の下部の非常に小さなDd領域の反応である。「これはライオン……ここに立っている。長い尻尾をぴんとさせて」。最初の反応として，それほど悪くないものである。尻尾の長い，野生の攻撃的な動物が象徴するものについて，あれこれ考えてみたくなるかもしれない。しかし，そのような憶測は大きなリスクを伴う。2つ目のマイナス反応（図版IX, 反応20）にはもっと多くの投映が生じている。「鍋が吹きこぼれている……キャベツ料理のときかな，一度やったことがあるんだけど，こうなるの，めちゃくちゃに。火で，キャベツがそこら中にこぼれて」。この反応からは，爆発性や不安定さがうかがえる。

8b

MOR反応は1個だけである。吹きこぼれた鍋の反応であり，これはすでに検討した。

8c

人間反応は4個ある。そのうち3個がM反応だが，すべて消極的運動反応である。1つ目（図版III, 反応6）は，2個ある反射反応のうちの1個でもある。「あら変なの……女の人が鏡の中の自分を見てる」。もっぱら自分に関心が向けられた反応である。「変なの」「もっとよく見ようとして」という言葉にはネガティブな響きがあるが，これは憶測の域を出ない。装飾品にはよりポジティブな特徴が表わされている。「大きな手提げ……ハイヒール……宝石」。これはいくらか顕示的な性質を持っている。2つ目の人間反応（図版III, 反応7）は「赤い悪魔で，落っこちていくところ……漫画で時々小さい赤い悪魔があるけど……逆さになってるし，長い尻尾がこうお尻のほうにあって」というもので，やはりMを含んでいる。悪魔はあまりポジティブなものではないし，漫画を登場させるのは成人よりも年少者によく見られることである。

3つ目（図版VI, 反応13）は，D1上部の非常に小さな領域（Dd25を含む）を用いた反応である。「人形が2つ……足まで届くガウンを着てるみたい。こういうの持ってたし，姪にも買ってあげた」。これも，人形とは言え，魅力的な人間像を描いた顕示的な反応である。4つ目の人間反応（図版VII, 反応14）は，「子どもが2人。お互いに見ている。これは好き……双子みたい……髪を可愛らしくアップにしている」というもの。この反応でも魅力的な様が述べられているが，これまでの反応同様，成人にしては幼さが感じられる。以上の4個のうち少なくとも3個は，見映えに重きを置いた反応である。

8d

FM反応は4個，m反応は3個ある。1つ目のFM反応（図版III, 反応3）は，「クマがペンキか何かのバケツに足を突っ込んでる……大変なことになっちゃってる……体中ペンキだらけで……ヨセミテ公園で遊んでるみたい。テレビで見たことあるわ」というもの。平凡反応だが，「大変なことになっちゃってる」という遊びの様子を付け加えているため，少々珍しいものになっている。2つ目のFM反応（図版IV, 反応8）は，「ヘビ……とぐろを巻いていて，頭で，見回している……ヘビは大嫌い」というもの。これまで見てきたものの中では最も気持ち悪い内容が述べられた反応

であり,自己イメージの別の側面が表されている可能性がある。3つ目のFM反応（図版IV,反応9）は「2頭のライオン」であり,すでに8aで検討した。4つ目のFM反応（図版VIII,反応18）は2個目の反射反応である。「動物……何かの上をゆっくり歩いている。ここが水で,そこに自分の姿が見えていて」。質問段階では「この上を慎重に歩いている」と述べており,自分自身や周囲の世界に安心感を持てていない様子がうかがえる。以上の反応には特別に力動的な投映内容は含まれていない。しかし,遊んでいて「大変なことになっちゃったクマ」という反応からは,自分はしっかりしていないという感覚がうかがえる。

3個のm反応からはもう少しはっきりしたことが言える。1つ目（図版I,反応2）は,「変なお化けの家,風に吹かれているみたい……漫画にあるお化けの出そうな家,風が吹いているみたいに動いている」というもの。これが自分を表わしているとしたら,ここに投映されているのはまるでしっかりしていない自分である。2つ目の反応（図版II,反応5）は,「遠くの山の頂上の火事」である。反応内容はネガティブで脅威を与えるものだが,「遠く離れてる」ことにしている。3つ目の反応は図版IXの「吹きこぼれた鍋」で,8aで検討ずみである。これらの反応からは脆さが感じられ,肥大した自己感覚が果たして揺るぎないものなのか,疑問が持たれる。

8e

残りの反応は14個あり,そのうちのいくつかには投映を伴う修飾が含まれている。1番目の反応（図版I,反応1）では,反応内容ではなく,反応の際の感情表現に目を引かれる。「まあ,きたない……コウモリ……最初に見たときは,きたないとしか思えなかったわ」。これは決していいテストの始め方とは言えない。2番目の反応（図版II,反応4）は「小さい赤い鳥……小さい足」であり,弱々しさを感じさせる。3番目の反応（図版V,反応10）は「小さな足」の「ウサギ」で,4番目の反応（図版V,反応11）は「2羽の小鳥……本当にちっちゃな小鳥」。どちらからも脆弱さが感じられる。5番目の反応（図版IV,反応12）は「クマの皮」で,3個あるT反応のうち唯一よく出現する類のものである。6番目の反応（図版VII,反応15）は「カーネルサンダースのチキン……ころもを付けて揚げてある」というもの。食物反応は,多くの場合,依存性を意味している。

7番目の反応（図版VII,反応16）は2つ目のT反応である。「おもちゃのイヌ,毛羽立ってる……クマの毛皮みたいに本物っぽくはないわね。これは人工的で,もっと毛羽立ってて,たぶんもっと柔らかい」。本物の毛皮と人工の毛皮を区別しているのは興味深いが,そこから引き出される解釈は,どのようなものであれ推測の域を出ない。8番目の反応（図版VIII,反応17）は,「まあ,いろんな色……クリスマスツリーみたい。まさにツリーの飾りって感じ……とってもカラフル……結構ハッとするわね,すごく可愛いデザイン」というもの。「可愛い」装飾にするあたりは人間反応でもいくつか見られた特徴であるが,それ以上に重要なのは,きわめて感情的な言葉を差し挟んでいる点である。9番目の反応（図版VIII,反応19）は,「可愛らしいベッドジャケットのよう。こういうの持ってたわ……薄い布のように見える……きれいで……かすんだような色」。これは魅力と脆弱さの両方が強調された反応である。

10番目の反応（図版IX,反応21）は「ワニの頭」であり,悪くない。しかし,「ワニ嫌いなんです」という一言は余計である。11番目の反応（図版X,反応22）はもう少し興味深い。「あらまあ……何かの絵,不思議の国のアリスみたいな……とてもきれい……はっきりしたものじゃなくて……抽

象画……アリスはいないけど」。空想の反応であることも重要だが，ここに表れている感情の特徴もまた大切である。次の反応「カニ」（図版X，反応23）に投影された内容は悪くないが，しかしここでも「嫌ね」という不必要な一言が差し挟まれている。13番目の反応（図版X，反応24）は，「ウサギの頭……可愛い」というもの。最後の反応（図版X，反応25）では自分について最もはっきりと述べている。「ピンクは気持ち悪い。血かと思ったけど，お祭りで買うような綿飴かな……綿飴みたいにピンクでふわふわしてる……色合いが違うからふわふわしてるように見える……指に付いたらべたべたする」。これは3つ目のT反応である。ネガティブな印象（「血かと思った」）をよりポジティブなものへ転換させるという否認が見て取れる。しかし，そうはいっても，なおも用心深さが残されている（「指に付いたらべとべとする」）。

ステップ8：ケース13の要約
　感情の激しさを見すごすことはできない。しかし，多くの反応に共通して見られる消極性も重要である。自分のことをとても魅力的な存在だと思っているし，できるだけポジティブな面が引き立つように自分を印象づけようとしている。しかし同時に，傷つきやすさ，あるいは脆弱さも伝わってくる。全般的に，彼女は成人としては未成熟で幼い。表向きは周りの人との付き合いを楽しんでいるように見えるが，内心では何か怖いことがあるのではないかと，何かしら不安を抱いている。自分のポジティブな自己イメージを守ろうとして，不快なことを否認する傾向がある。また，ひどく恐れを感じたときには感情をかなり激しく表わす可能性もうかがえる。この可能性についてさらによく理解するためには，対人知覚の所見が非常に重要となる。

自己知覚に関する所見の要約

　他のクラスターと同様，各所見は統合，要約されなければいけない。要約の中にはネガティブな特徴のみならずポジティブな特徴も含めるよう，そして可能ならば，相反する仮説にも触れるのが望ましい。

ケース12：要約
　この男性は自分のことをかなり否定的に見ている。セルフエスティームや自分に対する評価は非常に低い（ステップ3）。自分について何度も思いをめぐらせているが，その際には望ましくないと思える特徴にばかり目がいってしまう。そのため頻繁に苦痛を感じることになっている（ステップ4）。これまでの結婚生活や仕事が順調だったことを考えると，これはいささか腑に落ちない所見である。自分に対して非常に悲観的であり，自己イメージは弱々しく，いささか混乱したものになっている。傷つき，痛手を負っているというイメージが顕著である（ステップ6, 7）。自分は犠牲者で，脅威にさらされていると感じており，自分に十分な力があるのかどうかという点にひどくこだわっている。性的な能力へのとらわれもある。しかし，そうした懸念を持っていることを必死で隠そうとしている。テストデータからは彼の無力感がうかがい知れるし，今の状態をひどく虚しく感じていることも伝わってくる（ステップ8）。

ケース 13：要約

　非常に自己中心的な人であり，自分を高く価値づけている（ステップ 2, 3）。時折内省的になるものの，だからといって自分を変えようとまでは考えない。むしろ内省は，自分についての過大な自己評価を再確認する手段となっている可能性がある（ステップ 4）。自分や他者についての理解は現実の体験に基づいているわけではなく，空想や想像に依拠したり，現実の体験を歪めることで成り立っている（ステップ 7）。この点，成人としては未熟な人だと言える。人を惹きつけることに非常に関心を持っており，自分や自分の身近な世界のことをよく思われようと一生懸命になっている。おそらく実際には，自分で表明している以上に，弱さや傷つきを感じていると思われる（ステップ 8）。人生におけるネガティブな出来事の原因をすべて外部に求める傾向がある（ステップ 2）。実際のところ，嫌なことは否認し，ことさらポジティブに見ようとする（ステップ 8）。脅威を感じると，自己イメージを守ろうとしてかなり感情的にふるまう可能性がある（ステップ 8）。

自己知覚の変数に関する研究および概念

反射反応（*Fr+rF*）

　記録中に 1 個以上の反射反応がある場合，自己概念には，ある大きな特徴が存在する。それは，自己の価値を過大に評価しやすいという傾向である。この自己愛的特徴は，児童にはよく見られるものである。しかし，形式的操作が始まり，社会内の対人関係が新たな重要性を帯びてくる思春期には，次第に消えていくのが普通である。思春期後期あるいは青年期に至っても自分の価値を実際以上に高いものだと思い続けていると，世の中に対する認知や社会との関わりの持ち方に大きな影響が及ぶ。それが必ずしも病理につながるわけではない。しかし，発達につれて自他両方にバランスよく健康な関心を持ち，自分も他者も大事にしたいと思うようになるものなのに，この特徴があると，それが妨げられてしまう。

　自己愛的特徴があると，誇らしい自分という感覚を何度も確認したり強化しないといられなくなるので，それは個人のうちにしっかりと組み込まれた特徴として，意志決定や行動に大きな影響を及ぼすようになる。また，高い地位を求めたいとする欲求を生み出す。功なり名を遂げ，周囲から承認してもらえれば，このような極度の自己中心性が病理や不適応に結びつくおそれは減じる。しかし，高い自己価値を確認することができないと，多くの場合，欲求不満や否定主義がもたらされる。また，自分についての法外な評価を無邪気に信じていられるよう，精巧な防衛のシステムを作りあげてしまう。防衛の中核としてよく見られるのは，合理化，外在化，否認などである。こうした防衛の過度の使用は病理や不適応につながりやすい。青年および成人でこうした特徴を有する者は，深い，意味ある対人関係を築いたり保ったりするのが困難となる。そのために自己点検が促されることもある。その場合，自分の価値は非常に高いものだと思い続けようとする一方，それは正しくないのかもしれないという気づきも生じ，内的な葛藤が引き起こされる。特に，周囲から高い評価を得られない状態が続いた場合は，非社会的あるいは反社会的な構えが容易に作り出されてしまう。

　非患者成人 600 人のサンプルでは，全体の約 8％ の記録に反射反応が出現する。しかし患者群では，

その割合は高くなる。たとえば，535人の外来患者の場合，1個以上の反射反応がある記録は全体の約12％だった（Exner, 2001）。非患者児童の群では，その割合はさらに高くなる。5歳で32％，8歳で28％，11歳で21％，14歳で14％，16歳で20％となっている。反射反応は一時的にはかなりの安定を見せ，再テストの相関は，長期では.78～.82，短期では.80～.89である。

　非患者成人のサンプルを職業別に細かく分けてみると，反射反応がある記録の割合は群によってだいぶ異なってくる。もともとこれらのプロトコルは，さまざまな研究での統制群とするために集められたものである。このサンプルを調べると，1個以上の反射反応があるのは，たとえば聖職者では63人中19人（29％），外科医あるいは外科の研修医では37人中9人（24％）だった。Winter & Exner（1973）によれば，精神科既往歴がなく，大きな成功をおさめている役者や舞踏家では，18人中7人に1個以上の反射反応があった。Exner, Weiss, Coleman & Rose（1979）によれば，精神科既往歴のない，名を遂げた舞台ダンサーでは，39人中14人（36％）のプロトコルに1個以上の反射反応が見られた。これらのデータは，反射反応が示す自己愛的特徴というのは必ずしも病理や不適応に直結するものではないことを間接的に証明している。自分には高い価値があるんだという感覚をたえず再確認してくれる存在を身近に得られれば，なおさらのこと病理や不適応の可能性は低くなると言える。

　反射反応の妥当性は，多くの場合，ペア反応や自己中心性指標とからめて研究されている。反射反応をペア反応から独立させてコードしたほうがいいというのは，20人ずつの4群を比較した研究から偶然わかってきたことである。比較したのは，うつ病入院患者で最近自殺の素振りが見られた者，男性の同性愛者，反社会性人格障害との診断を受けた受刑者，大学生を中心とした非患者成人の4群である。頻度のデータを検討すると，同性愛者と反社会性人格障害の群では75％以上の者に反射反応があり，うつ病患者の群では反射反応を出す者はいなかった。非患者成人の群で反射反応があったのは3人だけだった。反射反応は必ず図版の対称性に基づいたものであることから，試みに，図版の対称性を用いて同一の対象を対で述べた反応の数を計算してみた。すると，同性愛者の群ではその数が他の群より有意に多く，うつ病患者の群では有意に少ないことがわかった（Exner, 1969）。

　その後，Raychaudhuri & Mukerji（1971）は服役中の受刑者15人ずつを4つの群に分け，そのプロトコルを用いて反射反応とペア反応について研究した。4つの群とは，能動的同性愛者群，受動的同性愛者群，社会病質者群，コントロール群である。結果を見ると，反射反応の数は，両方の同性愛者群が他の群より有意に多く，社会病質者の群はコントロール群よりも有意に多かった。ペア反応の数は，両方の同性愛者群およびコントロール群が社会病質者群より有意に多かった。これらの研究結果は，反射反応とペア反応が自分に向ける関心や注意と関係していることを示唆していた。

　この仮説の検証のために，文章完成法を用いた研究が行われた。文章完成法の様式は，Watsonが自己愛についての研究（1965）で使用したものに準じて作成された。刺激語は30あり，そのほとんどは「私は（I）」「私を（me）」「私の（my）」という一人称代名詞を含むものだった。このテストを750人の非患者成人に実施し，その反応に対して，自分に焦点をあてている場合はS（Self），他者に焦点をあてている場合はO（Others）をスコアした。たとえば，「私が心配なのは，自分の将来です」という反応はS，「私が心配なのは，ホームレスの人たちのことです」という反応はOである。文章完成法施行後，Sの数が多かった40人とOの数が多かった40人の合計80人に対し，

14人の検査者によりロールシャッハが施行された。その結果，反射反応を出した者は，Oが多かった40人では2人だけだったのに対し，Sが多かった40人では37人いた。ペア反応は，Sが多かった群ではOが多かった群より約2.5倍多く出現した。その後このテストは自己焦点づけ文章完成法（SFSC : Self Focus Sentence Completion）と名づけられ，2,500人以上の成人の記録をもとに標準化された（Exner, 1973）。Sの数が最も多い30人とOの数が最も多い30人に対し，16人の検査者がロールシャッハを施行した。反射反応とペア反応は，Sの高い群ではOの高い群の2倍以上多く出現した。

　Exner（1978）は，長期治療の効果に関する研究に協力してくれた429人の外来患者のデータを提示した。治療開始後2か月以内に，治療者によって変化への動機づけに対する評定がなされた。低い評価を受けた43人を抽出し，治療前に取ったロールシャッハの結果を見ると，反射反応が1個以上ある者は38人いた。治療が十分進んでいないのに1年以内に来院をやめた患者は150人いたが，治療前の記録に反射反応があって変化への動機づけが乏しいと評定された38人は，全員この中に含まれていた。

　反射反応が示す自己愛的特徴は，治療によって簡単に変わるようなものではない。Exner & Sanglade（1992）はブリーフの治療（12～15セッション）と短期間の治療（9～12カ月）の後のロールシャッハ上の変化について研究した。治療前に反射反応があり，8～12カ月後の再テストでも反射反応を出した者は，ブリーフセラピーを受けた35人の中では4人いた。短期の治療を受けた35人では，治療前にも，24カ月ないし27カ月後の再テスト時（全員がその約1年前には治療を終えていた）にも反射反応を出した者が5人いた。短期治療に関するExner & Sangladeのこの研究結果は，それより先に報告されていたWeiner & Exner（1991）の研究結果と類似していた。Weiner & Exnerの研究では，88人ずつの2つの患者群を用いた。1つの群は短期の治療（9～12カ月）を受けた患者で，その中には治療前に反射反応を出した者が10人含まれていた。治療を終えて2年経った時点，すなわち最初のテストから4年経った時点で行われた3回目の再テストでも，この10人には反射反応があった。力動的な長期治療を受けたもう1つの群では，治療開始時には88人中12人に反射反応があった。治療開始後12カ月ないし14カ月後に行った1回目の再テストではこの12人全員に反射反応があり，27カ月ないし31カ月後の2回目の再テストでは12人中9人が反射反応を出した。しかし，4年後の3回目の再テスト時にも反射反応があった者は6人だけだった。

　反射反応が直ちに病理や不適応を意味するわけではないが，問題を抱えた人たちの群で反射反応が見られることは非常に多い。たとえば，Hilsenroth, Fowler, Padawar & Handler（1997）は，反射反応は自己愛人格障害に対するDSM-IIIや自己報告式テストの診断基準と関連があることを見出した。賢明にも，彼らはこの結果から単純に解釈を引き出さぬよう釘を刺すとともに，反射反応があるからといって自己愛性障害などと考えてしまわぬよう注意を促している。けれどもこの研究結果は，反社会性人格を持つ者の中に見られる自己愛と演技性に関するGacono, Meloy & Heavenの研究（1990）や，自己愛に関するGacono & Meloyの研究（1994）の結果を裏づけている。また，Gacono, Meloy & Bridges（2000）は，司法関連の群のうち精神病質者，性的殺人者，非暴力的小児性愛者の3群では，いずれも40％以上の割合で反射反応があったと報告している。

自己中心性指標（$3r+(2)/R$）

　ペア反応と反射反応に関する初期の研究結果がきっかけとなり，これらの反応数の合算を総反応数で割ったものを一つの変数とすることになった。この変数を作るにあたっては，非患者成人325人のSFSCスコアとロールシャッハデータの解析が行われた。ペア反応と反射反応の相対的重みを定めるとともに，SFSC得点の度数分布の5分位数と自己中心性指標のスコアが対応するように判別関数分析を行った。その結果，反射反応に3倍の重みづけをすることになった。反射反応には幾何級数的な性質があり，反射反応がある者はたいがいSFSCの度数分布の上位2/5に入る。指標中で反射反応に3倍の重みづけをするのは，反射反応のこのような性質を損なわないようにするためである。

　自己中心性指標の妥当性を確認するために最初に行われた研究は，自己中心性に関係があると思われる行動に焦点をあてたものである。大手メーカーのエンジニア2名の求人に応募してきた21人の男性に対し，ロールシャッハなどのいくつかの心理テストが施行された。3人の検査者には，これがどういう研究なのか知らせていなかった。その後，応募者は会社の人事担当者による面接を受けた。面接が行われたのは$3.6 \times 5.1m^2$の部屋で，壁には$24 \times 24cm$のワンウェイミラーが設置されていた。応募者は受付係に面接室まで案内され，面接担当者が来るまで待機するようにと，机の横の椅子を進められた。ワンウェイミラーのある壁は，応募者の左側に位置する。面接担当者は10分以上遅れて入室し，その間の応募者の様子をビデオカメラで撮影した。そして撮影したテープを再生し，各応募者が鏡の中の自分の姿を見ていた時間を計測した。鏡を見ていた時間には6〜104秒までの幅があり，中央値は49秒だった。

　中央値に該当した者は除いた上，中央値を境にしてこの群を2つに分けた。鏡を見ていた時間の平均は，上位半分の群では68.5秒，下位半分の群では27.1秒だった。上位10人のプロトコルには，反射反応が合計6個，ペア反応が合計103個あった。しかし，下位10人のプロトコルには反射反応はなく，ペア反応の数は68だった。両群の反射反応とペア反応の数は有意に異なり，自己中心性指標にも有意差が見られた（上位10人の平均＝.476，SD=.13，下位10人の平均＝.298，SD=.14，$p<.01$）。面接の最初の10分間を録音し，「私は（I）」「私を（me）」「私の（my）」といった一人称代名詞をどれほど使うかを数えたところ，その回数は57〜148であった。自己中心性指標の値の分布との順位相関を求めたところ，rho=.67だった（$p<.01$）。6個の反射反応を出した者は3人いたが，彼らの一人称代名詞の使用頻度は最も高く，119〜148だった。

　自己中心性指標が解釈的に有用であることは，その他のさまざまな研究結果からも明らかとなった。Exner（1974）の研究では，入院患者用多面的精神医学尺度（IMPS）を用いて180人の患者を評定した。最初の評定は入院後1週間のうちになされ，2回目の評定は退院後6週から8週の間に別の者によって行われた。この評定を基に患者を「よくなった者」と「よくならなかった者」とに分けた。評定と同じ時期にロールシャッハも施行された。主たる症状が抑うつではない患者（N=106）の入院当初のロールシャッハ結果を見ると，自己中心性指標の平均は.474（SD=.11）だった。主たる症状が抑うつである患者の場合は，自己中心性指標の平均はもっと低く，.278（SD=.12）だった。よくならなかった患者では，退院後のデータは入院時のものと比べてあまり変化はなかった（非抑うつ患者の平均＝.493，SD=.13；抑うつ患者の平均＝.272，SD=.10）。よくなったと評定された患

者の場合は，退院後のデータは非患者のデータにより近くなっていた（非抑うつ患者の平均＝.385,SD=.09；抑うつ患者の平均＝.324, SD=.10）。

　Exner, Wylie & Bryant（1974）は，治療開始4カ月の時点でグループ療法を受けていた37人の患者に対し，匿名で仲間指名法（peer nominations）を行った。質問は30項目から成り，それぞれについて「最も～である人」と「最も～でない人」を選ぶようになっていた。質問項目は，信用する，一緒にパーティに行く，助言を受ける，車を貸す，人に気づかいするなど，さまざまな場面における他者選択や対人行動を問うものだった。治療開始前のロールシャッハでは，37人のうち10人に反射反応が見られた。この10人のうち7人は，30項目中の11項目で「最も～でない人」に選ばれていた。「最も助言を受けたくない人」「最も相談を持ちかけたくない人」には，10人全員が選ばれていた。この10人の患者の自己中心性指標の平均（.57）は，好ましい者として名前が挙がることが多かった10人の平均（.47）よりもかなり高かった。どちらにも選ばれることが少なかった10人の場合は，平均は相当低かった（.28）。

　自己中心性指標について研究を進めていく過程で，この指標は場依存性や自己効力感に関係があるのではないかとの仮説も立てられた。しかし，Exner, Kuhn, Schumacher & Fishman（1975）の研究では，自己中心性指標は，RFT（棒と枠テスト）によって測定された場依存－場独立現象およびI-E尺度によって測られた自己効力感のいずれとも有意な相関を持っていなかった。Exner & Murillo（1977）は，44人の統合失調症患者の退院後の適応状況について3年間追跡調査した。この44人は，フェノチアジンの投薬と精神療法もしくはECT（電気痙攣療法）と精神療法という組み合わせの治療を受けた70人の入院患者群から抽出された。44人全員が外来ケアを継続できる程度に治療効果が維持されていたし，3年後の行動評価ではほとんどの者が周囲の環境に十分適応できていた。治療前の自己中心性指標は44人とも平均より有意に高く，.49～.71の範囲にあった。退院後約3カ月の時点で行われたロールシャッハの結果を見ると，ECTと精神療法を受けた20人の患者では，自己中心性指標は.31～.43の範囲におさまっていた。一方，投薬と精神療法を受けた24人の患者では，自己中心性指標は.51～.62というやや高めの値のままだった。しかし，自己中心性指標のこのかなりの高さは重大な支障をもたらしてはいなかった。このことからは，もしも周囲が自己中心性を許容してくれるのならば，自分にばかり目がいっているような人でも不適応になることは少ないと考えられる。

　多くの場合，自己中心性指標が平均より高くても欠点とはならない。しかし，自己中心性が平均より低い場合は適応困難に陥りやすい。Exner & Murillo（1975）はうつ病と診断された患者77人について，退院後6カ月間の追跡調査をした。再入院することになった22人中16人は，退院時の自己中心性指標が.30より低かった。一方，症状の再発がなかった55人中，退院時の自己中心性指標が.30より低かった者は4人しかいなかった。強迫症，恐怖症，心身症などの強迫的スタイルを持つ人では，自己中心性指標が低いことが多い。低い自己中心性指標は自殺企図のあった成人の記録によく見られ，自殺布置の中の1項目として組み込まれることになった（Exner & Wylie, 1977）。自殺布置の交差妥当性研究を行ったところ，平均より高い自己中心性指標も自殺布置の項目として意味を持つことが明らかになった（Exner, Martin & Mason, 1984）。

　Thomas, Exner & Baker（1982）は，自己中心性指標の研究のために225人の大学生にACL（Gough形容詞チェックリスト）を施行した。「自分について記入してください」という教示と「なりたい

と思う自分について記入してください」という教示のもと，カウンターバランス法を用いて，全員が同じセッション中に2回ACLを行った。2つの評定のスコアの違いを計算し，差の小さい者と大きい者を20人ずつ選んでロールシャッハを施行した。スコアの差は，差が小さかった群では平均は9.42，大きかった群では平均は38.9だった。後者のほうが「現実の自分」と「理想の自分」との間に大きな開きがあることを示している。差が小さかった群の自己中心性指標の平均は.489（SD=.09）で，16人中11人に反射反応があった。差が大きかった群の自己中心性指標の平均は.31（SD=.12）で，反射反応を出した者は1人もいなかった（p<.01）。

　自己中心性指標は時間的にかなり安定しており，短期間の再テストでも長期間の再テストでも.80台半ば～.90台前半の相関を示す。14歳未満の児童の場合は長期間の再テストでの相関が低いが，14歳以上になると成人と同じように安定してくる（Exner, Thomas & Mason, 1985）。若年クライアントのデータは，自己中心性指標が自分に関心を向けたり注意を払う営み（self-involvement）と関係していることを間接的に示している。一般的に児童は自己中心的だが，発達初期の段階では特にそうである。これは，5～16歳にかけて自己中心性指標の平均が次第に減少することからも確認される。5歳の非患者児童の場合，自己中心性指標の平均は.69で，最頻値は.60である。9歳になると平均は.57，最頻値は.55に下がり，11歳では平均は.53，最頻値は.50となる。16歳に至ると平均は.43，最頻値は.50になる。非患者児童と比べると，行動上の問題を持つ児童では自己中心性指標が高く，引きこもりの児童では低くなる（Exner, 1978）。

　Greenwald（1990）はセルフエスティームをいろいろな方法で測定し，これらが自己中心性指標と有意な相関があることを見出した。Brems & Johnson（1990）は，自己中心性指標とMMPI-2およびベック抑うつインベントリーのスコアを比較検討し，自己中心性指標は自己中心性よりも内向性や内省と関係があるのではないかと示唆した。Caputo-Sacco & Lewis（1991）によれば，精神科にかかった青年のうち自己中心性指標の低い者は，MMPIの抑うつ尺度のT得点が高かった。Holaday, Armsworth, Swank & Vincent（1992）は，心的外傷を負った児童および青年には自己中心性指標が低い者が多いと指摘した。Colluci, Pellicciota, Buono & Di-Nuobo（1998）は，知的制約のある者の群の自己中心性指標は非常に低いことを報告した。Hall（1995）によれば，性格型非行の類型に入る者は神経症的非行の者よりも自己中心性指標が有意に低かった。A. Smith（1995）の研究結果によると，青年期の精神障害者では，重度の者は中等度の者よりも自己中心性指標が高かった。Weiner & Exner（1991）によれば，長期の治療の場合でも短期の治療の場合でも，治療開始後約2年で改善が見られた患者群のほうが改善が見られなかった患者群よりも，高すぎるあるいは低すぎる自己中心性指標が平均域の値へと変化した者の数が有意に多かった。

　以上のような研究からは，自己中心性指標は自己への関心（self-concern）あるいはセルフエスティームの程度を示していると考えられる。自己中心性指標からは，自分にどれだけ焦点をあてているのか（self-focusing），自分にどれだけ注意を向けているのか（self-attending），大まかな理解が得られる。自己中心性指標が期待値よりも高ければ，多くの人よりも自分に関心を向け，注意を払っていると言える。反射反応があるために自己中心性指標が高くなっている場合は，心理機能の中に自己愛的特徴がしっかり組み込まれていて，他者と関わるときには自分に有利な判断をしやすいことを示す。反射反応がなくて自己中心性指標が高い場合は，自分に非常に強い関心を向けていることを示す。このような人は，外界に目を向けなくなってしまうことが多い。自己中心性指標が平均

より高ければ，たいがいは自分を好ましい存在として価値づけていると言える。しかし，自分に注意を向けすぎるということは，自分に対してかなり不満があることを示している場合もある。自己中心性指標が平均より低い場合は，自分を低く見積もっていると考えられる。こうした特性があると，後に抑うつ症状を呈することが多い。反射反応がある場合，自己中心性指標が低くなることは稀である。反射反応が1個以上あるのに自己中心性指標が低ければ，自己イメージと自分に対する高い価値づけとの間で葛藤が生じている可能性がある。

形態立体反応（FD）

濃淡立体反応と形態立体反応は，距離を取り，自分を吟味する働きと関係している。第14章で述べたように，濃淡立体反応は，自分を観察し，検閲することによって不快な感情が生じていることを示す。一方，FD反応は，その数が多すぎない限り，よいサインであることが多い。青年や成人では，濃淡立体反応がなく，FD反応が1個か2個あるのが望ましい。このような数値であれば，普段からごくあたりまえのように自分を見つめたり点検していると言える。また，そうすることによって自己イメージの修正がうまく進められていると考えられる。

濃淡立体反応は思春期に入る前の児童には滅多に表われない。しかし13歳になると濃淡立体反応の頻度はかなり上昇し，非患者成人の10～15％に濃淡立体反応が見られるようになる。これは十分納得のいくデータである。なぜならば，思春期は頻繁に自分を見つめるようになる時期であり，その際には自分で不満に思っている面に目がとまることも多いからである。若年者にはFD反応の方がよく表われる。10歳前ではさほどでもないが，10～16歳までの非患者の記録では，2/3以上にFD反応が含まれている。青年や成人でFD反応も濃淡立体反応もなければ，それは自分についてあまり目を向けていないことを示していると考えられる。このような人はたいてい自分のことがよくわかっていない。一方，FDが3以上，あるいはSumVが1以上の場合は，普通とは言えない自己観察が行われていることを示す。これは，思春期や老年期といったライフサイクル上のいくつかの段階で，あるいは情緒的喪失，失敗，身体的不調，心理的困難といった危機的出来事の直後で，ままま起こりうることである。原因が何であれ，このような場合は，かなりの程度自己観察が行われている。このとき反射反応もあるようなら，自己イメージに関して葛藤が生じていると考えられる。自己中心性指標が平均より低ければ，自分の価値に疑問を持つために執拗に自己観察をしていると考えられる。

包括システム体系化の初期の段階で，FDは1つの独立したコードとして採用された（Exner, 1974）。それより前にも，Klopfer & Kelley（1942）がこの反応を取りあげている。しかし彼らがFDとしたのは，濃淡を使用したと思われるのにはっきりとそう述べなかった反応だけであった。FDを独立のコードにしようという動きは，自殺防止の監視下に置かれた64人の入院患者の研究によって拍車がかかった。これらの患者のFDの平均は3.24で，64人中56人にはFD反応が2個以上あった。最初，FDは，自己破壊的行動のことばかり考えてしまうような人に共通に見られる抑うつの特徴と関係しているかに思えた。しかし，抑うつの症状がない外来患者100人のプロトコルを検討したところ，FDの平均は2.4で，100人中56人に2個以上のFD反応があった。これは，非患者100人の平均1.26（Exner, 1974）とは明らかに異なっていた。外来患者は治療を進めるにあた

って自分をよく観察するように促される場合が多い。そこで，これらの結果を基に，FDは内省に関係しているのではないかとの仮説が立てられた。その後に3つの研究が行われたが，それらの結果はこの仮説を支持するものだった。

1つ目の研究は，外来患者と非患者から集められた380のプロトコルを検討したものである。患者でも非患者でも，FDの平均は内向型（平均=2.42，SD=0.94）のほうが外拡型（平均=0.93，SD=0.91）よりも有意に高かった。この結果からは，FDは遅延や内面化と関係があるのではないかと考えられた。もう1つの研究では，まず外来治療の施設で順番待ちをしている者のリストから40人の成人を選び，無作為に10人ずつの4つの「待機」群に分けた。彼らには，2週間か3週間のうちにそれぞれの治療者が決まるが，待機している間は1回1時間のグループセッションに週に2回参加してもよい，と伝えた。また，このグループセッションは治療への導入の性質を持ち，治療計画と治療目標の設定に重点を置いたものになる，と告げた。

グループセッションは経験を積んだソーシャルワーカーが担当し，その様子をビデオに録画した。そして最初の3セッションの音声部分につき，3人の評定者が採点をした。評定者には研究の内容を知らせていなかった。評定者は，クライアントの発言が自分について語ったものか，他者について語ったものかを記録していった。そして分析のために，FDの出現頻度の中央値を境に40人の患者を20人ずつの2群に分けた。FDの平均は，上位半分の群では2.83，下位半分の群では1.34だった。録音されたデータを評定したところ，上位半分の群のほうが下位半分の群よりも自分に関する発言が多かった。また，上位半分の群では下位半分の群よりも過去と現在に焦点をあてた発言が有意に多かった。この2群間で自己中心性指標に差はなかったので，自分に焦点をあてた発言の多さを単に自己中心性の表われと解すことはできなかった。

3つ目の研究では，力動的な心理療法を受けている15人の外来患者に対し，一番最初のセッションの2～3日前と，10回目のセッションの終了後に，ロールシャッハを実施した。研究前には，治療中の患者は普段以上に内省を求められるので，再テスト時にはFDが増えるのではないか，との仮説を立てていた。それぞれの患者の治療者には，1回目，5回目，10回目のセッションの後で，患者の「自分に対する気づき」について主観的に評価してもらった。その結果，治療前の記録ではFDの数は0から4の範囲にあり，平均は2.06（SD=1.03）だった。再テストの記録ではFDの数は1～6の範囲となり，平均は3.11（SD=0.89）に上昇した（$p<.05$）。自分に対する気づきについての治療者の評定は5件法で行われた。FDと1回目のセッション後の評定との相関は有意ではなかった（$r=.13$）。しかし，FDと10回目のセッション後の評定との間には有意な相関があった（$r=.37$，$p<.02$）。これらの結果は，FDが自己観察あるいは少なくとも自分についての気づきを伴う心理活動と関係があるという仮説の補強証拠となり，包括システムでは新たにFDという分類を付け加えることになった。

1974年以降に集められたデータも，このようなFDの基本仮説を裏づけるものとなっている。Exner, Wylie & Kline（1977）の研究では，279人の外来患者に対して，初回セッション前，治療開始から9カ月後，18カ月後，27カ月後の各時点で，23人の検査者がテストを実施した。患者が受けた治療技法は，バイオフィードバック（N=28）や分析的精神療法（N=56）など7種にわたり，それぞれの患者の人数はまちまちであった。バイオフィードバックやアサーティブネス・トレーニング，系統的脱感作などの短期的治療を受けた患者のほとんどは，9カ月後の再テスト時には治療

を終えていた。治療開始後27カ月の時点でまだ治療が続いていたのは，279人中54人だけであった。279人全体では，治療前のFDの平均は1.52（SD=1.03）であった。それに対し，9カ月後の再テスト時のFDの平均は，2.71（SD=1.18）と有意に上昇した（p<.01）。興味深いことに，V反応の平均も有意に上昇した。9カ月後の再テスト時のV反応の平均は1.68で，これは治療前の平均0.89の約2倍であった。

18カ月後の再テストでは，9カ月後の再テスト時よりもFDの平均は若干低下し，2.39（SD=1.18）となった。しかし，治療終了群（N=157）と治療継続群（N=122）とに分けると，この2群にははっきりした違いが見られる。終了群のFDの平均は1.67（SD=1.02）で，これは治療前の平均に近い。一方，治療継続群のFDの平均は3.49（SD=1.29）と，9カ月後の再テスト時の平均より有意に高くなっている。さらに重要なことに，18か月時点での終了群と継続群について，それぞれの9カ月時点での再テスト結果を分析してみたところ，FDの平均に有意な差はなかった（終了群 = 2.51，継続群 = 2.92）。

18カ月後の再テスト結果を調べると，もう一つ重要なことがわかった。それは，V反応の平均が，9カ月後の再テスト時の1.68から0.78へ有意に低下していたことである。また，V反応の平均も，終了群，継続群ともに，9カ月後の再テスト時点のものより低くなっていた（終了群 = 0.63，継続群 = 0.94）。これらの結果からは，どんな介入技法によっても内省が促されるし，介入の初期段階では内省によってV反応が示すような不快な感情がもたらされることもある，と考えられる。また，介入が進展したり終了すれば，不快な感情はかなり減じてくる。しかし介入が続いていれば，FD反応が示すような内省活動もかなり活発なまま維持されると言える。

現在治療を受けているわけではない人の記録に期待値以上のFDが見られる場合は，かえって不都合が生じるぐらいに内省をしすぎていることを示す。実際に，自殺指標にはFV+VF+V+FD>2という変数が採用されている。この変数がS-CONの中に取り入れられていることは，V反応が示すような内省によって生じる不快感情のみならず，高いFD値が示す過剰な自己観察もまた，自殺の危険性についての妥当性のある予測変数であることを意味している。

解剖反応（An）とエックス線反応（Xy）

An反応のほうがXy反応より有意に多く出現するが，両者とも身体への関心と関連があるという点で共通している。An反応のほうが出現頻度が高いので，これまでにXy反応よりも詳細な研究がなされてきた。しかし総じて見れば，両者とも同じような特徴と相関がある。Beck（1945）は，An反応とXy反応は身体への関心と関係があると考えた。Shatin（1952）は，An反応は神経症の患者よりも心身症の患者に有意に多く出現することを見出した。Earlier & Zolliker（1943）は，妊娠により精神科領域の合併症を引き起こした女性にはAn反応がかなりの率で出現しやすいと報告した。Rapaport, Gill & Schafer（1946）によれば，「神経衰弱」の患者にはAn反応が多く見られた。Weiss & Winnik（1963）は，An反応は生理学的問題を直視して悩む代わりに身体に強い関心を寄せていることを示しているのではないかと考え，An反応は身体的に健康かどうかということには関係ないと主張した。しかし，この主張の根拠は乏しい。Exner, Armbruster, Walker & Cooper（1975）によれば，緊急ではない外科手術を受けることになった患者と，体重超過のために厳しい食餌療法を開

始した患者の両方に，An反応が多く見られた。すなわち，これら外来および入院患者331人の記録を調べると，An反応の平均は2を若干上回っていた。Draguns, Haley & Philips（1967）は文献を検討した結果，An反応は，妊娠，思春期の成長，病気などに伴う生理的変化や内閉化によって自分にばかり目がいっている状態を示していると結論づけた。

An反応は非患者成人600人の記録の40%に出現するが，Xy反応はわずか5%の記録にしか見られない。An+Xyというように変数を合成してみると，その値が1となるのはサンプルの約1/3で，値が2となるのはサンプルの約8%，3以上となるのはわずか約3%であった。患者の記録では，児童の場合も成人の場合もAn+Xy反応が出現する記録の割合が若干高くなる。さらに重要なのは，患者が出したAn+Xy反応のおよそ1/3は形態質がマイナスとなるのに，非患者ではその割合が10%未満にとどまるという点である。実際に，形態質がマイナスとなるAn+Xy反応のほとんどは，統合失調症患者と身体機能に問題を抱えるうつ病患者のプロトコルに出現していた。身体上の気がかりがあればある程，形態質がマイナスのXy反応が出現する可能性が高まると考えられる。たとえば，Exner, Murillo & Sternklar（1979）によると，入院中の統合失調症患者で身体に関わる妄想を持つ者21人のXy反応の平均は2.2で，身体機能に問題のあるうつ病患者17人の平均は1.7だった。そして，これらの反応の半分近くは形態質がマイナスだった。Exner（1989）は，重い身体的障害を持つ成人男性68人が出したマイナス反応の1/3以上がAn+Xy反応だったと報告している。

An+Xy反応に関するこれらの研究結果からすると，形態質がマイナスでなければ，An+Xy反応の値が1もしくは2の場合は自己知覚を検討する上では必ずしも重要視しなくてよい。値が3以上の場合は，身体への気がかりあるいはとらわれが普通以上にあることを示していると言える。身体上の問題を抱える人では珍しくないことだが，もしも身体的な気がかりをもたらすような明らかな医学的根拠が見あたらない場合は，そのとらわれは心因性のもので，自己概念全般に直接関連している可能性がある。もしもその中にXy反応が含まれていれば，そのとらわれにはよりつらい感情が伴っていると考えられる。というのは，An反応 Pure Fでなければ有彩色反応であることが多いのに対し，Xy反応には通常無彩色もしくは濃淡決定因子が含まれるからである。

損傷内容反応（Morbid Content：*MOR*）

MOR反応に関する概念や研究については，すでに第19章でいくつか取りあげた。その中の1つに，76人の外来患者のうちMOR反応を3個以上出した者は，治療者から将来に対し悲観的な見方をしているとの評価を受けた，という研究があった。損傷内容を含む反応では必ず，刺激領域にはっきり明示されているわけではない特徴を対象に付与する修飾がなされている。そうした特徴が自己イメージの投映なのか，それとも単に情報処理や認知的媒介の特異さを反映したものなのか，その検討は重要である。この問題に関しては，2つの研究からデータが得られている。

Exner（1989）は，非患者成人45人を無作為に15人ずつの3群に分け，スライドプロジェクターを使って各群に7枚の図版（I, II, III, V, VII, IX, X）を15秒間提示した。この提示に先立ち，各人には7枚の図版の領域図を描いたパンフレットが渡された。このパンフレットの各ページの上段にはターゲットとなる反応が印刷してあった。ターゲット反応は全部で21個ある。各図版に3個ずつだが，この3個とも同じ領域の反応である。たとえば図版IIの3個のターゲット反応は，遊ん

でいるイヌ，喧嘩しているイヌ，怪我をした動物というもので，領域はすべて D6 だった。21 個の反応には，COP 反応，AG 反応，MOR 反応が各 7 個ずつ含まれていた。研究参加者は図版を見てターゲット反応を探し，その輪郭を領域図に描くよう指示された。この実験からは，特定の反応を見つけようとの「構え」を持たせると，その「構え」にしたがってどのターゲット反応も容易に見つけられることがわかった。

Exner（1989）は別の非患者成人 45 人を集め，彼らにロールシャッハを施行した。被験者は無作為に 15 人ずつの 3 群に分けられ，ロールシャッハ施行前にテストに対する構えを作らされた。すなわち，1 つの群には COP 反応を，2 つ目の群には AG 反応を，3 つ目の群には MOR 反応を答えるよう，それぞれ方向づけがなされた。たとえば MOR 反応を出すように方向づけられた群は，他人の感情に敏感な人は図版に暴力的なものを容易に見つけるものだと告げられた。その結果，この群の 15 人は平均 3.6 個の MOR 反応を出した。これら 2 つの研究結果からは，自分の内的な構えと合致するように図版の刺激野を翻訳しやすいということがわかる。逆に，テスト施行時に指示的な方向づけがなされていなければ，反応を選択したり修飾したりする際に自分の特性を投映しやすいと考えられる。その例証としては次のような研究がある。

Malone（1996）は，外来治療に通う 58 人の女性を対象に研究した。その半数は近親姦の被害体験を持っていたが，彼女らは残り半分の者より有意に多くの MOR 反応を出した。Epstein（1998）は，外傷性脳損傷患者は期待値以上の MOR 反応を出しやすいと報告した。Silberg & Armstrong（1992）は青年の自殺危険性予測の指標を試験的に作り，その中に MOR を組み込むのが適当であることを確認した。

これらの研究結果からは，MOR 反応がある場合は，自分あるいは自分を取り巻く環境に対してきわめて悲観的な見方をしており，自己イメージはネガティブで，おそらくは通常以上の傷つき感を伴っていると考えられる。換言すると，MOR 反応には，直接あるいは間接的に自分自身が表されているということになる。MOR 反応は量的観点からも反応内容からも解釈できる。MOR の値が 1 だと量的には意味がないが，その反応の中身を検討すると非常に多くのことがわかる場合もある。MOR の値が 3 以上の場合，自己イメージにはネガティブな特徴が多く含まれていると言えるし，反応の言語表現を見ればその特徴についてさらによくわかる。

MOR の結果の解釈には注意深さが必要である。うつ病の振りをしてもらうとの条件で募集した非患者成人を対象に行った 3 つの研究の結果を見てみると，いずれも MOR の値が高くなっていた（Meisner, 1984；Exner, 1987；Ros Plana, 1990）。したがって，MOR 反応の解釈に際しては，どのような状況でアセスメントが行われているのかを必ず考慮しなければいけない。

人間反応（Human Content Responses）

人間反応からはいくつかのことがわかる。まず，人への関心についての情報が得られる。人間反応を Pure H 反応とそれ以外の反応とに分けて検討すると，自分や他者に対する理解が現実の体験に基づいたものなのか，それともどちらかと言えば空想や現実体験の歪曲に基づいてできあがっているものなのか，何らかの示唆を得ることができる。さらには，人間反応の内容に人や自分に対する理解が投映され，有益な情報となることも多い。

人間反応のデータのうち，自己イメージ関連で最も重要なのは，Pure H とその他の人間反応との関係，すなわち H: (H) +Hd+ (Hd) の比である。若年児童を除くほとんどの非患者では，Pure H は (H) +Hd+ (Hd) よりも多いか同数である。しかし成人の場合，体験型による違いはかなり大きい。表 20.2 に示したように，典型的な内向型では不定型や外拡型よりも人間反応の数が 2 個ないし 3 個多く，そのほとんどが Pure H である。したがって内向型の場合は，Pure H のほうがそれ以外の人間反応よりも多いことがつねに期待される。

Weiner & Exner（1991）は，外来患者の短期もしくは長期の治療によるロールシャッハ上の変化について研究した。176 人の患者のうち 147 人には治療前に平均約 5 個の人間反応があったが，そのほとんど（約 3.5 個）は Pure H 以外のものであった。治療開始後 27 カ月ないし 31 カ月後には短期群は全員治療が終了していたが，この時点で再テストしたところ，176 人全員の人間反応の平均は 6 個強となり，Pure H の値が依然として (H) +Hd+ (Hd) の値より少ない者は 24 人しかいなかった。Exner & Sanglade（1992）は，ブリーフと短期の治療によるロールシャッハ上の変化について研究した。治療前に Pure H 反応が (H) +Hd+ (Hd) 反応より少なかったのは，ブリーフの群では 35 人中 19 人，短期の群では 35 人中 18 人であった。2 回目の再テストは，ブリーフの群では 8 カ月ないし 12 カ月後，短期の群では 24 カ月ないし 27 カ月後に行った。すると，依然として (H) +Hd+ (Hd) のほうを多く出したのは，ブリーフ群では 19 人中 16 人で，短期群ではわずか 3 人だけであった。

Pure H のほうがそれ以外の人間反応より多い場合は自己イメージはより現実に基づいて作られているとの仮説は，先に見た Thomas らの研究（1982）でも示唆されている。この研究では，225 人の大学生に Gough 形容詞チェックリスト（ACL）を 2 回施行した。そのうちの 1 回は自分について，もう 1 回は理想の自分について記述するよう求めた。そして，ACL のスコアの差が大きい群 20 人と小さい群 20 人の合計 40 人に対してロールシャッハを施行した。実際の自分と理想の自分との評点の差が小さかった 20 人の H: (H)+Hd+ (Hd) の比は平均すると 2.8 : 1 であった。対して，実際の自分と理想の自分との評点の差が大きかった 20 人の H : (H) +Hd+ (Hd) の比は平均すると 1 : 1.2 であった。興味深いことに，両群とも内向型，外拡型，不定型による比率の違いはなかった。

言語表現の分析

Rorschach（1921）は言語表現から解釈を導き出すことには非常に慎重で，このテストは観念の「自由な流れ」を引き出すものではないと指摘した。しかし，テストの最中に無意識あるいは潜在意識領域で観念活動が生じた場合，それらは反応内容に顕現するだろうとも述べている。モノグラフの出版後，Rorschach は反応内容に関してもっと興味を持つようになった。彼の死後，スイス精神分析学会での発表のために準備した論文（Rorschach & Oberholzer, 1923）が公刊されたが，その中では反応内容，ことに人間の運動を含む反応内容についてかなり精緻な検討が加えられている。彼は，人間運動反応と実際の行動の特徴との間には関連があるとの見解を示し，M 反応は自分に対して無意識に取っている態度と関係していると述べた。Rorschach が生きていれば，テスト解釈に関して Frank の投映仮説（1939）を間違いなく受け入れたことだろう。

Lindner（1943, 1944, 1946, 1947）は，「内容分析」が一般的になる以前にその重要性について論じた草分けの一人である。彼は，スコアリングの布置からは精神病の正確な「診断」像を描けない

が，言語表現の分析によってそれが可能になる例をいくつか挙げている。また，各図版で出される，病理的思考活動を象徴的に表していると解釈できる反応を，領域ごと，種類ごとにまとめて提示した。Lindnerに続いて，反応内容を診断名，性格特性，特殊な言語表現の意味などと関連させて分析しようとする研究が多くなされた。これらの研究，特に性格特性と関連させた研究からは，特異な反応内容に対する特殊なコーディングが作り出された（Elizur－不安，1949；Elizur－敵意，1949；Walker－攻撃性，1951；Stone－攻撃性，1953；Wheeler－同性愛傾向，1949；J. Smith & Coleman－緊張，1956；Fischer & Cleveland－身体イメージ境界，1958；Holt－防衛効果，1960, 1966）。

しかし残念ながら，Holtの防衛効果指標（Index of Defense Effectiveness）を除くと，これらのアプローチ法からは明白な結果が得られなかった。だからといって言語表現の分析が無駄だというわけではなく，むしろこれは言語表現のデータを特定のカテゴリーに形式的に分類しようとする試み自体が間違っていることを示すものである。たとえば，Wheelerの20の同性愛サインに関する研究を見直してみると，20のサインのうち明らかに内容不十分なものが6，十分な検討に耐えうるものが6で，残りはそのどちらとも言えないものであった（Goldfried, Stricker & Weiner, 1971）。

ある特定の反応内容にある特定の「象徴的」意味を当てはめようとする試みも成功しなかった。Goldfarb（1945）とGoldfried（1963）は，動物反応内容には普遍的な象徴的意味はないと強調している。図版IVと図版VIIはそれぞれ「父親」と「母親」を表わしているとする仮説を検証した研究はいくつかある（Bochner & Halpern, 1945；Meer & Singer, 1950；Rosen, 1951；Phillips & Smith, 1953；Hirschstein & Rabin, 1955；Levy, 1958；Zelin & Sechrest, 1963）。しかし，仮説を肯定できた研究はわずかしかなかった。しかも結果も明確とは言えず，より洗練されたデザインで追試をしてみると仮説を支持する結果が得られなかった（Wallach, 1983）。他の図版に関しても，たとえば図版IIIと図版Xは対人関係を表している，図版VIはセクシャリティを表わしているといったような仮説については，否定的な研究結果が出されている。このような間違った仮説に基づいて解釈を進めるのは非常に危険なことである。一方，反応内容の中には，解釈にすぐさま適用できるものもある。たとえば，通常，性反応は性への何らかのとらわれを示している。Pascal, Ruesch, Devine & Suttell（1950）は，性器反応には文化を超えた普遍的な意味があることの証拠を提示している。Molish（1967）は，性的な反応内容は象徴的というよりも直接的なものであるから解釈に役立てられるのだと論じた。Prandoni, Matranga, Jensen & Watson（1973）は，性犯罪者の記録には性反応が比較的多いことを見出したが，Mokish同様，これらの反応はそれだけを取り出して解釈してもほとんど意味がないと警告している。言語表現の分析において最もよく見られるアプローチ法は，共通のテーマ，すなわち共通の特徴を持っていそうな反応を論理的にグループ分けする方法である。

Schafer（1954）はこの方法を用い，最も包括的な言語表現分析の研究を行った。Schaferは，依存，攻撃性，葛藤，恐怖などの14のさまざまな精神分析の構成概念のカテゴリーを借りて，異なる反応内容であっても同じテーマと関係している場合があることを例証した。これらの例の中には，「泥」の反応は「肛門期的」傾向を表すといったように，精神分析的な枠組みの中で用いられた場合のみ有効なものもある。しかし，ほとんどの例からは，テーマが一貫している場合には理論的立場に関係なく解釈に有用であることがわかる。たとえば，Schaferは，神，警察，操り人形，細い枝などを含んだ反応は不十分さや無能力感と関係している可能性があると述べている。Schaferの著作はこの種の研究の中では古典に属し，どのような理論的志向を持つ解釈者でも使うことができる。そ

れは，その著作で重点が置かれているのが，個人特有の欲求やとらわれを伝えているという点で「共通し，一つにまとめられる」反応だったからである。また Schafer は，反応の言い回しから伝わってくる感情の調子を検討することも重要だと述べている。

　MOR，COP，AG などの特殊スコアに何らかの投映が含まれていることもあるが，むしろ対象を述べる際に何度も繰り返される言葉遣いや語調から新たな情報が得られることのほうが多い。たとえば反応の前に決まって「いやぁ，これはまた嫌なやつだなあ」とか「こういうのは苦手なんです」と言う人がいるが，こういう表現は自信のなさや無能力感を示している可能性がある。解釈の際，記録中の反応を1つずつ全部見ていくという，組織的ながらも融通のきかない方法で情報を得ようとする者もいる。しかし残念ながら，このような方法は単純すぎ，間違いをもたらしやすい。すべての反応から新たなあるいは豊かな情報が得られると考えるのは正しくない。なぜその対象が反応として出されたのか，反応選択に象徴的意味があるのかどうか，などといった問いに答えようとして重荷を背負い込む必要はない。

　もしも言語表現に欲求や構え，葛藤が表されているとしたら，その言語表現は何度も繰り返される場合が多い。たとえば，結婚が3度に及び，今また別居に至った女性が次のような反応をしたとしよう。「下品な男が自分のモノを見せびらかしている」「男の人の醜い首の骨みたい」「はらわたが煮えくりかえっている野蛮人」「悪い男が窓か覗いている」。多少の常識的理解があれば，この女性は男性のことが嫌になっていて，おそらく男性に脅かされたり苦しめられていると思っているだろうと考えるのは難しくない。これらは，運動や修飾を含む豊かな反応である。これとはまったく逆に，たとえば図版Ⅰから図版Ⅳに次のような反応をする人もいるかもしれない。「コウモリ」「ネコの顔」「イヌが2匹」「地面に開いた穴」「チョウ」「血」「2人の人」「毛むくじゃらのゴリラ」「柳の木」。最初の4枚の図版でのこれら9個の反応には運動も修飾も含まれていないが，すべてがPureF反応というわけではない。「穴」の反応にはFDかVが含まれているかもしれないし，「血」には色彩が用いられていそうである。「チョウ」にも色彩が含まれているかもしれないし，「ゴリラ」の反応にはTがあるだろう。そうはいっても，どれにもはっきりとした投映は見られない。これらは本質的には見たものを分類しただけの反応であり，したがって言語表現の分析にはほとんど，あるいはまったく使えない。

　言語表現の分析をする際に気をつけなければいけない点が2つある。1つは，最初の反応と質問段階で述べられたものを，あたかも一続きの思考の流れであるかのように読んでしまうことである。こういう傾向のある解釈者もいるが，それは正しくない。なぜならば，反応は質問の段階よりずっと先に，しかも異なる条件下で述べられたものだからである。最初の反応をしたとき，受検者はかなり曖昧な教示のもとに置かれていたのだし，そのときに図版に慣れていないのが普通である。したがってその際の投映は比較的任意に生じたものであり，その内容の解釈的な価値はかなり高い。質問段階での課題はより構造化されたものとなり，受検者は最初の反応のときよりも多くの説明を求められる。このような条件下では言語修飾がなされるのがごく自然なことである。したがって，これらの修飾は慎重に扱うべきであり，質問によって誘発されたものでないとの確信が持てなければ解釈に用いてはいけない。

　言語表現を検討する際に気をつけるべき2つ目の点は，早合点をしないようにすることである。1個や2個の反応にすぐさま飛びついてしまいたくなるときがあるが，そうすると誤ったあるいは

間違いをもたらすような仮説にばかり重きが置かれ，別のあるいは反対の仮説を支持するデータが目に入らなくなってしまいかねない。

文献

Beck, S. J. (1945). Rorschach's test. II: A variety of personality pictures. New York: Grune & Stratton.

Bochner, R., & Halpern, F. (1945). The clinical application of the Rorschach test. New York: Grune & Stratton.

Brems, C., & Johnson, M. E. (1990). Further exploration of the Egocentricity Index in an inpatient psychiatric population. Journal of Clinical Psychology, 46, 675-679.

Caputo-Sacco, L., & Lewis, R. J. (1991). MMPI correlates of Exner's Egocentricity Index in an adolescent psychiatric population. Journal of Personality Assessment, 56, 29-34.

Collucci, G., Pellicciotta, A., Buono, S., & Di-Nuovo, S. F. (1998). The Rorschach Egocentricity Index in subjects with intellectual disability. Journal of Intellectual Disability Research, 42, 354-359.

Draguns, J. G., Haley, E. M., & Phillips, L. (1967). Studies of Rorschach content: A review of the research literature. Part 1: Traditional content categories. Journal of Projective Techniques and Personality Assessment, 31, 3-32.

Elizur, A. (1949). Content analysis of the Rorschach with regard to anxiety and hostility. Journal of Projective Techniques, 13, 247-284.

Epstein, M. (1998). Traumatic brain injury and self-perception as measured by the Rorschach using Exner's Comprehensive System. Dissertation Abstracts International, 59, 870.

Exner, J. E. (1969). Rorschach responses as an index of narcissism. Journal of Projective Techniques and Personality Assessment, 33, 324-330.

Exner, J. E. (1973). The Self Focus Sentence Completion: A study of egocentricity. Journal of Personality Assessment, 37, 437-455.

Exner, J. E. (1974). The Rorschach: A Comprehensive System. Volume 1. New York: Wiley.

Exner, J. E. (1978). The Rorschach: A Comprehensive System. Volume 2. Current research and advanced interpretation. New York: Wiley.

Exner, J. E. (1987). A pilot study on efforts by nonpatients to malinger characteristics of depression. Alumni newsletter. Asheville, NC: Rorschach Workshops.

Exner, J. E. (1989). Searching for projection in the Rorschach. Journal of Personality Assessment, 53, 520-536.

Exner, J. E. (2001). A Rorschach workbook for the Comprehensive System (5th ed.). Asheville, NC: Rorschach Workshops.

Exner, J. E., Armbruster, G. L., Walker, E. I., & Cooper, W. H. (1975). Anticipation of elective surgery as manifest in Rorschach records. Rorschach Workshops (Study No. 213, unpublished).

Exner, J. E., Kuhn, B., Schumacher, J., & Fishman, R. (1975). The relation of field dependence and locus of control to the Rorschach index of egocentricity. Rorschach Workshops (Study No.189, unpublished).

Exner, J. E., Martin, L. S., & Mason, B. (1984). A review of the Rorschach Suicide Constellation. 11th International Congress of Rorschach and Projective Techniques, Barcelona, Spain.

Exner, J. E., & Murillo, L. G. (1975). Early prediction of posthospitalization relapse. Journal of Psychiatric Research, 12, 231-237.

Exner, J. E., & Murillo, L. G. (1977). A long-term follow up of schizophrenics treated with regressive ECT. Diseases of the Nervous System, 38, 162-168.

Exner, J. E., Murillo, L. G., & Sternklar, S. (1979). Anatomy and X-ray responses among patients with body delusions or body problems. Rorschach Workshops (Study No. 257, unpublished).

Exner, J. E., & Sanglade, A. A. (1992). Rorschach changes following brief and short-term therapy. Journal of Personality Assessment, 59, 59-71.

Exner, J. E., Thomas, E. A., & Mason, B. (1985). Children's Rorschach's: Description and prediction. Journal of Personality Assessment, 49, 13-20.

Exner, J. E., Weiss, L. J., Coleman, M., & Rose, R. B. (1979). Rorschach variables for a group of occupationally successful dancers.

Rorschach Workshops (Study No. 250, unpublished).

Exner, J. E., & Wylie, J. R. (1977). Some Rorschach data concerning suicide. Journal of Personality Assessment, 41, 339-348.

Exner, J. E., Wylie, J. R., & Bryant, E. L. (1974). Peer preference nominations among outpatients in four psychotherapy groups. Rorschach Workshops (Study No.199, unpublished).

Exner, J. E., Wylie, J. R., & Kline, J. R. (1977). Voriations in Rorschach performance during a 28 month interval as related to seven intervention modalities. Rorschach Workshops (Study No.240, unpublished).

Fisher, S., & Cleveland, S. E. (1958). Body image and personality. New York: Van Nostrand Reinhold.

Frank, L. K. (1939). Projective methods for the study of personality. Journal of Personality, 8, 389-413.

Gacono, C. B., & Meloy, J. R. (1994). The Rorschach Assessment of Aggressive and Psychopathic Personalities. Hillsdale, NJ: Erlbaum.

Gacono, C. B., Meloy, J. R., & Bridges, M. R. (2000). A Rorschach comparison of psychopaths, sexual homicide perpetrators, and nonviolent pedophiles. Journal of Clinical Psychology, 565, 757-777.

Gacono, C. B., Meloy, J. R., & Heaven, T. R. (1990). A Rorschach investigation of narcissism and hysteria in antisocial personality. Journal of Personality Assessment, 55, 270-279.

Goldfarb, W. (1945). The animal symbol in the Rorschach test and animal association test. Rorschach Research Exchange, 9, 8-22.

Goldfried, M. (1963). The connotative meanings of some animals for college students. Journal of Projective Techniques, 27, 60-67.

Goldfried, M., Stricker, G., & Weiner, I. (1971). Rorschach handbook of clinical and research applications. Englewood Cliffs, NJ: Prentice-Hall.

Greenwald, D. F. (1990). An external construct validity study of Rorschach personality variables. Journal of Personality Assessment, 55, 768-780.

Hall, W. C. (1995). Differentiating characterological from neurotic delinquents. Dissertation Abstracts International, 55, 4120.

Hilsenroth, M. J., Fowler, J. C., Padawar, J. R., & Handler, L. (1997). Narcissism in the Rorschach revisited: Some reflections on empirical data. Psychological Assessment, 9, 113-121.

Hirschstein, R., & Rabin, A. I. (1955). Reactions to Rorschach cards IV and VII as a function of parental availability in childhood. Journal of Consulting Psychology, 19, 473-474.

Holaday, M., Armsworth, M. W., Swank, P. R., & Vincent, K. R. (1992). Rorschach responding in traumatized children and adolescents. Journal of Traulnatic Stress, 5, 119-129.

Holt, R. R. (1960). Cognitive controls and primary processes. Journal of Psychoanalytic Research, 4, 105-112.

Holt, R. R. (1966). Measuring libidinal and aggressive motives and their controls by means of the Rorschach test. In D. Levine (Ed.), Nebraska Symposium on Motivation. Lincoln: University of Nebraska Press.

Klopfer, B., & Kelley, D. (1942). The Rorschach technique. Yonkers-on-Hudson, NY: World Bookss.

Levy, E. (1958). Stimulus values of Rorschach cards for children. Journal of Projective Techniques, 22, 293-295.

Lindner, R. M. (1943). The Rorschach test and the diagnosis of psychopathic personality. Journal of Criminal Psychopathology, 1, 69.

Lindner, R. M. (1944). Some significant Rorschach responses. Journal of Criminal Psychopathology, 4, 775.

Lindner, R. M. (1946). Content analysis in Rorschach work. Rorschach Research Exchange, 10, 121-129.

Lindner, R. M. (1947). Analysis of Rorschach's test by content. Journal of Clinical Psychopathology, 8, 707-719.

Malone, J. A. (1996). Rorschach correlates of childhood incest history in adult women in psychotherapy. Dissertation Abstracts International, 56, 5176.

Meer, B., & Singer, J. (1950). A note of the "father" and "mother" cards in the Rorschach inkblots. Journal of Consulting Psychology, 14, 482-484.

Meisner, J. S. (1984). Susceptibility of Rorschach depression correlates to malingering. Dissertation Abstracts International, 45, 3951B.

Molish, H. B. (1967). Critique and problems of the Rorschach. A survey. In S. J. Beck & H. B. Molish (Eds.), Rorschach's test. II: A variety of personality pictures (2nd ed.). New York: Grune & Stratton.

Pascal, G., Ruesch, H., Devine, D., & Suttell, B. (1950). A study of genital symbols on the Rorschach test: Presentation of method and results. Journal of Abnormal and Social Psychology, 45, 285-289.

Phillips, L., & Smith, J. G. (1953). Rorschach interpretation: Advanced technique. New York: Grune & Stratton.

Prandoni, J., Matranga, J., Jensen, D., & Watson, M. (1973). Selected Rorschach characteristics of sex offenders. Journal of Personalit), Assessment, 37, 334-336.

Rapaport, D., Gill, M., & Schafer, R. (1946). Psychological diagnostic testing (Vol. 2). Chicago: Yearbook Publishers.

Raychaudhuri, M., & Mukerji, K. (1971). Homosexual-narcissistic "reflections" in the Rorschach: An examination of Exner's diagnostic Rorschach signs. Rorschachiana Japonica, 12, 119-126.

Rorschach, H. (1921). Psychodiagnostik. Bern, Switzerland: Bircher.

Rorschach, H., & Oberholzer, E. (1923). The application of the interpretation of form to psychoanalysis. Zeitschriftfur die Gesamte Neurologie und Psychiatrie, 82, 240-274.

Rosen, E. (1951). Symbolic meanings in the Rorschach cards: A statistical study. Journal of Clinical Psychology, 7, 239-244.

Ros Plana, M. (1990). An investigation concerning the malingering of features of depression on the Rorschach and MMPI. Unpublished doctoral dissertation, University of Barcelona, Spain.

Schafer, R. (1954). Psychoanalytic interpretation in Rorschach testing. New York: Grune & Stratton.

Shatin, L. (1952). Psychoneurosis and psychosomatic reaction. A Rorschach study. Journal of Consulting Psychology, 16, 220-223.

Silberg, J. L., & Armstrong, J. G. (1992). The Rorschach test for predicting suicide among depressed adolescent inpatients. Journal of Personality Assessment, 59, 290-303.

Smith, A. M. (1995). Juvenile psychopathy: Rorschach assessment of narcissistic traits in conduct disordered adolescents. Dissertation Abstracts International, 55, 5088.

Smith, J., & Coleman, J. (1956). The relationship between manifestation of hostility in projective techniques and overt behavior. Journal of Projective Techniques, 20, 326-334.

Stone, H. (1953). Relationship of hostile aggressive behavior to aggressive content of the Rorschach and Thematic Apperception Test. Unpublished doctoral dissertation, University of California at Los Angeles.

Thomas, E. A., Exner, J. E., & Baker, W, (1982). Ratings of real versus ideal self among 225 college students. Rorschach Workshops (Study No.287, unpublished).

Walker, R. G. (1951). A comparison of clinical manifestations of hostility with Rorschach and MAPS performance. Journal of Projective Techniques, 15, 444-460.

Wallach, J. D. (1983). Affective-symbolic connotations of the Rorschach inkblots: Fact or fantasy. Perceptual and Motor Skills, 56, 287-295.

Watson, A. (1965). Objects and objectivity, A study in the relationship between narcissism and intellectual subjectivity. Unpublished doctoral dissertation, University of Chicago.

Weiner, I. B., & Exner, J. E. (1991). Rorschach changes in long-term and short-term psychotherapy. Journal of Personality Assessment, 56, 453-465.

Weiss, A. A., & Winnik, H. Z. (1963). A contribution to the meaning of anatomy responses on the Rorschach test. Israel Annual of Psychiatry, 1, 265-276.

Wheeler, W. M. (1949). An analysis of Rorschach indices of male homosexuality. Journal of Projective Techniques, 13, 97-126.

Winter, L. B., & Exner, J. E. (1973). Some psychological characteristics of some successful theatrical artists. Rorschach Workshops (Study No. 183, unpublished).

Zelin, M., & Sechrest, L. (1963). The validity of the "mother" and "father" cards of the Rorschach. Journal of Projective Techniques and Personality, Assessment, 27, 114-121.

Zolliker, A. (1943). Schwangerschaftsdepression and Rorschach' scher formdeurversuch. Schweiz Archeives Neurologie und Psychiatrie, 53, 62-78.

第 21 章
対人知覚と対人行動
Interpersonal Perception and Behavior

　人が他者をどのように理解し，さまざまな対人場面でどのように行動するのか，それを決定づける要素は多数ある。欲求，態度，感情の状態，心理的構え，対処スタイルといった内的な特徴もその一部である。他者や外界に対する印象を形成するにあたって，これらのいずれもが大きな影響力を持ちうる。通常，その人の対人行動によく見られるパターンというのは，これらが中核になってできている。一方，外的な要素も，対人行動を決定づける上で重要な役割を果たす。実際のところ，どのような社会的交流をするのかを決める際，外的要因が最優先されることもある。

　たとえば，他者に対して主張的になることが多い人でも，状況からして自己主張することは受け入れられないか逆効果になると思えば，より従順な役割を取ろうとする。また，通常は感情を自由に表わす人も，その場の状況如何では感情を抑えようとするかもしれない。

　状況に照らして必要と思えば，相手との関係の中で取る役割を変更させる。これは一つの適応のあり方であり，有効な社会的相互作用のパターンを築いたり維持していくためにはとても大切な方法である。ただ，なかには，社会的場面が複数になるとあまり柔軟に対応できなくなる人もいる。

　柔軟性に欠ける人には，適応できる対人場面の幅を狭めてしまうような特徴があり，しかもそれが性格特性としてしっかり組み込まれていることがある。たとえば，自分に対する不確実感が強く，重要な決断を下す際には他者に依存しやすくなっている人がいる。このような人は決断を求められると尻込みしたり，場合によってはしどろもどろになってしまう。こうした行動は対人交流の質を悪くしてしまいかねない。

　なかには，社会的場面の性質や要求を十分理解できるほど成熟していなかったり，感受性が乏しく，単にそれだけの理由で失敗しやすい人もいる。こういう人の他者へのアプローチの仕方はほぼ一定で，どんな場面でもほとんど同じように対応しようとする。このように柔軟性に欠けていると，社会での行動はうまくいく場合もあるし，そうでない場合もあり，効果が一様でない。

　受検者を取り巻く実際の環境や関わりの対象となる相手については，テスト・データからはほとんどわからない。これは，ロールシャッハから受検者の対人行動を描き出そうとするには不利な点である。そのため，対人知覚に関する仮説はかなり信頼できるものであっても，対人行動に関する仮説のほうはより推測的な性質が強く，一般的なことしか言えない場合も多い。

対人知覚に関連するロールシャッハの変数

このクラスターでは，14 の構造変数のデータ（CDI，HVI，EBPer，a:p，Food，SumT，人間反応の和，Pure H，GHR，PHR，PER，COP，AG，孤立指標），COP 反応と AG 反応のコーディング，ペアを含む M 反応と FM 反応の内容，などを検討する。この組み合わせを見ると膨大な量に思えるが，すべてが意味を持つケースは多くない。これらの変数の中には，「所見なし（negative）」のものもいくつか含まれるからである。これらの変数は，対人理解あるいは対人行動に否定的な影響を与えかねない特徴の存在を示す。しかし，それらに該当しなければ，他者理解の仕方や相互作用の持ち方についてほとんど情報が得られない。そのため，対人関係面でのポジティブな特徴に適切な重みを置いた所見を導き出すのが難しくなることもある。

自己知覚に関するクラスターと対人知覚に関するクラスターは，つねに一緒に検討される。ほとんどの場合は自己知覚のデータを最初に検討するが，DEPI>5 かつ CDI>3 の鍵変数，あるいは CDI>3 の鍵変数のいずれかが陽性である場合には，自己知覚のデータよりも先に対人知覚に関するデータを検討する。いずれの順番であっても，対人知覚に関する所見の要約は，つねに自己知覚に関する所見を踏まえてなされる。なぜなら，自己イメージや自己価値に関する所見が，対人知覚や対人行動の理解に役立つからである。そこで，対人知覚に関するデータの解釈の説明に，第 20 章で示したケースを再度用いる。

検討事項の要点

対人知覚と対人行動に関する基本的な検討事項は次の通りである。

（1）社会的スキルが欠けていることを示す証拠があるか。
（2）対人理解や相互交流の持ち方に影響を及ぼすような独特な構えやスタイルはあるか。
（3）情緒的な親密さをよろこんで受け入れているか。
（4）他者に対する関心はどの程度あるか。
（5）対人的な交流を肯定的なものと見なしているか。
（6）社会的交流に対して過剰なまでに防衛的であったり，社会から孤立しがちであることを示す証拠はあるか。

ケース 12

47 歳の男性ビジネスマン。彼は，心理学的評価を受けるために私立の精神医療機関に入院したばかりである。不眠がちで，仕事の約束を忘れてしまうことがしばしばある。同僚が自分を陥れようと画策しているのではないかと不信感を抱き，妻が浮気していると思い込んでいる。可能性としては，うつ病，双極性障害，統合失調感情障害などが考えられている。

ケース 13

約 1 年前に離婚した，29 歳の女性。2 カ月間，外来での治療を続けている。神経が過敏で，落ち着かない，集中できない，と訴えている。抗うつ剤は効かず，精神科医はパニック障害を疑ってい

ケース12　47歳男性　対人知覚に関するデータ

R=21	CDI =3	HVI=No	COP & AG RESPONSES
a : p=8 : 5	SumT=3	Fd =2	III 6. D+ Ma.mp.FC'.FD.CFo H,Fd,Cg P 4.0 COP,MOR,GHR
[eb=9 : 12]			V 11. D+ Ma.FC'- H,Hh,Sx 2.5 COP,PHR
Sum Human Contents=6		H =3	VIII 16. W+ FMa.CFo 2 A,An,Fd P 4.5 AG,MOR,PHR
[Style=Extratensive]			
GHR : PHR=5 : 2			
COP=2	AG =1	PER=1	
Isolation Indx=0.24			

ケース13　29歳女性　対人知覚に関するデータ

R=25	CDI =3	HVI=No	COP & AG RESPONSES
a : p=4 : 6	SumT=3	Fd =3	II 3. D+ FMa.FC.FC'o 2 A,Id,Hh P 3.0 PER,COP
[eb=7 : 8]			
Sum Human Contents=4		H =1	
[Style=Extratensive]			
GHR : PHR=4 : 0			
COP=1	AG =0	PER=4	
Isolation Indx=0.12			

る。医師は，最も効果的と思われる治療法について意見を求めている。

解釈の手順

　解釈の手順は11のステップから成り立っている。最初の10のステップでは，構造データと，COPおよびAG反応のコーディングについて検討する。最後のステップでは，ペアを含むMおよびFM反応に見られる言語表現を吟味する。

ステップ1：CDI（Coping Deficit Index：対処力不全指標）

　第14章と第16章で述べた通り，対処不全指標（CDI）は11の変数から成り，10の評価基準をもとに，0～5の得点が付けられる。これらのうちの6変数は対人知覚あるいは対人行動に関連したものである（COP<2, AG<2, p>a+1, Pure H<2, Fd>0, 孤立指標＞0.24）。残り5変数のうちの3変数は感情に関係があり（WSumC<2.5, Afr<0.46, SumT>1），2変数は資質とコントロールに関係している（EA<6.0, Adj D<0）。変数の評価に用いられる基準は，COP<2またはAG<2の基準を除き，望ましくない特性を識別するものである。1つか2つの基準に該当するのは珍しいことではないが，該当する所見が増えてくると，良好な社会的関係を期待できなくなる。

　CDIが4か5の場合は必ず，社会的な未熟さや不適切さにつながるような特徴があると言える。これらの特徴があると，他者との親密で成熟した関係を築いたり継続させることが難しくなってしまう。たとえば，EA=4.5, a : p=1 : 3, Afr=0.40, SumT=2というデータの人について考えてみよう。仮説を検証するための他のデータや生活歴がわからないので，あくまでも推論の域を出ないが，この変数の組み合わせからは，この人について，資質が乏しいこと，受動的な傾向があること，情緒

的交流を避ける傾向があること，寂しさを抱えていること，などがわかる。こうした特徴の組み合わせがあるからといって，必ずしも実りある対人関係を持てなくなるわけではない。しかし，これらの特徴は，そのような対人関係を続きにくくさせる性質を持っている。

可能な所見：CDI が 4 か 5 の場合は，期待されるよりも社会的に未熟であることを示している。社会的スキルに乏しく，外界とのやりとり，特に対人関係の面では頻繁に困難にぶつかってしまいやすいタイプの人である。他者との関係は表面的で，関係を維持することが難しい。このような人は，よそよそしく，人と関わるのに不器用で，無力だと見なされることが多い。また，概して他者の欲求や意向には気が回らない。

CDI が陽性の人の生活歴を見ると，社会生活が混乱したものだったり，対人関係から満足を得られていないことがはっきりわかる場合が多い。社会的交流から尻込みし，表面的な関係だけの孤立した生活に身を置いていることもある。しかし，多くの場合，彼らは社会の中で大多数の人と同じように生活することを望んでいる。彼らは親密で長続きするような対人関係を求めている。しかし，不器用さゆえに他者から受け入れてもらいにくく，拒否されることさえ多い。彼らは自分の生活に不満を抱きやすく，自分が置かれている社会的な状況がよくわからず，自分にはどうすることもできないと感じることもしばしばである。実際，社会的に失敗すると，その反応として周期的な抑うつ状態に陥る人も多い。

アイデンティティや仲間との関係の持ち方がまだ当面の課題になっている幼い児童の場合は，CDI が陽性となるのは珍しくない。しかし，9 歳を超えるとあまり見られなくなる。年長児童や青年で CDI が陽性になるときは，成人の場合と同様，期待されるよりも社会的に未成熟で，他者との関係を築いたり維持するのが困難と言える。ステップ 2 へ進む。

ステップ 2：*HVI*（Hypervigilance Index：警戒心過剰指標）

警戒心過剰指標（HVI）については，思考と自己知覚との関連ですでに論じた。そこで述べたように，警戒心過剰スタイルがあれば，それはその人の心理構造の中核的要素となる。警戒心過剰の人は外界に対して否定的になっていたり不信感を持っているので，何か問題が起こりはしないかと心配し，ほとんどいつも相当のエネルギーを費やして身構えている。

可能な所見：HVI が陽性の場合は，他者との関係では過度に慎重で用心深くなりがちなことを示す。警戒心過剰な人は非常に傷つきやすく，大変慎重に行動を決定し，実行に移す。彼らは人との距離を取ろうと一生懸命で，対人関係には非常に警戒的である。親密な関係を持ったとしても，自分でコントロールできると感じられなければ，その関係を維持しようとはしないだろう。親密な関係になることを期待せず，他者が親しげなそぶりを示しても非常に疑い深くなる。これは必ずしも病理的な特徴ではないが，悪化すればパラノイア様の現れ方をすることにもなる。ステップ 3 に進む。

ステップ 3：*a：p* の比率（active：passive ratio）

a：p の比率は，思考との関連で論じられ，価観観や態度の柔軟性について検討するためのデータとして用いられた。このクラスターでは，対人関係でより受動的な役割を取ろうとする傾向がある

ケース13　29歳女性　対人知覚に関するデータ

R=25	CDI =3	HVI=No	COP & AG RESPONSES
a:p=4:6	SumT=3	Fd =3	II 3. D+ FMa.FC.FC'o 2 A,Id,Hh P 3.0 PER,COP
	[eb=7:8]		
Sum Human Contents=4		H =1	
[Style=Extratensive]			
GHR : PHR=4 : 0			
COP=1	AG =0	PER=4	
Isolation Indx=0.12			

かどうかを判断するために，同じデータをもう一度検討する。第20章で指摘した通り，運動反応には投映内容が含まれ，受検者についての何かが示されていることが多い。積極的運動反応それ自体と実際の行動との間の相関関係は確認されていない。これはおそらく，運動反応の大半が積極的なもので，通常は消極的な反応の2倍から3倍は出現するためと思われる。消極的運動の数は運動反応の総数の1/3を超えないのが普通である。pの頻度がaよりもかなり高い場合，それは受動的な対人関係のスタイルを反映していると言っていいだろう。

可能な所見：消極的運動の数が積極的運動の数よりも2以上大きい場合，対人関係では受動的な役割の方を好むと考えられる。ただし，必ずしも服従的というわけではない。このような人は，意志決定の責任を取るのを回避しようとしやすい。また，問題に対する新しい解決法を探したり，新しい行動パターンを採用することは少ない。ステップ4に進む。

ケース13所見該当

　　a：pの比は4：6であり，対人関係では受動的役割を取るのを好むと考えられる。消極的運動反応が非常に多い点については，かなりの自己中心性，未成熟さとともに，自己知覚のデータを検討する中ですでに指摘した。受動性は責任を回避するための一つの方法であろうが，しかしそれは同時に，他者を操作することで，自分には価値があるんだとの思いを確認する方法ともなっている。つまり，他者が彼女の代わりに決定してくれれば，あるいは彼女のために世話を焼いてくれれば，それをもって自分は大変大事にされていると考えることができるのである。

ステップ4：食物反応

　食物（Fd）反応は，対人関係に影響を及ぼすほどの依存的傾向があることを示す。児童を除き，Fdの期待値は0である。児童の場合はFdが1となるのも珍しくない。

可能な所見：青年や成人でFdが1以上となる場合，あるいは児童で2以上の場合，通常期待されるよりも多くの依存的行動が見られるだろう。このような人は他者からの指示やサポートをあてにし，他者に対してかなり甘い期待をしがちである。他者が自分の欲求や要求に寛容であったり，それら欲求や要求に合った動きをしてくれて当然だと考えやすい。受動的なスタイルを持つ人がこの所見に該当するならば，受動依存の特徴が人格構造の重要な核になっていると言える。ステップ5に進む。

ケース12　47歳男性　対人知覚に関するデータ

R=21	CDI =3	HVI=No	COP & AG RESPONSES
a : p=8 : 5	SumT=3	Fd =2	III 6. D+ Ma.mp.FC'.FD.CFo H,Fd,Cg P 4.0 COP,MOR,GHR
	[eb=9 : 12]		V 11. D+ Ma.FC'- H,Hh,Sx 2.5 COP,PHR
Sum Human Contents=6		H =3	VIII 16. W+ FMa.CFo 2 A,An,Fd P 4.5 AG,MOR,PHR
[Style=Extratensive]			
GHR : PHR=5 : 2			
COP=2	AG =1	PER=1	
Isolation Indx=0.24			

ケース13　29歳女性　対人知覚に関するデータ

R=25	CDI =3	HVI=No	COP & AG RESPONSES
a : p=4 : 6	SumT=3	Fd =3	II 3. D+ FMa.FC.FC'o 2 A,Id,Hh P 3.0 PER,COP
	[eb=7 : 8]		
Sum Human Contents=4		H =1	
[Style=Extratensive]			
GHR : PHR=4 : 0			
COP=1	AG =0	PER=4	
Isolation Indx=0.12			

ケース12所見該当

　2個のFd反応があり，成人には普通見られないくらいの依存的行動を取ることがうかがわれる。これは，仕事面でこれまで成功をおさめ，リーダーシップを発揮していた人とは思えない所見である。自己知覚のクラスターでは，自分のことを低く評価し，自分に十分な力があるかどうかひどく気にしている，脆弱で，悲観的な人であることが示されていた。これらの特徴も，結婚生活や仕事面で長期間うまくいっていた人には不相応なものである。ということは，強い依存欲求は最近になって生まれたもので，自分は無力だという感覚とも関係しているのではないかと考えられる。おそらく依存欲求は，自分を確実に完全な状態にとどめておくためのもので，心理的に立ちゆかなくなっていることを反映しているのだと思われる。

ケース13所見該当

　3個のFd反応がある。受動的傾向があったことを考えると，彼女の人格構造の中核をなすのは受動依存的特徴ではないかと思われる。この特徴は，対人関係の持ち方に大きな影響を及ぼしている。また，先に述べたように，自分には高い価値があるのだという思いを確かめたり維持するための重要な戦術として機能している。

ステップ5：*SumT*

　材質反応（T）は，親密さへの欲求や情緒的に親密な関係を受け入れたいという欲求と関係している。期待値を上回るSumTについては，統制，ストレス，感情の各章でも取りあげた。しかし，材質反応と実際の対人関係や対人行動との間には明らかに関連があるので，ここではより広範囲にわたる説明を行う。

触感を伴う対人交流は，日常の対人関係の中の重要な要素である。触感は基本的感覚の一つであり，学習やコミュニケーションのための大切な拠り所となる。幼児は触感を通じて大まかに周囲を識別する。人や物に触れることはそれらの区別や理解に役立つので，発育の期間中，触感は重要なものであり続ける。子どもは，誉められたり，守られたり，慰められたりするときには，たいてい，なでられたり抱きしめられたりする。叱るときにも体に触れることがあるし，懲らしめのためにわざと接触を避ける場合もある。発達期間中に用い，身に付けた，触感を通じての理解の仕方は，成長してからも説明やコミュニケーションの手段として使われる。なめらか，柔らかい，固い，粗い，などのような触感を表わす言葉で対象を説明することは多い。また，握手したり抱擁することによって挨拶や祝いの気持ちを伝えることがある。撫でたりさすったりするのは普通は好意や関心を持っていることを示す非言語的な方法であるし，愛情表現にはさまざまな形での触感を通じた交流が伴うものである。

　このようにさまざまな場面で頻繁に用いられている触感こそが，材質反応を理解し解釈するための概念上の基礎となる。つまり，触覚を用いて物事や出来事を経験したり解釈することが日常生活中によくあることだとすると，論理的には，出会った刺激が触感で言い表わせるものであれば，受検者はそのような表現を用いて説明すると考えられるのである。

　材質反応に関するこの仮説については，実証的な支持が得られている。この反応はどの図版でも出されるが，最も多いのは，図版IVと図版VIで毛皮反応として出現する場合である。たいていこれらは平凡反応になる。これは，これらの図版にある濃淡の特徴が，毛皮や毛として見られやすいはっきりした手がかりとなっているためである。これら特徴が大きな影響力を持っていることは，回避型の対処スタイルを持たない非患者の60〜80%に少なくとも1個の材質反応が出現するという事実からよくわかる。非患者が出す材質反応はほとんどの場合1個だけであり，その大部分は図版IVか図版VIで出される。

　このため，SumTの期待値は通常1となっている。解釈のためには，SumTを，SumT=0，SumT=1，SumT>1の3通りに分けて考える。

可能な所見1：ほとんどの場合，Tの期待値は1である。Tが1である場合は，大部分の人と同じように，自分に親密さへの欲求があることを認め，その欲求を表わすだろう。このような人は，親密な関係に抵抗なく入っていく。また，日常的に相手と触れ合うことを，そのような関係を築いたり維持するための一つの方法と見なし，よろこんで受け入れるだろう。ステップ6に進む。

可能な所見2：Tが0の場合は，自分に親密さへの欲求があることを認めたりその欲求を表わしたりする方法は，大部分の人とは違ったものであろう。これは，このような欲求が欠けていることを意味するわけではない。ここで示されているのは，親密な対人関係，特に相手と触れ合うことが必要とされるような対人関係の場面では非常に用心深い，ということである。Tのない人は他者と距離を置こうとしすぎるし，他者と親密な情緒的つながりを結んだり維持することに非常に慎重になる。

　この仮説には例外が1つある。それは，Tの欠如が「偽陽性」かもしれないプロトコルである。無彩色反応や濃淡反応のまったくない記録がこれにあたる。たとえば9歳未満の児童は，反応を出したり，反応を説明するときに，濃淡についてはっきり語ることができない。そのため，彼らのプ

ロトコルにTが現われなくても不思議ではない。同様に，回避型の対処スタイルを持つ人の記録で，ラムダの値が1.2を上回り反応数が20以下となるものの25%に，無彩色反応や濃淡反応がまったくない。Tの欠如の妥当性を確認することは難しいので，無彩色反応や濃淡反応がない記録の解釈をする場合は，この仮説を所見の要約の中に含めるかどうか，かなり慎重に判断する必要がある。無彩色反応や濃淡反応のないプロトコルを解釈するとき，Tがないという所見に妥当性があるかどうかを判断する上で生活歴が参考になることもある。しかし，一般的には，不用意に妥当性ありとしてしまうよりも，たとえ間違うことになろうとも，慎重に慎重を重ね，妥当性なしと考える方がよい。

　Tの欠如は警戒心過剰指標の中核なので，Tのない記録についての例外規定はこの指標の計算にも拡大適用されるのかという疑問は，当然持ちあがる。これに対する答は，否である。なぜならば，T=0以外のHVIの構成要素は，かなり複雑なプロトコルにのみ生じるものだからである。一般的に，無彩色反応も濃淡反応もないプロトコルにはその他の決定因子も少ないし，複雑さにも欠ける。これはテストに対する防衛を反映しているのかもしれないし，ただ単に人格構造の貧弱さを示しているだけなのかもしれない。ステップ6に進む。

可能な所見3：Tが1よりも多い場合は，親密さへの欲求が満たされず，思いが非常に強くなっていることを示す。ほとんどの場合は，最近生じた喪失感情に対する反応として，自然にこうした慕情が増していると考えられる。しかし，中には，決して埋めきれない，あるいは紛らすことができない喪失感や絶望感のために，この状態がもっと長く続いていることを示している場合もある。いずれの場合でも，切望や寂しさの感情によって心が揺さぶられていることだろう。このような刺激を心に受けている人は，他者との親密な情緒的関係を得たいと思いながらも，どうしたらそれが叶うのかわからず，当惑していることが多い。時にはこうした欲求の強さゆえに判断がくもり，他者に操作されてしまいやすくなる。これは，受動的もしくは依存的な人には一層よくあてはまる。ステップ6に進む。

ケース12 所見該当

　記録中にはT反応が3個あり，親密さを強く求め，ひどく寂しさや孤独を感じていることがわかる。彼が情緒的喪失やトラウマを最近体験したとの情報は，来歴には示されていない。通常なら，これらの特徴は以前からあるものだと考える。しかし，このケースの場合，そうは言えない。最近まで混乱や不適応は見られなかったからである。もちろん，報告されていないだけで，実際には夫婦間の不和があるのかもしれない。しかし，心理的に大きな混乱が生じている可能性も同等にある。もし後者だとすれば，愛情に対する強い欲求や孤独感は，自分ではどうにもしようがない，どうしていいのかわからない，といった感覚とすぐに結びつき，他者からの情緒的サポートを得たり維持するのを困難にしてしまう。

ケース13 所見該当

　T反応が3個あり，かなり強い孤独感や情緒的渇望を抱いていることがうかがえる。夫婦関係に関しては，夫が彼女を捨てて出ていった，あるいは夫に婚外交渉があったというような話は報告さ

ケース12　47歳男性　対人知覚に関するデータ

R=21	CDI =3	HVI=No	COP & AG RESPONSES
a : p=8 : 5	SumT=3	Fd =2	III　6. D+ Ma.mp.FC'.FD.CFo H,Fd,Cg P 4.0 COP,MOR,GHR
	[eb=9 : 12]		V　11. D+ Ma.FC'- H,Hh,Sx 2.5 COP,PHR
Sum Human Contents=6		H =3	VIII　16. W+ FMa.CFo 2 A,An,Fd P 4.5 AG,MOR,PHR
[Style=Extratensive]			
GHR : PHR=5 : 2			
COP=2	AG =1	PER=1	
Isolation Indx=0.24			

ケース13　29歳女性　対人知覚に関するデータ

R=25	CDI =3	HVI=No	COP & AG RESPONSES
a : p=4 : 6	SumT=3	Fd =3	II　3. D+ FMa.FC.FC'o 2 A,Id,Hh P 3.0 PER,COP
	[eb=7 : 8]		
Sum Human Contents=4		H =1	
[Style=Extratensive]			
GHR : PHR=4 : 0			
COP=1	AG =0	PER=4	
Isolation Indx=0.12			

れていない。離婚以来，何人かの男性とデートしたが，「いい人」は1人もいなかったという。結婚生活がうまくいかなかったことは，受け身で，人に世話されるのを好む，かなり自己中心的な彼女には，ひどい屈辱と感じられたであろう。自分が望むような関係を築くことができないがために，現在は親密さへの欲求や孤独感がより強まり，彼女の訴える症状形成に一役買っているのだと思われる。

ステップ6：人間反応の和（Sum Human Contents）と *Pure H* 反応（純粋人間反応）

　人間反応は一種の自己表象だが，プロトコル中のその数からは，人間への関心がどれほどあるかを評価する基礎的情報が得られる。理由はさまざまであるにしろ，人間に対してかなりの関心を寄せる人は多くの人間反応を出すのが普通である。一方，人間に関心のない人や社会的交流から引きこもりがちな人は，あまり人間反応を出さない。

　他者への関心について検討する際には，人間に対する印象が現実に基づいたものなのかどうかという点にも注意を払うべきである。そのため，Pure H の数についても検討する。前章で述べた通り，現実の人間に対する反応内容のコードは Pure H だけである。したがって，Pure H が人間反応の大半を占める場合には，その人は現実に基づいた他者認知をしていると考えられる。逆に，Pure H が人間反応中に少ししかない場合は，あまりよく人を理解していないと考えられる。

　同じく前章で述べたことだが，人間反応の期待値は反応数と反応スタイルごとに異なる。したがって，人間反応の和と反応中の Pure H の割合についての解釈は，これら変数と関連づけて行う。表21.1には，非患者成人のサンプルを基にした人間反応の和の期待値を示してある。表中には，それぞれの Pure H の平均値も挙げてある。なぜならば，このステップでの解釈は，これら両方の変数についての検討を要するからである。反応数が16以下あるいは28以上のプロトコルの平均域

表21.1　反応数と反応スタイルによって細別した500の非患者データに基づく，
人間反応の和の期待値とPure Hの平均値

	R=14〜16 期待値および反応スタイル				R=17〜27 期待値および反応スタイル				R=28〜55 期待値および反応スタイル			
	I	A	E	L	I	A	E	L	I	A	E	L
N=	18	22	17	16	116	54	129	38	33	16	24	17
全人間反応	4-6	2-4	2-4	2-5	5-8	4-7	3-6	4-7	7-11	5-9	4-7	5-9
Pure Hの平均	3.8	1.8	1.6	1.7	4.8	2.5	2.5	1.8	7.1	3.7	2.1	2.9

I＝内向型（Introversive），A＝不定型（Ambient），E＝外拡型（Extratensive），L＝回避型（Avoidant）

は少数のサンプルを基に算出したものなので，その適用に際しては慎重さが求められる。

　表21.1の人間反応の和のデータは9歳以上の児童にもこのまま適用できるが，Pure Hの平均値のほうは，13歳未満の児童の場合は一般的にここに示した値よりも低くなる。若年児童は（H）や（Hd）という人間反応を出すことが多いからである。彼らは人間についてあまりよく理解していないし，自分を想像上のキャラクターと同一視する傾向がある。したがって，若年者のプロトコルを解釈する際，Pure Hの割合の期待値に関する仮説は，その年齢に応じて修正する。

可能な所見1：反応数とスタイルを考慮した結果，人間反応の和が期待値の範囲内で，内向型の人ではPure Hの数が人間反応の和の半数を上回る場合，その他のスタイルの人では半数以上となる場合，被検者は大部分の人と同じ程度に他者への関心を持ち，他者を現実に基づいて理解していると考えられる。ステップ7に進む。

ケース12　所見該当

　外拡型で，反応数は21。人間反応は6個で，期待値の範囲内にある。また，その半数はPure H反応である。これらのデータの組み合わせからは，彼が一般の人と同じように他者に関心を持ち，他者を現実に即して理解していることがわかる。自己知覚に関するデータやここまでの対人関係のデータから引き出されたいくつかのネガティブな所見とは打ってかわり，これは非常に肯定的な所見である。

可能な所見2：反応数とスタイルを考慮した結果，人間反応の和が期待値の範囲内で，内向型の人ではPure Hの数が人間反応の和の半数以下の場合，その他のスタイルの人では半数未満の場合，大部分の人と同じ程度に他者への関心を持っているが，他者をあまりよく理解していないと考えられる。このような人は他者のことを「誤読」する傾向があり，他者の素振りを間違って解釈してしまうことが多い。時には，相手と自分との関係に過大な期待をしてしまうこともある。また，他者をよく理解していないために社会の中で失敗し，その結果周囲から孤立してしまうこともありうる。ステップ7に進む。

			ケース12　47歳男性　対人知覚に関するデータ
R=21	CDI =3	HVI=No	COP & AG RESPONSES
a:p=8:5	SumT=3	Fd =2	III 6. D+ Ma.mp.FC'.FD.CFo H,Fd,Cg P 4.0 COP,MOR,GHR
	[eb=9:12]		V 11. D+ Ma.FC'- H,Hh,Sx 2.5 COP,PHR
Sum Human Contents=6		H =3	VIII 16. W+ FMa.CFo 2 A,An,Fd P 4.5 AG,MOR,PHR
[Style=Extratensive]			
GHR:PHR=5:2			
COP=2	AG =1	PER=1	
Isolation Indx=0.24			

			ケース13　29歳女性　対人知覚に関するデータ
R=25	CDI =3	HVI=No	COP & AG RESPONSES
a:p=4:6	SumT=3	Fd =3	II 3. D+ FMa.FC.FC'o 2 A,Id,Hh P 3.0 PER,COP
	[eb=7:8]		
Sum Human Contents=4		H =1	
[Style=Extratensive]			
GHR:PHR=4:0			
COP=1	AG =0	PER=4	
Isolation Indx=0.12			

ケース13所見該当

　外拡型で，反応数は25。人間反応の数は4で，期待値の範囲内にある。多くの人と同じ程度に他者に関心を持っていると言える。しかし，Pure H は1個しかない。人のことをあまりよくわかっていないし，間違った理解をしやすいようである。また，社会的場面では不適切な行動をしてしまう可能性がある。このような場合，受動依存のスタイルは効果的ではなくなってしまう。

可能な所見3：反応数とスタイルを考慮した結果，人間反応の和が期待値の範囲を超え，内向型の人では Pure H の数が人間反応の和の半数を上回る場合，その他のスタイルの人では半数以上となる場合，他者への関心はかなり強く，現実に基づいた他者理解がその関心の基盤になっていると考えられる。この所見に該当する人は，他者に対して健康的な関心を持っていると言える。しかし場合によっては，他者に強い不信感を抱く警戒心過剰な人に見られるような，他者への不健康なとらわれを反映していることもありうる。ステップ7へ進む。

可能な所見4：反応数とスタイルを考慮した結果，人間反応の和が期待値の範囲を超え，内向型の人では Pure H の数が人間反応の和の半数以下，その他のスタイルの人では半数を下回る場合，他者への関心は強いが，他者のことをあまりよく理解していないと考えられる。他者への関心があるのは肯定的なサインだが，中には，防衛が固くて他者不信が強い人によく見られるような，不健康な他者へのとらわれを反映しているだけという場合もある。どちらの場合でも，人間に対する理解が不十分なために，相手と自分との関係に非現実的な期待を抱いたり，社会の中で失敗をして他者から孤立してしまうようなことがしばしば生じる。ステップ7へ進む。

可能な所見5：反応数とスタイルを考慮した結果，人間反応の和が期待値の範囲を下回る場合は，大部分の人よりも他者への関心が低いと考えられる。情緒的に引きこもっていたり，社会的に孤立しているような人は，この所見に該当することが多い。反応数16以下のプロトコルでは，この所見に該当したとしてもPure Hの値に関する解釈仮説は適用できない。しかし，反応数が17以上の記録では，先に述べたのと同じ原則が適用できる。すなわち，内向型の人ではPure Hの数が人間反応の和の半数を上回る場合，その他のスタイルの人では半数以上となる場合，他者を現実に基づいて理解していると考えられる。社会的な場面から引きこもったり孤立している理由を理解する上で，Pure Hに関する所見が役に立つこともある。ステップ7へ進む。

ステップ7：良質人間表象（Good Human Representation：*GHR*）と貧質人間表象（Poor Human Representation：*PHR*）

　良質の人間表象反応および貧質の人間表象反応に付けられる特殊スコア（GHRとPHR）も，対人関係の中での行動とその効果について検討する際の基礎的要素の一つとなる。この中にはいくつかのコーディングカテゴリー（決定因子，形態質，反応内容，特殊スコア）が登場するし，手続きを進めるには人間反応と動物の人間様運動反応の両方に対する評価が必要となる。

　GHRとPHRは二者択一的な変数である。GHR反応は，効果的かつ適応的と見なせるような対人関係と関連している。GHR反応の多い人は，たいがい他者からの評価は良好で，対人関係上の行動にはほとんど問題が見られない。十分予想されることだが，最も多くGHR反応が現れるのは非患者のプロトコル中においてである。しかし，症状が何であれ，対人関係面にまでは問題が及んでいない患者であれば，その記録中にかなりの数のGHRが見られることも珍しくない。一方，重大な病理学的障害を持つ患者には，GHR反応の数は少ない。

　PHR反応は，対人関係上の効果的でない，あるいは適応的でない行動パターンと高い相関がある。たくさんのPHR反応を出す人の場合，これまでの対人関係の中に争いや失敗が顕著に見られることが多い。このような人は社会的な不器用さを露見させ，その結果他者から避けられたり拒絶されることがある。社会のことがよくわかっていないために不適当な行動をして，したくもない争いを引き起こしてしまうこともある。深刻な病理学的障害を持つ人のプロトコルでは，PHR反応はかなり多く見られる。その他の患者群の記録中に出現するPHR反応は，少ないか中程度の数である。非患者群では，PHR反応の数は少ないのが普通である。

可能な所見1：人間表象反応の数が少なくとも3で，GHRの値の方がPHRの値よりも大きい場合は，たいてい状況に適した対人行動を取ると考えられる。GHRとPHRの差がもっと開き，GHRの値が大きくなるほど，対人行動はどのような対人関係においても効果的で，他者からは好意的に受け取られると予想される。ステップ8に進む。

ケース12所見該当

　　記録中，人間表象反応は7個あり，そのうち5個がGHRとコードされている。これはとてもポジティブな所見であり，ステップ6で得られた仮説と一致する。対人行動は適応的で，他者からは好ましく思われることを示している。しかしこの仮説は，報告にある彼の行動とは矛盾している。

ケース 12　47 歳男性　対人知覚に関するデータ

R=21	CDI =3	HVI=No	COP & AG RESPONSES
a : p=8 : 5	SumT=3	Fd =2	III 6. D+ Ma.mp.FC'.FD.CFo H,Fd,Cg P 4.0 COP,MOR,GHR
	[eb=9 : 12]		V 11. D+ Ma.FC'- H,Hh,Sx 2.5 COP,PHR
Sum Human Contents=6		H =3	VIII 16. W+ FMa.CFo 2 A,An,Fd P 4.5 AG,MOR,PHR
[Style=Extratensive]			
GHR : PHR=5 : 2			
COP=2	AG =1	PER=1	
Isolation Indx=0.24			

ケース 13　29 歳女性　対人知覚に関するデータ

R=25	CDI =3	HVI=No	COP & AG RESPONSES
a : p=4 : 6	SumT=3	Fd =3	II 3. D+ FMa.FC.FC'o 2 A,Id,Hh P 3.0 PER,COP
	[eb=7 : 8]		
Sum Human Contents=4		H =1	
[Style=Extratensive]			
GHR : PHR=4 : 0			
COP=1	AG =0	PER=4	
Isolation Indx=0.12			

彼は疑い深く，文句が多く，非難がましいと報告されている。そもそもは，そのために心理学的評価を受けることになったのである。この段階では，こうした矛盾について辻褄が合うように説明しようと試みるのはまだ早い。しかし，一つの可能性として，ステップ6と7の所見こそが彼の本来の特徴を表わしているのではないかと考えられる。

ケース 13 所見該当
　　記録中には人間表象反応が4個あり，そのすべてがGHRとコードされている。これは，対人行動は適応的で，他者から好ましく思われていることを示す。この所見は，ステップ6の所見といささか矛盾する。この点に関しては，彼女が非常に自己中心的で，対人関係においては受動的であるということが重要になる。他者との相互関係が表面的であれば，表に現われる対人行動パターンは他者からよく思われるものになるだろう。けれども，個人的欲求を満たしてもらうために相手に依存する場合，あるいは自分が価値あるものだと請け合ってもらおうとして依存する場合は，その限りではない。

可能な所見2：人間表象反応の数が少なくとも3で，PHRの値がGHRの値と等しいか，それ以上の場合，被検者は状況にふさわしくない対人行動を取ることが多いと考えられる。GHRがPHRよりも少なくなるにつれ，対人行動はたいがいの場面で効果的でなくなり，他者からも否定的に思われてしまうだろう。ステップ8に進む。

ステップ8：COP と AG

協力的（COP）運動と攻撃的（AG）運動には，反応を出した人の投映が含まれている。これら

は自己の表象として，対人関係における受検者の内的構えについて有益な情報をもたらしてくれる。

　COP反応には，対人交流に対する肯定的な見方が反映されている。一方AG反応は，対人交流を攻撃的，競合的な性質がいくらか伴うものと見ていることを示す。このようにCOPとAGは反対の構えを示しているので，一見するとそれぞれの解釈を当てはめればいいだけのように思える。しかし，ことはそれほど単純ではない。同一プロトコル中にCOP反応とAG反応の両方が現われることが多いからである。非患者のプロトコルの50%近くには，COP反応とAG反応がそれぞれ少なくとも1個ずつ含まれている。COP反応の大半は，図版II，III，VIIで出現する。これら図版にはMを誘発する手がかり特徴があるためだが，この特徴は，運動を肯定的な相互関係にも攻撃的な相互関係にも見えやすくしている。そのため，COPとAGのベースラインや期待値はそれぞれ1となっている。

　興味深いことに，患者群ではCOP反応とAG反応の両方が見られるプロトコルはずっと少なくなり，全体のわずか25%である。これは，患者の場合は対人交流の際の構えがどちらかに定着してしまっているためかもしれない。いずれにせよ，COPとAGに関する解釈仮説は，これら両方のデータを考慮した上でなければ作りあげることはできない。

　回避型の対処スタイルを持っていない非患者群の80%が少なくとも1個のCOP反応を出し，約40%は3個以上のCOP反応を出す。回避型の対処スタイルを持つ非患者群の場合は，これとはだいぶ異なる。反応数には関係なく，少なくとも1個のCOP反応を出す者は全体の約30%だけであり，3個以上のCOP反応を出す者は10%以下となる。患者群では約50%が少なくとも1個のCOP反応を出すが，2個以上出す者は約20%しかいない。

　複数のCOP反応を出す人，特に3個以上出す人はたいがい社交的で，楽観的に対人関係を持とうとする。内向型は他の体験型よりも多くのM反応を出すので，複数のCOP反応を出す者も当然多いように思えてしまうが，これは正しくない。複数のCOP反応を出す者の割合は，不定型，外拡型，内向型いずれの場合もほぼ同じである。

　非患者群では，回避型の対処スタイルを持つ者も含めると，少なくとも1個のAG反応を出す者は全体の約70%いる。しかし，2個以上出す者は約20%に過ぎない。患者群では，約50%が少なくとも1個のAG反応を出し，約35%が2個以上出す。複数のAG反応を出す人は，対人関係には競争や攻撃性がつきものだと見なす傾向がある。とはいえ，必ずしも攻撃性が非社会的あるいは反社会的なものと見られているわけではない。多くの人は，社会的に受け入れられる形の攻撃性（優位に立つ，からかう，主張するなど）は日々の行動の中に普通に見られるものだと考えている。このような人のプロトコルには，たいていCOP反応もある。一方，COP反応がない記録中に複数のAG反応，ことに3個以上のAG反応がある場合は，攻撃性のために他者から孤立したり，非社会的あるいは反社会的な特徴を帯びてしまうこともある。

　COPとAGを含む反応のコーディングを検討することも重要である。コーディングに，S，形態質の悪さ，普通では見られない変わった決定因子の組み合わせ，他の特殊スコアといったネガティブな特徴が含まれていることもある。これらの特徴は，COP反応のポジティブな意味合いを変質させたり，AG反応が持つネガティブな意味合いを引き出し，強めてしまうかもしれない。

　たとえば，マイナスの形態質とINCOM2の特殊スコアが付いているCOP反応は，決して肯定的なものとは言えない。また，なかにはCOP反応にAGもついている場合もあるが，これが対人

交流に対する見方の反映であることを考えると，一般的にはあまり好ましい反応とは言えない。

可能な所見1：COPの値が0で，AGの値が0か1の場合，おそらく他者とのポジティブな相互関係が日常的に生じることを期待していないだろう。このような人は，対人場面に居心地の悪さを感じやすく，他者からは冷淡でよそよそしい人と見られるかもしれない。このために他者との成熟した深い関係を持てなくなるわけではないが，一般的に，彼らはあまり社交的な人とは思われず，集団内の交流では周辺的な存在にとどまることが多い。ステップ9に進む。

可能な所見2：COPの値が0か1で，AGの値が2以上の場合，あるいはCOPの値が2で，AGの値が3以上であれば，対人関係には攻撃性がつきものだと理解しているだろう。このような人は，日頃の行動もひどく強引あるいは攻撃的であることが多い。こうした行動が対人場面での不安感に対する防衛手段となっていることもあるが，多くの場合，それは単にこれまでに学んで身に付けた他者との関係の持ち方の表われである。主張性や攻撃性が具体的にどう現われてくるのかは，他の変数やその場の状況によってかなり変わってくる。ステップ9に進む。

可能な所見3：COPの値が1か2で，AGの値が0か1の場合，他者とのポジティブな相互関係が日常的によくあることを期待し，そのような関係を持つことに関心を持っていると考えられる。通常の対人関係パターンが具体的にどのようなものになるのかは，その他の特徴，特に対処スタイルや自己イメージなどによって決まる。ステップ9に進む。

ケース12 所見該当

　21個の反応中，2個のCOPと1個のAGがある。他者とはよろこんで交流し，それが自分にとって肯定的な体験になると考えていることを示す。一方，COP反応のうちの一つはFQがマイナスで，2個とも決定因子にFC'が付き，反応内容には出現頻度の低いものが含まれている（Fd, Sx）。これらを総合すると，他者との交流についてCOPの数から言えることよりもずっとネガティブな所見となり，最近の対人関係の持ち方とも整合している。

ケース13 所見該当

　25の反応中，COPは1個で，AGはない。これは，対人交流には開放的で，人との付き合いを肯定的に考えていることを示す。人間よりも動物の反応が多いということ以外には，COP反応のコーディングに格段変わった点はない。これは，ステップ6の所見（Pure Hは1個しかなかった）およびステップ7の所見（GHRとコードされる反応は4個あった）と合致する。すなわち，彼女は対人交流を肯定的なものと見なしているものの，できる限り交流は表面的なレベルにおさめておこうとするのではないかと考えられる。

可能な所見4：COPの値が2か3で，AGの値が2の場合は，ポジティブな対人関係に関心を持ち，そのような関係をよろこんで受け入れるものの，他者との関わりは強引で攻撃的なものであることが多いと考えられる。このような人は対人交流が攻撃的なものになることも当然あると考えている

ケース12　47歳男性　対人知覚に関するデータ

R=21	CDI =3	HVI=No	COP & AG RESPONSES
a：p=8：5	SumT=3	Fd =2	III 6. D+ Ma.mp.FC'.FD.CFo H,Fd,Cg P 4.0 COP,MOR,GHR
	[eb=9：12]		V 11. D+ Ma.FC'- H,Hh,Sx 2.5 COP,PHR
Sum Human Contents=6		H =3	VIII 16. W+ FMa.CFo 2 A,An,Fd P 4.5 AG,MOR,PHR
[Style=Extratensive]			
GHR：PHR=5：2			
COP=2	AG =1	PER=1	
Isolation Indx=0.24			

ケース13　29歳女性　対人知覚に関するデータ

R=25	CDI =3	HVI=No	COP & AG RESPONSES
a：p=4：6	SumT=3	Fd =3	II 3. D+ FMa.FC.FC'o 2 A,Id,Hh P 3.0 PER,COP
	[eb=7：8]		
Sum Human Contents=4		H =1	
[Style=Extratensive]			
GHR：PHR=4：0			
COP=1	AG =0	PER=4	
Isolation Indx=0.12			

が，対人交流が通常はポジティブなものであることを期待している。ステップ9に進む。

可能な所見5：COPの値が3以上で，AGが0か1の場合，あるいはCOPの値が4以上で，AGが2以下の場合，他者から好感を持たれ，社交的な人と見られているだろう。このような人は対人的な活動を日常生活におけるとても大切なものと認識しており，周囲からは，集団内で大変社交的にふるまう人と見られることが多い。他者とよい関係でいたいとつねに期待し，またそうなるよう努める人である。ステップ9に進む。

可能な所見6：COPの値が3以上でAGの値も3以上というのは，非常に変わった所見である。これは，何が適切な対人行動なのかわからずに混乱しているか，深刻な葛藤に陥っていることを示している。このような人は他者をよく理解できていないし，日頃の対人関係の持ち方は一貫せず，予想外の行動を取る傾向がある。ステップ9に進む。

ステップ9：PER（Personal Responses：個人的反応）

　個人的反応（PER）は，それほど稀なものではない。成人非患者群のプロトコルの半数以上で少なくとも1個見られ，2個含まれているプロトコルは約20%ある。児童は成人よりも多くのPER反応を出す。PERとコーディングされるようなやり方で反応を述べる場合は，安心を得ようとしたり，検査者から疑問が出されるのをかわそうとしていることを示す。これは人間にはよくあることであり，ほとんどの人が時々この手段を用いる。自分が知っていることを根拠にすれば安心感を得られるからである。しかし，なかにはこの手段を過度に用いる人もいる。その場合は，単に安心を得ようとしているだけとは言えない。これは，他者に弱みを見せないように防衛するための，ある

ケース13　29歳女性　対人知覚に関するデータ

R=25	CDI =3	HVI=No	COP & AG RESPONSES
a : p=4 : 6	SumT=3	Fd =3	II 3. D+ FMa.FC.FC'o 2 A,Id,Hh P 3.0 PER,COP
	[eb=7 : 8]		
Sum Human Contents=4		H =1	
[Style=Extratensive]			
GHR : PHR=4 : 0			
COP=1	AG =0	PER=4	
Isolation Indx=0.12			

いは他者より優位に立つための，ある種の知的権威主義である。このような人は自分の見聞や意見を頻繁かつ強引に述べるため，周りから人が遠ざかっていってしまいがちである。狭量な人，あるいは「知ったかぶる」人と見られることも多い。

　可能な所見1：PERの値が2か3の場合，大部分の人よりも対人場面においていくらか防衛的で，こうした場面での安心感を保とうとして知識をひけらかすと予想される。これは必ずしも対人関係を悪くするものではない。単に，とがめられるかもしれないような場面では安心感がひどく乏しくなることを示しているだけである。ステップ10に進む。

　可能な所見2：PERの値が4以上の場合は，対人場面で自分が傷つかずに完全でいられるのか確信が持てていないと言える。また，対人場面で自分に対する非難が持ちあがったと思えば，それをかわすため，防衛的に権威主義の衣をまとうことが多いと予想される。このような人は，周りの人からは頑固で狭量だと思われやすい。そのため，周囲の者，特に自分に従おうとしない人とは親密な関係を維持できないことが多い。ステップ10に進む。

ケース13所見該当

　　PER反応は4個ある。対人場面では，すぐに挑まれているような心持ちになるのだろう。彼女が主観的に挑まれたと受け取れば，その挑戦をかわすためには権威的にふるまうことが多い。こうしたやり方は，受動依存の人には落ち着きが悪い。しかし彼女の場合，自分には高い価値があるのだとの思いがあるので，そうした思いを守るためにこの方法を作りあげてきたのだろう。

ステップ10：孤立指標

　　この指標（Bt+2Cl+Ge+Ls+2Na/R）を構成している各反応内容の出現頻度のベースラインは，いずれも低い。これらのうちの2つ，植物反応（Bt）と風景反応（Ls）は多くの記録で見られるものの，その出現頻度は低い。残りの3つ，雲反応（Cl），地理反応（Ge），自然反応（Na）の出現頻度はさらに低く，ベースラインは0に近い。合計したとき，あるいは頻度の低い3つの反応の値を倍にして合計値を修正したとき，その値が全反応数中に占める割合はわずかなものになるのが普通である。値が反応数の1/4を越える場合は，その人の対人関係には注目すべき特徴があると言える。

可能な所見1：孤立指標が0.26〜0.32であれば，期待されるよりも社会的交流には積極的でないことを示す。これは決して珍しい所見ではない。患者群，非患者群ともに，これに該当する者は15%を超える。この所見は，社会的不適応や社会的な葛藤の存在を示すものではない。日常的に社会的交流を持つことにあまり関心を持っていないか，嫌がっていることを示しているのである。嫌がっているのであれば，対人交流への関心はあっても実際にはあまり関わりを持たないということであり，記録中には普通，人間反応が最低でも平均の数だけあり，COPの値は少なくとも1ある。ステップ11に進む。

可能な所見2：孤立指標が0.33以上の場合，社会的に孤立していると考えられる。この所見に該当する場合は，人間反応の数は平均より少ないことが多い。また，COP反応が2個以上あることは滅多にない。このような人は，円滑で有意義な対人関係を築いたり維持することがなかなかできない。この所見は，社会的交流から病的なまでに引きこもっていることを示しているわけではない。単に，さまざまな理由で他者とあまりうまく接することができず，結局は実りある対人関係をほとんど経験してこなかったことを意味しているに過ぎない。ステップ11に進む。

ステップ11：ペアを伴うM反応とFM反応

このクラスターの最後のステップでは，ペア（2）のコーディングを含んだ人間運動反応および動物運動反応について評価する。これらの反応は自己知覚のデータを吟味する中ですでに解釈されている場合が多いが，ここでさらに検討するのは別の目的による。その目的の1つは，相互関係について述べる際に何らかの一貫性やパターンが見られるかどうかを確認することである。もう1つは，相互関係を説明するときの変わった言葉，あるいは言葉の用い方のおかしさについて調べることである。通常は，ここでの検討によって新たに仮説が導き出されるわけではない。しかし，社会的交流に関して先に立てた仮説がより明確になったり，ふくらむことはある。

ケース12の反応

III 6「アフリカの話になっちゃいますけど，食人種か何かが2人，何かを料理する準備をしながら大釜の周りを踊っているところ。真ん中のはよくわかりませんが」（質問）「この吊してある肉を料理しようとしているところです。皮をはがして吊してある動物みたいな，何かそんな肉です」[E：どこを見たらいいんですか]「これが食人種（D9）。人を食べるやつじゃなくて，土人みたいな。黒くて，痩せてて，脚で，頭で，股袋（codpiece）があって。その向こう側に肉が吊り下がってます（D2）。皮を剥いだ肉です」[E：皮を剥いだ肉？]「赤くて調理用の肉みたいです」

VII 14「子どもが2人，見つめ合ってるところです。穏やかな感じですね」（質問）「小さい女の子が2人。ここに1人，こっちに1人（D2）。上半身だけ。ポニーテールにした髪をアップにしている。何かしてるわけじゃなくて，ただ見てるだけです」

VIII 16「腹を空かしたネズミが動物の死骸を食べてるところですかね」（質問）「動物は，真ん中の骨（D3）とこっちの肉（D2）ぐらいしか残ってないですね。で，これがネズミです（D1）」[E：肉というのを教えてください]「皮とか外側の肉のことじゃあなくて，ピンクとオレンジだから皮の内側の肉です。青いのはよくわからないけど，皮かな。残りは骨で，こいつらがそれをむさぼり

食ってるんです」

ケース12の検討

　対人関係という観点から見ると，非常に興味深い反応がある。依存的特徴 Fd と過去の攻撃行動（皮を剥がれた動物と動物の死骸）を伴う反応が2個あり，両方とも MOR が付いている。これは変わった組み合わせであり，彼が他者との関係について抱いている混乱ぶりを反映していると考えられる。人に頼らずにしっかりしていたいという思いと依存したいという欲求とがうまくかみ合わず，空回りしているものと推測できる。もう1個の反応は「平和的」ではあるが，動きのない消極的なもの（ただ見ているだけ）である。検討の対象になったのは3個の反応だけだが，その中には，ステップ6，7，8で得られた肯定的所見とは異なる，対人関係に対するもっとよくない思いが込められている。

ケース13の反応

　Ⅱ 3「わあ，2匹のクマがペンキか何かのバケツに足を突っ込んでる。黒いクマで，大変なことになっちゃってるみたいな」（質問）「この部分がクマ（D6）。ちょっとかがんで，足はこの下の赤いバケツの中で（D3），体中ペンキだらけになってる。この上のほうは前足を合わせてるところ（D4）。ヨセミテ公園で遊んでいるみたい。テレビで見たことあるんです」

　Ⅲ 7「この2つは赤い悪魔で（D2），落っこちていくところ。真ん中のは何だかわからないわね（D3）」（質問）「えーと，漫画で時々小さい赤い悪魔が出てくるけど，それに似ていて。これは落ちていくみたい。逆さになってるし，長い尻尾が，こうお尻のほうにあって」

　Ⅳ 8「うん，横のが両方，ヘビみたい」（質問）「ここ（D4），とぐろを巻いていて，頭で，見回している。ヘビは大嫌い。ここが頭で，こっちが尻尾」

　Ⅵ v9「これは，ライオン。両側に1頭ずつ」（質問）「ここに立っている。両側に1頭ずつ，長い尻尾をぴんとさせて。これが頭で，これが体（D6下部の小部分の輪郭）。ライオンが2頭」

　Ⅶ 14「子ども。子どもが2人。お互いに見てるところ。かわいいわ。これは好き」（質問）「上半身だけ（D2）。胸で，頭。双子みたい。女の子で，髪を可愛らしくアップにしてる。櫛で留めたような感じで」

ケース13の検討

　これら5つの反応に特徴的なのは消極性だが，おそらくもっと重要なのは，4つの反応に含まれているいくつかのコメントや説明である。「わあ……大変なことになっちゃってる……遊んでいるみたい」「小さい赤い悪魔……漫画で……逆さになってる」「うん……ヘビは大嫌い」「かわいいわ。これは好き……髪を可愛らしくアップにしてる。櫛で留めたような感じで」。これらの言葉づかいはいかにも子どもっぽい。対人関係にもこのような特徴が見られるのではないかと思われる。反応の説明は不適切ではないが，成人としてはいささか変わっている。他者との関係はあまり成熟したものではないのかもしれない。

所見の要約

　各ステップで得られた所見を統合，要約する。他のクラスターと同様，要約の中にはネガティブな特徴のみならずポジティブな特徴も含めるよう，そして可能ならば，相反する仮説にも触れるのが望ましい。

ケース12の要約

　この47歳の男性に関する所見は，総じて見ればポジティブというよりはネガティブなものである。依存欲求を満たしてもらうことが大切になっているが，十分には満たされていない（ステップ4）。また，情緒的な親密さを渇望しているものの，それは手の届かないところにある。そのために寂しさを感じ，心にちくちくとトゲ刺すことになっている（ステップ5）。こうした特徴は，彼のこれまでの経歴とは不釣り合いである。しかし，自己知覚のクラスターで得られた所見のいくつかとは合致する。これらの特徴は，何らかの打ちひしがれる思いをしたために最近生じたものなのかもしれない。また，結婚生活が順風満帆で安定したものなのかどうか，疑問が持たれる。これらの点について，もっと精査をすべきである。

　他者には関心を持っているし，他者を現実に即して理解している（ステップ6）。あるデータは，彼の対人行動は適応的で，調和的な対人関係を期待できることを示している（ステップ6，7，8）。しかし，その他のデータは，彼が対人関係をどう持っていいのか戸惑っていて，以前に比べると対人関係をあまりいいものとは思えなくなっていることを示している（ステップ11）。心理学的活動がまるで立ちゆかなくなっているとしたら，後者のほうがより正確に彼の姿をとらえていると思われる。

ケース13の要約

　この29歳の女性の所見は，彼女が他者との関係において受動的かつ依存的な役割を好むことを示している（ステップ3，4）。かなり自己中心的な人であろうという，自己知覚のクラスターで得られた仮説と照らし合わせると，これはかなり重要な所見と言える。どうやら彼女は，受動依存的でいることは，自分が大事にされているという確認を得るためのよい方法だと思っているようだ。しかし，現在は強い切望感とさびしさを抱いている（ステップ5）。来歴からわかっているのは，結婚に失敗したこと，最近の他者との情緒的関係は一時的ではかないものであったことである。これらは彼女の自尊心をいたく傷つけることであっただろう。

　他者には関心を持っているようだが，他者に対する理解は自分の空想や現実の体験の歪曲に基づいている（ステップ6）。通常は彼女の対人行動は適応的で，他者からは好ましく思われている（ステップ7，8）。他者に対しては開放的で，よろこんで交流を持つ。人との付き合いを肯定的に考えている。しかし，自分を守るために，あるいは他者からの難詰をかわしたり対抗するために，対人場面では防衛的になったり，権威的にふるまったりすることもある（ステップ9）。他者との関係はあまり成熟したものではない。対人関係を持つとき，特に自分の欲求を満たしてもらおうとして相手に依存する場合は，これらの特徴によって人から嫌われることもあるだろう。

対人知覚の変数に関する研究と概念

　このクラスター内の変数のいくつかは，他のクラスターにも登場する。それらに関する研究結果や概念についてはすでにこれまでの章で取りあげており，それ以上説明を加えるまでもない。たとえば，HVI（第17章）と材質反応（第14章）などは説明不要であろう。一方，CDI，a：pの比，人間反応についても16，19，20の各章ですでに見てきたが，これらは対人知覚と直接結びついた変数なので，研究結果や概念について補足しておくほうがよいだろう。

CDI

　第16章で述べたように，CDIはうつ病に関する研究の副産物としてできあがったものである。CDIに関する研究によれば，対人関係上の問題を訴える外来患者のほうが，そうでない外来患者よりも，この指標が陽性になることがずっと多かった（第16章，表16.2）。指標中の11個の変数のうち，主に対人関係と関係しているものは6個だけである（COP<2，AG<2，p>a+1，Pure H<2，孤立指標>.24，Fd>0）。これらの変数は，5つあるCDIの評価基準のうちの3つに含まれている。残りの変数のうちの1つ（SumT>1）は，感情と対人関係の両方に関係している。残り4変数のうちの2つ（WSumC<2.5，Afr<.46）は感情に関連したものであり，この2つで評価基準の1つを構成している。残りの2変数（EA<6.0，Adj D<0）は資質と統制に関係しており，これらも1つの評価基準を構成している。

　11の変数のうち4つは対人関係と直接関連していないとすると，変数の組み合わせ如何でCDIが4もしくは5の偽陽性になる可能性があるのではないか，との疑問が持ちあがる。しかし理論的にはそのような心配はいらない。なぜならば，この4つの変数すべてが陽性になったとしても，CDIのスコアは2にしかならないからである。ただ，回避型（ハイラムダ）の人はCDIの評価基準が陽性になりやすい。場合によっては全部の評価基準が陽性になってしまう。回避型の人はM反応をわずかしか出さないことが多く，したがって記録中にCOPやAGがないことも珍しくない。その場合はCDIのスコアが1増えて3になるので，CDI陽性になる可能性が高まる。

　現実に，回避型の人はCDI陽性となることが多い。患者および非患者から集められた1,736のプロトコル中，CDIの値が4もしくは5となっているものは405あった。この群におけるラムダとCDIの値についてピアソンの積率相関係数を求めると，r=.283だった。しかし，ラムダとCDIの値のレンジによって細分して計算すると，ファイ係数が.482となった。すなわち，1,736のプロトコル中，ラムダの値が1.0以上のものは487あり，そのうちの約46％がCDI陽性だったのである。

　概念的にも，回避型スタイルの人がCDI陽性となっても不思議ではない。回避型スタイルの人は複雑さを避ける傾向があり，特に感情交流は抑え気味にするのが普通である。しかし，CDI陽性が示す社会的未熟さは，単に回避型スタイルのせいばかりとは言えない。回避型の影響もたしかにあるが，一対一の因果関係というわけではない。非患者成人600人のサンプルでは回避型スタイルの者は58人いたが，そのうちCDI陽性の者は6人しかいない。一方，外来患者535人ではCDI陽性の者は165人（31％）おり，このうちの92人（55％）は回避型のスタイルを持っていた（Exner, 2001）。Pires（2000）によれば，ポルトガルの非患者成人309人中，CDIが陽性だったのは48%

で，そのうちの半分以上は回避型のスタイルを持っていた。Pires は，CDI 陽性とハイラムダの両方に該当したプロトコルの大半は学歴の低い者から得たものだったと述べている。Young, Justice & Erdberg（1999）は，暴力行為により長期間収容されている男性を識別する 8 つの特徴のうちの一つに CDI 陽性を挙げている。

　若年者には成人よりも CDI 陽性が多く見られる。たとえば，CDI 陽性になるのは，10 歳の非患者児童では 15%，12 歳では 24%，15 歳では 16% である。しかし，だからといって，若年者の CDI 陽性を軽く考えてはいけない。適応上の問題を抱えていることが明らかな場合はなおさらである。実際のところ，Goldstein（1998）は CDI のスコアの高さは攻撃的言語表現と関連があることを見出した。また，Holady & Whitenberg（1994）によれば，重度の火傷を負った 98 人の児童および青年の約半分は CDI 陽性だった。

a : p の比率

　a : p の比に関する多くの研究や概念については第 19 章で述べたが，その他にもこの比と対人行動の関係を示すデータがある。積極的運動反応が多く出されることはよくあるが，研究の結果，積極的運動反応と相関がある行動特徴は何も見つけられなかった。積極的運動反応の数が多いからといって，積極的行動が普通以上に多かったり，何か特別な行動が見られるというわけではない。これは，ほとんどの人が消極的運動反応よりも積極的運動反応の方を多く出すためであろう。平均では，非患者成人は消極的運動反応の約 2 倍の積極的運動反応を出す。消極的運動反応の値が積極的運動反応の値より 2 以上大きくなるのは，非患者成人 600 人のうちわずか 2% だけである。非患者児童では，消極的 m 反応のほうが積極的 m 反応より 2 以上多い者は，年齢群により異なるものの，2 〜 12% の割合で存在した（Exner, 2001）。

　患者群ではその数が変わってくる。外来患者 535 人の群では，p が a よりも 2 以上多い者は約 30% いる。感情障害による初回入院患者 193 人の記録では，その数は約 25% である。統合失調症による初回入院患者の記録では 18% となっている（Exner, 2001）。

　Exner（1978）は Katz 適応尺度（KAS）の 20 項目を基に，行動の受動性を調べる指標を考案した。279 人の外来患者を対象にした長期治療の効果研究の一環として，治療開始から 9 カ月ないし 12 カ月後に，患者の最も身近な人に KAS を行った。計画では，治療が終了したかどうかに関係なく，少なくとも 3 年間は 9 カ月から 12 カ月ごとにテストと行動評定を行うことにしていた。治療開始から 9 か月ないし 12 カ月後に施行したロールシャッハ結果の a : p の比を見ると，p が a より 2 以上多かった者は 279 人中 83 人いた。この 83 人の受動性指標の平均値は 11.6（SD=4.2）だった。残り 196 人から無作為に抽出した 83 人の比較群では，受動性指標の平均値は 5.3（SD=3.3）だった（p<.001）。

　これに関連した研究では，アサーティブネス・トレーニングに参加した 8 人ずつの 2 群について，最初の 2 セッションがビデオテープに録画された（Exner & Kazaoka, 1978）。トレーニングに先立ってロールシャッハを施行したところ，p が a より 2 以上多い者は 16 人中 7 人いた。評定者は 3 人ずつの 2 グループに分かれ，ビデオテープを基に，言語的もしくは非言語的に表された各人の依存的態度の頻度をコードした。評定者の 1 つのグループはビデオテープの音声だけからコードをし，

もう1つのグループは音声と映像の両方からコードした。a:pの比がpに傾いていた7人は，他の9人に比べて依存的発言が約2倍多かった。しかし，非言語的な依存的態度の頻度は両者ともほぼ同じだった。

これらの研究結果からは，有意に多くの消極的運動反応を出すとき，すなわちpがaより2以上多いときは，その人は依存的と言えるような，より受動的な行動を取りやすいと考えられる。外来患者79人を対象にした研究の結果もこの仮説を裏づけている。この79人は，治療開始後2カ月の時点で，治療者から治療への関わり方が「過度に受動的」と評定された者たちである。この79人中56人（71%）は，治療開始前の記録中，pがaより2以上多かった。

先にも述べたが，外来患者535人の治療前の記録中，pがaより2以上多いものは約30%あった。しかし，この結果をそのまま受け取ると間違った結論に至ってしまいかねない。この群を反応のスタイルで細分すると，異なる結果が見えてくる。この群には内向型が151人含まれているが，そのうちの約50%はpがaより2以上多い。その割合は，回避型スタイルを有する201人では約27%，外拡型の73人では16%，不定型の110人では15%である。こうした結果からは，思考型のスタイルを持つ人，あるいはなるべく複雑な世界と関わらないようにしている人は，受動的な対人関係を持つ傾向があると考えられる。したがって，$p > a+1$が示すような受動的行動のスタイルが外拡型や不定型の人に見られるのは異例なことだと考えたほうがよい。外拡型や不定型の人の場合，このスタイルが心理機能や適応面に与える影響は，内向型や回避型の人の場合よりもずっと重大なものとなりやすい。

食物反応とa:pの比

Shafer（1954）は，Fd反応は口唇依存と関係があると考えた。a:pの比は条件に合致した場合に対人行動における受動性を示すが，Fd反応は記録中に1個でもあれば顕著な受動性があることを示す。DSM-IIIRの「受動依存」人格障害と診断された54人の外来患者のプロトコルを検討したところ，pがaより2以上多いものは41（79%）で，そのうちの33には1個以上のFd反応があった。

Exner & Kazaokaの研究（1978）では，アサーティブネス・トレーニングへの参加者の中で依存的態度の頻度が最も多く見られた4人全員に，少なくとも1個以上のFd反応があった。この研究結果をきっかけに，ビデオテープを用いたもう一つの研究が行われることになった。この研究では，小学6年生24人のクラスを対象とした。クラスの生徒一人一人に対して，授業時間内にロールシャッハが施行された。その3週間後，週に2回，美術の授業の様子がビデオテープにおさめられた。アクリル画を描く授業で，課題は生徒にとってはどうしても教師の手助けが必要となるものだった。ビデオテープを基に，（1）教師に助けを求めた回数，（2）教師に手伝ってもらった後にも質問をした回数，を記録した。ロールシャッハ結果では，pがaより2以上多い者は24人中6人だった。この6人のうち3人は他の者よりも助けを求めた回数が多かったが，残りの3人はそうではなかった。調べてみると，先の3人を含む7人の生徒は，その他17人の生徒よりも約2倍多く助けを求め，手伝ってもらった後の質問も約4倍多いことがわかった。この7人の生徒全員にFd反応があり，うち4人はその数が2以上だった。

Fd反応を単独で見た場合は，依存欲求や依存性について考える大きな手がかりは得られるが，

それ以上の情報は得られない。そこで，Masling, Rabie & Blondheim（1967）は，依存性について検討するためのより精緻なアプローチ法として，ロールシャッハ口唇依存性尺度（Rorschach Oral Dependency Scale：ROD）を作った。この尺度は精神分析理論に基づいている。コードするのは，食物，食物の原材料，食べられるもの，食物を提供してくれるもの，口唇器官，受動性，贈り物などに関係した，16タイプの反応である。この尺度についての研究は数多くあり，妥当性の高さが認められている（Masling, O'neil & Katkin, 1982；Bornstein & Masling, 1985；Masling, 1986；Bornstein & Greenberg, 1991；Bornstein, 1992）。たとえば，RODのスコアはいくつかの対人関係上の出来事やその影響と関連していることが明らかになっている（Bornstein, Bowers & Robinson, 1997）。

人間反応

人間反応については第20章でも取りあげたが，何点か補足しておくと，対人関係という観点からこれら変数を検討する際に役立つだろう。人間反応の数がその人の体験型にとっての平均域にある場合は，ほとんどの人と同じ程度に他者に関心を持っていると考えられる。一方，体験型に照らして人間反応の数が期待値より少なければ，多くの人のようには他者に関心を持っていないだろう。情緒的に引きこもっていたり，社会的な孤立や周囲との葛藤の渦中にある人は，この所見に該当することが多い。

Ames, Metraux & Walker（1971）は，10歳までの初期発達段階の途上では年ごとに人間反応が増え，思春期になるとその数はほぼ一定になることを見出した。この結果は，Exner（1991）の非患者の児童および青年のデータと一致している。人間反応に関しては，12〜16歳までのデータと非患者成人のデータは似通っている。通常の社会的価値観を身に付けていない者では，人間反応の数が平均より少ない場合が多い。犯罪者（Walters, 1953）や裁判所で処分決定を受けた非行少年（Ray, 1963；Richardson, 1963）の人間反応の数の平均は有意に少ないと報告されている。Exner, Bryant & Miler（1975）によれば，重度の暴力的犯罪を犯して処分待ちの状態にある15人の青年の記録を調べたところ，人間反応が0個の者が6人，人間反応の数が1個か2個の者が5人だった。また，人間反応の数と治療効果の間に正の相関があることを見出した研究がいくつかある（Halpern, 1940；Morris & Stotsky, 1952；Goldman, 1960；Piotrowski & Bricklin, 1961）。

Draguns, Haley & Phillips（1967）は，人間反応の数は認知の発達の程度や社会的な関係を持てる力によって変わってくると述べている。彼らは文献を展望し，人間反応の数が少なければ，それは社会との接触を避けて引きこもっている者を識別する有効な指標になると示唆している。治療効果の研究に参加した外来患者430人のデータは，この仮説を裏づけている。430人全員が，治療開始後6週間のうちに，治療者によってさまざまな性格特性について評定を受けた。対人関係において孤立していると評定された50人について見ると，人間反応の平均は非常に低かった（平均＝1.84，SD=1.21）。対人関係において積極的だと評定された50人では，人間反応の平均はもっと高く（平均＝5.18，SD=2.09），人間反応の大半がPureHだった（Exner, 1978）。

人間反応の数は人への関心の程度を指し示す重要な変数だが，Pure Hの数からはさらに社会に対する見方や態度についての重要な情報が得られる。Beck（1945）は，Hが減ってHdが増える場合は世の中を窮屈に思っていることを示していると述べた。Sherman（1952）とVinson（1960）は，

統合失調症患者の記録には非患者の記録と比べると H より Hd のほうが有意に多いことを見出した。Molish（1967）は，人間反応の内訳が H より Hd に傾いている場合は緊縮的な防衛があることを示すと述べている。Exner（2001）の提示したデータでは，非患者の場合，人間反応の約 67% が Pure H である。それに対して，人間反応中の Pure H の占める割合は，外来患者では約 43%，感情障害による初回入院患者では約 39%，統合失調症による初回入院患者では約 37% と低下する。

GHR : PHR

　特殊スコアである GHR と PHR は，Perry & Viglione（1991）によって自我損傷指標（Ego Impairment Index : EII）が作られたとき，その構成変数の一つとして考案された。EII は，現実検討力，論理力，対象関係の質などの障害を識別する目的で，因子分析を用いて作られた指標である。初期の EII に関する研究は，抑うつに狙いを定めていた。しかしすぐに，指標を構成するいくつかの変数は認知の働きと関係していることが明らかになった。そこで，研究の対象は統合失調症およびその他の精神病にまで広げられた（Perry, Viglione & Braff, 1992）。Perry & Braff（1994）は，情報処理の障害と EII のスコアとの間に有意な相関があることを見出した。統合失調型人格障害と診断された患者を対象にした研究でも，部分的には同じ結果が得られた（Cadenhead, Perry & Braff, 1996）。

　EII の研究が進む中で，EII を構成する変数にも注意が向けられていった。GHR と PHR という 2 変数（最初は人間体験変数，GHE と PHE と呼ばれていた）は重みづけした上で差が算出され，その値は人間体験変数（Human Experience Variable : HEV）と名づけられた。この変数は 105 人の非患者女性のデータを用いて妥当性が検証され，対人関係の質と有意な関連があることがわかった（Burns & Viglione, 1996）。その後，GHE と PHE をコードするためのアルゴリズムは念入りに検討され，いくつかの変更が加えられた。また，GHE と PHE への重みづけはなくなり，もともとのスコアをそのまま使うことになった。名称も「人間体験」から「人間表象」に変更された。研究のために，GHR と PHR の差を用いて人間表象変数（Human Representational Variables : HRV）が作られたが，さまざまなサンプルからのデータを基に調べたところ，対人関係の文脈での解釈には GHR と PHR の 2 変数が最も簡便であることがわかった（Viglione, Perry, Jansak, Meyer & Exner, in Press）。

　GHR と PHR のコーディングに特徴的なのは，コード化のために用いられる規準が複数のカテゴリー（決定因子，形態質，反応内容，特殊スコア）にまたがって存在することと，人間反応と人間様運動を伴う動物反応の両方を評価の対象にする点である。GHR と PHR は二者択一的な変数である。GHR 反応は，効果的かつ適応的と見なせるような対人関係や対人行動と相関している。GHR 反応の多い人はたいがい他者からよく思われており，対人関係上の行動にはほとんど問題がない。予想通り，GHR 反応は非患者のプロトコルに最も多く見られる。しかし，どのような症状であっても対人関係の面にまで問題が及んでいなければ，その記録中に多くの GHR 反応が見られることは珍しくない。一方，重大な病理学的障害を持つ患者では，普通，GHR 反応の数は少ない（Exner, 2000）。

　かたや PHR 反応は，対人関係上の非効果的で不適切な行動と高い相関を持つ。PHR 反応を多く出す人には，たいがいこれまでの対人関係の中に争いや失敗が多数見られる。このような人は社会的な不器用さを露見させ，他者から避けられたり拒否されてしまいやすい。社会のことがよくわか

表21.2　GHRとPHRの記述統計

群	平均	標準偏差	範囲	中央値	最頻値	歪度	尖度
非患者　N=105							
GHR	4.52	1.67	1-9	5	5	0.24	-0.19
PHR	1.57	1.25	0-6	1	1	0.74	0.33
人格障害　N=155							
GHR	3.57	1.57	0-7	4	3	-0.14	-0.14
PHR	2.45	2.64	0-21	2	2	4.68	30.40
うつ病入院患者　N=170							
GHR	2.68	1.51	0-9	2	2	1.09	2.36
PHR	3.06	2.29	0-8	3	5	0.37	-0.87
統合失調症　N=170							
GHR	2.54	1.97	0-9	2	3	0.94	0.99
PHR	5.81	4.27	0-18	5	5	1.11	1.07

表21.3　GHRのほうがPHRより多い者の数

	統合失調症 N=170	感情障害 N=170	人格障害 N=155	非患者 N=105
GHRがPHRより少ないか同数	149	101	61	14
GHRがPHRより多い	21	69	94	91

っていないために不適切な行動を取り，したくもない争いを引き起こしてしまうこともある。重度の障害を持つ人のプロトコルには，PHR反応がかなり多く見られる。その他の患者群の記録では，PHR反応の数は中程度か，少ない。非患者群では，PHR反応の数は少ないのが普通である。GHRとPHRの記述統計を表21.2に示す。

　記録中に人間表象反応が少なくとも3個なければ，GHRとPHRの頻度に基づいて解釈するのはあまり適当でない。GHRとPHRをそれぞれ別個に解釈することも可能ではあるが，この2変数を比較して解釈するのが最も理にかなった方法である。これは，対人関係上の行動が適応的である者にはPHR反応よりGHR反応のほうが多いと見込まれるからである。実例として，表21.3に，GHRの値がPHRの値を上回る者の数を示す。

　したがって解釈的には，GHRの値がPHRの値を上回るときは，状況に適した対人行動を取ることが多いと考えられる。GHRの値がPHRの値より大きければ大きいほど，対人行動はどのような状況においても効果的で，他者から好意的に受け止められる可能性が高くなる。逆に，PHRの値がGHRの値を上回るときは，状況に相応しくない対人行動を取りやすいと考えられる。PHRの値がGHRの値より大きくなるにつれ，対人行動は多くの場面で効果的でなくなり，他者から否定的に見られる可能性が高くなる。

攻撃的な運動（Aggressive Movement）

　特殊スコアCOPとAGは，Piotrowski（1957）の研究と示唆が基になって作られた。Piotrowskiは，

M反応をその人の行動として直接読み替えることを提案した。たしかにこの考えは正しかったが，しかしM反応だけを対象にした研究では妥当性が確認されなかった。おそらくこれは，1つの記録に含まれるM反応の数が概して少ないためである。すべての運動反応を対象にした研究からは，この仮説の裏づけが得られている。

　攻撃運動反応に関する初期の研究としては，Kazaoka, Solane & Exner（1978）が挙げられる。この研究では入院患者を7群に分け，作業療法とレクリエーション療法の様子をビデオテープにおさめた。そしてそのテープを基に，言語的攻撃性と非言語的攻撃性を評定した。それぞれの群は10人ずつの入院患者から成っている。録画したのは，粘土造形を行った作業療法と，5人ずつの2チームに分かれてバスケットボールを行ったレクリエーション療法の，各20分間である。このビデオテープは，フェルス攻撃性尺度（Fels Institute Aggression Scale）に基づいて，3人の評定者によって個別にスコアされた。さらに，研究の性質を知らされていない7人の検査者によって，70人の患者全員にロールシャッハが施行された。

　70人の患者は，2通りの方法で，同数ずつの2群に分けられた。1つは，言語的攻撃性のスコアをもとに，中央値によって二分する方法である。そうして作られた35人ずつの2群の間では，ロールシャッハのAGのスコアに有意な差はなかった（上位群の平均＝3.07，SD=1.98／下位群の平均＝1.71，SD=1.57）。しかし，言語的攻撃性スコアの分布の両端から15人ずつを選んで比較すると，AGのスコアに明らかに有意差が見られた（上位15人の平均＝4.21，SD=2.03／下位15人の平均＝0.94，SD=1.09）。もう1つは，身体的攻撃性のスコアを基に，中央値によって二分するという方法を取った。すると，この2群の間には有意差が認められた（上位群の平均＝3.57，SD=1.81，下位群の平均＝1.06，SD=1.13）。身体的攻撃性スコアの分布の両端15人ずつの群を比較すると，差はより大きくなった（上位15人の平均＝4.16，SD=1.94／下位15人の平均＝0.78，SD=1.08）。言語的攻撃性と身体的攻撃性の両方のスコアを合算した上で中央値によって2群に分けると，両者に大きな差は見られなかった（上位群の平均＝4.06，SD=1.83／下位群の平均＝2.79，SD=1.74）。しかし，分布の両端15人ずつの群を比較すると大きな差が認められた（上位15人の平均＝5.39，SD=2.01／下位15人の平均＝1.88，SD=1.2）。

　もう1つの研究では，小学校6年生33人の，30分の自由時間中の教室内での様子を2回撮影した。生徒たちにはその2〜3週間前にロールシャッハが施行されていた（Exner, Kazaoka & Morris, 1979）。このビデオテープをもとに，2人の評定者が別々に，フェルス攻撃性尺度によって言語的攻撃性と非言語的攻撃性をコードした。最初は言語的攻撃性スコアの分布を基に，次には非言語的攻撃性スコアの分布を基に，それぞれ中央値によって2群に分けた。中央値に該当する者は除いた。いずれの場合でも，上位群のAGの平均は下位群のAGの平均より有意に大きかった（言語的攻撃性上位群の平均＝3.86，SD=1.1／言語的攻撃性下位群の平均＝1.2，SD=0.87／身体的攻撃性上位群の平均＝3.99，SD=1.3／身体的攻撃性下位の平均＝0.96，SD=0.89）。

　治療効果の研究に自発的に参加した430人の外来患者の記録を調べたところ，3個以上のAG反応を含むものは82(19%)あった。治療者には，最初の10回までのセッションのうち少なくとも3回，セッション内での患者の敵対感情の表出と人への態度について評定をしてもらった。過去の攻撃的行動に関するものは特に評定項目には挙げられていなかった。比較群の82人は，残りの348人の患者から無作為に選んだ。2回以上のセッションではっきりとした敵対感情を表した者は比較群で

は 82 人中 15 人だったのに対し，ターゲットの患者群では 41 人いた。人への態度に敵意が顕著に感じられると評定された者は，比較群では 22 人，ターゲットの患者群では 51 人だった。

　これらの研究は，AG が多い場合は言語もしくは非言語による攻撃的行動の可能性や，他者に対する否定的あるいは敵対的な態度の存在を意味する，との仮説を支持している。AG が多い者は，社会には攻撃性がつきものだと考え，そのような態度や構えを取り入れている。そのため，攻撃性が行動面に現れることも珍しくない。しかし，AG 反応があるからといって，攻撃的な行動や態度がつねに反社会的なものであったり，社会に受け入れがたいものになるわけではない。

　実際のところ，AG 反応が 1 個以上あるプロトコルは，患者群よりも非患者群に多く見られる。たとえば，非患者成人 600 人のサンプルのうち，1 個以上の AG 反応を含むものは 380（63％），3 個以上含むものは 72（12％）ある。対して，外来患者 535 人のサンプルでは，1 個以上の AG 反応を含むものは 275（48％）だけで，3 個以上となると 19（4％）しかなかった。感情障害による初回入院患者 193 人のサンプルでは，1 個以上の AG 反応を含むものは 75（39％）で，3 個以上含むものは 16（8％）だけだった。一方，統合失調症患者では他の群よりも AG が多く出やすい。統合失調症による初回入院患者 200 人のサンプルでは，AG1 個以上のものは 122（61％）で，3 個以上のものは 52（26％）だった。

　Meloy & Gacono（1992）は，攻撃性のコードを拡大し，攻撃内容（aggressive content），潜在的攻撃（aggressive potential），過去の攻撃（aggressive past），サドマゾヒズム（sadomasochism）も対象にすることを提唱した。Goldstein（1998）は青年期の精神病患者 47 人に観察された攻撃性を分類し，これらと AG および Meloy & Gacono の攻撃性カテゴリーとの関連を調べたが，相関は認められなかった。White（1999）は，Meloy & Gacono の「拡大」攻撃性カテゴリーと 391 人の犯罪加害者が「実際に行った」攻撃的行動との間には有意な相関がなかったと報告した。しかし同時に，「拡大」攻撃性カテゴリーからは，攻撃性へのとらわれについて臨床上有益な情報が得られると述べた。Baity & Hilsenroth（1999）は，DSM-IV の II 軸の障害の基準に該当した患者 78 人のプロトコル中の AG 変数について調べ，攻撃内容（AGc）からはかなりの程度，その人の攻撃的特徴に関する情報が得られると示唆した。Ordnuff, Centeno & Kelsey（1999）は，性的虐待の被害経験を持つ 6 ～ 15 歳の少女 21 人と被虐待経験のない同じ年齢幅の少女 14 人の COP 反応と AG 反応を調べたが，COP のスコアによっても AG のスコアによってもこれら 2 群を識別することはできなかった。しかし，COP と AG の両方が一緒に含まれる反応の数は，性的虐待を受けた少女のほうがずっと多いことがわかった。

協力的な運動（Cooperative Movement）

　非患者成人 600 人の記録の約 83％に，1 個以上の COP 反応がある。内向型，外拡型，不定型のいずれも，中央値および最頻値は 2 である。しかし，回避型を併せ持つ場合は，中央値および最頻値は 1 である。外来患者 535 人のプロトコルでは，1 個以上の COP 反応を含むものは約 57％しかない。図版によっては COP 反応がほとんど出現しないものもある。図版 I，VIII，IX，X では，M 反応の出現率は 20％を切り，FM 反応の出現率は 15％を下回る。図版 IV と VI では COP 反応はほとんど出現せず，図版 V でもごく稀にしか出されない。COP 反応が最もよく出されるのは図版 III で，

次に多いのが図版 II と VII である。

ソシオメトリーを用いた研究が 2 つある（Exner, 1988）。1 つは高校 3 年生 25 人を対象にしたもので，もう 1 つは同じ寮に住んでいる大学 1 年の女子学生 35 人を対象にしたものである。どちらにも同じ仲間指名法（ピア・ノミネーション）を行った。3 個以上の COP 反応があった者は，「一緒にいて一番楽しい」「そばにいても一番気にならない」「クラスのリーダーである」「最も信頼できる」との項目で，他の者よりも 5 倍多く指名された。記録中に COP が 1 つもなかった高校生群の 4 名と大学生群の 5 名は，これら 4 項目のいずれにおいても仲間からの指名を得られなかった。むしろこれら 9 名は，「この人のことを一番よく知らない」「友達があまりいないと思われる人」「クラス役員の選挙ではこの人には投票しないと思う」といった，比較的否定的な項目で最も多くの指名を受けた。

COP はグループ療法のプロセスと相関がある。2 グループ，合計 17 人の外来患者について，3 回のグループ療法セッションの様子を録音し，調べたところ，3 個以上の COP があった 4 人の患者は，その他の患者よりも多く話し，発言と発言の間隔が長いことがわかった。また，グループのメンバーに直接意見を述べることが多かった。COP 反応がなかった 6 人の患者は，最も発言が少なく，他のメンバーに比べると治療者に向けて意見を述べることが多かった。

治療効果研究のデータは，COP は良好な治療終結や退院と関係する重要な変数であることを示唆している。複数回の再テストによる治療効果研究に参加した外来患者から 70 人を無作為層化抽出した。選出の基準は，（1）対人関係の問題のために治療を受けていた，（2）2 年以上研究に参加していた，（3）治療終結から 18 カ月経っている，（4）治療前には COP が 0 か 1 であった，というものである。この基準に従って，治療前の記録に COP がなかった者 31 人，COP が 1 だった者 39 人が抽出された（Exner, 1993b）。

この 70 人は，4 つの治療モデルのうちのどれか 1 つに参加していた（認知療法，N=23 ／論理情動療法，N=14 ／行動モデリング療法，N=13 ／力動的精神療法，N=20）。70 人とも，8 カ月ないし 15 カ月で治療を終えていた。全員が治療開始後 9 カ月ないし 11 カ月で再テストを受け，18 カ月ないし 22 カ月でもう一度再テストを受けた。

9 カ月ないし 11 カ月目の再テスト結果では，COP 反応が 2 個以上あった者は 37 人，1 個の者は 15 人で，残りの 18 人には COP 反応がなかった（この 18 人には治療開始前のテストでも COP がなかった）。18 カ月ないし 20 カ月目の再テストでは，COP の分布にほとんど変化は見られなかった。最初の再テストで 2 個以上の反応を出した 37 人は，全員，2 回目の再テストでも 2 個以上の COP を出した。37 人中 34 人（92%）については，良好な対人関係が報告されていた。最初の再テスト時に COP が 1 だった 15 人のうち，2 人は 2 回目の再テストで COP が 2 になったが，残りの 13 人は 1 のままだった。この 15 人中の 12 人（80%）は対人関係が適応的だと報告されていたが，残り 3 人は問題を再発させ，そのうちの 1 人は再び治療を受けていた。最初の再テスト時に COP がなかった 18 人は，2 回目の再テストでも COP を出さなかった。18 人中 10 人（56%）については良好な対人関係が報告されていたが，残り 8 人は対人関係上の問題を再発させ，うち 5 人は再び治療を受けていた。

もう 1 つの研究は，感情障害による初回入院患者 100 人のフォローアップデータを検討したものである（Exner, 1991）。入院時のプロトコルでは，COP 反応が 2 個以上あった者は 31 人，1 個の者

は36人，0個の者は33人だった。全員が退院時に再テストを受けた。入院期間は21〜45日だった。退院時にCOPが2個以上の者は37人，1個の者は29人，0個の者は34人だった。全員が外来ケアに通うことになったが，退院後9カ月ないし12カ月のフォローアップ時点でも外来に通っていた者は78人だった。退院時に2個以上のCOPを出した37人について調べると，そのうち30人（81%）の予後は良好だった。8か月以内に再入院した者は3人いた。退院時のCOPの数が1だった29人では，19人（66%）は予後が良好で，残り10人のうち6人は退院後8カ月の間に再入院していた。退院時にCOP反応がなかった34人のうち，予後が良好だった者は18人（53%）しかいなかった。残り16人のうちの9人は，退院後8か月の間に再入院していた。

Exner（1993a）は，3通りの対人関係場面を人為的に作り，その中での50人の研究参加者の肯定的あるいは協力的な行動を記録した。1つ目は，さくら役が本の山を床に落とし，どうしたものかと困った振りをする場面である。2つ目は，検査中に座る席を，検査者から遠いものか近いもののどちらかを選ばせるというものだった。3つ目の場面では，検査終了後，研究参加者が椅子の並べ替えを手伝うかどうかに注目した。研究参加者には18歳から65歳までの年齢幅があり，50人中36人は大学の学部生で，14人は中流もしくは上層中流階級の社会人だった。ロールシャッハを含む7週類のテストが4人の検査者によって施行された。ロールシャッハのCOP反応を2個以上出した者は16人，1個だけの者は19人，0個の者は15人だった。肯定的な社会的行動を評価するスコアの最大値は3であるが，COPが2個以上あった者のこのスコアの平均は2.4，COPが1個の者の平均は1.7，COPがなかった者の平均は0.8だった。Alexander（1995）は，58人の研究参加者に対して自分の好きな「社会適応的」方法で応答してもらう場面を設定し，2回のセッションでその反応を調べた。その結果，社会適応的行動の分散の30%は，COPの数，愛他性に関する自己報告式質問紙検査のスコア，孤立指標のスコアによって説明することができた。

これらの研究結果からは，協力的運動があるのは，対人態度や対人行動に関しては好ましい所見と考えられる。しかし，COPだけを見て解釈することは軽率であることを示すデータもある。たとえば，Shaffer & Erdberg（1996）は，COP反応の中にはあまり好ましくない種類のものもあるし，COPが2個以上あって一見肯定的に思えたとしても，他のいくつかの変数の有無によってはまったく意味が違ってしまうことがあると述べた。COPとAGが一緒に含まれる反応について指摘した先述のOrdnuff et al.（1999）の見解と同様，Shaffer & Erdbergの示唆も，COPの値をそれ単独で解釈してしまわないよう注意を促すものである。

COPが治療からの早期の離脱と関係していることを示した研究は2つある。1つは，認知療法もしくは力動的精神療法を受けていた外来患者168人のデータを検討したものである（Exner, 1995）。168人のうち41人は早期（治療開始後8カ月以内）に治療から離脱してしまった。この41人中28人のプロトコルでは，PureH反応が3個以上，COP反応が2個以上，AG反応がない，という組み合わせが見られた。2つ目の研究（Hilsenroth, Handler, Toman & Padawer, 1995）は，大学病院の患者188人の記録を再検討したものである。188人のうち，早期（7回以下のセッション）に治療から離脱した者は97人いた。治療者が終結に同意するまで治療を続けた81人の患者群と比べると，早期離脱者には平均して2倍以上の数のCOP反応があった。

COP反応を安易にポジティブな意味に解釈してしまうことへの警鐘となった研究のうち，最も目を引くのはGacono & Meloy（1994）である。Gacono & Meloyによれば，性的殺人により有罪判

決を受けた 20 人のロールシャッハを調べたところ，COP 反応が 0 だった者は 6 人だけであり，1 個もしくは 2 個の COP 反応を出した者は 9 人，3 個以上の COP 反応を出した者は 5 人いた。

個人的反応（Personal Responses）

　PER 反応の頻度からは，対人知覚や対人行動について新たな情報を得ることができる。PER 反応は防御の 1 つの形態を示している。多くの記録では 0 〜 2 という低い頻度であり，これには解釈的意味はない。しかし，値が高くなればかなり重要な意味を持つ。

　この特殊スコアに初めて関心が向けられたのは，非患者児童の記録を集めているときだった。PER は反応と無関係な言い回しのように思われたので，多くの検査者はこれを DR とコードすべきかどうか迷った。非患者から集められたデータを調べたところ，PER 反応は児童でも成人でも 1 個はあるが，3 個以上出ることはほとんどないことがわかった。たとえば 12 歳の児童では，PER 反応は 120 人中約 90％ に見られる。しかし，PER 反応が 2 個以上あるのは 7 人だけだった。非患者成人 600 人では約 64％ に PER 反応があったが，2 個以上出したのは 38 人だけで，3 個以上はわずか 14 人だった。

　非患者の PER 反応の分布は，範囲 0 〜 5 のきれいな J 曲線を描く。中央値と最頻値は 1 である。外来患者 535 人では，約 44％ に 1 個以上の PER 反応があった。PER 反応の数が 3 以上の者はその約 1/3 で，なかには 11 個の PER 反応を出した者も若干名いた。外来患者のプロトコルを調べたところ，PER が 4 以上となる群が 2 つ見つかった。1 つは成人の強迫性障害 65 人の群で（平均＝ 3.76，SD=1.4），もう 1 つは怒りの表出に問題があって治療を受けている思春期男子 45 人の群（平均＝ 3.69，SD=1.2）である。PER 反応がなかったのは，強迫性の群では 6 人，思春期男子の群では 7 人だけだった。両群とも最頻値は 3，範囲は 0 〜 10 であった。

　Thomas, Exner & Baker（1982）は，大学生 225 人に Gough 形容詞チェックリストを 2 回施行した。その結果を見ると，「理想」の得点と「現実」の得点の差が最も大きかった 20 人の PER 反応の平均が 2.69 だったのに対し，両得点の差が最も小さかった 20 人の PER 反応の平均は 0.7 だった。Exner & Weiner（1982）は，教師から相互協力課題を与えられた小学 4 年生と 5 年生の 3 クラスで見られたさまざまな行動を，6 名の助手に記録させた。各クラスは，1 時間ずつの授業を毎日 2 回，連続 5 日間，2 人の評定者によって観察された。記録された行動の中には，「それは自分のせいじゃない。彼がそうしろと言ったんだ」「彼女がへましなけりゃもう終わっていたのに」といった否認の反応が見られた。このような否認の反応が最も多かった生徒 5 人と残りの生徒から無作為に選ばれた 5 人に対し，研究の内容を知らされていない 6 人の検査者がロールシャッハを施行した。その結果，PER 反応の平均はコントロール群では 2.16，ターゲット群の 5 人の生徒では 3.9 だった。

　長期治療の効果研究に自発的に参加した外来患者 430 名の治療前のプロトコルを検討したところ（Exner, 1978），PER が 4 以上の者は 82 人（19％）いた（平均＝ 5.73，SD=1.6）。治療初期のセッションで治療者がこれらの患者をどう評価していたのか調べてみると，2/3（57 人）以上は治療に拒否的もしくは治療意欲があるのか疑問だと評定されていた。これに対し，研究に参加した 348 人から無作為に選ばれた 82 人の群では（平均＝ 1.12，SD=2.09），同様の評定を受けた者の数は 25％ 未満だった（p<.01）。

PER反応に関するいくつかの研究結果は，その数が有意に多い者には自己イメージを守るために必要以上に正確であろうとする傾向があることを示唆している。外面上，PER反応は自分についての情報を分かち合おうとする意欲や素直さを示しているようにも見える。こうした性質を持ったPER反応も中にはあるかもしれない。たとえば，チョウチョと言った後に「こんなの捕まえたことがある。すごくきれいだったんだよ」と付け足すような子どもの場合などである。しかし視点を別に移すと，PER反応は自分の知覚を，ひいては自分自身を，しっかりと守ってくれるものと言える。個人的体験を注釈に加えることによって，「直接体験したことをもとに言っているのだから自分は正しいんだ」と自分に言い聞かすことができ，安心感がもたらされる。また，検査者から問い質されても受け流すことができると思っていられる。すなわち，PER反応は防衛的な権威主義を示している。

　この種の自己防衛は対人関係を必ずしも悪くはしない。しかし，このような自己防衛をする人は，挑まれることが多い状況では安心感が乏しくなる。PERの値がかなり多いと，他者からは固い，あるいは狭量だと見なされがちである。その結果，親密な対人関係を維持するのが困難になる。特に，自分に対して従順でない相手との関係を長続きさせるのは難しい。

孤立指標（Isolation Index）

　社会環境をどう見ているのか，社会環境にどう反応するのかといった点について情報をもたらしてくれるもう1つのデータは，孤立指標である。ロールシャッハの歴史を振り返れば，どのような反応内容カテゴリーであれ，その頻度が上昇していれば何らかの解釈的意味があると考えるのは理にかなっている。というのは，AとHを除くと，ほとんどのカテゴリーの頻度は非常に低いからである。Btは非患者成人の平均が2.37（SD=1.3）だが，これ以外にはどの群でも平均が2を越えるものはほとんどない。多くの者がその著書の中で，1つのカテゴリーだけ頻度が上昇している場合は何らかの葛藤やとらわれを示していると述べてきた（Beck, 1945；Klopfer & Kelley, 1942；Rapaport, Gill & Schafer, 1946；Piotrowski, 1957；Draguns et al., 1967；Exner, 1974）。しかし，An+Xyの組み合わせを除けば，この仮説を裏づける経験的データはなかった。そこで，それぞれの反応内容カテゴリーやそれらの組み合わせについて，個人や群の特徴を示すその他のデータと関連しているかどうか，コンピュータを用いて調査することになった。

　Bt, Cl, Ge, Ls, Naの組み合わせと社会からの孤立や引きこもりとの関連を初めて示唆したのは，治療中および治療開始後に自発的にロールシャッハを受けた外来患者430人のベースライン記録を用いた反応内容についての研究だった。この研究では，初期のセッション終了後，家族以外の者との社会的接触の回数，社会からの疎外感や孤立感など，社会的行動に関する項目について治療者が評定した。これらの評定とBt, Cl, Ge, Ls, Naの組み合わせとの相関を求めると，群全体ではr=.26だった。しかし，評定のスコアの分布の両端100人を抽出し，それぞれについて分析すると，よりはっきりした結果が得られた。NaとClに2倍の重みづけをした上で得られた5つの反応内容の頻度を反応数で割り，スコアを算出したところ，社会内で積極的かつ肯定的な対人関係を営んでいると評定された100人の患者では，この指標のスコアと評定との相関は-.51だった。逆に，治療者から否定的な評定を受けた100人では，それらの相関は.56だった。

孤立指標の有効性を示す次の手がかりは，精神病者のサンプルデータを検討した結果得られた。この研究の過程で，全員の孤立指標の値が.25を超え，.33を超える者も多く含まれる群が，2つ浮かびあがってきた。1つは，教師の評定あるいはサイコロジストの評価により，対人接触から顕著に引きこもっていると見なされた505人の児童，青年の群である。これら505の記録のうち，423（84%）は指標の値が.25を超え，271（54%）は.33を超えていた。もう1つは，「統合失調質」もしくは「統合失調型人格障害」と診断された146人の成人外来患者の群である。この群では，孤立指標が.25を超えるものは127（86%），.33を超えるものは89（61%）だった。これらのデータからは，孤立指標が.26以上の場合は何らかの社会からの孤立を示していると考えられる。次の2つの研究から得られたデータにより，この仮説を検証することができる。

Farber, Exner & Thomas（1982）は，クラス内で人との接触が少ない生徒を識別する目的で，高校2年生と3年生139人を対象に，仲間指名法を行った。ノミネーションの項目は15あり，最も人気がある，最もダンスがうまい，最も親しみやすい，最もユーモアがある，最も助けになってくれる，最もよく話を聞いてくれる，最も思いやりがある，一緒にいて最も楽しい，最も責任感が強い，最も信頼できるなど，すべて対人的好みや対人行動に関連したものだった。また，いずれの項目でも肯定的な特徴を取りあげていた。まったく指名されなかった18人の生徒と，残り121人の中から無作為に選ばれた18人の生徒に，ロールシャッハを受けてもらった。テストを受けた者には10ドルが支払われた。その結果，コントロール群の孤立指標の平均が.17（SD=.12）であったのに対し，ターゲット群の孤立指標の平均は.31（SD=.08）だった。

2つ目の研究では，小さな全寮制大学の同じ寮に入っている64人の女子大学生に対して，30項目のピア・ノミネーション・インベントリーを施行した（Exner & Farber, 1983）。彼女らは，寮の学習室に新しい備品を寄付してもらうのと引き換えに，キャンパス生活でのストレスに関する心理学的研究に有志で参加した。全員，いくつかの心理テストを受け，仲間指名法などの質問紙に回答した。仲間指名法の30項目には，先の研究で用いられた15項目の他に，最も親しみにくい，最も傍迷惑，最も思いやりがない，最もぶしつけ，最も苛々させられる，最も責任感がない，最も議論好き，人との付き合いに最も関心が薄いなど，否定的な項目も加えられた。全員が2回以上の指名を受けたが，そのうち，人との付き合いに最も関心が薄いという項目で少なくとも1回は指名された者は14人いた。14人のうち9人は，20人以上からこの指名を受けていた。残りの5人が指名された回数は5回以下だった。これら9人とも孤立指標の値は.25を超え，その平均は.32だった。比較のために，残り55人の学生から無作為に9人ずつ選び出し，5つの群を作った。9人中3人の孤立指標が.25を超える群が1つあったが，その他の4群では，孤立指標が.25を超える者は0もしくは1人だった。4群合わせても，孤立指標が.25を超える者は2人しかいなかった。

非患者成人600人のうち約20%は，孤立指標が.25を上回る。しかし，.32を超える者は約7%しかいない。これとは対照的に，535人の外来患者では，孤立指標が.25を超える者は約15%だけだが，その約2/3は.32を上回っている。感情障害による初回入院患者193人のうち，孤立指標が.25を超える者は約30%で，その約半数は.32を上回る。Khouri & Greenway（1996）は，自分からカウンセリング機関を訪れた53人のクライエントを対象に研究した。その結果，孤立指標とMMPI-2のハリス・リングレス抑うつ尺度との間に高い相関があることがわかった。Alexander（1995）は，孤立指標の値と社会適応的行動の頻度との間に負の相関があることを指摘した。

孤立指標の値が .25 〜 .32 の間にある場合は，通常，社会的相互作用が少ないことを示す。これは必ずしも社会不適応や社会との葛藤を意味するものではない。多くの場合，それは社会的な交流に関心が乏しいか，臆していることを示している。孤立指標が .33 以上の場合は，社会から孤立している可能性が非常に高い。この所見に該当する者の大半は，COP が 1 以下である。また，ほとんどの者が Afr. も低い。

文献

Alexander, S. E. (1995). The relationship of projective test indices to prosocial behaviors, altruism, and loneliness. Dissertation Abstracts International, 56, 0513.

Ames, L. B., Metraux, R. W., & Walker, R. N. (1971). Adolescent Rorschach responses. New York: Brunner/Mazel.

Baity, M. R., & Hilsenroth, M. J. (1999). Rorschach aggression variables: A study of reliability and validity. Journal of Personality Assessment, 72, 93-110.

Beck, S. J. (1945). Rorschach's test. II: A variety of personality pictures. New York: Grune & Stratton.

Bornstein, R. F. (1992). The dependent personality: Developmental, social, and clinical perspectives. Psychological Bulletin, 112, 3-23.

Bornstein, R. F., Bowers, K. S., & Robinson, K. J. (1997). Differential relationships of objective and projective dependency scores to self-report of interpersonal life events in college student subjects. Journal of Personality Assessment, 65, 255-269.

Bornstein, R. F., & Greenberg, R. P. (1991). Dependency and eating disorders in psychiatric inpatients. Journal of Nervous and Mental Diseases, 179, 148-152.

Bornstein, R. F., & Masling, J. M. (1985). Orality and latency of volunteering to participate as experimental subjects. Journal of Personality Assessment, 49, 306-310.

Burns, B., & Viglione, D. J. (1996). The Rorschach Human Experience Variable, interpersonal relatedness and object representation in nonpatients. Psychological Assessment, 8, 92-99.

Cadenhead, K. S., Perry, W., & Braff, D. L. (1996). The relationship of information processing deficits and clinical symptoms in schizotypal personality disorder. Biological Psychiatry, 40, 853-858.

Draguns, I. G., Haley, E. M., & Phillips, L. (1967). Studies of Rorschach content: A review of the research literature. Part 1: Traditional content categories. Journal of Projective Techniques and Personality Assessment, 31, 3-32.

Exner, J. E. (1974). The Rorschach: A Comprehensive System. Volume 1. New York: Wiley.

Exner, J. E. (1978). The Rorschach: A Comprehensive System. Volume 2. Current research and advanced interpretation. New York: Wiley.

Exner, J. E. (1988). COP. Alumni newsletter. Asheville, NC: Rorschach Workshops.

Exner, J. E. (1991). The Rorschach: A Comprehensive System. Volume 2: Interpretation (2nd ed.). New York: Wiley.

Exner, J. E. (1993a). COP responses and helping behavior. Rorschach Workshops (Study No. 303, unpublished).

Exner, J. E. (1993b). The Rorschach: A Comprehensive System. Volume 1: Basicfoundations (3rd ed.). New York: Wiley.

Exner, J. E. (1995). Recent research. Alumni newsletter. Asheville, NC: Rorschach Workshops.

Exner, J. E. (2000). A primerfor Rorschach interpretation. Asheville, NC: Rorschach Workshops.

Exner, J. E. (2001). A Rorschach workbook for the Comprehensive S),stem (5th ed.). Asheville, NC: Rorschach Workshops.

Exner, J. E., Bryant, E. L., & Miller, A. S. (1975). Rorschach responses of some juvenile offenders. Rorschach Workshops (Study No.214, unpublished).

Exner, J. E., & Farber, J. G. (1983). Peer nominations among female college students living in a dormitory setting. Rorschach Workshops (Study No. 290, un-published).

Exner, J. E., & Kazaoka, K. (1978). Dependency gestures of 16 assertiveness trainees as related to Rorschach movement responses. Rorschach Workshops (Study No.261, unpublished).

Exner, J. E., Kazaoka, K., & Morris, H. M. (1979). Verbal and nonverbal aggression among sixth grade students during free periods as related to a Rorschach special score for aggression. Rorschach Workshops (Study No. 255, unpublished).

Exner, J. E., & Weiner, I. B. (1982). The Rorschach: A Comprehensive System. Volume 3. Assessment of children and adolescents. New York: Wiley.

Farber, J. L., Exner, J. E., & Thomas, E. A. (1982). Peer nominations among 139 high school students related to the Isolation Index. Rorschach Workshops (Study No.288, unpublished).

Gacono, C. B., & Meloy, J. R. (1994). The Rorschach assessment of aggressive and psychopathic personalities. Hillsdale, NJ: Erlbaum.

Goldman, R. (1960). Changes in Rorschach performance and clinical improvement in schizophrenia. Journal of Consulting Psychology, 24, 403-407.

Goldstein, D. B. (1998). Rorschach correlates of aggression in an adolescent sample. Dissertation Abstracts International, 58, 5118.

Halpern, F. (1940). Rorschach interpretation of the personality structure of schizophrenics who benefit from insulin therapy. Psychiatric Quarterly: 14, 826-833.

Hilsenroth, M. J., Handler, L., Toman, K. M., & Padawer, J. R. (1995). Rorschach and MMPI-2 indices of early psychotherapy termination. Journal of Consulting and Clinical Psychology, 63, 956-965.

Holaday, M., & Whittenberg, T. (1994). Rorschach responding in children and adolescents who have been severely burned. Journal of Personality Assessment, 62, 269-279.

Kazaoka, K., Sloane, K., & Exner, J. E. (1978). Verbal and nonverbal aggressive behaviors among 70 inpatients during occupational and recreational therapy. Rorschach Workshops (Study No. 254, unpublished).

Khouri, S., & Greenway, A. P. (1996). Exner's depression index and the Harris-Lingoes MMPI-2 subscales for depression. Perceptual and Motor Skills, 82, 27-30.

Klopfer, B., & Kelley, D. (1942). The Rorschach technique. Yonkers-on-Hudson, NY: World Books.

Masling, J. M. (1986). Orality, pathology, and interpersonal behavior. In J. Masling (Ed.), Empirical studies of psychoanalytic theories (Vol. 2). Hillsdale, NJ: Erlbaum.

Masling, J. M., O'Neill, R. M., & Katkin, E. S. (1982). Autonomic arousal, interpersonal climate and orality. Journal of Personality and Social Psychology, 42, 529-534.

Masling, J. M., Rabie, L., & Blondheim, S. H. (1967). Obesity, Ievel of aspiration, and Rorschach and TAT measures of oral dependence. Journal of Consulting Psychology, 31, 233-239.

Meloy, J. R., & Gacono, C. B. (1992). The aggression response and the Rorschach. Journal of Clinical Psychology, 48, 104-114.

Molish, H. B. (1967). Critique and problems of the Rorschach. A survey. In S. J. Beck & H. B. Molish (Eds.), Rorschach's test. II: A variety of personality pictures (2nd ed.). New York: Grune & Stratton.

Morris, W. W. (1943). Prognostic possibilities of the Rorschach method in metrazol therapy. American Journal of Psychiatry, 100, 222-230.

Ornduff, S. R., Centeno, L., & Kelsey, R. M. (1999). Rorschach assessment of malevolence in sexually abused girls. Journal of Personality Assessment, 73, 100-109.

Perry, W., & Braff, D. L. (1994). Information processing deficits and thought disorder in schizophrenia. American Journal of Psychiatry, 151, 363-367.

Perry, W., & Viglione, D. J. (1991). The Rorschach Ego Impairment Index as a predictor of outcome in melancholic depressed patients treated with tricyclic antidepressants. Journal of Personality Assessment, 56, 487-501.

Perry, W., Viglione, D. J., & Braff, D. (1992). The Ego Impairment Index and schizophrenia: A validation study. Journal of Personality Assessment, 59, 165-175.

Piotrowski, Z. (1957). Perceptanalysis. New York: Macmillan.

Piotrowski, Z., & Bricklin, B. (1961). A second validation of a long-term Rorschach prognostic index for schizophrenic patients. Journal of Consulting Psychology, 25, 123-128.

Pires, A. A. (2000). National norms for the Rorschach normative study in Portugal. In R. H. Dana (Ed.), Handbook of cross-cultural and multicultural personality assessment: Personality and clinical psychology series. Mahwah, NJ: Erlbaum.

Rapaport, D., Gill, M., & Schafer, R. (1946). Psychological diagnostic testing (Vol. 2). Chicago: Yearbook Publishers.

Ray, A. B. (1963). Juvenile delinquency by Rorschach inkblots. Psychologia, 6, 190-192.

Richardson, H. (1963). Rorschachs of adolescent approved school girls, compared with Ames normal adolescents. Rorschach Newsletter, 8, 3-8.

Schafer, R. (1954). Psychoanalytic interpretation in Rorschach testing. New York: Grune & Stratton.

Shaffer, T. W., & Erdberg, P. (1996). Cooperative movement in the Rorschach responses: A qualitative approach. 15th International Congress of Rorschach and Projective Methods, Boston.

Sherman, M. H. (1952). A comparison of formal and content factors in the diagnostic testing of schizophrenia. Genetic Psychology Monographs, 46, 183-234.

Stotsky, B. A. (1952). A comparison of remitting and nonremitting schizophrenics on psychological tests. Journal of Abnormal and Social Psychology, 47, 489-496.

Thomas, E. A., Exner, J. E., & Baker, W, (1982). Ratings of real versus ideal self among 225 college students. Rorschach Workshops (Study No.287, unpublished).

Viglione, D. J., Perry, W., Jansak, D., Meyer, G., & Exner, J. E. (in press). Modifying the Rorschach Human Experience Variable to Create the Human Representational Variable. Journal of Personality Assessment.

Vinson, D. B. (1960). Responses to the Rorschach test that identify thinking, feelings, and behavior. Journal of Clinical and Experimental Psychopathology, 21, 34-40.

Walters, R. H. (1953). A preliminary analysis of the Rorschach records of fifty prison inmates. Journal of Projective Techniques, 17, 436-446.

White, D. O. (1999). A concurrent validity study of the Rorschach extended aggression scoring categories. Dissertation Abstracts International, 59, 5152.

Young, M. H., Justice, J., & Erdberg, P. (1999). Risk factors for violent behavior among incarcerated male psychiatric patients: A multimethod approach. Assessment, 6, 243-258.

第 22 章

最終所見

The Complete Description

　解釈に関するこれまでの章では，ロールシャッハの各部分に焦点をあててきた。それぞれのクラスターは個人の特徴について情報を提供してくれるが，その人物の全体像を描き出すものではない。ロールシャッハ言語で言うならば，それらはテストの部分（D）を表すものと言えるかもしれない。解釈者にとっての課題は，各クラスターから得られる結果をまとめてW+にすることである。最終所見によって初めて人物像がユニークな個人として特徴づけられるのである。

　最終所見を完成させるのはそれほど難しいことではない。それぞれの解釈者には自分なりの書き方があるだろうが，各クラスターの結果を一つにまとめる作業はつねに概念的に筋が通っている必要がある。そのためには，各クラスターの結果を，検討した順番にまとめていくのが便利な場合もある。鍵変数として表13.4（第13章）に挙げた順番がそれである。通常，この順番に従うと，解釈手続の早い段階で最も重要な所見に焦点をあてることになる。そのため，多くの場合，この所見からスタートするのがよい。しかし，最初の鍵変数の所見からはあまり十分なことが言えず，記録を読み進めていかないと意味ある記述ができないこともある。いずれの場合であっても最終所見にはポジティブな所見とネガティブな所見の両方をバランスよく記述することが肝心である。

　解釈者によっては，クラスターの要約を単純に次々と並べて，あたかも「最終」所見のように仕立てあげる場合がある。しかしこれは勧められる方法ではないし，このような記述は統合された所見とは言えない。クラスターの要約はそれぞれ別個のものであることが多く，狭い範囲にだけ焦点をあてている。1つ以上のクラスターを含む，たとえば認知の三側面の要約でさえそうである。また，クラスターの要約は重複する情報を含むことも多い。それは，ラムダやEB，SumV，HVIなどが，1つのクラスターだけでなくいくつかのクラスターにわたって解釈に関連するからである。結局，クラスターの要約を単純に並べるのは，実際の人物の全体像を描き出すにはおよそ不十分な方法であると言える。

　結果を統合して，個人の心理的仕組みや機能をはっきりさせるユニークな記述をすることは，検討事項の項目に答えることにもなるであろう。そのためには，解釈者はそれぞれの特徴を他の特徴と関連させて結果を考える必要がある。第13章で述べた，解釈をするにあたってあらかじめ持っておくべき人々についての知識，パーソナリティについての知識，精神病理や不適応についての知識が，この段階でまさに重要となる。

　あらかじめ持っておくべき知識があると，内的葛藤に対する理解や，それが外界に対する行動とどのように関連するのかを理解することができる。また，一つの特徴がいかにある側面では資質に

なり，別な面では弱みになるのかを理解するための基本となる。そうすると，それぞれの相互に関連を理解できるようになり，どの特徴がその人物にとって影響力が強く，どれがそうでもないのかがわかるようになる。これらの組み合わせを描写することがその人物の個性をつかむことになるのである。

　結果を統合して，まとめ，最終所見にする方法を説明する前に，これまでの章で触れてこなかった2つの変数について論じておきたい。

自殺の可能性（Suicide Constellation : *S-CON*）

　S-CONは一見すると異なった要素から成る一連の12変数によって構成されている。各変数は基準に従って結果が該当するか，しないかを見ていく。このS-CONは，ロールシャッハを受けてから60日以内に自殺既遂した59人のプロトコルを用いて，1970年代中頃に作られた（Exner & Wylie, 1977）。その後も何年間か，ロールシャッハを受けてから60日以内に自殺既遂した人のプロトコルがロールシャッハ研究財団のデータ・プールに追加データとして集められ，1980年中頃には，新しいサンプルを含めて101の記録になった。元のサンプルに施行したいくつかの分析がこの新しいサンプルでも繰り返された。それはどれも，自殺既遂をした人と他のさまざまな入院患者や外来患者の比較サンプルとを正しく区別することのできるテストの変数はどれなのか，あるいは変数の組み合わせは何なのかを明らかにするために選ばれた手続きである。

　59の記録を用いた最初の分析により，11の変数が選び出された。この11変数のうち少なくとも8個以上が該当するときを基準とすると，自殺群の75％が正確に識別できた。他方，患者群では，この基準に該当する者は10〜20％で，比較に使われた非患者群では該当者はいなかった。交差妥当性の分析サンプルの結果もこれとかなり近似したものとなったが，この分析の結果，この変数構成にもう1つの変数MORを付け加えることになった（Exner, Martin & Mason, 1984）。

　12変数となったS-CONは，8以上該当という基準を用いると，交差妥当性を確かめるための自殺群サンプルの80％を正確に識別できた。逆に，患者比較群では6〜12％にしか8以上の変数が該当するものはなく，非患者比較群には該当するものはいなかった。カットオフ基準を7に下げると，自殺群の正当率は90％に上がるが，さまざまな比較群で偽陽性の割合が30％以上に上昇し，6％の非患者の記録にも当てはまることになった。

*S-CON*の解釈

　解釈にあたっていつも最初に検討するのがこのS-CONである。S-CONの値が8以上であれば，これはロールシャッハを受けてから比較的短い期間に自殺した人たちと共通の特徴を持っていることを示す「危険信号」と見なすべきであろう。この場合は警告として受け止めて，自己破壊についてのとらわれがどのようなものなのかを確認する作業を迅速に進めなければならない。通常は，十分話せる面接時間を取って本人とその問題について確かめるが，詳しい生活歴からもこの問題に対処するためのきっかけが得られるものである。

　S-CONは成人のプロトコルから発展してきた。若年患者のS-CON作成のために，後に自殺既遂した若年者から集められた少ない記録サンプルを使って研究がなされた。この研究結果は一様では

なく，実験的 S-CON 児童版には多くの偽陽性のケースが生じた。結局，この研究の分析を終えてみると，15 〜 17 歳までの思春期後期のケースでは S-CON を成人と同じ解釈基準で使えることがわかった。

　S-CON 値が 8 より少ないからといって，自己破壊へのとらわれがないと解釈してはならない。自殺群には 20 〜 25% の偽陰性の記録が含まれているからである。この観点から，S-CON 値が 7 のプロトコルを見て自己破壊について心配する解釈者もいる。その心配は論理的に正しく，Fowler et al.（2001）の研究結果もその正しさを裏づけている。もちろん，反応のコーディングが正しいか注意深く見直しをする必要がある。仮にコーディングは正しかったとしても，はたして死についての思いはどれほどあるのかについて，その個人に関して入手可能なすべてのデータを考慮して，充分に把握しておくことが大事である。

知覚と思考の指標（Perceptual-Thinking Index：*PTI*）

　PTI は，これまで統合失調症指標（SCZI）と呼ばれていたものを修正したものである。基の SCZI は，知覚と思考に関する変数を用いて 1970 年代後半から 1980 年代初期にかけて作られた（Exner, 1983, 1986）。それは 5 つの基準から構成されていた。1980 年代後半に改定されて 6 個の基準を含むものとなった（Exner, 1989）。SCZI の解釈にはつねにカットオフ基準が関係してくるが，これは S-CON におけるカットオフポイントの設定で使われた手続きと類似の分析によって定められた。その分析によれば，SCZI 値が 4 以上であれば統合失調症様の問題を持つ可能性があることが示唆された。

　群間研究によれば，カットオフポイントを 4 にすると，統合失調症と診断された人々の 65 〜 80% を識別できた。しかし，10 〜 20% のその他の比較的深刻な問題を持つ人もこの SCZI の値が 4 以上になった。この「偽陽性」は大うつ病の入院患者に最も多かったが，他の精神病様の状態の患者にもかなりの数見られた。

　実際，非統合失調症患者に所見が該当することは，この指標に含まれる変数を考えてみると必ずしも間違いとは言えない。それらの変数は，認知の媒介や思考と関連しているので，かなり混乱している患者は，たいていそのような機能に支障があるからである。しかし「統合失調症指標」という名称ゆえに，解釈するときに，この所見は該当するけれども統合失調症ではないという説明をしなくてはならなかった。

　若年層の中では偽陽性の率がかなり高いのも特徴で，特に思春期前期と思春期で爆発的な行動を取る若者に多い。たいていこのような若者は，拒否感や怒りを抱いているので，それがテストを受けるときの行動に重要な影響を与える。つまり，ブロットのはっきりとした部分特徴を無視したり，歪めたロールシャッハ反応を選んでしまいやすく，指標に使われている変数を見る限り，彼らはたしかに陽性となるが，たいてい統合失調症ではない。

　また，統合失調症の診断のための臨床基準と行動基準が徐々に変化してきたことも SCZI の使用を複雑なものにしてきた。ある面では統合失調症のための診断基準がより狭められたが，他の面ではかなり広められた。統合失調症スペクトラムという概念が新たに尊重されるようになり，それまでであれば統合失調症と診断されていたであろう人に，このスペクトラムの他の診断名が適用されるようになった。

表 22.1　PTI を構成する変数と基準

1	XA%<.70 かつ WDA%<.75
2	X-%>.29
3	LVL2>2 かつ FAB2>0.
4	R<17 かつ WSUM>12 または R>16 かつ WSUM6>17*
5	M->1 または X-%>.40

* = 13 歳以下の場合は年齢によって修正する。
R>16：5 歳から 7 歳 = 20；8 歳から 10 歳 = 19；11 歳から 13 歳 = 18
R>17：5 歳から 7 歳 = 16；8 歳から 10 歳 = 15；11 歳から 13 歳 = 14

　さまざまな要因に刺激されて，SCZI に関する一連の新しい研究が始められた。その目的は，認知の媒介や，思考に著しい問題を持つ人を識別する際の妥当性を高めることであった。結果は非常に好ましいもので，知覚や認知の媒介の問題を識別する，新たな 2 つの変数を生み出した。それは，第 18 章で述べた XA% と WDA% である。この研究の結果，名称も「知覚と思考の指標」に変更されたが，それはこのほうが，ここに含まれる変数が感知している特徴をより正確に反映していると思われたからである。PTI を構成する変数と基準を表 22.1 に示す。

　PTI を作るために，2 つの「偽陽性」のグループを検討した。最初のグループは，SCZI の値が 4 以上だが，統合失調症ではなく，また精神病様の特徴を示さない 150 のプロトコルである。これらは「確実に」偽陽性と考えられたグループである。2 つ目のグループは，統合失調症ではないものの，精神病様の特徴が顕著な人たちから集められた 50 のプロトコルで，SCZI の値が 5 から 6 になる「真の」陽性群である。150 の偽陽性群のうち，127 ケースは PTI が 3 以下で，およそ 66% は 2 以下になった。一方，真の陽性群では 50 ケース中 31 ケースの PTI 値が 4 か 5 で，残りの 11 ケースは PTI 値が 3 であった。

　PTI は SCZI よりも認知の媒介や思考の問題を見極めにくいものの，統合失調症者の PTI スコアの分布は SCZI の分布とそれほど大きく変わらない。たとえば，DSM に基づいて統合失調症と診断された 110 人のグループでは，84 人が SCZI の値が 4 以上であった。この 84 人中 62 人は SCZI 値が 5 以上であった。PTI の値は，110 人中 61 人が 4 以上で，22 人が 3 であった。Smith et al. (2002) は，児童および思春期の入院患者のサンプルを用いて，PTI の有効性を調べた。彼らは行動評定尺度と自己報告式の尺度から思考障害の指標を算出した。この得点が高くなっている患者とそうでない患者は，PTI によって識別することができた。

PTI の解釈

　この指標は，特定の診断を決定する際に主要な根拠として使われるべきではない。決め手となるカットオフポイントも設定していない。むしろこれは連続性の尺度と見るのがふさわしく，値が高くなればなるほど望ましくないと考えるのが適切である。PTI の主な目的は，認知の媒介や思考に問題がありそうだと，解釈者に警告を発することである。論理的には，PTI の値が 4, 5 であれば，この値が 0 や 1 や 2 よりも認知の媒介や思考に問題があることを示している。しかし，それは単なる区別でしかない。実際に認知の媒介や思考にどの程度問題があるのかは，これらの特徴と関連の

あるデータのクラスターでしか明らかにならないので，そこで徹底的に検討されることになる。

クラスター解釈の最も適切な順番を決めるための鍵変数のリストでは，PTI は SCZI に代わって最初の項目となる（第 13 章，表 13.4 参照）。これが最初の項目に残る理由は，PTI の値が高くなると他のデータを解釈する前にまず認知について検討することが重要であることを意味するからである。

最終所見の作成

解釈の原理を十分理解できていれば，各クラスターのデータを構造一覧表とスコアの継列から直接読み込んでいけばよい。しかし解釈の原理を学びつつある者，あるいはロールシャッハの使用頻度が少ない者は，これまでの章で用いてきたクラスター・データ・チャートにしたがって解釈を進める方が確実だろう。この章では，そうしたアプローチ法によって 4 つのケースを解釈する。

ケース 14

42 歳の男性。彼は，離婚訴訟の代理人をしている弁護士の紹介で精神科を受診した。この 3，4 カ月の間はストレスを感じ，なかなか眠れぬ状態が続いているという。大手ディスカウントショップのマネージャーをしているが，そこでの勤務成績も悪化しているとのことである。約半年前に末の娘が大学に入って家を離れたが，その直後に妻が家を出ていった。彼は，それが現在の症状の原因だと考えている。結婚生活がうまくいかなくなったのは，職場で今のポストを得るために何年もの間長時間労働をしてきたせいだろうと思っている。妻は家を出ていく際に，他の男性と 1 年以上付き合っていたことや，娘が高校を卒業して大学に入ったらすぐに家を出るつもりでいたことを告白した。彼は，妻がずっと浮気をしていたとは思わないが，夫婦関係はここ数年の間「平凡で味気なく」なっていたように思う，と述べる。

彼は家族を自慢の種にしてきたし，21 年にわたる結婚生活はおしなべて幸せなものだったと信じている。浮気については，「自分にも機会はいくらでもあっただろうが」一度もしたことはないという。夫婦ともたくさんの友人がおり，いろいろな社交の場に顔を出すことが多かった。夫婦間のセックスの回数はこの 5 年から 7 年の間に減ってきていたが，彼はそのことと別居はあまり関係がないと思っている。むしろ，就労経験のない妻は，末の娘が大学に入ったことで家庭での役割を終えた気になり，これからは自分のための新しい人生を送りたいと思ったのだ，と解釈している。妻が教員資格を取ってフルタイムで働くつもりでいることは，すでに聞いて知っている。

2 人は同い年で，州立大学 2 年のときに結婚した。彼の専攻は経営学で，妻の専攻は中等教育だった。妻は大学 3 年時に妊娠したため教育実習の単位は取れなかったが，学位は取得した。子どもは 2 人いる。長男は 20 歳で，州立大学工学部 3 年に在学中である。長女は 18 歳で，教養大学の 1 年生である。彼の話では，2 人とも最初は母親の行動にショックを受けたものの，今では両親の離婚を受け入れているとのことである。妻は離婚後の経済的援助は求めていないが，婚姻中に築いた財産の分与は望んでいる。

妻が出ていった後の 1 カ月は「何もやる気が起こらず落ち込んでいた」が，2 カ月を過ぎた頃からはどうにか抑うつ感を追い払うことができるようになってきた。しかしまだショックが尾を引い

ているし，それが仕事に影響しないか気になっているという。支えになってくれる友人はたくさんいる。けれども，よりを戻せないものかと心を砕いてくれているのがわかるので，友達と一緒にいるとかえって気が休まらないという。彼は自分のことを，人付き合いを好む，物静かな人間だと評する。周りの友達に比べると，自分は感情をあまり表に出さないタイプだという。

自分が何をしたせいで，あるいは何をしなかったせいで妻が家を出ることになったのか，実際のところはよくわからないと述べる。また，こんなことになるなんて夢にも思わなかったと話す。朝目を覚ますと疲れを感じ，緊張したり不安になるという。最近は，その日に予定している大事なことを忘れないよう，メモを残しておくことにしている。

精神科医は以下の事項について回答を求めている。

（1）重篤なうつ病であることを示すデータはあるか。
（2）抗うつ剤は効果があるか。
（3）どのようなパーソナリティの人か。
（4）短期の支持的治療が適当か，それとも長期の介入を計画したほうがよいか。後者の場合，長期の介入目標は何か。
（5）自殺の可能性を示すデータはあるか。

最終的な所見をまとめる前に，その基になる一つ一つの情報，すなわちクラスターごとに要約をする。まず，S-CONの検討から始める。その後は，最初に該当する鍵変数が示す順番の通りに各クラスターを検討していく。このケースは，DスコアがAdjDスコアよりも小さいという4番目の鍵変数にあてはまる。したがって，解釈は，統制と状況ストレスに関するクラスターの検討から始める。しかしその後の順番は，次の鍵変数を見なければ決まらない。次に該当する鍵変数は，体験型が内向型というものである。したがって，残りのクラスターは，思考，情報処理過程，認知的媒介，感情，自己知覚，対人知覚の順で検討する。

ケース14　42歳・男性

カード	反応	質問
I	1. えーっと，そうですね。こういうのが羽のようで，全部黒いから，コウモリでいいのかな。 S：1つでいいんですか？ E：たいてい，皆さん1つより多く言ってくださいますが。 S：全体で見なくてはいけないんですか？ E：ご自由にどうぞ。	E：（反応を繰り返す） S：そうですね，こういうのが羽のようで，真ん中が胴体で，これが小さい脚のようです。それで，コウモリ。
	2. ここは脚の形に見えます。下半身。	E：（反応を繰り返す） S：ちょうどこの部分が（D3の輪郭をたどる）。下半身に見えます，腰から下の部分に。
II	3. 上の部分を入れないと，配水管のようで，さび色の水が出てきてるみたいです。	E：（反応を繰り返す） S：この三角形の白いところがパイプで，その周りの黒っぽい部分がパイプの周りにある地面で，この赤っぽいところが水で，手前のほうに流れ出ています。 E：水が出てきてるというのをどう見たらいいのか，よくわからなかったのですが。 S：水が流れ出ているように見えるんです。パイプの手前に地面が少し見えていて，そのさらに手前に水。ここの赤が他のところより濃くなっているでしょ（D3上部）。 E：さび色とおっしゃったのを教えてください。 S：ええ，赤くて，汚水とか濁水を想像したんです。 E：それから，その他の部分も地面とおっしゃいましたが。 S：地面じゃなくてもいいのですが，とにかくパイプの周りにあるものです。
	4. ちょっと見方を変えると，湖のほとり，遠くにある塔かお城に見えます。	E：（反応を繰り返す） S：白いのが湖で，遠くから見た感じです。それから，反対側のずっと向こうの端にあるのがお城です（D4）。 E：遠くから見た感じとおっしゃいましたが。 S：ここの部分はすごく小さくて，湖のこちら岸から向こう岸を見ているようで，塔が遠くにあるように見えます。
III	5. 2人で一緒に太鼓を叩いているように見えます。	E：（反応を繰り返す） S：たぶん，アフリカの原住民，黒くて。部族の踊りのときに，2人でこの太鼓を叩いているような。この格好が，この太鼓のようなものの上に身を乗り出しているように見えます。
	6. この真ん中のところはチョウみたいです。	E：（反応を繰り返す） S：そうですね。羽があって，赤くて，きれいなチョウみたいです。
IV	7. これは古いブーツだと思います。ひっくり返してもいいんですか？	E：（反応を繰り返す） S：両側に1つずつ（輪郭をたどる）。つま先で，かかとで，上の部分はこの辺までです。 E：古いとおっしゃいましたが。 S：かなりくたびれちゃっているように見えたんです，曲がっていて。

ケース14（つづき）

IV	v8. こう見ると，馬が茂みから見ているようです。	E：（反応を繰り返す） S：ここが頭で（D1），この茂みの向こうにいるみたいです，様子をうかがっているような。 E：茂みの向こうにいるというのはどう見たらいいんですか。 S：なぜでしょう，ただそう見えたんです。濃淡のせいで向こう側にいるように見えるのかな，このあたりの濃淡が（馬の頭部の下の周囲をなぞる）。こっちは耳とたてがみです。
V	9. 何か，劇のように見えます。衣装をまとった人が3人いて，この2人は真ん中の人のほうを向きながら体をのけ反らせているみたい。この真ん中の人が2人を回転させていて，2人は腕を片方だけ上げていて，それが真ん中の人の頭より向こうに見えています。	E：（反応を繰り返す） S：真ん中の人は他の2人をつかんで，自分の周りをぐるぐる回しているみたい。2人は体をぴんとさせて，片腕を上げて，それが真ん中の人の頭の向こう側にあります。衣装は波打つように揺れている。こんな感じのを，前にアイスショーで見たことがあるんです。 E：あなたと同じように見ているのかわからないので，どう見るのかもう少し教えてくれますか。 S：ええと，真ん中に人がいて，ほとんど頭と脚だけですが（指す）。残りの部分は他の2人で，ここが脚（D10）。大きなスカートか衣装で，毛皮のような感じ。ここ（Dd34）は，腕を上げて，この人の頭の向こうにあります。頭のところより色が薄いので，手が頭の向こうにある感じです。 E：スカートか衣装で，毛皮のよう，とおっしゃいましたが。 S：ええ，ここの濃淡が毛皮のように感じられて，毛皮とか何かそんな感じの素材のように。
	v10. この向きだと，ワシに見えます。	E：（反応を繰り返す） S：飛んでいるときみたいに，羽が広がっていて，風に乗って滑空しているみたいです。頭で，足で。
VI	11. これは，動物が車に轢かれちゃったように見えます。	E：（反応を繰り返す） S：ネコ科の動物。ぺっちゃんこになってます。頭で，首が長くて，脚。 E：ネコ科の動物とおっしゃいましたが。 S：ええ，毛皮にブチがあって，こういうふうに濃くなったところがありますよね（いくつか指し示す）。それから，とてもふさふさしたように見えるんです。濃くなったり薄くなったりしているからそんな感じがしたんですね。それで，ネコ科と思ったんです。
	<12. 半分だけ見ると，戦闘中の航空母艦のようです。	E：（反応を繰り返す） S：これが（D4）母艦です。甲板で，その上の建物で，ここが水の線です。その前のところは水しぶき（Dd22），ちょうど爆弾が破裂したみたいに。
VII	13. 子どもが2人でシーソーに乗っているところ。これは，それだけですね。	E：（反応を繰り返す） S：女の子でしょうね。ポニーテールで，シーソーで上下するたびに空中に跳ねあがっていて。顔で，これはたぶん腕で，下のここはシーソーです。
VIII	14. 珍しい植物，一番上に灰色の花があって。	E：（反応を繰り返す） S：下は容器で，細い茎で，ピンクと青っぽい葉っぱ。一番上に，先がとがった，灰色の，すごく珍しい灰色の花。こういうのは見たことないので，すごく珍しくて，あまりないようなやつです。
	15. この白いところは，鳥の形そっくりです。	E：（反応を繰り返す） S：ここです（DdS32）。カモメのような形。体が大きくて，羽が横にこう出ています。
	16. ピンクのところを見ると，動物にも。	E：（反応を繰り返す） S：イヌのような感じ。頭で，体で，脚。両側に1匹ずつ。

ケース14（つづき）

IX	17. これはまた別の植物です。鮮やかなオレンジ色の花で，すごくきれいですね。	E：（反応を繰り返す） S：ピンクのが容器で，鮮やかなオレンジ色の花，緑の葉っぱ，真ん中に茎。すごくカラフルですね。	
	<18. この向きで見ると，自転車に乗った少年という感じですね。	E：（反応を繰り返す） S：この緑のところです（D1）。頭で，自転車を漕いでるみたいに前屈みになっていて，これがハンドルです。	
	v19. この白いところはフラスコのようです。	E：（反応を繰り返す） S：ええと，フラスコはこんな格好で，昔のやつはこんなふうに砂時計みたいな形していますし。	
X	20. 青いのは両方，水滴のように見えます，飛び散っている水滴。	E：（反応を繰り返す） S：青い色からそう思いました。ちょうど飛び散ったときのような形です。	
	21. ノーム（小鬼）が2人で棒かポールを運んでいます。	E：（反応を繰り返す） S：あまり人間のようではないし，動物にも見えない。ノーム（小鬼）って，見た目がこんな変な感じで，短い脚，変わった形の頭。このポールを運んでいるところです。	
	<22. 茶色のイヌが伏せをしているようです。	E：（反応を繰り返す） S：これです（D13）。ちょうどイヌが伏せをしているようで，頭，体，足は伸ばしていて。	
	v23. 真ん中のここは，2人の男がいて，2人で何かを持っているみたいです。	E：（反応を繰り返す） S：ここです（D6）。左右に1人ずついて，2人で真ん中の何かを持っているか，運んでいるか，1人がもう片方の人に何かを渡そうとしているような感じで。	
	v24. 上のここが，パラシュートで降下している人。	E：（反応を繰り返す） S：パラシュートの一番上のところは見えないんですけど，この大きなひもがずーっと上のほうへとつながっていて，人はそのひもにぶら下がってるんです，パラシュートみたいに。	

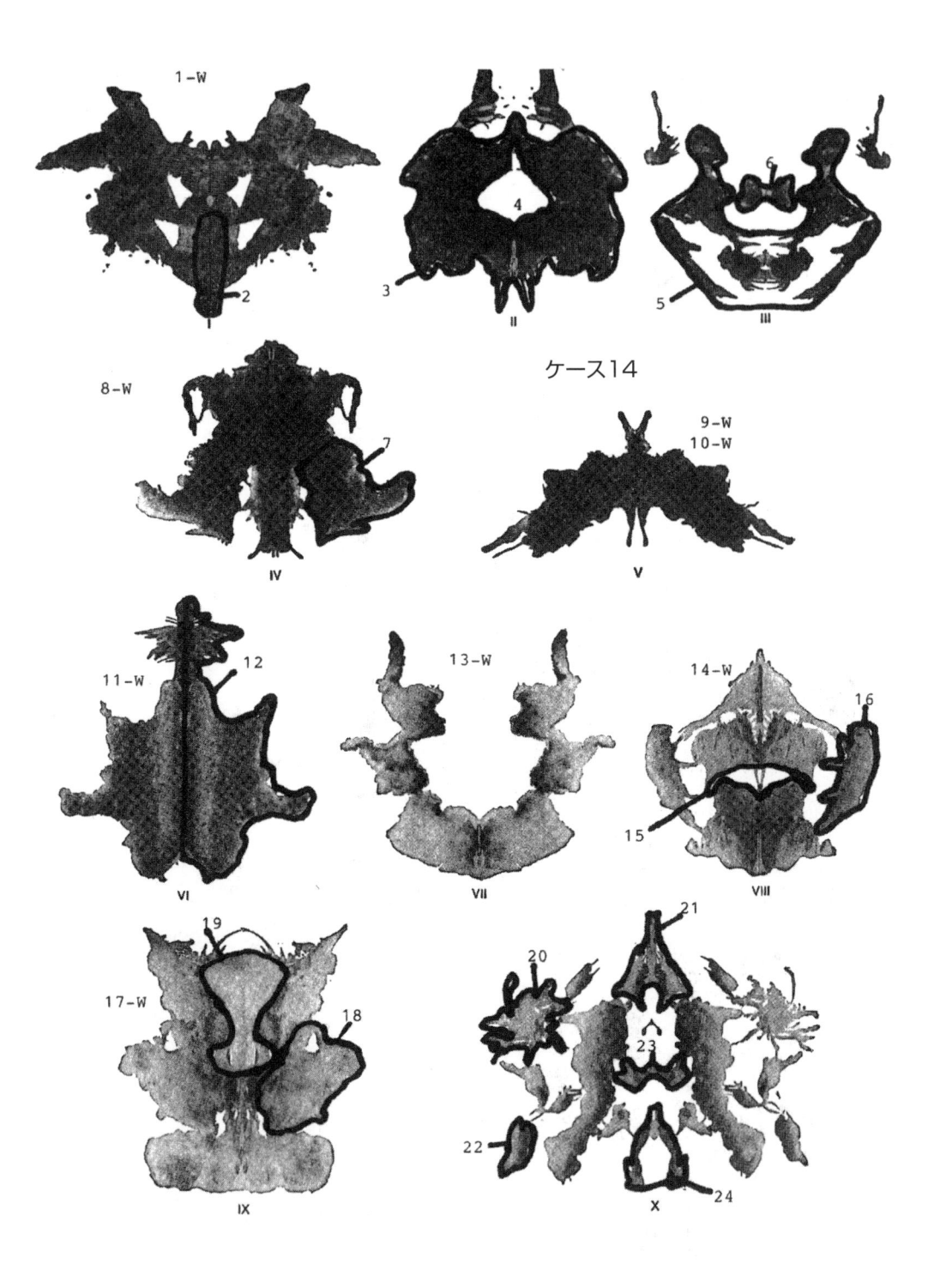

ケース14

ケース14　スコアの継列

Card	No.	Loc.	No.	Determinant(s)	(2)	Content(s)	Pop	Z	Special Scores
I	1	Wo	1	FC'o		A	P	1.0	
	2	Do	3	Fo		Hd			PHR
II	3	DS+	6	FV.CF.mpu		Sc,Na		4.5	
	4	DS+	5	FDo		Na,Ay		4.5	
III	5	D+	1	Ma.FC'o	2	H,Sc	P	3.0	COP,GHR
	6	Do	3	FCo		A			
IV	7	D+	6	Fo	2	Cg		3.5	MOR
	8	W+	1	FMp.FVo		Ad,Bt		4.0	
V	9	W+	1	Ma−p.FV.mp.FT+	2	H,Cg		2.5	PER,COP,GHR
	10	Wo	1	FMpo		A		1.0	
VI	11	Wo	1	FY.FTo		A	P	2.5	MOR
	12	D+	4	mao		Sc,Ex,Na		2.5	AG
VII	13	W+	1	Ma.mpo	2	H,Sc	P	2.5	COP,GHR
VIII	14	W+	1	FC'.FCo		Bt,Hh		4.5	
	15	DdSo	32	Fo		A			
	16	Do	1	Fo	2	A	P		
IX	17	W+	1	CFo		Bt,Hh		5.5	
	18	D+	1	Mao		H,Sc		2.5	GHR
	19	DSo	8	Fu		Hh			
X	20	Dv	1	CF.mpo	2	Na			
	21	D+	11	Mau	2	(H),Id		4.0	COP,GHR
	22	Do	13	FC.FMpo		A			
	23	D+	6	Mau	2	H,Id		4.0	COP,GHR
	24	D+	10	Mpo		H,Sc		4.0	GHR

ケース14　構造一覧表

Location Features	Determinants Blends	Determinants Single	Contents	S-Constellation
				Yes ... FV+VF+V+FD>2
			H = 6	Yes ... Col−Shd Bl>0
Zf = 17	FV.CF.m	M = 4	(H) = 1	No ... Ego<.31,>.44
ZSum = 56.0	M.FC′	FM = 1	Hd = 1	No ... MOR>3
ZEst = 56.0	FM.FV	m = 1	(Hd) = 0	No ... Zd>+−3.5
	M.FV.m.FT	FC = 1	Hx = 0	Yes ... es>EA
W = 8	FY.FT	CF = 1	A = 7	No ... CF+C>FC
D = 15	M.m	C = 0	(A) = 0	No ... X+%<.70
W+D = 23	FC′.FC	Cn = 0	Ad = 1	Yes ... S>3
Dd = 1	CF.m	FC′ = 1	(Ad) = 0	No ... P<3 or >8
S = 4	FC.FM	C′F = 0	An = 0	No ... Pure H<2
		C′ = 0	Art = 0	No ... R<17
		FT = 0	Ay = 1	4 ...Total
DQ		TF = 0	Bl = 0	**Special Scores**
+ = 14		T = 0	Bt = 3	Lv1 Lv2
o = 9		FV = 0	Cg = 2	DV =0x1 0x2
v/+ = 0		VF = 0	Cl = 0	INC =0x2 0x4
v = 1		V = 0	Ex = 1	DR =0x3 0x6
		FY = 0	Fd = 0	FAB =0x4 0x7
		YF = 0	Fi = 0	ALOG =0x5
Form Quality		Y = 0	Ge = 0	CON =0x7
FQx MQual W+D		Fr = 0	Hh = 3	Raw Sum6 =0
+ = 1 = 1 = 1		rF = 0	Ls = 0	Wgtd Sum6 =0
o =19 = 4 =18		FD = 1	Na = 4	
u = 4 = 2 = 4		F = 5	Sc = 6	AB =0 GHR = 7
− = 0 =0 = 0			Sx = 0	AG =1 PHR = 1
none= 0 =0 = 0			Xy = 0	COP =5 MOR = 2
			Id = 2	CP =0 PER = 1
		(2) = 8		PSV = 0

Ratios, Percentages, and Derivations

R = 24	L = 0.26		FC:CF+C = 3:3	COP=5 AG=1
			Pure C = 0	GHR:PHR = 7:1
EB = 7:4.5	EA = 11.5	EBPer = 1.6	SumC′:WSumC = 3:4.5	a:p = 7:9
eb = 8:9	es = 17	D = −2	Afr = 0.85	Food = 0
	Adj es = 13	Adj D = 0	S = 4	SumT = 2
			Blends:R = 9:24	Human Cont= 8
FM = 3 :	C′ = 3	T = 2	CP = 0	Pure H = 6
m = 5 :	V = 3	Y = 1		PER = 1
				Iso Indx = 0.46

a:p = 7:9	Sum6 = 0	XA% = 1.00	Zf = 17.0	3r+(2)/R = 0.33
Ma:Mp = 6:2	Lv2 = 0	WDA% = 1.00	W:D:Dd = 8:15:1	Fr+rF = 0
2AB+Art+Ay = 1	WSum6 = 0	X−% = 0.00	W:M = 8:7	SumV = 3
Mor = 2	M− = 0	S− = 0	Zd = +0.0	FD = 1
	Mnone = 0	P = 5	PSV = 0	An+Xy = 0
		X+% = 0.83	DQ+ = 14	MOR = 2
		Xu% = 0.17	DQv = 1	H:(H)+Hd+(Hd)=6:2
PTI=0	DEPI=4	CDI=2	S-CON=4	HVI=No OBS=No

ケース14　42歳男性　統制力関連のデータ

EB = 7:4.5	EA = 11.5		D = −2	CDI = 2
eb = 8:9	es = 17	Adj es = 13	AdjD = 0	L = 0.26
FM = 3　m = 5	SumC' = 3	SumT = 2	SumV = 3	SumY = 1

ケース14　42歳男性　状況ストレスのデータ

EB = 7:4.5	EA = 11.5		D = −2	**Blends**
				M.FV.m.FT = 1
eb = 8:9	es = 17	Adj es = 13	AdjD = 0	M.FC' = 1
				M.m = 1
FM = 3　m = 5	C' = 3　T = 2	V = 3　　Y = 1		FM.FV = 1
		(3r+(2) / R) = .33		CF.m = 1
				FC.FM = 1
Pure C = 0　M− = 0	MQnone = 0		Blends = 9	FV.CF.m = 1
				FC'.FC = 1
				FY.FT = 1

S-CON

S-CON の値は4である。照会事項の1つに自殺の危険性に関するものがあった。S-CON の値は高くなっていないし，生活歴を見ても，これまでにわかっている限りでは自殺へのとらわれはうかがえない。しかし，記録をすべて検討し終えるまで，この仮説は留保付きとしておく。

統制

普通の状態なら，統制力とストレス耐性は十分ある（ステップ1，所見1）。統制力は，現在示されている以上に優れている可能性さえある（ステップ2，所見5）。それは，現在の心理状態に，普通とは言えない心理学的特徴がいくつか見られることからうかがい知れる（ステップ4，所見2）。すなわち，感情を発散させるよりも抑えてしまいやすく（ステップ5，所見4），さかんに自己点検をし，自分で好ましく思っていない特徴にばかり目を向けている（ステップ5，所見5）。こうした特徴は，不快感，不安，悲しみ，精神的緊張などを容易にもたらす。加えて，情緒的喪失体験の影響も尾を引き，今も被剥奪感を抱いている（ステップ5，所見6）。

状況ストレス

現在は普段以上に，内面に心理的負荷がかかっている。それは状況関連のストレスのためである。おそらく，結婚生活が突然，予期せずに崩壊してしまい，立ち直るのに困難を感じていることと関係しているのだろう。その結果，判断や行動はいつもに比べてあまり組織立ったものではなくなっている。また，通常では滅多に見られないことなのに，現在は思考や行動面で衝動的になりやすくなっている（基本仮説；ステップ2，所見2）。

状況要因の影響はほとんどが思考面に現れており，集中したり，注意を維持するのが難しくなっていると思われる（ステップ3，所見2）。統制に関する所見の中でも述べたように，自分の欠点

ケース14　42歳男性　思考に関するデータ

L	= 0.26	OBS	= No	HVI	= No	Critical Special Scores (R = 24)			
						DV	= 0	DV2	= 0
EB	= 7:4.5	EBPer	= 1.6	a:p	= 7:9	INC	= 0	INC2	= 0
				Ma:Mp	= 6:2	DR	= 0	DR2	= 0
eb	= 8:9	[FM = 3	m = 5]			FAB	= 0	FAB2	= 0
				M−	= 0	ALOG	= 0	CON	= 0
Intell Indx = 1		MOR	= 2	Mnone	= 0	Sum6	= 0	WSum6	= 0

M Response Features

III 5. D+ Ma.FC'o 2 H,Sc P 3.0 COP,GHR
V 7. W+ Ma−p.FV.mp.FT+ 2 H,Cg 2.5 PER,COP,GHR
VII 13. W+ Ma.mpo 2 H,Sc P 2.5 COP,GHR
IX 18. D+ Mao H,Sc 2.5 GHR
X 21. D+ Mau 2 (H),Id 4.0 COP,GHR
X 23. D+ Mau 2 H,Id 4.0 COP,GHR
X 24. D+ Mpo H,Sc 4.0 GHR

に繰り返し目を向け，結婚生活の破綻について強い自責の念を抱いているようである（ステップ4，所見2）。感情が混乱したり両価的になることは何年か前からあったようだが，現在のストレスによって心理的には一層複雑になり（ステップ6，所見2），感情はなおさら混乱したものになっている（ステップ7，所見2）。そのため，心理機能に支障が生じる可能性が高まっている。

思考

　思考型の人で，普段は物事を考え抜き，さまざまな可能性を検討し終えるまで意思決定や行動を先延ばしにするのを好む。論理的に考えようとし，意思決定の際には外からのフィードバックよりも自分が内的に行った評価のほうを頼みとする。普段は感情にあまり影響されないようにしているし，試行錯誤的行動はできるだけ避けている（ステップ1，所見1）。このような意思決定のスタイルは多くの成人によく見られるもので，たいがいの場合は十分に効果的である。そうした対処法を時と場合によって使い分ける柔軟性があれば，なおのこと効果的である。彼にはそうした柔軟性がある。すなわち，状況から見て直感的もしくは試行錯誤的なアプローチのほうが適当だと思えれば，そちらのやり方を採用する人である（ステップ2，所見1）。

　ストレスに関するデータからも指摘したことだが，現在の状況によって思考活動がかなり高じている。我知らず頭の中で考えが堂々めぐりしてしまい，問題に自分でけりを付けることができなくなっている。そのため注意散漫となり，集中したり注意を維持させるのが困難になっている（ステップ5，所見4）。大事なことをメモに残すようにしたのは，おそらくこのためだろう。思考の明晰さは損なわれていない（ステップ8，所見1）。洗練されているし，むしろ創造的でもある（ステップ11）。

情報処理

　情報をまとめあげることに関しては，多くの人以上に努力する（ステップ1，所見1）。しかし同時に，経済的で，無理せず堅実である（ステップ2，所見2b；ステップ3，所見2）。取り入れる情報の量は，そうした手堅さと矛盾しないよう，無理のない程度におさめられている（ステップ4）。

ケース14　42歳男性　情報処理過程に関するデータ

EB = 7:4.5	Zf = 17	Zd = 0	DQ+ = 14
L = 0.26	W:D:Dd = 8:15:1	PSV = 0	DQv/+ = 0
HVI = NO	W:M = 8:7		DQv = 1
OBS = NO			

Location & DQ Sequencing

I: Wo.Do　　　　VI: Wo.D+
II: DS+.DS+　　VII: W+
III: D+.Do　　　VIII: W+.DdSo.Do
IV: D+.W+　　　IX: W+.D+.DSo
V: W+.Wo　　　X: Dv.D+.Do.D+.D+

ケース14　42歳男性　認知的媒介に関するデータ

R = 24	L = 0.26	OBS = No	Minus & NoForm Features
FQx+ = 1	XA% = 1.00		
FQxo = 19	WDA% = 1.00		
FQxu = 4	X−% = 0		
FQx− = 0	S− = 0		
FQxnone = 0			
(W+D = 23)	P = 5		
WD+ = 1	X+% = .83		
WDo = 18	Xu% = .17		
WDu = 4			
WD− = 0			
WDnone = 0			

スキャニングは十分に効率的である（ステップ5，所見1）。総じて言えば，情報処理の質はかなりよいし，そこそこ複雑な情報処理をしている（ステップ7，所見3；ステップ8）。

認知的媒介

　取り入れた情報はできるだけ適切に翻訳しようと努めている。このような人は，通常，正確さや間違いのなさを求め（ステップ1，所見2），どんな場面でもつねに安心していられるようにしたいと望む。彼は，どのようなことが求められているのかがはっきりわかる状況であれば，そうした期待に沿った行動を取ろうとする（ステップ4，所見1）。できるだけ正確であろうとするし（ステップ5，所見2），そのためには，期待される行動を示す手がかりを周囲から見つけ出そうと努力する。このように社会からの要請や期待にかなった行動をしようとする傾向が顕著ではあるが，そうしたものに縛られているわけではない。時には個性的な行動を取ることもある。

認知に関する所見の要約

　情報を取り入れるときには，かなりの労力を費やして新しい領域に目を走らせる。その際には，経済的かつ堅実な取り組みを見せる。無理な頑張りはせず，手堅すぎるきらいはあるが，スキャニングは非常に効率的になされているし，情報入力の質は全般的にかなりよい。入力した情報を適切かつ正確に翻訳しようとする。また，期待される，あるいは受け入れられる行動が何であるかを知るための手がかりを逃すまいとしている。確実でありたいと思っているが，場合によっては自分の

ケース14　42歳男性　感情に関するデータ

EB	= 7:4.5			EBPer	= 1.6	**Blends**	
eb	= 8:9	L	= 0.26	FC:CF+C	= 3:3	M.FV.m.FT	= 1
DEPI	= 4	CDI	= 2	Pure C	= 0	M.m	= 1
						M.FC′	= 1
C′ = 3 T = 2				SumC′:SumC	= 3:4.5	FM.FV	= 1
V = 3 Y = 1				Afr	= 0.85	FC.FM	= 1
						CF.m	= 1
Intellect	= 1	CP	= 0	S = 4 (S to I,II,III = 2)		FV.CF.m	= 1
Blends:R	= 9:24			Col-Shad Bl	= 2	FC′.FC	= 1
m + y Bl	= 2			Shading Bl	= 2	FY.FT	= 1

個性を表に出してしまう。

　思考に頼る人であり，いろいろなことを考え抜いてから意思決定するのを好む。感情に影響されまいとしており，自分の考えを試行錯誤的に行動に移してみるのは好まない。通常，思考は明晰で，比較的洗練されている。しかし現在は，普段経験する以上に思考活動が高進している。これは，離婚したことや，離婚の影響から立ち直れていないという状況がもたらすストレスのためと思われる。意識的なコントロールの及ばない，潜在意識化の思考がかなり活性化し，そのために注意が散漫になったり，集中力が途切れやすくなっている。以上からすると，認知面ではまとまりのある人と言える。しかし現在は普段以上に思考活動が高まり，それが自分では制御しがたい苛々や注意散漫の原因になっていると思われる。

感情

　思考関連のクラスターでも述べたように，彼は意思決定するときには感情をわきに置いておく。感情を表わそうとはするが，一方では感情のコントロールが利かなくならないように気を付けている（ステップ2，所見6）。現在，かなりの心理的苦痛を抱えているが，これは寂しさ，強い罪悪感，後悔の念などの不快な感情のためでもあるし，そうした不快な感情を外に出さずにおこうとする傾向が強いためでもある。

　こうした心理的苦痛はさまざまな現われ方をするが，このケースでは，抑うつ，悲哀，緊張感，疲労感，不安，注意散漫などの症状として現われていると思われる（ステップ4，所見3）。普段であれば，感情を刺激される場面に興味を示し，感情交流を好む（ステップ6，所見2）。ということは，彼は不快な感情の扱いに慣れていないのではないかと考えられる。不快な感情が度を超えて湧きあがると，どうしていいのかわからなくなってしまうのだろう。

　上述のように，彼は感情表出のコントロールができなくなるのではないかと心配している。実際に，感情表出のコントロールは他の人に比べても緩いが，特に内向型としてはかなり緩いほうだと言える。感情自体は統制の悪いものではないし，ひどく激しいものでもない。しかし，感情表現は，期待される以上にあからさまなものになりやすい（ステップ9，所見7）。怒りを抱えてもいる（ステップ11，所見5）。これが以前からある特徴なのか，それとも今の状況に対する反応として生じたものなのか，断定することはできない。しかし，後者である可能性は高い。また，この怒りは，先に指摘した不快な感情を外に出さない傾向と何らかの関係があると思われる。

		ケース14　42歳男性　自己知覚に関するデータ	
R = 24	OBS = No	HVI = No	Human Content, An & Xy Responses
Fr + rF = 0	3r + (2)/R = 0.33		I 2.　Do Fo Hd PHR
			III 5.　D+ Ma.FC'o 2 H,Sc P 3.0 COP,GHR
FD = 1	SumV = 3		V 9.　W+ Ma-p.FV.mp.FT+ H,Cg 2.5 PER, COP,PHR
			VII 13.　W+ Ma.mpo 2 H,Sc P 2.5 COP,GHR
An + Xy = 0	MOR = 2		IX 18.　D+ Mao H,Sc 2.5 GHR
			X 21.　D+ Mau 2 (H),Id 4.0 COP,GHR
H:(H) + Hd + (Hd) = 6 : 2			X 23.　D+ Mau 2 H,Id 4.0 COP,GHR
[EB = 7:4.5]			X 24.　D+ Mpo H,Sc 4.0 GHR

　心理学的には非常に複雑な人である（ステップ12，所見3）。以前から複雑だったというよりは，おそらく最近になって複雑さが増したものと思われる（ステップ13，14）。複雑になっているのは今の状況に関係してのことであるし，いろいろな種類の不快な感情の影響を受けているせいでもある。このため自分の感情がわからなくなり（ステップ15，所見2），場合によっては大きな苦痛を感じたり，ひどく混乱してしまいかねない（ステップ16）。

自己知覚
　通常は，多くの人と同じくらい，自分に注意や関心を払っている（ステップ3，所見2）。しかし，先にも述べたように，現在は普通はありえないような過度の自己点検を行っている。このように自分についてあれこれ考えるのは，自己イメージに大きな葛藤があるためと思われる（ステップ4, 所見3）。自分を悲観的にとらえている。あるいは悲観的な見方をするようになってきている（ステップ6，所見1）。
　自己イメージはしっかりと確立されており，しかもそれは空想や想像よりも社会的交流がもとになって作られている（ステップ7a，所見1）。一方，先述の通り，自分に対する不確実感を抱いている（ステップ7b）。自分は役に立たないし，ダメージを受けていると感じている（ステップ8b，反応7，反応11）。自己イメージの基本部分はおおむね肯定的で，ある程度確固としたものである。それでも，自分の価値に疑問を抱いたり（ステップ8d，反応3），自分は十分な状態ではなくなっているのではないかと疑ったり（ステップ8d，反応20），果ては攻撃にさらされているようにも思っている（ステップ8d，反応12）。高い社会的地位を求める人のようだが（ステップ8e，反応4，反応9，反応10，反応14，おそらく反応17も），同時に臆病さや無力感も抱いている（ステップ8e，反応4，反応7，反応11，反応21，反応22，反応24）。自分は無力だという思いは，最近になって生じたものと思われる。

対人知覚
　対人関係においては受動的な役割を取るのを好む（ステップ3）。しかしこれは，彼が今対処しようとしているストレスとの関連で生じた特徴である（消極的運動反応のうち4個はm反応である）。離婚のためと思われるが，彼は情緒的な親密さを求めている。しかし，その思いは満たされぬまま，欲求ばかりが強くなっている（ステップ5，所見5）。とはいえ，その影響は，今のところ社会的な対人関係にまでは及んでいない。他者に関心を持っているし，他者を現実的に理解してい

ケース14　42歳男性　対人知覚に関するデータ

R	= 24	CDI	= 2	HVI = No	COP & AG RESPONSES
a:p	= 7:9	SumT	= 2	Fd = 0	III 5. Ma.FC'o 2 H,Sc P 3.0 COP,GHR
		[eb	= 8:9]		V 9. W+ Ma-p.FV.mp.FT+ 2 H,Cg 2.5 PER,COP,GHR
Sum Human Contents = 8				H = 6	VI 12. D+ mao Sc,Ex,Na 2.5 AG
[Style = Introversive]					VII 13. W+ Ma.mpo 2 H,Sc P 2.5 COP,GHR
					X 21. D+ Mau 2 (H),Id 4.0 COP,GHR
GHR:PHR	= 7:1				X.23. D+ Mau 2 H,Id 4.0 COP,GHR
COP	= 5	AG	= 1	PER = 1	
Isolation Indx = 0.46					

る（ステップ6，所見1）。

　どのような場面でもたいがいは適応的な対人行動を取れるし，他者にも好意的に受け入れられると思われる（ステップ7，所見1）。実際，他者から好かれ，社交的だと思われているだろう。このような人は対人関係を大切なものと見なすし，周りからも，大勢の人と積極的に交際するタイプだと見られやすい（ステップ8，所見5）。こういった所見とは裏腹に，社会的に孤立していることを示す結果もある（ステップ10，所見2）。これは見かけだけの間違ったデータかもしれない。しかし，以前に比べて対人関係を心地よく感じられずにいるという，彼の現在の状況をよりよく反映したものとも考えられる（3個のNa反応はすべてmを含んでいる）。

まとめの記述と所見

　最終所見の書き方はいろいろあるだろう。たとえば，得られた所見をパーソナリティや行動に関する理論的モデルに当てはめて書く場合もある。このような書き方が必要とされる場合もある。しかし，もしそうでないならば，解釈者は所見が一般の人たちが読んでわかるように書く努力をすべきである。専門用語をちりばめるのは，この目的からはかけ離れた記述の仕方である。

　理想的には，長所と短所の両方に焦点をあてた上で，治療や援助に関する意味ある所見を記載し，照会事項として挙げられていた問いに対する検討をして結びとしたい。援助に関する所見の中では，具体的な介入技法，その介入が適切あるいは不適切な場合，介入のタイミングなどについて触れることも可能であろう。ただし，そのような所見は，解釈者がレポートする相手の方針と技量によく通じている場合にこそ最もふさわしいものとなる。

　最終的な所見をまとめる上で最も大切なのは，パーソナリティの特徴とその人を取り巻く世界との複雑な関係を理解できるように工夫して記述することである。人は誰でもその人なりに複雑であり，問題の由来は単純かつ簡単には割り切れない。ロールシャッハの結果に基づくよく練られた記述ならば，特定の診断名を挙げて結論にするようなことにはならず，所見の全体像が描写されている。そのような記述であれば，最低限，援助に関わる者がどこから始めたらいいのかを示す基本的理解を提供することになる。

ケース14の記述と所見

　この42歳の男性は，現在の状況によってもたらされた大きなストレスに苦しんでおり，その結果，普段よりも心理活動が高進し，複雑さが増している。これは，予想外の突然の離婚にどう対処していいのかわからず困っていることと関係あるだろう。このような状況のために，意思決定や行動はいつもよりもまとまりを欠き，思考や行動が衝動的になりやすくなっている。こうした衝動性は，普段の彼にはおよそ見られぬものである。

　心理的にひどく複雑になっているのは，一つは，意識的コントロールの及ばぬ，あるいは潜在意識下の思考活動が高じているためである。これは，離婚の問題をいつまでも引きずっている自分に無力感や無能力感を抱いていることで引き起こされており，気が散ったり，注意力や集中力が損なわれる原因となっている。大切なことを忘れないようにメモを取ることにしたのは，まさにこのためであろう。心理的複雑さは感情にもかなりの混乱をもたらし，時にはそれが大変な苦痛となっている。無力感を抱いているが，さらにそこへ混乱とネガティブな感情が加わり，現在はひどく困惑し，苦しんでいる。孤独を感じるとともに，罪悪感や後悔の念にさいなまれている。後者は，自分の嫌なところに何度も目を向けてしまう結果生じたものである。また，強い怒りを抱いている。しかし，発散させたい感情を押し殺してしまう傾向が顕著で，怒りもあまり表には出さずにいる。テスト結果からは，この怒りがずっと以前からあったものなのか，それとも現在の状況に対する反応としてもたらされたものなのか，どちらとも断定することはできない。

　実際には，普段は進んで感情交流の中に入っていくタイプである。しかし，強いネガティブな感情の扱いには慣れておらず，それが自分の感情であるという事態にはなおさら不慣れなので，現在の感情体験にどう対処すれば一番いいのか，ひどく困惑している。その結果もたらされたのが，不快感，不安，悲しみ，精神的緊張である。

　通常，物事をよく考え，さまざまな可能性を考慮し終えるまで意思決定や行動を引き延ばす人である。論理的であろうとし，意思決定する際には外からのフィードバックよりも自分で下した評価のほうをあてにする。思考は明晰で，洗練されているし，創造的でもあるので，この方法は効果的である。普段は感情に影響されすぎないようにしている。感情表出をいとわず，ときに感情を強く表すこともあるが，コントロールが利かなくならないように気を付けている。このような意思決定のスタイルは，多くの人によく見られるし，有効なものである。特に，この男性のように，そのスタイルに執着せずに柔軟性を持つのなら，かなり効果的である。

　コントロールの力やストレス耐性は十分あるし，それらは本来は今示されている以上のものだと思われる。新しい情報をまとめあげるのに人並み以上の努力を払っている。しかし同時に，経済的かつ堅実であろうともしている。スキャニングの効率はよく，情報処理の質は全般的にかなり高いし，適度に複雑さを備えている。

　取り入れた情報はできるだけ適切に翻訳しようと努めている。このような人は，たいがい，そのときの状況にきちんと対応できているという安心感や確実感を求める。可能な限り正確であろうとし，そのために周囲からわかりやすい手がかりを見つけ出そうとする。社会の要求や期待に沿った行動をしようとする傾向はあるが，いつも無難なことばかりして個性を犠牲にしているわけではない。行動に自分らしさを反映させることも，ままある。

普段は，多くの人と同じくらい，自分に対して注意や関心を向けている。しかし，現在は内省の度が過ぎ，自己イメージに葛藤が生じている。その結果，自分のことを悲観的にとらえている。あるいは悲観的な見方をするようになりつつある。実際には，自己イメージはしっかりと確立されている。しかし，現在は自分に対する不確実感があり，自分は役に立たないし，ダメージを受けていると感じている。自己イメージの基本的な部分はおおむね肯定的なものだし，安定している。それでも，自分の価値に疑問を抱いたり，自分は十分な状態ではなくなっているのではないかと疑ってもいる。

　高い社会的地位を求める人だが，同時に臆病さや無力感も抱いている。自分は無力だという思いは，最近になって生じたものと思われる。対人関係においては受動的な役割を取るのを好むが，これは現在対処を迫られているストレスとの関係で作られた特徴と考えられる。普段は人への関心は高く，現実に基づいた他者理解をしている。どのような場面でもたいがいは適応的な対人行動を取れるし，他者からも好かれ，社交的な人だと思われているだろう。このような人は対人関係を大切なものと見なすし，周りからも，大勢の人と積極的に交際するタイプだと見られやすい。こういった所見とは裏腹に，社会的に孤立していることを示すデータもある。これは見かけだけの間違ったデータかもしれない。しかし，以前に比べて対人関係を心地よく感じられていないという，現在の状況をよりよく反映したものとも考えられる。

アセスメント事項と所見

　重度の抑うつや自殺の危険性を示す証拠はない。しかし，抑うつや自殺にまで発展しかねない不安の種は存在する。今はひどく混乱しており，自分ではどうしていいのかわからずに無力感を抱いている。以前と同じ程度の安定した状態を取り戻させることを目的に，すぐにでも介入し，十分なサポートを与えるべきである。少なくとも介入の初期段階では投薬は不要である。治療的援助の目的としてさしあたり最も大切なのは，自己点検にばかり力を注いでいるのを修正すること，怒りの感情をある程度コントロールしながら発散できる機会を与えること，当面の対人関係をどのようにするのか目標を定めること，などである。治療が進んでいけば，子どもとの関係について検討することも非常に大切になる。また，離婚の原因についてより現実的な理解ができるよう援助する上で，結婚生活がどのようなものだったのか，特に離婚の1，2年前の様子を振り返り，検討することは有益である。

ケース15

　精神科医から照会を受けた31歳の女性のケースである。彼女はこの1年のうちに21回，精神科に不定期的に通っていた。主訴は不安発作であり，たいがいの場合，過呼吸を伴っていた。また，抑うつのエピソードが語られることが5回あった。抑うつは3～5日続いた。精神科医（男性）によれば，彼女が毎週定期的に精神療法を受けるのを嫌がったため，投薬（抗不安薬，抗うつ薬）を中心とした治療を行っていたとのことである。彼女は，不安が生じるのはホルモンか栄養のバランスが悪いせいだろうと考えている。精神科医は治療を約5カ月続けた後，彼女に10週間の不安マネージメント・プログラムに参加することを勧めた。しかし彼女は5週間しか出席せず，その後は「全然役に立たない」といって参加するのをやめてしまった。

最近，彼女の8歳の長男は学校で心理学的評価を受けることになった。それは，クラスで友達と交わらずに孤立していたり，3年次の学業成績に出来不出来のばらつきが見られたためである。評価の結果，長男はグループセラピー（プレイセラピー）のプログラムに参加することになった。精神科医が彼女に，不安と抑うつへの最善の対処法を決める上で長男と同じように心理学的評価を受けてみたら役に立つ，と伝えたところ，彼女はしぶしぶながら同意した。検査前の面接では，不安発作が起きるとしばらくの間は何もできなくなると話していた。「その日はまるで使い物にならなくなるし，その次の日まで駄目なときもある」という。うつになると，だるさ，家族に対する関心の喪失，不眠，漸増する破滅感などの症状が見られるとのことである。彼女は抑うつと不安発作は無関係だと主張するが，精神科医からはその関連を何度か指摘されていた。

　検査者は女性で，彼女について，身長は平均的，やや体重超過ぎみだが，まずまず魅力的だと描写している。検査者の目には彼女の身なりがどこかだらしなく映り，取り乱したふうに感じられたようである。検査中に不安を訴えることはなく，課題には興味を持って取り組んでいた。彼女は3人兄妹の真ん中である。父親は62歳で，小学校の校長をしている。母親は60歳で，中学1年と2年のクラスで数学と科学を教えている。34歳の兄は地質学で修士を取り，現在は石油採掘の仕事をしている。妹は26歳で，教育学の学位を持っている。しかし教職に就いたことはなく，弁護士と結婚して2人の子をもうけている。

　彼女は8～12歳までの間に何度か喘息発作を起こしたが，それを除けば発育は順調だった。喘息発作が起きていた頃は定期的に投薬治療を受け，学校でも校外でも激しい運動は避けていた。思春期になると喘息は徐々によくなり，15歳を過ぎてから発作が起こったことはないという。高校の成績は平均以上で，卒業時にはクラスの上位20%に入っていた。美術史を専攻するつもりで，18歳のときに大学に進んだ。しかし大学2年の終わり頃から商業美術のほうに関心が移り，3年の1学期で大学を中退し，週刊誌の商業美術部の職に就いた。

　高校時代は頻繁にデートをした。初めての性体験は17歳のときで，相手はいつもデートしていた男友達だった。大学時代も何人かの男性と付き合ったが，誰とも「深い仲」にはならなかったという。夫に出会ったのは仕事に就いてからである。彼女が就職してから半年の間，彼女の勤める雑誌社の事務所に紙の営業に来ていたのが夫だった。約1年の交際を経て，22歳のときに結婚した。彼女によれば，2人にはキャンプ，ボート，古いオリジナルプリントの収集などの共通の趣味があったという。

　結婚8カ月後に妊娠し，その時点で会社を辞めることにした。その後はフリーのイラストレーターとして，1週間に6～8時間ぐらい働いている。夫は35歳で，製紙会社で営業の仕事をしている。仕事の関係で，週に2日か3日，場合によってはもっと長く家を空ける。彼女は，自分と長男の問題は夫が不在がちなことと何らかの関係があると考えている。最近，夫は担当地区を変えてもらった。そのため，今後は家にいる時間が前よりも多くなる見込みである。

　不安発作は2年ほど前から起きるようになり，そのために仕事の生産性が落ちたと述べる。もっと仕事を受けたいのだけれど，締め切りを守れるかどうか心配だという。ときどきうつ状態になるのは約1年前からのことで，彼女は，うつになるのは不安発作をコントロールできないためだと考えている。不安発作がなくなればうつにもならなくなると思っているようである。また，不安や抑うつは喘息の罹患歴にも関係があると信じている。しかし，それ以上の具体的な説明はしない。こ

の2年の間に身体面の検査を2回にわたって十分行ったが，不安や抑うつについて説明できる所見は得られなかったという。

精神科にかかってからは不安や抑うつのエピソードは少なくなった。しかし，12日ないし15日に1回くらいはまだ症状が表われるという。抗不安薬は「全然効かない」し，抗うつ薬のほうは抑うつから「引っ張り出してくれる」効果があるが「再発を防いでくれる感じはしない」と言う。長男が学校で問題とされていることには当惑し，担任の教師が話を大きくしているのではないかと不信感を示す。また，成績に波があるとの理由で長男が特殊学級に入れられてしまうことを心配している。彼女は，長男はよろこんで家の手伝いをしてくれるし，家庭では何の問題もない，と述べる。

精神科医の照会事項は次の通りである。

（1）不安発作の原因に関する情報。
（2）抑うつと不安発作には関連があるのか。
（3）どのようなパーソナリティの人か。
（4）どのような治療が適切か。

最初に該当する鍵変数は DEPI>5 である。したがって，まず感情に関するクラスターのデータを検討し，続いて，統制，自己知覚，対人知覚，認知の三側面の順に見ていく。しかし，S-CON が陽性になっている点は非常に重要であり，クラスターの検討に入る前に押さえておかなければいけない。

ケース15　31歳・女性

カード	反応	質問
I	1. チョウ。	E：（反応を繰り返す） S：全体で。羽は，この広げているところがぼろぼろになっている，破れてる（S）。元気を取り戻すまでの隠れ場所を探そうとするんですね。でも，ひどいとは思いません。自然ってこういうものですから。
	2. 友愛を表わしている両手。	E：（反応を繰り返す） S：両方で，両手。お話をしているみたい。立ち止まって聞いていかなくてはいけないような話ですね。 E：あなたと同じように見たいのですが。 S：ちょうどそんなふうに見えます。 E：お話をしているみたいとおっしゃったのは，どう見たらいいですか。 S：耳の聞こえない人に理解させようとしているふう。手話をしているようです。
	3. フクロウ，顔。	E：（反応を繰り返す） S：前にフクロウを見たことがあって，それに似ている。これはおじいさんのフクロウで，ゆったりと構えて，ものごとの移りゆく様を見つめているみたい。 E：おじいさんのフクロウというのはどう見るんですか。 S：顔が年取ったふうに見えます。たくさんの智恵をうちに蓄えていて，これまでの人生に満足しているように見えます。人生の終着点に来て，身の周りのつまらないことなんかまるで意に介してなくて。ただ見つめ，静かに考えているんですよね。 E：顔が年取ったふうに見えるというのをどう見たらいいのかわからないのですが。 S：顎の下に年を感じます。ここが周りよりも濃くなっていて，顎の下が奥まった感じがするので，年取ったふうです。目には円熟味があります。
II	4. 嵐の後の晴れ間。	E：（反応を繰り返す） S：この赤い部分が，雨や風がやんだ後の暑い日かな，日が差してきたところです。 E：どう見たらいいのか，もう少し教えてくれますか。 S：この黒いのは雲に見えて，上と下の赤は日差しのように見えます。黒い雲が散って日が差し込んでいます。この白いところは，色が付いていたら，青だったら，青空みたいに見えます。
	5. イヌ，頭と首。	E：（反応を繰り返す） S：ここの部分。これが鼻で，口で，首で，くしゃくしゃって感じの毛があって。ぬいぐるみみたいです。ねじを巻くと動き出すようなやつ。 E：くしゃくしゃって感じの毛があってとおっしゃいましたが。 S：こういう線と濃淡があるので，くしゃくしゃって感じのイヌの毛のように見えました。
	6. この白いところはウマの蹄。	E：（反応を繰り返す） S：この白いところがウマの蹄の形のようです。
III	7. フレンチプードルが2頭，絵のような。	E：（反応を繰り返す） S：カクテルナプキンに付いている広告の絵みたい。プードルが2頭で飲み物を配っている，後ろ足で立っていて。 E：飲み物を配っているとおっしゃいましたが。 S：これが真ん中にあるテーブルのようで，2頭で一緒に何かを取りあげているか配っているかしているよう。

ケース 15　つづき

III	8. ハロウィンの仮面。	E：（反応を繰り返す） S：この下のところは角のあるネコの仮面のようで，白い部分はくりぬいて目にしてある。ここはヒゲ。横のところが濃くなっていて不気味な感じに見えます。
IV	9. 大きな足をしたクマの一部分。	E：（反応を繰り返す） S：ここを見るとクマの一部で，座っているか，寄りかかっている。 E：よくわからなかったんですが。 S：大きな動物の形（輪郭をたどりながら）。でも，足の部分だけ。この一番上のところは色が濃くて，下は薄い。毛皮のようで，ここは足の先。 E：毛皮とおっしゃいました？ S：色合いが淡いのから暗いのまで混じっている感じが毛皮のように，クマの毛皮のように見えました。
	10. 一番上はランの花が咲き始めているところ。	E：（反応を繰り返す） S：花はユリで，茎はラン，合わさったようなやつです。この小さい部分が花びらで，咲き始めたところで，まだ咲ききってはいません。
V	11. チョウになりかけているイモムシ。羽がはえ始めていて。	E：（反応を繰り返す） S：ここは（D7）イモムシに見えます。頭にツノがあって，これはおしりのほうで，こう出ているのは（D4）羽で，広がる途中の形。広がっているんだけど，まだ完全じゃあなくて，先のほうはくしゃくしゃした形のままになっている。
	12. 醜い姿になったコウモリ。	E：（反応を繰り返す） S：羽の先が切れているので，傷ついてます。とまっていて，羽はぎざぎざで，もとの形じゃあなくなっている。打ちつけられて，ひどく傷ついている。
	13. 上の部分は，脚を2つ，逆さまにした感じ。ダンサーの脚みたいな。	E：（反応を繰り返す） S：脚が2つ，ストッキングをはいていて，逆さまになっているみたいです。ストッキングみたいなものをはいているように見えます。 E：ストッキングがよくわからなかったのですが。 S：色が濃くなっているから，素足じゃなくて，ストッキングか何かみたいです。
VI	14. 上の部分は，羽が広がっているみたい。	E：（反応を繰り返す） S：画家が，こういうふうに（Dd22）羽を広げて飛んでいるトリをスケッチしたようで，青いぼかしが入っています。 E：青いぼかし？ S：たぶん，アオカケス。青いぼかしを2カ所入れている。
	15. 同じところですけど，木の絵みたいです，葉のついた木。	E：（反応を繰り返す） S：葉で，真ん中が幹で，葉っぱが広がっている絵です。濃淡になっているのが，赤茶色や山吹色，緑色が混じってるように見えます。きれいな絵です。 E：山吹色，緑色というのがわからなかったのですが。 S：想像すると，そう見えます。
VI	16. 大きい部分は，風で落ちて，きれいじゃなくなった葉っぱのように見える。	E：（反応を繰り返す） S：枯れちゃってます。前はきれいだったのに，風のせいで傷んじゃった。 E：枯れちゃったとおっしゃいましたが，どう見たらいいですか。 S：この薄くなっているところは，枯れて，もうおしまいっていうように見えます。でこぼこ感があります。 E：でこぼこ感というと？ S：ここをずっと指で触っていくと，でこぼこした感じがしそう。
	17. 同じところが毛皮の敷物のようにも。	E：（反応を繰り返す） S：動物の敷物のようです。腕で，足で，背中の真ん中の線は縫い合わせ，半分ずつのを縫い合わせたように見えます。 E：毛皮の敷物とおっしゃいましたが。 S：こういう色合いの違いが毛皮のように見えます。半分に裂いて，それをもう一度縫い合わせて元通りにしたような感じです。

ケース 15　つづき

VII	18. お互いに真似し合っている女の子の漫画。女の子の顔。この上のところだけ。	E：（反応を繰り返す） S：髪の毛が編んであって，漫画だからそれが真っ直ぐ上になっている。体は実物っぽくないけど，手があって，お互いに真似し合って遊んでいる。お化粧して，優しい目をしています。 E：お互いに真似し合って遊んでいるというのは，どういうところからそう見たのですか。 S：お互いが相手を見ている感じからです。 E：お化粧して，優しい目をしているとおっしゃったのは？ S：目の周りの色の感じが柔らかなので。でも，私だったら，唇には黄色と赤を塗りますね。
	19. 飾り用の敷物ナプキン（doily）の一部，まだ完成前。ばらばらになっていて，完成させるにはつなぎ合わせないといけない。	E：（反応を繰り返す） S：全体で，まだ仕上がっていない飾り用の敷物ナプキン（doily）のようです。こういうばらばらのが，最終的には縫い合わされるみたいな。前に一度，こういうのを作ったことがあるんです。部分的にはもう縫い合わされているんだけど，まだできていないところもあって，今はまだばらばら。
VIII	20. きれい，この色好き。この色はイースター用の服の布地のによく似ているわ。	E：（反応を繰り返す） S：柔らかい感じ，イースター用の服の布地みたいな。ピンクとピーチで，すごくきれい。 E：柔らかい感じとおっしゃったのは？ S：色が柔らかいですね，パステル調で。きつい色ではありません。女性用のかわいいドレスに使うような色。
IX	21. 絵のようです。	E：（反応を繰り返す） S：全体。画家が絵筆で，真ん中にあるロウソクの周りに色を塗ったみたい，この辺。でも，炎の色は青，黄色じゃあなくて。 E：炎の色は青というのは？ S：ええ，ロウソクが燃えている絵なんだけど，炎の色は本当は黄色のところを，画家の解釈で青にしたんです。
	22. 教会のステンドグラスの窓。	E：（反応を繰り返す） S：色が，教会でよく見かけるステンドグラスの窓のよう。窓ではなくて，窓の色だけ。オレンジ，ピンク，青で，教会の窓に使うみたいな色。
X	23. これは両方，鳥，カナリヤ。	E：（反応を繰り返す） S：形が鳥に似ていて，黄色だからカナリヤみたい。
	24. これとこれは，葉っぱが木から落ちているところ。	E：（反応を繰り返す） S：木から枝が出ていて（D7）。これが葉っぱで（D13），散っている。枯れて，木から落ちている。こんなふうに茶色になっていて，葉っぱのこの向きが落ちている感じ。散り落ちているみたい。
	v25. 下のこの緑は，チェスボードについている飾りの像。	E：（反応を繰り返す） S：半分ずつで見ると，チェスボードの両端についているウマを模した彫像に似てます。
	26. これは花が2つ。でも片方は咲いていない花。緑のはずなのに，茶色の部分が多すぎるから。	E：（反応を繰り返す） S：たぶん，バラかチューリップ。でも，これは（D7）咲いていません。黄色いのだけ。もう1つのは，枯れて，踏みつぶされちゃったみたい。

第22章 最終所見 | 633

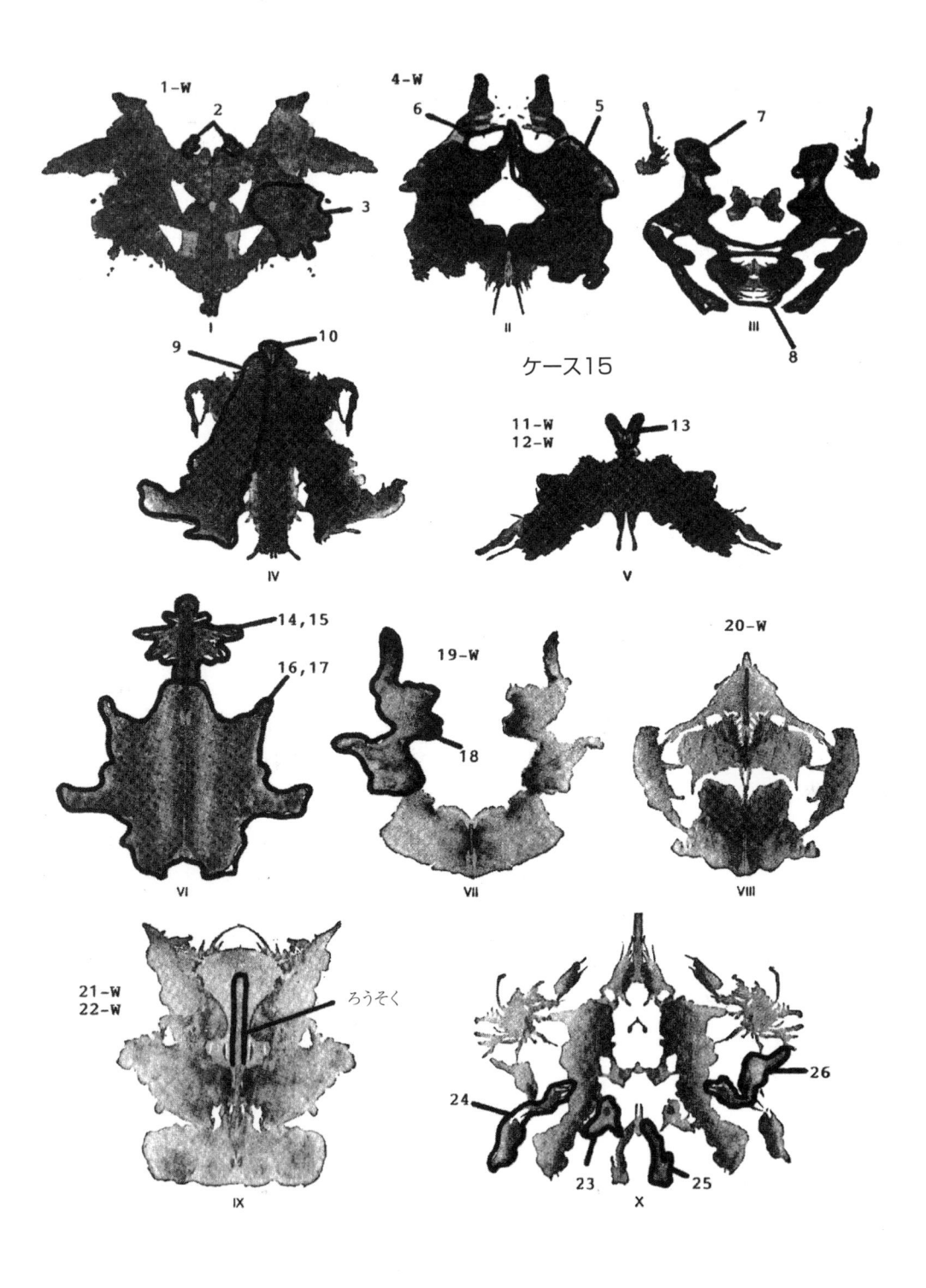

ケース15

ケース15 スコアの継列

Card	No.	Loc.	No.	Determinant(s)	(2)	Content(s)	Pop	Z	Special Scores
I	1	WSo	1	Fo		A	P	3.5	MOR,DR
	2	Do	1	Mao		Hd			AB,DR,PHR
	3	Ddo	99	Mp.FV–		Ad			DR2,PER,PHR
II	4	WS/	1	C.C′.mpu		Na,Cl		4.5	
	5	Do	1	FTo		(Ad)	P		
	6	DdSo	30	F–		Ad			
III	7	D+	1	Mpo	2	(A),Art,Hh		3.0	COP,GHR
	8	DSo	7	FY–		(Ad)		4.5	
IV	9	Ddo	99	FMp.FTu		Ad			
	10	Ddo	30	mpu		Bt			INC
V	11	Wo	1	FMpo		A		1.0	INC
	12	Wo	1	FMpo		A	P	1.0	MOR
	13	Ddo	99	FYu		Hd,Cg			PHR
VI	14	Do	3	FMp.FYo		A,Art			CP
	15	Do	3	FYu		Bt,Art			CP
	16	Do	1	FTo		Bt			MOR
	17	Do	1	FTo		Ad	P		MOR,INC
VII	18	D+	2	Mp.FYo	2	(Hd),Art	P	3.0	DR,COP,GHR
	19	W/	1	Fu		Art		2.5	PER
VIII	20	Wv	1	C		Cg			
IX	21	Wo	1	CF.mpo		Art,Hh,Fi		5.5	DR
	22	Wv	1	C		Art			
X	23	Do	2	FCu	2	A			
	24	D+	13	mp.FCu	2	Bt		4.0	MOR
	25	Do	4	Fo	2	Art,(A)			
	26	Do	15	FCu		Bt			MOR

ケース15　構造一覧表

Location Features	Determinants Blends	Determinants Single	Contents	S-Constellation
				No ... FV+VF+V+FD>2
			H = 0	Yes ... Col−Shd Bl>0
Zf = 10	M.FV	M = 2	(H) = 0	Yes ... Ego<.31,>.44
ZSum = 32.5	C.C′.m	FM = 2	Hd = 2	Yes ... MOR>3
ZEst = 31.0	FM.FT	m = 1	(Hd) = 1	No ... Zd> +−3.5
	FM.FY	FC = 2	Hx = 0	Yes ... es>EA
W = 8	M.FY	CF = 0	A = 5	Yes ... CF+C>FC
D = 13	CF.m	C = 2	(A) = 2	Yes ... X+%<.70
W+D = 21	M.FC	Cn = 0	Ad = 4	Yes ... S>3
Dd = 5		FC′ = 0	(Ad) = 2	No ... P<3 or >8
S = 4		C′F = 0	An = 0	Yes ... Pure H<2
		C′ = 0	Art = 8	No ... R<17
		FT = 3	Ay = 0	8 ... Total
DQ		TF = 0	Bl = 0	**Special Scores**
+ = 3		T = 0	Bt = 5	Lv1 Lv2
o = 19		FV = 0	Cg = 2	DV =0x1 0x2
v/+ = 2		VF = 0	Cl = 1	INC =3x2 0x4
v = 2		V = 0	Ex = 0	DR =4x3 1x6
		FY = 3	Fd = 0	FAB =0x4 0x7
		YF = 0	Fi = 1	ALOG =0x5
Form Quality		Y = 0	Ge = 0	CON =0x7
	FQx MQual W+D	Fr = 0	Hh = 2	Raw Sum6 = 8
+ = 0 =0 = 0		rF = 0	Ls = 0	Wgtd Sum6 =24
o = 12 =3 = 12		FD = 0	Na = 1	
u = 9 =0 = 6		F = 4	Sc = 0	AB =1 GHR = 2
− = 3 =1 = 1			Sx = 0	AG =0 PHR = 3
none = 2 =0 = 2			Xy = 0	COP =2 MOR = 6
			Id = 0	CP =2 PER = 2
		(2) = 5		PSV = 0

Ratios, Percentages, and Derivations

R = 26	L = 0.18		FC:CF+C = 3:4	COP=2 AG=0
			Pure C = 3	GHR:PHR = 2:3
EB = 4:7.0	EA = 11.0	EBPer = 1.8	SumC′:WSumC = 1:7.0	a:p = 1:11
eb = 8:11	es = 19	D = −3	Afr = 0.37	Food = 0
	Adj es = 12	Adj D = 0	S = 4	SumT = 4
			Blends:R = 7:26	Human Cont = 3
FM = 4 : C′= 1	T = 4		CP = 2	Pure H = 0
m = 4 : V = 1	Y = 5			PER = 2
				Iso Indx = 0.35

a:p = 1:11	Sum6 = 8	XA% = 0.81	Zf = 10.0	3r+(2)/R = 0.19
Ma:Mp = 1:3	Lv2 = 1	WDA% = 0.86	W:D:Dd = 8:13:5	Fr+rF = 0
2AB+Art+Ay = 10	WSum6 = 24	X−% = 0.12	W:M = 8:4	SumV = 1
Mor = 6	M− = 1	S− = 2	Zd = +1.5	FD = 0
	Mnone = 0	P = 5	PSV = 0	An+Xy = 0
		X+% = 0.46	DQ+ = 3	MOR = 6
		Xu% = 0.35	DQv = 2	H:(H)+Hd+(Hd) = 0:3

| PTI = 1 | DEPI = 7* | CDI = 3 | S-CON = 8* | HVI = No | OBS = No |

ケース15　31歳女性　感情に関するデータ

EB	= 4:7.0			EBPer	= 1.8	**Blends**
eb	= 8:11	L	= 0.18	FC:CF+C	= 3:4	M.FV = 1
DEPI	= 7	CDI	= 3	Pure C	= 3	M.FY = 1
						FM.FT = 1
C' = 1	T = 4			SumC':SumC	= 1:7.0	FM.FY = 1
V = 1	Y = 5			Afr	= 0.37	C.C'.m = 1
						CF.m = 1
Intellect	= 10	CP	= 2	S = 4 (S to I,II,III = 4)		m.FC = 1
Blends:R	= 7:26			Col-Shad Bl	= 1	
m + y Bl	= 4			Shading Bl	= 0	

S-CON

　自殺の危険性については照会事項に挙げられていなかった。また，面接でも自殺へのとらわれはうかがえなかった。しかしS-CONが陽性であり，ロールシャッハ施行後短期間で自殺した人に共通に見られる特徴を多く持っていることを示唆している。自殺へのとらわれについてのさらなる検討を，速やかに行うべきである。

感情

　彼女は長期にわたる重大な感情の問題を抱えている。大うつ病の場合に見られる特徴が数多く存在し，彼女の本来の力を損ねている（ステップ1，所見1）。意思決定の際，思考は感情の影響を受けやすい。このような人は直感的だし，判断するときには自分の感情を頼りにする。また，仮説や推測を試行錯誤的に実行してみる傾向があり，失敗してもあまり気にしない。さらには，感情を率直に表し，感情表出をコントロールしようとはあまり考えない（ステップ2，所見4）。彼女の場合，こうしたアプローチ法一辺倒というわけではなく，感情をわきに置いて思考に頼るアプローチを取ることもある（ステップ3）。このように柔軟性があったとしても，直感的な人なので，感情面で問題を抱えた場合，その影響は非常に大きなものとなり，心理機能に支障をもたらす可能性がある。

　相当な心理的苦痛を慢性的に抱え持っているが，現在それは状況因子によって増悪している（ステップ4，所見3）。慢性的な不快感に関係しているのは，強烈な孤独感や被剥奪感，自己点検して自分の嫌な面に目を向けてしまう傾向，などである。心理的苦痛のうち状況因子によってもたらされているのは，無力感や虚しさであろう。

　来歴には，最近トラウマや喪失の体験があったとの情報はない。唯一考えられるのは，長男の学校不適応の問題だけである。したがって，彼女の無力感の原因を推測するのは難しい。さまざまな出来事の積み重ねの結果ではないかとも考えられる。投薬を中心とした治療を不定期的に1年間続けてきたが，さほどの効果はなく，不安や抑うつのエピソードは今なお続いている。また，身体面の検査を2回受けたが，不安や抑うつが生理学的な問題に起因するとの仮説を支持する結果は何も得られなかった。今や長男に問題が表れ，彼女は気乗りしないながらも心理学的評価を受ける羽目になった。こうしたことの積み重なりによって，何をしても無駄だという思いが生じたのではないかと思われる。

　判断の際には感情を頼りにする人だが，その一方，感情的な刺激を避ける傾向が顕著であること

ケース15　31歳女性　統制力関連のデータ					
EB = 4:7.0	EA = 11.0		D = −3	CDI = 3
eb = 8:11	es = 19	Adj es = 12	AdjD = 0	L = 0.18
FM = 4　m = 4	SumC' = 1	SumT = 4	SumV = 1	SumY = 5

を示す所見もある。感情的刺激を避ける人というのは，感情を動かされるのをあまり心地よく思わず，社会的な場面を気詰まりに思ったり，孤立してしまいやすい（ステップ6，所見4）。直感的な人にこのような所見が見られるのは非常に珍しく，彼女が自分の感情の扱いにひどく苦労していることを物語っている。その他の所見からは，感情を強く動かされたり刺激されるような場面で彼女が用いる防衛手段が2つ，はっきりとうかがえる。この2つとも，長期的な視座に立てばあまり効果的とは言えないものである。1つは知性化であり，この防衛は常時用いられている（ステップ7）。知性化とは，感情に衝撃が加わった場合，感情レベルではなく知的なレベルで対処することで，その衝撃を中和しようとする働きである。感情の存在を隠蔽したり否認する方策であり，そうすることによって感情を直接扱う機会を減らすことができる。この1年の間，彼女は治療が深まるのを避けてきたが，それはまさにこの防衛の働きゆえだったと思われる。

　もう1つの防衛は，さらに不適応を助長するものである。それは，嫌な，あるいは不快な感情刺激をもたらす状況に肯定的な感情や価値を付与するという，一種の否認である（ステップ8）。これは，今の状況を辛く思ったとき，その辛さに向き合うのを避けるために現実から目を逸らしたり，現実をねじ曲げてしまうといった，ヒステリー様の働きをしている。必然的に自己欺瞞を伴うが，それは多くの場合，非常に見え透いたものとなる。このような否認を行うものは，他者からは表面的な人だと思われやすい。このケースの場合，否認の働きによって自分でも自分が精神的に辛くなっていることに気づけず，大変な状態をさらに悪化させてしまっていたと考えられる。

　感情のコントロールはかなり悪い。時として過度に感情的になり，周りからは衝動的だと思われてしまう（ステップ9，所見8）。しかし，普段は知性化の防衛によって，感情の激しさを隠すことができている（ステップ10）。自分が必要としたわけでもないのに難題を突きつけられると，非常に対抗的になる（ステップ11）。しかし，敵対的な構えはわずかに，しかも間接的にしか表に出さない。普段は心理的にさほど複雑な人ではない（ステップ12，所見1）。自分の感情に確信が持てなくなったり，まごついてしまうことがある（ステップ15，所見1）。これは直感的な人には珍しいことではないが，感情が混乱している場合は弱点になってしまう。

統制

　現実的に利用可能な心理的資質を十分に備えており，普段の状態では統制力とストレス耐性に問題はない（ステップ1，所見1；ステップ2，所見1）。以前は現在よりももっとしっかりした統制力を有していた可能性さえある（ステップ4，所見2）。しかし残念ながら，先に記したような状況関連のストレスによって，統制力とストレス耐性はかなり低下している。ストレスの影響は大きく，そのためにもたらされた無力感が通常の思考や行動のパターンを乱している（状況関連ストレスのステップ2，所見2）。現状では，彼女の心理的機能に混乱が生じるおそれは非常に高い。

ケース15　31歳女性　自己知覚に関するデータ

R = 26	OBS = No	HVI = No	Human Content, An & Xy Responses	
Fr+rF = 0	3r+(2)/R = 0.19		I 2. Do Mao Hd AB,DR,PHR	
			V 7. Ddo FYu Hd,Cg PHR	
FD = 0	SumV = 1		VII 18. D+ Mp.FYo 2 (H),Art P 3.0 DR,COP,GHR	
An+Xy = 0	MOR = 6			
H:(H)+Hd+(Hd) = 0 : 3				
[EB = 4 : 7.0]				

ケース15　31歳女性　対人知覚に関するデータ

R = 26	CDI = 3	HVI = No	COP & AG RESPONSES
a:p = 1:11	SumT = 4	Fd = 0	II 3. D+ Mpo 2 (A),Art,Hh 3.0 COP,GHR
	[eb = 8:11]		VII 18. D+ Mp.FYo 2 (Hd),Art P 3.0 DR,COP,GHR
Sum Human Contents = 3		H = 0	
[Style = Extratensive]			
GHR:PHR = 2 : 3			
COP = 2	AG = 0	PER = 2	
Isolation Indx = 0.35			

自己知覚

　自分の価値を否定的にとらえているのは明らかで，他者と比べて自分はあまりうまくいっていないと考えているようである（ステップ3，所見3）。先述のように，彼女には自分のよくない面に何度も思いをめぐらす傾向があり，そのために辛さがもたらされている（ステップ4，所見3）。自己イメージには否定的な性質が付与され，自分のことを悲観的に見ている（ステップ6，所見2）。自己イメージは，主に想像や実際の体験の歪曲に基づいて作られている（ステップ7a，所見2b）。

　自己イメージを知的にまとめあげようとしているが，それはあまりうまくいっていない（ステップ7b；ステップ8a，反応3，反応8）。自分はひどくダメージを受け，痛手を負って苦しんでいると認識している。自分に対するこのような悲観的見解からは希望の喪失が垣間見えたり，死へのとらわれが知的に加工されて思考に編み込まれていることがうかがえるので，注意が必要である（ステップ8b，反応12，反応16，反応17，反応24，反応26）。

　自己感覚はかなり非現実的である。また，成人ならば普通は自分のことを概念的にまとまった形で理解しているものだが，彼女の場合はそういったところが見られない（ステップ8c，反応2，反応3，反応7，反応18）。一方，どうにかなるだろうという漠然とした楽観主義が見られる。この楽観主義は空想優位の過度の知性化を伴っており，現実的なものとは言えない（ステップ8dと8e，反応4，反応10，反応11，反応19，反応20）。

対人知覚

　彼女は，ほとんどの対人関係場面で受動的役割を取るだろう。しかし，必ずしも服従的というわけではない。意思決定の責任を避けたいと思っており，新たな問題解決の方法を積極的に探したり，新しい行動を試してみるということはあまりしない（ステップ3）。このような受動性は，感情の混乱のために一時的に生じたものなのかもしれない。しかし，ずっと以前からの性格特性という可

ケース15　31歳女性　情報処理過程に関するデータ			
EB = 4:7.0	Zf = 10	Zd = 1.5	DQ+ = 6
L = 0.18	W:D:Dd = 8:13:5	PSV = 0	DQv/+ = 0
HVI = NO	W:M = 8:4		DQv = 1
OBS = NO			

Location & DQ Sequencing

　　I: WSo.Do.Ddo　　　　VI: Do.Do.Do.Do
　 II: WSv/+.Do.DdSo　　VII: D+.Wv/+
　III: D+.DSo　　　　　VIII: Wv
　 IV: Ddo.Ddo　　　　　IX: Wo.Wv
　　V: Wo.Wo.Ddo　　　　X: Do.D+.Do.Do

能性もある。先にも見たように，彼女は情緒的親密さを強く求めており，ひどく孤独な思いを抱いている（ステップ5，所見3）。こうした思いは，容易に彼女の判断を曇らせてしまう。この孤独感が最近になって生じたと考えるだけの根拠は見あたらない。むしろ，情緒的に親密になれる関係を求めているのに，それをどうすれば得られるのかわからずに困っている。面接では，結婚生活は安定していると述べている。しかしこの所見からすると，本当にそうなのか疑問が持たれる。

　彼女は人への関心を持ってはいるが，人のことをあまりよく理解していないようである。こうした理解不足のために対人関係上の大きな失敗をして，周りから人が遠ざかっていくことになりかねない（ステップ6，所見2）。このような人は，時に対人関係に理に適わない程の期待を抱く。そうなると，他者の行動に対して，無視している，あるいは拒否しているなどと，事実とは異なる解釈をしてしまいやすい。これが彼女に当てはまるかどうかはともかくとしても，彼女の対人行動はその場の状況に相応しくないものであることが多いだろう（ステップ7，所見2）。とはいえ，彼女は他者との相互交流に肯定的な期待を抱いているし，他者との交流を持ちたいとも思っているようである（ステップ8，所見3）。

　対人場面ではやや防衛的になりやすい。時には，自分の知っていることを並べ立てて身を守ろうとするだろう（ステップ9，所見1）。しかし，この方策がうまくいっているとは思えない。というのは，彼女が社会的にいくらか孤立していることを示す所見があるからである（ステップ10，所見2）。円滑で意味のある関係を他者と結んだり維持するのは難しいだろう。これは，彼女が対人交流において偽りの自分を演じやすく（ステップ11），社会的交流の中で自然に湧きあがってくる感情の生々しさを否認したり知性化してしまうためである。

情報処理

　新しい情報を取り入れるときには，多くの人と同じ程度に努力する（ステップ1，所見1）。しかし，情報の取り入れ方は変わっている。経済的に行おうと努めながらも，ときにそれが行きすぎたものになり，ごく小さな，あるいは他の人があまり注目しないような特徴に焦点を当ててしまう（ステップ2，所見2c）。新しい情報には慎重に対応し，よくわからないことにはできるだけ関わらないでいようとする傾向が見られる。アプローチの仕方にはおおむね一貫性がある（ステップ3，所見2）。スキャニングは十分効率的である（ステップ5，所見1）。しかし，手堅すぎて，たいがいの場合，情報処理活動の質自体は高くない（ステップ7，所見6）。感情刺激を含む，複雑な状況に直面

ケース15　31歳女性　認知的媒介に関するデータ

```
R = 26           L = 0.18         OBS = No         Minus & NoForm Features
FQx+    = 0      XA%  = .81       I  3. Ddo99 Mp.FV- Ad DR2,PER,PHR
FQxo    = 12     WDA% = .86       II  6. DdSo30 F- Ad
FQxu    = 9      X-%  = .12       III 8. DSo7 FY- 2 (Ad) 4.5
FQx-    = 3      S-   = 2
FQxnone = 2
(W+D    = 21)    P    = 5
WD+     = 0      X+%  = .46
WDo     = 12     Xu%  = .35
WDu     = 6
WD-     = 1
WDnone  = 2
```

したときには，情報処理の質が特に悪くなる（ステップ8）。

認知的媒介

　新しい情報は，通常，適切に翻訳されている。現実検討力がひどく損なわれているわけではない（ステップ1，所見1）。しかし，感情の激烈さが大きな混乱を引き起こし，現実が目に入らなくなってしまうことがある。明白な手がかりがあっても，それを見落としてしまう（ステップ2）。そのような場合，手がかりを無視し，強烈な感情に身を委ねてしまいやすい。しかし，普段はそうそう現実を歪めることはないし，現実を歪めることがあったとしても，その頻度は多くの人とたいして変わらない（ステップ3，所見1）。現実を歪曲するとしたら，それは強いネガティブな感情，特に怒りの感情に刺激されたときである（ステップ3a，所見2）。

　感情が強くなりすぎなければ，期待され，受け入れられる反応についての手がかりがはっきりしている状況では，その通りの反応をする（ステップ4，所見1）。しかし，社会的な要求や期待にあまり左右されることなく，社会的な慣例を軽視もしくは無視した行動を取ることも多い（ステップ6，所見4）。これは，世の中を反抗的あるいは非社会的な目で見ているからではなく，感情の対処に苦慮し，自分のことで頭が一杯になっているためである。

思考

　先に述べたように，考えをまとめあげたり判断をしようとする際には，自分の感情を頼りにする。問題解決の方法を探るときには外からのフィードバックを参考にしながら，試行錯誤的な行動を取る。感情を思考に混じらせ，いくつもの思考パターンを同時に併存させる。思考が非論理的あるいは一貫性がないというわけではない。このような直感的スタイルは多くの成人に見られるものであり，感情によって思考が曇らされなければかなり効果的である（ステップ1，所見3）。このスタイルに執着はせず，柔軟性がある。意思決定の際に感情をわきへ置き，思考型のアプローチを取ることもある（ステップ2，所見2）。

　一方，態度や価値観はかなり固定的で変わりにくい（ステップ3，所見3）。このような人は，態度や意見をなかなか変更できない。彼女の場合は自分を悲観的に見ているので，この所見は特に重要な意味を持つ。悲観的見方が思考の中に行きわたっており（ステップ4，所見3），世の中と自分

ケース15　31歳女性　思考に関するデータ

L	= 0.18	OBS	= No	HVI	= No	\multicolumn{3}{l	}{Critical Special Scores (R = 26)}

L	= 0.18	OBS	= No	HVI	= No	DV	= 0	DV2	= 0	
EB	= 4:7.0	EBPer	= 1.8	a:p	= 1:11	INC	= 3	INC2	= 0	
				Ma:Mp	= 1:3	DR	= 4	DR2	= 1	
eb	= 8:11	[FM = 4	m = 4]			FAB	= 0	FAB2	= 0	
				M–	= 0	ALOG	= 0	CON	= 0	
Intell Indx	= 10	MOR	= 6	Mnone	= 0	Sum6	= 8	WSum6	= 24	

M Response Features

I 2. Do Mao Hd AB,DR,PHR
I 3. Ddo Mp.FV– Ad DR2,PER,PHR
III 7. D+ Mpo 2 (A),Art,Hh 3.0 COP,GHR
VII 18. D+ Mp.FYo 2 (Hd),Art P 3.0 DR,COP,GHR

との関係について考えるときにはどうしても不信感と懐疑の念が付きまとう。そのため思考が固くてゆとりのないものとなり，論理の誤りがあっても見すごされてしまいやすい。先にも触れたように，意識的なコントロールが及ばない潜在意識下の思考活動によって注意と集中が阻害されやすいので，事態はより複雑になっている（ステップ5，所見4）。こうしたことのほとんどは状況関連のストレスによって引き起こされているのだが，思考の明晰さが失われているのは間違いない。

　さらには，嫌な状況を回避するために空想にふけってしまいやすい。こうした手段を過度に用いるので，その場では不快さを和らげることができても，長期的には自分の求めることが得られにくくなり，逆効果となっている（ステップ6，所見2）。感情を知性化しようとする傾向が顕著であることは先に述べたが，これも彼女にとってはさらに不利益に働いている。つまり，誤った論理を容認したり，自分の中で生じる感情を否認してしまうといった，自己欺瞞として作用している（ステップ7，所見2）。こうした複雑な防衛により，誤った概念化を伴う思考パターンが生じ，ひいては現実検討が悪くなっている（ステップ8，所見5）。思考は決して奇妙なものではない。しかし，間違った判断をしてしまいやすい。ひどい精神的な苦痛を抱えていることや，もっと適応的な考え方をしようと思ってもなかなか思考をコントロールできないでいることを，必死で隠したり否認しようとしている。そのような苦闘が，思考内容にはっきり現われ出ている（ステップ9，所見2）。ときに，思考は厳密さを欠き，ひどく不適切になる（ステップ10，所見2）。知性的であることは間違いないが，しかしその知性を自分の欲求や求めのために効果的に振り向けることができていない（ステップ11）。

ケース 15 の記述と所見

　この女性は，長期にわたって重度の抑うつを体験してきた。さらには，自己破壊的行動の可能性が高い人によく見られる特徴を数多く有している。自殺のおそれについては，早急に調査を進めるべきである。自殺のおそれのあることは見た目にはわかりにくいが，なぜそうなのか，理由ははっきりしている。それは，彼女が演技的な人によく見られるような非常に精巧な防衛の手段を作りあげているからである。この防衛手段によって，自分の感情と直面することを回避したり，否認して

いる。表面的には，他者に自分の苦痛や混乱の大きさがわからないよう取り繕っている。しかし最近は苦しみをごまかすことができず，おそらくそのために頻繁に不安発作が生じたり，抑うつを時々感じているのだと思われる。

現在はこの防衛がさらにうまく働かなくなっている。その結果，ひどくストレスを感じたり混乱しやすくなっている。この原因ははっきりとはわからないものの，最も可能性が高いのは，彼女の身の回りの状況が長い期間のうちに次第に厳しいものになってきたということである。長男の学校での不適応行動の他，身体面の検査によっては彼女の症状が生理学的な問題であるとの裏づけが得られなかったことも重なり，今や事態はより悪くなっている。原因が何であれ，彼女が今まさにかなりの心理的苦痛を体験しているのは間違いない。また，現在の状況に対して，自分ではどうにもすることができないという虚無感を持ちつつある。孤独感を抱え，情緒的な親密さを強く求めている。また，自分について何度も考え，自分で欠点だと思っている特徴にばかり目を向けている。

通常，意思決定の際には思考が感情の影響を受けやすい。このような人は直感的だし，判断するときには自分の感情を頼りにする。また，仮説や推測を試行錯誤的に実行してみる傾向があり，失敗してもあまり気にしない。感情を率直に表わし，感情表出をコントロールしようとはあまり考えない。彼女の場合，こうしたアプローチ法に凝り固まっているわけではなく，感情をわきに置いて思考に頼るアプローチを取ることもある。しかしこのように柔軟性があったとしても，直感的な人が感情面で問題を抱えた場合，その影響は非常に大きなものとなりやすい。これは彼女の場合にも言えることである。

普段は判断の際に感情を頼りにするとはいえ，その一方，感情的な刺激を避ける傾向も顕著である。おそらく，感情的刺激にどう反応してしまうのか心配になっているからだろう。今は感情を動かされるのをあまり心地よく思わず，社会的な場面を気詰まりに感じてしまいやすい。このような所見は直感的な人には非常に珍しく，彼女が自分の感情の扱いにひどく困惑していることを示している。感情を強く動かされてしまいそうで不安を感じる場面では，いくつかの防衛手段を用いる。その中で最も注目に値するのは，知性化である。感情に衝撃が加わった場合，彼女は普段から，感情レベルではなく知的なレベルで対処することでその衝撃を中和しようとしている。これは感情の存在を隠蔽したり否認する方策であり，そうすることによって感情を直接扱う機会を減らすことができる。過去，彼女は治療が深まるのを避けてきたが，それはまさにこの防衛の働きゆえだったと思われる。

2つ目の防衛手段は，さらに適応を悪くするものである。それは，不快な感情刺激をもたらす状況に肯定的な感情や価値を付与するという，一種の否認である。これは，今の状況を辛く思ったとき，そのつらさに向き合うのを避けるために現実から目を逸らしたり，現実をねじ曲げてしまうといった，ヒステリー様の働きをしている。自己欺瞞的であり，多くの場合，非常に見え透いたものとなる。しかし，否認の働きによって，自分が精神的にかなり辛くなっていることにほとんど気づかずにすんでいる。もう1つの防衛手段は，嫌な状況を回避するために空想に逃げ込むというものである。彼女はこうした手段を過度に用いるので，その場では不快さを和らげることができても，長期的には自分の求めることが得られにくくなり，逆効果となっている。

かつては統制力とストレス耐性は十分にあり，しかもそれらは大方の人よりもしっかりしていたと思える。現実生活の中で活用できる心理的資質を十分に有し，それゆえこれまではひどい混乱に

陥らずにすんでいたのであろう。しかし残念ながら，統制力とストレス耐性は，現在の状況がもたらすストレスによって，かなり低下している。無力感によって，通常の思考や行動のパターンがひどく乱されている。現状では，心理的機能に支障をきたすおそれがかなり高まっている。感情のコントロールはかなり悪く，時として過度に感情的になり，衝動的だと思われてしまうこともあるだろう。普段は知性化によって感情の激しさを隠そうとしている。しかし，自分が望みもしないような難題を突きつけられると，あからさまではないものの，実は非常に反抗的になる。現在は状況要因によって心理的にいつもより複雑になり，自分の感情に確信が持てなくなったり，まごついてしまいやすくなっている。

　自分の価値をかなり否定的にとらえている。自分について繰り返し思いを馳せ，自己イメージはかなり否定的な性質のものとなっている。自分はひどくダメージを受け，痛手を負って苦しみ，役に立たなくなっていると認識している。こうした悲観的見方のために，しだいに希望が失われつつある。自分についてかなり非現実的な感覚を抱いている。どうにかなるだろうという漠然とした楽観主義も見られるが，この楽観主義は空想優位，現実軽視の過度の知性化を伴っているので，やはり非現実的なものである。

　彼女は対人関係場面では受動的役割を取るのを好むが，必ずしも服従的というわけではない。意思決定の責任は避けたいと思っている。このような受動性は，以前から有していた性格特性であろう。先にも見たように，彼女は情緒的親密さを強く求め，ひどく孤独な思いを抱いている。こうした思いは，容易に彼女の判断を曇らせてしまう。結婚生活は安定していると述べているが，この所見からすると本当にそうなのか疑問が持たれる。さらに詳しく話を聞く必要がある。

　人への関心を持ってはいるが，人のことをあまりよく理解していないようである。こうした理解不足が対人関係上の大きな失敗を生み，周りから人が遠ざかっていくことになりかねない。対人行動はその場の状況に相応しくないものであることが多いだろう。とはいえ，彼女は無邪気にも他者との相互交流に肯定的な期待を抱いている。実際には，社会的に孤立しており，円滑で意味のある関係を他者と結んだり維持するのは難しいだろう。これは，彼女が対人交流において偽りの自分を演じやすいためである。

　認知機能はさほど損なわれていない。新しい情報を取り入れるときには，多くの人と同じ程度に努力する。しかし，情報の取り入れはできるだけ経済的に行おうと努め，ときには些少な，あるいは他の人があまり注目しないような細かい点にとらわれ，それ以上に注意が広がらない。情報の走査は効率的だが，情報処理活動は手堅すぎ，その質は不十分なものになりがちである。感情刺激を含む，複雑な状況に直面したときには，特にそうである。

　取り入れた情報は適切に翻訳しており，現実検討力の低下を疑わせる証拠はない。しかし，感情の激烈さが大きな混乱を引き起こし，現実が目に入らなくなってしまうことがある。明白な手がかりがあっても，それを見落としてしまう。感情が強くなりすぎていなければ，期待され，受け入れられる反応をするものの，社会的な要求や期待に影響されることは少なく，社会的な慣例を軽視もしくは無視した行動を取ることも多い。これは，世の中を反抗的あるいは非社会的な目で見ているからではなく，感情の対処に苦慮し，自分のことで頭が一杯になっているためである。

　態度や価値観はかなり固定的で変わりにくい。このような人は，態度や意見をなかなか変更できない。そのため彼女の悲観主義はますます根強いものになり，不信感と懐疑をもって世の中を見る

ことになっている。ひいては思考が固くてゆとりのないものとなり，論理の誤りがあっても見すごされてしまいやすい。意識的なコントロールが及ばない潜在意識下の思考活動によって注意と集中が阻害されやすいので，事態はより複雑になっている。

　先に述べたような防衛手段を用いるために，誤った概念化を伴う思考パターンが生じ，現実検討が悪くなる。思考は決して奇妙なものではない。しかし，間違った判断をしてしまいやすい。ひどい精神的な苦痛を抱えていることや，もっと適応的な考え方をしようと思ってもなかなか思考をコントロールできないでいることを，必死で隠したり否認しようとしているが，そのような苦闘は思考の中にはっきりと読み取れる。その結果，思考は時々厳密さを欠いたり，変わったものになる。知性的であることは間違いないが，しかしその知性を自分の欲求や求めのために効果的に振り向けることができていない。

アセスメント事項と所見

　彼女は不安発作の治療を求めているが，この不安発作の根底には，長い間彼女を苦しめている抑うつ感が潜んでいる。不安発作の発現は，感情の大きな混乱を内にとどめ，その存在を（自分にも他者にも）わからないように隠しておくために用いていた防衛が崩れてしまったことを意味している。また，彼女は夫婦関係は安定していて満足しているかのように述べているが，実際にはそうでない可能性が高い。現在，彼女は今にも崩れてしまいそうな状態にある。自己破壊的行動に及ぶ危険性がかなり高いので，この点について早急かつ入念に調べる必要がある

　このようにかなりの心理的苦痛のただ中にある人に対しては，通常は入院治療のほうが益がある。入院すれば，彼女に十分なサポートと安心感を与えることができるし，きちんとした管理のもとで，定期的な投薬とその効果の確認ができる。さらには，精神療法を取り入れ，それを進めることも可能となる。入院期間は長くなくてもよい。しかし，入院期間中，結婚生活について細部にわたって評価できるよう，何らかの手を打たなければいけない。最後に一言述べておくと，おそらく彼女は簡単に治療を進められるような患者ではない。彼女の防衛は，現時点でこそ崩れがちになっているが，何年もの間うまく機能してきたのである。介入の初期段階では感情を分かち合うことがきわめて重要になる。しかし彼女はなかなかこれに乗ってこないと思われる。

ケース16

　28歳の男性。彼は，午前3時にひどい身なりでいるところを保安官に保護された。そのときには見当識がなく，精神病院の救急病棟に入院させられることになった。外気温は摂氏4度だったにもかかわらず，シャツも靴も身に着けていなかった。身分証明書の入った財布を持っていたが，自分が誰なのかわからなくなっていた。失見当識の状態のまま約18時間を過ごしたが，翌日の夕方に両親と兄が尋ねてきた頃には回復してきた。そして翌日，私立の精神病院に移された。入院手続きの時は冷静沈着で協力的だったが，どこか他人事のようであったと記されている。入院して3日目の臨床検査分析でコカインの毒性が検出された。6日後の再検査でもコカインの残留が認められたものの，中毒の証拠とはならなかった。入院後10日目に心理検査が行われた。保護されてから12日目のことだった。

　彼は，4人兄弟の第2子である。31歳の兄は電子工学の専門家で，結婚して6年になる。26歳

の弟は獣医学校に通い，21歳の弟は大学の4年に在学している。2人とも独身である。父親は63歳で，建築士をしている。母親は58歳で，大卒である。母親は結婚後4年間は小学校の教師をしていたが，その後30年間は就労していない。家族の中では母親だけが精神科通院歴がある。母親は40代の頃抑うつで2年間通院していたことがある。

　本人は土建業を営み，住宅の建築や改装を手がけている。英文学の学士取得後，2年ほど父親のもとで働き，4年前に今の仕事を始めた。事業を始めるための資金は父親が援助してくれた。しかし，経営は苦しく，何とか持ちこたえているという状況にある。父親と兄は，それは彼が事業に身を入れていなかったからだという。家族は彼が薬物を濫用していることに気づいていたが，それほどいろいろな薬物をやっているとは思っていなかった。本人は，日常的に薬物を濫用してはいるが，「やりすぎないようにしている」と言う。高校時代にマリファナを始め，大学時代にはさらに強い薬物を使い始めた。

　本人は，父親のもとで働いていたときには薬物を使っていなかったというが，父親によればそれは嘘で，働き始めて2年目のときには薬物リハビリテーション・プログラムに通うことになったという。ただし，長続きはせず，2週間も行かずにやめてしまった。本人は「何でも1回は試してみるけど，コカインが一番好きだ」と言う。時には覚せい剤も使うが，それは「仕事のプレッシャーのせいだ」と述べる。

　2年前に30歳の女性と婚約したが，相手の身持ちが余りにも悪いのを知って別れた。最近，大学を中退した20歳の女性と婚約し，近いうちに結婚する予定を立てていた。現在彼女は彼のアパートに住み，彼の電話に出て話はする。しかし見舞いには来ていない。そのため彼は当惑し，苛立っている。彼は，何か重大な問題があるかもしれないという意見には耳を貸さず，中毒症状がなくなり次第すぐに退院し，「早く仕事に戻りたい」と主張している。しかし，両親や彼と面接した病院のスタッフは，もっと重大な病気があるのではないかと疑っている。兄によれば，弟は「一匹狼」でいることが多く，事業には身を入れていなかった。そして，従業員が彼を破産させようとしているなどと，妄想的な話をすることがあったという。

　照会事項としては以下の点が挙げられている。

（1）薬物濫用の裏に，より重篤な精神病の問題が隠されているのか。
（2）薬物精神病状態というよりも統合失調症様の障害の可能性があるのか。
（3）重症の抑うつ状態にあるのか。
（4）自傷行為のおそれはあるか。
（5）どのような治療が勧められるか。

　最初に該当する鍵変数は，PTIが3より大きいことである。情報処理過程のクラスターから始めて，認知の三側面の他の2つのクラスターを検討する。そして，統制，感情，自己知覚と対人知覚へと進む。しかし，情報処理過程のデータを検討し始める前に，S-CONの結果を見る。

ケース16　28歳・男性

カード	反応	質問
I	これはただのインクの染みですよ。 E：急いでいませんので，ゆっくりご覧になってください。皆さん何かしら見えるようです。 1. 気持ち悪い虫。	E：（反応を繰り返す） S：ここだけです。あごが上のここで，体で，羽がここ（囲む）。 E：気持ち悪いというのを教えてください。 S：みんな気持ち悪いって言うんじゃないかな。こんなの好きじゃありませんよ。
	2. もしもこの白い部分の周りに円を描いたら，ハロウィンのカボチャみたい。	E：（反応を繰り返す） S：えーと，今はもう見えないけど，こうすると（丸く囲む）カボチャ，目で口。他は無視して。
	3. これは，誰もまだ見たことのない，未発見の土地の地図。	E：（反応を繰り返す） S：これ全体。もし誰もまだ見たことがないのだとしたら，たぶんアトランティス大陸のようなものですかね。アトランティスって実際には知らないから，アトランティスというわけではなくて，でも，誰も知らないような何かそんなようなもの。
	v4. こうして見ると，トンネルの入り口。ちょっと，これつまらないね。1日中でもこれを見ていろんなものを言えるけど，本当につまらない。	E：（反応を繰り返す） S：ここが山で，ここがトンネルの入り口。この白いところがトンネルで，その周りの入り口のところが薄く明るくなっているからトンネルのように奥に続いているように見えるでしょう（山とトンネルの入り口を囲む）。
II	5. この下のほうは悲しんだ顔。悲しんでいる目ですね，とにかく。	E：（反応を繰り返す） S：ちょうどここ（囲む），眉をひそめているように見える。実際に，劇で使うこんな仮面があってね。これは悲しんでいるときの仮面だね，こう両端が下がっていて。
	6. ここの上のところは，2人がお互いに唾を吐き掛け合っているように見える。2人の間に唾が飛んでいるでしょう。	E：（反応を繰り返す） S：人の頭だけ。身体はなくて，こことここに鼻と口が見えて，ここの間に唾が見える。
III	7. 肺か，癌みたいな気持ち悪いやつ。	E：（反応を繰り返す） S：ここが本当に病んでいるみたい。タバコを吸いすぎると，癌とか肺病にかかったみたいに，こんなふうに肺が全部真っ黒になるので。 E：どこを見たのかわからなかったのですが。 S：これとこれ。これはつなげている繊維組織のよう。
	v8. こうすると，クロゴケグモそっくりに見える。砂時計の模様がお腹にあって，ここが手で，ここが頭。これは実物ではなくて芸術家が抽象的に描いたもの。	E：（反応を繰り返す） S：これは全体ではなくて，頭と身体の一部。手で，砂時計の模様。外側にある2つの赤は，子を産んだ後にオスを殺したことを表現したもの。ここは黒いはずだけど白くなっているから，芸術家が抽象的に描いたもので，まだ完成していない。
IV	何も見えない，またもやただのインクの染みっていうだけで。	

ケース16（つづき）

IV	E：どうぞゆっくり見てください。 9. 巨大な直立ギガンテス［訳者注：gigantus erectorus と言ったが，gigantes erectus の言い間違い］だと思う。頭がすごく小さくて，腕は大きい。	E：（反応を繰り返す） S：頭はすごく小さいけれど，長鼻はとても大きくて前に突き出ている。これが腕（指差す）で，パタパタさせているみたい。もしかしたら，ネス湖の怪獣のような大きな海草モンスターかもしれない。大きな尾と大きな胸びれがここに見える（指でなぞる）。頭はとても小さい。こういうのについて書いてある本があったと思う。
V	10. 何か動物を切り開いたみたい。たぶん，ウサギ。	E：（反応を繰り返す） S：真ん中で切ったので，両側がまったく同じ。これらがたぶん後ろ足と前足で，ここの上が耳で，ちょうど肉切り包丁か何かで2つに切ったみたい。
	v11. チョウチョかもしれないけど，飛んでいるようには見えない。博物館にあるみたいに，はりつけられているところ。色あせていて。	E：（反応を繰り返す） S：灰色の濃淡で，色合いが全体にあせている。ジプシー蛾の一種にはこんなのがいたと思うけど，よくわからない。もしかしたらメキシコ蛾かもしれない。大きな羽があって，これが触角で。
VI	わかりません。面白いけれど，何なのかわからない……	
	12. これは，みんなはセックスしているところと言うんじゃないかと思うけど，でもわからないなあ，そんなにはっきりとは見えないけど，たぶん……まあ。	E：（反応を繰り返す） S：これはよくわからなかったんだけど，ここに膣の道［訳者注：vagina path が DV］があって（D12 の周囲を囲む），ペニスがこれ（D12）。たぶんセックスしているのかもしれないね。
	v13. この部分は，ダイアモンド・カッター。	E：（反応を繰り返す） S：こんなんじゃないかと思うけど，そう，長い針みたいなこんなのをダイアモンドを切るのに使ったと思う，何かカッターみたいなものでね（なぞる）。
VII	14. 割れたクッキー。真ん中に穴の開いた，ヒナギク型のクッキー。牛乳と一緒に食べるとおいしいんだ。	E：（反応を繰り返す） S：うん，割れたのをもとに戻したら真ん中に穴が開いた丸い形になるんだけど，誰かが一口食べちゃったみたいで，サンシャインバタークッキーだね。これが穴で，これがその残り。
VIII	おー，色が付いて，きれい。	
	v15. こうすると，人が誰か他の人を引っ張っているように見える。たぶん神様が彼の息子たちを天国に引き戻していて，きれいな色の光が周囲に放射しているところ。	E：（反応を繰り返す） S：息子は一人だけ。神様には息子は1人しかいませんよ。息子たちだなんて言っていないよ。差し出した腕がこれで，頭上には光がある。 E：私にも見えるように教えてください。 S：ここの上を見ると，光が放射していて，これが神様（囲む）。これが腕で，この下が息子で，脚が開いていて，上のほうに引っ張られている感じ（囲む）。想像力を使わないとわからないよね。
IX	こっちのほうが色がもっとあっていいね。	
	v16. 原爆，一番上のところがきのこ雲で，爆発していて，すごく明るい。まるで……何のカードなんだ，これ（図版を裏返して見る）……へぇ，9枚目か。	E：（反応を繰り返す） S：本当にそれっぽい。きのこ雲でしょ（指し示す）。下の鮮やかなオレンジ色の光は稲光みたいで。

ケース16（つづき）

X	17. 画家が退屈したときに，いろんな色を紙の上に塗りたくったみたいだね。実際，このテストは退屈でうんざりするよ。最初のカードでもう全部言っちゃったよ。	E：（反応を繰り返す） S：ただ，いろいろな色があるだけ。画家は，考えごとをしているときにこんな感じで絵の具をつけるんですよ。いろんな画家を知っていて，絵も見たけど，時々こんなのを描くんですよね。
	v18. 女の子が背面飛びでプールに入ろうとしていて，背面飛びをしているから，ダイビングコンテストだね。	E：（反応を繰り返す） S：これは本当に馬鹿馬鹿しいけど，これが本当に最後なんだろうね。 E：はい。 S：ここに女の子か男の子か，どちらでもいいけど。でも，女の子の背中は背面飛びに向いているから，背面飛びをするのは女の子。 E：どこを見たらいいか教えてください。 S：ここが腕を外に出していて，身体を後ろに曲げている（なぞる），顔はよく見えない，この下の青いのが水。水は青だから。

第 22 章　最終所見 | 649

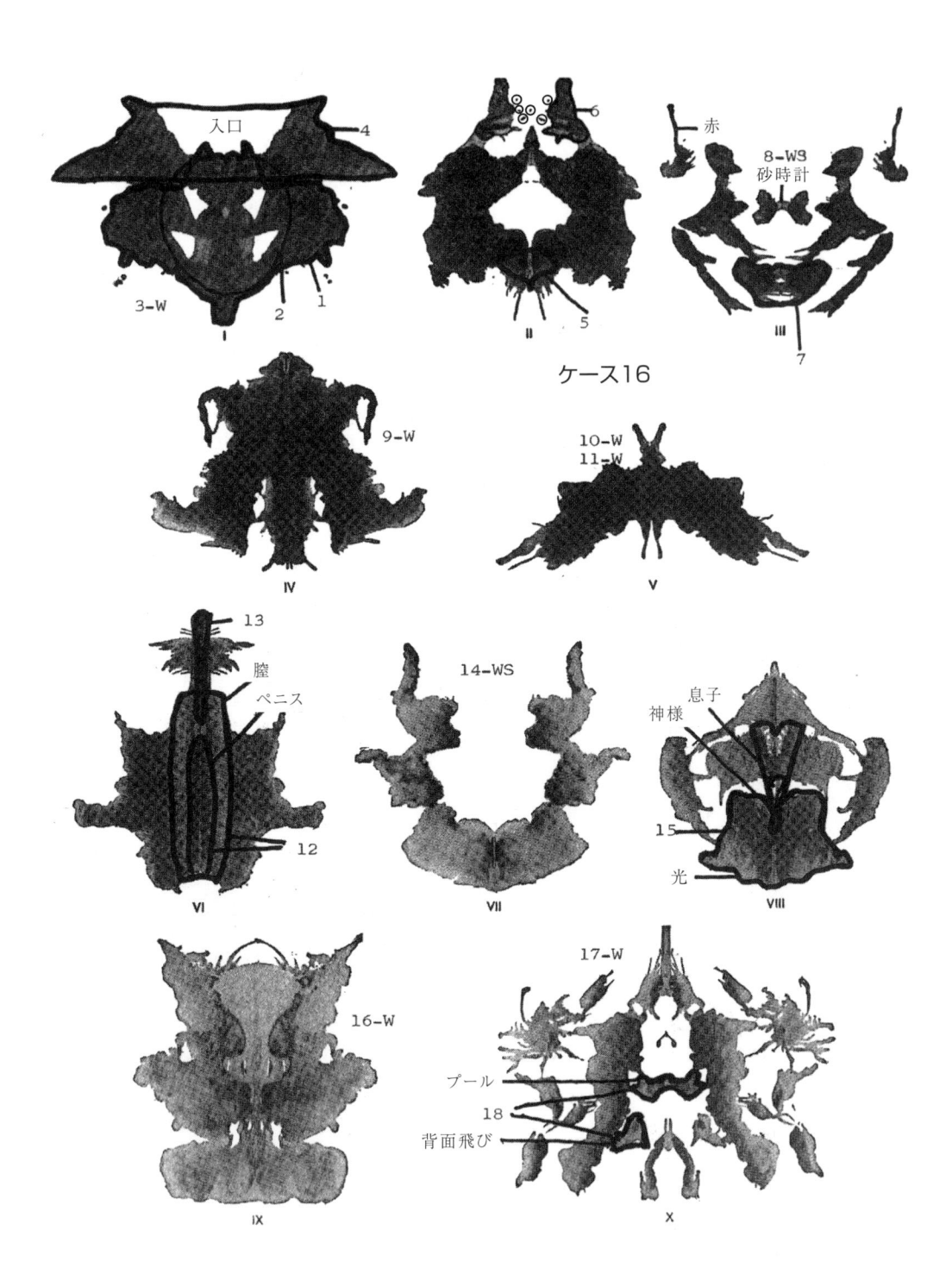

ケース16

ケース16 スコアの継列

Card	No.	Loc.	No.	Determinant(s)	(2)	Content(s)	Pop	Z	Special Scores
I	1	Ddo	99	Fu		A			
	2	DdSo	99	F–		(Hd)		3.5	PHR
	3	Wv	1	Fu		Ge			DR2
	4	DdS/	99	FVu		Ls		4.0	
II	5	Ddo	99	Mp–		Hd			MOR,PHR
	6	Dd+	99	Ma.mp–	2	Hd,Id		5.5	AG,PHR
III	7	Do	7	FC'–		An			MOR
	8	WS+	1	FC'.C–	2	Ad,Art		5.5	AB,INC
IV	9	Wo	1	FMa.FDo		(A)		2.0	DV
V	10	Wo	1	F–		A		1.0	MOR
	11	Wo	1	mp.FYo		A	P	1.0	MOR
VI	12	Dd+	99	Ma–		Hd,Sx		2.5	DV,PHR
	13	Do	2	Fu		Sc			
VII	14	WS+	1	F–		Fd		4.0	MOR
VIII	15	Dd+	99	Ma.mp.CF–		(H),Na,Ay		3.0	DR,PHR
IX	16	W+	1	ma.CFo		Ex,Fi,Cl		5.5	
X	17	Wv	1	C		Art			PER
	18	D+	2	Ma.C–		H,Na		4.5	ALOG,PHR

ケース16　構造一覧表

Location Features	Determinants Blends	Determinants Single	Contents	S-Constellation
				No ... FV+VF+V+FD>2
			H = 1	Yes ... Col−Shd Bl>0
Zf = 12	M.m	M = 2	(H) = 1	Yes ... Ego<.31,>.44
ZSum = 42.0	FC'.C	FM = 0	Hd = 3	Yes ... MOR>3
ZEst = 38.0	FM.FD	m = 0	(Hd) = 1	Yes ... Zd>+−3.5
	m.FY	FC = 0	Hx = 0	No ... es>EA
W = 8	M.m.CF	CF = 0	A = 3	Yes ... CF+C>FC
D = 3	m.CF	C = 1	(A) = 1	Yes ... X+%<.70
W+D = 11	M.C	Cn = 0	Ad = 1	Yes ... S>3
Dd = 7		FC' = 1	(Ad) = 0	Yes ... P<3 or >8
S = 4		C'F = 0	An = 1	Yes ... Pure H<2
		C' = 0	Art = 2	No ... R<17
		FT = 0	Ay = 1	9 ...Total
DQ		TF = 0	Bl = 0	**Special Scores**
		T = 0	Bt = 0	Lv1 Lv2
+ = 7		FV = 1	Cg = 0	DV =2x1 0x2
o = 8		VF = 0	Cl = 1	INC =1x2 0x4
v/+ = 1		V = 0	Ex = 1	DR =1x3 1x6
v = 2		FY = 0	Fd = 1	FAB =0x4 0x7
		YF = 0	Fi = 1	ALOG =1x5
Form Quality		Y = 0	Ge = 1	CON =0x7
		Fr = 0	Hh = 0	Raw Sum6 = 6
FQx MQual W+D		rF = 0	Ls = 1	Wgtd Sum6 =18
+ = 0 =0 = 0		FD = 0	Na = 2	
o = 3 =0 = 3		F = 6	Sc = 1	AB =0 GHR = 0
u = 4 =0 = 2			Sx = 1	AG =1 PHR = 6
− = 10 =5 = 5			Xy = 0	COP =0 MOR = 5
none = 1 =0 = 1			Id = 0	CP =0 PER = 1
			(2) = 2	PSV = 0

Ratios, Percentages, and Derivations

R = 18	L = 0.50		FC:CF+C = 0:5	COP=0 AG=1
			Pure C = 3	GHR:PHR = 0:6
EB = 5:6.5	EA = 11.5	EBPer = N/A	SumC':WSumC = 2:6.5	a:p = 6:4
eb = 5:4	es = 9	D = 0	Afr = 0.29	Food = 1
	Adj es = 6	Adj D = +2	S = 4	SumT = 0
			Blends:R = 7:18	Human Cont = 6
FM = 1 : C' = 2 T = 0			CP = 0	Pure H = 1
m = 4 : V = 1 Y = 1				PER = 1
				Iso Indx = 0.44
a:p = 6:4	Sum6 = 6	XA% = 0.39	Zf = 12.0	3r+(2)/R = 0.11
Ma:Mp = 4:1	Lv2 = 1	WDA% = 0.45	W:D:Dd = 8:3:7	Fr+rF = 0
2AB+Art+Ay = 5	WSum6 = 18	X−% = 0.56	W:M = 8:5	SumV = 1
Mor = 6	M− = 5	S− = 3	Zd = +4.0	FD = 1
	Mnone = 0	P = 1	PSV = 0	An+Xy = 1
		X+% = 0.17	DQ+ = 7	MOR = 5
		Xu% = 0.22	DQv = 2	H:(H)+Hd+(Hd) = 1:5
PTI=4*	DEPI=6*	CDI=4*	S-CON=9*	HVI=No OBS=No

ケース16　28歳男性　情報処理過程に関するデータ

EB = 5:6.5	Zf = 12	Zd = +4.0	DQ+ = 6
L = 0.50	W:D:Dd = 8:3:7	PSV = 1	DQv/+ = 0
HVI = NO	W:M = 8:5		DQv = 1
OBS = NO			

Location & Dq Sequencing

I: Ddo.DdSo.Wv.DdSv/+　　VI: Dd+.Do
II: Ddo.Dd+　　　　　　　VII: WS+
III: Do.WS+　　　　　　　VIII: Dd+
IV: Wo　　　　　　　　　IX: W+
V: Wo.Wo　　　　　　　　X: Wv.D+

S-CON

　S-CONが該当するということは，このテストを受けてから比較的短い期間に自殺した人たちに共通していた特徴を彼も持ち合わせているということになる。照会事項の1つに自傷行為に関する問いがあったのは，彼が保護されたときの状況を考えてのことだったと思われる。自傷行為についての他の情報がどれほど入手できるかにかかわらず，この所見は重要である。できるだけ早く退院したいという彼の要求を検討する際には，特に十分に考慮に入れる必要がある。

情報処理過程

　相当努力して新しい情報を取り入れようとする人であるが（ステップ1，所見1），図版に対するアプローチは不規則になりがちで，効果的とは言えない。刺激野の些細な部分に目がいき，明らかな手がかりを無視してしまう傾向がある（ステップ2，所見2c）。しかし，いつも決まってそうだというわけでもない。アプローチの不規則さは彼の心理的な混乱を表している（ステップ3，所見2）。また，不注意にならないように，刺激野を徹底的に走査している（ステップ5，所見3）。このような傾向はたいていは長所になるものだが，彼の場合は強い不確実感を意味しており，むしろ欠点となっているだろう。情報処理は時折極端に悪くなることもあり（ステップ7，所見2），それが認知の他の機能に影響を及ぼすことになる。このように所見は一貫しておらず，認知の混乱が神経心理学的な逸脱に由来しているのか，より慢性的な認知の障害のためなのか，疑問が持ちあがる（ステップ8）。

認知的媒介

　情報を翻訳の仕方には明らかな障害がある。しかもこの障害は全体に行きわたっていて，手がかりがどれほど明確なものか否かに関係なく，頻繁に見られる。これほど著しい障害は現実検討力をきわめて悪くする。こうしたことは，たいていは進行中の重度の精神病様の状態にあるときに起こるものである（ステップ1，所見7）。この障害は根深く浸透していて，適応は相当限られたものとなる（ステップ3，所見5）。

　このようなひどい混乱は重大な思考障害と関連している。また，人間に対する一般的ではないこだわりとも関係がある。感情の問題も見すごせない重要な影響を与えており，最終的には，効果的

ケース16　28歳男性　認知的媒介に関するデータ

R = 18	L = 0.50	OBS = No	Minus & NoForm Features
FQx+ = 0	XA% = .39		I 2. DdSo F– (Hd) 3.5 PHR
FQxo = 3	WDA% = .45		II 5. Ddo Mp– Hd MOR,PHR
FQxu = 4	X–% = .56		II 6. Dd+ Ma.mp– 2 Hd 5.5 AG,PHR
FQx– = 10	S– = 3		III 7. Do FC'– An MOR
FQxnone = 1			III 8. WS+ FC'.C– 2 Ad, Art 5.5 AB,INC
(W+D = 11)	P = 1		V 10. Wo F– A 1.0 MOR
WD+ = 0	X+% = .17		VI 12. Dd+ Ma– Hd,Sx 2.5 DV,PHR
WDo = 3	Xu% = .22		VII 14. WS+ F– Fd 4.0 MOR
WDu = 2			VIII 15. Dd+ Ma.mp.CF– (H),Na,Ay 3.0 DR,PHR
WD– = 5			X 17. Wv C Art PER
WDnone = 1			X 18. D+ Ma.C– H,Na 4.5 ALOG,PHR

ケース16　28歳男性　思考に関するデータ

L = 0.50	OBS = No	HVI = No	Critical Special Scores (R = 18)	
			DV = 2	DV2 = 0
EB = 5:6.5	EBPer = NA	a:p = 6:4	INC = 1	INC2 = 0
		Ma:Mp = 4:1	DR = 1	DR2 = 1
eb = 5:4	[FM = 1　m = 4]		FAB = 0	FAB2 = 0
		M– = 5	ALOG = 1	CON = 0
Intell Indx = 5	MOR = 5	Mnone = 0	Sum6 = 6	WSum6 = 18

M Response Features
II 5. Ddo Mp– Hd MOR,PHR
II 6. Dd+ Ma.mp– 2 Hd 5.5 AG,PHR
VI 12. Dd+ Ma– Hd,Sx 2.5 DV,PHR
VIII 15. Dd+ Ma.mp.CF– (H),Na,Ay 3.0 DR,PHR
X 18. D+ Ma.C– H,Na 4.5 ALOG,PHR

でない相当不適切な行動を引き起こすような大きな混乱をもたらしている（ステップ3aと3b）。
　どれほど明確な手がかりが提示されていようとも，その手がかりを頼りにして自分の行動を決することはまずない（ステップ4，所見3）。慣習的に，あるいは適切に物事を同定することができないほど，障害の影響は大きい（ステップ6，所見4）。結局，彼にとっての現実とは自分の中にあるものなので，外界の現実はつねに無視されるか歪められてしまう。

思考

　一貫した方法で意思決定をしない。時には感情をわきに置いて問題に論理的に取り組むこともあれば，感情によって判断し決定することもある。どちらのアプローチを取っても効率よくやり切れるわけではないので，日々の生活上のさまざまな処理に余計な負担がかかることになる（ステップ1，所見5）。悲観的な構えが思考の特徴になっていて，それがほとんどの認知活動に影響を与えるはずである。疑ったり失敗を予期したりすることが多くなり，それが物事の概念化に重大な影響を与えている（ステップ4，所見3）。
　欲求を満たす行動を即座に取ってしまいやすく，欲求を感知することによって思考活動に負荷がかかるのを避けようとしている。しかし，現在経験している状況関連ストレスが普段よりも大きく，それによって生じる思考活動が高じている（ステップ5，所見1）。望ましくない感情を知性化しよ

ケース16　28歳男性　統制力関連のデータ

EB = 5:6.5	EA = 11.5		D = 0	CDI = 4	
eb = 5:4	es = 9	Adj es = 6	AdjD = +2	L = 0.50	
FM = 1　m = 4	SumC' = 2	SumT = 0	SumV = 1	SumY = 1	

ケース16　28歳男性　感情に関するデータ

EB = 5:6.5		EBPer = NA		**Blends**	
eb = 5:4	L = 0.50	FC:CF+C = 0:5		M.m.CF	= 1
DEPI = 6	CDI = 4	Pure C = 3		M.C	= 1
				M.m	= 1
C' = 2　T = 0		SumC':SumC = 2:6.5		FM.FD	= 1
V = 1　Y = 1		Afr = 0.29		m.CF	= 1
				M.FY	= 1
Intellect = 5	CP = 0	S = 4 (S to I,II,III = 3)		FC'.C	= 1
Blends:R = 7:18		Col-Shad Bl = 1			
m + y Bl = 3		Shading Bl = 0			

うとすることが多く，そのためにかえって歪んだ概念を作りあげたり，容易に受け入れたりしやすくなっている（ステップ7，所見1）。全体に思考には重大な問題がある。混乱していて，一貫性がなく，間違った判断に満ちている（ステップ8，所見5）。時には支離滅裂で，衝動的で，現実検討力を著しく損ねている（ステップ9）。この障害は，彼の歪んだ世界観や人間観に関連している部分もある（ステップ10）。おそらく彼は知的に優れているだろう。しかしその知性を一貫した，効果的な方法で適用することができていない（ステップ11）。

統制

　彼の統制とストレス耐性は，たいていの場合安定している（ステップ1，所見3）。しかし，現在はいつもよりも多くのストレスを経験しているために，普段の統制力がいくらか減じている（状況ストレス，ステップ2，所見2）。にもかかわらず，彼の統制力は適切なレベルに保たれている。このストレスは入院によるものと思われるが，最近の行動についての後悔や罪悪感も含まれているかもしれない（ステップ5，所見5）。それは主に思考にインパクトを与え，無力感を生み出しているようである（状況ストレス，ステップ3，所見2）。

　彼は心理的な資質に恵まれた人ではあるが（ステップ2，所見2），年齢から期待されるよりも未成熟な可能性がある。それが対人関係の困難をもたらし，ときに彼の統制力に影響を及ぼしている（CDI該当）。明らかに，彼は自分の欲求を一般によくあるやり方で経験することが少ないか，さもなければ欲求を感じるとそれをすぐに行動に移し，行動化してしまっている（ステップ5, 所見3）。感情を表に出そうとしながらも抑制してしまう傾向も見られる（ステップ5，所見4）。

感情

　情緒的に混乱した状態にあるが，それは抑うつを経験している人によく見られる特徴である。これは長年にわたる問題で，実りある，有効な対人関係を作りあげたり維持することができないために作りあげられてきたものでもある（ステップ1，所見3）。失望したり落ち込んだりしやすく，絶

ケース16　28歳男性　自己知覚に関するデータ

R = 18	OBS = No	HVI = No	Human Content, An & Xy Responses
Fr + rF = 0	3r + (2)/R = 0.11		I 2. DdSo F– (Hd) 3.5 PHR
			II 5. Ddo Mp– Hd MOR,PHR
FD = 1	SumV = 1		II 6. Dd+ Ma.mp– 2 Hd 5.5 AG,PHR
			VI 12. Dd+ Ma– Hd,Sx 2.5 DV,PHR
An + Xy = 1	MOR = 5		VIII 15. Dd+ Ma.mp.CF– (H),Na,Ay 3.0 DR,PHR
			X 18. D+ Ma.C– H,Na 4.5 ALOG,PHR
H:(H) + Hd + (Hd) = 1:5			
[EB = 5:6.5]			

望的にさえなりやすくなっている。このような好ましくない感情は，これまで検討してきたような認知の問題のためにさらに悪化する可能性がある。すでにわかっているように，彼の意思決定の方法には一貫性がなく，感情の使い方や表現の仕方もいろいろで安定していない（ステップ2, 所見8）。

　感情を扱うことにあまり心地よさを感じておらず，情緒的な刺激をなるべく避けようとしている（ステップ6, 所見4）。このような特徴を持つ人は，普通の社会生活で一般的に行われるような情緒交流にも困難が生じ，その結果，人との関係は表面的なものになりやすい。また，彼は感情を知性化したレベルで扱う傾向があり，このような否認のために，彼が経験している本当の感情の意味がわからなくなっている（ステップ7, 所見1）。感情表出の調節は非常に悪く，そのため事態はさらに悪いものとなっている（ステップ9, 所見10）。たいていの場合，感情表現は強すぎ，ときには衝動的にさえ見える。しかし，彼には十分コントロールする力が備わっているので，衝動的に感情を表出しているのではないかという印象はおそらく間違っている。十分な現実検討をしないため，もっと調節すべき感情を野放図に表に出してしまっている。このようなコントロール力の減少は，未熟さによるものではなく，むしろ判断力の悪さの結果である（ステップ10）。

　彼は，かなりの怒りを抱えた人であるが，それが環境や社会との関わりに影響を与えている（ステップ11, 所見4）。複雑な人物でもあるが（ステップ12, 所見3），複雑になっているのはたいてい自分が今置かれている状況のためである（ステップ13）。また感情や情緒的な状況によって引き起こされる混乱のためにますます複雑になっている（ステップ15, 所見2）。

自己知覚

　自己価値に対する彼の自己評価は低く，他の人と比べて自分はあまり好ましくないと思っている（ステップ3, 所見3）。習慣的に自己内省をする傾向があるが，自己の否定的な特徴に目が行きやすく，その結果，自分に対して辛い，重苦しい感情が引き起こされている（ステップ4, 所見3）。全般的に，彼の自己イメージは多くの否定的な特徴に彩られている（ステップ6, 所見2）。実際，自分自身に対する印象の多くは，想像や自分の経験の歪曲によって作られている（ステップ7a, 所見2b）。特に経験の歪曲の程度はかなり大きいので，自分の能力について相当の混乱がもたらされているようである（ステップ7b）。

　自分が心理学的に困難な状態にあることを自覚しているようで，自分についてかなり悲観的な見方をしている（ステップ8aと8b, 反応5, 7, 8, 10, 11, 14）。現実検討力の乏しさによって，自

656 | 第 IV 部　解釈

ケース16　28歳男性　対人知覚に関するデータ

R = 18	CDI = 4	HVI = No	COP & AG RESPONSES
a:p = 6:4	SumT = 1	Fd = 1	II 6. Dd+ Ma.mp– 2 Hd 5.5 AG,PHR
	[eb = 5:4]		
Sum Human Contents = 6		H = 1	
[Style = Ambitent]			
GHR:PHR = 0:6			
COP = 0	AG = 1	PER = 1	
Isolation Indx = 0.44			

己イメージの混乱と無力感はさらに強められている（ステップ 8c, 8d, 8e, 反応 1, 3, 5, 7, 11, 14, 15）。

対人知覚

　彼のソーシャルスキルは限られているために（ステップ 1），対人行動は相当うまくいかず，未熟なものとなっている。他者との関係はおそらく表面的で，維持するのは難しい。他者に対する依存的傾向が見られるが（ステップ 4），多くの人々と同じようには他者との間に情緒的な親密さを求めない人である（ステップ 5, 所見 2）。人間に興味関心があるのは明らかだが，その一方，あまり人をよく理解していない（ステップ 6, 所見 2）。社会的な状況を曲解することが頻繁にあり，そのために他者との間に距離が生じてしまう（ステップ 7, 所見 2）。おそらく彼は人々との関わりに心地よさを感じることはなく，他者からは冷ややかでよそよそしい人と思われるだろう（ステップ 8, 所見 1）。そのために，彼が人々に興味関心があるにもかかわらず，対人関係では必要以上に孤立しているように見えてしまうであろう（ステップ 10, 所見 2）。現実検討力のなさとソーシャルスキルの乏しさがある種の社会的な混乱をもたらし，他者に操作されやすくなっている。

ケース 16 の記述と所見

　この男性の障害は大きい。現実検討力はかなり悪く，その障害は全体に行きわたっている。適切な行動のための手がかり刺激がどれほどわかりやすくても，現実を頻繁に曲解してしまう。これほどのひどい障害が起こるのは，普通は相当な精神病様の症状が進行している場合である。彼が経験している大きな混乱には，思考過程，人との関わり，感情の問題などが関係している。最終的には，かなり不適切で効果的でない行動を生み出すようなひどい錯乱状態をもたらしている。

　彼は現在，自殺をする人たちによく見られる特徴を示している。これは，できるだけ早く退院したいという彼の要求にどう対処するかを考える際，十分考慮に入れるべき大事な所見である。彼の障害の程度からすると，多くの人と同じように適切に判断をするのは困難なことである。実質的には，彼にとっての現実とは自分の精神内界に基礎を置くものであり，外界の事実によるものではない。そのために，つねに目の前の外界の現実を無視したり，歪めたりしてしまっている。

　たとえどんなによい状況であっても，意思決定の仕方は一貫しない。感情を抜きに論理的に対処

するときもあれば，自分の判断や決断の方針をすっかり感情にゆだねてしまうときもある。どちらの方法もそれほど効果的には機能しないため，日常的な要求を処理するのにも余分な負荷がかかってしまう。また，悲観的な考え方をしがちであり，疑い深く，失敗を予期することが多い。こうしたことが，物事を概念化する際に多大な影響を及ぼしている。

　現在，多くのストレスを抱えていて，それが思考の混乱を助長して，障害の程度をさらに悪くしている。好ましくない感情を知性化しようと試みて，結局歪んだ概念を作りあげたり，受け入れたりしやすい土壌を作りあげている。全体的に彼の思考は崩壊していて，一貫性がなく，間違った判断が多い。時々思考がつながらなくなり，衝動的になるために，外界や世の中の人々をかなり歪めて見てしまう。新しい情報を取り入れようと努力する人だが，アプローチは不規則で，効果的ではない。また，わかりやすい手がかりを無視して，些細な部分に目が行ってしまうことも多い。彼は新しい刺激野からは隈なく情報を取り入れ，不注意にならないように努めているが，情報処理の質は悪くなってしまいがちで，その結果，認知の問題が増すことになっている。彼の統制力とストレス耐性はいつもはしっかりと安定している。現在はストレスを経験している。しかし，それでもその安定感に揺るぎはない。彼の経験しているストレスは入院していることに関係がありそうだが，最近の自分の行動に対しての罪悪感のためでもあるようだ。それらが無力感となって経験されているようである。

　彼の情緒的な混乱は，抑うつ状態の人が経験するものに近い特徴がある。この問題は長期間にわたってあったもののようで，実りある対人関係の形成や維持が困難であることと関連している。彼は失望したり，悩んだり，絶望しやすくなっている。できる限り情緒的な刺激を避けようとしているが，そうすることが逆に彼の内面生活や外界の現実における問題を増すことになってしまっている。彼は感情を知性化して扱う傾向があるが，このような否認を使うことによって，思考に歪みが加わっている。

　彼を取り巻く状況が困難になっている理由は，彼があまりにも奔放に感情を表出するからである。あまりにも強烈な感情表出をしてしまうのは，たいていは判断の悪さゆえである。彼は怒りの感情も抱えており，それが環境に対する態度や社会的な関わりにも影響している。通常はあまり複雑な人ではないが，今の状況の中では心の働きが複雑になっている。また，現在は自分の感情に対してしばしば混乱してしまうため，複雑さは増加している。自分のことを否定的にとらえており，自分の否定的な特徴に焦点づけした自己内省を習慣的にしている。そのため，彼にとって痛みを伴う感情がもたらされている。彼は自己イメージに多くの否定的特徴を付与しているが，それらの特徴は，想像，あるいは自分の経験の曲解に基づいたものである。なかには，自分の障害に気づいているがためのものもある。結局は，自分の能力に対して相当混乱を感じているようで，そのために自分に対して慢性的に悲観的な見方をしているようである。現実検討力の悪さがこの混乱をさらに大きくするとともに，無力感を強めている。

　ソーシャルスキルは不足している。対人行動は的外れで，未熟なものになりがちである。他人との付き合いはおそらく表面的なもので，長続きしないだろう。どちらかというと人を頼る傾向があるが，多くの人と同様に，他者と情緒的に親密になりたいと望んでいる。人への関心は持っている。しかし，人のことをあまりよく理解できておらず，社会的な場面を誤解する可能性が高い。そのために，他者から疎遠になってしまいやすい。結局，人々と心地よく関わることができず，対人関係

においては孤立している。不幸なことに，現実検討力の悪さがこの状況にをさらに悪化させている。

アセスメント事項と所見

照会事項として，薬物の濫用の裏により重篤な精神病の問題が隠されているかどうかという問いが立てられていた。これについては，おそらく精神病の問題があると考えるのが正しいだろう。統合失調症型の障害に一致する多くの特徴を示しているし，長年にわたる重度の感情の問題も抱えている。かなり落ち込んでいるが，この落ち込みは対人関係の問題によって生じた失望や苦悩のエピソードと直接関連しているだろう。ここ2, 3年の彼の行動に関する情報をさらに得ることができれば，診断を明確にすることができるだろう。

しかし，どのような診断であるにせよ，彼が自殺既遂をした人たちと類似した多くの特徴を示していることは大変重要である。この問題について早急に何らかの介入をすることが，最重要事項である。この当面の問題を手当てした後の治療は，かなり複雑なものになるだろう。なぜならば，彼は自分の障害の重大さや，重症であることをすぐに受け入れるとは思えないし，今までよりも効果的に機能できるようになるためには，おそらく長い時間の治療が必要となるからである。彼が薬物を濫用することによって，現実を無視したり歪めたりする傾向が強化されたかもしれない。しかし，おそらく薬物の使用は彼にとってはセルフメディケーションの意味があり，重要だったのだろう。薬物をたやすくやめるとは思えない。したがって，長期の入院治療が最も妥当な選択であると思われる。

ケース17

小学校5年時と6年時の成績にひどくばらつきがあることを理由に心理学的評価を受けることになった，12歳の少女のケース。彼女は，両親と校長の話し合いの結果，夏休みに個人指導を受けるという約束で，6年に進級した。進級後の最初の2カ月間は成績は非常によかった。しかしその後の3カ月のうちに成績が極端に低下した。6年の担任教師によれば，彼女は頑張っているように見えるものの，毎日の授業には集中できていないようだし，試験や宿題ではケアレスミスが多い，とのことである。この3週間は，1日1時間，指導助手と一緒に勉強をしている（主に数学とスペリング）。しかし，やる気，すなわち勉強の質には目に見えた改善は認められなかった。

父親は41歳で，電気技師である。現在の会社には12年間勤めている。母親は36歳で，図書館司書として公立図書館に常勤している。両親は娘の成績を気にかけ，個人指導の計画を立てるにあたっては，教師や校長に協力してきた。少女には6歳の弟が1人いる。弟は小学校1年生で，順調に成長している。両親の話では，小学校3年生のときに近視のために眼鏡をかけ始めたこと以外，発育は順調だった。家庭では何の問題もなく，家事の手伝いも一生懸命やってくれるという。姉弟とも，放課後は1時間学校に残り，仕事帰りの母が迎えに来るのを待っている。これは，両親が共働きをしている子どものために小学校が提供する，「アフターケア」プログラムの一環である。

5年時の担任と6年時の担任は，彼女について，なかなか意欲が続かないし，友達との関係もよくない，と報告している。5年のときの担任は彼女をもっと友達と関わらせようと努力した。しかし，友達ができても長続きしなかった。彼女に親友がいないことは，両親も認めている。けれども，それは家の近くに同い年の子どもがあまりいないせいだと考えている。母によれば，彼女に水泳を習

わせようとしたところ，近視のために水をひどく怖がったという。

少女は，学校では一生懸命に勉強しているけれど，内容は「よくわからない」と話す。他の生徒よりゆっくり読まないと理解できないので，「時々置いていかれちゃう」のだという。個人指導の時間は好きではなく，「数学は嫌い」。他の生徒とはうまくやっているし，特別授業でのグループ作業が好きだという。しかし 6 年時の担任は，そうではないと否定している。担任によれば，彼女はグループで課題に取り組んでいる間は非常におとなしくて消極的だし，責任のあることはしたがらないという。少女は，宿題をやるよりももっとテレビを観ていたいと素直に話す。学校では教材にテレビ番組を使った授業か，1 人でコンピューターに取り組んでいるときが一番「楽しい」という。両親にコンピューターを買ってほしいと頼んだところ，学校の成績が良かったら学年末に買ってあげると約束してくれた。担任のことは好きだが，時々何を言っているのかわからないときがあるという。特殊学級に入れられるのではないかと気にし，「そのクラスに行かされるのはバカな子。みんなが心配するのをやめてくれたら，私はちゃんとやれるのに」と話す。

検査者は女性である。検査者によれば，少女は細身で，かなり厚い眼鏡をかけており，年齢よりも若干幼く見えるという。知能検査の結果は，言語性 IQ が 105，動作性 IQ が 101，全 IQ が 103 だった。下位検査にばらつきはなく，いずれの評価点も 9 〜 12 の間にあった。読解力のテストでは 6 年生相当の結果だった。心理学的評価を行う 3 週間前に身体面の検査を行ったが，視力以外に問題はなかった。眼科医によれば，成長すると視力はよくなる可能性があるが，現時点での視力は相当悪いとのことだった。査定を求められている事項は次の通りである。

（1）意欲の低さの原因となるような，感情面もしくは精神医学的な問題を示すデータはあるか。
（2）受動攻撃のパーソナリティスタイルを示すデータはあるか。
（3）学業意欲を高めるための方策や，学校で行える介入法として，どのようなものが考えられるか。

子どものプロトコルを解釈する際も，成人と同じ原理と手続に従う。いくつかの変数については年齢による調整をすることになっているので注意が必要だが，一般的には，ほとんどの変数において，成人に適用できる臨界値は子どもにも適用できる。したがって，多くの場合，テスト結果から導き出される仮説や結論は成人と同じである。重要なのは，そのテスト結果が短所を示しているのか，それとも同年齢の子どもに共通に見られる性質を反映しているのかという区別をきちんとして解釈することである。

たとえば，複数の C が成人の記録に見られる場合，それは感情や感情表出のコントロールの緩さを意味するので，普通は重大な短所を示していると考えられる。しかし，このようなテスト結果は年少の児童にはよく見られるし，そもそも年少児童は感情のコントロールが緩いのが普通である。また，回避型のスタイルがあると複雑さを無視したりあまりにも単純化してしまうことになりやすいので，成人の場合，このスタイルはあまり好ましいものとは見なされない。しかし，思春期以前の児童では，回避型のスタイルがあるのはそう珍しいことではなく，通常は，成人の場合のような否定的な意味合いはない。年少の児童が複雑さに対処できないのはよくあることだし，単純化する傾向を持っているのは自然である。短所となるのは，このような傾向が極端になった場合である。

5 〜 16 歳までの非患者児童のデータを附録として付ける。ただし，子どもの記録を検討すると

き，これを杓子定規に用いたり，ただ数字だけ当てはめるということのないように注意しなければいけない。解釈する者にとって，発達心理学や各年齢で共通に見られる性質についてよく知っておくことは大切である。また，思春期より前の児童の場合，同年齢集団の中でもかなりの個人差がある。この点について十分理解しておくことは特に重要である。

　ケース17で最初に該当する鍵変数は，Adj Dスコアがマイナスというものである。したがって，解釈は統制に関するデータの検討から始める。しかし，残りのクラスターを見ていく順番はまだ決まらない。2番目に該当する鍵変数は体験型が内向型というものである。そこで，次は認知の三側面を思考のクラスターから順番に検討し，その後，感情，自己知覚，対人知覚へと進む。

ケース17　12歳・女性

カード	反応	質問
I	1. 虫？	E：（反応を繰り返す） S：羽か何かで手があって。 E：手があって？ S：上のこれ（D1）が手に見えたの。 E：虫って言っていたのを教えてくれる？ S：たぶんクモね。横には触角もあるし（Dd28を指す）。
	E：ゆっくり見てね。きっと他にも見えると思うから。 2. ドレス。	E：（反応を繰り返す） S：ここは見ないで（D2を指す），ここのとこだけ（Dd24），ドレスみたい。 E：どう見たらいいの。 S：わかんないけど，ただそんな形，ドレスみたいな形。
	3. それか，羽のある人。	E：（反応を繰り返す） S：人みたい，脚で，手を上げてて，振ってるみたいに。これは（D2）羽だと思う。 E：振ってるみたいって言ったのは？ S：うん。ここ，手が上がっていて（指差す），振っているみたい。
II	4. クマ。	E：（反応を繰り返す） S：頭で，耳で，首で，仲良く鼻をくっつけ合ってる。そういうの，鼻を擦りつけ合うって言うんだったかな。ここが耳で，首。
	5. 上のところはチョウみたい。	E：（反応を繰り返す） S：この2つ（D2）が横から見たチョウみたい。飛んでいるみたいに，羽を上げていて。横から見るから，こっち側の羽と，その向こうに小さい頭の先しか見えてなくて。横向き。
III	6. 2人の人が，テーブルかソファの上にかがんでる。	E：（反応を繰り返す） S：これが人で，脚で，頭で，女の人みたい。これがソファで，その上にかがみ込んでいる，上体を曲げてる。
	7. それか，争奪戦。2人で何かを取り合っているところ。	E：（反応を繰り返す） S：人はさっきと一緒だけど，ソファと言ったところが何か別のもの。何か，2人ともが欲しがっているもので，それを引っ張り合っている，相手から奪い取ろうとして。見て楽しい光景じゃないけど，こういうの。
	v8. こうすると，虫。	E：（反応を繰り返す） S：大きな目で，足で，はって進んでいるのか，何かを取ろうとしているところ。 E：よくわからなかったんだけど。 S：手と顔だけで，残りの部分は見えない。たぶん，クモかな。
IV	全然わかんない。 9. 人形かな。	E：ゆっくり見ていいよ。何か見えると思うよ。 E：（反応を繰り返す） S：ええと，足があって，体で，手。でもコートを着ているから，はっきり見えてない。人形用のスタンドにのっかってる。 E：コートを着ていると言ったけど。 S：頭まですっぽり被るような毛皮のコートみたい。 E：毛皮のコートって，どう見たらいいの。 S：ただそんな感じ。こういう線が入っているのがすごく毛皮っぽい。
	10. それか，何か恐ろしい怪物。	E：（反応を繰り返す） S：ブーツをはいている，大きな怪物。椅子に座っている。頭は小さくて，腕はやせこけちゃっている。これも毛皮っぽい。沼地みたいなところからやってきたみたいで，怖い感じがする。 E：これも毛皮っぽいというのは？ S：人形が着ていたコートと同じように見て。

ケース17 つづき

V	11. コウモリ。	E：(反応を繰り返す) S：羽で，耳で，足で，おしりのほう。
	12. あと，チョウ。	E：(反応を繰り返す) S：同じで，羽で，触角で，おしりのほう。
VI	v13. 花かな。	E：(反応を繰り返す) S：これ全部で花（D1）。それから，こっちの下のが茎（D3）。 E：どういうところから花と見えたのか教えて。 S：そのまんま。花と茎。
	14. こうすると，鳥が飛んでいるところ，地面があって。	E：(反応を繰り返す) S：ここがチョウに見えて（D3），これが地面（D1）。地面の上を飛んでいる。 E：地面の上？ S：そう。羽がこう広がっていて，体で，地面が下のほうにある。 E：地面が下のほうにあるっていうのはどう見たらいいの。 S：わかんないけど，何か遠くにある感じ，チョウよりもずっと下にあるみたい。
VII	15. 2人で踊っている。	E：(反応を繰り返す) S：手は反対を向いているけど，顔は振り向いていて，お互い見ている。ハワイアンダンスみたい。ここはスカート，フラダンスのスカート（Dd23）。髪の毛は束ねて上げてある。
	16. 一番下のところを見なければ，ウサギが2匹。	E：(反応を繰り返す) S：ここが耳で，顔で，尻尾で，体。
	17. あとは，インディアンが2人。	E：(反応を繰り返す) S：羽根を付けていて，何か喧嘩しているみたい。 E：喧嘩している？ S：何か文句付けるときってあるでしょ。言い合うときって，お互いに相手の顔を見て，いやーな顔するから。何かで意見が合わなかったみたいに，言い争いしてる。
VIII	18. クマが，森の中の木を登っているところ。	E：(反応を繰り返す) S：これとこれがクマで，足で，尻尾で，顔。木はこれ。幹で，葉っぱ。 E：森の中っていうのは？ S：森の中にクマが住んでいるの。
	19. この木がなければ，恐竜。	E：(反応を繰り返す) S：さっきクマって言ったところが，両方，恐竜にも。 E：どう見たらいいの。 S：ええと，恐竜はこんなふうに尻尾が長くて，足があって，顔。
IX	20. リュウの顔。	E：(反応を繰り返す) S：そう見えた。耳が大きくて，目は白くて小さい（DdS29）。頬は大きくて，煙を吐き出しているみたい。 E：煙を吐き出している？ S：下のこれが煙みたい（D6）。リュウが煙を吐き出している感じ。 E：どうして煙に見えたのか教えて。 S：吐き出された煙みたいに丸くなっているから。

ケース17 つづき

X	21. 虫がこれを食べているところ。	E：（反応を繰り返す） S：これとこれが虫で，これが木で，この木をかんでるところ。足を木の上にかけて，木を食べている。 E：虫をどう見たらいいのかわからないんだけど。 S：細い足で，触角がある。
	22. 橋のある湖で，あと，魚。	E：（反応を繰り返す） S：これは湖（DdS30の下）で，これは橋で（D6），湖の端にある。 E：湖の端？ S：湖のずっと向こうのほうで，湖の端みたい。 E：魚というのは？ S：これが魚で（D2），これはウナギみたいなのかな（D10）。 E：魚やウナギというのはどう見たの？ S：魚にはひれがあって，ウナギは長い。

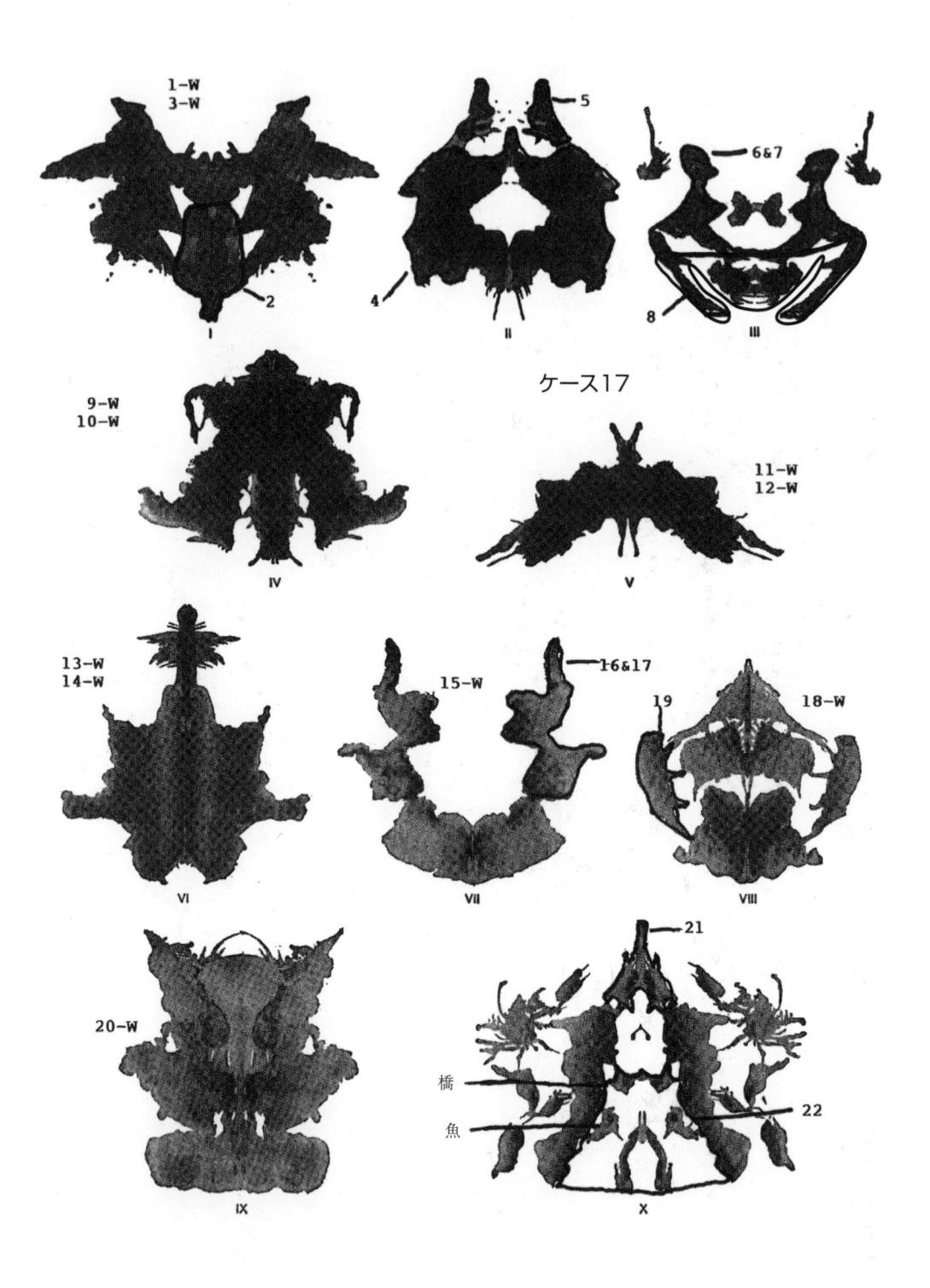

ケース17

ケース17　スコアの継列

Card	No.	Loc.	No.	Determinant(s)	(2)	Content(s)	Pop	Z	Special Scores
I	1	Wo	1	F−		A		1.0	INC
	2	Ddo	24	Fu		Cg			
	3	Wo	1	Mao		H		1.0	INC,PHR
II	4	D+	6	FMpo	2	Ad	P	3.0	COP,GHR
	5	Do	2	FMa.FDo	2	A			
III	6	D+	1	Mpo	2	H,Hh	P	3.0	GHR
	7	D+	1	Mao	2	H,Id	P	3.0	AG,PSV,GHR
	8	Ddo	99	FMa−		Ad			INC
IV	9	W+	1	FT.mpo		(H),Id,Cg	P	4.0	GHR
	10	W+	1	Mp.FTo		(H),Hh,Cg	P	4.0	GHR
V	11	Wo	1	Fo		A	P	1.0	
	12	Wo	1	Fo		A	P	1.0	PSV
VI	13	Wo	1	Fu		Bt		2.5	
	14	W+	1	FMa.FDu		A,Ls		2.5	
VII	15	W+	1	Mao		H,Cg	P	2.5	COP,GHR
	16	Do	2	Fo	2	A			
	17	D+	2	Mao		H,Cg	P	3.0	AG,GHR
VIII	18	W+	1	FMao	2	A,Bt	P	4.5	
	19	Do	1	Fu	2	A,Ay			
IX	20	WS+	1	FC′.FMau		(Ad),Fi		5.5	
X	21	D+	11	FMao	2	A,Bt,Fd		4.0	
	22	DdS+	99	FD−		A,Sc,Na		6.0	

ケース17 構造一覧表

Location Features	Determinants Blends	Single	Contents	S-Constellation
			H = 5	...FV+VF+V+FD>2
			(H) = 2	...Col–Shd Bl>0
Zf = 17	FT.m	M = 5	Hd = 0	...Ego<.31,>.44
ZSum = 51.5	M.FT	FM = 5	(Hd) = 0	...MOR>3
ZEst = 56.0	FM.FD	m = 0	Hx = 0	...Zd>+−3.5
	FM.FD	FC = 0	A = 10	...es>EA
W = 11	FC'.FM	CF = 0	(A) = 0	...CF+C>FC
D = 8		C = 0	Ad = 2	...X+%<.70
W+D = 19		Cn = 0	(Ad) = 1	...S>3
Dd = 3		FC' = 0	An = 0	...P<3 or >8
S = 2		C'F = 0	Art = 0	...Pure H<2
		C' = 0	Ay = 1	...R<17
		FT = 0	Bl = 0	x ...Total
DQ		TF = 0	Bt = 3	**Special Scores**
+ = 12		T = 0	Cg = 5	Lv1 Lv2
o = 10		FV = 0	Cl = 0	DV =0x1 0x2
v/+ = 0		VF = 0	Ex = 0	INC =3x2 0x4
v = 0		V = 0	Fd = 1	DR =0x3 0x6
		FY = 0	Fi = 1	FAB =0x4 0x7
		YF = 0	Ge = 0	ALOG =0x5
	Form Quality	Y = 0	Hh = 2	CON =0x7
	FQx MQual W+D	Fr = 0	Ls = 1	Raw Sum6 = 3
+ = 0	=0 =0 = 0	rF = 0	Na = 1	Wgtd Sum6 = 6
o = 14	=6 =14	FD = 1	Sc = 1	AB =0 GHR = 7
u = 5	=0 = 4	F = 7	Sx = 0	AG =2 PHR = 1
− = 3	=0 = 1		Xy = 0	COP =2 MOR = 0
none = 0	=0 = 0		Id = 2	CP =0 PER = 0
		(2) =10		PSV = 2

Ratios, Percentages, and Derivations

R = 22	L = 0.47		FC:CF+C = 0:0	COP=2 AG= 2
			Pure C = 0	GHR:PHR = 7:1
EB = 6:0.0	EA = 6.0	EBPer = 6.0	SumC':WSumC = 1:0.0	a:p = 10:4
eb = 8:3	es = 11	D = −1	Afr = 0.29	Food = 1
	Adj es = 11	Adj D = −1	S = 2	SumT = 2
			Blends:R = 5:22	Human Cont = 7
FM = 7 : C' = 1 T = 2			CP = 0	Pure H = 5
m = 1 : V = 0 Y = 0				PER = 0
				Iso Indx = 0.27
a:p = 10:4	Sum6 = 3	XA% = 0.86	Zf = 17.0	3r+(2)/R = 0.45
Ma:Mp = 4:2	Lv2 = 0	WDA% = 0.95	W:D:Dd = 11:8:3	Fr+rF = 0
2AB+Art+Ay = 1	WSum6 = 6	X−% = 0.14	W:M = 11:6	SumV = 0
Mor = 0	M− = 0	S− = 1	Zd = −4.5	FD = 3
	Mnone = 0	P = 10	PSV = 2	An+Xy = 0
		X+% = 0.64	DQ+ = 12	MOR = 0
		Xu% = 0.23	DQv = 0	H:(H)+Hd+(Hd) = 5:2
PTI = 0	DEPI = 2	CDI = 3	S-CON = N/A	HVI = No OBS = No

ケース17　12歳女性　統制力関連のデータ

EB	= 6:0	EA	= 6.0		D	= −1	CDI	= 3
eb	= 8:3	es	= 11	Adj es = 11	AdjD	= −1	L	= 0.47
FM = 7	m = 1	SumC'	= 1	SumT = 2	SumV	= 0	SumY	= 0

ケース17　12歳女性　思考に関するデータ

L	= 0.47	OBS	= No	HVI	= No	**Critical Special Scores (R = 22)**			
						DV	= 0	DV2	= 0
EB	= 6:0	EBPer	= 6.0	a:p	= 10:4	INC	= 3	INC2	= 0
				Ma:Mp	= 4:2	DR	= 0	DR2	= 0
eb	= 8:3	[FM = 7	m = 1]			FAB	= 0	FAB2	= 0
				M−	= 0	ALOG	= 0	CON	= 0
Intell Indx = 1		MOR	= 0	Mnone	= 0	Sum6	= 3	WSum6	= 6

M Response Features
I 3. Wo Mao H 1.0 INC,PHR
III 6. D+ Mpo 2 H,Hh P 3.0 GHR
III 7. D+ Mao 2 H,Id P 3.0 AG,PSV,GHR
IV 10. W+ Mp.FTo (H),Hh,Cg P 4.0 GHR
VII 15. W+ Mao 2 H,Cg P 2.5 COP,GHR
VII 17. D+ Mao 2 H,Cg P 3.0 AG,GHR

統制

　データが示唆しているところでは，この少女は慢性的に心理的な過負荷状態にあり，統制力やストレス対処力は期待されるものよりも低い（ステップ1, 所見1）。そのため，現実社会で役立てることのできる心理的資質は12歳の児童としては平均程度あるとしても，時には十分考え抜かずに意思決定をしてしまったり，衝動的になってしまいやすい（ステップ2, 所見1）。しかし，おそらく，この所見は両方とも間違っている。というのは，彼女は現在，感情をうちに抑え込むことに相当のエネルギーを使っているからである（ステップ3, 所見6）。そうするためには普段使っている以上の資質を動員しなければならず，その結果，過負荷状態になったり，混乱しやすくなるのである。現在の統制力がかなり弱まっているのは事実だが，実際の資質は今示されているものよりももっと豊かである可能性がある。その他のクラスターの所見に目を通し終えない段階では，統制力についてこれ以上の推測を重ねるのは不適切である。

思考

　この少女は非常に思考を重視する人である。意思決定したり実行する前に，時間をかけて物事をじっくり考えるのを好む（ステップ1, 所見1）。外からのフィードバックよりも自分が出した評価の方を頼りにする。こうした意思決定のスタイルは12歳の児童にはいささか珍しいものだが，必ずしもよくないわけではない。しかし，このケースの少女のようにこうしたアプローチの仕方をいつもいつも変えることなく取り続ければ，不利益がもたらされる（ステップ2, 所見1）。彼女は，感情が思考に影響を及ぼすことのないよう，相当無理をしている。問題解決のためにはより直感的，試行錯誤的アプローチが望ましい場合もあるので，このような無理の仕方はかなりの短所となる。こうした柔軟性の欠如は，感情を過度にうちに抑え込んでいることと直接関係している。おそらく，学業不振にも何らかの関係があるだろう。

ケース17　12歳女性　情報処理過程に関するデータ

EB = 6:0	Zf = 17	Zd = −4.5	DQ+ = 12
L = 0.47	W:D:Dd = 11:8:3	PSV = 2	DQv/+ = 0
HVI = NO	W:M = 11:6		DQv = 0
OBS = NO			

Location & DQ Sequencing

I: Wo.Ddo.Wo	VI: Wo.W+
II: D+.Do	VII: W+.Do.D+
III: D+.D+.Ddo	VIII: W+.Do
IV: W+.W+	IX: WS+
V: Wo.Wo.	X: D+.DdS+

　価値観や構えはある程度固まっており，変化しにくいだろう（ステップ3，所見2）。また，かなりの欲求不満を抱え，それが心理機能に影響を及ぼしている。意識的なコントロールの及ばぬ潜在意識化の思考活動が高じ，その結果，注意散漫となり，注意や集中を持続できなくなっている（ステップ5，所見3）。これが，学業不振をもたらしているもう1つの要因であろう。思考の明晰さに関してはまったく問題がない（ステップ8，所見1a）。多くの人，特に多くの児童と同様，彼女もときに認知的な間違いをする。しかし，間違いすぎるということはない。思考が奇妙だったり，未熟で変わっているわけでもない（ステップ9，所見1）。むしろ，12歳という年齢にしては，彼女の思考活動は十分成熟している。

情報処理

　情報の取り入れに，通常見込まれる以上の労力を費やしている（ステップ1，所見1；ステップ2，所見2a）。何も見落とすまいとするような情報の取り入れ方をしているが，そうしたアプローチにはおおむね一貫性がある（ステップ3，所見1）。しかし，情報をたくさん取り入れて，不適切なまでに高い目標を達成しようと頑張ってしまう。そのため失敗の確立が高まり，欲求不満に陥ることも多くなる（ステップ4，所見1）。このような可能性は，性急かつ行きあたりばったりに物事を見る傾向と相まって，一層高くなる（ステップ5，所見2）。情報を集めようというときに，落ち着きなく，あまりにもせっかちになってしまう。こういうことは若年の児童にはよく見られるが，年長児童にとってはかなりの弱点となってしまう。彼女は注意の転換が困難という問題も抱えている（ステップ6，所見2）。これは，無理に感情を抑え込んでいることの副産物かもしれない。あるいは，失敗しないようにという思いがあまりにも強いためかもしれない。
　こうした問題はあるものの，情報入力の質は非常によい。また，彼女の年齢からすれば複雑な情報処理をしていると言える（ステップ3，所見3；ステップ8）。

認知的媒介

　新しい情報に含まれる手がかりを，かなり適切に解釈している（ステップ1，所見1）。適切な解釈をし損なうことは，他の人と比べても少ない（ステップ3，所見1）。自分が課題を十分にこなせているのかどうか気になってしまうときには，現実を正しく見られないことがある（ステップ3a，所見6）。しかし，その歪みの程度は深刻なものではないし，奇妙な見方をするわけでもない（ス

ケース17　12歳女性　認知的媒介に関するデータ

R = 22	L = 0.47	OBS = No	Minus & NoForm Features
FQx+ = 0	XA% = .86		I 1. Wo F– A 1.0 INC
FQxo = 14	WDA% = .95		III 8. Ddo FMa– Ad INC
FQxu = 5	X–% = .14		X 22. DdS+ FD– A,Sc,Na 6.0
FQx– = 3	S– = 1		
FQxnone = 0			
(W+D = 19)	P = 10		
WD+ = 0	X+% = .64		
WDo = 14	Xu% = .23		
WDu = 4			
WD– = 1			
WDnone = 0			

ケース17　12歳女性　感情に関するデータ

EB = 6:0		EBPer = 6.0	**Blends**	
eb = 8:3	L = 0.47	FC:CF+C = 0:0	M.FT = 1	
DEPI = 2	CDI = 3	Pure C = 0	FM.FD = 2	
			FC'.FM = 1	
C' = 1　T = 2		SumC':SumC = 4:3.5	FT.m = 1	
V = 0　Y = 0		Afr = 0.29		
Intellect = 1	CP = 0	S = 2 (S to I,II,III = 0)		
Blends:R = 5:22		Col-Shad Bl = 0		
m + y Bl = 1		Shading Bl = 0		

テップ 3b）。むしろ，正しいかどうかということに，普通ではないとらわれを持っている。自分の行動が正しいものかどうか，受け入れられるものかどうかということを，あまりにも気にしすぎている（ステップ 4, 所見 2）。それでもやはり，どうしても自分の個性を出してしまうことがよくあり，社会からの要求や期待を軽視した振る舞いをしてしまいやすい（ステップ 6, 所見 3）。これは前述の所見からすればいささかちぐはぐなところであるが，もしかすると周囲からの求めにはとても応えきれないと感じているために，彼女なりのさりげない仕方で周囲に反抗したり無視したりしているのかもしれない。

感情

　先述の通り，彼女は相当の労力を費やして自分の感情を厳重に封じ込め，統制している（ステップ 2, 所見 3）。これは誰にとっても不自然なことだが，児童となればなおのこと異様な事態である。不快で，不安をかき立てるような状態であり，その影響はほとんどすべての心理機能に及ぶ。このケースではそのような状態が長い間持続している可能性があるが，その場合は情報処理を阻害し，思考を曇らせることになる。押し込められた感情が強くなれば，最終的には，論理的とも現実的とも言えない意思決定や行動に駆り立てられる危険性が高まる。先にも触れた通り，このように無理な抑制をしていれば，意思決定の仕方を柔軟に切り替えることができなくなってしまう（ステップ 3, 所見 3）。

　感情的には，強い寂しさを抱えた，飢えた子どもである。しかし，彼女自身，この感情を直截には表していない。なぜならば，彼女にとって感情はやっかいなもので，努めて感情を避けるか抑え込もうとしているからである（ステップ 6, 所見 4）。このような児童というのは，一般的には感情

ケース17　12歳女性　自己知覚に関するデータ

R = 22	OBS = No	HVI = No　Human Content, An & Xy Responses
Fr + rF = 0	3r + (2)/R = 0.45	I 3.　Wo Mao H 1.0 INC,PHR
		III 6.　D+ Mpo 2 H,Hh P 3.0 COP,GHR
FD = 3	SumV = 0	III 7.　D+ Mao 2 H,Id P 3.0 AG,PSV,PHR
		IV 9.　W+ FT.mpo (H),Id,Cg P 4.0 GHR
An + Xy = 0	MOR = 0	IV 10.　W+ Mp.FTo (H),Hh,Cg P 4.0 GHR
		VII 15.　W+ Mao 2 H,Cg P 2.5 COP,GHR
H:(H) + Hd + (Hd) = 5:2		VII 17.　D+ Mao 2 H,Cg P 3.0 AG,GHR
[EB = 6:0]		

を怖がり，発達に役立つはずの日常的な感情交流も避けてしまうことが多い。現時点では，彼女は心理的にはあまり複雑になっていない。これも感情をかなり抑え込んでしまっているためである（ステップ12，所見2）。

自己知覚

　同年齢の児童と同じ程度に，自分に注意や関心を払っている。しかし，自分のことをあまりよく思わない傾向がある（ステップ3，所見3）。彼女の年齢では普通ありえないほどの，かなりの自己点検をしている（ステップ4，所見3）。これは自分を向上させたいという意欲を反映していることもあるが，今の自分に満足できていないことの表われである可能性のほうが高い。自己イメージは，想像よりも現実の社会的経験が基になって作られている（ステップ7，所見1）。しかし，自分は孤立している，好まれていないと考えている節がある（ステップ8a，反応1，反応8）。自分に安心感を持てていない（ステップ8c，反応3，反応7，反応9，反応17）。12歳にしては，自分のことを隠したり守ったりすることに気をつかいすぎているようでもある（ステップ8e，反応2，反応9，反応10，反応14）。

対人知覚

　児童によく見られるように，方向を決めてもらったり，援助してもらおうとして他者に依存する傾向がある（ステップ4）。他者が自分の欲求に沿った動きをしてくれることを期待している。しかし，そういうことはいつも起こるわけではない。そのため彼女は情緒的親密さを強く求めているし，おそらくは孤独感を抱いている（ステップ5，所見3）。孤独を抱える児童というのは，どうしたら他者と親密な関係を持つことができるのかわからずに困っていて，自分が他者から無視されているとか拒否されていると思ってしまいやすい。人には大変関心があるし，他者のことをかなり現実に即して理解している（ステップ6，所見1）。概して，社会的行動はその場に適したものであろう（ステップ7，所見1）。しかし，社会的交流をどうしたら実りある形で維持していけるのかわからず，当惑している（ステップ8，所見4）。対人交流には興味を持っているが，他者に対して我を張ったり，攻撃的な主張をしてしまいやすい。こういう関係の持ち方をしていると，すぐに他の子どもから避けられたり無視されたりするようになる。その結果，対人交流をつねに持っていたいとは思わなくなり（ステップ10，所見1），友達への態度も一貫しないものになる。近づきすぎるときもあれば，その場にふさわしくないほどに主張的になってしまうこともある。

ケース17　12歳女性　対人知覚に関するデータ

R	=22	CDI	= 3	HVI = No	COP & AG RESPONSES
a:p	= 4:2	SumT	= 2	Fd = 1	II 4. D+ FMao 2 Ad P 3.0 COP,GHR
		[eb	= 8:3]		III 7. D+ Mao 2 H,Id P 3.0 AG,PSV,GHR
Sum Human Contents = 7				H = 5	VII 15. W+ Mao 2 H,Cg P 2.5 COP,GHR
[Style = Introversive]					VII 17. D+ Mao 2 H,Cg P 3.0 AG,GHR
GHR:PHR	= 7:1				
COP	= 2	AG	= 2	PER = 0	
Isolation Indx	= 0.27				

ケース 17 の記述と所見

　理由は必ずしも明らかではないが，この 12 歳の少女は相当のエネルギーを使って感情をうちに抑え込んでいる。通常，そうするためには普段使っている以上の資質を動員しなければならない。そのため，彼女は現在過負荷状態で，混乱に陥りやすくなっている。現在は過負荷状態にあるので，現実社会で役立てることのできる心理的資質は年齢相応に備えているのに，統制力やストレス対処力はいつもよりも低くなっている。過負荷状態に加え，統制力の弱まりのため，現在は時に十分考え抜かずに意思決定をしたり，衝動的になってしまいやすい。

　非常に思考を重視する人である。意思決定したり実行する前に，時間をかけて物事をじっくり考えるのを好む。外からのフィードバックよりも自分が判断した評価の方を頼りにする。こうした意思決定のスタイルは 12 歳の児童にはいささか珍しいものだが，必ずしも悪いわけではない。しかし，こうした方法をいつもいつも変えることなく取り続ければ，不利益がもたらされる。残念ながら，この少女は自分の感情に直截向き合うことを徹底的に避けているため，つねにこのようなやり方をしてしまう。おそらく，こうした柔軟性の乏しさが，学業成績にもなにがしかの悪影響を及ぼしているだろう。

　価値観や構えはそこそこ固まっており，変化しにくいだろう。また，かなりの欲求不満を抱え，それが心理機能に影響を及ぼしている。思考活動が高進し，その結果，注意散漫となり，注意や集中を持続できなくなっている。これは学業不振をもたらしているもう 1 つの要因であろう。思考の明晰さに関してはまったく問題がない。多くの人，特に多くの児童と同様，時に認知的な間違いをする。しかし，間違いすぎるということはない。思考が奇妙であったり，未熟で変わっているわけでもない。むしろ，12 歳という年齢にしては，彼女の思考活動は十分成熟している。

　情報の取り入れには，通常見込まれる以上の力を注いでいる。何も見落とすまいと，努力している。しかし，情報をたくさん取り入れて，不適切なまでに高い目標を達成しようと頑張ってしまう。そのため失敗の確立が高まり，欲求不満を生みやすい。このような可能性は，情報を性急かつ行きあたりばったりに目に入れているため，一層高くなる。これが彼女の視力の悪さと関係しているかどうかははっきりしないが，おそらくそうではないだろう。実際のところ，彼女は情報を集めようというとき，性急で，落ち着きに欠けてしまう。これは彼女にとってかなり不利に作用する。注意を転換させにくいという問題も抱えている。これは，感情を押さえようと無理していることの副産物かもしれない。あるいは，失敗しないようにしようとあまりにも強く思っているためかもしれな

い。こうした問題はあるものの，情報入力の質は非常によい。また，彼女の年齢からすれば複雑な情報処理をしていると言える。

　新しい情報はたいがい適切に解釈しており，年齢相応の現実検討力を有している。現実を歪めて見てしまうとしたら，それは自分が課題を十分にこなせているのかどうか気にしすぎてしまうときである。しかし，そのときの歪みの程度は深刻なものではないし，奇妙なものでもない。それどころか，正しいかどうかということに，普通ではないとらわれを持っている。受け入れられる応答をしなければと，あまりにも気にしすぎている。それでもやはり，どうしても自分の欲求や必要を前面に出してしまうことがしばしばあり，社会からの要求や期待を軽視した振る舞いになってしまいがちである。もしかするとこれは，周囲からの求めにはとても応えきれないと感じているために，彼女なりのさりげない方法で周囲に反抗したり無視したりしていることを示しているのかもしれない。

　先述の通り，彼女は相当の労力を費やして自分の感情を厳重に封じ込め，統制している。これは不快で不安をかき立てるような状態であり，ほとんどすべての心理機能に影響を与えている。このケースではそのような状態が長い間持続している可能性があるが，その場合は情報処理を阻害し，思考を曇らせることになる。押し込められた感情が強くなれば，最終的には，論理的とも現実的とも言えないような意思決定や行動に駆り立てられる危険性が高まる。すでに触れたように，このように無理な抑制をしていれば，意思決定の仕方を柔軟に切り替えることができなくなってしまう。

　彼女は，強い寂しさを抱えた，感情的に飢えた子どもである。しかし，彼女自身，この感情を直截には表していない。なぜならば，彼女にとって感情はやっかいなものであって，努めて感情を避けるか抑え込もうとしているからである。このような児童というのは，一般的には感情を怖がり，発達に役立つはずの日常的な感情交流も避けてしまうことが多い。自分のことをあまりよく思わない傾向があり，かなりの自己点検を行っている。これは自分を向上させたいという意欲を反映していることもあるが，このケースの場合，今の自分に満足できていないことの表われである可能性の方が高い。自己イメージは，想像よりも現実経験が基になって作られている。しかし，自分については，孤立している，好まれていないと考えているようである。自分に安心感を持てていない。

　12歳にしては，自分のことを隠し，守ろうとする傾向が強い。しかし，誰かに方向を決めてもらったり，援助してもらおうとして，他者に依存したいとも思っている。残念ながら，この期待はいつも実現されるわけではない。そのため情緒的親密さを強く求めることとなっている。孤独感を抱き，どうしたら他者と親密な関係を持つことができるのかわからず途方に暮れている。挙げ句の果てには，自分が他者から無視されているとか拒否されていると思ってしまいやすい。人には大変関心があるし，他者のことをかなり現実に即して理解している。社会的行動は，たいがい，その場に適したものであろう。しかし，社会的交流の維持の仕方がわからず，当惑している。対人交流には興味を持っているが，他者に対して我を張ったり，攻撃的な主張をしてしまいやすい。こういう関係の持ち方をしていると，他の子どもはすぐに彼女を避けるようになる。その結果，彼女は対人交流をつねに持っていたいとは思わなくなり，友達への態度は一貫しないものになる。すなわち，時には近づきすぎてしまい，そうかと思うとときにはその場にふさわしくないほどに強圧的になってしまう。

アセスメント事項と所見

　照会事項としては，彼女には感情面もしくは精神医学的な問題があるのか，受動攻撃のスタイル

を持っているのか，といった問いが挙げられていた。彼女は受動攻撃の人ではない。しかし，感情面にかなり顕著な問題を抱えているのは間違いない。この問題のために学業成績が不安定になっている。彼女は自分の感情に戸惑い，怖がっている。そして，自分にとって心地よく，他者にも受け入れられるような形では感情を表わせなくなっている。こうした事態をもたらしている大きな原因が2つある。1つは，彼女は自分自身を価値あるものと思えていない点である。彼女は，周囲が自分のために用意してくれた目標を読みとり，その目標に到達しようと一生懸命になっている。しかし，そのためあまりにも性急に情報を取り入れようとし，うまくいかなくなることもある。うまくいかなかった場合，彼女は自分に対するネガティブな思いを強めてしまう。2つ目の原因はさらに重大なものである。彼女は孤独で感情的な支えを必要以上に求めてしまう子どもであるのに，その一方，自分は拒否され，おそらくは望まれていないと感じている。こうした思いが感情の混乱や抑制を強めている。

　親というものはときとして子どもが必要とする援助を故意ならずも怠ってしまうものだが，この両親も彼女のことを実際以上に独りでうまくやれる子どもだと思い込んでいたのだろう。父母はこれまでずっと教師や指導助手を頼みとし，自分たちが直接関わろうとはしてこなかった。そんな両親は，彼女の目にはおそらく助けてくれる人というよりも外から評価する者と映っていたと思われる。彼女には，安心感と望まれているという感覚が必要である。それらなくしては，彼女の意欲や学業成績を高めようとするどんな試みも大した成果をあげられない。成果があったところで，せいぜいわずかなものでしかないだろう。しかし彼女が，愛されている，受け入れてもらえている，支えてもらえていると感じられるならば，治療教育にかなりの好影響がもたらされるだろう。治療教育で最も大切になるのは，彼女に次の2点を教えられるように工夫することである。それはすなわち，情報をもっとゆっくり慎重に取り入れること，行動に移す前にもう一度考え直してみること，である。一般的には，これらを子どもに実行させるのは難しくないし，比較的短い期間で大きな進展が見られることが多い。この面での成果が得られたならば，次には，もっと適応的なソーシャルスキルを身に付けられるよう，介入を計画する。最終的には，友達との関係の持ち方が今よりももっと重要な課題になる。他者との間に有益で実りある関係を作り，それを維持できるよう，援助をする必要がある。

文献

Exner, J. E. (1983). Additions to the structural summary. Alumni newsletter. Bayville, NY: Rorschach Workshops.

Exner, J. E. (1986). The Rorschach: A Comprehensive System. Volume 1: Basicfoundations (2nd ed.). New York: Wiley.

Exner, J. E. (1989). The new schizophrenia index. Alumni newsletter. Asheville, NC: Rorschach Workshops.

Exner, J. E. (2000). A primerfor Rorschach interpretation. Asheville, NC: Rorschach Workshops.

Exner, J. E., Martin, L. S., & Mason, B. (1984). A review of the Rorschach Suicide Constellation. 11th International Congress of Rorschach and Projective Techniques, Barcelona, Spain.

Exner, J. E., & Wylie, J. R. (1977). Some Rorschach data concerning suicide. Journal of Personality Assessment, 41, 339-348.

Fowler, J. C., Piers, C., Hilsenroth, M. J., Holdwick, D. J., & Padawer, J. R. (2001). The Rorschach Suicide Constellation: Assessing various degrees of lethality. Journal of Personality Assessment, 76, 333-351.

Smith, S. R., Baity, M. R., Knowles, E. S., & Hilsenroth, M. J. (2002). Assessment of disordered thinking in children and adolescents: The Rorschach Perceptual-Thinking Index. Journal of Personality Assessment, 77, 447-463.

附録
形態水準表
Appendix ● The Form Quality Table

　形態水準表は，反応のコードを決めるときに繰り返し使われる。表には10枚の図版の図を載せ，よく見られる部分領域（D）とあまりよく見られない部分領域（Dd）に番号を付けて示した。形態水準表の大半は，図版と領域ごとの反応リストから成っている。それぞれの反応には，第8章で述べた頻度の基準や判定基準に合致するかどうかによって，o（ordinaly：普通），u（unusual：稀少），－（マイナス）が記されている。

　頻度の基準を適用された205,000を超える反応の中から，あるいはそのデータベースには含められなかった精神病や統合失調症の患者の記録の中から，数多くのマイナス反応を選び出して付け加えると，形態水準表をかなり拡張できる。しかし，それらの反応の圧倒的多数は非常に稀にしか出現しない。500の記録の中での出現率は1以下である。したがって，それらの反応を含めてしまうと表はもっと長大になり，助けになるというよりも，かえって使いにくくなってしまうだろう。そこで，マイナス反応を表の中に入れるにあたって，WとDの領域ならば出現頻度が4以上，Dd領域の場合は3以上という基準を採用した。

　第8章で述べたように，通常oとコードされる反応の中には，形態の特徴について普通以上に広範囲にわたって細かく述べられたものもある。このような場合は，FQ+のコードが与えられる。FQ+とコードすると決めるときにはいくらか主観的な判断が必要となる。+とコードされる反応には形態の特徴について普通以上に細かな描写がなされる。これは創造性の産物かもしれないし，単により正確であろうとする傾向を示しているだけかもしれない。どちらの場合であっても，形態について通常求められる以上に詳細に述べられており，そのために正確さや細かさが増して反応は豊かなものになっている。

　重要なことなので繰り返し指摘しておくが，+のコードが付けられるのは，もしも明細に述べられていなければoとコードされる反応に対してだけである。これは実証的な基盤を持ったルールである。形態について普通以上の明細化がなされ，それゆえに+がコードされる反応のほとんどは，oの基準を満たすものである。実際のところ，uとコードされる稀な反応の中には，非常に創造的で，形態の特徴についてかなりの明細化がなされているものがある。しかし，それでもFQ+は付けない。なぜならば，もともとがuのコーディングだからである。これは，形態が適切に使われている反応のうち，どれくらいが一般的なものと区分され，どれくらいが珍しいものなのかを，X+%とXu%によって正確に示そうとするためである。

　より広い文脈では，形態水準表は，反応に対する正しい形態水準のコードを決めるための基礎的

情報源と考えられる。もしどの反応も，適切な形態使用（よく合っている）か不適切な形態使用（うまく合っていない）かという2つのカテゴリーに単純に分けられるのであれば，形態水準を決める作業はかなり簡単なものであろう。しかし包括システムのアプローチは形態が合うか合わないかという区別を基礎としているが，知覚と認知的媒介の操作や，それらが認知機能に及ぼす影響についてより多くの情報を得るために，さらにもう一段階異なる区別を行う。この2つ目の区別は，形態が適切に用いられている反応についてのみ行う。その目的は，そこそこ一般的（普通）な反応を決してそうではない（稀少）反応と区別することである。

形態水準表の反応リストはかなり大部なものなので，ほとんどの反応でFQを簡単に決めることができるだろう。しかし，反応では特定の種が述べられ，それが表には載っていないという場合もある。表を見てもその対象が該当する領域のリストに見あたらないときは，表から，**控えめだが理に適った**，補外法による推定（extrapolation）を行う。

補外法による推定が容易な場合もある。たとえば，図版VIIIのD1領域にピューマという反応が出されたとしよう。表を探すと，D1領域のリストにはいくつか特定の動物が挙げられているが，ピューマは載っていないことがわかる。しかし，動物の項目のところには，ここでの動物はD1の輪郭に合う形の四つ足の動物の類を指していると記され，FQはoとされている。この注釈の中にはよく述べられる動物が挙げられているが，そこにはネコも含まれている。この注釈から推定し，ピューマに対する適切なコードとしてoを選ぶのは難しいことではない。

推測するのにもう少し頭を悩ませ，論理力を働かせなければならない場合もある。たとえば，図版IXのD6領域にサクランボ4つという反応が出されたとする。サクランボは表中のD6領域の項には載っていない。最初のステップは，D6にリストされている項目の中から似ているものを探すことである。すると，該当するものは3つ見つかる（リンゴ，ラディッシュ，ラズベリー）。けれども，これら3つ全部が同じコードというわけではない。リンゴはoだが，ラディッシュとラズベリーはuである。この時点でコードを決めたくなってしまうかもしれない。しかしコードを決定する前にはもう1段階のステップが必要である。それは，D4領域の項目リストを探索することである。というのは，サクランボが4つと言っており，そのうちの1つはD4領域に該当するからである。そこでD4領域のリストを見てみると，その中にサクランボはないが，リンゴとラズベリーがoとして載っていることがわかる。

4つのサクランボをuとするのかoとするのかという，この反応に対する決定に際して，サクランボがD6のリストにもD4のリストにも載っていないのならばuとコードすべきだ，と四角四面に考える人がいるかもしれない。しかし，これは理に適った推定ではない。サクランボは小さなリンゴのような形をしているし，ラズベリーにもそこそこ似ている。合理的な推定をすれば，oとコードする方がより適切だと言える。先にピューマの反応に関して述べた推定の中で用いられたのと同様の論理に従った決定である。つまり，リストを検索して反応の中に述べられた対象と似ている項目が見つかったら，載っていないものであってもその項目と同じコードを付けるのが正しい。

逆に，リストに挙げられている特定の対象が，問題となっている対象とは形態において同じとは言えないときは，コードの決定はFQの基準から引き出された次の原則に従ってなされる。この場合，決定には主観的な色合いが残される。

1．特定の項目がリストに載っておらず，かつ容易には補外法による推定を行えない場合は，原則2もしくは原則3を適用してuかマイナスをコードする。
2．特定の項目がリストに見あたらず，かつ補外法による推定を行うことができないが，対象をすぐに容易に（quickly and easily）知覚でき，しかも輪郭をひどく歪めてはいない場合，uをコードする。
3．特定の項目がリストに載っておらず，かつ補外法による推定を行うことが不可能で，対象を知覚するのが難しい，あるいはまったく無理な場合，マイナスをコードする。

先の「サクランボ」の例のように，コードを決定するまでに2つ以上の領域のリストを検索する必要があることもある。たとえば，反応にいくつかの特定の内臓が含まれている場合がある。全体領域のリストの中には内臓（特定されない）としてFQのコードが記されている。しかしこの場合は，それぞれの内蔵に該当する領域のリストを見て，これらの項目のコードが適用できるかどうかを判断しなければいけない。

第8章で述べたように，表に載っていない複数の対象を含んだ反応に対しても，FQのコードを決めるに当たっては複数の領域のリストを調べる必要がある。その場合，**形態水準の低い対象が反応全体の中でかなり重要な位置を占めているのなら，低い方の形態水準を反応にコードする**。図版IIのD1領域の平凡反応クマに対して，普通はFQoがコードされる。しかし，2匹のクマ（D1）が赤い花（D3）の後ろで立っているという反応であれば，表を見ると花はuであり，花はこの反応の中では重要なものなので，FQはuとなる。ただし，このルールを適用するときには，形態水準の低い対象がちょっと付け足されただけというのではなく，本当に反応全体にとって重要なものなのかどうかを念入りに検討しなければいけない。

表中のいくつかの反応に対しては，図版の方向を示すための記号（< v >）が付けられている。項目にこの記号がついていなければ，記されているFQのコードが適用できるのは正位置のときか，述べられた対象が図版が正位置だった場合と同じように描写されたときだけである。

附録　形態水準表 | 677

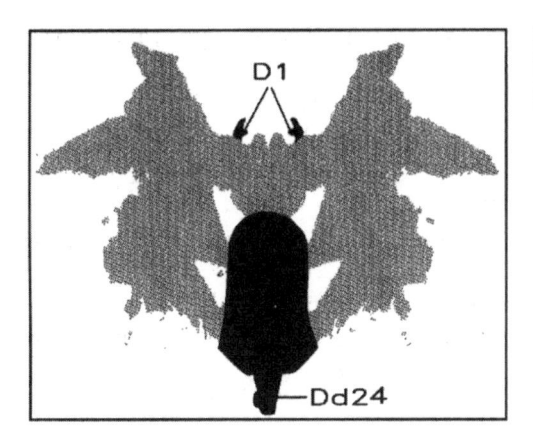

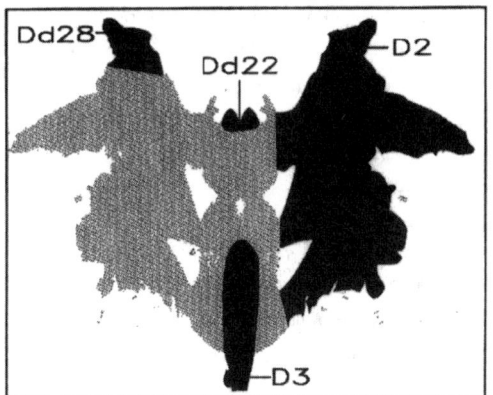

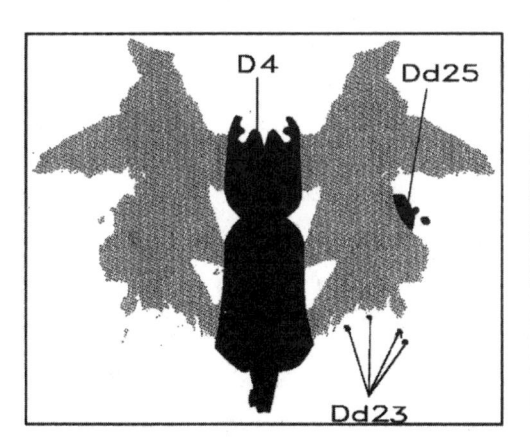

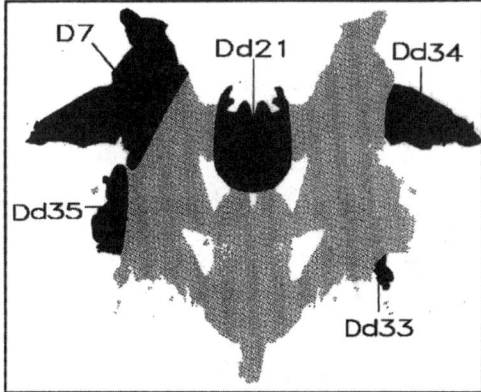

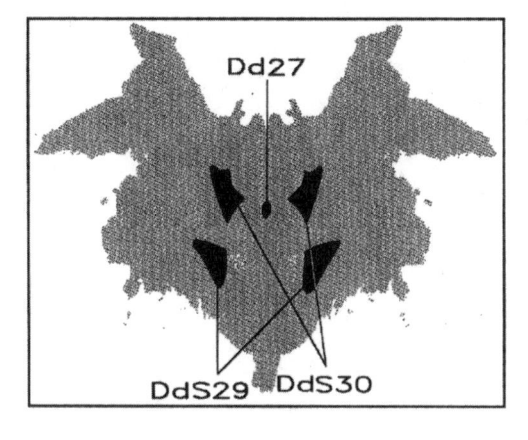

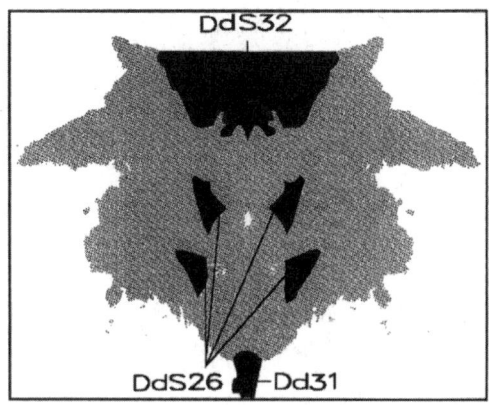

Card I P反応　Wでコウモリまたはチョウ
ZW=1.0　ZA=4.0　ZD=6.0　ZS=3.5

		W					
u		悪魔（マントを着た，または羽がある）			顔：（注：ほとんどの顔は，Dd34を 耳，DdS29と30を耳や口として見た，(Hd), Ad, (Ad)であり，oまたはuとコードされる。ただし，輪郭が適切に当てはまらない顔反応もある。以下にリストを挙げる）	u		花瓶
-		あごひげ				-	v	カボチャ
		頭（顔を参照のこと）				u	v	髪（セットされた）
o	v	頭飾り				-		カメ（亀）
-		あばら骨（複数）				o		仮面（注：この分類には，動物，ハロウィン，怪物，パーティ用，ブードゥー教など多様な仮面が含まれる）
u		アヒル	-		顔（アライグマの）			
-		網	-		顔（アリの）			
u		アメーバ	u		顔（イヌの）	o		カラス
-		アリ	o		顔（オオカミの）	-		身体
-		アリクイ	u		顔（動物の骸骨の）	-		身体（裂かれた）
-		アワビ	u		顔（怪物，グレムリン，悪魔，エイリアンの）	-		柑橘類の木
u	v	家				-		木
-		錨	-		顔（カメの）	-		気球
u		石（彫刻された）	o		顔（キツネの）	-		記章
u	v	岩	u		顔（クマの）	-		木びき台
u		インク	-		顔（特定の昆虫の）	u		霧
u		インクの染み	o		顔（トラの）	-		首
-		印刷機	-		顔（人間）	-		首の骨
-		ウシ	o		顔（ネコの）	-		クマ
-		ウシの群れ	u		顔（ネズミの）	u		雲
u	v	宇宙船	u		顔（特定されない昆虫の）	-		クモ
o		海の動物（オットセイ，セイウチなど。D2またはDd34をヒレ状の前肢とする）	u		顔（耳が垂れたウサギの）	-		クラゲ
			-		顔（ヤギの）	-		クリトリス
			u		顔（ロボットの）	-		ケーキ
-		笑顔	-		顔（人間の骸骨の）	u		毛皮（部分）
-		エビ	u		顔（角がある動物の）	u		毛羽（部分）
o	v	王冠	u		顔（ウシの）	o		コウモリ
-		扇	-		顔（魚の）	-		コート
-		オーストラリア	u		顔（虫の）	-		氷
u	v	丘	-		顔（鳥の）	u		漕ぎ手（舟に乗った）
o		踊っている人（2人）	o		顔（特定されない動物の）	o		骨盤
o		オペラ歌手（2人または3人）	-		顔（ウマの）	u	v	小屋
			u		顔（魔女の）	o		昆虫（羽がある）
-		音叉	-		風見	-		昆虫（羽がない）
o		女の子（複数，踊っている，または輪になって立っている）	o		飾り	u	v	サーカスのテント
			-		舵	-		材木
			u		化石	-		雑草
u		カ	u	v	カタマラン（正面から見た，いかだ状の舟）	-		サボテン
o		ガ				u		ザリガニ
u		絵画（抽象的な）	u		カニ	u		サンゴ
-		骸骨（特定されない）	-		鐘，ベル	-		しおり
u	v	怪物	u		カブトムシ（クワガタなど羽がある）	-		敷物
-		カエル				-		繁った葉
						-		シダ類

-		自動車	o		天使（2人，D4を別のものとする）	-	橋（人工の）
u		島				-	旗
o	v	シャンデリア	u	v	天体観測窓（アストロドーム）	u	ハチ
-		植物				u	鉢，ボウル（持ち手の付いた）
-		食物	u	v	テント		
o		女性（羽がある，またはマントを着た）	-		ドア	-	バックル
			u	v	洞窟（正面から見た）	-	鼻
u	v	城	u		動物（羽がある，特定されない）	-	バルブ
-		腎臓				-	火
-		森林			動物（羽がない）	u	飛行機（真上から見た）
-		巣			（注：この分類には，クマ，ネコ，イヌ，ライオンなどのように羽やひれ状のものを持たない多くの動物が含まれる。）	-	飛行機（正面から見た）
-		水槽				-	ピック（ギターの）
o		頭蓋骨（人間または動物の）				-	日時計
						-	ヒヒ
-		ストーブ				u	v	ふいご（複数）
-		巣箱（昆虫の）	-		道路地図	u		風景（注：この分類には，岩，岩でできた地形，山腹などの広い範囲の風景が含まれる）
-		スプリング（金属）	o		トーテム（翼がある）			
-		スポンジ	u	v	ドーム			
u		炭	-		時計			
-		精子	-		留め金	-	腹部
-		戦艦	u		ドラキュラ	-	フクロウ
-		戦車	o		鳥	-	符号（音符）
-		洗濯機	u	v	鳥（有史以前の）	-	船（ボート）
-		尖塔	-		鳥かご	u		ブヨ（刺して血を吸う小さな羽虫）
-		袖章	-		ドリル			
-		そろばん	-		ドレス	-	プリマス（イタリア首座大司教）派の紋章
-		竹かご	u		泥			
u		凧	u		トンボ	-	噴火口
-		竜巻	-		波	o	v	噴水
u	v	建物	-		肉	-	ヘリコプター
-		種	-		乳房	o	v	ヘルメット，かぶと
-		卵	-		庭	u	v	帽子（スノーキャップ）
-		タラ	-		人間	o	v	帽子（婦人もの）
-		弾丸			人間（2人，顔をそむけている）	-	ボート
o		ダンサー（D4，衣装かマントを着た）				u	v	ボール盤（道路工事などで使う機械）
			u		人間（2人，中心で向かい合う）			
-		タンス，大型の箱				u		ほこり
-		タンポポ	o		人間（3人，1人はD4）	-	帆船
-		地図（特定された）	o		人間（羽がある，またはマントを着た）	-	ポット
u		地図（特定されない）				u		骨（骨格）
-		中華鍋	-		ネコ	-	本
u	v	中国風の建物	-		脳	-	マグロ
-		中国風の美術品	-		脳（上から見た）	o		魔女（2人または3人）
u		抽象的なもの	u		脳（断面）	-	マット（ドアの）
o		チョウ	u		ノミ	u		繭（羽がある虫が出てくる）
-		チョウジ（植物）	o		葉			
o		彫像（2体または3体）	-		パーキングメーター	-	マント
o		椎間板（解剖図の）	-		肺（複数）	u	v	見晴らし台
-		壺	-		バイオリン	o		虫（つぶれた）
-		手押し車	u		ハエ	o		虫（羽がある）
-		デザイン	-		爆発	-	虫（羽がない）
o		天使	u		橋（自然の）	u		メドゥーサ

-	メロン	
-	毛布	
u	燃えかす	
u	紋章（軍服の袖に付いた）	
o	紋章	
u v	山	
-	雪片	
-	夢	
-	妖精	
-	よだれかけ	
-	ヨット	
-	ランプ	
u	リス（飛んでいる）	
u	竜（たいていは羽がある）	
u v	列車（D4 が列車で橋を渡っている）	
o	レントゲン写真（特定されない）	
-	レントゲン写真（胃の）	
o	レントゲン写真（胸部の）	
o	レントゲン写真（骨盤の）	
-	レントゲン写真（心臓の）	
-	レントゲン写真（肺の）	
u v	ロケット	
-	ロブスター	
u	ロボット	
o	ワシ	

D1

u	悪魔（複数）
u	頭（は虫類の）
u	頭（怪物の）
u	頭（昆虫の）
o	頭（鳥の）
-	頭（動物の）
u	アヒルの頭（複数）
u	操り人形
-	アリ（複数）
u	岩
u	枝角（複数，シカなどの）
-	エビ
u	親指
u	怪物（複数）
o	かぎ爪（複数）
-	カニ（複数）
-	木
-	クリップ
-	昆虫（複数）
-	サル（複数）
-	銃
o	触毛（複数）
o	触角（複数）

u	ダンサー（複数）	
u	チョウ（複数）	
u	彫刻（抽象的な）	
o	角（複数）	
o	手（複数）	
-	鳥（複数）	
o	鳥の頭（複数）	
-	波	
o	人間または人間類似のもの	
-	根（複数）	
-	歯	
-	旗（複数）	
-	フォーク	
-	ペニス	
-	骨（複数）	
o	ミトン	
-	虫（複数）	
o	やっとこ	
u	幽霊（複数）	
o	指（複数）	
-	妖精（複数）	
-	ロケット	
u	ワシの頭（複数）	

D2

o	悪魔	
o	頭（鳥の）	
	イヌ（動物を参照）	
u <	ウサギ	
-	ウシ	
-	オオカミ	
u	ガーゴイル（屋根の水落とし口）	
-	解剖図	
-	顔（Dd34 が耳。動物，鳥，漫画，怪物の）	
o	顔（Dd34 が鼻。動物，鳥，漫画，怪物の）	
-	顔（人間の）	
-	カブトムシ（クワガタなど）	
-	木	
u	キツツキ（横から見た）	
u <	木と繁った葉	
o	曲芸師	
u	雲	
-	げっ歯類の動物（リス，ウサギなど）	
u	煙	
-	コウモリ	
-	魚	
-	空	

o	ダンサー	
-	地図（特定された）	
u	地図（特定されない）	
o	天使	
u	動物（特定されない）	
-	動物（ネコ，ウシ，ある種のイヌなど，耳の短い）	
o	動物（ロバ，ゾウ，ある種のイヌなど，耳の長い）	
o	動物（漫画の）	
o	鳥（Dd34 が翼）	
- v	長靴（複数）	
-	ニワトリ	
o	人間	
o	人間類似のもの	
-	ネコ	
u	葉	
o	羽（複数）	
-	飛行機	
o	風景	
-	ブタ	
o	ペガサス	
u	虫（Dd34 が羽）	
-	虫（羽がない）	
-	竜	
-	レントゲン写真（特定されたあるいは特定されない）	

D3

o	足（複数）
u	宇宙船
-	顔
-	飾り（装飾品，飾り物）
o	花瓶
-	木
-	昆虫
-	銃
-	燭台
u	脊髄
-	膣
o	彫像
o	トーテムポール
o	人間（下半身）
-	脳幹
u	バイオリン
-	鼻
-	ペニス
-	ヘビ
o v	ボーリングのピン
o	ミイラの棺
-	ろうそく
u	ロボット

u		ワニ		-		ランプ	u		風景
u	<	ワニ（映っている）	u	v	ロケット	o		虫（D1 が触手）

D4

-		アリ
u	v	宇宙船
u		宇宙の生物
u		王冠（儀式用の）
o		怪物
-		解剖図
-		カエル
-		顔
-		カニ
u		花瓶
o		カブトムシ（クワガタなど）
-		カメ
u	v	木
u		記念碑
-		クモ
-		クリトリス
u		コオロギ
o		ゴリラ
o		昆虫（特定されない，D1 が触角または触毛）
-		魚
-		島
-		銃弾
-		植物
o		女性
-		背骨
u		男性
o		チェロ
o		彫像
-		ドア
-		動物（特定されない）
-		鳥
o		人間（2 人）
o		人間（全身）
o		人間（頭がない）
o	v	人間類似のもの
-		ネコ
-		ハエ
-		ハチ
-		は虫類
-		鼻
u		ビオラ
u	u	びっくり箱
u		ヒヒ
-		骨の構造
-		ムカデ
o		虫（D1 が触角または触毛）

-	ロブスター
-	ワニ

D7

u	頭（鳥，カモ，ウマの）
u	アヒル
u	岩
-	顔（人間の）
u	顔（動物の，Dd34 が鼻）
u	顔（魔女の）
u	顔（漫画の，Dd34 が鼻）
u	崖
u	風見
o	カラス
u	雲
u	昆虫（羽がある）
-	昆虫（羽がない）
-	植物
u	巣
-	頭蓋骨
o	スフィンクス
u	地図（特定されない）
-	地図（特定された）
o	彫像（鳥の）
-	角
u	翼（飛行機または鳥の）
o	動物（翼がある）
-	動物（翼がない）
o	鳥
o	羽（複数）
o	風景
-	帽子（ふちがある）
u	ポット，壺（Dd34 が持ち手）
-	骨
u	耳（動物の）
u	矢じり
o	ワシ

Dd21

-	海の動物（オットセイ，セイウチなど）
-	解剖図
u	カニ
-	クラゲ
-	繁った葉
-	心臓
o	巣
u	楯
-	彫像

Dd22

u	頭（人間の）
-	頭（動物の）
u	石
-	イボ
u	陰唇
o	丘
-	木
u	こぶ（ラクダの）
-	尻
u	乳房
-	ボール
u	目（虫またはカエルの）
o	山
-	幽霊

Dd23

-	記号
u	昆虫（複数）
o	島
-	点
u	鳥
-	ハエ（複数）
-	飛行機
-	符号（音符）

Dd24

-	頭
u	怪物
o	鐘，ベル
-	植物
u	スカート
o	チェロ
u	ドレス
u	人間（下半身）
-	人間（全身）
u	ヘルメット，かぶと
-	虫
u	紋章
u	ランタン
u	ランプ
-	レントゲン写真

Dd25

u	顔（人間の）
u	顔（抽象的な人間の）
-	木（複数）
-	動物
-	動物の尻

DdS26

o	仮面の一部
-	木（複数）
o	雲
o	窓
o	目
o	幽霊
u	雪

Dd27

-	頭
u	宇宙船
u	エレベーター（中心線を含める）
-	潰瘍
-	顔
-	コマ
-	心臓
u	楯
o	バックル
u	舟（中心線を含める）

Dd28

-	頭（人間の）
u	頭（人間類似のもの，帽子をかぶった）
o	頭（鳥の）
-	頭（動物の）
u	木
-	靴
-	鳥（全身）
-	棒
u	帽子（つばのある）
u	矢じり

DdS29

o	穴
u	宇宙船（複数）
u	三角形（複数）
u	空飛ぶ円盤（複数）
u	テント（複数）
u	羽（複数）
u	ピラミッド（複数）
-	目（人間の）（複数）
o	目（抽象的な）（複数）
u	山（複数）
o	幽霊（複数）
u	雪

DdS30

-	木（複数）
u	人間（衣装を着た）
-	肺（複数）
o	目
o	幽霊（複数）
u	雪

Dd31

u		足
u	v	頭（ウサギの）
-		頭（特定されない）
u	v	火山
-		頭蓋骨
-		根
u		歯
-		鼻
-		針
-		ハンマー
u	v	山の頂上

DdS32

-	花瓶
-	仮面
u	渓谷
-	鳥
u	湾

Dd33

u	v	頭（人間の）
-		頭（動物の）
-		鐘，ベル
o	v	木
u		しっぽ
u	v	プードルのしっぽ
-		ボール
-		骨
u	v	マッシュルーム
-		ランプ

Dd34

-		頭
u		岩
u	<	オットセイ
-		顔
o		崖
u	<	傘（閉じた）
u	<	灌木
u	<	木（特定されない）
o	<	木（モミの木）
-		昆虫
u	<	塔
u		のこぎり
u		刃（ナイフの）

u		鼻（漫画の）
o		ヒレ
u		矢じり
o	<	山
u	<	幽霊

Dd35

u	<	イヌ
u	v	顔（人間の）
-		顔（鳥の）
-		顔（動物の）

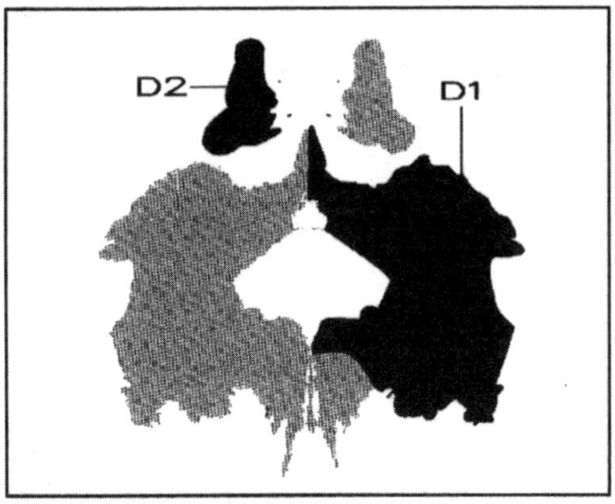
D2
D1

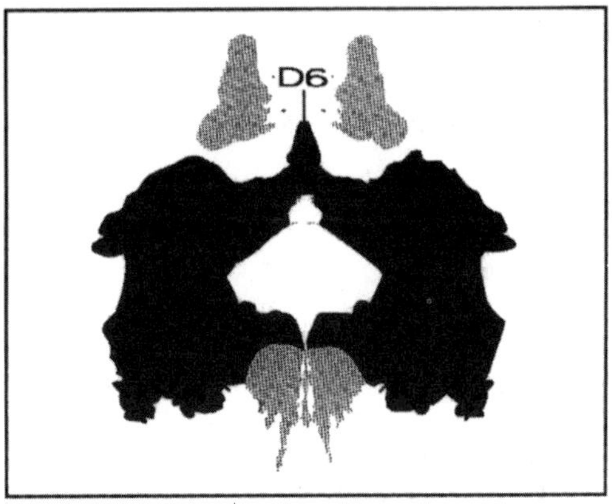
D6

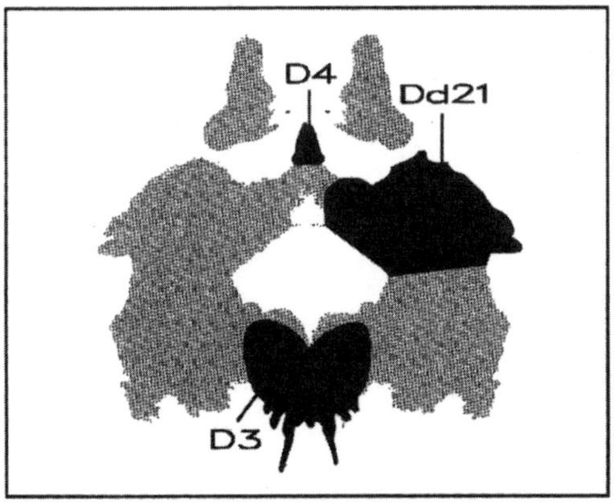
D4
Dd21
D3

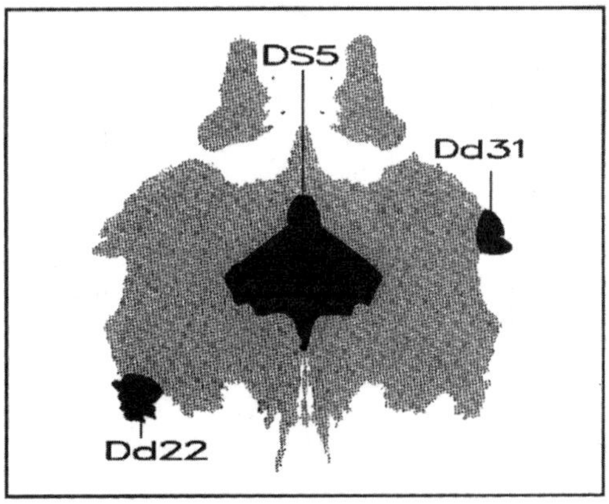
DS5
Dd31
Dd22

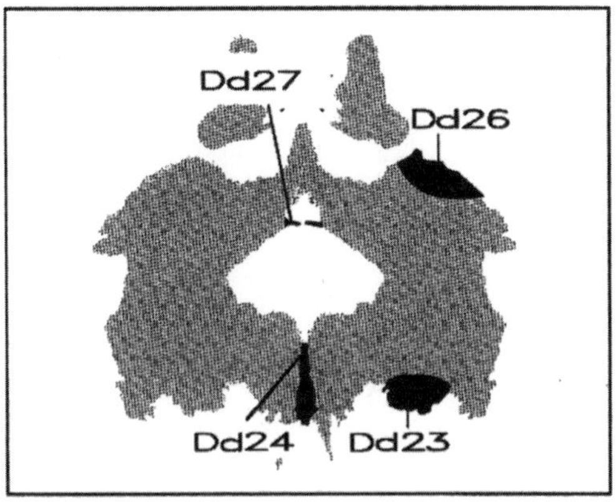
Dd27
Dd26
Dd24
Dd23

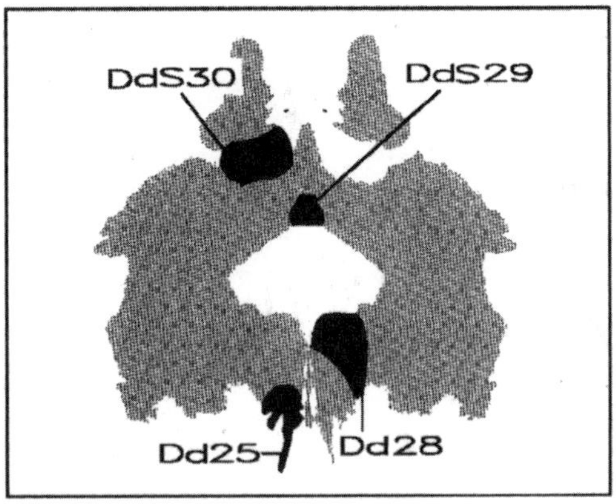
DdS30
DdS29
Dd25
Dd28

| Card II | P反応　D1でクマ，イヌ，ゾウ，ヒツジ
ZW=4.5　ZA=3.0　ZD=5.5　ZS=4.5 |

		W						
o		悪魔（複数）	-		椎間板（解剖図の）	u		煙
u		穴（銃の）	u		洞窟	u	v	コート
u		アヒル（複数）	u		動物（複数，特定されない）	o		子羊
-		胃	u		鳥	u	v	ゴリラ
u		イヌ（複数，D3を血または別のものとする）	u		鳥（2羽）	u		昆虫
-		宇宙船			肉	-		魚
u	v	ガ	u		ニワトリ（2羽）	-		心臓
u		絵画（抽象的な）	o		人間または人間類似のもの（複数）	u	<	スイギュウ
u		怪物	-		のど	-		スポンジ
u		解剖図（特定されない）	-		肺（複数）	o		ゾウ
-		解剖図（特定された）	-		ハエ	-		地図
-		顔（人間または動物の）	o	v	爆発	u		動物（ぬいぐるみの）
o		飾り	-		花	u		動物（特定されない）
u		火山	o		火と煙	u		トラ
u	v	火山（噴火している）	u	v	不死鳥	-		鳥
u		仮面 （注：この分類には，動物，漫画，ハロウィン，パーティ用など多様な仮面が含まれる）	u		ブックエンド	-		ニワトリ（頭がない）
			u		ペンギン（2匹）	-		人間
			o		漫画のキャラクター（人間または動物の）	o	v	人間
			-		虫（つぶれた）	o	<	ネコ
-		身体	u	v	虫（羽がある）	-		葉
-		記章	u		模様（抽象的な）	-		羽
-		口	u		紋章	o	<	ハムスター
o		クマ（複数）	u		ランプ（装飾的な）	u		ヒヒ
-		コウモリ	-	v	リース（クリスマスの）	u		風景
u	v	骨盤			レントゲン写真	-		ブタ
u		ゴリラ（複数）				-		帽子（ふちがある）
u		昆虫（羽がある）				o	v	山（複数）
-		昆虫（羽がない）			**D1**			**D2**
u		七面鳥（複数）	o	v	悪魔	u		悪魔
-		植物	-		アメーバ	-		足
-		心臓	o		イヌ	u	v	足跡
-		腎臓（複数）	u	v	イヌ	u		頭（人間類似の）
u	v	たいまつ（煙を伴う）	u		イノシシ	-		頭（人間の）
u		凧	u		岩	u		頭（鳥の）
-		竜巻	o	<	ウサギ	-		頭（動物の）
o		ダンサー（複数）	o		ウシ	o		生き物（漫画の）
-		地図	-		王冠	u	v	イタリア（地図の）
u		膣	o	v	怪物	u		ウサギ
o	v	チョウ	-		カバ	-		ウマ
-		腸	-		カメ（亀）	o		オットセイ
o		彫像（人間または動物の）	-		木	u		親指
-		直腸	-		機械	u		雄鶏
			-		記念碑	-		解剖図
			o		クマ	u		カタツムリ
			u		雲	-		花瓶

o		仮面（動物，鳥，漫画の，人間類似のもの）	u		ガ	u		木（モミの木）
u		口紅の跡	u		怪物	u		記念碑
-		靴	u	v	顔（悪魔または怪物の）	o		寺院
u	v	靴下	-		顔（人間の）	-		十字架
o		血液	-		顔（動物の）	-		十字架のキリスト像
-		細胞（血液の）	o		火山	-		城
-		舌	u		カタツムリ	o		尖塔
-		指紋	o		カニ	o		弾丸
-		シロアリ	-		カブトムシ（クワガタなど）	u		手（祈っている）
-		腎臓	-		髪留めのリボン	-		ドア
u		セイウチ	-		仮面	o		塔
o		たいまつ	u		クラゲ	u		ドーム
o		チョウ（側面から見た）	u		月経	u	v	ドリル
-		手	-		肛門	-		ナイフ
u		天使	u		昆虫	u		はさみ
-		動物（複数，特定されない）	-		魚	-		バット（野球の）
o		鳥	-		ザリガニ	-		鼻
u	>	鳥	-		サンゴ	u		ピラミッド
-		長靴	-		子宮	-		ビン
u		肉	u		植物	-		武器
u		ニワトリ	-		心臓	u		ペニス
-		ネズミ	-		腎臓	-		ヘビ
-		歯	u		胎児	u		ヘルメット，かぶと
u	v	ハチドリ	o	v	たいまつ	u		ペン先
o		火	o	v	太陽	u		ペンチ
u		フィンガーペインティング	o		血	u		帽子（ふちのある）
-		ペニス	o		膣	o		ミサイル
o		帽子（つばがない）	o		チョウ	o		矢
o		帽子（ふちがある）	-		留め金	o		矢じり
o		炎	u		肉	-		山
u	v	ホルスター（ピストルの皮ケース）	-		肺	u		ヤリ（先端）
-		ミトン	-		ハエ	u		ろうそく
u	v	南アメリカ（地図の）	u		バグパイプ	o		ロケット
u		虫（羽がある）	o	v	爆発	u		ロボット
-		虫（羽がない）	u	v	花			**DS5**
o		指人形	o		火	u		アーチのかかった道
u		溶岩	u	v	ヘッドホン（ラジオの）	o		明かり
-		ランタン	o		ペンキ	o		穴
-		ろうそく	o		虫（羽がある）	-		胃
		D3	-		虫（羽がない）	u		井戸
u	v	頭（角がある動物の）	-		ロブスター	o		宇宙船
-		頭（角がない動物の）			**D4**	u	v	エイ
-		頭（人間の）	-		頭	u		王冠
-		頭（鳥の）	o		宇宙船	u		かご
-		アリ	-		尾	o		飾り
u		イソギンチャク	-		顔	u		鐘，ベル
u		宇宙船	-		鐘，ベル	o		花瓶
u		エイ	-		花瓶	-		仮面
u		扇	o		カプセル（宇宙の）	o		教会
			-		木（特定されない）	-		口
						-		コウモリ

u		コップ（グラス）	-		地図（特定された）		**Dd24**
u		コップ（ゴブレット）	u		チョウ	-	顔
o		コマ	u		ドーナツ	u	肛門
u		寺院	o		動物（2匹，D1でoの基準を満たすもの）	u v	滝
u		島				u	弾丸
o		シャンデリア	u		動物（2匹，特定されない）	o	膣
u		シルエット（衣装を着た人間，ダンサーまたはスケーター）	-		鳥	u	トーテム（神聖視される動物，植物，自然物）
			-		人間（2人）		
			o v		人間（2人）	-	人間
o		城（D4を含むこともある）	-		肺（複数）	u	人間類似のもの
-		心臓	u		配水管（DS5を含む）	-	歯
u		尖塔	u		風景（DS5を湖とすることが多い）	u	ペニス
u		ダイヤモンド				u	ボーリングのピン
u		凧	u		山	u	幽霊
u		膣	o v		レントゲン写真（骨盤の）	u	ろうそく
-		チョウ	-		レントゲン写真（骨盤以外の特定された）	u	ロケット
o		洞窟					**Dd25**
u		ドーム	-		レントゲン写真（特定されない）	o	枝角（シカなどの）
-		鳥			**Dd21**	-	牙
u		ドリル				u	釘
-		ドレス	-		頭（魚の）	-	しっぽ
o		トンネル	-		頭（人間の）	u	触毛
u		鉢，ボウル	-		頭（鳥の）	o	触角
o		飛行機	o		頭（動物の）	o	角
u		噴水	-		オットセイ	u	つらら
u		ヘルメット，かぶと	-		カエル	u	針
u		ペンダント	-		灌木	u	棒
u		帽子（婦人もの）	-		くちばし	u	ヤリ
-		ボート	-		巣		**Dd26**
o		ミサイル	-		鳥	o	血液
o		湖	-		耳	u	毛虫
u		雪片	o		山	u	ケムシ，ミミズ
o		ランプ	-		レントゲン写真	-	セイウチ
o		ロケット			**Dd22**	u	日没
		D6	u v		頭（人間の）	o	火
-		胃	-		頭（動物の）		**Dd27**
u		宇宙船（たいていDS5と関連する）	u v		岩	u	かぎ爪
			u v		ウサギ	-	壁
u		ガ	-		木	-	しっぽ
-		解剖図	-		ニワトリ	-	つめ
u		雲（複数）	o v		やぶ	u	橋
-		コウモリ			**Dd23**		**Dd28**
o v		骨盤	-		頭	-	頭
u		昆虫（羽がある）	u v		岩	-	カメ（亀）
-		昆虫（羽がない）	-		カエル	u	血痕
-		敷物	-		木	u	ニス
u		島	u v		やぶ	u	木材（汚れた）
u		脊髄（薄片，DS5を含むこともある）	u v		山		
-		背骨					
u		地図（特定されない）					

-		レントゲン写真

DdS29

u		カップ
u	v	コップ（ゴブレット）
u		陶器
u		洞窟
u		ドーム
u		トンネル

DdS30

-		頭
u		入り江
-		牡蛎（カキ）
-		ハマグリ
-		目

Dd31

u		頭（人間の）
u		頭（人間類似の）
-		頭（動物の）
u		石の彫刻
u		顔（複数）
-		かぎ爪
-		木（複数）
u		くちばし
u	v	耳（動物の）
u	<	山

688

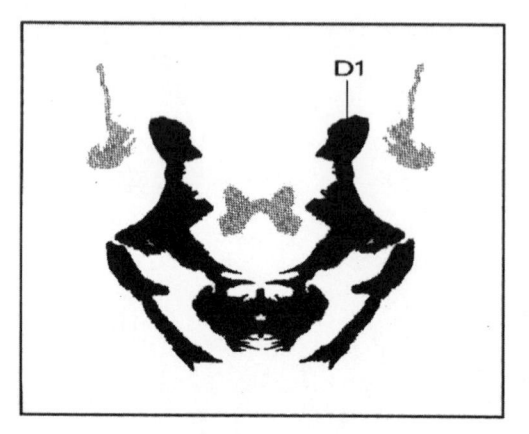

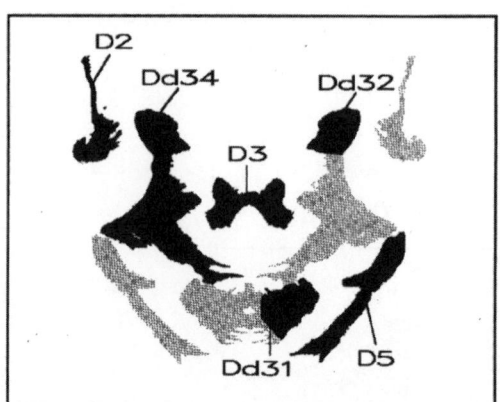

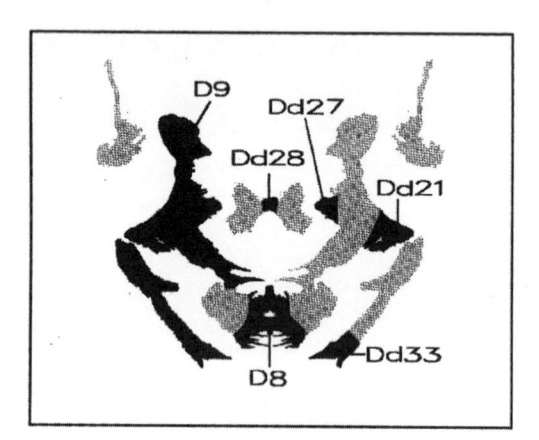

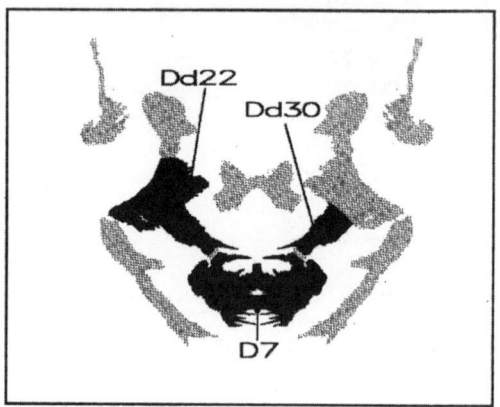

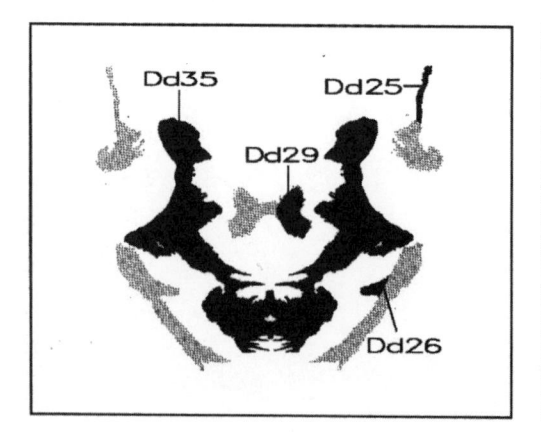

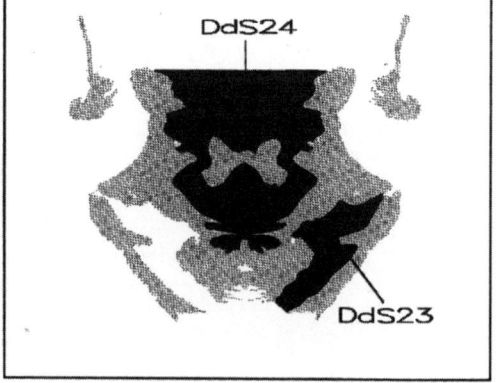

Card III	P反応　D1またはD9で人間像
	ZW=5.5　ZA=3.0　ZD=4.0　ZS=4.5

W

注：III図版はブロットが分離しているので，単一のW反応は，ほとんどの場合-とコードされる。ただし，無理な輪郭のあてはめでなく，輪郭が一致している場合は単一の反応でもuとコードされることもある。oとコードされるW反応はたいてい複数の対象を含む場合である。

- －　アリ
- u　絵画（抽象的な）
- －　骸骨
- u　v　怪物
- －　解剖図
- －　カエル
- u　カエル（切開された）
- －　顔
- －　カニ
- u　v　花瓶（持ち手と模様のある）
- u　記章
- －　クモ
- －　クラゲ
- －　ゴリラ
- －　昆虫
- u　v　鳥（複数）
- u　シャンデリア
- u　地図（特定されない）
- －　地図（特定された）
- －　チョウ
- －　動物
- o　動物（D1を複数の動物とし，その他は別の対象とする場合。たとえばサーカスなど。他の部分はそれぞれoとコードされるものであること）
- o　鳥（D1を複数の鳥とし，他の部分を別のものとする。たとえば鳥かごなど。他の部分はそれぞれoとコードされるものであること）
- －　縄
- －　人間
- o　人間または人間類似のもの（D1が複数の人間で，他の部分はそれぞれoとコードされるものであること。儀式，パーティ，運動場の中など）
- －　ネコ
- －　ハエ
- u　鉢（取っ手と模様の付いた）
- －　花
- －　ハロウィンのカボチャ
- u　v　風景
- u　紋章
- －　レントゲン写真
- －　肋骨

D1

- u　v　アーチ
- －　アリ
- －　イヌ
- o　イヌ（2匹，D7を別のものとする）
- －　骸骨
- u　v　怪物（エイリアン，ロボット）
- u　カエル（切開された）
- u　カニ
- u　花瓶
- －　木（複数）
- －　クモ
- u　v　グレムリン
- o　骨盤
- o　昆虫
- o　サル（複数，D7を別のものとする）
- －　頭骸骨
- o　ダチョウ（2匹）
- u　地図（特定されない）
- －　地図（特定された）
- u　v　洞窟の入り口
- －　動物
- u　動物（2匹，特定されない）
- －　鳥
- o　鳥（2羽）
- －　トンネル
- o　人形（2つ）
- －　人間
- －　人間（2人，D7かDd31を人間の一部に含む）
- o　人間（2人，D7を別のものとする）
- u　v　人間（複数，D5が腕）
- o　ヒツジ（2匹または小ヒツジ2匹）
- o　v　風景
- u　船（D5が支え）
- o　骨組み
- －　虫
- u　v　山（たいていは雪をかぶった）
- o　レントゲン写真（骨盤）
- u　レントゲン写真（特定されない）
- －　ロブスター

D2

- o　悪魔
- －　頭（人間の）
- u　頭（人間類似の）
- －　頭（鳥の）
- －　頭（動物の）
- －　アヒル
- －　雨粒
- u　アメーバ
- o　v　操り人形
- u　胃
- －　錨
- －　イヌ
- －　ウサギ
- o　v　オウム
- o　飾り（特定されない）
- －　カタツムリ

-		花瓶	u	v	花	o		蝶ネクタイ
u	v	木	o		火	-		鳥
o		記号（抽象的な）	u		符号（音符）	-		トンボ
o	u	ギター	o	v	フラミンゴ	-		乳房
-		果物（イチゴ類）	o		へその緒（胎盤を含む）	-		人間（単数または複数）
-		クラブ（ゴルフ，ホッケーなどの）	-		ヘビ	-		脳
-		昆虫	o		帽子（冠または衣装）	u		ノーズガード
u		細菌	-		骨	o		肺（複数）
-		魚	-		繭	-		ハエ
o		サル	-		虫	u		ハチ
u		サンゴ	u		ランタン	u		パチンコ
u		島	-		竜	-		鼻
u		シャンデリア	u		ロープ（つる）	u		羽
u		食道	u		ロボット	u		ハンググライダー
u	v	植物				o		火
o		神経細胞			**D3**	-		鼻孔
-		心臓	u		アイシャドー	u		ふいご（複数）
u		腎臓	u		イスの背もたれ	u		ブラジャー
o		胎児（妊娠3カ月以前の形の整わない）	-		ウィッシュボーン	-		ヘルメット，かぶと
			u		運動器具	u		骨
u		胎児（妊娠3カ月以後の）	-		枝角（シカなどの）	-		メガネ
u		タツノオトシゴ	-		オレンジ（複数）	u		紋章（抽象的な）
o		血	u		カ	o		リボン
-		腸	o		ガ			
o		彫像（人間の）	-		ガードル			**D5**
u		彫像（抽象的な）	-		骸骨	u		足（昆虫，たいていはクモ）
u		彫像（動物の）	o		飾り（特定されない）	o		足（人間の）
-		杖	u		化石	o		足（鳥の）
u		釣り針	-		カニ	o		足（動物の）
o		動物（しっぽの長い）	-		仮面	u		宇宙船
-		動物（しっぽの長くない）	-		木（複数）	u		腕
-		動脈	-		胸骨	u		枝（大きな）
u		留め金	-		口	u		かぎ爪
o		鳥	-		唇	u		魚雷
o		鍋（吊るされた）	-		睾丸	u		クラブ（ゴルフ，ホッケーなどの）
-		肉	-		コウモリ			
o		肉（吊るした）	o		骨盤	o		魚
o		ニワトリ（吊るされた）	u		昆虫（羽がある）	o		サメ
o		人間（この分類には曲芸師，子ども，体操している人間など様々な種類の人間反応が含まれる。）	-		昆虫（羽がない）	u		島
			u		サングラス	-		銃
			u		島	u		弾丸
			-		触角	-		地図
			-		心臓	-		角
o		人間類似のもの（この分類には，悪魔，小人，妖精，小悪魔など，漫画，SFの様々な種類のものが含まれる）	u		腎臓	-		つる（植物）
			u		脊髄（横断面）	-		手
			u		凧	-		鳥
			-		種	u		爆弾
			u		ダム（谷間の）	u		半島
-		脳	u		ダンベル	-		ヘビ
-		肺	o		血	-		ペン
u	v	パイプ	o		チョウ	u		棒
-		ハエ	-		腸	-		骨

u	丸太	
u	ミサイル	
-	虫	
u	矢	
u	ヤリ	
u	ロケット	
-	木	

D7

-	頭	
u	頭（怪物の）	
-	あばら骨	
-	アヒル（複数）	
-	胃	
o	岩	
o	大鍋	
-	解剖図	
-	顔	
u	陰	
o	かご	
o	カニ	
u	カボチャ（ハロウィンの）	
-	カブトムシ（クワガタなど）	
o	v	木（DdS24 が湖）
u	煙	
o	骨盤	
-	サボテン	
u	島	
-	心臓	
-	腎臓	
o	巣	
o	石炭	
u	脊椎骨	
u	太鼓	
-	v	竜巻
o	暖炉	
-	膣	
-	チョウ	
u	テーブル	
-	動物	
-	肺	
-	バックル	
o	骨	
u	v	マッシュルーム
-	メガネ	
u	門	
u	レントゲン写真（特定されない）	
o	レントゲン写真（骨盤の）	
-	レントゲン写真（骨盤以外の特定された）	

D8

o	あばら骨	
o	u	石
u	怪物	
u	顔（エイリアン，怪物の）	
u	v	かご
u	カニ	
u	v	花瓶
-	カボチャ	
-	川	
u	骨格（あばら骨以外の特定された）	
o	骨格（特定されない）	
u	砂時計	
u	v	たいまつ
-	膣	
-	脳幹	
o	骨	
u	湖（山の中の）	
-	胸	
-	ランプ	
-	竜	
-	レントゲン写真	
u	v	ワイングラス

D9

u	悪魔
u	アヒル
o	操り人形
-	アリ
o	イヌ
-	ウサギ
u	オウム
u	骸骨
u	怪物
-	解剖図
-	木
-	キングコング
u	雲
-	クモ
-	昆虫
o	サル
-	繁った葉
u	彫像
u	動物（特定されない）
o	鳥
-	ニワトリ
o	人形
o	人間
-	根
u	びっくり箱

o	ヒツジ	
o	v	風景
o	魔女	
o	漫画の登場人物	
-	虫	
u	v	山
u	幽霊	
-	レントゲン写真	
o	小ヒツジ	

Dd21

o	頭（魚の）	
-	頭（人間の）	
o	頭（鳥の）	
-	頭（動物の）	
-	イヌ	
u	崖	
u	v	木
u	鳥	
-	爆弾	
-	半島	
u	風景	
o	v	山

Dd22

u	雲	
-	げっ歯類の動物（リス，ウサギなど）	
u	彫像	
-	動物	
o	鳥	
u	人間（上半身）	
u	v	風景
-	骨	

DdS23

-	頭
u	雲
u	鳥
u	水
u	幽霊

DdS24

-	頭	
u	花瓶	
u	v	彫像
u	鉢，ボウル	
u	v	マッシュルーム
u	湖	
u	雪	
u	v	ランプ

Dd25

-	頭
-	顔
u	ケムシ，ミミズ
u	しっぽ
u	食道
u	チューブ
-	道具
u	根
u	ひも
u	へその緒
u	棒
-	ヤリ
u	ロープ

Dd26

-	足
-	頭
u	カモノハシ
u	切り株
u	ひれ
o	ペニス

Dd27

u		頭（魚の）
-		頭（人間の）
o		頭（鳥の）
o		頭（動物の）
-		頭蓋骨
-		建物
o		乳房
u		鼻
u	v	山

Dd28

-	頭
-	顔
u	コルセット
u	ダム
u	ドア（自在ドア）
u	ネット
-	歯

Dd29

-	頭
-	昆虫
-	心臓
-	腎臓
-	胎児
u	チョウ
-	テント
-	鳥
u	乳房
-	人間
u	<	ハートのマーク
-	飛行機
u	漫画のキャラクター
-	矢
u	矢じり

Dd30

-	足
-	頭
u	腕
-	クラブ（ゴルフやホッケーなどの）
u	つらら
-	手
u	丸太
-	ミサイル

Dd31

o	v	頭（骸骨の）
o	v	頭（人間の）
-		頭（動物の）
o		石
-		扇
-		解剖図
-		顔
o		かご
-		カメ
o	v	木（複数）
-		靴
-		雲
u		煙
o		骨格
-		子宮
o	v	頭蓋骨
-		胎児
u		ティンパニー
u		動物
-		肺（複数）
u		はたき
u		ひょうたん
u		風船
-		帽子（ふちのある）
o		ボール
u		ボクシングのグローブ
o		ポット
-		骨
u		ミトン
-		耳あて（防寒用）
-		目

-	山
-	ランプ

Dd32

o	頭（人間の）
o	頭（鳥の）
o	頭（動物の）
u	岩
u	牡蠣（カキ）
u	仮面
u	ココナツ
-	魚
-	卵
u	彫像
-	動物
u	ハマグリ
-	ボール
-	目

Dd33

u	足
-	頭（人間の）
u	頭（鳥の）
-	頭（動物の）
u	かぎ爪
o	靴
u	手
o	ひづめ
-	フォーク
-	ペン先
-	ヤリ
u	指

Dd34

-		骨格
-		昆虫
-		魚
-		動物
o		鳥
o		人間（上半身）
o	v	風景
o	v	山
-		レントゲン写真

Dd35

u	アーチ
-	カエル
-	カニ
u	花瓶
-	木（複数）
o	骨盤
u	島

o		鳥（2 羽）
u		鉢，ボウル
o	v	風景
u		骨
u		山（鳥瞰図）
o		レントゲン写真（骨盤の）
-		レントゲン写真（骨盤以外の特定された）
u		レントゲン写真（特定されない）

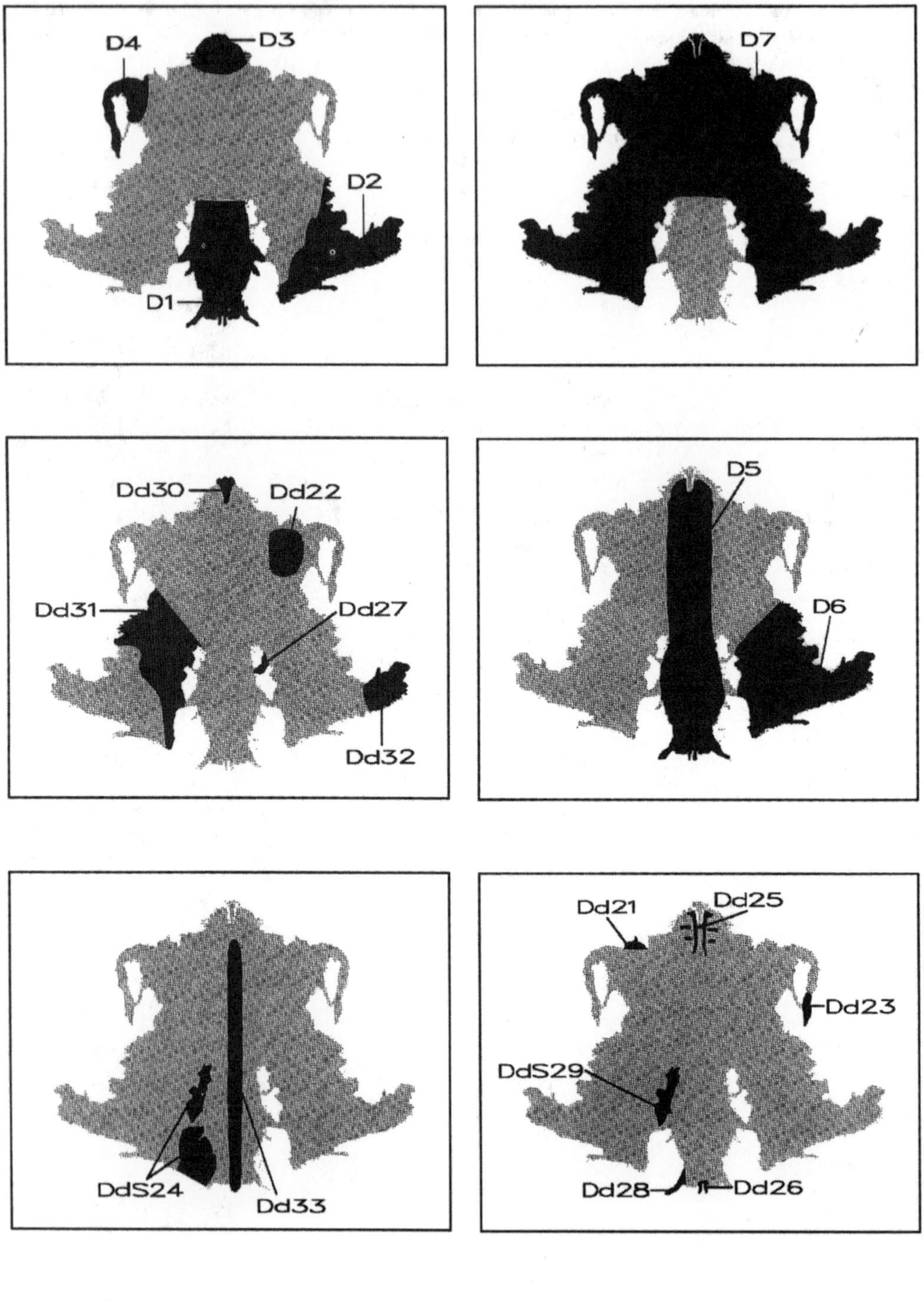
D4
D3
D2
D1
D7
Dd30
Dd22
Dd31
Dd27
Dd32
D5
D6
DdS24
Dd33
Dd21
Dd25
Dd23
DdS29
Dd28
Dd26

Card IV

P反応　WまたはD7で人間もしくは人間類似のもの
ZW=2.0　ZA=4.0　ZD=3.5　ZS=5.0

W

u		アイスクリームのコーン
u		あごひげ
u		頭（怪物の）
u		頭（は虫類の）
-		頭（人間の）
-		頭（鳥の）
u		頭（動物の）
-		アメーバ
o		アライグマ
u		アリクイ
u		イカ
o	v	錨
u		イヌ（座っている，たいていは向こうを向いている）
u		岩
-		ウシ
o		海の動物（オットセイ，セイウチなど）
o	v	エイ
u	v	ガ
-		骸骨（動物の）
u		海草
o	v	怪物
u		カエル
-		顔
u		かかし
u		火山
u		化石
-		カタツムリ
-		カニ
u		鐘，ベル
o	v	かぶとの飾り
-		カメ（亀）
u		カメ（アニメの）
u		仮面（たいていはＳＦの）
o		皮（動物の）
o		木
o	v	記章
u		恐竜（正面から見た）
o		巨人
u		雲
-		クモ
-		クラゲ
u		渓谷（多くは中心部が川）
o		毛皮
u		煙
o	v	コウモリ
o		コート（棒にかかった）
o	v	骨盤
o		ゴリラ
-		昆虫
u	v	昆虫（羽がある）
-		サンゴ
u		寺院
o		敷皮
u		死体（動物）
u		島（特定されない）
u	v	シャンデリア
o	v	植物
u		スポンジ
-		ゼリー
-		ゾウ
-		胎児
u	v	滝（D1を周りの風景とする）
u		凧
-		竜巻
-		建物
o		地図（地勢図，特定されない）
u		地図（特定されない）
-		地図（特定された）
o		チョウ
u		彫像
u	v	壷
u		デザイン（抽象的な）
-		洞窟
o		動物
u		動物（つぶれた）
u	v	鳥
u		泥
o		長靴（棒にかかった）
o		人間（注：正位置（ʌ）。WかD7が人間。D7を人間とする場合，D1はオートバイ，イス，切り株など別のものであること）
u		人間（2人，中央にあるものに背中合わせによりかかっている）
o		人間類似のもの
-		根
o		猫背の人
-		脳
o		葉
-		肺
u	v	爆発
u	v	花
o		風景
o	<	風景（映っている）
u	v	噴水
-		ヘルメット，かぶと
-		骨のついた肉
u		マント
-		虫（平たい）
u	v	虫（羽がある）
u		森（上から見た）
u		モルモット
o	v	紋章
o		やぶ
u		山
-		雪片
u		リス（座っている）
u		リス（飛んでいる）
u		竜（正面から見た）
-		レタス
u		レントゲン写真（特定されない）
o		レントゲン写真（骨盤の）
-		レントゲン写真（骨盤以外，特定された）
-		ろうそく
-		ロケット
-		ロブスター
u		ロボット
u	v	ワシ

D1

u	v	頭（カタツムリの）
u	v	頭（カメ）
-	v	頭（カメ以外のは虫類の）
u		頭（竜の）
u	v	頭（特定されない動物の）

u v 頭（怪物の）	o < 頭（人間の）	u 昆虫（羽がある）
o v 頭（角のある動物またはウマの）	- 頭（鳥の）	- 昆虫（羽がない）
- v 頭（角のない動物またはウマ以外の特定された）	o < 頭（動物の，クマ，イヌ，ブタ，アザラシなどの平たい，またはずんぐりした鼻の）	u 膣
o v 頭（昆虫の）		u チョウ
- v 頭（人間の）		o つぼみ
u v 頭（鳥の）	o v イヌ	u 脳
o 椅子	u 岩	u 葉
o イモムシ	- ウシ	o 花
u v 王冠	o < オットセイ	u ハマグリ
- 貝	u 崖	u ベレー帽
u カタツムリ	o 靴	u マッシュルーム
- カニ	o < クマ	u やぶ
o 灌木	u 雲	u 山
o 木の幹	u スフィンクス	
o 切り株	u 地図（アフリカまたは南米の）	### D4
- ケムシ，ミミズ	- 地図（アフリカまたは南米以外の特定された）	- 足
u 骨髄		o 頭（鳥の）
o 昆虫	u 地図（特定されない）	o 頭（動物の）
- 魚	u 彫像	u 腕（ゆがんだ）
o v サボテン	u < トーテム（神聖視される動物・植物・自然物）	u うなぎ
- ザリガニ		o 枝
u しっぽ	u < 波	u 尾
u v 消火栓	u 羽	o かぎ爪
u v 城	u 半島	- 魚
- 頭蓋骨	u 風景	o ダイバー（後ろに反っている）
u v ストーブ（木を燃やす）	o < ブタ	u 角（動物の）
o 脊髄	- ボート	u 爪（曲がった）
o 脊柱	- 骨	o つらら
- 腸	- 紋章	u v 釣り針
u v 灯台	- レントゲン写真	o つる（植物，吊るされた）
- 動物		- 動物
- 人間	### D3	o トカゲ
u 鼻（架空の人間または動物の）	o 頭（動物の，ネコ，サル，フクロウなど平たい顔の）	o 鳥（首が長い）
- 鼻（人間または動物の）	- 頭（動物の，顔が平たくない特定の）	u とんがり帽子（先が垂れた）
- ペニス	- 頭（は虫類の）	o 人間（体を曲げている，または飛び込んでいる）
- ヘビ	u 頭（怪物またはSFの）	u 根
u 虫	- 頭（人間の）	u 鼻（ゾウ）
o やぶ	u 頭（鳥の）	- 花（枯れた）
- ランプ	u 頭（特定されない動物の）	u 半島
- レントゲン写真	u 王冠	o ハンドル
u v ろうそく	u 扇	- ペニス
- ワニ	o 貝殻	o ヘビ
	o 顔	- 耳
### D2	u 灌木	- 矢
o 足	u 木（てっぺん）	
u < 頭（特定されない動物の）	u キャベツ	### D5
- 頭（は虫類の）	- くちばし（鳥の）	o 川
u v 頭（ラクダの）	- 肛門	- 木
- 頭（昆虫の）		o 峡谷

o		渓谷	u		化石		**Dd25**
u		ケムシ，ミミズ	-		カニ	-	顔
-		昆虫	o		仮面	-	人間（単数または複数）
-		魚	o		皮（動物の）	-	人間類似のもの（単数または複数）
-		ザリガニ	u	v	記章	u	風景（鳥瞰図）
o		水路	o	v	コウモリ		**Dd26**
o		脊髄	o	v	骨盤	u	足（複数）
o		脊椎骨	-		ゴリラ	-	頭（複数，人間の）
-		彫像	u		島	u	頭（複数，鳥の）
u		トーテム（神聖視される動物・植物・自然物）	u		彫像	-	頭（複数，動物の）
u		ドリル	o		動物	-	木（複数）
o		柱	u		鳥	-	クリトリス
u	v	噴水	o		人間	u	ケムシ，ミミズ（複数）
o		棒	o		猫背の人	-	人間（複数）
o		骨（骨格）	u		ヘルメット，かぶと	u	v	人間類似のもの（複数）
u		レントゲン写真（特定されない）	-		虫	-	歯（複数）
o		レントゲン写真（脊椎骨の）	u		山	u	ヘビ（複数）
u		レントゲン写真（脊椎骨以外の特定された）	u		リス	u	v	幽霊（複数）
-		ロケット	o		巨人	u	指（複数）
	D6			**Dd21**			**Dd27**
o		足	o		頭（人間の）	-	足
u	v	頭（ラクダの）	-		頭（動物の）	u	崖
u	v	頭（漫画の動物の）	-		イボ	-	しっぽ
-		イタリア（地図でなくイタリアそのものを見た場合）	u		王冠	u	橋
-		海の動物（オットセイ，セイウチなど）	o		顔（人間の横顔）		**Dd28**
-		顔	u		小屋	-	足（複数）
u		舵	u		寺院	-	かぎ爪（複数）
u		靴	u		テント	o	触角（複数）
u		煙	-		握り拳	u	角（複数）
u		地図（イタリアの）	u		風景	-	根（複数）
-		地図（イタリア以外の特定された）	-		リンゴ	u	針（複数，昆虫の）
u		地図（特定されない）		**Dd22**			**DdS29**
o	<	動物（D2, 丘か岩の上の）	-		頭	u	怪物（複数）
o		長靴	-		顔	u	雲（複数）
o	<	人間（D2, 椅子や丘に座っている）	-		灌木	u	湖（複数）
u	v	羽	-		月	u	幽霊（複数）
	D7		-		目		**Dd30**
-		頭		**Dd23**		-	顔
u	v	錨	u		頭（は虫類の）	u	釘
o		怪物	-		頭（人間の）	u	くちばし
u		カエル	o		頭（鳥の）	-	舌
-		顔	-		頭（動物の）	-	心臓
			u		くちばし	u	滝
				DdS24		o	ティー（ゴルフの）
			-		頭（単数または複数）	-	人間
			u		雲		
			u		幽霊		
			u		雪		

u		歯
u		花
u		鋲
o	v	ロケット

Dd31

-		頭（人間の）
u	v	頭（人間類似の）
-		頭（鳥の）
-		頭（動物の）
-		岩
u	v	オットセイ
-		木
u	v	彫像
-		動物
-		鳥
-		人間
-		根
u	v	魔女
u		幽霊

Dd32

u	v	頭（動物の，平らな，またはずんぐりした鼻の）
u	v	頭（人間の）
u	<	頭（動物の）
u		岩
u		つま先
-		握り拳

Dd33

o		川
o		峡谷
o		クレヨン
o		水路
o		脊椎骨
u		ドリル
u		棒
o		骨（骨格）

附録　形態水準表 | 699

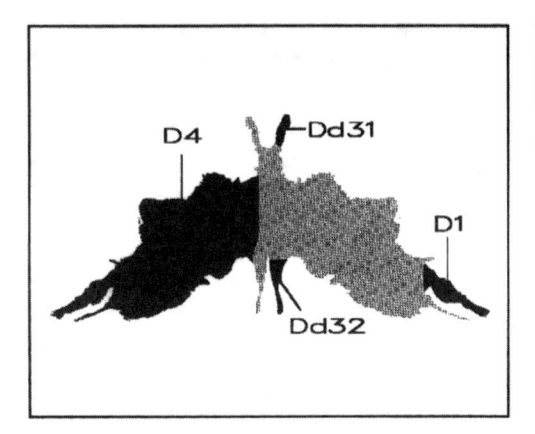

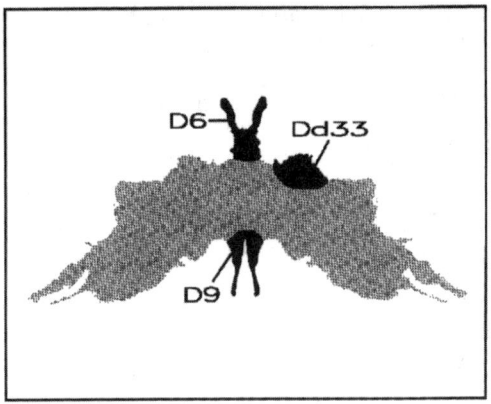

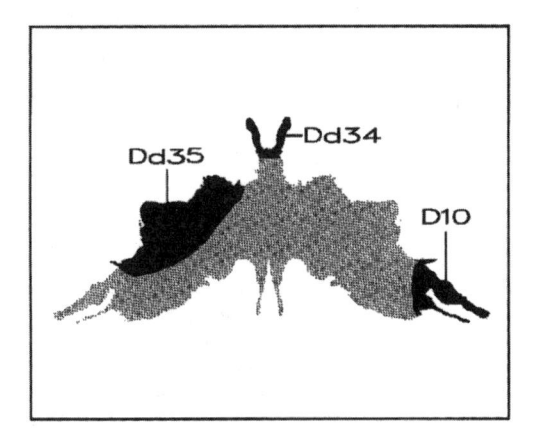

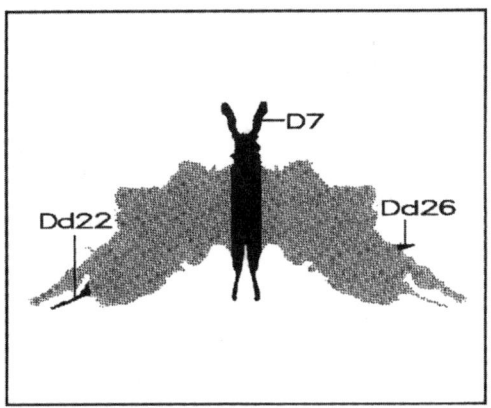

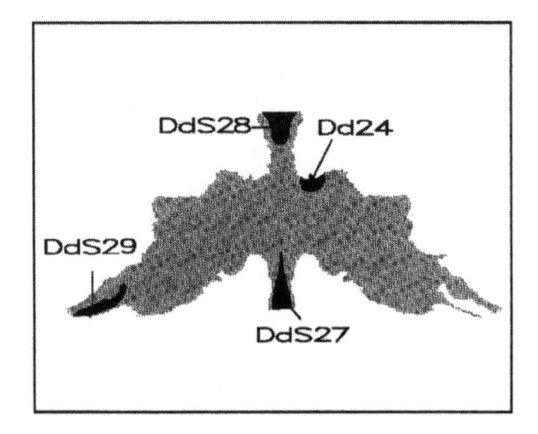

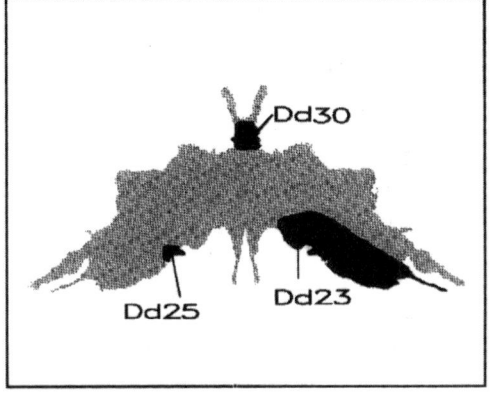

| | **Card V** | P反応　Wでコウモリまたはチョウ（訳者注：位置にかかわらずD6を頭部とする）
ZW=1.0　ZA=2.5　ZD=5.0　ZS=4.0 |

	W				
u	悪魔（時に羽のある）	-	サンゴ	o	風景
-	頭	u	繁った葉	o u	ブーメラン
-	あばら骨	-	シダ	u	ブックエンド
u	アヒル	-	腎臓	-	ブヨ（刺して血を吸う小さな羽虫）
-	錨	u	ストール（毛皮）		
u	石	u	石炭	-	プロペラ
u	ウィッシュボーン	u	凧	-	帆船
u	宇宙船	u	ダチョウ	-	ポンプ
u	丘（木々のある）	u <	竜巻（映っている）	u	虫（羽がある）
u	カ	o	ダンサー（衣装を着た）	-	虫（羽がない）
o	ガ	-	地図	u	山
-	骸骨	u v	中華鍋	u	妖精（単数）
u	怪物	o	チョウ	-	妖精（複数）
-	解剖図	-	チョウジ（植物）	u	翼竜
-	傘	u	天使	o	レントゲン写真（骨盤の）
u	飾り（装飾品，飾り物）	-	テント	-	レントゲン写真（骨盤以外の特定された）
u	ガチョウ	o	動物（2匹，頭を突き合う）		
-	かつら	-	動物（複数）	u	レントゲン写真（特定されない）
-	カニ	o	ドラキュラ		
-	カブトムシ（クワガタなど）	o	鳥（D6が口ばし）	u	ワシ
o	カラス	u	鳥（D9が口ばし）		**D1**
-	カンガルー	o <	鳥（映っている）	-	足（人間の，くるぶしより先）
-	機械	-	人間		
-	記章	o	人間（2人，背中合わせの）	o	足（人間の）
-	木の幹（映っている）	o	人間（ハンググライダーをしている）	u	足（動物の足の先）
o	吸血鬼			o	足（動物の）
u v	曲芸師（逆立ちしている）	o	人間（衣装を着た）	o	頭（は虫類の）
u	クジャク	u	人間類似のもの（巨大な腕をもっている，または羽がある）	-	頭（人間の）
u	口ひげ			-	頭（動物の）
-	首の骨	u	布（きれ）	u	頭（漫画の動物の）
u	雲	-	ネコ	u	腕
-	クモ	u	ノミ	-	ウナギ
u	ケープ	u	葉	u	枝
u	毛皮	-	肺	u	筋肉
u v	煙	u	ハエ	-	魚
o	コウモリ	-	爆発	-	シリンダー
-	コート	u	ハゲタカ	u	頭蓋骨（動物の）
-	氷	-	旗	u	根
u	漕ぎ手（ボートの中の）	u	ハチ	-	鼻
u	骨盤	-	バッタ	u	棒
o v	骨盤	u	花	o	骨
o	昆虫（羽がある）	-	バナナ	u	丸太
-	昆虫（羽がない）	u	羽	-	矢
		u	飛行機	-	ヤリ
		-	微生物	-	レンチ

D4

-		足
u		足（D1が足で衣服をまとった）
u		足（料理されたトリの）
u		頭（ワニの）
o		頭（人間の横顔）
-		頭（鳥の）
-		頭（動物の）
-		アリクイ
o		岩
u		扇
u		肩パット（フットボールの）
-		カニ
-		カンガルー
-		木
u		雲
-		クラゲ
o	v	煙
-		昆虫
u		雑草
u		植物
u		地図
o		動物（D7が頭）
-		泥
o		人間（横になっている）
o	u	寝袋
-		葉
u	<	ハクチョウ
u	<	羽
-		皮膚
u		風景
u		毛布
o		やぶ
-		流木
-		ワニ

D6

u		頭（カタツムリ）
-		頭（人間の）
u	<	頭（は虫類の）
-		頭（は虫類の）
u		頭（昆虫の）
o		頭（人間，衣装を着た，または仮面を付けた）
u		頭（動物の）
o		頭（動物の，角または長い耳がある）
u		ウィッシュボーン
-		音叉
o		顔（仮面を付けた人間の）
o		顔（耳が長い動物の）
-		顔（人間の）
-		顔（特定されない）
u		カタツムリ
-		花瓶
u		記章
u	v	木びき台
u		毛抜き
u		昆虫（触角がある）
u		触角
u		彫像
-		鳥
u		人間（下半身）
u		ハサミ
u		パチンコ
u	v	ピンセット
u		ペンチ
u		帽子（ミッキーマウスの）
u		指（2本，ピースサインをした）
u	v	妖精（複数）
u	v	ロボット

D7

o		悪魔
o		ウサギ
u		エイリアン
-		骸骨
u		怪物
u		カタツムリ
-		カブトムシ（クワガタなど）
-		木
u		昆虫（触角がある）
-		魚
o		動物（角または長い耳がある）
-		動物（角または長い耳がない）
-		人間（2人）
u		人間（2人，腕を上げた）
o		人間（衣装を着た）
u		人間（神話の）
u		バレリーナ（衣装を着た）
-		骨
u		虫（触角がある）

D9

-		足（人間の）
o		足（鳥の）
-		足（動物の）
-		足（複数，人間の）
o		足（複数，鳥の）
u		足（複数，動物の）
-		頭
u		頭（2羽，鳥）
u	<	頭（ワニの）
o		ウイッシュボーン
o	v	ガチョウ（複数）
u	v	鐘，ベル（複数）
u		口ばし
o		毛抜き
-		昆虫（単数または複数）
u		しっぽ（単数または複数）
u		掃除機
-		膣
-		聴診器
u		留め金
o	v	鳥（2羽，首が長い）
o		ハクチョウ（複数）
u		箸
o	v	フラミンゴ（複数）
u		ペンチ
u	v	ほうき（複数）

D10

u		足（人間の）
-		足（鳥の）
u		足（動物の）
o		頭（は虫類の）
-		頭（鳥の）
-		頭（動物の）
u		頭（漫画の）
u		木（流木、丸太，棒）
-		昆虫
-		サンゴ
o		根
u		ハサミ（カニの）
-		鼻
u		半島
u		骨
u		レンチ

Dd22

-		足（人間の）
u		足（鳥の）
-		足（動物の）
-		頭（人間の）
u		頭（鳥の）
-		頭（動物の）
o		枝

o		剣
-		昆虫
o		しっぽ
u		銃剣
o		は虫類
u		松葉杖
o		矢
o		ヤリ
-		指

Dd23

-		頭（人間の）
-		頭（動物の）
u		海岸線
u		風景

Dd24

u		怪物
u		木
u		乳首
u		テント
u		鳥
-		乳房
-		人間
u		幽霊

Dd25

u		岩
-		親指
-		木
u		大砲
-		ペニス
-		帽子

Dd26

-		頭
u		枝
-		木
u	v	鳥（飛んでいる）
-		は虫類

DdS27

u		入り江
u		円錐形
u	v	花瓶
u		釘
u		塔
u		幽霊

DdS28

u		入り江
u	v	丘
u	v	鐘，ベル
u		花瓶
u		コップ
-		ヘルメット，かぶと
u	v	山

DdS29

u		入り江
u		川
-		ヘビ

Dd30

-		頭（人間の）
u		頭（鳥の）
u		頭（動物の）
u		顔（ウサギの）
u		顔（ネコの）
-		顔（ネコまたはウサギ以外の動物の）
-		顔（人間の）
u		顔（鳥の）
o		仮面
-		頭蓋骨
-		ボール

Dd31

-		足（くるぶしより先）
u		足
-		頭
-		木
u		ケムシ，ミミズ
-		人間
u		ペニス
u		棒
o		骨
u		耳（動物の）
u		指
u		妖精

Dd32

o		頭（鳥の）
-		木
o		口ばし
u		クラブ（ゴルフ，ホッケーなどの）
u		触角
o	v	鳥（首が長い）
-		根
o	v	ハクチョウ
-		ヘビ
u		骨
-		マッチ
-		指

Dd33

-		頭（人間の）
u		頭（人間類似の）
-		頭（動物の）
o		丘
u		灌木
-		乳房
o		山

Dd34

u	v	足
u		頭（複数，は虫類の）
u		頭（複数，昆虫の）
-		頭（複数，人間の）
-		頭（複数，鳥の）
-		頭（複数，動物の）
u	v	イス
-		木
u	<	口（動物または鳥の）
u		口ばし
o		触角
o		角（複数）
-		人間（複数）
u		人間類似のもの（複数）
u		ハサミ
u		ペンチ
u		骨
u		妖精（複数）

Dd35

o		頭（人間の横顔）
-		頭（鳥の）
-		頭（動物の）
u		岩
u		仮面（横顔）
-		乳房
u		人間（座っている，または横になっている）
-		鼻
o		風景
o		山

附録　形態水準表 | 703

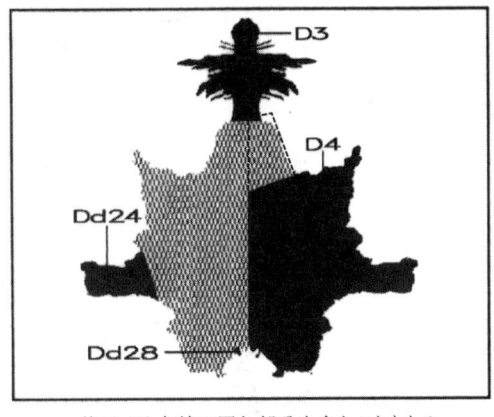

注:D4は点線で囲む部分を含むこともある

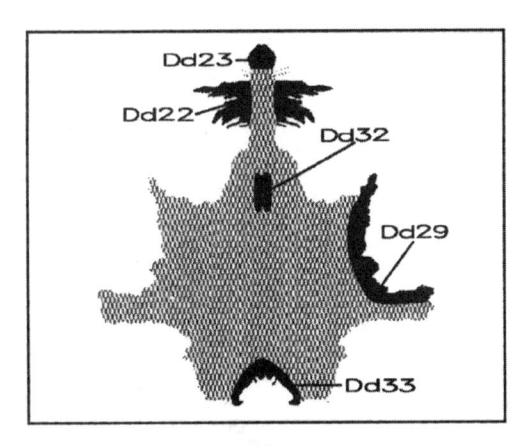

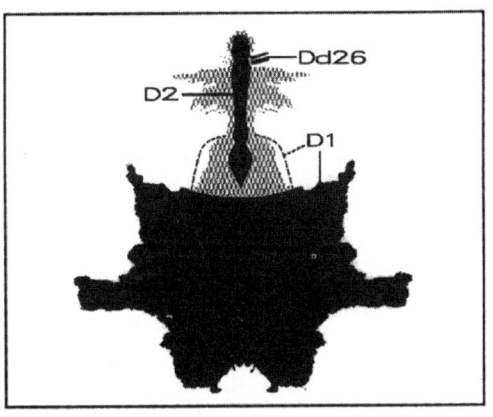

注:D1は点線で囲む部分を含むこともある

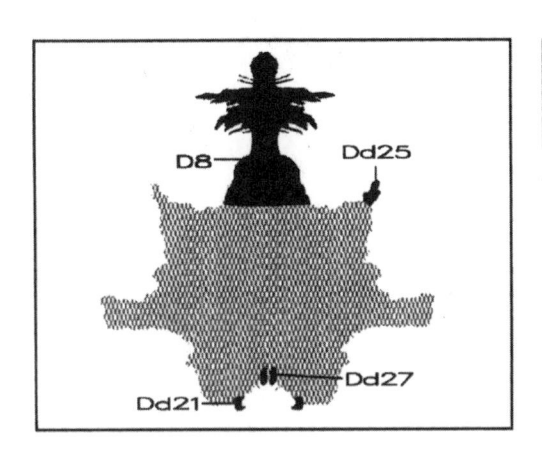

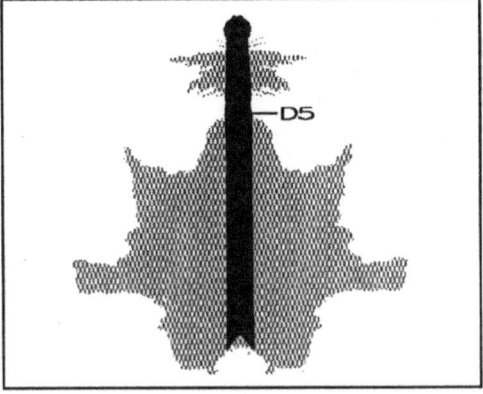

Card VI	P反応　WまたはD1で動物の敷物，毛皮，皮　ZW=2.5　ZA=2.5　ZD=6.0　ZS=6.5

W

-		アーティチョーク	
u		アヒル	
-		アメーバ	
u		いかだ	
-		錨	
o		宇宙船	
u	v	エイ	
-		エビ	
-		王冠	
o	v	扇	
-		カ	
-		ガ	
-		骸骨	
u		怪物（海の）	
u	v	怪物（頭が2つのこともある）	
u		怪物（動物の）	
-		カエル	
-		顔	
u	v	かかし	
u	v	鏡（手鏡）	
u		飾り（装飾品，飾り物）	
-		火山	
u		舵	
-		カタツムリ	
-		刀（石に挟まれた）	
u		ガチョウ	
-		カニ	
-		カブトムシ（クワガタなど）	
-		髪	
u		カメ（亀）	
u		仮面（SFの）	
-		カラス	
u		革	
o		皮（動物の）	
o	v	木	
-		記章	
u		ギター(時に，Dd24を除く)	
-		クマ	
o		クマの毛皮	
-		クモ	
-		クラブ（ゴルフ，ホッケーなどの）	
o		毛皮	
o		毛皮（剥がされた）	
u		工芸品（インディアンの）	
u		坑道（断面図）	
-		コウモリ	
u		コート（D3がハンガー）	
o	v	コート（柱にかかった）	
u		昆虫（羽がある）	
-		昆虫（羽がない）	
-		魚（動物，海の生き物を参照のこと）	
-		魚の切り身	
u	v	削岩機	
o		敷物	
u		島	
-		蛇口	
u		銃（SFの，またはおもちゃの）	
u	v	植物	
-		身体	
u		森林（空から見た）	
o		水路（D5，他を風景とする）	
u	v	スポンジ	
-		生殖器（男性の）	
u		戦車（上から見た大砲のある戦車）	
u	v	楯	
u		チェロ	
u		地図（特定されない）	
-		地図（特定された）	
u		抽象画	
-		チョウ	
u	v	彫像	
u		デザイン（抽象的な）	
-		テント小屋	
u		灯台（丘の上の）	
u		動物（海の生き物，D3が頭かしっぽのエイのような）	
-		動物（羽がある）	
-		動物（自然な姿で，アリクイ，ゾウ，キリン等，ネコ科，イヌ科以外のもの）	
u		動物（自然な姿で，ネコ，イヌ，オオヤマネコ，トラ，オオカミ等のような，ネコ科，イヌ科のもの）	
o		動物（平べったい，皮になった等，不自然な姿のもの）	
o		動物の皮または毛皮	
u	v	道路標識	
o		トーテム（神聖視される動物・植物・自然物，D3がトーテムで，D1が丘または広がり）	
-		トカゲ（飛んでいる）	
u		鳥	
u		鳥（有史以前の）	
u	v	ドリル	
-		泥	
-		トンボ	
-		人形	
-		脳	
-		脳幹	
-		ノミ	
u		葉	
-		肺	
u		バイオリン	
-		ハエ	
u		爆発	
u	v	旗	
u	v	はたき（柄のある）	
-		ハチ	
u	v	花	
u		飛行機	
o	<	氷山（映っている）	
-		平鍋	
o	<	風景（映っている）	
-		符号（音符）	
o	<	船（映っている，D3を別の対象とする）	
-		ブヨ（刺して血を吸う小さな羽虫）	
u		噴水（抽象的な）	
-		ポット	
u	v	ホッピング	
u		繭（D3がチョウまたは幼虫）	

o	ミサイルの発射（D6がミサイル，D1が発射台または煙）
u	虫（羽がある）
-	虫（羽がない）
-	胸
-	紋章
-	山
-	ランプ
u	リス（飛んでいる）
u	竜（飛んでいる）
u	レントゲン写真（特定されない）
-	レントゲン写真（特定された）
o	ろうそく（D1が台）
o	ロケットの発射（D3がロケット，D1が発射台または煙）

D1

-		アーティチョーク
-		頭
u		頭（複数，人間の，横顔，背中合わせの）
-		頭（複数，動物の）
u		アメーバ
u		岩
u	v	王冠
-		貝
u	v	怪物（たいていSFの）
u	v	怪物（複数）
-		解剖図
-		顔
u		顔（怪物の）
u		飾り（装飾品，飾り物）
-		カップ
-		カメの甲羅
o		皮（動物の）
-		肝臓（解剖図）
u		記章
u		切り身（魚または肉の）
u		雲
u	v	ケープ
o		毛皮
u		煙
o		コート
u		氷
u	v	ゴリラ（複数，背中合わせの）
u	v	サル（複数，背中合わせの）
o	<	山脈（映っている）

o		敷物
u		繁った葉（空から見た）
u		島
u	v	ジャケット
-		身体
u		森林（空から見た）
o		水路（D5以外を風景とする）
-		頭蓋骨
u	v	巣箱（ハチの）
u		スポンジ
u		石灰
u		楯
u		地図（地勢図）
u		地図（特定されない）
-		地図（特定された）
-		チョウ
o		彫像
-		椎間板（解剖図の）
u		壺
u		ドア（自在ドア）
u	v	動物（複数，背中合わせの）
u		泥
-		肉
-		人間
u		人間（複数，背中合わせの）
-		脳
o		葉
-		肺
u		鉢，ボウル（持ち手の付いた）
-		花
-		ヒトデ
-		ヒビ（岩の間の部分）
o	v	氷山（映っている）
o		風景
o		深鍋（持ち手の付いた）
u		ブックエンド
o		船（映っている）
-		星
u	v	漫画のキャラクター
u		マント
-		虫
-		胸
o		毛布
u		門
u		紋章
u		よだれかけ
u		レントゲン写真（特定されない）
-		レントゲン写真（特定された）

D2

u	ウナギ
u	温度計
o	街灯（道路の）
u	刀
o	巨人
u	釘
u	クラブ（ゴルフ，ホッケーなどの）
-	ケムシ
-	昆虫
-	魚
-	脊椎
o	彫像（人間類似の）
o	電信柱
-	動物
o	トーテムポール
u	ドリルの先
u	ナイフ
u	人間
u	人間類似のもの
o	柱（飾り柱）
o	柱（寝台の）
-	針
u	は虫類
u	ピストン
u	ペニス
u	ペン
u	骨
o	ミサイル
-	虫
o	ランプ（装飾用の）
o	列車（空から見た）
u	レントゲン写真（特定されない）
-	レントゲン写真（特定の）
o	ろうそく
o	ろうそく立て
o	ロケット
o	ワニ（アリゲーター，米国産）
u	ワニ（クロコダイル，アフリカ・アジア産）

D3

u	頭（動物の，ひげのある）
-	頭（は虫類の）
-	頭（昆虫の）
-	頭（人間の）
o	アヒル（飛んでいる）

u	街灯（D5を含むこともある）			**D4**	u	コートかけ
–	解剖図	o		頭（人間の横顔）	u	昆虫
–	顔	–		頭（鳥の）	u	繁った葉（空からみた）
o	かかし	–		頭（動物の）	–	シダ
u	風見	o		岩	o	シャフト
o	飾り（装飾品，飾り物）	o		仮面	o	水路
o	雁（飛んでいる）	u		雲	o	脊髄
u	< 潅木（映っている）	o	<	雲	o	背骨
u	木	o	<	航空母艦	u	チューブ
–	コートかけ	o	<	漕ぎ手（舟の中）	–	動物
o	昆虫（羽がある）	u	v	ゴリラ	o	道路
u	昆虫（羽がない）	–		昆虫	–	ナイフ
o	十字架（抽象的な）	u		珊瑚	–	人間
o	十字架（抽象的な，または現代的な）	u	<	銃（SFの）	u	柱
u	十字架のキリスト像	o	<	戦艦	u	は虫類
–	頭蓋骨	u	<	戦車	u	ヘビ
u	チョウ	o	<	潜水艦	u	棒
o	彫像	–		建物	o	骨
u	動物（羽がある）	u		地図（特定されない）	o	ミサイルの発射（D2またはD6がミサイルで，残りは煙または火）
–	動物（羽がない）	–		地図（特定された）		
o	トーテムポール	o		彫像	u	ミミズ
u	飛び魚	u	v	動物	u	ヤリ
o	鳥	o	<	動物（Dd24，他は別のものとする）	o	レントゲン写真（脊柱の）
–	人間				–	レントゲン写真（脊柱以外の特定された）
o	人間（衣装を着た）	u	v	人間		
o	人間（抽象的な）	u	v	人間類似のもの	u	レントゲン写真（特定されない）
o	人間類似のもの	u	<	爆発		
–	葉	o		氷山		**D6**
u	ハエ	o		風景	u	頭（は虫類，たいていはカメ）
u	柱（電気又は電話の）	o	<	船		
u	旗（破れた）	o	<	船（時に，Dd24は別のもの）	–	頭（人間の）
u	ハチ				–	頭（動物の）
u	花	u		ベビーベッド（Dd24が赤ちゃん）	u	腕（Dd23が握り拳）
–	バルブ				u	ウナギ
u	飛行機	o	<	帆船	–	首
–	フクロウ	–		繭	u	クラブ（ゴルフ，ホッケーなどの）
u	物体（Dd22を炎として，燃えているもの）	o	<	山		
		o	<	浴槽（Dd24は別のもの）	–	魚
–	ペニス				u	シリンダー
o	マッチ（火のついた）			**D5**	–	頭蓋骨
o	虫（羽がある）	–		ウナギ	o	弾丸
u	虫（羽がない）	o		運河	o	彫刻
o	紋章	u		温度計	u	彫像
o	ランプ	u		街灯（たいていDd22が明かり）	u	杖
u	ロケット				u	塔
o	ロケット（火又は炎を伴って）	o		川	–	動物
		–		木	u	道路
–	頭（鳥の）	o		峡谷	–	人間
		o		渓谷	u	パーキングメーター
		–		ケムシ	o	柱
		u		ケムシ，ミミズ		

-		バルブ	o		シャフト（鉱山の）	u	頭（鳥の）
o		は虫類	o		水路	-	頭（動物の）
u		武器（特定されない）	u		脊髄	u	手（握りしめた）
o		ペニス	u		膣	u	ドアノブ
u		丸太	u		チャック	u	握り拳
u		ミイラの棺	-		直腸	-	鼻
o		ミサイル	u		道路	-	虫
o		ロケット	-		人間	-	目
u		昆虫（羽がある）	-		バーナー		

D8

o		十字架のキリスト像（丘の上の）
-		頭（は虫類の）
-		頭（人間の）
-		頭（鳥の）
u		頭（動物, ひげのある）
o		かかし
-		カメ
u		木
u		昆虫（羽がある）
o		十字架（丘の上の）
o		十字架（抽象的な）
o		植物
-		脊髄
-		地図
-		チョウ
o		彫像（人間類似の）
o		彫像（鳥の）
u		電信柱
o		灯台
-		動物
o		トーテムポール
u		鳥
u		トンボ
u		人間（ローブを着た）
o		花（花瓶に生けられた）
u		飛行機
o		噴水
u		虫（羽がある, 下からはい出ている）
-		虫（羽がない）
-		レントゲン写真
o		ロケット（火や煙を伴った）

D12

o		運河
u		鉛筆
o		川
o		峡谷
o		渓谷

-		針
o		ピクルス
-		ペニス
u		ミサイル
-		矢
u		ヤリ
o		ろうそく
u		ロケット

Dd21

o	v		頭（は虫類の）
-			頭（人間の）
o	v		頭（鳥の）
-			頭（動物の）
o	v		かぎ爪
u	v		角
-			手
o	v		トング（物を挟む道具）
o	v		ピンセット

Dd22

-			腕
u			枝
u			雁の群れ
u			潅木
u	<		木
-			毛皮
u			光線（太陽）
-			氷
u	<		サボテン
u			鳥（2羽, 横から見た）
-			花
o			羽
o			ひげ
u			炎
o			水（飛び散っている）

Dd23

-		頭（2つ）
u		頭（は虫類の）
u		頭（怪物の）
u		頭（昆虫の）
-		頭（人間の）

Dd24

-			足
-			足（イヌ, ネコなどの）
-			頭（人間の）
-			頭（鳥の）
u	v		頭（動物, 上半身とともに）
o			岩
o	<		煙突
o	<		オットセイ
o			崖
u	v		城
u	<		セイウチ
u	<		彫像
u	v		動物（座っている）
-			長靴
o			半島
u			木材

Dd25

u		足（イヌ, ネコなどの）
u		足（人間の）
-		頭
u		靴
u		サボテン
u		彫刻
u		彫像
u		人形
u		人間
-		ペニス
u		ミトン
-		山

Dd26

u		触角
-		は虫類
u		ヒゲ
u		棒

Dd27

-		頭（複数）
-		解剖図
-		睾丸
-		尻

u	v	滝
u	v	卵（複数）
-		膣
-		人間（複数）
-		ピンセット
-		目（複数）

Dd28

-		頭（複数）
u	v	かぎ爪
-		木
u		角
u	v	は虫類（複数）
-		ロケット（単数又は複数）

Dd29

-	頭
u	海岸線
-	人間の横顔

DdS30

u	入り江
-	カップ
-	花瓶

Dd31

-	頭
u	動物（小動物）
u	鳥
-	人間
-	鼻
u	氷山
u	容器（塩・胡椒の）

Dd32

u	浮き袋（両側に挟む水泳用の）
u	貝（開いた）
u	牡蠣（カキ，開いた）
-	腎臓
-	卵（複数）
u	チョウ
-	脳
-	肺
u	ハマグリ（開いた）
-	扁桃腺
u	ボート
u	炎
-	目

Dd33

u	入り江

-		カニ
-		クモ
u	v	渓谷（滝を含むこともある）
u		毛抜き
-		昆虫
o	v	巣
u		膣
u		トング（物を挟む道具）
u		風景

附録　形態水準表 | 709

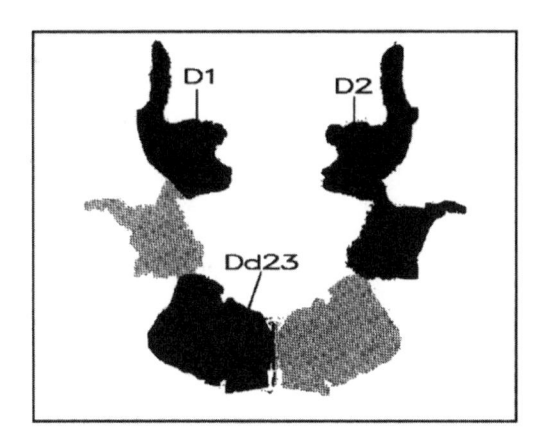

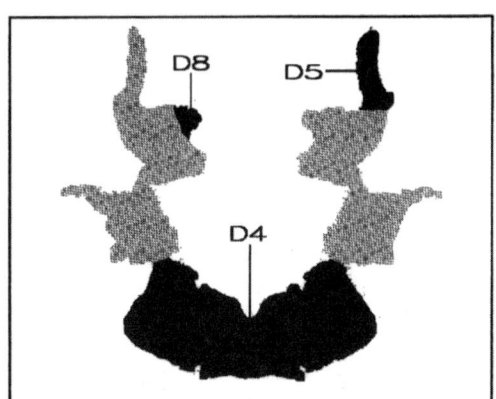

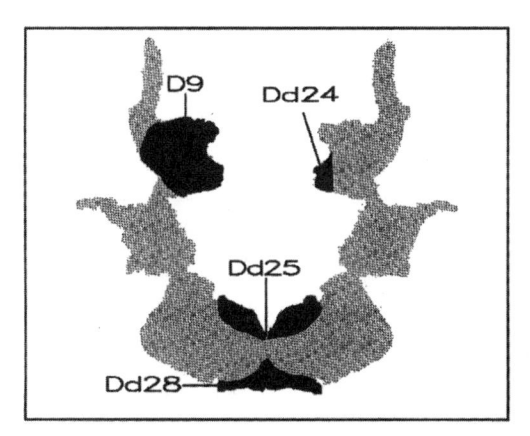

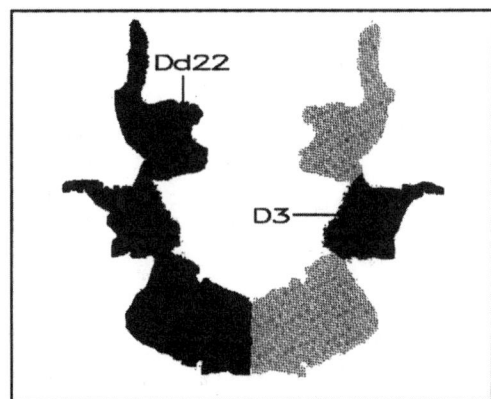

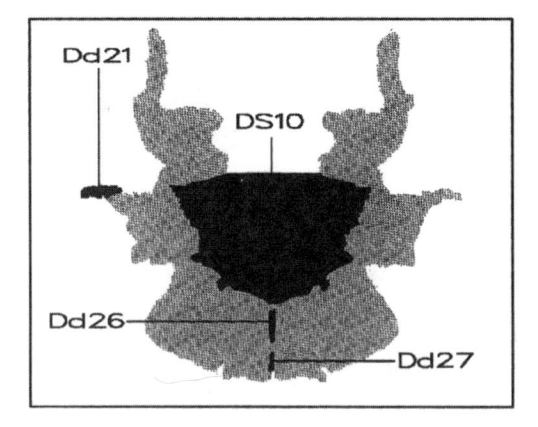

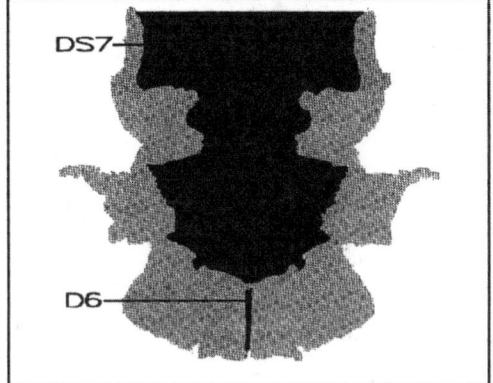

Card VII	P反応　D9で人間の頭または顔（たいていD1, D2, Dd22の中に見られる） ZW=2.5　ZA=1.0　ZD=3.0　ZS=4.0

W

u		Uの字
u	v	アーチ
-		あごひげ
-		足（動物または人間の）
-		アメーバ
u		暗礁（浅瀬の陸地）
-		錨
o	v	イス（DS7を含む）
u		イス（背もたれのない）
-		イヌ（複数）
u		岩
u		宇宙船
-		海の動物（オットセイ，セイウチなど）
u		枝角（シカなどの）
-		エビ（2匹，自然な形で）
u		エビ（4匹，たいていはパン粉つきの，または揚げてある）
u		王冠
-		ガ
-		解剖図
-		カエル
u		カエルの足（食物）
-		顔
u	v	顔（写真のネガ。DS7またはDS10も含む）
u	v	かつら
u		カニ
u		花瓶
-		潅木
u		記念碑
-		巨人
-		口
-		クッキー（割れたものも含む）
-		首
-		首の骨
o		雲
-		クラッカー（割れたものも含む）
o		渓谷（たいていSを含む）
u		煙
-		骨盤
-		コート
o		子ども（D4をクッションやシーソーなど別のものとする）
-		昆虫
u	v	磁石
o		島
o	v	少女（複数）
-		植物
-		身体（裂かれた）
-		身体（下半身）
-		頭蓋骨
u		食物（たいていは切り身の魚またはチキン）
o		食物（パン粉つきの，または揚げた）
o	v	ダンサー（2人）
u		地図（特定されない）
-		地図（特定された）
-		膣
u		抽象的なもの
-		チョウ
u		彫刻（木彫り，彫り物）
u		彫刻（彫塑）
o		彫像（D2が彫刻，D4は台）
u		蹄鉄
-		テーブル
u	v	ドアの枠
u	v	洞窟（入り口）
o		動物（2匹，D2がネコ，サル，ウサギ，または漫画の。D4は別のものとする）
-		動物（2匹，実在の）
u		動物（2匹，漫画の）
		注：動物反応の場合，D2がネコ，サル，ウサギ，または漫画に出てくるものであるとき以外は，その輪郭が適切なときにu，それ以外は-とする。uには，ある種のイヌのような顔が平たい動物が含まれる。キツネ，ゾウ，ウマ，ライオンは-である。
-		鳥
u		人形（複数）
o		人形（複数，D2が人形で，D4は別のものとする）
-		人間
o		人間（2人）
o	v	人間（2人）
o		人間（D2が人間で，D4は別のものとする）
o		人間類似のもの（たいてい天使，雪だるま，あるいは妖精。D4は別のものとする）
u		ネックレス
-		葉
u		葉（破れた）
u	v	爆発（D4をキノコ雲とする）
u		はさみ（カニの）
		パズル
u		鉢，ボウル（たいていSを含む）
u		風景（上から見たものが多く，Sを含み崖に挟まれた谷と見ることもある）
u		ブーメラン
u	v	ぶどう棚
u		ブランコ
u		ヘルメット，かぶと（古代の）
u	v	帽子（耳あての付いた）
-		ボート
u		骨（特定されない）
-		巻き貝
o		魔人（複数，D4はランプ）
o		港（DS7を含む）
-		虫
u		雪だるま
u		ゆり木馬
o		妖精（複数，D2が妖精で，D4は別のものとする）
u	v	ランプ（装飾的な）
u		レントゲン写真（特定されない）
-		レントゲン写真（特定された）

D1

o		頭（動物，ネコ，サル，ウサギ，漫画の）

		注：動物の頭という反応の場合，ネコ，サル，ウサギ，漫画に出てくる動物の頭以外，たとえばある種のイヌの頭のように輪郭が適切なものはuとする。それ以外は -）
u	v	頭（動物の，D5が鼻）
o		頭（人間，子ども，インディアン，女性の，または特定されない）
o		頭（人間類似の）
u		頭（成人男性の）
u		イス
u		イヤリング
o		ウサギ（D8が鼻）
-		ウマ
-		海の動物（オットセイ，セイウチなど）
o		エビ（パン粉つきの，または揚げた）
u		絵画（抽象的な）
-		解剖図
o		崖
u	v	舵
u		仮面
-		木
o		雲
-		昆虫
-		魚
u		サボテン
u		繁った葉
u		地図（特定されない）
-		地図（特定された）
		彫像
o		動物
-		動物（漫画の，D5が長い鼻またはくちばしの）
u	<	動物（小動物，長いしっぽを持つ，Dd24が鼻）
u	v	鳥
-		トリの足（料理された）
u		握り拳（指が上を指している）
u		ニワトリ
-		ネコ
-		ひしゃく
u		風景
u		便器
u	v	帽子（アライグマのしっぽが付いた）
-		山

-		レントゲン写真
-		ワシ
	D2	
-		頭
o	<	イヌ
o		ウサギ
-		ウシ
-		ウマ
u		エビ（2匹，パン粉つきの，または揚げた）
u		丘
o		おもちゃ（人間または動物の）
-		カエル
-		木
-		キツネ
o		雲
u	<	子ヒツジ
o		小人
-		魚
o		島
o	v	ゾウ（漫画，またはおもちゃの）
u		食物（パン粉つきの，または揚げた）
-		地図（特定された）
o		彫像
o		天使
-	v	動物
o		動物（小動物，ネコ，イヌ，サル，ウサギなど，D5が耳で，Dd21がしっぽ）
-		動物（大きな）
o		動物（漫画の）
u	v	動物（漫画の）
-		トラ
-		鳥
u		トリの手羽（パン粉つきの，または揚げた）
-		ナイフ
-		肉
-		ニワトリ
o		人間（子ども，インディアン，女性，または特定されない人間で。全身または上半身）
u		人間（成人男性の）
o		人間類似のもの
u		風景
u		やぶ
u		山

o		雪だるま
-		竜
-		レントゲン写真
-		ロバ
	D3	
-		あごひげ
-		頭（は虫類の）
u		頭（怪物の）
-		頭（人間の）
u		頭（人間類似の）
u		頭（彫像の，たいていはガーゴイル）
u	v	頭（鳥の，Dd21が口ばし）
o		頭（動物，Dd21が耳または角）
u	v	頭（動物，Dd21が鼻）
o		頭（動物，漫画またはおもちゃの）
-		イヌ
u		岩
u		エビ（パン粉つきの，または揚げた）
u		崖
o		仮面
-		潅木
-		木
u		雲
-		コップ
-		昆虫
u		魚（Dd21がしっぽ）
u		島
u		巣
u		凧（Dd21がしっぽ）
-		地図
u		彫像
-		手
-		動物
u		握り拳（Dd21が親指）
u		肉切り包丁
-		ハム
u		半島
u		風景
-		袋
-		ヘアピース（つけ毛）
-		帽子（つばがない）
-		レントゲン写真
u		綿あめ
	D4	
-		頭
o		岩

-		海の動物（オットセイ，セイウチなど）	-		レントゲン写真（骨盤以外の特定された）
-		貝	u		レントゲン写真（特定されない）
-		解剖図	-		肋骨
u		カゴ			
u	v	かつら			
u		紙（破れた）			
-		潅木			
-		靴			
u		クッション（単数または複数）			
o		雲			
u		高原（空から見た）			
o	v	コウモリ			
o		骨盤			
u		昆虫（羽がある）			
-		昆虫（羽がない）			
-		死体			
-		尻			
-		頭蓋骨			
u		凧			
u		地図（特定されない）			
-		地図（特定された）			
-		膣			
o		チョウ			
u		蝶ネクタイ			
-		テント			
u		ドア（自在ドア）			
-		動物（単数または複数）			
o		鳥			
-		長靴			
-		人間			
-		肺			
-		ハエ			
-		橋（人口の）			
u		橋（自然の）			
-		鉢，ボウル			
u		羽			
u		ハンググライダー（D6が人の場合もある）			
u		風景			
u		ブックエンド			
u		本（開いた）			
u		虫（羽がある）			
-		虫（羽がない）			
-		胸			
u		門			
-		紋章			
-		山			
o		弓			
u		ゆりかご			
o		レントゲン写真（骨盤の）			

D5

u		足
u		頭（ウサギの，鼻が外を向いた）
-		頭（動物または人間の）
u		頭飾り
u		イモムシ
-		ウナギ
o		羽毛
u		親指
u		かぎ爪
u	<	カヌー
u		髪（ヘアピースやポニーテールなど整えられた）
-		木
u		くし（装飾的な）
-		ケムシ，ミミズ
-		煙
-		昆虫
u		サーベル
u		しっぽ（アライグマのような長い）
-		銃
u		鍾乳石
u		植物
-		ソーセージ
u		角
u	v	つらら
u		剣
-		動物
u		トーテム
-		鳥
-		ドリル
o		ナイフ
-		人間
u		のこぎり
u		羽
u		ピック（ギターの）
u	<	舟
-		ペニス
-		骨
-		丸太
u		耳（ウサギのような長い）
-		矢
u		矢じり
u		指

-		ライフル

D6

-		頭
-		イモムシ
o		運河
o		怪物（動物の）
o		川
-		木
o		峡谷
u		クリトリス
o		渓谷
u		肛門
-		昆虫
-		魚
o		水路
-		脊椎
u		ダム
o		膣
o		ちょうつがい（ドアの）
-		塔
-		動物
-		ドリル
u		人形
o		人間
o		人間類似のもの
-		ペニス
u		棒
-		骨
u		ミサイル（しばしばDd28が発射台または煙）
-		虫
u		ロケット（しばしばDd28を発射台または煙）
u		割れ目

DS7

u		ポット
-	v	頭
u	v	頭（写真のネガ）
u		入り口
-		解剖図
-		顔
-		鐘，ベル
u		花瓶
-		木
-		雲
u	v	寺院（ドームのある）
o	v	スフィンクス
o	v	彫像
u	v	塔（パゴダ）
o		鉢，ボウル

u	v	半身像		o		鉢，ボウル	u		煉瓦
u	v	ヘルメット，かぶと		-		ペニス			**Dd24**
u	v	帽子（歴史的な）		o		ヘルメット，かぶと	-		頭
o	v	マッシュルーム		o	v	帽子（歴史的な）	-		雲
u		湖		u	v	マッシュルーム（かさの部分）	u		洞窟
o		港					u		泥
u		矢じり		u		湖			**Dd25**
o	v	ランプ		o		港	u		カモメ
		D8		o		ランプのかさ	u		滝
-		頭				**Dd21**	-		膣
u		海の動物（オットセイ，セイウチなど）		-		頭	u		鳥
				-		アリ	u		風景
u		崖		u		イモムシ	u		山
u		カタツムリ		u		腕			**Dd26**
u		カタツムリ（漫画の）		u		親指	o		川
u		木		-		顔	o		峡谷
u		クジラ		u		しっぽ	o		渓谷
u		鍾乳洞		u		角	o		膣
o		森林		u		手	o		彫像
u		巣		-		鳥	-		人間
u	v	つらら		u		鼻（ゾウの）	u		人間類似のもの
u		塔（電気の）		u		半島			**Dd27**
u		人間（複数，崖または丘の）		-		ペニス	u		肛門
o		風景		u		前足	-		錠
u		街（遠くにある）		o		指	-		膣
o		村		-		ライフル	-		動物
-		竜				**Dd22**	-		人間
		D9		u		操り人形	-		歯
o		頭（ネコ，イヌ，サルなどの小動物の）		u		彫像	-		窓
				-		動物			**Dd28**
o		頭（人間の）		u		動物（漫画またはおもちゃの）	u		顔（怪物の）
o		頭（人間類似の）					-		顔（人間の）
-		頭（大きな動物の）		u	v	人形	u		顔（動物の）
-		頭（鳥の）		o		人間	-		植物
u	v	頭（動物の）		u	v	人間	-		尻
-		海の動物（オットセイ，セイウチなど）		o		人間類似のもの	o	v	滝
				-		骨	u		彫像（複数）
u		崖				**Dd23**	-		動物
o		胸像		o		頭（クマ，イヌの）	-		鳥
u		雲		-		頭（動物の，クマとイヌを除く）	u	v	波
-		昆虫					u		人間（2人）
u		風景		-		頭（人間の）	u	v	パラシュート（D6またはDd26が人）
		DS10		u		岩			
-		頭		o		丘	u		水
u		穴		-		靴			
u		入り口		u		雲			
-		顔		-		動物			
u		テント		u		帽子（毛皮の）			
u		ドアノブ		u		枕			

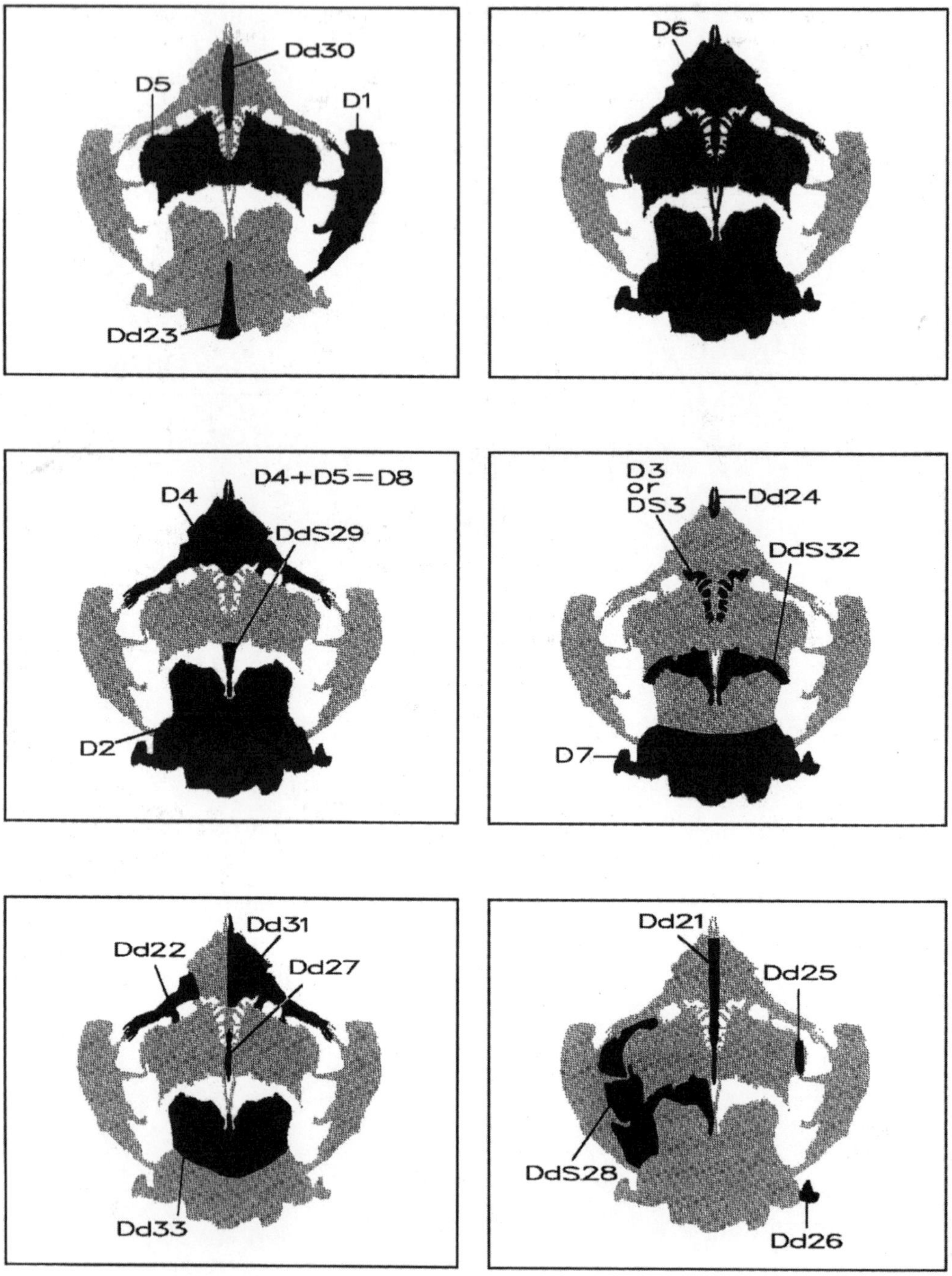
Dd30
D5
D1
Dd23
D6
D4+D5=D8
D4
DdS29
D2
D3
or
DS3
Dd24
DdS32
D7
Dd31
Dd22
Dd27
Dd33
Dd21
Dd25
DdS28
Dd26

Card VIII

P反応　D1で動物の全身像（訳者注：四足獣のみ。は虫類はPとせず形態水準はu）
ZW=4.5　ZA=3.0　ZD=3.0　ZS=4.0

W

u v	アイスクリーム（溶けている）	-	骨盤	o	花のデザイン
u	頭（怪物の）	u v	コマ	u	光（ストロボから出るいろいろな色）
-	頭（昆虫の）	u	ゴミくず	-	飛行機
-	頭（人間の）	-	昆虫	-	ピラミッド
-	頭（鳥の）	u	サーカスのテント	o	風景（鳥瞰図であることが多い）
-	頭（動物の）	-	魚	o	船（帆のある，船尾・船頭から見た）
u	頭飾り（装飾品）	u	サンゴ	o	噴水
-	胃	u	敷物（東洋の）	u	ヘルメット（SFの）
o	医学的な身体のイラスト	u	繁った葉	u	宝石
u	岩（色つきの）	u	島	o	ボート（帆がある，正面から見た）
u	宇宙船（たいていは炎を伴っている）	-	ジャケット	o	ポスター（自然の）
-	海の動物（オットセイ，セイウチなど）	o	シャンデリア	o	ポスター（抽象的な）
-	ガ	u	植物（水中の）	-	骨（骨格）
o	絵画（抽象的な）	u	植物（熱帯の）	u	見晴台
u	貝殻	o	植物（鉢植えが多い）	o	メリーゴーランド
-	骸骨	-	腎臓	o	紋章
u	怪物	-	頭蓋骨	u	山
o	解剖図（特定されない）	u	スカラベ（甲虫のピン）	u	山と森（遠景）
-	解剖図（特定された）	u v	たいまつ	-	雪
-	カエル	u	凧	u	ランプ（装飾的な）
-	顔	u	地図（特定されない）	-	レントゲン写真
u	顔（ピエロの）	-	地図（特定された）	u	ロケット
u	顔（怪物の）	-	チョウ	-	ロブスター
o	飾り（装飾品，飾り物）	-	腸	u	ロボット
o	火山（噴火している）	u	彫像	o	腕章
-	カニ	u	提灯（東洋の）		
u	花瓶	o	デザイン（抽象的な）		**D1**
u	仮面	u	塔（パゴダ）		
u	冠	-	動物	u	悪魔
-	木	o	動物（D1が複数の動物で，他の部分は輪郭が一致する別のものとする）	u	イグアナ
u	木（抽象的な，または漫画の）			-	イルカ
-	機械	u	トーテムポール	-	エビ
u	記章	-	鳥	u	オウム
u	記念碑	u	鳥かご	-	オットセイ
-	雲	u	トロフィー	-	解剖図
-	クモ	-	肉	-	カエル
-	クラゲ	u	庭	-	カメ
o	クリスマスツリー	-	人間	u	カメレオン
-	ケーキ	-	脳	-	木
-	コウモリ	-	葉	-	昆虫
		-	肺	-	魚
		-	爆発	-	サソリ
		u	旗	u	血
		o	鉢，ボウル（装飾的な）		
		o	花		

o		動物（四本足で輪郭が一致するもの。ある有史以前の動物など広範囲の動物を含む。クマ，ネコ，イヌ，ネズミ，ライオン，オオカミなどが最も一般的である。四本足の動物で輪郭が一致しない，ゾウ，キリン，ウマ，カンガルーなどは - とコードされる）	u		敷物	**D4**	
			u	v	ジャケット	（注：D4+D5=D8）	
			-		尻		
			-		頭蓋骨	u	頭（SFの）
			u		スライド（生物学的な）	-	頭（動物または人間の）
			-		脊椎骨（横断面）	-	家
			u		ゼリー	u	岩
			-		凧	o	宇宙船
			u		血	u	海の動物（オットセイ，セイウチなど）
			u		地図（特定されない）		
u		動物（有史以前の）	-		膣	u	v	枝角（シカなどの）
u		トカゲ	o		チョウ	o	怪物
-		鳥	-		椎間板	o	カエル
-		人間	-		動物	-	顔
-		肺	-		肉	u	顔（SFの）
-		花	-		脳	u	崖
u		花びら	u		葉	u	カニ
-		は虫類（カメレオン，イグアナ，トカゲ以外の）	u		鉢，ボウル（装飾的な）	u	仮面（SFの）
			o		花	u	潅木
u		宝石	u		火	-	冠
-		ラクダ	u		風景	u	木
-		レントゲン写真	-		帽子	u	切り株
	D2		u		ポット	-	雲
			u		虫	u	クモ
o		アイスクリーム	-		胸	-	クラゲ
u	v	頭（怪物の）	-		紋章	-	コウモリ
-		頭（昆虫の）	u		山	u	氷
-		頭（人間の）	o		溶岩	u	苔（岩の上の）
-		頭（鳥の）		**D3/DS3**		u	v	骨盤
u	v	頭（動物の，耳が短い，または角がある）				u	昆虫
			-		頭	u	魚
-		頭（動物の，耳が短い，または角がある動物以外）	-		網	-	サソリ
			u	v	宇宙船	-	ザリガニ
u		荒原（色の付いた）	o		骸骨（部分）	u	寺院
-		胃	-		顔	u	城（山の上の）
-		イヌ	o		仮面	-	頭蓋骨
u		岩	u	v	木（モミの木）	u	滝
-		解剖図	-		記章	-	タコ
-		カエル	-		クモの巣	-	チョウ
u		かさぶた	u		氷	u	つる（植物）
u		火山	o		骨組織	u	テント
-		カニ	u		コルセット	-	動物
u	v	仮面	-		頭蓋骨（人間の）	u	動物（有史以前の）
-		冠	o		頭蓋骨（動物の）	u	トカゲ（正面から見た）
u		渓谷	o		脊椎骨	-	人間（単数または複数）
u		ケーキ	u	v	テント	o	根
u	v	ケープ	u	v	テント小屋	u	v	橋（自然の）
-		コウモリ	-		ドア	-	橋（人工の）
u	v	コート	-		洞窟	u	飛行機（ジェット機，正面から見た）
-		骨盤	u	<	動物（映っている）		
-		昆虫	u		雪	u	氷山
u		サンゴ	o		肋骨	u	v	ブーメラン

-	帽子		-	カニ		**D8**	
o	山		u	仮面		(注：D4 + D5 = D8)	
u	竜		o	木			
u	ロケット		o	クリスマスツリー		-	頭
-	ロブスター		u	芸術（抽象的な）		o	宇宙船
u	ロボット		u	昆虫		-	貝
			u	鳥		-	解剖図
D5			u	シャンデリア		-	顔
(注：D4+D5=D8)			o	植物		-	カニ
-	頭（単数または複数）		u	植物（集合的に，一面の植物や草木）		u	仮面
u	岩					u	木
-	顔		u	滝（中心部で，植物が周りにある）		u	小屋（ほったて小屋）
u	崖					u v	シャンデリア
u	紙（破かれた）		u	凧		o	植物
u	灌木		u	彫像		u	頭蓋骨
u	雲		u	塔（パゴダ）		-	チョウ
u	コウモリ		-	鳥		u	テント
o	氷		-	人間		u	塔（パゴタ）
-	骨盤		-	脳		u	鳥
u	コルセット		o	花		-	花
-	腎臓		u	氷河		u	氷河
-	頭蓋骨		o	風景（鳥瞰図が多い）		u	風景
-	空		u	船（帆のある，船尾・船頭から見た）		u	フラワーアレンジメント
o	チョウ					u	ヘルメット（SF の）
-	動物		u	ヘルメット（SF の）		u	ロケット
u	鳥		-	骨			
o	鳥（有史以前の，またはSF の）		o	やぶ		**Dd21**	
			o	山		o	川
o	布		u	ランプ（東洋の）		-	食道
-	葉		-	ロブスター		o	水路
-	肺					o	脊髄
o	旗		**D7**			u	滝
-	花		o	アイスクリーム		-	動物
o	風景（鳥瞰図が多い）		-	頭		u	ナイフ（とケース）
u	帆		o	岩		-	人間
-	骨		-	顔		u	棒
u	枕		u	渓谷		o	骨（骨格）
o	水		u	砂漠（色のついた）		u v	ミサイル発射台
o	湖		u v	ジャケット		-	ヤリ
-	レントゲン写真		-	尻		u	ロケット
-	肋骨		u	ゼリー			
			o	血（たいていは乾いた）		**Dd22**	
D6			u	チョウ		u	足（動物の）
-	頭		u	角（ヒツジの）		o	腕（人間の）
-	家		-	動物		u	枝
u	岩		-	鳥		u	かぎ爪
u	宇宙船		u	葉（秋の）		u	角（動物）
u	貝殻		u	風景		u	手
o	解剖図（特定されない）		u v	ベスト		u	手袋
-	解剖図（特定された）		-	胸		-	動物
-	顔		-	山		u	根
u	飾り（装飾品，飾り物）						

Dd23

-		頭
-		顔
u		花瓶
u		渓谷
u		肛門
u		滝
u		膣
-		人間（単数または複数）
u		フラスコ
u		ろうそく（祭壇の）

Dd24

u	v	足（複数，人間の）
u		アンテナ
o		木（複数）
u		口ばし（鳥の）
u		触角（複数）
u		角（複数）
-		鳥（複数）
-		人間（単数または複数）
u		根
-		歯
u		ペンチ
u		矢
u		指（複数）

Dd25

u		宇宙船
-		魚
u		島
u		彫像
-		動物
-		鳥
-		ペニス
u		ワニ

Dd26

-		頭（人間の）
-		頭（鳥の）
u	<	頭（動物の）
u	<	イヌ
u		岩
u	v	崖
u	<	彫像
u		角

Dd27

-		ケムシ，ミミズ
u		注射針
u		ドリルの先
u		ナイフ
-		針
u		ペン
u		骨
u		ミサイル
u		ヤリ
u		ロケット
u		ワニ

DdS28

u		雲
u		水
u		雪

DdS29

u	<	クジラ
u	v	塩入れ
-		彫像
u	v	トライアングル（楽器）
-		歯
u	v	ビン（牛乳の）
u	v	ボーリングのピン
-		幽霊

Dd30

u		川
u		峡谷
u	v	ステッキ
o		脊髄
o		滝
-		剣
u		ヘビ
o		棒

Dd31

u		怪物（動物様の）
-		カニ
-		昆虫
-		動物
u		根
-		羽
-		は虫類

DdS32

u		アホウドリ
o		カモメ
u		チョウ
o		鳥
u		水
o		雪

Dd33

u		アイスクリーム
-		頭（人間の）
-		頭（鳥の）
u		頭（動物の）
u		岩
-		解剖図
-		顔
u		チョウ
-		肺
u		花

附録　形態水準表 | 719

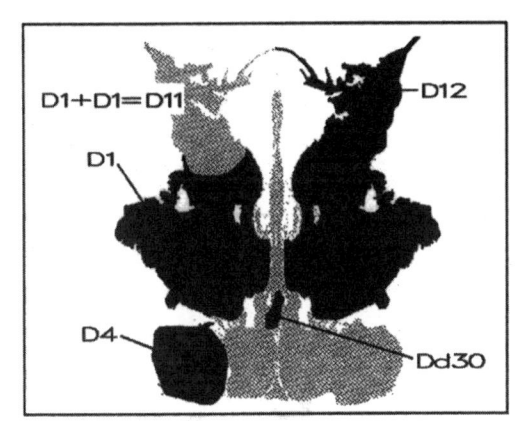

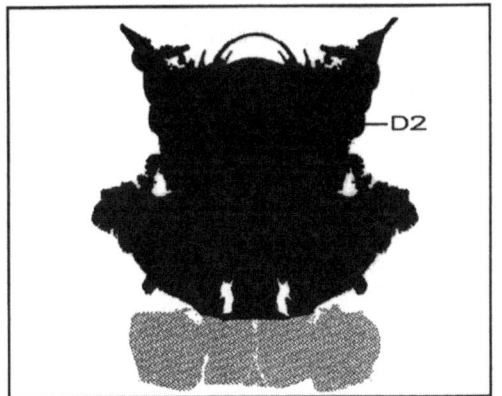

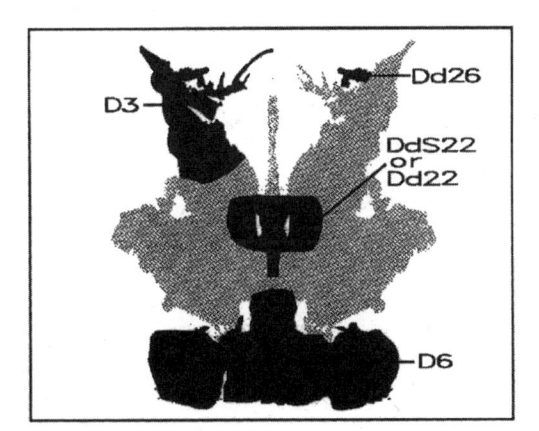

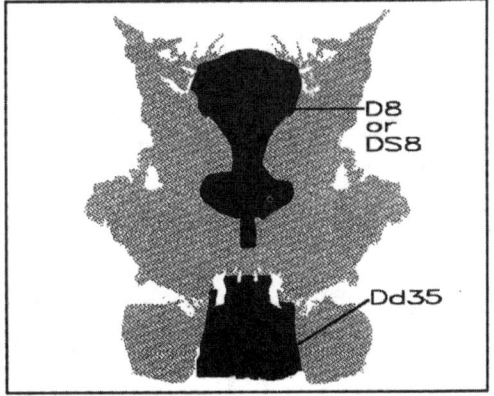

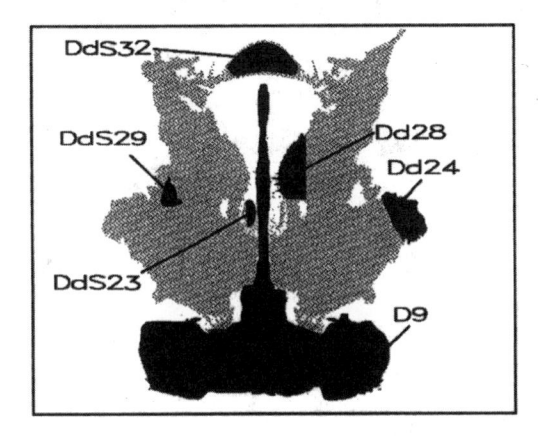

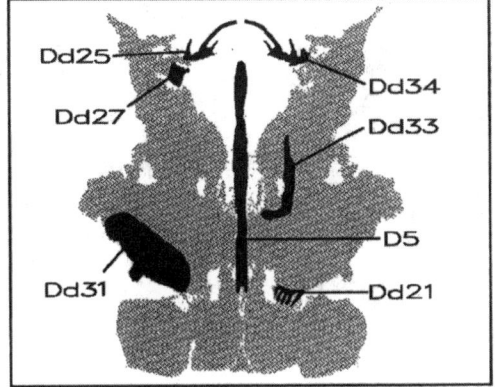

Card IX	P反応　D3で人間または人間類似のもの ZW=5.5　ZA=2.5　ZD=4.5　ZS=5.0

		W						
			-		敷物	u		紋章
-		頭（昆虫の）	o		繁った葉	o		野菜（D3がニンジン，D1がレタス，D6がトマト）
u		頭（怪物の）	u		鳥			
-		頭（人間の）	o		植物（時に，D6を鉢とする）	u		洋服
-		頭（動物の）				u	v	ランプ（装飾的な）
o		頭飾り（儀式用）	o		森林の火災	u		ランプ（灯油の）
-		アリ	-		頭蓋骨	-		レントゲン写真
u		医学的な体のイラスト（特定しない）	u	v	ゾウ（漫画の）	u		ロケット（D5，煙と炎を伴う）
u		錨	o		滝（D5，他を繁った葉又は風景とする）	u	v	ロボット
u		イス（肘のある，D6を基部か回転部とする）	-		種			**D1** （注：D1+D1=D11）
o		イラスト（医療関係の）	u		地図（特定されない）			
u	v	衣類（婦人の）	-		地図（特定された）	-		アイルランド
u	v	宇宙船	-		膣	u	<	頭（人間または人間類似の，Dd24が下あごになる）
-		海の動物（オットセイ，セイウチなど）	-		チョウ	-		頭（虫の）
u		王座	-		鳥	-		頭（鳥の）
o		絵画（抽象的な）	o	v	鳥（D3，木の下の複数の鳥）	o	v	頭（動物の，D5の中心線またはDd24を鼻とする）
u		海草	o		庭	u		頭（動物の，D5の中心線を鼻とする）
u		怪物	u	v	人形	o		頭（動物の，Dd24を鼻とし，時に，DdS29を目とする）
-		解剖図	-		人間			
u		解剖図（特定されない）	u	v	人間（衣装を着た）	-		イス
-		顔	u	v	人間類似のもの	u	<	イヌ
u		顔（ピエロの）	-		のど	u		岩
u		顔（怪物の）	-		葉	u	<	ウサギ
u		飾り（装飾品，飾り物）	-		肺（単数または複数）	-		海の動物（オットセイ，セイウチなど）
u		火山	-		ハエ			
-		カニ	o		爆発	u		海草
o		花瓶	u		橋（頂上が森で覆われた）	u	<	怪物
o		仮面	o		鉢，ボウル（装飾的な）	-		解剖図
u	v	木	o		花（時に，D6を鉢とする）	-		カエル
-		機械	o		パレット（画家の）	o		潅木
u		記章	o		火（たいていD1を煙とする）	-		木
-		雲				o	<	巨人
u	v	クラゲ	o		風景	o		草
o		渓谷（D8，他を繁った葉または風景とする）	o	<	風景（映っている）	o	<	クマ
			o		フラワーアレンジメント	u		雲
u		ケーキ（D3がロウソク）	u		噴火口（D8，他を繁った葉または風景とする）	u		煙
u	v	ケープ（芝居の）				u	<	ゴリラ
-		昆虫	o		噴水	-		昆虫
u		サボテン	u		ヘルメット（SFの）	-		魚
u		サラダ（たいていボウルに入った）	o		ペンキ	o	<	サル（尾がない類人猿）
			u		帽子			
o		サンゴ	u	v	マネキン人形（婦人服の）			
			u	v	魔法使い			
			-		繭			

附録　形態水準表

u	<	サル（尾がある）	o		仮面	-		海の動物（オットセイ，セイウチなど）
u		サンゴ	o	v	木	-		エビ
o		繁った葉	u		記章	o	v	オウム
u		シダ	-		雲（単数間または複数）	o		丘
u		植物	u		雲と稲妻	o		おもちゃ（叩いて遊ぶ）
-		心臓	u	v	クラゲ	-		解剖図
u		スポンジ	o		渓谷（D8，他を繁った葉又は風景とする）	-		顔
-		ゾウ	-		昆虫	o		崖
-		地図	u		サンゴ	o	u	カニ
-		チョウ	o		繁った葉	-		木
u	<	彫像	o		植物	u		雲
-		翼	-		頭蓋骨	-		クラブ（ゴルフ，ホッケーなどの）
-		動物	u	v	滝（D5，他を繁った葉または風景とする）	-		げっ歯類（ネズミ，リスなど）
u	<	動物（特定されない）	-		地図	o	v	小人
-		鳥	u		膣	-		昆虫
-		人間	-		チョウ	-		魚
o	<	人間（Dd24が頭）	-		鳥	o	<	シカ
-		ネコ	o	v	鳥（複数，D3が鳥で木の下にいる）	u		植物
u		葉	u		庭	o		砂
-		肺	-		人間	o	u	スポットライト
o		風景	u		葉（秋の）	u		たいまつ
u	v	ブタ	-		ハエ	u		タツノオトシゴ
-		帽子	u		爆発	o		ダンサー（衣装を着た）
-		骨	o		鉢，ボウル	u		血
-		マッシュルーム	o		花	u		地図（特定されない）
u		湖	o		火（D3を火として，他を煙などとする）	u		彫像
-		虫	o		風景	u		角（複数）
u		森（たいてい空から見た）	o	<	風景（映っている）	u		翼
-		ライオン	o		噴火口（D8，他を繁った葉または風景とする）	o		動物（角がある）
u		レタス	u		噴水	-		動物（角がない）
-		レントゲン写真	u		ヘルメット，かぶと	u		鳥

D2

-		頭（昆虫の）	-		虫	o	v	鳥
-		頭（人間の）	u		紋章	-		肉
u		頭（人間類似の）	u		落書き（抽象的な）	-		人間
-		頭（動物の）	u		竜	o		人間類似のもの
o		頭飾り（儀式用）	u		ロブスターと海草	u		ニンジン
o		錨				u	v	根
u		椅子（肘のある）		**D3**		-		肺
-		衣服	o		悪魔	o		花
u		イラスト（医療関係の）	-		足	o		火
-		海の動物（オットセイ，セイウチなど）	-		頭（昆虫の）	o		ピエロ
u		絵画（抽象的な）	u		頭（人間の）	o		風景
-		解剖図	o		頭（人間類似の）	u	v	フクロウ
-		顔	o		頭（動物の，角がある）	-		骨
u		顔（怪物）	-		頭（動物の，角がない）	o		魔女
o	u	顔（道化師）	-		イヌ	-		虫
u		飾り				o		幽霊
-		カニ				o		溶岩
o		花瓶				u		竜

u		ロブスター	o		風景	-		ポット（単数または複数）
			-		ペニス	u		マシュマロ（複数）

D4

			o		骨	u	v	マッシュルーム
u		アイスクリーム	u		炎	u		ラズベリー
o	<	頭（人間の）	o		マッチ	u		ラディッシュ
u		頭（動物の）	u		幹	o		リンゴ（4個）
u		イチゴ	u		ミサイル	o		綿あめ
u		岩	u		道			
u		貝殻	u		矢			**D8/DS8**
-		解剖図	o		ロウソク	u	v	頭（怪物の）
-		カメ（亀）	u		ワニ	-		頭（人間の）
u		仮面				-		頭（動物の）
-		クジラ			**D6**	u		泡
-		魚	o		赤ん坊（2人）	u	v	怪物
u		スポンジ	u	v	頭（ゾウ，またはネズミ，	-		解剖図
u		血			リスなどげっ歯類の）	u		顔（竜の）
-		肉	u		頭（漫画の）	u	v	顔（怪物の）
u		花	u	v	頭（昆虫の）	-		顔（人間の）
u		バラ	o	<	頭（人間の，映っている）	-		顔（動物の）
o		ボール	-		頭（動物の）	u		鍵穴
-		ポット	u		イチゴ	o		花瓶
-		繭	u		岩	o		瓶
-		虫	-		解剖図	u	v	仮面
-		目	-		顔	-		木
o		ラズベリー	u	v	顔（SFの）	-		胸部
o		リンゴ	u	v	顔（昆虫の）	u		雲
o		綿あめ	u	v	肩（人間の）	u	v	グラス
			u	v	肩パット	o		渓谷

D5

			o		気球	-		昆虫
-		頭	o		雲（きのこ雲を含む）	o	v	塩入れ
o	<	海岸線	u		化粧用パフ	-		子宮
-		解剖図	u		煙	u		シャンデリア
u		川	-		昆虫	-		頭蓋骨
u		間欠泉	-		島	o		砂時計
-		木	o		シャーベット	u		空
u		峡谷	-		尻	o		滝
o		串	o		胎児（2人）	u		竜巻
-		昆虫	o		血	-		膣
u		砂州（川や海の浅瀬にで	-		膣	o		電球
		きる砂の丘）	u	v	チョウ	o		洞窟
u		鍾乳石	-		翼	-		動物
-		食道	-		動物（単数または複数）	u	v	ドレス
u		水路	-		鳥	-		人間
o		脊髄	-		肉	u	v	人間類似のもの
o		滝（D8が背景）	-		人間	u		パーキング・メーター
u		杖	o	<	人間（座っているのが映っ	u		バイオリン
u		剣			ている）	u		鼻（ウシまたはウマの）
-		動物	u		花（単数または複数）	u	v	フラスコ
u		ドリルの先	u		バラのつぼみ	u	v	マネキン人形（婦人用の）
-		人間	u		火	u		ミキサー
u		は虫類	-		皮膚	o		水
-		半島	u		風船ガム	o		幽霊（逆向きでも可）

u	v	ランプ
u	v	ロボット

D9

u	v	頭（ゾウの）
-		頭（ゾウ以外の動物の）
-		頭（昆虫の）
-		頭（人間の）
o	v	傘
u	v	木
o	v	雲（きのこ雲）
u	v	コルク栓抜き
u	v	サギ（1本足）
u		シャンデリア
o		状差し（事務所用の）
-		動物
-		ドリル
-		人間
o	v	花
u		バルブ
u	v	ハンマー
o		噴水
u	v	ランプ

D11

-		頭
-		イヤホーン
-		解剖図
u		潅木
u		コウモリ
o		骨盤
-		昆虫
u		昆虫（羽がある）
o		繁った葉
u		植物
o		チョウ
u		鳥
-		人間
-		肺
u		ブックエンド
-		耳あて（防寒用の）

D12

-		怪物
o		火事（森の）
-		木
-		動物
o	<	人間（D1，D3を丘や砂とする）
u		葉
o	<	風景
u	<	竜

Dd21

o		かぎ爪
-		木
-		熊手
u		鍾乳洞
u	v	角
u		つらら
-		人間（複数）
u	v	ひれ
-		槍
o		指
u	v	ロケット（群）

Dd22/DdS22

-		頭
o		顔（怪物の）
-		顔（昆虫の）
-		顔（人間の）
-		顔（動物の）
o		カボチャ（ハロウィーンの）
o		仮面
-		クラゲ
-		コップ
-		頭蓋骨
-		ドア（単数または複数）
u		洞窟
u		鉢，ボウル
u		鼻（動物の）
-		瓶（広口の）
u		湖（単数または複数）
-		目
-		ろうそく

DdS23

o		穴
-		貝
u		島
u		洞窟
u		鼻孔（動物の）
-		枕
u		湖
u		目

Dd24

u	<	頭（人間の）
u		頭（動物の）
u		崖

Dd25

u		枝
u		かぎ爪

-		木
u		雑草
u		触手
u		触毛
u		根
-		指

Dd26

-		足
u	<	かかし
u		鍵
u		かぎ爪
u		銃（時にSFの）
u	<	人物
u	<	彫像
-		動物
u		トランペット
-		人間
-		鼻
u		ホース（ノズルの部分）
o		指

Dd27

-		頭
-		顔
u	<	コマ
u	<	テント
-		動物
-		人間

Dd28

-		頭
-		胃
u		貝
-		かさぶた
u		昆虫（殻の堅い）
u		卵
-		血
u		胸

Dd29

-		顔
o		鐘，ベル
-		人間
u		人間類似のもの
u		湖
-		虫
u		目
o		幽霊

Dd30

u		イモムシ

-		腸
-		は虫類
-		ペニス
u		ろうそくのろう

Dd31

u	<	顔（人間の）
u	<	顔（動物の）
-		木
u		繁った葉
u		乳房
u	v	ふた（鍋の）

Dd32

u		貝
u		太陽（上半分）
u		太陽の黒点
u		月（上半分）
u		テント
u		ドーム
u	v	鉢
-		ヘルメット，かぶと

Dd33

o	<	頭（シカの）
u	<	頭（シカ以外の）
u	<	頭（は虫類の）
-		頭（人間の）
-		木
u		繁った葉
u		トカゲ
u		丸太
-		山
o	<	ワニ

Dd34

u	稲妻
u	枝
u	枝角（シカなどの）
-	骸骨
u	かぎ爪
-	木
u	大砲（たいてい SF の）
u	角
u	つる植物
-	手
-	動物
u	とげ
-	人間
u	根
u	橋（自然の）

o	はね橋（時に上がっている）
u	ホース

Dd35

-	頭
u	岩
u	かまど
-	仮面
u	女性性器（膣の辺り）
u	尻
u	ストーブ（鉄の）
u	潜水球（深海調査用の）
-	動物
-	鳥
-	肺（単数または複数）
u	ポット

附録　形態水準表 | 725

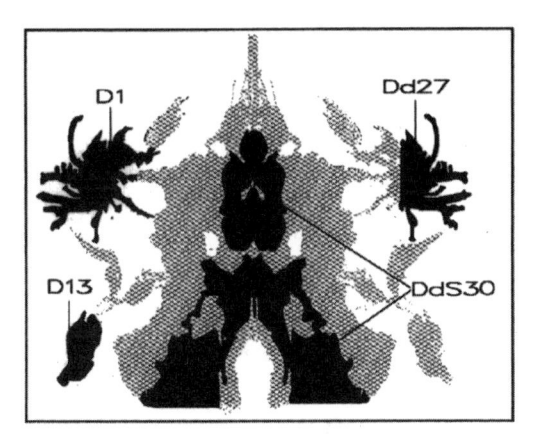

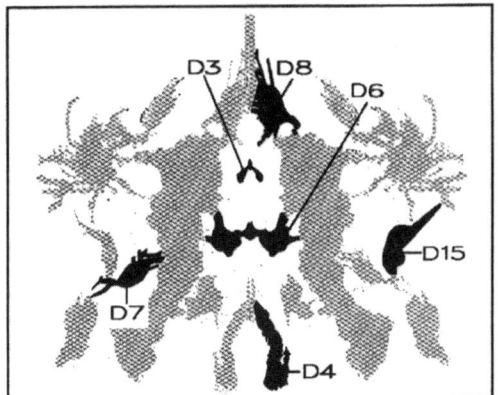

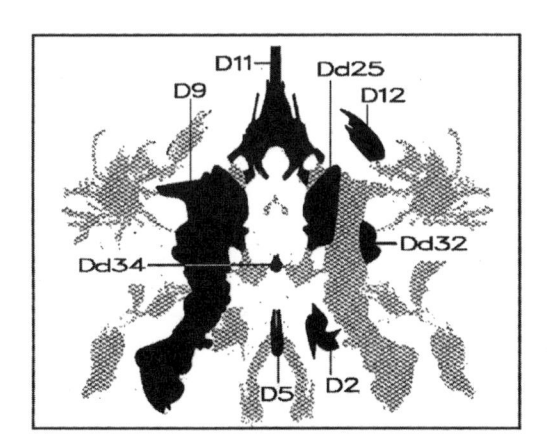

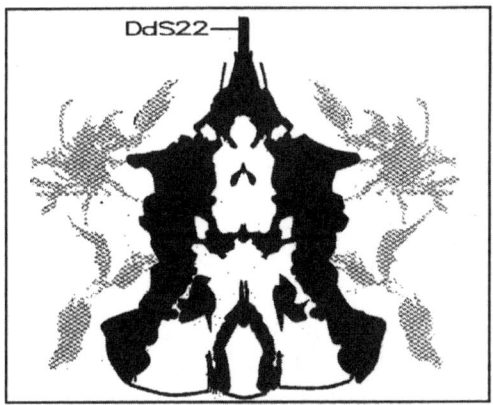

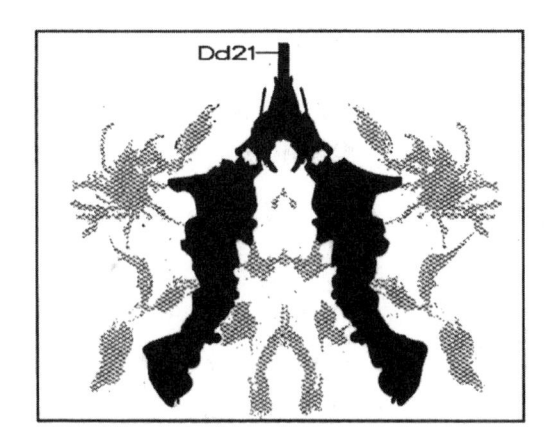

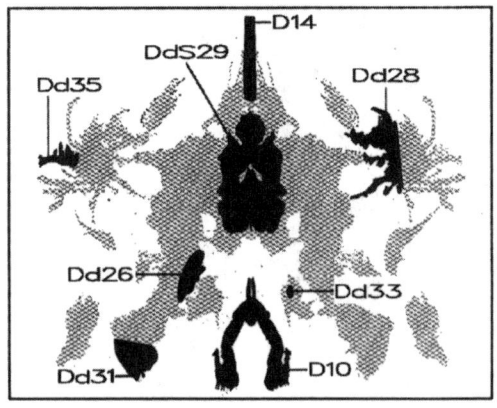

Card X	P反応　D1でクモまたはカニ
	ZW=5.5　ZA=4.0　ZD=4.5　ZS=6.0

W

-	頭飾り
u	医学的な体のイラスト
u	衣装（舞台用の，壁に掛かっている）
-	海の動物（オットセイ，セイウチなど）
o	海の中の風景
u	SFのシーン（たいていは，エイリアン，想像物，怪物が多いが，スターウォーズなどの宇宙戦争も含む）
o	絵画（現代的な）
o	絵画（抽象的な）
u	絵画（フィンガーペインティング）
-	解剖図
-	顔
o	花壇
-	仮面
-	雲
-	クリスマスツリー
u	ごみ置き場
o	昆虫（特定されないもの，特定する場合は輪郭が適切なもの）
u	敷物（の模様）
u	島
u	シャンデリア
u	植物
o	水槽
u	地図（特定されない）
-	地図（特定された）
o	庭園（一部が花や植え込みで，D11やD6が彫刻や建造物）
u	デザイン（抽象的な）
-	塔（パゴダ）
o	動物（複数，海のもの，特定されない，または特定する場合は輪郭が適切なもの）
u	動物（複数，海のものではない，特定されない，または特定する場合は輪郭が適切なもの）
-	鳥（2羽）
u	v	鳥小屋
-	人間
u	バクテリア
u	v	爆発
u	パズル（ピース）
o	花
o	v	花束（ブーケ）
o	花火
u	パレット（画家の）
u	光（ストロボによる）
u	微生物
o	ポスター（抽象的な）
o	歩道（中心の空白部分以外は花や植え込み）
-	骨
u	万華鏡
-	虫（つぶれた）
u	モビール（抽象的な）
u	遊園地（全体が乗り物など）

（注：上記W列の一部項目に v マークあり）

D1

-	頭
o	アメーバ
u	イヤリング
-	貝
u	絵画（飛び散った）
u	海草
u	怪物
-	顔
o	カニ
-	仮面
o	クモ
-	クモの巣
-	クラゲ
-	ゴキブリ
u	昆虫
u	細菌
u	細胞（生物学的な）
-	魚
o	サソリ
u	雑草
u	珊瑚
u	シダ類
u	島
o	タコ
-	地図
-	動物
-	トナカイ
u	根
-	葉
u	花火
u	花
u	風景
-	帽子（ふちのある）
u	星
u	ポンポン
o	水（しずく）
u	虫
u	雪片
u	ラン
u	竜
u	ロブスター

D2

u	アシカ
-	頭
u	アヒル
u	アメーバ
u	イソギンチャク
o	イヌ
u	貝
-	海の動物（オットセイ，セイウチなど）
-	怪物
u	カエル
-	顔
u	昆虫
o	細胞（生物学的な）
u	魚
-	サル
u	島
u	植物
-	精子
o	卵（卵焼き，または割った）
u	動物（特定されない）
u	v	鳥

-		ニワトリ
-		人間
u		ネコ
u		葉
-		ハチ
o		花
u		虫
-		目
o		ライオン

D3

u		明かり（電気）
-		頭
o	v	アンテナ（レーダーまたはTVの）
u		イヤホーン
o		ウィッシュボーン
u		浮き袋
u		宇宙船（SFの）
-		カニ
o	v	気球（複数，気象観測用の）
u		計器（医療用）
o		計器（風速を測る）
-		睾丸
u		小枝
-		漕ぎ手（ボートの）
o		サクランボの種
o		質屋のシンボルマーク
o		種子（カエデの）
u		触角（昆虫の）
-		聴診器
u		つぼみ
-		鳥
u		トング（物を挟む道具）
-		人間
u	v	ネックレス
u		ノッカー（ドアの）
-		肺
-		ハサミ
u	v	パチンコ
-		花
-		パラシュート
-		飛行機
u	v	Vの字（ピースサイン）
-		符号（音符）
u		ヘッドホン
u		耳あて（防寒用の）
-		虫
-		目
-		卵巣

o		レギュレーター（自動車など機械の中の）

D4

u	v	頭（クジャクの）
u	v	頭（動物，有史以前の）
-		頭（動物の）
-		頭（鳥の，ただしクジャクとハクチョウ以外）
-		頭（人間の）
u	v	頭（ハクチョウの）
o		イモムシ
-		腕
o		ウナギ
-		解剖図
u		カタツムリ
-		木
-		キュウリ
u		煙
-		昆虫
-		魚
u	v	サクソフォン
u		しっぽ（鳥の）
-		植物
o	v	タツノオトシゴ
u		角
-		動物
u	v	動物（有史以前の）
u		長靴（道化師の）
-		羽
o		ヘビ
-		虫
u	v	竜

D5

u	v	悪魔
u		頭（虫の，触角がある）
o		頭（動物の，耳が長い）
-		頭（動物の，耳が長くない）
-		頭（人間の）
-		顔
o		仮面
u		毛抜き
-		昆虫
u	v	十字架
u		洗濯バサミ
o	v	天使
o	v	人間
u	v	人間類似のもの
u	v	歯
u	v	鋏
-		虫

D6

-		あご
u	v	頭（複数，動物の）
u		頭（複数，鳥の）
-		頭（複数，人間の）
u		アヒル（2羽）
u		貝
o	v	怪物
-		解剖図
-		顔（単数または複数）
-		雲
-		コウモリ（1匹または2匹）
u		骨格
o	v	ゴリラ
u		サンゴ
u		巣
-		手
-		動物
u		鳥（複数）
-		乳房
u	v	人形（2つ）
o	v	人間（複数）
o	v	人間類似のもの（複数）
-		肺
u		パイプ（タバコ用）
u		バグパイプ
o		橋（自然の）
u	v	花
-		鼻
u		ブラジャー
u		水
-		虫（単数または複数）
-		メガネ
o	v	幽霊
-		卵巣
o	v	類人猿

D7

o		アリ
-		イヌ
-		海の動物（オットセイ，セイウチなど）
u		枝
-		カエル
-		顔
u		かぎ爪
o		カニ
u		カマキリ
u		クモ

u	げっ歯類の動物（リス，ネズミなど，頭をD9に向けて）
o	ゴキブリ
-	魚
u	サソリ
u	雑草
u	さや（エンドウなどの）
o	ザリガニ
u	サンショウウオ
o	シカ
-	腎臓
o	巣
u	ダニ
o	動物（跳ねている）
-	鳥
-	人間
o	根
o	バッタ
-	ハマグリ
u	繭
u	ロブスター

D8

-	頭（動物の）
o	頭（動物様の生き物の）
-	頭（人間の）
u	頭（人間類似の生き物の）
o	頭（虫の）
o	アリ
o	生き物（獣，怪物）
u	ウシ
-	海の動物（オットセイ，セイウチなど）
-	エビ
u	オウム
o	怪物（動物的な）
o	怪物（人間類似の）
u	カエル
-	顔
u	カニ
o	カブトムシ（クワガタなど）
u	仮面
-	クモ
u	クリケット
u	げっ歯類の動物（リス，ネズミなど）
u	コオロギ
-	骨格
u	小鬼（ノーム）
u	小人

o	昆虫
-	魚
-	サル
u	スイギュウ
-	動物（特定されない）
u	動物（漫画の，または有史以前の）
-	トカゲ
-	ニワトリ
-	人間
u	根
-	ネコ
u	ハチ
-	魔女
o	虫
u	紋章
-	ヤギ
u	ヤマアラシ
u	ユニコーン
u	妖精
u	リス
o	竜

D9

-	頭
-	イタリア
o	イモ虫
-	イルカ
u	ウナギ
u	海岸線（カリフォルニア）
-	解剖図（腸以外）
u	カタツムリ
-	髪
u	雲
o	ケムシ，ミミズ
u	昆虫
u	サンゴ
u	山脈（たいていは空から見た）
u	島
u	スポンジ
u	タツノオトシゴ
o	血
-	地図
u	地図（地勢図）
u	腸
-	動物
u	動物様の生き物
o	人魚
o	人間（下半身がはっきりしていないと言う場合）

u		人間（下半身がはっきりしていないと言わない場合）
o		人間類似のもの
o		火
o		微生物
u		ベーコン
u		骨
o		ミイラ
-		虫
o		妖精

D10

o		アーチ
-		頭
u	v	頭（動物の，角がある）
u		イモムシ（2匹）
o		ウィッシュボーン
u		海草
-		解剖図
o		潅木
u	v	櫛（飾りの）
u		口ひげ
u		ケムシ，ミミズ
u	v	骨盤
-		昆虫
o		樹木
-		じょうご
u		植物
u		竪琴（古代ギリシャの）
u		チョウ
o	v	角
u	v	天使
o	v	ドアノッカー
-		動物
u	v	鳥
o	v	人間（D5，他は旗，煙，吹き流し，ブランコなどとする）
u		ネックレス
-		花
o	v	パラシュートで降りる人
u		噴水
u	v	Uの字

D11

o		宇宙船
o		エッフェル塔
-		顔
u		顔（怪物の）
u		仮面
u	v	木
u		骨格

o		昆虫（複数，D8とD14は別のものとする）
u	v	じょうご
u		植物
u		城
-		神経系
-		頭蓋骨
o	v	たいまつ
-		腸
u		彫像
-		動物
-		人間
o		根
-		肺
u	v	花
u		飛行機
u		ビル（煙突やタワーのある）
o		ヘルメット（SFの）
-		ほうき
o		ミサイル（煙や発射台とともに）
-		ムカデ
u		ヤドリギ（クリスマスの飾りに使う）
u		レントゲン写真（特定されない）
-		レントゲン写真（特定された）
o		ろうそく（燭台とともに）
o		ロケット（煙や発射台とともに）

D12

u		イヌ
o		ウシ
u		かぎ爪
u		クジラ
-		げっ歯類の動物（リス，ネズミなど）
u		子ヤギ
o		昆虫
-		魚
u		さや（W または D7 も）
-		植物
o		スイギュウ
-		鳥
o		葉
u		バッタ
u		ピクルス
o		ヒツジ
u		豆

o		虫
u		ヤギ
o		ユニコーン

D13

-		頭
-		アリ
u		岩
u		ウニ
-		貝
-		顔
u		牡蠣（カキ）
-		木
u		キノコ
u		クジラ
u		雲
u		昆虫
u		魚
u		島
u		スポンジ
u		地図（特定されない）
-		地図（特定された）
o	<	動物（たいていは，クマ，スイギュウ，ネコ，イヌ，ライオン，ウサギなどいろいろな種類を含み，横になっていたり飛んでいる）
-		鳥
-		人間
u		葉
-		花
o		ポテトチップス
u		マット（ドアマット）
u		虫

D14

-		頭
o		煙突
u		鉛筆（削っていない）
-		顔
u		花瓶
u		空気入れ（タイヤの）
u		剣
u		試験管
u		定規
u		ショットガン
o		ストーブの煙突
o		脊髄
u		彫像
-		動物
u		動脈
u		鳥のえさ箱

-		ナイフ
-		人間
u		根
u		バール
u		バトン
u		ハンドル
u		フルート
u		ペニス
u		棒
u		望遠鏡
o		ポスト
o		骨
u		丸太
o		ミサイル
-		指
o		ろうそく
o		ロケット

D15

-		頭
-		オットセイ
-		雲
-		クラゲ
-		煙
-		昆虫
u		魚
-		セイウチ
u		たいまつ（D7を含むこともある）
u		チョウ
o		つぼみ
-		動物
o		鳥
u		葉
o		花
u		羽
o		バラ

Dd21

u		アーチ
u		暗礁（浅瀬の陸地）
u	v	ウイッシュボーン
-		音叉
u	v	飾り
u	v	渓谷
u		毛抜き
-		昆虫
u	v	触角
u	v	袖章
o	v	チョウ（正面から見た）
-		動物（1匹または2匹）
u	v	鳥（飛んでいる）

-		人間（1人または2人）
o	v	花（時にD6を含む）
u		風景
-		ブーメラン
u	v	船（ボート）
u		ペンチ（切るもの）

DdS22

-	頭
u	海の中の風景
-	解剖図
-	顔
-	仮面
u	鳥
u	地図（特定されない）
-	地図（特定の）
u	デザイン（抽象的な）

DdS25

-	頭（動物の）
o	頭（人間の）
o	頭（人間類似の）
u	海岸線

Dd26

-	顔（動物の）
u	顔（人間の横顔）
u	顔（人間類似の横顔）
-	乳房

Dd27

-	海草
-	顔
-	木
u	昆虫

Dd28

u	操り人形
u	昆虫
u	根
-	ピエロ

DdS29

o	うちわ（D11が持ち手）
-	顔
o	子ども（手を上げている）
o	人間（座っている，またはあぐらをかいている）
o	ブッダ
u	へら（D11が持ち手）
u	ランタン（時にD11が取っ手）

DdS30

-	骸骨
u	水

Dd31

u	v	頭（イモ虫の）
u	v	頭（動物の）
-		頭（人間の）
u	v	頭（人間類似の）

Dd32

u	頭（動物の）
-	頭（人間の）
-	動物

Dd33

-	頭
u	オレンジ
u	クッキー
o	クルミ
u	太陽
o	ドングリ
u	ボール
-	目

Dd34

-	頭
u	かご
-	頭蓋骨
-	弾丸
u	歯
u	瓶

Dd35

u	木（断崖の上の）
-	動物
-	は虫類
u	人々（断崖の上の）

附　録

非患者児童および思春期非患者のデータ
Appendix ◉ Data Concerning Nonpatient Children and Adolescents

　表A.1と表A.2には，1,390人の非患者児童の参照データを，5歳から16歳の年齢ごとに分けて示してある。各群とも，反応スタイルによる下位区分はされていない。と言うのは，下位区分をするとサンプルサイズが小さくなりすぎ，意味がなくなってしまうからである。これらのデータを用いる場合には，次の二つの理由により，格別な注意が必要である。第一の理由は，どの年齢群でもサンプル数が十分ではないということである。第二の理由は，これらの児童は，非患者データのための研究に参加していた両親に勧められて志願してきたということである。理屈からすると，自分の子どもの能力に信を置いていない親ならば，子どもを進んで研究に参加させようとはしないだろう。したがって，かなり優れた児童が各群の代表になってしまった可能性がある。

　表を検討する場合には，それぞれの変数のすべてのデータを斟酌することが大切である。平均と標準偏差だけを見ていては間違った結果が導き出されるおそれがある。特に分布がJ曲線となる変数の場合は，その危険性が高い。各表には中央値と最頻値も載せている。それは，これらの値が，各変数に関してより現実的な情報を提供してくれることが多いからである。標準偏差を括弧で示した変数の場合は特にそうである。SDを括弧に入れてある変数については，期待域あるいは「正常(ノーマル)」な範囲を求めるために標準偏差を用いると間違った結果が導き出される危険が高く，一般的には解釈には用いるべきではない。

表 A.1　児童・青年非患者 1390 名の年齢別記述統計　5 歳（N=90）

変数	平均	標準偏差	最小値	最大値	頻度	中央値	最頻値	歪度	尖度
R	17.64	1.44	14.00	20.00	90	18.00	18.00	−0.83	−0.25
W	9.97	1.65	7.00	12.00	90	9.00	11.00	0.24	−1.35
D	7.10	2.61	3.00	12.00	90	8.00	6.00	−0.83	−0.24
Dd	0.58	[0.65]	0.00	2.00	44	0.00	0.00	0.70	−0.53
S	1.40	[1.14]	0.00	3.00	64	1.00	0.00	0.14	−1.39
DQ+	5.47	1.43	2.00	8.00	90	5.50	4.00	0.35	−1.29
DQo	10.72	2.07	7.00	13.00	90	12.00	13.00	−1.25	0.05
DQv	1.37	[0.62]	0.00	4.00	83	1.00	1.00	0.36	−0.63
DQv/+	0.09	[0.29]	0.00	1.00	8	0.00	0.00	2.94	6.78
FQX+	0.00	0.00	0.00	0.00	0	0.00	0.00	−	−
FQXo	11.54	2.50	6.00	15.00	90	13.00	13.00	−0.70	−0.52
FQXu	3.59	1.96	1.00	7.00	90	4.00	1.00	0.13	−1.19
FQX-	1.46	0.64	0.00	3.00	86	1.00	1.00	0.04	−0.19
FQXNone	0.87	[0.62]	0.00	2.00	63	1.00	1.00	0.36	−0.63
MQ+	0.00	0.00	0.00	0.00	0	0.00	0.00	−	−
MQo	1.13	0.34	1.00	2.00	90	1.00	1.00	2.19	2.88
MQu	0.38	0.66	0.00	2.00	25	0.00	0.00	1.53	1.00
MQ-	0.19	[0.39]	0.00	1.00	17	0.00	0.00	1.62	0.63
MQNone	0.00	[0.00]	0.00	0.00	0	0.00	0.00	−	−
S −	0.91	[0.69]	0.00	3.00	62	1.00	1.00	0.45	−0.83
M	1.70	1.00	1.00	4.00	90	1.00	1.00	1.26	0.36
FM	5.00	0.95	4.00	7.00	90	5.00	4.00	0.32	−1.20
m	0.78	0.80	0.00	3.00	49	1.00	0.00	0.43	−1.32
FM + m	5.78	1.19	4.00	9.00	90	6.00	5.00	0.65	0.50
FC	0.71	0.46	0.00	1.00	64	1.00	1.00	−0.95	−1.13
CF	3.02	1.41	1.00	6.00	90	3.00	3.00	0.53	−0.20
C	0.67	[0.62]	0.00	2.00	63	1.00	1.00	0.36	−0.63
Cn	0.00	[0.00]	0.00	0.00	0	0.00	0.00	−	−
FC+CF+C+Cn	4.40	1.10	2.00	6.00	90	4.00	4.00	−0.39	−0.11
WSum C	4.38	1.09	2.50	6.50	90	4.00	4.00	0.27	−0.73
Sum C'	0.63	[0.48]	0.00	1.00	57	1.00	1.00	−0.56	−1.72
Sum T	0.83	[0.48]	0.00	2.00	57	1.00	1.00	0.42	2.42
Sum V	0.00	[0.00]	0.00	0.00	0	0.00	0.00	−	−
Sum Y	0.36	[0.33]	0.00	2.00	20	0.00	0.00	−0.65	2.71
SumShd	1.77	0.97	0.00	2.00	57	2.00	2.00	−0.56	−1.72
Fr + rF	0.38	[0.45]	0.00	2.00	29	0.00	0.00	1.01	−1.00
FD	0.28	[0.63]	0.00	1.00	16	0.00	0.00	1.77	0.58
F	6.98	1.26	4.00	9.00	90	6.00	6.00	0.19	−0.35
PAIR	9.08	1.96	5.00	11.00	90	9.00	11.00	−0.91	−0.29
3r(2)/R	0.69	0.14	0.33	1.00	90	0.60	0.64	0.28	0.57
LAMBDA	0.86	0.15	0.36	1.25	90	0.75	0.60	0.76	−0.52
EA	5.08	1.34	2.50	8.50	90	5.50	5.00	−0.24	−0.75
es	7.04	1.14	5.00	9.00	90	7.00	7.00	0.10	−0.60
D	−0.24	0.43	−1.00	0.00	90	0.00	0.00	−1.21	−0.55
Adj D	−0.20	0.4	−1.00	0.00	90	0.00	0.00	−1.53	0.33
a (active)	6.28	0.95	5.00	8.00	90	6.00	6.00	0.38	−0.70
p(passive)	1.20	1.37	0.00	4.00	49	1.00	0.00	0.82	−0.60
Ma	1.42	0.67	1.00	3.00	90	1.00	1.00	1.32	0.47
Mp	0.28	0.45	0.00	1.00	25	0.00	0.00	1.01	−1.00
Intellect	0.17	0.38	0.00	1.00	90	0.00	0.00	1.82	1.34
Zf	10.08	2.18	8.00	14.00	90	10.00	14.00	0.15	−1.52
Zd	−1.13	2.60	−5.00	4.50	90	−1.75	−2.50	0.70	0.09
Blends	2.86	1.92	0.00	5.00	77	3.00	5.00	−0.21	−1.56
Col Shd Bl	0.18	[0.56]	0.00	1.00	5	0.00	0.00	1.81	−2.37
Afr	0.88	0.13	0.50	1.00	90	0.90	0.80	−0.65	−0.08
Popular	4.66	1.69	3.00	10.00	90	4.00	4.00	0.55	−0.94

表 A.1　5 歳（N=90）（つづき）

変数	平均	標準偏差	最小値	最大値	頻度	中央値	最頻値	歪度	尖度
XA%	0.88	0.05	0.78	1.00	90	0.88	0.83	0.43	−0.34
WDA%	0.91	0.06	0.78	1.00	90	0.91	0.94	−0.08	−0.73
X+%	0.67	0.10	0.47	0.83	90	0.68	0.78	−0.27	−0.68
X−%	0.08	0.04	0.00	0.17	86	0.07	0.11	−0.02	−0.16
Xu%	0.21	0.11	0.06	0.40	90	0.22	0.06	0.09	−1.44
Isolate/R	0.17	0.06	0.11	0.27	90	0.17	0.11	0.57	−0.88
H	2.19	0.50	1.00	3.00	90	2.00	2.00	0.38	0.34
(H)	1.46	0.50	1.00	2.00	90	1.00	1.00	0.18	−2.01
HD	0.36	0.48	0.00	1.00	32	0.00	0.00	0.61	−1.66
(Hd)	0.00	0.00	0.00	0.00	0	0.00	0.00	−	−
Hx	0.00	[0.00]	0.00	0.00	0	0.00	0.00	−	−
All H Cont	4.00	1.15	2.00	6.00	90	4.00	3.00	0.40	−0.90
A	10.69	2.32	6.00	14.00	90	11.00	12.00	−0.87	−0.28
(A)	0.37	[0.48]	0.00	1.00	33	0.00	0.00	0.56	−1.72
Ad	0.71	[0.60]	0.00	2.00	57	1.00	1.00	0.22	−0.57
(Ad)	0.00	[0.00]	0.00	0.00	0	0.00	0.00	−	−
An	0.00	[0.00]	0.00	0.00	0	0.00	0.00	−	−
Art	0.17	0.38	0.00	1.00	15	0.00	0.00	1.81	1.34
Ay	0.00	[0.00]	0.00	0.00	0	0.00	0.00	−	−
Bl	1.13	[0.46]	0.00	2.00	86	1.00	1.00	0.54	1.30
Bt	0.28	0.45	0.00	1.00	25	0.00	0.00	1.00	−1.00
Cg	3.73	1.35	2.00	6.00	90	3.00	3.00	0.61	−0.92
Cl	0.00	[0.00]	0.00	0.00	0	0.00	0.00	−	−
Ex	0.00	[0.00]	0.00	0.00	0	0.00	0.00	−	−
Fi	0.22	[0.51]	0.00	2.00	16	0.00	0.00	2.30	4.54
Food	0.00	[0.00]	0.00	0.00	0	0.00	0.00	−	−
Ge	0.00	[0.00]	0.00	0.00	0	0.00	0.00	−	−
Hh	0.00	0.00	0.00	0.00	0	0.00	0.00	−	−
Ls	2.68	0.63	2.00	4.00	90	3.00	3.00	0.38	−0.65
Na	0.00	[0.00]	0.00	0.00	0	0.00	0.00	−	−
Sc	0.12	[0.33]	0.00	1.00	11	0.00	0.00	2.34	3.58
Sx	0.00	[0.00]	0.00	0.00	0	0.00	0.00	−	−
Xy	0.00	[0.00]	0.00	0.00	0	0.00	0.00	−	−
Idiographic	0.14	0.35	0.00	1.00	13	0.00	0.00	2.05	2.28
DV	0.98	[1.05]	0.00	4.00	53	1.00	0.00	1.00	0.57
INCOM	0.96	[0.70]	0.00	2.00	66	1.00	1.00	0.06	−0.93
DR	0.04	[0.21]	0.00	1.00	4	0.00	0.00	4.49	18.63
FABCOM	0.89	[0.57]	0.00	2.00	70	1.00	1.00	−0.01	0.06
DV2	0.00	[0.00]	0.00	0.00	0	0.00	0.00	−	−
INC2	0.09	[0.29]	0.00	1.00	8	0.00	0.00	2.93	6.78
DR2	0.09	[0.29]	0.00	1.00	8	0.00	0.00	2.93	6.78
FAB2	0.22	[0.42]	0.00	1.00	20	0.00	0.00	1.35	−0.16
ALOG	0.41	[0.50]	0.00	1.00	37	0.00	0.00	0.36	−1.91
CONTAM	0.00	0.00	0.00	0.00	0	0.00	0.00	−	−
Sum 6 Sp Sc	3.68	1.92	1.00	8.00	90	4.00	5.00	0.16	−0.77
Lvl 2 Sp Sc	0.40	[0.58]	0.00	2.00	32	0.00	0.00	1.12	0.30
WSum6	11.08	4.68	4.00	19.00	90	12.00	4.00	−0.10	−1.05
AB	0.00	[0.00]	0.00	0.00	0	0.00	0.00	−	−
AG	1.23	0.67	0.00	3.00	82	1.00	1.00	0.60	0.74
COP	1.08	0.52	0.00	2.00	81	1.00	1.00	0.10	0.67
CP	0.00	[0.00]	0.00	0.00	0	0.00	0.00	−	−
GOODHR	3.59	0.98	1.00	6.00	90	3.50	3.00	0.03	1.46
POORHR	1.50	0.80	0.00	3.00	86	1.00	1.00	0.61	−0.40
MOR	0.78	[0.75]	0.00	2.00	53	1.00	0.00	0.38	−1.10
PER	0.00	0.00	0.00	0.00	0	0.00	0.00	−	−
PSV	0.63	[0.48]	0.00	1.00	57	1.00	1.00	−0.56	−1.72

注：[ ] で示した標準偏差は，値が信頼できないので，期待域の推定を行ってはならない．これらの変数をパラメトリックな分析に含めてはならない．

表 A.1　6歳（N=80）

変数	平均	標準偏差	最小値	最大値	頻度	中央値	最頻値	歪度	尖度
R	18.91	0.98	14.00	20.00	80	19.00	20.00	−0.23	−1.25
W	10.79	1.17	7.00	10.00	80	11.00	9.00	−0.56	−1.16
D	7.94	1.01	7.00	11.00	80	7.00	8.00	−1.38	2.27
Dd	0.30	[0.46]	0.00	1.00	24	0.00	0.00	0.89	−1.24
S	0.79	[0.76]	0.00	3.00	51	1.00	1.00	1.09	1.67
DQ+	4.42	0.59	3.00	5.00	80	4.00	4.00	−0.46	−0.66
DQo	11.31	1.35	9.00	13.00	80	11.00	13.00	0.11	−1.45
DQv	2.54	[1.19]	1.00	5.00	80	3.00	3.00	0.14	−0.89
DQv/+	0.45	[0.64]	0.00	1.00	38	1.00	1.00	−1.18	−0.63
FQX+	0.00	0.00	0.00	0.00	0	0.00	0.00	−	−
FQXo	13.39	1.22	12.00	16.00	80	14.00	14.00	0.25	−0.92
FQXu	4.01	1.29	3.00	7.00	80	4.00	4.00	0.75	−0.32
FQX-	0.94	0.50	0.00	6.00	66	0.00	0.00	0.21	−2.01
FQXNone	0.74	[0.48]	0.00	2.00	68	1.00	1.00	−0.58	−1.70
MQ+	0.00	0.00	0.00	0.00	0	0.00	0.00	−	−
MQo	1.96	0.75	1.00	3.00	80	2.00	2.00	0.06	−1.22
MQu	0.00	0.00	0.00	0.00	0	0.00	0.00	−	−
MQ-	0.23	[0.67]	0.00	1.00	6	0.00	0.00	1.24	4.12
MQNone	0.00	[0.00]	0.00	0.00	0	0.00	0.00	−	−
S −	0.42	[0.78]	0.00	0.50	11	0.00	0.00	0.98	3.15
M	1.96	0.75	1.00	3.00	80	2.00	2.00	0.06	−1.22
FM	4.52	0.81	1.00	8.00	80	5.00	4.00	−1.25	2.76
m	1.40	1.48	0.00	4.00	51	1.00	0.00	0.81	−0.72
FM + m	5.92	0.99	2.00	10.00	80	8.00	8.00	1.11	0.35
FC	1.11	1.09	0.00	3.00	42	2.00	0.00	0.07	−1.72
CF	3.51	0.94	1.00	5.00	80	3.00	3.00	−0.36	0.83
C	0.94	[0.48]	0.00	2.00	68	1.00	1.00	−0.58	−1.70
Cn	0.06	[0.09]	0.00	1.00	1	0.00	0.00	4.15	35.81
FC+CF+C+Cn	5.56	1.63	1.00	7.00	80	6.00	6.00	−0.94	0.29
WSum C	5.02	1.42	1.00	6.50	80	5.50	5.50	−1.23	1.26
Sum C'	0.58	[0.50]	0.00	1.00	46	1.00	1.00	−0.31	−1.95
Sum T	0.83	[0.22]	0.00	1.00	69	1.00	1.00	−1.21	6.12
Sum V	0.00	[0.00]	0.00	0.00	0	0.00	0.00	−	−
Sum Y	0.54	[0.48]	0.00	1.00	37	0.00	0.00	0.70	−1.55
SumShd	1.95	0.88	0.00	3.00	76	2.00	2.00	−0.18	−0.89
Fr + rF	0.28	[0.40]	0.00	2.00	17	0.00	0.00	1.83	0.35
FD	0.48	[0.68]	0.00	1.00	29	0.00	0.00	1.49	2.34
F	5.77	1.47	3.00	10.00	80	4.00	4.00	3.10	10.34
PAIR	9.61	1.79	5.00	12.00	80	10.00	11.00	−0.88	0.30
3r(2)/R	0.67	0.15	0.25	0.90	80	0.66	0.60	0.38	0.61
LAMBDA	0.79	0.17	0.18	1.50	80	0.78	0.65	−1.56	0.64
EA	6.98	1.42	2.00	8.50	80	6.00	5.00	0.85	1.77
es	7.87	1.00	8.00	11.00	80	7.00	6.00	0.13	−1.52
D	−0.41	0.59	−2.00	0.00	80	0.00	0.00	−1.11	0.28
Adj D	−0.21	0.41	−2.00	0.00	80	0.00	0.00	−1.43	0.05
a(active)	6.03	1.27	5.00	9.00	80	6.00	5.00	0.43	−1.17
p(passive)	1.85	1.90	1.00	6.00	80	2.00	1.00	0.51	−1.49
Ma	0.98	0.84	0.00	2.00	51	1.00	0.00	0.05	−1.59
Mp	0.99	1.35	0.00	3.00	29	0.00	0.00	0.70	−1.44
Intellect	0.96	0.51	0.00	2.00	80	1.00	1.00	−0.06	0.93
Zf	10.15	1.44	6.00	12.00	80	11.00	9.00	−0.45	−1.21
Zd	−1.38	2.20	−5.00	1.00	80	0.00	0.00	−0.91	−0.93
Blends	2.16	0.49	1.00	3.00	80	2.00	2.00	0.38	0.64
Col Shd Bl	0.44	[0.64]	0.00	1.00	18	0.00	0.00	2.13	4.67
Afr	0.87	0.26	0.25	1.11	80	0.82	0.78	−0.76	−0.36
Popular	5.02	1.43	4.00	9.00	80	5.00	5.00	0.14	−0.70

表 A.1　6歳（N=80）（つづき）

変数	平均	標準偏差	最小値	最大値	頻度	中央値	最頻値	歪度	尖度
XA%	0.93	0.04	0.84	1.00	80	0.95	0.95	0.04	−0.75
WDA%	0.93	0.04	0.84	1.00	80	0.95	0.95	−0.05	−0.82
X+%	0.70	0.06	0.60	0.80	80	0.70	0.60	−0.07	−0.92
X−%	0.03	0.03	0.00	0.13	45	0.05	0.00	0.42	−0.32
Xu%	0.23	0.07	0.07	0.35	80	0.22	0.22	0.43	−0.22
Isolate/R	0.23	0.09	0.06	0.39	80	0.22	0.15	0.22	−1.27
H	2.49	1.18	1.00	4.00	80	3.00	3.00	−0.18	−1.51
(H)	0.66	0.50	0.00	2.00	52	1.00	1.00	−0.38	−1.12
HD	0.58	0.63	0.00	2.00	40	0.50	0.00	0.63	−0.53
(Hd)	0.04	0.19	0.00	1.00	3	0.00	0.00	4.96	23.21
Hx	0.00	[0.00]	0.00	0.00	0	0.00	0.00	−	−
All H Cont	3.76	0.75	2.00	5.00	80	4.00	4.00	0.23	−0.83
A	8.03	1.34	2.00	10.00	80	8.00	8.00	−1.34	4.29
(A)	0.34	[0.48]	0.00	1.00	27	0.00	0.00	0.70	−1.55
Ad	1.11	[0.60]	0.00	3.00	76	1.00	1.00	2.18	5.90
(Ad)	0.01	[0.11]	0.00	1.00	1	0.00	0.00	8.94	80.00
An	0.01	[0.11]	0.00	1.00	1	0.00	0.00	8.94	80.00
Art	0.86	0.41	0.00	2.00	67	1.00	1.00	−0.96	1.83
Ay	0.00	[0.00]	0.00	0.00	0	0.00	0.00	−	−
Bl	0.30	[0.49]	0.00	2.00	23	0.00	0.00	1.22	0.28
Bt	1.52	0.64	0.00	2.00	74	2.00	2.00	−1.00	−0.04
Cg	0.03	0.16	0.00	1.00	2	0.00	0.00	6.20	37.40
Cl	0.14	[0.35]	0.00	1.00	11	0.00	0.00	2.14	2.67
Ex	0.25	[0.44]	0.00	1.00	20	0.00	0.00	1.17	−0.63
Fi	0.61	[0.52]	0.00	2.00	48	1.00	1.00	−0.18	−1.32
Food	0.59	[0.50]	0.00	1.00	47	1.00	1.00	−0.36	−1.92
Ge	0.05	[0.22]	0.00	1.00	4	0.00	0.00	4.20	16.12
Hh	1.17	0.65	0.00	3.00	73	1.00	1.00	0.93	1.71
Ls	0.96	0.19	0.00	1.00	77	1.00	1.00	−4.96	23.21
Na	0.78	[0.78]	0.00	2.00	45	1.00	1.00	0.41	−1.23
Sc	0.71	[0.66]	0.00	3.00	49	1.00	1.00	0.65	0.64
Sx	0.00	[0.00]	0.00	0.00	0	0.00	0.00	−	−
Xy	0.00	[0.00]	0.00	0.00	0	0.00	0.00	−	−
Idiographic	0.15	0.36	0.00	1.00	12	0.00	0.00	1.99	2.04
DV	0.06	[0.24]	0.00	1.00	5	0.00	0.00	3.68	11.87
INCOM	2.35	[0.58]	0.00	3.00	79	2.00	2.00	−0.60	1.86
DR	0.09	[0.33]	0.00	2.00	6	0.00	0.00	4.03	17.30
FABCOM	0.60	[0.49]	0.00	1.00	48	1.00	1.00	−0.41	−1.87
DV2	0.00	[0.00]	0.00	0.00	0	0.00	0.00	−	−
INC2	0.04	[0.19]	0.00	1.00	3	0.00	0.00	4.96	23.21
DR2	0.00	[0.00]	0.00	0.00	0	0.00	0.00	−	−
FAB2	0.00	[0.00]	0.00	0.00	0	0.00	0.00	−	−
ALOG	0.65	[0.48]	0.00	1.00	52	1.00	1.00	−0.64	−1.63
CONTAM	0.00	0.00	0.00	0.00	0	0.00	0.00	−	−
Sum 6 Sp Sc	3.79	1.35	1.00	6.00	80	4.00	5.00	−0.27	−1.21
Lvl 2 Sp Sc	0.04	[0.19]	0.00	1.00	3	0.00	0.00	4.96	23.21
WSum6	10.83	4.72	3.00	18.00	80	13.00	15.00	−0.55	−1.36
AB	0.00	[0.00]	0.00	0.00	0	0.00	0.00	−	−
AG	0.36	0.60	0.00	2.00	24	0.00	0.00	1.45	1.09
COP	1.84	0.56	0.00	3.00	74	2.00	2.00	−2.68	6.69
CP	0.00	[0.00]	0.00	0.00	0	0.00	0.00	−	−
GOODHR	3.68	0.98	2.00	5.00	80	3.00	3.00	0.20	−1.24
POORHR	1.14	0.73	0.00	3.00	69	1.00	1.00	0.80	1.10
MOR	0.08	[0.35]	0.00	2.00	4	0.00	0.00	4.88	23.92
PER	0.08	0.38	0.00	3.00	4	0.00	0.00	6.35	45.06
PSV	0.01	[0.11]	0.00	1.00	1	0.00	0.00	8.94	80.00

注：[ ]で示した標準偏差は，値が信頼できないので，期待域の推定を行ってはならない。これらの変数をパラメトリックな分析に含めてはならない。

表 A.1　7歳（N=120）

変数	平均	標準偏差	最小値	最大値	頻度	中央値	最頻値	歪度	尖度
R	19.93	1.25	14.00	24.00	120	19.00	19.00	−0.10	−0.50
W	10.33	2.01	5.00	12.00	120	9.00	9.00	0.02	−1.34
D	9.09	2.86	7.00	15.00	120	9.00	7.00	0.07	−1.77
Dd	0.82	[0.32]	0.00	3.00	74	0.00	0.00	0.42	2.91
S	1.44	[1.06]	0.00	4.00	102	2.00	2.00	−0.49	−0.38
DQ+	6.48	0.80	6.00	9.00	120	6.00	6.00	0.11	−0.41
DQo	11.15	0.98	10.00	13.00	120	11.00	11.00	0.36	−0.92
DQv	1.63	[0.58]	0.00	3.00	89	2.00	1.00	0.28	−0.71
DQv/+	0.28	[0.45]	0.00	1.00	33	0.00	0.00	1.02	−0.98
FQX+	0.00	0.00	0.00	0.00	0	0.00	0.00	−	−
FQXo	14.37	1.46	12.00	18.00	120	15.00	14.00	0.24	−1.28
FQXu	2.08	0.69	1.00	3.00	120	2.00	2.00	−0.10	−0.86
FQX-	1.99	1.27	0.00	4.00	117	2.00	1.00	0.36	−1.18
FQXNone	1.10	[0.30]	0.00	3.00	72	1.00	1.00	2.70	5.38
MQ+	0.00	0.00	0.00	0.00	0	0.00	0.00	−	−
MQo	2.51	1.16	2.00	6.00	120	3.00	2.00	1.25	0.67
MQu	0.56	0.34	0.00	1.00	13	0.00	0.00	2.20	4.96
MQ-	0.45	[0.22]	0.00	2.00	28	0.00	0.00	2.18	11.75
MQNone	0.00	[0.00]	0.00	0.00	0	0.00	0.00	−	−
S −	0.12	[0.32]	0.00	1.00	14	0.00	0.00	2.42	3.91
M	3.02	1.22	2.00	6.00	120	3.00	2.00	1.15	0.12
FM	5.92	1.20	3.00	7.00	120	6.00	6.00	−1.11	0.14
m	1.06	0.40	0.00	2.00	114	1.00	1.00	0.52	3.35
FM + m	6.08	1.14	5.00	8.00	120	7.00	8.00	−0.80	−0.79
FC	2.17	0.93	1.00	4.00	120	2.00	2.00	0.27	−1.82
CF	3.19	0.98	1.00	6.00	120	3.00	3.00	−0.71	0.47
C	0.99	[0.30]	0.00	3.00	72	0.00	0.00	2.70	5.38
Cn	0.00	[0.00]	0.00	0.00	0	0.00	0.00	−	−
FC+CF+C+Cn	6.15	1.39	4.00	10.00	120	5.00	5.00	0.70	−1.11
WSum C	4.97	1.14	3.00	7.00	120	4.00	4.00	0.16	−1.17
Sum C'	1.25	[0.86]	0.00	2.00	87	2.00	2.00	−0.51	−1.47
Sum T	0.93	[0.78]	0.00	2.00	110	1.00	1.00	0.42	4.14
Sum V	0.00	[0.00]	0.00	0.00	0	0.00	0.00	−	−
Sum Y	0.23	[0.42]	0.00	1.00	37	0.00	0.00	1.33	−0.23
SumShd	2.48	1.12	1.00	4.00	120	3.00	3.00	−0.05	−1.37
Fr + rF	0.30	[0.39]	0.00	2.00	22	0.00	0.00	2.70	5.38
FD	0.13	[0.70]	0.00	1.00	14	0.00	0.00	1.31	−2.94
F	7.62	1.60	3.00	10.00	120	7.00	8.00	−0.68	−0.31
PAIR	9.73	1.94	7.00	12.00	120	9.00	8.00	0.03	−1.75
3r(2)/R	0.65	0.12	0.33	0.90	120	0.62	0.60	0.14	0.28
LAMBDA	0.79	0.16	0.20	1.25	120	0.70	0.62	−0.17	−0.32
EA	7.48	1.04	4.00	9.00	120	8.00	7.00	−0.41	−1.07
es	8.56	1.67	4.00	12.00	120	8.00	7.00	0.01	−0.98
D	−0.53	0.67	−2.00	0.00	120	0.00	0.00	−0.92	−0.32
Adj D	−0.47	0.58	−2.00	0.00	120	0.00	0.00	−0.79	−0.35
a(active)	6.97	1.24	4.00	8.00	120	7.00	8.00	−1.00	−0.19
p(passive)	3.03	1.28	2.00	6.00	120	2.00	2.00	0.91	−0.50
Ma	2.82	0.87	2.00	5.00	120	3.00	2.00	0.84	−0.07
Mp	0.20	0.40	0.00	1.00	24	0.00	0.00	1.52	0.31
Intellect	0.27	0.44	0.00	1.00	120	0.00	0.00	1.07	−0.87
Zf	11.51	1.46	10.00	15.00	120	11.00	14.00	−0.08	−1.14
Zd	−1.04	2.41	−3.50	3.00	120	−1.00	−3.50	0.39	−1.46
Blends	5.11	0.65	3.00	7.00	120	4.00	5.00	−0.72	0.74
Col Shd Bl	0.36	[0.64]	0.00	1.00	20	0.00	0.00	2.12	8.35
Afr	0.79	0.09	0.45	0.83	120	0.67	0.75	0.02	−1.21
Popular	4.75	0.79	2.00	8.00	120	6.00	4.00	−0.35	−0.16

表 A.1　7歳（N=120）（つづき）

変数	平均	標準偏差	最小値	最大値	頻度	中央値	最頻値	歪度	尖度
XA%	0.92	0.07	0.79	1.00	120	0.94	1.00	−0.31	−1.26
WDA%	0.92	0.07	0.79	1.00	120	0.94	1.00	−0.52	−0.99
X+%	0.81	0.05	0.70	0.89	120	0.82	0.86	−0.61	−0.33
X−%	0.08	0.07	0.00	0.21	87	0.06	0.00	0.33	−1.09
Xu%	0.11	0.03	0.05	0.15	120	0.11	0.11	−0.67	−0.56
Isolate/R	0.25	0.05	0.17	0.35	120	0.25	0.25	0.41	−1.08
H	1.67	0.79	1.00	3.00	120	1.00	1.00	0.65	−1.10
(H)	1.34	0.88	0.00	3.00	93	2.00	2.00	−0.28	−1.00
HD	0.38	0.49	0.00	1.00	45	0.00	0.00	0.52	−1.76
(Hd)	0.74	0.87	0.00	3.00	63	1.00	0.00	1.14	0.71
Hx	0.00	[0.00]	0.00	0.00	0	0.00	0.00	−	−
All H Cont	4.13	0.89	3.00	6.00	120	4.00	4.00	0.17	−0.94
A	9.26	0.77	8.00	10.00	120	9.00	10.00	−0.48	−1.16
(A)	1.18	[0.81]	0.00	2.00	90	1.00	2.00	−0.34	−1.39
Ad	0.68	[0.79]	0.00	2.00	57	0.00	0.00	0.65	−1.10
(Ad)	0.05	[0.22]	0.00	1.00	6	0.00	0.00	4.18	15.75
An	0.37	[0.48]	0.00	1.00	44	0.00	0.00	0.56	−1.72
Art	0.10	0.30	0.00	1.00	12	0.00	0.00	2.70	5.38
Ay	0.17	[0.37]	0.00	1.00	20	0.00	0.00	1.81	1.30
Bl	0.28	[0.45]	0.00	1.00	33	0.00	0.00	1.02	−0.98
Bt	2.11	0.56	1.00	3.00	120	2.00	2.00	0.03	0.12
Cg	1.15	0.36	1.00	2.00	120	1.00	1.00	1.98	1.97
Cl	0.00	[0.00]	0.00	0.00	0	0.00	0.00	−	−
Ex	0.00	[0.00]	0.00	0.00	0	0.00	0.00	−	−
Fi	0.48	[0.50]	0.00	1.00	57	0.00	0.00	0.10	−2.02
Food	0.20	[0.40]	0.00	1.00	24	0.00	0.00	1.51	0.31
Ge	0.00	[0.00]	0.00	0.00	0	0.00	0.00	−	−
Hh	0.00	0.00	0.00	0.00	0	0.00	0.00	−	−
Ls	1.00	0.00	1.00	1.00	120	1.00	1.00	−	−
Na	0.96	[0.77]	0.00	2.00	82	1.00	1.00	0.07	−1.31
Sc	1.54	[1.14]	0.00	4.00	96	1.00	1.00	0.39	−0.62
Sx	0.00	[0.00]	0.00	0.00	0	0.00	0.00	−	−
Xy	0.00	[0.00]	0.00	0.00	0	0.00	0.00	−	−
Idiographic	0.53	0.59	0.00	2.00	57	0.00	0.00	0.63	−0.53
DV	1.39	[0.49]	1.00	2.00	120	1.00	1.00	0.45	−1.83
INCOM	1.39	[0.58]	0.00	2.00	114	1.00	1.00	−0.33	−0.71
DR	0.46	[0.63]	0.00	2.00	46	0.00	0.00	1.06	0.06
FABCOM	0.29	[0.46]	0.00	1.00	35	0.00	0.00	0.92	−1.16
DV2	0.00	[0.00]	0.00	0.00	0	0.00	0.00	−	−
INC2	0.00	[0.00]	0.00	0.00	0	0.00	0.00	−	−
DR2	0.00	[0.00]	0.00	0.00	0	0.00	0.00	−	−
FAB2	0.08	[0.26]	0.00	1.00	9	0.00	0.00	3.26	8.83
ALOG	0.38	[0.49]	0.00	1.00	45	0.00	0.00	0.52	−1.76
CONTAM	0.01	0.09	0.00	1.00	1	0.00	0.00	10.95	120.00
Sum 6 Sp Sc	3.99	1.40	1.00	8.00	120	4.00	5.00	0.23	0.45
Lvl 2 Sp Sc	0.08	[0.26]	0.00	1.00	9	0.00	0.00	3.26	8.83
WSum6	9.18	5.66	1.00	29.00	120	10.00	4.00	0.85	0.69
AB	0.00	[0.00]	0.00	0.00	0	0.00	0.00	−	−
AG	1.20	0.40	1.00	2.00	120	1.00	1.00	1.51	0.31
COP	1.17	0.59	0.00	2.00	108	1.00	1.00	−0.05	−0.28
CP	0.00	[0.00]	0.00	0.00	0	0.00	0.00	−	−
GOODHR	3.82	1.16	2.00	5.00	120	4.00	5.00	−0.52	−1.19
POORHR	0.99	0.98	0.00	3.00	71	1.00	0.00	0.50	−0.95
MOR	1.64	[0.58]	1.00	3.00	120	2.00	2.00	0.22	−0.70
PER	1.22	0.57	1.00	3.00	120	1.00	1.00	2.51	4.94
PSV	0.54	[0.50]	0.00	1.00	65	1.00	1.00	−0.16	−2.01

注：[ ] で示した標準偏差は，値が信頼できないので，期待域の推定を行ってはならない。これらの変数をパラメトリックな分析に含めてはならない。

表 A.1　8歳（N=120）

変数	平均	標準偏差	最小値	最大値	頻度	中央値	最頻値	歪度	尖度
R	18.73	2.46	14.00	23.00	120	18.00	16.00	0.21	−1.57
W	10.03	1.01	6.00	11.00	120	11.00	8.00	0.55	−1.05
D	7.00	1.28	7.00	11.00	120	7.00	7.00	0.41	−1.12
Dd	1.70	[0.84]	0.00	3.00	104	1.00	0.00	0.40	−1.47
S	1.73	[0.58]	1.00	3.00	119	2.00	2.00	0.08	−0.43
DQ+	6.80	1.74	4.00	10.00	120	6.00	6.00	0.64	−0.57
DQo	11.27	1.40	9.00	14.00	120	12.00	12.00	−0.04	−0.68
DQv	0.90	[0.62]	0.00	3.00	99	1.00	1.00	0.50	−0.59
DQv/+	0.17	[0.25]	0.00	1.00	19	0.00	0.00	3.56	11.07
FQX+	0.00	0.00	0.00	0.00	0	0.00	0.00	−	−
FQXo	13.22	1.83	10.00	17.00	120	13.00	12.00	0.44	−0.37
FQXu	3.47	1.37	2.00	6.00	120	4.00	2.00	0.24	−1.34
FQX-	1.72	0.76	1.00	4.00	120	2.00	1.00	0.53	−1.07
FQXNone	0.43	[0.48]	0.00	1.00	43	0.00	0.00	0.73	−1.53
MQ+	0.00	0.00	0.00	0.00	0	0.00	0.00	−	−
MQo	3.12	1.62	1.00	6.00	120	2.00	2.00	0.68	−0.97
MQu	0.20	0.40	0.00	1.00	24	0.00	0.00	1.54	0.38
MQ-	0.07	[0.25]	0.00	1.00	10	0.00	0.00	3.56	11.07
MQNone	0.00	[0.00]	0.00	0.00	0	0.00	0.00	−	−
S−	0.13	[0.34]	0.00	1.00	29	0.00	0.00	2.21	3.00
M	3.38	1.85	1.00	7.00	120	3.00	2.00	0.79	−0.49
FM	4.72	1.37	3.00	8.00	120	4.00	4.00	0.71	−0.30
m	0.57	0.50	0.00	3.00	57	0.00	0.00	0.14	−2.05
FM + m	5.28	1.56	3.00	8.00	120	5.00	4.00	0.20	−1.29
FC	1.80	0.84	1.00	3.00	120	2.00	1.00	0.40	−1.47
CF	2.73	0.78	1.00	4.00	120	3.00	3.00	−0.38	−0.01
C	0.43	[0.48]	0.00	1.00	43	0.00	0.00	0.73	−1.53
Cn	0.00	[0.00]	0.00	0.00	0	0.00	0.00	−	−
FC+CF+C+Cn	4.87	0.72	3.00	6.00	120	5.00	5.00	−0.90	1.37
WSum C	4.13	0.77	3.00	6.00	120	4.00	3.50	0.80	0.22
Sum C'	1.30	[0.89]	0.00	3.00	102	1.00	1.00	0.92	−0.26
Sum T	1.08	[0.60]	0.00	2.00	107	1.00	1.00	0.76	2.58
Sum V	0.00	[0.00]	0.00	0.00	0	0.00	0.00	−	−
Sum Y	0.92	[0.85]	0.00	2.00	68	1.00	0.00	0.37	−1.54
SumShd	2.90	1.47	1.00	5.00	120	2.00	2.00	0.18	−1.46
Fr + rF	0.33	[0.48]	0.00	1.00	33	0.00	0.00	0.73	−1.53
FD	0.53	[0.34]	0.00	2.00	39	0.00	0.00	2.21	3.00
F	6.98	1.64	5.00	10.00	120	7.00	7.00	0.67	−0.58
PAIR	7.97	1.19	6.00	10.00	120	8.00	8.00	0.07	−0.60
3r(2)/R	0.62	0.12	0.30	0.90	120	0.67	0.60	0.28	0.39
LAMBDA	0.77	0.27	0.29	1.35	120	0.65	0.70	0.91	−0.21
EA	7.51	1.45	4.00	11.50	120	7.00	6.50	0.48	−0.31
es	8.18	2.51	4.00	12.00	120	7.00	6.00	0.07	−1.31
D	−0.22	0.64	−2.00	1.00	120	0.00	0.00	−1.38	2.44
Adj D	−0.15	0.61	−2.00	1.00	120	0.00	0.00	−1.82	4.40
a(active)	6.73	1.63	4.00	10.00	120	6.00	6.00	0.15	−0.34
p(passive)	1.93	1.30	0.00	5.00	112	2.00	1.00	0.89	0.20
Ma	3.12	1.66	1.00	6.00	120	3.00	2.00	0.52	−1.01
Mp	0.37	0.45	0.00	2.00	46	0.00	0.00	1.08	−0.86
Intellect	0.46	0.98	0.00	1.50	120	0.00	0.00	2.46	3.15
Zf	11.27	1.49	10.00	15.00	120	12.00	11.00	0.28	−1.27
Zd	−0.70	1.93	−4.50	5.00	120	−1.00	0.00	1.23	3.73
Blends	4.88	1.03	3.00	6.00	120	5.00	5.00	−0.54	−0.82
Col Shd Bl	0.30	[0.40]	0.00	1.00	34	0.00	0.00	1.54	0.38
Afr	0.69	0.09	0.36	0.90	120	0.68	0.63	0.64	0.00
Popular	5.68	0.80	3.00	7.00	120	6.00	6.00	−0.57	−1.22

表 A.1 8歳（N=120）（つづき）

変数	平均	標準偏差	最小値	最大値	頻度	中央値	最頻値	歪度	尖度
XA%	0.89	0.06	0.75	0.95	120	0.89	0.94	−0.79	−0.05
WDA%	0.90	0.06	0.75	0.95	120	0.93	0.95	−1.29	0.86
X+%	0.71	0.07	0.58	0.81	120	0.71	0.63	0.01	−1.33
X−%	0.09	0.04	0.05	0.19	120	0.09	0.06	0.80	−0.29
Xu%	0.18	0.06	0.12	0.32	120	0.18	0.13	0.89	−0.16
Isolate/R	0.23	0.04	0.14	0.27	120	0.24	0.19	−0.64	−0.47
H	1.87	1.03	1.00	4.00	120	1.00	1.00	0.64	−1.07
(H)	1.47	0.62	1.00	3.00	120	1.00	1.00	0.98	−0.05
HD	0.27	0.44	0.00	1.00	32	0.00	0.00	1.06	−0.87
(Hd)	1.20	0.54	1.00	3.00	120	1.00	1.00	2.65	5.75
Hx	0.00	[0.00]	0.00	0.00	0	0.00	0.00	−	−
H+(H)+Hd+(Hd)	4.80	1.91	3.00	9.00	120	4.00	3.00	0.87	−0.45
A	9.27	1.44	7.00	12.00	120	9.00	8.00	0.34	−1.07
(A)	1.73	[0.58]	1.00	3.00	120	2.00	2.00	0.08	−0.46
Ad	0.33	[0.47]	0.00	1.00	40	0.00	0.00	0.71	−1.51
(Ad)	0.13	[0.34]	0.00	1.00	16	0.00	0.00	2.18	2.82
An	0.20	[0.40]	0.00	1.00	24	0.00	0.00	1.51	0.31
Art	0.00	0.00	0.00	0.00	0	0.00	0.00	−	−
Ay	0.00	[0.00]	0.00	0.00	0	0.00	0.00	−	−
Bl	0.33	[0.47]	0.00	1.00	40	0.00	0.00	0.71	−1.51
Bt	1.45	0.65	1.00	3.00	118	1.00	1.00	0.75	0.04
Cg	1.80	1.17	1.00	4.00	120	1.00	1.00	0.90	−0.93
Cl	0.13	[0.34]	0.00	1.00	16	0.00	0.00	2.18	2.82
Ex	0.00	[0.00]	0.00	0.00	0	0.00	0.00	−	−
Fi	0.33	[0.47]	0.00	1.00	40	0.00	0.00	0.71	−1.51
Food	0.20	[0.40]	0.00	1.00	24	0.00	0.00	1.51	0.31
Ge	0.00	[0.00]	0.00	0.00	0	0.00	0.00	−	−
Hh	0.15	0.36	0.00	1.00	18	0.00	0.00	1.98	1.97
Ls	0.93	0.25	0.00	1.00	112	1.00	1.00	−3.51	10.56
Na	0.80	[0.40]	0.00	1.00	96	1.00	1.00	−1.51	0.31
Sc	2.45	[0.62]	1.00	3.00	120	3.00	3.00	−0.66	−0.50
Sx	0.00	0.00	0.00	0.00	0	0.00	0.00	−	−
Xy	0.00	[0.00]	0.00	0.00	0	0.00	0.00	−	−
Idiographic	0.53	0.62	0.00	2.00	56	0.00	0.00	0.72	−0.43
DV	1.33	[0.70]	0.00	2.00	104	1.00	2.00	−0.57	−0.82
INCOM	2.07	[0.44]	1.00	3.00	120	2.00	2.00	0.31	2.04
DR	0.47	[0.62]	0.00	2.00	48	0.00	0.00	0.98	−0.05
FABCOM	0.55	[0.89]	0.00	3.00	42	0.00	0.00	1.60	1.65
DV2	0.07	[0.25]	0.00	1.00	8	0.00	0.00	3.51	10.56
INC2	0.13	[0.34]	0.00	1.00	16	0.00	0.00	2.18	2.82
DR2	0.00	[0.00]	0.00	0.00	0	0.00	0.00	−	−
FAB2	0.13	[0.34]	0.00	1.00	16	0.00	0.00	2.18	2.82
ALOG	0.73	[0.44]	0.00	1.00	88	1.00	1.00	−1.06	−0.87
CONTAM	0.00	0.00	0.00	0.00	0	0.00	0.00	−	−
Sum 6 Sp Sc	5.48	1.70	3.00	10.00	120	5.00	5.00	0.95	1.21
Lvl 2 Sp Sc	0.33	[0.47]	0.00	1.00	40	0.00	0.00	0.71	−1.51
WSum6	14.33	5.10	5.00	28.00	120	14.00	14.00	0.71	1.74
AB	0.00	[0.00]	0.00	0.00	0	0.00	0.00	−	−
AG	0.93	0.58	0.00	2.00	96	1.00	1.00	0.00	0.05
COP	1.93	1.00	1.00	4.00	120	2.00	1.00	0.54	−1.06
CP	0.00	[0.00]	0.00	0.00	0	0.00	0.00	−	−
GOODHR	4.98	2.29	1.00	9.00	120	4.00	4.00	0.48	−0.86
POORHR	0.68	0.83	0.00	3.00	56	0.00	0.00	0.83	−0.51
MOR	1.13	[0.34]	1.00	2.00	120	1.00	1.00	2.18	2.82
PER	0.33	0.47	0.00	1.00	40	0.00	0.00	0.71	−1.51
PSV	0.46	[0.78]	0.00	2.00	18	0.00	0.00	2.74	9.86

注：[ ]で示した標準偏差は，値が信頼できないので，期待域の推定を行ってはならない。これらの変数をパラメトリックな分析に含めてはならない。

表 A.1　9歳（N=140）

変数	平均	標準偏差	最小値	最大値	頻度	中央値	最頻値	歪度	尖度
R	20.53	2.46	14.00	26.00	140	21.00	19.00	0.41	0.57
W	10.33	1.57	6.00	12.00	140	11.00	9.00	0.55	0.05
D	9.00	1.28	7.00	13.00	140	9.00	8.00	0.41	0.84
Dd	1.20	[0.84]	0.00	4.00	102	1.00	0.00	0.40	3.47
S	1.73	[0.58]	0.00	4.00	108	2.00	1.00	1.78	3.43
DQ+	6.40	1.94	3.00	12.00	138	7.00	6.00	0.64	2.57
DQo	11.67	1.80	7.00	14.00	140	11.00	10.00	−0.04	−0.68
DQv	1.61	[0.65]	0.00	4.00	72	1.00	0.00	0.50	−0.59
DQv/+	0.45	[0.65]	0.00	1.00	23	0.00	0.00	3.56	11.07
FQX+	0.26	0.31	0.00	1.00	5	0.00	0.00	4.18	13.67
FQXo	14.22	1.83	10.00	18.00	140	14.00	12.00	0.44	−0.37
FQXu	3.49	1.37	2.00	6.00	140	4.00	2.00	0.24	−1.34
FQX-	2.04	0.76	1.00	3.00	140	2.00	1.00	0.53	−1.07
FQXNone	0.38	[0.48]	0.00	2.00	31	0.00	0.00	0.73	−1.53
MQ+	0.00	0.00	0.00	0.00	0	0.00	0.00	−	−
MQo	3.12	1.62	1.00	6.00	140	2.00	2.00	0.68	−0.97
MQu	0.20	0.40	0.00	1.00	22	0.00	0.00	1.54	0.38
MQ-	0.37	[0.25]	0.00	2.00	7	0.00	0.00	3.27	10.61
MQNone	0.00	[0.00]	0.00	0.00	0	0.00	0.00	−	−
S −	0.13	[0.34]	0.00	1.00	29	0.00	0.00	2.21	3.00
M	3.12	1.85	1.00	7.00	140	3.00	2.00	0.79	−0.49
FM	4.22	1.47	3.00	9.00	140	4.00	4.00	0.71	0.64
m	0.67	0.58	0.00	3.00	66	0.00	0.00	0.14	3.65
FM + m	5.64	1.86	2.00	9.00	140	6.00	4.00	0.20	0.59
FC	1.89	0.86	0.00	3.00	131	2.00	1.00	0.40	2.47
CF	2.79	0.78	1.00	4.00	140	3.00	2.00	−0.38	2.01
C	0.43	[0.48]	0.00	2.00	22	0.00	0.00	0.73	2.53
Cn	0.00	[0.00]	0.00	0.00	0	0.00	0.00	−	−
FC+CF+C+Cn	4.15	0.72	3.00	9.00	140	6.00	5.00	−0.90	1.37
WSum C	5.13	1.07	2.50	7.50	140	4.00	3.50	0.80	0.22
Sum C'	1.16	[0.79]	0.00	4.00	104	1.00	1.00	0.92	1.66
Sum T	0.97	[0.63]	0.00	2.00	123	1.00	1.00	0.24	3.58
Sum V	0.00	[0.00]	0.00	0.00	0	0.00	0.00	−	−
Sum Y	0.83	[0.85]	0.00	3.00	102	1.00	1.00	0.37	−1.76
SumShd	2.96	1.27	1.00	6.00	140	2.00	2.00	0.18	−1.46
Fr + rF	0.42	[0.43]	0.00	1.00	26	0.00	0.00	0.73	2.53
FD	0.63	[0.34]	0.00	1.00	64	0.00	0.00	2.45	3.13
F	9.14	1.84	5.00	11.00	140	8.00	8.00	0.67	−0.58
PAIR	8.97	1.69	5.00	12.00	140	9.00	8.00	0.07	−0.60
3r(2)/R	0.57	0.12	0.30	0.88	140	0.60	0.55	0.18	0.54
LAMBDA	0.81	0.37	0.29	1.45	140	0.85	0.70	0.91	0.21
EA	8.25	1.95	4.00	11.50	140	8.00	6.50	0.38	0.56
es	8.60	2.59	4.00	13.00	140	7.00	6.00	0.07	1.31
D	−0.18	0.54	−3.00	1.00	140	0.00	0.00	1.18	1.44
Adj D	−0.10	0.41	−2.00	1.00	140	0.00	0.00	−1.32	3.44
a(active)	6.26	1.23	3.00	11.00	140	7.00	6.00	0.12	0.30
p(passive)	2.51	1.40	0.00	5.00	76	2.00	1.00	0.89	0.70
Ma	2.72	1.36	1.00	6.00	134	3.00	2.00	0.52	−1.01
Mp	0.27	0.45	0.00	1.00	61	0.00	0.00	1.28	1.86
Intellect	1.03	0.98	0.00	1.00	140	0.00	0.00	2.68	10.89
Zf	11.16	1.54	7.00	15.00	140	11.00	11.00	0.28	0.47
Zd	0.40	2.03	−4.50	6.00	140	0.00	0.00	0.23	0.73
Blends	4.38	1.23	2.00	7.00	140	5.00	5.00	−0.44	−0.92
Col Shd Bl	0.90	[0.56]	0.00	3.00	59	0.00	0.00	1.04	0.34
Afr	0.79	0.13	0.38	1.05	140	0.76	0.68	−0.44	0.03
Popular	5.78	0.63	4.00	7.00	140	6.00	5.00	−0.52	−1.02

表A.1　9歳（N=140）（つづき）

変数	平均	標準偏差	最小値	最大値	頻度	中央値	最頻値	歪度	尖度
XA%	0.91	0.07	0.67	1.00	140	0.91	0.95	−2.07	7.52
WDA%	0.92	0.05	0.71	1.00	140	0.91	0.95	−1.80	5.89
X+%	0.74	0.07	0.61	0.85	140	0.77	0.79	−0.90	−0.22
X−%	0.09	0.06	0.05	0.25	140	0.07	0.09	−0.32	0.25
Xu%	0.17	0.07	0.10	0.33	140	0.18	0.15	0.81	−0.15
Isolate	0.16	0.05	0.06	0.32	140	0.14	0.17	−0.67	−0.34
H	2.87	1.03	0.00	6.00	138	2.00	2.00	0.66	−1.06
(H)	1.32	0.61	1.00	3.00	140	1.00	1.00	0.84	1.25
Hd	0.57	0.40	0.00	2.00	46	0.00	0.00	1.58	0.36
(Hd)	0.74	0.58	0.00	2.00	62	0.00	0.00	1.60	4.06
Hx	0.00	[0.00]	0.00	0.00	0	0.00	0.00	−	−
All H Cont	5.50	1.62	2.00	8.00	140	5.00	4.00	0.59	−0.41
A	8.28	1.59	5.00	13.00	140	9.00	8.00	0.35	0.06
(A)	0.73	[0.68]	0.00	3.00	101	1.00	1.00	0.28	1.63
Ad	0.53	[0.98]	0.00	2.00	80	1.00	1.00	−0.63	2.73
(Ad)	0.23	[0.39]	0.00	1.00	13	0.00	0.00	3.27	4.00
An	0.36	[0.60]	0.00	3.00	34	0.00	0.00	2.54	2.38
Art	0.32	0.71	0.00	2.00	31	0.00	0.00	1.38	3.09
Ay	0.13	[0.28]	0.00	1.00	11	0.00	0.00	3.94	8.28
Bl	0.33	[0.48]	0.00	1.00	28	0.00	0.00	1.03	1.33
Bt	1.45	0.65	0.00	3.00	129	1.00	1.00	0.97	1.10
Cg	1.84	1.08	1.00	4.00	133	1.00	1.00	0.92	1.92
Cl	0.16	[0.39]	0.00	1.00	40	0.00	0.00	2.01	3.34
Ex	0.26	[0.54]	0.00	1.00	21	0.00	0.00	1.93	4.06
Fi	0.69	[0.68]	0.00	1.00	68	0.00	0.00	0.33	2.73
Fd	0.18	[0.46]	0.00	1.00	15	0.00	0.00	2.54	4.38
Ge	0.00	[0.00]	0.00	0.00	0	0.00	0.00	−	−
Hh	0.59	0.36	0.00	1.00	49	0.00	0.00	2.11	2.07
Ls	0.93	0.59	0.00	3.00	107	1.00	1.00	−0.28	0.83
Na	0.70	[0.48]	0.00	2.00	96	1.00	1.00	−0.54	1.38
Sc	1.55	[0.72]	0.00	3.00	102	2.00	1.00	0.68	2.46
Sx	0.00	[0.00]	0.00	0.00	0	0.00	0.00	−	−
Xy	0.00	[0.00]	0.00	0.00	0	0.00	0.00	−	−
Idio	0.63	0.42	0.00	1.00	48	0.00	0.00	0.84	1.40
DV	1.01	[0.61]	0.00	2.00	97	1.00	1.00	−0.08	2.80
INCOM	1.37	[0.75]	0.00	3.00	81	1.00	1.00	0.32	2.18
DR	0.67	[0.72]	0.00	2.00	91	1.00	1.00	−0.73	2.00
FABCOM	1.05	[0.89]	0.00	3.00	102	1.00	1.00	0.63	1.68
DV2	0.07	[0.21]	0.00	1.00	6	0.00	0.00	1.56	12.07
INC2	0.11	[0.59]	0.00	1.00	7	0.00	0.00	1.27	11.40
DR2	0.00	[0.00]	0.00	0.00	0	0.00	0.00	−	−
FAB2	0.05	[0.39]	0.00	1.00	3	0.00	0.00	0.68	13.00
ALOG	0.61	[0.49]	0.00	1.00	56	0.00	0.00	1.08	3.86
CONTAM	0.00	0.00	0.00	0.00	0	0.00	0.00	−	−
Sum 6 Sp Sc	5.95	2.16	1.00	9.00	140	6.00	6.00	0.74	0.52
Sum 6 Sp Sc2	0.27	[0.51]	0.00	2.00	14	0.00	0.00	0.63	6.53
WSum6	13.06	4.72	3.00	26.00	140	12.00	11.00	0.92	0.86
AB	0.00	[0.00]	0.00	0.00	0	0.00	0.00	−	−
AG	1.37	0.78	0.00	4.00	128	2.00	1.00	0.67	1.11
COP	2.03	1.14	0.00	5.00	136	2.00	2.00	0.18	1.05
CP	0.00	[0.00]	0.00	0.00	0	0.00	0.00	−	−
GOODHR	4.11	1.42	1.00	8.00	140	4.00	4.00	0.17	−0.78
POORHR	1.86	1.02	0.00	5.00	140	1.00	1.00	1.62	6.02
MOR	0.87	[0.64]	0.00	4.00	116	1.00	1.00	−0.41	1.87
PER	1.16	0.78	0.00	6.00	99	1.00	1.00	0.73	−1.53
PSV	0.26	[0.61]	0.00	2.00	29	0.00	0.00	1.04	4.14

注：[　]で示した標準偏差は，値が信頼できないので，期待域の推定を行ってはならない。これらの変数をパラメトリックな分析に含めてはならない。

表 A.1　10 歳（N=120）

変数	平均	標準偏差	最小値	最大値	頻度	中央値	最頻値	歪度	尖度
R	20.97	1.92	18.00	25.00	120	19.00	19.00	0.85	− 0.39
W	9.52	0.87	9.00	12.00	120	9.00	9.00	1.59	1.46
D	10.10	1.48	8.00	13.00	120	10.00	9.00	0.31	− 1.32
Dd	1.35	[0.44]	0.00	3.00	119	0.00	0.00	1.17	− 0.64
S	1.48	[0.70]	1.00	3.00	107	1.00	1.00	1.12	− 0.08
DQ+	7.68	0.96	3.00	9.00	120	8.00	7.00	− 0.48	− 0.18
DQo	12.07	1.78	9.00	17.00	120	12.00	11.00	0.08	0.01
DQv	0.53	[0.50]	0.00	2.00	64	1.00	1.00	− 0.14	− 2.02
DQv/+	0.38	[0.28]	0.00	1.00	36	0.00	0.00	3.05	7.45
FQX+	0.30	0.50	0.00	1.00	11	0.00	0.00	4.04	9.15
FQXo	15.80	1.98	13.00	21.00	120	15.00	15.00	0.81	0.33
FQXu	2.95	0.79	1.00	4.00	120	3.00	3.00	− 0.54	0.12
FQX-	1.58	1.03	0.00	6.00	104	2.00	2.00	1.74	6.56
FQXNone	0.13	[0.34]	0.00	1.00	29	0.00	0.00	2.19	2.82
MQ+	0.08	0.21	0.00	1.00	2	0.00	0.00	4.80	13.25
MQo	3.23	1.48	1.00	6.00	120	3.00	3.00	0.22	− 0.78
MQu	0.25	0.44	0.00	1.00	30	0.00	0.00	1.17	− 0.64
MQ-	0.17	[0.37]	0.00	2.00	21	0.00	0.00	1.81	1.30
MQNone	0.00	[0.00]	0.00	0.00	0	0.00	0.00	−	−
S −	0.12	[0.32]	0.00	1.00	14	0.00	0.00	2.42	3.91
M	3.65	1.63	1.00	7.00	120	4.00	3.00	− 0.04	− 0.69
FM	5.53	1.46	3.00	7.00	120	6.00	7.00	− 0.43	− 1.38
m	1.08	0.28	1.00	2.00	120	1.00	1.00	3.05	7.45
FM + m	6.62	1.40	4.00	8.00	120	7.00	8.00	− 0.56	− 1.06
FC	2.55	0.96	1.00	4.00	120	2.00	2.00	0.44	− 1.03
CF	3.68	1.29	2.00	6.00	120	3.50	5.00	0.14	− 1.27
C	0.13	[0.34]	0.00	2.00	29	0.00	0.00	2.19	2.82
Cn	0.00	[0.00]	0.00	0.00	0	0.00	0.00	−	−
FC+CF+C+Cn	6.37	1.50	4.00	8.00	120	7.00	8.00	− 0.41	− 1.30
WSum C	5.16	1.25	3.00	7.00	120	5.00	4.00	− 0.23	− 1.26
Sum C'	0.79	[0.85]	0.00	4.00	73	1.00	1.00	0.41	0.44
Sum T	0.98	[0.39]	0.00	2.00	106	1.00	1.00	− 0.16	3.86
Sum V	0.02	[0.13]	0.00	1.00	2	0.00	0.00	7.65	57.43
Sum Y	0.43	[0.65]	0.00	2.00	34	0.00	0.00	0.82	− 0.37
SumShd	1.83	1.32	1.00	6.00	120	3.00	4.00	0.06	− 1.16
Fr + rF	0.35	[0.36]	0.00	1.00	36	0.00	0.00	1.98	1.97
FD	0.67	[0.58]	0.00	2.00	78	1.00	1.00	1.33	0.81
F	6.38	2.04	3.00	12.00	120	5.50	5.00	0.57	− 0.73
PAIR	9.62	1.36	6.00	12.00	120	9.00	9.00	− 0.29	0.09
3r(2)/R	0.54	0.07	0.29	0.68	120	0.52	0.47	− 0.71	6.30
LAMBDA	0.49	0.23	0.19	1.11	120	0.36	0.36	0.90	− 0.23
EA	8.81	1.36	4.00	11.00	120	9.00	7.00	− 0.37	1.09
es	8.45	1.90	5.00	12.00	120	8.00	7.00	− 0.33	− 0.89
D	− 0.15	0.44	− 2.00	1.00	120	0.00	0.00	− 1.89	5.07
Adj D	− 0.12	0.49	− 2.00	1.00	120	0.00	0.00	− 1.17	3.81
a(active)	7.15	1.37	6.00	11.00	120	8.00	7.00	0.32	− 0.74
p(passive)	3.27	0.66	1.00	4.00	120	2.00	2.00	1.46	1.91
Ma	2.82	1.09	1.00	5.00	120	3.00	3.00	− 0.10	− 0.63
Mp	0.98	0.83	0.00	3.00	88	1.00	1.00	0.93	0.76
Intellect	0.53	0.56	0.00	2.00	120	0.50	0.00	0.44	− 0.81
Zf	13.52	1.19	11.00	16.00	120	13.50	13.00	− 0.19	− 0.27
Zd	− 0.13	2.32	− 5.00	5.00	120	0.00	− 3.00	0.22	− 0.35
Blends	5.80	1.05	3.00	7.00	120	6.00	7.00	− 0.39	− 0.70
Col Shd Blend	0.42	[0.13]	0.00	1.00	22	0.00	0.00	7.65	57.43
Afr	0.63	0.09	0.50	0.85	120	0.58	0.58	0.94	− 0.05
Popular	6.07	0.84	3.00	7.00	120	6.00	6.00	− 1.01	1.55

表 A.1　10 歳（N=120）（つづき）

変数	平均	標準偏差	最小値	最大値	頻度	中央値	最頻値	歪度	尖度
XA%	0.92	0.04	0.75	1.00	120	0.91	0.95	−1.44	5.47
WDA%	0.93	0.04	0.78	1.00	120	0.95	0.95	−1.24	3.22
X+%	0.77	0.05	0.62	0.85	120	0.79	0.79	−0.85	1.39
X−%	0.07	0.05	0.00	0.25	104	0.07	0.05	1.46	5.42
Xu%	0.15	0.05	0.05	0.21	120	0.16	0.16	−0.43	−0.53
Isolate/R	0.19	0.03	0.14	0.26	120	0.19	0.16	0.67	−0.53
H	2.47	1.12	1.00	5.00	120	3.00	3.00	0.01	−0.83
(H)	1.48	0.74	0.00	2.00	102	2.00	2.00	−1.06	−0.37
HD	0.25	0.47	0.00	2.00	28	0.00	0.00	1.64	1.80
(Hd)	0.85	0.36	0.00	1.00	102	1.00	1.00	−1.98	1.97
Hx	0.00	[0.00]	0.00	0.00	0	0.00	0.00	−	−
All H Cont	5.05	1.64	2.00	8.00	120	6.00	6.00	−0.58	−0.59
A	8.92	1.18	7.00	11.00	120	9.00	9.00	0.54	−0.43
(A)	1.20	[0.77]	0.00	3.00	96	1.00	1.00	−0.14	−0.88
Ad	1.35	[1.08]	0.00	3.00	76	2.00	2.00	−0.25	−1.49
(Ad)	0.07	[0.25]	0.00	1.00	8	0.00	0.00	3.51	10.56
An	0.67	[0.57]	0.00	2.00	74	1.00	1.00	0.14	−0.66
Art	0.53	0.56	0.00	2.00	60	0.50	0.00	0.43	−0.81
Ay	0.00	[0.00]	0.00	0.00	0	0.00	0.00	−	−
Bl	0.60	[0.59]	0.00	2.00	66	1.00	1.00	0.36	−0.70
Bt	2.17	0.74	1.00	4.00	120	2.00	2.00	0.49	0.33
Cg	1.48	1.03	0.00	3.00	102	1.00	1.00	0.32	−1.10
Cl	0.08	[0.28]	0.00	1.00	10	0.00	0.00	3.05	7.45
Ex	0.08	[0.28]	0.00	1.00	10	0.00	0.00	3.05	7.45
Fi	0.75	[0.44]	0.00	1.00	90	1.00	1.00	−1.16	−0.64
Food	0.53	[0.50]	0.00	1.00	64	1.00	1.00	−0.13	−2.02
Ge	0.00	[0.00]	0.00	0.00	0	0.00	0.00	−	−
Hh	0.60	0.49	0.00	1.00	72	1.00	1.00	−0.41	−1.86
Ls	1.00	0.45	0.00	2.00	108	1.00	1.00	0.00	2.14
Na	0.30	[0.46]	0.00	1.00	36	0.00	0.00	0.88	−1.24
Sc	2.85	[0.40]	2.00	4.00	120	3.00	3.00	−1.16	1.62
Sx	0.00	[0.00]	0.00	0.00	0	0.00	0.00	−	−
Xy	0.00	[0.00]	0.00	0.00	0	0.00	0.00	−	−
Idiographic	0.08	0.28	0.00	1.00	10	0.00	0.00	3.05	7.45
DV	1.00	[0.00]	1.00	1.00	120	1.00	1.00	−	−
INCOM	1.35	[0.51]	1.00	3.00	120	1.00	1.00	1.01	−0.16
DR	0.08	[0.28]	0.00	1.00	10	0.00	0.00	3.05	7.45
FABCOM	0.35	[0.48]	0.00	1.00	42	0.00	0.00	0.63	−1.62
DV2	0.00	[0.00]	0.00	0.00	0	0.00	0.00	−	−
INC2	0.23	[0.43]	0.00	1.00	28	0.00	0.00	1.27	−0.38
DR2	0.02	[0.13]	0.00	1.00	2	0.00	0.00	7.64	57.43
FAB2	0.00	[0.00]	0.00	0.00	0	0.00	0.00	−	−
ALOG	0.37	[0.48]	0.00	1.00	44	0.00	0.00	0.56	−1.72
CONTAM	0.00	0.00	0.00	0.00	0	0.00	0.00	−	−
Sum 6 Sp Sc	3.40	1.10	2.00	6.00	120	3.00	3.00	1.29	0.85
Lvl 2 Sp Sc	0.25	[0.44]	0.00	1.00	30	0.00	0.00	1.16	−0.64
WSum6	8.22	3.79	3.00	17.00	120	7.00	7.00	1.07	0.65
AB	0.00	[0.00]	0.00	0.00	0	0.00	0.00	−	−
AG	1.57	0.62	1.00	3.00	120	1.50	1.00	0.61	−0.55
COP	1.73	0.84	1.00	4.00	120	2.00	2.00	1.41	1.94
CP	0.00	[0.00]	0.00	0.00	0	0.00	0.00	−	−
GOODHR	5.32	1.53	2.00	8.00	120	5.00	5.00	0.02	−0.72
POORHR	1.10	0.65	0.00	3.00	104	1.00	1.00	0.63	1.22
MOR	0.55	[0.62]	0.00	2.00	58	0.00	0.00	0.66	−0.50
PER	0.75	0.44	0.00	1.00	90	1.00	1.00	−1.16	−0.64
PSV	0.05	[0.22]	0.00	1.00	6	0.00	0.00	4.18	15.75

注：［　］で示した標準偏差は，値が信頼できないので，期待域の推定を行ってはならない。これらの変数をパラメトリックな分析に含めてはならない。

表A.1　11歳（N=135）

変数	平均	標準偏差	最小値	最大値	頻度	中央値	最頻値	歪度	尖度
R	21.29	2.43	15.00	27.00	135	22.00	19.00	0.93	0.29
W	9.61	0.95	9.00	12.00	135	9.00	9.00	1.49	1.06
D	10.01	1.31	9.00	13.00	135	11.00	11.00	0.05	−1.09
Dd	1.67	[1.13]	0.00	4.00	128	0.00	0.00	2.12	3.75
S	1.75	[0.68]	1.00	3.00	135	2.00	2.00	0.36	−0.81
DQ+	8.07	1.22	6.00	10.00	135	8.00	7.00	0.10	−1.08
DQo	12.08	2.14	9.00	17.00	135	12.00	11.00	0.73	0.25
DQv	0.64	[0.88]	0.00	3.00	63	0.00	0.00	1.57	1.99
DQv/+	0.50	[0.69]	0.00	2.00	41	0.00	0.00	1.98	2.39
FQX+	0.21	0.38	0.00	1.00	9	0.00	0.00	3.08	11.42
FQXo	15.83	1.40	13.00	18.00	135	16.00	17.00	−0.29	−1.09
FQXu	3.18	1.26	1.00	6.00	135	3.00	3.00	0.52	0.49
FQX-	2.20	1.87	0.00	7.00	125	2.00	2.00	1.73	2.02
FQXNone	0.18	[0.27]	0.00	1.00	18	0.00	0.00	3.09	7.69
MQ+	0.11	0.45	0.00	1.00	3	0.00	0.00	4.24	13.85
MQo	3.59	1.38	1.00	6.00	135	4.00	3.00	−0.15	−0.69
MQu	0.33	0.47	0.00	1.00	44	0.00	0.00	0.75	−1.46
MQ-	0.20	[0.40]	0.00	1.00	27	0.00	0.00	1.52	0.30
MQNone	0.00	[0.00]	0.00	0.00	0	0.00	0.00	−	−
S −	0.31	[0.46]	0.00	1.00	52	0.00	0.00	0.82	−1.34
M	4.12	1.67	1.00	7.00	135	4.00	3.00	0.08	−0.56
FM	4.48	1.21	2.00	7.00	135	6.00	4.00	−0.51	−0.65
m	1.00	0.89	0.00	2.00	122	1.00	1.00	0.84	1.69
FM + m	5.48	1.21	4.00	8.00	135	7.00	7.00	−0.51	−0.65
FC	2.93	0.95	1.00	4.00	135	3.00	4.00	−0.19	−1.29
CF	3.43	1.13	2.00	6.00	135	4.00	4.00	0.10	−1.14
C	0.28	[0.27]	0.00	1.00	17	0.00	0.00	3.09	7.69
Cn	0.00	[0.00]	0.00	0.00	0	0.00	0.00	−	−
FC+CF+C+Cn	6.44	1.39	4.00	8.00	135	7.00	7.00	−0.57	−0.93
WSum C	4.02	1.15	2.50	8.00	135	5.00	4.00	−0.36	−1.06
Sum C'	1.06	[0.71]	0.00	2.00	105	1.00	1.00	−0.09	−0.99
Sum T	0.94	[0.47]	0.00	2.00	116	1.00	1.00	−0.20	1.55
Sum V	0.00	[0.00]	0.00	0.00	0	0.00	0.00	−	−
Sum Y	0.85	[0.70]	0.00	2.00	91	1.00	1.00	0.21	−0.92
SumShd	2.85	1.10	1.00	4.00	135	3.00	4.00	−0.32	−1.31
Fr + rF	0.21	[0.41]	0.00	1.00	29	0.00	0.00	1.40	−0.03
FD	0.91	[0.84]	0.00	2.00	92	0.00	0.00	0.59	−1.34
F	6.70	2.37	4.00	12.00	135	6.00	5.00	1.12	0.09
PAIR	9.90	1.08	7.00	12.00	135	10.00	10.00	−0.31	0.86
3r(2)/R	0.53	0.04	0.35	0.75	135	0.58	0.50	0.44	0.38
LAMBDA	0.68	0.22	0.27	1.50	135	0.69	0.60	0.89	−0.62
EA	8.14	1.37	7.00	12.00	135	8.00	7.00	0.57	−0.53
es	8.33	1.72	4.00	12.00	135	9.00	7.00	−0.22	−1.08
D	−0.09	0.29	−1.00	0.00	135	0.00	0.00	−2.92	6.63
Adj D	−0.06	0.34	−1.00	1.00	135	0.00	0.00	−1.00	5.32
a(active)	7.89	1.42	6.00	11.00	135	8.00	7.00	0.67	−0.27
p(passive)	2.79	1.60	2.00	8.00	135	2.00	2.00	2.08	3.12
Ma	2.81	1.01	1.00	5.00	135	3.00	3.00	0.29	−0.01
Mp	1.38	1.33	0.00	5.00	104	1.00	1.00	1.26	0.76
Intellect	0.77	0.65	0.00	2.00	135	1.00	1.00	0.26	−0.67
Zf	13.70	1.22	11.00	16.00	135	14.00	15.00	−0.30	−0.72
Zd	0.60	2.74	−4.50	4.50	135	1.00	4.50	−0.07	−1.15
Blends	6.04	1.41	3.00	8.00	135	6.00	7.00	−0.28	−1.05
Col Shd Bl	0.00	[0.00]	0.00	0.00	0	0.00	0.00	−	−
Afr	0.62	0.09	0.47	0.80	135	0.58	0.58	0.33	−0.90
Popular	6.06	0.86	4.00	9.00	135	7.00	5.00	−0.76	−0.78

表 A.1　11 歳（N=135）（つづき）

変数	平均	標準偏差	最小値	最大値	頻度	中央値	最頻値	歪度	尖度
XA%	0.90	0.07	0.74	1.00	135	0.91	0.91	− 1.51	1.55
WDA%	0.92	0.04	0.78	1.00	135	0.95	0.95	− 1.47	2.85
X + %	0.75	0.08	0.52	0.85	135	0.77	0.79	− 1.65	2.46
X − %	0.10	0.07	0.00	0.26	125	0.09	0.09	1.41	1.41
Xu%	0.15	0.05	0.05	0.24	135	0.16	0.14	− 0.34	− 0.35
Isolate/R	0.20	0.05	0.14	0.37	135	0.18	0.17	2.06	4.31
H	2.80	1.27	1.00	5.00	135	3.00	3.00	0.22	− 0.71
(H)	1.51	0.66	0.00	2.00	123	2.00	2.00	− 1.00	− 0.12
HD	0.52	0.66	0.00	2.00	58	0.00	0.00	0.89	− 0.30
(Hd)	0.87	0.33	0.00	1.00	118	1.00	1.00	− 2.28	3.25
Hx	0.00	[0.00]	0.00	0.00	0	0.00	0.00	−	−
All H Cont	5.70	1.80	2.00	9.00	135	6.00	6.00	− 0.22	0.04
A	8.59	1.25	7.00	11.00	135	8.00	8.00	0.83	− 0.19
(A)	1.00	[0.83]	0.00	2.00	89	1.00	0.00	0.00	− 1.55
Ad	1.54	[0.95]	0.00	3.00	101	2.00	2.00	− 0.75	− 0.78
(Ad)	0.16	[0.36]	0.00	1.00	21	0.00	0.00	1.92	1.72
An	0.73	[0.64]	0.00	2.00	85	1.00	1.00	0.29	− 0.66
Art	0.56	0.50	0.00	1.00	76	1.00	1.00	− 0.25	− 1.96
Ay	0.21	[0.59]	0.00	2.00	16	0.00	0.00	2.62	5.19
Bl	0.44	[0.57]	0.00	2.00	54	0.00	0.00	0.87	− 0.24
Bt	2.10	0.67	1.00	4.00	135	2.00	2.00	0.65	1.16
Cg	1.60	0.99	0.00	3.00	122	1.00	1.00	0.26	− 1.15
Cl	0.06	[0.24]	0.00	1.00	8	0.00	0.00	3.77	12.44
Ex	0.03	[0.17]	0.00	1.00	4	0.00	0.00	5.61	29.92
Fi	0.85	[0.36]	0.00	1.00	115	1.00	1.00	− 2.00	2.04
Food	0.64	[0.48]	0.00	1.00	87	1.00	1.00	− 0.61	− 1.65
Ge	0.00	[0.00]	0.00	0.00	0	0.00	0.00	−	−
Hh	0.82	0.46	0.00	2.00	106	1.00	1.00	− 0.65	0.55
Ls	1.28	0.61	0.00	2.00	124	1.00	1.00	− 0.22	− 0.58
Na	0.35	[0.48]	0.00	1.00	47	0.00	0.00	0.64	− 1.61
Sc	2.96	[0.36]	2.00	4.00	135	3.00	3.00	− 0.57	4.57
Sx	0.00	[0.00]	0.00	0.00	0	0.00	0.00	−	−
Xy	0.09	[0.29]	0.00	1.00	12	0.00	0.00	2.92	6.63
Idio	0.06	0.34	0.00	2.00	4	0.00	0.00	5.61	29.92
DV	1.21	[0.41]	1.00	2.00	135	1.00	1.00	1.46	0.13
INCOM	1.44	[0.63]	0.00	3.00	131	1.00	1.00	0.42	− 0.07
DR	0.12	[0.32]	0.00	1.00	16	0.00	0.00	2.38	3.75
FABCOM	0.36	[0.48]	0.00	1.00	48	0.00	0.00	0.61	− 1.65
DV2	0.00	[0.00]	0.00	0.00	0	0.00	0.00	−	−
INC2	0.12	[0.32]	0.00	1.00	16	0.00	0.00	2.38	3.75
DR2	0.03	[0.17]	0.00	1.00	4	0.00	0.00	5.61	29.92
FAB2	0.00	[0.00]	0.00	0.00	0	0.00	0.00	−	−
ALOG	0.24	[0.43]	0.00	1.00	33	0.00	0.00	1.20	− 0.56
CONTAM	0.00	0.00	0.00	0.00	0	0.00	0.00	−	−
Sum 6 Sp Sc	3.51	1.09	2.00	6.00	135	3.00	3.00	0.58	− 0.53
Lvl 2 Sp Sc	0.15	[0.36]	0.00	1.00	20	0.00	0.00	2.00	2.04
WSum6	7.73	3.04	3.00	16.00	135	8.00	7.00	0.77	1.10
AB	0.00	[0.00]	0.00	0.00	0	0.00	0.00	−	−
AG	1.42	0.57	1.00	3.00	135	1.00	1.00	0.93	− 0.11
COP	1.56	0.50	1.00	2.00	135	2.00	2.00	− 0.22	− 1.98
CP	0.00	[0.00]	0.00	0.00	0	0.00	0.00	−	−
GOODHR	5.65	1.49	3.00	8.00	135	5.00	5.00	0.09	− 0.83
POORHR	1.12	0.53	0.00	2.00	123	1.00	1.00	0.11	0.38
MOR	0.42	[0.57]	0.00	2.00	52	0.00	0.00	0.93	− 0.11
PER	0.88	0.53	0.00	2.00	107	1.00	1.00	− 0.11	0.38
PSV	0.04	[0.21]	0.00	1.00	6	0.00	0.00	4.47	18.26

注：[ ] で示した標準偏差は，値が信頼できないので，期待域の推定を行ってはならない。これらの変数をパラメトリックな分析に含めてはならない。

表 A.1　12 歳（N=120）

変数	平均	標準偏差	最小値	最大値	頻度	中央値	最頻値	歪度	尖度
R	21.40	2.05	14.00	23.00	120	20.00	22.00	− 1.03	0.96
W	8.79	1.85	1.00	14.00	120	9.00	9.00	− 1.94	7.05
D	10.85	1.96	1.00	13.00	120	11.00	12.00	− 3.26	12.20
Dd	1.76	[1.11]	0.00	5.00	117	1.00	1.00	3.51	16.47
S	1.92	[0.76]	0.00	5.00	118	2.00	2.00	1.30	4.92
DQ+	8.16	1.90	2.00	10.00	120	8.00	10.00	− 1.42	2.39
DQo	12.12	1.07	9.00	15.00	120	12.00	12.00	− 0.13	1.90
DQv	1.03	[0.26]	0.00	2.00	72	1.00	1.00	0.65	2.43
DQv/+	0.38	[0.38]	0.00	2.00	16	0.00	0.00	3.62	13.45
FQX+	0.30	0.54	0.00	2.00	10	0.00	0.00	4.16	16.95
FQXo	15.34	2.32	5.00	17.00	120	16.00	17.00	− 2.40	6.80
FQXu	3.77	0.89	1.00	5.00	120	4.00	3.00	− 0.95	1.08
FQX-	1.95	1.04	1.00	7.00	120	2.00	2.00	3.71	16.47
FQXNone	0.43	[0.26]	0.00	2.00	42	0.00	0.00	2.65	7.43
MQ+	0.10	0.30	0.00	1.00	5	0.00	0.00	7.45	45.23
MQo	3.21	1.52	1.00	5.00	120	3.00	5.00	− 0.33	− 1.26
MQu	0.67	0.51	0.00	2.00	78	1.00	1.00	− 0.32	− 1.01
MQ-	0.22	[0.41]	0.00	1.00	26	0.00	0.00	1.39	− 0.06
MQNone	0.02	[0.13]	0.00	1.00	2	0.00	0.00	7.65	57.43
S −	0.57	[0.62]	0.00	3.00	63	1.00	1.00	1.02	2.14
M	4.21	2.06	1.00	7.00	120	4.00	4.00	− 0.22	− 1.07
FM	5.02	1.66	0.00	9.00	118	6.00	4.00	− 1.34	1.64
m	1.00	0.45	0.00	3.00	112	1.00	1.00	2.26	12.57
FM + m	6.02	1.70	1.00	9.00	120	7.00	7.00	− 1.44	1.83
FC	2.87	1.17	0.00	4.00	106	3.00	3.00	− 1.61	1.77
CF	3.14	1.40	0.00	5.00	112	3.00	3.00	− 0.55	− 0.30
C	0.39	[0.13]	0.00	1.00	38	0.00	0.00	1.65	7.43
Cn	0.00	[0.00]	0.00	0.00	0	0.00	0.00	−	−
FC+CF+C+Cn	6.03	2.29	0.00	8.00	119	7.00	7.00	− 1.49	1.26
WSum C	4.05	1.78	0.00	6.50	120	5.00	6.50	− 1.17	0.69
Sum C'	1.08	[0.88]	0.00	3.00	99	1.00	1.00	0.38	− 0.47
Sum T	0.88	[0.32]	0.00	1.00	106	1.00	1.00	− 2.42	3.91
Sum V	0.07	[0.36]	0.00	2.00	4	0.00	0.00	5.27	26.16
Sum Y	1.01	[0.67]	0.00	2.00	108	2.00	2.00	− 1.04	− 0.13
SumShd	3.74	1.37	0.00	6.00	114	4.00	4.00	− 0.98	1.25
Fr + rF	0.20	[0.13]	0.00	1.00	15	0.00	0.00	3.65	17.43
FD	1.48	[0.83]	0.00	2.00	94	2.00	2.00	− 1.11	− 0.61
F	5.84	1.65	5.00	13.00	120	5.00	5.00	2.75	7.47
PAIR	9.09	1.89	1.00	10.00	120	10.00	10.00	− 2.89	9.00
3r(2)/R	0.54	0.08	0.10	0.50	120	0.55	0.50	− 3.53	16.28
LAMBDA	0.66	0.58	0.29	4.25	120	0.70	0.50	5.18	30.28
EA	8.26	2.38	1.00	12.00	120	8.50	7.00	− 1.38	1.99
es	8.97	2.59	1.00	13.00	120	8.00	6.00	− 2.08	3.95
D	− 0.21	0.53	− 2.00	1.00	120	0.00	0.00	− 1.17	2.25
Adj D	− 0.11	0.67	− 2.00	2.00	120	0.00	0.00	− 0.04	1.74
a(active)	6.53	1.45	2.00	8.00	120	7.00	6.00	− 1.34	2.04
p(passive)	4.00	2.01	0.00	8.00	118	3.00	2.00	0.50	− 0.57
Ma	2.47	0.80	0.00	4.00	118	2.00	2.00	0.32	0.24
Mp	1.73	1.60	0.00	5.00	92	2.00	2.00	− 0.06	− 1.04
Intellect	1.05	0.59	0.00	4.00	120	1.00	1.00	2.96	12.69
Zf	13.14	1.96	5.00	16.00	120	14.00	14.00	− 2.25	6.48
Zd	1.67	2.11	− 4.50	5.00	120	1.50	1.50	− 0.24	− 0.26
Blends	6.67	2.29	0.00	9.00	118	7.00	8.00	− 1.79	2.12
Col Shd Bl	0.05	[0.22]	0.00	1.00	6	0.00	0.00	4.18	15.75
Afr	0.65	0.11	0.21	0.67	120	0.69	0.67	− 0.80	0.75
Popular	6.22	1.10	2.00	7.00	120	7.00	6.00	− 1.53	2.56

表 A.1　12歳（N=120）（つづき）

変数	平均	標準偏差	最小値	最大値	頻度	中央値	最頻値	歪度	尖度
XA%	0.90	0.06	0.59	0.95	120	0.91	0.91	−4.09	18.15
WDA%	0.93	0.05	0.67	1.00	120	0.95	0.95	−3.57	14.97
X+%	0.75	0.09	0.29	0.88	120	0.77	0.77	−3.32	14.09
X−%	0.10	0.06	0.05	0.41	120	0.09	0.09	4.04	19.33
Xu%	0.15	0.05	0.05	0.29	120	0.15	0.14	−0.27	2.29
Isolate/R	0.15	0.04	0.00	0.33	118	0.16	0.18	0.18	5.42
H	3.38	1.64	1.00	5.00	120	3.00	5.00	−0.36	−1.42
(H)	1.24	0.84	0.00	4.00	97	1.00	1.00	0.38	0.53
HD	0.59	0.69	0.00	3.00	61	1.00	0.00	1.36	2.75
(Hd)	0.78	0.41	0.00	1.00	94	1.00	1.00	−1.39	−0.06
Hx	0.00	[0.00]	0.00	0.00	0	0.00	0.00	−	−
All H Cont	6.00	2.56	2.00	11.00	120	5.00	5.00	−0.23	−1.18
A	7.70	1.29	4.00	13.00	120	8.00	7.00	0.65	4.48
(A)	0.48	[0.50]	0.00	1.00	57	0.00	0.00	0.10	−2.02
Ad	1.97	[0.45]	0.00	3.00	116	2.00	2.00	−2.43	11.96
(Ad)	0.00	[0.00]	0.00	0.00	0	0.00	0.00	−	−
An	1.14	[0.60]	0.00	2.00	106	1.00	1.00	−0.05	−0.27
Art	0.92	0.28	0.00	1.00	110	1.00	1.00	−3.05	7.45
Ay	0.03	[0.18]	0.00	1.00	4	0.00	0.00	5.26	26.16
Bl	0.26	[0.44]	0.00	1.00	31	0.00	0.00	1.11	−0.76
Bt	1.52	0.65	0.00	2.00	110	2.00	2.00	−1.03	−0.03
Cg	1.90	1.06	0.00	4.00	116	1.00	1.00	0.11	−1.63
Cl	0.02	[0.13]	0.00	1.00	2	0.00	0.00	7.64	57.43
Ex	0.00	[0.00]	0.00	0.00	0	0.00	0.00	−	−
Fi	0.97	[0.26]	0.00	2.00	114	1.00	1.00	−1.61	12.13
Food	0.87	[0.34]	0.00	1.00	104	1.00	1.00	−2.18	2.82
Ge	0.02	[0.13]	0.00	1.00	2	0.00	0.00	7.64	57.43
Hh	0.88	0.32	0.00	1.00	106	1.00	1.00	−2.41	3.91
Ls	1.36	0.61	0.00	2.00	112	1.00	1.00	−0.36	−0.65
Na	0.10	[0.35]	0.00	2.00	10	0.00	0.00	3.78	14.82
Sc	2.48	[0.87]	0.00	3.00	112	3.00	3.00	−1.71	2.12
Sx	0.02	[0.13]	0.00	1.00	2	0.00	0.00	7.64	57.43
Xy	0.00	[0.00]	0.00	0.00	0	0.00	0.00	−	−
Idio	0.15	0.51	0.00	3.00	12	0.00	0.00	4.02	17.31
DV	1.21	[0.55]	0.00	2.00	112	1.00	1.00	0.08	−0.13
INCOM	1.35	[0.58]	0.00	3.00	116	1.00	1.00	0.34	−0.10
DR	0.24	[0.43]	0.00	1.00	29	0.00	0.00	1.22	−0.52
FABCOM	0.26	[0.53]	0.00	2.00	26	0.00	0.00	1.95	2.99
DV2	0.03	[0.16]	0.00	1.00	3	0.00	0.00	6.16	36.58
INC2	0.18	[0.56]	0.00	3.00	13	0.00	0.00	3.54	12.65
DR2	0.03	[0.16]	0.00	1.00	3	0.00	0.00	6.16	36.58
FAB2	0.04	[0.20]	0.00	1.00	5	0.00	0.00	4.64	19.91
ALOG	0.00	[0.00]	0.00	0.00	0	0.00	0.00	−	−
CONTAM	0.00	0.00	0.00	0.00	0	0.00	0.00	−	−
Sum 6 Sp Sc	3.33	1.11	1.00	8.00	120	4.00	4.00	0.82	3.59
Lvl 2 Sp Sc	0.27	[0.68]	0.00	4.00	22	0.00	0.00	3.47	14.41
WSum6	6.86	3.85	2.00	26.00	120	7.00	3.00	2.32	9.04
AB	0.05	[0.22]	0.00	1.00	6	0.00	0.00	4.18	15.75
AG	1.08	0.66	0.00	2.00	99	1.00	1.00	−0.08	−0.65
COP	1.23	0.53	0.00	2.00	114	1.00	1.00	0.17	−0.19
CP	0.00	[0.00]	0.00	0.00	0	0.00	0.00	−	−
GOODHR	5.77	1.84	2.00	8.00	120	6.00	6.00	−0.65	−0.89
POORHR	1.01	0.98	0.00	7.00	97	1.00	1.00	3.97	22.18
MOR	0.17	[0.37]	0.00	1.00	20	0.00	0.00	1.81	1.30
PER	0.93	0.36	0.00	2.00	108	1.00	1.00	−0.88	4.40
PSV	0.03	[0.18]	0.00	1.00	4	0.00	0.00	5.26	26.16

注：[　]で示した標準偏差は，値が信頼できないので，期待域の推定を行ってはならない。これらの変数をパラメトリックな分析に含めてはならない。

表A.1 13歳（N=110）

変数	平均	標準偏差	最小値	最大値	頻度	中央値	最頻値	歪度	尖度
R	21.20	3.30	14.00	33.00	110	20.00	20.00	1.07	3.51
W	8.57	2.15	1.00	14.00	110	9.00	9.00	−1.07	3.04
D	11.15	3.09	1.00	21.00	110	11.00	12.00	−0.25	3.08
Dd	1.46	[1.66]	0.00	6.00	93	1.00	1.00	2.74	7.81
S	1.33	[1.16]	0.00	7.00	106	2.00	1.00	1.93	5.93
DQ+	7.70	2.54	2.00	15.00	110	8.00	8.00	0.24	1.27
DQo	12.40	2.02	8.00	20.00	110	12.00	12.00	0.73	2.74
DQv	0.45	[0.99]	0.00	4.00	24	0.00	0.00	2.31	4.70
DQv/+	0.24	[0.57]	0.00	2.00	18	0.00	0.00	2.33	4.18
FQX+	0.20	0.59	0.00	3.00	14	0.00	0.00	3.25	10.63
FQXo	15.24	3.04	5.00	23.00	110	15.00	17.00	−0.70	2.09
FQXu	3.27	1.53	0.00	8.00	106	3.00	3.00	0.42	1.24
FQX-	2.00	1.42	0.00	7.00	108	2.00	2.00	2.15	4.81
FQXNone	0.07	[0.32]	0.00	2.00	6	0.00	0.00	4.81	23.90
MQ+	0.13	0.43	0.00	2.00	10	0.00	0.00	3.52	11.76
MQo	3.23	1.66	1.00	8.00	110	3.00	5.00	0.34	−0.38
MQu	0.54	0.66	0.00	3.00	51	0.00	0.00	1.23	2.00
MQ-	0.14	[0.51]	0.00	2.00	12	0.00	0.00	2.08	3.61
MQNone	0.02	[0.13]	0.00	1.00	2	0.00	0.00	7.31	52.42
S−	0.52	[0.81]	0.00	4.00	43	0.00	0.00	2.16	5.84
M	4.14	2.24	1.00	11.00	110	4.00	4.00	0.50	−0.01
FM	4.42	1.94	0.00	8.00	108	4.00	6.00	−0.25	−0.89
m	1.25	0.94	0.00	5.00	98	1.00	1.00	1.88	4.46
FM + m	5.67	2.10	1.00	11.00	110	6.00	7.00	−0.28	−0.34
FC	2.95	1.72	0.00	9.00	96	3.00	3.00	0.42	1.72
CF	2.70	1.50	0.00	5.00	102	3.00	3.00	−0.07	−0.98
C	0.07	[0.26]	0.00	1.00	8	0.00	0.00	3.34	9.30
Cn	0.00	[0.00]	0.00	0.00	0	0.00	0.00	−	−
FC+CF+C+Cn	5.73	2.61	0.00	10.00	110	6.50	8.00	−0.71	−0.33
WSum C	4.29	1.94	0.00	7.50	110	4.75	6.50	−0.61	−0.49
Sum C'	1.20	[0.89]	0.00	3.00	87	1.00	1.00	0.48	−0.37
Sum T	0.97	[0.51]	0.00	3.00	90	1.00	1.00	0.64	4.99
Sum V	0.14	[0.48]	0.00	2.00	10	0.00	0.00	3.31	9.70
Sum Y	1.02	[0.81]	0.00	2.00	80	1.00	2.00	−0.22	−1.44
SumShd	3.34	1.44	0.00	6.00	104	4.00	4.00	−0.55	−0.07
Fr + rF	0.45	[0.23]	0.00	1.00	32	0.00	0.00	2.98	4.08
FD	1.27	[0.87]	0.00	3.00	82	2.00	2.00	−0.39	−1.25
F	6.90	2.52	3.00	13.00	110	6.00	5.00	0.93	−0.20
PAIR	8.64	2.30	1.00	14.00	110	9.50	10.00	−1.18	2.59
3r(2)/R	0.49	0.10	0.20	0.66	110	0.48	0.50	−1.84	4.97
LAMBDA	0.67	0.61	0.20	4.33	110	0.38	0.33	4.44	24.00
EA	8.43	2.69	1.00	15.00	110	9.00	7.50	−0.60	0.64
es	9.01	3.01	1.00	14.00	110	10.00	8.00	−0.83	−0.02
D	−0.09	0.82	−2.00	3.00	110	0.00	0.00	0.78	3.45
Adj D	0.10	0.84	−2.00	3.00	110	0.00	0.00	0.74	2.06
a(active)	6.23	1.89	2.00	11.00	110	6.00	6.00	−0.34	0.13
p(passive)	3.61	2.11	0.00	8.00	104	3.00	3.00	0.45	−0.49
Ma	2.49	1.30	0.00	8.00	106	2.00	2.00	1.80	6.06
Mp	1.67	1.44	0.00	5.00	84	2.00	2.00	0.12	−0.80
Intellect	1.22	0.95	0.00	4.00	110	1.00	1.00	1.24	1.45
Zf	12.64	3.02	5.00	23.00	110	13.00	11.00	0.05	2.17
Zd	1.37	2.27	−4.50	5.00	110	1.50	−0.50	−0.35	−0.40
Blends	5.81	2.43	0.00	9.00	108	7.00	7.00	−0.90	−0.34
Col Shd Blend	0.16	[0.37]	0.00	1.00	18	0.00	0.00	1.84	1.42s
Afr	0.69	0.15	0.28	1.00	110	0.58	0.67	0.10	0.52
Popular	6.19	1.34	2.00	9.00	110	7.00	6.00	−0.59	0.79

表 A.1　13歳（N=110）（つづき）

変数	平均	標準偏差	最小値	最大値	頻度	中央値	最頻値	歪度	尖度
XA%	0.90	0.07	0.59	1.00	110	0.91	0.91	−2.84	9.41
WDA%	0.92	0.06	0.67	1.00	110	0.95	0.95	−2.55	8.57
X+%	0.74	0.11	0.29	1.00	110	0.77	0.77	−1.86	5.39
X−%	0.10	0.07	0.00	0.41	108	0.09	0.09	2.66	8.99
Xu%	0.16	0.07	0.00	0.33	106	0.15	0.14	−0.02	0.76
Isolate/R	0.16	0.06	0.00	0.33	108	0.16	0.18	0.58	1.30
H	3.09	1.72	1.00	8.00	110	3.00	5.00	0.41	−0.57
(H)	1.25	1.02	0.00	5.00	84	1.00	1.00	1.06	2.35
HD	0.68	0.83	0.00	3.00	55	0.50	0.00	1.23	1.11
(Hd)	0.56	0.53	0.00	2.00	60	1.00	1.00	0.11	−1.21
Hx	0.00	[0.00]	0.00	0.00	0	0.00	0.00	−	−
All H Cont	5.59	2.46	2.00	11.00	110	5.00	5.00	0.12	−1.03
A	7.96	1.81	4.00	13.00	110	8.00	7.00	0.62	0.65
(A)	0.37	[0.49]	0.00	1.00	41	0.00	0.00	0.53	−1.75
Ad	2.00	[0.81]	0.00	4.00	106	2.00	2.00	0.41	1.71
(Ad)	0.00	[0.00]	0.00	0.00	0	0.00	0.00	−	−
An	0.84	[0.69]	0.00	2.00	74	1.00	1.00	0.21	−0.89
Art	0.86	0.48	0.00	2.00	88	1.00	1.00	−0.36	0.78
Ay	0.11	[0.31]	0.00	1.00	12	0.00	0.00	2.54	4.55
Bl	0.19	[0.40]	0.00	1.00	21	0.00	0.00	1.59	0.55
Bt	1.74	0.98	0.00	5.00	98	2.00	2.00	0.43	1.35
Cg	1.62	1.10	0.00	4.00	98	1.00	1.00	0.47	−0.93
Cl	0.06	[0.23]	0.00	1.00	6	0.00	0.00	3.97	14.08
Ex	0.09	[0.29]	0.00	1.00	10	0.00	0.00	2.88	6.44
Fi	0.76	[0.54]	0.00	2.00	78	1.00	1.00	−0.11	−0.23
Food	0.62	[0.52]	0.00	2.00	66	1.00	1.00	−0.10	−1.15
Ge	0.04	[0.19]	0.00	1.00	4	0.00	0.00	5.02	23.65
Hh	1.07	0.81	0.00	4.00	90	1.00	1.00	1.34	2.87
Ls	1.10	0.97	0.00	6.00	84	1.00	1.00	2.27	10.32
Na	0.22	[0.50]	0.00	2.00	20	0.00	0.00	2.25	4.39
Sc	1.97	[1.14]	0.00	5.00	96	2.00	3.00	−0.17	−0.48
Sx	0.07	[0.42]	0.00	3.00	4	0.00	0.00	6.42	42.22
Xy	0.00	[0.00]	0.00	0.00	0	0.00	0.00	−	−
Idio	0.78	1.14	0.00	4.00	44	0.00	0.00	1.26	0.28
DV	1.01	[0.70]	0.00	3.00	86	1.00	1.00	0.31	0.06
INCOM	1.07	[0.79]	0.00	3.00	84	1.00	1.00	0.33	−0.33
DR	0.30	[0.66]	0.00	4.00	27	0.00	0.00	3.54	16.72
FABCOM	0.42	[0.71]	0.00	3.00	34	0.00	0.00	1.71	2.45
DV2	0.02	[0.13]	0.00	1.00	2	0.00	0.00	7.31	52.43
INC2	0.22	[0.60]	0.00	3.00	16	0.00	0.00	3.06	9.49
DR2	0.04	[0.19]	0.00	1.00	4	0.00	0.00	5.02	23.65
FAB2	0.07	[0.32]	0.00	2.00	6	0.00	0.00	4.81	23.91
ALOG	0.04	[0.19]	0.00	1.00	4	0.00	0.00	5.02	23.65
CONTAM	0.00	0.00	0.00	0.00	0	0.00	0.00	−	−
Sum 6 Sp Sc	3.18	1.86	0.00	11.00	108	3.00	2.00	2.01	6.04
Lvl 2 Sp Sc	0.35	[0.77]	0.00	4.00	24	0.00	0.00	2.73	8.42
WSum6	7.54	6.99	0.00	40.00	108	6.00	3.00	2.88	9.56
AB	0.13	[0.34]	0.00	1.00	14	0.00	0.00	2.26	3.20
AG	1.18	0.91	0.00	4.00	85	1.00	1.00	0.66	0.48
COP	1.65	1.22	0.00	6.00	100	1.00	1.00	1.58	3.11
CP	0.02	[0.13]	0.00	1.00	2	0.00	0.00	7.31	52.43
GOODHR	5.24	1.89	1.00	8.00	110	6.00	6.00	−0.25	−1.04
POORHR	1.31	1.21	0.00	7.00	88	1.00	1.00	2.16	7.57
MOR	0.49	[0.74]	0.00	3.00	40	0.00	0.00	1.42	1.38
PER	1.05	0.89	0.00	5.00	90	1.00	1.00	2.30	7.82
PSV	0.06	[0.23]	0.00	1.00	6	0.00	0.00	3.97	14.08

注：[ ] で示した標準偏差は，値が信頼できないので，期待域の推定を行ってはならない。これらの変数をパラメトリックな分析に含めてはならない。

表 A.1　14 歳（N=105）

変数	平均	標準偏差	最小値	最大値	頻度	中央値	最頻値	歪度	尖度
R	21.72	3.36	14.00	33.00	105	20.00	20.00	1.11	3.43
W	8.92	2.19	4.00	14.00	105	9.00	9.00	−1.01	2.83
D	11.13	3.16	1.00	21.00	105	11.00	10.00	−0.23	2.82
Dd	1.67	[1.70]	0.00	6.00	98	2.00	1.00	2.67	7.31
S	1.32	[1.09]	0.00	7.00	101	2.00	2.00	1.89	5.56
DQ+	7.81	2.55	2.00	15.00	105	8.00	8.00	0.33	1.36
DQo	12.69	2.06	8.00	20.00	105	12.00	12.00	0.73	2.58
DQv	0.58	[1.01]	0.00	4.00	27	0.00	0.00	2.23	4.30
DQv/+	0.65	[0.58]	0.00	2.00	48	0.00	0.00	2.25	3.79
FQX+	0.14	0.50	0.00	2.00	11	0.00	0.00	3.16	9.97
FQXo	15.17	3.09	5.00	23.00	105	15.00	15.00	−0.64	1.93
FQXu	3.27	1.56	0.00	8.00	101	3.00	3.00	0.42	1.10
FQX-	1.84	1.25	0.00	5.00	103	2.00	2.00	2.10	4.46
FQXNone	0.02	[0.53]	0.00	1.00	4	0.00	0.00	4.69	22.65
MQ+	0.11	0.44	0.00	2.00	6	0.00	0.00	3.42	11.04
MQo	3.21	1.66	1.00	8.00	105	3.00	1.00	0.43	−0.26
MQu	0.51	0.67	0.00	3.00	46	0.00	0.00	1.34	2.18
MQ-	0.13	[0.50]	0.00	2.00	11	0.00	0.00	2.18	4.01
MQNone	0.00	[0.00]	0.00	0.00	0	0.00	0.00	−	−
S −	0.39	[0.82]	0.00	3.00	31	0.00	0.00	2.24	6.00
M	4.06	2.24	1.00	11.00	105	4.00	4.00	0.59	0.16
FM	4.35	1.96	0.00	8.00	103	4.00	6.00	−0.17	−0.92
m	1.27	0.96	0.00	5.00	93	1.00	1.00	1.81	4.08
FM + m	5.62	2.14	1.00	11.00	105	6.00	7.00	−0.21	−0.42
FC	2.93	1.76	0.00	9.00	91	3.00	3.00	0.45	1.59
CF	2.70	1.53	0.00	5.00	97	3.00	3.00	−0.08	−1.05
C	0.10	[0.27]	0.00	1.00	9	0.00	0.00	3.14	7.67
Cn	0.00	[0.00]	0.00	0.00	0	0.00	0.00	−	−
FC+CF+C+Cn	5.71	2.67	1.00	10.00	105	7.00	8.00	−0.69	−0.44
WSum C	4.29	1.98	0.50	7.50	105	5.00	6.50	−0.60	−0.58
Sum C'	1.11	[0.91]	0.00	3.00	82	1.00	1.00	0.44	−0.50
Sum T	0.99	[0.52]	0.00	3.00	85	1.00	1.00	0.66	4.71
Sum V	0.13	[0.50]	0.00	2.00	8	0.00	0.00	3.21	9.06
Sum Y	0.88	[0.84]	0.00	2.00	75	1.00	2.00	−0.14	−1.44
SumShd	3.10	1.47	0.00	6.00	99	4.00	4.00	−0.49	−0.19
Fr + rF	0.38	[0.43]	0.00	1.00	15	0.00	0.00	3.97	10.25
FD	1.24	[0.87]	0.00	3.00	71	1.00	2.00	−0.31	−1.30
F	6.96	2.56	3.00	13.00	105	6.00	5.00	0.87	−0.35
PAIR	8.59	2.34	1.00	14.00	105	9.00	10.00	−1.12	2.38
3r(2)/R	0.47	0.10	0.05	0.56	105	0.45	0.50	−1.79	4.60
LAMBDA	0.67	0.62	0.20	4.33	105	0.38	0.33	4.34	22.96
EA	8.34	2.70	1.00	15.00	105	9.00	7.50	−0.55	0.60
es	8.92	3.06	1.00	13.00	105	9.00	9.00	−0.76	−0.15
D	−0.09	0.84	−2.00	3.00	105	0.00	0.00	0.78	3.19
Adj D	0.09	0.86	−2.00	3.00	105	0.00	0.00	0.74	1.95
a(active)	6.20	1.92	2.00	11.00	105	6.00	7.00	−0.32	0.06
p(passive)	3.49	2.07	0.00	8.00	99	3.00	3.00	0.52	−0.35
Ma	2.59	1.32	0.00	8.00	101	2.00	2.00	1.81	5.93
Mp	1.49	1.36	0.00	5.00	89	2.00	2.00	0.17	−0.74
Intellect	1.23	0.97	0.00	4.00	105	1.00	1.00	1.18	1.22
Zf	12.56	3.06	5.00	23.00	105	13.00	14.00	0.12	2.11
Zd	1.27	2.26	−4.50	5.00	105	1.50	−0.50	−0.30	−0.38
Blends	5.74	2.46	0.00	9.00	103	7.00	7.00	−0.84	−0.47
Col Shd Blend	0.17	[0.38]	0.00	1.00	18	0.00	0.00	1.77	1.15
Afr	0.69	0.16	0.31	0.89	105	0.68	0.67	0.03	0.47
Popular	6.02	1.17	3.00	9.00	105	7.00	6.00	−0.53	0.67

表 A.1　14 歳（N=105）（つづき）

変数	平均	標準偏差	最小値	最大値	頻度	中央値	最頻値	歪度	尖度
XA%	0.90	0.07	0.59	1.00	105	0.91	0.91	−2.76	8.82
WDA%	0.92	0.06	0.67	1.00	105	0.94	0.95	−2.48	8.09
X+%	0.74	0.12	0.29	1.00	105	0.77	0.75	−1.80	5.01
X−%	0.10	0.07	0.00	0.41	103	0.09	0.05	2.59	8.43
Xu%	0.16	0.07	0.00	0.33	101	0.15	0.14	−0.03	0.61
Isolate/R	0.16	0.06	0.00	0.33	103	0.16	0.16	0.59	1.15
H	3.00	1.71	1.00	8.00	105	3.00	1.00	0.54	−0.35
(H)	1.23	1.03	0.00	5.00	79	1.00	1.00	1.13	2.44
HD	0.67	0.85	0.00	3.00	50	0.00	0.00	1.27	1.07
(Hd)	0.56	0.54	0.00	2.00	57	1.00	1.00	0.13	−1.19
Hx	0.00	[0.00]	0.00	0.00	0	0.00	0.00	−	−
All H Cont	5.46	2.44	2.00	11.00	105	5.00	5.00	0.22	−0.91
A	7.97	1.85	4.00	13.00	105	8.00	7.00	0.60	0.49
(A)	0.39	[0.49]	0.00	1.00	41	0.00	0.00	0.45	−1.83
Ad	2.00	[0.83]	0.00	4.00	101	2.00	2.00	0.40	1.50
(Ad)	0.00	[0.00]	0.00	0.00	0	0.00	0.00	−	−
An	0.84	[0.71]	0.00	2.00	69	1.00	1.00	0.24	−0.97
Art	0.85	0.50	0.00	2.00	83	1.00	1.00	−0.31	0.62
Ay	0.11	[0.32]	0.00	1.00	12	0.00	0.00	2.46	4.13
Bl	0.20	[0.40]	0.00	1.00	21	0.00	0.00	1.52	0.32
Bt	1.73	1.00	0.00	5.00	93	2.00	2.00	0.44	1.22
Cg	1.55	1.08	0.00	4.00	93	1.00	1.00	0.60	−0.69
Cl	0.06	[0.23]	0.00	1.00	6	0.00	0.00	3.87	13.24
Ex	0.10	[0.30]	0.00	1.00	10	0.00	0.00	2.79	5.94
Fi	0.75	[0.55]	0.00	2.00	73	1.00	1.00	−0.05	−0.32
Food	0.60	[0.53]	0.00	2.00	61	1.00	1.00	−0.01	−1.16
Ge	0.04	[0.19]	0.00	1.00	4	0.00	0.00	4.89	22.40
Hh	1.08	0.83	0.00	4.00	85	1.00	1.00	1.30	2.59
Ls	1.06	0.97	0.00	6.00	79	1.00	1.00	2.46	11.28
Na	0.23	[0.51]	0.00	2.00	20	0.00	0.00	2.17	4.01
Sc	1.93	[1.15]	0.00	5.00	91	2.00	3.00	−0.10	−0.48
Sx	0.08	[0.43]	0.00	3.00	4	0.00	0.00	6.27	40.17
Xy	0.00	[0.00]	0.00	0.00	0	0.00	0.00	−	−
Idio	0.82	1.16	0.00	4.00	44	0.00	0.00	1.19	0.11
DV	0.98	[0.69]	0.00	3.00	81	1.00	1.00	0.37	0.22
INCOM	1.05	[0.79]	0.00	3.00	79	1.00	1.00	0.39	−0.24
DR	0.30	[0.66]	0.00	4.00	25	0.00	0.00	3.60	16.99
FABCOM	0.44	[0.72]	0.00	3.00	34	0.00	0.00	1.64	2.19
DV2	0.02	[0.14]	0.00	1.00	2	0.00	0.00	7.13	49.92
INC2	0.22	[0.60]	0.00	3.00	15	0.00	0.00	3.06	9.40
DR2	0.03	[0.17]	0.00	1.00	3	0.00	0.00	5.74	31.57
FAB2	0.08	[0.33]	0.00	2.00	6	0.00	0.00	4.69	22.65
ALOG	0.04	[0.19]	0.00	1.00	4	0.00	0.00	4.89	22.40
CONTAM	0.00	0.00	0.00	0.00	0	0.00	0.00	−	−
Sum 6 Sp Sc	3.14	1.90	0.00	11.00	103	3.00	2.00	2.06	5.97
Lvl 2 Sp Sc	0.34	[0.78]	0.00	4.00	22	0.00	0.00	2.74	8.37
WSum6	7.52	7.14	0.00	40.00	103	6.00	3.00	2.84	9.12
AB	0.13	[0.34]	0.00	1.00	14	0.00	0.00	2.18	2.84
AG	1.20	0.92	0.00	4.00	81	1.00	1.00	0.63	0.36
COP	1.65	1.24	0.00	6.00	95	1.00	1.00	1.56	2.91
CP	0.02	[0.14]	0.00	1.00	2	0.00	0.00	7.13	49.92
GOODHR	5.14	1.87	1.00	8.00	105	6.00	6.00	−0.19	−1.03
POORHR	1.32	1.24	0.00	7.00	83	1.00	1.00	2.09	7.06
MOR	0.51	[0.75]	0.00	3.00	40	0.00	0.00	1.35	1.17
PER	1.06	0.91	0.00	5.00	85	1.00	1.00	2.24	7.32
PSV	0.06	[0.23]	0.00	1.00	6	0.00	0.00	3.87	13.24

注：[ ] で示した標準偏差は，値が信頼できないので，期待域の推定を行ってはならない。これらの変数をパラメトリックな分析に含めてはならない。

表 A.1　15 歳（N=110）

変数	平均	標準偏差	最小値	最大値	頻度	中央値	最頻値	歪度	尖度
R	21.94	4.21	14.00	32.00	110	21.00	20.00	0.94	1.14
W	8.87	2.20	3.00	20.00	110	9.00	9.00	1.57	9.58
D	11.42	3.66	0.00	20.00	109	12.00	12.00	−0.31	1.91
Dd	1.65	[1.31]	0.00	7.00	91	1.00	1.00	1.31	3.76
S	1.44	[1.31]	0.00	5.00	104	2.00	1.00	2.66	12.86
DQ+	7.88	2.02	2.00	13.00	110	8.00	8.00	−0.33	0.15
DQo	12.67	3.62	5.00	29.00	110	12.00	12.00	1.49	5.43
DQv	0.75	[1.29]	0.00	4.00	40	0.00	0.00	1.84	2.46
DQv/+	0.14	[0.42]	0.00	2.00	12	0.00	0.00	3.22	10.13
FQX+	0.36	0.70	0.00	3.00	27	0.00	0.00	1.81	2.20
FQXo	16.35	3.34	7.00	29.00	110	16.00	15.00	0.60	2.79
FQXu	3.08	1.57	0.00	11.00	108	3.00	3.00	1.37	5.75
FQX-	1.60	0.91	0.00	6.00	99	2.00	2.00	0.81	3.89
FQXNone	0.04	[0.25]	0.00	2.00	4	0.00	0.00	6.07	39.81
MQ+	0.25	0.57	0.00	3.00	22	0.00	0.00	2.46	6.34
MQo	3.54	2.01	0.00	8.00	108	3.00	1.00	0.20	−0.91
MQu	0.44	0.52	0.00	2.00	48	0.00	0.00	0.43	−1.36
MQ-	0.12	[0.32]	0.00	1.00	13	0.00	0.00	2.40	3.82
MQNone	0.00	[0.00]	0.00	0.00	0	0.00	0.00	−	−
S −	0.38	[0.57]	0.00	2.00	37	0.00	0.00	1.22	0.52
M	4.35	2.17	1.00	9.00	110	4.00	4.00	0.06	−0.97
FM	4.82	1.73	1.00	9.00	110	5.00	6.00	−0.20	−0.80
m	1.17	0.78	0.00	4.00	97	1.00	1.00	1.49	3.79
FM + m	5.99	1.78	2.00	10.00	110	6.00	7.00	−0.14	−0.67
FC	3.14	1.14	0.00	6.00	107	3.00	3.00	−0.56	0.76
CF	2.85	1.53	0.00	6.00	101	3.00	2.00	−0.11	−0.73
C	0.03	[0.16]	0.00	1.00	3	0.00	0.00	5.88	33.24
Cn	0.02	[0.13]	0.00	1.00	2	0.00	0.00	7.31	52.42
FC+CF+C+Cn	6.04	2.01	1.00	10.00	110	7.00	8.00	−0.62	−0.37
WSum C	4.47	1.68	0.50	8.00	110	4.50	3.50	−0.33	−0.64
Sum C'	1.63	[1.35]	0.00	10.00	94	1.00	1.00	2.49	12.61
Sum T	1.06	[0.51]	0.00	3.00	101	1.00	1.00	2.62	13.12
Sum V	0.18	[0.49]	0.00	2.00	12	0.00	0.00	2.75	6.73
Sum Y	1.30	[1.27]	0.00	10.00	83	1.00	2.00	3.35	20.69
SumShd	4.17	2.55	0.00	23.00	109	4.00	4.00	4.04	27.31
Fr + rF	0.50	[0.45]	0.00	2.00	26	0.00	0.00	6.67	53.57
FD	1.33	[0.97]	0.00	5.00	83	1.50	2.00	0.35	0.78
F	6.48	2.71	2.00	17.00	110	5.00	5.00	1.31	2.02
PAIR	9.10	2.00	1.00	14.00	110	10.00	10.00	−1.37	4.47
3r(2)/R	0.44	0.10	0.05	0.79	110	0.45	0.50	−0.58	4.63
LAMBDA	0.65	0.22	0.14	1.71	110	0.36	0.33	2.27	8.94
EA	8.82	2.34	2.00	13.50	110	9.50	9.50	−0.69	0.39
es	9.16	3.40	4.00	17.00	110	10.00	9.00	2.13	12.31
D	−0.45	1.39	−10.00	2.00	110	0.00	0.00	−3.73	20.85
Adj D	−0.25	1.07	−5.00	2.00	110	0.00	0.00	−1.71	5.14
a(active)	6.99	1.73	3.00	12.00	110	7.00	8.00	0.18	0.32
p(passive)	3.36	1.93	0.00	9.00	106	3.00	3.00	0.75	0.31
Ma	2.58	1.44	1.00	7.00	110	2.00	2.00	0.96	0.38
Mp	1.77	1.46	0.00	5.00	81	2.00	2.00	0.48	−0.51
Intellect	1.04	0.83	0.00	4.00	110	1.00	1.00	1.59	3.76
Zf	12.68	2.59	5.00	23.00	110	13.00	13.00	0.01	2.61
Zd	1.03	2.96	−6.50	9.00	110	0.50	−0.50	0.17	0.11
Blends	6.34	2.16	1.00	12.00	110	7.00	7.00	−0.63	0.03
Col Shd Blend	0.22	[0.51]	0.00	2.00	19	0.00	0.00	2.35	4.69
Afr	0.65	0.18	0.27	1.29	110	0.67	0.67	0.97	1.69
Popular	6.33	1.23	3.00	9.00	110	7.00	7.00	−0.59	0.22

表 A.1　15 歳（N=110）（つづき）

変数	平均	標準偏差	最小値	最大値	頻度	中央値	最頻値	歪度	尖度
XA%	0.92	0.05	0.57	1.00	110	0.91	0.95	−3.35	23.67
WDA%	0.94	0.05	0.54	1.00	110	0.95	0.95	−4.34	32.40
X+%	0.78	0.07	0.50	1.00	110	0.77	0.75	−0.45	2.72
X−%	0.08	0.05	0.00	0.43	99	0.09	0.05	3.29	23.27
Xu%	0.14	0.06	0.00	0.37	108	0.15	0.14	0.45	1.97
Isolate/R	0.15	0.07	0.00	0.47	108	0.15	0.16	1.76	8.19
H	3.42	1.96	0.00	8.00	109	3.00	5.00	0.49	−0.51
(H)	1.05	0.90	0.00	4.00	75	1.00	1.00	0.52	−0.16
HD	0.57	0.82	0.00	4.00	48	0.00	0.00	1.96	5.02
(Hd)	0.54	0.50	0.00	1.00	59	1.00	1.00	−0.14	−2.01
Hx	0.00	[0.00]	0.00	0.00	0	0.00	0.00	−	−
All H Cont	5.57	2.28	1.00	9.00	110	5.00	5.00	−0.14	−0.95
A	7.98	1.96	3.00	15.00	110	8.00	7.00	0.54	1.91
(A)	0.36	[0.55]	0.00	3.00	37	0.00	0.00	1.55	3.35
Ad	2.08	[1.20]	0.00	9.00	102	2.00	2.00	2.25	11.70
(Ad)	0.06	[0.30]	0.00	2.00	4	0.00	0.00	5.79	34.15
An	0.93	[0.79]	0.00	3.00	73	1.00	1.00	0.24	−1.02
Art	0.86	0.63	0.00	4.00	82	1.00	1.00	1.00	4.67
Ay	0.14	[0.35]	0.00	1.00	15	0.00	0.00	2.14	2.67
Bl	0.22	[0.42]	0.00	1.00	24	0.00	0.00	1.38	−0.09
Bt	1.68	0.82	0.00	4.00	102	2.00	2.00	−0.04	−0.06
Cg	1.47	1.11	0.00	4.00	93	1.00	1.00	0.58	−0.80
Cl	0.09	[0.35]	0.00	2.00	8	0.00	0.00	4.11	17.53
Ex	0.12	[0.32]	0.00	1.00	13	0.00	0.00	2.39	3.82
Fi	0.69	[0.52]	0.00	2.00	73	1.00	1.00	−0.22	−0.72
Food	0.60	[0.51]	0.00	2.00	65	1.00	1.00	−0.20	−1.47
Ge	0.01	[0.10]	0.00	1.00	1	0.00	0.00	10.48	110.00
Hh	0.89	0.60	0.00	4.00	88	1.00	1.00	1.36	7.28
Ls	1.12	0.71	0.00	2.00	88	1.00	1.00	−0.17	−1.00
Na	0.12	[0.35]	0.00	2.00	12	0.00	0.00	3.02	9.12
Sc	1.70	[1.34]	0.00	6.00	77	2.00	3.00	0.02	−0.83
Sx	0.11	[0.44]	0.00	3.00	8	0.00	0.00	4.64	23.43
Xy	0.04	[0.19]	0.00	1.00	4	0.00	0.00	5.02	23.65
Idio	1.09	1.47	0.00	7.00	52	0.00	0.00	1.48	2.28
DV	0.98	[0.70]	0.00	3.00	84	1.00	1.00	0.34	0.03
INCOM	0.88	[0.74]	0.00	4.00	76	1.00	1.00	0.74	1.58
DR	0.13	[0.34]	0.00	1.00	14	0.00	0.00	2.26	3.20
FABCOM	0.23	[0.46]	0.00	2.00	23	0.00	0.00	1.87	2.73
DV2	0.03	[0.16]	0.00	1.00	3	0.00	0.00	5.88	33.24
INC2	0.01	[0.10]	0.00	1.00	1	0.00	0.00	10.48	110.00
DR2	0.01	[0.10]	0.00	1.00	1	0.00	0.00	10.48	110.00
FAB2	0.04	[0.19]	0.00	1.00	4	0.00	0.00	5.02	23.65
ALOG	0.06	[0.27]	0.00	2.00	5	0.00	0.00	5.36	31.19
CONTAM	0.00	0.00	0.00	0.00	0	0.00	0.00	−	−
Sum 6 Sp Sc	2.35	1.38	0.00	5.00	96	2.00	2.00	−0.19	−0.97
Lvl 2 Sp Sc	0.08	[0.28]	0.00	1.00	9	0.00	0.00	3.09	7.71
WSum6	4.71	3.33	0.00	15.00	96	4.00	3.00	0.60	0.27
AB	0.03	[0.16]	0.00	1.00	3	0.00	0.00	5.88	33.24
AG	1.15	0.91	0.00	4.00	82	1.00	1.00	0.53	−0.05
COP	1.54	0.97	0.00	5.00	98	1.00	1.00	0.74	0.98
CP	0.00	[0.00]	0.00	0.00	0	0.00	0.00	−	−
GOODHR	5.01	1.91	0.00	9.00	109	6.00	6.00	−0.38	−0.55
POORHR	1.57	1.22	0.00	6.00	75	1.00	1.00	2.00	4.33
MOR	0.54	[0.83]	0.00	4.00	41	0.00	0.00	1.73	3.06
PER	0.92	0.65	0.00	5.00	89	1.00	1.00	2.31	14.11
PSV	0.04	[0.19]	0.00	1.00	4	0.00	0.00	5.02	23.65

注：[ ] で示した標準偏差は，値が信頼できないので，期待域の推定を行ってはならない。これらの変数をパラメトリックな分析に含めてはならない。

表A.1　16歳（N=140）

変数	平均	標準偏差	最小値	最大値	頻度	中央値	最頻値	歪度	尖度
R	22.89	5.16	14.00	31.00	140	21.00	20.00	0.94	1.70
W	8.96	2.37	3.00	20.00	140	9.00	9.00	1.70	8.32
D	11.91	3.74	0.00	21.00	139	12.00	12.00	−0.23	1.41
Dd	2.02	[1.82]	0.00	7.00	121	2.00	1.00	3.49	15.11
S	1.24	[1.23]	0.00	5.00	132	2.00	2.00	2.70	14.04
DQ+	7.94	2.04	2.00	13.00	140	8.00	8.00	−0.28	−0.13
DQo	13.12	3.47	5.00	27.00	140	12.00	12.00	1.23	4.58
DQv	0.89	[1.35]	0.00	5.00	59	0.00	0.00	1.59	1.62
DQv/+	0.84	[0.53]	0.00	2.00	46	0.00	0.00	2.21	3.98
FQX+	0.54	0.83	0.00	3.00	48	0.00	0.00	1.26	0.31
FQXo	16.43	3.36	7.00	29.00	140	16.00	15.00	0.59	2.16
FQXu	3.19	1.56	0.00	11.00	138	3.00	3.00	1.18	4.32
FQX-	1.58	0.91	0.00	5.00	126	2.00	2.00	0.70	2.97
FQXNone	0.06	[0.26]	0.00	2.00	7	0.00	0.00	5.01	27.20
MQ+	0.35	0.64	0.00	3.00	38	0.00	0.00	1.96	3.75
MQo	3.50	2.01	0.00	8.00	138	3.00	1.00	0.29	−0.86
MQu	0.37	0.50	0.00	2.00	51	0.00	0.00	0.71	−1.07
MQ-	0.09	[0.29]	0.00	1.00	13	0.00	0.00	2.84	6.13
MQNone	0.00	[0.00]	0.00	0.00	0	0.00	0.00	−	−
S−	0.34	[0.55]	0.00	2.00	43	0.00	0.00	1.32	0.81
M	4.31	2.13	1.00	9.00	140	4.00	4.00	0.20	−0.88
FM	4.58	1.66	1.00	9.00	140	4.00	4.00	0.04	−0.73
m	1.14	0.80	0.00	4.00	117	1.00	1.00	1.10	2.43
FM + m	5.72	1.78	2.00	10.00	140	6.00	7.00	0.03	−0.73
FC	3.43	1.34	0.00	8.00	137	3.00	3.00	0.14	1.16
CF	2.78	1.45	0.00	6.00	130	3.00	3.00	−0.05	−0.59
C	0.04	[0.20]	0.00	1.00	6	0.00	0.00	4.56	19.10
Cn	0.01	[0.12]	0.00	1.00	2	0.00	0.00	8.27	67.44
FC+CF+C+Cn	6.26	2.08	1.00	11.00	140	7.00	8.00	−0.56	−0.16
WSum C	4.56	1.66	0.50	8.00	140	5.00	3.50	−0.42	−0.49
Sum C'	1.15	[1.27]	0.00	6.00	118	1.00	1.00	2.48	13.59
Sum T	1.02	[0.48]	0.00	3.00	128	1.00	1.00	2.44	13.39
Sum V	0.19	[0.51]	0.00	2.00	20	0.00	0.00	2.64	6.03
Sum Y	1.04	[1.21]	0.00	5.00	95	2.00	1.00	3.25	20.79
SumShd	3.44	2.35	0.00	23.00	139	4.00	4.00	4.25	31.18
Fr + rF	0.48	[0.41]	0.00	3.00	32	0.00	0.00	6.27	48.14
FD	1.31	[0.93]	0.00	5.00	108	1.00	2.00	0.33	0.77
F	6.85	2.69	2.00	17.00	140	6.00	5.00	0.96	0.93
PAIR	9.04	2.00	1.00	14.00	140	9.00	10.00	−0.90	3.36
3r(2)/R	0.43	0.09	0.05	0.79	140	0.45	0.50	−0.32	3.89
LAMBDA	0.65	0.21	0.24	1.71	140	0.68	0.63	1.85	7.03
EA	8.87	2.23	2.00	13.50	140	9.00	8.50	−0.59	0.63
es	9.21	3.29	4.00	17.00	140	10.00	8.00	2.09	12.09
D	−0.31	1.31	−10.00	2.00	140	0.00	0.00	−3.70	22.64
Adj D	−0.11	1.04	−5.00	2.00	140	0.00	0.00	−1.56	5.47
a(active)	6.82	1.71	3.00	12.00	140	7.00	6.00	0.25	0.13
p(passive)	3.22	1.89	0.00	9.00	133	3.00	2.00	0.70	0.33
Ma	2.62	1.42	1.00	7.00	140	2.00	2.00	0.88	0.20
Mp	1.69	1.38	0.00	5.00	106	2.00	2.00	0.55	−0.32
Intellect	1.14	0.93	0.00	5.00	140	1.00	1.00	1.38	2.72
Zf	12.61	2.64	5.00	23.00	140	13.00	13.00	0.37	3.18
Zd	1.12	2.96	−6.50	9.00	140	0.75	−0.50	0.09	0.15
Blends	6.11	2.13	1.00	12.00	140	7.00	7.00	−0.44	−0.26
Col Shd Blends	0.24	[0.50]	0.00	2.00	28	0.00	0.00	2.08	3.56
Afr	0.65	0.17	0.27	1.29	140	0.67	0.67	0.80	1.61
Popular	6.46	1.27	3.00	10.00	140	7.00	7.00	−0.35	0.39

表 A.1 16歳（N=140）（つづき）

変数	平均	標準偏差	最小値	最大値	頻度	中央値	最頻値	歪度	尖度
XA%	0.93	0.05	0.57	1.00	140	0.92	0.95	−3.12	22.84
WDA%	0.94	0.05	0.54	1.00	140	0.95	0.95	−3.80	29.25
X+%	0.78	0.07	0.50	1.00	140	0.78	0.75	−0.41	2.27
X−%	0.07	0.05	0.00	0.43	126	0.07	0.05	3.07	22.85
Xu%	0.15	0.06	0.00	0.37	138	0.15	0.15	0.45	1.42
Isolate/R	0.16	0.07	0.00	0.47	138	0.16	0.16	1.30	4.09
H	3.39	1.94	0.00	8.00	139	3.00	3.00	0.62	−0.28
(H)	1.07	0.89	0.00	4.00	97	1.00	1.00	0.36	−0.43
HD	0.59	0.81	0.00	4.00	62	0.00	0.00	1.79	4.08
(Hd)	0.46	0.50	0.00	1.00	64	0.00	0.00	0.17	−2.00
Hx	0.00	[0.00]	0.00	0.00	0	0.00	0.00	−	−
All H Cont	5.51	2.12	1.00	9.00	140	5.00	5.00	−0.06	−0.76
A	8.04	1.97	3.00	15.00	140	8.00	7.00	0.46	1.18
(A)	0.32	[0.54]	0.00	3.00	41	0.00	0.00	1.72	3.69
Ad	2.11	[1.15]	0.00	9.00	131	2.00	2.00	1.97	10.34
(Ad)	0.07	[0.33]	0.00	2.00	7	0.00	0.00	4.93	24.56
An	0.81	[0.79]	0.00	3.00	82	1.00	0.00	0.44	−0.97
Art	0.83	0.68	0.00	4.00	97	1.00	1.00	0.78	2.33
Ay	0.19	[0.41]	0.00	2.00	25	0.00	0.00	1.95	2.75
Bl	0.21	[0.43]	0.00	2.00	29	0.00	0.00	1.68	1.61
Bt	1.87	1.03	0.00	6.00	130	2.00	2.00	0.62	1.27
Cg	1.39	1.06	0.00	4.00	116	1.00	1.00	0.64	−0.57
Cl	0.11	[0.36]	0.00	2.00	14	0.00	0.00	3.32	11.31
Ex	0.11	[0.32]	0.00	1.00	16	0.00	0.00	2.45	4.06
Fi	0.63	[0.57]	0.00	2.00	82	1.00	1.00	0.19	−0.76
Food	0.51	[0.52]	0.00	2.00	70	0.50	0.00	0.13	−1.62
Ge	0.01	[0.12]	0.00	1.00	2	0.00	0.00	8.27	67.44
Hh	0.91	0.67	0.00	4.00	108	1.00	1.00	1.14	3.97
Ls	1.07	0.74	0.00	3.00	108	1.00	1.00	0.00	−0.87
Na	0.17	[0.42]	0.00	2.00	22	0.00	0.00	2.35	5.05
Sc	1.51	[1.31]	0.00	6.00	93	2.00	0.00	0.23	−0.82
Sx	0.11	[0.41]	0.00	3.00	11	0.00	0.00	4.57	23.67
Xy	0.04	[0.19]	0.00	1.00	5	0.00	0.00	5.05	23.93
Idiographic	1.31	1.45	0.00	7.00	81	1.00	0.00	1.07	1.04
DV	0.99	[0.71]	0.00	3.00	107	1.00	1.00	0.38	0.11
INCOM	0.83	[0.75]	0.00	4.00	91	1.00	1.00	0.81	1.34
DR	0.14	[0.37]	0.00	2.00	19	0.00	0.00	2.48	5.51
FABCOM	0.21	[0.45]	0.00	2.00	28	0.00	0.00	1.89	2.75
DV2	0.02	[0.15]	0.00	1.00	3	0.00	0.00	6.68	43.26
INC2	0.01	[0.12]	0.00	1.00	2	0.00	0.00	8.27	67.44
DR2	0.01	[0.09]	0.00	1.00	1	0.00	0.00	11.83	140.00
FAB2	0.04	[0.19]	0.00	1.00	5	0.00	0.00	5.05	23.93
ALOG	0.05	[0.25]	0.00	2.00	6	0.00	0.00	5.49	32.88
CONTAM	0.00	0.00	0.00	0.00	0	0.00	0.00	−	−
Sum 6 Sp Sc	2.30	1.34	0.00	5.00	125	2.00	2.00	−0.03	−0.92
Lvl 2 Sp Sc	0.08	[0.27]	0.00	1.00	11	0.00	0.00	3.16	8.14
WSum6	4.57	3.23	0.00	15.00	125	4.00	3.00	0.67	0.32
AB	0.06	[0.25]	0.00	1.00	9	0.00	0.00	3.59	11.06
AG	1.20	0.99	0.00	5.00	106	1.00	1.00	1.02	1.98
COP	1.60	1.10	0.00	5.00	120	1.00	1.00	0.68	0.45
CP	0.00	[0.00]	0.00	0.00	0	0.00	0.00	−	−
GOODHR	5.29	1.80	0.00	9.00	139	6.00	6.00	−0.21	−0.49
POORHR	1.16	1.29	0.00	6.00	96	1.00	1.00	1.67	2.67
MOR	0.58	[0.81]	0.00	4.00	59	0.00	0.00	1.56	2.57
PER	0.96	0.72	0.00	5.00	110	1.00	1.00	1.59	7.12
PSV	0.04	[0.20]	0.00	1.00	6	0.00	0.00	4.56	19.10

注：[ ] で示した標準偏差は，値が信頼できないので，期待域の推定を行ってはならない。これらの変数をパラメトリックな分析に含めてはならない。

表 A.2 児童・青年非患者 1,390 名での 36 変数の年齢別頻度

	5歳 (N=90) 頻度	%	6歳 (N=80) 頻度	%	7歳 (N=120) 頻度	%	8歳 (N=120) 頻度	%	9歳 (N=140) 頻度	%	10歳 (N=120) 頻度	%
スタイル												
内向型	0	0%	0	0%	6	5%	16	13%	23	16%	24	20%
超内向型	0	0%	0	0%	0	0%	0	0%	1	0%	0	0%
不定型	24	27%	20	25%	42	35%	36	30%	48	40%	38	32%
外拡型	54	60%	51	64%	58	48%	48	40%	49	35%	45	38%
超外拡型	48	53%	46	58%	40	33%	24	20%	15	11%	26	22%
回避型	12	13%	9	11%	14	12%	20	17%	20	14%	13	11%
EA − es : D スコア												
D スコア > 0	0	0%	0	0%	0	0%	6	5%	7	5%	2	2%
D スコア = 0	68	76%	51	64%	69	58%	90	75%	117	84%	100	83%
D スコア < 0	22	24%	29	36%	51	43%	24	20%	16	11%	18	15%
D スコア < −1	4	4%	4	5%	12	10%	8	7%	9	6%	2	2%
修正 D スコア > 0	0	0%	0	0%	0	0%	6	5%	9	6%	6	5%
修正 D スコア = 0	72	80%	63	79%	69	58%	98	82%	121	86%	96	80%
修正 D スコア < 0	18	20%	17	21%	51	43%	16	13%	10	7%	18	15%
修正 D スコア < −1	3	3%	4	5%	5	4%	8	7%	7	5%	2	2%
Zd > +3.0 (オーバーインコーポレイティブ)	3	3%	0	0%	0	0%	8	7%	28	20%	30	25%
Zd < −3.0 (アンダーインコーポレイティブ)	23	26%	27	34%	32	27%	19	16%	22	16%	19	16%
形態水準												
XA% > .89	25	28%	41	51%	62	52%	56	47%	61	44%	66	47%
XA% < .70	14	16%	15	19%	12	10%	16	13%	18	13%	9	7%
WDA% < .85	14	16%	8	10%	18	15%	22	18%	24	17%	16	13%
WDA% < .75	4	4%	3	4%	0	0%	0	0%	3	2%	1	0%
X + % < .55	4	4%	0	0%	0	0%	3	3%	4	3%	3	3%
Xu% > .20	49	54%	55	69%	23	19%	32	27%	36	26%	22	18%
X − % > .20	3	3%	2	3%	6	5%	4	4%	4	3%	9	8%
X − % > .30	0	0%	0	0%	0	0%	0	0%	0	0%	0	0%
FC : CF + C の比率												
FC > (CF + C) + 2	0	0%	0	0%	9	8%	1	1%	0	0%	1	1%
FC > (CF + C) + 1	0	0%	0	0%	12	10%	9	8%	10	7%	14	12%
(CF + C) > FC + 1	87	97%	71	89%	17	14%	48	40%	30	21%	60	50%
(CF + C) > FC + 2	43	48%	49	61%	11	9%	32	27%	19	14%	21	18%

表 A.2 つづき

	5歳 (N=90)		6歳 (N=80)		7歳 (N=120)		8歳 (N=120)		9歳 (N=140)		10歳 (N=120)	
	頻度	%	頻度	%	頻度	%	頻度	%	頻度	%	頻度	%
布置と特殊指標												
HVI 陽性	0	0%	0	0%	0	0%	0	0%	0	0%	0	0%
OBS 陽性	0	0%	0	0%	0	0%	0	0%	0	0%	0	0%
PTI = 5	0	0%	0	0%	0	0%	0	0%	0	0%	0	0%
PTI = 4	0	0%	0	0%	0	0%	0	0%	0	0%	0	0%
PTI = 3	0	0%	0	0%	0	0%	0	0%	0	0%	0	0%
DEPI = 7	0	0%	0	0%	0	0%	0	0%	0	0%	0	0%
DEPI = 6	0	0%	0	0%	0	0%	0	0%	0	0%	0	0%
DEPI = 5	0	0%	0	0%	0	0%	0	0%	0	0%	0	0%
CDI = 5	1	1%	2	2%	3	3%	3	3%	0	0%	0	0%
CDI = 4	11	12%	10	13%	13	11%	8	7%	9	6%	18	15%
その他の変数												
R < 17	17	19%	15	19%	14	12%	40	33%	21	15%	13	11%
R > 27	0	0%	0	0%	0	0%	0	0%	0	0%	0	0%
S > 2	21	23%	4	5%	37	31%	9	8%	12	9%	14	12%
Sum T = 0	33	37%	11	14%	10	8%	8	7%	17	12%	14	12%
Sum T > 1	0	0%	0	0%	2	2%	8	7%	12	9%	8	7%
3r + (2)/R < .33	0	0%	6	8%	0	0%	8	7%	7	5%	4	3%
3r + (2)/R > .44	86	96%	62	78%	82	68%	82	68%	99	71%	110	92%
Pure C > 1	53	59%	56	70%	12	10%	40	33%	28	20%	16	13%
Afr < .40	0	0%	12	15%	0	0%	1	1%	8	6%	2	2%
Afr < .50	13	14%	19	24%	9	8%	24	20%	16	11%	16	13%
(FM + m) < Sum Shading	0	0%	0	0%	2	2%	10	8%	14	10%	8	7%
Populars < 4	6	7%	8	10%	3	3%	4	3%	0	0%	4	3%
COP = 0	13	14%	13	16%	12	10%	6	5%	4	3%	6	5%
COP > 2	6	6%	5	6%	16	13%	30	25%	37	26%	21	18%
AG = 0	8	9%	40	50%	0	0%	24	20%	12	9%	3	3%
AG > 2	4	4%	4	5%	3	3%	13	11%	19	14%	18	15%
MOR > 2	3	3%	5	6%	6	5%	3	3%	11	8%	13	11%
Level 2 Sp Sc > 0	32	36%	16	20%	19	16%	13	11%	14	10%	10	8%
GHR > PHR	79	88%	69	77%	93	78%	101	84%	98	70%	94	78%
Pure H < 2	4	4%	24	30%	63	52%	32	27%	31	22%	36	30%
Pure H = 0	1	1%	0	0%	0	0%	4	3%	2	1%	4	3%
p > a + 1	7	8%	5	6%	16	13%	10	8%	19	14%	12	10%
Mp > Ma	9	10%	9	11%	11	9%	14	12%	17	12%	14	12%

表 A.2 つづき

	11 歳 (N=135) 頻度	%	12 歳 (N=120) 頻度	%	13 歳 (N=110) 頻度	%	14 歳 (N=105) 頻度	%	15 歳 (N=110) 頻度	%	16 歳 (N=140) 頻度	%
スタイル												
内向型	27	20%	24	20%	30	27%	28	27%	37	34%	46	33%
超内向型	0	0%	8	6%	6	5%	6	6%	7	6%	11	8%
不定型	37	27%	47	39%	35	32%	32	30%	27	25%	28	20%
外拡型	51	38%	33	28%	35	32%	35	33%	34	31%	52	37%
超外拡型	14	10%	22	18%	18	16%	18	17%	18	16%	23	16%
回避型	21	16%	16	13%	10	9%	10	10%	12	10%	14	12%
EA－es：D スコア												
D スコア＞0	0	0%	4	3%	14	13%	10	10%	9	8%	14	10%
D スコア＝0	123	91%	90	75%	70	64%	69	66%	71	65%	110	79%
D スコア＜0	12	9%	26	22%	26	24%	26	25%	30	27%	16	11%
D スコア＜－1	5	4%	3	3%	4	4%	3	3%	10	9%	9	6%
修正 D スコア＞0	4	3%	14	12%	25	23%	21	20%	16	15%	17	12%
修正 D スコア＝0	119	88%	80	67%	65	59%	70	67%	67	61%	86	61%
修正 D スコア＜0	11	8%	26	22%	20	18%	14	13%	27	25%	12	9%
修正 D スコア＜－1	4	3%	2	2%	2	2%	2	2%	6	5%	7	5%
Zd＞＋3.0 (オーバーインコーポレイティブ)	36	27%	34	28%	30	27%	21	20%	25	23%	30	21%
Zd＜－3.0 (アンダーインコーポレイティブ)	14	10%	20	17%	15	14%	16	15%	16	15%	14	10%
形態水準												
XA%＞.89	111	82%	110	92%	86	78%	81	77%	87	79%	114	81%
XA%＜.70	0	0%	4	3%	4	4%	4	4%	2	2%	3	2%
WDA%＜.85	6	4%	4	3%	8	7%	8	8%	2	2%	2	1%
WDA%＜.75	0	0%	4	3%	4	4%	4	4%	1	1%	1	1%
X＋%＜.55	12	9%	6	5%	8	7%	8	8%	2	2%	3	2%
Xu%＞.20	26	19%	16	13%	16	15%	17	15%	9	8%	16	11%
X－%＞.20	18	13%	4	3%	6	5%	7	6%	2	2%	2	1%
X－%＞.30	0	0%	2	2%	2	2%	2	2%	1	1%	1	1%
FC：CF＋C の比率												
FC＞(CF＋C)＋2	3	2%	8	7%	6	5%	4	4%	10	9%	18	13%
FC＞(CF＋C)＋1	17	13%	12	10%	12	11%	8	8%	20	18%	38	27%
(CF＋C)＞FC＋1	45	33%	24	20%	19	17%	16	15%	23	21%	23	16%
(CF＋C)＞FC＋2	14	10%	0	0%	3	3%	3	3%	2	2%	2	1%

表 A.2 つづき

	11 歳 (N=135)		12 歳 (N=120)		13 歳 (N=110)		14 歳 (N=105)		15 歳 (N=110)		16 歳 (N=140)	
	頻度	%	頻度	%	頻度	%	頻度	%	頻度	%	頻度	%
布置と特殊指標												
HVI 陽性	5	4%	4	3%	3	3%	6	6%	0	0%	1	1%
OBS 陽性	0	0%	0	0%	0	0%	0	0%	1	1%	1	1%
PTI = 5	0	0%	0	0%	0	0%	0	0%	0	0%	0	0%
PTI = 4	0	0%	0	0%	0	0%	0	0%	0	0%	0	0%
PTI = 3	0	0%	2	2%	2	2%	2	2%	1	1%	1	1%
DEPI = 7	0	0%	0	0%	0	0%	0	0%	0	0%	0	0%
DEPI = 6	0	0%	0	0%	0	0%	0	0%	0	0%	0	0%
DEPI = 5	0	0%	1	1%	1	1%	0	0%	0	0%	0	0%
CDI = 5	0	0%	0	0%	0	0%	0	0%	1	1%	1	1%
CDI = 4	12	9%	29	24%	22	20%	13	12%	16	15%	15	11%
その他の変数												
R < 17	4	3%	8	7%	10	9%	10	10%	12	11%	13	9%
R > 27	0	0%	0	0%	4	4%	5	5%	8	7%	11	8%
S > 2	18	13%	10	8%	16	15%	13	12%	17	15%	18	13%
Sum T = 0	19	14%	14	12%	20	18%	17	16%	6	5%	12	9%
Sum T > 1	11	8%	0	0%	4	4%	2	2%	9	8%	11	8%
3r + (2)/R < .33	0	0%	6	5%	18	16%	18	17%	7	6%	10	7%
3r + (2)/R. > .44	123	91%	85	71%	62	56%	59	56%	49	45%	74	53%
Pure C > 1	0	0%	0	0%	0	0%	0	0%	0	0%	0	0%
Afr < .40	0	0%	6	5%	8	7%	6	6%	5	5%	6	4%
Afr < .50	13	10%	45	38%	33	30%	24	23%	19	17%	21	15%
(FM + m) < Sum Shading	10	7%	12	10%	11	10%	9	9%	17	15%	20	14%
Populars < 4	0	0%	4	3%	4	4%	1	1%	3	3%	4	3%
COP = 0	6	4%	6	5%	10	9%	13	12%	12	11%	20	14%
COP > 2	13	10%	19	16%	16	15%	18	17%	15	14%	24	17%
AG = 0	5	4%	21	18%	25	23%	19	18%	28	25%	34	24%
AG > 2	10	7%	15	13%	8	7%	10	10%	8	7%	11	8%
MOR > 2	6	4%	6	5%	2	2%	5	5%	4	4%	5	4%
Level 2 Sp Sc > 0	20	15%	22	18%	13	12%	9	9%	9	8%	7	5%
GHR > PHR	105	78%	109	91%	94	85%	89	85%	84	76%	111	79%
Pure H < 2	27	20%	30	25%	28	25%	18	17%	23	21%	14	10%
Pure H = 0	4	3%	0	0%	0	0%	0	0%	1	1%	1	1%
p > a + 1	12	9%	10	8%	7	6%	13	12%	13	12%	15	11%
Mp > Ma	20	15%	18	15%	9	8%	8	8%	16	15%	17	12%

あとがき

心理アセスメントの未来へ

　本書は，John E. Exner, Jr., *The Rorschach : A Comprehensive System, Basic Foundations and Principles of Interpretation, vol.1, 4th ed.* (2003) を全訳したものです。原書の *2nd ed.* (1986) は『現代ロールシャッハ体系（上・下）』（金剛出版，1991）として翻訳，出版されました。形式的には，本書はその改訂版という位置づけになります。ただし，その後 18 年間の包括システムの大幅な修正に伴い，本書は『体系』とはだいぶ異なった内容と構成になっています。ですから，実際には改訂版以上のものと言えるでしょう。

　本書にたどり着くまでにエクスナーが著した *The Rorschach : A Comprehensive System* の流れは次の通りです。

1974	*The Rorschach : A Comprehensive System Vol.1, 1st ed.*
1978	*The Rorschach : A Comprehensive System Vol.2, 1st ed. Current Research and Advanced Interpretation*
1982	*The Rorschach : A Comprehensive System Vol.3, 1st ed. Assessment of Child and Adolescents*
1986	*The Rorschach : A Comprehensive System Vol.1, 2nd ed. Basic Foundations*
1991	*The Rorschach : A Comprehensive System Vol.2, 2nd ed. Interpretation*
1993	*The Rorschach : A Comprehensive System Vol.1, 3rd ed. Basic Foundations*
1995	*The Rorschach : A Comprehensive System Vol.3, 2nd ed. Assessment of Child and Adolescents*
2003	*The Rorschach : A Comprehensive System Vol.1, 4th ed. Basic Foundations and Principles of Interpretation*
2005	*The Rorschach : A Comprehensive System Vol.2, 3rd ed. Advanced Interpretation*

　エクスナーはこの他にも，2000 年に *A Primer for Rorschach Interpretation*（『ロールシャッハの解釈』金剛出版，2002），続いて 2001 年に *A Rorschach Workbook for the Comprehensive system 5th ed.*（『ロールシャッハ・テスト ワークブック 第 5 版』金剛出版，2003）を著し，その中で包括システムを集大成する重要な変更や修正を公表しました。

　こうした足跡からわかるように，ここに訳出した 2003 年の第 1 巻の第 4 版には，2000 年以降の包括システムの基礎から解釈の基本まですべてが網羅されていると言っても過言ではありません。
　日本語にすでに訳出してあった『ロールシャッハ・テスト ワークブック 第 5 版』『ロールシャッハの解釈』『ロールシャッハ形態水準ポケットガイド　第 3 版』（中村紀子，津川律子，植杉永美子，

丸山香共訳，エクスナー・ジャパン・アソシエイツ，2004）の内容は，本著にすべて収められています。ただし，解説のために用いられている臨床例は『ロールシャッハの解釈』のものとは異なっています。また，『ワークブック』の第 III 部にある 300 問のコーディング練習も含まれていません。このたび『ワークブック』と『ロールシャッハの解釈』の部分は新たに訳し直しましたが，附録の形態水準表については『ロールシャッハ形態水準ポケットガイド 第 3 版』の翻訳を引用いたしました。

　2002 年に『ロールシャッハの解釈』を訳し終えたとき，監訳者二人のうちにはすでに，次には本書を訳出しようとの思いが芽生えていました。エクスナーの研究の集大成とも言えるこの書を訳さなければ，本当に包括システムを日本に伝えたことにはならない，特に，他の訳書には掲載されていない解釈の裏付けとなる実証的研究について（さらには，各章に載っている最新の文献について）伝える必要がある，解釈本だけを一人歩きさせてはいけない。一仕事終えた後の高揚感のためかもしれませんが，そうした使命感にも似た思いが私たちを支配していました。そして 2003 年，原書が出版されるや，早速に翻訳に取りかかったのでした。
　その勢いをもってすれば，本書はもっと早くに仕上がっているはずでした。けれども，残念ながら熱意だけではものごとは進みません。それぞれが身辺の変化や諸般の業務で多忙となり，翻訳作業は遅れがちとなってしまいました。
　そんな中，2006 年 2 月にエクスナーが亡くなりました。
　1921 年以来，ロールシャッハの 10 枚の図版は変わらず存在し続けていますが，ロールシャッハのシステムはさまざまな支流を生んできました。1970 年代から 30 年以上を費やしてそうした何本もの支流を再びひとつの流れにまとめあげたのが，エクスナーその人でした。それだけに，エクスナーの逝去はロールシャッハ・コミュニティにとって非常に大きな悲しみであり，痛手となりました。翻訳の手が一時止まったのには，ひとつはそうした事情が影響したのかもしれません。
　けれども，エクスナーの仲間や教え子たちによる，信頼性，妥当性，有用性を高めるための研究やプロジェクトは，その後も滞ることはありませんでした。生前エクスナーが言っていたように，包括システムはまだ完成したわけではなく，包括システムをよりよいものにしようという努力は間断なく続けられなければなりません。そうです。包括システムは今も変化し，生き続けているのです。なぜならば，ロールシャッハ・テストを用いる現場（人間）が変化し，生きているからです。ということは，包括システムがさらによいものになって，いつの日か本書の *5th ed.* が登場する日が来るかもしれません。もちろん，それを実現させるのはエクスナーではなく，衣鉢を継ぐ私たち多くの教え子であり，そしてそれを引き継ぐ未来の研究者や臨床家です。そう思うと，再び使命感がわきあがり，翻訳に取り組むことができました。そして，結局 6 年の歳月を費やし，ようやく本書の出版にまでたどり着くことができました。

　エクスナーは，パーソナリティを描き出し，人を理解するためのツールとしてのロールシャッハをまとめあげました。本書にはその実証的研究や概念が余すことなく記されています。その一方，ロールシャッハの有用性に関する実証的研究についてはこれからの課題のひとつとして残されています。最近ではロールシャッハをどう使うともっともクライアントの役に立つのかといった，フィードバックを含めたテストの生かし方への関心が高まっています。あるいは，ロールシャッハから

得られた情報とその他のテストや面接から得られたデータをどう統合し，まとめあげていくのかといったことも，現場で働く臨床家にとっては大きな関心事となっています。これらの実証はエクスナーの研究の先に位置づけられるものです。すなわち，本書を超えて，私たちが実証的研究を踏まえて追究し示していかなければいけない事柄です。

人を理解し，援助する上でのロールシャッハの有用性をさらに高めていくこと。それが，エクスナーから受け取ったバトンだと思います。このバトンをつないでいくことにより，心理アセスメントの未来も紡がれていくことでしょう。本書が，そうした新しいスタートに向けての確たる礎石となることを願ってやみません。

包括システムがこれほどわが国の心理アセスメント領域に浸透することになったのは，諸先生方による『現代ロールシャッハテスト体系（上・下）』の翻訳があったからに他なりません。早い時期から訳出の労を執られ，先駆けとなられた諸先生方に敬意を表します。そして，そのような新風を巻き起こすことになる訳書の企画を果敢に進めてくださいました金剛出版の田中春夫相談役には，今回も最後までお世話になりました。感謝申し上げます。

長い翻訳作業の間は，多くの人に励まされ支えられてきました。孤独な作業に陥りがちなところ，仲間の存在は大きな支えになりました。戸村光恵さんは多くの図表の翻訳を手がけてくれました。チューリップ（仙台心理療法を学ぶ会）のメンバーの方々（有住洋子さん，大関信隆さん，大関美香子さん，越智さよ子さん，川村素子さん，佐々木道子さん，早川典子さん，樋口広思さん，宮田はるなさん）からは訳文や専門用語について貴重なご助言をいただきました。おかげでいくつかの間違いを正し，文章をわかりやすいものにすることができました。校正に当たっては，小倉菜穂子さん，熊坂幸代さん，武田理恵さん，戸村光恵さん，中川久子さんに助けてもらいました。最終的には，愚直とも言えるようなやり方で二人の監訳者がすべての訳に目を通しました。間違いがあるとすれば，それは監訳者二人の責任です。改訂の際には反映させたいと思いますので，ぜひご指摘ください。

最後になりますが，金剛出版の立石正信社長，藤井裕二さんのお力添えがなければ，大部なこの書の翻訳と出版は実現できなかったことでしょう。感謝いたします。皆さん，本当にありがとうございました。

2009年6月
野田昌道
中村紀子

人名索引
Personal Name Index

A

Abramson, L. S.　206
Abramson, L. Y.　306, 370
Ainsworth, M. D.　33, 296, 327, 374
Alexander, S. E.　600, 603
Alinsky, D.　223
Allen, R. M.　53, 380
Allerhand, M. E.　300, 307
Alloy, L. B.　370
Altus, W. D.　299, 307, 503
Ames, L. B.　206, 379, 384, 425, 456, 464, 503, 595, 607
Amick, J.　303
Anastasia, A.　46, 59
Applebaum, S. A.　390
Archer, R. P.　55, 56, 60, 371
Arluck, E. W.　379
Armbruster, G. L.　207, 209, 217, 221, 226, 328, 329, 374, 381, 385, 463, 515, 563
Armitage, S. G.　425, 456
Armstrong, J. G.　390, 506, 518, 565
Armsworth, M. W.　560
Arnold, J. M.　330
Attneave, F.　210

B

Backlar, P.　52, 59
Bailey, J. M.　54-56, 60
Baity, M. R.　463, 599
Baker, G.　296, 506
Baker, L. M.　457
Baker, W.　559, 602
Ball, J. D.　371
Bandura, A.　387

Bannatyne, L. A.　380, 459
Bard, M.　329
Barrera, S.　380
Bartell, S. S.　459
Bash, K. W.　294, 307, 374
Baughman, E. E.　49, 59, 69, 84, 91, 137, 303, 308, 381, 455, 463
Baxter, D.　60
Beck, A. G.　153, 206, 380, 513
Beck, A. T.　48, 52, 370
Beck, S. J.　28-37, 39, 40, 42-44, 48, 60, 68, 77, 93, 95, 102-104, 106, 112, 115, 117, 122, 123, 134, 135, 141, 147, 153-155, 159, 164, 166, 206, 207, 293, 294, 303, 304, 306, 307, 327-329, 370, 379, 380, 384, 387, 390, 420, 421, 422, 425, 426, 456, 457, 464, 465, 506, 513, 563, 595, 603
Belmont, L.　425, 456
Belter, R. W.　52, 60, 369
Berger, D. G.　329, 425
Berkowitz, M.　457
Berry, D. T. R.　54, 55, 59, 60
Berryman, E.　299, 307
Binder, H.　28, 31, 44, 130, 134, 327
Binet, A.　20, 26
Blake, R.　422
Blatt, S. J.　370, 376, 421, 425
Blias, M. A.　302, 307
Blondheim, S. H.　595
Bloom, B. S.　67, 92
Bochner, R.　567
Bohm, E.　35, 44, 68
Boll, T. J.　379
Bornstein, R. F.　54, 55, 59, 60, 595
Bourguinon, E. E.　463
Bouvier, C. R.　459
Bowers, K. S.　595

Bradway, K.   303, 307
Braff, D. L.   181, 595
Brawer, F. B.   33, 45
Breecher, S.   300, 307
Brems, C.   558
Brennen, M.   385
Bresnoban, T. J.   307
Brick, H.   329, 506, 594
Bridges, M. R.   380, 460, 557
Brown, G. W.   370
Brown, M.   300
Brown, S. L.   374, 507
Browne, C. G.   37, 45
Brubaker, R.   167, 464
Brunell-Neuleib, S.   54, 55, 59, 60
Bryant, E. L.   226, 296, 298, 301, 307, 423, 514, 559, 595
Buhler, C.   303, 307, 329, 379
Buker, S. L.   380
Buono, S.   560
Burns, B.   61, 181, 596

C

Cadenhead, K. S.   596
Caldwell, B. M.   456
Calvin, A. D.   329
Campbell, V. L.   46, 61
Campo, V.   130, 329
Cannavo, F.   299, 308, 385
Caputo-Sacco, L.   560
Caraway, E. W.   422
Carlson, C. F.   371
Carp, A. L.   70, 91
Casella, M. J.   302, 307
Cass, W. A.   457
Centeno, L.   598
Chadoff, P.   370
Chesrow, E. J.   456
Chevron, E. S.   370
Chu, A. Y.   301, 307, 377, 382
Cleveland, S. E.   516, 567
Clore, J. L.   50, 61
Coan, R.   301, 307
Coffin, T. E.   68, 91, 206
Cohen, J. B.   206, 221, 227, 330, 382, 386, 455
Coleman, J.   567
Coleman, M.   556
Colligan, S. C.   215, 379
Collyer, Y. M.   330
Colson, D. B.   390

Cooper, W. H.   13, 180, 226, 298, 308, 329, 330, 504, 564, 599, 607
Corrigan, H.   303, 307
Cotte, S.   425
Cox, F. N.   91, 329
Cronbach, L. J.   49, 59, 94
Crumpton, E.   384

D

Dahlstrom, L. E.   217
Dahlstrom, W. G.   217
Daston, P. G.   425
Davidson, H. H.   159, 164, 456
Davidson, H. H.   53-55, 59
Dearborn, G.   20, 26
de de Santos, D. R.   130
DeRubeis, R. J.   59
de Ruiter, C.   382, 386
Devine, D.   203, 232, 567
Dinoff, M.   207
Draguns, I. G.   564, 595, 603
Dubrovner, R. J.   206, 380

E

Ebner, D. L.   385
Eichler, R. M.   329
Elisens, M. M.   382
Elizur, A.   330, 567
Ellenberger, H.   21, 25, 26, 134
Elstein, A. S.   330
Erdberg, P.   241, 254, 601
Erdberg, S. P.   54, 60, 209, 593
Eron, L. D.   51, 61, 93
Evans, M. D.   52, 59, 506
Exner, D. E.   39, 103, 456
Exner, J. E.   35, 37, 39, 42, 44, 49, 53, 55, 58-60, 67, 69, 72, 75, 77, 84, 91, 93, 103, 107, 112, 117, 137, 143, 168, 181, 205-210, 212-215, 217-219, 221, 223, 225-228, 232-234, 241, 254, 294-299, 301-303, 305-308, 328-330, 369, 371, 373-386, 388, 390, 419, 420, 422-426, 455-460, 462-464, 503, 505-508, 510, 513-517, 556-566, 592-596, 598, 600-604, 607, 609, 610

F

Farber, J. G.   604
Farber, J. L.   604

Feirstein, A.　376
Feldman, M. J.　457
Finch, A. J.　369
Fink, A. D.　295, 307, 330
Finkelberg, S.　295, 307
Finney, B. C.　385
Fisher, D. F.　210
Fisher, R. L.　329
Fishman, R.　559
Fiske, D. W.　49, 59, 66, 91, 303, 308
Fister, W. P.　374
Folkman, S.　306
Fonda, C.　421, 506
Fonda, C. P.　387
Ford, M.　220, 384
Forsyth, R. P.　384
Fosberg, I. A.　70
Foster, J. M.　70
Fowler, J. C.　60, 302, 307, 462, 557, 610
Frank, I. H.　425
Frank, L. K.　36, 204, 566
French, A. P.　76
French, J.　371
French, T. M.　306
Freud, S.　36, 44
Fried, E.　456
Fried, R.　463
Friedman, H.　95, 106, 107, 110, 425, 426, 457

G

Gacono, C. B.　302, 308, 331, 380, 459, 460, 557, 599, 601
Gage, N. L.　66, 91
Gaines, R. N.　76, 91
Galina, H.　330
Gallagher-Thompson, D.　52, 59
Ganellen, R. J.　54, 59, 61
Gantt, W. H.　306
Garb, H. N.　29, 54, 55, 59, 61, 66, 91
Gardner, R. W.　385
Garron, D. C.　456
Garven, S.　54, 61
George, L. M.　69
Gibby, R. G.　69, 84, 91, 206, 456, 506
Giedt, F. H.　66, 91
Gill, H. S.　385
Gill, M.　34, 45, 57, 60, 66, 92, 106, 168, 295, 305, 308, 328, 379, 385, 426, 464, 503, 506, 563, 603, 607
Gillespie, R.　295, 308, 464, 503
Goetcheus, G.　206, 207

Gold, J. R.　33, 54, 55, 60, 329, 374, 380, 457, 504, 567, 593, 595, 599
Goldberger, L.　329, 457
Goldfarb, W.　374, 567
Goldman, A. E.　380, 457, 504, 595
Goldstein, D. B.　33, 518, 593, 599
Gollan, J. K.　59
Goodman, N. L.　70, 91, 218
Goodstein, L. D.　329
Gordon, R. A.　371
Gough, H. G.　48, 59, 559, 566, 602
Grayson, H. M.　384
Greaves, S. T.　207
Greenberg, R. P.　595
Greenberg, T. D.　425
Greenway, A. P.　604
Grisso, J. T.　58, 59, 67, 91
Gross, L.　207
Grosz, H. L.　329

H

Haan, N.　299, 308
Hafner, A. I.　379
Haley, E. M.　564, 595
Hall, W. C.　227, 560
Haller, N.　69, 91, 227
Hallmark, R.　46, 61
Hallowell, A. I.　463
Halpern, F.　203, 384, 567, 595
Handler, L.　557, 601
Hanley-Peterson, P.　52, 59
Hanson, R. K.　55, 60
Hark, L. I.　58, 59, 67, 91
Haroian, J.　54, 60, 241
Harris, J. G.　457
Harris, T.　370
Harrower, M.　57, 59, 66, 91
Harrower-Erikson, M. R.　206, 232
Heaven, T. R.　557
Henri, V.　20, 26
Henry, E. M.　34, 379
Hens, S.　22, 26
Herman, J.　17, 26, 307, 374, 504
Herron, E. W.　49, 59
Hersen, M.　207
Hertz, M. R.　28-37, 39, 42-44, 48, 68, 93, 95, 110, 115, 116, 127, 130, 134, 153-155, 164, 206, 220, 300, 308, 327, 421, 422, 456, 464, 465, 505
Hiller, J. B.　54, 55, 59, 60

Hillman, L.   379
Hillman, L. B.   227
Hilsenroth, M. J.   55, 60, 61, 302, 307, 462, 463, 557, 599, 601
Hirschstein, R.   567
Hochberg, J.   210
Holaday, M.   460, 560
Hollon, S. D.   52, 59, 60
Holt, R. R.   33, 44, 48-50, 59, 66, 67, 91, 92, 94, 99, 296, 308, 327, 329, 374, 567
Holtzman, W. H.   49, 59, 94, 99, 329
Holzberg, J. D.   221, 223, 425, 456
Holzman, P. S.   390
Honigmann, J. J.   463
Horiuchi, H.   214, 215
Hunsley, J.   54-56, 60
Hutt, M.   206
Hynan, L. S.   385

I

Ingram, R.   167, 464
Iscoe, I.   329
Izner, S. M.   298

J

Jackson, C. W.   39, 44
Jacobson, N. S.   52, 59
Jansak, D. M.   371, 596, 607
Jensen, A. R.   51
Jensen, D.   567
Johnson, J.   330
Johnson, M. E.   560
Jolles, I.   421
Joseph, A.   463
Jost, H. A.   206, 380
Jung, C. G.   29, 30, 36, 44, 307

K

Kadinsky, D.   425
Kahn, M. W.   459, 504
Kates, S. L.   329
Katkin, E. S.   595
Kazaoka, K.   592, 593, 597
Keehn, J. D.   384
Keinonen, M.   299, 308
Keller, J. W.   52, 60
Kelley, D. M.   44, 92, 232, 303, 308, 380, 456, 561, 603

Kelly, E. L.   33, 66, 90, 91, 206, 380
Kelsey, R. M.   599
Kemalof, S.   294, 308
Kendell, R. E.   370
Kennard, M. A.   374
Kerner, J.   21, 26
Kerr, M.   464
Khouri, S.   604
Kinder, B. N.   49, 60, 167, 464
King, S.   328, 506
Kirkner, F.   296, 308, 506
Kirkpatrick, E. A.   20, 26
Kisker, G. W.   457
Klatskin, E. H.   384
Klebanoff, S. A.   330
Klebanoff, S. G.   425
Kline, J. R.   423, 562, 570
Klingensmith, S. W.   84, 91
Klopfer, B.   29-37, 39, 40, 42-45, 68, 90, 92, 93, 96, 99, 103, 104, 110, 112, 115, 116, 122, 127, 130, 131, 134, 135, 141, 147, 151, 154, 159, 160, 164, 206, 207, 232, 296, 297, 300, 303-305, 308, 327, 328, 374, 379, 380, 384, 387, 456, 504, 506, 561, 603
Klopfer, W. G.   33, 504
Kluckhohn, C.   463
Knopf, I. J.   59, 457
Korchin, S. J.   455
Korman, A. K.   48, 60
Kotik, D.   370
Kovacs, M.   52, 60
Kropp, R.   421
Kruglov, L.   456
Kubovy, M.   210, 232
Kuhn, B.   559
Kula, M. L.   371

L

Langmuir, C. R.   376, 509
Larsen, R. M.   46, 60
Lazarus, R. S.   306
Learned, J.   206, 379
Leavitt, F.   456
Lebo, D.   329
LeFever, D.   303, 307, 329, 379
Leighton, D.   463
Leiser, R.   298
Lepisto, B. L.   295, 307
Leura, A. V.   69, 91, 217-219, 232, 298, 301, 305, 308, 422-423

Levantrosser, C.　301, 308
Levine, J.　457, 505
Levitt, E. E.　153, 166, 206, 329, 380, 513
Levy, E.　28, 30, 31, 33, 296, 507, 567
Lewis, M. G.　295
Lewis, R. J.　560
Lhanus, J.　308
Liddell, H. S.　306
Light, B. H.　303
Lindner, R. M.　566
Lindzey, G.　50, 60
Linton, H. B.　385
Lion, E.　303, 307
Lipgar, R. M.　459
Lipovsky, J. A.　369
London, H.　221
Loosli-Usteri, M.　81, 92
Lord, E.　68, 92
Lotsoff, E.　425
Louttit, C. M.　36, 37, 45
Loving, J. L.　302
Lubin, B.　37, 45, 46, 60
Luborsky, L.　67, 92

M

MacKinnon, D. W.　92
Magnussen, M. G.　207, 232
Mair, N. R. F.　306
Majumber, A. K.　328
Mann, L.　7, 380, 385
Manne, S. H.　380
Margulies, H.　380, 384
Marsh, A.　302
Martin, L. S.　206, 217, 232, 302, 303, 308, 376, 458, 516, 559, 609
Marwit, S. J.　70, 92
Masling, J. M.　69, 91, 92, 595
Maslow, A. H.　306
Mason, B. J.　223, 295, 301, 303, 308, 375, 379, 388, 425, 455, 456, 458, 503, 516, 559, 609
Matarazzo, J. D.　46, 60, 206, 232
Matranga, J.　566
Mayman, M.　154, 155, 457, 458
McArthur, C. C.　328
McClelland, D. C.　298
McDonald, C.　370
McDougal, A.　181
McFate, M. Q.　300
McMichael, A.　379, 425

McReynolds, P. A.　457
Meadow, A.　58, 59, 67, 91
Meehl, P. E.　48, 50, 56, 60
Meichenbaum, D. H.　424
Meili-Dworetzki, G.　106, 426
Meisner, J. S.　565
Meloy, J. R.　302, 308, 331, 380, 460, 557, 599, 601
Meltzer, H.　303
Mensh, I. N.　206, 232, 387
Merolle, P.　329
Metalsky, G. L.　370, 391
Meyer, B. T.　380
Meyer, G. J.　54-56, 596
Meyer, M. M.　33
Miale, F.　130
Miale, F. R.　206
Miller, A. S.　226, 298, 328
Miller, D. R.　69
Miller, I. J.　52
Miller, N. E.　306
Miller, T. A.　385
Millon, T.　370
Milton, E. O.　206
Mindness, H.　374
Mittman, B.　207, 209, 217, 221
Molish, H. B.　153, 166, 206, 328, 374, 380, 387, 421, 456, 457, 506, 513, 567, 596
Montalto, F. D.　300
Monty, R. A.　210
Morgan, C.　36, 45
Morgenthaler, W.　20, 22-24, 26, 27
Morris, H. M.　598
Mukerji, K.　556
Murillo, L. G.　299, 308, 375, 380, 385, 457, 559, 564
Murray, H. A.　34, 36, 45, 50, 60, 204, 232, 463
Murstein, B. I.　49, 60

N

Neel, F. A.　328
Neisser, U.　210, 232
Nett, E. W.　463
Neuringer, C.　329
Nezworski, M. T.　53-55, 59-61
Nieberding, R.　46, 61

O

Oberholzer, E.　27, 28, 30, 31, 45, 303, 463, 566
Orange, A.　220, 232

Orr, F. G.   300

P

Padawer, J. R.   600
Paine, C.   37, 45, 46, 60
Pantle, M. L.   385, 394
Papania, N.   379, 425
Parker, K. C. H.   60
Parrill, T.   298, 308
Parsons, C. J.   20, 26
Pascal, G.   203, 232, 567
Paulsen, A.   379, 456, 503
Pearl, D.   425
Perlman, J. A.   380, 394
Perry, W.   181, 596
Peters, B.   52, 59, 70, 92, 307, 308
Peterson, L. C.   52, 59, 70, 92
Phares, E. J.   70, 92
Phillips, L.   203, 232, 506, 567, 595
Piaget, J.   106, 426
Piasecki, J.   59
Pinto, A. F.   459
Piotrowski, Z. A.   33-35, 37, 39, 42, 45, 52, 57, 60, 66, 68, 92, 93, 103, 115-117, 130, 134, 154, 160, 164, 206, 232, 294, 296-299, 305, 327, 328, 383, 386, 387, 456, 457, 505-507, 513, 514, 595, 597, 603
Pires, A. A.   592, 593, 607
Pomerantz, J. R.   210, 232
Poser, E. G.   307
Potanin, N.   301
Pottharst, K.   206
Prados, M.   456
Prandoni, J.   567
Pyle, W. H.   20, 26

Q

Quinlan, D. M.   370

R

Rabie, L.   595
Rabin, A. I.   206, 379, 384, 567
Rabinovitch, M. S.   374
Rabinovitch, S.   303
Rafferty, J. E.   47, 60
Rapaport, D.   34, 35, 37, 39, 42, 45, 57, 60, 66, 68, 84, 92, 93, 95, 106, 115, 122, 130, 134, 154, 160, 163, 168, 206, 305, 328, 379, 380, 383, 387, 426, 455-457, 506, 563, 603, 607
Ray, A. B.   556, 595, 607
Raychaudhuri, M.   556
Reading, E.   61, 167, 464
Reisman, J. M.   84, 92
Renner, K. E.   50, 61
Richard, S.   385, 595, 607
Richardson, H.   595, 607
Rickers-Ovsiankina, M.   383, 456, 457
Ridgeway, E. M.   298, 330
Robins, E.   460, 465, 595
Robinson, K. J.   595
Rorschach, H.   17, 19-32, 35, 36, 38, 40, 42-45, 50, 59-61, 63, 65, 68, 77, 91-94, 96, 99, 102, 103, 105, 106, 110, 112, 115-118, 122, 130, 134, 140, 146, 153, 159, 163-166, 203-206, 210, 212, 229, 232, 255, 293, 303, 307, 308, 373-375, 379, 382-384, 387, 420, 425, 426, 455, 456, 461, 463, 503-508, 510, 513, 566, 567, 595, 607
Rose, R. B.   556
Rose, R. J.   50
Rosen, E.   54, 55, 59, 60, 375, 387, 567
Rosenthal, M.   375
Rosenthal, R.   54
Ros Plana, M.   565
Rotter, J. B.   47, 60, 379
Roy, A. B.   34, 35, 328
Ruesch, H.   203, 232, 567
Rush, J.   52, 60
Russell, W. F.   302
Rybakov, T.   20, 26

S

Salmon, P.   330
Sanderson, M. H.   206, 232
Sanglade, A. A.   295, 302, 306, 308, 373, 376, 384, 557, 566
Sapenfield, B.   380
Sarason, S. B.   91, 329
Sarbin, T. R.   92
Saretsky, T.   459
Sargent, H.   50, 60
Sawyer, J.   48, 60
Schachtel, E. G.   68, 92, 383
Schachter, W.   425
Schafer, R.   34, 35, 37, 45, 57, 60, 66, 68, 92, 93, 106, 115, 168, 328, 379, 426, 457, 506, 563, 567, 568, 603, 607
Schmidt, H.   421, 506

Schon, M.   329
Schreiber, M.   294, 299, 328
Schultz, L.   295, 307
Schumacher, J.   298, 308, 559
Schumer, F.   51, 61, 93
Schuyler, W.   168
Sechrest, L.   567
Seligman, M. E. P.   306, 370
Selye, H.   306
Semmel, A.   306
Sender, S.   32, 45, 116, 210
Sender, S.   463
Shaffer, T. W.   54, 55, 60, 209, 241, 254, 255, 601, 607
Shalit, B.   226, 232, 328
Shapiro, D.   383
Shatin, L.   563
Shavzin, A. R.   70, 91
Sherman, M. H.   380, 457, 595, 607
Silberg, J. L.   390, 506, 518, 565
Silva, D.   214, 232, 381
Singer, J. L.   203, 232, 374, 504, 507, 567
Sisson, B.   421
Sloan, W.   456
Smith, A. M.   560
Smith, J. G.   203, 506, 567
Smith, S. R.   463, 611
Solanto, M. V.   459
Sommer, D. T.   299, 385, 503
Sommer, R.   299, 385, 503
Spiegelman, M.   305
Spitzer, R. L.   460, 465
Spohn, H.   374, 504
St-Laurent, C. M.   371
Stanley, F. B.   424
Stein, M. I.   67, 92, 214, 232
Steiner, M. E.   300
Steisel, I. M.   385
Stejkal, W. J.   53, 54, 55, 59, 61
Stern, G. G.   67, 92, 564
Sterne, S. B.   298
Sternklar, S.   564
Stewart, L. M.   70, 92
Stiff, M.   380
Stischer, B.   379
Stone, H.   567
Storment, C. T.   385
Stotsky, B. A.   84, 91, 385, 506, 595, 607
Strauss, M. E.   70, 92
Stricker, G.   53, 54, 55, 60, 84, 92, 330, 567
Sundberg, N. D.   37, 45

Suttell, B.   203, 232, 567
Swank, P. R.   560
Swartz, J. D.   49, 59
Swift, J. W.   379
Symonds, P. M.   50, 61

T

Taulbee, E. S.   421, 456
Thomas, E. E.   217, 219, 221, 223, 232, 295, 302, 308, 330, 375-377, 379, 382, 458, 506, 507, 516, 560, 566, 602, 604, 607
Thompson, G. M.   299
Thorpe, J. S.   49, 59
Toal, R.   329
Toman, K. M.   601
Tougas, R. V.   307
Townsend, J. K.   385

V

Van de Castle, R. L.   58, 61, 67, 92
Vanhamaki, S.   299, 308
Van-Patten   518
Varvel, W.   421
Vernon, P. E.   67, 92, 220, 232
Viglione, D. J.   54-56, 61, 181, 221, 295, 297, 302, 308, 330, 374, 381, 463, 464, 503, 596, 607
Vincent, K. R.   560
Vinson, D. B.   595, 607
von Baeyer, C.   306
VonLackum, W. J.   206, 380

W

Waehler, C. A.   459
Walker, E. J.   226, 298, 328, 329, 563
Walker, E. L.   69
Walker, R. G.   565
Walker, R. N.   206, 379, 425, 503, 595
Wallach, J. D.   567
Wallen, R.   384
Waller, P. F.   301, 329
Wallis, R. R.   37, 45, 46, 60
Walters, R. H.   595, 607
Warshaw, L.   298
Watkins, C. E., Jr.   46, 61
Watson, A.   556
Watson, M.   567
Weber, A.   305

Weber, C. A.   302, 331
Weigel, R. B.   385
Weiner, I. B.   50, 55, 56, 61, 72, 91, 168, 206, 221, 223, 226, 233, 294-296, 302, 306, 330, 373, 375, 376, 379, 384, 390, 425, 456-458, 463, 464, 503, 506, 516, 557, 560, 566, 567, 602
Weiss, L. J.   556, 562
Welsh, G. S.   217
Werner, H.   29, 106, 426
West, S. G.   44, 54, 61
Wheeler, W. M.   567
Whipple, G. M.   20, 26
White, D. O.   11
Wickes, T. A.   207, 232
Wiener, M.   369
Wiener-Levy, D.   296, 507
Wiggins, J. S.   50, 61
Williams, M. H.   70, 92
Wilson, G.   422
Winnik, H. Z.   563
Winter, L. B.   504, 556
Wisham, W.   296, 506
Wishner, J.   421, 425, 456
Wittenborn, J. R.   425
Wohl, J.   39, 44
Wood, J. M.   28, 30, 43, 53-55, 59-61
Wundt, W.   47, 52, 61
Wylie, J. R.   214, 298, 303, 390, 458, 514-516, 559, 562, 609

Z

Zamansky, H. J.   457
Zax, M.   84, 92
Zelin, M.   565
Zolliker, A.   44, 563
Zubin, J.   51, 61, 93
Zuckerman, M.   385
Zulliger, H.   27, 45

事項索引
Subject Index

A-Z

An+Xy　532-533, 564
D スコア（D）　190, 192, 281, 306, 315-326
M-　193
Sum6　487-491, 517-518
WSum6　190, 199, 487-491, 517-518
Zf　189, 402-413, 420-424
ZSum　189, 196, 421-422
Z スコア（Z）　95, 164-166, 189, 420-424

あ

アプローチ　190
依存性　377, 553, 559, 594-595
逸脱反応（DR）　171-173
一般的な領域における適切形態反応（WDA%）　194
部分反応（D）　103-104
意欲の比率（W：M）　195

か

外拡型　245-247, 340, 507-513
回避型　251-253, 339-345
鍵変数　274-275
慣習的な形態の使用（X+%）　194, 450-454
感情の萎縮の比率（SumC'：WSumC）　349, 386
感情の比率（Afr）　193-194, 350-352, 380-382
記述統計　235, 239-240, 382, 597
　　基準データ　233-259
　　信頼性　271, 285-288, 290, 354, 375, 381, 387, 390, 422, 458-459, 463, 514, 516, 539-541
　　妥当性　241, 263, 265, 281, 284-288, 292, 303, 306, 328, 341, 384, 412, 419-420, 474, 516-517, 539, 541, 556, 558-559, 563, 579, 595-596, 598
　　評定者間の一致率　149-150

基準データ　233-259
稀少な形態の使用（Xu%）　195, 450-454
稀少反応（u）　156
基礎体験（eb）　192, 291-292, 296-297
強迫的スタイル指標（OBS）　197-198, 401, 419, 479-481, 526-527
協力的な運動（COP）　180, 584-587, 599-602
空白反応（S）　105, 387-388
クラスター　270-278
警戒心過剰指標（HVI）　197-198, 401, 419-420, 479-481, 526-527, 575
経済性の指標（W：D：Dd）　195, 403-405
形態－色彩の比率（FC：CF+C）　193, 354-358
形態水準［形態質］（FQ）　153-159, 189, 455-460
形態水準表　674-730
形態反応（F）　112-115
形態立体反応（FD）　143-144, 530-532, 561-563
決定因子　111-151
　　形態立体反応（FD）　143-144, 530-532, 561-563
　　材質反応（FT, TF, T）　135-138
　　積極的－消極的運動（a, p）　117-118
　　動物運動反応（FM）　110, 297-300, 542
　　人間運動反応（M）　115-116, 541-542
　　濃淡拡散反応（FY, YF, Y）　133-143
　　ペア反応（2）　145-146
　　無彩色反応（FC', C'F, C'）　130-133
　　無生物運動反応（m）　116-117, 317-318
　　有彩色反応（FC, CF, C, Cn）　118-130, 382-386
言語表現
　　逸脱――（DV）　170-171
　　特異な――　168-169
現実体験（EA）　191, 285-287, 293-295, 315-316
攻撃的運動反応（AG）　179-180
構造一覧表　186-199
コーディング［÷スコアリング参照］

固執反応（PSV） 178-179
個人的な反応（PER） 182-183, 587-588, 602, 603
孤立指標（Isolate/R） 160, 196, 588-589, 603-605
混交反応（CONTAM） 175

さ

材質反応（FT, TF, T） 135-138
材質変数（SumT） 300, 302, 318-321, 577-580
作話的結合（FABCOM） 174
自我損傷指標（EII） 596
色彩投映（CP） 183, 353-354, 386
色彩濃淡ブレンド 324-326, 365, 389-391
刺激体験（es） 192, 281, 315-316
刺激要求 280
自己イメージ 179, 522-524
思考 470-518
自己知覚 522-569
自己中心性指標（3r+(2)/R） 197, 528-530
自殺の可能性を示す布置（S-CON） 458
資質（EA） 279-280
実施の手順 67-74
  促し 74
  キーワード 84-86
  教示 70-72
  拒否 76-77
  限界吟味 90
  検査者の影響 68, 70
  質問段階 72-73, 75-76
  質問段階での抵抗 87
  座り方 68-70
  テストへの導入 70-72
  長い記録 77-78
  反応段階 72-73
  反応の記録 78-81
  短い記録 75-77
  領域図 89-90
児童思春期 463-464
修正Dスコア（Adj D） 193, 281-282, 284-285, 306-307, 317-321
修正es（Adj es） 192, 281-282, 290, 296-297, 315-316
受動依存 576-577, 582, 588, 591, 594
状況関連ストレス 311-331
情報処理過程 396-426
情報処理の効率（Zd） 196, 410-411, 420-424
情報の取り込み過剰（オーバーインコーポレート） 411, 414-415, 423-424
情報の取り込み不足（アンダーインコーポレート） 410, 414, 423-424
食物反応（Fd） 576-577, 594-595

信頼性 271, 285-288, 290, 354, 375, 381, 387, 390, 422, 458-459, 463, 514, 516, 539-541
スコアの継列 98, 186, 194, 266, 271, 464, 545, 551, 612
スコアリング 93-100
ステップダウンの原則 128, 267
ストレス耐性 278-307
積極的－消極的の運動（a, p） 117-118
全体適切形態反応（XA%） 194, 434-438, 460-463
全体反応（W） 102-103, 425
組織化活動（Z） 164-166, 189, 420-424
損傷内容反応（MOR） 180, 479-481, 516-517

た

第3の変数 275-276
体験型（EB） 191, 281-290, 339-345, 360-362, 373-377, 401-402, 472-476, 506-507
体験型の固定度（EBPer） 191, 345-346, 476-478, 507-513
対処スタイル 287-290
  外拡型 245-247, 340, 507-513
  回避型 251-253, 339-345
  内向型 241-244
  不定型 241, 248-250
対処力不全指標（CDI） 197-198, 337-339
対人知覚 572-604
妥当性 241, 263, 265, 281, 284-288, 292, 303, 306, 328, 341, 384, 412, 419-420, 474, 516-517, 539, 541, 556, 558-559, 563, 579, 595-596, 598
知覚と思考の指標（PTI） 197-198, 460-463, 610-612
知性化指標（2AB+(Art+Ay)） 193, 352-353, 485-487, 517
抽象的内容（AB） 179
テストの性質 25, 94, 201, 203, 229, 233, 263, 398
  検閲 209, 217-219, 227, 291, 431, 530, 531, 561
  順位づけ 209, 212, 216-217, 219, 227, 382
  潜在反応 72, 111, 205-207, 209-212, 216-219, 225, 227, 431
  投映 203-204, 227-228
  反応選択 219, 225-227, 233, 264, 568
  反応の過程 203, 209, 539
  部分特性（distal features） 210, 429-430, 431, 437-438, 447, 450-451, 534
  分類 25, 227-229, 234
テストの歴史
  批判 31-33, 35, 46, 48-50, 53-56, 66-67
  論争 29, 32, 34, 46, 55
テストバッテリー 66-67
同一視 204-206, 209-213, 216, 534-535, 541, 581

統合失調症　21-22, 24-25, 506, 513-518
統合失調症指標（SCZI）　460-462
統制　278-307
動物運動反応（FM）　110, 297-300, 542
特殊指標　186, 191, 197
　　強迫的スタイル指標（OBS）　197-198, 401, 419, 479- 481, 526-527
　　警戒心過剰指標（HVI）　197-198, 401, 419-420, 479- 481, 526-527, 575
　　自殺の可能性を示す布置（S-CON）　458
　　対処力不全指標（CDI）　197-198, 337-339
　　知覚と思考の指標（PTI）　197-198, 460-463, 610-612
　　統合失調症指標（SCZI）　460-462
特殊スコア　168-185
特殊部分反応（Dd）　103-105

な

内向型　241-244
人間運動反応（M）　115-116, 541-542
人間反応（H, Hd, (H), (Hd), Hx）　161, 534-539, 541-542, 565-566, 580-583, 595-596
人間表象反応（GHR : PHR）　181-182, 583-584, 597
認知的媒介　429-465
認知の三側面　396-397, 418, 429, 442, 454, 462, 470-471, 500, 608, 629, 645, 660
年齢による修正　186, 198-199
濃淡拡散反応（FY, YF, Y）　133-143
濃淡ブレンド　366, 389-391
濃淡立体反応（VF, FV, V）　138-140
濃淡立体変数（SumV）　303-304, 317-318, 530-532

は

ハイラムダ　239, 251-253, 255, 287, 340, 350, 377, 535, 592-593
発達水準（DQ）　105-109, 189, 425-426
　　DQ+　98, 195, 273-274, 397, 399-400, 404-409, 411-417, 422
　　DQo　397, 413
　　DQv　165, 179, 195, 238, 273, 397, 399-400, 404-408, 411-417
　　DQv/+　238, 273, 399-400, 404-408, 411-417
反射反応（Fr, rF）　144-146
評定者間の一致率　149-150
複雑さの比率（Blends : R）　194
布置記録表　197-198
普通反応（o）　107
不定型　241, 248-250
不適切な論理（ALOG）　175-178
不調和な結合（INCOM）　173-174
プラス反応　156
ブレンド反応　147-149, 189, 323-324, 360-362, 388-389
ペア反応（2）　145-146
平凡反応（P）　162-164, 447-448, 463-464
補外法による推定　157, 675-676

ま

マイナス反応（-）　157-158, 445-447
　　――の同質性　270, 272, 434, 439
無形態反応（none）　437-438
無彩色反応（FC', C'F, C'）　130-133
無彩色変数（SumC'）　304-305
無生物運動反応（m）　116-117, 317-318

や

有彩色反応（FC, CF, C, Cn）　118-130, 382-386
歪んだ形態（X-%）　195, 438-441
抑うつ　516
抑うつ指標　197-198

ら

ラムダ（L）　191, 287-290, 360-362, 401-402, 434, 472-476
領域の継列　405-409
レベル 1　169-170
レベル 2　169-170

訳者一覧
（50音順）

市川　京子（いちかわ・きょうこ）……………………………東京武蔵野病院［第2章，第5章］

植杉永美子（うえすぎ・えみこ）……………………………さいたま家庭裁判所［附録，形態水準表］

大野　恵美（おおの・えみ）…………………………………静岡家庭裁判所沼津支部［第16章後半］

津川　律子（つがわ・りつこ）………………………………日本大学文理学部［附録，形態水準表］

中村　紀子（なかむら・のりこ）……………………………中村心理療法研究室［監修］

野田　昌道（のだ・まさみち）………………………………神戸家庭裁判所姫路支部［監修］

丸山　香（まるやま・かおり）……………………慶成会老年学研究所客員研究員［附録，形態水準表］

著者略歴

John E. Exner Jr.
（ジョン・E・エクスナー）

1929年〜2006年。ニューヨーク州Syracuse生まれ。
1958年にCornell大学で臨床心理学の学位（Ph.D.）を取得。
30年間に4つの大学で教鞭をとり，Long Island大学の名誉教授として退官した。
1968年にロールシャッハ研究財団（通称ロールシャッハ・ワークショップス）を設立して，ロールシャッハの研究と教育指導を40年にわたって行った。
1993年から1999年まで国際ロールシャッハ学会の会長を務め，1994年には米国のSociety of Personality Assessmentの会長も務めた。2000年に，スイスのベルンにロールシャッハ・アーカイブス博物館を設立し，初代館長として最後までその任を全うした。
ロールシャッハ・テストの研究や臨床事例に関する著書は20冊あまり，パーソナリティ・アセスメントに関する論文は60本以上におよぶ。

監訳者略歴

中村紀子
（なかむら・のりこ）

上智大学大学院博士後期課程満期退学。臨床心理学専攻。臨床心理士。
中村心理療法研究室。エクスナー・ジャパン・アソシエイツ代表。
主要著訳書『ロールシャッハ・テスト講義I──基礎篇』『ロールシャッハ・テスト Sweet Code──コーディング・システム』『ロールシャッハの解釈』『ロールシャッハ・テスト ワークブック（第5版）』（いずれも金剛出版）

野田昌道
（のだ・まさみち）

1964年静岡県生まれ。東京大学教育学部卒業。家庭裁判所調査官。臨床心理士。
神戸家庭裁判所姫路支部勤務。
主要訳書『ロールシャッハの解釈』『ロールシャッハ・テスト・ワークブック（第5版）』（いずれも金剛出版）

ロールシャッハ・テスト
包括システムの基礎と解釈の原理

初 刷……… 2009年7月20日
七 刷……… 2024年9月10日

監訳者………中村紀子・野田昌道
発行者………立石正信
発行所………株式会社 金剛出版　[〒112-0005 東京都文京区水道1-5-16｜電話03-3815-6661｜振替00120-6-34848]
印 刷………新津印刷
製 本………新津印刷

ISBN 978-4-7724-1082-3　C3011　Printed in Japan　©2009

ロールシャッハ・テスト ワークブック
（第5版）

［著］＝ジョン・E・エクスナー
［監訳］＝中村紀子　西尾博行　津川律子

●B5判　●並製　●248頁　●定価 **5,720**円

臨床家必読のトレーニングブック

旧版から変更・追加された変数や特殊指標を収録して最新システムに対応。
スコアリング・コードのポイントや練習問題を掲載した
包括システムを理解するための必携ガイド。

価格は10％税込です。